〈民主〉と〈愛国〉

戦後日本のナショナリズムと公共性

小熊英二
Oguma Eiji

新曜社

〈民主〉と〈愛国〉——目次

第二部

装幀――難波園子

カバー写真：一九四七年一二月七日の行幸（カール・マイダンス撮影）

凡　例

資料の引用に際しては、次のような基準に従った。

(1) 旧字体の漢字は、原則として、新字に改めた。仮名遣いは、原則として原文のままである。

(2) 読みやすさを考慮して、適宜句読点を加え、漢字片仮名混じり文は平仮名に直したものがある。これらの処置を施した資料については、注に「原文句読点なし」「原文漢字片仮名文」などと記してある。

(3) 中略は「……」で示した。また、前後一行空きで大きく引用した資料は、原文の途中からの引用の場合、引用冒頭に「……」を付した。

(4) 原文にない言葉やルビを補ったものは、〔　〕で示した。不自然な文章で原文ママの場合は、〔　〕で〔ママ〕を付した。

(5) 傍点やルビは、特に記さないかぎり、原文のものである。

(6) 引用資料の出典で、資料集、全集、単行本などに所収と記してあるものは、原則としてそこから引用した。

序章

「敗戦後の日本では社会の全体が、あるべき人間の姿を見失っているのだ」。

「国民の多数は今なお、資源は乏しく人口過剰で軍備もない日本が今後の世界のなかで一体どのようなレーゾン・デートルを持つかについてほとんど答えを持っていない」。

一九五六年と五一年に、加藤周一と丸山眞男が述べた上記の言葉は、現代でもしばしば論じられる問題を提起している。[1] それはすなわち、敗戦後の「日本」および「日本人」が、どのような価値体系やナショナル・アイデンティティを築くかという問題にほかならない。

そして本書の主題は、「戦後」におけるナショナリズムや「公《おおやけ》」にかんする言説を検証し、その変遷過程を明らかにすることである。

二つの「戦後」

現代ではしばしば、「戦後、日本は豊かになった」と語られる。しかし、その「戦後」とは、いつの時代を指すものなのだろうか?

戦争の被害で大幅に低下した日本の一人当たりの国民総生産が、戦前水準を回復したのは、敗戦後一〇年を経た一九五五年である。となれば、一九五四年までを「戦後」と考えるなら、「戦後、日本は貧しくなった」と述べられねばならない。

また現代では、「戦後政治の基本だった五五年体制」などとも語られる。しかしいうまでもなく、「五五年体制」は一九五五年に成立したものである。そこでいう「戦後」には、一九五四年以前は含まれていないのである。

そして一九五六年の経済白書には、当時の流行語となった「もはや『戦後』ではない」という言葉が現われていた。すなわち、一九五五年をもって「戦後」は終わったというのが、当時の認識であった。その「戦後」が終わったとき、「五五年体制」と高度経済成長に象徴される、もう一つの「戦後」が始まったのである。

かりにここでは、前者の「戦後」を「第一の戦後」、後者の「戦後」を「第二の戦後」とよぼう。当然ながら、「戦後、日本は豊かになった」という「戦後」とは、「第二の戦後」のことにほかならない。

この「第一の戦後」と「第二の戦後」は、さまざまな面で異なる世界であった。第7章でも述べるように、一九四八年の日本の推定個人所得は一〇〇ドルにすぎず、それにたいしアメリカは一二六九ドル、セイロンは九一ドルであった。当然ながら当時の論壇では、日本をアジアの「後進国」とみなす論調が多かった。

ここで、一つの仮説が立てられうる。「第一の戦後」と「第二の戦後」のあいだに、日本のナショナル・アイデンティティをめぐる議論に、何らかの質的変化があったのではないかという仮説である。

当然に予想できるのは、「第一の戦後」では日本がアジアの「後進国」として、「第二の戦後」では西洋なみの「先進国」として語られていたのではないか、ということである。また「近代化」というものが、「第一の戦後」では達成されるべき夢として、「第二の戦後」では忌むべき既存秩序として語られていったことも、容易に推測できることである。

同時に「第一の戦後」と「第二の戦後」には、もう一つの相違があった。それは、秩序の安定度である。

「第一の戦後」を特徴づけていたのは、敗戦による貧困と、闇市に象徴されるアナーキー状態であった。極度のインフレ、あいつぐ企業倒産と財閥解体、政治家や財界人の公職追放などのため、人びとの社会的地位は大きく変動し、将来の予測は困難であった。作家の小田実は一九六五年に、敗戦直後を回想して、こう述べている(2)。

「東大出」の巣窟、お役所は人気がなかった。「東大出」が多く勤めていた大会社も火の車であった。闇屋だけがいばっていた。学歴も何もない徒手空拳派がジャンジャン金をかせぎ「東大出」の役人やサラリーマンは餓死寸前にあった……。

私は、そのころ、「東大出」のサラリーマンの知人が、彼のもとへ大学へ行くべきかどうか相談しに来た青年に、言下に、大学へ行ったって仕方がない、それよりすぐ実社会で働いたほうがよい、と答えたのをきいたことがある。彼はそれが半ばいいことのように、また半ば自嘲的につけ加えた。「これからは大学出だからどうのこうのというような時代ではないんだよ。実力の時代だよ。民主主義の世の中だ。みんなは平等なんだ。(それから、やや声をひそめて)おれだって東大を出ているんだがな」。

彼自身が、そのとき勤めている大会社を止めて、友人と事業でも始めようかと迷っていた。今は大会社の幹部になっている彼にとっては、当時の彼のそうした状態はたんなる一時的な「気の迷い」にすぎないのだろう。

この記述からは、以下のことがうかがえる。すなわち、貧困と改革の時代だった「第一の戦後」では、「民主主義」や「平等」といった言葉が、「横ならび主義」などとはほど遠い響きをもって語られていた局面があったこと。そして、秩序が安定した「第二の戦後」では、「民主主義」をはじめとした「第一の戦後」の言葉がかつての響きを失い、敗戦直後の心情が「一時的な『気の迷い』」とみなされていったことである。

「第一の戦後」においては、社会秩序はいまだ流動的であり、未来は定まっていなかった。柄谷行人は一九九九年の対談で、一九五〇年代を回想して、「現実は変えられるのだと強調することが、リアルに響いた時代だった」と述べている。そして、「高度成長が始まって、東京オリンピックの頃になると、社会の雰囲気そのものが変わってしまって、批評がそれに応ずるのは難しくなった」というのである。(3)

「第一の戦後」と、「第二の戦後」では、同じ言葉が異なる響きをもっていた。以上のことは、本書の主題にも関係してくる。すなわち「第一の戦後」においては、「国家」や「民族」といった言葉も、「第二の戦後」とは異なる響きをもって語られていたのではないか、という問いが生まれるのである。

「第一の戦後」とは、秩序が安定しておらず、「現実は変えられる」という言葉がリアルに響いた時代だった。そうだとすれば、この時代において、秩序の一形態である「国家」という言葉は、どのように響いていたのだろうか？それは、人間を圧しつぶす所与の体制としてではなく、変革が可能な「現実」の一部として語られていた局面が、部分的にせよあったのではないか？

そうだとすれば、「愛国」という言葉は、どのように響いていたのか？そしてそれは、陳腐化する以前の「民主」という言葉と、どのような関係にあったのか？こんにちではしばしば、「戦後民主主義は愛国心を否定した」といった評価がなされるが、「民主」と「愛国」の関係は本当にそのようなものだったのか？

「戦後」におけるナショナリズムにかんする言説を検証することは、このような問いにたいする回答を模索してゆく作業でもある。それは当然に、「国家」と「個人」の関係、あるいは「公」と「私」の関係にかんする「戦後」の言説を、再検証してゆく作業にもなるのである。

「戦後民主主義」の「言葉」

一九九七年に設立された右派団体「新しい歴史教科書をつくる会」の公民教科書の執筆を担当した佐伯啓思《けいし》は、「戦後民主主義というのは国家を否定して、個人から出発する」と主張し、二〇〇〇年に以下のように述べている。「戦後の日本の民主化はあくまでアメリカ的な言説、アメリカ的なものの考え方、アメリカ的な枠組みの中で行われたわけです」「戦後知識人はほとんどが西洋主義者だった」「党派的には左翼進歩主義者で、市民運動を組織し云々、という」「左翼は近代主義や進歩主義を前提にするから、左翼知識人は西欧に自らを特権化することになる」(4)。

また「新しい歴史教科書をつくる会」の会長だった西尾幹二は、一九九九年の『国民の歴史』で、以下のように戦後知識人を批判している。彼らは「共産主義は平和勢力だという信仰」に侵されて現実を見失っていたのであり、

「戦後民主主義」は大正時代の「教養主義の姿を変えた新たな政治的無知の再来である」というのである。[5]

こうした文言からは、以下のような「戦後民主主義」の像が浮かびあがる。それは、「国家」を否定して「個人」を重視した世界市民思想であり、アメリカの影響をうけた「近代主義」「西洋主義」であり、共産主義への信仰を抱いており、大正教養主義の延長であったというものである。

しかしこの「戦後民主主義」像は、いささか矛盾をはらんだものである。たとえば、アメリカの影響を受けながら、共産主義への信仰をもつということが、どうして可能なのだろうか?

そして本書の内容を先取りして述べるならば、敗戦後の共産党は、「反米愛国」を掲げる民族主義路線をとり、「近代主義」や「市民」に強い批判を浴びせていた。共産党は冷戦の論理からアメリカと激しく対立していただけでなく、「近代市民社会」をブルジョア資本主義社会の同義語とみなし、その超克を唱えていたからである。

そしてこれも本書の内容を先取りして述べれば、こんにち「戦後民主主義者」と総称される戦後知識人の多くは、共産党と距離をとっていた。また彼らは概して、「明治」を賞賛し、「大正」には批判的であった。大正デモクラシーの流れを汲んだ政党政治が、一九三〇年代に腐敗したあげく自壊し、戦争体制になだれこんでいったありさまを目撃していた彼らが、自分たちの思想的営為を「大正」になぞらえるはずはなかったのである。

また批評家の加藤典洋《のりひろ》は、一九九七年の『敗戦後論』で、一九四六年に行なわれた日本国憲法の審議にあたり、「明治人」である美濃部達吉がこの憲法に反対したことをとりあげている。加藤はここから、アメリカの占領下で進められる民主化という「ねじれ」に自覚的だった「明治人」と、そうした「ねじれ」を「自己欺瞞」によって隠蔽していた「大正人」や「昭和人」の「革新派」という対立図式を描いている。[6]

しかし第4章で述べるように、このときの議会で、共産党も日本国憲法に反対していた。また全面講和論者として知られ、代表的な「戦後民主主義」の知識人として挙げられることが多い南原繁も、貴族院議員として日本国憲法に反対した。しかし加藤は、こうした動きに触れていない。すなわち加藤のいう「革新派」は、共産党や南原などを無視して成立している観念なのである。

もちろん佐伯や西尾、そして加藤は、それぞれ思想的な志向は異なっている。しかし彼らは、一九五五年以後に成人した人間たちであり、「第一の戦後」を思想的に経験していない点では共通している。彼らは「第二の戦後」のなかで思想形成を遂げ、そこから「戦後民主主義」を描きだしているのである。

そもそも「戦後民主主義」という呼称もまた、一九六〇年前後から現われたものであった。「第一の戦後」に生きていた人びとは、同時代の多様な運動や思想を、総称する言葉をもっていなかった。「戦後民主主義」とは、「第二の戦後」から「第一の戦後」を表象するために発明された言葉である。そのような表象が、しばしば実情とかけ離れた、単純化されたものになりやすいことはいうまでもない。

これは、佐伯や加藤が、丸山眞男や大塚久雄といった個々の思想家の著作を、十分に読みこんでいないという問題だけから発生した事態ではない。「第一の戦後」と「第二の戦後」では、同じ言葉でも、その響きが異なっていた。本書で検証してゆくように、たとえば「市民」という言葉、「近代」という言葉、あるいは「民族」という言葉は、「第一の戦後」と「第二の戦後」とでは、異なった意味をもっていた場合が多い。そうした問題に無自覚であれば、同じ文章を読んでも、当時の「響き」とはまったく異なる解釈を下してしまう危険性がある。

こうした点への無自覚は、戦後思想の研究者においてさえ、みられるものである。たとえば思想史家の都築勉は、一九九五年の著作『戦後日本の知識人』において、丸山眞男・大塚久雄・竹内好・清水幾太郎など、敗戦時に三〇代だった戦後知識人を総称するために、「市民社会青年」という類型を設けている。[7]

しかしこれも本書で述べてゆくように、戦中戦後のマルクス主義関係の論調では、「市民」という言葉は「ブルジョア」の同義語であった。そのため、マルクス主義の影響力が強かった一九五五年以前では、いわゆる進歩派のあいだでも、「市民」という言葉が肯定的に使用されることは少なかった。この言葉が肯定的に使用されるようになるのは、一九五〇年代後半、ことに一九六〇年の安保闘争以後のことである。いわば都築は、一九六〇年以降の言葉によって、一九五五年以前の思想家たちを解釈しているのである。そのため都築の著作には、戦後知識人たちが「市民社会」について論じた文章について、やや評価が不十分と思われる箇所が散見される。[8]

そもそも、「市民」とは何だろうか？　一九九七年の座談会で、批評家の竹田青嗣・漫画家の小林よしのり・社会学者の橋爪大三郎は、「市民」という言葉のイメージが、各人で異なるという事実に言及している。[9] ここで橋爪は「私が『市民』と考えるのは、法律を守る人のことです」と言い、竹田は「階層、宗教、人種、民族、信条などにかかわりなく、ルールのもとに対等」という状態が「市民」だと主張し、小林の秘書の金森由利子は「『市民』と言えば、『もううんざり』みたいな存在」だと述べている。そのほかこの座談会では、「市民」のイメージとして、「反体制をいつも主張している人たち」、「社会的な変革運動とは無縁で平穏な市民生活に安住している」、「国家の言うことなら何でも反対してやる、そうすれば俺は市民だ」といった、相互に矛盾するものが挙げられている。

　このように、同じ言葉を各人が異なる意味で使っている状態では、まともな対話や討論が成立するわけがない。竹田は座談会の途中で、「そうか、『市民』という言葉にいろいろな像があって混乱してるんだ」と述べて交通整理を試みているが、結局のところ「市民」の定義はあいまいなまま、議論（？）が進行してゆく。そして橋爪は、戦後の新憲法施行から「国家に反対する人びと」という「市民」像が広まったと主張しているのだが、この前提が果たして正しいのかは、本書の検証によって明らかになろう。

　ここで問題としているのは、以下のようなことである。われわれが使用している言語は、歴史的な経緯のなかで生みだされ、変遷してきたものである。そのなかには、「市民」「民族」「国家」「近代」といった、ナショナリズムや「公」を語る基本的な言葉が含まれている。そして本書における「戦後」の再検討は、こうした言葉の使用法が、いかなる変遷を経てきたかの再検討でもある。それは同時に、現代に生きるわれわれが、われわれを拘束している言語体系をみつめなおし、ものごとを論ずる回路を開くための基礎作業にほかならない。

「言説」と「心情」について

研究上の手法に関心のない読者は、序章の以下の部分はとばして、先に進まれたい。

前述したように本書は、「戦後」におけるナショナリズムや「公」をめぐる言説の変動を検証するものである。ただしここでいう「言説」は、たんに文字に書かれた文言のことではない。ある社会の、特定の時代において支配的だった言葉の体系ないし構造を、ここでは「言説」とよんでいる。戦後思想についていえば、「民族」「市民」「国民」などの言葉が、特定の時代においてどのような構造的配置をとっていたか、そしてその構造がどのように変動したかを明らかにすることが、「言説」を検証するということになる。

本書中の記述では、この構造のことを「言説」とよび、その構造内の個々の発話は「論調」とよんでいる。ただし日本語の「言説」は、一般にはそのような意味をもっていない。そのため本書中では、「言説」ではなく「言説構造」「言語体系」などと呼称している場合が多いが、意味するところは同じである。[10] また個々の論調が、同時代の言説(言語体系)に規定されていることを強調するさいには、「言葉づかい」と呼称している。

そして本書では、一九四五年から七〇年代初頭までの戦後思想を検証対象とする。そのなかには、いわゆる「進歩的知識人」のみならず、保守系や革新系の政治家、共産党や日教組をはじめとした諸団体、そして「進歩的知識人」を批判して登場した吉本隆明や江藤淳なども含まれる。

検証を一九七〇年代初頭で区切ったのは、一九五五年以降に出現した「第二の戦後」の言語体系が、その時期までにほぼ完成しているからである。全共闘運動が台頭した一九六八年ごろに、「戦後民主主義者」と総称された「第一の戦後」の知識人たちが影響力を失い、思想状況に変動が生じたことは、さまざまな論者が指摘している。

逆にいえば、言説における「第一の戦後」から「第二の戦後」への変動は、一九五五年から十数年の時間をかけて行なわれたともいえる。政治の面からいえば、「五五年体制」の成立と、同じく一九五五年の六全協による共産党の穏健化によって、「第一の戦後」は終わった。しかし経済や生活様式の面では、一九五〇年代後半から高度経済成長が始まっていたものの、それが本格化するのは一九六〇年代になってからである。そして言説の変動はそれよりもう一歩遅れ、一九六〇年代後半に確定しているのである。

社会学者の山本明は一九八六年に、「現在の風俗の原形が出来たのは、一九五〇年代後半、つまり昭和三〇年代である。それにイデオロギーという肉付けがなされたのは、昭和四〇年代といえるだろう」と述べている。[11] この指摘は、戦後思想の実証的検証を経てなされたものではないにせよ、興味深い視点を提供している。

それはすなわち、政治や経済の状況が変動しても、それが社会構成員の生活状況を変え、やがてその言葉づかいが変動してゆくのは、やや遅れるという視点である。人びとは、社会や経済の状況が変動しても、過去の社会を支配していた言語体系から容易には脱出できない。俗な表現をすれば、「発想の転換ができない」のである。

このことは、「第一の戦後」から「第二の戦後」への移行においてばかりでなく、戦中から「第一の戦後」への移行にもあてはまることである。本論の検証で述べるように、多くの戦後思想は戦中思想の言語体系をひきずりながら形成されていたのであり、戦中思想とまったく断絶したところから発生していたわけではない。

こうした言説構造の変動は、多くの場合、まったく新しい言葉を創造するというかたちではなく、既存の言葉を読みかえ、その意味を変容させることによっておこる。なぜなら、ある言説構造のなかで生きている人間は、特定の言語体系の内部でしか発話を行なえないからである。その言語体系に存在しない言葉は使えないし、新語を創造しても他者に理解されないのである。

そのため、既存の言語体系によってでは表現困難な心情を表現するためには、しばしば既存の言葉の読みかえが行なわれる。こうした事情から、「市民」や「民族」などの言葉が、時代とともに意味を変容させてゆくという現象が発生することになる。

そして、既存の言語体系によっては表現困難な残余の部分を、本書では「心情」と呼んでおく。残余はあくまで残余であるから、直接的な言葉よりは、むしろ文脈や「行間」によって表現される。(12) この残余が、既存の言語体系のなかからある言葉を表現手段として選びだし、それに新しい意味を付与する読みかえをもたらし、結果として言説構造を変動させる要因となる。

この「心情」は、個人としても抱かれるものだが、本書では集団的に共有された心情のほうを重視する。ある言語体系の内側に所属する構成員の多数が、「言語を絶する」ような経験を集団的に共有した場合——たとえば戦争——に言説の変動は発生する。なぜなら、「言語を絶する」ような経験は、既存の言語体系によっては表現困難な心情を発生させるからである。そうした経験が集団的に共有されたとき、心情を表現するための言葉を模索する試みが集団のなかで共有され、言説構造が変動する。

近年の歴史研究では、社会の変動が集団的な「心性《メンタリティ》」を変化させ、それが言葉の変動にまで及ぶ事例が検証されている。近代化が家族や性をめぐる「心性」を変容させ、それとともに「子供」や「処女」といった概念や言葉の意味が変化したことは、家族史や女性史がしばしば指摘するところである。

本書の研究は、いわば同様の問題を、戦後日本のナショナリズムをめぐる言説の領域で検証したものである。しかし歴史学用語としての「心性」は、しばしば数世紀にわたるような、表面的な政治的事件をこえた長期的な社会変動によって変化するものを指す。だが本書でいう「心情」は、戦争や高度成長といった短期的な共通経験で変化する部分が大きい。そこで本書では、「心性」ではなく「心情」という言葉を用いる。

またここでいう「心情」は、言語体系の変化を促すものであると同時に、既存の言語体系に拘束されているものでもある。前述した「発想の転換ができない」という現象は、既存の言語体系では表現不可能な心情を抱えていながら、旧来の言語体系の拘束から抜けだせない状態である。

そのため言語体系の変遷の過渡期においては、表面上の単語が入れ替わっているにもかかわらず、「文法」や「実践」が既存のままであるという状態——たとえば、「アメリカ帝国主義打倒」という言葉づかいで赤旗を担いで行進する行為が、戦中の「鬼畜米英」の風景とどこか似通っているという現象——が発生する。本書では、こうした言語体系の拘束と変遷の交錯をも、留意して記述してゆく。

そして本書では、丸山眞男や竹内好《よしみ》といった個々の思想家もとりあげるが、それは彼ら個々人の思想を論ずることもさることながら、彼らによって表現されていた集団的な心情を検証することを最終的な目的としている。思想家や文学者といえども、彼ないし彼女が生みだした表現が、当該社会の集団的な心情と連続しており、多くの人びとにとっての心情の「代弁」となりえた場合にのみ、ポピュラリティを獲得しうる。

逆にいえば、著名な思想家とは、ユニークな思想を唱えた者のことではない。同時代の人びとが共有できないほど

「独自」な思想の持主は、後世において再発見されることはあっても、その時代に著名な思想家となることは困難である。その意味では著名な思想家とは、「独創的」な思想家であるよりも、同時代の人びとに共有されている心情を、もっとも巧みに表現した者である場合が多い。

そしてこのことが、本書において、知識人の思想を対象として重視した理由をなしている。本書では、知識人の思想といえども、同時代において集団的に共有されていた心情と、無縁な存在ではありえないという立場をとる。言説構造の変動に資するような知識人は、いわば言葉の使用法の専門家として、集団的な心情を表現する言葉をつむぎ出す役割を負う。本書は著名な戦後知識人の論調と、政界や一般民衆の声を同時に検証しているが、両者がともに同時代の共通基盤から発生していたことは、しばしば言及することになろう。

そして本書では、個々の思想家のライフヒストリーにも注意を払う。それはその思想家個人のパーソナリティを明らかにするためよりも、その思想家がどのような階層や世代に属し、どのような社会的事件——とくに戦争中の体験——に遭遇していたかを検証するためである。

社会の変動は、必ずしも人びとに均質な経験をもたらすわけではない。戦争という共通体験も、階層や世代、出身地域、あるいは偶然——たとえば軍隊に動員されても、派遣先が南方戦線であったか中国戦線であったか——などによって、微妙に異なる経験として人びとに受けとめられた。

前述したように、言説の変動の原動力となる心情は、戦争をはじめとした、その社会構成員の共通経験によって生みだされるものである。しかしより個別の事例に分け入ってみれば、その共通経験によって生みだされた心情も、階層や世代によって異なってくる。既存の言語体系に不満であるという点では共通していても、その不満の内容はさまざまであり、結果としてどのような方向に言説を変動させるかの願望に相違が発生するのである。

しかし逆にいえば、いくつかの異なる階層や世代の人びとの心情を総合すれば、同時代における共通経験を再構成することができる。すなわちさまざまな知識人の論調を検証し、その相互の関係を明らかにすれば、共通経験が生みだした集団的な心情と、言説の変動のありようを探ることができる。

いわば著名な思想家を、たんなる個人としてではなく、社会的特性をもった人間のケーススタディとして検証するために、ライフヒストリーを重視するのである。ある思想家の生い立ちを重視する個人研究的なアプローチと、個々の論調を集団的な心情の現われとみなして研究するアプローチは、ここでは矛盾したものではない。

そして言説の変動は、世代の交代によっても発生する。具体的には、戦争から生まれた集団的な心情を背景としてつくられた思想や言語は、戦争を知らない世代にとっては、自分たちの心情を表現するために適さないものとみなされやすい。こうして、世代交代とともに新しい言葉の模索が始まる。一九六〇年代に言説の変動が生じたのは、高度経済成長の進展もさることながら、戦後生まれの世代の台頭が大きな要因をなしている。

その意味でも本書でいう「心情」は、「心性」のように数百年という尺度ではなく、せいぜい数十年で変動するものである。ここでいう「心情」が、既存の理論的概念とどのような関係にあるかは、さほど検討を深めないでおく(13)。これは本書の研究対象を明らかにし、その記述を容易にするための、暫定的な記述概念である。

こうした記述概念を設けるメリットは、言説の変動の検証が容易になることである。前述したように本書は、「市民」や「民族」といった言葉が、その時代や局面ごとにもっていた「響き」を検証対象にしている。そして、ある時代の「市民」や「民族」、「民主」や「愛国」といった言葉の「響き」を、現在の「市民」や「愛国」といった言葉で記述することは不可能である。このような、言語の表面的なあり方をこえた対象、言語では記述が困難な対象を扱うために、言語表現の残余である「心情」という概念を仮設しておくのである。

こうした心情への注目は、やはり言語の表面的なあり方をこえて、思想を評価する手段となる。たとえば、前述した「戦後知識人はほとんどが西洋主義者だった」という佐伯啓思の評価は、戦後知識人の多くが西洋思想から借用した言葉を使用していたという点だけをとりだせば、そのとおりである。こうした見方は歴史家にも共有されており、たとえばジョン・ダワーはその著作『敗北を抱きしめて』において、戦後知識人の思想を「コスモポリタン的な急進主義」だったと位置づけている(14)。

しかしながら、西洋の文物の借用は、ただちに「コスモポリタン的」な心情を背景にしていることを意味しない。

そのことは、明治以降の日本の近代化において、「文明開化」とナショナリズムの関係がどのようなものだったかを考えても自明である。西洋思想の「輸入」が、ナショナリスティックな心情の表現手段であることも多いのであり、言語の表面をこえた部分に注目しなければ、正確な評価が困難になる。実際に本書で述べるように、多くの戦後知識人は西洋思想を紹介しながら、「コスモポリタニズム」を強く批判していたのである。

こうした西洋思想の言葉の借用をどう考えるかについては、「領有」の概念が参考になる。[15] ある文化やテキストは、一様な受容のされ方をしているとは限らない。文言上ではまったく同じテキスト、たとえばシェイクスピアの戯曲などが、上層身分と下層身分ではおよそ異なった形態で受容され、時には原著者の意図をこえた読みを施されていたことは、近年の歴史学などで指摘されている。また西洋から「輸入」された文物が、現地においていかに変容され、現地社会に適応したかたちで活用されているかは、人類学の諸研究が述べるところである。

そして第11章などで述べるように、戦後日本において最大の「領有」の対象となり、原著者の意図をこえた読みを施されていったテキストの代表例は、日本国憲法であった。アメリカから与えられた憲法が、アメリカの冷戦戦略に対抗し、日本のナショナリズムを表現するための媒体となっていったのである。

ただし戦後日本で発生したのは、こうした意識的な「領有」ばかりではない。たとえば第2章で検証する大塚久雄のように、当人は西洋思想を原著者の意図に忠実に受容したと意識していながら、実際には当時の日本社会に適合する解釈を混入させていたというケースも多い。[16]「領有」の概念規定は論者によって異なるが、意識的な読みかえを施す場合に使用されることも多いので、本文中の記述ではこの言葉を使用せず、参考にするにとどめた。

なお付言しておけば、「読みかえ」や「言語」の問題から戦後思想を考察することは、近年の理論を導入した新奇な分析というわけでは必ずしもない。本論でも述べるように、少なからぬ戦後知識人たちは、言語の問題に敏感であった。吉本隆明も、鶴見俊輔も、江藤淳も、みな言語の問題から自己の思索を開始している。

なぜなら、戦中から戦後にかけての言語体系の激変に直面した当時の人びとは、言語の自明性に疑いを抱き、言語と現実の関係について考察せざるをえなくなったからである。結論で引用するように、近年の「言説」研究に大きな影響を与えたミシェル・フーコーも、自己の戦争体験が理論的探究の核になったと述べている。言語体系に対する懐疑とその変遷へのこだわりは、日本だけでなくフランスという「敗戦国」――いうまでもなく、フランスはナチス・ドイツに敗れ占領された――の戦後思想においても、共通した要素だったといいうる。

それゆえ戦争体験者による日本思想史研究の一部には、言語の問題への注目が存在する。たとえば、一九二三年生まれの政治思想史家である石田雄は、一九八三年に『近代日本の政治文化と言語象徴』という著作を書き、近代日本において「自由」や「国体」といった言葉が意味を変遷させてゆく経緯に着目している。また丸山眞男は、一九六〇年に論文「忠誠と反逆」を発表し、明治期の自由民権運動や内村鑑三などが、「忠誠」という「伝統的カテゴリーをそのまま用いて、内容を読みかえること」で思想を形成していたことを論じている(17)。

もちろん石田や丸山は、近年の言説分析や文化研究の諸理論に影響されていたわけではない。しかし彼らは、おそらくはその戦争体験から、そして米軍による占領という「植民地」状況から、独自にそうした問題意識を育んでいた。そうした意味では、本書の言説分析の方法は、戦後思想という対象に内在したアプローチなのである。

本書の構成は、以下のとおりである。

まず第一部の第1章では、戦後思想の背景となった戦時期の社会状況について概説する。そして第2章以下では、主として敗戦直後における戦後思想とその心情を分析し、戦中思想の読みかえによって「第一の戦後」における言語体系が生まれてくる経緯を検証する。

第二部においては、一九五〇年代から六〇年安保闘争までの時期において、戦後思想の多様な展開と試行錯誤が行なわれ、一九五五年以降に形骸化してゆく経緯を描く。そして第三部では、形骸化した戦後思想が批判にさらされ、「第二の戦後」における言説が発生してくる経緯を検証する。これらすべてにおいて、本書の主題であるナショナリズムと「公」をめぐる論調が検証対象となっていることは、いうまでもない。

また本書では、主として中央のマジョリティの言説を対象とした。戦後沖縄の思想状況については、前著『〈日本人〉の境界』第Ⅳ部で詳述した。さらに戦後には、谷川雁などをはじめとした「辺境」の思想や、在日韓国・朝鮮人などの思想が存在するのだが、これらは対象に含まれていない。ただし、沖縄や「在日」の存在が、戦後思想でどのように論じられ、どのように同時代の論調に影響をもたらしたかには、一定の注意を払っている。[18]

なお本書は、筆者のこれまでの著作と同じく、通常の研究書とはやや異なる記述のスタイルをとっている。学術論文を集めた著作などにありがちな、各章の冒頭で先行研究について論じるところから記述を行なうといった形式は、とられていない。また予備知識のない読者を想定して、社会学などの専門用語はできるだけ使わず、歴史学者にとっては「常識」ともいえる基礎的史実の説明もしばしば行なっている。

とはいえ「予備知識のない読者」といっても、学問の専門分化が激しい現在では、ある分野の専門研究者も他の分野については「素人」である場合が少なくない。憲法制定過程の研究者が、丸山眞男の思想に精通しているとは限らないし、言説分析や文化研究の用語になじんでいる保証もないであろう。したがって、本書のように幅広い領域をカバーした研究において、専門研究者でなければ読めないようなスタイルでそれぞれの章を記述すれば、ほとんど誰一人として通読できない本ができあがってしまうだろう。

以上のような考えから、筆者は一般の読者——くりかえしになるが、ある章の専門研究者も他の章では「一般の読者」でありうる——の読みやすさを優先して本文を記述し、先行研究などへの言及はすべて注で行なっている。筆者の考えでは、学術雑誌に掲載する論文はともかく、単行本の出版は数千人から数万人におよぶ読者のために行なわれるのであり、数人から数十人である当該分野の研究者のためだけに行なわれるのではない。

なお本書で「戦後思想」と述べているものは、戦争体験をもつ「戦後知識人」から生みだされた思想である。本書の検証で明らかになるように、「戦後思想」とは、戦争と敗戦の体験をいかに言語化し、思想化するかの営為だったといっても過言ではない。したがって戦争体験をもたない知識人とその思想は、本書でいう「戦後知識人」「戦後思想」に入らない。そのため、戦後生まれ世代によって行なわれた全共闘運動は、主たる研究対象には含めなかった。

くりかえし述べるが、「戦後思想」とは、戦争体験の思想化であった。にもかかわらず、これまでの戦後思想研究の大部分は、知識人たちの戦争と敗戦の体験がいかなるものであったのか、そしてそれが戦後思想にどんな影響をもたらしたかについて、十分な検証を行なってこなかった。本書は各章の検証において、この点を重視している。それは結果として、「『日本人』にとって戦争とは何であったのか」という問題、そして「戦争の記憶とはいかなる影響を人間に及ぼすものなのか」という問題を、思想という観点から明らかにする作業となろう。

本書のめざすところは、こうした「戦後思想」の姿をよみがえらせ、その継承すべき点を評価するとともに、その限界と拘束を越えることである。そのため本書では、戦後思想を現代の言葉から性急に批判することよりも、まず当時においてそれが表現しようとしていた心情を明らかにし、その最高の部分を再現することに努めた。ある思想の限界を越えるにあたり、その最低の部分を批判することではなく、その最高の部分を再現しつつ越えることによってこそ、その拘束から解放されることが可能になるからである。

なお引用にあたっては、現代においては不適切な表現も、そのまま記してあることについて、ご了承いただきたい。

第一部

第1章　モラルの焦土

多くの者が、死んだ。

家族が、隣人が、友人が、恋人が、同僚が、次つぎと死んだ。多くの男女が、青年や子供が、戦場や空襲で死んだ。その多くは、一方的に殺戮されるか、飢えや病いで死んだ。

戦後思想は、その背景となった戦争体験を知らずして、理解することはできない。この章では、なかでも戦後思想のありように大きな影響を与えた、戦時中のモラルの問題について概説する。(1)

セクショナリズムと無責任

日米戦争は、軍や政府にとっても、まったく勝算がないまま開始された戦いであった。日米開戦の主張は陸軍に強かったが、陸軍の仮想戦場は明治いらい大陸方面であり、太平洋での戦争など準備していなかった。大本営海軍部のある参謀は、「驚いたことには、陸軍には見るべき対米作戦構想も具体的な作戦準備も無きに等しかったことが、開戦後に判明した。無責任というほかはなかった」と回想している。(2)

こうした「無責任」もさることながら、作戦準備の不在が「開戦後に判明」したという陸海軍のセクショナリズムも著しかった。大本営は陸軍部と海軍部に分かれ、それぞれ別個に作戦を立てており、大本営陸軍部の情報参謀の回想によれば、「陸軍と海軍が双方とも、何の連絡もなく勝手に戦果を発表していたため、陸軍は海軍の発表を鵜呑みにする以外にない」という状況であった。海軍の空母が全滅した一九四二年六月のミッドウェー海戦の実情についても、陸軍情報部の部員たちは「各種の情報、特に外国のニュースなどによって」「大体のことは知っていた」にすぎなかったという(3)。

陸海軍の部内におけるセクショナリズムも、著しかった。大本営陸軍部に勤務していた参謀の回想では、彼の任期中、情報部と作戦課が作戦室で同席して、議論を行なったことは一度もなかったという。情報部は収集した情報を資料としてまとめて戦況説明を行なっていたが、作戦課は情報部の判断を無視し、独自に作戦を立てていた(4)。

その遠因には、軍の人事システムがあった。陸軍は陸軍大学、海軍は海軍大学の、卒業年次と成績でその後の出世が決まるという、官庁型の人事が定着していた。陸軍で作戦課は最高のエリート・コースであり、作戦課員は他の部署を見下していた。そのため、「作戦課の作戦室に出入りを許される者は、大本営参謀の中でも一握りに限られていた」という(5)。

こうした人事システムの弊害は、海軍にも顕著だった。日米戦初期に空母艦隊を指揮した提督は、部下の参謀の提案にしたがう以外の判断能力がないことが部隊内でも定評になっていたにもかかわらず、年功序列によって司令官に任命された。そして前述のミッドウェー海戦では、この提督の指揮のもと、空母が全滅した(6)。

こうした状況のもと、政策決定は形式的な作業と化した。すでに形勢が悪化しつつあった一九四三年九月、戦争方針決定のため、天皇の前で陸海軍合同の御前会議が開かれた。御前会議の本番は、リハーサル通りの報告が行なわれるだけであり、中堅クラスの将校が提出書類を作成していた。その経緯を、当時の大本営海軍部の参謀はこう回想している(7)。

……事務当局は二手に分かれて、情勢判断を起草する組と、政策事項を起草する組とになっていた。本当なら、情勢判断に基づいて政策が生まれるはずなのだが、両者並行して起草するから、情勢判断が決まらないうちに、政策が決定してしまった。いや、本当は、「こんな決定をしなければならないから、御前会議を開いて貫おう。御前会議を開くとなれば、情勢判断を提出せねばならぬ」という具合であった。結論が先で、判断は後であった。

こうして、決定済みの政策に合わせて、情勢判断のほうを楽観的に書きかえる作業が行なわれた。しかし敵側は、その通りには動いてくれなかったのである。

こうした事情のため、中央の作戦決定や命令は、しばしばあまりに遅く、あまりに状況を無視していた。中央での意見調整や妥協のため、多くの会議が行なわれているあいだに、手遅れとなった戦況のなかで多くの者が死んだ。

戦争の推移は、開戦後半年ほどの優勢の時期を経て、南太平洋で一年半ほど拮抗の時期が続いた。一九四三年いっぱい続いたこの拮抗の時期、後方にあたっていたマリアナ諸島やフィリピンなどでは、ほとんど防衛準備が行なわれなかった。硬直化した軍組織は、さしせまった事態以外には対応しようとしなかったのである。

そもそも陸海軍の上層部では、中央勤務が出世コースであり、前線行きは忌避されがちであった。そのため中央には、前線の実情を知らない者が多かった。戦局の厳しさを認識して意見を具申しようとした大本営海軍部の参謀は、同僚からこう制止されたという。「こんなことを言い出したら、貴様は明日にでもニューギニアかソロモンの最前線に転勤だ。戦死するのもいいだろうが、闇から闇に葬られることになるんだ」(8)。

一九四四年に入り、南太平洋の拮抗状態が破綻すると、日本軍の戦線は一気に崩壊した。防衛準備が整っていなかった後方線はたちまち破られ、一九四四年七月にはサイパン島が陥落し、日本の空母艦隊が壊滅した。こうした時期でも、海軍は太平洋での航空戦の実相を陸軍に教えず、陸軍は太平洋戦線が崩壊しつつあったさなかに中国やビルマで攻勢作戦を試みていた。ほとんど無意味なこうした作戦で、多くの兵士と現地住民が死んだ。

とはいえ一九四四年後半までには、もはや勝利の見こみがないことは、軍上層部にも理解されていた。これ以後は、どこかの戦場で局地的勝利を収め、降伏条件を改善するという、いわば「戦略の仮面をかぶった面子」のもとで戦闘が継続されることになる(9)。

大戦の最終段階では、正規戦闘では米軍に太刀打ちできず、特攻戦法が広範に採用された。一九四四年一〇月に海軍航空隊でこの戦法が採用されたとき、表向きには、現地航空部隊司令の発案と、パイロットたちの志願によったものとされていた。しかし実際には、事前に海軍中央で行なわれた協議によって、形式上は現地で発案されたかたちをとり、中央からは何の指令も下さないことが内諾されていた。[10]

航空機による特攻は、「一機で一艦を屠る」というスローガンのもとで行なわれた。しかし爆弾を抱いた航空機の衝突は、投下爆弾にくらべ速力と貫通力が劣り、破壊効果も少ないことが当初から知られていた。米軍の戦闘機と防空弾幕の妨害を、特攻機が潜り抜けられる可能性も少なかった。

海軍軍令部の予測では、八機から一〇機が同時に最良の条件で命中しなければ空母や戦艦は撃沈できないこと、出撃する特攻機のうち一割ていどが敵の位置に到着できるだけであろうことなどが、沖縄戦の時点ですでに算定されていた。[11] そのためもあって、特攻で沈められた大型艦船は存在しなかった。

現地軍から報告される特攻の戦果は、しばしば大幅に誇張されていた。フィリピン戦線でのある作戦では、二四機の特攻機が、三七隻を撃沈破したと報告された。[12] そして実施された特攻のなかには、故障などによって生還した者を死なせることを目的としたものも混じっていたといわれる。その理由について、フィリピン戦線にいたある陸軍パイロットは、回想記でこう述べている。[13]

当時の高級参謀たちは、上からの命令になんとか帳尻を合わせることに必死であった。つまり、特攻を出すことによって、架空の戦果をつくり出すわけである。

しかも、いったん特攻に出した人間が生きていることは、彼らにとって、はなはだまずい。せっかくつくりあげた架空の戦果は台なしになるし、特進を申請したのも嘘になる。これは何が何でも本人に死んでもらわねば面子が立たない。

このフィリピン戦線では、多くの部下を特攻に送りだした航空軍司令の冨永恭次陸軍中将が、米軍上陸直後に飛行機で台湾に無断脱出した。しかし元陸軍次官でもあったこの将軍は、予備役に編入されるだけの処分ですんだ。

特攻パイロットの人選は、一応は志願によっていた。しかし実態は、事実上の強制に近いものが多かった。フィリピン戦線にいたある海軍航空部隊のケースでは、夜中にパイロット全員が呼び出され、特攻を「希望しない者は一歩前に出ろ」と命じられた。こうして全員が志願と認定され、上官の判断で特攻隊員が選ばれた(14)。

航空隊の幹部や兵学校出の士官、古参パイロットなどは、部隊の維持に必要であるとされたため、特攻に出ることは少なかった。そのため特攻隊員の多くは、戦争の後半に動員された学徒出身の予備士官や、予科練出の少年航空兵などから選ばれた。機材面でも、特攻用には、喪失しても惜しくない旧式機や練習機がしばしば使用された。当時の古参パイロットの一人は、「特攻隊に選ばれた人たちは、はっきり言って、パイロットとしてはCクラスです」と述べている(15)。

海軍のある航空隊では、こうした状況に疑問を持った飛行長の少佐が、司令の大佐に以下のように主張したあと、特攻出撃が立ち消えとなった。「もし行くんであれば、まず私が、隊長、分隊長、兵学校出の士官をつれて行って必ず敵空母にぶち当たってみせます。最後には司令も行ってくれますね。予備士官や予科練の若いのは絶対に出しちゃいけません(16)」。しかし多くの特攻は、こうした言葉と逆の形態で行なわれていたのである。

こうした状況を前にしても、脱走すれば銃殺であり、故郷の肉親が非難されることも明白だった。同じ境遇にいる戦友を捨てて脱走するという行為に、罪悪感を抱く者も多かった。そのため多くの特攻隊員は、国家や故郷を守るという理念によって、自分自身や戦友の死を意味づけた。しかし一部には、基地上空で司令官室めがけて突入する姿勢を見せてから、敵への攻撃に飛び去った特攻機もあったともいわれる(17)。

こうした特攻戦術は、航空隊だけではなかった。一九四五年四月、戦艦「大和」と護衛艦が沖縄への「水上特攻」に出撃し、ほとんど何らの戦果もなく米軍機に沈められた。この出撃に成算がないことは海軍中央も承知であり、しかも出動の数日前までは、そうした計画じたいが存在しなかったといわれる(18)。

元連合艦隊参謀長の日記によると、「大和」出撃のきっかけは、海軍の軍令部総長が、沖縄への特攻作戦計画を天皇に上奏したことだった。そのさい、「航空部隊丈の総攻撃なるや」と天皇の質問があり、総長がその場で「全兵力を使用致すと奉答」したのである。[19]

こうして、何らの準備もないまま急遽出動を命じられた艦隊は、一方的な空襲をうけて壊滅し、四千名ちかくが死んだ。しかし、そうした命令を下した司令官や参謀が、作戦失敗の責任を問われることはなかった。

こうした状況にたいし、兵士たちが示した反応は、士気の低下だった。海軍航空隊パイロットの一人は、戦後に書いた回想記で、「この戦法〔特攻〕が全軍に伝わると、わが軍の士気は目に見えて衰えてきた。神ならぬ身である。生きる道あってこそ兵の士気は上がる。表むきは、みな、つくったような元気を装っているが、かげでは泣いている」「勝算のない上層部のやぶれかぶれの最後のあがきとしか思えなかった」と述べている。[20]

特攻隊員の遺書をはじめ、兵士の手紙は軍に検閲されており、定型的な美辞麗句以外の内容は書けなかった。いわゆるエース・パイロットとして知られる坂井三郎は、戦後のインタビューでこう述べている。「当時の新聞でも、海軍部内広報でも、敷島隊〔最初に認定された特攻隊〕が壮烈なる体当たり攻撃をやった。これによって、海軍航空隊の士気が高揚したと書いてある。大嘘。士気は低下しました」。「全員死んでこいと言われて、士気が上がりますか。……間違いなく下がったけれども、大本営と上の連中は上がったと称する。大嘘つきです」。[21]

こうした戦争の模様を記してきたのは、ほかでもない。これらの事情が戦後思想、とくに「戦争責任」や「公」に関する思想の、大きな背景になったからである。

軍需工場の実態

軍需生産の現場でも、混乱があいついだ。とくに問題になったのは、統制経済の弊害と、総力戦体制の麻痺だった。

一九四一年末から、各産業部門に生産割当や資材の配分などを行なう統制会が設けられた。この組織は商工省や軍需省に直属しており、企業代表者や官僚が役員に就任した。一方で民需産業と中小企業の整理統合が行なわれ、多くの人びとが軍需産業への転業や勤労動員を強いられた。

しかし、ここでも陸海軍のセクショナリズムは著しかった。同一のドイツ製エンジンをライセンス生産するのに、陸海軍が別個に交渉して二重にライセンス料を支払い、別個の名称が付けられた。兵器開発計画は陸海軍の各部署ごとに乱立状態となり、実現に至ったものは少なかった。こうして生まれた兵器は多種多様におよび、生産の増大が妨げられた。弾丸や部品は、同種の兵器でも陸海軍で規格がちがい、互換使用ができなかった[22]。

大戦後半には、米軍の潜水艦攻撃で原料の海上輸送が困難になり、燃料や資材の不足が深刻化した。陸海軍は相互に不足する資材を奪いあい、工場にそれぞれの監督官を派遣して、自分の部署の兵器を優先的に生産するよう強要した。

戦争後半の一九四三年一一月になって、軍需省が新設され、軍需産業の一元的統括が試みられた。しかし陸海軍は、軍需省に作戦計画を教えず、軍需省側は戦争の見通しにもとづいた生産計画を立てることができなかった[23]。

軍需省は各航空機会社にノルマを割当て、生産増大を叱咤した。その結果、一九四四年には航空機生産はピークをむかえたが、その多くは形式的に生産数に加えられただけの不良品だった。一九四四年二月の例では、生産された航空機のうち前線部隊で満足に使用可能なものは、およそ三分の一にすぎなかったといわれる[24]。

その原因の一つは、部品を供給する下請工場の力不足だった。下請は大部分が零細の町工場であり、設計通りの精度で部品を生産できず、品質検査で合格品が半分以下という状況はざらだった。三〇〇万人以上の工場労働者が軍隊に動員されたため、品質を保てる熟練工も不足していた。

理由の第二は、統制経済だった。民間には不足していた各種の資材が、軍需工場には優先的に配給されていた。このことは、軍需工場の役職員が物資を闇市場に横流しすれば、法外な利益が得られることを意味した。生産資材の横流しで原料不足が激化しただけでなく、不良部品も闇ルートから工場に納入された。こうした状況にもかかわらず、軍需省は製品の規格基準を下げ、表面的な生産目標を達成しようとした。

こうした生産現場の状況は、動員された学生や女性たちに、大きな心理的影響を与えた。

一九四三年八月には、事務補助者や車掌など一七業種で男子の就業が禁止され、若年女子の労働徴用が推進された。

文部省は「行学一致」というスローガンを採用し、工場は社会教育の場であるという名目で、学校教育を縮小して学生の動員に協力した。

こうして一九四五年初めまでに、約三〇〇万人の中学生以上の生徒、四七万人の女子勤労挺身隊が動員され、民需産業から強制転職させられた徴用労働者などとともに工場や農村に配置された。当時の八大造船所の平均では、正規従業員は二〇パーセント、徴用工と学徒が五五パーセント、朝鮮人・中国人・捕虜・囚人などが合計して二一パーセントであった。平均労働時間は一日あたり一一・四時間におよび、深夜業務や休憩時間削減が強行された。(25)

強行される長時間労働と、食料の不足は、生産能率と士気を低下させ、不良品の増加や無断欠勤の続出を招いた。そうした状況への対処として、憲兵の見回りや、軍隊組織にならった職階制が導入され、不合理な精神主義も横行した。中島飛行機尾島工場の事例では、一九四四年六月に、一日三〇分ずつ三回の「突撃時間」が実施された。この時間中は拡声器で突撃ラッパが演奏され、「突撃精神」で作業することが命令されたのである。しかし作業が冷静に行なえないため、かえって不良品の増加を招くだけの結果に終わった。

国家から教えられたスローガンを信じ、工場に動員されてきた学生たちは、こうした実情に失望した。とくに彼らを嘆かせたのは、生産現場をおおう「虚偽」であった。当時の女学生だった武田清子は、動員先の「H製作所」の様子を、こう回想している。(26)

当時の生活を考える時、すべては「嘘」に貫かれていた。毎日の新聞に日本の戦勝を人々に印象づけようとする報道が出つづけていても、工場の現場に働く人たちは、「こんなことで勝てたらえらいもんだ」と仲間同士では常に話しあっていた。日本の飛行機の骨をつくっている自分たちの鋳型工場から生産高がどのように正式に報告されていようとも、それらの製品の中にどんなに不良品が多いかということを最もよく知っているのは、現場で働くこれらの人たちである。そしてそうした不良品の原因が、当時の日本の窮迫によるだけではなくて、上役による材料の横流しや、いろいろの嘘によっていることを知っているのも彼らであった。自分たちもまた職階が可能にさせる程度に応じての横流しをすることが当然とされる世界であった。しかも毎日朝礼を持ち、必勝の決意にもえた顔で上役から訓示が行われ、それを真面目な顔をしてきき現場にむかう生活がくりかえされていた。

工場での食料配給は、わずかだった。公定配給量が少なかっただけでなく、職制による横流しや横領があったからだった。武田によれば、「工員は勿論のこと、工場を行学一体の教場として勇んで出て来た中学生たちまでが食券の偽造をはじめ、一回に二食分、三食分を食べることによって、空腹を充す道を捻出して、何ら矛盾を感じない人間になってしまっていた」。虚偽は虚偽を生み、横領は横領を生んだ。「嘘に対する嘘の対策は、自然の護身方法であった」からである。

横領と同時に発生したのが、癒着であった。軍需工場を中心に、すべての産業に官庁の統制と許認可がおよぶようになったことは、必然的に企業と官僚の癒着を激化させた。官僚を接待して物資が配給されれば、その横流しによって利益が獲得できた。当時の慶應義塾大学塾長だった小泉信三は、官僚を社費で接待する習慣は、戦時期から広まったと指摘している(27)。

物資の不足が著しくなった戦争後期には、大蔵大臣だった賀屋興宣《かやおきのり》が杉並区内の木炭を自宅に買い占めているとか、失火で焼けた荒木貞夫陸軍大将の家から大量の隠匿食料が出てきたといった情報が、口伝えで広まっていた(28)。彼らは、耐乏生活や「滅私奉公」を、公式の場では訓示していた人びとだった。のちに吉田茂内閣の文相となった倫理学者の天野貞祐は、戦時期を回想して、「皮肉なことには、自分を持たないはずの全体主義者達が事実においては最も私利私欲を追求する人々として、一番自分を持つ人々であった」と述べている(29)。

こうしたなか、面従腹背が人びとの習い性となった。武田はこれを、外向けの「貝殻」を持つ「貝殻人間像」とよんだ。「職長も、課長も、部長も、工場長も、工場監督官も、すべてが、社会のヒエラルキーの中に自己の位置を占めつつ、そこにおいて上に向かっても、下に向かっても、貝殻人間像をかぶって、社会的、公的行動をとっており、しかも、自らの生身の人間像でそれを裏切っていた」。彼女が戦争から学んだものは、「滅私奉公」をはじめとした

「国家の指導理念そのものが貝殻人間像の矛盾と虚偽とをその本質としていること」だった。[30]

組織生活と統制経済

こうした「虚偽」の横行は、一般生活でも同様だった。

一九三〇年代前半には、経済不況からの脱出口として、戦争に期待をかけていた庶民も少なくなかった。それは、表向きのスローガンとは無縁の、実利的な打算であった。農本主義右翼の橘孝三郎は、満州事変直後に列車の中で聞いた「純朴その物な村の年寄りの一団」の会話を、こう記録している。[31]

「どうせならついでに早く日米戦争でもおつぱじまればいいのに。」「ほんとにさうだ。さうすりあ一景気来るかもしらんからな、所でどうだいこんなありさまで勝てると思ふかよ。何しろアメリカは大きいぞ。」「いやそりやどうかわからん。しかし日本の軍隊はなんちゆうても強いからのう。」「そりや世界一にきまつてる。しかし、兵隊は世界一強いにしても、第一軍資金がつゞくまい。」「うむ……」「千本桜でなくても、とかく戦といふものは腹が減つてはかなはないぞ。」「うむ、そりやさうだ。だが、どうせまけたつて構つたものぢやねえ、一戦争のるかそるかやつゝけることだ。勝てば勿論こつちのものだ。思ふ存分金をひつたくる。まけたつてアメリカならそんなにひどいこともやるまい。かへつてアメリカの属国になりや楽になるかも知れんぞ。」

しかし戦争の激化は、こうした期待を裏切っていった。日中戦争や日米開戦以後の大規模動員は、農民や労働者の家庭経済を直撃した。津田道夫は当時を回想して、「近所の息子に召集が来ると、家の内では『手がなくなって気の毒に』とか、『いい気味だ』とか話しあうのに、外にでては、『お芽出とうございます』と挨拶する。また、息子を召集されたほうはされたほうで、うちうちでは『困った困った』といっていても、一歩家をでると、『うちの息子も、今度、晴れて御奉公することになりました』などといわざるをえない」と述べている。[32]

軍事動員による農村労働力の不足と、肥料の原料不足などのため、一九四二年から四五年までに、全国のコメ生産量は四割以上低下した。食料や衣料は配給制となったが、一九四四年三月の東京での副食品配給は、一人当たり三日にネギ三本、五日に魚一切れだった。

戦争の進展とともに、一般国民も軍隊型の組織に再編成され、隣組や町内会、あるいは各職場の報国会などに所属させられた。食料配給はこうした公認組織を通して行なわれたため、人びとは公認組織に加入せずに生きてゆくことはできなくなった。

こうした公認組織は、国民に政府の意向を徹底させ、動員する場となったと同時に、国民どうしの相互監視と密告を横行させた。そして隣組長や町内会長といった地域有力者は、密告や食料配給のルートを握ることで、地域住民の生殺与奪権を把握するほどの権力を持つことになった。

さらに公定配給の不足は、役得者の「ピンハネ」や、縁故に頼った闇取引を蔓延させた。人びとは生活のために、食料を握っている軍人や官僚、地域有力者などに、縁故を求めざるをえなくなった。歴史家の遠山茂樹らは、そうした模様をこう描写している。[33]

物資の不足がひどくなるにつれて、闇取引や物々交換が横行した。戦争遂行に奉仕しているとの名目で、軍や軍需工場の関係者、統制組織の役員は、上級者から下級者にいたるまで、それぞれの役得を半ば公然ととる不正がおこなわれた。「世の中は星に碇《いかり》〔星は陸軍、碇は海軍の階級章〕に闇に顔　馬鹿者のみが行列に立つ」。「顔」は、生活必需品配給の末端機構となった隣組の隣組長、町内会・部落会の役員となった町のボスや地主、はては配給所の職員となった米屋にまでおよんだ。彼らは官僚統制組織につながることでお役人意識をもつようになり、自分も民衆の一人であることを忘れがちにされた。私用が一切禁じられた結果は、一切の私事が公用の名をかりておこなわれた。軍人、役人ほど民衆から不信の眼を向けられ、にくまれたものはない。しかしまた軍人、官僚ほど、民衆からうらやまれ、それへの縁故が求められたものはなかった。こうして統制が強められれば強められるほど、秘密主義、セクショナリズム、形式主義、非能率など、官僚組織がもつ弊害は、社会のあらゆる領域におよび、戦争体制の活動をも麻痺させてしまった。

「一切の私事が公用の名をかりておこなわれた」という現象は、丸山眞男が一九四六年に論文「超国家主義の論理と心理」で、「国家的なるものの内部へ、私的利害が無制限に侵入する」という言葉で描写することになる。(34)

こうした状況は、公共モラルの急激な低下と、国政への不信をもたらした。当時の民情を探っていた特高警察の文書は、「近頃年頃の娘には警察官と結婚を希望するもの増加せり、その理由は生活必需品を容易に且安価に入手出来たるためなり」「厭戦的和平的言動相当増加し、反軍的気分が表面化しつつあり」などと記述している。(35)

食料と物資の不足により、治安も悪化し、盗難が増加した。一九四四年二月には、上層家庭の子女が通う青山女学院で、弁当をストーブであたためることが中止された。弁当の盗難が絶えなかったからだった。(36)

一九四四年から始まった学童疎開で、児童たちもこうした状況に直面した。食料不足のもとで営まれる集団生活は、人間のあらゆる醜悪さを露呈させた。

当初は「お国のためになるのだと信じ、さながら兵隊さんの出陣きどりで、集団疎開に参加した」という柴田道子は、当時を回想してこう述べている。「疎開した子どもの誰しもが言うに違いないこと、それは、疎開して一番つらかったことは何かの質問に対して、お腹がすいたこと、家に帰りたかったことよりも先に、仲間はずれと答えるだろう(37)」。

集団疎開の児童たちは、宿泊所で班に編成され、上級生が班長となった。このことは、一般社会における隣組などと同様に、班長が班員の生殺与奪権を握ったことを意味した。柴田は「六年生の班長の権限は先生以上のもので、そこには気ままな横暴があった」と回想し、こう続けている。

私たちの部屋は学寮中の模範だった。規律を守り、あまりさわがず、先生を困らせることがない、その上よく勉強する班、先生はまったくそれ以上の何を求めよう。だが先生の目がとどかないところで恐ろしいことが起っていた。……〔班長の〕A子は、自分の気に入らぬことが起った時、先生からおこごとをちょうだいした時、よくこの仲間はずれを行なった。B子は誰先生にひいきされているからとか、C子のところには家からよく手紙が来すぎるとか、たわいない理由から、班中の子どもに命令して、B子をぶつとか、その日はC子と口を聞かないことなどのきびしい制裁をするのだった。この仲間はずれは順番のように廻って来る。被告の子どもは、一時もはやく仲間はずれから解放されたくてじっとがまんして班長のゆるしを待つのだ。反撥したり、友に同情したりすると、すぐ仲間はずれが自分のところに廻って来る。……

そのうち子どもたちは、班長の気をそこねないように色目を使うことを覚えた。東京から送られて来たお菓子を班長には多く与えるなどの形をとって現われた。……郷愁にかりたてられ、お手洗いに入って泣き、あるいは夜、布団の中で声を殺して泣いたものだ。

疎開は二四時間の集団生活であり、「班長には朝から晩まで、ねむっている時間までも監視されている」状態だった。柴田はおとなしい生徒だったが、県の作文コンクールで入選したことがもとで、班長から「気がきかない」という理由で集団リンチの対象とされた。「皆の前でごういんに、はだかにされ、一人一人から批評された。他の子どもたちも不本意ながら命令に従わなければならない」。

こうした子どもたちの状況は、大人社会の縮図だった。教師から抑圧を受けた班長が、その鬱積を班員にむかって爆発させるという現象は、社会全体が軍隊型の組織に再編されていた当時の日本では、いたるところで発生していた。この現象もまた、戦後に丸山眞男によって、上位から下位への「抑圧移譲」という言葉で表現されることになる。

こうした状態に、食料不足と栄養失調、さらに勤労奉仕の肉体的負担などが重なった。衛生状態の悪化から伝染病や寄生虫が疎開児童のあいだで蔓延し、栄養失調で死亡する児童や、「疎開病」と通称された神経症がしばしば発生した。

教師と生徒の関係も、悪化した。柴田は、疎開学童用に特別配給されたカニの缶詰が紛失したという事件を挙げている。寮長や教師を中心に犯人さがしが行なわれ、以前にコメを盗んだ男子児童が犯人だと目されていた。だが、柴田がたまたま就寝時間後に職員室を覗いたところ、若い教師たちがその缶詰を食べているのを目撃したのである。

しかし戦中には、こうした事態の告発は不可能だった。児童と親との書簡は、しばしば開封され検閲されていた。柴田の回想によれば、「ある時、マンガの上手な子どもが先生のオドンブリは山盛、生徒のオドンブリはわずかにしか御飯が盛ってない絵を描き、その上やせてゴツゴツの自分たちの姿を描いて東京の家に送り、問題になった」という。

もちろんなかには、生徒のため尽力した教師もいた。柴田はある教師が、「先生はお腹こわしてしまったのよ」と言いながら幼い下級生に食事を譲っている有様をみて、「私は理由を知っているだけに、泣きたい思いで聞いた」という。しかし全体の食料が不足するなかで、こうした教師が少数にとどまったのは、やむをえないことだった。

中国文学者の竹内好が、戦後に元疎開児童たちの体験を聞き集めたところ、「家庭からの贈り物は教師がうわまえをはねる。配給の油は横流しする。止宿先の旅館では一般客や教師には銀メシを供し、学童たちはイモや雑穀入りの黒いメシをあてがわれる」といった事例が大半だった。しかしこうした事態は、もちろん公的には記録されなかった。戦中の「少国民」世代だった山中恒《ひさし》によれば、「一部教師が高学年の女子にけしからん振舞いに及んだなどということも、体験者の間でささやかれることはあっても、表面には出て来ない」という。(38)

食料の分配をめぐっては、疎開者と地元民の争いも発生した。そしてこの場合、食料を握っている地元農民のほうが優位だった。もともと貧富の格差が大きかった当時では、都市中産層は貧農にとって、嫉妬と憎悪の対象となりやすかった。疎開児童たちは、そうした状況に飛びこんだかたちとなったのである。

一九四六年一月、静岡県の農村に復員してきた渡辺清は、村を離れて帰ってゆく疎開児童たちが、「ケチケチ百姓、ドン百姓、鬼百姓」と叫んで行進してゆく様子を目撃した。彼は当時の日記で、こう記している。(39)

おれはふざけているのかと思った。が、ある怒りをふくんでへんにこわばっている子どもたちの顔をみてはっとした。子どもたちはまわりの畑の百姓たちにむかって、口に手をあてて本気で叫んでいたのである。……村当局も疎開者には冷淡だったらしい。大人たちばかりでなく、村の子どもたちからも、なにかというと「よそ者」あつかいされ、喧嘩をふっかけられ、畑あらしがあればそれもたいてい疎開者のせいにされてしまうというわけで、子どもたちにとって村でのこの一年間は、ひもじさと屈辱とやせ我慢の連続だったろう。「鬼百姓」という言葉もおそらくその鬱積した怒りの底から噴きでるように吐き出されたものにちがいない。

こうした農民への反感は、疎開児童にかぎらなかった。戦中から敗戦後にかけて、なけなしの家財や衣類をたずさえて農村に食料買出しに出かけた都市住民たちは、自分たちの家財を二束三文に買いたたく農民に反感をもった。敗戦直後の新聞報道によると、「買出群は何れも官僚と農家を極端に怨み、餓死するときには大臣の玄関か農家の軒下で死ぬのだと口を揃えて言っている」という状態だった。一方で渡辺の日記によれば、農民たちは「都会のやつらも、こんどというこんどは百姓の有難味がわかったずら」「このさい町場のやつらをもう少しきゅうきゅうの目にあわしておいたほうがいいずら」と述べていたという[40]。

こうした実情は、戦中にはすべて隠蔽され、政府のつくりだした美辞麗句だけが表面を覆っていた。しかし言論統制が解かれた戦後になって、これらの経験や感情は、戦後思想のかたちをとって噴出することになるのである。

知識人たち

日米開戦時には、多くの知識人が戦争を賛美した。かねてから西洋への劣等感に悩まされていた知識人たちは、緒戦の勝利に喝采を送った。評論家の奥野健男は、「対中国戦争に対しては漠然たる後ろめたさを感じていた大衆、侵略戦争としてはっきり批判的だった知識人も、米英に対しての戦争となるとその態度は急変した」と述べ、こう書いている[41]。

……日本人の目には、富を先取し独占する欧米の先進国家が、新興勢力の日本を妨害し圧殺しようとかかっているように映った。……そこにはアジア民族としての百年の白人の侵略と横暴に対する民族主義的な怒りと恨みもあった。……緒戦の大戦果が次々と報ぜられるにしたがって、緊張感は解放感に、恐怖感は優越感によろこびに、誇りに転化した。有色人種、後進国民の、白人、先進国に対する劣等感が、一挙に解放された。泥沼に入った中国戦争のうしろめたさと暗たんたる気持ちが米英と戦うということで大義名分を得、暗雲の晴れたような気持ちにもなった。

日米開戦時に、戦争賛美を書いた知識人は、政治的立場をこえて多かった。河上徹太郎は「混沌暗澹たる平和は、戦争の純一さに比べて、何と濁った、不快なものであるか！」と述べ、青野季吉も「アメリカやイギリスが急に小さく見えて来た。われわれのように絶対に信頼できる皇軍を持った国民は幸せだ」と記した。坂口安吾や徳田秋声も、米英への劣等感が克服されたという趣旨の開戦賛美の記事を書いている。(42)

また、知識人の社会的責務という観点から、戦争への貢献を説く者も多かった。作家の石川達三は日米開戦にさいし、「この歴史的に大きな日々を生きて居りながら、自分の仕事が直接に時代と関連して生きるものが無いとすれば、むしろしばらく文学を休業した方がいゝ」と書いた。左翼からの転向作家として知られる島木健作も、「筆をとる身の責務の重大さをこんなにも感じた時はなかつた。それは文学者としての誇りの感情でもあつた」と書いている。(43)

ギリシア哲学の研究者であった東京帝大教授の出隆《いでたかし》は、一九四三年にこう書いている。(44)

国家の総力をあげて米英撃滅にあたつてゐるこの決戦の秋に、古い昔のギリシヤの哲学のやうなものを研究したり講義したりするといふことは、これも大東亜新秩序の建設にとつて不可欠な一要素であると私は確信してゐるのであるがなんだか今のところ不急で間接的な役割しか持たないことをしてゐて相済まないといふ感なきにしもあらずである。だから、隣組長になつてから、配給や防空に、殊に鉄兜をかぶり防火群長の腕章をつけメガホンで女流防火群を叱咤してゐるときなど、かうして隣組のために働くことは久しぶりに生きた仕事にありついたやうな気もし、また引いてはお国のために御奉公をしてゐるわけで肩身の広い思ひもする。

皮肉なことに、こうした社会貢献志向は、マルクス主義からの転向知識人のほうが強かったともいわれる。もともとマルクス主義の文学運動では、社会変革への貢献を無視した「個人主義」や「芸術至上主義」が、批判されていたからである。

その一方で、統制経済を唱える軍人たちの主張は、マルクス主義者と微妙な親和性を示した。一九四四年の雑誌『美術』における座談会で、陸軍報道部の将校はこう述べている。「大体絵描きといふものには僕は政治なんといふことは無関心の人が多い」「十六、七から製糸工場なりその外の工場に行つて働く女の子を考へて御覧なさい」「毎日々々汗水流して働いて居るのに一枚の絵さへない」「一流の画家にならう、一流の彫刻家にならうといふ考へがあるから、結局金持と結付いて、金持の奴隷になつてしまふ。それであるから一流の画家の描いたものは博物館に行かなければ見られない」「芸術家だけが価値ありとしてもそれは駄目だ。一般の国民も国家も之を認めず唯一人で喜んで居つてはいかぬ」(45)。

共産主義運動は、一九三〇年代後半までに徹底的に弾圧され、多くの共産主義者が転向を表明して釈放されていた。そして彼らのなかから、資本主義を打破する統制経済を支持したり、資本主義・帝国主義の象徴である米英との戦争を賛美する者が現われた。第14章で検証する吉本隆明は、プロレタリア文学者たちが、まず国民からの孤立感に耐えられずに転向し、つぎにマルクス主義の延長で戦争に協力したと主張して、これを「二段階転向」と名づけている。

とはいえ以上のことは、事実の半面にすぎない。戦中に公表された文章をそのままに受けとれば、ほとんどの知識人は戦争を心から賛美し、歓迎していたように読める。しかしそれは、あくまで表面上のことであった。彼らが直面していた現実は、公表された文面とはやや異なったものだった。

当時の背景として、まず挙げておかなければならないのは、強力な言論統制である。一九四〇年前後からは、戦争に批判的な記事はおろか、戦争を積極的に賛美しない文章や作品は発表困難となった。印刷用紙や絵具は統制の対象となり、当局の意志に反すれば配給が停止された。当然ながら作家や画家にとって、これらの事態は、戦争を賛美しないかぎり失業することを意味した。

こうして知識人や作家たちは、戦争協力の作品を書くか、創作を断念して軍需関連の工場で働くかの二者択一に追いこまれていった。個人的な資産があった永井荷風や清沢洌《きよし》などをのぞけば、大部分の者は、時局迎合的な文章を書く道を選んだ。わずかに、検閲の眼を盗みながら部分的な批判をおりまぜることで、自己の良心をなだめながら。

前述したように、共産主義運動から転向した知識人に、戦争賛美の文章を書いた例が多かったことは事実だった。しかしそれは、マルクス主義と総力戦体制の親和性だけが理由ではなかった。一九四一年三月には、治安維持法が改正されて予防拘禁制が導入され、釈放された共産主義者に再犯の可能性があると判断されれば、収監が可能になった。転向を表明して釈放されたマルクス主義者たちは警察の監視下にあり、積極的に戦争に協力する姿勢を示さなければ、いつ収監されてもおかしくない状態に置かれていた。

収監の恐怖は、拷問と獄死の恐怖につながっていた。一九三三年に警察の拷問で死んだプロレタリア作家の小林多喜二の死体は、こう描写されている。「余程多量な内出血があると見えて、股の皮膚がぱっちりハチ割れそうにふくらみ上っている。そしてその太さが普通の太股の二倍もある。さらに赤黒い内出血は陰茎から睾丸に及び、この二つの物が異常にハレ上っていた」[46]。敗戦直前に収監された三木清は、監獄での悪待遇と不衛生のため、皮膚病と栄養失調を併発して一九四五年九月に獄死した。

マルクス主義系の教育学者だった宗像誠也《むなかたせいや》は、自分が戦争協力の論文を書いた理由を、こう述べている。[47]

直接の原因は恐怖であった。牢屋に入れられるという恐怖である。……私は殊に肉体的に弱虫なので……この恐怖が大きかったようである。牢屋に入れられるその恐怖は、仲間がだんだん引張られるにつれていよいよ大きくなる。教育科学研究会の仲間が引張られ、だんだん孤立感におちいる。……孤立して、そしてねらわれていると感じていたのでは、とても不安でしかたがない。牢屋へ入れられることの恐怖は、父母や妻子を考えることによって倍加される。老いたる父母がどんなに嘆くだろう。妻子は生活に困るだろう。

弾圧の恐怖は、知識人たちのあいだに、孤立感と疑心暗鬼を生んだ。自由に思想を述べあう機会が奪われたことは、相手がどんな思想の持主か不明だということであった。このことは、他人の前で時局批判を述べれば、当局に密告される危険があることを意味した。

さらに疑心暗鬼を強めたのは、作家や知識人の勢力争いだった。一九四二年五月には日本文学報国会、同年一二月には大日本言論報国会が組織された。これらの組織に加入しなければ、原稿の依頼がなくなる可能性が大きかった。そして隣組や町内会がそうであったように、こうした組織の結成は、幹部が会員の生殺与奪権を把握しうることを意味した。

こうしたなかで、知識人たちの暗闘がはじまった。この時期には、従来から自分と対立していた者に、「唯物論的」ないし「自由主義的」な過去があると密告すれば、相手を社会的に葬ることは容易だった。また逆に、国策団体の主導権を握ったり、軍や官庁と結びつけば、論壇を支配する権力をもつことも可能だったのである。

これは知識人の戦争体験のなかでも、もっとも醜悪な部分であった。一九四六年三月、新日本文学会東京支部創立大会において、「文学における戦争責任の追及」という声明が可決された。そこで追及されたのは、たんに戦争賛美の文章を書いた文学者だけではなく、「自己の批判者が特高警察や憲兵やその他の力によって沈黙させられたとき奇貨おくべからずとして飛び廻った者、或は自分の文学上の敵を『赤だ』とか『自由主義者だ』とかいって密告し挑発して特高警察に売り渡した文学者」だった。(48)

こうして多くの知識人が、恐怖と疑心暗鬼に突き動かされながら、競いあうように戦争に協力していった。英文学者の本多顕彰は戦中には、戦前に反戦的な講義を行なったことを気に病み、「自分がそんなに危険な人物ではなく、また、教室で学生にむかってしゃべったほど反戦的ではないという印象を特高や憲兵隊にあたえるのにはどうしたらいいだろうかと、むだな空想にふける」ことが多かったと回想している。そして彼は、大政翼賛会外国文学部会の幹事会に迎えられたとき「大喜びで出かけ」、その後も「欠かさず出席した。点をかせぐつもりだった」[49]。

さらに本多は、自分が出版文化協会のブラック・リストに載っていることがわかると、文壇で勢力があった評論家の林達夫に、戦争協力の仕事を世話してもらうよう手紙を出した。それは表面的には、「国じゅうのひとが働いているのに、私だけが遊んでいるのはつらいから、なにか仕事があったら手伝わせてほしい」という文面だった。それが失敗に終わると、「この期におよんでも、性こりもなく軍の御機嫌をとろうとした自分をあさましく思い、深い自己嫌悪におちいった」という[50]。

戦争初期に、作家たちの恐怖の的となったのは、生命の危険が多い戦地に派遣される、軍の徴用作家に選ばれることであった。当時の文壇では、雑誌『文学界』の同人である林房雄らが徴用作家の人選を委託されているとか、島木健作や森山啓は『文学界』の同人に入れてもらって徴用を逃れたといった噂が広まっていた[51]。そして島木も本多も、公表する文章では、作家の社会的使命や国民的連帯を謳いあげ、戦争を賛美していたのである。

戦地に徴用された作家たちも、これまた競いあうように、戦争賛美の文章を書いた。軍に気に入られて早く帰国したいという動機や、文壇内のライバル意識が、そこに作用した。ビルマ戦線に徴用された社会学者の清水幾太郎は、おなじく徴用された作家の高見順に出会ったが、高見は日本からとりよせた雑誌でライバルたちが執筆していることに嫉妬し、「『こんなところで愚図愚図していたら、亡びてしまう』と口癖のように言っていた」という[52]。こうした高見が、ビルマ戦賛美の「力作」を発表したことは、いうまでもない。

こうして戦争に協力すれば、弾圧の恐怖から逃れられるだけでなく、軍や官庁からの優遇が保証された。作曲家として戦意高揚曲をつくった山田耕筰は、軍から少将待遇を受けていることを自慢していたという[53]。こうした将校待遇の知識人は、軍から当番兵が召使として派遣され、周囲の尊敬をかちえることができた。

しかし、戦争賛美をしているだけでは、危険はなくならなかった。軍や官庁のセクショナリズムのため、ある部門に取り入ったとしても、他の部門から攻撃される可能性があったのである。

一例を挙げれば、京都学派の哲学者たちは海軍と関係していたために、陸軍と結んだ右翼論者から敵視され、戦争賛美の方法が西欧思想に依拠しているという名目で攻撃されたといわれる(54)。その一方で、欧米思想を排撃した日本浪曼派の保田與重郎も、最終的には軍の反感を買って懲罰的な徴兵をされた。

文壇や論壇内で誰かが自分を憎悪していれば、たとえ官庁や軍の特定部局と結びついていたとしても、いつどこに密告されるか予測不可能な時代だった。戦後になって、戦争協力を行なったはずの知識人たちが、自分は弾圧された経験があると語ったのは、あながち虚偽ではなく、こうした事情が背景にあったのである。

疑心暗鬼と嫉妬がうずまくなかで、他者への友情や同情は、しばしば自分の身の危険を意味した。三木清が収監され獄死するに至ったのは、思想犯の高倉テルが行き場を失っているさいに、一夜の宿を提供したことからだったといわれる。誰もが自己の保身だけに、必死にならざるをえない状態だった。

こうした状況は、多くの知識人に、自己嫌悪と人間不信を植えつけた。戦後になって、第6章で検証する雑誌『近代文学』を創刊した荒正人《あらまさと》は、多くのマルクス主義文学者が戦争協力になだれこんでいった様子を、以下のように書いている。「かつての人民の友がいかにして下僕に、幸福な町人に堕ちてゆくか――その無数の事実を双眼に焼きつけてきた。それは仮面のずり落ちたあとの素顔の醜さであった。ヒューマニズムの衣装に隠されたエゴイズムの肉体であった」。「かつては『奴はなかなかいい』ということばがどこでも聞かれたが、こんどは裏返したように、あいつもだめ、こいつもだめ、蔭口、中傷、不信……これが同志愛のなれのはてなのであった(55)」。こうした戦争体験の土壌から、敗戦後には、社会変革の理想を回復しようとする「民主主義文学」と、ヒューマニズムの虚構をあばく「肉体文学」が、それぞれ台頭することになる。

軍に協力して利益をえた知識人たちも、自己嫌悪と屈辱感に悩まされていた。軍人たちはしばしば、芸術や文学には無知であった。前述の美術雑誌の座談会でも、陸軍の将校は、「病院の狂人が描く様な円とか三角を描いて、誰が見ても分らぬ」とか、「新しい国家観を持つて居るやうな人が恋愛の勝利者になる」ような小説を書けなどと主張している。[56]

表面的には迎合していても、こうした軍人たちに自分の仕事を検閲され、改作を要求されて、屈辱を感じない者はほとんどいなかったと思われる。日米戦争中、勇壮な歌詞をつくることを強要された作詞家の大木惇夫は、ある懇談会で泥酔しながら、こう喚いたという。「人間としてはおれ以下の軍人が、おれに敬礼させる。敬礼のしようがわるいと、どなりつける。しかし、いまに見ろだ。おれたちの時代が来たら、やつらに、おれがやったとおりの敬礼をさせてやるから[57]」。

便乗によって最後まで利益を得られたごく一部の者をのぞけば、多くの知識人にとって、戦争はまさに悪夢であった。それは、崇高な理念が表面的に賛美されていたのと裏腹に、恐怖と保身、疑心暗鬼と裏切り、幻滅と虚偽がないまぜになったものであった。他者への信頼と、自分自身の誇りが根こそぎにされるようなその体験は、しばしば屈辱感と自己嫌悪なしには回想できない、お互いに二度と触れたくない傷痕として封印された。だがこうした悔恨の記憶は、戦後思想における、重要な底流となってゆくことになるのである。

学徒兵の経験

一九四三年一〇月から、文科系大学生の徴兵猶予がなくなり、いわゆる学徒出陣が行なわれた。戦争後期における軍隊入営は、ほとんど死と同義であった。

学徒兵たちは、大東亜の解放にせよ、平和の礎になることにせよ、自分たちの死に何らかの意味を見出そうとした。京都学派の哲学者たちが戦争を賛美した「世界史の哲学」が、学徒兵たちに爆発的な人気を得たのも、戦争への支持が強かったからというより、彼らが自分の死を意味づけてくれる理念を渇望していたからだった。

しかし学徒兵たちが入営後に直面したのは、理念や理想などとはまったく無縁の、不合理極まりない生活であった。軍隊の内務班は、疎開児童の班生活がそうであったように、先輩格の「古兵」が支配する空間だった。下士官や古兵たちは、上官から受けた抑圧の鬱憤を、新入りの学徒兵たちをリンチにかけることで爆発させた。

戦後に「わだつみ会」の事務局次長を務めた元学徒兵の安田武は、軍隊で「寝具のなかに短かい夢を結ぶ間も、厠で糞をたれている間も」「いじめぬかれ、小づきまわされ、『陛下』の銃床で殴られ、馬グソを喰わされ、鉄鋲のついた編上靴ではり倒され、血を流し、歯を折られ、耳を聾され」たと回想している(58)。学徒兵たちの遺稿を集めた『きけわだつみのこえ』でも、軍隊に期待をもって入営した者が、やがて「軍隊は教育場にあらず監獄なり」と書くようになっていく様子がうかがえる(59)。

同時に学徒兵が疑問に感じたのは、軍の組織や訓練の非合理さだった。もともと日本軍には近代戦の準備が不足していただけでなく、急速な兵力拡張で教官や将校の人材も払底していた。訓練は明治時代とほとんど変化のない戦法にもとづいて行なわれ、軍人勅諭や作戦要務令の暗誦といった精神主義が横行した。遺稿集『きけ わだつみのこえ』には、「演習のための演習に過ぎない。馬鹿らしくてやれたものではない」「教官が何も知らない」「小学校の修身とどれだけの開きがあるか」といった声が数多く残されている(60)。

さらに学徒兵たちが驚かされたのは、軍隊内の腐敗だった。一般社会では不足している食料や物資も、軍には優先的に配給されていた。敗戦時に下級将校だった小林直樹によれば、軍隊の購買部では二円五〇銭で配給される酒一升が、闇市場では五〇〇円から八〇〇円したため、物資の横流しが絶えなかったという(61)。

人事上の情実も、多かった。フィリピン戦線から生還した藤岡明義は、野戦行きの人選のさい、上官の親戚が安全な後方勤務に残されていたことを例に、「公明正大をモットーとする軍隊というところは、実は情実のるつぼ」だったと書いている。『きけ わだつみのこえ』にも、学徒兵が「見かねるばかりの軍紀の頽廃」に衝撃をうけ、「軍人の本分は何と形式的で低級だったことだろう」と述べている事例が見出せる(62)。

上官の絶対的権力は、しばしば食料配給の不公平となって表われた。のちに読売新聞社長になった渡邉恒雄は、戦争末期に二等兵として召集されたさい、自分たちの食事は「麦かヒエか粟。それが茶碗に半分程度」だったのに対し、「小隊長は山盛り食べて」いたと回想している。多くの兵士が餓死したニューギニア戦線では、ある陸軍少将が食料を独占し、それに護衛兵をつけて防衛したため、一般兵士の怨嗟を買ったという(63)。

海軍航空隊のパイロットだった坂井三郎は、戦後のインタビューでこう述べている。「戦地において、下士官の宿舎と士官の宿舎は、ひどいときは四キロ、五キロ離れています」「私たちがラバウルにいたときに、自分の部下たちがどんな生活をし、どんなものを食べて戦闘してくれるのか、見に来た士官は一人もいないんですよ」「たまに私が用事があって四キロ離れた士官宿舎へ行くと、くちばしが黄色い、二、三日前、延長教育をやっと終わってきた連中が、中尉様ですから、我々のところには防腐剤の入ったビールも回ってこないのに、一人前に（敵地で分捕った）ジョニ黒を飲んでいる」[64]。俗にいう〈海軍士官のスマートさ〉は、こうした階級格差を背景に成立していた。

こうして抑圧された兵士たちの鬱憤は、軍紀の頽廃とあいまって、しばしば占領地住民への残虐行為となって爆発した。助教授の身分から二等兵として召集され、朝鮮駐屯の歩兵部隊に送られた丸山眞男は、一九四六年の論文「超国家主義の論理と心理」でこう述べている。「中国や比律賓《フイリピン》での日本軍の暴虐な振舞についても、その責任の所在はともかく、直接の下手人は一般兵隊であったという痛ましい事実から目を蔽ってはならぬ。国内では『卑しい』人民であり、営内では二等兵でも一たび外地に赴けば、皇軍として究極的価値と連なる事によって限りなき優越的地位に立つ。市民生活に於て、また軍隊生活に於て、圧迫を移譲すべき場所を持たない大衆が、一たび優越的地位に立つとき、己れにのしかかっていた全重圧から一挙に解放されんとする爆発的な衝動に駆り立てられたのは怪しむに足りない。彼らの蛮行はそうした乱舞の悲しい記念碑ではなかったか」[65]。

こうした軍隊生活のなかで形成された学徒兵たちの反応のうち、本書の文脈で重要なものは二つあった。彼らの一人が書き残した言葉に従えば、それは「大衆性に対する本能的嫌悪と国軍の非科学的組織に対する不満」であった[66]。この二つの要素は、そのまま戦後思想の性格にもつながってゆくことになる。

まず「非科学的組織に対する不満」は、非合理な精神主義と、上官の無責任などへの疑問からはじまった。それは戦争の合理的遂行のためにも、必要な批判だと考えられた。学徒兵の一人は、「戦に勝ちぬこう、頑張りぬこうという精神ばかりではだめだ。その精神の担う組織、生産関係を、科学の命ずる所によって最も合理的にする事こそ必要なのではなかろうか」と記している[67]。

こうした志向は、経済体制や人間心理を解明する社会科学を学ぶ必要性を、彼らに痛感させた。第2章以降で述べるように、「無責任の体系」や「抑圧移譲」というキーワードを生みだした丸山眞男をはじめ、戦後の多くの社会科学者は、彼ら自身が軍隊に召集された経験から研究を開始した。丸山の論文が、同時代の人びとに大きな反響をよんだのも、彼らが丸山と共通の経験を経ていたという背景抜きには語れない。

そしてもう一つの「大衆性に対する本能的嫌悪」は、じつは丸山をはじめとした戦後思想の隠れた背景であった。これについては、やや説明を要する。

まず前提となるのが、当時の日本社会の貧しさと、都市と農村、上層と下層の知的階層格差である。都市部の大学生がドイツ哲学やフランス文学に通じている一方で、農民出身の兵士には数行の手紙すら書けない者もいた。文部省と占領軍の協力による一九四八年の全国抽出調査でも、新聞程度の文章を読み書きできるかの調査で満点をとった者は、四・四パーセントにすぎないことが記録されている(68)。そのため大学生は、ごく限られたエリートであった。

疎開という人口移動が、都市と農村の対立を表面化させたことは前述した。学徒出陣もまた、それと同様の効果をもたらした。多くの学徒兵たちは都市中産階層の出身であり、日本の農民や下層民衆の生活状況を知らなかった。そして軍隊では、大学で学んだ知識は役に立たず、肉体的な頑健さや、世俗的な「要領」の良さがすべてだった。こうして学徒兵たちは、教育程度が低い下層出身者よりも、軍隊生活では劣位に立たされることとなった。

そして農民と疎開児童の関係がそうであったように、下層出身の下士官や古兵たちは、しばしば学徒兵をリンチにかけることで、都市中産層への日頃の恨みを爆発させた。哲学者の梅原猛《たけし》は、学徒兵時代を回想して、「労働者や小作農たちが、学生によって象徴される特権階級出身者である私達にどんなに反感を抱いているかを学んだ」と述べている(69)。

その結果、『きけ　わだつみのこえ』に遺された学徒兵の言葉にしたがえば、「ぼくは予想以上の大衆への嫌悪に悩まされた。彼らを人間だと思いたくなかった」という反応が現われた。前述した元学徒兵の安田武は、戦後の回想で、農民出身兵を「卑しさだけがあって、屈辱ということを知らぬ人びと、ごまかしの名人、盗みのベテラン、勝てる喧嘩では、徹底的に傲慢であり、敗ける喧嘩には、徹頭徹尾、卑屈になる人びと」と形容している[70]。

そして軍隊生活は、学徒兵たちに大衆への嫌悪だけでなく、自己嫌悪と屈辱をももたらした。なぜならリンチを逃れ、空腹を満たすためには、自分も下士官や古兵に取りいり、友人を裏切ることが早道だったからである。

梅原猛は、学徒兵時代に学んだこととして、「人間は追いつめられたとき、どんなに卑怯なことでも平気でするか」を挙げている。戦後の一九五二年には、作家の野間宏が自己の軍隊経験をもとに小説『真空地帯』を書き、弱虫のエゴイストでもっぱら自分の保身ばかりを考えている安西という学徒兵の姿を描いて、大きな反響を呼んだ。やはり学徒兵だった仏文学者の多田道太郎は、この小説の書評で、「顔をあからめずに読めない。わたしは、だいたい安西的な態度で軍隊をとおりぬけてきた」と書いている[71]。

戦場においても、人間不信をもたらす体験は多かった。日頃の恨みを晴らすため、戦闘中に古兵を後方から射殺した兵士がいたという噂は、多くの部隊に出まわっていた。勇敢で部下思いという定評のあった将校が、飢餓や敗走の渦中で、部下を見捨てて後退した事例も少なくなかった。平凡な庶民出身の兵士が、前線での興奮状態のなかで、現地住民を虐殺する行為も絶えなかった。

『真空地帯』を書いた野間宏は、自分の従軍経験をもとに、一九四七年に小説『顔の中の赤い月』を公表した。そこでは、戦場で飲料水を奪いあい、死んでゆく戦友を見捨てて生還した復員兵が、戦場の記憶にさいなまれ、戦後社会に適応できないありさまが描かれていた。その小説の末尾で、主人公はこう述べる。「あの時と同じ状態に置かれたならば、やはり俺はまた、同じように、他の人間の生存を見殺しにする人間なのだ[72]」。

こうした心情は、戦後の大衆文化においても、底流として存在することになった。一九四九年に公開された黒澤明監督の映画『野良犬』では、三船敏郎が扮する元復員兵の若い刑事が、殺人犯を悪と断罪するのを躊躇してこう述べる。「戦争に行ってる間に、人間って奴が極く簡単な理由で獣になるのを、何回も見て来たもんだから[73]」。

しかし概して、戦後の知識人や作家たちは、戦争協力の汚点がほとんどない者であっても、自分の原点であるはずの戦争体験について、まとまった回想を書くことは少なかった。それは何よりも、自分自身の屈辱の傷を公表するに等しい行為だったからだと思われる。

丸山眞男もまた、自己の軍隊経験を、ほとんど書き残していない。わずかに、上官の意向をうかがう軍隊生活を「御殿女中」のようだったと座談会で述べたことがあったり、古兵に編上靴で殴られたというエピソードが伝聞で伝わっている程度である。そして第2章で述べるように、丸山は一方では民主主義の理想を説きつつも、「暗くよどんだ社会的底辺に息づく庶民大衆」といった言葉を論文に書きつけることになる(74)。

しかし同時に、学徒兵のなかには、下層出身の兵士の境遇を理解しようと努める姿勢も生まれた。共産主義運動で検挙された経験をもち、ビルマ戦線で戦病死したある学徒兵は、下層出身兵への怒りを述べながら、「兵の気持のありよう」を「悲しい現状」と形容し、「人はもっともっとたのしく働き、暮らすべきものを」と書いている(75)。

軍隊内での経験から、下層出身兵への見解を変えた学徒兵も、少なくなかった。体力に劣る学徒兵は、極限状況において、自己の行為を論理で正当化する傾向があった。それにくらべ、素朴な義理人情を行動原理とする下層出身兵のほうが、倫理的な行動をとる場面もあった。やはり学徒兵出身である判沢弘は、前述した安田武の農民兵士評価に反論し、自分の体験では「敗走中、病気や負傷で落伍してゆく兵隊に、看護のため一緒に落伍していったのは多くそのような兵士たちであった」と主張した。そして判沢は、この擁護に加えて、こう述べている。「私は彼らを見捨ててきた(76)」。

こうした経験は、民衆への嫌悪と尊敬という、矛盾した心情を知識人たちに植えつけた。同時に、単純な蔑視や賛美をこえて、民衆の実情を直視するべきだという主張も発生した。前述の多田道太郎は、「わたしは軍隊でしめあげられてきたし、しめあげられることで日本の民衆というものの地肌にぶつかったのである」と述べている(77)。

こうした「民衆」ないし「大衆」との出会いは、第一の要素であった「科学」志向とも結びついた。下層出身の兵士たちが自分たちを憎悪し、リンチにかける事態に直面した学徒兵たちは、そうした事態を招く日本社会の階層格差や、民衆の意識構造を分析する必要を感じていった。このことは、丸山眞男や大塚久雄をはじめとして、日本の社会構造と意識構造の関連性を分析する思想が戦後に輩出する背景をなす。

同時に学徒兵たちは、西洋の哲学や思想には通じていても、日本社会の状況を知らなかったことを痛感させられた。大学で論じていたヘーゲルやカントの哲学を、日常経験を分析するために応用する訓練を欠いていたことも、身をもって実感した。この経験は、西欧の理論を単なる知識として学ぶのではなく、日本社会の現状を分析し、変革してゆくための社会科学にまで鍛えあげることの重要性を認識させた。

しかしこうした変革志向は、日本国家への批判というかたちでは、表現されなかった。むしろ学徒兵たちは、「現在のこうした状態が続く時、祖国の将来のことが案ぜられてなりません」という主張とともに、「この難局の政略に当たる諸軍人の腐敗」を批判し、「今の政治家に何を望めましょうか。学者こそ今や第一線に立つ時です」と述べるケースが多かった(78)。

こうしたなかで、政府への批判的心情は、政府が彼らに教えこんだ「愛国」という言葉によって表現された。すなわち、政府が唱える「愛国」とは別種の、「真の愛国」があるというのである。沖縄特攻で戦死した学徒兵は、こう記している(79)。

二・二六以来、日本はその進むべき道を誤った。急転直下、自由を無視せんとする運動(結局は利己主義であったのだが、表面上はそう見えた)が起こり、これに対抗せんとした真の愛国者は、冷たい剣の先にかかりて相果てた。権力主義者は己の勝利を駈《か》って、日本をば永久に救われぬ道に突き進ませた。彼等は真に日本を愛せざるのみならず利己に走って……戦争によって自己の地位をますます固くせんとした。……

彼等は我々の何よりも愛する祖国を犠牲にしてまでも、自己の力を伸張せんと試みたのであるが、今やそれは失敗に帰しつつあり、我々の真に愛する日本のみならず、善良なる国民をもその道づれとなさんとしている。

戦争への反対こそ「真の愛国」だという主張は、この学徒兵だけのものではなかった。レイテ島で死んだ学徒兵の一人は、「およそ何人《なんぴと》が真の愛国者であったかは歴史が定めてくれるでしょう」と記し、中国大陸で戦死した学徒兵も「僕の忠節の方法はおそらく現在の軍の首脳部の根本方針を冒《おか》す」と述べている。(80) こうした表現は、上層部の腐敗と無責任のなかで大日本帝国が崩壊しつつあった戦争末期に、自然発生的に広まっていった。

そして、こうした学徒兵たちの経験は、彼らだけのものではなかった。戦中に知識人が社会に投げこまれた形態は、徴兵だけではなかった。丸山眞男や竹内好のように軍隊に召集された者ばかりでなく、鶴見俊輔は軍属として南方で勤務したことによって、吉本隆明は工場への勤労動員によって、大塚久雄は農村への疎開によって、大なり小なり学徒兵たちと類似の経験をもったのである。

学徒兵たちの経験は、知識人の戦争体験の、いわば一つの縮図だった。それは、大衆への矛盾した感情を抱かせられた屈辱の経験であったと同時に、思想や社会科学を日本社会の変革に役立てる必要性を痛感させた経験だった。こうした経験は、戦時期に形成されていた「真の愛国」という表現とともに、戦後思想に大きく反映することになる。

「戦後」の始まり

戦争の最終段階では、犠牲だけが増大しつづけた。戦争の結果、日本の死亡者はおよそ三一〇万人ほどに達した。これは当時の内地人口の四パーセントほどに相当する。そのほか一五〇〇万人が家を失い、三〇〇万人が企業整理などで職を失った。

当時の大本営海軍部参謀は、戦争最後の一年間は「わが方にとっては敗戦処理、連合国軍側にとっては残敵掃討」にすぎなかったと述べている。それにもかかわらず戦争を続行したのは、為政者や軍上層部にとって、「戦争を収拾することより、それを続けることのほうがやさしいことを、示していた」という。(81)

戦争終結が遅れた主な理由は、降伏条件だった。上層部では、いずれかの局地戦闘に勝利して、降伏条件を改善すべきだという意見が強かった。降伏条件の改善とは、まず天皇制の防衛であり、次に戦犯裁判を日本側で行なうことだった。作家の小田実は後年、「天皇制が護持されることは、とりもなおさず天皇の生命が助かることだ。そして、戦争の最高指導者だった天皇の生命が助かることは、他の二番目、三番目の指導者の生命が助かることだ」と述べて

いる。(82)

一九四五年二月には、近衛文麿が天皇に降伏交渉を上奏したが、天皇は「もう一度戦果をあげてからでないとなかなか話は難しいと思う」とそれを拒否した。(83)その後の半年のうちに、沖縄戦と大量の特攻が行なわれ、各地の空襲と原爆投下があり、ソ連参戦と朝鮮半島の分断が生じ、南方戦線でも大量の戦死と餓死が発生した。多くの日本の戦死者、とくに民間犠牲者のほとんどは、この半年に集中して死んだ。

一人の人間の戦死は、その遺族や縁者に、大きな傷を残した。作家の夢野久作の長男だった杉山龍丸は、敗戦直後に復員事務に就いていたときのことを回想して、こう述べている。(84)「私達は、毎日毎日訪ねて来る留守家族の人々に、貴方の息子さんは、御主人は亡くなった、死んだ、死んだ、死んだと伝える苦しい仕事をしていた」「留守家族の多くの人は、ほとんどやせおとろえ、ボロに等しい服装が多かった」。杉山はある日、小学校二年の少女が、食糧難で病気になった祖父母の代理として、父親の消息を訪ねにきた場面に遭遇した。

私は帳簿をめくって、氏名のところを見ると、比島のルソンのバギオで、戦死になっていた。

「あなたのお父さんは——」

といいかけて、私は少女の顔を見た。やせた、真黒な顔。伸びたオカッパの下に切れの長い眼を、一杯に開いて、私のくちびるをみつめていた。

私は少女に答えねばならぬ。答えねばならぬと体の中に走る戦慄を精一杯おさえて、どんな声で答えたかわからない。

「あなたのお父さんは、戦死しておられるのです。」

といって、声がつづかなくなった。瞬間少女は、一杯に開いた眼を更にパッと開き、そして、わっと、べそをかきそうになった。……しかし、少女は、

「あたし、おじいちゃまからいわれて来たの。おとうちゃまが、戦死していたら、係のおじちゃまに、おとうち

ゃまが戦死したところと、戦死した、ぎょうきょう、ぎょうきょうですね、それを、かいて、もらっておいで、といわれたの。」

私はだまって、うなずいて……やっと、書き終わって、封筒に入れ、少女に渡すと、小さい手で、ポケットに大切にしまいこんで、腕で押さえて、うなだれた。

涙一滴、落さず、一声も声をあげなかった。

肩に手をやって、何かいおうと思い、顔をのぞき込むと、下くちびるを血がでるようにかみしめて、カッと眼を開いて息をしていた。私は、声を呑んで、しばらくして、

「おひとりで、帰れるの。」と聞いた。少女は、私の顔をみつめて、

「あたし、おじいちゃまに、いわれたの、泣いては、いけないって。おじいちゃまから、おばあちゃまから電車賃をもらって、電車を教えてもらったの。だから、ゆけるね、となんども、なんども、いわれたの。」と、あらためて、じぶんにいいきかせるように、こっくりと、私にうなずいてみせた。

私は、体中が熱くなってしまった。帰る途中で、私に話した。

「あたし、いもうとが二人いるのよ。おかあさんも、しんだの。だから、あたしが、しっかりしなくては、ならないんだって。あたしは、泣いてはいけないんだって。」と、小さい手をひく私の手に、何度も何度も、いう言葉だけが、私の頭の中をぐるぐる廻っていた。

どうなるのであろうか、私は一体なんなのか、なにが出来るのか?


多くの現地住民にも死をもたらしたルソン島バギオの戦闘は、天皇が近衛の降伏提案を拒否した時期に、行なわれていたものだった。

八月一五日にあたっての反応は、階層や居住地域、あるいは年齢によって、かなり異なる。戦後に行なわれたアメリカ戦略爆撃調査団の面接調査によると、農村部よりも空襲をこうむった都市部のほうが、また若年者よりも世知に

富む年長者のほうが、敗戦などを予告する米軍の宣伝を信じた率が高かった[85]。こうした敗戦の印象の相違については、第14章や結論で再度検証するが、いずれにせよここで戦時中の価値観と権威は崩壊した。

とはいえ価値観の崩壊やモラルの低下は、八月一五日に急激に訪れたわけではなく、戦中から進行していた事態であった。政府の掲げる理念が虚構に満ちていたことは、すでに多くの人間が感じとっていた。敗戦はいわば、とどめの一撃だったにすぎない。倫理学者の天野貞祐は、大学にもどってきた生き残りの学徒たちを前に、一九四六年の講演でこう述べている[86]。

戦前戦時を通じていかに甚だしき不道理が、虚偽が、偽善が、われわれの社会を支配していたことであったろうか。最も道義を有せぬものが最も盛んに道義の説教をしていた。最も生活に不自由なき飽食暖衣の徒が耐乏の最有力な宣伝者であった。「道義なければ勝利なし」という標語の真理性を、かれら自身が歴史の上に明証したのである。この惨敗の真因たる道義喪失の所在が庶民の側になくして支配階級の良心において存したことはいまや明白な事実である。

莫大な軍事費が、無計画な国債発行でまかなわれていたこともあって、敗戦後には極度のインフレが社会を襲った。生計費指数は一九三七年と比較して、一九四六年一月には早くも東京で一四・八倍、大阪で約二二倍を記録し、その後も上昇は止むことがなかった。空襲で都市部の住居はほとんど焼き払われ、衣料や食料は極度に不足した。

こうした物資不足と、敗戦の混乱にまぎれて、軍需物資の横流しと横領が激化した。しばしば高い役職の者にそれが激しかったことは、敗戦後の極度のインフレと食料不足に苦しむ人びとに、軍人のモラル低下をいっそう印象づけた。渡辺清の回想によれば、彼の村に移住してきた元海軍中佐は、航空隊の建材だったヒノキ材と食料を軍のトラックで持ちかえり、家を新築して数年分の食料を備蓄していたという[87]。

こうした不信に拍車をかけたのが、敗戦後の軍上層部の行動だった。徹底抗戦や「一億玉砕」を唱え、部下に特攻を命じていた高級軍人のうち、敗戦時に自決した者はごく少数だった。「生きて虜囚の辱を受けず」という戦陣訓を示達した東条英機陸軍大将が、自決に失敗して米軍に捕らわれたことは、多くの人びとの軽蔑と憤激をよびおこした。シンガポールでの戦犯裁判で刑死した学徒兵は、こう書き残している(88)。

美辞麗句ばかりで内容の全くない、彼らのいわゆる「精神的」なる言語を吐きながら、内実においては物慾、名誉慾、虚栄心以外の何ものでもなかった軍人たち……。監獄において何々中将、何々大佐という人々に幾人も会い、共に生活して来たが、軍服を脱いだ赤裸の彼らは、その言動において実に見聞するに耐えないものであった。この程度の将軍を戴いていたのでは、日本に幾ら科学と物量があったとしても戦勝は到底望み得ないものであったと思われるほどである。

軍人と為政者の権威をさらに低下させたのは、東京裁判であった。この裁判が世論に与えた衝撃は、二つあった。一つは、「アジア解放」の名目で行なわれた戦争で、日本軍が多くの残虐行為をしていたこと。そしてもう一つは、日本の為政者が、いずれも自己の責任を否定したことであった。

丸山眞男は、東京裁判の記録を分析した一九四九年の論文「軍国支配者の精神形態」で、日本の為政者の「矮小性」を最も露骨に世界に示したのは戦犯者たちの異口同音の戦争責任否定であった」と述べている(89)。被告たちは、自分は上からの命令に従ったか、周囲の雰囲気に流されただけで、日本を戦争に導く意志も権限もなかったと主張したのである。

英文学者の中野好夫は、特攻を命令した長官が、若いパイロットたちに与えた訓辞を引用して、一九五二年にこう述べている(90)。

「日本はまさに危機である。しかもこの危機を救い得るものは、大臣でも大将でも軍令部総長でもない。勿論自分のような長官でもない。それは諸子の如き純真にして気力に満ちた若い人々のみである。（下略）」

この一節、大臣、大将、軍令部総長等々は、首相、外相、政党総裁、代議士、指導者——その他なんと置き換えてもよいであろう。問題は、あの太平洋戦争へと導いた日本の運命の過程において、これら「若い人々」は、なんの発言も許されなかった。軍部、政治家、指導者たちの声は一せいに、「君らはまだ思想未熟、万事は俺たちにまかせておけ」として、その便々たる腹をたたいたものであった。しかもその彼等が導いた祖国の危機に際しては、驚くべきことに、みずからその完全な無力さを告白しているのだ。扇動の欺瞞でなければ、おそるべき無責任である。

しかし、このような「無責任」は、戦後の民主化のなかでも露呈した。作家の真継《まつぎ》伸彦は、敗戦時に小学生だったとき、公職追放を恐れた教師が、「『ね、先生はみなさんにこんなことを教えませんでしたね』などと卑屈な口調で戦時中の発言をとりけそうとし、生徒に共犯を哀願する」のを見た。[91] 米軍に随行して敗戦後の日本を視察したジャーナリストのマーク・ゲインは、かつての特高警察官や大政翼賛会幹部などが、各地で自分たちを大歓迎した様子を描きだした。

ゲインは一九四五年の冬に酒田市を訪問し、中学校の校長と会話したさいのエピソードを、こう書いている。[92]

彼の学校の二十五名の教師の任命は、日本軍部の賛同の下になされたものであることを彼は認めた。しかし彼らを追放する意志があるかどうかと尋ねたら、びっくりしたような顔つきで、

「どうしてです？　彼らは何もしやしませんでしたよ」といった。

それではこの軍によって選ばれた人たちが民主主義の観念を日本の青年に教えることができると考えているかときいたら、彼は確信をもって答えた。

「もちろん。東京からの命令次第——」

ゲインはこの反応を聞いて、「なぜ日本が戦争に突入し――そして敗けたか。その理由が私にもわかるような気がした」と述べている。

丸山眞男は一九五一年の論文で、戦前の教育は個々人の責任意識に根ざした愛国心を育てたのではなく、「忠実だが卑屈な従僕」を大量生産したにすぎなかったと論じている。評論家の小田切秀雄は一九四六年に、「鬼畜米英」から「民主主義」礼賛に衣替えした者たちを評して、「このような手合には本来『転向』などというものはあり得ない」「迎合するに当って御主人が変ったというに過ぎぬ」と形容した(93)。

旧道徳の欺瞞を批判する「肉体文学」が台頭したのは、こうした状況のもとでだった。作家の坂口安吾は、一九四六年の「堕落論」で、「混乱せよ。血を流し、毒にまみれよ。先づ地獄の門をくゞつて天国へよぢ登らねばならない」「我々は『健全なる道義』から堕落することによつて、真実の人間へ復帰しなければならない」と説き、大きな反響をよんだ(94)。

多くの死と醜悪さに直面し、飢餓と貧困に突き落とされた人びとにとって、戦争を支持してしまったことへの悔恨は大きかった。一九四六年六月、映画会社の東宝が敗戦後第一回の新人オーディションを行ない、三船敏郎や久我美子が採用された。そのときの課題のセリフは、「私はバカだった。ほんとうにバカだった。バカだった」というものだった(95)。

しかし一方では、戦争責任の追及が、新たな醜悪さを露呈させてしまう場合もあった。軍属として南方戦線に徴用された福田定良が、一九四七年に書いている事件は、そうした状況を象徴している。

福田が南方にいたとき、最下級の軍人よりも下位に置かれていた軍属の基地建設工員たちは、つねに軍人からリンチを受けていた。そして敗戦後、日本へむかう復員船のなかで、工員たちはかつて自分たちを虐待した軍人に、集団リンチで復讐しはじめた。

工員のリーダー格だった福田はリンチを制止し、甲板で集会を開いて、軍人たちに謝罪させることを代案とした。

集会で福田は、軍人たちに「あなたがたの罪を問う資格は私たちにもないのだ。私たちは天地にむかって恥じぬ行動をしてきたとは決して思わない」「だが、あなたがたのうちには、天皇の権威を利用して自己の利欲をみたすために私たちを苦しめたものはなかったか」と述べ、「人間としてあなたがたが反省したことだけをききたいと思う」と迫った。[96] その後の展開を、福田は以下のように記している。

これにたいして、まず衛生兵曹のMが私たちの前にすすんだ。だが、彼は、ほとんど軍人らしい信念をしめすこともなく、ひたすら自分の不徳をのべたてるだけであった。

しかし、Mが頭をさげてひっこもうとすると、突然、若い工員が彼をどなりつけた。

――なんだ、そのあやまりかたは。土下座をしろ。土下座して、あやまれ！

……私は、つぎつぎに立ちあらわれては両手をついてひっこんでゆく兵隊を見ながら、彼らのみじめな姿が実は私たちの姿だったことに気づいて、腹だたしい思いにかられていた。彼らの謝罪は、私たちが制裁をうけて「分隊下士官、私がわるかったのであります」といったのと、まったく同じ性質のものであった。……かつて彼らのしたことはすべて正しかった。それは彼らに権力があったからである。だが、いまや彼らは一人の例外もなしに自分がわるかったのだといっている。それは、彼らに権力がなくなったからである。私は、この平凡な事実――すなわち、彼らの倫理的精神が個人の自覚によってではなく、外的な権威によって左右されている事実をまのあたりに見せつけられて、こう思わぬわけにはいかなかった。

――これが軍隊の倫理的精神なのだ。だが、はたして、これは軍隊というわくの中だけのことであろうか。倫理に関するかぎり、国民のすべてが、私たちと同じようにふるまってきたのではなかったか。だが、そうだとしても、こういうみじめな精神は、この航海と同様に、これで最後のものとならなければならない。

虚偽と保身、無責任と頽廃、面従腹背の裏にあったエゴイズムの蔓延。物理的な敗北だけでなく、精神的な崩壊がそこにはあった。戦後に雑誌『世界』の編集長となった吉野源三郎は、戦中と敗戦直後を回想して、このように述べている。[97]

戦争ほど人間の協同を必要とするものはないのに、戦争は日本人の連帯の意識を恐ろしいほど掘りくずしてしまっていました。戦争を指導していた軍人や政治家は「滅私奉公」を声高く叫んで、国民が公のために私の利害をすててかかることを要求しましたが、私的利害を無視した政策が強行されればされるほど、国民は自分で自分の私生活の利害を守らねばならなくされました。……いよいよ空襲がはじまってからは、数百万の都市の住民は、わずかな家財や衣類を守るために疎開にあわただしく狂奔して、戦争のなりゆきさえかまってはいられないかのようでした。私的利害への考慮が、公共のことへの関心をのみつくしてしまったといってもよいありさまでした。

こうして戦争は、一億一心の協力を要求しながら、逆に国民どうしの人間らしい連帯をズタズタに断ち切ってしまい、あげくのはて、敗戦後の、あのひどい窮乏の中に国民をなげこんだのでした。……これが、いわゆる戦後に私たちがおかれていた状況でした。政治的、経済的に日本が崩壊しただけではなく、精神的にも大きな崩壊がおこなわれていたのです。

虚偽と無責任を生み、大量の死と破壊をもたらした、「皇国日本」と「臣民」の関係。それに代わる「公」と「私」の関係は、どのようにあるべきか。崩壊した「国民どうしの人間らしい連帯」を、どのような新しい原理のもとに構想しなおすか。「灰燼の中から新たな日本を創り出すのだ」という戦死した学徒兵の遺稿の言葉は、敗戦に直面した多くの人びとに共通の思いであった。[98]

「戦後」とよばれる時代は、ここから始まる。

戦後の焼跡風景（1946〜47年ごろ。朝日新聞社提供）

東京を占領したアメリカ軍（1945年 9 月）

第2章　総力戦と民主主義

戦後知識人の代表格として、政治学者の丸山眞男と、経済学者の大塚久雄の名が挙がることは珍しくない。この章では、彼らの戦中から敗戦直後の著作を検証する。(1)

結論からいえば、彼らの思想は、総力戦体制の機能不全を目の当たりにして、新しいナショナリズムのあり方を構想したものであった。その思想を検証することは、戦後思想の背景となっていた心情の性格を、再検討することにもなるのである。

「愛国」としての「民主主義」

日本の場合、フランスや韓国などと異なり、敗戦後に亡命者が帰国して政権をつくるという事態はおこらなかった。戦後の為政者や知識人の大部分は、戦前戦中から活動していた人びとであり、思考の転換は容易ではなかった。そのため戦後思想の模索は、新しい言語体系を外国から輸入する以前に、戦時期の言語体系を読みかえ、新しい意味を与えることから始まった。そのさい、戦後の民主主義の基盤となったのが、総力戦の思想だった。

たとえば一九四五年九月五日、敗戦後はじめて召集された衆議院で、のちに首相となる芦田均が、「大東亜戦争を不利なる終結に導きたる原因並其の責任」を追及する長文の質問書を提出した。(2)芦田はそこで、敗戦の原因として「官僚統制の失敗」を挙げた。すなわち「官僚の独善と腐敗とは自ら官民の離反を招き」、言論統制が「憂国の至誠より発する政策の批判さへ封じ」たために、「国民は一切の公事に関心をもたざる如き事態を発生」させ、「国民の多数は合率いて面従腹背」の状態に陥ったというのだった。

そして注目すべきなのは、芦田がこの意見書で、「近代総力戦に於て優位を獲得するには、国民の一人一人をして戦争に責任を感ぜしめざる可らず。国民をして、其の当面せる戦争を以て軍部及政府の戦争なりと思はしめる如きことあらば、近代戦は先づ此の点のみにて敗北する外なし」と述べて、統制の撤廃や言論の自由化を主張していたことである。すなわち芦田は、総力戦の思想の延長で、民主化を主張したのだった。

こうした論調は、芦田にかぎらなかった。石原莞爾《かんじ》陸軍中将は、一九四五年八月二八日に掲載された新聞のインタビューで、「官僚専制の打倒は目下の急務であり、これをもし『民主主義』というなら日本は世界第一の『民主主義』国家となるべきだ」と述べ、特高警察の廃止と政党活動の自由化を唱えた。彼によれば、「軍閥、官僚」が「言論、結社の自由を束縛し抹殺」したために、「国民の底力を発揮しえないうちに戦争も終った」というのである。(3)

同様の論調は、当時の論壇に多数みられる。たとえば一九四五年八月二〇日、婦人運動家の市川房枝が新聞に寄稿し、「大東亜戦争下で結成された婦人会が、軍人、官僚のための指導下に置かれ、婦人の自主的行動を全く封じ」、「その総力の発揮を妨げて来た」と主張した。京都学派の高山岩男も、戦時統制が「人民の自主性や創意性を逼塞し、却って総力戦の遂行に阻害をなした」と述べた。さらに作家の吉川英治も、一九四五年八月二三日の新聞で「我々日本人はほんとうに底力を出し切っておらなかった」「新聞・言論の方向も国民に知らしむべきを知らしめ、論ずべきものを語らせ、地下水を噴射させ、日本人のもつ真の強さを活かさねばならぬ」と主張している。(4)

そしてじつは、当時の首相であり、昭和天皇の縁戚だった東久邇《ひがしくに》稔彦《なるひこ》さえもが、同様の認識をもっていた。東久邇内閣は、一九四五年八月一七日に組閣されたものの、軍隊の動員解除以外にはほとんど改革に着手せず、一〇月になって政治犯の釈放と警察幹部の追放を占領軍から指令され、その衝撃で総辞職したというお粗末なものだった。しかしこの皇族首相でさえ、一九四五年八月二八日の記者会見で、「国民は全く縛られて何も出来なかったことも戦敗の一つの大きな原因と思う」と述べ、「将来言論を活発にし健全な結社を発達せしめる」という方針を、曲がりなりに

も公表していたのである。(5)

そしてこれらの論調は、一九四五年八月下旬から九月初め、すなわち占領軍の指令開始以前から出現していた。「戦後民主主義」は、アメリカから「輸入」される以前に、総力戦の思想の延長上に発生していたのである。

さらにいえば、こうした思想は、敗戦後に突如として現われたわけではない。たとえば一九四四年七月、作家の石川達三は「言論を活発に、明るい批判に民意の高揚」と題する寄稿を『毎日新聞』に行ない、「批判を抑圧して戦意は高揚しない」「国民を信頼せずして何の総力戦ぞやである」と主張していた。

もちろん当時の状況では、この主張は建設的批判という形態をとった、政府や軍部へのぎりぎりの抵抗であった。評論家の清沢洌は、石川の寄稿を日記に引用して、「これは現在、いい得る最大限の表現である」と評している。(6)

だがこうした論調は、戦時体制の批判であったと同時に、それを総力戦の合理的遂行という言葉で表現したものでもあった。後年に竹内好が述べたように、「抵抗と屈服」は「紙一重」の関係にあったのである。(7)

そして前述した敗戦直後の論調は、そのどれもが、「国民の底力」を発揮しえないうちに戦争が終わったと主張していた。それは敗戦という衝撃に直面した人びとがとった、一種の心理的な防衛機制にほかならなかった。民主化への志向は、こうしたナショナリズムと表裏一体のものだったといえる。

そして、こうしたナショナリズムは、戦争で崩壊した「国民の道義」を再建するという主張にも結びついていた。東久邇や石原、高山などは、いずれも戦時中の闇経済や「官僚の無責任」を挙げて、「敗因は道義の頽廃」であると主張し、「一億総懺悔をすることがわが国再建の第一歩」だと唱えている。(8)

この「一億総懺悔」という言葉は、東久邇首相が前述の記者会見で発言し、有名になったものである。もちろんそれは、連合国やアジア諸国に、日本の侵略を謝罪するという意味ではなかった。それは彼らが、敗戦の屈辱感を表現するために、敗北の原因として「道義の頽廃」を見出すなかで発された言葉だった。

そしてじつは、「道義なくして勝利なし」というのが、「大東亜解放」を掲げた戦中の政府のスローガンでもあった。「道義」を掲げた戦争が敗北に終わったとき、人びとは戦時期の言葉づかいの延長で、「敗因は道義の頽廃」だと唱えたのである。

しかし、言葉づかいは戦中の延長であっても、そこで表現された心情は、戦前や戦中への回帰を志向するものではなかった。むしろそれは、戦争で限界を露呈した旧来の「道義」を批判し、新しい「道義」を模索するという主張につながった。

たとえば作家の坂口安吾は、一九四六年一二月に発表した「続堕落論」において、「天皇制だの武士道だの、耐乏の精神だの」という「封建遺制のカラクリに満ちた『健全なる道義』から堕落し、裸となって真理の大地へ降り立たなければならない」と主張した。そしてそれは、「堕落自体は常につまらぬものであり、悪であるにすぎない」「私は日本は堕落せよと叫んでいるが、実際の意味はあべこべ」だという主張にみられるように、「道義」そのものの否定ではなく、新しい「道義」の模索だった。(9)

そこで再建される「道義」は、「滅私奉公」という形態ではなく、個人の自覚と責任意識にもとづいたものでなければならなかった。倫理学者の天野貞祐は、一九四六年の講演で、「個人的自覚が発達しない方が利己主義に陥りやすいのである」と強調している。(10)「滅私奉公」がエゴイズムと無責任を蔓延させたことこそ、戦争の教訓だったからである。

こうして「戦後民主主義」は、総力戦の思想の延長上に、新しいモラルとナショナリズムの模索として始まった。そして、そうした思潮の代表的人物が、丸山眞男だった。

「近代」への再評価

丸山にかぎらず、戦後思想を論ずるためには、戦時期の検討から始めなくてはならない。

最初に確認しなければならないのは、丸山の「近代」にたいする評価が、戦争を境に変化していることである。丸山は戦後には近代化を説いたが、戦前の一九三六年には「近代」を批判する論文を書いている。当時二二歳の大学生だった丸山は、東京帝大法学部の学生団体「緑会」の懸賞論文「政治学に於ける国家の概念」で、「近代的思惟」を我々の求めるものは個人か国家かの Entweder-Oder の上に立つ個人主義的国家観でもなければ、個人が等族のなかに埋没してしまう中世的団体主義でもなく、況《いわん》や両者の奇怪な折衷たるファシズム国家観ではありえない。

「無力」と形容した。この論文で彼は、国家についてこう述べている。(11)

ここで丸山が批判する「個人主義的国家観」とは、「個人」と「国家」を対立的に考える自由主義の国家観であり、彼はこれを「市民的国家観」ともよんでいる。当時の丸山にとって、これは批判されるべき「近代的思惟」であった。とはいえこの主張は、丸山独自のものではなく、当時の思想的流行に沿ったものであった。当時の知識人のあいだでは、ヘーゲルやマルクスの「近代」批判が常識となっていたのである。

ヘーゲルによれば、歴史の進展は、人びとが村落やギルドなどの共同体に埋没していた中世から、「個人」が自由を獲得する近代社会へ進むという形態をとる。この近代市民社会は、私的利益を追求する「市民」の集まりである。そこでは、国家は個人を抑圧するものとみなされ、国家の干渉を批判する自由主義思想が生まれる。丸山が「個人主義的国家観」ないし「市民的国家観」とよんだ「近代的思惟」は、こうした思想にほかならない。

しかしこの近代市民社会では、人間はバラバラの存在となり、相互の闘争がやまない。そこでは貧富の格差が拡大し、闘争に敗れた弱者はもちろん、闘争に明け暮れる勝者も倫理的な基礎が与えられない。こうした近代市民社会は、やがて国家というより高次の段階に止揚されるというのが、ヘーゲルの基本的な主張だった。

こうした歴史観を受けついだのが、マルクス主義である。マルクス主義でも、人びとが共同体に埋没していた中世社会から、個人がバラバラになる近代市民社会へ進むという見方は、基本的に変わらない。ただしマルクス主義は、近代市民社会を、ブルジョアが中心となった資本主義社会とみなす。そこでの「自由」は形式的な自由にすぎず、実質的な自由はない。そしてこの近代市民社会よりも高次の段階としては、共産主義社会が想定されるのである。

すなわちヘーゲル思想もマルクス主義も、「近代」や「市民社会」には批判的であった。とくに一九二九年の世界恐慌は、自由主義経済が完全にゆきづまったという認識を広めていた。そして当時流行していた帝国主義論では、資本主義末期において、古典的な自由主義にもとづく近代市民社会は崩壊し、ファシズムに結びついた独占資本と、社会主義に立つプロレタリアートの二大陣営に両極分解するとされていたのである。

一九三六年の丸山が、「近代的思惟」や「市民的国家観」を批判していたのは、こうした思想潮流に沿ったものだった。父親が新聞記者だった丸山は、一九三〇年代の農業恐慌に関心をもち、一九三四年に東京帝大法学部に入ったあとは、当時のマルクス主義歴史学者たちが執筆した『日本資本主義発達史講座』を熱心に読んでいた。また一九三三年には、唯物論研究会創立記念講演会に出席して検挙され、その後も特高警察や憲兵に監視されていたのである。

のちの回想によると、学生時代の丸山は、この一九三六年の論文について、「『これが通用するなら、研究室に残ってもいい。これは国家学についての一種の人民戦線だ』というような傲慢な口をきいていた」という。[12] 弾圧が激しかった時局のせいもあって、論文には露骨なマルクス主義用語は書かれていなかったものの、その影響は読む者が読めば明らかであった。しかし東京帝大法学部教授の南原繁は、自分自身はマルクス主義に批判的だったにもかかわらず、丸山の思想傾向を承知のうえで彼を助手に採用し、その後も丸山を法学部内で擁護した。そのため丸山は、南原に深い尊敬の念を抱いたという。

ところが敗戦後の一九四六年一月、軍隊から復員した丸山は、「近代的思惟」という論考を発表した。そこでは一転して、「近代的思惟」を日本に定着させることが説かれていたのである。

いうまでもなく、丸山を変化させた要因の一つは、戦争のなかで日本の近代化の底の浅さを痛感させられたことだった。彼はこの論考で、「我が国に於て近代的思惟は『超克』どころか、真に獲得されたことすらない」と主張している（『丸山眞男集』第三巻四頁）。

そしてもう一つの要因は、戦中の言論への反発だった。ここで「超克」という言葉が使われているのは、戦中の知識人たちの流行語となっていた「近代の超克」への皮肉だった。一九三〇年代に流行した「近代」批判は、やがて戦争賛美に利用され、日米開戦後には「近代の超克」や「世界史の哲学」などと銘打たれた座談会が行なわれた。その内容は、「自由主義」「個人主義」「西洋近代」を批判し、統制経済や大東亜共栄圏を、自由主義経済や個人主義の超克として賞賛するものだった。しかも転向した元マルクス主義者が、そうした「近代」批判に加わっていたのである。

丸山の論考「近代的思惟」は、こうした知識人たちを痛烈に批判するものだった。彼はこう述べている(三巻三頁)。

……近代的精神なるものがすこぶるノトーリアスで、恰《あたか》もそれが現代諸悪の窮極的根源であるかの様な言辞……その「超克」のみが問題であるかの様な言辞が、我が尊敬すべき学者、文学者、評論家の間でも支配的であった茲《ここ》数年の時代的雰囲気をば、ダグラス・マッカーサー元帥から近代文明ABCの手ほどきを受けている現代日本とをひき比べて見ると、自ら悲惨さと滑稽さのうち交った感慨がこみ上げて来るのを如何ともなし難い。漱石の所謂《いわゆる》「内発的」な文化を持たぬ我が知識人たちは、時間的に後から登場し来ったものはそれ以前に現われたものよりすべて進歩的であるかの如き俗流歴史主義の幻想にとり憑かれて、ファシズムの「世界史的」意義の前に頭を垂れた。そうして今やとっくに超克された筈《はず》の民主主義理念の「世界史的」勝利を前に戸迷いしている。やがて哲学者たちは又ややその「歴史的必然」について喧《かまびす》しく囀《さえ》ずり始めるだろう。しかしこうしたたぐいの「歴史哲学」によって嘗《かつ》て歴史が前進したためしはないのである。

こうした文言は、「近代」を批判する「世界史の哲学」やマルクス主義などの、「歴史哲学」への訣別宣言であった。同時にそれは、一九三〇年代の流行に乗って「近代」を批判していた、かつての丸山自身への自己批判でもあった。丸山は後年、戦前に「近代」批判を「さんざん注ぎこまれていた」ために、敗戦後に「ブルジョア民主主義」の礼賛者になるには「あまりにスレッカラシになってた」と回想しているが、それでも戦争の体験から、「近代の超克」などは日本社会の現実を知らない観念的な先走りにすぎないとみなすようになっていたのである。

こうして戦後の丸山は、「近代」を再評価して、共産党やマルクス主義とは一定の距離をとった。ただし彼は、共産党の復活は歓迎し、その弾圧には反対した。かつては自分も特高警察の監視下にあった彼は、言論の自由を何よりも大切にしていたからである。

そして一九七六年になって、丸山は一九三六年の近代批判を「稚拙な学生論文」と評しつつ、一九四六年の「近代的思惟」と抱き合わせで単行本に収録した。彼はその理由を、「どういう考え方をいわば『所与』として、私が研究者生活に入ったかを示すため」だったと述べている（一巻三二頁）。

第6章や第三部で後述するように、丸山は敗戦後に名声を博した一方で、敗戦直後の共産党や六〇年代の新左翼からは、西洋近代を賛美する「近代主義者」だと批判された。おそらく彼は、自分が単純な「近代主義者」ではないことを示す目的で、みずからの思想的履歴にあたる学生時代の論文を公表したのだと思われる。一九七〇年代以降は、フランス現代思想の近代批判論が日本に紹介されていたが、もちろん丸山はそれにまったく冷淡であった。だが丸山は、「近代」を再評価したが、「個人主義的国家観」に逆戻りはしなかった。彼はそれに代わって、「個人か国家か」の二者択一を問いなおす思想を、戦中から追求していたのである。

「国民主義」の思想

一九四三年一〇月、文科系大学生の学徒出陣が開始された。慶應義塾大学の『三田新聞』は、これにさいし福沢諭吉の特集を組んだ。東京帝大法学部の助教授となっていた二九歳の丸山は、そこに「福沢に於ける秩序と人間」を寄稿している。

丸山はこの論考を、当時の福沢評価の分裂に言及することから始めている。評価の一つは、福沢を西洋思想に影響された「個人主義者」とみなして批判するもの。そしてもう一つは、アジア進出をうたった「国家主義者」として賛美するものであった。

ところが丸山は、「福沢は単に個人主義者でもなければ単に国家主義者でもなかった」と主張した。それは、個人主義と国家主義の折衷というのではなく、「個人主義者たることに於てまさに国家主義者だった」というのである（二巻二一九頁）。

丸山によれば、「一身独立して一国独立す」という言葉を残した福沢にとって、「個人的自主性なき国家的自立は彼には考えることすら出来なかった」。国民一人ひとりが責任意識をもち、「国家をまさに己れのものとして身近に感触し、国家の動向をば自己自身の運命として意識する如き国家に非ずんば、如何にして苛烈なる国際場裡に確固たる独立性を保持しえようか」というのである（二巻二二一、二二〇頁）。

そうした責任意識を形成するためには、「これまで政治的秩序に対して単なる受動的服従以上のことを知らなかった国民大衆に対し、国家構成員としての主体的能動的地位を自覚せしめ」なければならないとして、丸山はこう述べる（二巻二二〇、二二一頁）。

秩序を単に外的所与として受取る人間から、秩序に能動的に参与する人間への転換は個人の主体的自由を契機としてのみ成就される。……福沢が我が国の伝統的な国民意識に於てなにより欠けていると見たのは自主的人格の精神であった。彼が痛切に指摘した我国の社会的病弊――例えば道徳法律が常に外部的権威として強行され、一方厳格なる教法と、他方免れて恥なき意識とが並行的に存在すること。批判的精神の積極的意味が認められぬところから、一方権力は益々閉鎖的となり、他方批判は益々陰性乃至傍観的となること。いわゆる官尊民卑、また役人内部での権力の下に向っての「膨張」、上に向っての「収縮」。……こうした現象はいずれも自主的人格の精神の欠乏を証示するものにほかならなかった。

この主張が、どのような時代状況を念頭に書かれたものであるかは、説明を要しないであろう。すでにこの時期には、統制の過剰が「自主的人格」を萎縮させ、総力戦体制を麻痺状態に追いこんでいた。丸山はそうした情勢を前にして、近代的な「個人」の再評価にむかった。そこで彼が提唱したのは、個人と国家を対立させる「個人主義的国家観」ではなく、「主体的」な責任意識をもった人間が能動的に国家の政治に参加してゆくこと、すなわち「個人主義者たることに於てまさに国家主義者」たることであった。

しかし当時は、このような提言さえもが禁圧されていた。丸山は福沢の封建時代批判を論じるかたちで、当時の状況を批判したのである。その意図をくみとった若者たちのなかには、「あれを読んで涙がでた」「丸山はあれを命がけで書いた」という感想があったといわれる（二巻二八四頁）。

そしてそれは、政府や軍部への抵抗であったと同時に、芦田均が議会で述べたような「憂国の至誠より発する政策の批判」でもあった。すでに述べてきたように、当時の知識人たちにとって、「抵抗」と「屈服」、あるいは後年の丸山の言葉でいえば「忠誠」と「反逆」は、表裏一体のものだったのである。

軍隊時代の丸山眞男（1945年）

そして丸山の主張は、芦田が述べた「近代総力戦に於て優位を獲得するには、国民一人一人をして戦争に責任を感ぜしめざる可らず」という言葉と、ほぼ同じ趣旨でもあった。すなわち丸山の思想は特異なものではなく、当時の人びとに共有されていた心情を表現したものだったといえる。

丸山はこうした思想を、一九四四年七月に書かれた「国民主義理論の形成」によって、さらに展開させた。この論文は、丸山が軍隊に召集されるにあたり、遺書のつもりで執筆し、入営当日の朝に完成させたというものである。この一九四四年七月にはサイパン島が陥落し、軍隊入営はほとんど死を意味した。丸山は入営後に朝鮮に駐屯していた歩兵連隊に送られ、病気となって除隊されたが、彼が所属した連隊は丸山の除隊後にフィリピン戦線で壊滅している。病気療養を経て再び召集された丸山は、広島の陸軍船舶司令部に送られたが、そこで原爆に被爆したあと、生還することになる。この論文を遺書のつもりで書いたという表現は、あながち誇張ではなかった。

この論文の冒頭は、以下のような言葉で始められている（二巻二二七頁）。

> 国民とは国民たろうとするものである、といわれる。単に一つの国家的共同体に所属し、共通の政治的制度を上に戴いているという客観的事実は未だ以て近代的意味に於ける「国民」を成立せしめるには足らない。そこにある

のはたかだか人民乃至《ないし》は国家所属員であって「国民」(nation)ではない。……近代的国民国家を担うものはまさにこの意味に於ける国民意識にほかならない。

近代的な「国民(nation)」ないし「国民国家」は、言語や文化の共通性などではなく、国政に「主体的」に参加してゆく「国民意識」を基盤として成立する。丸山の課題は、このような「国民主義(Nationalism, Principle of nationality)」に支えられた「近代的国民国家の形成」を日本にもたらすことにあった(二巻二二八、二六八頁)。

丸山はこの論文で、「国家主義」と区別して、「国民主義」という言葉を採用している。彼によれば、「国家主義という言葉」は、「屡々《しばしば》個人主義の反対観念として用いられているので適当でない」という。[13] もちろん「国民主義」とは、彼が福沢を評したように、「個人主義者たることに於てまさに国家主義者」である状態にほかならない。

そしてこの論文「国民主義理論の形成」は、前述の福沢論とおなじく、江戸時代批判のかたちを借りた、戦中の日本社会への批判であった。丸山は幕末の状況を、以下のように描写している。

江戸の封建体制のなかでは、政治は武士の専業であり、「治者と被治者の世界が確然と区画されていた」。被治者である農民や町人の社会的義務は、治者である武士に租税を納めることだけであり、「彼等はそれ以上国家社会の運命になんらの関心もましてや責任も負担する必要がなかった」(二巻二三二頁)。

そのため農民や町人たちは、「政治的無関心と無責任の安易な世界」に永遠にとどまってしまう。なかでも商人は、「一切の公共的義務意識を持たずひたすらに個人的営利を追求するいわば倫理外的存在」であり、「私欲の満足のためには一切が許容されているという賤民根性に身を委ねた」。そうした商人たちは政治に関心をもたず、「官能的享楽の世界に逃避し、そうした『悪所』の暗い隅で、はかない私的自由に息づき、或は現実の政治的支配関係に対してたかだか歪んだ嘲笑を向けるにとどまった」という(二巻二三一、二三三頁)。

丸山がこの論考を書いていた当時、闇取引で戦争成金となった商人は少なくなかった。それを批判するべき知識人たちも、建設的な批判が封じられたために、時局に「歪んだ嘲笑を向ける」にとどまっていたのである。

それでは、治者である武士はどうだろうか。丸山はこの論文で、武士にも「国民主義」は成立していなかったと位置づけている。

封建体制にあっては、人間は士農工商という身分と、藩という地域によって分断されている。そこには、薩摩の武士や水戸の農民という意識はあっても、身分や地方をこえた「国民」という意識がない。武士の忠誠対象も、「日本」ではなく藩主であり、それぞれの藩の利害を考えるにすぎない。

その結果として、「縦の身分的隔離は横の地域的割拠とからみ合って、そこに特有のセクショナリズムを醸し出すこととなる」。しかも武士の主従関係では、「その責任意識はもっぱら直接の主君を対象として」おり、「彼等のいう奉公の公とは」「封禄によって結びつけられた個人関係」にすぎない（二巻二三四、二三五頁）。すなわち武士にとっての「公」とは、藩の利益と上役への忠誠でしかない。丸山がこうした描写を、どのような戦中の状況を念頭に行なっていたかは、説明を要しないであろう。

しかし丸山によれば、こうした封建体制にも、それなりのメリットがあった。それは、統治の安定である。丸山によれば、江戸幕府の軍事力はそう大きいものではなかったが、庶民に政治的関心がないことは、裏返していえば従順な民であることを意味した。農民も町人も、税金が過重にならないかぎり、幕府に反抗しなかった。

さらに封建体制では、丸山が「間接支配」「分割支配」と名づけた統治手法が働いていた。江戸幕府が全国の個々人を直接統治しなくとも、各地の藩主や村の有力者を協力させれば、「間接支配」が成立する。しかも、藩や村を互いに反目させれば、大きな反政府活動は成立せず、「分割支配」の効果を発揮したという（二巻二三四、二三六頁）。

こうして幕府は、「国民の自発的な政治的志向を抑圧すると共に、他方に於て封建的割拠から生ずる猜疑感を巧に利用して相互に監視牽制せしめた」。そして、「かくの如き国民的規模に於ける監察組織はみごとな成果をあげ」、「政治的反対派にまで成長する懼ありと見た社会的思想的動向を悉く双葉のうちに芟除しえた」（二巻二三六頁）。もちろんこれが、町内会や隣組といった軍隊型の組織に覆われた戦時社会の状況の比喩であることは、いうまでもない。

こうした政治体制は、たしかに秩序を安定させた。だが、「こうした支配様式に服したことによって、国民精神はどの様に蝕まれたことか」。「そこに蔓延したのは国民相互の疑心暗鬼であり、君子危きに近寄らざるの保身であり、吾不関焉《われかんせずえん》の我利我利根性よりほかのものではなかった」。そして、「封建権力が自ら播いた種を刈り取る日はやがて到来せねばならなかった」(二巻二三六、二三七頁)。それが、「黒船」の到来である。

「黒船」が到来したとき、封建体制は、まったく総力戦に不向きだった。幕府はあわてて戦争準備を命じたが、「国内的生産力及技術の低位は到底蔽うべくもあらず」、鎖国政策の延長で「幕府は国民を外国事情から盲目ならしめる方針を維持しつづけ」、「彼の戦艦銃礮《じゅうほう》に対するに我が『神国の長技』たる槍剣を以てせんとする」たぐいの攘夷論が横行した。そのうえ「最も不幸なことは事態茲《ここ》に至って国内相互の不信と猜疑が深刻に根を張っていたことで」、幕府は体制の動揺に乗じた叛乱を恐れ、対外政策に意見を具申する知識人たちに思想弾圧を加えたのである(二巻二三七、二三八、二三九頁)。

何より、「上の国民に対する不信と下の政治的無関心」から発生する「国民的責任意識」の不在が、戦争遂行に大きな障害となった。幕府は庶民に情報を教えず、庶民は政治を武士の仕事であるとみなして、無関心をもって応じた。丸山は、長州藩の砲台が欧米四カ国連合艦隊によって占拠されたさい、長州の庶民が戦争に何らの関心も示さなかったばかりか、ヨーロッパ人に雇われて砲台の解体作業を手伝ったことを、「封建的支配関係の齎《もたら》したいたましい現実」と形容している(二巻二四〇頁)。

丸山は一九五二年に、この論文を単行本に収録したさい、こう述べている。「私は『すべての歴史は現代からの歴史である』という有名なクローチェの言葉……に含まれる本質的な真理を肯定しながらも、他方歴史の実証的な考察が直接になんらか具体的な政治的主張によって好都合に歪曲される危険性に対してはむしろ神経的に反応する方であり、とくに当時は歴史叙述の主体性の美名の下に怪しげな国体史観が横行していたので一層こうした考え方に対する反撥が強かったが、この稿の執筆を通じて、やはり歴史意識と危機意識との間に存する深い内面的な牽連をあらためて強く意識せざるをえなかった」(五巻二九二頁)。丸山は自分が書いている文章の性格を、よく自覚していたといえるだろう。

丸山はこうして幕末の状況を描写し、「封建社会の多元的分裂」の克服と、「国民を従前の国家的秩序に対する責任なき受動的依存状態から脱却せしめてその総力を政治的に動員するという課題」を説いて、論文の結論としている（一巻二六四、二六五頁）。歴史論文としては、明治維新がその課題を解決したか否かが焦点となるわけだが、丸山はこの論文では、明治以後について多くを語っていない。軍隊応召のため時間切れになったのがその原因とされているが、おそらく当時の状況では、たとえ執筆されたとしても、近代日本への直接の批判は公表困難だったろう。

丸山は、敗戦後の一九四六年一〇月の講演「明治国家の思想」で、この問題を論じている。それによれば、明治初期には自由民権運動も政府も、「民権」と「国権」が不可分であることを認識していた。しかし明治中期から政府側は「上からの官僚的な国家主義」に傾斜し、日清戦争を契機に帝国主義的な風潮が台頭する一方、「近代的な個人主義と異った、非政治的な個人主義、政治的なものから逃避する、或は国家的なものから逃避する個人主義」が現われていったと位置づけている（四巻八一、七九頁）。

また一九五一年の論文「日本におけるナショナリズム」では、同じ問題が、社会構造の問題をふまえて論じられている。それによれば、明治維新は下級武士をはじめとした封建体制の支配階級によって遂行されたため、改革は彼ら自身の利益基盤を完全に掘り崩すところまでは進められず、不徹底に終わらざるをえなかったという。こうした歴史観は、彼が学生時代に熟読した『日本資本主義発達史講座』の執筆者たち、通称「講座派」の明治維新観に通ずる部分があるものであった。

そのため明治以後の日本でも、地方有力者の地盤だった農村や零細企業の近代化は、容易に進まなかった。政府はこうした「前期的」な状態の改革を怠ったばかりか、これら中間共同体の有力者たちの協力をとりつけ、江戸時代の「間接支配」の延長ともいうべき体制を築きあげた。軍隊経験をもつ丸山は、こうした農村や零細企業の有力者たちを、社会の「下士官」と呼んでいる。[14]

そのため明治以後でも、中間集団のセクショナリズムは払拭されず、近代的な「国民主義」は形成されなかった。戦前の愛国教育も、「政治的責任の主体的な担い手としての近代的公民《シトワイヤン》のかわりに、万事を『お上』にあずけて、選択の方向をひたすら権威の決断にすがる忠実だが卑屈な従僕を大量的に生産」したにすぎなかったという（五巻六九頁）。

そしてこうした体制が限界に直面したのが、総力戦であった。支配の基盤となっていた「下士官」たちは、国家全体の運命よりも、自分が支配する中間集団の利益を優先した。丸山は「日本におけるナショナリズム」で、こう述べている（五巻七〇頁）。

日本ナショナリズムの「前期的」性格からくるこうしたマイナス面は、最近の場合のように戦争がいわゆる総力戦的段階に進化し、国民生活の全面的組織化を必須にするにおよんで叫喚的スローガンと逆比例して暴露されて行った。ひとはただ強制疎開計画の実施や労働力の徴用配置や工業生産力の拡充がほかならぬ家族主義や「農本」思想や「郷土愛」によっていかに根強い心理的抵抗を受けたかを想起すれば足りる。……これらはいずれも日本帝国の支配層がナショナリズムの合理化を怠り、むしろその非合理的起源の利用に熱中したことによってやがて支払わねばならぬ代償であった。彼等は国家総動員の段階に至って初めてその法外の高価に気づいたが時はすでに遅かった。

総力戦体制が天皇制と矛盾し、両者が瓦解に追いこまれてゆくという図式は、のちに丸山の弟子である藤田省三によって深化されることになる。(15)

丸山は一九五二年に、前述の江戸時代論を執筆した当時を回想して、「いかなる磐石のような体制もそれ自身に崩壊の内在的な必然性をもつことを……実証することは……大げさにいえば魂の救いであった」と述べている（五巻二九〇頁）。あらゆる反体制運動が圧殺されていた当時、総力戦体制それ自身のなかにこそ、超国家主義を瓦解させる「内在的な必然性」が含まれているという発想が、丸山にとって「救い」となっていたのである。

またこの発想は、経済の発展によって既存の社会体制が桎梏に転ずるというマルクス主義の主張や、「戦争を革命に転化する」というレーニンの思想とも、親近性を感じさせる。総力戦の進展とともに革命が生じるという現象は、第一次世界大戦末期のドイツやロシアで実現したものであった。

そして今後の章で述べてゆくように、こうした事態が日本でも発生すると期待していた知識人は少なくなかった。第16章で検証する鶴見俊輔などは、空襲と飢餓によって混乱が広まれば、翼賛体制に組みこまれた社会主義者が指導者になり、隣組が単位となって革命がおきると予想していたという(16)。

しかし一方で、総力戦の合理的遂行のために、郷土意識や家制度を批判するという論調も、戦時期から一般的なものであった。たとえば一九四五年四月一一日の『朝日新聞』の投書は、統制経済に反する「買溜め買漁り」を批判して、「大東亜戦争は『私的な家』の欠点をさらけ出した」と形容している。この時期に戦争賛美の論考を書いていた女性史家の高群逸枝《たかむれいつえ》も、ほぼ同様の立場から「私的な家」を批判していた(17)。

くりかえしになるが、戦中の少なからぬ人びとは、現体制の崩壊を期待する「反逆」の心情と、総力戦の遂行のために建設的批判を行なう「忠誠」の心情を、表裏一体の状態で抱いていた。そして丸山は、特異な思想家であったというより、こうしたアンビバレントな心情を、社会科学の言葉でもっとも巧みに表現した人物であったといえる。

そして、丸山がそうした心情を表現するにあたり、媒体として使用した「近代国民国家」や「国民主義」の概念も、彼の独創ではなく、ヨーロッパ政治思想の常識的知識を応用したものであった。

ヨーロッパ政治思想では、近代国民国家の原理は、フランス革命によって成立したとされている。身分や地方をこえた「国民」という意識は、身分制度や藩制度にもとづく封建体制を否定することによって、また村落やギルドといった封建的共同体から「近代的個人」を解放することによって、はじめて成立する。こうして自立した近代的個人が、藩や主君への忠誠をこえた、愛国心の担い手になる。この状態を目指したのが、身分制度の頂点である王を打倒した、フランス革命であったとされる。

政治思想史を専攻していた丸山は、もちろんこうした思想を熟知していた。彼は論文「日本におけるナショナリズム」で、「フランス革命の児」としての「近代ナショナリズム」を論じ、フランスの知識人であるエルネスト・ルナンの「国民の存在は日々の一般投票である」という言葉を引用している。また一九四六年には、イギリスやアメリカでは「国家からの自由」をうたう思想が強いのにたいし、「ドイツやフランスではナショナリズムがリベラリズムの双生児であることは国民的常識であり、フランス革命や解放戦争の歴史的事実によって、明々白々に証示せられている」と述べていた（五巻六七頁、三巻七四頁）。

ただし留意すべきなのは、国民国家の理念がヨーロッパ政治思想の常識だったとしても、それを心情の表現手段として採用したのは、丸山の意図的な選択だったことである。

そもそも丸山は、はじめから国民国家の理念に注目していたわけではなかった。一九三六年の近代批判論文では、丸山が近代以降の国家観として挙げていたのは、「個人主義的国家観」と「ファシズム国家観」だけだった。一九三八年には、「民主的国民主義《ナショナリズム》」をあつかったヨーロッパの政治学研究書を紹介するレビュー記事を書いてはいるものの、その記述はごく簡単で、とくに重視していた様子はない（一巻五二頁）。

福沢諭吉や江戸思想についても、ことは同様だった。もともと丸山はヨーロッパ政治思想史の研究を志望しており、当初は日本思想に関心はなかった。ところが国粋主義の高まりとともに、文部省が東京帝大法学部に日本思想の講座を設けるよう指示し、学部のなかで優等生だった丸山がその担当者として助手に採用されたため、彼は日本思想を研究することになったのである。

その後の丸山は、しだいに福沢諭吉や江戸思想の研究にのめり込んでいったが、日米開戦までは、「国民主義」を日本思想史に読みこむという傾向は少なかった。彼は一九四一年春から、江戸思想をあつかった「近世日本政治思想における『自然』と『作為』」という論文を『国家学会雑誌』に連載しているが、当初の主たるテーマは、ヨーロッパ政治思想にみられる「秩序を作為する人間」の誕生を江戸思想にも見出そうという点におかれており、「国民主義」への注目はみられない。

ところが日米開戦後、一九四二年八月に公表されたこの論文の連載の最終回で、幕末を論じるにあたり、「国民が己れの構成する秩序に対する主体的自覚なくして、単に所与の秩序に運命的に『由らしめ』られているところ、そこには強靭な外敵防衛は期しえない」という文言が現われる（二巻一一五頁）。そして戦況が逼迫し、時代の危機感がますます高まった戦争後期になって、丸山は「国民主義」の理念を中心とした論文を書いたのだった[18]。

さらに指摘しておかなくてはならないのは、戦中の思想的流行には、近代国家の批判も含まれていたことである。学徒兵たちにベストセラーとなった『世界史的立場と日本』において、京都学派の哲学者たちが批判した対象には、「自由主義」「個人主義」「人間中心主義」とならんで、「近代国家」と「民族主義」が入っていた。

この『世界史的立場と日本』によれば、「近代ヨーロッパの最大の病根」は、「初めから完成されてゐるやうな人格とか民族とかを前提にして出発する」「個体主義的な思想」にある。近代市民社会が「個人」を重視するのと同様に、近代国家や近代民族主義も、個々の民族や国家を一個の「個体」とみなす。こうした思想から、個人の自由を重視する市民社会と、民族自決を原則とした国際連盟が生まれる。しかしそれは、市民社会においては資本家の勝利を、国際社会においてはアングロサクソン諸国の植民地支配を招くにすぎない。それゆえ、西洋的な「近代」に戦いを挑む日本は、こうした近代市民社会と近代国家を止揚する世界史的役割を担っており、国内においては個人をこえた統制経済を、国際的には近代国家をこえた大東亜共栄圏を建設すべきだというのだった[19]。

いわば近代国民国家の理念は、丸山が一九四六年の「近代的思惟」で述べたように、戦中の論壇では「諸悪の根源」とみなされていたものであった。丸山自身もその理念を、以前から知識としては知っていても、事実上は無視していた。ところが戦争という危機のなかで、彼は論壇の流行に背をむけ、これをあえて再評価したのである。

もちろんこの理念は、丸山の独創でもなければ、当時の最新思想でもなく、ヨーロッパ思想史の常識にすぎないものであった。しかし丸山は、一九四七年の「福沢諭吉の哲学」で、こう述べている（三巻一六五頁）。

福沢をもって単なるヨーロッパ文明の紹介学者とし、彼の思想が欧米学者の著書からの翻訳にすぎないとしてその独創性を否定する見解は古くからある。……もし独創性ということが、いかなる先人の思想からも根本的な影響を受けずに已れの思想体系を構成したという意味ならば、福沢は到底独創的思想家とはいわれない。しかし果して何人の思想家や哲学者がかくの如き意味で独創的な名に値したであろうか。一個独立の思想家であるか、それとも他人の学説の単なる紹介者乃至《ないし》解説者であるかということは、他の思想や学説の影響の大小によるのではなく、むしろ彼がどの程度までそうした影響を自己の思想のなかに主体的に取り入れたかということによって決まるのである。そうしてこの意味においては福沢の思想と哲学はまぎれもなき彼自身のものであった。

こうした基準に立てば、丸山の「国民主義」は、「彼自身のもの」であった。一九三〇年代までの丸山は、当時の流行に沿って近代批判を行なっていた、いわば知的優等生にすぎなかった。その彼が戦争のなかで、「国民主義」の問題に注目せざるを得なくなったとき、戦後知識人としての丸山が誕生したのである。

「超国家主義」と「国民主義」

敗戦後に広島から復員した丸山は、雑誌『世界』の一九四六年五月号に、「超国家主義の論理と心理」を発表した。この「超国家主義」とは、戦中の日本を支配していた思想を、彼が掲げる「国民主義」と区別しながら表現するために丸山が創造した言葉だった。

この論文を皮切りに展開された丸山の「超国家主義」分析は、彼の戦中の思想の延長であった。すなわち日本社会では、「自由なる主体的意識」を持った個人が確立されておらず、そのため内発的な責任意識がない。そこでは権力者さえもが、責任意識を欠いた「陛下の下僕」あるいは「下僚のロボット」でしかないという、「無責任の体系」が支配する。それと同時に、上位者から加えられた抑圧を下位者にむかって発散するという、「抑圧移譲」が各所で発生する。そしてそれが国際関係に投影されたのが、欧米帝国主義からの圧迫を、アジアへの侵略で晴らすという行為だったというのである。

さらにこうした日本社会では、近代的な「私」が確立されていないため、「公」と「私」の明確な境界もない。そこで発生するのは、「公」の名による私生活への介入であり、「公」に名を借りた私的利害の追求である。また近代的

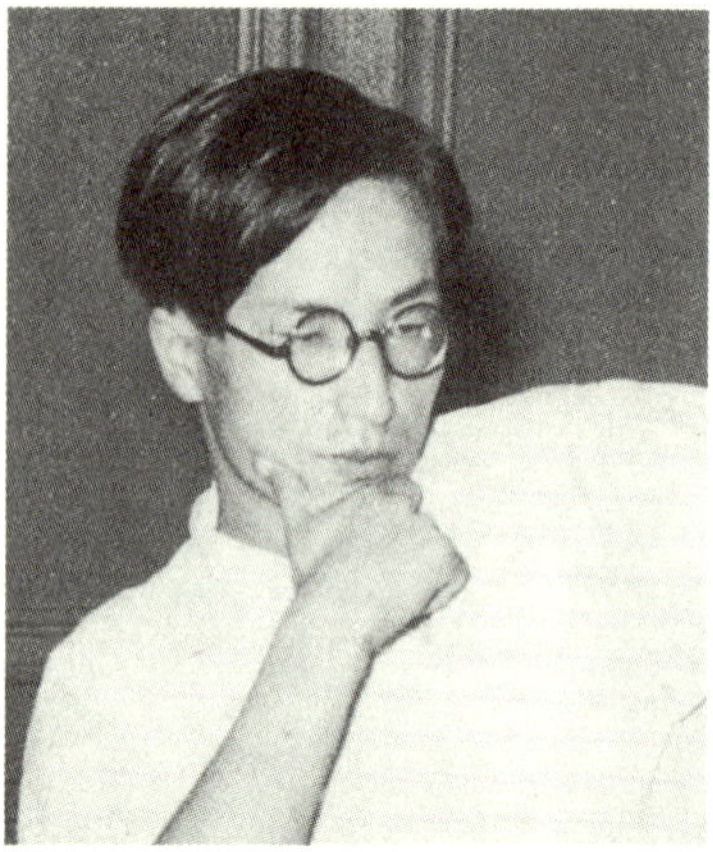
丸山眞男（1949年）

な政教分離もなされておらず、最高権力者である天皇が同時に倫理の頂点となり、「天皇からの距離」が、政治的地位であると同時に倫理の評価基準にされたという。

こうした分析は、当時の日本にありがちだった図式的なマルクス主義による分析とは異質なものであり、丸山なりの戦争体験から生みだされたものであった。そのため、第6章で述べるように共産党周辺からは「近代主義」などと批判されたものの、丸山によれば「自分ながら呆れるほど広い反響を呼んだ」（六巻二四七頁）。

戦中の極度の言論統制と紙不足によって、まともな出版物が消え去ったあと、人びとは自由な言論に飢えていた。しかも敗戦直後の人びとは、自分に苦痛と屈辱をもたらした戦争の体験が、いったい何であったのかを言語化してくれる言葉を求めていた。敗戦時に中学一年生だった小田実は、当時を回想して、「誰もが、まさに老いも若きも、好んでむつかしい本を読んだ」と述べている。[20] 一九四七年七月に、岩波書店から『西田幾多郎全集』の第一巻が発売されたときには、約一五〇〇人が三日前から岩波書店前に行列をつくり、路上に寝て発売を待ったという。

一方で当時は、食料が極度に不足し、都市インフラの大部分が破壊されていた時代でもあった。農村への食料買出しで交通機関は極度に混雑し、郵便物さえしばしば盗難にあった。評論家の本多秋五は、敗戦直後を回想して、こう述べている。「闇とインフレと筍、汽車や電車は殺人的に混雑し、電話は通じず、小包は行方不明になり、毎晩のように停電がつづいた。一方で当時はまさしく『高級文化』の時代であったのだが、それというのも、社会生活の常住の地盤が根本から破壊されていたからに外ならなかった。否でも応でも、生活と文化の意義が根底から見直され、考え直されたのであった[21]」。

一九四八年三月七日の『朝日新聞』に掲載された「大学教授は飢えている」という投書は、こう述べている。[22]「私は某官立大学の学生だが、最近教授たちの顔色が悪く元気がないので、その内状をお聞きしてびっくりした。ほとんどすべての教授は栄養失調になりつつあり、某助教授はすでにこの世の人でなく……学長ですら税金を差引いて手取り三千円と聞いては、配給品を買うにも不自由を感ずるだろうと思う。……二度も戦災にあった某教授は、全く無一物となったが、友人知己からもらいうけた不似合いな服で、とくとくとして教壇に立っておられる。青白い顔で熱弁をふるう教授の姿からは行者のごとき感じをさえ受けるのである」。もちろん例外もあったろうが、概して他の人びとと同様に、大学教授たちの生活も苦しかった。丸山自身も、敗戦後しばらくは戦災で焼け出された四世帯で一軒の家に住み、外出着は復員したままの軍服だったという。

こうした状況のなかから、既存のマルクス主義の図式に頼らずに、日本社会のあり方を根底的に問いなおそうとした丸山の「超国家主義の論理と心理」は、ことに元学徒兵の若者たちから熱烈な反応をよんだ。読者からは「眼から鱗が落ちるという言葉通りの、衝撃と戦慄を味わった」「大日本帝国の精神が、いまや音を立てて崩れはじめるのを感じた」といった声が湧きおこり、掲載された雑誌『世界』はたちまち入手困難となって、若者たちは奪いあうように『世界』を回覧した。後年に政治評論家となった藤原弘達は、中国から復員した直後に、友人から一晩だけ『世界』を借り、丸山の論文を徹夜でノートに筆写し「何度も何度も読み返した」という(23)。

こうして一気に論壇の注目を集めた丸山は、「個人」の「主体性」の確立を説くとともに、「国民主義」の建設を唱えた。その場合のモデルになったのは、明治初期の福沢諭吉や陸羯南《くがかつなん》、そして自由民権運動などであった。彼は一九四六年の講演では「後の大正、昭和の時代とやはり何か違ったものを明治国家が持っていた、如何にそれが途中で本来の方向を歪曲したとしても、健康な進歩的精神というものがどこか失われずにいた」と述べ、一九四七年には「吾々は現在明治維新が果すべくして果しえなかった、民主主義革命の完遂という課題の前にいま一度立たせられている」と記している(四巻九六頁、三巻一六一頁)。

さらに彼は、一九四七年の「陸羯南――人と思想」で、こう述べている(三巻一〇五頁)。

羯南の日本主義は……ナショナリズムとデモクラシーの綜合を意図した。それがいかに不徹底なものであったとはいえ、これは日本の近代化の方向に対する本質的に正しい見透しである。……不幸にして日本は過去においてその綜合に失敗した。福沢諭吉から陸羯南へと連なる国民主義の最初からのひ弱い動向は、やがて上からの国家主義の強力な支配の裡に吸いこまれてしまった。そのために下からの運動はむしろ国際主義いな世界市民的色彩をすら帯びざるをえなかった。長きにわたるウルトラ・ナショナリズムの支配を脱した現在こそ、正しい意味でのナショナリズム、正しい国民主義運動が民主主義革命と結合しなければならない。

もちろんここでいう「国民」は、フランス革命で成立したような「国民《ナシオン》」であった。丸山はこの陸羯南論で、「もしこの国民観念が君主・貴族・僧侶をも包含するとしたら、こうした呼称そのものは全くのナンセンスでしかない」と述べ、羯南が「国民」を「単なる君民の総括的名称」として用いていたことを批判している（三巻一〇二、一〇三頁）。

そして上記の引用には、「正しい国民主義」への賞賛とともに、「世界市民」への批判がみられる。丸山は一九四六年の論考でも、「国家からの自由という世界市民的遠心的傾向」を批判的に論じている（三巻七四頁）。

そしてじつは、こうした「世界市民」観も、当時の知識人たちに共有されていたものだった。というのもヘーゲルの歴史観では、個人と国家が一体化していた理想の共同体として、古代ギリシアのポリスが賞賛されていた。そしてそのポリスが滅びたあと、ヘレニズム文明やローマ帝国の時代に、国政から逃避した「世界市民」が生まれたとされていた。そしてそうした「世界市民」の典型は、帝王から保護を受けながら、国境をこえて利益を追求した商人たちだとされていたのである。

そして前述したように、マルクス主義においては、「近代」や「市民社会」が批判されていた。このため第5章などで後述するように、敗戦直後のマルクス主義者のあいだでは、「市民」はブルジョアの代名詞として、「世界市民」は国境をこえて利益を追求する多国籍企業の資本家たちを意味する言葉として、それぞれ使用されていた。第二部で述べるように、進歩系の知識人が「市民」という言葉を肯定的に使用してゆくのは、一九六〇年の安保闘争前後から

である。(24)

一九四七年の丸山が、「世界市民」を政治的無関心や利己主義の同義語として使用していたのも、そうした当時の言説構造に沿ったものだった。丸山はマルクス主義とは一定の距離をとり、「近代」を再評価する独自の思想を戦争体験から生みだしていたのだが、それでも当時の彼は同時代の言語体系の内部にいたといえる。もともと彼は、一九四四年の江戸時代論でも、幕末の「国難」をよそに「渡来せる外船と盛に密貿易を行った」商人を、「利潤の為に手段を撰ばぬ賤民根性」と非難していたのである(二巻二四〇頁)。

そして一九五一年における丸山の位置づけでは、明治期の「ナショナリズムとデモクラシーの綜合」が失敗したあと、日本ではナショナリズムといえば「上からの国家主義」を意味するものになってしまった。そのため、「この国の『民主主義』運動ないし労働運動において『民族意識』とか『愛国心』とかいう問題の真剣な検討を長く懈怠させ、むしろ挑戦的に世界主義的傾向へと追いやった。そうして、それはまたナショナリズムの諸シンボルを支配層ないし反動分子の独占たらしめるという悪循環を生んだ」という(五巻六六頁)。

こうした思想を抱く丸山は、当然ながら、無条件の西洋賛美論者ではありえなかった。前述したように、彼は一九四六年一月に「我が国に於て近代的思惟は『超克』どころか、真に獲得されたことすらない」と主張したが、それに続けてこう述べている(三巻四頁)。

しかし他方に於て、過去の日本に近代思想の自生的成長が全く見られなかったという様な見解も決して正当とは云えない。斯うした「超克」説と正反対のいわば「無縁」説にとって現在の様な打ちひしがれた惨澹たる境涯は絶好の温床であるが、それは国民みずからの思想する力についての自信を喪失させ、結果に於て嘗ての近代思想即西欧思想という安易な等式化へ逆戻りする危険を包蔵している。こうした意味で、私は日本思想の近代化の解明のためには、明治時代もさる事ながら、徳川時代の思想史がもっと注目されて然るべきものと思う。

卑屈と尊大が表裏一体であるように、西洋への無批判な追従も、無批判な日本礼賛と表裏一体である。丸山は一九四七年には、「みずからの地盤と環境とから問題を汲みとって来るかわりに、ヨーロッパの学界でのときどきの主題や方法を絶えず追いかけているのが、わが学界一般の通有する傾向であり、そこに学問の観念的遊離も胚胎する」と述べている（三巻一三六頁）。こうして丸山は、戦前戦中の超国家主義への批判を行なう一方、日本の内発的近代化の萌芽をもとめて、江戸思想を研究してゆく。もちろんこれは、彼なりのナショナリズムの表現であった。

そもそもすでに引用したように、丸山は一九四六年の「近代的思惟」において、「漱石の所謂『内発的』な文化を持たぬ我が知識人」を批判していた。彼は「超国家主義の論理と心理」でも、「明治国家の思想」でも、「明治」を論じるにあたり、夏目漱石をしばしば引用している。夏目漱石をめぐる評価は、「明治」への賞賛とともに、戦後のナショナリズムの一つの指標となってゆくのだが、それについては第6章以降で後述する。

そして本章冒頭でみたように、「我々日本人はほんとうに底力を出し切っておらなかった」という言葉によってナショナリズムを唱え、同時に民主化を主張することは、敗戦直後においては広範に行なわれていたものであった。それは、戦争末期から広がっていた「真の愛国」という思想と、結びついたものであった。

その意味では、丸山の「ナショナリズムとデモクラシーの綜合」という主張も、当時の人びとが共通して抱いていた心情を、政治学の言葉で表現したものだった。そうした丸山の著作を、人びとが自己の心情の代弁として歓迎したのは、当然のことだったといえよう。

そして丸山と同様の役割を、経済学の言葉で果たしたのが、大塚久雄であった。

「近代的人間類型」の創出

丸山が「超国家主義」や「無責任の体系」という言葉を残したことで知られるように、大塚久雄は「近代的人間類型」や「エートス」という言葉で知られる。そして大塚の思想は、ドイツの社会学者マックス・ヴェーバーの思想を日本に応用したものであり、日本に西洋型の「近代的人間類型」を定着させることを主張したものだと要約されることが多い。

しかし大塚の思想もまた、総力戦のなかから生まれたものだった。そして結論からいえば、丸山が政治参加における自発性を重視したのにたいし、大塚は経済生産における自発性を重視した思想を形成したのである。

大塚はもともとドイツ社会政策派の経済学研究から出発したが、一九三八年ごろからヴェーバー研究に傾いていた。そしてヴェーバーの思想のなかでも、「経済倫理」（エートス）の問題を重視するようになる。[25]

大塚は、闇経済が総力戦体制を麻痺させつつあった一九四三年に、「経済倫理と生産力」という論考を発表している。そこで彼は、「『経済倫理』とも呼ばれるべきものが戦時下の現在どのように緊要な意義をあたえられているか」を説いた（『大塚久雄著作集』第八巻三二七頁）。しかし彼のいう「経済倫理」の特徴は、闇取引をはじめとした消費や流通上の問題ではなく、「生産力」の問題として論じられていたことにあった。

第1章で述べたように、当時の生産現場では、過剰統制や「神がかり精神主義」などが、勤労意欲の低下を招いていた。そして大塚は一九四四年七月に、「最高度〝自発性〟の発揚」という論考を発表し、生産力拡充のために労働者が「『自発性』と『目的合理性』」を内面化しなければならないと説いたのである（八巻三四三頁）。

ここでも、多くの説明は要しないであろう。労働者の自発性と目的合理性は、過剰統制と無内容な精神主義によって麻痺した総力戦体制をたてなおすために、ぜひとも必要なものだったのである。

こうした自発性の重視は、必然的に「近代的個人」の再評価につながるものであった。しかしそれは、単純な個人主義や利己主義の礼賛を意味しなかった。というのも、たんに利己的な営利心なら、闇経済や「役得」のかたちで、当時も多数存在したからである。

また「近代的個人」の再評価は、当時の「近代の超克」論との対抗を必要とするものだった。当時の経済学者たちには、利己的活動にもとづく自由放任経済を、計画的な統制経済によってのりこえてこそ、生産が拡充するという意見が少なくなかった。大塚がそれに対抗して「近代的個人」を再評価するためには、それが無秩序な利己主義ではないことを明らかにする必要があった。

すなわち大塚は、丸山と同じ課題に直面していた。丸山が「個人主義」と「滅私奉公」の対立を克服した「国民主義」を構想したように、大塚は「利己的営利心」と「滅私奉公」の対立をこえる「経済倫理」を追求したのである。

こうした課題にたいし、大塚は一九四四年の論考で、二つの議論を展開している。

まず大塚は、利己的な「営利心」によって、生産力が増大する場合があることを指摘した。たとえば初期のイギリス資本主義のように、「『営利心』の発揮と『生産力』の拡充が、まさに正比例的に、かえって手を携えて現われてくるという局面」は実在する。すなわち、「世界史の現段階が近代西欧的なものを批判しうち超えつつあるといっても、その遺産の総てを無差別に捨て去ることではなく」、「資本主義の精神」を生産力拡充のために利用することも重要だというのである（八巻三四七、三五一頁）。

しかし大塚は、「この『資本主義の精神』を単なる個人的利己主義の『無責任』などと無批判に同一視しているのではない」と強調する。必要なことは、「近代西欧的なもの」のなかから、「その『営利』的性格を徹底的に抹殺しつつ、しかもその『生産力』……をより高邁なる歴史的現実のうちに発展的に摂取すること」なのである（八巻三三九、三五一頁）。

それゆえ、労働者の自発性は重要だが、その「自発性」は、ある種の「禁欲」を含んだものでなければならない。一九四四年七月、大塚は「サイパン島激戦の報を耳にしつつ」と末尾に記した論考「最高度〝自発性〟の発揚」で、こう強調する（八巻三四三頁）。

> なお、終りに右の「自発性」について一言付け加えておきたい。それは他でもなく、ここでいう「自発性」が決して、あの人間的・感情的な欲求があらゆる束縛から解放され、自由に発揮される状態、いわゆる liberum arbitrum を指すのではないということである。……
>
> 真の自発性はまさしく反対に、禁欲に結びつき、不断の陶冶によって獲られるべきものなのである。絶えざる錬成によって鍛え上げられるべきものなのである。このような真の「自発性」と「禁欲」の結びつきについては、殆

ん ど説明を要しないであろう。というのは、「今にしてわれ起たずんば」の語で見事に表現された、あの最高度の「自発性」が実際不断の「禁欲的」訓練と相表裏して鍛え上げられねばならぬものであるということは、すでに一億周知のことに属すると思うからである。

大塚のこうした思想が、偽装的な時局批判だったのか、それとも総力戦の合理的遂行を唱えるものだったのかは、後世からみれば判断の分かれるところである。しかし丸山の場合もそうであったように、当時にあっては、おそらくその両者は画然とは区分できないものであったろう。

大塚はこうして、「自発性」と「禁欲」が結びついた「経済倫理」（エートス）を描こうとした。そして、その表現手段としてうってつけだったのが、ヴェーバーの思想にほかならなかった。なぜならヴェーバーの『プロテスタンティズムの倫理と資本主義の精神』は、プロテスタントの禁欲の倫理こそが、怠業や消費の誘惑を克服して、労働と生産に邁進する近代的な「資本主義の精神」を成立させたことを説くものだったからである。

そして大塚の思想もまた、同時代において特異なものではなかった。大塚の上記の論文よりも三カ月前の一九四四年四月、黒澤明監督の『一番美しく』という戦意高揚映画が公開されている。光学兵器工場に動員された女子挺身隊員たちを美化したこの映画では、志村喬の扮する所長が、「人格の向上なくして、生産の向上なし！」と訓示を行なう。そして女子工員たちは、「所長さんの仰言った責任感」を語り合いつつ、禁欲をみずからに課し、自発的に生産の向上に努めてゆくのである(26)。

大塚もまた、敗戦後に展開した主張は、戦中の思想と大きな変化はない。強いて変わった点を挙げれば、これも丸山とおなじく、「近代」評価の変化であった。

前述のように一九四四年七月の論文では、大塚は「世界史の現段階が近代西欧的なものを批判しうち超えつつある」と述べていた。しかし一九四六年四月の論文「近代的人間類型の創出」では、「わが国民衆」の人間類型が「近代『以前』的のものである」と断言し、「おそらく多くの知識人たちは、この両三年の間にもはや、いやというほど思い知らされたことであろう」と主張した（八巻一七一頁）。大塚は戦争末期に、相模湖周辺の農村に疎開しており、そこで農民たちの「近代『以前』的」と彼がみなしたありように接触した経験が、影響したと思われる。

ナショナリズムにかんする戦後の大塚の意見も、丸山とほぼ同じであった。必要なのは、ナショナリズムを「暗い『国家主義』的な方向へではなく、明るい『国民主義』的な方向へとむけさせ、国民のナショナリズムの意識を内面的に自由と民主主義へ」結びつけていくことだというのである（六巻三一六頁）。

そして大塚は戦中も戦後も、近代的な「経済倫理」によって生産力を増強することを主張したが、それは「国民」を単位とした「国民経済」の発展であって、利己的な利益の追求ではなかった。[27] 彼は一九四六年の論考では、利己的な営利活動の害悪の象徴として、一七世紀のオランダとスペインの戦争にあたり、スペイン軍と通商したオランダ商人を非難している（八巻一八九頁）。

大塚がこのオランダ商人批判を書いた当時は、占領軍に癒着して暴利を得ている闇商人が少なくなかった。大塚はこうした商人の姿勢を、「一部特権階級や富裕層の利害だけを念頭におき、『国民の厚生』や『民衆の富裕』を無視した「むき出しのエゴイズム」と非難している（八巻一九〇頁）。

そして大塚によれば、戦後の民主化は、制度的な束縛を解くだけでは不十分である。なぜなら、「自律的に前向きの社会秩序を維持し、もって公共の福祉を促進して行きうるような」人間精神の育成があらかじめ行なわれなければ、制度的な束縛を解除しても、無秩序な「エゴイズムの自由」に陥るだけだからである（八巻一七二、一九一頁）。

自身が敬虔なクリスチャンだった大塚によれば、近代的人間類型の起源であるピューリタンは、「規律正しい兵士、実直な商人、勤勉な労働者」であった。そして近代的人間類型の特徴は、「自発性、合理性、社会連帯性への自覚、そしてそれらを貫ぬく経済生活の重視という現実的態度」であるとされていた（八巻一九六、一八四頁）。大塚はそうした人間類型の事例として、ロビンソン・クルーソーやベンジャミン・フランクリンを挙げている。

第6章で述べるように、こうした大塚の主張は、丸山と同じく共産党からは「近代主義」として激しく批判された。しかし敗戦直後の一般読者からは、熱烈に歓迎された。価値観の混乱と治安の悪化が問題となっていたこの当時、

「道義」の低下を嘆く論調は多かったものの、その大部分は旧態依然のモラルを掲げるにとどまっていた。しかし大塚は、精神の近代化によってこそ、モラルの回復だけでなく、経済の復興や政治の民主化も同時に達成できると説いていた。両者を比較した場合、大塚の論調のほうが、はるかに論理的かつ魅力的なものに映ったことは想像に難くない。

しかも大塚はこうした主張を、ヴェーバーの著作を引用しつつ、ヨーロッパの近代化の秘密を、社会科学によって精神面から解き明かすというかたちで提供していた。戦中の非合理な精神主義に飽き、社会科学の言葉を求めていた同時代の読者に、大塚の主張は大きくアピールした。マックス・ヴェーバーという、アメリカやフランスではそれほど重視されていない社会学者が、戦後の日本ではマルクスに並ぶほど著名になったのも、大塚の影響力を無視しては語れない。

とはいうものの、大塚のヴェーバー解釈が正確なものであったかどうかは、いささか別問題であった。ヴェーバーの『プロテスタンティズムの倫理と資本主義の精神』を読むと、たしかに禁欲の倫理が資本主義の形成に果たした役割が述べられてはいるが、「資本主義の精神」が社会的連帯を生みだしたという記述はない。むしろヴェーバーの著作では、生産以外のすべての行為を禁欲させる「資本主義の精神」が、冷徹な目的合理性とあいまって社会的連帯を破壊し、近代人を徹底的な孤独と「鉄の檻」に追いこんでいった経緯のほうが強調されている。しかし、ヴェーバーのそうした悲観的近代観を、大塚が受けついだ形跡はなかった。いわば大塚は、ヴェーバーの著作を自己の必要にしたがって、読みたいように読んだのである。

とはいえ、大塚にとってのヴェーバーは、丸山にとっての近代国民国家の理念とおなじく、ナショナリズムとモラルの再建を求める同時代の心情を表現する手段であった。そこで誤読や翻案が発生したことは、彼らがみずからのイニシアティヴで、西洋思想を利用したことを示してもいたのである。

「大衆」への嫌悪

しかし、丸山や大塚の思想には、彼らが戦争体験から植えつけれられた、別の要素も含まれていた。「大衆」への嫌悪である。

第1章でも言及したように、多くの学徒兵たちは「大衆」への嫌悪を抱いた。そして丸山は「日本におけるナショナリズム」で、「暗くよどんだ社会的底辺に息づく庶民大衆」という表現を用い、「『全人民の脳中に国の思想を抱かしめる』ことを生涯の課題とする決意を福沢に固めさせたほど、『国家観念』に無縁であった大衆」と形容している（五巻六八、六九頁）。

前述のように丸山は、「下士官」が支配する村落共同体や家族などを批判し、大衆の政治的無関心によって総力戦体制が機能不全に陥ったことを指摘していた。しかし彼の著作には、戦争に動員される大衆への同情がほとんど見られなかっただけでなく、動員にたいする家族や村落共同体の抵抗への評価も低かった。丸山は「日本におけるナショナリズム」で、徴兵に抵抗する家族の姿勢を「家族的エゴイズム」とよび、与謝野晶子の「君死に給ふこと勿れ」――彼女の弟が日露戦争に出征するにあたり、生還の願いを詠った歌――についても、「反戦歌というよりも、第一次集団への愛着感情の素朴な表現」にすぎないと形容している（五巻七〇頁）。

歴史を論ずるうえでも、丸山が評価したのは、福沢諭吉をはじめ「治者」意識を備えた知識人であり、農民や町人の評価は低かった。彼は一九四四年には、江戸時代の百姓一揆について、こう述べている。「政治的秩序はどこまでも彼等の外部から彼等に対して与えられる。彼等がそれに服従するのは『泣く子と地頭には勝たれぬ』故であって、秩序への内面的自覚からではない。従って彼等は何時たりとも『一揆』によって彼等に押付けられた秩序をはねのけようとするのである」（二巻二三二―二三三頁）。

大塚の場合も、「近代的人間類型」の要素として「民衆への愛と尊敬」を挙げているものの、現実の民衆への感情は複雑だった。彼は雑誌『近代文学』における一九四六年の座談会では、「理想の民衆を胸の裡にもつてをりますが、現実の民衆はあまり好きではない」「戦時中の経験からですが、或る場合には憎らしく思ふんです」と述べている。(28)

また一九四六年から四七年の論考では、日本の農民の精神形態は非合理な迷信にとらわれた「アジア的なもの」だと形容し、これを「アフリカの原住民」にたとえていた（八巻一七一、二二四頁）。

また大塚も丸山も、政治面での解放は唱えたものの、性や感覚面での解放にはむしろ否定的であった。丸山は一九四六年の「明治国家の思想」で、明治後期に台頭した「非政治的な個人主義」を、「本能的な生活を賛美するところの本能主義」「『頽廃』を内に蔵した様な個人主義」「儒教的規範からの人間解放の現実的な結果」などとよび、その事例として与謝野晶子の『みだれ髪』や田山花袋の小説などを挙げている（四巻七九、八三頁）。大塚が「エゴイズムの自由」を強く批判していたことは前述のとおりであったし、丸山は一九五一年には、敗戦後の民衆の「無気力なパンパン根性やむきだしのエゴイズムの追求」を非難していた（五巻六七頁）。

こうした「大衆蔑視」や「アジア蔑視」は、後年になって吉本隆明や新左翼系の論者たちなどから批判された。そしてそれは、丸山や大塚が、西洋近代を理想化した特権的な知識人だったと位置づけられる要因ともなった。

しかしこうした「大衆蔑視」もまた、同時代の多くの人びとが共有していたものであった。たとえば大塚とおなじ相模湖周辺の農村に疎開した法学者の川島武宜《たけよし》も、一九四八年に『日本社会の家族的構成』を出版して、地方の家族制度を「日本封建制のアジア的性質」を示すものとして激しく批判した。丸山などと対極に置かれる存在だった「無頼派」作家の坂口安吾も、一九四六年の「続堕落論」で、農民をこう非難している[29]。

文化の本質は進歩といふことで、農村には進歩に関する毛一筋の影だにない。あるものは排他的精神と、他へ対する不信、疑り深い魂だけで、損得の執拗な計算が発達してゐるだけである。……

大化改新以来、農村精神とは脱税を案出する不撓不屈の精神で、浮浪人となつて脱税し、戸籍をごまかして脱税し……彼等は常に受身である。自分からかうしたいとは言はず、又、言ひ得ない。その代り押しつけられた事柄を彼等独特のずるさによつて処理してをる……。

こうした農民像は、丸山や大塚の大衆観と、ほとんど共通のものである。「無頼派」の坂口が、「脱税」を批判するのはいささか奇異にもみえるが、これも「規律正しい兵士、実直な商人、勤勉な労働者」を賞賛した大塚と共通したものであった。

いうまでもなく、こうした論調の背景にあったのは、当時における都市と農村の対立と、闇経済の蔓延であった。戦中から敗戦後にかけて、農民は政府による食料供出を嫌い、農産物を高値で売れる闇ルートでの取引を望んだ。このことは、都市住民の生活苦をいっそう深刻化させ、坂口にみられるような「脱税」への非難をひきおこした。たとえば第1章で引用した渡辺清は、一九四五年一二月に、おなじ村の農民にむかって、「都会じゃいま食うもんがなくて、毎日餓死する人が出ているっていう話だから、割り当ての供出米ぐらいはちゃんと出してやんなくちゃ」と述べた。しかし農民たちは、「町場のやつらがどうなったって、こっちの知ったこっちゃねえや」「このさい町場のやつらをもう少しきゅうきゅうの目にあわしておいたほうがいいずら」などと反応しただけだったという[30]。

大塚や丸山が農民を批判し、「国民の厚生」を省みない「むき出しのエゴイズム」を攻撃したのは、このような社会状況のもとであった。こうした農民や闇商人のありようを、〈たくましい大衆〉とか〈民衆の反政府意識〉などと賞賛する姿勢が都市部の知識人から現われるのは、生活と秩序が安定した時期以後のことである。

そして第1章で述べたように、当時の新聞は「買出群は何れも官僚と農家を極端に怨み、餓死するときには大臣の玄関か農家の軒下で死ぬのだと口を揃えて言っている」と記していた。ここでは官僚批判と農民蔑視は、不可分の状態にあった。そうした背景のもとで生まれた丸山や大塚の思想においては、「忠誠」と「反逆」がないまぜだったのと同様に、政府批判と大衆蔑視も表裏一体となっていたのである。

屈辱の記憶

しかし丸山や大塚の大衆蔑視は、もう一つの重要な要素と結びついていた。それは、戦争から与えられた屈辱の傷と、「卑屈」への嫌悪だった。

これまでみてきたように、丸山も大塚も、執拗なまでに「利己主義」を批判し、社会的連帯を訴え、権威に面従腹背する受動的姿勢を嫌悪していた。しかし戦時期においては、暴力から逃れ、食料を得るためには、有力者に迎合し、他人を裏切るしかない状況が一般化していたことは、第1章で述べたとおりである。

そして丸山や大塚の著作をみると、彼らのいう「近代的」な人間像の要素として、権威に屈しない「主体性」が強調されていることに気づく。たとえば大塚が、「近代的人間類型」の特徴としたものは、「勇気」「自発性」「独立」「自由」「連帯」、そして「卑屈ということを知らない」ことであった。それと対照的に、克服すべき「アジア的」な人間類型の特徴とされたのは、自発性や連帯感の欠如、「醜い利己的な感性的要求」、そして権威への盲従であった(八巻一八二、一七六、一八七頁)。

また丸山は、東京裁判の記録を分析した一九四九年の論文「軍国支配者の精神形態」で、自己弁護と責任逃れに終始する為政者たちの態度を、「恥知らずの狡猾」「浅ましい保身術」「弱い精神」などと罵っている。彼はこうした日本の為政者たちの「弱い精神」と比較して、ニュルンベルク裁判でのナチス指導者たちを「強い精神」と形容し、「戦犯裁判に於て、土屋は青ざめ、古島は泣き、そうしてゲーリングは哄笑する」と記した(四巻一一五、一〇八頁、三巻二七頁)。

しかし、軍隊のなかで「青ざめ」「泣き」、「浅ましい保身術」に手を染めねばならなかったのは、かつての学徒兵たちであり、おそらくは丸山自身にほかならなかった。第1章で述べたように、丸山は兵営における心理状態を、上役に色目を使う「徳川時代の御殿女中」のようだったと形容している。そうした彼が、権威に面従腹背する江戸時代の農民や町人の、「卑屈」な態度をはげしく批判していたのである。

このような「卑屈」への嫌悪も、じつは多くの人びとに共有されていたものであった。一九四五年九月の議会で、衆議院議員の東郷実は、言論弾圧が総力戦を阻害したことを批判し、民主化によって「自己の責任」を自覚させる「国民政治」の確立を主張した。そのさい彼は、日本再建の方針として、「独善、頑迷、固陋なく、卑屈、阿諛、屈服なく、自己革新と創造と解放とに充ち満ちたる正しき世界観を確立する」ことを唱えている(31)。

東郷は元台湾総督府の高級官僚で、後年には自民党総務となった保守政治家であり、政治的志向は丸山とは異なる。だが、「独善、頑迷、固陋」に満ちた戦時体制のなかで、「卑屈、阿諛、屈服」を強いられた屈辱は、当時の人びとに共通したものであった。こうした共通の戦争体験が、保守系の議員にすら、改革を唱えさせるバネとして機能していたのである。

後年に丸山や大塚の思想は、西洋近代を理想化し、大衆を蔑視しているとして、戦争体験をもたない世代から批判された。前述した「土屋は青ざめ、古島は泣き、そうしてゲーリングは哄笑する」といった表現は、丸山が西洋を美化していた証拠として言及されることが多い。[32] しかし、丸山がなぜ「ゲーリングは哄笑する」と述べ、復員学徒兵をはじめとした読者がそれに説得力を感じたのかは、彼らの戦争体験をふまえずには語れないと思われる。

いわば、丸山や大塚が「近代」という言葉で述べていたものは、西洋の近代そのものではなかった。それは、悲惨な戦争体験の反動として夢見られた理想の人間像を、西洋思想の言葉を借りて表現する試みであった。「個」の確立と社会的連帯を兼ねそなえ、権威にたいして自己の信念を守りぬく精神を、彼らは「主体性」と名づけた。そうした「主体性」を備えた人間像を、丸山は「近代的国民」とよび、大塚は「近代的人間類型」とよんだのである。

すなわち、戦後思想のキーワードともいえる「主体性」とは、戦争と敗戦の屈辱から立ち直るために、人びとが必要とした言葉にほかならなかった。今後の章でみてゆくように、その「主体性」が、国内においては権威に抗する「自我の確立」として、国際関係においては米ソに対する「自主独立」や「中立」を唱えるナショナリズムとして、それぞれ表現された。丸山が、福沢諭吉の「一身独立して一国独立す」という言葉を愛したのは、そうした心情の表現にほかならない。そして丸山や大塚の思想は、共通の戦争体験をなめた同時代の人びとから、圧倒的な支持をうけたのである。

こうした理想的な人間像を語ることは、やはり戦争を知らない後年の世代からは、甘く楽観的なヒューマニズムであると批判された。しかし大塚は一九四六年の論考で、「人間の人格的尊貴への尊敬と信仰」を説きながら、「われわれはこの数年間これと全く逆の、人間の善意に対する極端に悲観的な態度、いや人間の悪意に対する確信をさえ基調とした精神的雰囲気のうちに生きてきた」と述べている（八巻一八七頁）。いわば彼らのヒューマニズムの主張もまた、戦争体験から受けた苦痛の反動であったといえる。

そしてこうした傾向は、当時の思想や文化の一般的特徴でもあった。映画評論家の佐藤忠男は、「この当時の日本映画は、日本人の多くが飢えていたにもかかわらず、とほうもなく陽気であり、楽天的であった」と述べている。その多くは、「陽気でたわいもない喜劇や歌謡曲映画」か、「これからは明るい民主主義の時代がくるのだ、というような気楽な意見」としか見えないものだった[33]。そして大塚や丸山の思想もまた、一九六〇年代以降には、戦争を知らない世代から、「これからは明るい民主主義の時代がくるのだ、というような気楽な意見」とみなされるようになっていったのである。

これまで述べてきたように、丸山や大塚の思想は、旧来の「滅私奉公」を批判しながら新しいナショナリズムとモラルを希求する、「真の愛国」という立場から生まれたものだった。しかし彼らには、もし彼らの主張どおり総力戦体制が強化されたならば、アジアの民衆にどのような影響をもたらすことになるのかという視点は、ほぼ完全に欠落していた。第8章や第11章で述べるように、丸山たちにはアジアへの戦争責任という意識は欠けがちだったし、朝鮮・台湾への視線も冷淡だった。

しかしそうした問題をふまえたうえで、述べておかなければならないことがある。それは丸山も大塚も、おもに戦況が悪化した戦争後半になって、総力戦体制の再建を訴える文章を書いたことである。

その理由は、敗色が濃い状況下にあって、戦争に傍観的な姿勢をとることを、彼らが「卑怯」と感じたことにあった。丸山は戦争末期を回想して、「爆弾は反戦論者を避けておちてくるわけではない、日本人として否応なく運命を共に負っている。ほんとに運命共同体なのだ、という気がしました」と述べている（一三巻一五五頁）。

こうした心情もまた、多くの戦後知識人が、共通して抱えていたものであった。たとえば仏文学者の桑原武夫は、「負けるものを無理に勝たせようとガンバル気はさらになかったが、みんなが苦しんでいるのに怠けることはよくないという気持はつよかった。だから敗戦の日に女を抱いていたとミエを切った小説家の言葉は、私には倫理的よりも美的に不愉快千万であった」と回想している。[34]

総力戦体制下で婦人委員となり、戦後に公職追放になった市川房枝は、こう述べている。「ある程度戦争に協力したことは事実ですからね。その責任は感じています。しかしそれを不名誉とは思いません。例えば私の友だちなんかでも戦争になったら、山に入っちゃって、山でヤミでごちそう食べてた人がいるんですよ。戦争が終ったら帰ってきて、私は戦争に協力しなかったっていう人がいるけど、私はあの時代のああいう状況の下において国民の一人である以上、当然とはいわないまでも恥とは思わないというんですが、間違っているでしょうかね」。[35] こうした発言は、もちろん彼らのナショナリズムを示すものであった。しかし彼らもまた丸山とおなじく、戦後には個人の確立にもとづいた日本社会の再建を唱え、自己の戦争体験を基盤として平和主義を擁護したのである。

太宰治は一九四六年三月のエッセイ「返事」で、こうした心情を、以下のように書いている。[36]

私たちは程度の差はあつても、この戦争に於いて日本に味方をしました。馬鹿な親でも、とにかく血みどろになつて喧嘩をして敗色が濃くていまにも死にさうになつてゐるのを、黙つて見てゐる息子らこそ異質《エキセントリック》的ではないでせうか。「見ちや居られねえ」といふのが、私の実感でした。

……他の人も、たいていそんな気持で、日本のために力を尽したのだと思ひます。

はつきり言つたつていいんぢやないかしら。私たちはこの大戦争に於いて、日本に味方した。私たちは日本を愛してゐる、と。

さうして、日本は大敗北を喫しました。まつたく、あんな有様でしかもなほ日本が勝つたら、日本は神の国ではなくて、魔の国でせう。あれでもし勝つたら、私は今ほど日本を愛することが出来なかつたかも知れません。

私はいまこの負けた日本の国を愛してゐます。曾つて無かつたほど愛してゐます。早くあの「ポツダム宣言」の約束を全部果して、さうして小さくても美しい平和の独立国になるやうに、ああ、私は命でも何でもみんな捨てて祈つてゐます。

この文章は、ややパセティックな部分も含めて、敗戦直後の知識人の多くが抱いていた心情を、よく表現したものであったと思われる。そしてこの心情から生まれた「ナショナリズムとデモクラシーの綜合」という思想、「民主」と「愛国」の両立は、戦争体験の記憶という土壌のうえに成立していたものだった。

そして時代が下るにつれて、こうした「戦後民主主義」の背景は、若い世代からは理解されないものとなっていった。彼らは「戦後民主主義」を、楽天的なヒューマニズムと批判し、西洋を理想化する「近代主義」だと受けとめた。またあるいは、国家総動員を唱えた戦争協力者の思想と非難し、「自我の確立」を説いてナショナリズムを否定した個人主義だと断じたのである。

丸山は一九四七年の「陸羯南――人と思想」で、明治初期の「日本主義」から五〇年のうちに、「右翼的反動と自由主義と社会主義の三方向がそれぞれ育って行った」と述べている（三巻一〇五頁）。あたかもそれに類似するかのように、丸山の学統からも、戦後五〇年のうちに、さまざまな思想の持主が輩出した。「戦後民主主義」の後継を自称する者だけでなく、「国政への責任」を掲げる自称現実主義者、「大衆」に嫌悪を示す大衆社会論者、はては「国民の誇り」を掲げる歴史修正主義者にいたるまで、丸山の愛読者を自認している例は少なくない。そのどれもが、丸山の思想の一部をうけついではいるが、丸山の全体を継承してはいないといえる。

丸山や大塚の思想は、戦争体験から生まれた「真の愛国」という心情のもとに、多くの矛盾する理念が束ねられていた、いわばパンドラの箱であった。そして戦後思想の以後の流れは、戦争の記憶が風化してゆくなかで、そこに含まれていた多くの思想潮流がしだいに分裂し、「民主」と「愛国」の両立が崩壊してゆく過程をたどることになるのである。

第3章　忠誠と反逆

戦後思想では、「主体性」の確立とならんで、「天皇制」の打倒が唱えられた。(1) そしてそれと同時におこったのが、戦争責任の追及だった。

この三つの主張は、事実上は一体のものであった。なぜなら第2章で述べたように、「主体性」とは責任意識をもち、権威に従属しない精神のことであった。そして「天皇制」は権威の代名詞であり、戦争責任問題は責任意識の喚起を意味するものだったからである。そしてこの三つの問題意識の交差点が、天皇の戦争責任であったことはいうまでもない。

そして敗戦直後における天皇の戦争責任追及は、日本のナショナリズムを否定するものではなく、天皇を中心とした戦前のナショナリズムに代わる、新たなナショナリズムの模索であった。そしてそこでは、「日本」にたいする「忠誠」が、天皇にたいする「反逆」になるという交錯が、示されることになるのである。

「戦争責任」の追及

天皇についての議論を検証する前に、まず当時の戦争責任問題一般の論調について述べておく。

一九四五年九月五日、戦後はじめて召集された議会において、芦田均が「大東亜戦争を不利なる終結に導きたる原因並其の責任」を問う意見書を提出したことは、第2章で述べた。そのほか、同年一二月の衆議院でも、鳩山一郎らによる「議員の戦争責任に関する決議案」と、一宮房治郎らによる「戦争責任に関する決議案」が出された。これらの決議案で責任を問われたのは、まず「軍閥」と「官僚」、歴代の総理大臣、そしてこれらの勢力に「阿附し、追随し、迎合」した議員や知識人、経済人などであった(2)。

とはいうものの、軍部に「迎合」した過去をもつ者は、あまりに多すぎた。一九四五年一二月の議会では、蠟山政道など一一名の衆議院議員が、「自責の念」を表明するなどして辞職したが、それは議員全体のなかでは少数派だった。自発的辞職以外に責任を追及することは、たがいの古傷をあばきあうことになりかねず、議会での責任論議は、抽象的な決議だけで葬られることになってしまった。

そしてこれらの決議案でも、アジア諸国への加害責任は、国際法に違反した「戦争犯罪」の問題としてだけ、捉えられていたにすぎなかった。敗戦の責任についても、追及は「軍閥」と「官僚」に集中し、一般国民と天皇は追及対象から除外されていた。

このうち、一般国民の戦争責任については、敗戦直後の首相だった東久邇稔彦が、「一億総懺悔」を訴えた経緯があった。第2章で述べたように、一九四五年八月二八日の記者会見で、東久邇は敗戦の原因の一つとして、闇経済に代表される「国民道義の低下」を挙げ、「一億総懺悔をすることがわが国再建の第一歩」だと唱えた。

しかしこの「一億総懺悔」論は、人びとの反発を買った。たとえば、『毎日新聞』への一九四五年九月八日の投書は、こう述べている(3)。

「一人残らず反省」とか、「一人残らず懺悔」とか、一体それは国民の誰に向かっていったのか。……終戦の聖断が下るまで自分は頑張り通して来た。配給上の不公正や各種事業にたいする急・不急の誤認、あらゆる窓口の不明朗など、戦力低下に拍車をかけたのはみな官吏ではないか。貴官達はどの口で、誰に向って「反省しろ」だの「懺悔しろ」だのといえるのか。自分は涙をもって問う。特攻隊その他戦死者の遺族、工場戦死者の遺族も、罪深き官吏と一緒に懺悔するのか。反省するのか。

この投書は読者の反響をよび、賛成の投書も掲載された。前述した議会における戦争責任決議に関する意見書でも、戦争責任は「黙々として政府に奨順したる一般国民に及ぼすべきでない」とされ、「一億総懺悔」論を批判する意見が出ている。(4)

もともと「一億総懺悔」論は、降伏決定時からの政府の公式方針でもあった。すでに一九四五年八月一一日、内務省警保局が警察部長に宛てた暗号電報は、「戦争責任者に関する論議其の他軍官民離間の言動は今後益々激増し国内の結束を乱す虞れあるを以て、之が抑圧に格別の努力を致すと共に、今回の事態を招来せる責任者は〝軍官民共に之を担ふべきものにして〟、全国民相結束して之が収拾に当らざるに於ては事態は一層悪化し、皇国の前途を危殆に瀕せしむるものなるの趣旨を徹底せしむること」と述べている。(5)

これ以後、「一億総懺悔」という言葉は、為政者の責任隠蔽を意味する言葉として定着してゆく。一九四六年三月、新日本文学会東京支部が「文学における戦争責任の追及」という宣言を可決したが、「吾々はかの『一億総懺悔』を行おうとする者ではない」「そこでは誰にも責任があるということによって一部の者の重大且つ直接的な責任がごまかされてしまう」と主張され、高村光太郎・火野葦平・武者小路実篤・小林秀雄・保田與重郎などが実名でリストアップされていた。(6)

こうした「一億総懺悔」論の存在は、戦争責任論議に、ある種の制約をもたらしていった。第1章でみたように、丸山眞男の一九四六年五月の論文「超国家主義の論理と心理」は、「〔残虐行為の〕直接の下手人は一般兵隊であったという痛ましい事実から目を蔽ってはならぬ」という問題をすでに提起していた。しかし、しだいに進歩系の人びとは、「一億総懺悔」論と同一のものになってしまうことを警戒して、一般国民の戦争責任を論ずることを手控えるようになっていったのである。

一般国民の戦争責任が追及されなかったことには、もう一つの理由があった。それは上記の新聞投書にみられるように、為政者の戦争責任を追及する倫理的根拠を、戦争に真面目に貢献し、犠牲を払った一般国民に求めるのが、当時の支配的論調だったことである。

そして、そうした倫理的根拠の究極が、戦死者であった。上記の新聞投書も、自分が戦争に貢献したことを強調するとともに、「特攻隊その他戦死者」を掲げて為政者の責任を問うている。そこには、「日本」という国民共同体に忠誠と貢献を尽くし、犠牲を払った者こそが、戦争責任を追及する資格をもつという、ナショナリズムの要素が含まれていた。

こうした論調は、「傍観者」への憎悪ともつながっていた。徴兵や工場動員を何らかの手段で逃れ、結果として戦争に協力しなかった者は、日本にも存在した。だが一九四五年一二月の衆議院での戦争責任論議では、「我が国が戦争に突入し、存亡の関頭に立つて居る秋、拱手傍観したる者の如きは真に冷酷無情の極みであります」「此の傍観的態度自身を新日本建設の担当者としての資格の如く錯覚する者あるに至つては許すべからざる態度であります」という発言がなされ、「其の通り」「同感」といった声が飛びかっている。(7) 桑原武夫や市川房枝が、やはり「傍観者」を非難していたことは、第2章で述べたとおりである。

このような論調においては、「日本」に貢献していないアジアの戦争犠牲者が、注目されることは少なかった。もちろん一方では、日本軍の残虐行為が明るみに出され、世論の注目を集めていた。しかしその追及は、一般兵士が関係しているケースが多いだけに、「一億総懺悔」論に接近しかねない危険性を帯びていた。実際に、マニラでの残虐行為が公表された一九四五年九月、『朝日新聞』にある若い女性が投書し、「総懺悔という意味が、この事件をきいて初めてわかりました」と述べている。(8)

アジアでの加害行為が問題とされる場合があったとすれば、「東洋平和」や「東亜解放」をうたっていたはずの「日本人」が、そうした「道義」を踏みにじったという問題としてであった。左翼雑誌の『太平』が一九四六年一一月号でアジアでの残虐行為をとりあげたさいの表題は、「国民の道義は低下したか?」であった。(9) アジアへの残虐行為は、ナショナル・モラルの問題としてならば、論じられていたのである。

多くの人びとが肉親や友人を失い、家屋や財産を失った敗戦直後においては、まず「国民」の被害が注目され、その被害をもたらした為政者の責任が問われたのは、無理からぬことであった。そうしたなかでは、為政者と一般国民を一括して「日本人」とみなし、その「日本人」が外部に与えた責任を問うという論調は、多いとはいえなかった。そうした声が一定以上のレベルにまでに達するのは、高度経済成長と戦争を知らない世代の台頭によって、戦争被害の記憶が風化した一九六〇年代以降のこととなる。

しかし、「国民」を基盤として為政者の戦争責任を追及するさい、問題は天皇の位置づけであった。それはすなわち、天皇は戦争責任を問われるべき為政者の側に入るのか、それとも被害者である「国民」の側に入るのかという問題でもあった。

もちろん、保守系の論調においては、後者の認識がとられた。保守系紙『時事新報』の一九四七年五月の社説は、「軍閥」を非難しながら、「皇室と国民は実に其最大の被害者であった」と主張している。芦田均や鳩山一郎が議会に提出した戦争責任決議案でも、「輔弼責任の大義を匡し国体を明徴ならしむる」ことや、「日本本然の君民一如の民主政治を復活」することが述べられていた。(10)

しかし前者の認識、すなわち天皇は「国民」によって批判されるべき為政者であるという論調も、少なくはなかった。そして、天皇の戦争責任追及のさいに掲げられたのも、戦死者の記憶であった。そこでは、天皇に忠誠を尽くし、生命を犠牲にした戦死者こそが、天皇を批判する最大の基盤であるとされてゆくことになる。

ある少年兵の天皇観

戦死者の記憶を基盤とした天皇の戦争責任論の事例として、ここでは海軍少年兵だった渡辺清の日記を紹介することからはじめよう。一九四五年九月から一九四六年四月まで書かれたこの日記は、かつて戦艦「武蔵」に乗りくんでいた渡辺が、静岡県の農村に復員した直後からはじまる。

渡辺が復員した一九四五年九月、彼の村は、「天皇陛下が処刑される」という噂でもちきりであった。降伏時の水兵たちのあいだでも、「天皇陛下をはじめ皇族、華族、重臣、戦争中の各大臣、それに陸海軍の少将級から上の者はすべて絞首刑になる」という噂がとびかっていた[11]。

ところが村人たちは、こうした噂にたいし、意外に冷静であった。渡辺の隣人は、「まあ、業腹だけんど、なんしろ、こっちゃ、ころ敗けに敗けちまったんだから、天皇陛下の首が吹っ飛んだって文句は言えねえわさ」などと述べるだけであった（渡辺清『砕かれた神』五頁）。

しかし、天皇に忠誠を誓い、死ぬ覚悟で戦ってきた渡辺にとって、この噂は「おそろしい罰あたり」だと感じられた。だが敗戦という現実は、天皇処刑の可能性を信じさせるのに十分だった。

そこで渡辺が考えたのは、天皇は米軍に連行される前に、「立派に自決することによって、なんびとも侵し難い帝王の帝王たる尊厳を天下にお示しになるだろう」ということだった。「生きて虜囚の辱を受けず」という戦陣訓を教えられ、天皇を「大元帥」と信じてきた彼にとって、それは当然の考えだった（六頁）。

こうした渡辺の予想は、戦陣訓を示達したはずの東条英機陸軍大将が、自決に失敗して米軍に捕われたことで、いっそう強まった。彼は東条のことを、「軍人の最高位をきわめた陸軍大将が、商売道具のピストルを射ちそこなって、敵の縄目にかかる。これではもう喜劇にもなるまい」「日本人全体の恥を内外にさらしたようなものだ」と軽蔑し、戦陣訓を「破っているのは、ほかでもない当の本人ではないか」と思った（二三頁）。

渡辺は、自分が乗っていた戦艦「武蔵」が撃沈されたとき、艦長が「操艦の責任」をとって艦とともに沈んだことを覚えていた。それを思えば、戦いに敗れ国土を占領された大元帥が、「おめおめと生きておられるはずがない」。彼にとって天皇の自決は、「敗北の責任をとる手段といえば、さしずめそれ以外にない。開戦の責任者である以上、そうするのがむしろ当然だ」と考えられた（一三七、六頁）。

そもそも渡辺は、降伏の時点で、天皇が自決するのではないかと思っていた。しかし、「『八月一五日』の時点で天皇陛下があえて自決を避けられたのは、それによって敗戦の混乱と不安をいっそう大きくするという〝聖慮〟によるものだったかもしれない」と考えた。そうだとすれば、「御親率の陸海軍人がほぼ復員を完了し、人心が平時に復したときか、さもなければ連合国が軍事裁判を開く前あたりをその時期とみて、あるいは御退位するおつもりかもしれない」というのが、一九四五年九月初めにおける渡辺の予想だった（六頁）。

しかし一九四五年九月三〇日、新聞に載っていた一枚の写真が、渡辺に恐ろしい衝撃をあたえた。それは天皇がマッカーサーのオフィスを訪問し、二人がならんで撮影したものだった。渡辺はこの写真に激怒し、日記にこう書いた（三二一―三三頁）。


しかも訪ねた先方の相手は、おれたちがついせんだってまで命を的《まと》に戦っていた敵の総司令官である。「出てこいニミッツ・マッカーサー」と歌にまでうたわれていた恨みのマッカーサーである。その男にこっちからわざわざ頭を下げていくなんて、天皇には恥というものがないのか。いくら戦争に敗けたからといって、いや、敗けたからこそ、なおさら毅然としていなくてはならないのではないか。……

マッカーサーも、おそらく頭をさげて訪ねてきた天皇を心の中で冷ややかにせせら笑ったにちがいない。軽くなめてかかったにちがいない。その気配は二人の写真にも露骨に出ている。……天皇はさしずめ横柄でのっぽな主人にかしずく、鈍重で小心な従者といった感じである。

だが、天皇も天皇だ。よくも敵の司令官の前に顔が出せたものだ。それも一国の元首として、陸海軍の大元帥として捨て身の決闘でも申し込みに行ったというのなら話はわかる。……

ところが実際はどうだろう。わざわざ訪ねたあげく、記念のつもりかどうかは知らないが、二人で仲よくカメラにおさまったりして、恬《てん》として恥ずるところもなさそうだ。おれにはそう見える。いずれにせよ天皇は、元首としての神聖とその権威を自らかなぐり捨てて、敵の前にさながら犬のように頭をたれてしまったのだ。


以前の忠誠が深かったぶんだけ、渡辺の反逆は激しかった。写真をみた翌日の日記に、彼は「おれは天皇に騙されていたのだ。絶対者として信じていた天皇に裏切られたのだ」と記した。アメリカが対日占領政策に天皇を協力させることを期待して、極東軍事裁判に訴追しないつもりらしいということがわかると、天皇に対する怒りはますますつのった。一〇月には、「おれはいまからでも飛んでいって宮城を焼きはらってやりたい」と書くようになる（三四、五〇頁）。

アメリカと協調した天皇に対抗するかのように、渡辺は反米意識を保ちつづけた。より正確には、それはアメリカそのものへの敵意というよりは、アメリカに協調する天皇や政府への反発が、反米というかたちで現われたものだった。数カ月前まで「鬼畜米英」を呼号していた新聞が、アメリカとの友好を説くありさまをみて、彼は「こういう場当たり的なご都合主義を敗け犬の媚びへつらいというのだろう。それほど仲良くする必要があるのなら、はじめから戦争などしなければよかったのだ」と批判した（四一頁）。

昭和天皇とマッカーサー元帥が初めて会ったときの写真（1945年9月27日）

しかし村人たちは、「いくら天皇陛下でも、マッカーサー元帥にゃ頭が上がらない」といった会話を交わし、アメリカの権威になびいていた。かつての在郷軍人会の副会長は、「この際いっそアメリカと合併したほうがいいと思うな。アメリカの四十八州にもう一つ日本州をこさえて貰ってさ。そのほうがこんなちっぽけな貧乏国でよたよたしているよりずっとましだろうや」と発言した。渡辺は、「そういうチャッカリした事大主義が我慢ならない」と述べ、アメリカ製のタバコや缶詰を拒否して生活した（五五、一五四頁）。

こうした渡辺が、倫理的基盤として見出したのが、死んだ戦友たちの記憶だった。渡辺は政府から発表された戦死者数の報道をみて、「おれにとって抽象的な単なる数字ではない。そこに眼をおくだけで、その数字の裏側から共に戦って死んだ仲間の顔が数珠玉のようにひとつらなりに浮かんでくる」と思った。「ある者は頭を砕かれ、ある者はガラス屑のように海に散り、ある者は断末魔の苦しみにのたうちながら、艦と運命を共にした。そしておれはそのようなおびただしい仲間の死骸を海底に沈めたまま、あまつさえある場合には見殺しにさえして、自分だけ生きて帰ってきたのだ」と彼は考えた（一八、一八〇頁）。

それゆえ渡辺は、「自分だけ生き残ったことが、やたらむしょうにうしろめたい」と思った。そして、「なにごとにつけ死んだ仲間から『あいつ一人でうまいことやっていやがらあ……』と思われるようなことはしたくない。おれは在天の戦友に見られている」と考えた。かつては村中総出で行なわれていた戦没者の遺骨の出迎えが、今ではわずかな関係者のみで行なわれている状態に、彼は怒りを燃やした（一八、二二九、六一頁）。

天皇を批判する基盤となったのも、この戦死者の記憶だった。一九四五年一〇月の日記で、渡辺は「宮城を焼きはらってやりたい」と書いたあと、こう続けた。「いや、それでも足りない。できることなら、天皇をかつての海戦の場所に引っぱっていって、海底に引きずりおろして、そこに横たわっているはずの戦友の無残な死骸をその眼にみせてやりたい。これがアナタの命令ではじめた戦争の結末です。……そう言って、あのてかてかの七三の長髪をつかんで海底の岩床に頭をごんごんつきあててやりたい」（五〇頁）。

一九四五年一一月、天皇が靖国神社に参拝したというニュースを聞いて、渡辺は「この世には霊魂は存在しない」と考えた。なぜなら、「存在しているとすれば、天皇はその霊魂に呪い殺されて、生きていることはできない」はずだったから。彼の考えでは、天皇が自分の名による命令で兵士たちが死んだことを、「もしいささかでも考えていれば、靖国の社前にはとても立てなかったはず」だった（八二頁）。

このあと渡辺は、「天皇制打倒」と書かれた日本共産党のビラをみつけ、これに「文句なしに賛成」と感じた。彼は知人から薦められて、社会主義者の河上肇や山川均の著作をはじめ、多くの本を読み始めていた。河上の著作には感動したが、そのまま社会主義の学習にのめりこみはしなかった。それは、彼が海軍に志願する過程で、多くの「言葉の魔術」にだまされた経験をふまえ、「どんなに偉いといわれる人が言ったことでも、先ず自分でよく考えて、自分でちゃんと納得したもの以外は、けっして真にうけてはならない」と決意していたからだった（九四、二六一、一〇二頁）。

一九四六年の元旦に、天皇の詔書が出された。天皇がみずから「現人神」であることを否定した、いわゆる「人間宣言」だった。退位の宣言か、あるいは国民と戦死者への謝罪を期待していた渡辺は、これを「とんでもない居直り宣言だ」と受けとった（一三五頁）。

とくに彼が激怒したのは、この詔書が、国民の「道義」の低下を嘆いていることだった。渡辺は「戦争の責任もとらずにいる自分のことは棚にあげて、どうしてそんなもっともらしいことが言えるのか」と思った（一三六頁）。さらに渡辺は、こう述べている（二〇三頁）。

　それにしても情けないのは、あれだけ破滅的な大戦争をしていながら、「それを仕組んだ責任者は自分だ」といって名乗り出る者がいまもって一人もいないということだ。……とにかく偉い人ほど他人にむかって道義の大事を説くが、それがいざ自分のことになると、その不感症ぶりは、まさに白痴にひとしい。まったくひどい話だ。
　だがおそろしいのは、これが国民に与える心理的な影響だろう。わけても天皇のあり方は、「天皇さえ責任者としての責任をとらずにすまされるのだから、われわれは何をやっても責任なんてとる必要はない」というようなおそるべき道義のすたれをもたらすのではないか。つまり国ぐるみで「天皇に右へならえ」ということになってしまうのではないか。おれにはそんな予感がしてならない。

一九四六年三月、新憲法の草案が新聞に掲載された。天皇を「国民統合の象徴」と規定したその第一条を読んで、「これほど節操のない無責任きわまる天皇をどうして国民の『象徴』と言えるのか」と渡辺は考えた。「己れの責任をいささかも省みず、かつての敵の司令官につっかい棒をあてがってもらってまで、天皇でありつづけようとする天皇」を象徴にするくらいなら、「イワシの頭のほうがまだしもだ」と彼は思った（二一〇頁）。

おなじ時期から開始された天皇の地方巡幸も、渡辺は「敗戦とマッカーサーで影の薄くなった天皇の人気挽回のお芝居だ」としか感じなかった（二〇一頁）。天皇は為政者たちの「ロボット」だったのであり、そのような天皇に執着するのは誤りだと述べる友人もいたが、渡辺は納得できなかった。もし天皇が「ロボット」だったなら、天皇を信じて死んだ戦友はどうなるのか？

憲法草案が発表された数日後、渡辺は復員兵の博労が、南京戦線での自慢話をしているのを聞いた。その内容は、「二十人近くチャンコロをぶった斬ったかなあ。まあ大根を輪切りにするみてえなもんさ」「よりどりみどりで女にゃ不自由しなかった」「生かしておくってえとあとがうるせえから、おりゃ、やったあとはその場で刀でバッサバッサ処分しちゃった」「まあ命さえあぶなくなきゃ、兵隊ってのは、してえ事ができて面白えしょうばいさ。それでお上から金ももらえるんだから」といったものだった（二一四頁）。

もっぱら南方の海戦に従事し、中国戦線の様子を知らなかった渡辺は、これを聞いてショックをうけた。そして、政府と天皇が中国に謝罪していないことを思うとともに、「博労の無反省な自慢話ももとはといえば、政府や天皇のそういう無責任さからきているのかもしれない」と考えた（二一五頁）。

おなじ三月に、「まっ赤な口紅とこれもまっ赤な洋服を着た日本の若い女」が、アメリカ兵と「これ見よがしにジャレつきながら」街を歩いているのに渡辺は出くわした。人びとはアメリカ兵を恐れて、目をそらしながら道のわきにどいたが、渡辺はまっすぐ歩き、女の肩にぶつかった。アメリカ兵に蹴りとばされた渡辺は、その兵士に乱闘を挑んだ。日本の警察がやってきて、渡辺だけが連行されたが、彼は「天下の公道をまっ直ぐ歩いてなにが悪い」と言い返した（二二三、二二四頁）。

渡辺がこの経験で嘆いたのは、「びくびくして小さくなっている地元の日本人」の様子だった。乱闘のさい彼に加勢する者がいなかったことを思い、「アメリカがかつて敵だったことを忘れてしまったのか」と考えた（二二五、二二六頁）。

そこで渡辺が想起したのは、アジアの抗日運動の女性たちだった。彼が日本軍占領下のマニラに上陸したさい、「フィリピン女性が日本兵といっしょにくっついて歩いている姿を一度も見かけたことはなかった」。そして抗日運動の女性たちは、「スカートの内かくしにピストルをひそませて日本兵を狙っていた」。それを思いだして、「おれは当時はそういう女をひどく憎んだものだが、今になってみるとその志の高さにうたれる」と思った（二二六頁）。

日本のナショナリズムが傷つけられる痛みは、アジアのナショナリズムへの共感につながった。復員後、荒れている渡辺を敬遠する村人が多いなかで、在日朝鮮人の「屑屋の金さん」だけは、「プチカエッタ、ソレ、ヨカッタ、ヨカッタ、オメテトウ」と彼を迎えた。渡辺は、「復員してこころから『おめでとう』と言ってくれたのはこの金さん一人だけかもしれない」と思った。そして朝鮮が独立し、金さんが帰国できるという噂を聞いて、「なにかこっちまで救われるような話だ」と感じた（六〇、六一頁）。

しかし一方で渡辺は、便乗的な日本批判に対しては、激しい反感を抱いた。すでに村では、かつて聖戦完遂を叫んでいた有力者や教師が、英単語をまじえて民主主義の説教を始めていた。おなじく聖戦を唱えていた新聞やラジオが、戦争は軍閥と官僚が仕組んだ侵略だったと報じはじめると、渡辺は侵略の事実は認めながらも、「それならそれでなぜもっと早く、少なくとも戦争になる前にそれをちゃんと書いてくれなかったのか」「二枚舌、舞文曲筆、無責任にもほどがある」と思った（四〇頁）。

とくに渡辺が怒りをみせたのは、戦争への批判が、戦死者への冒瀆をふくんでいたり、「アメリカへの阿諛追従」として行なわれていると感じられたときだった。アメリカとの友好をうたうマスコミの論調に反発し、「それではアメリカを敵として戦って死んでいった者はどうなるのだ」と思った（二三八、四一頁）。

一九四六年二月、広島の原子爆弾による被害が新聞で報じられた。渡辺は非戦闘員を大量殺戮したアメリカに怒りを新たにする一方、日本では「なぜ指導者がアメリカにくっつこうとしているのか」と思った。彼はその理由を、「要するに打算だ。金だ。損得のためにはなりふりかまわぬというわけだ」と考えた。そして渡辺は、「過去のことをケロリと忘れて、いまのように欲得に目のくらんだ指導者のいいなりになっていると、そのうちまたアメリカからこっぴどい目にあわされるだろう」と思った（一七二、一七三頁）。

東京裁判に対する渡辺の評価は、低かった。そもそも天皇が訴追されなかったうえ、「どうせ勝者の恨みを晴らすための一方的な裁判」だと考えたからだった。東京裁判が掲げた「平和と人道に対する罪」という原理に対しても、「日本が一方的に押しこんでいって残虐と掠奪の限りをつくした支那や東南アジアの国々からそう言われるなら話はわかる」が、原爆を投下したアメリカに「そんな立派なことをいう資格があるのか」と思った（五二、一五九頁）。

東京裁判で天皇が訴追されなかったことには不満だったが、天皇をアメリカの手で裁くことには、渡辺は反対だった。天皇の処遇について米軍の意向が報道されると、「日本のことは日本人だけで解決する、つべこべ言わずに黙ってすっこんでろ、と言いたくなる」と感じた（五三頁）。天皇の戦争責任は、戦死者の記憶を足場に、「日本人」みずから追及しなければならないというのが彼の考えだった。

天皇が戦争責任をとる方法は、渡辺の考えでは、以下のようなものだった。まず「すみやかに退位すること」。そして、「天皇家はヒロヒト天皇の退位とともに廃止させる」。そして、「退位したあとは頭を剃って仏門にはいり、戦没者の墓守りをする。その墓は国がどこか適当な場所に戦没者の慰霊の碑か、慰霊堂のようなものを建立すればいい」（二三〇頁）。

さらに、「退位後の天皇一家の生活費は皇室財産のうちから支出するか、それが無理なら寺の住職のように、天皇に心をよせている人たちの布施によってまかなうか、そのどちらかにして、国民の税金からは一銭たりとも支出しない」。もし年頭の詔書が「人間宣言」だったというのなら、「退位後は国民の中に入って、普通のものを着て、なみのものを食べて、なみの家に住んで、なみの人たちとなみの暮らしをする」べきだというのだった（二三〇頁）。

それとともに、しだいに渡辺は、「これまでそういう無責任な天皇を信じきっていた自分自身も許せない気がする」と考えはじめた。「裏切られた」「騙された」といった言葉によって、「天皇を一方的に弾劾することで、自分を〝よし〟とする思い上がりと逃避がそこにあったと思う」。そう考えたとき、「おのれ自身の無知にたいする責任がおれにあるのではないか」と彼は感じた（一七一、一七九頁）。

そうして渡辺は、「天皇を責めることは、同時に天皇をかく信じていた自分をも責めることでなければならない」と思った。そう考えたとき、「おれ自身がその戦争を賛美し、志願までしてそれに参加した人間だという事実」、すなわち「侵略の兵士の一人であったことには変わりない」という自覚が生まれた。そのうえで彼は、南京での自慢話をする博労に反発したあとで、「だがもしそこに居合わせたら、おれだって何をしでかしたかわからない」と考えた（二七九、一八〇、二一五頁）。

そこで渡辺が出した結論は、「おれはこんどの戦争には終始全面的に協力したが、戦争に協力した責任は、今後いかなる戦争の企てにも協力しないということによってしか償うことはできない」というものだった。この当時は、日本軍は解体されたばかりだったが、「五年、十年先のことはわからない」。だが、「かりにそんなことになっても、おれはこんどこそ戦争には絶対に参加しない」というのだった（二一六頁）。

このように決意した渡辺の、ナショナリズムに対する姿勢は複雑だった。敗戦後の天皇やマスコミのありように反発し、「天皇がなんだ　日本がなんだ　愛国心がなんだ　民主主義がなんだ　文化国家がなんだ　ふん、そんなものはみんなくそくらえだ」と彼は思った。しかし一方で、便乗的な知識人が安易に戦争を批判すると、「それでは国難に殉じた人たちの愛国心はどうなるのだ」と感じた（一一七、二〇六頁）。

こうした渡辺のナショナリズムは、しだいに国家と天皇をこえていった。渡辺はアメリカ兵と乱闘し、日本政府の警官に逮捕されたあと、「おれは誰になんと言われようとも、アメリカに屈服するつもりはない。日本はアメリカに降伏したかもしれないが、それは国と国との取り決めであって、おれの知ったことではない」と書いた（二二五頁）。彼はこうして、〈国家に抗するナショナリズム〉を獲得するにいたったのである。

一九四六年四月、渡辺は故郷を離れ、東京に働きに出ることになった。その直前に彼は、いまでは戦前とは異なり、天皇に直接手紙が書けるという噂を聞いた。そこで彼は村を離れるにあたり、海軍入隊後から復員まで、支給された食事や衣類、給与などの総額を計算し、手持ちの金をかきあつめて、天皇に宛てて送金した。「私は、これでアナタにはもうなんの借りもありません」という手紙を添えて（二六八頁）。

渡辺の日記は、この天皇宛ての手紙で終わっている。多数の戦争体験者をインタビューした経験をもつ保坂正康は、渡辺の日記を「庶民感情の素朴なあらわれ」と形容し、渡辺ほど純粋なかたちではないにしても、「こうした感情は当時の日本人の大半が抱いていたのではないかと思う」と述べている。[12] そして事実、渡辺にみられた心情は、この時期における天皇論の多くに、共有されていたのである。

天皇退位論の台頭

渡辺のように、天皇への忠誠が深かったがゆえに、その後に批判に転じた者は、必ずしも特異な例とはいえなかった。元学徒兵であり、フィリピン戦線から生還した政治学者の神島二郎も、その一人だった。神島は復員直後の時期の心情を、こう回想している。[13]

> おおくの国民の血を流してこの敗戦である。天皇は自決するにちがいない。そうしたら、私はどうしよう。私は生きてはいられないと思った。私はこれをふかく心にひめて、これからはじっと天皇を見守ってくらすことになった。しかし、地方巡幸があっただけで、戦犯の処刑がすんでもなにごともおこらぬ。こうして翌年四月一〇日には、天皇を処刑しろというT君と私はなぐりあいのけんかをした。だが、五月三日の新憲法施行にも、なにごともおこらなかった。これまで待った私は、はじめて長夜の眠りからさめたように、天皇の無倫理性をはっきりと見た。もはや民族の良心はそこにはない。

そして神島もまた、死んだ戦友たちの記憶を秘めていた。彼は復員後、日本軍の残虐行為が明らかにされたことにショックをうけ、こう書いている。「同胞のおかしたかずかずの非行があかるみに出された。私は憤りと屈辱とにまみれた。だが、私は、戦争にすすんで死んだ若者たちを知っている。私は、生きのこった者の責めを感じずにはいられなかった」。そうした彼にとって、戦死者に命令をくだしたはずの天皇が、明確な態度表明をせずにいることは、理不尽に感じられたのである。
天皇の自決を予測したのは、渡辺や神島のような、若い世代ばかりではなかった。政治学者の猪木正道は、自由主義経済学者として知られる河合栄治郎が戦中に話していた内容について、こう回想している。[14]

河合さんはこう云うんですよ。天皇はおいたわしい。軍に牛耳られている。杉山〔陸軍参謀総長〕とか東条〔首相〕にだまされているのだ。私（河合）が一番心配なのは今度の戦争に負けたら天皇は必ず自殺される。それは見ていられないというわけです。それに僕は感化されたな。ほんとにおいたわしいと思っていたなあ。ところが敗戦後見ていたが一向自殺も何もされない。それからですよ、批判的になったのは。天皇は日本国民の無責任の象徴ですね。

こうした心情は、民衆レベルにも連続していた。大阪の六一歳の会社員は、一九四八年六月の新聞への投書で、「私のせがれも天皇の命により戦場に散った。彼はそれで満足して死んだと思っているが、しかしその天皇が平和愛好者であり、戦争を好まなかったといっておられる。そうすると、日本の軍隊は天皇の意思に反した行動をとったことになる。この矛盾を親はどう考えてよいだろうか」と述べ、「終戦当時、陛下はなぜ自らを責める詔勅をお出しにならなかったか」という意見に賛成した。[15] また一九四六年三月号の『婦人朝日』には、「国民の前に責任をおとりにならないのかしらと思って、なんですか、天皇陛下に対する観念が変って参りました」という主婦の意見が載った。[16]
近衛連隊の青年将校だった村上兵衛も、「もし今度の敗戦の当事者が明治天皇睦仁だったならば自殺したかもしれない」と考えた一人だった。昭和天皇は政治家の「ロボット」にすぎなかったという意見にたいしては、村上は戦死した友人たちの存在を強調し、「天皇がロボットだとしたら」「天皇を信じていた男にとっては裏切られたのである」と述べている。[17]
村上はここで、明治天皇を引合いにして昭和天皇を批判しているが、こうした論調も村上にかぎらなかった。江藤淳の回想によると、彼の祖母は敗戦の日の放送を聞いて、「お国をこんなにして、大勢人を死なせて、陛下は明治さまになんと申訳をなさる」と「吐き捨てるようにいった」という。(18)

敗戦に直面した人びとが、「昭和」を批判する準拠点として「明治」を想起したケースは、少なくなかったようである。作家の吉川英治は、一九四五年八月二三日の新聞寄稿で、「現代の日本人は少し思いあがっていたのではなかろうか。世界の一等国に伍していたのは我々の力ではなかったのだ。みんな明治時代の遺産であったのだ」と述べた。また作家の司馬遼太郎は、陸軍青年将校として敗戦を迎えたときのことを回想して、「指導者がおろかだというのは、二十二歳でもわかっていました。しかし、昔の日本は違ったろうと思ったんです」と述べて、明治の歴史を学んだ動機を語っている。(19)

また第2章でみたように、丸山眞男も「明治」の福沢諭吉や自由民権運動を賞賛しつつ、昭和の超国家主義を批判していた。丸山は一九四六年一〇月の講演「明治国家の思想」では、「われわれは日露戦争の時代はよく知りませんから、昔の人に聞くと、非常に国民的に張切っていて、今度の戦争のようなものではなくて、下から湧き起った力でやったというふうに聞かされております」と述べている。(20)ここでの「明治」は、敗戦をもたらした「昭和」の国家を批判しながら、ナショナル・アイデンティティを保つための拠り所だったといえる。

また村上兵衛も、渡辺とおなじく、「最高指導者たる天皇の責任問題」を明確にしないことが、国民にあたえる「悪影響は計り知ることができない」と主張した。(21)さらに一九四六年六月には、詩人の三好達治が、「陛下の名に於て軍律に従い、陛下の万歳を叫んで軍陣の間に斃《たお》れた忠良なる臣民」に「陛下の側に背信の責任がある」と述べる天皇退位論を公表した。三好はこの論考で、「陛下の御責任を不問に付しては、世に道理は廃れる」と強調し、こう述べている。(22)

……祖国を覆滅した主導者は陛下自らでないにしても、主導者どもを制御すべき唯一の名目的実力者としての陛下の疎慢《そまん》はついに国民の前に弁疏《べんそ》の途はあるまい。素朴なる国民たちは陛下の前に何事の追求を試みようとしなくとも……実は彼らにも彼らなりの道義の基準を弁別するかくれた心の指針は深く蔵してかくれているのを忘れてはならない。……

今日国民の道義の廃頽は、識者の誰しもが例外なくみな指摘して慨嘆するところである。……これを救抜するの途は、事をしてここに到らしめた最高の責任者がきっぱりと身に責任をとって、人の当然になすべきところを自ら践《ふ》み行うの範を示し玉うて以て人心を鼓舞するより有力なるはあるまい。

こうした形態の戦争責任論は、天皇以外の為政者にも向けられた。一九四六年五月九日の『毎日新聞』の投書は、戦犯容疑者たちに、「何卒日本の恥をこれ以上世界にさらすことなく、その責任の所在を明かにして、諸君の国家、国民に対する最後の御奉公だと観念せられたい」と要求している[23]。

このような退位論は、天皇への敬愛から発している場合も多かった。一九四八年、夏目漱石の弟子だった作家の森田草平が共産党に入党し、共産党の機関誌『前衛』に「共産党に入るの弁」を発表した。そこで森田は、天皇の地方巡幸についてこう述べている[24]。

……私は近頃の天皇側近の人々並びに府県当局者の行動に対していうべからざる憤りを感じている。何の目的か知らないが、これ等の人々は終戦後用もないのにたびたび天皇を連れ出して、各府県を巡回させ天皇御自身をも退屈させるばかりか、徒らに人民に迷惑をかけている。これが若し失われた天皇の人気を回復して、天皇一家に対する人民の親愛の情を増させようとする意図の下に行われたとすれば、こんな間違った話はない。……真に心からなる人民の愛情を取返そうと思ったら、天皇は一日も早く退位して、たとえロボットではあっても、間違った戦争をして人民を塗炭の苦しみに陥れた、その責任を取るべきである。そうさえすれば、天皇を惜むの情は俄に台頭して、天皇一家に対する愛情も湧然として再び人民の間に盛り上がって来ることは請合だ。これをもしも為し得ないで、徒らに人民の眼を眩《くら》ますような挙措に出ることは、これは何うしても宮内省と府県のお役人が狎れ合いの上、天皇を利用して、少しでも自分たちの地位を固めよう、在来の封建的勢力を維持しようと企んでいるものとしか、私には思われない。私は天皇一家を愛惜するが故に敢てこれをいうのである。

こうした敗戦直後の天皇への戦争責任追及は、ナショナリズムの否定ではなく、新たなナショナル・アイデンティティの模索として出現したものだった。そうした心情は、以下にみてゆくように、「天皇制」にかんする論議においても同様だった。

共産党の「愛国」

一九四五年一〇月、獄中から解放された徳田球一や宮本顕治らの共産党幹部は、声明「人民に訴う」を発表し、天皇制打倒を掲げた。一二月八日の戦争犯罪人追及人民大会では各界合計一千名以上の戦犯リストが発表され、一一月の『赤旗』再刊第二号では、志賀義雄が「天皇こそ最大の戦争犯罪人」と指弾した。(25)

しかし彼らが唱えたのも、ナショナリズムの否定ではなく、「真の愛国」であった。一九四六年一月、一六年にわたりソ連と中国に亡命していた野坂参三が帰国し、「民主戦線によって祖国の危機を救え」と題する講演を行なって、「真の愛国者はだれか」と訴えた。(26)

諸君! 荒れはてた東京のまちを見よ。やせおとろえた市民の顔を見よ。このような苦しみを人民に与えたのはだれか! 敗戦という最大の屈辱をわが民族になめさせ、国を破滅のふちに追いこんだ者はいったいだれか! それは、愛国の名によって諸君を戦争にかり立て、幾百万人の青年を戦場において殺傷した天皇・軍閥・財閥・反動的官僚や政治家・反動団体であり、かれらこそわが祖国を危うくし、民族をはずかしめた非国民であり国賊であるのであります。愛国主義を専売特許にした東条英機とその追従者が、じつに最大の非国民であり、もっとも憎むべき国民の敵であったのであります。

これに反して、われわれ共産主義者は、戦時中に何をしたか？ ……この戦争の帝国主義的・強盗的性質を暴露し、またこの戦争がわが国の利益に反し、国を破滅にみちびくことを説明し、この戦争に反対したのであります。それがために満州事変以来、数万の共産党員やその同情者が逮捕され、数百人が警察の手によって惨殺されたのであります。この共産主義者の主張と行動こそ、真に国と人民を愛するものであります。

この野坂の演説は、戦争の惨禍をくぐりぬけてきた人びとに、反響をよびおこした。そして共産党による天皇批判も、こうした「真の愛国」、すなわち「国民」ないし「民族」を掲げて天皇を糾弾するかたちで行なわれた。

ここで留意しておかなければならないのは、当時の左派系の論調においては、「民族」という言葉が、「民衆」や「人民」の同義語として使用されていたことである。たとえば一九四六年六月、日本歴史学会の会誌『日本歴史』の創刊号は、これからの歴史は天皇や為政者の歴史ではなく、「『人民』の歴史──日本民族の歴史でなければならない」と述べていた。[27]

そして一九四六年二月、共産党機関誌『前衛』の創刊号に、獄中から解放された宮本顕治が「天皇制批判について」という論考を寄稿した。そこで宮本が説いたのは、「天皇の発生は、民族の征服を通じて行なはれた」こと、そして「専制君主の永続的支配は、その民族の汚辱」であるということだった。[28]

天皇制が「民族の汚辱」とされる一方、「民族の誇り」は革命と自治の歴史にもとめられた。一九四七年には参議院議員となる歴史家の羽仁五郎は、一九四六年三月の講演で、天皇制をはげしく批判しながら、一五世紀の山城国一揆や一六世紀の堺の自治などを例に、「日本人民はその自由独立の自治能力において、共和制的政治能力において、決して欧米の人民に劣るものではなかった」と主張した。羽仁は一九四七年三月には、最後の国定歴史教科書となった『くにのあゆみ』を批判して、「堺の自由都市を書かないのは、国民的誇りを持っていない人が書いたとしか思えない」と述べている。[29]

羽仁はそれと同時に、「天皇制の由来は、多くのひとびとが考えているように悠久なものではなく、きわめて新しい」と強調し、「天皇制は明治維新以来七十年来のもの」だと主張した。一九四六年九月には、マルクス主義系歴史学者たちによる『歴史家は天皇制をどう見るか』が発刊されたが、そこで近代史家の井上清が強調したのも、「天皇制は明治以後はじめてできた」ということであった[30]。

井上によれば、封建時代の平民にとって支配者とは藩主であり、「一般人民は天皇については殆ど知らなかった」。天皇への崇拝は、写真を利用した御真影《ごしんえい》など、「文明の利器を応用した方法」を使って、明治以降に植えつけられたものにすぎないという[31]。

また井上は、「日本民族および日本国民は、明治維新をへてはじめて形成された」と主張した[32]。江戸時代では、「国」とは藩や故郷を指す言葉であり、「国民」も藩主の支配民を意味する言葉であったにすぎない。身分や地方をこえた「日本人」という意識は、明治以前には存在しなかったというのである。

じつはこうした民族観は、当時のマルクス主義歴史学の常識的理解であった。第2章でみたように、マルクス主義の歴史観によれば、藩や身分によって人間が分断されていた封建体制が打破されたあと、近代市民社会が形成される。それゆえ、身分や地方をこえた「国民」や「民族」という意識も、近代の産物として成立するというのである。

第2章でみた丸山眞男の「国民主義」も、こうした見解に沿ったものであった。丸山は言語や文化の共通性は「国民」の条件ではないと述べていたが、井上も「ここに『民族』というは、英語の nation に相当するもので race 人種とはまったくちがう」と強調している[33]。

このように、「民族」が近代の産物であるという見解は、敗戦直後の知識人には広く共有されていた。第二部以降で述べるように、こうした民族観は一九五〇年代から六〇年代にいったん衰退し、一九九〇年代になって「国民国家論」という名称で復活することになる。

ただし、敗戦直後の民族論と、一九九〇年代の国民国家論には、大きな相違があった。九〇年代の国民国家論では、明治以降の日本は近代化された「国民国家」であるという前提に立ち、「国民国家」が批判されていた。それにたいし敗戦直後の民族論では、近代化を促進して「国民国家」をめざすべきだと唱えられていたのである。

丸山眞男が戦前の『日本資本主義発達史講座』に影響をうけていたことは、第2章で述べた。羽仁五郎をはじめとしたこの講座の執筆者たちは、「講座派」とよばれ、マルクス主義歴史学の主流をなしていた。そして講座派は、明治以後の天皇制を、フランスのルイ王朝のような絶対王政の一種であると位置づけていた。こうした位置づけは、一九三二年にコミンテルンが日本の状況について出した「三二年テーゼ」において、日本は絶対王政の段階にあるとみなされていたことに対応したものであった。

こうした歴史観にしたがえば、絶対王政は近代初期の状態であり、中世封建制からは脱け出ているが、フランス革命のような市民革命を経ていない。日本には部分的に近代化した産業もあるが、日本社会はいまだ農村における寄生地主制や、君主制のなごりである天皇制といった、近代以前の要素を多分にふくんでいる。むしろ、寄生地主制に支配された農村から安い労働力が供給されているように、日本の資本主義は、近代以前の要素に支えられて成立しているとされていたのである。

そして、こうした歴史認識にもとづいて共産党が唱えていたのが、まず天皇制を打倒する市民革命をめざし、ついで社会主義革命に進むという「二段階革命論」であった。そして第2章で述べたように、身分や地方をこえた近代国民国家を成立させたのは、王政を打倒したフランス革命であったというのが、こうした歴史観の常識であった。となれば、天皇制が残っているかぎり日本は国民国家ではなく、まず国民国家の形成をめざして天皇制を打倒すべきだということになる。

そこでは、封建制の残滓である天皇制と、近代的な「国民」や「民族」は、対立する存在であった。丸山が、天皇制を中心とする「超国家主義」と、近代的な「国民主義」を対比させたのも、こうした歴史観を下敷きにしたものだった。

井上清もこうした見解に沿って、天皇制を批判する一方、「真の『国民』はこういう封建分裂をうちやぶり、自由平等の人間としてすべての地方の日本人が結合するときにのみ生ずる」と強調していた。もちろんここでの「国民」とは、天皇制に支配された「臣民」とは区別された、近代的な「自由平等の人間」であった。そして井上の表現にしたがえば、求められているのはナショナリズムと国家の否定ではなく、「国民の国家か、天皇の国家か」の選択だというのである。[34]

こうした論理は、天皇制への抗議活動においても、共有されていた。一九四六年五月一九日、宮場前広場で行なわれた飯米獲得人民大会（いわゆる「食糧メーデー」）に二五万人が集まったが、そのさい天皇批判を記したプラカードを掲げた共産党員の松島松太郎が不敬罪で起訴された。この事件を弁護した弁護士の正木ひろしは、天皇制を「亡国的」と形容し、「本当の愛国者が起つべき時が来たのである」と主張している。[35]

そこでは、「忠君」と「愛国」という対比も行なわれた。共産党を支持していた淡徳三郎は、一九四九年に「新しき愛国主義のために」という論考を書き、「忠君は封建時代の君主と家臣との間の道徳であり、愛国とは、近代的国民国家における国民意識の表現である。両者は氷と炭のように相容れない」と主張した。[36] また井上清は、一九五一年の『日本現代史』において、こう主張している。[37]

……わが国では、愛国心についても、日本人の愛国心は忠君愛国でなければならないとされた。……つまり愛国は専制君主への絶対服従の中にのみ存するとされてきた。これが真実の愛国でないことは、現在においては何人にも明白であろう。……

……日本人が天皇を中心に「民族」的国民統一を保ってきたというのは歴史の真実に反することであり、そのような統一と見えるものはじつは真の民族的統一や民族意識の成長をさまたげてきたし、現在もさまたげているということは明らかである。このてんを理解することは、われわれが正しい愛国心を最大限に発揮しなければならない現在において、とくに重要であると思う。

こうした「正しい愛国心」の歴史的事例としてしばしば挙げられたのは、丸山の場合とおなじく、明治の自由民権運動であった。一九四六年の『歴史家は天皇制をどう見るか』で、井上は自由民権運動の活動家を「愛国者たち」とよんで賞賛している。[38]

そして井上によれば、明治初期に「人民は、萌芽として国民国家に進む傾向を持っていたが、それが十分に成長しないうちに」、旧支配者である武士が天皇制を打ちたててしまった。[39] そして民主化と藩閥打倒を訴えた自由民権運動は、そうした明治維新の不十分さをこえて、「国民国家」としての日本を追求したものにほかならないという。

そこでは戦後の民主化は、明治維新の限界をこえた〈第二の明治維新〉として意識されていた。丸山眞男が、「吾々は現在明治維新が果すべくして果しえなかった、民主主義革命の完遂という課題の前にいま一度立たせられている」と述べていたことは、第2章でみたとおりである。

こうした論調は、敗戦直後においては広範に共有されていた。丸山眞男がそうであったばかりでなく、たとえば尾高邦雄は、「日本人は忠君でこそあつたが、西洋人に比べて特に愛国的ではなかつた」と述べた。経済学者の大河内一男も、近代ヨーロッパでは「愛国運動は常に庶民的なものであり、言いかえるなら旧い特権に対立し、新しい秩序や利益を護るための運動として登場するものであつた」と述べた。社会学者の清水幾太郎は一九四九年の岩波新書『愛国心』で、一八世紀のヨーロッパでは「保守派は自ら愛国者を名乗らぬように気をくばり、進歩派は自ら愛国者と称しただけでなく、保守派からも愛国者と呼ばれていた」と強調している。[40]

こうした論調に沿って、一九四七年に批評家の荒正人は、天皇制を権威的な「縦のつながり」とよび、平等な国民の連帯である「横のつながり」と対比した。尾高邦雄も、旧来の日本では「縦の一線を辿つて『上御一人』に忠節を尽すことのみが問題であつて、横に提携し、横に協力することによつて、祖国のために同胞のために献身するということは第二、第三の問題であつた」と述べている。[41]

そして重要なのは、ナショナリズムによって天皇を批判するという論調が、渡辺清のような庶民感情とも、ある意味で連続していたことである。丸山がヨーロッパ政治思想の言葉によって表現した「デモクラシーとナショナリズムの綜合」と同様に、マルクス主義の歴史観や「国民国家」という言葉によって表現されていた〈天皇に抗するナショナリズム〉も、戦争という共通体験から生まれた、「真の愛国」という心情のうえに成立していたのだった。

「主体性」と天皇制

そして天皇制批判は、敗戦後の人びとが抱いていた、もう一つの心情とも結びついていた。すなわち、官僚制に代表される権威への批判と、「主体性」の確立である。

たとえば井上清は、一九四六年にこのようなエピソードを書いている。(42)

大衆の歴史意識の成長を見よ。四月七日東京日比谷で開かれた民主戦線各団体主催の人民大会が、首相官邸にデモを行ひ、代表が人民の要求を持つて副書記官長と折衝してゐる間に、七万の労働者農民市民大衆は、官邸の前に集まり、そこで多くの演説がなされた。そのとき浦賀久里浜から来た二十歳前ぐらゐの顔のひきしまつた女性が、次の様な発言をした。久里浜には大量の元の軍用材木があつた。久里浜町民は日々の炊事の燃料にも困つてゐるので、その材木の一部でも払ひ下げてくれるやう復員省に頼んだ。しかし復員省はどうしてもきかない。ところがそれが一石二十円といふたゞ同然の安値である工場に払ひ下げられた。そのことを知つた町民たちは、そんな安値で一個の資本家に払ひ下げられるなら、われわれ地元にも少しは払ひ下げてもらひたいと執拗に嘆願要求した。けれども一人二人で交渉したのでは、復員省は規則、人民に相談なしに自分勝手にきめた規則をたてに、その要求に応じないばかりか却つてその人を威圧する。「これが天皇制だと私は思ふんです」とその若い女性は批判した。官邸の奥深くまでこだまするような大拍手が起つた。

戦後半世紀以上を経たこんにちでは、官僚の権威的姿勢を「天皇制」と表現することはほとんどなくなった。しかし当時は、「天皇制」という言葉は、戦中に人びとが隷従を強いられた権威主義の象徴としても、使われていたのである。

そして、このような「天皇制」に対置されるものが「主体性」であり、「連帯」や「団結」であった。井上は上記のエピソードを、以下のように続けている。「そこで久里浜の婦人たちはつひに一致団結して四百余人が復員省におしかけ、大衆団結の力で見事に要求を貫徹した。『団結だけが私たちの力なんです』とその演説は結ばれた。再び拍手の万雷がとどろいた」。このような連帯の状態を表現する言葉が、天皇制と対置される、「国民」ないし「民族」だったといえる。

そして「天皇制」は、こうした「国民」の連帯を破壊し、セクショナリズムとエゴイズムを蔓延させるものとされた。清水幾太郎は前述した一九四九年の岩波新書『愛国心』で、戦中の「忠君愛国」を批判してこう述べている。「日本人の忠義は本質的に『孤忠』であった。忠義の独占であった。同列に並ぶ同胞は競争者であり、あるいは、むしろ敵である」「自分だけが天皇への孤忠という意味で愛国的たろうとするものである」[43]。

もちろんこれは、「国民の人間らしい連帯」が破壊された、戦中の体験をふまえたものであった。伊藤恒夫は一九五二年に、戦中の「買だめ、売惜しみ」を例に挙げながら、戦前日本の「忠君」は「民主的な同胞愛」ではなかったと強調している[44]。

そして当時の天皇制論議で強調されたのは、天皇制は倫理感や責任意識、すなわち「主体性」の確立を阻害するということであった。

たとえば丸山眞男は、「天皇を長とする権威のヒエラルヒー」が、「自由なる主体」の形成を妨げ、「無責任の体系」を発生させると主張した。そこでは、東条英機のような為政者さえも、天皇の権威に従う「小心な臣下」という意識しかもたないうえ、現実政治では「下僚のロボット」にすぎず、責任の自覚がないというのである[45]。

じつは丸山は、こうした天皇制観を、敗戦時から抱いていたのではなかった。一九五八年の座談会によると、広島の陸軍船舶司令部にいた丸山は、降伏後の天皇の処遇を案じた参謀から、八月一六日に「民主主義」について解説を求められた。そこで丸山は、民主主義を「君主制と反するように教えこんだところに今までの間違いがある」と述べ、民主化とは「必ずしも天皇をどうしようということじゃないから、御安心なさい」と返答した。ヨーロッパ政治思想を学んでいた彼は、王政と民主主義が共存しているイギリスの事情などに通じており、「参謀にこびるつもりで言っ

加藤周一（1957年頃）

たんじゃなく、僕自身当時そう思っていた」という。[46]

また丸山は、一九四六年二月に東京帝大で組織された憲法研究委員会に参加していた。この研究会は憲法学者の宮沢俊義を委員長としていたが、宮沢が当初は大日本帝国憲法を若干改正した立憲君主制の枠内で、戦後の憲法を検討していたことはよく知られる[47]。また後述するように、丸山が敬愛する師であった南原繁が象徴天皇制の支持者であったことも、丸山を天皇批判から遠ざけた要因に挙げられるかもしれない。

おそらく丸山の見解を変えさせたのは、戦後の政治情勢だった。彼の予想に反して、民主主義と天皇制が共存すると説く論調は、論壇にあふれかえった。一九四五年九月二日の『毎日新聞』は「アメリカの民主主義に降伏するのではない。皇室中心の民主主義である」と主張したし、一九四五年八月二五日の『読売新聞』は「国体護持」と「大和魂」を活かした「日本的民主主義」を説いた。政治学者の蠟山政道も、一九四六年一月の論考で「我が日本の国体の進歩的精神」は「世界の政治公理たる民主主義に通ずる」と主張している[48]。

こうしたなか、戦中に「民主主義」や「自由主義」を攻撃していた政治家たちも、民主主義のスローガンを唱えだした。鳩山一郎は前述のように一九四五年一二月の議会で「君民一如の民主政治」を説いたし、戦中の翼賛議員によって構成された保守政党も、イギリスの立憲君主制を引合いにして天皇を擁護した[49]。何よりも、昭和天皇による一九四六年元旦の詔書（いわゆる「人間宣言」）が、明治天皇の「五箇条御誓文」を「民主主義」の元祖であったと位置づけるものだったのである。

こうした政治家や新聞の変節は、多くの人びとの反発をよんだ。当時の若手批評家だった加藤周一は、一九四六年三月に、「日本独自の民主主義をつくるために英国の制度を模倣しようと云うに至っては反駁の価値さえもない滑稽な矛盾である」と述べた。丸山も一九五一年には、以下のように書いている。「日頃一死報国を口にし死を鴻毛より軽しとするのを誇りとしていた軍人や右翼グループのほとんど大多数が彼らと彼らのシンボルにとってこの上ない屈辱に対しても敢て死の途を選ばなかったということは、きわめて皮肉な事実であった。その代りに彼らの多くは昨日までのファシスト的看板をいち早く『民主主義的』なそれに塗りかえて旧組織を温存しつつ再出発を企てた[50]」。

さらに雑誌『世界』の一九四六年四月号には、戦前から丸山が尊敬していた歴史家の津田左右吉が、天皇擁護論を掲載した。その内容も、「国民は天皇を愛する。愛するところに真の民主主義がある」と説くものだった[51]。この翌月、丸山はおなじ『世界』に、「超国家主義の論理と心理」を発表したのである。

しかしこの論文もまた、「天皇を長とする権威のヒエラルヒー」を批判的に論じるものではあっても、天皇への糾弾を直接に掲げるものではなかった。丸山は、「自由なる主体」の形成を妨げる社会構造としての天皇制には批判的であっても、天皇個人には敬愛を抱いていたのである。一九八九年に、丸山は昭和天皇の死にさいし、敗戦後八カ月を経過して「超国家主義の論理と心理」を発表するまでに至った経緯を、こう回想している[52]。

この論文は、私自身の裕仁天皇及び近代天皇制への、中学生以来の「思い入れ」にピリオドを打った、という意味で――その客観的価値に関わりなく――私の「自分史」にとっても大きな劃期となった。敗戦後、半年も思い悩んだ挙句《あげく》、私は天皇制が日本人の自由な人格形成――自分の良心に従って判断し行動し、その結果にたいして自ら責任を負う人間、つまり「甘え」に依存するのと反対の行動様式を持った人間類型の形成――にとって致命的な障害をなしている、という結論にようやく到達したのである。あの論文を原稿用紙に書きつけながら、私は「これは学問的論文だ。したがって天皇および皇室に触れる文字にも敬語を用いる必要はないのだ」ということをいくたびも自分の心にいいきかせた。のちの人の目には私の「思想」の当然の発露と映じるかもしれない論文の一行一行が、私にとってはつい昨日までの自分にたいする必死の説得だったのである。私の近代天皇制にたいするコミットメントはそれほど深かったのであり、天皇制の「呪力からの解放」はそれほど私にとって容易ならぬ課題であった。

丸山はこの回想で、戦前の行幸で見た軍服姿の天皇と、戦後の地方巡幸のニュース映画でみた「バカの一つ覚えのように『あ、そう』を繰りかえす猫背の天皇」とのギャップに悩んだことを告白し、こう述べている。「天皇はあのピンと背筋をのばした姿勢から、いつの間にあれほど猫背になってしまったのか、というのが今日まで解けぬ疑問の一つである」[53]。彼の天皇個人への「思い入れ」は、一九八九年になっても続いていたといえる。

のちの一九六〇年に、丸山は「忠誠と反逆」という論文を書いた。その内容は、江戸末期から明治にかけての「反逆」の思想は、それ以前の「忠誠」を「再定義」し、「ネーションへの忠誠を、君主や上司への忠誠と範疇的に区別することから出発する」ことによって生みだされたというものであった[54]。

それゆえ「反逆」は、「忠誠」を深く身につけていた人間から生まれるものであり、君主や国家にたいする無関心からは生じない。丸山は一例として、シーザー暗殺に加わったブルータスが発したという、「シーザーを愛する浅きが故に非ず、ローマを愛する深きが故なり」という言葉を挙げている[55]。丸山もまた、天皇への敬愛を抱きながら、「反逆」にいたった人間だったといえよう。

それは同時に、戦中には「鬼畜米英」の合唱に便乗し、戦後には「民主主義」の合唱に便乗する者たちへの批判でもあった。一九四七年に、教育学者の宗像誠也はこう述べている。「友人に毒舌ありて曰く、軍国主義に徹底することすら出来なかった国民が、民主主義など体得出来るものか、と。この痛烈な反語をにわか作りの民主主義教育解説者に捧げる」[56]。丸山もまた、「日頃一死報国を口にし」ていた軍人や右翼が敗戦時に自決せず、「民主主義」に鞍替えしたことを批判していたことは前述した。もちろん丸山も宗像も、「軍国主義」への忠誠を主張したのではないが、そこで表現されている心情はうかがえよう。

丸山は一九五〇年の座談会では、敗戦のさい彼が所属していた陸軍船舶司令部で、「国土防衛派と承詔必謹派の分裂」が発生したことを述べている。このとき、天皇の命令に服従して降伏するという「承詔必謹派」にたいし、「国土防衛派」は、「降伏を命じて外国の軍隊の進駐を許すような天皇はもはやわれわれの天皇ではない」と主張したという[57]。

もちろん丸山が、そのどちらかに肩入れしていたというわけではない。彼自身は敗戦にあたって、軍国主義体制の崩壊に解放感を感じていた。しかし彼は、おそらくは当時の日本に少なからず発生していた、このような「忠君」と「愛国」の分裂が、「結局うやむやになってしまった」ことを残念と感じていたようである。

そしていうまでもなく、丸山が主張したのは、天皇から独立したナショナリズムの構築であった。「日本人の道徳」と題された一九五二年の座談会では、「天皇制がないと民族的統一が保持されないんじゃないか、と考えるべきではなくて、なにか、そういう他の権威にすがらないと民族統一が保てないといった、なさけない状態をぬけ出すことによって、はじめて日本民族は精神的に自立できるんだ」と述べ、「これを倒さなければ絶対に日本人の道徳的自立は完成しないと確信する」と主張している(58)。

こうした主張を行なった論者は、丸山だけではなかった。英文学者の中野好夫は一九四九年に、「現ヒロヒト天皇ほど深い敬愛を感じうる日本人を私はあまり多く知らない」と述べながら、「天皇制が永きにわたり温存されることは、日本人をしていつまでも真に自から治める政治能力を身につけえない、半永久的に未成年段階にとどまらせる危険性がきわめて大きい」と主張している(59)。

中野によれば、そのことを如実に示したのが、天皇による敗戦の決定だった。当時の保守派には、天皇が軍部の反対を抑えて戦争が終結したことを、天皇擁護の理由に挙げる者が少なくなかった。しかし中野によれば、そうした敗戦の決定経緯は、「国民自身の政治的能力の誇りでは決してない。むしろわれわれが一国民として未だ未成年段階にあることの事実を見事に暴露したものであった」。それゆえ、「天皇制廃止を目標として国民的成長を遂げる以外はない」というのだった。

丸山や中野が、天皇制の廃止による「精神的自立」を唱えた一方で、保守系の論者には、天皇制を廃止すれば日本に混乱が生じるという意見が存在した。法学者の田中耕太郎や、倫理学者の和辻哲郎は、政治能力が低い日本の国民や政党は、天皇制を廃止すれば「アナーキーと独裁」に陥ると主張した(60)。第5章で述べるように、こうした民衆蔑視と結びついた天皇擁護論は、「オールド・リベラリスト」と総称された保守系知識人に少なくなかった。

しかしこうした論調を、羽仁五郎は一九四六年に、「日本人の自治能力に対する重大なる侮辱」と形容した。[61] 加藤周一も、一九四六年三月に「天皇制を論ず」という論考を発表し、「恥を知れ」と保守派を非難した。加藤はその理由を、後年こう述べている。[62]

一九四五年、敗戦が事実上決定した状況のもとで、降伏か抗戦かを考えた日本の支配者層の念頭にあったのは、降伏の場合の天皇の地位であって、抗戦の場合の少くとも何十万、あるいは何百万に達するかもしれない無益な人命の犠牲ではなかった。彼らにとっては、一人の天皇が日本の人民の全体よりも大切であった。その彼らが、降伏後、天皇制を廃止すれば、世の中に混乱がおこる、といったのである。そのとき彼らに向って、無名の日本人の一人として、私は「天皇制を論ず」を書き、「恥を知れ」と書いた。日本国とは日本の人民である。日本の人民を馬鹿にし、その生命を軽んじる者に、怒りを覚えるのは、けだし愛国心の然らしめるところだろうと思う。

ここでいう「人命の犠牲」は、敗戦直後の人びとにとって、抽象的な言葉ではなかった。敗戦時に二六歳だった加藤は、同年輩の友人の多くを戦争で失っていた。加藤によれば、「太平洋戦争は多くの日本の青年を殺し、私の貴重な友人を殺した。私自身が生きのびたのは、全く偶然にすぎない。戦争は自然の災害ではなく、政治的指導者の無意味な愚挙である、と考えていた私は、彼らと彼らに追随し便乗した人々に対し、怒っていた」。こうして加藤は一九四六年の「天皇制を論ず」[63]で、天皇制を「個人の自由意志を奪い、責任の観念を不可能にし、道徳を頽廃させ」る原因だと批判したのである。

「武士道」と「天皇の解放」

そして興味深いのは、丸山や加藤が、近代的な「主体性」の確立を唱えていながら、「死を選ばなかった」とか「恥を知れ」といった、やや古風な言葉を頻発していたことである。

こうした論調は、同時代の他の論者にも散見されるものであった。たとえば民法学者の戒能通孝《かいのうみちたか》は、一九四八年五月の論考で、天皇制を「無責任を肯定する制度」「『国民』をつくらない」と批判しながら、保守派にむかって「新憲法の公布される前に腹でも切って……天皇に対して『お詫び』をしなければならなかった筈である」と述べている。[64]天皇制を廃止しろという「近代的」指向と、「腹を切れ」という「武士道」じみた非難は、論理的には矛盾であるはずだった。

だがこの両者は、自己の言動に責任をもち、「卑屈」と無縁であるという点において共通していた。当時における「天皇制」とは、たんに君主が存在するという政治制度を意味するものではなく、戦争の屈辱の記憶と結びついた言葉であった。そうした「天皇制」に対置されるものだった「主体性」は、一方においては「近代的」な言葉で語られながら、同時に「武士道」めいた言葉で表現されてもいたのである。

丸山もまた、一九四八年の「自由民権運動史」で、「初期の自由民権論者には、ともかく武士道というような一つのモラルがあったから、主義にたいする節操とか、主義のために死をも辞さないというような気概が、自由民権運動を支えていた」と述べ、「そういう武士道的精神」が失われたために「運動が堕落した」と位置づけていた。[65]こうした「武士道」の評価が、歴史的な事実とどこまで合致していたかは別として、丸山は敗戦後に抱いていた心情を、こうした言葉で表現していたのである。

そして一九六〇年の「忠誠と反逆」でも、丸山は「忠誠」をはじめとした「武士的エートス」が「反逆」に結びつくことを重視し、「明治」の民権運動を論ずるにあたっては「進歩性にもかかわらず『封建的』であったという『制約』の観点からだけではなく、同時に『封建的』であったからこそ抵抗のエネルギーとなった、という側面」からの評価が必要であることを強調していた。[66]丸山はおそらく、自分の天皇個人への「思い入れ」を、「抵抗」の源泉としてとらえていたであろう。

そして当時は、「人間」や「人権」という言葉も、しばしば「武士的」な語られ方をされた。一九四八年一月、被差別部落出身の社会党議員であり、参議院副議長だった松本治一郎が、国会の開会式で天皇への拝謁を拒否するという事件がおこった。松本は事件後に書いた「天皇に拝謁せざるの記」で、天皇への拝謁を「人間の尊厳をきずつける」と形容し、「だまっていてはならぬ、泣きねいりをしてはならぬ、かならず死力をつくして基本人権を守れ」と強調している。[67]ここでの「人間の尊厳」や「基本人権」は、「恥を知れ」や「武士道」と同居しうる言葉であった。

そしてこうした「人間」や「人権」は、「自主独立」をうたうナショナリズムにも、結びつくものであった。松本は上記の論考で、「これからの日本人が、国際的に正しく生きていこうと思えば、なによりもまず、卑屈であってはならぬ」「日本人の権利と幸福と安全をおびやかす国があるとすれば、相手がどこの国であっても、民族的な基本人権を高くかかげ、すて身になってぶつかっていく必要がある」と述べている。こうした「民族」志向は、やがて日本に再軍備を迫るアメリカに対抗する平和主義につながってゆくことになるが、それについては第二部で詳述する。

そして、「天皇制」が「人間」を抑圧するという認識と、天皇個人への敬愛が交差するところに、一つの主張が生まれた。昭和天皇を一人の「人間」として天皇制から解放するという、「天皇の天皇制からの解放」である。というのも、戦後の新憲法下においても、天皇には参政権もなく、信教や言論出版の自由もなかったからである。

敗戦直後には、皇族のなかにも、「天皇制からの解放」を部分的に味わった者もいた。昭和天皇の弟である三笠宮は、敗戦直後の時期を回想して、「わたくしは楽しかった。三十になってたった一人で町をあるく楽しみをはじめて知った」と述べている。[68]自分が権威から自由になると、周囲の人びとも気軽に近づいてくることを経験した彼は、「目に見えぬ格子がはずされてみると、格子の中に閉じこめられていた人が自由になったばかりでなく外から眺めていた人々も自由になった」と記している。

三笠宮は、戦争中に陸軍将校として中国戦線に従軍し、日本軍の軍紀頽廃と、中国共産党軍の軍紀の厳正さを見聞した経験があった。そこから彼は人間のモラルを支える宗教に関心をもち、戦後に大学で学びなおし、やがてヘブライ史を研究した。彼はその動機について、「過去のあらゆるものに失望し、信頼をなくしていたわたくしは、何から何まですべてを新しいもののなかから探しもとめねばならなかった」と述べている。

敗戦直後は、こうした自己革新の志向が、皇族にまで共有されうる時代だった。三笠宮は、のちの一九五七年に、神武天皇の降臨神話をもとにする建国記念日には科学的根拠がないと発言している。しかし昭和天皇には、そうした自由はなかった。

こうした昭和天皇について、「天皇の天皇制からの解放」を唱えたのが、共産党員の作家であり、一九四七年には参議院議員となった中野重治だった。中野は一九四六年一一月に発表した小説『五勺の酒』で、天皇について、登場人物にこう発言させている(69)。

ほんとうに気の毒だ。……個人が絶対に個人としてありえぬ。つまり全体主義が個を純粋に犠牲にした最も純粋な場合だ。どこに、おれは神でないと宣言せねばならぬほど蹂躙された個があつただろう。……個として彼らを解放せよ。僕は、日本共産党が、天皇で窒息している彼の個にどこまで同情するか、天皇の天皇制からの解放にどれだけ肉感的に同情と責任とを持つか具体的に知りたいと思うのだ。

中野重治（1950年）

当時の中野は、昭和天皇を「戦争犯罪人」と指弾する共産党幹部と歩調をあわせ、時評においては、天皇を「国民道徳の腐敗源」と批判していた。しかし一方で、創作という名目が立ちやすい『五勺の酒』では、「僕は天皇個人に同情を持つているのだ」と述べ、「恥ずべき天皇制の頽廃から天皇を革命的に解放すること、そのことなしに……どこで民族道徳が生まれるだろうか。そうして、そのことを、相対的にいちばん共産党が忘れていはせぬだろうか」と記していたのである(70)。

そして中野の場合も、天皇を批判する足場となったのは、戦死者の記憶であった。彼が当時の時評で天皇を「国民道徳の腐敗源」と評したのは、天皇の元旦詔書「人間宣言」が、「無数の戦死者に一言もふれなか

つた」ことからだった。(71)

中野は自身が徴兵され、当時は丸山とおなじく、復員したままの軍服を外出着にしていた。中野は当時の時評や『五勺の酒』で、飢えと死にさらされ、上官に棄てられ、残虐行為に手を染めさせられた兵士への同情と共感を語っていた。そうして彼は時評では、「あの時期に兵隊のおかれた位置は、国民一般のおかれた位置の象徴であつた」と述べ、「軍国主義への国民の批判と、『命のまにまに身命を抛つて』戦つた兵士にたいする国民の同情とは別ものではない」と主張していた。そして『五勺の酒』では、「戦死者の葬式を学校でやつてどこがわるい。町会も出ろ。生徒も出ろ。おおやけにそこで葬《ともらい》をしてこそ戦死者の犠牲の意味がみんなにわかるのだ」と記しながら、「天皇の天皇制からの解放」を唱えていたのである。(72)

もっとも、中野のこうした主張は、じつは共産党の公式方針にも、反したものではなかった。中国に亡命していた野坂参三は、中国共産党軍の捕虜となった日本兵に説得活動を行なったさい、多くの兵士が日本の体制変革には賛成したにもかかわらず、天皇には強い愛着を示したことを経験していた。

そのため野坂は、天皇制存廃の一般人民投票を行なったうえで、存続が多数を占めたならば、「専制権を持たぬ天皇」という形態で譲歩することを考えていた。(73)実際に、当時の世論調査では、共産党支持者にも天皇制支持が少なくないことが示されていた。(74)しかし、獄中から解放された徳田らはあくまで天皇制廃止を主張し、両者の妥協の結果、天皇制廃止の方針は掲げるが、天皇家の存否と天皇個人の処遇は別問題とするという方針がとられたのである。

一九三〇年代前半までに検挙され、その後をずっと獄中ですごしてきた徳田球一や宮本顕治らは、戦時期の日本社会の雰囲気を知らなかった。そのため彼らは、野坂が直面した戦時期の天皇崇拝の高まりや、中野重治が示したような戦死者への哀惜を、十分に理解していなかったようである。こうした事情は、戦後の共産党の運動方針に微妙な影響をもたらしてゆくのだが、それについては後述する。

いずれにせよ中野の主張は、天皇個人への敬愛と、天皇制への批判を両立させたものであった。「共産党に入るの弁」を書いた森田草平も、「天皇をギロチンにかけるような事態に立ち到ったとしても、私は共産党員の一人として、断じてそれには署名しないことをここに明言して置く。それは私が飽くまで天皇制の廃止と天皇一家とを別々に考えているからである」と述べている。共産党以外の論者、例えば中野好夫なども、天皇制廃止の主張と「天皇個人への私の感情とは完全に別のものである」と述べていた。(75)

彼らが主張したのは、人びとに屈辱を強いた社会的・心理的なシステムとしての「天皇制」の廃止であって、必ずしも天皇個人の処断ではなかった。そこで主張されていたのは、新たなナショナリズムとモラルの再建であり、中野重治の表現を借りれば「民族道徳」の確立であった。

そして「民族道徳」の確立のためには、天皇が何らかのかたちで、戦争責任を明らかにすることが求められていた。そしてその制度的保証が、皇室典範の改正問題であった。じつは、天皇の退位が要求されていながらも、退位の規定が皇室典範には存在しなかったのである。

そして、この問題を議会で問うたのが、当時の東大総長であり、貴族院議員だった南原繁だった。

南原　繁（1946年）

天皇退位と憲法

「わが民族は過誤を犯したとはいえ、われわれはこの民族のなかに生れ来たりたるを喜び、この民族を限りなく愛する。それ故にこそ、われわれはわが民族を自ら鞭ち、その名誉を世界の前に回復しようとするのである」。

一九四六年二月一一日、敗戦後初の「紀元節」において、東大総長の南原繁は、「新日本文化の創造」と題する講演でこのように述べた。(76)

南原はもともと、一九世紀ドイツの哲学者であるフィヒテの思想を専攻していたが、貴族院議員を兼任する政治家でもあった。彼は戦争末期には、田中耕太郎や高木八尺《やさか》ら六人の教授たちとともに、陸海軍有志や重臣を相手に和平工作を行なっている。

このとき彼らが提案した降伏プランは、天皇制の「護持」以外は無条件とするものだったが、南原はそのさい、昭和天皇が道徳的な責任をとって、自発的に退位することを進言していた。[77] そして戦後においても、彼はその実現を探ってゆくことになる。

南原は丸山などとおなじく、戦争の敗因として、近代的な主体性の確立がなかったことを挙げていた。彼は前述の講演で、「軍閥」や「官僚」を批判するとともに、日本が「近代西洋諸国が経験した如きルネッサンスをもたなかった」ために、「一個独立の人間としての人間意識の確立」が不足していたことを強調している(『南原繁著作集』第七巻二三頁)。

同時に南原は、敗戦後の多くの知識人がそうであったように、熱烈な愛国者でもあった。この講演は、戦争への反省とともに「真の『国民的』なもの、あるいは『祖国愛』」を唱え、当時は占領軍によって掲揚が禁止されていた「日の丸」を、あえて東大の正門に掲げながら行なわれたものだった(七巻二七頁)。

そして丸山や大塚とおなじく、南原のいう「一個独立の人間」も、「利己的享楽の功利主義」とは対極に置かれていた。彼は当時の講演で、「真の自由」と「個人自由主義」を区別し、民族を「自由の精神の創造の場」と形容している。[78]

ここで南原が、「民族」を「自由の精神の創造の場」と形容しているのは、彼が専攻していたフィヒテの思想の影響だった。第2章で述べたように、一九世紀のドイツ哲学の多くは、私的利益の追求にあけくれる近代市民社会には、形式的な「個人自由主義」はあっても、「真の自由」は存在しないとみなしていた。そしてヘーゲルは国家を、マルクスは共産主義社会を、人間が「真の自由」を実現できる社会として掲げていた。フィヒテの場合は、「民族」をそうした場として唱えていたのである。

そして南原によれば、フィヒテのいう「民族」は、マルクス主義者や丸山眞男が唱えた「国民」や「民族」がそうであったように、近代的な主体性を備えた「独立の人間」によって構成されるものであった。人間は、抽象的で孤立した「個人」としてでは、倫理的な基盤も与えられず、「真の自由」も獲得できない。人間は、具体的・歴史的な共同体である「民族」の一員となることによって、はじめて「真の自由」が得られるだけでなく、民族国家の集まりである国際社会に参加してゆくことができるというのだった。[79]

南原が戦時中の一九四二年一一月に刊行した『国家と社会』は、フィヒテの思想をこのように概説するとともに、それがナチスとはいかに無縁であるかを強調するものだった。南原によれば、ナチスのいう「民族」は人間の独立と自由を圧殺し、民族間の憎悪をかきたてるものであるのにたいし、フィヒテのいう「民族」は、人間の独立と自由を保障し、国際社会への足場となるというのである。[80]

南原が戦後に「民族」への愛を強調し、「日の丸」を掲げたのも、フィヒテに倣ったものだった。プロシアがナポレオン戦争に敗れたあと、フィヒテは『ドイツ国民に告ぐ』という講演を行ない、個人の自由と民族への愛をよびかけ、そうした形態の愛国心を振起する「国民教育」を提唱した経緯があったのである。

敗戦後の日本では、南原にかぎらず、こうしたフィヒテに共感を示す者が少なくなかった。第9章で後述するように、日教組と関係の深かったドイツ史学者の上原専禄も、フィヒテを参考にして「国民教育」を唱えた。南原の弟子だった丸山眞男も、「復員してきてから最初の講義のときにすぐ思いついたのは、フィヒテの『ドイツ国民に告ぐ』だった」と回想している。[81]

第2章で述べたように、当時の知識人の多くは、一九世紀のドイツ思想を基本教養としていた。敗戦という屈辱に直面した知識人たちが、自分たちの知識在庫のなかからその事態に対応する思想を探しもとめたとき、愛国心と自由の両立を説くフィヒテの思想は、彼らの心情を表現する媒体として魅力的なものと映ったのである。

もっとも南原と丸山には、相違もあった。丸山より年長世代の南原にとっては、天皇への忠誠心は絶対だった。南原は一九四六年四月の天皇誕生日における講演で、天皇の政治的権限は失われたとしても、「日本国民統合の象徴としての天皇制は永久に維持されるでありましょうし、また維持されなければなりませぬ」と述べている（七巻五八頁）。

この天皇観は、南原の思想にも関係していた。彼によれば、倫理の源泉たる民族共同体は、個々の人間をこえたものでなければならない。こうした共同体の総意を基盤として成立する民主主義も、「個人の単なる集合でないところの国民的全体の観念」に依拠しなければならない。そして民族の全体性は、日本においては天皇というかたちで象徴されているのであって、「これを固有の理念的基礎として、新しい全体を創り出さなければなりませぬ」というのだった（七巻五八、五九頁）。

こうした思想は、和辻哲郎や津田左右吉など、民主主義と象徴天皇制の共存を主張した論者たちと共通したものであった。とくに和辻は、「民族の生ける全体性の象徴」である天皇のもとに民主主義が実現されると唱えていたのである。(82)

ところが南原は、和辻や津田とは、異なる主張も持っていた。天皇の戦争責任の追及である。

南原の思想にしたがえば、めざされるべき民族共同体は、ナチスが唱えたような「血と土」にもとづいたものではなく、「自由独立」の近代的個人が結合したものでなければならない。そうなると、天皇もまた、「自由独立」の個人であることが必要になる。

このように考える南原にとって、一九四六年元旦に天皇が行なった「人間宣言」は、新しい時代の天皇制の基礎となるべきものであった。南原は前述した一九四六年二月の講演で、この「人間宣言」を、西洋のルネサンスにあたると述べている。

すなわち、西洋においては、ルネサンスによって宗教による統治が否定され、「人間の発見」がなされた。それゆえ、天皇がみずからの神格性を否定した「人間宣言」は、「日本神学と神道的教義からの天皇御自身の解放、その人間性の独立の宣言」であり、まさにルネサンスに相当するというのである（七巻二四頁）。それは同時に、日本民族が、「自由」と「世界性」をもつ近代的民族に脱皮したことにほかならなかった。(83)

ところが南原によれば、この「人間宣言」のゆえに、天皇の戦争責任が問われなければならない。なぜなら近代的個人は、自己の行動を律する自由をもっているがゆえに、その行動に責任があるからである。

そして日本民族が、そうした近代的個人によって構成される民族に脱皮した以上、その民族の全体性を象徴する天皇は、責任の倫理を体現した存在になることが要求される。それゆえ南原は、一九四六年四月の講演で、「天皇は御躬《みずか》ら自由の原理に基づき、率先してあまねく国民の規範たり理想たるべき精神的道徳的の至上の御責任を帯びさせられる」と主張したのである（七巻五九頁）。

南原は、東京裁判で戦争責任を問われている高級軍人たちが、自己の責任を回避する言動に終始していることを念頭において、こう述べている（七巻五六頁）。

……肇国以来の完全な敗北と悲惨な状態に国民が陥ったことについて、御宗祖に対し、また国民に対し、道徳的精神的御責任を最も強く感じさせられるのは陛下であると拝察するのであります。諸臣臣節を解せず、責任を回避するその中に、陛下がかく感じさせられるのはけだしわが国至高の道徳であり、これによってわが皇室はこれまで国民生活の中心として尊崇せられ来たったのであり、今後祖国再建の精神的礎石は一にそれに懸けられているからであります。

こうした天皇への敬愛から発する戦争責任論は、フィヒテの民族観などによって思想的に肉付けされていたとはいえ、渡辺清や三好達治などと共通の心情から発生したものだった。すなわち南原も、丸山や大塚がそうであったように、思想や学問の言葉によって、同時代に共有されていた心情を表現した人物であったといえる。

そして貴族院議員であった南原は、こうした主張を政府に投げかけられる立場にあった。一九四六年一二月、象徴天皇制への移行に対応する皇室典範案の審議が貴族院で行なわれたさい、南原は天皇の自発的退位の規定を設けることを主張したのである。

この審議における南原の演説によれば、元旦の詔書は「天皇の人間性の独立と解放の宣言」であった。[84] そして「上御皇祖に対し、下国民に対して、最も深く責任を御感じになつて居るのは、陛下であると私は拝察するのでございます」。それにもかかわらず、天皇が「一個の自由な人間として」退位を願ったとしても、現行の皇室典範ではその規定がない。これは、「自由の人格としての天皇の人間性の否定となりはしないか」というのである。

南原はこの演説で、「祖国再建の精神的な礎は、国民の象徴たる天皇の御挙措進退の一に懸かって居る」と述べた。そして、天皇の地位を守ると称して「天皇の自律的な道徳意思を塞ぎ、陛下の聡明を覆ふと云ふ結果があるならば……それは実は忠なるに似て真の忠からはまだ遠いと考へるのであります」と主張している。ここでも、近代的な自由と責任の思想は、「真の忠」という「武士道」めいた言葉によって表現されていたのである。

そして南原においても、こうした主張の背景には、戦死者の記憶があった。南原は一九四七年の東京大学卒業式の講演で、戦後日本の民主化を「人間革命」と称したあと、「それは必ずしも人のいうが如き『無血革命』であったのではない。戦いに犠牲となった数百万の同胞、なかにもわれらの若き子弟、諸君のかつてともに学んだ多くの戦友の血が流されている」と述べている（七巻一三四―一三五頁）。

後年に南原は、学徒出陣にあたり「大学における演習や研究の成果をまとめて、形見となるかも知れぬリポートとして、教授の手許に残して出で征いた」学生たちのことを忘れられないと述べ、「私はそのときぐらい、政治は善きにも悪しきにも民族を離れて考えることができず、そして民族が運命的共同体であることを痛切に感じたことはない」と述べている（九巻二二九頁）。そうした学生の多くは、無謀な国策によって、ほとんど無為に死んでいった。そうした戦死者たちの記憶が、「民族」を掲げた戦争責任論となって、現われていたのである。

退位論の終息

しかし、南原の改正意見は、反対多数で通過しなかった。そして、この皇室典範改正審議の前に行なわれていた憲法改正審議でも、天皇の規定が問題となっていた。

だが新憲法における天皇の規定は、玉虫色としか形容できないものであった。吉田茂首相や金森徳次郎担当大臣などの答弁を要約すると、以下のようになる。

まずポツダム宣言の受諾は、日本政府側としては、「国体護持」を条件として行なわれた。そして連合国からは、この点についてとくにコメントはなかった。さらに吉田によれば、「国体」とは、「万世一系の皇室が上にあらせられて、所謂君臣の間に何らの対立関係はない」という状態のことである。したがって、天皇が政治的実権を失っても、「国体」に変更はないという。(85)

そして金森の答弁によれば、新憲法では主権は「国民」にあるが、その「国民」には天皇も含まれる。すなわち、「天皇を含んだ国民全体の中にこの主権がある」のであり、「天皇が国民の下位に置かるると云う思想は毫末も含んで居りませぬ」というのである。(86)

金森の答弁によれば、新憲法の起草にあたり、天皇と民衆の双方をふくんだ言葉を捜すのに苦労した。戦前の大日本帝国憲法では、「君主」と「臣民」は明確に区分されていた。新憲法起草にあたっても、天皇は「民」ではないため、天皇を含んだ概念として「国人」という案も出たが、最終的には「君と民とを区別して書いて居ったのを、今度は国家の構成者であるという一つに思想に纏めて行こうと云う新発見」として「国民」を採用したという。また金森は、天皇を「国家と民族との象徴」と称しており、ここでいう「国民」に、日本民族以外の集団が想定されていなかったことは明らかである。(87)

こうした政府答弁にたいして、法学者で貴族院議員の宮沢俊義からは、「天皇の地位が主権の存する国民の総意に基くとせられるのに、その国民の中に天皇が含まれると説くこと」は矛盾ではないかという質問がなされた。やはり法学者で貴族院議員の佐々木惣一も、「民と云う中に君主が入るなんて云うことは、そんなことは言ってはいかぬ」と主張した。(88)しかし政府側は、上記のような玉虫色の答弁で押しとおした。

天皇の象徴化は、一面では民主化政策であったが、もう一面では戦犯追及を免れるためだった。アメリカ占領軍は、占領政策への天皇の協力を期待して、戦犯訴追から天皇を除外する方針だった。しかし、アメリカ本国の世論や、中国やソ連、オーストラリアなどには、天皇を訴追すべきだという意見が強かった。

そうした状況下で、天皇を戦争責任追及から免れさせる一方、天皇から主権を剝奪したことを明確にしないために、新憲法における「国民」という概念が形成された。金森は天皇の地位にかんする規定について、「然るべき権能がありつつも、現実の責任の紛糾に関係がないと云う風に規定をする」ために、「一言一句、玉を削り石を磨くと云うような心持を用いて、これを起案して居る」と答弁している。(89)

金森の答弁によれば、新憲法が定める天皇は、「国民が天皇を中心として結合して居ると云う道義的な」象徴である。そうした天皇には、政治上の権力がないのみならず、司法大臣の木村篤太郎によれば「刑事上の責任は勿論、民事上の責任は御持ちにならぬ」。そして金森は、「天皇に責任なきようにこの憲法を作る」のが趣旨であり、「天皇は無責任だ」と述べている。(90)

しかし政府によれば、天皇は日本の「道義的」な象徴であった。それと同時に「天皇は無責任」であるとすれば、猪木正道が述べたように、「天皇は日本国民の無責任の象徴」という解釈が成立しかねなかった。

この審議に参加した南原は、こうした憲法改正に反対を唱えた。彼は貴族院において、「皇室の安泰と云うことを総理大臣は説明されましたが、斯く迄致して残ると云うことが、果して皇室の御名誉であるか。従って国民の栄誉であるか」と質問している。(91) 南原はこの質問の四カ月後に、前述の皇室典範改正論を議会で主張したが、やはり彼の意見は通らなかった。

新憲法が施行されたあとも、天皇の退位問題はつきまとった。一九四七年一〇月には、東京裁判主任検事のキーナンが、天皇は訴追しないものの、「退位の際には皇后が摂政となられることで充分である」と、当時の外相であった芦田均に伝えた。(92) 一九四八年には芦田が首相になるとともに、松本治一郎の拝謁拒否事件がおこり、外電で退位説がとびかった。

一九四八年は、天皇退位論のピークだった。五月には、最高裁長官の三淵忠彦と法学者の佐々木惣一が天皇退位を論じた。これがきっかけとなり、五月二七日にはロンドン発のロイター電が、「八月十五日を期して、天皇退位がなされるであろう、とのうわさが、東京で強まっている」と伝え、『朝日新聞』が五月二九日にこれを転載した。(93)

また中国の通信社である中央社も、南原繁の談話を伝え、「教養の高い日本人たちは、退位によって天皇制にまつわる戦争責任の跡をぬぐい去ることができるとして、一致して退位に賛成している」と報じた。さらに『ニューヨーク・タイムズ』が社説で天皇制廃止を唱え、六月には『タイム』と『ニューズウィーク』に退位に関する報道が出た。それらの記事を読んだ芦田首相は、「私には決心はできてゐる」と述べたという。[94]

もともと、為政者たちの間にも、退位論は潜在していた。すでに一九四五年一月、近衛文麿は「単に御退位ばかりでなく、仁和寺或いは大覚寺に御入り遊ばされ、戦没将兵の英霊を供養遊ばさるのも一法」だと主張していた。また池田純久陸軍中将の回想によると、降伏を決定した一九四五年八月の御前会議で、平沼騏一郎枢密院議長が「今度の敗戦については、天皇陛下、あなた様にも責任がございますぞ。なんといって皇祖皇宗の英霊に対し奉り申しわけがありますか」と述べたという。[95]

退位論が台頭していたもう一つの場は、軍であった。渡辺清がそうであったように、戦争に忠誠を尽くしていた軍人ほど、天皇への反逆に転じる可能性があった。第二復員省（旧海軍省）の大臣官房臨時調査部員だった豊田隈雄の業務メモは、一九四六年一一月の状況として、「天皇の御譲位に関し陸軍筋では之を勧告しかねまじき気配あり。又現天皇の下には万一軍再建のことあるも忠誠なる軍隊は望み得ず等公言し居る者あり」と記録している。さらに戦犯として巣鴨拘置所に収監されていた高橋三吉海軍大将が、「自分は天皇制支持論者だが、現在の天皇に対しては従来持つた尊崇の念は無くなつた」と述べたことを、元内相の安倍源基が一九四七年一〇月七日の日記に記している。[96]

天皇制擁護論者のあいだでさえ、退位への賛成は多かった。一九四八年の日本輿論調査研究所の調査報告では、退位論についての識者の意見を集めたところ、「天皇制を存続させたい人もこの策をとつた方が賢明」（末松満）、「天皇制を純正ならしめるために必要」（矢部貞治）といった意見が多いことを紹介している。[97]

一九四八年八月一五日の『読売新聞』は、天皇にかんする世論調査を掲載した。それによれば、天皇制存続支持は九〇・三パーセント、天皇留位支持は六八・五パーセントであり、皇太子への譲位が一八・四パーセント、退位のうえ天皇制を廃止するという回答は四・〇パーセントであった。

しかし世論には、かなりの階層差があった。一九四八年九月、日本輿論調査研究所は『日本文化人名鑑』から無作為に抽出した文化人と、議員および財界人などから、一〇〇〇人の「指導者層」を選んで退位にかんする調査を行なった。それによれば、「政治・法律・社会問題関係の文化人」では退位賛成が五〇・九パーセント、反対が四二・九パーセント。また「教育・宗教・哲学関係の文化人」では退位賛成四九・〇パーセント、反対四四・四パーセントであり、知識人レベルでは退位論が優勢であった。さらに、やはり一九四八年六月に大阪府で実施された大阪輿論調査研究所の調査では、退位支持が二六・九パーセントであり、とくに高専・大学卒では四九・七パーセントが退位を支持していた(97)。

おそらく当時の人びとにとって、「天皇制」にたいする意見は、単純に「賛成」「反対」で二分できるものではなかった。もし「天皇制打倒」が天皇の処刑を意味するならば、森田草平や中野好夫はもちろん、おそらく丸山眞男も、それを支持しなかっただろう。逆に、「天皇制」とは官僚統制や「無責任の体系」の代名詞であるという認識が浸透していたならば、その「打倒」に賛成する者はもっと多数にのぼっていたと思われる。

おそらく、多くの世論調査で示された「天皇制支持」の多さは、丸山眞男にまで共有されていた昭和天皇への素朴な愛着を、そのままに表現したものであった。しかし知識人および高学歴層においては、天皇個人への愛着と、「真の愛国」の分離という心情が発生していた。そしてそうした心情は、必ずしも民衆レベルから孤絶したものではなかった。渡辺清の日記にみられたように、天皇処刑すら既成事実として受容する雰囲気が地方村落にまで存在したことを考えると、社会が退位を混乱なく受けいれた可能性もあったと思われる。

しかし「天皇制支持」は、政治のレベルにおいては、別の意味をもふくんでいた。一九四八年の日本輿論調査研究所の調査では、衆議院議員の退位賛成は六・二パーセント、参議院議員でも二一・四パーセントであり、議会の多数派は退位に反対であった(98)。

議員たちにとってみれば、天皇退位に賛成すれば、素朴に「天皇制支持」を表明している人びとの票を失う恐れがあった。そしてそれ以上に、天皇が退位によって戦争責任を明らかにすれば、政界や財界、地方有力者のレベルにまで、戦争責任の追及が高まる可能性もあった。愛媛県のある定時制高校生は、天皇の戦争責任が明確になっていない理由として、「天皇に責任が及ぶと自分も責任をとらなければならない人が沢山あります」と述べている。[99]

また一方で、天皇制廃止を主張する共産党も、天皇退位論に警戒的であった。すでに参議院議員となっていた中野重治は、一九四八年の時評で、「反共とはいえぬまでも決して共産党に賛成せぬ側の人びとが、天皇制擁護のための最後の狡猾手段として天皇退位の問題を出しているのである」と述べている。[100]

そして何より、占領軍が退位に反対であった。一九四六年一月、マッカーサーはアイゼンハワー陸軍参謀総長に、天皇を排除すれば「ゲリラ戦が各地で起こり共産主義の組織的活動が生まれる。これには一〇〇万人の軍隊と数十万人の行政官と戦時補給体制が必要である」と述べた。一九四六年二月二七日には、枢密院本会議で三笠宮が昭和天皇に退位を勧告したとされ、前首相の東久邇がAP通信の記者に「天皇御自身は適当な時期に退位したいとの御意志を洩らされている」と述べた。しかし、一九四六年三月五日の木下侍従次長の日記には、「天皇には御退位の意ある事、皇族こぞってこれに賛成すると云う事。これが折角いままで努力したM〔マッカーサー〕の骨折を無駄にする事になる」と記されている。[101]

一九四八年に退位問題が注目されたさいにも、アメリカ側の意向は明確だった。七月のニューヨーク発UP電は、昭和天皇の存在は「マッカーサー元帥にとって二十個師団にも匹敵する」と評した。一〇月には、マッカーサーはGHQ顧問のシーボルトに、「今度天皇に会ったら、退位などということは大変愚かなこと」だと「忠告」すると述べたという。[102]こうしたアメリカの戦略に支えられながら、天皇は退位を行なわなかった。

この後に退位論は、サンフランシスコ講和条約の発効直前に、最後の盛りあがりをみせた。一九五一年一〇月、戦犯として獄中にあった元内大臣の木戸幸一が退位を勧告し、「若し如斯せざれば、皇室丈が遂に責任をおとりにならぬこととなり、何か割り切れぬ空気を残し、永久の禍根となるにあらざるやを虞れる」と昭和天皇に伝言した。さらに翌年一月の衆議院では、国民民主党の若手議員だった中曾根康弘が、「戦争犠牲者達に多大の感銘を与え、天皇制の道徳的基礎を確立」するために、講和条約発効を機に自発的に退位することを主張した。しかし当時の吉田茂首相は、こうした意見を退けた。[103]

講和条約発効に前後して、天皇をめぐる二つの事件があった。一つは一九五二年五月二日に、戦後初の政府主催による全国戦没者追悼式が新宿御苑で行なわれ、天皇が「お言葉」を読んだことだった。その内容は、「戦乱のため、戦陣に死し、職域に殉じ、また非命にたおれた」人びとを追悼したものであったが、天皇自身の責任についての言及はなかった。(104)

そしてもう一つは、一九五一年一一月一二日に、昭和天皇が京都大学に巡幸したさいにおきた「京大事件」だった。朝鮮戦争のさなかだったこの時期、学生側は丸木位里・俊子夫妻による「原爆の図」を展示した「原爆展」を開催しており、一〇日間に三万人の入場者を集めていた。そこへ行なわれた巡幸を、のちに映画監督となった大島渚などをはじめとする学生たちは、「平和を守れ」の合唱と「〝天皇陛下万歳〟といって死んで行った先輩たちを忘れるな」といったプラカードで迎え、「人間天皇に訴う」と題する公開質問状を作成した。(105) その質問状は、以下のような内容であった。

私たちは貴方が退位され天皇制が廃止されることを望むのですが、貴方自身それを望まれぬとしても、少なくとも一人の人間として憲法によって貴方に象徴されている人間達の叫びに耳をかたむけ、私達の質問に人間として答えていただくことを希望するのです。

質問

一、もし、日本が戦争にまき込まれそうな事態が起るならば、かつて終戦の詔書において万世に平和の道を開くことを宣言された貴方は個人としてでもそれを拒否するように、世界に訴えられる用意があるでしょうか。

二、貴方は日本に再軍備を強要される様な事態が起った時、憲法に於て武装放棄を宣言した日本国の天皇としてこれを拒否する様呼びかけられる用意があるでしょうか。

三、貴方の行事を理由として京都では多くの自由の制限が行われ、又準備のために貧しい市民に廻るべき数百万円が空費されています。貴方は民衆のためにこれらの不自由と、空費を希望されるのでしょうか。

四、貴方が京大に来られて最も必要なことは、教授の進講ではなくて、大学の研究の現状を知り、学生の勉学、生活の実態を知られることであると思いますが、その点について学生に会って話し合っていただきたいと思うのですが不可能でしょうか。

五、広島、長崎の原爆の悲惨は貴方も終戦の詔書で強調されていました。その事は、私たちは全く同意見で、それを世界に徹底させるために原爆展を製作しましたが、その開催が貴方の来学を理由として妨害されています。貴方はそれを希望されるでしょうか。又私たちはとくに貴方にそれを見ていただきたいと思いますが、見ていただけるでしょうか。

私たちはいまだ日本において貴方のもっている影響力が大であることを認めます。それ故にこそ、貴方が民衆支配の道具として使われないで、平和な世界のために、意見をもった個人として、努力されることに希望をつなぐものです。一国の象徴が民衆の幸福について、世界の平和について何らの意見ももたない方であるとすれば、それは日本の悲劇であるといわねばなりません。私たちは貴方がこれらの質問によせられる回答を心から期待します。

この当時、昭和天皇が退位しなかったことへの弁護論として、立憲君主として遵法意識が強い天皇が、憲法と皇室典範に退位規定がないことを遵守したからだというものがあった。しかしそうだとすれば、天皇は憲法第九条を遵守する意志はあるのか。もともと日本国憲法第九九条は、「天皇又は摂政及び国務大臣、国会議員、裁判官その他の公務員は、この憲法を尊重し擁護する義務を負ふ」と規定していた。学生たちは、この点を質問したのである。

しかし、約五〇〇人の警官隊に守られた天皇は、この質問状をうけとることなく、一時間ほどで京都大学を去った。与党は学生たちを不敬行為として処分することを主張し、京都大学当局は質問状を作成した京都大学同学会に解散命令を下したうえ、幹部学生八名を無期停学処分にしたのだった。

現在の目からみると、敗戦直後の天皇制をめぐる議論には、意外なほど天皇への敬愛が感じとれるものが多い。そして天皇の戦争責任追及は、戦争によって破壊された旧来のナショナリズムに代わる、新しいナショナリズムの原理を模索するものだった。天皇制を新しい時代に適応させようとした南原も、天皇制廃止を唱えたマルクス主義者たちも、その点は共通していた。

しかし、アメリカの国際戦略と、それに結びついた保守政権のもとで、天皇の戦争責任が不問に付されたことは、その試みを失敗に追いこんだ。それは結果として、戦後日本が独自のナショナル・アイデンティティを築くことを、大きく阻害したといえる。

昭和天皇にたいして、「人間として」の責任意識を期待する論調は、南原繁の退位論や京都大学同学会の質問状などが、ほとんど最後のものとなった。これらの試みが消されたあと、天皇を批判する側も賛美する側も、天皇にそのような「人間として」の意識を期待する姿勢をなくしてゆく。その後には、世俗から超越したかのような保守派の天皇像だけが、「日本国民の無責任の象徴」という猪木正道の言葉とともに、残されてゆくことになるのである。

第4章　憲法愛国主義

憲法第九条は、日本という国家のあり方を考えるうえで、ずっと争点となってきた。この章では、その制定当時における議論のあり方と、ナショナリズムとの関係を検証する。[1]

結論からいえば、憲法第九条はその制定当時においては、戦後の新しいナショナリズムの基盤として「歓迎」されていた。しかしその「歓迎」には、さまざまな打算や利害、そして後年の対立の芽が含まれていたのである。

ナショナリズムとしての「平和」

敗戦後の論壇では、ナショナリズムを全否定したり、無条件に欧米を賛美した論調は多くなかった。強いてそうした事例を挙げれば、政治家の尾崎行雄や、作家の久米正雄の論考がそれにあたろう。

尾崎行雄は一九四七年の『咢堂清談』などで、「青年よ非国民たれ」と主張した。彼によれば、「日本が廃藩置県をやつたときのやうに、よろしく世界は国家をなくしてしまふべき」であり、「昔の『非藩民』の代りに今度は『非国民』となるべき」である。さらに「日本料理のやうに食べてまづく栄養のない料理は世界にも少ない」「日本人の家は人間が病気になるやうにできてゐる」などと主張して、衣食住の西洋化や漢字の全廃を訴えた。[2]

また久米正雄は一九五〇年二月に「日本米州論」を書き、日本はアメリカに併合してもらって新しい州になるべきだと説いた。軍事的・経済的に破綻した日本は、「形式的国家の誇りと、封建的愛国心を抛棄して」、「いさぎよく、国境を撤廃し、政治なんぞをやめ、無政府の自由国となつて、下らぬ制限なぞない、観光楽土にする外無い」というのである。(3)

このほか、作家の志賀直哉が、フランス語を国語化せよを主張したことは、よく知られる。こうした論調は、敗戦直後の論壇がナショナリズム批判と日本文化への卑下に満ちていたという先入観に適合していたため、実際のプレゼンス以上に知れわたることになった。

とはいえ現実には、この種の意見は、論壇ではむしろ少数であった。久米は新日本文学会の戦犯文学者リストに挙げられた作家であり、尾崎は日米安保条約を賞賛したため、両者はむしろ左派論者からは批判の対象になった。(4)

そしてこれまでの章でみてきたように、大部分の戦後知識人たちは、敗戦で荒廃した日本を再建するために、新しいナショナル・アイデンティティを模索していた。そして、敗戦直後にまず掲げられたのが、「文化国家」や「平和国家」といったスローガンであった。

たとえば評論家の河上徹太郎は、一九四五年一〇月に「政治、軍事、経済すべての面で手足をもがれたわが国の唯一のホープは文化である」と述べたし、京都学派の高坂正顕も八月二〇日の新聞寄稿で「戦争に負けたということは総力の点において敗れてしまったということではない」として「文化戦争に勝て」と唱えた。東久邇首相も一九四五年八月の記者会見で、「一億総懺悔」とともに、「この際心機一転わが民族の全智全能を人類の文化に傾注」することを唱えている。(5)

さらに陸軍中将の石原莞爾は、一九四五年八月二八日の『読売報知』に掲載されたインタビューで、こう述べている。(6)

……戦に敗けた以上はキッパリと潔く軍をして有終の美をなさしめて軍備を撤廃した上今度は世界の輿論に吾こそ平和の先進国である位の誇りを以て対したい。将来国軍に向けた熱意に劣らぬものを科学、文化、産業の向上に傾けて祖国の再建に勇往邁進したならば必ずや十年を出でずしてこの狭い国土に、この尨大な人口を抱きながら、世界の最優秀国に伍して絶対に劣らぬ文明国になりうると確信する。世界はこの猫額大の島国が剛健優雅な民族精神を以て世界の平和と進運に寄与することになったらどんなにか驚くであろう。こんな美しい偉大な仕事はあるまい。かかる尊い大事業をなすことこそ所謂天業恢弘であって神意に基づくものである。……天業民族に神様から与えられたこの国以外に領土をやたらに欲しがるに及ばない。真に充実した道義国家の完成こそ吾々の最高理想である。

このような「平和」や「道義」の主張は、軍事的にも経済的にも敗れた日本に残された、最後のナショナル・アイデンティティの基盤であった。そしてそれは、原子爆弾に象徴される欧米の軍事力への、対抗意識とも結びあわされていた。

たとえば、一九四五年九月二日に自決した沖縄出身の陸軍大佐である親泊朝省《おやどまりちようせい》は、「大東亜戦争は道義的には勝利は占めた」という遺書を残した。その遺書によれば、「我が日本の戦争目的は、世界人類の幸福、世界の平和に寄与せんとする道義的精神に立脚して出発している」のに対し、アメリカは「人類史上未だ見ざる残虐なる原子爆弾を使用して得々たるものがあったではないか」というのだった。(7)

原爆にたいする非難は、八月一五日の昭和天皇の放送でも、東久邇首相の八月末の記者会見でも、異口同音に主張されていたことであった。石原莞爾も前述のインタビューで、「米国のとった原子爆撃に真正面から人道無視の刻印を捺して執拗に抗議すべきである」と主張している。

しかし、そのようにアメリカを非難することは、日本側が「世界平和」を掲げなければならないことを意味した。石原はそうした論理に沿って非武装平和主義を唱え、「身に寸鉄を帯びずとも世界平和と人道の為に彼の態度を糾弾し反省を求めねばなるまい」と主張していたのである。

同時にこうした主張は、日本の「非道義」への反省にも、結びつく可能性をもっていた。親泊は前述の遺書で、原爆の残虐性を非難したあと、日本軍が中国で行なった「無辜の民衆に対する殺戮、同民族支那人に対する蔑視感、強姦、掠奪等」を批判している。[8] 石原も上記のインタビューで、「東亜の各国家に対して日本が欧米覇道政策と同様の態度で臨んだ過去の一切の罪は衷心から深謝するの勇気を持たねばならぬ」と述べていた。

そして注目すべきなのは、こうした平和主義の論調が、一九四五年八月の時点から存在していたことである。占領軍の指令以前に、民主化の声が総力戦の言葉づかいの延長で出現したのとおなじく、平和主義の声は「道義国家」のスローガンの延長として出現していた。憲法第九条は、こうした土壌の上に、登場してきたのである。

歓迎された第九条

一九四六年三月六日、「憲法改正草案要綱」が、日本政府案と銘打って公表された。よく知られるようにこの草案要綱は、GHQ民政局（GS）のメンバーたちがわずか九日間で起草した英文をもとに、作成されたものだった。占領軍としては、ソ連をふくむ連合国の極東委員会が開かれるにあたり、早急に日本の戦後体制を決定する必要があったのである。

GHQ側が提示した憲法案は、日本政府が準備していたものとは大幅に異なる内容であり、当初は驚きをもって迎えられた。GHQ側の記録によれば、一九四六年二月一三日に日本側要人にGHQ案が手交されたさい、「日本側の人々は、はっきりと、ぼう然たる表情を示した。特に吉田〔茂〕氏の顔は、驚愕と憂慮の色を示した」という。[9]

しかし三月六日にそれが政府案として公表されたさいには、その後に改憲論に転じた保守派も、一様に歓迎を表明した。のちに自民党から首相になった石橋湛山《たんざん》は、後年には再軍備論者となったが、一九四六年三月一六日の『東洋経済新報』紙上では、第九条の原案についてこう述べている。[10]

……記者は此の一条を読んで、痛快極りなく感じた。近来外国の一部の思想家の間には世界国家の建設を唱道する者があるが、我が国は憲法を以て取りも直おさず其の世界国家の建設を主張し、自ら其の範を垂れんとするものに外ならないからである。……真に我が国民が〔草案前文にあるように〕「国家の名誉を賭し、全力を挙げて此等の高遠なる目的を達成せんことを誓う」ならば、其の瞬間に於て最早日本は敗戦国でも、四等、五等でもなく、栄誉に輝く世界平和の一等国、予ねて日本に於て唱えられた真実の神国に転ずるものである。之れに勝《まさ》った痛快事があろうか。

ここでいう「四等国」という言葉は、一九四五年九月二日の降伏文書調印式の九日後に、マッカーサーが記者会見で使用して、流行語となっていたものだった。石橋は、この状態から脱却する足がかりを、第九条に見出したのである。

こうした第九条歓迎論は、一九四六年の時点では、政府の公式見解でもあった。一九四六年六月から開会された議会で、大日本帝国憲法から日本国憲法への改正審議が行なわれた。そこで当時の吉田茂首相は、第九条について「高き理想を以て、平和愛好国の先頭に立ち、正義の大道を踏み進んで行こうと云う固き決意を此の国の根本法に明示せんとするものであります」と述べている。議員たちからも、「万国に先駆けて規定致しましたことは、洵に我々国民として誇りとする所であります」「光は正に日本よりと申すべきであります」といった発言が数多く出された。(11)

石橋湛山

さらにこの憲法改正審議で、吉田が「今日までの戦争は多くは自衛権の名に依って戦争を始められた」と述べて、自衛権を明確に否定したことはよく知られる。また吉田とともに答弁に立った前首相の幣原喜重郎《しではらきじゆうろう》も、核兵器が開発された現代においては、軍備による自衛で生き残ろうという思想のほうが、「全く夢のような理想に子供らしい信頼を置くものでなくて何であろうか」と主張している。(12)

核兵器の時代においては軍備の意味は失われたという主張は、すでに一九四六年四月五日に第一回対日理事会の場で、マッカーサーが演説していたものであった。三月に憲法草案が公表されたあと、第九条について「ユートピア的な調子」(『ニューヨーク・タイムズ』)とか「子供染みた信仰」(『ニューヨーク・サン』）といった批評が出ていた。マッカーサーはこうした批評に対抗して、核兵器の時代に軍備で生き残れるという思想こそ「子供染みた信仰」だと反論し、自分の統治下で実現された憲法を擁護したのである。[13]

憲法改正審議のあと、一九四六年一一月に新憲法が正式に公布され、一九四七年五月三日から施行された。政府は新憲法を周知させるべく、全国に遊説隊を派遣し、紙芝居などによる啓蒙活動を行なった。幣原喜重郎は各地で行なった演説の草稿で、こう主張している。[14]

……消極的に敵軍の我領土に上陸侵入することを禦《ふせ》ぐに足る程度の中途半端な自衛施設などは、却て侵略国を誘び出す餌となるに止まり、侵略国を引掛ける釣針にはなりませぬ。或は比較的に弱勢の兵力でも……或期間は侵入軍を阻止するだけの効果があるであろうなどと想像せられるかも知れませぬが、近代の歴史は寧ろ反対の事実を示すものがあります。先般の世界大戦に於いて独逸は電光石火的戦争（ブリッツクリーク）と称して、比較的弱勢の隣国を瞬く間に薙ぎ伏せたではありませぬか。若し又我国の保有せんとする兵力が……一切の侵入軍を徹底的に駆逐するに足るようなものであるならば、連合国側に於いて我国のかかる軍備を承認する筈はなく、又仮令これを承認するとも我が国力は之に堪え得られるものではありませぬ。……

……第三国より兵力的掩護を受けんとする構想に至っては……その第三国自ら現実の利害関係を有っていない場合でも、有らゆる犠牲を忍んで、日本を掩護すべき義務を引受けんことを期待するが如きは元来無理な注文と謂わざるを得ませぬ。加之かかる兵力的掩護条約の存在それ自体が侵略国を刺戟し、その敵対行動の口実を仮《か》すことになりましょう。他の一方に於いて日本が他国から侵略せられた結果、直接又は間接に自国の緊切な利益を脅かさる第三国に取っては、条約上の義務がなくとも、又日本の懇請がなくとも、自国の利益を擁護し、且国際的秩序を維持せんが為め、日本に対する他国の侵略を排除する手段を極力講ずるのは必然であります。

以上述べました私一己の考えを縮めて言えば、我々は他力本願の主義に依って国家の安全を求むべきではない。我国を他国の侵略より救う自衛施設は徹頭徹尾正義の力である。我々が正義の大道を履んで邁進するならば、「祈らぬとて神や守らん」と確信するものであります。

最後の一文にたいする評価は、とりあえず措く。ここで注目すべきなのは、他国との安保条約を排除した非武装平和主義が、「自主独立」の思想として説かれていたことである。そしてじつは、後年の進歩派による第九条擁護論の内容のほとんどが、一九四六年の時点では政府側によって唱えられていたといってよい。

一九四七年五月三日、新憲法が施行されると、各新聞の社説はいっせいに歓迎を表明した。たとえば『日本経済新聞』は、「敗戦後の現在にあつて、われら国民が自信をもつて内外に示し得るものが果していくつあるか。新憲法こそやゝもすれば目標を見失い勝ちな国民にはつきりと行先を教え、世界に偽りもひけめも感ずることなしに示し得る最大のものであろう」と述べた。『読売新聞』も、「原子力時代に一握りの軍備が何程の意味もなさぬ」と強調し、第九条は「決して単なる〝敗戦の結果〟ではなく、積極的な世界政治理想への先駆なのである」と唱えた。『毎日新聞』は憲法を評して、「これからの日本の国家綱領であり、同時に基本的な国民倫理である」と述べている。[15]

同時に『毎日新聞』は、憲法施行日を祝する記事で、「今ぞ翻せ日章旗」という表題を掲げた。この当時、占領軍の指令で「日の丸」の掲揚は禁じられていたが、この日は特別に掲揚が許可されていた。このときマッカーサーは吉田首相に祝辞を送り、「このはためく国旗を日本人の生活に個人の自由、権威、寛容及び正義に基いた新しい永続的な平和時代が到来したことを意味するものたらしめよ」と述べている。[16] 第九条は新時代のナショナリズムの基盤として、「日の丸」と共存していたのである。

第九条を基盤としたナショナリズムは、政府の教育政策によって、児童たちにも浸透していった。憲法施行直後の一九四七年八月には、文部省から『あたらしい憲法のはなし』と題するパンフレットが発行された。そこでは非武装の理念が解説されたあと、「しかしみなさんは、けつして心ぼそく思うことはありません。日本は正しいことを、ほかの国よりさきに行つたのです。世の中に、正しいことぐらい強いものはありません」と説かれている。[17]

このような「道義国家」としての日本像は、戦前の修身教育とも、構造的には重なるものであった。敗戦時に一〇歳だった作家の大江健三郎は、一九六四年に「新制中学には、修身の時間がなかった。そして、ぼくら中学生の実感としては、そのかわりに、新しい憲法の時間があった」と述べ、こう回想している。[18]

終戦直後の子供たちにとって《戦争放棄》という言葉がどのように輝かしい光をそなえた憲法の言葉だったか。ぼくの記憶では、新制中学の社会科の教師が、現在の日本大国論風のムードにつながる最初の声を発したのが、《戦争放棄》をめぐってであった。日本は戦いに敗れた、しかも封建的なものや、非科学的なものの残りかすだらけで、いまや卑小な国である。しかし、と教師は、突然に局面を逆転させるのだった。日本は戦争を放棄したところの、選ばれた国である。ぼくはいつも、充分に活躍する最後の切札をもってトランプ・ゲームをやっているような気がした。このようにして、《戦争放棄》は、ぼくのモラルのもっとも主要な支柱となった。

こうして憲法愛国主義は、再建される日本国家の理念として、児童たちのなかへ浸透していった。しかしそうした状況は、以下に述べるような打算や利害関係のなかで、成立していたものでもあったのである。

順応としての平和主義

当初は占領軍の提案に驚いた保守的な政治家たちが、憲法を容認していった大きな理由は、象徴天皇を認めた第一条の存在だった。天皇制廃止の恐れが、この条項でなくなったのである。憲法草案発表直後の三月一〇日、『朝日新聞』は経済界の反応を、こう報じている。[19]

この儘では激流の真只中にどこまで押し流されるか判らない今日、天皇制護持資本主義存続といふ点で大きな枠がはめられ、将来に対する一応の見透しがついたと同時に、共産党を先頭とする急進勢力からの圧迫がこれによってある程度緩和されるのではないかと観測し、安堵とゝもに賛意を表明してゐる。

ＧＨＱが新憲法の原案を提示するにあたり、とまどう日本側要人たちに強調したのは、この原案を受けいれなければ、天皇を国際世論の指弾から守れなくなるということであった。前章で引用した木下侍従次長の一九四六年三月五日の日記は、天皇が退位すれば「Ｍ〔マッカーサー〕の骨折を無にする事になるので、Ｍ司令部はやっきとなり、一刻も早く日本をして民主化憲法を宣言せしめ、天皇制反対の世界の空気を防止せんとし、一刻も速かにこれを出せと迫り来るによる」と記している。[20] 憲法草案が政府案として公表されたのは、この翌日の三月六日であった。

また同時に、この憲法は、敗戦で危機に直面した保守政治家たちが、生き残る手段でもあった。一九四六年二月一三日、ＧＨＱ案が日本の要人たちに手交されたさい、ＧＨＱ民政局長のホイットニー将軍は、「この新しい憲法の諸規定が受け容れられるならば、実際問題としては、天皇は安泰になると考えています」と述べ、さらに「マッカーサー将軍は、これが、数多くの人によって反動的と考えられている保守派が権力に留まる最後の手段であると考えています」と主張していたのである。[21]

すでに一九四六年一月四日には、ＧＨＱは第一次公職追放令を発していた。そのため、大戦中の翼賛選挙の推薦議員をはじめとして、進歩党は前代議士二七四名のうち二六〇名が、自由党は四五名のうち三〇名が、それぞれ追放されてしまった。その一方、急速に勢力を伸ばした共産党は、社会党との「人民戦線」の結成を模索していた。危機に追いこまれた保守政治家たちにとって、思いきった改革案を提示する以外に、選択肢はなくなっていたのである。

実際に新憲法草案の公表は、保守政権の危機を救うかたちとなった。三月六日の草案要綱の発表後、この草案を支持する社会党と、天皇制打倒を唱えて草案に反対する共産党は、対立状態に陥ってしまう。そして政府は草案要綱公表の四日後、四月に総選挙を行なうことを告示した。改革の機運を先取りした保守政党は支持を集め、とくに吉田茂を中心とする自由党がこの選挙で躍進し、政権を獲得した。新憲法は、たんにアメリカからの圧力で押しつけられたというより、保守政治家たちの生き残り策として受容されたのである。

渦中の昭和天皇は、ＧＨＱ側の原案を、「今となつては致方あるまい」と受容したとされている。それでも昭和天皇は、皇室典範改正の発議権確保と、華族制度の存続を希望したが、これらは実現不可能とみた日本政府が握りつぶした。そして一九四六年三月六日の草案要綱公表にあたっては、マッカーサーの声明とともに天皇の勅語が添えられ、「進んで戦争を抛棄して誼を万邦に修むるの決意」をよびかけている。[22] 天皇制そのものが危機だったこの当時は、天皇が憲法への支持を訴える側だったのである。

新聞の憲法にたいする評価も、第九条の理念を称えると同時に、天皇制の存続を歓迎するものが多かった。たとえば『毎日新聞』は一九四七年五月三日の社説で、第九条を賞賛する一方、新憲法の特徴を「天皇制を確立したこと」および「共産主義による指導を断固として排除」したことに求めている。なかでも保守色の強かった『時事新報』の社説は、同じく憲法施行日にこう述べている。[23]

之は世界の何処の国に比較しても、少しも劣らぬ進歩した民主々義の憲法であると誇つてよいものである。開闢以来の君主政治を堅く堅持しつゝ、人民主権の新主義を行わんとする点に於て、又世界に率先して戦争を放棄し、軍備を撤廃することを宣言した点に於て、殊に優れた憲法であると自負しても、恐らく之を咎めるものはないであろう。

当時は第九条を賞賛していた吉田首相や幣原外相も、共産主義への警戒心は強烈であった。吉田は一九四五年一〇月にGHQの指令で治安維持法が廃止されたあとも、「治安維持法を共産党にたいしてだけは残しておいてもらうように交渉せよ」と主張していた。幣原は一九四六年一一月二五日の『朝日新聞』で、「階級闘争、ゼネスト、サボタージュなどの破壊的行為は生産増強の敵であり、新日本建設を呪ふ悪魔である」と述べている。[24]

一九四七年五月三日に行なわれた、日本政府主催の憲法施行記念日の様子は、こうした状況を象徴する奇妙なものだった。式典は皇居前広場で行なわれ、吹奏楽団がアメリカ国歌の「星条旗よ永遠なれ」を演奏した。入場した昭和天皇は、吉田首相らの「天皇陛下万歳」の歓声によって迎えられ、マッカーサーの祝辞とともに憲法を祝った。二日前のメーデーには、四〇万人の群衆が皇居前広場で食糧増配と賃金増額を訴えたが、五月三日の憲法記念式典に集まったのは三万人だったといわれる[25]。

さらに憲法草案の発表とほぼ同時に出現したのは、政治的実権のない象徴天皇制が、じつは日本古来の伝統に沿ったものであるという主張であった。敗戦直後に行なわれた津田左右吉や和辻哲郎の天皇擁護論は、象徴天皇こそ日本古来のあり方だというものであった。前章でも述べたように、民主主義の導入についても、明治天皇の「五箇条御誓文」との類似性が、さかんに強調された。昭和天皇は一九七七年の記者会見で、一九四六年一月の元旦詔書（いわゆる「人間宣言」）で「五箇条御誓文」のことを強調した理由を、「民主主義というのは決して輸入のものではないということを示す必要」からだったと述べている[26]。

客観的にみれば、象徴天皇制への移行は、アメリカから与えられた既成事実への順応にすぎないものであった。その象徴天皇制が、日本古来の歴史的伝統だと称されたのは、敗戦の衝撃をやわらげようという、一種の心理的な防衛機制だったといってよい。強いられた変革を、日本古来から存在するもの、自発的に歓迎したもの、世界に類例のないものなどと言いかえることで、ナショナリズムの防衛が図られたのである。

同様のことは、憲法草案にたいする各政党の反応にもいえることであった。共産党をのぞく多くの政党は、明治憲法を若干手直しした改正案を構想しており、新憲法の草案要綱は彼らの予想をこえていた。それにもかかわらず、草案要綱が発表されたあと、各政党は「わが党の案に極めて近似せる進歩的なものである」（社会党）、「自由党が発表した憲法改正案の原則と全く一致する」（自由党）などとこれを歓迎した[27]。

そしてじつは、第九条が日本国家の誇りと読みかえられていったことにも、同様の側面が存在した。というのも、一九四六年においては、軍備の撤廃は良くも悪くも抽象的な理念ではなく、占領下で進行中の既成事実にほかならなかったからである。

日本の武装解除は、もともと連合国の対日政策に合致したものであった。一九四六年六月二一日、アメリカのバーンズ国務長官は対日講和条約案を提案したが、そこでうたわれていたのは、日本を徹底的に武装解除したうえ、米英ソ中の四カ国を基礎とした監視委員会が二五年にわたってそれを検査するという厳しいものであった。当時においては、日本を二度と侵略国に転化させないことが、連合国の一致した方針だったのである。

社会学者の日高六郎は、敗戦直後を回想して、当時の憲法論議はもっぱら天皇制や国民主権の問題に集中しており、「第九条はほとんど取り上げられていない」ことを指摘している。その理由として日高は、戦争の惨禍を経た当時では、平和主義が「あたりまえだという気分」が存在したことと並んで、「もう一つは、占領下の非軍事化政策であって、いい悪いは別にしてこれは抵抗できない」ということを挙げている。[28]

オーストラリアの駐日大使だったマクマホン・ボールは、憲法第九条にたいする日本の有力者たちの反応を、一九四八年の著作でこう記している。[29]

一九四六年の五月には、反応は概して内気であり、敬虔であった。「われわれはわれわれの安全を国際連合の崇高な理想に委ねるのです。」それから数ヶ月たつと、反応は変ってきた。「そうですね。われわれが軍隊をもつことができなかったということははっきりとしていたのです。そして、われわれは、自発的にそれを放棄したことによって、賞讃を獲ち得ようとしたのです。それが賢明なことだと思われたのです。」

当時の日本政府にしてみれば、第九条は拒みようのない所与の事実であった。一九四六年三月から五月にかけて、議会での審議にさきだち、枢密院で憲法草案の非公開審査が行なわれた。その五月二九日の審議において、吉田首相は「九条は日本の再軍備に対する連合国側の懸念から生れた規定で、修正することは困難である」と述べている。しかし同じ席で吉田は、「占領軍撤退後の状態は今日なお予想できない。日本が独立後如何なる形をとるかについては不明であるが、やはり国家として兵力を持つようになるのではないか」と主張していたのだった。[30]

憲法学者の佐藤功は、一九五一年に敗戦直後を回想して、こう述べている。[31]

……興味のあることは、戦争放棄のこのような理想主義的な受けとり方が、実は、裏からみると、最も現実的な現状是認主義とも結びつくことができたということである。即ち、敗戦後の日本の現状は、事実において武装を解除され、事実において、近い将来の軍備は不可能であり、戦争遂行も不可能である。第九条はこの現状をそのまゝに制度化しただけではないのか。そしてまた敗戦日本が戦勝国に対して恭順を示す上には、戦争放棄と非武装を宣言することは、得策であるのではないか。私は何も日本国民のすべてがこのような受けとり方をしたというのではない。ほんとうに平和を恋い、二度と戦争をくり返すまいと誓って、第九条を心から支持した人が多かったことを私は信ずる。ただ……このような現実主義者も、第九条を理想主義的に語ることにおいては、ほんとうの平和主義者と共にあることができたということである。

一九四六年においては、既成事実に順応する「現実主義者」と、理想を信じる「ほんとうの平和主義者」が、おなじく第九条を歓迎するという状況が成立していた。こうした状況のなかで、第九条が、新しいナショナリズムとモラルの基盤として語られていたのである。

共産党の反対論

だが、こうした新憲法の制定に、異議を申し立てた者たちも存在した。

その一つは、天皇が実権を喪失したことを嘆く右派であった。最後の枢密院議長であり、昭和天皇に明治憲法を個人教授した経歴をもつ法学者の清水澄《とおる》は、新憲法施行のあと自殺した。しかし、昭和天皇自身がアメリカと協調していた状況では、こうした事例はごく少数にとどまった。

それにたいして、新憲法への最大の反対勢力となったのは、日本共産党であった。天皇制を残存させ、資本主義を擁護する新憲法は、共産党にとって容認できないものだった。(32)

そもそも当時、日本国憲法は、理想主義的な人びとからは冷眼視される傾向があった。作家の小田実は、「『新憲法』をかつぎ上げている連中の多くが、心底からそうしているのでないことを、中学二年の私は知っていたのである。これは私のみのことではなかっただろう」と回想している。[33]

そして、小田が新憲法を読んだときの第一印象は、「何を今さら」というものであったという。基本的人権、男女平等、戦争放棄などは、敗戦直後では「すでに自明のこと、あたりまえのこと」として感じられ、「何をぐずぐずまだそんなことを問題にしているのか」と思われた。小田によれば、「当時の日本にみなぎっていた新しい日本をつくり出そうという理想主義的な欲求は、政治より一歩先んじたところにいた」というのである。

さらに小田の苛立ちをかきたてたのは、現実の生活の貧困ぶりにくらべ、憲法にうたわれた理想が、あまりに抽象的すぎることだった。小田は敗戦後の飢餓状態のなかで、友人と憲法をめぐって徹夜で議論した経験を記している。そのテーマは、憲法第二五条の規定をもとに、「主食にイモをかじりながら、これが何故、《健康で文化的な最低限度の生活を営む》ことになるのか」という問題であった。

小田のような人びとにしてみれば、新憲法は内容的に穏健すぎるだけでなく、実質的な裏づけを欠いたものであった。そして当時の共産党は、貧困の原因となっている社会体制を変革しないまま、たんに人権や平等を説く憲法を、一種の空語とみなしたのである。

じつはこうした認識は、憲法に最終的には賛成票を投じた社会党にも、共有されていた。社会党は憲法審議で敗戦後の国民の窮乏を訴え、生活保障規定の不備を指摘し、私有財産制の適切な制限を盛りこもうとしたが、果たせなかった。そのため当時の片山哲委員長は、一九四六年一一月に「窮乏からの自由がはっきり新憲法に盛られていない」と述べ、[34]議員の森戸辰男も一九四七年九月に「適当な時期を捉えてこれが改正を図るべきである」と主張していたのである。

そして共産党の新憲法反対は、第九条にも向けられていた。一九四六年の憲法改正審議で、衆議院議員となっていた共産党の野坂参三は、「我が国の自衛権を放棄して民族の独立を危くする危険がある」と第九条に反対したのである。[35]

共産党が主張したのは、すべての戦争の放棄ではなく、人民のために行なわれる「解放戦争」と、資本主義・帝国主義による「侵略戦争」を区別することであった。そのため憲法の審議においても、「民主主義的国際平和機構に参加し、如何なる侵略戦争をも支持せず」という趣旨への変更が主張された。(36)

こうした主張は、共産党の思想そのものに関係していた。第2章で述べたように、当時のマルクス主義陣営では、資本主義の末期である現代では自由主義経済は崩壊し、国家独占資本主義と結びついたファシズムの陣営か、それに対抗する社会主義の陣営に、世界が二分されると考えられていた。そうした情勢下では、問われるべきはどちらの陣営に立って戦うかであり、「中立」などはありえなかった。そして、資本主義の社会体制のまま「中立」を唱える者は、社会主義陣営への参加を拒否しているだけであり、帝国主義が支配する世界の現状から利益を得ている敵対者だとみなされたのである。

こうした「中立」批判の一例としては、中野重治が一九四六年二月に公表した論考「文学者の国民としての立場」がある。(37)当時は日本の未来像として、スイスを模範にした平和文化国家を掲げる論調があったが、中野はそれに反対し、「スウィスやスウェーデンは戦争に介入しなかつた。彼らは中立した。それは彼らが、世界民主主義擁護のための仕事からも中立したことである。彼らは悪に抵抗しなかつた。悪と戦う軍勢に加わらなかつた。彼らは消極的に身をまもつた」と述べている。

大戦中に、中立国であるスウェーデンは、ナチス・ドイツに鉄鉱石などを売っていた。中野はロンドンの全世界労働組合会議が、ドイツに食料や原料を供給していた「スウェーデン、スウィスその他の中立諸国」への批判を決議したことを強調している。これは中野にとって、「中立」を装いながら帝国主義世界秩序から利益を得ている存在の、好例にほかならなかった。

さらに中野の「中立」批判は、日本の戦争責任問題にも結びついていた。彼はスイスへの批判に続けて、こう述べている。

国々にはそれぞれの事情があってわきから勝手に責めることはできぬ。けれども、最大の重罪犯人その人が、彼の犯行を防ごうとせず、彼の犯罪と戦おうとせず、犠牲を払ってこれと戦う人のそばで平和にこれを見送った人をその規範とすることで、自己の罪の承認、その贖罪の道だとするならば、それは劣等、欺瞞、叛逆である。それは最も非人間的な累犯である。「文化国家」論者らはこの累犯への誘い手である。彼らは日本人を侮辱するものである。

中野によれば、「戦争の火をつけた国」である日本は、消極的に平和をうたうだけではすまされない。国際的にも社会主義陣営に加わり、世界平和に積極的に貢献しなければ、その罪過は解消されないというのである。

第3章でみたように、敗戦直後においては、アジアへの加害責任を問う論調は少なかった。しかし、それが比較的多かったのは共産党周辺であった。共産主義という、「日本」を外部から問うことを可能にする思想を備えていたこと、ソ連・中国・朝鮮などの国際共産主義運動との関係があったことが、それを可能にしていたのである。

たとえば一九四六年六月に公表された共産党の憲法草案は、天皇制を「近隣植民地・半植民地の解放にたいする最大の障害であつた」と位置づけた。また共産党の中央委員だった神山茂夫は、一九四八年に、「あの『南京事件』や『バタアン死の行進』や『マニラの虐殺』等々」の原因となった天皇制こそが「民族の汚辱」であると主張し、天皇制を存続させた日本国憲法を非難している。(38)

しかも共産主義の立場からすれば、戦争の廃止は、平和のスローガンだけで達成できるものではなかった。戦争は資本主義と、その末期段階である帝国主義の必然として発生するものであった。そのため神山は、「この世に資本主義が存在するかぎり、戦争の危険はなくならない」と述べ、日本国憲法を「えがかれた餅」と批判している。(39)

憲法改正審議でも、共産党はこれらの点を突いた。野坂参三は、戦争の放棄は「憲法の条文の中に一項目入れるだけに依って実現されるものではない」と述べ、徳田球一は「戦争は実に資本主義の内部矛盾から起ったのでありますから、必然戦争を抛棄するならば、資本主義をどうする」と迫った。さらに野坂は、戦争一般の放棄ではなく、侵略戦争への反対をうたうべきだと主張し、「首相は過去のあの戦争が侵略戦争ではないと考えられるかどうか、之を此処ではっきりと言って戴きたい」と質問した。(40)

答弁に立った吉田首相は、「此の度の戦争の性格に付ては、徳田君の意見と私は同意が出来ない」と述べ、「正当防衛権を認むることが偶々戦争を誘発する所以である」として、自衛戦争をふくめた戦争一般の否定を主張した。(41) この場面についていえば、第九条と戦争放棄は、資本主義擁護や侵略責任のあいまい化と、一体にされていたのである。

「国際貢献」の問題

憲法改正審議において、共産党とならんで第九条に反対したのが、貴族院議員だった南原繁であった。その理由として彼が主張したのが、国家の自衛権の正当性と、国際貢献の問題だった。

南原によれば、今後の日本のとるべき道は、「単に功利主義的な、便宜主義的な安全第一主義と云うものの平和主義であってはならぬ」。そして日本は、侵略戦争という「我々の罪過」を償ったうえで、「正義に基いた平和の確立」のために、積極的な国際貢献をするべきだというのである。(42)

こうした主張にあたり、南原が現実的な問題として挙げたのは、国際連合への加盟だった。一九三二年に満州国承認問題で国際連盟を脱退した日本が、国際連合に加盟を認められるかどうかは、当時の外交課題であった。そして国連憲章第四三条には、加盟国にたいし、国際平和維持活動への兵力提供を義務づける規定があった。すなわち、日本が軍備を全廃すれば、国際連合への加盟に障害をきたす可能性があったのである。

南原は、一九四六年八月の貴族院での憲法改正審議で、こう述べている。(43)

尚国際連合に於きまする兵力の組織は、特別の独立の組織があると云うことでなしに、各加盟国がそれぞれ之を提供すると云う義務を帯びて居るのであります。茲に御尋ね致したいのは、将来日本が此の国際連合に加入を許される場合に、果して斯かる権利と義務をも抛棄されると云う御意思であるのか。斯くの如く致しましては、日本は永久に唯他国の好意と信義に委ねて生き延びむとする所の東洋的な諦め、諦念主義に陥る危険はないのか。寧ろ進んで人類の自由と正義を擁護するが為に、互に血と汗の犠牲を払うことに依って相共に携えて世界恒久平和を確立すると云う積極的理想は、却って其の意義を失われるのではないかと云うことを憂うるのであります。

じつはこの件は、憲法原案がGHQ側から示された直後から、政府部内で問題となっていたことであった。前述したように、一九四六年五月に枢密院で憲法草案の非公開審議が行なわれたが、そこで「国連の問題は、あるいは憲法改正をしなければ加入できぬとも考えられる」という問題が論じられたことが記録されている。この場においては、兵力を提供しなくても加入ができるよう「国連憲章を改正してもらうか、または改正せずともそう解することが可能になるかもしれない」と入江俊郎法制局長官が述べているが、それが実現できるか否かは未知数であった。[44]

しかし日本政府にとって、GHQから与えられた憲法原案の骨子を、変更することは不可能であった。吉田首相は南原の質問にたいし、「今日は日本と致しましては、先ず第一に国権を回復し、独立を回復することが差迫っての問題であります」と述べ、「それ以上のことは御答え致すことは出来ないのであります」と突っぱねた。[45] とりあえず憲法を占領下の暫定措置として受け容れるというのが、吉田の考えであったと思われる。

こうした吉田にたいして、南原はこう述べている。[46]

……国民の一部には是は占領下の憲法であるから已むを得ない場合もあろう、従って或は又改正しても宜いじゃないかと言う意見も相当な範囲にない訳じゃありませぬ。……けれどもそう言った真実でない態度を持っては私は相成らぬと思う。苟もどう言う事情があったにせよ、日本政府が作り、又日本の帝国議会が之に協賛したと致しますれば、其の責任が日本のものであり、日本の憲法として我々は何処迄も確立しなければならぬのでありまして、此の点は特に政府に於きましては非常に大きな責任が今後おありになると思います。

憲法原案がGHQから与えられたことは、議員たちの誰もが承知していることであった。しかし議会でそれを正面から指摘する者は、ほとんどいなかった。そうしたなかにあって南原は、「英文で纏めて置いて、それを日本文に訳したが如き印象」の憲法が、占領軍の圧力のもとに制定されることを、「国民の不幸、国民の恥辱」と形容している。(47)とはいえ南原は、新憲法が外国を参考にしていることを批判したのではない。なぜなら彼によれば、大日本帝国憲法も「プロシヤに其の範を取って居ります」からである。

南原が問題にしたのは、憲法の「出自」よりも、「我々の先輩は之を日本のものとするが為に、どれだけ努力を払いましたことでありまするか」ということだった。憲法に必要なのは、十分な討議と創意をくわえて、それを「日本のものとする」という過程であった。彼が批判したのは、憲法の内容そのものよりも、占領軍の権威と既成事実に流されて改正を行なうという、安易な政治姿勢だったのである。

そして南原以外にも、新憲法の制定手段については、当時から異論が存在した。憲法の内容そのものには賛同するにしても、その制定方法があまりに拙速であり、上から与えられる形式だったからである。

たとえば三月六日の憲法草案要綱発表の直後にあたる三月一〇日、戦前から社会主義者として活動していた山川均が呼びかけ人となり、社会党と共産党を連合させる世話人会として「民主人民連盟」を招集した。世話人には社会党の安部磯雄、共産党の野坂参三、自由党の石橋湛山のほか、末弘厳太郎《いずたろう》や長谷川如是閑、羽仁説子などの人びとが集まり、三月一五日には憲法制定にかんする提唱を行なった。その提唱内容は、政府案のみを唯一の草案とせず、特別の憲法制定議会で草案を作成し、その後に国民投票にかけることを要求する国民運動をおこすことだった。(48)

しかし、憲法制定が遅れ、天皇が国際世論から追及されることを恐れるGHQと内閣は、こうした提唱をかえりみなかった。議会での南原の追及にたいして、幣原は「何も外国から強いられたことはありませぬ」と述べ、吉田首相は「国民の自主性、国民の要求は十分採入れた」(49)と強調し、「本案成立後は、政府に於きましても其の精神を津々浦々迄徹底さする為に十分尽力する積りで居ります」と応じている。

一九四六年の時点では、憲法の出自を問うことは、占領軍と対決する覚悟を要する行為であり、政府や保守政治家たちはそれをさけた。中野重治は短編『五勺の酒』で、こうした政府の姿勢を批判したが、一九四六年一一月の公表時に占領軍の検閲にかけられてしまった。検閲で削除された文章は、以下のとおりである。「あれ〔草案要綱〕が議会に出た朝、それとも前の日だつたか、あの下書きは日本人が書いたものだと連合軍総司令部が発表して新聞に出た。日本の憲法を日本人がつくるのにその下書きは日本人が書いたのだと外国人からわざわざことわつて発表してもらわねばならぬほどなんと恥ざらしの自国政府を日本国民が黙認してることだろう[50]」。

結局、議会での憲法審議は通り一遍のものですまされ、共産党などわずかな反対票をのぞき、圧倒的な多数で可決された。そして第九条は、国際平和をうたった第一項と、戦力放棄をうたった第二項のあいだに、「前項の目的を達するため」という文言を入れるという修正が加えられた。この修正は、後年の再軍備にあたって、国際平和という「目的」を害さないならば戦力保持が可能だという憲法解釈を生むこととなる。

敗戦直後の憲法論議で興味深いのは、南原をはじめ、のちに護憲勢力となる人びとが新憲法に疑問を呈し、のちに改憲勢力となった保守政治家たちが憲法を賞賛していたことである。しかしくりかえしになるが、南原が憲法を批判したのは、憲法の内容もさることながら、安易に憲法を改正する政治姿勢に疑問を抱いたからだった。そして、当時は占領軍を恐れて憲法を賞賛していた保守政治家たちが、アメリカの方針が転換した五〇年代以降になって、憲法批判を始めたのである。

こうした事情のため、南原のみならず、後年に護憲を唱えた戦後知識人のなかには、当初は憲法に冷淡な姿勢をとっていた者が少なくなかった。たとえば第10章で検証する竹内好は、外国から与えられたという事実と改正過程の安易さのために、「結構な憲法だとは思ったが、何だかまぶしくて、人ごとのような気がしました」「まあ見ておれ、くらいの傍観的な気持でした」と回想している。丸山眞男も、政府主導の憲法普及会への参加などは断っていたという[51]。

こうした心情は、単純な反米意識というよりも、アメリカの権威と既成事実に順応する、安易な風潮にたいする反発が底流となっていた。丸山眞男は、一九六四年に敗戦直後を回想して、こう述べている[52]。

……民主主義万々歳の巷《ちまた》の叫びにおいそれと唱和する気になれない。それは政治的保守じゃないけれど、やはり一種の保守的な心情とくっついているんです。……だから、復員してから最初の講義のときにすぐ思いついたのは、フィヒテの「ドイツ国民に告ぐ」だった。きのうまではプロシャの旧支配体制に乗っかって甘い汁をすっていたのに、こんどナポレオンが来ると、きのうまでの支配者に、あたかも自分たちがはじめから反対していたかのように、たちまち香煙をささげる相手を変える、こういう無恥なことをして平然たるのはドイツ国民だけであると、フィヒテはあそこで言っているんですね。……

……同じ人間が世の中が変ったというだけでそう簡単にきのうときょうで変ってたまるかといった、ほとんど本能的な反発というか、意地っ張りの根性が、他方でのあふれ出るような解放感と奇妙にないまぜになっていたように思うんです。

ここでいう「保守的な心情」とは、渡辺清が述べた「自分自身で考え、なっとくしたもの」でなければ了解できないという心情、すなわち「主体性」にほかならない。そして一九五〇年代に護憲勢力の中核となったのは、こうした心情をもつ人びとだった。すなわち彼らは、南原が議会で述べたように、「どう言う事情があったにせよ、日本政府が作り、又日本の帝国議会が之に協賛したと致しますれば、其の責任が日本のものであり、日本の憲法として我々は何処迄も確立しなければならぬ」という姿勢をとったのである。

そして、こうした護憲論の背景にあったものの一つは、やはり戦死者の記憶であった。南原や中野が、戦死者の記憶を想起していたことは、第3章で述べた。さらに、新憲法が施行された一九四七年五月三日の『読売新聞』の社説は、こう述べている。[53]

いま、この日本国憲法の施行に際して、若しいさゝかでも危惧に似たものが存在するとすれば、それはこの憲法の成立が欧州諸国のそれの如く、血を以て闘いとられたものでなく、明治憲法にさえ先行した自由民権への闘争を経ずに文字通り無血裡に成立したこと、更にその内容が、近代社会とその政治思想を母体として、歴史的に形成された英米諸国の制度が多く採り入れられていること。これ等を理由として、果して日本国民の一人一人に、真の共感を以て迎えられるであろうかという点に存するようである。

しかしながら、この危惧に対してはわれ等はこの憲法がわれ等に与えられる前に、満州事変に始まつて太平洋戦争に終るまで、永い間にわたつて多くの血の犠牲が払われたこと。そして文化的な制度は、その歴史上の発生が何処であろうと、その文化的価値が優れていれば、十分他の地に根を下して、美しい花を開き実を結び得ることを以て答えたい。

占領軍から与えられた憲法が、「日本の憲法」となりうる可能性を支えていたのは、戦争体験と戦死者の記憶であった。戦死者の死を無意味に終わらせないためには、敗北によってもたらされた戦後改革が、有意義なものでなければならなかったのである。

しかし日本政府は、冷戦の高まりとともに、秘密裏に第九条の規定を度外視しはじめていた。早くも一九四七年九月一三日、芦田均外相らが作成し、GHQのアイケルバーガー中将に手交した文書は、米ソの対立が解けない場合、米軍の駐留による防衛を希望する旨を唱えていた(54)。ほぼ同時期から、アメリカ側も初期の武装解除政策から、日本を反共同盟国として育成する方針に転換しはじめる。これらの経緯については、第11章で後述する。

一九四六年においては、既成事実に順応する者と、憲法の理念を少しずつ体得しようとする者の双方が、第九条を新しいナショナリズムの基盤として、戦後日本の再出発をはかろうとしていた。そして当然ながら、その後に出現した状況は、この両者の共存状態が崩れてゆく過程だった。そして憲法をめぐる抗争は、敗戦後に生まれた新しいナショナリズムを防衛しようとする勢力と、それを破壊しようとする勢力との、対決の様相を呈してゆくことになるのである。

第5章　左翼の「民族」、保守の「個人」

戦後思想を語る上で、日本共産党の存在は欠かせない。この章では、敗戦直後の共産党と、「オールド・リベラリスト」と通称された保守系知識人の、「民族」と「個人」にかんする思想を検証する。[1]

第3章で述べたように、当時の共産党は「真の愛国の党」を自称し、「民族」を賞賛していた。しかしこれは、本章で検証するように、当初から当時の国際共産主義運動の方針にそったものでもあった。それにたいしオールド・リベラリストは、「個人」を掲げてマルクス主義に対抗した。こうした対立図式は、戦後日本のナショナリズムに、微妙な影響をもたらすことになる。

「悔恨」と共産党

一九五〇年代まで、日本の知識人のあいだでは、共産党の精神的権威は絶大であった。一例として、作家の小田実が、一九六四年に書いているエピソードを紹介しよう。

この文章は、大島渚監督が一九五〇年代の学生運動家の群像を描いた、一九六〇年の映画『日本の夜と霧』について記したものである。この映画には、共産党から査問され自己批判を迫られた学生運動家が、それを苦にして自殺する場面があった。これについて、小田はこう述べている。[2]

私とその映画をいっしょに見たアメリカの友人は、わからぬ、わからぬ、と首をふった。またあとで、私の若い教え子も同じようなことを言った。「共産党を除名されたって、べつにかまわないじゃないか、わからんなあ、共産党だけが進歩的政党じゃあるまいし。」

しかし、彼よりも年長の日本人であり、破防法闘争を私の青春の経験にもつ私には、その気の弱い学生の追いつめられた気持はわかった。よくわかった。

つまり、彼にとっては、共産党は彼の良心の唯一のアカシであったのだろう。……マルクス主義がキリスト教にとって代る精神的原理ならば、そのみごとな具体例がここにあったと言ってよい。

第三部で述べるように、小田がこの文章を書いた一九六四年には、共産党の権威はすでに低下していた。しかし一九五〇年代半ばまでのそれは、神にも等しいものであった。そうした状況は、どのようにして生まれたのだろうか。

第一の理由は、高度経済成長以前の日本における、圧倒的な貧富の格差である。都市と農村、上層と下層の格差は大きく、敗戦後の街には孤児や戦災被害者があふれていた。この現実を前にして、共産党の存在が輝かしくみえたのは、ある意味で当然のことだった。

第二の理由は、日本においては、共産党が戦争に反対した唯一の政党だったことである。戦前の非共産党系の無産政党や労働運動は、いずれも戦争に協力した過去があった。戦後になって、非共産党系の社会主義者が合同して日本社会党が結成されたものの、戦争協力の汚点をもたない点では、共産党の精神的優位は明白だった。

そして第三の、おそらく最大の理由は、知識人たちの「悔恨」であった。これについては、いささか説明を要する。

丸山眞男が、敗戦後の知識人たちを「悔恨共同体」とよんだことは、よく知られる。(3) その「悔恨」とは、大きくいえば、無謀な戦争への突入を許し、悲惨な敗戦を招いてしまったことへの後悔であった。しかし、日米開戦時に二七歳の若手助教授にすぎなかった丸山をはじめ、国策を左右する立場になかった知識人たちが、戦争突入という政策決定に「悔恨」を感じる必要はないはずだった。

むしろ、丸山のいう「悔恨」とは、戦争を阻止できなかったという結果の問題よりも、戦時期における彼らの身の処し方にむけられた、いわば倫理的な問題だった。

第1章で述べたように、戦中の知識人の多くは、飢えと暴力が支配する状況下で、自分の身を守るために、迎合や密告、裏切りなどに手を染めた。積極的に戦争賛美に加担しなかったとしても、ほとんどすべての知識人は、戦争への抗議を公言する勇気を欠いていた。

こうした記憶は、「主体性」を求める戦後思想のバネになったと同時に、強い自己嫌悪と悔恨を残した。たとえば、法政大学教授だった本多顕彰は、戦中をこう回想している(4)。

それにしても、あのころ、われわれ大学教授は、どうしてあんなにまで腰ぬけだったのであろう。なかには、緒戦の戦果に狂喜しているというような単純な教授もいたし、神国日本の威力と正しさを信じてうたがわない教授もいるにはいた。……けれども、われわれの仲間には戦争の謳歌者はそうたくさんにはいなかったはずである。だのに、われわれは、学園を軍靴が蹂躙するにまかせた。……〔軍による〕査察の日の、大学教授のみじめな姿はどうだったろう。自分の学生が突きとばされ、けられても、抗議一ついえず、ただお追従笑いでそれを眺めるだけではなかったか。……

……心の底で戦争を否定しながら、教壇では、尽忠報国を説く。それが学者の道だったろうか。真理を愛するものは、かならず、それとはべつの道をあゆまねばならなかったはずである。真に国をおもい、真に人間を愛し、いや、もっとも手ぢかにいる学生を真に愛する道は、べつにあったはずである。……反戦を結集する知恵も、反戦を叫ぶ勇気も、ともに欠けていたことが、われわれを不幸にし、終生の悔いをのこしたのである。

こうした「悔恨」を告白していたのは、本多だけではなかった。南原繁は、学徒出陣で大学を去っていった学生たちを回想しながら、こう述べている(5)。「私は彼らに『国の命を拒んでも各自の良心に従って行動し給え』とは言い兼ねた。いな、敢えて言わなかった。もし、それを言うならば、みずから先きに、起って国家の戦争政策に対して批判すべきであった筈である。私は自分が怯懦で、勇気の足りなかったことを反省すると同時に、今日に至るまで、なおそうした態度の当否について迷うのである」。

敗戦直後においては、知識人にかぎらず、多くの人びとが、大なり小なりこうした悔恨を抱いていた。一九四六年一〇月には、黒澤明監督の映画『わが青春に悔いなし』が公開され、多くの観客を動員した。そこでは、原節子が演じる主人公が、「顧みて悔いのない生活」という言葉を唱えながら、警察の弾圧や世間の白眼視に抗して、反戦の意志をつらぬく姿が描かれていた。黒澤はこの時期、「敗北した日本をたて直すのには、各自が全面的にそのエゴの実現に専念せねばならぬ、と信じていた」という。(6) もちろんここでいう「エゴ」は、単純な利己主義ではなく、「主体性」を意味する言葉であった。

また本多は、前述の文章に続けて、「二度と、あの不誠実さをくりかえすな、と自戒すべきであろう」と述べている。(7) 朝鮮戦争が勃発し、再軍備が開始されたあとの一九五一年一月には、日教組が「教え子を再び戦場に送るな」という決議を行ない、戦争体験をもつ教員たちに大きな共感をよんだ。それは、たんに戦争反対や人命尊重というだけではなく、もういちど屈辱と悔恨の体験をくりかえすか否かの問題だったのである。

こうした悔恨をもつ人びとにとって、平和運動への参加は、屈辱の記憶を晴らし、自己の勇気と良心を証明するためにも、必要な行為であった。たとえば鶴見俊輔は、「われわれ戦後派は、前に屈辱があるわけで、戦後逆コースが来た時に、今度こそ行為によって実証してやろう」と考えたと述べている。丸山眞男も、一九六〇年の安保条約反対運動のさい、「あのときはもっと、自分はこうすればよかった」という戦中の「記憶や後悔」が、「行動の発条」になっていると述べていた。(8)

こうした悔恨は、日本の社会科学を、研究者のレベルにおいても、読者のレベルにおいても活性化させた。第1章で述べたように、東宝映画が敗戦後初の新人募集を行なったさい、演技課題のセリフは「私はバカだった。ほんとうにバカだった。バカだった」というものだった。教育学者の宗像誠也は、自分が戦争協力の論文を書いてしまった理由として、弾圧の恐怖に屈したことと、「社会や歴史の科学的合理的把握の弱さ」を挙げた。丸山は一九七七年に、こうした悔恨こそが、「空《す》き腹を抱えながら哲学書や社会科学書を買うために本屋の店頭に行列を作るという光景が方々にみられた所以だろうと思います」と述べている。(9)

こうした倫理感をいっそう強めたのは、政治家や論壇知識人の便乗的な姿勢だった。保守政治家には、戦中には「鬼畜米英」を、敗戦直後には「民主主義」を、冷戦が激化すると「現実主義」を唱える者が少なくなかった。かつて文学報国会の幹部を務めた英文学者の中野好夫は、一九四九年二月に「一つの告白」という文章を公表した。その一節は、こう述べている。(10)

……今度の敗戦が齎した一つの悲しむべき収穫は、知識人の言説とは必ずしも血肉になった思想ではない。往々にして時と気候の変り目毎に簡単に、手軽く取替えられる季節の衣にしかすぎないことを知らされたことであった。私は他人を責めるだけに急なわけではない。私自身はすでに幾度も書いたように、太平洋戦争勃発以後は明らかに戦争に協力してきたのであり、かつてこの責任を糊塗しようとしたつもりはない……知識人はきわめて巧みな詭弁をもって、事実上は完全に相容れえないはずの両極端の間をさえ巧みに游泳し歩くことも敢えて不可能ではないであろう。だが、正直に言ってそれだけはしたくない。そのためにも私はここではっきり今ある自身の位置に対して将来への責任ある言質を提出しておきたい気持になったのである。……私はこの告白に対して一生を通じての責を負うつもりである。

中野はこのあと、二つの政治的立場の表明をする。一つは天皇制の廃止であり、もう一つは平和の擁護であった。戦争の記憶が生々しかったこの当時、「平和」という言葉は、いまだ空洞化していなかった。中野がこの文章を公表した一九四九年には、冷戦が激化し、核戦争の危機感が高まっていた。朝鮮戦争が始まった一九五〇年に、社会学者の日高六郎が大学生の意識調査をしたところ、「第三次世界大戦が不可避」と回答した者が全体の八割、「現実に自分の生命の危機を感じている」と回答した者が七割以上いたという[11]。
さらに中野は、この「一つの告白」で、こう書いている[12]。

もし私の平和への意志が偶々対立国家間の一方の利害関係のために利用されるような場合があろうとも、それがただ平和のためであるならば、たとえ裏切られることを予見しえても、平和を守る。幸か不幸か、私は過去世界の幾変転に際しても特に言うほどの弾圧を受けなかった。しかしこの事実は……私の態度の狡猾であったこと、洞ヶ峠的であったことを暴露するものであるかもしれない。もし将来の私になお生きる意味がありとすれば、再びこのような曖昧さを私自身にくりかえさせないことでなければならぬ。……それなしに私は何の教訓を自己の不甲斐ない経験から学んだと称しえようか。

幸に今日はまだわれわれが平和を口にすることが安全な時期であり、ある意味では好い子になっていられる時でさえある。だが、きわめて好ましくない予想だが、ある将来の時期において再び平和を語ることが身辺の危険をさえ意味するようなそうした時期が来ないとは断言できない。私はその時のためにこの私の平和への意志を宣言しておく。もしその時またしても私の心弱さが大勢という圧力の前に、平和への裏切りを示す詭弁を弄ぶようなことがあれば、人はこの文章を記憶して私を鞭ってもらいたい、糾弾してもらいたいのである。すでに平和は私たちが死をもって守らなければならない時に来ているのである。

「死をもって」守るという「平和」とは、南原繁が憲法改正審議で批判したような「便宜主義的な安全第一主義」などではありえなかった。ここでいう「平和」もまた、悔恨に満ちた戦争体験から生まれた、「主体性」の別名であった。この後の中野は、平和運動や沖縄問題に一貫してコミットした。また新聞のアンケートで戦争責任者の名を挙げることを求められたさいには、自分の名前を書いて返答にしたという[13]。
そして、こうした「悔恨」を語る戦後知識人の論調には、一つの特徴があることに気づく。それは、「告白」「裏切り」「鞭打つ」といった、宗教的な言葉が頻出することである。

じつは敗戦直後は、宗教が関心を集めていた時代でもあった。旧来の価値観が崩壊し、心の指針を求めていた当時の若者に人気のあったのは、一つはマルクス主義であり、もう一つはキリスト教をはじめとした宗教書だった。一九四七年一〇月の座談会で、哲学者の古在由重は、「電車や汽車の中で聖書を読んでいる青年をたくさんみます」と述べている。[14] 大塚久雄や南原繁がこの時期に人気をえていたのも、彼らが敬虔なキリスト教徒であり、倫理的な主張と社会科学的な素養を兼ね備えたタイプだったことが見逃せない。

そしてこうした宗教への関心は、戦死者の記憶とも関係していた。当時の人びとは、その多くが肉親や友人の誰かを戦争で失っており、それが宗教への関心をかきたてていた。そして戦死者の存在は、しばしば悔恨とも結びついていた。戦場や空襲下で、救いを求める声に応じられなかった経験は、他者を見捨てて生き残ったという悔恨を人びとに植えつけていたのである。

たとえば第1章でみたように、判沢弘は敗走のさなかに落伍した戦友のことを、「私は彼らを見捨ててきた」と回想していた。渡辺清や神島二郎などが、「生きのこった者の責め」を語り、「在天の戦友に見られている」と述べていたことは、第3章でみたとおりである。第14章で検証する吉本隆明も、同級生が数多く戦死したにもかかわらず、自分だけ生き残ってしまったという悔恨にさいなまれ、敗戦後には聖書や仏教書ばかり読んでいたという。

女性たちのあいだでは、親しい男性を戦場に送りだし、結果として死に追いやったことを悔いている場合が多かった。戦中には軍国少女だった作家の岡部伊都子は、青年士官だった婚約者が、「自分はこの戦争はまちがいだと思っている。こんな戦争で死ぬのはいやだ。天皇陛下のおん為になんか、死ぬのはいやだ」と告白したさい、周囲への気兼ねもあって、「私なら、喜んで死ぬけど」と返答した。[15] その後、その婚約者は沖縄戦で戦死した。敗戦後に岡部は、この返答を生涯の悔恨とし、沖縄に通い続けた。

こうした悔恨を一種の「原罪」とすることで、「主体性」の基盤を築くべきだという意見も存在した。一九四六年の座談会で、評論家の荒正人が大塚久雄と話し合ったさい、近代的人間類型がプロテスタンティズムの倫理から生まれたことを説く大塚にたいし、荒は「日本民族が残虐な侵略戦争をやつたといふ贖罪感」を、キリスト教の「オリジナル・シン」の代用にできないかと述べている。また一九五九年に、政治思想史家の橋川文三も、敗戦と戦死者の記憶を「イエスの死の意味にあたるもの」にすることを提唱した(16)。

こうした悔恨と罪責感は、アジアへの加害責任の自覚とは、微妙な関係にあった。上記の荒正人のように、加害の自覚を「民族」の贖罪意識につなげるという意見も、一方には存在した。しかし、たとえば岡部伊都子のような場合に、自分が死に追いやる結果になった婚約者を「侵略者」とみなすのは、容易なことではなかった。第14章で後述するように、吉本隆明などは、「中国に片想いし、戦争責任を感ずるくらいならわが死者を想え」と断言している。

いずれにせよ戦争体験は、悔恨と罪責感という、キリスト教的な心情を人びとに植えつけていた。そしてそれは、彼らの罪を罰し、許してくれる「神」を求める傾向を生んでいった。一九四八年に雑誌『近代文学』に掲載された「トーマス・マンへの手紙」という文章は、こうした傾向をよく示している。

この文章は、日欧文学者の公開往復書簡として、ドイツの小説家トーマス・マン宛てに、平田次三郎が書いたものだった。マンはナチスの政権獲得後にアメリカに亡命し、ナチス批判の講演を行なったことで知られていた。平田はこの文章で、戦後に翻訳されたマンの講演を読んで感じた「罪の自覚と悔恨」を、こう述べている(17)。

慙愧に耐へぬ思ひ、そして、そこから進んでの自己嫌悪の念でありました。貴下の言葉の一とつ一とつが、わたくしの心身に悔恨の刻印を彫りつけるのであります。……

……ファッシズムの政治的・社会的な暴力をもつて、わたくしどものそれへの屈服の弁明たらしめ、次に退いて暴力からの逃避をもつて唯一無上の抵抗であると自己の良心を納得せしめてゐたわたくしどもが、どうして、さうした暴力と断乎として闘ひつづけた貴下の前で、頭を垂れることなく、貴下の言葉を聴くことができませうか！すくなくとも、わたくし自身は、貴下の前に、〈正しく抵抗した人間〉として立つことのできぬものであることを痛感するものであります。

こうした書簡を送られたマンの側は、平田への返答書簡で、ドイツの実情はけっして理想的なものではなく、平田の書簡を読むかぎり「かへつて日本の方にこそ、謙遜と懺悔といふキリスト教的な要求が、はるかによく満ちあふれてゐるかにさへ思へる」と述べている[18]。それにもかかわらず、敗戦後の日本では、マンやサルトルなど、ファシズムに抵抗したとされるヨーロッパ知識人の評価は圧倒的に高かった。日本の知識人が悔恨と罪責感を抱けば抱くほど、それは輝かしい存在にみえたのである。

そして、こうした悔恨によって、神格化されていった存在がもう一つあった。日本共産党である。

平田はマンに宛てた公開書簡で、自分の罪責感を告白しながら、日本国民のすべてが罪を背負っているわけではないと主張している。なぜなら、「わたくしは、獄中で十八年間もの永きにわたつて、人民の自由のために闘つた同胞を知つております」からだった。平田によれば、彼らこそ「精神の高貴さ、魂の純潔、人間愛への信頼」を失わなかった、「選ばれたる人々」であった[19]。

もちろんこれは、徳田球一や宮本顕治など、一九四五年一〇月に解放された共産党幹部たちのことであった。戦前に逮捕されたマルクス主義者の大部分が、転向を表明して出獄を許されたあと、再逮捕の恐怖から戦争に協力していったにもかかわらず、彼らは転向を拒否して、解放までの十数年を獄中ですごしていた。

徳田球一

そして敗戦直後においては、この「獄中非転向」という事実が、現在からは想像できないほどの尊敬を勝ちえていた。なぜなら、為政者や知識人のほとんどが戦中戦後に転向をくりかえし、多くの人びとが戦中の自分に悔恨を感じていた状況下で、これら共産党幹部だけが戦争反対をつらぬき、黒澤明のいう「顧みて悔いのない生活」を実践していた存在とみなされたからである。

こうした敬意は、一般民衆のあいだにも、理屈抜きで存在した。ある中学生は、敗戦直後の新聞投書で、「今まで頭から悪い者と教へ込まれてゐた共産党員は、主義のためには投獄されて悲惨な目に遭ひながら飽くまで主義を捨てませんでした。その主義の可否はさておきあらゆる迫害にも屈しなかつた固い信念と節度には、率直に深い敬服の念を禁じ得ません」と述べている[20]。この当時、若者から共産党への入党希望が続出したのも、共産主義そのものへの共鳴もさることながら、こうした素朴な敬意が背景にあったことが見逃せない。

共産党と敵対していたアメリカ側にさえ、このような敬意は存在した。一九四六年二月、ジャーナリストのマーク・ゲインは、占領軍に迎合してくる日本の有力者や警察幹部の姿を描写したあと、アメリカ国務省の役人が「日本でいちばんよい人間は牢獄にいたことのある連中だ」とつぶやいたことを記している。また国務省顧問だったジョージ・ケナンの報告によれば、マッカーサーは一九四八年三月にケナンと会談したさい、徳田球一や野坂参三を「有能な連中」と賞賛し、「彼らが共産主義者であるのは実に残念なことだ」と述べたという[21]。

さらに当時の共産党は、マルクス主義という「社会科学」によって得られた、「歴史の必然性」を熟知している存在ともみなされていた。非合理な精神主義の空虚さに飽いていた敗戦直後の人びとには、「科学」への憧憬が存在した。しかも多くの人びとは、自分が未来への「科学的」な見通しをもたなかったために、破滅的な戦争を支持してしまったという悔恨を抱いていた。そうしたなかにあって、社会科学による分析にもとづいて戦争の性格を見ぬき、その敗北を予測していたという共産党の存在は、圧倒的に輝いてみえたのである。

そして、獄中非転向という超人的行為も、民衆への奉仕という倫理意識とともに、「科学」に支えられた冷静な未来予測があってのものだと考えられた。前述した黒澤明の『わが青春に悔いなし』は、戦中に死刑となった共産主義者の尾崎秀実《ほつみ》をモデルにした映画だったが、尾崎役の藤田進は、妻役の原節子にむかって、「われわれの仕事は、十年後に真相がわかって、日本の国民から感謝されるような、そういう仕事だ」と述べている[22]。

一〇年後どころか、明日の生活の見通しすら立たない敗戦直後の状況で、こうした言葉が魅力的に響かないはずはなかった。二度と悔恨の体験をくりかえさないために、「科学」にもとづいた世界観を身につけようとして、若者たちは競ってマルクスの著作を読んだ。こうして、「科学」と「歴史の必然性」を味方にした共産党は「無謬」であるという神話が、戦争体験と悔恨の記憶の上に定着してゆくことになる。

このため共産主義に批判的な知識人からも、一九五〇年代前半までは、共産党に尊敬の眼がむけられた。保守派知識人として知られた竹山道雄でさえ、一九四七年四月の文章では、獄中から解放された共産党幹部を「人間性への信頼を証しするに足る人」と形容し、人類のため鎖につながれたギリシア神話のプロメテウスになぞらえている。反共主義者だった猪木正道も、一九五三年の座談会では「戦争中徳田など抵抗した人々は絶対的に評価する」と述べ、同席した鶴見俊輔も「あの人たちにはかなわない」と応じていた。[23]

ましてや、弾圧に屈して転向した過去を持つ元マルクス主義者たちにとっては、非転向幹部の権威は絶対的だった。それは、平田がマンに対して行なった形容とおなじく、罪責感と懺悔なくしては相対できない対象であり、日本における勇気と良心、科学と真理の象徴ともいうべき存在であった。共産党が「良心の唯一のアカシ」であり、「キリスト教にとって代る精神的原理」だったという状況は、こうした事情から出現していたのである。

とはいえ、徳田や宮本などの実像が、そうした神格化にみあっていたのかは、いささか別問題であった。第3章でも述べたように、一九三〇年前後に逮捕され、一〇年以上を獄中ですごしてきた彼らは、戦中の社会状況の変遷を体験していなかった。そうした彼らが、いきなり指導的立場に祭りあげられてしまったとき、人びとの敬意を自分たちの政治的力量への信頼だとうけとってしまい、しばしば独善的な指導を行なったのは無理からぬことだった。

そして戦後に共産党が急成長したとき、入党ないし復党した党員の大部分は、戦中に皇国青年だった若者たちや、転向して戦争に協力していた知識人や労働運動家などだった。そして後者の人びとは、一握りの非転向幹部に忠誠を誓うことで、自分の転向と戦争協力の過去について、いわば免罪符をうけとったかたちになった。共産党に所属することで戦争責任の追及を逃れた彼らは、しばしば党の権威を借りて天皇制や為政者を糾弾し、非共産主義者を批判する姿勢をとった。

こうした種類の党員たちへの反発は、一九五〇年代前半から、すでに存在していた。猪木正道は前述の一九五三年の座談会で、非転向幹部には敬意を表しながらも、「しかしコミュニスト一般になると……」と述べている。同席した武谷三男も、共産党という「パーティを尊敬する」と述べたうえで、「個々のコミュニストの多くは必ずしも信用しない」「〔戦中の自分の行為を〕知らない風をしている連中は唾棄すべきだ」と主張していた。(24)

しかしこうした反発は、スターリン批判やハンガリー事件、そして共産党の路線変更などによって、共産党の無謬神話が崩れる一九五五年から五六年ごろまでは抑制されていた。こうして共産党の権威は、戦争と悔恨の傷痕がうずいていた敗戦後一〇年ほどのあいだ、広範に共有されていたのである。

共産党の愛国論

その共産党が、「真の愛国の党」を自称していたことは、第3章で述べた。ここでは、戦後思想に少なからぬ影響を与えた共産党の「愛国」論について、もう少し検証しておこう。

一九四五年一〇月、占領軍の指令で獄中から解放された共産党幹部たちは、一〇日付で「人民に訴ふ」と題する宣言を発表した。そこでは、「世界解放のための連合国軍隊の日本進駐」が歓迎されると同時に、天皇制の打倒と「人民共和国政府の樹立」が唱えられた。(25)

第3章でも述べたように、当時の共産党は、まず天皇制を打倒するフランス革命型の「ブルジョア民主革命」を行ない、つぎに社会主義革命に移行するという「二段階革命論」をとっていた。そして、占領軍の指令で解放されたという経験は、米軍を「解放軍」とみなす規定となって現われ、米軍の占領下でも平和的手段によって（社会主義革命はともかく）民主革命は可能であるという「平和革命」路線をもたらした。

そしてこの宣言では、「軍国主義と警察政治の一掃は日本民族の死滅からの解放と世界平和の確立の前提条件である」とうたわれていた。ここでの「日本民族」は、「軍国主義」「警察政治」の被害者であった。

さらに一九四六年一月には、中国亡命から帰国した野坂参三が、共産主義者こそ「真の愛国者」だと唱える「民主人民戦線によって祖国の危機を救え」と題する講演を行なった。この「民主人民戦線」という名称は、一九四八年三月の党中央委員会の提唱によって「民主民族戦線」と改められ、「保守亡国政府反対」がうたわれることになる。[26]

じつはこうした「愛国」や「民族」の強調は、当時の国際共産主義運動の公式路線に沿うものでもあった。ファシズムに対抗するため、共産党を中心に諸勢力を糾合して「人民戦線」を構成するという戦術は、ナチスの政権獲得のあと、一九三五年のコミンテルン第七回大会によって採用されていた。そして第二次大戦中には、この方式がナチス・ドイツ占領下の国々や、抗日闘争を戦う中国などで応用された。すなわち、共産党を中心としたレジスタンス活動こそが、侵入者と戦う「愛国」闘争であるとされたのである。

とくに中国共産党は、抗日戦争の過程で、植民地的状態からの「民族」の解放を掲げていた。そしてこの「民族戦線」は、二段階革命論とも適合したものであった。当時の日本は、中国とおなじくアジアの後進国と規定されていたが、当面の目標が民主革命である以上、共産主義を支持しない勢力であっても、民主革命と民族独立のために幅広い提携が可能であるはずだったからである。

そして植民地支配下においては、王政打倒と民族独立は、一体のものであった。なぜなら、イギリスのインド統治などにみられたように、しばしば宗主国は、現地の王朝や地主を懐柔し、彼らを協力させて間接統治を行なったからである。こうした状況においては、在来の王朝を倒す民主革命が、そのまま植民地状態からの独立運動となるわけである。それゆえ中国共産党は、旧支配層を外国に協力する「買弁勢力」と批判し、抗日運動と革命を「愛国」の名のもとに推進したのだった。

こうした路線の日本共産党への影響は、敗戦直後からみられた。一九四六年二月、日本共産党の機関誌『前衛』が創刊されたが、その創刊号に寄せられた朝鮮共産党からの通信は、「朝鮮民族は、民族としては、単一民族である」「朝鮮民族を真に愛し、朝鮮民族の友として、朝鮮民族の完全な解放のために、最も忠実に戦ふものは、朝鮮共産党である」とうたい、「民族の総力を結集して」「民族統一戦線を結成」することを唱えている。[27]

そして、一九四六年三月の『前衛』第二号には、「愛国主義について」という論文が掲載されている。この論文は、一九四五年六月にソ連の全連邦労働組合中央評議会機関誌『ノーヴォ・ウレミヤ』が掲載したものを、翻訳転載した

ものだった。この論文の内容は、この後に共産党系の論者たちが唱えてゆく愛国論の基本形となる。(28)

この論文の執筆者バルティスキーはまず、「共産主義者やすべての左翼労働者には愛国心が欠けてゐる」という保守派の「非難」を打倒することを説く。その論拠として挙げられたのは、ナチス・ドイツ占領下の諸国において、保守勢力が反共の名の下にドイツの傀儡政権を樹立したのにたいし、共産党が「祖国解放」のためにレジスタンスを行なったことであった。すなわち、「愛国主義」を唱えて共産党を攻撃していた保守派こそが「祖国の裏切者」であり、共産主義者こそが「真の愛国者」だったというのである。

さらにこの論文は、「ほんとうの愛国主義」と「ブルジョア民族主義」の区別を主張する。「ブルジョア民族主義」とは、「自己民族のエセ優越性」を唱え、「むきだしの民族的偏見」や「帝国主義的欲望」につながるものである。それにたいし「ほんとうの愛国主義」は、植民地独立運動やフランス革命などにみられるように、「自己民族の自由のために戦ふといふ決意」であり、「他民族の平等の権利」を尊重する。

さらにバルティスキーは、「共産主義はコスモポリタニズムとは何の共通点もない」と断言する。共産主義は国際的連帯を掲げているが、各国の共産主義者は「しつかりと祖国の基盤の上に立つてゐる」。そもそも、「コスモポリタニズムは勤労者にとつて全く縁のない思想」であり、「労働階級が自分の民族から遊離して、その民族たることを拒否するなどと考へるのは至極滑稽なこと」にすぎない。共産主義がコスモポリタニズムだというのは、「勤労階級の敵ども」による「厚かましい誹謗である」という。

では、コスモポリタニズムの担い手は誰か。それは、「国際的財閥の代表者、国際的カルテル大ブルジョア株式投機師、世界的武器売込商（『殺人商』）とその手先ども」である。なぜなら、彼らは自己の利益のために国境をこえ、「『うまいことのある所、そこが祖国だ』といふラテン語の諺どほりの行動が行はれてゐる」からである。

バルティスキーによれば、「コスモポリタニズム」とは、「祖国にたいする無関心または蔑視的態度」である。「金融的コスモポリタン」たちは、「自分はなんらかの政治的イデオロギーの信奉者ではない」「僕たちは政治の圏外に超然たる実務家だ」などと主張するが、実際には「貪婪な金儲け主義に駆られて、より多くの利益を与へてくれる帝国主義者に安々と国を売り自分を売るのである」。第二次大戦中に、中立国であるはずのスイスやスウェーデンをはじめ、多くの国の資本家たちがナチスに軍需物資を売ったのは、その現われにほかならない。それゆえ、「コスモポリタニズムが、決して『政治に超越』したものでないことは実証ずみ」だというのだった。

ここでの「コスモポリタン」は、政治的無関心と中立を装いつつ、帝国主義者と結託し、国境をこえて利益を追求する資本家の代名詞であった。丸山眞男が「世界市民」を批判していたこと、中野重治がスイスやスウェーデンの中立を非難していたことは、すでに見てきたとおりである。

そして、このバルティスキー論文の主張が、第3章で紹介した野坂参三の演説と酷似していることは、いうまでもない。そもそもソ連および中国に亡命していた野坂は、中国共産党から影響をうけていた。一九四七年一月には、やはり中国から帰還した鹿地亘《かじわたる》が「愛国とは何か」という論考を公表しているが、その内容も中国での体験やバルティスキー論文を引用しつつ、「真の愛国」を唱えるものであった。(29)

ただし、このような民族戦線の提唱は、必ずしも共産党幹部の体質となっていなかった。敗戦直後の共産党は、社会党にしばしば統一戦線の申し入れを行なったが、それはあくまで共産党主導のものであり、戦争協力の過去をもつ社会党幹部を「戦犯」などと指弾することも行なわれた。

また第3章で述べたように、中国から帰還した野坂参三は、天皇への愛着を示す日本兵が多かった経験をもとに、天皇制の存廃を人民投票にかけることを考えていた。民族戦線をめざして諸勢力を糾合するには、この方針のほうが賢明だったかもしれなかった。しかし獄中で弾圧をこうむってきた徳田球一らは、それを受けいれなかった。

そもそも前述したように、一〇年以上も外界から隔離され、獄中ですごしてきた徳田たちは、日本社会の現実認識を欠きがちだった。そして当時の共産党指導部にいた神山茂夫によると、一九三〇年代を獄中ですごした共産党幹部たちは、一九三五年に採用された人民戦線を言葉としては知っていても、十分に理解していなかったという。(30)

人民戦線以前に採用されていた方針は、労働者の支持を獲得するにあたり、最大のライバルとなる社会党をまず叩くべきだという「社会民主主義主要打撃論」であった。こうしてドイツの共産党と社会民主党が対立していた隙に乗じられて、ナチスに政権を奪われた教訓から、コミンテルンは一九三五年にこの方針を放棄していた。しかし徳田らは、この路線を戦後までひきずっていたのである。

こうした体質をもったまま、民族戦線が導入されたことは、その後の「愛国心」論議に悪影響を与えた。共産党幹部たちと、それに追随する党員知識人たちは、自分たちの指導下に編成された民族戦線への加入だけを「真の愛国」と称し、意のままにならない相手を、「戦犯」や「売国奴」などと非難する傾向をみせていったのである。

それでも、「獄中非転向」の権威が生きていた敗戦後一〇年間ほどは、共産党が主導する「愛国」や「民族」の主張が、それなりに受けいれられていた。しかし、敗戦直後から、こうした共産党の勢力伸張に反感を示した勢力が存在した。それが、「オールド・リベラリスト」と称された保守系知識人たちだった。

戦争と「リベラリスト」

敗戦後の論壇では、右翼国粋主義者は勢力を失墜した。これに代わって保守論壇を形成したのは、「オールド・リベラリスト」と通称された知識人たちだった。

この「オールド・リベラリスト」の特徴を、一言で説明するのはむずかしい。具体的には、和辻哲郎・津田左右吉・小泉信三・田中美知太郎・田中耕太郎・安倍能成などがその代表的存在とされていたが、彼らそれぞれの相違もそれなりに大きいものだった。

しかし彼らには、その思想的相違をこえて、ある種の共通性があった。その一つは、彼らの多くが敗戦時に五〇代以上であり、大正期に青年時代を送った世代だったこと。そしてもう一つは、彼らが共産主義を嫌悪し天皇を敬愛する「文化人」であり、「自由主義」を好んでいたことだった。こうした理由から、彼らは「オールド・リベラリスト」と呼ばれていたわけだが、その特徴の分析は、戦前日本の「自由主義」の性格を理解することにもつながる。

まず最大の前提となるのは、高度経済成長以前の日本社会における、階層格差の大きさである。戦前の知識人は、ほとんどが都市在住の中産層以上に属し、経済的にも教養的にも、一般民衆から隔絶していた。一九四八年の調査で、新聞程度の読み書きが完全にできる者が四・四パーセントしかいなかったこと、軍隊ではじめて下層民と接触した学徒兵たちが、「大衆」に驚愕と軽蔑の念を抱いたことは、第1章で述べたとおりである。

教養ばかりでなく、生活文化の面でも、格差は巨大だった。オールド・リベラリストたちと親しかった作家の山本有三は、一九三六年に東京郊外の農村だった三鷹に移り住んだが、その邸宅はイギリス民家とゴシック建築の様式を折衷し、アーチ型の大窓やサンルーム、マントルピースのある応接間などを備えたものであった[31]。この世代の知識人には、ステッキや葉巻などを愛用し、乗馬やゴルフに親しむ者も少なくなかった。もちろん、当時においてゴルフは、都市上層民にだけ許された社交クラブ的なスポーツであった。

ところが、こうした格差を縮小させる端緒となったのが、戦中および敗戦後のインフレである。都市中産層は空襲によって家屋を破壊され、金融商品や預金はインフレで急激に目減りした。敗戦直後には、太宰治の小説から採られた「斜陽族」という言葉が流行語となる。

戦前の優雅な生活に慣れきっていた年長世代の知識人には、戦後の社会変動に反発を示す者も少なくなかった。こうした反応の事例として、雑誌『世界』の編集部員の日記に書かれた、一九四八年一月のエピソードを紹介しよう。この編集部員は、食料買出しなどで混雑していた当時の電車に、美術史家の児島喜久雄と偶然に乗りあわせた[32]。

代々木駅で上りの電車を待っていたら、児島喜久雄に出会った。……一緒に満員電車に乗った。「電車が混むのは進駐軍の横暴さが大いに与って力がある。口に偉そうなことを言いながら、アメリカ人は日本人に対して拭い難い人種的な蔑視感を抱いている。いかに敗戦国民とはいえ、われわれは必要以上に虐待されてるのだ」と児島先生は言った。
そこまでは、まああとしても、「それは結局大部分の日本人が実際は汚くて低調だから無理もないとも言える。ただ、文化も教養もある極く少数の者までも同一視されるんでは叶わない」と言うに至っては同感するわけにはいかなかった。このような考え方、「貴族趣味」を、安倍能成と会ったときにも感じた覚えがある。……

「人は生まれながらにして、夫々の天分と身分とを持つ。それを無視して、万人平等を主張するのは誤りである。この頃の世の中は、猫も杓子も民主主義を叫び、労働者までもが人なみの賃金を獲得しようと己れの主張をわめき立てている。おそろしい世の中だ」と、言いつづけた。ぼくは、ただ黙っていた。

このような感覚をもった戦前育ちの「文化人」たちが、戦後の保守論者の第一世代を形成することになる。ただし一方で、こうした「文化人」たちのなかには、戦中に右翼や軍人に批判的な姿勢をとっていた「自由主義者」が少なくなかった。しかしこれも、彼らが自分の地位を揺るがす社会変動を嫌ったことに起因していた。というのも、戦前の知識人の大部分は、東京帝大をはじめとしたエリート校の出身であり、官僚や政党政治家などと同窓生であるケースが少なくなかった。ところが一九三〇年代末から、下層階級出身の軍人の発言力が増すにつれ、吉田茂に象徴される親英米派のエリート官僚の一部は、「自由主義者」として排斥されていった。しかも総力戦体制のもとで、ヨーロッパ風の教養に染まった都市知識人は批判にさらされ、軍需工場の労働者や農民のほうが「産業戦士」として賞賛されていったのである。

一九四〇年代までの日本では、西洋風の生活様式は、都市部の中産層以上にかぎられた特権であった。鶴見俊輔は一九四六年に、戦中の西洋文化排撃のスローガンが民衆から支持された理由を、こう述べている(33)。

これらの標語の意味は、文字通りに解釈すれば、異国から輸入された風俗を排して日本古来の風俗を推すことにあるのであるが、それだけでなく、上流階級の生活様式に対する反感を多分に含んでいた。外来風俗を享楽する地位にあったのは、上流階級の人々のみであって、一般大衆は、大体において、国粋風俗に止っていたのであるから、庶民はいわゆる外来風俗を廃止することによって少しも損をしないし、また外来風俗排撃を唱えることは、彼ら自身の現在の生活態度を称揚することになるのである。砕いて言えば、身なり構わぬ長屋のおかみさんが、きらびやかな洋装をして町角を歩く上流婦人に対して抱く反感、百姓の人々がスキーやスケートやダンスに耽る良家の子弟に対して感じる不快、これらが多分に上記の標語の意義に含まれているのである。

こうして上層の「文化人」は、戦時体制のなかで攻撃にさらされた。しかも戦時下の労働力不足は、肉体労働者の賃金を上昇させ、国債の乱発とあいまって、急速なインフレを進行させた。労働力の根こそぎ動員により、女中や書生といった使用人も消滅していった。これらの状況は、都市中産層の没落をもたらしたのである。

総力戦によって中産層や貴族層が没落するという現象は、ヨーロッパ諸国がすでに第一次世界大戦によって経験したものだった。日本の場合、そのうえに全国民の組織化が加わった。食料が配給制になったことは、町内会や隣組の地域ボス、あるいは配給品の分配を支配する小商店主などが、都市中産層よりも優位に立つ機会を与えた。

大正期に人格形成をした知識人たちは、こうした戦争体制に強い反感を示した。評論家の清沢洌が書いた『暗黒日記』は、「自由主義者」による戦争批判の代表例ともいわれるが、このような知識人たちの心情をもよく示している。たとえば清沢は、一九四四年三月の日記で、こう書いている。[34]

先頃、避難荷物の検査があった。その検査官は、出入りの大工梅村であった。我らの隣組長を従えて、挙手の礼をして「よくできました」と讃めて行ったそうだ。ワイフは「今までは、勝手口から出入りするのにも遠慮しましたのにね」という。

教養ある中産層の知識人が、出入りの大工に命令される。こうした総力戦体制の現実を、清沢は「ミリタリズムとコンミュニズムとの妥合」「秩序維持の責任が、大工や植木屋、魚屋等に帰した」などと形容している。[35]

清沢の日記には、こうした総力戦体制への反感が、随所に吐露されている。彼は『軍人』という中流階級以下の連中」を警戒し、「日本の指導者は下士官の程度になった」と語る友人と時局を嘆き、「無学の指導者」を批判している。その一方、「我らの収入はますます減少し、逆に労働者の収入は天井の如く高くなる」と「インテリの没落」を憂慮し、「社会の根底に赤化的流れが動いている」「革命は最早必至である」などと観測していた。[36]

総力戦の末期に革命が起きるという現象は、やはり第一次大戦において、ドイツやロシアが経験したものだった。進歩系の知識人のなかに、こうした革命が日本でも起きるのではないかと期待していた者がいたことは、第2章で述べた。革命に反感を示す側の知識人もまた、同様の観測を抱く傾向があったのである。

総力戦体制下で、清沢が「共産主義的な徴候」として挙げているのは、政府が軍需労働者の生活を保障する「日本的給与形態」を推進したことや、彼が通っていたゴルフ場が食料不足から農場に転換されようとした動きなどであった。一九四四年一〇月には、清沢は石橋湛山が主催する研究会で、知識人仲間と「戦後どうなるか」を議論したが、最大のテーマは「私有財産がなくなるだろうかとの問題」だった。[37]

そして清沢の見方では、日本では「『革命』があっても、それは多分に破壊的、反動的なもので、それによって、この国がよくなる見込みなし」とされていた。総力戦体制に「ちょうどいい知識と行動主義の所有者」である「大工」や「魚屋」が革命をおこしても、混乱を招くだけだと考えていたと思われる。[38]

清沢によれば、こうした無知な民衆に秩序を与えているのが、「知識階級」と天皇であった。彼は「この共同的訓練のない国民が、皇室という中心がなくなった時、どうなるだろう」と述べ、一九四四年七月に東条内閣が崩壊したさいには、「この独裁者が仆れたのは、日本はやはり皇室が中心だからだ。この制度により願わくは、過激なる革命手段によることなくして戦争始末をなさんことを」と記している。[39]

また清沢は、「米国の戦後要求の中には、朝鮮独立という如きことはあるまい」「それ〔韓国併合〕は合法的に行われたものだから」と考えていた。総力戦が革命を招く前に降伏することが望ましいが、満州を手放すことで欧米諸国と妥協し、「朝鮮、台湾〔の喪失〕を食い止め得れば最上である」というのが彼の戦後構想だった。強制連行などで急増した朝鮮人にたいしても、「電車の中でも朝鮮語氾濫だ。今後の最も大きな社会問題だ」と述べている。[40]

こうした思考様式は、戦中の上層階級には、それなりに一般的なものであった。一九四五年二月、近衛文麿が天皇に和平交渉を進言したさい、「共産革命」の恐れを力説し、総力戦体制を推進する軍部に「赤」が隠れているという観測を述べたことはよく知られる。清沢の戦中日記では、戦後に首相になった吉田茂と会合を開いている様子も書かれているが、吉田も「赤」と軍部に反感を抱く「自由主義者」であった。「赤」と軍部は、「無知」な民衆を扇動して、彼らの地位を脅かす存在だったのである。

その一方で、多くのマルクス主義者が転向するなか、清沢や吉田のような「自由主義者」のほうが、戦争に批判的な姿勢を保っていたことは事実だった。しかし彼らの「自由主義」は、体系的な思想というよりも、一種の生活感覚であった。思想は転向できるが、生活感覚は容易に変えられない。そして彼らは、自分たちの生活と「自由」を、左右の政治勢力から防衛するという意味では、たしかに「自由主義者」だったといえる。

加藤周一は、吉田茂などを評して、「私は日本の権力機構の上層部で、ブリッジの規則を知らずに戦争に反対した人間がいたかどうか怪しいと思う」と述べている。[41] トランプ遊びの一種であるブリッジは、乗馬とおなじく英国紳士の風習とみなされ、都市の上層民のあいだでだけ知られていた。清沢が、当時は特権的なスポーツだったゴルフを趣味にしていたことは、前述のとおりである。

こうした知識人たちは、下層出身者が多い陸軍を軽蔑する一方、イギリス風の規律をとりいれていた海軍士官には好感を示すことが多かった。第1章で述べたように、京都学派の哲学者たちは海軍と結びついていたし、和辻哲郎や安倍能成なども海軍主催の思想懇談会に参加している。こうした知識人たちの海軍に対する好感は、戦後においても、陸軍と対比して海軍を美化する風潮に結びついた。ただし海軍士官の特権的な優雅さが、激しい階級間差別を背景にして成立していたことも、第1章で述べたとおりである。

もっとも、当時の「自由主義者」には、時流にあわせて戦争を支持していた者も少なくなかった。たとえば清沢の日記によると、慶應義塾大学の塾長で内閣顧問となっていた小泉信三は、一九四四年一二月になっても「米国の奴隷になるよりいい」と述べて徹底抗戦を主張し、清沢から「全く右翼的になった」「大臣待遇とか塾長になれば、意見が、こうも変わるものだろうか」と評されている。[42]

そして多くの保守政治家と同様に、小泉も戦後は親米路線に転向し、米軍の駐留を認める安保条約に賛成した。小泉は天皇家と親しく、皇太子の教育役としても知られていた。作家の堀田善衛の回想によると、小泉の同級生だった堀田の父親は、小泉を「ああいうものこそ売国者だ」と評し、「なんたる者が皇太子を教育するか。国賊だ」と述べていたという。[43]

また清沢のように戦争に批判的であった場合にも、こうした「自由主義者」の批判は、実質的な政治的効果にはあまり結びつかなかった。彼らにとって、大衆運動を組織することなどは発想の外であり、仲間うちで政府批判をこぼすか、重臣グループに水面下の工作を働きかけるなどにとどまったのである。

清沢は一九四五年五月に病死してしまったが、戦後に生きのびていれば、保守論者となった可能性が高かったと思われる。そして敗戦後に軍部が一掃され、政界や論壇に返り咲いた「自由主義者」たちは、反共や天皇擁護を掲げて、戦後の保守勢力を形成してゆくことになるのである。

オールド・リベラリストたち

敗戦直後の論壇では、道義復活や民主化の提唱とならんで、文化国家論が台頭した。その担い手は、復活した戦前の「文化人」たちであった。「文化」を重視する文化国家論は、軍部に抑えられてきた「文化人」たちが、表舞台への復活を宣言したものであった。

復活した「文化人」には、「世界史の哲学」によって戦時期のスターとなった、京都学派の哲学者たちも含まれていた。しかし彼らは、戦中の活動によって、読者の信用を失っていた。元学徒兵だった梅原猛は、「己が死に直面しないのに他人に死を説くのは詐欺行為ではないか」と感じ、復員後には「私達に死を説いた哲学者はどうにも我慢ができなかった」と述べている。[44]そのうえ彼らは、やがて公職追放の対象となってしまう。

そして、復活した「文化人」のもう一つのグループが、戦前の「自由主義者」たちだった。敗戦直後、岩波書店の社主だった岩波茂雄の人脈により、安倍能成、和辻哲郎、谷川徹三、志賀直哉、武者小路実篤、山本有三、田中耕太郎などを中心に、石橋湛山、小泉信三、鈴木大拙、柳宗悦、大内兵衛などが参加して、「同心会」が結成された。この「同心会」の会誌として、一九四五年一二月には雑誌『世界』が創刊される。

当初の『世界』は、マルクス主義系の急進的雑誌が多かった当時においては、穏健かつ教養主義的なもので、「金ボタンの秀才のような雑誌」「保守党左派の雑誌」といった形容がよせられた。同心会の顔ぶれを考えれば当然の結果だったが、そうした状態は長く続かなかった。編集部には社会主義に共鳴していた部員が少なくなかったし、編集長の吉野源三郎は、同心会の同人誌をこえた雑誌を構想していたのである。

とはいえ旧来の知識人たちが、思想を転換するのは困難だった。『世界』創刊号で安倍能成が書いた巻頭論文は、戦時中のモラル低下を批判して、「道義」の再建を説くという、当時の論壇によくみられた内容のものだった。しかしこの論文は、占領軍の検閲で二カ所が削除されたうえ、軍備の撤廃や植民地の喪失を嘆く内容が含まれており、編集部で同心会メンバーの排除要求が高まった。(45)

前述のように安倍は、和辻哲郎や谷川徹三などとともに、海軍主催の思想懇談会に参加していた。かつて京城帝大教授だった安倍は、一九四二年にはこの懇談会で朝鮮人との混血防止を説き、「日本が満洲国を着々押へて行けば中に挟まれる朝鮮の統治は出来ぬことはない」と述べていた。また安倍は大東亜共栄圏での教育についても、「甘き人道主義によりて住民を甘やかす事は不必要なり」「日本の利益のために奉仕するが如く導かざるべからざるは明白なり」と主張している。(46)和辻もほぼ同趣旨の報告をこの懇談会で行なっているが、こうした安倍が植民地の喪失を嘆く論文を書いたのは、当然だったといえるだろう。

こうした問題がさらに表面化したのが、一九四六年四月号の『世界』に掲載された、津田左右吉の論文「建国の事情と万世一系の思想」だった。津田は戦前に『古事記』『日本書紀』の研究を著わし、それが大戦中に出版法違反に問われたため、弾圧に抵抗した自由主義歴史学者として高い評価をうけていた。編集部はこうした津田に皇国史観批判を期待したのだが、津田は天皇を擁護し、マルクス主義歴史学を批判する論文を寄稿してきたのである。

朝鮮蔑視や天皇擁護、そして反共などは、この世代の「自由主義者」に共通した傾向であった。和辻哲郎や田中耕太郎が、天皇制を廃止すれば自治能力のない国民が混乱に陥ると主張していたことは、第3章で述べたとおりである。

清沢の場合とおなじく、彼らは戦中には軍部に批判的だった局面もあったが、戦後には天皇擁護と反共の側面が露呈してきたのだった。

津田の論文をうけとった編集部では、掲載反対の意見が多数を占めた。編集長の吉野は羽仁五郎に相談したが、「こんなものを載せたら、革命が起こればギロチンだぞ」と返答されたという。[47] やむなく吉野は、津田への「忠告」を記した編集部による長文の但書きを、同時掲載するかたちで決着をつけた。

こうした騒動のあと、翌月の『世界』五月号の巻頭を飾ったのが、丸山眞男の「超国家主義の論理と心理」だった。当時三二歳の丸山は、東京大学助教授とはいえまったく無名の若手で、大抜擢といってよい措置だった。

しかし丸山の論文は、予想をこえる反響をよんだ。物資不足のため、半ペラ紙の裏表二頁だけだった当時の『朝日新聞』は、雑誌評で「論壇のマンネリズムの壁にも漸く穴のあく時が来た」「若さといふものの価値を思はせる新しいスタイルがある」とこの論文を絶賛した。[48] 何より軍隊から復員した若い読者たちから、熱烈な共感の声があいついだ。同心会メンバーの書く論文が、大正教養主義の延長のような啓蒙的文化論が大部分だったことを考えれば、それも当然だったといえる。

これを一つの転機として、『世界』の執筆陣は若手に移っていった。一九四八年からは、吉野の働きかけで「平和問題談話会」（当初は「平和問題討議会」）が結成され、『世界』誌上に平和問題や講和問題の声明を出すようになったが、津田左右吉や田中美知太郎などはそこから脱落していった。平和問題談話会は、当初は安倍能成を議長としていたものの、しだいに丸山眞男をはじめとする若手を中心に運営されるようになった。こうしたなか、やがて同心会は『世界』から離れ、一九四八年七月には雑誌『心』を創刊する。

並行して、もともと政治家や官僚に知人が多かった旧世代の「文化人」たちは、保守政権の閣僚に任命されていった。一九四六年には幣原内閣の文相に安倍能成が任命されたほか、田中耕太郎や天野貞祐があいついで吉田内閣の文相になった。とくに天野は一九五一年、公職追放になっていた京都学派の哲学者たちに依嘱して「国民実践要領」を作成し、天皇への敬愛や家族の和合を説いて、教育勅語の戦後版として大きな批判を浴びた。[49] やがて京都学派の鈴木成高などは、『心』の執筆者となって、これらの知識人たちと合流する。

こうしたなか、『世界』が丸山など若手を起用していったのにたいし、小泉信三や田中美知太郎などは、『文藝春秋』に執筆の場を移していった。敗戦直後にはさほど変わらない執筆陣によって構成されていた『世界』と『文藝春秋』が、論壇で対立的に語られるようになるのは、この時期以降のことである。当然ながら一九五〇年代においては、『世界』は大学生に人気のあった若者の雑誌であり、『文藝春秋』は年長の読者を中心としていた。

こうして、論壇内の世代交代とともに、かつての「自由主義者」は保守論者として位置を占めるようになっていった。彼らが「オールド・リベラリスト」と呼称されるようになったのは、こうした状況からである。

「個人」を掲げる保守

こうして構成された一九五〇年代の保守論調は、平和主義を「空論」「未熟」「幼稚」などと批判し、「現実」「常識」「伝統」などを説くものが多かった。さらに小泉信三や田中美知太郎などは、再軍備に賛成し、国防の義務を「公共心」の一環として賞賛した。

こうした主張は、その後の保守論調と大差がない。しかし一九五〇年代の保守論調には、高度成長以後のそれと比較した場合、いくつかの特徴があった。

その一つは、戦後の民主化や労働運動などを、軍部独裁と同一視する傾向であった。鈴木成高が一九四九年の『心』への寄稿で「昭和二十二年の二・一ゼネ・スト事件と、昭和十一年の二・二六事件とは、私はまさに同一の事件であると考える」と主張したり、小泉信三が一九五〇年に「軍人の自由主義、資本主義に対する批判は、大概マルクス主義からの借り物」だったと述べるなど、こうした例は数多い(50)。このような傾向からやがて生まれた「昔軍閥、今総評」といった言葉などは、後年の保守論壇でもよく使われた。

とくに経済学者だった小泉は、マルクス主義と総力戦体制の類似性を強調し、それによって自由主義経済が損なわれたと主張していた。このような論調は、保守論者の世代交代とともにいったん衰退するが、一九九〇年代に「一九四〇年体制論」というかたちで、もう一度復活することになる。

そして、一九五〇年代までの保守論調には、もう一つの特徴があった。高度成長後の保守論者、たとえば第三部で後述する江藤淳などの場合には、「個人」の我執を克服し、「公」である国家に貢献することを説いた。ところが一九五〇年代のオールド・リベラリストたちは、「個人の自由」をさかんに強調したのである。

たとえば鈴木成高は「個人を生かすというその一点をとにかく貫いて行く」ことが保守主義だと主張した。田中美知太郎も、「自分の生活を中心に、むしろ公明正大に利己的である方がよい」と述べている。また武者小路実篤や和辻哲郎、安倍能成なども、『心』で行なわれた座談会で、「個人が主で、政治の方が従じゃないか」「自分の自由を失わずにやりたい」「自分を大事にしたい」などと異口同音に唱えていた。(51)

こうした論調の背景にあったのは、やはり彼らの戦争体験だった。というのも、彼らがいう「個人の自由」とは、「赤」と軍部に対抗して、「自分の自由」を守るという意味にほかならなかったからである。

実際に一九五〇年代のオールド・リベラリストたちはしばしば、マルクス主義を、「個人」を無視する全体主義思想だと批判した。(52)そしてそれと対照的に、当時の共産党は「個人主義」を批判し、「政治の優位」を主張していた。一九四六年二月の共産党第五回大会で採択された文化政策草案を起草した蔵原惟人《くらはらこれひと》は、「個人主義はブルジョアジーのイデオロギーである」と述べている。(53)

すでに述べたように、当時の共産党周辺では、「個人主義」「自由主義」はブルジョア市民社会のイデオロギーだとみなされていた。そして、恐慌で自由主義経済がゆきづまった現代では、プチブル階級はファシズムと帝国主義の陣営につくか、プロレタリアートの陣営につくかの選択を迫られているとされていた。そうしたなかで、「中立」や「個人の自由」をうたうことは、プロレタリアートの陣営に参加することから逃避し、結果として帝国主義に味方するものだとされていたのである。オールド・リベラリストたちが、「個人が主で、政治が従じゃないか」と主張したのは、こうした共産党の論調と対抗関係にあった発言にほかならない。

そして本章前半で述べたように、共産党が「世界市民」を批判していたのは、こうした対立のなかにおいてであった。西洋文化の享受が上層階級の特権であった当時、西洋の哲学や文化に親しみ、「政治」からの「個人の自由」を唱えるオールド・リベラリストは、批判されるべき「世界市民」のイメージと符合するものだった。

こうした批判は、オールド・リベラリストからみれば、彼らの生活実感に介入する「政治」の圧力にほかならなかった。鈴木成高は、「一切のイズムに拘束されない精神、それが保守主義」だと述べ、「いいものを素直に尊敬する精神、これは当り前のことで、私はエリート意識というものとは違うと思いますがね。そこに理屈はない」と主張していた。(54) しかし階層格差が激しかった時代においては、こうした姿勢は共産党側からすれば、自己のブルジョア的な生活感覚が、どのような社会的立場から生まれたかを疑わない姿勢にほかならなかった。

しかし一方で、保守論者たちは、天皇への敬愛を中心とした「愛国心」や「公共心」を説く傾向も強かった。だがそれでは、彼らのなかで、「個人の自由」と「公共心」は、どのように共存していたのだろうか。その関係をうかがわせるのが、雑誌『心』の座談会における、竹山道雄の以下の発言である。(55)

……全体主義になってしまえば、政治が一切を決定してしまいます。そうなれば話は別だが、そうでなければ政治ばかりでなく、別の面を受持つ人もなければならない。……文化を主な関心事にしている人もあっていいし、なくてはならないでしょう。……文化をになう者の役目でしょう。

同じ座談会では、「人間というものは各自の天分に従ってそれぞれの役割を演じる」という発言もなされているが、(56) こうした一種の身分制度的なメンタリティが、彼らの唱える「個人の自由」と「公共心」の両立を支えていた。すなわち、「文化をになう者」である自分たちは、大衆が勤労によって社会に貢献するように、自由に文化を楽しむことによって、一般民衆には不可能なかたちで社会に貢献している。こうした秩序は「伝統的」かつ「自然」なものであり、その秩序に「政治」が介入することは、「全体主義」だというのである。

そして「平和」という言葉も、こうした保守論者においては、一種独特の意味で使用された。小泉信三は、再軍備と日米安保条約に賛成を示しながら、「民族間に平和が願わしいと同じように、階級間にも平和が願わしい」と述べている。[57] そして、こうした「平和」、すなわち彼らが安定した地位を楽しんでいた戦前の時代の象徴こそが、天皇にほかならなかった。

一九四五年一〇月に、評論家の河上徹太郎は「配給された『自由』」という評論を書いたが、そこで彼は敗戦後に復活した「自由主義者」たちを揶揄している。河上によれば、ヨーロッパでは「自由主義者」といえば王制や貴族制と闘う者のことだが、「然るにわが国の自由主義者とは、〔一九三〇年代に〕左翼華かなりし頃穏健な中庸派で、性格的には退嬰的なものが多かった」。日本が政治的に敗北したため、この人びとが「当り障りのない文化主義」として浮上したが、「積極性は期待出来ぬことは勿論である」というのだった。[58]

そして彼らはしばしば、「自分の自由」を主張する一方、他者の「エゴイズム」を批判した。そしてそれは、もっぱら下層階級の権利要求にむけられた。一九四八年の座談会で、安倍能成は「私は戦争中から戦後に労働者の権利の要求が非常に増大してくるだろうということは、むろん感じていた」「戦争後の混乱に乗じて自分のエゴイズムを主張することが、いわゆる民主主義的行動の主要な動機になつている」と述べている。彼によれば、ストライキは愛国心の欠如からおこるものであり、知識人の生活が戦後に低下しているのにくらべ、労働者は「賃金をたくさんもらつて、はるかに優遇されている」「非常に甘やかされておる」というのだった。[59]

こうした安倍にたいし、共産党系の哲学者だった松村一人は、「労働者階級が放恣だということ、身分不相応のことをやっておるじゃないかということを、非常に気になさつていらつしやるのですが、資本家の方が放恣だということは、少しもお気にしていられない」と反論した。座談会に同席した清水幾太郎も、労働運動や民主化運動は「新しい内容の愛国心」の発露だと主張した。しかし安倍は、「そういう意味での愛国心があり得ることは考えられます。しかし私の実感になつて来ない」としか応じなかったのである。[60]

とはいえ、こうした保守論者たちの傾向は、丸山眞男のような若手知識人たちにも、あるていど共通したものであった。彼らの大部分も中層ないし上層の出身であることに変わりはなかったし、丸山などが大衆蔑視を示していたことや、「下士官」への嫌悪を述べていたことは、すでに述べたとおりである。

それでは、丸山たちとオールド・リベラリストを隔てていたものは、何だったのか。一言でいえば、それは世代の相違から派生した、戦争体験のちがいであった。

現在では忘れられがちなことだが、「戦後民主主義」の代表的論客たちは、敗戦直後の時点ではいずれも若かった。敗戦時に三一歳だった丸山眞男をはじめ、加藤周一・日高六郎・鶴見俊輔などはいずれも二〇代であった。

丸山は、敗戦直後に参加した知識人集団「青年文化会議」を評して、「三〇歳そこそこの、多かれ少なかれ被害者意識と世代論的発想とを共有した知識人の結集」と述べている。(61) この「世代」というキーワードは、「主体性」とならんで、戦後思想の大きな特徴をなす。

戦争は多くの人びとにとって災厄だったが、うけた被害の性質は、世代によって異なっていた。戦中に政策や作戦の決定権を握っていた者、あるいは論壇で戦意高揚の文章を量産した者は、四〇代から五〇代以上であった。一方で、軍隊や工場に動員され、最前線に立たされたのは、若い世代だったのである。

戦中に徴兵や動員の対象となったのは、一〇代後半から三〇代前半の人びとだった。運良く戦死や負傷を免れたとしても、学徒動員で学業を中断させられたり、ようやく軌道に乗りかけた仕事を数年にわたって放棄させられたことは、彼らのキャリアに大きなマイナスとなった。復員後に、学歴やキャリアの再建を試みようとしても、インフレと社会不安のなかでは、それも思うにまかせなかった。

そのため若者のなかには、年長世代が開始した戦争によって人生設計を破壊されたという意識を抱く者が多かった。軍隊において、年長の上官が後方に逃れ、若い部下が前線に残されたという経験をした者も少なくなかった。丸山が述べたような、「三〇歳そこそこの、多かれ少なかれ被害者意識と世代論的発想とを共有した知識人の結集」が生まれたのは、こうした事情を背景としている。

このような若手知識人たちは、年長の保守論者に、強い反感を抱いていた。たとえば鶴見俊輔は、オールド・リベラリストたちを批判して、こう述べている。「だれ一人として昭和六年から二十年までの間、動員年齢でなかったんだ。これだけでも決定的ですよ。動員年齢であったかどうかは、感情形成の条件が根本的に違うんだな」。[62]

こうした「被害者意識」は、「悔恨」と微妙な関係にあった。丸山眞男は一九六八年の座談会で、軍部の支配に抵抗できなかったという悔恨はあったものの、「自分個人として戦争責任があるとはまず思っていなかった」と述べている。[63]責任を問われるべきなのは、まず為政者と年長世代だというのが、彼らの実感だったといえる。

そして第1章で述べたように、丸山をはじめとした若手知識人たちは、動員によって「大衆」と接触した。それは彼らに屈辱を与えもしたが、日本社会の現実を分析し、戦争を引きおこした原因を変革しようとする情熱をもたらしもした。敗戦後の多くの若手知識人が、程度の差こそあれ、社会主義に共鳴したのもそのためであった。

しかし、動員を経験しなかったオールド・リベラリストたちは、そうした心情を共有していなかった。敗戦後の彼らは、軍部の一掃には賛成したが、社会構造の変革よりも、彼らが慣れ親しんでいた戦前体制への復帰を指向した。松村一人は一九四八年の「世代の差違をめぐって」という座談会で、安倍能成や和辻哲郎を相手に、「軍人だけをはぶいた古い政治経済機構が理想とされているようにしか私にはうけとれない」と述べている。[64]

こうしたオールド・リベラリストたちにとっては、知識ある上層階級によって政治が行なわれ、自分たちが安定した身分と「文化」を享受していた大正期の日本こそが正常な社会であって、軍人が台頭した昭和期は突発的な異常事態であった。天皇の社会的位置も、政治と密着した昭和期が異常だったのであって、それ以前の状態に戻せば天皇制と民主主義も矛盾しないというのが、彼らの考えであった。

たとえば津田左右吉は一九四八年に、こう主張している。「メイジタイショウ時代から、世に立って世にはたらいていたものは、今度の戦争を一部の政客または軍人の策謀から出た一時的な特異の事件であり、不幸な事変であったと見、それを常態視しないが、若い人たちはそれとは違って、それより前のことを知らないから、今度の事変が昔からの日本の常態であり日本人の本質であるように考え、それによって日本と日本人との万事を推断するのである」。[65]

津田の見方では、社会体制の変革を叫ぶ意見は、若い世代の無知が生んだ誤謬にほかならなかった。だが若手の知識人たちは、そのようには考えなかった。丸山眞男は、「明治生まれ」のオールド・リベラリストたちを批判して、一九五〇年の座談会でこう述べている。[66]

現代の明治的な人間といわれている人は、日本の最近のウルトラ・ナショナリズムが明治以後の国家ないし社会体制の必然的な発展として出てきたものだということを、どうしても承服しません。津田左右吉先生なんかがいい例ですね。かつては日本はもっと近代化されておったが、横合いから不意に乱暴な軍部や右翼が出て来たものだからこういうことになってしまったんだ。以前は、日本にも自由があったし批判的精神があったということを強調しておりますね。なぜ明治のインテリがこういう感じをもったかという点が面白いのです。たしかに知識人が住んでいた世界は観念的にはかなり近代的だったのですが、そうした観念の世界は一般国民の生活を規定している「思想」からは遠くかけへだたっていて、国民生活そのものの近代化の程度との間に非常な不均衡があった。ところが知識社会に住んで、その社会の空気を知っておった人には、どうしても最近の神がかり的ファシズムの出現が突発現象としてしか受け取れない。そこでとんでもない乱暴者のために日本全体が支配されてしまったという感じをもつわけです。実はむしろ逆にそういう人の住んでおった知識社会が特別の社会なので、一般の国民層は全くそれと隔絶された環境と社会意識の中におった。

丸山たちの世代は、動員によって下層民衆と接触した結果、自分たちの生活感覚や天皇観が、日本社会全体のなかでは少数派にすぎないことを痛感させられていた。丸山の見方では、昭和期の超国家主義の台頭は、上層の知識人からみれば突発事態であっても、明治大正期に存在しなかったものではなく、下層民衆のあいだでは常態だったものが政治の中枢にまで進出した結果にすぎない。そうである以上、大正期に回帰すれば問題が解決するなどということはありえず、近代日本の社会構造の分析と変革が必要だと考えられていたのである。

そして、「大正」を懐古するオールド・リベラリストたちにたいして、若手世代が重視したのが「明治」だった。彼らは、建国と変革の時代だった明治維新と自由民権運動を賞賛することによって、安定と文化の時代である大正期に育ったオールド・リベラリストに、対抗しようとしたのである。

たとえば鶴見俊輔は、一九五一年の「老世代を批判する」という論考で、「老人には、維新人と明治人との二種がある」と述べている。鶴見によれば、幕末から明治維新の変革の時代を体験した「維新人」は、社会秩序というものが変更可能であることを、「理屈としてではなく、感じとして、知っている」。それにたいして、秩序が安定した明治後期以降に生まれた世代、すなわちオールド・リベラリストや戦中の為政者たちは、与えられた枠を疑うということがなく、「根本的なものは、変革感覚でなくて順法感覚である」。そして、「戦後の若い人の思想は、維新人の思想をうけつぐ」面をもつというのである。(67)

同様の論調は、丸山眞男や竹内好によっても唱えられた。丸山が「大正、昭和の時代とやはり何か違ったものを明治国家が持っていた」と主張していたことは、すでに述べた。竹内もまた、敗戦を機に「明治の精神を改めて見なおした」と述べる一方、オールド・リベラリストたちを、「日本が一番めぐまれた時代」に「温室的な培養によって」人格形成をとげた人びとと形容し、「かれらはじつに権力に弱い。力行精神に乏しく、抵抗が希薄である」と批判している。そして竹内によれば、「私たちの世代にとっては、天皇制は、いまわしい、のろうべき、しかしまた、いくらもがいても脱却できない、宿命のようなものである。天皇制にまつわる記憶は、すべて恐怖の心理に結びついている。そしてそれが、オールド・リベラリストたちには通じない」というのだった。(68)

じつは、敗戦直後から一九五〇年代までは、大正デモクラシーを戦後の民主化の先例として評価する論調は、ほとんど発見することができない。(69)大正デモクラシーの残骸のような政党政治家やオールド・リベラリストたちが、当時の保守派の位置を占めていた状況では、それも当然であった。

また若手世代の知識人は、大正期に流行した教養主義文化に、嫌悪の感情を抱いていた。加藤周一は一九四六年七月に「新しき星菫派」という論考を発表し、リルケやヘッセを愛読していた知人が、戦中には決戦と玉砕を説き、戦後には「平和とか民主主義とか」を唱えていることを批判している。加藤によれば、「星」や「菫《すみれ》」や「少女」の美をうたう「星菫派」は、戦争に抗議せず、敗戦後の飢餓の現実にも無力であり、「社会的歴史的問題に関しては小児の判断力も有せず」、「安全な文化を享楽し、序でに自尊心を満足させている」「小児病患者の芸術的思想的遊戯」にすぎないというのである。(70)

丸山もまた、一九四六年一〇月の講演「明治国家の思想」では、「全く非政治的な、つまり星や菫花を詠い、感覚的本能的生活の解放に向うところの個人主義」を批判していた。もちろんそうした教養主義文化は、彼ら自身が青少年の時代からなじんできたものでもあった。しかし、その後に彼らが直面した戦争と敗戦という苦境において、そうした教養や文化は、何の役にも立たなかった。そうした経験をもつ彼らにとって、文化や美を説く大正教養主義は、加藤の表現にしたがえば「全く嘔気を催させるもの」となっていたのだった。(71)

そして何より、当時の知識人たちは、大正デモクラシーが軍部の台頭を防げずに瓦解したことを、同時代の現象として知っていた。その彼らが、自分たちの民主化への志向を、大正デモクラシーになぞらえるはずがなかった。「戦後民主主義」を大正デモクラシーになぞらえる風潮が出現するのは、形骸化し穏健化した「戦後民主主義」を批判する論調が台頭した、一九六〇年代後半以降のこととなる。

丸山をはじめとした敗戦直後の知識人たちは、敗戦後の自分たちの心情を表現するにあたり、変革の時代としての「明治」という像をつくりあげていた。そこでは、「世界市民」という言葉は政治からの逃避を意味し、「国民」や「民族」という言葉は政治参加と「主体性」の表現であった。そうした論調は、彼らがナショナリズムそのものの否定ではなく、新しいナショナリズムの再建を志向していたことと連動していた。

そして「明治」という言葉、あるいは「国民」や「民族」という言葉は、敗戦直後の混乱の時代においてこそ、革新の言葉たりえていた。焼跡の風景が広がり、秩序が安定せず、国家の将来像が未知数だった当時は、「国家の再建」や「政治への参加」という言葉が、その後の時代とは異なる響きをもっていた。やがて高度経済成長が訪れ、社会が安定するとともに、「明治」や「民族」は革新側の言葉としての意味を失い、保守派の側に回収されてゆくことになるのだが、それについては第三部で後述する。

そして高度経済成長は、保守派の性格にも、変容をもたらさざるをえなかった。変革の気運が満ち、政治参加という言葉が左派への参加を意味していた時代には、政治から遊離した「個人の自由」は、むしろ保守派の側から唱えられていた。そうした「個人の自由」が、「公共心」や「愛国心」の主張と共存できたのは、一九五〇年代までの保守知識人が、圧倒的な格差を所与の前提として育った世代だったからだった。

いわば彼らにとって、「文化人」という国家内の役割は、意図的に獲得するものではなく、生まれながらにして与えられているものだった。そうした前提が高度経済成長によって崩壊したとき、意図的な努力によって国家に近づき、社会的役割と「自己同一性《アイデンティティ》」を獲得することを唱える保守論調が江藤淳などによって形成されることになるのだが、これについても第三部で後述する。

敗戦直後のナショナリズムにかんする言説構造は、戦争体験の記憶と、巨大な階層格差を背景として成立していたものだった。そして戦争体験の風化と、高度経済成長の訪れは、必然的にこうした構造を変容させてゆくことになるのである。

第6章 「民族」と「市民」

すでに述べてきたように、「主体性」と「世代」は、戦後思想のキーワードであった。ここでは、一九四七年前後におきた「主体性論争」、とくに雑誌『近代文学』と共産党が対立した「政治と文学」論争をとりあげる。[1]

丸山眞男をはじめとして、戦後知識人の多くは、「自我の確立」と同時に、政治への参加をうたった。だが「自我の確立」と政治参加のあいだに、軋轢が存在しなかったわけではなかった。文学者と共産党の関係がテーマとなった「政治と文学」論争は、まさにそうした軋轢が露呈した現象であった。

この論争は、「政治の優位」を主張する共産党に、「文学」の自律性を掲げて対抗した『近代文学』という図式で、しばしば語られる。しかし『近代文学』の主張は、「政治」の否定ではなかった。そしてこの論争は、敗戦直後において、「近代」という言葉、そして「民族」や「市民」という言葉が、どのような含意で使用されていたかを、うかがわせるものでもあったのである。

「個人主義」の主張

一九四五年一二月末、当時三〇代だった作家や評論家たちによって、雑誌『近代文学』が創刊された。創刊号の巻頭論文「芸術・歴史・人間」で、同人の本多秋五は、以下のように宣言している。[2]

芸術家は「私」を殺しては駄目だ。彼の内部から湧きあがる興味と悦びのないところ、彼の「個人」の内部から噴き出す情熱のともなわないところでは、芸術は死ぬ。殷鑑遠からず、戦争中文学は絶息していた。芸術家よ、「私」を肥らせよ！

本多はさらに、「政治は外律的、文学は内誘的である」「保守反動と罵られる人々の作品であろうとも、芸術的にすぐれたものでありさえすれば良しとする」と主張し、政治より文学を優位に置く「芸術至上主義」を掲げた。「個人」の重視と「芸術至上主義」という、およそ陳腐な宣言が行なわれたことには、共産党との軋轢という時代背景があった。第5章などでみてきたように、当時の共産党は「自由主義」や「個人主義」を批判し、「政治の優位」を主張する存在だったからである。

これまでくりかえし述べてきたように、当時の共産党周辺では、資本主義末期では自由主義と個人主義は行きづまり、プチブル市民層はプロレタリアートの陣営に参加するか、帝国主義の側につくかの二者択一を迫られるとされていた。こうした認識からすれば、プチブル出身の文学者は、芸術至上主義や個人主義といったプチブル的感性を改めて「民衆」のなかに入り、共産党との関係のもとで創作にとりくむべきであった。

すでに一九二七年、共産党系の文学者とアナーキズム系の文学者の論争がおきた時点から、共産党系の評論家だった蔵原惟人は、アナーキスト系文学者を「あらゆる『強権を否定』して個人主義的な自我の夢に耽ろうとする」「末期的小ブルジョアジー」と形容していた。そして蔵原は一九四五年一一月の『東京新聞』への寄稿「新しい文学への出発」でも、「非政治主義を標榜してプロレタリア文学と対立していたが、その本質的な反動性と政治的な文盲性のゆえに、皮肉にももっとも低劣な政治と結びつくにいたった芸術至上主義者」を非難していた。(3)

こうした「芸術至上主義者」批判の背景には、たとえば作家の武者小路実篤の動向があった。戦前のプロレタリア文学全盛期において、武者小路は「自己」の自由を掲げて対抗した。しかし彼はやがて貴族院議員となって、戦争賛美の文章を書き、新日本文学会の戦犯文学者リストに挙げられ、一九四六年には公職追放になっていた。

こうした武者小路が、敗戦後にはオールド・リベラリストの『心』グループに合流し、「個人が主で、政治は従じゃないか」と主張していたことは、第5章で述べた。このような作家の存在は、「政治」を拒否したプチブル文学者が、結果として帝国主義陣営のもとに走るという共産党の見解を、体現したものと映っていたのである。

しかし本多は、こうした蔵原の見解は単純すぎると批判し、あえて「芸術至上主義」と「個人」の重視を掲げた。そして、「小ブルジョア作家、インテリゲンチャ作家は、小ブルジョア作家、インテリゲンチャ作家たることに徹する以外、民衆とともに生き闘う道は文学的にないと思う」と主張したのである。(4)

ただし本多をはじめ『近代文学』同人たちは、戦前のマルクス主義文学運動の経験者でもあった。『近代文学』の創刊号では、蔵原を招いて同人たちとの座談会が行なわれているが、その場で本多秋五は「蔵原惟人の名は私にとつて――そしてまたわれわれにとつて、神のごときものがあつたのであります」と述べている。(5)

蔵原は一九三〇年前後には若手評論家として、マルクス主義文学運動のスターであった。彼は一九三二年に検挙されたあと、一九四〇年一〇月までを獄中で過ごし、警察の保護観察下で病気療養しつつ戦時期を送った。そして第5章で述べたように、彼は一九四六年二月の共産党第五回大会で採択された文化政策草案を執筆している。蔵原より遅れて戦前のマルクス主義文学運動に関係した『近代文学』同人にとっては、こうした蔵原は憧れの的だった。

しかし、蔵原との座談の結果は、かんばしいものではなかった。同人側は、プロレタリア文学でも戦争文学においても、「政治が強すぎたといふことが文学を全滅させ」たのではないかと蔵原に問うた。しかし蔵原は、文学者が「個人」を重視すれば「自分の立場を合理化して、そこに安住してしまふ」と主張し、プチブル的な自己を克服して政治に参加することを説いた。だがそうなると、「政治に参加」して戦争文学を書いた作家はどうなのかという問題が出るわけだが、蔵原は「その政治が正しかつた場合」は参加しろと応えるだけだった。(6)

第1章でも述べたように、「芸術至上主義」や「個人主義」への批判は、大戦中の軍部の主張でもあった。一九四四年の座談会で、陸軍報道部の鈴木庫三少佐は、芸術家の政治的無関心と芸術至上主義を批判し、結果として「多くの美術家が資本主義と結託する」ことを非難している。(7) 当時の文学者たちにとって、こうした主張をとって迫ってくる軍部と共産党という二つの「政治」とどのような距離をとるかは、切実な問題だったのである。

本多秋五が「芸術至上主義」と「個人」の重視を唱えたのは、蔵原のこうした姿勢に失望した結果でもあった。そして『近代文学』の背景には、戦前の左翼運動への幻滅があった。

一九三〇年前後に隆盛したプロレタリア文学運動は、一九三〇年代半ばには弾圧で壊滅した。ことに運動の参加者を幻滅させたのは、査問と転向の問題だった。戦前の特高警察は、共産党に多数のスパイを潜入させたが、そこで利用された手段の一つは、検挙後に転向させた元党員を釈放してふたたび党内にもどすことだった。こうしたスパイの役割は、党内の情報を警察に通報するほか、意図的に過激な行動をあおることで、弾圧の口実をつくりあげることだった。こうして潜入したスパイの指導下で、党資金調達の名目の強盗事件などがおこっている。

スパイに悩まされた共産党内では疑心暗鬼が広まり、疑わしい人物を査問にかけることが横行した。こうした査問は多くの人びとを精神的に傷つけ、一九三三年には査問中に死者を出す事件も発生した。

こうして運動が壊滅したあと、逮捕された党員や文学者から転向者が続出し、その多くが戦争協力の文章を書いた。『近代文学』同人の荒正人が、「かつての人民の友がいかにして下僕に、幸福な町人に堕ちてゆくか——その無数の事実を双眼に焼きつけてきた」と述べていたことは、第1章で見たとおりである。

しかし戦後にマルクス主義文学運動が復活したさい、戦前の失敗の反省は、ほとんど行なわれなかった。敗戦後の共産党が採用した「民主人民戦線」路線に沿って、名称こそ「プロレタリア文学」から「民主主義文学」と変えられたものの、その内容は変わりばえのしないものだった。

一九四五年一二月には、戦前のプロレタリア文学者たちが中核となって、新日本文学会が結成された。しかし本多秋五の回想によると、「戦時下に沈黙していた白鳥、荷風、谷崎、志賀などの老大家を除くと、ほとんど手を汚していないといえる活動的な作家は宮本百合子と中野重治の二人以外には見当たらなかった」という。(8)

『近代文学』同人の小田切秀雄は、敗戦後の先輩格のプロレタリア文学者について、こう回想している。(9)

……新日本文学会の中心になっている党員文学者の多くは、中野重治・宮本百合子ら少数のひとをべつにすると……過去の何ほどかの〝栄光〟と思考のパターンにもたれかかって、いわばむかしつくった知的財産の利息で暮している様子がいちじるしかった。これらのひとびともわたしと同じく、こころにもなく転向し、戦争中は特高警察に監視された〝忠良なる国民〟としてのさまざまな身過ぎ世過ぎによってしのいでいたわけだが、そのさいによぎなくされた屈辱や歪曲のなかで、自分自身というものや人間性そのものについて、痛切に自覚せざるをえなかったものが無数にあるはずなのに……まったく血の通わぬ公式的なきまり文句を、安易にくりかえすことで日を送っていた。……そしてそれは、文学面に限らず、戦前の革命運動やその後の時期やそれらにおいての自分自身にたいする立ち入った検討を、なるべく避けて通りたい、ボロは隠したままで進みたい、という党内の一般的な空気と結果的に支えあうこととなり、いさましい〝階級的〟なきまり文句の花ざかりとなっていた。

そして蔵原惟人や中野重治など、一九三〇年前後のプロレタリア文学運動高揚期を二〇代で担っていた人びとは、敗戦時に四〇代となっていた。本多は前述の論考で、自分たち三〇歳代にくらべ、蔵原をはじめとした「四〇歳代以上の指導者」たちが、「すでに覆いがたい動脈硬化の兆候を見せている」と評している[10]。

荒　正人（1950年ごろ）

こうした「四十代」への批判は、第5章で述べたような、戦中に動員年齢だった世代による、年長世代への反感という側面を含んでいた。同人の荒正人は、「四十代の旧進歩人」たちを評して、戦中に徴兵令状の恐怖に脅かされることがなかったために、「わたくしたち三十代ほど、戦争の切実感、肉体的重圧感を経験せずともすますことができた」と述べていた。そして荒は敗戦後の雑誌から、「一度は僕達を裏切つたはずのあの大人達が今度もまた臆面もなく自ら現実を指導するが如く壮語してゐる時、僕達は果していそいそと歓呼を以て之を迎へ得るであろうか」という若い世代の声を引用している。[11]

そして同人の平野謙は、一九四六年の一連の論考で、共産党の唱える「政治の優位性」に対抗して、「『個人主義文学』の確立」を唱えた。そして、「戦時下の文学はプロレタリア文学の裏がえされたステロ・タイプにほかならなかったのだ。それは単に日本共産党と日本帝国主義が入れかわったのにすぎない」「小林多喜二の血はむなしく流された特攻隊員のそれとひとしかった」と主張した。小田切秀雄も一九四五年一二月の論考では、「自己の実感とはつながりのない『労働者』や『人民大衆』を描くプロレタリア文学と、おなじく「実感の真実に根ざさぬ『産業戦士』や『銃後』や『兵隊』などの美談」を書いた戦争文学の双方を批判した。[12]

そして、平野謙がとくに重視した問題が、左翼運動内の女性の地位だった。戦前の共産党では、女性活動家をハウスキーパーという通称で男性活動家と同居させていたが、平野はこれを「目的のために手段を選ばぬ」「政治」の非情さの事例として挙げ、「文学に携わるものが、とにかく政治はもう御免だよと放言しがちだとしても、あながちにとがめられるべきでない」と述べた。[13] そして文学上の同様の問題として、小林多喜二の小説『党生活者』においても、政治活動のために女性が利用されていると主張したのである。

荒は自分の左翼運動への幻滅を語りながら、「三十代にとって、そのかみのうつくしい想い出が、若干の苦笑いをまじえることなくしては蘇ってこなくなっている」と述べている。[14] 戦後の左翼運動の再出発には、はじめからこうした幻滅が存在していた。オールド・リベラリストの場合と同じく、敗戦後の「個人主義」の主張は、軍部と共産党という、二つの「政治」への対抗から発生していたのである。

戦争体験と「エゴイズム」

しかし『近代文学』の同人たちは、オールド・リベラリストのような反共主義者ではなかった。同人は全員が新日本文学会の会員になっていたし、荒や小田切、佐々木基一などは共産党に入党している。本多の回想によれば、同人たちは「『新日本文学会』以外の、他のいかなるグループの文学者たちよりも政治に強い関心をもっていた」という。[15]

「政治」への幻滅を抱えていたはずの彼らを、「政治」にむかわせていた最大の理由は、戦争の体験だった。たとえば荒は、一九四六年の評論で、「わたくしたちはみすみす大屠殺のなかに赴く青年たちを手放しで見送ったのだ」「ここに自分のエゴイズムを確認した」と述べている。そして当時の雑誌から、二〇代の青年が、「無言のまま僕らを戦場におくった三十代」を非難した言葉を引用していた。[16] こうした悔恨が、戦後知識人の政治参加の動機となっていたことは、第5章で述べたとおりである。

また荒は、小田切および佐々木と、戦中にマルクス主義にもとづく文芸学研究会を行ない、一九四四年四月から八カ月にわたり投獄された経験をもっていた。そしてそこでも彼は、屈辱と悔恨の経験をなめさせられていた。荒は一九四六年の評論で、獄中での体験をこう書いている。食料事情が極度に劣悪な監獄で、「正座に耐えぬほどの飢えにわたくしは他人の飯を奪い、また、空爆のもとでは一番安全な場所で、一番多くの毛布をかぶっていた」。しかも、一種の牢名主となっていた彼は、「それらのことを古参の地位を利用しながら、きわめて自然に、制度化しておこなっていた」というのである。[17]

平野　謙（1943年）

こうした体験を、荒は「地獄のエゴイズムを知った」「これが自分というものの再発見なのであった」と形容している。そして同時に、「地獄のなかで自分をためすことは一度だけでたくさんである」「ヒューマニズムのためにたたかいたい」と述べていたのだった。[18] こうして荒は、いったん幻滅と絶望をくぐりぬけたうえで、もういちど理想を信じようとする心情を「第二の青春」とよび、『近代文学』への寄稿第一作の表題としている。

こうした獄中体験を経ていた荒は、獄中非転向をつらぬいた共産党幹部に、深い敬意を寄せていた。彼は一九四五年一〇月に、獄中から共産党幹部たちが解放される現場にかけつけ、歓呼して泣いたという。また一九四六年の評論では、「敗戦後、尾崎秀実や宮本顕治の獄中書簡の断片をよんだが、かれらの到達した心境のたかさには心から脱帽した」と述べて、「〔戦中に〕右往左往したかの公式主義者の徒」と対比している。(19)

そして荒は、獄中の屈辱の経験を告白しながら、「この記憶を忘れない」「復讐しなければならない」と述べていた。荒は敗戦の知らせを聞いて、「奢れる者久しからず」と口ずさみながら「ある憤激をこめた奇怪な哄笑」が沸きでたと述べている。小田切秀雄も、前述のように「こころにもなく転向し、戦争中は特高警察に監視された〝忠良なる国民〟としてのさまざまな身過ぎ世過ぎによってしのいでいた」という自分の過去を告白しながら、「そのことをよぎなくさせた権力がわとその手先にたいする復讐の念」を語っていた。(20)彼らは「四十代」の「公式主義者」には批判的であっても、自分たちを弾圧した戦争体制のほうに、より強い反感と憎悪を抱いていたのである。

そして荒も、敗戦とともに革命がおきると予想した人物の一人であった。後年のインタビューで、荒は戦争末期に、「アメリカ軍が東京に攻めてくれば、日本を愛する国民を土台にした、広範な『人民戦線』が成立し……長野県あたりに、『日本人民共和国』が成立するのではないかと空想しました」「激しい内戦が起きて、『日本人民共和国』には、共産主義を支持する人が集まり、他方ではアメリカと妥協する人たちというふうに分裂するだろうとも、推測しました」と述べている。(21)もちろんこうした予想は当たらなかったものの、このような「空想」に希望を託さざるをえないほどに、彼が感じていた戦中の抑圧は深かったといえよう。

第5章でもみたように、丸山眞男をはじめとした戦後知識人と、オールド・リベラリストとを隔てていたものは、戦争体験の性格であった。荒をはじめとした『近代文学』の同人たちも、「軍部」と「赤」をともに「政治」とみなすというオールド・リベラリストと類似の視点をもってはいたが、戦中の自分にたいする悔恨が、「政治」から一方的に逃避するという姿勢をとらせなかったといえる。

こうした戦争体験をバネとして、荒・小田切・佐々木の三人は、一九四六年一月から『文学時標』というタブロイド判の雑誌を編集し、文学者の戦争責任の追及を開始していた。そこでは、高村光太郎・火野葦平・武者小路実篤・菊池寛などの戦争協力が論じられたほか、和辻哲郎や谷川徹三などのオールド・リベラリスト、さらに亀井勝一郎や島木健作といったマルクス主義からの転向者も糾弾対象にとりあげられた。
もともと、新日本文学会の「文学における戦争責任の追及」の声明を起草したのは、小田切であった。また荒は、「この千載一遇の好機に、日本人が戦争犯罪人たちの追及を徹底的に行うことができなかったならば、日本民族は、地球の掃溜めから永遠に這上がることはおぼつかない」と主張していた。[22] こうした行動が、彼らの屈辱の体験を「よぎなくさせた権力がわとその手先にたいする復讐の念」から発していたことは、いうまでもない。
しかしそれは、たんなる「復讐」だけではすまなかった。露骨な戦争協力こそ行なわなかったものの、戦中に転向し、沈黙していたという悔恨は、彼ら自身の問題でもあった。小田切が書いた「文学における戦争責任の追及」は、「文学における戦争責任とは、他の何かであるよりも先ず吾々自身の問題だ」と述べている。[23]
同時にそれは、自己批判だけにも終わらなかった。荒は一九四六年一〇月の『文学時標』で、「自己を責めることが、そのまま他を責めることに通いあうのだ」と述べている。小田切もまた、「吾々は自分の傷口をこじ開け、かさぶたを取り去ることで傷の実体を見極めねばならない。そのことで吾々日本のインテリゲンチャの実質上の内容をこんどこそ真に確固たる美しいものにまで高めねばならぬ」と主張していた。[24]
自分の問題を掘り下げることが、他者の問題とつながり、ひいては社会の変革にまで到達する。こうした論理を支えていたのは、戦争という体験を、全国民が共有しているという前提であった。本多が述べたように「政治は外律的、文学は内誘的」だとしても、戦争体験という共通の土壌に立つことで、両者の一致が可能だった。こうした「政治」と「文学」の架橋のためにも、戦争体験の問いなおしである戦争責任の追及が、必要とされたといえる。
同様のことは、彼らの天皇制批判にもいえることであった。一九四六年二月、『近代文学』の同人たちは「文学者の責務」と題する座談会を行なった。そこで出席者が異口同音に主張したのは、戦争責任の追及と「内なる天皇制」の克服だった。
この座談会で、小田切は「終戦後いきなり民主主義者に成りすましたのが随分多い」と述べ、佐々木基一は「自我の確立していなかった日本ではみなが戦争責任ということを自己の問題として痛切に感じない。政治家だって、天皇の命令によって動いたにすぎぬという遁辞を弄する。文学者は『仕方がなかった』という」と強調した。そうして荒は、「天皇は全然責任をとっておらぬ」と述べながら、こう主張している。「文学者は政治の事だから俺は知らんぞといって看過したり、或は共産党に一枚加わって天皇の戦争責任を追求《ママ》する——そういう態度においては文学者の戦争責任は絶対に追求出来ないんだよ。文学者が文学的に天皇の戦争責任を追求するならば、自分の内部にある『天皇制』に根ざす半封建的な感覚、感情、意欲——そういうものとの戦いにおいて始めて天皇制を否定することができ、究極において、近代的な人間の確立という一筋の道が開けて来るんじゃないか」[25]。

そもそも、獄中で牢名主としての地位を築いていた荒や、「心にもなく」転向した小田切にとって、「内なる天皇制」との闘いは、自分自身の問題であった。こうした戦争責任論と天皇制批判においては、「政治」と「文学」は分離したものではなかったのである。

こうした姿勢は、アジアへの加害責任でも同様だった。荒は一九四六年四月の評論で、こう述べている[26]。

——こんにち中国、太平洋の各地における日本軍隊の言語を絶した野蛮《バーバリ》がつぎつぎと暴露されている。ところが、それを憤るひとたちの表情にはある種の絶望を禁じえない。そういう野蛮《バーバリ》にたいして無感覚になっている同胞を責めることの不当を指摘するのではない。なにかよそごとのような、つめたい傍観者の態度で、それを論議している浅薄な心情につばきしたい嫌悪感をいだくのだ。自分のような文化人は、知識人は、いかなる条規を逸した戦争心理にかられようとも、あんな残虐行為はしないであろう、かれらは無教養な民衆だから……と、いうつもりらしいが、それは「内部」の民衆を自覚しないものの痴言である。日本軍隊の野蛮《バーバリ》は、たとえば、水面上にうかんだ氷塊のごときものであって、その下には巨大な野蛮《バーバリ》の根がひろくふかく伸び切っているのだ。

第5章で言及したように、荒は一九四六年の『近代文学』で大塚久雄と対談し、「日本民族が残虐な侵略戦争をやつたという贖罪感」を「オリジナル・シン」の代用として、日本に「近代的人間類型」を定着させられないかと述べていた。獄中で他人の食料を奪った経験をもつ荒にとって、戦場での残虐行為は他人事ではなかった。そうした自覚なしには、アジアへの加害責任の強調も、荒が批判した「共産党に一枚加わって天皇の戦争責任を追求する」という態度と同様に、他者を責めることで自己を正当化するだけに終わってしまいかねなかった。

第3章でも述べたように、敗戦後しばらくは、一般兵士の加害責任が論じられることは少なかった。そのなかで丸山眞男が、一九四六年の「超国家主義の論理と心理」で一般兵士の残虐行為を論じていたこと、そして彼がこの論文を「一行一行が、私にとってはつい昨日までの自分にたいする必死の説得だった」と述べていたことは前述した。丸山や荒が民衆の戦争責任を敗戦直後から論じることができたのは、自分の「内なる天皇制」、上記の荒の言葉にしたがえば「『内部』の民衆」を自覚していたからだったといえる。

それゆえ荒は、一九四六年二月の「民衆とはたれか」という評論では、「民衆とはわたくしだ。わたくし以外に民衆はない」と宣言していた。この評論で彼は、プチブル的感性を克服して「民衆」のなかに入れという「四十代」の論調を評して、彼らにとって「民衆」とはあくまで自己と無縁な存在であり、「無智なる民衆」という蔑視と「親愛なる民衆諸君」という理想化は表裏一体だと述べている[27]。

荒はこの評論で、自分自身の「小市民インテリゲンチャの生活感覚のほか、一切が虚妄である」とも述べている。しかしこれも、豊かな生活感覚を防衛しようとしたオールド・リベラリストの主張とは、異なっていた。荒のいう「実感」は、第一には戦争体験のなかで直視させられた「地獄のエゴイズム」であり、第二には「飢餓は朝に晩に入口の扉を手荒くたたいている」という敗戦後の「生活感覚」であったからである[28]。

戦争は、人びとに共通の屈辱と悔恨を与えたと同時に、共通の生活苦と飢餓をもたらしていた。そこでは、自分の問題と社会の問題は一体であり、社会全体の復興と変革がなければ、自分の幸福も達成できなかった。荒は一九四七年の評論では、「戦後現実のなかでひとりが幸福になるためには万人が幸福にならなければならぬ」と述べ、「自分の幸福のためにたたかいたい。そのたたかいのなかに民衆の幸福を求めたい」と主張している[29]。

こうした思想を、荒は「エゴイズムを拡充した高次のヒューマニズム」とよんだ。そして、「政治と文学にたいする二元的見解」の打破を唱えた[30]。もちろんこれは、「政治」と「文学」を折衷させるというのではなく、自己の内面の「文学」に徹することが、同時に社会全体の「政治」につながる状態を志向した表現だった。

それは、丸山眞男が一九四三年の福沢諭吉論で述べた「個人主義者たることに於てまさに国家主義者だった」という表現と、同様のものであった。そして丸山は一九四七年一月の論考では、「真に内面的な人間は真に行動的な人間であるという命題は決して幻想ではない」と主張していた。この論考は、若い世代の学生にむけて、「政治」への参加形態について述べたものであった。そこで彼は、政治嫌いの「『文化的』グループ」と、その「反対極の政治型青年」の双方に、前者は「感覚的享楽派」の道に、後者は「政治的肉食獣」の道に陥ってはならないと説きながら、上記のような主張を述べていたのである[31]。

荒と同年輩であった丸山は、荒の問題意識を、明らかに共有していた。そして荒をはじめとした『近代文学』の主張も、丸山や大塚などとおなじく、「個」と「連帯」の双方が破壊されていた戦争体験の結果として、出現したものであったといえる。

「近代」の再評価

さらにいえば、『近代文学』という名称もまた、「近代」の再評価という、丸山や大塚と共通の志向を示していた。もともと『近代文学』の同人たちは、一九三〇年代末には『現代文学』という同人雑誌を発刊していた経緯があった。書名からいえば、彼らの戦前から戦後への軌跡は、「現代」から「近代」への逆戻りであった。

そして同人の平野謙などは、一九四二年九月には、「現在の私どもにとつて一番必要なことは、近代の克服といふことだと思ふ」と述べていた。しかし敗戦後には、彼らは大塚久雄などとともに、「近代的人間」の確立を説くようになっていた。一九五三年の座談会では、平野は「『近代文学』と付けたときの気持は、荒君が一番はつきりしていたが、近代の確立から出直そうという考えもあつたんだろうと思う」と述べている[32]。彼らもまた、戦争の体験をはさんで、「近代」への評価を転換していたのである。

もちろんその場合の「近代」は、戦争体験の反動として夢見られた「主体性」を表現するための、一種の媒体であった。そうであるからこそ、戦争責任の追及が、「近代的人間」の確立と不可分だったのである。

そして敗戦直後の論壇で、「近代」を掲げて文学上の戦争責任を問題にしたのは、彼らだけではなかった。たとえば一九四六年一一月には、フランス文学者の桑原武夫が、俳句は近代芸術以前の「第二芸術」にすぎないと形容して、大きな反響をよんだ。そこで桑原は、俳壇の有力者たちを評して、こう述べている。[33]

……「人生の窮極は寂し味だ」などとはいうが、一たん強力な勢力が現れると器用にそれになびく。強い風がすぎさるとまた超俗にかえる。柳に雪折れはないのである。……文学報国会ができたとき、俳句部会のみ異状に入会申込が多く、本部はこの部会にかぎって入会を強力に制限したことを私は思い出す。

小説家にも便乗や迎合はあったが、そうした作家は今日すぐれた作品を書けなくなっている。小説という近代的ジャンルがそれを許さぬのであって、小説のジャンルとしての強みがそこにある。ところが俳壇においては、たとえば銀供出運動に実にあざやかな宣伝句をたちどころに供出し得た大家たちが、いまもやはり大家なのである。芸術家が社会的には何をしても、それが作品そのものに何の痕跡をものこさぬ、俳句とはそういうジャンルなのである。

桑原によれば、「近代小説」とは、確固とした世界観や人間観なくして書きえないものである。しかし俳句は、思想を欠いた情緒を詠うだけであり、俳壇のボスが支配する「中世職人組合《コンパニオナージュ》」の産物にすぎない。こうした俳句のありかたこそが、日本の「作家の思想的社会的無自覚」と、「安易な創作態度の有力なモデル」だというのである。

ここでの桑原の「近代小説」観を、西洋近代の理想化だと批判することは、容易である。しかし桑原の俳句批判の背景にあったのは、戦争の記憶と戦争責任問題であり、「近代」はその表現媒体だったのである。

そして丸山や大塚がそうであったように、この時期の荒正人や平野謙は、自分が主張する「近代的人間」や「個人主義」が、単なる利己主義でないことを再三強調していた。たとえば荒は、第3章でも言及した一九四七年の「横のつながり」という評論で、天皇制を「縦のつながり」として批判する一方、「日本にはほんとうの意味では、近代も、個人主義もなかつた」「フランス大革命がなかつた」と主張している。平野謙も、「むきつけのエゴイズム」は「個の自覚の全然なかった封建社会」の産物であり、「真の個人主義文学」とは別物だと主張していた。(34)

そして「四十代」への異議申立ても、こうした「真の個人主義」の立場から行なわれた。荒によれば、日本のような「後進国の悲劇は、個人主義が確立するいとまのないうちに社会主義を迎へなければならなかつたことである」。真の「近代的個人主義」においては、個の確立と社会的連帯は矛盾しない。にもかかわらず、日本のマルクス主義者が「個人主義」を嫌悪するのは、日本社会の近代化不足のために、単純なエゴイズム以外の「個人主義」を想像できないからにすぎない。そのため、社会主義運動にも「縦のつながり」が見られたり、「昨日までの軍国主義の裏返しにしかすぎないこともある」というのである。(35)

こうした批判意識をもっていたにもかかわらず、荒が共産党に入党していた理由の一つは、敗戦後の共産党が二段階革命論を掲げ、後進国である日本に当面必要なのは、フランス革命型の民主革命だと唱えていたからでもあった。荒は一九四七年四月の座談会では、同席の日高六郎が「ブルジョア民主主義革命自体の中に目的自体がある」と唱えたことに賛同して、「共産党の目標はさうあるべきぢやないか」と述べている。そして、「四十代の旧左翼人」のあいだに、「ブルジョア民主主義革命の期間は短かければ短いほどいゝ、それは已むを得ざる手段だ――といつた考へ方」があることを批判していた。(36)

いわば彼らのいう「個人主義」は、旧来の「個人主義」とは別個の内容を表現しようとした言葉であった。丸山の場合は、旧来の「国家主義」と区別するために、「国民主義」という言葉を新たに採用した。しかし荒や平野は、「個人主義」という在来の言葉に、新しい意味を与えようとしたのである。

それは、「芸術至上主義」にもいえることであった。もともと「三十代の使命」や「芸術至上主義」は、同人たちが書いた『近代文学』の雑誌趣意に掲げられていたものであった。しかし同人の埴谷雄高の回想によると、「言葉が見つからぬままに芸術至上主義という慣用語を使つたが、この芸術至上主義という言葉に満足できず、私達はなんとか新しい言葉を創ろうとして苦労した。芸術主義というのはどうですか、使つてる裡に新しい意味が生れてくるんじゃないだろうか、と荒正人が採用しないのを残念がつて、幾度も繰り返して提言した」という[37]。

埴谷はこれに続けて、「いまから考えると、この芸術主義という言葉を普及すべきであつた。政治の直接的な色づけを排しても、大きな社会の流れは決して離れることのできない私達の中心的な問題なのであつたから」と述べている。「四十代」の唱える「政治の優位」への対抗という文脈があったために、彼らは「個人主義」や「芸術至上主義」といった、マルクス主義文学界での「慣用語」を使っていた。しかし同時に、それにあきたらず、戦争体験から生まれた心情を表現するための言葉が、模索されてもいたのである。

そして彼らは、「政治と文学の二元的見解」の克服と同時に、「観念と肉体の分裂」の克服を模索していた。戦争に反対の意志をもちながら、保身のため転向し沈黙していたという経験は、彼らにとって最大の悔恨であったと同時に、「観念と肉体の分裂」の最たるものであった。そして荒の表現にしたがうなら、「それを統一させた点では、死神の妖しい魅力にわれわれからとらえられていった特攻隊の若者のほうが立派であった[38]」。獄中非転向の共産党幹部とならんで、特攻隊員は思想と行動を、「観念」と「肉体」を統一しえた存在だったとみなされた。そうした姿勢に徹することができなかった悔恨の克服を図らなければ、表現活動の再開が不可能だったのである。

そして同人たちがそのカギとなるものとして注目したのは、戦中に「観念」と「肉体」を一致させており、かつ戦争協力を行なわなかった先輩格の文学者であった。そうした文学者としては、一方では宮本百合子や中野重治が、もう一方では永井荷風や正宗白鳥、谷崎潤一郎などが想定されていた。そして同人たちの考えでは、宮本や中野は政治的信念という「観念」に行動を一致させることで、永井や谷崎は政治的無関心とエゴイズムという「肉体」に忠実であることで、それを達成していたのである。

しかし、エゴイズムに徹する非政治主義にも、観念に服従する「公式主義」にも満足できない彼らは、この二つの類型をともに克服する、新しい「政治」と「文学」のあり方を探ろうとした。そのためには、硬直した「四十代」への批判と同時に、永井荷風や正宗白鳥への批判が必要だった。
たとえば小田切秀雄は、一九四六年一月の論考「文学精神のために」で、永井荷風を批判の対象にすえた。小田切は、永井が一九一〇年の大逆事件——天皇暗殺未遂という名目で社会主義者が弾圧され、アナーキストの幸徳秋水が死刑になり、当時の文学者たちに衝撃を与えた——について書いた、一九一九年の『花火』の文章を引用している。[39]

わたし〔永井〕は文学者たる以上この思想問題について黙してゐてはならない。小説家ゾラはドレフュス事件について正義を叫んだ為め国外に亡命したではないか。然しわたしは世の文学者と共に何も言はなかった。わたしは良心の苦痛に堪へられぬやうな気がした。わたしは自ら文学者たる事について甚しき羞恥を感じた。以来わたしは自分の芸術の品位を江戸作者のなした程度にまで引下げるに如くはないと思案した。その頃からわたしは煙草入をさげ浮世絵を集め三味線をひきはじめた。わたしは江戸末代の戯作者や浮世絵師が浦賀へ黒船が来やうが桜田御門で大老が暗殺されやうがそんな事は下民の与り知つた事ではない——否とやかく申すのは却て畏多い事だと、すまして春本や春画をかいてゐたその瞬間の胸中をば呆れるよりは寧ろ尊敬しようと思立つたのである。

永井はその後、政治と縁を断ち、もっぱら娼妓や踊り子とのみ交際した。そうして彼は、資産が豊富だったこともあって、戦争中も政治的な文章を書かずにやりすごし、結果として戦争協力を行なわなかったのである。
しかし小田切は、こうした永井の姿勢を「政治に対する素町人根性」と批判した。前述した一九四六年二月の座談会「文学者の責務」では、埴谷雄高も「強権が来れば、竹林の七賢人式に閉じ籠るのがまっとうな文学者だという考え方が未だに一部にある」と批判し、荒は永井や正宗白鳥を評して「戦争に対してちっとも責任を感じていないような態度で、こんにちジャーナリズムに進出する傾向を苦々しく思う」と述べている。[40]
ここでの永井荷風や「江戸」は、「近代」や「明治」がそうであったように、彼らの心情を表現する象徴的言語の一つであった。丸山眞男が戦中の論文で、江戸時代の「素町人根性」を強く批判していたことは、第2章で述べた。

また丸山は一九四六年には、「竹林の七賢人的自由」を批判している。[41] 小田切や埴谷が、丸山が学会誌に公表した戦中の論文を読んでいたとは考えにくく、彼らは当時の言説の構造に沿って、共通の言語を使っていたのだと思われる。

もっともこうした「素町人根性」への批判は、彼ら自身の悔恨の表現でもあった。小田切は永井を批判しながら、戦争のなかで「自分の中にひそんでいる奴隷根性や素町人根性」を「いたく思い知らされてきた」と述べている。しかし小田切によれば、「政治」と「文学」はほんらい対立するものではなく、たまたま近代日本の「政治が非人間的であったために、人民は黙し文学者は政治を文学と対立するものとばかり思い込んだ」にすぎない。敗戦後の現在では、そうした「実感」を抱かざるをえない状態をつくりだした社会を変革してゆく、「新しい人間の形成」を描く文学が必要だというのだった。[42]

そして荒や平野は、日本の近代文学史を、独自に再構成することを試みた。彼らが「真の個人主義文学」の先駆例として挙げたのは、明治期の夏目漱石と森鷗外であった。[43] 丸山眞男が夏目漱石を高く評価していたことは第2章でみたが、荒や平野も「明治」の再評価へむかったといえる。

そして彼らが批判したのは、自然主義と私小説、そして戦前のプロレタリア文学だった。一九四六年一二月に書かれた平野の「女房的文学論」によれば、自然主義文学が近代フランスで生まれたときには、理性と自然科学を信頼し、その観察力によって人間の存在を解明するという思想的基盤があった。しかし、近代的精神が成熟していない日本に輸入された自然主義は、単純な「実感」にもとづいて人間の醜悪さをあばき、最後には仏教的な虚無感にひたるだけだった。そこから、「生理的なエゴイズムと思想拒否の微温的虚無感」を特徴とする、「わが国独特の自然主義的人間観」が生まれたというのである。[44]

平野によれば、そうした「わが国独特の自然主義的人間観」の延長上に生まれたのが、私小説とプロレタリア文学だった。私小説とは、社会から孤立した作家が、微細な人間関係やエゴイズムを描く、「公」から隔絶された「私」の小説である。一方でプロレタリア文学は、社会参加を優先して「私」を否定したが、その創作手法は「自然主義的リアリズム」の延長であり、運動の人間模様を私小説的に書いたり、図式的な革命絵巻を描いたにすぎない。その典型が小林多喜二であり、党活動のために女性を犠牲にする主人公を描く小林の女性関係観は、前近代的な「自然主義的人間観」の一種だというのである。[45]

そして、プロレタリア文学の作家たちが、運動の崩壊後に書いた小説は、一つは「私小説の一変種」としての転向文学であり、もう一つは図式的な戦争文学だった。いま日本文学に必要なのは、「自然主義文学の徹底的な克服とマルクス主義文学の大胆な自己批判」であり、「小林多喜二と火野葦平とを表裏一体と眺め得るような成熟した文学的肉眼」だというのが、平野の主張であった。[46]

そして荒正人によれば、こうした前近代的な「自然主義的人間観」、すなわち素朴な「実感」にもとづいたエゴイズムの典型が、人間を卑小なものとみなす正宗白鳥の虚無的人間観にほかならない。荒は一九四六年に、戦中の『暗い谷間』のなかで、この白鳥的人間観をかみしめ、それへの親近感を味わってきた」と認めながらも、「エゴイズムとヒューマニズムの合措定」による「自然主義的人間観の克服」を唱えている。[47]

こうした志向は、「個人主義」という言葉を使っているものの、オールド・リベラリストの「個人の自由」よりも、むしろ丸山の「国民主義」に近い心情を表現したものであった。ただ丸山などと異なっていたのは、共産党の「政治の優位」が当面の対抗相手であったために、「個人主義」や「芸術至上主義」といったマルクス主義文学界でのマイナスの「慣用語」が、あえて挑発的に使用されていた点にあったといえる。

しかしこうした『近代文学』に、共産党の主流はいっせいに批判を行なった。それは必然的に「近代」や「個人主義」への批判というかたちをとり、それらの言葉をめぐる抗争が行なわれることになる。

共産党の「近代主義」批判

『近代文学』の同人たちは、前述のような思想に立って、創刊にあたり中野重治と宮本百合子に原稿を依頼する一方、志賀直哉や正宗白鳥にも交渉を開始した。

しかし当初から、この両極の文学者たちは、水と油であった。本多が原稿依頼のため中野重治と会ったさい、兵役から復員したばかりの中野はボロボロの兵隊服姿で現われ、右翼テロがおきた場合に編集部がどう対応するかを問題にした。一方で本多が志賀の家を訪問したさいには、「いかめしいほど堂々たる椅子」と「大きな壺」が並んだ応接間で対応され、「まあ、そのうち」と婉曲に断られたという。(48)

それでも、同人たちは熱心だった。彼らは無料で原稿を書き、印刷工場まで出向いて植字工と打合せをし、リュックサックをかついで雑誌を配本した。こうしてスタートした『近代文学』は、丸山の「超国家主義の論理と心理」がそうであったように、とくに若い読者から好評をよんだ。第三部で検証する吉本隆明や小田実も、『近代文学』の愛読者であった。当時はまだ中学生だった小田は、敗戦直後の「老いも若きも、好んでむつかしい本を読んだ」雰囲気のなかで、「『近代文学』創刊号について、散髪屋のオッサンと議論した」という。(49)

のちに共同通信社の編集委員になった新井直之は、旧制高校生だった当時に読んだ『近代文学』を評して、こう述べている。(50)「それはいままで私たちがなずんできた私小説を中心とする『文学』の概念を完全に打ち破るものであった」「しかもそれは戦前のプロレタリア文学の理論とも違っていた。いわばそれは、文学を狭い文学のカラの中から、文化の場へ、思想の場へ、引き出したような感じを与えたのであった」。「政治」的な文学といえばプロレタリア文学であり、それを拒否するなら私小説に流れがちだった当時において、『近代文学』は新鮮な印象を与えた。「政治」か「文学」かの二者択一を排し、私小説とプロレタリア文学の二項対立をこえるという同人たちの志向は、若い読者には伝わっていたといえる。

しかし、年長のプロレタリア文学者たちには、『近代文学』は不評だった。同人たちは蔵原惟人や中野重治、宮本百合子などを座談会に招き、自分たちの主張を訴えた。中野や宮本も当初は理解を示したが、『新日本文学』の一九四六年七月号に、中野が突然、平野と荒への批判を発表した。それは、平野が火野葦平と小林多喜二を「表裏一体」とみなしたことを「天皇と二等兵とをひとしい犠牲とするのとそれは同じである」と非難し、「平野には政治を人間的に考える能力がない」「反革命の文学勢力に化粧をして流し目をしている」などと攻撃するものであった。(51)

尊敬していた中野の突然の批判に、荒や平野は驚き悲しんだが、やがて激しい反論に転じた。この応酬は「政治と文学」論争と名づけられ、文学史においては、共産党の政治的圧力と文学者の軋轢の事例とされている。しかし相互の応酬そのものは、いささか無内容な個人攻撃と、瑣末な論点の突つきあいに終始した観があった。むしろ注目すべきなのは、この論争そのものよりも、そうした論争を招いた政治動向のほうである。

この論争が進行していた一九四六年後半から四七年初頭にかけて、「革命近し」という機運のもと、共産党は一九四七年二月一日を期したゼネストを企画した。しかしこの「二・一スト」は、占領軍の命令で中止させられてしまい、共産党は戦後はじめての挫折をこうむった。しかも占領軍の介入でストが中止させられたことは、占領下でも平和革命が可能だという指導部の方針が、頓挫したことを意味していた。この後、労働運動における共産党の掌握力が低下するとともに、挫折に直面した学生や若い労働者たちが、内省の時期に入っていった。

そして、こうした若手活動家たちの心をつかんだのが、『近代文学』をはじめとした「主体性論」だった。この「主体性論」という名称は、社会の制度的変革よりも、人間の内面的な精神改革を重視する思想を、共産党側が総称したものであった。

たとえば第2章でみたように、大塚久雄は、「近代的人間類型」の確立が先行しないかぎり、制度的な社会変革を行なっても効果は薄いと主張していた。それにたいし共産党系の論者たちは、人間の意識は経済的な下部構造によって規定されるのであり、社会の変革なくして意識の変革などありえないと主張していた。共産党側からすれば、社会変革のプランを伴わない「主体性」の主張など、ナンセンスでしかなかった。

しかし運動の停滞とともに、若手の党員や活動家は党の指導に疑問を感じ、内省的な問題に魅力を感じていった。これまで述べてきたように、敗戦直後の若者たちのあいだでは、マルクス主義とキリスト教、そして丸山や大塚などの著作が人気を集めていた。共産党からみれば、こうした「主体性論」は、青年層の支持を獲得するうえで、潜在的なライバル思想にほかならなかったのである。

こうして大塚や丸山の著作、『近代文学』の論調、そしてマルクス主義に実存哲学を導入しようとした哲学者の梅本克己の主張などが、一括して「主体性論」と総称された。これらの思想は、それぞれにバリエーションがあったものの、「近代」の再評価を含んでいることから、「近代主義」ともよばれることになる。

一九四七年一〇月、宮本顕治と野坂参三という共産党幹部に、文芸評論家の岩上順一や哲学者の古在由重を加えて、「近代主義をめぐって」と題した座談会が行なわれた。そこでは、戦後の若い世代に「縛られるのは嫌だ。そういう意味では軍国主義も嫌いだが共産主義も嫌いだ」という雰囲気が広まっていると報告され、若手活動家が「大塚史学などの影響を受けて全く懐疑的になり、自己変革という問題に熱中している」ケースや、「近代文学というものの影響は職場の勤労者のある層にまでおよんでいる」ことが問題として論じられた。[52]

そして注目すべきなのは、宮本顕治が『近代文学』の主張を、たんなる政治逃避のエゴイズムとしかみなさなかったことだった。彼はこの座談会で、「近代文学の同人には白鳥のエゴイズムなんかのほうが非常に親しみを感ずる」と断定し、「戦時中は政治に芸術が従属するということは、軍国主義に従属することであり犯罪だけれども、進歩的政治に従属するということは隷従ではなく発展的なスプリングになる」と主張したのである。[53]

こうした宮本の反応は、『近代文学』が「個人主義」や「芸術至上主義」といったマイナスの「慣用語」を用いていたことにも一因があったろうが、それとは別の理由もあった。自身が文学者でもあった宮本は、戦前のプロレタリア文学運動の中心人物であった。この当時、小田切秀雄は宮本夫妻の自宅を訪ねたが、妻の百合子は『近代文学』に一定の理解を示したものの、顕治のほうは「プロレタリア文学運動崩壊期においての地下からの政治的指導者であっただけに、自身の責任が問題となるような文学運動批判はまったく認めようとしなかった」という。[54]

しかし『近代文学』を批判したのは、宮本だけではなかった。座談会で宮本と同席した野坂参三は、「彼らも反共的な態度をとつてくる」「われわれは勝たなければならない」と述べた。一九四七年一二月の共産党第六回大会では、徳田球一が一般報告を行ない、「『近代文学』の影響が党の一部に見られるが、これは自己完成を云々する全くの利己主義である。これは戦争中の弾圧の反動として現われたもので、自由行動を今まで阻止されてきたから、今度は反動的に党の規律にさえ服従することのできなくなつたアナーキズムである。党はこれと闘争し悪質な者は除名するに至つた」と位置づけている。[55]

ここでいう除名処分とは、一九四七年一二月におきた東大細胞分裂事件をさす。これは、東京大学の共産党細胞において、『近代文学』に影響された学生党員が分派活動を行なったと非難され、細胞の分裂にまで至ったもので、共産党にとって戦後初の大量処分事件であった。共産党にとって、『近代文学』はたんなる文学雑誌のレベルをこえた、一種の脅威と映っていたのである。

中野重治をはじめとした共産党系の文学者たちが、『近代文学』を批判したのは、こうした背景のもとでであった。並行して一九四七年には、マルクス主義歴史学者たちによって『大塚史学批判』という本が出版され、一九四八年八月には共産党機関誌の『前衛』が「近代主義批判」の特集を組んでいる。

こうして行なわれた「近代主義」批判の骨子は、マルクス主義の「近代」批判に沿い、「近代」とはブルジョア資本主義社会にすぎず、その変革なくして個人の解放もありえないというものであった。そこで甘粕石介は「自由主義、個人主義、自然成長論などのブルジョア思想が、プロレタリアートの組織の内部の最も恐るべき破壊者となる」と評し、勝部元は「かつてブルジョアジーが進歩的であつた時代のふるぼけたスローガン『自我の確立』をいま持ち出すことは、全く時代おくれの反動的な役割を演ずる以外にないであろう」「『主体性』とは反共のいゝであり、反共とは反人民の同意語である」と主張している。(56)

第2章で述べたように、こうした「近代」批判は、戦前の知識人にとっては常識的なものだった。丸山や大塚、あるいは『近代文学』の同人たちは、戦争体験を問いなおすことから、「近代」の再評価にむかった。しかし共産党は、そうした経路をたどらなかった。なぜなら共産党自身が、獄中非転向の神話によりかかって、戦前の運動を失敗させた指導者の責任と、転向した多くの元党員の戦争協力を不問に付し、あたかも戦時期が存在しなかったかのように、戦前の運動を復活させようとしていたからである。

しかもその一方では、戦中に「近代」を批判していた、京都学派の動向があった。その一人であった高山岩男などは、一九四六年になっても、「近代国家、近代社会(更に近代家族)の精神」や「近代本流の人間中心主義の行詰り」を唱え、「日本の民主主義化は先ず日本の近代国家化の完成であるが、世界の客観的趨勢は既に近代国家及び近代的

国際社会の段階を超出しようとしている」と主張して、戦後の民主化を批判していた。(57)

いわば当時、「近代」を再評価するか否かは、戦争体験を直視して思想を組みたてなおすか、それとも戦前のマルクス主義運動や、戦中の「近代の超克」にとどまるかという問題と直結していた。それは、戦争体験と戦争責任を隠蔽するか否かという問題とも、連動していたのである。

『近代文学』が「近代」の再評価を掲げて、「四十代」に反発したのも、戦争体験のためであった。平野謙は一九五三年の座談会で、こう述べている。(58)「例えば〔昭和〕二十年の暮にあった新日本文学会の発会式にぼくも参加しましたが、十五年ぶりに開かれたああいう会合の雰囲気がぼくには納得がいかなかった。十五年の間にみんなツライ思いをしてきた、久しぶりにみるいろんな人の顔をみると、十五年の歴史の刻みがきざまれている。しかし会そのものの型というか進行のやりかたには、その十五年の歴史がちつともにじんでいない、というような印象をうけて、ぼくは不満だつたんです。戦争中のツライ体験が会全体の方針にはつきり生かされていると思えなかつた」。

それは「主体性」についても、いえることであった。この時期の「主体性」という言葉は、論者によって含意が少しずつ異なっていたが、共通していたのは、それが戦争体験から生まれた心情を表現していたことだった。

すでに述べたように、丸山や大塚が述べた「主体性」は、「公」と「私」の双方が破壊されていた戦中のネガとして夢見られた、権威からの自立と他者との連帯を兼備した状態を表現する言葉だった。そして梅本克己などが唱えた「主体性」は、マルクス主義の唱える歴史の必然性を了承しながらも、その必然性のなかに解消しきれない自己を表現したものだった。そして後者の心情は、「世界史の哲学」を読みながら戦場に赴いた学徒兵をはじめ、戦争という個人をこえた「歴史」の必然性を認めながら、なお自分の死に納得できない人びとが、共通して抱いたものだった。

すなわち敗戦後における「主体性」とは、マルクス主義をはじめとした、体系的な理論に回収されることが困難な心情を表現した言葉であった。人びとは、戦争と敗戦という巨大な社会変動に翻弄されるなかで、自分自身を納得させる説明をもとめて、「世界史の哲学」やマルクス主義の説く「歴史の必然性」を信じようとした。しかしそうした理論的な説明に納得しきれない「自己」の残余の部分が、別種の言葉をもとめる原動力となったとき、それが「主体性」という言葉で表現されたのである。

丸山は後年、「超国家主義の論理と心理」が注目を集めた理由として、「終戦直後に輩出した日本の天皇制国家構造の批判は殆どみなコンミュニズムか少くもマルクス主義の立場から行われた」なかにあって、「精神構造からのアプローチがひどく新鮮なものに映じた」からだろうと述べている。(59) すなわちこの論文では、マルクス主義の理論体系をはじめとした、既存の言語では表現困難な「精神」の問題が論じられていたのであり、だからこそ爆発的な人気を集めたのである。

逆にいえば、丸山の方法は、「精神」の問題から「政治」を論じることであった。それは、『近代文学』が志向した「政治」と「文学」の二項対立の克服と、共通した心情のうえに成立していた。そして、戦争体験を経た同時代の人びとが、同様の心情を共有していたからこそ、こうしたアプローチが注目を集めたのだといえる。

いわば、『近代文学』や梅本克己、そして大塚や丸山など、一括して「主体性論」とよばれた論者たちが志向していたのは、上から与えられた所与の言語体系――そこには、共産党の硬直化したマルクス主義解釈だけでなく、安易な「民主主義」の合唱なども含まれていた――に納得しきれない心情を、表現する言葉を模索することであった。彼らはいずれも、マルクス主義や共産党に敬意を払ってはいたが、戦争体験のなかで、共産党の掲げる言語体系にあきたらない心情を抱えるに至っていたのである。そうした意味では、「『主体性』とは反共のいゝであり、反共とは反人民の同意語である」という共産党側からのレッテル貼りも、直感的に「主体性論」の性格を嗅ぎとったうえでの、敵対心の表現だったといえるかもしれない。

そしてこうした共産党の圧力によって、『近代文学』側に分裂が発生した。『『近代文学』同人のうちでは最左翼」を自認していた、小田切秀雄の同人脱退である。(60)

小田切はもともと一九四六年二月に、かねてから親交のあった中野重治の薦めで共産党に入党したが、入党にあたり「戦前のプロレタリア文学の時代のように文学者を政治的にひきまわすというのではこまる」と条件をつけていた。だがそうした条件が了承されたという認識のもとに、彼は教条的な「民主主義文学」に批判的な文章を書いていた。だが中野重治が『近代文学』批判を開始したあと、一九四六年一〇月には『新日本文学』が小田切批判の論文を掲載した。新日本文学会の中心の一人でもあった小田切は立場が窮し、一九四七年一月には『近代文学』を脱退せざるをえなくなってしまったのである。

その後まもなく、小田切は『新日本文学』の編集長に選出され、『近代文学』を批判しなければならない立場に追いこまれた。同人脱退後、小田切は荒や平野を、「小市民的自己満足への扇動」「文壇的渡世のやりくり」などと非難するにいたっている。(61) 当時の共産党は、「政治」と「文学」の対立をこえようとした『近代文学』の提言を活かせず、「政治の優位」を押しとおしたのである。

小林秀雄と福田恆存

こうして共産党の圧力は、「政治」と「文学」の乖離を促進する結果を招いた。『近代文学』周辺においてそれを象徴したのが、小田切秀雄の脱退と、小林秀雄および福田恆存との関係だった。

じつは『近代文学』が座談に招いたのは、創刊号が蔵原惟人、第二号が小林秀雄、第三号が中野重治だった。そして小林は、プロレタリア文学を観念過剰と批判した評論家であった。本多の回想によれば、もともと同人たちは、「蔵原惟人と小林秀雄を重ねてアウフヘーベンする」ことを語っていたという。(62)

しかし、蔵原に劣らず、一九四六年一月に行なわれた小林との座談も、不毛なものであった。同人たちにむかって、小林は「僕は政治が嫌ひです」と断言し、「政治の形式がどう変らうが、政治家といふ人間のタイプは変りはしない」と主張したのである。(63)

小林によれば、マルクス主義文学は、思想によって芸術を創作できると考えた観念的運動にすぎず、理性や観念をこえた美にたいする畏敬の念を失っている。そして「文化の本当に微妙な生きたもの」は、「分り切つた思想や観念なんかの中」にではなく、農夫や大工といった「生活者」の「あるがままの人生」や、職人が伝統的に継承している技術、そして古典の原文などに宿っているというのである。

だが「政治嫌い」のはずの小林も、戦争を肯定する文章を書き、新日本文学会の戦犯文学者リストに挙げられていた。しかし座談会で小林は、自分は「生活」のために原稿を書いたのであり、「僕は無智だから反省なぞしない。利巧な奴はたんと反省してみるがいゝぢやないか」と開きなおってしまった。文学者の責任という問題についても、小林は「責任とか無責任とかいふ問題ぢやない。技術が上手か下手かといふ問題だ」と述べるだけだった。

そして、それではどういう文学が「上手」なのかについては、小林は自分の「直覚」をもとに、トルストイやツルゲーネフを「一流」「二流」などと断言するだけだった。この論法でゆくと、人間は観念を捨てて「一流」の文化の前に拝跪するべきだが、何が拝跪すべき文化であるのかは、小林の「直覚」が決めることになる。

おなじ一九四六年に、作家の坂口安吾は、天皇制についてこう述べている。「自分自らを神と称し絶対の尊厳を人民に要求することは不可能だ。だが、自分が天皇にぬかづくことによつて天皇を神たらしめ、それを人民に押しつけることは可能なのである。そこで彼等〔為政者〕は天皇の擁立を自分勝手にやりながら、天皇の前にぬかづき、自分がぬかづくことによつて天皇の尊厳を人民に強要し、その尊厳を利用して号令してゐた」[64]。小林の「文化」や「生活者」への賞賛は、結果としてこれと同様の構造をもつものであった。

一連の座談を経た同人たちは、プロレタリア文学は「社会を発見したために、個人を忘れてしまつた」のにたいし、小林は「個人的なものに閉じこもつてしまつた」と位置づけた[65]。この直後に生じたのが、小田切の脱退と、福田恆存の同人加入拒否事件だった。

福田恆存は、後年には保守論者として知られるようになるが、敗戦直後は三〇代前半の若手英文学者であり、「社会革命の近き将来において成就せんことを祈つてやまぬ」と述べていた。そして一九四七年初頭の時点では、マルクス主義文学者にたいして「自分たちの心の内部に巣くふ封建的気質、ないしは日常的な安逸を欲するプチ・ブル根性」を直視せよと述べ、「文学と政治との乖離」を問題にしていた[66]。この時点での福田は、『近代文学』の同人たちと、共通の問題意識をもっていたのである。

一九四七年七月、『近代文学』は同人の拡大を行ない、花田清輝や野間宏、加藤周一、中村真一郎、大西巨人などが新たに参加した。これにあたって平野謙が福田のもとを訪れ、同人への参加を勧めた。福田も乗り気となったが、同人会議で福田の加入は否決されてしまう。その理由は不明確だが、おそらく最大の理由は、福田の共産党にたいする姿勢と、戦争責任問題への対応にあった。

福田は一九四七年二月と三月に、「文学と戦争責任」および「世代の対立」という論考を発表している。それによれば、戦争文学は思想的に悪というより文学として低質なのであり、「文学者としての愚劣をあへて戦争責任といふことばにすりかへ」ることは、一種の政治的歪曲にすぎない。それゆえ、「戦争責任を追及するひとたちの態度はいささかも文学と道を通じてはゐない」というのである。(67)

そしてプロレタリア文学運動も、近代的自我が確立していない日本社会の状況を利用して、「政治」が文学者を指導し、低質な作品をつくらせた運動にすぎない。獄中非転向を貫いた共産党幹部も、「本来の自己をもたぬ性格的な弱さ」のために、共産主義思想に盲従した「自動人形」であり、それが「節操の強さと見まが」えられただけだという。(68)

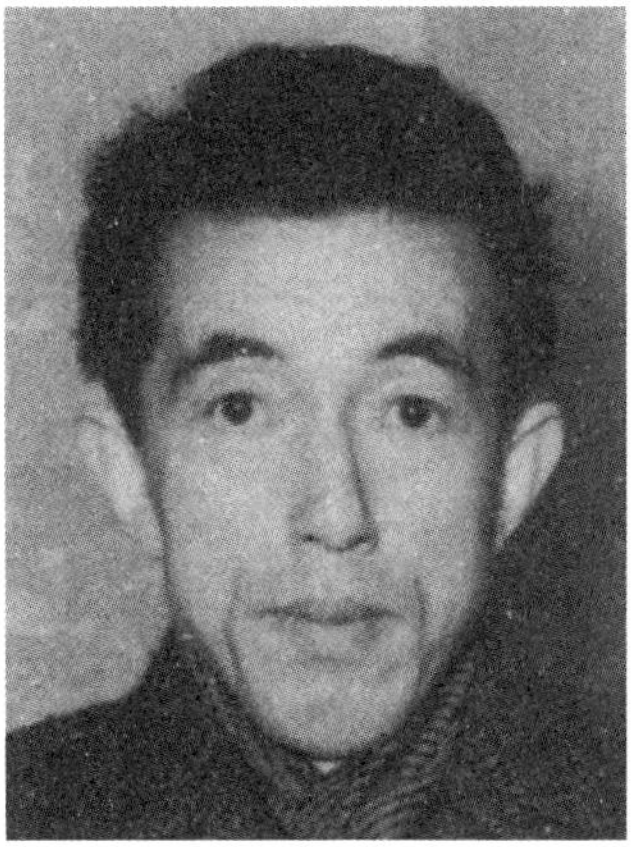

福田恆存

福田によれば、「ぼくの信ずるのは、本来の自己の強靭さのゆゑに、それを生かすためには代役の自己を立てずにゐられなかつた順応主義者のみである」。獄中非転向の共産党幹部は、「自己に代役を立てるすべすら知らぬ頑迷な非社会的存在」だったにすぎない。そうした観点に立てば、自分と家族の生活を守るために戦争に協力した文学者は、「戦争責任を負ふものではなく、その犯罪の被害者」であるという。(69)

そもそも福田によれば、「強権のまへにはたあいなく膝を屈し、利欲のためには目くらめいて公を忘れる凡俗」こそが、民衆というものである。こうした民衆の「政治」こそ、「デモクラシー」にほかならない。

そうであれば、「禁固二十年の履歴をもつて金鵄勲章と見なす心事たるや、まさにアンチ・デモクラシーとファシズムの温床でなくしてなんで。「強制と生活苦にあへぎながら、おのが身命を賭してミリタリズムと闘ふことを期待するのは、精神主義でなくしてなんであらうかこうした精神主義の「理想の鞭」に打たれ傷ついた民衆、「その生活を守らうとしてあへいでゐた虫けらのやうにあはれな人間」の側に立つことだというのである。[70]

ここで福田は、「禁固二十年」の共産党幹部と、「金鵄勲章」の軍国主義を、並列に「精神主義」とよんでいる。荒正人が、獄中非転向の共産党幹部を賞賛すると同時に、特攻隊員を「観念と肉体の分裂」を克服した存在と形容していたことは前述した。福田は荒と対照的に、「生活」のために理想を捨てる「虫けら」を擁護し、非転向幹部を「頑迷な非社会的存在」だと非難したのである。

戦争文学とプロレタリア文学の類似性という問題は、平野や荒も論じていたものだった。そして第三部で述べるように、一九五〇年代末になって、吉本隆明が獄中非転向の共産党幹部について、福田とよく似た評価を唱えたさいには、多くの知識人がこれを歓迎した。それはこの時期までに、共産党への不満が鬱積しており、獄中非転向神話の解体を歓迎する雰囲気が醸成されていたからだった。

しかし、福田がこれを唱えた一九四七年には、彼の主張を歓迎する雰囲気はなかった。しかも福田は戦時期に、支配地域への日本語普及をうたう国策雑誌『日本語』の編集主幹を務めた過去があった。当時の文壇では、ほんの数年前の戦中に誰が何をしていたかは、数々の噂となって流れていた。こうした状況下で、福田が非転向幹部を批判し、戦争責任追及を非難しても、たんなる自己弁護としか受けとられなかったであろう。

本多秋五の回想によると、福田は「まれにみる理想家であった」という。福田は『近代文学』への同人加入を拒否された直後、「いまこそ僕たちは生活と芸術との、政治と文学との混同を断じて排さなければならない」と書いた。[71]福田によれば、文学者は政治と縁を切って文学に集中するか、文学を放棄して政治に全面的に参加するか、その二者択一しかありえない。これは、中途半端な姿勢を許さない「理想家」らしい態度であったと同時に、戦争に協力させられた自分の「生活」を悔いていた福田が、彼の理想を託せる唯一の場であった「文学」を、「政治」から防衛しようとした現われでもあったろう。

こうして「政治」と「文学」を切断した福田は、「文学などは社会の進歩や改善のためになんの役にも立ちはせぬ」「そのやうな文学に固執するとすれば、それは良心の呵責なくしてはありえない」と主張した。[72] こうした福田が、非転向幹部をことさらに非難したのは、自分の「良心の呵責」をかきたてる「理想の鞭」に悪罵を投げつけることで、戦中の悔恨から逃れたいという心情の吐露であったのかもしれない。

福田は一九四五年末から四六年前半にかけて、戦中から執筆を進めていた論考「近代日本文学の系譜」を公表している。その基本的な主張は、日本文学で肯定できる作家は、「実生活」を文学以外の場でまっとうしていた夏目漱石と森鷗外だけで、自然主義文学も白樺派もプロレタリア文学も、すべて西洋から輸入された観念と「精神主義」の産物にすぎないというものであった。こうした文学史観は、おなじく「生活」を重視した江藤淳に受けつがれることになるのだが、それについては第三部で後述する。

福田のこうした志向は、「人間」という言葉の用法にも反映した。福田は一九四七年二月には、「人間の名において」という評論を書き、マルクス主義文学を「人間性に対する侮辱のうへに立つた文学」と形容した。彼によれば、マルクス主義文学者は、「無智なひとびとの生活を犠牲にすることによつて、理論はその純粋化と精緻とを自分のものにしえた」観念論者にすぎないという。[73] ここでの「人間」は、「強権のまへにはたあいなく膝を屈し、利欲のためには目くらめいて公を忘れる凡俗」にほかならなかった。

もともと『近代文学』の同人たちも、「人間尊重主義」を趣意に掲げてはいた。しかし荒や小田切が唱える「近代的人間」は、「強権のまへにはたあいなく膝を屈」するような自分を直視しながらも、それを克服する存在だった。一九四七年から同人に参加した加藤周一などは、福田を批判して、「日本の私小説家が描いた日常的エゴを、人間性の名に於て称へ、人間的現実の根底などと唱へるのは、アナクロニズム以外のものではない」と述べている。[74]

そもそも当時においては、「人間」という言葉そのものが、馴染みの薄いものだった。同人の埴谷雄高は、一九四六年二月の座談会で、「今までのわれわれは国民は解ったが、人間なんて殆ど解らなかった。ヒューマニズムといってもピンとこやしない。一部のインテリゲンチャが解ったような顔付をしてただけだ。非国民といわれると怒るが、

非人道的といわれたって身に感じやしないと僕の友人がよくいった」と述べている。(75)

こうした「人間」という言葉の分裂もまた、彼らの戦争体験の反映でもあった。戦争のなかでは、個々人の生活という「私」も、連帯や自発的政治参加という「公」も、ともに破壊されていた。そうした戦争を経たあと、福田は「私」の回復を、加藤は「公」への志向を、それぞれ「人間」という言葉で表現したのである。

おそらくは、敗戦直後には「社会革命」の希望を語っていた福田も、加藤と共通の心情を抱いていたであろう。しかし福田は、丸山や荒などよりも、戦争協力に深入りしていた。そうした過去をもち、「もともとごく気の小さいぼく」を自称していた福田にとっては、(76)荒が唱えたような「自己を責めることが、そのまま他を責めることに通いあう」といった「政治」と「文学」の架橋は、耐えられないものであったろう。それゆえに彼は、共産党の「政治」に全面的に帰依することで自己の悔恨を救済してもらうか、良心の呵責をかきたてる「政治」から縁を切って「文学」に立てこもるかという、二者択一の世界観を抱きがちだったといえる。

こうした福田に、『近代文学』への加入を勧めたのは、前述のように平野謙だった。小田切が『近代文学』の最左翼だったとすれば、平野はその対極にあった。彼は戦前のプロレタリア文学運動に関係して転向したあと、戦中には内閣情報局の嘱託として働いていた過去があった。また他の同人より比較的年長だったこともあり、戦争賛美の論考も書いている。

もともと戦中には戦争と無縁な仕事はほとんどなく、職に困っていた平野に情報局の仕事を世話したのは本多秋五だった。しかし平野は、情報局で働いていたさなか、東条英機首相が行なう文化関係の演説草稿の執筆を命じられたといわれている。平野は後年に、「戦争中の私はほとんど無名の青年だったおかげで、『より罪少なきもの』といい得るかもしれぬが、その私にも思いだすのもイヤだ、できたら抹殺してしまいたいという戦時中の文章がひとつある」と述べている。(77)そして一九七〇年代に彼の全集が編纂されたさいには、戦中の論考のいくつかが省かれていた。

こうした平野は、『近代文学』の他の同人にくらべ、「政治」へのペシミズムが色濃かった。前述の座談会「文学者の責務」でも、「近代的人間の確立」を唱える荒正人や埴谷雄高にむかって、「現実に対して文学は非力なもんだ。それが、今度の戦争の与えた一つの教訓だ。そこから自己の卑小さという問題が出る。……卑小な、弱点だらけの自分をせめて文学によって救われたい気持ちになる」と述べている。(78)

そうした平野にたいし、荒正人は「救われたい願望をもつということが、窮極において、さっき埴谷がいったように社会的な善へ繫がることができるという確信を持っていい」と述べ、自分の内面を直視することと、「内なる天皇制」との戦いは無縁ではないと主張した。しかし平野は「どうも僕にはピンと来ないね」と述べ、荒から「ピンと来ないのは平野自身の戦争責任観が非常に希薄だということの証拠だ」と批判されている。(79)

敗戦時に三七歳だった平野は、おなじく三二歳の荒や、二九歳の小田切よりも年長であり、戦前の共産主義運動にたいする幻滅の度合いも深かった。また同年輩の本多秋五とも異なり、平野は投獄された経験がなく、この点でも荒や小田切のような「復讐」の心情をもつ傾向が少なかったようである。荒の場合と異なって、平野は敗戦の知らせをうけてもさほどの解放感はなかったと述べており、敗戦直後に書いた一連の文章は「荒正人に影響された」ものだったと回想している。(80)

むしろ平野は、ある意味で福田とおなじく、戦中に抵抗したとされる文学者を批判する傾向があった。上記の座談会では、女優の岡田嘉子とともにソ連に亡命した杉本良吉が、「文学者の抵抗」の事例としてとりあげられたことに、平野は抵抗を示した。この座談会のあとで平野は、杉本が岡田を亡命の手段として利用したのではないかという推測を述べた論考「一つの反措定」を書いて、「政治と文学」論争の口火を切っている。

平野が左翼運動内の女性の地位という問題にこだわったのは、彼が心を寄せていた女性が、戦前の運動のなかでハウスキーパー問題に巻きこまれたためだったといわれる。(81) しかし平野の戦中を知る者のなかには、平野が杉本良吉や小林多喜二を批判することに、苦々しい思いを抱いた場合もあっただろう。宮本顕治は平野の情報局時代の過去を挙げて『近代文学』を批判し、中野重治は平野を「下司」と形容している。(82)

しかし中野もまた、積極的な戦争賛美こそ書かなかったが、検挙されて一九三四年に転向した経緯があった。しかも彼は、戦中に文学報国会ができたとき、過去の反省を述べて入会を嘆願する手紙を書いていた。妻子を抱え、特高警察の監視下にあった中野は、身の安全と収入のために、文学報国会への参加を懇願したのである。

中野のファンだった平野は、その手紙を情報局の上司から読まされてショックをうけ、これを盗みだして保管していた。中野から批判をうけたあと、平野はこの手紙を、論争手段に使わないという条件で同人たちにみせた。荒は中野の過去に憤激し、論争のなかで「なかのはしらをきろうとしている」などと記している。(83)

もともと中野は、自分の転向の経緯を悔い、一九四五年一〇月の非転向幹部の出獄にあたっても、「資格なきものと自分を見ていたため」に歓迎に行かなかったという。その後、宮本顕治らから再入党のすすめをうけた彼は、「言葉もなく感謝」して入党した。(84)そうした悔恨をもつ中野は、宮本の意向に逆らうことができなかったといわれている。

こうした錯綜した状況のなかで、平野が福田を勧誘したものの、他の同人からは異論が出た。加入を拒否された福田は、「そんな同人雑誌なら、こちらも入りたくない」と反発し、『近代文学』への批判に転じた。(85)

こうして福田が行なった批判は、ほとんど論理のアクロバットであった。彼によれば、マルクス主義をはじめとして、近代的自我の限界をうたう思想が一九世紀から台頭しているにもかかわらず、「いまさら社会に対して個人の権威を確立するなどとはアナクロニズムもはなはだしい」。そのうえ、「近代的自我の確立といふことは制度的、物質的に保証されないかぎり、たんなる空念仏にすぎぬ」というのである。(86)いうまでもなく、これは共産党の「近代主義」批判と同じ論理だった。

しかし福田は、マルクス主義文学にも批判的だった。彼によれば、知識人が理想をふりかざして民衆を叱咤するという点では、封建道徳文学もマルクス主義文学も同じだというのである。(87)こうした福田の主張は、「良心の呵責」をかきたてる「理想の鞭」を憎悪した彼の心情の表現であったと同時に、丸山や小田切の「素町人根性」批判とは対極に位置するものだった。

その後の福田は、知識人の観念をこえた「生活者」や「伝統」を賞賛するという、小林秀雄に類似した論調へ近づいてゆく。そして一九五〇年代には、平和運動を知識人の観念過剰と揶揄する一方、新仮名遣いへの変更を理念による伝統破壊だと主張して、旧(歴史的)仮名遣いに固執した。しかし同時に、彼が敬愛していたD・H・ロレンスの小説『チャタレイ夫人の恋人』が発禁処分になったさいには、文学にたいする政治の介入だとして抗議したのである。

とはいえ、世間が新仮名遣いに移行したあとも、旧仮名遣いに固執した福田の姿勢は、彼が掲げた「生活者」が、知識人相手の論争手段にすぎなかったことをうかがわせた。獄中非転向を批判するさいには「近代的自我」が未確立だったと主張しながら、『近代文学』に同人加入を拒否されたあとは「近代的自我」など時代遅れだと述べる論法も、自己弁護のために論理を使いわける姿勢を思わせた。敗戦直後に福田が書いた一連の文章は、単行本にまとめられたが、それを読んだ丸山眞男から「これは傑作な書物です」と評されている。(88)

当時においては、戦中の自分に悔恨をもたない文学者は、ほとんどいなかった。戦争に反対をつらぬいた者も、戦争賛美の文章を実践して「玉砕」した文学者も、ごく少数であった。大部分の文学者は、保身や便乗から戦争に協力し、自分の内面を裏切ったという悔恨を抱いていた。論争相手の過去を直接にあばくことは、互いが傷つく泥仕合に直結しかねないだけに遠慮されていたものの、戦争がもたらした相互不信と自己嫌悪は容易に解けなかった。黒澤明が映画『羅生門』を製作し、平安時代の殺人事件を題材にしながら、自分に都合のよい虚偽の証言を並べる人びとの群像を描いたのは、こうした時代状況のもとでだった。

文学者の丸山静は、『近代文学』一九四八年三月号への寄稿で、戦争体験についてこう述べている。(89)

……なによりもふかくふかく学んだのは、われわれ小市民インテリゲンチャの弱さということである。いつでも責任を他に転嫁して……自己批判がけつきよくは廻りまわつて自己弁護になつているというような精妙な域に達している、本質的な批判にわが身をさらすことのできない弱さ、そうした弱さを弱さとして身に泌みて学んだからこそ……本質的な意味での武装をすることの必要性をふかく学ばざるを得なかつた。

しかし問題は、こうした悔恨から「本質的な意味での武装」を考えたとき、当時においてはマルクス主義の学習と、共産党への参加という以外の方法が、ほとんどなかったことだった。そして、小林や福田が「政治」から「私」を守るという論理で戦争責任問題を回避していたのにたいし、多くの共産党員は「政治」の権威によって「私」への批判を消すことで、やはり戦争体験を隠蔽していたのである。

「市民」と「難民」

そして共産党の「近代主義」批判には、注目すべき要素が含まれていた。「民族」の強調である。すでに述べたように、共産党は敗戦直後から「民族」を掲げていたのだが、それが「近代主義」批判にも影響したのだった。たとえば中野重治は、『近代文学』一九四六年四月号での座談会で、「近代文学」はブルジョア民主主義の産物だと主張し、現代では「日本人が自己の民族文学を生んで行くといふこと」が必要だと述べた。古在由重も『近代文学』を批判するにあたり、「民族の独立なくして何の主体性の確立か」と主張した。同人から脱退した小田切秀雄も、一九四七年二月に「個人主義文学」を批判して、「民主主義的な民族文学」の確立を唱えている。[90]

また一九四七年八月には、共産党系の学生新聞が、『近代文学』をはじめとした主体性論を「無力なインテリの自己弁護」と批判するとともに、これを「半植民地的文化の前兆」と形容している。[91] 共産党が「民族戦線」を正式に掲げたのは一九四八年三月からだったが、すでに「政治と文学」論争の時点から、「民族」をうたう傾向が発生していたのである。

もっとも第3章で述べたように、当時の共産党周辺では、「民族」は「人民」とほぼ同義語であり、近代的な個人の確立とも矛盾しないものとされていた。中野重治は一九四七年五月に、『近代文学』を「民族の再建に背をむけた個人主義」だと批判しながら、同時に「民族の民主主義建設をとおしての個の確立、個の確立をとおしての民族の再建」を唱えている。また一九四八年一一月の座談会では、中野は当時の共産党の公式見解に沿い、「民族といふ場合に、日本人であるとかなんとかいふ人種的な問題に基礎があるのではなくて」、為政者や独占資本家をのぞいた「人民の九五パーセントといふものが民族だ」と述べていた。[92]

しかし公式的にはどうあれ、「自由主義」「個人主義」を批判して「民族」を掲げる論調は、戦中を思わせるものであった。こうした「民族」に対抗して、荒正人は「市民」を掲げた。荒は『近代文学』一九四七年九月号に、「市民として」と題した反論を書き、中野にむかって「市民対市民の関係でのみ論争をしたい」と述べている。(93)

ところが、ここで留意すべきことが一つある。それは、「京都市民」や「横浜市民」といった行政区分的な意味ではなく、一般名詞として「市民」を用いることは、当時はいささか珍しかったことである。

「個人主義」という言葉が流動的であったことにもみられるように、それまでの言語体系が崩壊した敗戦直後の論壇では、言説の構造は混乱と変動の時期にあった。この当時、大塚久雄は「近代的人間類型」を、丸山眞男は「国民《ナシオン》」を、彼らが理想とする「近代的」な人間像の名称として使っていた。ところが敗戦直後の彼らは、「市民」という言葉を、ほとんど使用していなかったのである。

その理由は、主として二つあった。その一つは、当時の日本では、農村人口が多かったことである。一九四五年においては、都市人口は総計でも二八パーセントにすぎず、日本社会のマジョリティは農村を中心とした郡部に住んでいた。やや後年になるが、一九五一年に、教育学者の宗像誠也はこう述べている。(94)

……市民という言葉は日本ではなかなか一般化しにくいでしょう。……それは都市住民ということになって、農民に向ってよき市民たれ、といっても変なことになります。その場合はよき村民であるわけですが、村民というとまた前近代的なという感じが強くて、教育の目標になりにくい。よき村民というと、いわゆる長上をうやまい、黙々とただ働く、というような感じになります。要するにグッド・シティズンシップというのを、よき市民と簡単に訳したのではピンときません。

また当時は、都市部にしても、「市民」という言葉に適さないと考えられた人びとが多かった。丸山眞男は一九四七年六月の講演で、「わが国の中間階級或は小市民階級」を、二つの類型に区別している。一つは「町工場の親方、土建請負業者、小売商店の店主、大工棟梁、小地主、乃至自作農上層」などであり、もう一つは「都市におけるサラリーマン階級、いわゆる文化人乃至ジャーナリスト、その他自由知識職業者（教授とか弁護士とか）」であった。[95]

そして当時は、都市中間層においても、前者のほうが多数派であった。そして当時の言語体系においては、一般名詞としての「市民」を、「大工棟梁」や「土建請負業者」にあてはめる慣習はなかった。彼らの下で働く日雇い労働者や徒弟、奉公人などについては、もちろんいうまでもない。

そして丸山は聴衆にむかって「まず皆さん方は第二類型に入るでしょう」と述べ、「サラリーマン」を含むこの類型を、「本来のインテリゲンチャ」と形容していた。[96] 農民や自営業者が多数派だった当時においては、安定した収入が保障されている「サラリーマン」は、高学歴のエリート層だったのである。

そしてこうした階層格差が、「市民」という言葉を一般化させない、第二の理由となっていた。すなわち、丸山のいう「第二類型」が特権的な少数派だった時代においては、「市民」という言葉は、マルクス主義者から「ブルジョア」の同義語とみなされていたのである。

すでに第2章や第5章でみたように、当時の知識人の基本教養だったヘーゲル思想やマルクス主義では、「近代市民社会」とは資本主義社会であり、「市民」とはブルジョア階級のことであった。西洋文化の享受が都市中産層の特権だった当時において、「世界市民」は資本家の代名詞であり、「民族」は「民衆」の同義語であるという言説が成立していたことも、すでに述べた。そこでの「市民」とは、「自由主義」「個人主義」「近代主義」の象徴であり、「労働者」や「農民」の下位におかれるべき「プチブル」にすぎなかったのである。

のちに「市民運動」という言葉を一般化させた小田実は、一九六五年当時を回想して、こう述べている。「『市民』も、たとえばフランス革命を講ずる大学教授の語彙のなかにあっても、かつてはふつうには使われていなかった。使えば奇異にもキザったらしく耳にひびくことばだった」。そして「『市民』は、『左翼』の『革命勢力』にとって、いつだって『プチ・ブル』とか『小市民』だとかの『差別的』用語と無縁なものではなかった」。[97] 第二部で後述するように、高度経済成長によって文化の均質化と都市人口の増加がおこるとともに、「市民」という言葉も一般化してゆくのだが、それでも一九六〇年代には小田のいうような状況があったのである。

とはいえ高度成長以前でも、非共産党系の知識人が、フランス革命で形成された人間像を念頭に、「市民」を肯定的に使用するケースがなかったわけではない。丸山は一九五〇年の論考「ある自由主義者への手紙」で、日本においては「ソ連型民主主義」はおろか「西欧の市民的民主主義」さえも根づいておらず、「この意味の民主主義もわれわれにとって未だ課題であって現実ではない」と主張している。[98] もちろんこの主張は、「我が国において近代的思惟は『超克』どころか、真に獲得されたことすらない」という彼の認識から発したものである。

しかし丸山が、こうした「市民的民主主義」を、無条件に賞賛していたとはいえない。丸山は一九四七年には、「『自由』の担い手はもはやロック以後の自由主義者が考えたごとき『市民』ではなく、当然に労働者農民を中核とする広汎な勤労大衆でなければならぬ」[99]と述べていた。また「ある自由主義者への手紙」では、「市民的民主主義」を「『英米的』民主主義」ともよんでいる。そして第2章でみたように、英米では「個人」と「国家」を対立させる「個人主義的国家観」が根強いのにたいし、「ドイツやフランスではナショナリズムがリベラリズムの双生児であることは国民的常識」だというのが、当時の丸山の主張であった。

そして丸山は、一九五一年の論文「日本におけるナショナリズム」では、フランス革命で生まれた「シトワイヤン citoyen」の訳語として「市民」ではなく「公民」を用い、「政治的責任の主体的な担い手としての近代的公民《シトワイヤン》」と述べている。[100] おそらく丸山は、都市住民がマイノリティだった当時の社会状況と、「市民」が「プチブル」という含意をもつ言葉だったことをふまえて、「市民」ではなく「公民」を使用したのだと思われる。

そして当時の丸山は、「国民」はもちろん、「民族」にも否定的ではなかった。一九四八年一二月の平和問題討議会の総会では、丸山は「真のインターナショナリズムというものは各民族の文化的個性を尊重することによってのみ可能だ」と述べ、同席していた川島武宜も「文化の多様性や個性を抜きにして国際性を説くことは抽象的なコスモポリタニズムに陥ります」と主張している。[101]

こうした言語状況をふまえるならば、荒正人が「市民として」などと唱えたことは、当時としてはおよそ特異な現象であった。荒が共産党員であり、共産党周辺における「市民」という言葉の含意を熟知していたことを考えれば、これは「プチブルとして」と述べるに等しく、いわば確信犯的な行為であったといってよい。

荒が「市民」を肯定的に用いた理由の一つは、彼の日本社会認識だった。前述のように、荒は共産党の二段階革命論をふまえて、フランス革命型の「ブルジョア民主革命」の必要性を唱えていた。そのさい彼は、日本のことを、『共産党宣言』が市民社会の没落を宣してから二十年をへて、やっと封建社会から未練たっぷりな訣別をした後進国」と形容していたのである。(102)

それにたいして、『近代文学』を批判した共産党系の論者は、異なる日本認識を示した。甘粕石介は、「日本は単に後進国ではない」と主張し、「近代主義者が日本の後進性をいろいろの例を挙げて指摘するのを聴いていると、われわれは知らず知らずに独占資本主義国としての日本の姿を忘れてしまう」と荒を批判していた。(103)

こうした荒の日本社会認識は、丸山と共通だった。ところが荒は丸山とも異なり、一九四七年には citoyen の訳語として、「公民」ではなく「市民《シトワイヤン》」を充てている。(104)

これはおそらく、荒が「小市民インテリゲンチャの生活感覚」を掲げて、共産党の「政治の優位」に対抗していたことと関係していた。すなわち荒は、「芸術至上主義」や「個人主義」などと同様に、「市民」というマルクス主義文学界のマイナスの「慣用語」を、あえて対抗的に掲げていたのだと思われる。

じっさいに荒は、論争のなかで、中野重治に「市民対市民の関係でのみ論争をしたい」と反論したほか、宮本百合子が「上層中産階級《アッパー・ミドル・クラス》」の出身であることを強調し、宮本の「楽天的、外向的、前進的などの特質を市民《シトワイヤン》の強味として理解したい」と述べている。また「小林多喜二は小市民インテリゲンチャであった」と述べ、小林の小説『党生活者』についても、「英雄、市民を描いたものとしてこの作品の主人公を眺めてみる」と主張していた。(105)

すなわち荒は、「小市民性」を克服せよと主張する「四十代」こそが、労働者階級出身ではなく、「市民」ではないかと反論していた。「市民」という言葉は、それを積極的に用いる荒においてさえ、一種の開きなおりを伴わずには、使用できない言葉だったのである。

また丸山の「国民」や「公民」と異なり、荒の「市民」は、国家と対抗関係にあるものだった。すでに述べたように、荒は一九四七年には「近代市民社会」を「横のつながり」として賞賛したが、そのさい「国家と階級はむしろ縦のつながりを主張して、横のつながりを嫌悪した」と記している。[106] もちろんこれは、「国家」を掲げた日本帝国主義と、「階級」を掲げた共産党を、念頭においたものにほかならない。

そして荒が、「市民」とならんで使用していった言葉は、「人類」と「難民」だった。彼によれば、「人類といふような近代の感覚」は、日本の文学には欠けているものだが、「近代市民社会のヒューマニズム」と結びついた「民族と階級を超えた遠い地平線」である。そして「市民にとつては、人類は空疎な名辞などではなく、充足した実体なのである」という。そのうえで彼は、国境をこえてゆく「難民を人類と結びつけて意識する」と述べ、一九五〇年代には「市民文学」を提唱するようになる。[107]

こうした語彙は、荒が中学時代に、キリスト教の洗礼を受けていたことと関係していた。彼が大塚久雄と対談し、侵略戦争の事実を「オリジナル・シン」にすることを主張していたのは前述した。荒は一九四六年には、中国共産党の長征をモーゼの「出エジプト記」になぞらえており、キリスト教の語彙として「難民」という言葉になじんでいた。そして彼は、「原始キリスト教は……民族神から人類神への発展である」と述べ、「神のまえにはあらゆる人間がひとしいのだ、内在の神を唱へたプロテスタンティズムが、市民社会の個人主義を確立するのに役立つたことは、すでに定説である」と主張していたのである。[108]

しかしこの「難民」や「人類」という言葉は、荒の戦争体験から生まれたものでもあった。戦争に批判的な知識人たちは、戦中には民衆から孤立しており、荒の形容にしたがえば「国内亡命者」の状態にあったのである。

荒たちの世代では、一九三〇年前後のマルクス主義運動高揚期とは異なり、組織的な運動はほとんど不可能であった。そのため彼らの「抵抗」は、非合法の書籍を一人ないし数人で読むか、自分の内心で反戦の意志を保つといったものにかぎられていた。荒は戦中の自分の状況を、「外部の民衆からも、友人知己からも切り離された孤独なたたかいであった」と回想し、これを「国内亡命者」と名づけていたのである。[109]

そして荒は、戦中を回想して、「牢獄にゆくか、外国に逃げるか、それ以外に生きた青春を確保する純潔な手段はないように思われた。だから、杉本良吉が雪の国境を超えていった事件に胸を掻きむしられた」と述べている。[110] 杉本良吉の亡命が、同人たちの座談会で「文学者の抵抗」の一例としてとりあげられ、平野謙がこれに抵抗して杉本を批判したことは、前述のとおりである。そして「亡命」という言葉も、知識人たちの戦争体験を反映した言葉の一つとして、戦後思想のキータームの一つになってゆくのだが、それについては第二部以降で後述する。

いわば荒の「市民」「難民」「人類」「亡命者」は、「国民」から孤立した状態に追いこまれた戦争体験を反映したものであり、そうであるがゆえに「国民」とは対置されるものであった。おなじくキリスト教から影響をうけていても、荒の思想は、「国民」や「民族」を重視した南原や大塚などと異なっていた。

そこには、南原や大塚、あるいは丸山などよりもいっそう戦争に批判的であり、それゆえに孤立しなければならなかった荒の戦争体験が、反映していたといえよう。丸山は空襲下で「運命共同体」という意識を抱き、一種の〈建設的批判〉として「国民」の思想を形成した。しかし荒は、一般から孤立した「国内亡命者」の状態で、「市民」や「人類」の思想を形成したのである。

また荒は、山口高校時代の政治運動で、朝鮮人を指導者とするグループに所属し、「二人の朝鮮人から無数に学んだ」と回想していた。それにたいし丸山の朝鮮人との接触体験は、彼が軍隊に召集されて朝鮮駐屯の歩兵連隊に送られたさい、「平壌の内務班で朝鮮出身の古兵に編上靴でなぐられた」という悲惨なものだった。[111] そして丸山は、福沢諭吉の朝鮮蔑視についても、後年まで擁護する姿勢をとりつづけていた。こうした朝鮮人との接触経験と、そこから派生する朝鮮への視線の相違も、荒の「人類」と丸山の「国民」に反映していた可能性があったかもしれない。

そして文学史においても、荒は独特の意見をもっていた。彼は「明治」の夏目漱石や森鷗外のほかに、「大正」の白樺派を、しだいに評価するようになっていったのである。

じつは荒が、彼が唱える「市民文学」の先駆例として挙げたのも白樺派であった。荒は後年には、白樺派が「人類」と「ヒューマニズム」を掲げ、理想の共同体を築こうとしたことを賞賛している。[112] もともと荒は、大正期に流行したモダニズム文化を愛する少年だったこともあり、「宇宙」や「人類」といった言葉を好んでいたのである。

しかし白樺派の文学者たちは、その多くが華族をはじめとした上層階級出身であった。そのため彼らは、ユートピアを空想して政治から逃避したブルジョア文学者として、共産党から批判されていた。たとえば宮本百合子の白樺派評価は、大逆事件によって明治の社会運動が弾圧されたあと、「野暮な社会的階級的ごたごたからは目をそらして、世界人類の能力の輝かしい可能」を夢想したというものだった[113]。

『近代文学』の同人たちも、志賀直哉などに原稿依頼した経緯があったとはいえ、必ずしも白樺派に好意的ではなかった。白樺派について長文の評論を書いた本多秋五も、白樺派の「自己を生かす」というスローガンには共鳴したものの、同時に彼らを「人を人とも思わぬ坊ちゃんの『自由』」「ときには幼児めいて見えるあの自分勝手と無警戒、それらと不可分な関係にある彼等の非妥協的な自己忠誠」などと評していた[114]。白樺派の武者小路実篤が、貴族院議員となって戦争を賛美し、公職追放となっていたことは前述のとおりである。

おなじく「自己を生かす」といっても、戦争に抵抗するなかで「自己」を見出した荒と、白樺派の「坊ちゃんの『自由』」とは、いささか性格が異なるはずであった。しかし荒は、「市民」の場合とおなじく、共産党から嫌悪されている存在を、あえて好意的に評価してゆく姿勢をとっていったのである。

しかし白樺派への批判は、共産党系の論者にかぎらなかった。明治文学を賞賛し、白樺派を批判するという傾向は、「国民文学」を掲げた竹内好や石母田正などにも共通しており、やがて江藤淳に受けつがれる。このような白樺派と「明治」「大正」への評価も、戦後思想家たちが「個人」と「国家」の関係を論じるさいの指標として、今後の章で検証してゆくことになろう。

しかしこうした『近代文学』の影響を、共産党は徹底して排除しようとした。一九四七年一二月の共産党東京大学細胞分裂は、そうした状況を象徴的に示した事件であった。

この分裂事件は、二・一ゼネスト中止以降の運動停滞期に、東京大学の学生党員が、細胞内で「エゴ論争」を提起したことから始まった。論争はやがて、『近代文学』の影響をうけた「革新派」と、党中央を支持する「公式派」の内紛に発展し、周辺の大学にも影響が波及して、共産党から脱党する者が出始めた。

こうして東大細胞の活動が停止してしまうなか、「エゴ論争」を提起した学生党員は、「近代的市民精神」と「新しきヒューマニズム」をうたい、大正時代の学生組織だった「新人会」の復活を企画した。しかし党中央はこれを「分派活動」とみなし、この学生党員は共産党本部に喚問され、「公式派」の学生党員や宮本顕治などから「反人民的モダニズム」という批判を浴びてしまう(115)。

この学生党員の回想記によれば、彼は東大細胞のかつての同志から「スパイ」「裏切者」などと批判され、ついに自主的に脱党届を出すと申しでた(116)。このとき東大細胞の「公式派」から、自主的脱党ではなく除名処分にするべきだという意見が出されたが、同情した細胞員の反対で脱党書が受理された。これが党の統制委員会で問題となり、細胞をいったん解散処分とし、「公式派」の学生党員を中心に再建させることとなったのである。

共産党側の学生が発行した「断罪状」は、処分された学生党員を「裏切分子」「汚らわしい菌」と形容し、党文書を大学近所の警察署に渡していたと非難した(117)。しかしこの学生党員によれば、そのような事実はなく、警察署の所在地すら知らなかったという。

この学生党員は翌年に公表した手記で、「私の情熱を燃やし理想化していた共産党」から受けた中傷によって「たとえようもない幻滅の悲哀を味わった」と記し、こう述べている(118)。

二年間の党生活の後に去り難く私の頭に残ったのは何よりも戦慄するばかりのこの政治という醜悪さである。……

政治とは多かれ少なかれ目的至上主義的要素を含む。だがこの目的至上主義こそ我々の最も憎むべき敵である。だからたとい終局に於いて政治なき社会真実の自由の王国がめざされても、そこに至る最短距離をとるべく如何なる手段を執ろうとも差支えないという論理はなりたたない。……美しい終局目標をふりかざすことによって不正と虚偽とを温存しようとする集団に対して抗議するのである。

前述したように、一九四七年一二月に開かれた共産党第六回大会では、この事件を「共産党が再出発して以来最大の処分」と形容している[119]。しかしこうした処分は、これに止まることはなかった。第7章で後述するように、共産党は一九五〇年代には大規模な内部分裂にみまわれ、多くの党員が査問や除名処分をうけた。中野重治や小田切秀雄もやがて共産党から除名され、彼らは『近代文学』を批判したことに悔恨を表明することになる。

そして共産党を除名された元党員たちのなかには、幻滅して政治から身を引くか、あるいは反共の方向にむかう者が続出した。一九四七年の「エゴ論争」で党を追われた渡邉恒雄という学生党員も、この後に読売新聞社に入社して社長となり、反共と保守の方向で「政治という醜悪さ」にかかわってゆくことになる。

「政治と文学」論争は、一九四六年から四七年にかけて注目を集めたものの、ほとんど平行線のまま自然終息した。文学者の戦争責任の追及も、相互の泥仕合を恐れる風潮のなか、いつしか立ち消えとなった。

「政治」と「文学」の分裂をこえようとした試みを、活かすことができなかった共産党は、結果として多くの人びとを「政治」から排除した。それは、戦争体験から生まれた「主体性」への志向が、政治の変動のなかで挫折に追いこまれた最初の事例となった。そしてそのなかでつくられた「民族」と「市民」の対立という図式は、戦後の言説構造が変遷してゆく過程を示す、一つの指標となってゆくのである。

第二部

第7章　貧しさと「単一民族」

以下の第二部では、一九五〇年代のナショナリズムにかんする言説を検証する。本章ではその前提として、この時代における社会状況と言説の関係を概説しておく。

政治的事件の側面からみれば、一九五〇年代は講和問題で始まり、安保闘争で終わった一〇年と考えられる。しかしここでは、この時代の背景として、二つの社会的要素を指摘しておきたい。

その一つは、一九五〇年代においては、言説の担い手はすべて戦争体験者だったことである。この状況は、戦後生まれの世代による全共闘運動が台頭する一九六〇年代後半まで継続した。以下の章でも見てゆくように、一九五〇年代の左派運動で「民族」という言葉が多用されたのは、戦中との連続性という問題を抜きには語れない。

そしてもう一つは、当時の日本社会の貧しさと、経済的・社会的な格差である。戦争によって荒廃した経済が、ようやく戦前の水準を回復するのは、一九五四年前後のことである。一九五〇年代後半に高度経済成長が始まっても、貧しさと格差が人びとの関心から消え去るまでには、まだ長い時間を要した。

この章では、これらの背景、とくに後者に重点をおいて、一九五〇年代の左派ナショナリズムについて概説する。

格差とナショナリズム

一九五〇年代の社会的格差を示す事例として、高度成長の入口にあたる一九五七年に出版された、加藤秀俊の『中間文化』に記されたエピソードを紹介しよう。この本は、社会学者の加藤が、アメリカの大衆社会論の影響をうけて、日本でも大衆社会化が進行していることを主張したものだった。そこで彼は、以下のように書いている。[1]

むかしだったら、たとえば私たちインテリがカメラをぶら下げて農村に出向いたら、若ものたちは羨望と好奇心をもって珍しげに、カメラという不思議な贅沢品をのぞき見したにちがいない。ところが、現在、調査に出かけている奈良の村で、私はおどろくべき経験をした。私が記録写真をとるのに使っているのは、主にコニカのII型という写真機なのだが、その村のある青年は、それをチラリと見るなり、「ああ、俺の持ってるんと同しや。レンズは二・八やろ」などといい、それから、最近発売されたフジノン・レンズの明るさのことなどを話しはじめたのである。

高度成長期以降の日本しか知らない者にとって、このエピソードのどこが「おどろくべき経験」なのかは、理解しにくい。しかし一九五七年においては、これは第三世界の奥地に調査にでかけた文化人類学者が、調査対象の村民に「ああ、俺の持っているカメラと同しや」といわれた以上の衝撃的事件だったのである。

加藤はこの『中間文化』で、当時としては「おどろくべき」観察を列挙している。いわく、「女工さんだったら、イア・リングのひとつくらい持っていても不思議ではない」、「山のなかの村でも、青年たちは上等の背広をきて、ダンスをやり、ジャズをきき、自動車の免許をもったりしている」、「工場労働者が背広をきて観光旅行に出かけたり、農家の娘さんがルネ・クレマンの『居酒屋』をみて一見識ある意見をぶったりする」、「二十歳の旋盤工は、おそらくペギー・葉山について、原田康子の作品について、また新型オートバイについて、田舎の娘さんとも、大学生ともスムースなコミュニケイションにはいってゆける」等々。[2]

ここからわかるように、一九五〇年代前半までの日本社会では、知識人と労働者、都市と農村のあいだには圧倒的な文化的格差が存在し、話題の共有もありえないというのが常識であった。そうした前提の下に、「知識人」や「民衆」、あるいは「ブルジョア」や「プロレタリアート」といった言葉が、違和感なく響いていたのである。

敗戦後の日本では、社会全体の貧困が、大きな社会問題だった。国際連合による一九四八年版アジア極東経済調査によれば、当時の日本国民一人あたりの推定所得は一〇〇ドルで、アメリカは一二六九ドルだった。ちなみにセイロン（のちのスリランカ）は九一ドル、フィリピンは八八ドル、インドは四三ドルであり、当時の知識人の多くは、日本を「アジアの後進国」と位置づけていた。一九五七年になっても、乳幼児死亡率は全国平均で四・〇パーセント、岩手県の山間部では一四・五パーセントにのぼっていた。(3)

こうした現実のなかにあって、知識人の多くは、政治に無関心ではいられなかった。一九五八年、当時二六歳の青年作家だった小田実がフルブライト留学で渡米し、二つのことに驚愕した。その一つは、飼い猫用の缶詰や、お湯が出る水道などに象徴される、当時の日本からは想像もつかない豊かさであった。そしてもう一つは、そうした豊かさになれきっている人びとの、徹底した政治的無関心だった。小田は帰国後に、アメリカをこう描いている。(4)

こういう社会にいると、貧乏は眼につかない。……私はニューヨークの社会主義者たちと多く知己になったが、彼らが配布するアメリカ版「アカハタ」がいかに説得力なく眼に映じたことか。……

こういうところから、政治に対する極端な無関心さが出て来る。もちろん、ヨーロッパでも日本でも、あるいはその他のところでさえも、政治に背を向けることができる。政治のことは私の関知せざるところです、と、うそぶくこともできる。が、それはやはりポーズだ。どこか無理をしている。政治に背を向けているという意識がどこかでしているのだろう。その無理さが、アメリカ人にはない。

人びとは貧しさのなかで、自然に政治への関心を抱いた。第4章でも述べたように、小田は敗戦後の飢餓のなかで、友人と憲法第二五条の規定をめぐり、「主食にイモをかじりながら、これが何故、〈健康で文化的な最低限度の生活を営む〉ことになるのか」と徹夜で議論した経験があった。小田によれば、「実際私たちは、そのとき、憲法に対して、そうした激しいことばを叩きつけるよりほかに、大げさに言えば、生きる道はなかった」という。[5]

こうした小田は、アメリカ留学の帰途で立ち寄ったシリアで、貧しい民衆たちが、ナセル大統領の演説に熱狂する様子に共感した。インドのカルカッタでは、現地の「若い新聞記者が、この機関車は国産なんだ、と眼を輝かして語った」とき、「彼の眼と表情は、凡百のナショナリズム論議をこえて私の胸を打った」。[6]

しかし、小田と一緒に旅をした「アメリカの若者たちの第一の反応は、どうして中近東やインドでは、みんながかくも政治に熱中するのか、という疑問だった」。インドの貧民たちを前にして、アメリカの大学生は、「論じてみたって仕方がないことではないか、現実は一向によくならない」と言った。それを承知でも論じずにはいられないという心情を理解できないこの若者を、小田は「その蒼い眼は澄みきっていた。それは、理想と現実のムジュンを知らない眼だった」と評した。[7]

さらに小田が感じたのは、こうしたアメリカ人たちが、「政治」を抽象的なゲームとしてしか捉えていないことだった。「手術室の内部のように清潔」なアメリカの大学町で、博士号をめざして社会学や政治学を勉強する学生たちにとって、「『政治』は、彼の専攻の『国際関係論』の一環としてなら、その範囲内でなら大いに興味がある」というものだった。彼らは第三世界を論じるさい、「〔現地の住民にとっては〕肝心の問題は、餓死するか否か、であるのに、そこには自由がありや否や、ということをまず問題に」した。日米安保条約についても、小田は日本が戦争に巻きこまれるか否かという問題、すなわち「われわれの身の安全というところから出発するのに対し、彼らは、問題を国際政治の舞台のなかで理解しようとする」のだった。[8]

そして小田が会った「アメリカの若者たちで、少しものを考える人たち」は、口々に「インターナショナリズムに徹しなければいけない、ナショナリズムが戦争の原因である」などと主張した。あるアメリカ人は、アラブ・ナショナリズムの象徴であるナセルを、「結局、あいつは独裁者なのだ」と評した。しかし小田は、ナセルに熱狂する民衆のほうに共感し、アメリカでは「問題が非常に軽々しく論じられている」と感じた。[9]

だが一方で、日本の知識人は、良くも悪くも民衆から孤立した存在だった。これまでも述べたように、西洋型の生活様式と知識の享受は、もっぱら都市の中産層以上の特権とみなされていた。知識人の間ではヘーゲルやマルクスが常識になっていたのにたいし、第1章でも言及したように、一九四八年の調査では、新聞程度の文章を完全に読み書きできる者は四・四パーセントにすぎなかった。ちなみに一九五〇年の国立世論調査所による調査では、「人権」という言葉を聞いたことがない者が東京で一三パーセント、農村部では四五パーセントを占めていた。[10]

一九五〇年代前半に大学生だった山本明は、「このころは、都市と農村とは完全に分裂していた。都会から村に行くと、これが同じ日本かと疑うほど、万事が違っていた」と述べている。山本の言葉にしたがうなら、「地方が開発され、都市も農村も同じ日本だと人々が考えるようになったのは、一九六〇年以降のこと」であった。[11]

もっとも敗戦直後の時期では、農村は日本社会のマジョリティであるだけでなく、食料が不足した都市よりも優位な存在でもあった。山本は、左派による啓蒙演芸活動が、農民から卑猥な野次にさらされたというエピソードを挙げて、「敗戦後数年間は、米を作っている農家は王様で、『自分にとってつまらぬものは、下らないものだ』と確信していた」と述べている。[12]

もちろんこうした農村側の反応は、特権的な生活を享受している都市住民にたいする反感の現われでもあった。マルクス主義系の学会誌『歴史学研究』に掲載された一九五一年の座談会で、参加者の一人は、こう語っている。[13]

戦争中田舎へ疎開した都会の人たちが、一人残らずという程、まるで骨身に徹したような憎悪感をもって、百姓ってのはひどい連中だと言うようなことを言っていた。所が敗戦後に少し活気づいてくると、まるで都市にはあるが、農村にはないものが近代的なものだと言わんばかりに、そうしたひどいめに合わされたようなことは、農村が遅れているからで、どうしてもその近代化を計らなければならないと言い始めたわけです。所が少しばかりいろいろなものをおしつけてみてどうもうまくゆかないと、やはり遅れた農村はどうにもならないというような事を言いはじめる。つい先程までもっていた憎悪を今度は軽蔑することによって忘れてしまおうとするのです。農村の場合は全く逆で軽蔑から再び憎悪へと変ってゆく。まるで憎悪と軽蔑の壁でへだてられています。

いわば当時の日本は、人びとが地方と階層によって分断され、均質な「日本人」などという概念が、およそ通用しない世界であった。第3章でみたように、当時の進歩的知識人や共産党系の論者たちが、「民族」や「国民」の成立をめざすべき目標と考えたのは、こうした社会状況を背景としていた。

そして第6章でもみたように、農村人口が多かった当時にあっては、「市民」という言葉は都市ブルジョア層の代名詞であった。その一方で、「民衆」や「大衆」は、知識人や都市中産層を含まない言葉であった。そうした言語状況のなかでは、都市中産層と農民の双方をふくむ集団を表現する言葉は、「民族」か「国民」になりがちだったのである。

また一九五〇年代の左派知識人たちは、しばしば「単一不可分の日本民族」「単一の民族国家」といった言葉を使用した。(14) この「単一不可分」という言葉は、フランス革命政権の標語だった「一にして不可分の共和国 Unité, indivisibilité de la république」の翻訳から派生したものであり、身分や地方の分断を克服した「国民」が成立した状態を志向する言葉だった。

そして、彼らが「単一の民族国家」と対比的に論じたものは、「世界帝国」「植民地領有国家」「多民族国家」であった。たとえばマルクス主義中世史家の藤谷俊雄は、一九五二年に「さきに単一の民族国家を形成したイギリス、フランス、イタリヤなどは他民族の領土を手に入れることによって多民族国家、植民地領有国家となり、もはや民族国家ではなくなるのであります」と述べ、戦前の日本を「多民族国家」とよんでいる。(15)

第一部で述べたように、彼らの歴史観では、理想の共同体を形成していた古代ギリシアのポリスが亡んだあと、ローマ帝国をはじめとした「世界帝国」が生まれ、そこで活動した商人が「世界市民」であるとされていた。「単一の民族国家」と「世界帝国」を対比させる論調は、こうした図式から派生したものであった。

そして西洋文化の享受が都市中産層の特権とみなされていた当時は、「世界市民」は多国籍企業の資本家の代名詞であり、「民族」は「民衆」の同義語であった。そして知識人たちは、自分が大衆から孤立していることを自覚すればするほど、「世界市民」を批判し、「民族」を賞賛する傾向があった。

たとえば一九五二年、マルクス主義中世史家の石母田正《いしもだしょう》は、「たれでも、ことに西洋の学芸について学んだことのあるインテリゲンチャにとって、この不幸で、泥臭くて、胸のしめつけられるような日本からの逃避を考えなかった人があるでしょうか」と述べながら、「コスモポリタン」を強く批判していた。[16] もちろんその「コスモポリタン」とは、日本の政治に関心をもたず、クラシック音楽やロマン派の詩など、大正教養主義の時代に好まれた西洋文化に逃避する「小市民」の代名詞であった。

石母田は、彼の戦後の評論を集めた一九五二年の『歴史と民族の発見』で、こう述べている。[17]

……西欧近代文化が生んだ多種多様な思想の潮流があいついでインテリゲンチャによってわが国に輸入されました。……しかしこの西欧文化の輸入は、広汎な大衆の要求のなかから生みだされたものでなく――知識人にとって大衆は浪曲と股旅物しか解さない俗悪を意味しました――大衆のなかに根をおろすことができなかったために、インテリゲンチャと都市の小市民のせまい世界だけの問題となり、国民的財産として結実する資質を欠いておりました。国民という土壌に根をおろさず、そこから隔離されて、むしろ西欧帝国主義文化と直接つながっているこの知識人と小市民の小世界は、植民地都市のような卑屈さをもって西欧文化の輸入につとめたのであります。私も、他の多くの歴史家もこのような世界でそだってきました。

この文章に続けて、石母田は「コスモポリタン」への批判を語るとともに、自己の「小市民」的性格を脱却して、「民族」の一員として自分自身を鍛えなおす必要を説いている。

知識や教養面では大きな格差があったとはいえ、当時は都市知識人の側も、戦災とインフレで生活水準を大幅に低下させていた。そのなかで、貧しい日本の現実を見限り、西洋文化の享受に逃避したいという「亡命」志向は、石母田をふくむ多くの知識人たちに共有されていた。第6章で述べたような、「小市民」や「プチブル」への執拗な批判、そして「民族」や「民衆」への賞賛も、この時代のそうした背景抜きには語れない。

いわば当時の左派知識人がナショナリズムを唱えたのは、日本の状況が悲惨であったがゆえに、そうした「祖国」を見捨てたくないという決意の表明であった。石母田は明治の詩人である石川啄木を「国民詩人」とよび、石川の手紙から「現在の日本には不満足だらけです。然し私も日本人です。そして私自身も現在不満足だらけです。乃ち私は、自分及び自分の生活といふものを改善すると同時に、日本人及び日本人の生活を改善するために努力すべきではありますまいか」という言葉を引用している(18)。

こうした心情は、当時の若者たちにも共有されていた。敗戦後のインフレと貧困は若者たちを打ちのめし、当時はまだ少数派のエリートであった大学生にさえ職がなかった。京都大学の『学園新聞』の調査によれば、一九五四年一月の時点で、四年生の就職希望者のうち決定した者は、文学部で一三・七パーセント、教育学部で四〇・六パーセント、法学部でも五五パーセントにすぎなかった。翌一九五五年一月の調査では、関西にあった国公私立四八大学の就職決定率は、平均で三二パーセントであった(19)。

当時の若者たちの夢は、こうした日本を社会主義によって変革するか、あるいは日本を捨てて、豊かさの象徴だったアメリカに渡航することだった。しかし一九六四年までは外国渡航は自由化されておらず、外貨の持出制限も厳しく、留学など特別の用件以外で国外に出ることは不可能だった。

アジア各地に日本の勢力が及んでいた戦前戦中にくらべ、敗戦後二〇年近くのあいだは、実質的な鎖国状態だった。占領下の日本では、出入国は連合国最高司令部の管理下におかれ、一九五一年九月にサンフランシスコ講和会議に出向いた吉田茂首相のパスポートが戦後の旅券第一号であるといわれていた。一九五六年秋にアジア・アフリカ作家会議に出席するためインドに渡航した堀田善衛の旅券番号は、一三万八八一三号であった(20)。

逆にいえば、敗戦後一〇年以上を経ても、累計の出国人数は一四万人にも満たなかった。当然ながら外国渡航は、大変な特権的行為であり、羨望と反発の的だった。小田実の留学記録である『何でも見てやろう』や、太平洋をヨットで横断した堀江謙一の『太平洋ひとりぼっち』など、若者のアメリカ渡航記がベストセラーになったのは、こうした背景のもとでだった。

後年アニメーション映画の監督となった宮崎駿《はやお》は、一九五〇年代を回想してこう述べている。「日本は四等国でじつにおろかな国だったという話ばっかり聞きました。実際、中国人を殺した自慢話をする人もいましたし、ほんとうにダメな国に生まれたと感じていたので、農村の風景を見ますと、農家のかやぶきの下は、人身売買と迷信と家父長制と、その他あらゆる非人間的な行為が行なわれる暗黒の世界だというふうに思いました」。そうしたとき、一九五一年の芥川賞作品である堀田善衛の小説『広場の孤独』を読み、「ラストで、日本脱出をやめて闇ドルを焼く主人公の姿に、自分もこの日本という好きになれない国とつきあうしかないんだ、と考えました」という。(21)

また石母田は、「現在の日本には不満足だらけです。然し私も日本人です」と述べた石川啄木を賞賛する一方、永井荷風を「コスモポリタン」の代表例として批判した。石母田によれば、永井は大逆事件で政治への関心を放棄したあとパリに向かい、帰国後には『新帰朝者の日記』を公表して、「要するに日本人には、頭がないんですね」と記した。一方で石川は、「日本という祖国」と「貧しい平凡な民衆」への「深い愛情と信頼」を失わず、「永井氏は巴里に去るべきである」と書いた。(22) そして、こうした内容を記した石母田の著作『歴史と民族の発見』は、当時の学生たちの間でベストセラーとなったのである。

石母田はまた、明治期の石川啄木を「国民詩人」として賞賛する一方、「大正時代の知識人が、一面自由主義的であっても、明治時代の人間に比較して硬い骨をうしなっている」と評していた。(23) 宮本百合子が大正期の白樺派を批判していたことは第6章でみたが、石母田が歴史学において白樺派にあたるものとみなした存在は、象徴天皇を擁護した津田左右吉であった。

石母田によれば、大逆事件いらい文学者が政治への関心をつみとられてしまった大正期には、歴史学者も政治史や経済史ではなく、文化史や思想史に逃避しがちであった。こうした時代に教養を育んだのが、「文化国家」をうたうオールド・リベラリストであり、津田左右吉である。そして津田が、政治や経済を超越した文化的象徴として天皇を擁護したことは、政治嫌いを自称しながら結果として現体制を擁護するものであり、「日本の市民的歴史学の政治的

上原専禄

性格を表現している」というのだった。[24]

もちろんくりかえし述べてきたように、ここでいう「市民」は、「ブルジョア」の代名詞であった。一九五〇年代前半のマルクス主義系歴史学者のあいだでは、批判すべき学者を、「『人民』ではなくて、『市民』だ」などと形容することも行なわれていたのである。[25]

こうして一九五〇年代前半までは、のちに「市民」を掲げて「国家」を批判するようになる人びとのあいだでも、「愛国心」への賞賛は盛んだった。六〇年安保闘争に際して「市民主義の成立」という論考を書き、「市民」派知識人の代表的存在となった久野収も、一九五三年の論考では「祖国の独立」をめざす「民主主義的愛国心」を賞賛し、「祖国への愛情を持たないような人間は国民として人でなしである」と述べていたのである。[26]

そしてしばしば、そこで賞賛される「民族」は、天皇や国家とは対立するものとされていた。ドイツ史学者の上原専禄は、戦前日本の「いわゆる民族意識なるものは、実は国家意識の投影」だったにすぎず、「国家に対立するもの、或いはそれに反発するもの、或いはそれを超えるものとして民族を自覚すること」は少なかったと主張した。当時の左派教員だった石田宇三郎も、「日本国民は、一般に想像されているように民族意識の強い国民ではなく、むしろそれの淡い国民なのです。強かったのは、民族意識ではなくて、天皇意識と絶対主義的国家意識です。奴隷的隷従意識です。だから、民族意識を高め、解放を勝ちとることは、新しい民族を創造することです」と述べていた。[27]

こうした「民族」と「国家」の対立という思想は、個人の確立をふくむ近代的な「民族」概念を前提としたものであると同時に、上原が専攻していたドイツ史の知識を応用したものだった。ドイツでは、複数の領邦国家に分かれていたドイツ語地域が統合されて、近代ドイツ国家ができたという歴史があった。そのためドイツでは、「民族」は「国家」をこえて広がっており、「国家」をこえた存在だという思想が存在したのである。そして上原は、南原や丸山と同じく、「子どもたちを民族の一員にまで育て上げることを志向したフィヒテ」を賞賛している。[28] もちろん上原も、ナチスとフィヒテの相違を強調したことは、いうまでもない。

もっとも当時においては、「民族」を「国家」と区別するという感覚は、それなりに一般的でもあった。一九五四年一〇月、京都大学の一年生を対象に行なわれた意識調査では、「国家」を愛するという回答は二五パーセントにすぎなかったのにたいし、「国土」を愛すると答えた者は八三パーセント、「民族」を愛すると回答した者は六一パーセントであった。[29] ちなみにこの調査では、共産党支持者はごくわずかであった。「民族」を「民衆」の同義語とみなす語感は、共産党支持者以外でも共有されていたのである。

すなわち上原もまた、ドイツ思想を直輸入したというより、こうした一般的な心情を表現するにあたって、ドイツ思想を活用したといったほうが正確であったろう。こうした状況を背景として、一九五〇年代前半には、「民族」への賞賛が知識人の間に広まっていたのである。

「アジア」の再評価

このような「民族」への傾斜は、敗戦直後いらいの啓蒙路線への反省から派生したものでもあった。

第2章などでみたように、たとえば大塚久雄は、西洋の「近代的人間類型」を賞賛し、日本の農民を「封建的」「アジア的」などと批判していた。こうした啓蒙論は、一九五〇年前後から厳しい批判にさらされた。

その背景にあったのは、啓蒙活動の行きづまりだった。戦争のなかで孤立感に悩まされていた知識人たちは、敗戦後には「二十世紀研究所」「思想の科学研究会」「民主主義科学者協会」などさまざまな知識人集団を結成し、共同研究と啓蒙活動にのりだした。しかし、当初は大人気だった啓蒙講演会も、一九四八年ごろには飽きられてしまい、聴衆が集まらなくなっていた。

もっとも敗戦直後においても、表面的な盛況とは裏腹に、啓蒙活動が実質的な効果をもっていたかどうかは疑問だった。清水幾太郎の回想によると、一九四六年五月に、彼が所長役となっていた「二十世紀研究所」が長期講習会を行なった。その会期が終わる前日に、参加者から「明日は、お免状が戴けるのでしょうね」と言われ、清水は愕然としたという。[30] 参加者たちは、民主主義の啓蒙講演が聞きたいからというより、知識人という権威が与えてくれる「卒業証書」を手に入れるために、講習に参加していたのだった。

前述した石母田正は、主にマルクス主義知識人が結集していた「民主主義科学者協会」の幹事役となり、地方に講師を派遣する企画を組織していた。しかし彼によれば、その大部分は「人民から遊離した知識人」が一方的に講演を行ない、「二、三の質疑応答をまじえただけで帰京してくるやり方」で、「講師は人民から何も学んで来ない」というものだった。[31] 壇上から「民主主義」や「主体性」を説きながら、その講演そのものが知識人の権威によって行なわれているという構図は、一種の戯画としか言いようのないものだった。

石母田は一九四七年に、丸山眞男や大塚久雄の民衆観に不満を感じ、大塚と激論をかわした経験があったという。議論の焦点は、民衆が「『啓蒙』『普及』のたんなる客体以上のものになることがはたして可能か」にあった。戦前から労働運動に参加していた経験をもつ石母田は、民衆は実践活動のなかで自分自身を変革し、目覚めてゆくことが可能であると説いた。しかし大塚は、「それは労働者のなかの少数の前衛的要素についてのみいい得ることであって、巨視的には、日本の労働者階級はロシア革命当時の労働者よりも後れている」と反論し、「それは農村における資本主義の発展の性質と関連している」と主張したという。[32]

もともと大塚は、精神面での変革がまず行なわれなければ、制度面での改革も効果はうすいと主張していた。しかしそうだとすれば、日本の民衆が近代的な精神を身につけるまで、すべてはむだな努力だという結論になりかねなかった。当時は在野の歴史家だった石母田は、大塚が勤務していた東京大学経済学部の研究室で、「うす暗くなるまで、二人ともいくらか昂奮して論争した」という。[33]

この時期、大塚は『近代文学』とならんで、社会変革に背をむける「近代主義」として共産党から批判されていた。一九四八年には、マルクス主義歴史学者たちも、『大塚史学批判』という本を編纂した。石母田の盟友だった藤間生《とうませい》大《た》は、「人間変革を強くいうやり方」は「つまずきをおそれてなんにもしたくないズボラ者の論理」だと形容し、社会変革への参加こそが「人間自身をかえるとともに社会をかえるもの」だと主張していた。[34]「西洋近代」をモデルにした啓蒙論は、すでに一九四〇年代後半から、批判されつつあったのである。
そこに加わったのが、一九四九年の中国革命の衝撃だった。戦前いらい、日本の知識人の多くは、西洋を近代化のモデルとし、中国を蔑視していた。その中国の共産党が、日本農民よりも近代化されていないはずの中国の農民を組織し、アメリカに援助された国民党を破って、日本よりも先に社会主義革命に成功したという事実は、大きな驚きであった。
中国だけでなく、一九四〇年代後半においては、インドやエジプトなど、植民地独立運動の勝利があいついだ。一九五〇年一〇月には、インドのラクノウで太平洋問題調査会の国際会議が開かれ、民族自決と民族独立、西洋の支配にたいする東洋の抵抗、そして「アジア人のアジア」といった議題が討議された。
これを機会に、日本の論壇では西洋近代への見なおしと、アジアの再評価が台頭した。石母田正は一九五三年に、「民主主義、社会主義、共産主義、これらの言葉はもはやヨーロッパだけの言葉ではなくなった。ヨーロッパとは異質の法則が支配すると長い間考えられてきたアジアの民衆が、その内部から、自分の努力でそれらのものを創造している時代がきたことを中国革命は証明した」と述べた。[35] 前後して中国研究者の竹内好《よしみ》が注目を集め、丸山眞男も一九五二年には、過去の自分の中国観にたいする自己批判を公表した。[36]
こうした潮流は、日本の知識人に、西洋近代をモデルとした啓蒙主義への反省と、独立をかちとったアジアの民族主義への再評価をもたらした。竹内好は中国を論じながら、日本知識人の西洋志向と「近代主義」を批判し、「国民文学」を提唱して「民族」への注目をうながした。
そして、「民衆」と「民族」が同義語であった当時においては、こうした潮流は西洋志向の知識人の自己批判と、「アジア的」とされていた「民衆」の再評価にもつながった。たとえば清水幾太郎は、『中央公論』一九五一年一月号に「日本人」と題した論考を発表し、日本の知識人たちをこう批判した。[37]
多くの日本人が、実に多くの日本人が自ら日本人を裁いた。人々は、文字通り、われがちに、日本人の性格、態度、行動について批判及び非難の文字を連ねた。……日本人は、野蛮である、無智である、卑屈である、狡猾である、下品である、愚鈍である、狭量である、奇妙である、アブノーマルである、等々。私も人々に混つて、一つか二つの石を投げたし、その石は深く私自身の胸に堪へてもゐる。……併し、私自身はこれ以上石を投げることは出来ない。それは堪へられぬ。

清水はこの論考で、「職業的インテリは日本人の生活をひとごとのやうに眺める高地に立つ」と述べ、日本の「珍風奇俗」や「非合理性」「非近代性」を批判する知識人を、「ガラクタの古道具を骨董品として西洋人に売りつける商人」のような存在だと批判している。そのうえで彼は、当時の日本の平均所得が、欧米諸国よりもアジア諸国にずっと近いことを強調し、「吾々の真実の仲間が、同じ貧困に悩むアジアの民衆であること」を説いたのである。

この清水の論考「日本人」は、日本の知識人に潜在していた、民衆＝民族＝アジアにたいするコンプレックスを突くかたちとなった。哲学者の梅本克己は、「『日本人』を拝読して、深く感銘した」という手紙を清水に送り、「自分だけは、ヨーロッパにでも住んでいるようなつもりで、日本の混乱と貧しさを批評している日本独特の近代主義者への批判を評価している。清水はこの論考で、「肝腎の問題を避けて、当り障りのない小さな日向で民主主義を叫んでいても、それは一片の亡国の歌である」と述べているが[38]、竹内好が国民文学論争の口火となった論考「亡国の歌」を雑誌『思想』に掲載したのは、この四カ月後のことであった。

じつは清水の論考「日本人」が掲載された『中央公論』一九五一年一月号は、「アジアのナショナリズム」の特集号であり、丸山眞男の論文「日本におけるナショナリズム」もそこに収録されていた。この丸山の論文は、前述のインドでの太平洋問題調査会の国際会議に提出したペーパーをもとに、丸山が書き直したものだった。

この論文で丸山が主張したのは、近代日本の超国家主義が、西洋諸国のナショナリズムとも、アジア諸国のナショナリズムとも、異なっていることであった。丸山によれば、西洋諸国ではフランス革命に代表されるように、ナショナリズムは旧体制の打破と革命に結びついた。また中国をはじめとしたアジア諸国では、旧来の王朝や地主層が西洋の植民地支配に協力した買弁勢力となったため、その打倒が「愛国」の名のもとに行なわれた。しかし日本では、そのような経緯が存在せず、ナショナリズムが民主化と結びつく歴史をもたないまま、帝国主義に転化してしまったというのである。

　そのため丸山の表現にしたがえば、「アジア諸国のうちで日本はナショナリズムについて処女性をすでに失った唯一の国である」。そして日本の為政者が「ナショナリズムの合理化」を怠り、「忠実だが卑屈な従僕」を大量生産してきた結果、「あれほど世界に喧伝された日本人の愛国意識が戦後において急速に表面から消えうせ、近隣の東亜諸民族があふれるような民族的情熱を奔騰させつつあるとき日本国民は逆にその無気力なパンパン根性やむきだしのエゴイズムの追求によって急進陣営と道学的保守主義者の双方を落胆させた」という[39]。

　こうした主張は、これまで西洋近代に「国民主義」のモデルを求めてきた丸山が、アジアの植民地独立運動という、もう一つのモデルを意識したことの反映であった。そしてこの一九五〇年前後から、中国をはじめとするアジアのナショナリズムに学べという主張が、左派から唱えられてゆくことになる。

清水幾太郎（1954年）

　もともとアジア諸国のナショナリストたちは、当時の日本知識人と類似の問題をあつかっていた。それは、西洋近代の教養を学んだ都市部の知識人と、農民に代表される一般民衆の格差であった。そのためアジア諸国のナショナリストたちは、こうした格差を植民地独立運動の過程で解消し、一つの国民としての連帯をつくりだすことを唱えていた。とくに中国共産党が、都市の知識人に中国在来の文化を見直させ、地方の民衆のなかへ入ってゆくことを説いたことは、日本でも知識人たちの注目を集めた。

　第10章で後述するように、中国文学者の竹内好は、一九五一年に「国民文学」の創造を提言した。魯迅の研究者であった竹内は、知識人むけの文学を書いているにすぎない文壇作家たちや、民衆を一方的に啓蒙しようとする西洋思想の輸入を批判し、「国民」が直面している課題を表現する「国民文学」を提唱したのである。石母田が石川啄木を「国民詩人」と賞賛したのは、こうした主張に影響をうけてのことであった。

こうして一九五〇年代前半においては、進歩系の知識人が西洋志向を自己批判し、「日本人」への回帰を表明することが一つの潮流となった。たとえば鶴見俊輔は一九五一年に、「今まで日本のインテリの考えや言葉が日本の大衆から浮きあがっていたことを、私たちは、はずかしく思う。だから少しづつでも、自分たちの考え方のインテリくさをおとして、大衆の一人として考える仕方をとりたい」と記している。また鶴見の姉の和子も、一九五四年に「わたしはこれまで、『日本では』とか、『日本人は』とかいうもののいい方をしてきたことが、はずかしくなりました。日本の国の困ったところや、日本人の悪いところを考えるときに、いつも、自分が日本の中に生きていることを忘れ、自分が日本人のひとりでないみたいな態度だったのです」と述べている。(40)

もちろん逆にいえば、こうした言葉は、当時の知識人がいかに「日本の大衆」から隔絶していたかを示すものでもあった。鶴見俊輔と和子は、ともに親米派の有力政治家だった鶴見祐輔を父親とし、当時は珍しかったアメリカ留学帰りであった。清水幾太郎の回想によると、戦争末期に和子と会ったさい、彼女は「私の家では、みんな英語で話しているのよ」と述べ、清水が理由を聞くと「だって、使わなかったら、発音が悪くなってしまうじゃないの」と答えたという。(41)そして鶴見姉弟は、敗戦直後にはアメリカ哲学の啓蒙活動を行なっていたのだが、一九五〇年代前半には上記のような自己批判に転じたのである。

この時期には、啓蒙活動に代わって、さまざまな民衆志向の活動が模索された。その一つは、大衆文化の研究だった。鶴見俊輔らが編集していた『思想の科学』には、大衆小説や映画、漫画や流行歌などを分析する論考が、数多く掲載されていった。当時にあっては、これは知識人が大衆の意識を探るためにあみだされた、新しいアプローチであった。こうした手法は、のちに『思想の科学』グループに加わった社会学者の見田宗介などが受けつぎ、後年のポピュラーカルチャー研究の源流をなす。

また並行して、民話や民謡がにわかに再評価され、民俗学が注目を集めた。第8章で述べるように、石母田をはじめとしたマルクス主義歴史学者たちは、歴史学と民俗学の提携をうたった。鶴見和子は柳田國男や南方熊楠に注目し、音楽人類学者の小泉文夫はわらべ歌やアジアの音楽を採集していった。『夕鶴』の作者として知られる木下順二をはじめとして、農民の抵抗を題材とした民話風の演劇が創作されていったのも、この時期であった。一九五二年には、こうした民話劇の劇団として、後年の「わらび座」の源流となる「民族芸術を創る会」が設立されている。もちろんここでいう「民族」が、「民衆」の同義語であることはいうまでもない。

同様の動きとしては、生活記録運動の台頭が挙げられる。その契機は、山形県の山村の子供たちによる作文集『山びこ学校』が、一九五一年にベストセラーとなったことだった。そこでは、子供たちが自分たちの貧しい生活について作文を書き、教師を中心に討議を行なってゆくなかで、社会の矛盾と共通の課題に目覚めてゆく姿が描かれていた。啓蒙活動に疑問を感じつつあった当時の知識人たちにとっては、これこそ民衆が、自分たち自身の実践活動のなかで、覚醒していった具体例であると受けとめられたのである。

もともと戦前から、民衆に作文指導を行なう「生活綴り方運動」は、地方の教師たちに根強い勢力をもっていた。『山びこ学校』はこの運動がふたたび注目される契機となり、知識人が民衆を一方的に啓蒙ないし表象するのではなく、民衆自身が「声」を獲得するための運動として注目された。石母田正や鶴見和子、そしてマルクス主義国語学者の国分一太郎などが、労働者や主婦、女子工員などのサークルに参加し、『機械のなかの青春』や『エンピツを握る主婦』といった作文集を編纂していった。

しかし、モデルが西洋からアジアに変わっても、そこで表現されている心情は、敗戦直後と共通した部分が少なくなかった。たとえば石母田正は、『歴史と民族の発見』で魯迅を賞賛しながら、こう述べている。(42)

魯迅は同じ講演のなかで青年たちにたいして「大胆に語り、勇敢に進行し、一切の利害を忘れ果て、古人をおしのけて、自身まことの言葉を発表するがよい」とおしえています。私たちは戦争中、若い人たちに責任をもってこのようにすすめるだけの勇気をかいておりました。自分自身それを実践せず、実践する気魄をもっていなかったからであります。……毛沢東は「魯迅の骨はもっとも硬い、絲毫も奴顔と媚骨とをもたぬ。これは植民地半植民地人民のもっとも貴重な性格である」といっております。……獄中でたたかった少数の革命家をのぞけば、戦争とファシズムに賛成していなかった知識人たちは、積極的に戦争に協力はしなかったという場合でも、公然と語り書くことを避けたばかりでなく、何かの職――戦争に関係のない職というものは当時ほとんどありませんでした――について、なにがしかの給料をもらってすごしてきました。

石母田はこれに続けて、中国や朝鮮を支配していた日本で「民族の背骨」が腐食されていった戦中に、「被圧迫民族としての中国民族」が「奴顔と媚骨をもたぬ非妥協的精神をきたえあげました」と述べている。ここにみられる心情が、敗戦直後には西洋近代を媒体として表現されていたものと同質であることは、いうまでもない。

この点は、丸山眞男などでも同様であった。モデルがフランスであろうと中国であろうと、彼が主張していたのは、つまるところ「ナショナリズムとデモクラシーの綜合」であった。そして比較対象が「あふれるような民族的情熱を奔騰しつつある」「近隣の東亜諸民族」に変わっても、日本側の「無気力なパンパン根性やむきだしのエゴイズム」を批判するという姿勢は、敗戦直後から変化していなかったのである。

言葉をかえていえば、彼らが心情を表現する媒体は、必ずしも西洋近代である必要はなかった。媒体が「西洋」でも「武士道」でも、「明治」でも「中国」でも、語られる内容はほとんど同じであった。ただし、西欧近代のナショナリズムが、「個」の確立という心情を表現するのに適切な媒体であったのにくらべ、アジアのナショナリズムは、「民衆」志向を表現するのに適当だったというニュアンスの相違が、主たる変化であったといえる。

そして、アジアのナショナリズムを賞賛するというかたちで、日本のナショナリズムを表現することも、知識人だけの現象ではなかった。第3章で紹介した渡辺清が、朝鮮やフィリピンの抗日ナショナリズムに刺激されていたことはすでに述べた。海軍の予科練生として敗戦をむかえた映画評論家の佐藤忠男も、敗戦で虚脱状態に陥った自分にくらべて、「独立した母国のために」と熱心に語る朝鮮人の友人が印象に残ったことを回想している。(43) 石母田や丸山の論調は、こうした敗戦後の人びとの心情とも、つながったものだったのである。

こうした一九五〇年代の論壇においては、肯定的なナショナリズムを「民族主義」ないし「国民主義」、否定的なナショナリズムを「国家主義」ないし「超国家主義」とよぶ傾向がみられた。[44] この区別は必ずしも厳密に共有されていたものではなかったが、「民族」は「民衆」の同義語であると同時に、アジアの「民族」独立運動を意味するものとしても、肯定的な響きをもっていたのである。

そしてアジアのナショナリズムは、民衆志向だけでなく、別の心情を表現するのにも好適な媒体であった。反米感情である。

反米ナショナリズム

敗戦後の貧しさのなかで、アメリカの存在は、豊かさの象徴だった。上陸してきた米軍は、その物量で人びとを圧倒した。

当時の日本では、自動車の運転ができる者は、人口の一パーセントにも満たなかった。[45] それにたいし米軍は、ほぼ完全に機械化されていただけでなく、ほとんどの米兵がジープを運転でき、タバコや菓子などを豊富にもっていた。子供たちは米兵が投げ与えるチョコレートに群がり、米軍住宅に出入りできることは一種の特権となった。

しかしその憧憬は、強い屈辱感と一体になったものであった。戦中には「天皇のために死ぬ」ことを夢見る皇国少年だった作家の大江健三郎は、彼が生まれた山村に米軍がやってきた様子を、一九六六年にこう回想している。[46]

〔強姦を恐れた〕若い娘たちは不安に醜くなって、髪を切ったり皮膚に煤を塗りたくったりして、なおさら醜くなり、森に逃げこむことを相談している。……親たちはアメリカがジープに積んでくる凄じい能力の電波探知器によって刃物がすべて摘発されるという噂を惧れて、父祖伝来の日本刀を油紙でくるみ、木箱につめて森の奥深く隠匿しにゆく準備をしている。ついにアメリカをのせたジープがわれわれの村の谷間に入ってくる。……われわれ子供たちは、国民学校の校庭で、ついせんだってまで農家の少年を満洲開拓の義勇軍に応募させるアジテイターの役割をはたしていた教頭から、ジープを見たならば、ハローと叫ぶようにと訓示され、声をそろえて発声の練習までしていたのであるが、誰ひとり、それを実地に試みる勇気をもつものはいない。……子供たちの群に、チョコレートが投げられる。大人たちのうちには、煙草をひろったり……誰も完全には解読できない英文のびっしり印刷されたラベルのついている、アスパラガスの缶詰をうけとったものもいた。……もっともぼくはそれを拾わなかった。しかし、結局それは拾ったよりも悪かった。僕はそのチョコレートによってきわめて激しく誘惑され、しかも自尊心からそれを拾うことを拒んだのである。複雑なジレンマがぼくをとらえた。

さらに大江は、占領軍からコーンフレークをもらった体験を、こう書いている。「新しい食べ物は、自信をうしなっておどおどしている子供の内部に、なおさら屈折した感情をひきおこす。空腹で激しい欲望を感じるが……欲望がつのってくればくるほど屈辱的な気持もたかまってくる」。アメリカはまさに、こうしたアンビバレントな感情をかきたてる存在であった。

そして米軍は、傲慢な勝利者でもあった。米兵の暴行は、日本政府が肩代わりで見舞金を払った例だけでも、一九五〇年には一一一二件、一九五二年には二三七四件を数えた。いわゆる「泣き寝入り」のケースは、それよりはるかに多かった。一九四六年の小倉周辺では、「米兵に傷を与えたものは沖縄に連れて行かれて奴隷にされる」という風説が出まわっており、暴行や強姦にたいしても抵抗する者はほとんどいなかったという。(47)

占領軍による検閲のため、新聞は米軍の暴行事件であると報じることができず、「大きい人」「色のくろい人」など米兵を暗示する隠語で記事が書かれた。アメリカが投下した原子爆弾の残虐性にかんする記事も、検閲の対象になった。雑誌『近代文学』の場合も、原爆で被爆した原民喜の『原子爆弾』(のちに『夏の花』と改題)が、内閲によって掲載不可となる経験をしている。(48)

占領軍は日本政府にとって治外法権的な存在であり、日本の警察は手が出せなかった。一九五二年四月にサンフランシスコ講和条約が発効したあとも、同時に結ばれた日米安保条約と行政協定によって、米軍基地は減少せず、米軍とその家族の治外法権状態は継続した。マルクス主義歴史学者たちは、しばしばこれらの条約を、幕末の不平等条約になぞらえた。

アメリカによる人種差別も、強烈に意識されていた。一九五一年一月、清水幾太郎が論考「日本人」を発表したとき、清水はアメリカの社会学者ボガーダスの調査記録を引用した。一七二五人のアメリカ人に「次の諸人種と縁組をする気がありますか」と質問したところ、「日本人」との縁組を可と答えた者は二・三パーセントであった。清水はこの調査について、「日本人はアジア人である。フィリッピン人、トルコ人、中国人、朝鮮人、インド人と共に、そしてニグロ及び白黒混血児と共に、この表の最下位に、相互に殆ど区別され得ない数字を抱いて、いや、零に近い数字を抱いて立つてゐる」と述べ、アメリカからの自立とアジアとの連帯を説いていた。(49)

米軍への憧憬と反発が同居するなかで、もっとも憎悪されたのは、米軍にとりいって利益を得ている日本側の人間だった。『近代文学』の同人だった埴谷雄高は、「占領軍に使われている日本人の検閲係」の存在が、検閲の過剰に拍車をかけていたと回想している。(50)米軍の購買所（PX）から物資を横流しして法外な利益を得ている「闇商人」を、大塚久雄が嫌悪していたことは、第2章で述べたとおりである。

こうした存在が嫌悪されたのは、アメリカにとりいって利益を得る彼らの姿が、「日本人」の象徴と感じられたからでもあった。一九五二年四月、サンフランシスコ講和条約発効を期して、清水幾太郎や高見順、堀田善衛などが、米軍の軍港となっていた横浜を訪ね、その感想を述べあう座談会を行なった。そこで高見は、アメリカ製のヘルメットをかぶり、米軍住宅の門衛となって周囲の住民を見下している「黄色い顔をした小さな男」を、「あれが日本国民というものだ」と形容している。清水もまた、「日本という国全体がアジアの諸国に対して、現在、あのガードそっくりな役割を引受けかけている」「吉田首相というのは、あのガードみたいなものじゃないか」と主張した。(51)

そして、アメリカへの従属の象徴的存在とされたのが、「パンパン」であった。戦争で没落を強いられた都市中産層や、人生設計を破壊された若者たちにとって、彼らが抱く屈辱感が大きければ大きいほど、米兵の存在は体格においても、権力や物質の面においても巨大に映った。その米兵と、日本女性が親しくしている光景は、彼らの自尊心を大きく傷つけたのである。

敗戦時に中学生だった山本明は、「アメリカ兵の堂々とした体軀に比べて、日本人男性のなんと貧弱な体つきだったことか」と述べ、米軍のPXから出てきた日本女性を目撃した記憶を、以下のように記している。「日本の女性は、アメリカ兵にエスコートされて、さっそうと出てきて、日本の男を人間とも思わぬ目つきでちらりと見るのであった」「彼女たちがついこの間まで、軍需工場で『神風』の鉢巻もりりしく兵器を作っていたとは想像もできないのであった」。戦争で女性たちも傷つき、貧困と食糧難にあえいでいたことを知っていても、「私の記憶に焼きついているPXから得意気に出てくる彼女たちの姿や表情は忘れることはできない」というのである。(52)

一九五三年一月、日本教職員組合（日教組）の第二回教研大会が開かれたさい、基地周辺の学校の教員たちは、女子小中学生の声として、以下のようなものを報告している。「パンパンはいいかっこうをしているから、いいとおもいます。そして、あめりかさんにおかねやあめりかのちょこれーとをもらって、わたしもなりたいとおもいます」「私が横須賀へいったら、アメリカ人とパンパンが英語をはなしていた。私は英語が話されていいなあと思った」。米軍基地に隣接した学校においては、米兵から「菓子をもらい得意になって戻ってくる生徒を、教師が涙を流して叱りつける」という光景もみられた。(53)

こうしたなか、一九四九年八月には、水泳選手の古橋広之進が、アメリカで開かれた全米水上選手権大会で世界新記録を出し、大きな賞賛をかちえた。帰国後に古橋は、「向こう〔アメリカ〕に着くまでは、敗戦国民なので、実はびくびくしていました」と語っているが、この大会は戦後初の海外放送としてNHKラジオによって実況放送され、街頭のラジオ拡声器の周辺には巨大な人だかりができた。その三カ月後には、物理学者の湯川秀樹が日本初のノーベル賞受賞者となり、これまた大ニュースとして報道された。興味深いことに、当時の新聞は湯川の受賞を絶賛するかたわら、「ノーベル賞とはなにか」という解説を添えている。当時の人びとは、「ノーベル賞」が何かを知らないまま、ただ彼らが欧米に「勝利」したことに、喝采を送っていたのである。(54)

そして同時に、人びとの大きな共感と同情を集めたのが、米軍基地の拡張と闘う農民や漁民たちだった。一九五四年、当時の米軍基地反対闘争の象徴的存在であった石川県内灘村を見学した清水幾太郎は、「まだ内灘は清潔な処女である」と形容し、横須賀や横浜を「アメリカ軍に寄生するアバズレ女にさせられてしまった」と形容している。[55]一九五四年、ビキニ諸島での水爆実験で日本の漁民が死亡したさいにも、多くの人びとがアメリカの人種差別であるとして非難した。日教組の教研集会の報告によると、東京都立川市の基地拡張反対闘争が行なわれていた砂川地区では、「拡張反対者は愛国者である」という意見が七二パーセント、「基地拡張に反対するものは自国を愛していない」という意見は四・九パーセントであった。[56]

一九五三年一月、井上清をはじめとした共産党系の歴史学者の共著で発刊された『現代日本の歴史』は、戦後の米軍基地拡張を「日本全土が米軍にふみにじられている」と形容し、こう述べている。[57]

日本民族が遠い昔からなつかしみ愛情をそそいできた富士山地帯でも、現にある演習場等がさらに拡張され……もはや万葉集の昔から日本人が愛してきた山も、日本人の手からうばわれたという国民的実感はいつわるべくもない。……

米軍のいるところ、ハウス業者にひきつれられて無数のパンパンが群がる。うす汚い魔窟が立ちならび、ふきんの民家もたちまちにしてパンパン宿になる。土地を奪われた農民は、パンパンに部屋を貸すところまで追いやられるのである。……五一年度の日本の外貨収入は、特需についで多いのはパンパンのかせぎで二億ドルともいわれ……生糸の輸出額の三倍である。まことに日本はパンパンの国と化し、日本経済はパンパン経済化されたのだ。池田蔵相は五〇年四月、日本はアメリカの妾である、妾であるからにはだんなに媚びなければならぬ、と公言してはばからなかったが、日本は文字通り彼のいう通りにされつつあるのだ。

上記の引用にもみられるように、「パンパン」への反感は、アメリカに従属する日本政府への反感に結びついていた。一九五三年、米軍の元通訳が、「パンパン」の手記を集めた編著『日本の貞操』を出版し、大きな反響をよんだ。そこでは、「貞淑」だった日本女性が「パンパン」となった契機として、米兵の暴行と、米兵と結託した日本の業者や警察の存在が紹介された。その続編では、敗戦直後に日本政府が米軍向けの慰安所を設置したことが、「パンパン」の起源として強調された。この『日本の貞操』は、反米基地闘争のなかでしばしば回覧されたといわれる。[58]

こうした論調は、純然たる反米感情というより、敗戦直後の軍部への反感と同じく、彼らの「主体性」の表現でもあった。丸山眞男が「無気力なパンパン根性」を批判し、「日本はナショナリズムについて処女性をすでに失った唯一の国」と述べていたことは前述したが、こうした性的な比喩の頻出も、戦争と敗戦によって傷ついた男性たちが、自尊心とナショナル・アイデンティティを回復しようとする心情を露呈させたものであったといえる。

そして「パンパン」という言葉は、貧困の問題とも結びついていた。『日本の貞操』で強調されたのは、「パンパン」となった女性の大部分が、敗戦後の貧困からそうした境遇に陥ったことだった。前述の日教組の報告でも、「貧困で、みだれた家庭の娘は、両親からパンパン稼ぎを強要されることがある」と述べられている。[59]

そして貧困の解決は、当時においては、平和運動と一体であった。一九五二年に日教組の機関紙『教育評論』が掲載した教育用の紙芝居は、戦争の惨禍を子供に訴えていたが、そこで重視されていたのは、「戦争のために、日本の国民はみんな貧乏になってしまった」ということであった。『山びこ学校』に倣って、基地周辺の児童の作文を集める運動が行なわれ、その結果として一九五三年に出版された作文集『基地の子』においても、父親が戦死した貧困家庭が「パンパン」に宿を提供しているケースが多いことが描かれている。[60]

そのため当時の平和論においては、貧困こそが戦争の原因であり、教育学者の宮原誠一の言葉にしたがえば「生産の復興と平和の擁護は二にして一である」とされていた。[61] 一九五〇年八月、朝鮮戦争の勃発をうけて自衛隊の前身である警察予備隊の第一回募集が行なわれたが、七万五千の募集人数にたいし、三八万をこえる応募があった。その大部分は、一般公務員より高い給与と年金を期待した、農家の次男・三男や失業者たちであった。こうした情勢は、大恐慌のあとに満州事変に突入していった記憶を、人びとに想起させるものだった。

一九五〇年に開始された朝鮮戦争は、数年前に終わったばかりの戦争の時代の記憶を、多くの人びとに想起させていた。朝鮮戦争開戦時に一九歳だった佐藤忠男は、「日本に徴兵制度が復活して、ちょうどそれにふさわしい年齢である自分が兵隊として朝鮮の前線に送られる可能性があることを本気になって心配していた」という。[62]また大江健三郎の回想によると、彼が中学生として住んでいた地方都市でも、中学生が狩り集められて特別訓練を施され、朝鮮に送られているという噂でもちきりだった。

そして当時においては、日米安保条約と米軍基地の存在こそが、非武装中立であるはずの日本を戦争に巻きこむものであるという意見が強かった。こうしたなかで米軍基地が、憧憬の対象であると同時に、恐怖と反感の対象ともなっていたのである。

そして、そうした反米論調が、前述したアジアのナショナリズムへの共感と結びついた。作文集『基地の子』は、清水幾太郎や宮原誠一などが編者となって編纂されたが、その序文はこう述べている。[63]

もっとも読者の胸をいためるのは、アメリカの兵隊にチョコレートやチューインガムをせびる子供たちの姿、どこから見ても乞食としか思われぬ子供たちの姿であるかもしれません。私は、そういう子供たちの姿をえがいた作文を読んだとき、ほとんど涙を禁ずることができませんでした。日本の子供は貧しいのです。そうです、物の面でも、そして、心の面でも。もし心が貧しくなかったら、平和と独立の理想を胸にきざみこんでいたら、たとえ物が貧しくても、こんな乞食のような真似はしないでしょう。

子供たちの苦しみは、しかし、また、基地の大人たちの苦しみを映しているのです。基地をのろっている子供の親が基地のおかげで仕事にありついている例、極端なばあいは、母親がパンパンである例、これは決して乏しくはありません。基地をいきどおる子供たち自身が、間接ながら、基地に寄生して生きているのです。考えてみれば、長いあいだ、アジアの諸民族は、植民地民族として、この複雑な、からみあった、われとわが身を食うような関係に投げこまれていました。そのアジア諸民族が、今、長い汚辱の歴史をふりすてて、美しい独立の道を歩みはじめています。まさに、そのとき、久しくアジア諸民族を眼下に見おろしてきた日本国民が新しく植民地状態へころがりこんでいるのです。

アメリカによって「植民地」にされている日本という位置づけは、当時の左派によって、広範に行なわれていた。前述した日教組の教研集会報告も、基地周辺の風紀問題を「日本の子供をむしばむ植民地性」と形容している。そして当時、日本を「アメリカ帝国主義による半植民地状態」と規定し、中国共産党に倣った民族独立闘争をうたっていたのが、日本共産党であった。

共産党の民族主義

第一部で述べたように、共産党は一九四八年三月には、民主民族戦線の結成を提唱していた。一九四八年八月には、労働者が立てこもった東宝映画争議の弾圧に日本の警察とアメリカ占領軍が出動したが、これに対する抗議のスローガンは「民族文化を守れ」であった(64)。一九四八年五月一二日の『読売新聞』は、「極右のお家芸とる共産党の〝民主民族戦線〟という表題を掲げ、「その昔日本の極右が十八番のお家芸にしていた〝民族の血に訴える〟という古臭い戦法を今やあらゆる場面に用いている」という外国人記者の記事を掲載している(65)。

とはいうものの、一九四〇年代においては、共産党の反米主義は、それほど強烈なものではなかった。これも第一部で述べたように、敗戦直後の共産党は、米軍を「解放軍」と規定して、占領下でも平和革命が可能であると考えていた。一九四七年の二・一ゼネストの挫折はあったものの、一九四九年一月の総選挙において共産党は三五名当選という躍進を果たし、平和革命の可能性について楽観的観測が広がっていた。

しかし冷戦の激化とともに、情勢は暗転した。一九四九年の下山・三鷹・松川事件、そして一九五〇年六月の朝鮮戦争の開始という情勢のなかで、共産党の中央委員は公職追放となり、機関紙『アカハタ』は発行停止となって、政府機関や報道部門、重要産業部門などにおけるレッド・パージが行なわれた。こうして共産党は、占領軍と対立状態に入ってゆく。

さらにそこへ、いわゆる「コミンフォルム批判」の衝撃が加わった。一九五〇年一月、コミンフォルム機関紙が日本共産党の平和革命路線を批判し、「植民地的収奪者」である「アメリカ帝国主義者」との闘争を強めることを要請する論文を掲載した[66]。この批判は無署名で公表されたが、執筆者はスターリンであるといわれ、朝鮮戦争を目前に控えて、日本共産党にアメリカとの全面対決を求めたのである。

日本共産党はこのコミンフォルム批判への対応をめぐって、徳田球一などを中心とした「所感派」と、宮本顕治ら「国際派」に内部分裂した。両派は各地の支部の争奪戦や、それぞれの機関紙を使った非難合戦をくりひろげたが、主流派となった所感派の主導のもとで平和革命路線は放棄され、一九五〇年三月には「民族の独立のために全人民諸君に訴う」という中央委員会の声明が出された。やがて共産党は、深刻な内部分裂を抱えつつ、革命にむけた武装闘争にむかってゆく。

この声明の特徴は、極端なまでの「民族」の強調にあった[67]。そこでは日本の現状は、アメリカ帝国主義とアメリカ資本による「植民地化」および「軍事基地化」にさらされ、「民族の独立」が脅かされているとされていた。この状態を打破するために、階級闘争よりも民族独立闘争を優先して、アメリカ資本と対抗する「民族資本家」とも提携し、「全国の愛国者」を糾合する民族解放戦線の結成がよびかけられた。そしてアメリカ主導の講和は、「わが民族を外国資本に売りわたして自己の利益と地位を守ろうとする民族の裏切者」である保守政権や独占資本の策略にほかならず、これら「売国勢力」と闘うために、「いやしくも日本人であるかぎり」「わが国人口の九割五分は右の綱領を支持しうる」とされたのである。

またこの声明では、アメリカ文化の浸透によって「健全で民主的な日本民族の文化は圧迫され、これにかわって外国のタイ廃的、植民地的文化があふれ」ていることが強調されていた。こうした方針のもと、共産党主流派の影響下にあった文化団体は「民族文化」の賞賛を開始し、アメリカの文化侵略に迎合する「コスモポリタニズム」や「近代主義」を批判していった。

たとえば一九五一年五月、マルクス主義歴史学者の影響が強かった歴史学研究会の大会が、「歴史における民族の問題」をテーマとして開催された。そこで報告を行なった古代史家の藤間生大は、こう述べている。(68)

……植民地化による隷属は一部買弁資本家をのぞく資本家、労働者、農民等をふくめたすべての人間の危機となっている。……

こうした民族の危機に対して抵抗するには、民族的なほこりを全民族に知らせて、わが民族が自信をもつことと、これまでの民族形成の苦心を知らせて、現在のわが民族の団結をはかるための教訓にしなければならぬ。

コスモポリタン・近代主義等の思想に貫徹された教養主義は、外国人に対する必要以上の劣等感を全人民大衆にあたえ、また民族的な団結をさまたげている。……吾々の民族のいとなみとそれの成果としての文化にも、真に民族のほこりとなるに値いするものがある。

こうした論調のもと、茶の湯・生け花・大仏などが「民族文化」として賞賛され、ヤマトタケルが「民族の英雄」と形容された。それと同時に、民話や民謡の再評価が唱えられ、民族（民衆）の歴史を叙述するという「国民的歴史学運動」が歴史学界を席巻した。並行して文学でも、『万葉集』の「人民的」な性格や、近松門左衛門の「民衆性」などが再評価され、石川啄木や国木田独歩の「国民文学」としての性格が議論された。こうした「民族文化」の礼賛を批判する者は、西洋に追随する「近代主義者」であり、「コスモポリタン」であるという批判にさらされた。これらの経緯については、第8章で詳述する。

これらの運動は、それなりに真剣な努力も含まれていたものの、当時の国際共産主義運動の潮流に沿ったものだった。たとえば東独では、一九四九年一〇月に決定された「民主ドイツ民族戦線」の決議が、以下のようにうたっていた。「世界支配思想の擁護者たちは、ドイツ民族――ルッターとミュンツァー、シラーとゲーテ、バッハとベートーヴェン、ヘーゲルとフィヒテ、フンボルトとヴィルホフ、マルクスとエンゲルス、ベーベルとテールマンの民族――

の民族的感情と誇りをはずかしめようとしている[69]」。石川啄木や『万葉集』の再評価は、この路線の日本版でもあったのである。

もっとも強い影響を与えたのは、やはり中国共産党の文化政策だった。一九五一年の『歴史学研究』では、マルクス主義中世史家の松本新八郎が、「民族文化をいかにしてまもるか」と題して、文化財保護の提言を行なっている。そこでは、「強行される植民地政策」が「民族の文化と伝統を破壊して」いることが強調され、「国宝松山城の真白な壁が外人の登楼署名で灰色になり、国宝熊本城が同じようにしてパンパンの寝倉になりボヤを出すという状態」が嘆かれるとともに、「中共の文化財保護法なども参考になる」と述べられていた[70]。

こうしたなかで、戦後改革にたいする見解も、批判的なものになっていった。もともと共産党は、日本国憲法にも反対で、占領軍の改革を微温的なものとして批判する傾向があったが、その傾向が一九五〇年以後はいっそう強化されたのである。

たとえば、井上清をはじめとする共産党系歴史学者たちが執筆した一九五三年の『現代日本の歴史』は、「終戦直後から開始された文化・思想方面のアメリカニズムにもとづく愚民政策」を批判し、安保条約と地位協定を「日本を『フランスにたいするヴェトナム、米国にたいするフィリピンの如き地位』に置くもの」と形容した。そして吉田茂首相は「売国奴」「妾」であり、天皇は「アメリカのための笛吹き」にすぎず、「真の愛国者」である共産党への弾圧は「日本を米国のどれい化する」「売国ファシズム」の産物とされたのである[71]。

こうしたなかで、かねてから批判の対象だった「市民」のみならず、肯定的に使われていた「人民」という言葉さえも、「国民」や「民族」に席を譲った。一九五一年一〇月、日本共産党第五回全国協議会は規約修正を行ない、これまでの党規約の文中にあった「『人民』という言葉は全部『国民』とする」ことを決定した[72]。

一九五二年五月一日、サンフランシスコ講和条約発効直後のメーデーは、「血のメーデー」とよばれる流血事件となった。皇居前広場へむかった数万の学生および労働者に、約五千人の警官隊が発砲し、デモ隊は死者二名と重軽傷約五百名を出した。このとき、警官隊はデモ隊にむかって「いったい貴様らは、それでも日本人か！」と罵声をあびせたが、共産党側はこのデモを「偉大なる愛国闘争」と形容し、射殺された学生は「民族の英雄」と呼称された(73)。ここでは、保守と革新の二つの「愛国」が、正面から対立していたのである。

当時は革命歌においても、「民族独立行動隊の歌」などが愛唱された。この歌は、一九四八年七月に占領軍の要請によって公務員のストライキを禁じた政令二〇一号が公布されたさい、国鉄労働者の一部が「民族独立青年行動隊」を結成してストを強行した歴史にちなんだものであった(74)。

このような左派民族主義の論調は、「鬼畜米英」や「東亜解放」といった戦中の言葉づかいに、やや似通ったものがあった。そして当時は、「特攻隊から共産党へ」という言葉が存在したほど、元皇国青年だった若者が、共産党に入党するケースが続出していた。たとえば、元少年航空兵であり、日本浪曼派の書物を愛読していた高田佳利は、こう回想している(75)。

敗戦を契機として、右翼から左翼への転換は割合いにスムースにいった。それは民族ロマンが戦争中の飛行兵、それから民族再建コースとして戦後の左翼運動へと突走らしめたのであり、両者とも完全に自己は集団埋没だ。自己なんて非常に軽いものでしかない。戦後の僕を支えた倫理意識としては〈わが命は生きるにあらず、託されているんだ〉というような、死んだ戦友の亡霊を背負って祖国復興を担ってゆくのだという罪悪感…原罪意識みたいなものに責められて行動していたように思う。

敗戦によって、「公」への志向を表現する回路が失われたとき、共産党という別の回路が代用になっていったことがうかがえる。敗戦直後の民主化が、総力戦体制の言葉を媒体として唱えられたのにも似て、「民族」という言葉もそうした表現回路の転換にあたり、媒体の役割を果たしたのであった。

批評家の江藤淳は、類似の事例を、やや批判的に描いている。彼が戦中に通っていた小学校には、天皇への忠誠を説いて生徒を殴打する若い代用教員が何人かいたが、「その眼は大変美しく澄んでいた」。そして、江藤が敗戦後に彼らを見たときには、「赤旗を押し立てたトラックの上で、大音声をはりあげて共産党の選挙演説をやっていた。その時も、やはり彼らの眼は美しく澄んでいたので、私は少々呆れたのであった」という。(76)

もっとも、当時の共産党は、広範な支持を得ていたとはいえなかった。当時の日本は、米軍にとって朝鮮戦争の出撃・補給基地であり、西側陣営の極東の要衝だった。共産党の武装闘争路線は、こうした日本において米軍の後方を攪乱する役割を担っていた。そのため山村工作隊と命名された青年組織を地方に送りこんだり、火炎瓶や爆発物による闘争が行なわれたものの、警察の弾圧を招いただけでなく、過激組織としてイメージが悪化して、一般の支持率も下落した。選挙でも一九四九年には三五議席を獲得したものが、一九五三年には一議席となった。

当時の共産党系の活動家は警察の監視下にあり、デモにあたってプラカードを掲げることも不自由であった。この時代の学生活動家だった山本明は、亀井文夫監督・山田五十鈴主演で炭鉱労働者の蜂起を描いた『女ひとり大地を行く』という一九五三年の映画を見たとき、クライマックスの蜂起の場面で「民族独立行動隊の歌」が流れ、映画館を埋めた党員や活動家たちが合唱したというエピソードを書いている。(77)

この革命歌は、当時、街頭や下宿でうたうことはできなかった。会社でもうたえなかった。私たち学生は、自治会の部屋ではうたうことができたけれども、そこに限られていた。その歌が、映画館で大きな音量で鳴っている。私は、おもわず涙がふき出した。ふと気がつくと、隣の男も前の女性も涙をぬぐっている。やがて、映画館の観衆全員が、伴奏に和してうたい出した。……

あの「民族独立行動隊の歌」を映画館で泣きながらうたった若者、学生は、この時代に権力によって迫害され、社会から疎外されていた少数者であり、弱者であった。映画館で伴奏に和してしかうたえないことの残念さと、しかしこの場だけの解放感に、みんなが涙をこぼしてうたったのである。

しかし、こうした連帯感は、党内でさえ完全な広がりをもたなかった。一九五〇年のコミンフォルム批判のあと、

宮本百合子（1939年）

所感派と国際派は、相互に「分派活動」「党破壊活動」などといった罵倒をくりかえしたが、一九五一年八月にコミンフォルムが所感派への支持を表明すると、国際派は勢力を失った。党中央を握った所感派は、国際派とみなされたメンバーを査問にかけ、自己批判の強要や除名処分などを行なった。

　こうした査問が多発した背景には、年長世代の活動家たちの疑心暗鬼があった。戦前の活動経験者たちは、党内に潜入した特高警察のスパイによって、自分自身や友人が逮捕された経験を生々しく覚えていた。哲学者の古在由重は、「人を信用しないくせというのは、この体験からきている」と述懐している。[78] 実際に一九五二年六月には、警察が潜入させたスパイの扇動工作で、党員が集団逮捕される「菅生事件」がおきた。党幹部や年長の活動家たちは、こうした疑心暗鬼に突き動かされていたともいえる。

　共産党傘下の文化団体は、こうした党内分裂のあおりを直接にこうむった。文学団体の場合では、新日本文学会の中心を国際派が握ったため、所感派系の作家たちは新日本文学会を脱退して、一九五〇年一〇月に雑誌『人民文学』を発刊した。

　『新日本文学』の編集部にいた秋山清の回想によれば、『人民文学』による『新日本文学』への中傷と妨害は激しく、「配本表をぬすんで『人民文学』の発送に利用したもの、いつわりの発注をして送本を焼きすてたもの、反動的雑誌と称して支部その他の購読をさしとめたもの」などが続出したという。[79] 革命のためには手段を選ばぬという悪しき政治志向と、文壇内での近親憎悪が、党内抗争によって露呈することになったのである。

　両者の対立がもっとも醜悪なかたちで露呈したのが、一九五一年一月に急死した宮本百合子の評価をめぐってだった。国際派の中心だった宮本顕治の妻だった百合子は、それ以前は党内でも賞賛されていた作家だった。しかし党内分裂のさなかにあって、所感派側の『人民文学』は、「党員の看板を掲げたプチブル作家」「民族の運命を決定する党の組織を破壊する分派」「ブルジョア文壇に寄食し、プチブル的生活を維持しつづけることに成功した才能あるペテン師」といった罵倒を開始したのである。[80]

一九五一年五月に開かれた宮本百合子追悼記念祭は、所感派の共産党臨時中央指導部が「大衆的ボイコット」をよびかけ、新日本文学会側がそれに反論するという、まさに泥仕合の様相を呈した。国際派が勢力を失うと、新日本文学会の指導部にいた中野重治や窪川鶴次郎などは、「最悪の分派主義者」などと批判されていった。

こうした陰惨な抗争は、各種の団体でくりひろげられた。全学連においては、国際派の武井昭夫委員長が一九五二年三月にその地位を追われた。この当時、学生党員だった吉川勇一の回想によれば、全学連第五回大会が京都で開かれたさい、主流派の学生党員たちが反対派をリンチにかけ、「殴る、蹴るだけでなく、焼け火箸をあてたり、あるいは女子学生を輪姦したりして、自己批判を強要した」という事件まで発生したという。[81]

前述した元少年飛行兵の高田も、一九五一年以降はかつての同志から批判され、党から脱落した。こうした内紛と、それに続く武装闘争で、党員は数分の一にまで激減し、数多くの党員とシンパが活動から離れていった。

一般の支持を減少させたもう一つの大きな要因は、武装闘争への転換がコミンフォルムの指示で行なわれたという事実だった。「民族独立」を掲げることは、共産党以外にも当時の革新勢力では一般的な現象だったが、そうであればなおさら、コミンフォルムに従属する共産党の姿勢に批判が集まった。コミンフォルムの批判で分裂抗争をおこした内紛ぶりも、共産党への幻滅をひきおこした。

そうした状況のなか、若手党員たちは、なお党の指令にしたがって武装闘争や農村工作を続けていた。しかし、やがてそれも終わる時がやってきた。一九五四年ごろから、共産党はしだいに方針転換の兆しをみせはじめた。そして一九五五年七月の第六回全国協議会、いわゆる「六全協」で、武装闘争路線は完全に放棄されたのである。

一九五五年の転換

六全協によって、共産党の党内抗争は完全に終止符が打たれた。地下に潜行していた党の指導者たちが姿を現わし、所感派のトップだった徳田球一が、一九五三年に中国で客死していたことが明らかにされた。宮本顕治をはじめとした元国際派の幹部たちも、前後して党の中心に返り咲いた。

この六全協の決議においても、「民族独立のための闘争」という方針は継承された。しかし、それまでの武装闘争路線は、「極左冒険主義」として放棄された。武装闘争に代わって、「うたごえ運動」とよばれたコーラス活動によって支持者を集めることが進められ、選挙による議会進出がめざされることになった。

こうした共産党の変化は、やはり国際的な潮流に沿ったものだった。朝鮮戦争によって武力衝突にまで高まっていた東西冷戦は、一九五三年のスターリンの死と朝鮮戦争停戦によって鎮静化していた。フルシチョフにトップが交代したソ連共産党は、資本主義との「平和共存」を掲げるようになっていた。こうした変化は「雪解け」と称されたが、日本共産党もこのような国際情勢の変化とともに、方針を転換したのである。

こうした転換は、多くの党員に衝撃を与えた。それまで生命を賭けていた武装闘争路線が党みずからによって否定され、コーラス活動などを命じられた若手党員には、失望して運動から離れていった者も多かった。

前述した映画館のエピソードを記した山本明も、この時に党から離れた。彼の回想によれば、「『これまでの方針は間違っていた』という決定に、学生党員は泣き、わめき、やがて虚脱状態におちいった。山村工作隊で山に行っていた友も、遠くの地方の『地区委員』に派遣されていた男も、ぼんやりと帰ってきた。大声で悲憤慷慨する友人は少なかった。みんな、ひざ小僧をかかえ、憑かれたように小説を読んだ」[82]。倉橋由美子の『パルタイ』や柴田翔の『されどわれらが日々』などが、この後に輩出することになる。

しかし学生党員たちには、そうした内省にではなく、別の方向にむかう者もいた。彼らは共産党を見限り、それに代わる左翼党派を結成しようとした。いわゆる「新左翼」である。

こうした新左翼の嚆矢となったのが、共産主義者同盟（ブント）だった。その書記長となった東大生の島成郎《しましげお》は、かつて一九五二年の「血のメーデー」で、デモ隊の先頭に立っていた人物だった。しかし彼は、国際派に所属したために、自己批判書を提出させられた経緯があった。そして六全協の報告が東大細胞に届いたとき、島は「オレはこの五年間何をやってきたんだ。分派を自己批判したのも間違いだったのか。何が正しいんだ」と「異様な大声を張り上げて怒鳴りはじめた」という[83]。

一九五八年、東大・京大・早大などの学生細胞が共産党の指導から離れる動きを見せはじめ、党は学生党員を大量に除名した。一九五八年一二月、除名された学生党員たちは、島を書記長として共産主義者同盟（ブント）を結成した。こうして生まれた新左翼は、穏健化した日本共産党を批判して、より過激な直接闘争を掲げた。彼らは共産党の「民族戦線」路線にも反対し、やがてナショナリズムにかんする言説の変容をもたらしてゆくのだが、これについては第三部で後述する。

この当時は、共産党の権威低下が、国際的にもおこっていた。六全協の翌年である一九五六年、フルシチョフによるスターリン批判が行なわれ、スターリンの神格性がソ連共産党自身によって否定された。さらにこの年、ハンガリーの反政府運動にソ連が軍事介入し、ソ連共産党の姿勢に批判が集まった。

第一部で述べたように、共産党の精神的権威の源泉は、獄中非転向と絶対無謬の神話だった。それは一言でいえば、多くの人びとが右往左往と転向をくりかえした戦時期において、共産党だけが「主体性」を維持していたという認識にほかならなかった。しかし、コミンフォルムの批判に動揺し、たびたびの方針転換で右往左往する共産党の姿は、そうした神話を完全に崩壊させた。党全体はコミンフォルムに従属しているにもかかわらず、下部党員には絶対の権威をもって臨むという姿勢も、天皇制に類似した権威主義であるという印象を与えた。

さらに人びとの失望を買ったのは、共産党が一九五〇年代前半の方針の失敗を認めたのにもかかわらず、党幹部の責任が追及されなかったことだった。分裂期の抗争の責任は、その多くがすでに客死していた徳田球一の個人的性格に帰されてしまい、党全体の組織や体質の問題は実質的に不問に付された。

六全協のあと、共産党の機関誌『前衛』は、「文化問題」の特集を組んだ。その内容は、激しく対立した『新日本文学』と『人民文学』のメンバーをはじめとして、党員の知識人や文学者たちが、五〇年代前半の挙動を自己批判する論考を並べたものだった。しかしそのほとんどは、互いに罵りあった数年前の戦闘的な文章とはうってかわって、歯切れの悪い自己弁護だった。[84] こうした姿勢は、責任追及を逃れた党幹部の姿勢とあいまって、東京裁判における為政者たちの「矮小さ」を想起させるものだった。

そして、こうした共産党の権威低下とともに論壇で台頭したのが、戦争責任の追及だった。この時期の戦争責任論の大きな特徴は、為政者よりも知識人、とくに共産党系や進歩系の知識人が、いかに転向と戦争協力を行なったかを追及するものが多かったことだった。

一九五六年は、敗戦直後いらい関心が低下していた戦争責任問題が、ふたたび注目された時期だった。まず一九五五年一一月、吉本隆明が「前世代の詩人たち」を発表し、新日本文学会の中心だった詩人たちの戦争協力を問うた。さらに鶴見俊輔が一九五六年一月に「知識人の戦争責任」で、進歩的知識人の戦争協力を明らかにするべきだと主張した。丸山眞男も一九五六年三月に「戦争責任論の盲点」を公表し、共産党も政治党派である以上、運動の指導をあやまって戦争突入を防げなかったことに「指揮官としての責任」があると主張した。[85]

石田雄の回想によると、丸山が共産党の「指揮官としての責任」を問うた背景には、一九五二年の「血のメーデー」事件で、丸山の知人だった東大職員組合の女性職員が逮捕されたことがあった。[86] 結果としてデモ隊に多くの死傷者を出し、穏健なデモを予想していた参加者にまで逮捕者を出したことに、デモを指導した共産党が責任意識をもっているのかという疑問を、丸山は抱いていたのである。すなわち丸山は、歴史上の戦争責任を問うというかたちで、現代の政治責任を問題にしていたのだった。

戦争責任の追及というかたちで、現代の政治責任を問う現象は、丸山だけのものではなかった。一九五六年、かつて国際派として地位を追われた元全学連委員長の武井昭夫が、吉本隆明とともに、共産党系文学者たちの戦争協力を追及する『文学者の戦争責任』を出版した。ここで吉本たちが主張したのは、敗戦直後に『近代文学』などが試みた戦争責任追及をうやむやに済ませたことが、その後の共産党の体質と失敗を決定したということだった。

そして吉本は一九五八年の「転向論」では、獄中非転向の共産党幹部も、日本の現実を無視して共産主義思想を墨守していたにすぎないと批判した。第6章で述べたように、福田恆存が一九四七年に類似の意見を述べたときには、それを支持する者はいなかった。しかし一九五八年には、吉本の主張は、共産党に失望した知識人や学生、そして新左翼から多くの支持を集めた。

いわば戦争責任の追及は、敗戦直後においても一九五〇年代後半においても、「主体性」の確立の手段であった。敗戦直後においては、大日本帝国の権威主義に対抗する「主体性」を築くために、戦争責任の追及が行なわれた。そして一九五〇年代後半においては、知識人たちが共産党の精神的権威から自立する過程で、主として共産党系知識人への戦争責任追及が行なわれたのである。

ただしこの時期の戦争責任追及は、共産党との関係に悩む知識人の内省という性格のものばかりではなかった。鶴見俊輔が組織した転向の共同研究では、政治家や軍人の転向もとりあげられた。そして丸山は「戦争責任論の盲点」で、「知識人の、とくに『進歩的』なそれの責任だけをあげつらうならば、それは明らかに平衡を失しており、悪質な狙討ちに結果的に力を藉すことになる」と指摘し、もう一つの「盲点」として天皇の戦争責任を挙げ、「政界・財界では戦争責任という言葉は廃語になったといわれている」という状況に抗議を述べた(87)。

丸山がこれを書いた一九五六年は、敗戦後に公職追放となった鳩山一郎が、首相に就任していた時期であった。そして翌一九五七年には、日米開戦時の商工大臣であり、A級戦犯だった岸信介が首相となる。鳩山や岸にかぎらず、敗戦直後に政財界を追われていた人物たちが、朝鮮戦争下で始まった追放解除と、一九五二年のサンフランシスコ講和条約発効による日本政府の施政権回復によって続々と復帰し、地歩を固めつつあったのである。

一九五五年には、共産党にかぎらず、政界の大規模な再編が進行していた。共産党が六全協で武装闘争路線を放棄したのと前後して、再軍備の是非をめぐって分裂していた左派社会党と右派社会党が合体し、日本社会党が結成された。これに対抗して、保守政党の側も自由党と民主党が合同し、自由民主党が結成される。いわゆる「五五年体制」とよばれる政党地図ができあがったのは、このときであった。そして一九五六年の経済白書には、流行語ともなった「もはや『戦後』ではない」という言葉が登場する。

いわばそれは、一つの「戦後」の終わりであり、もう一つの「戦後」の始まりであった。共産党の武装闘争放棄に象徴されるように、革命と闇市に象徴される激動の「戦後」は、敗戦後一〇年で終わりを迎えていた。それに代わって、高度成長と「五五年体制」に象徴される、安定と繁栄の「戦後」が始まろうとしていたのである。

そしてもう一つ留意すべきなのは、「戦後民主主義」という言葉が、この時期以降に現われはじめることである。敗戦直後においては、「民主主義」は旧秩序を打破するために掲げられた、変革のシンボルだった。そうした激動の「戦後」が終わり、「民主主義」が五五年体制によって形骸化した議会政治の定型句となりつつあったとき、「戦後民主主義」という言葉が生まれたのである。

そして、こうした「安定と成長の戦後」は、鳩山や岸に代表される、戦中の指導者たちが復活することによって開始されようとしていた。革命路線を放棄した共産党も、やはり戦前いらいの指導者が、自己の責任を明らかにしないまま、形骸化しつつあった「戦後民主主義」の一部になろうとしていた。そうした状況に抗議しようとする意志が、戦争責任の追及というかたちで現われていたのである。

「私」の変容

だが、一九五五年に変化しはじめていたのは、政界だけではなかった。経済の復興と高度成長によって、生活の変化が顕著になりはじめていたのである。

敗戦直後には荒廃していた日本経済は、朝鮮戦争の特需景気によって、奇跡的な回復をみせはじめた。アメリカの発注による特需は輸出総額の約六割を占め、鉱工業生産は一九四九年から五三年までに二倍以上に増加した。こうして経済指標は戦前水準を回復し、一九五〇年代後半以降の高度経済成長を迎える。「もはや『戦後』ではない」という一九五六年の経済白書の言葉は、この事実をふまえて書かれたものだった。

生活の変化も、著しかった。一九五五年には、冷蔵庫・洗濯機・電気釜（のち掃除機）が「三種の神器」と称されるようになった。インスタントラーメンと中性洗剤の発売は一九五八年、国産初の普通乗用車の発売は一九五九年だった(88)。「神武景気」や「岩戸景気」の波にのった「三種の神器」――これらの名称そのものは、当時の人びとに、戦前の言葉づかいが根強く残っていたことを示している——は急速に生活に浸透した。

マスメディアの発達が、並行して進んだ。テレビ放送が始まったのは一九五三年だが、一九五七年にテレビ普及台数は一〇〇万台をこえ、一九五九年四月の皇太子結婚によって爆発的に増加し、一九六二年三月には一〇〇〇万台を突破した。一九五六年二月に創刊された『週刊新潮』に代表される週刊誌ブームもおこった。

共産党の六全協が開かれた一九五五年七月には、石原慎太郎の小説『太陽の季節』が発表された。若者たちの奔放な消費文化を描いたこの小説は、翌年には芥川賞を受賞し、映画化されベストセラーを記録した。評論家からは「植民地的な日本のある種の〝上流階級〟の子供たちが、自由を考え違いして、なんの目的もなく生きている姿」などと評されたが、石原の側は「理屈よりも実感」を重視すると述べた(89)。

こうした流れは、確実に日本社会を変えていった。とくに顕著になったのは、地方や階層の文化的差異が縮小し、社会の「単一化」が生じていったことだった。社会学者の山本明は、こう述べている(90)。

> テレビの影響は数多いが、まず指を屈するものは、都市と地方の生活文化の差が、著しく縮まったことである。……テレビと週刊誌、この二つが大衆文化を定着させ、あまねく全日本に、単一の文化を普及したのであった。大衆文化は、テレビ・週刊誌によって都市から地方に広がっていった。それとともに、農村から都市への人口の移動、都市文化の地方への浸透は、目をみはるものがあった。まず食物の平準化。牛肉やハム、ソーセージ、チーズなどのように、戦前では都市部でしか販売されなかったものが、大食品メーカーの大衆商品として発売されて、地方でも小規模なスーパーならぬなんでも屋によって販売された。同時に、全国紙やテレビの広告によって広く知られるようになった。いまでは信じられないだろうが、私の聞き取り調査では、一九五〇年では、地方ではハム、ソーセージ、チーズを知らない人が多かった。一九五五年をすぎて、はじめて口にしたという人が少なくないのである。……
>
> 食物の平準化と同じ時期に、娯楽の平準化が進行した。……まず、地方による特色が希薄になった。たとえば、

浪花節。一九三〇年の日本放送協会による聴取者調査では、放送希望番組の第一位を占めていた浪花節は、一九五五年には、もう九州の一部の人びとに熱心な愛好者がいるだけになった。……

同じころ、ドサ廻りの芝居も姿を消した。私がドサ廻りをはじめて見たのは、戦時中に疎開した田舎町の芝居小屋兼映画館である。……京都でそういうおひろめの行列を見た最後は、一九五五年であったろうか。地方での最後は一九五九年と記憶している。

同時に発生したのが、農村から都市への人口移動と、農業人口の減少だった。就業人口に占める農業の割合は、一九五〇年の四五・二パーセントから、一九六〇年の三〇・〇パーセント、一九七〇年の一七・九パーセントへと急減した。一九四五年には全人口の二八パーセントにすぎなかった都市部人口は、一九七〇年には七二パーセントにまで上昇した。都市にあらたに流入した人びとは、従来の下町コミュニティとは異なる社会を形成した。「団地族」という言葉が週刊誌に登場したのは、一九五八年とされている。

このことは、当然ながら「日本人」の自画像に、大きな変化をもたらした。一九五七年に出版された加藤秀俊の『中間文化』は、もはや「油だらけの作業服をきた筋骨たくましい労働者」などは空虚なイメージにすぎないこと、そして階級をこえた「単一文化」のもとで、「サラリーマン映画の主人公」に労働者も農民も近づきつつあることを主張した。(91) 第6章で述べたように、丸山眞男は一九四七年に「サラリーマン」を日本社会の少数派として描いたが、その時代とは確実に変化が生じつつあったのである。

そして注目すべきなのは、加藤がこうした変化を、「中間的大衆化＝あたらしい市民層の誕生」と形容していたことである。この時期以降、「市民」という言葉が急速に一般化しはじめるとともに、「ブルジョア」の代名詞としての意味を失ってゆく。

同時に加藤が強調したのは、自分たち二〇代以下の者と、戦後知識人の主流だった三〇代以上との感覚のちがいだった。一九三〇年生まれの加藤は、一九五七年には二七歳で、石原慎太郎とほぼ同世代の若手学者だった。そして加藤は、年長の知識人が口にする、民衆からの「孤立」という「苦悩」が「わからない」と主張し、「私にとっては、自分が他のふつうの市民のひとりだという実感のほうが、自分は大衆とはちがうのだという気持よりもずっと強い」と述べていたのである。

こうした事態と並行して、国際社会における日本の自画像も変化した。敗戦直後には、大塚久雄や川島武宜の主張にみられたような、「日本封建制」の「アジア的性格」を批判する日本論が多かった。しかし一九五七年には、梅棹忠夫が「文明の生態史観」を発表し、世界を「第一地域」と「第二地域」に二分した。梅棹によれば、「第一地域」は封建制を通過したのち近代文明を築いた西欧と日本であり、「第二地域」は専制帝国から社会主義国家へと変遷したロシアや中国だった。[92] 梅棹の主張は、在来文化の面からも日本を「西洋」の側に位置づけるものとして、高度成長に入りつつあった社会に歓迎されていった。

こうして、一九五〇年代前半における「民族」という言葉の社会背景は、急速に解体されていった。それと同時に、もう一つの意識変化が、日本社会に生じていた。「公」と「私」にかんする意識の変容である。

戦後に設立された統計数理研究所は、一九五三年以降、五年おきに国民意識調査を行なっていた。そのなかに、「自分の気持に近い暮し方」を選択させる調査があった。その選択項目は、「一生懸命に働き金持になる（財産）」「まじめに勉強して、名をあげる（名誉）」「金や名誉を考えずに自分の趣味にあった暮らし方をする（趣味）」「その日その日をのんきにクヨクヨしないで暮らす（安楽）」「世の中の正しくないことを押しのけてどこまでも清く正しく暮らす（清廉）」「自分一身のことを考えずに、社会のためにすべてを捧げて暮らす（社会）」という六つであった。

社会学者の日高六郎は一九八〇年の著作で、以上のうち「財産」と「名誉」には時代ごとの変化がさほどみられないことを指摘したうえで、「趣味」「安楽」を〈私生活〉志向、「清廉」「社会」を〈公〉志向と名づけて、その変化を分析している。[93] それによれば、日高のいう〈私生活〉志向は、一九五三年の三二パーセントから一九七三年の六二パーセントまで、一貫して上昇している。それにたいし、〈公〉志向は一九五三年の三九パーセントから、一九七三年の一六パーセントまで、一貫して下降しているというのである。

そして留意すべきなのは、一九五三年の時点では、〈公〉志向のほうが〈私生活〉志向を上回っていたことである。両者が逆転するのは一九五八年であり、この年の調査で〈公〉志向は二九パーセント、〈私生活〉志向は四五パーセントを記録したのだった。

日高はこの変化を、「民主主義」から「経済主義」への転換と名づけ、こう述べている(94)。

「滅私奉公」から「滅公奉私」へ。私は、戦前から現在にいたる日本人の意識の変化を、このように単純化して若者に話すことがある。単純化はもちろん一面的となる危険をはらむ。

私は、若者たちに若干の注釈をつける。敗戦直後、軍国主義時代の「滅私奉公」が結局は悲劇に終わったことで、人びとは強い怒りを感じる。そこで若者たちは、そうした「滅私奉公」にハナもひっかけず、「滅公奉私」の闇市の倫理へ突進する。

同時に、新しい形の「滅私奉公」が現われる。特攻隊から共産党へ。出獄した徳田球一は、求められて色紙に書くとき、いつでも「惜しみなき献身」としたためたという話をつけ加える。私は、特攻隊から共産党へ入った若者たちの心情は理解できると話す。しかし、闇市の倫理は想像できても、「惜しみなき献身」はわからないというのが現代の若者である。

戦後「前近代から近代へ」が標語となった。急進的自由主義者は、〈個の確立〉を説いた。革新政党や労働組合の指導者たち（それはほとんどマルクス主義者であった）は、〈労働者の権利〉を叫んだ。〈個の確立〉派も〈労働者の権利〉派も、当然、強い政治的関心を持っていた。政治の時代であった。平和、民主主義、生活の向上、（そして占領政策が冷戦の論理に従属するようになってからは）独立。それらのシンボルは人びとを動かす力を持ち、それらはつねに政治的文脈のなかで理解された。

〈個〉や〈権利〉のなかには、新しく解釈された〈私〉と〈公〉とが統一されていたはずである。それは、現在の政治的無関心と結びついた〈私生活優先〉とは、かなりちがっていた。では〈個の確立〉や〈労働者の権利〉から出発して、現在の〈私生活優先〉にいたらしめた力あるいは原因は、なんであったのだろうか。
私は、高度経済成長とそれにともなう生活様式の変化こそが、もっとも大きな要因だと考えている。

第一部でみてきたように、戦後知識人たちが唱えてきた〈個の確立〉は、〈公〉への参加意識と一体であった。そこで唱えられていたのは、〈公〉と〈私〉の二項対立の克服であり、「滅私奉公」と「利己主義」の双方への批判だった。しかし高度経済成長のなかで、〈個の確立〉は〈私生活優先〉にすりかわり、日高のいう「民主主義」から「経済主義」への変化が生じつつあったのである。

そして保守派の唱える愛国心やモラル復活の要求は、しばしば日高のいう「経済主義」と合致したものであった。保守政権は「愛国心」を唱える一方、アメリカに従属した経済成長路線をとりつづけていたからである。

それは、一般民衆レベルでも同様だった。一九五八年の日教組教研集会の報告は、戦後に廃止された「修身」を復活させろという要望が、地方有力者層と下層民に多いことを述べている。その報告によれば、地方有力者の「修身」復活要求は戦後の民主化によって自分たちの支配が揺らいでいることへの反動だが、「下層の声を分析すると、『生活を助ける』意味での、『親孝行』をもっと教えることがのぞまれている」というのだった。[95]

一九五六年に、武田清子は日教組の機関誌である『教育評論』への寄稿で、農村の母親たちに「親孝行」の内容を質問したという報告を書いている。[96] それによれば、「金をうんとつくってくれるといい」「おとなしく親のいうことをきいて家の経済を立てて行ってほしい」「えらい人間に出世してほしい」「よその子よりよい成績をとる」といった声がほとんどだったという。そして武田は、こうした民衆のエゴイズムと保守派の愛国教育論が結びついていることを指摘したあと、それを克服する立場からの「愛国心」を説いていたのである。

丸山眞男は、一九六〇年のインタビュー「八・一五と五・一九」で、こう述べている。[97]

太平洋戦争における総力戦の極限状況では「民」をほとんど根こそぎ「臣」にしてしまった。一億翼賛と滅私奉公がそのイデオロギー的表現です。戦後はまさに「臣」から「民」への大量還流としてはじまった。民主主義はそういう形で出発したわけです。還流した「民」は大ざっぱにいって二つの方向に分岐したと思うのです。一つは「民」の「私」化の方向です。これはちょうど滅私奉公の裏返しに当る。農村ではこれが主として個々の農家の経済的な利益関心の増大と名望家秩序の崩壊として現われ、大都市などでは消費面において私生活享受への圧倒的な志向として現われたことは御承知のとおりです。ところでもう一方の「民」の方向はアクティヴな革新運動に代表されます。この方はエトスとしては多分に滅私奉公的なものを残していた。したがって前者の方向から見ると、後者の運動や行動様式はどこか押し付けがましく、また騒がしく見え、その気負った姿勢はむしろおぞましく映ることになる。ところで支配者層にとっては前にいったように、臣民意識をあてに出来なくなったかわりに、この「民」の分岐が少からず有利に作用したと思うんです。第一に、臣民的黙従とは多少ともちがった形ではあるが、前のグループの「私」主義にもとづく政治的無関心が、第二グループの「封じ込め」を意図する支配層には都合がよい。さらに積極的には、いわゆる補助金行政で、農家の利益関心にくいこむことができる。つまりこうした形の「民」の分割支配が、天皇制のカリスマを失った支配層の苦しい逃道ではあるが、今日までともかく続いて来たと見られるのじゃないか。

もともと丸山によれば、戦前の「超国家主義」は個々人の責任意識にではなく、『私』の『公』への無限侵入」という利益追求によって支えられていた。民衆が地域ボスに、地域ボスが中央政府に忠誠を示すのは、立身出世や利益誘導のために、天皇を頂点とする権益のヒエラルヒーに参加したいからにすぎず、そこでの「愛国心」は私的利益の表現形態であった。こうした「愛国心」は、中央政府が力を失った敗戦後には一時的に雲散霧消したが、経済の復興と補助金行政によって、ふたたび回復したというのである。

「愛する祖国」の意味

しかし一方で留意すべきなのは、敗戦から一九五〇年代における「民主主義」もまた、「経済」を否定してはいなかったことである。日高も前述の引用で述べているように、敗戦後の「政治の時代」のスローガンには、「平和」「民主主義」「独立」とならんで「生活の向上」が含まれていた。

そしてその「生活の向上」は、「平和」や「民主主義」と対立するものではなく、むしろ不可分のものと考えられていた。なぜなら本章前半でみたように、戦争こそが日本を貧困に追いやった最大の原因であり、民主化こそが戦争への突入を防ぐ最大の手段であるとみなされていたからである。

そして、朝鮮戦争の特需景気によって、「生活の向上」と「平和」が矛盾する状況が出現したとき、登場したのが「民族の独立」だった。すなわち、アジアで戦争を行なうアメリカへの従属を断ちきり、自力で経済の復興を遂げることが、平和を守る手段とされていたのである。一九五〇年に教育学者の宮原誠一が述べたように、「平和のためにもっとも基本的な社会的条件は、生産の復興による日本の経済的自立」であり、そうした意味で「生産の復興と平和の擁護は二にして一である」とされていたのだった。(98)

そして、この時代に社会主義が支持を集めていたのも、「生活の向上」への期待から発していた。なぜなら、社会全体が貧困であり、しかも貧富の格差が大きかった時代においては、社会主義による格差の是正と、合理的な計画経済による生産の増大が期待されていたのである。

たとえば一九五二年の座談会で、国語学者の国分一太郎は、「ソ連の生産が飛躍的に発展をした事実」を強調し、「その理由は、ソ連の人たちが、社会発展の法則に即して、生産関係を変革したからだ」と述べている。(99) 一九三〇年代に、アメリカが大恐慌にあえいでいたのにたいして、ソ連が五カ年計画などで生産を上昇させた歴史は、ほんの十数年前の出来事として、知識人たちの記憶に強く残っていた。

そして戦災によって民間経済が大打撃をうけ、闇経済による混乱が社会をおおっていた敗戦直後にあっては、自由放任主義によって経済復興が可能であるとは、およそ考えられていなかった。敗戦直後に政府が「傾斜生産方式」を導入したのも、そうした風潮を背景にしたものだった。そのような時代に、資本主義よりも社会主義のほうが生産が増大すると考える人びとが存在したのは、不自然なことではなかったのである。

そして、このような社会主義による経済復興こそが、アメリカへの従属や軍需経済への依存を断ちきり、平和を実現する「民族の独立」であると考えられていた。一九五二年に清水幾太郎は、単なるスローガンである「平和の理想」と対置して、このような経済体制を築くことを「平和の肉体」と形容して、多くの支持を集めた[100]。

そのような「生活の向上」は、他者をかえりみない私的利益の追求とは、対極に置かれていた。また単純な私的利益の追求によっては、個人の「生活の向上」さえも達成できないと考えられていた。なぜなら、社会体制の変革なしには、個々人の豊かさも実現できないというのが、当時の左派の認識だったからである。

このことは、当時の日本社会では、一定の現実感をもっていた。社会全体が貧困であるとき、労働者が個人で努力しても、得られる利益は少なかった。そうした状況では、労働組合のもとに団結してゆくことこそ、個人が「生活の向上」を勝ちとる最良の手段だったのである。

この点は、農民についても同様だった。生活記録運動のモデルとなった一九五一年の文集『山びこ学校』の末尾では、教師の無着成恭《むちゃくせいきょう》を中心にして、作文を書いた生徒たちが、貧困を解決する手段について討議していた。そこで生徒たちが出した結論は、「農民をもっと金持ちにすること」、そして「自分さえよければよいという考えを捨てて、力を合わせ」ることであった[101]。

この二つの結論が両立していた前提は、この山村の貧しさだった。子供たちは、生活の向上のために農業の機械化が不可欠であること、個々の農民の経済力では農業機械の購入が不可能であることを話しあった。そのうえで、機械を共同購入し、共同で使用するためには、エゴイズムを克服しなければならないという結論が出されたのである。個々の農家が都市への出稼ぎによって経済力をつけ、年に数回しか使用しない機械を各戸で購入し始めることなど、一九五一年の時点ではまったく想定外だったのである。

戦前に育った教師の無着は、この討議の末尾で、このように述べている[102]。

……私はこのような教育を営みながら、新しい時代の息吹きを感じるのでした。新しい道徳が生れつつあることを感じるのでした。二宮金次郎の薪を背負って読書する像の前で「忍耐」と「勤勉」の道徳をたたきこまれ、「人が八時間働くなら、十時間働け」と教えられてきた私は、この子供たちの、そのような「忍耐」や「勤勉」の中にかくされたゴマカシ、即ち貧乏を運命とあきらめる道徳にガンと反抗して、貧乏を乗り越えて行く道徳へと移りつつある勢いに圧倒されるのでした。

社会全体が貧しかった時代には、自助努力を強いる「忍耐」「勤勉」や、他人を出しぬいて働くエゴイズムは、個人の利益にすらならなかった。それは社会変革にむかうべき農民の連帯を分断し、貧困を生みだした社会構造を不問に付する、「貧乏を運命とあきらめる道徳」としてしか機能しなかった。そうした旧道徳を否定して、社会を連帯によって変革し、「貧乏を乗り越えて行く」ことが、「新しい道徳」として期待されていたのである。

そして、ここでいう「貧乏」は、たんに物質的な問題だけではなかった。経済的な貧困は、地主や資本家への隷属と迎合を生み、精神と社会関係の貧困をもたらすものであった。教育学者の宗像誠也は、上原専禄との一九五二年の対談集『日本人の創造』で、こう述べている[103]。

私ども日本人の生活を見ていますと、いつも苦労におしひしがれている。電車のなかで見る顔は、どれもこれも苦労に満ちて憂鬱な感じです。その苦労は結局は物質生活の貧しさと、社会関係のまずさとからきているのではないか。……

次の世代にはこんな生活をさせたくないのです。……自分の人間としての生長発展のために、生活を設計することができるようにさせたい。……人に卑屈に頭を下げて、人のお情にすがって生きる。また逆の場合には人を圧迫し、傷つけ、搾取して生きる。そういうことでなしに、のびのびと自分の内部の要求にしたがってみんなが生活を構成する、ということでありたいのです。……

……貧乏苦労と気苦労とから解放されるということだけですと、まちがってとられる恐れがあります。自分の子どもだけが貧乏から抜け出して、上流、特権階級の仲間入りをすればいい。そして社会がどうあろうと日本がどうあろうと、そんなことには気を使わずに、自分だけ、また自分の家庭だけは気持よくやっていければいい。そういう生活理想というものは、プチブル的というべきなんでしょう。……子どもに家庭教師をつけ、特権的な学校に入学させることに狂奔する親たちの意識はこれです。

私が貧乏苦労と気苦労とから日本人が解放されるべきだといった時に、そういうことをいうつもりではなかったのです。私は日本人全体がそうあるべきだと希望したので、少数の人たちだけそうあればいいと思ったわけでは決してありません。いや、日本人全体がそうならなければ、一部の人々がそうなることも本当は不可能なのです。

こうした論調は、戦争体験の産物でもあった。戦後知識人たちは、共産主義者や自由主義者への弾圧を「他人事」として放置しているうちに、破局的な事態に立ち至ったことを経験していた。社会全体の動向を無視すれば、結局は自分個人の自由や幸福も守れなくなるというのが、戦争の教訓だったのである。

一九四八年に、文学者の丸山静は、戦争で学んだことを、次のように述べている。「生きるためにはわたくしたちは、嫌でも『政治的には無智』でおしとおすことは出来なくなつてしまつた」「『民衆は自分のなかにある』のではなく、『自分が民衆のなかにある』ことを身に泌みて自覚せざるを得なくなつた」[104]。戦争はこうした意味でも、国民全体を「運命共同体」とみなす意識を浸透させていたのである。

こうしたエゴイズムの脱却、すなわち「新しい道徳」の志向は、一九五〇年代から六〇年代前半の大衆文化においても、数多くみることができる。一九五四年に公開された黒澤明監督の『七人の侍』では、侍の主将が、戦闘から逃れようとする農民にむかって、「他人を守ってこそ自分も守れる。おのれの事ばかり考える奴は、おのれをも亡ぼす奴だ」と一喝する[105]。浦山桐郎監督・吉永小百合主演で、鋳物工場街の少年少女たちを描いた一九六二年の映画『キューポラのある街』では、「一人の百歩よりみんなの一歩」という言葉が唱えられていた。

そして、このような「みんな」を表現していた言葉が、左派論調における「国民」であり、「民族」にほかならなかった。宗像と上原が、上記の対談集『日本人の創造』で主張したのも、日本で「民族意識」と呼ばれてきたものは天皇と国家への従属にすぎず、「国民的」な連帯としての「民族意識」はむしろ稀薄であるということだった。そのような意味での「民族」意識の必要性が、「日本人の創造」という題名のもとで説かれていたのである。

それと同様に、マルクス主義歴史学者たちが使用していた「単一不可分の民族」という言葉も、こうした「国民」の連帯を意味するものだった。代表的な辞書といわれる『広辞苑』でも、「単一」という言葉の用例として当初の版で掲載されていたのは、労働者の団結を意味する「単一組合」であった。この辞書に、排外主義的な言葉として「単一民族論」が掲載されたのは、一九九一年の第四版からである。[106]

すなわち一九五〇年代前半では、「単一民族」は既成事実ではなく、めざすべき目標であり、人びとの参加によって「創造」されるべきものだった。そしてこの時期においては、〈みんなが一つになる〉という言葉も、「連帯」の意味で使用されていた。しかし高度成長を経て、「単一文化」が既成事実となったあとには、それらは均質化と抑圧を意味する言葉に変わっていったのである。

一九五二年、静岡県富士郡上野村で起きた「村八分事件」は、このような「民族」や「祖国」を掲げたナショナリズムの、一つの形態を示すものであった。

当時の農村部では、保守系議員と結びついた地域ボスの影響力が大きく、不正選挙や選挙干渉はありふれた現象だった。ある作家の観察記によれば、婦人会・青年団・農協・消防団などが動員されて、保守系の推薦候補への支持が集められる一方、非推薦候補の演説会は青年団や消防団が入場者をチェックするという状況だった。[107]事件がおきた上野村でも、投票場入場券を隣組長が回収し、村に利益誘導をしている保守系候補に複数票を入れていた。

これに不正を感じた石川さつきという少女が、学校の文芸部の雑誌に抗議の文章を書き、それが学校新聞に転載されたが、その新聞は学校側に回収され焼きすてられてしまった。石川はこれに屈せず、『朝日新聞』に取材を依頼する手紙を書いたが、逆に石川の家が「村八分」に追いこまれた。村人に農作業を手伝ってもらえないため田植えが不可能となり、「スパイの家」として村内の交際が絶たれ、石川の妹は「赤だ」「スパイだ」という野次にさらされた。やがて圧力は、彼女の奨学金の停止工作にまでおよんだ。

貧しい農家だった石川一家にとって、これらの圧力は致命的だった。石川はこう書いている[108]。

わたしはこのときつくづくと考えました。まずしいということが現在の社会においてどんなに致命的であるかということを。

……金銭によってまずしいひとびとの当然の権利が侵されていってしまう社会。まずしいが故に、とことんまで闘うことが不可能になってしまいそうな社会。つくづくと貧乏がいやになりました。もう少し豊かだったら、もっともっと積極的に努力できるのにとわたしは悲しくなってしまったのです。

危地に陥った石川は、尊敬していた教師に相談した。教師は石川を励まし、知人の新聞記者に手紙を出すことを約束したあと、事件の経緯をまとめた文章を書くことを提案した。教師のアドバイスをうけて彼女が書いた文章は、以下の言葉で始められている[109]。

私は限りなく祖国を愛したい。だから限りなく人を愛したい。人類を愛することそれは人類の自由と幸福を愛し、その為には全生命を自分で守り、幸福のために闘わねばならないと考える。

それはいわば、「村の思想」と「祖国の思想」の対決だった。村の隣組長は石川に、「他人を罪におとしてよろこんでいる」「自分の住んでいる村の恥をかかせてさあ」と反省を迫った。それに対して彼女は、「自分の住んでいる村だからこそ抗議したんです」と反論し、「愛する祖国の民主化の為に」という言葉を掲げたのである[110]。

ここには、丸山眞男が唱えた「国民主義」の、理想的な姿があった。村落共同体のなかで「個の確立」をなしとげ、

「祖国」の政治に参加するという状態を、この少女は体現していた。この事件は全国的な反響を集め、日本弁護士連合会が特別委員会を設けて調査団を現地に派遣し、彼女への支援態勢が組まれていった。

あるいは、石川が「愛する祖国」という言葉を使用したのは、当時の左派の言語体系を身につけていた教師から、アドバイスをうけた結果だったかもしれない。彼女自身は、不正を許せないという心情、抑圧に屈したくないという心情を述べたかったのであり、「祖国」という言葉はその表現手段にすぎなかったかもしれない。しかし一九五二年においては、「愛する祖国」という言葉がそうした心情を表現する媒体たりえていたことも、また事実だったのである。

石川が学内雑誌に投書した「私達は前進する」という小文は、こう述べている[11]。

誰一人眼の前に展開されている不正行為を止めさせる者がなかったとは何という惨めな風景なのだ。何という情けない有様なんだろう。……私はくやしかった。悲しかった。すべての物を無にしてしまいたい程残念だった。

……

しかし、私達は悲しくなろうとは思わない。考えのない大人達にむりやりに錠をおろされた心の扉を鉄よりも強い意志をもって大きく開いて私達は前進する。悲惨な日本を必ず私達で建てなおすために、私達はどんなことがあっても前進しなければならない。

ここにみられる心情は、おそらく当時の進歩的知識人や若い共産党員たちと、共通するものであったろう。戦争の傷痕と貧困の現実が生々しく、社会秩序がまだ流動的だった一九五〇年代前半には、「悲惨な日本を必ず私達で建てなおす」という言葉が、それなりのリアリティをもって響いていたのである。

だがその後の日本社会は、各地の村からこうした少女が現われるという方向には、進まなかった。多くの農村の若者は、村を変革することよりも、「個人」として村を脱出し、都会に出てゆくことを選んだ。経済成長が軌道に乗ったことと、共産党の失墜とともに社会変革への幻滅が広がったことは、この傾向を大幅に加速した。石川が発した「もう少し豊かだったら」という声に対して与えられていったのは、社会の変革ではなく、テレビや洗濯機だった。

しかし、石川の村八分事件がおきた一九五二年には、そうした傾向はまだ顕著にはなっていなかった。戦前に代わる「新しい道徳」を、「祖国」や「民族」という言葉によって表現しようとする試みは、社会の変化が勢いを増してきた一九五〇年代後半になっても、それに対抗するかのように継続されていた。そして、一九五〇年代が終わりを迎える一九六〇年の初夏、「戦後民主主義」の最大にして最後の高揚である、日米安保反対闘争が行なわれる。

第二部で描かれるのは、そのような時代における、さまざまな心情の諸相である。

第8章　国民的歴史学運動

歴史学は、ナショナリズムの問題が論じられるさい、現在でも争点になる領域である。そしてマルクス主義の影響が強かった戦後歴史学は、戦前のナショナリズムを批判する最大の勢力の一つだった。

しかしマルクス主義歴史学は、一九五〇年代前半では、「民族」がもっとも強調されていた領域でもあった。この章では、この時期のマルクス主義歴史学のリーダー的存在だった中世史家の石母田正《いしもだしょう》と、彼の提唱のもとで行なわれた「国民的歴史学」運動をとりあげる。(1)

「歴史学の革命」や「歴史学を国民のものに」というスローガンのもとで行なわれた国民的歴史学運動では、多くの若い歴史学者や学生が、大学を離れ工場や村にむかった。一九五五年の六全協による共産党の方針転換で瓦解したこの運動は、多くの人びとを傷つけ、歴史学においてはいわば封印された傷痕となった。まれに言及される場合でも、学問にたいする政治の悪しき介入の事例として挙げられることが、ほとんどである。

しかしこの運動と、この時期のマルクス主義歴史学の民族主義は、見逃すことのできない問題を数多く含んでいる。それは戦後左派のナショナリズムの性格と限界を、如実に示すものとなっていたのである。

孤立からの脱出

戦後思想のすべてがそうであるように、戦後の歴史学を語るにも、まず戦中の経緯から述べなければならない。

一九三〇年代末には、数年前まで隆盛を誇ったマルクス主義歴史学は、ほぼ完全に圧殺されていた。おもな研究者は投獄され沈黙するか、転向して日本賛美の論文を書いていた。

そのなかで、細々と研究が持続していたのが、古代史と中世史だった。戦前のマルクス主義歴史学では、資本主義の発達をあつかう近代史が注目されていたのだが、この領域は徹底的に弾圧され壊滅状態にあった。そうした状況で、まだしも研究が可能だったのが、古代史や中世史だったのである。

一九五二年に、近代史家の犬丸義一は、マルクス主義歴史学の状況を、「皆戦争中古代や中世に逃げ込んで了って、近代をやる人がほんの数える程しかいない」と形容している(2)。いきおい、戦後のマルクス主義歴史学は、古代史と中世史の研究者が中核を担うことになった。後述するようにこうした事情は、戦後歴史学のナショナリズムのあり方に、微妙な影響を及ぼすことになる。

敗戦後のマルクス主義歴史学をリードした歴史家としては、中世史家の石母田正や松本新八郎、古代史家の藤間生大《とうませいた》などの名が挙げられる。彼らは、戦時下に古代史家の渡部義通のもとで研究会を開いていた仲間であり、太平洋戦争開戦時にはまだ二〇代の若手だった。当時のマルクス主義歴史学者たちは、大学に職を得ることがほとんどできず、在野の研究会につどいながら、彼らの機関誌である『歴史学研究』を発行していたのである。

しかし、古代史や中世史の研究も、自由とはいえなかった。研究会は偽名で部屋を借りて行なわれたが、一九四〇年一一月には、ついにリーダーの渡部義通が検挙された。留守中の自宅が警察に襲われたことを知った渡部は、逮捕を逃れられないことを覚悟し、今後の研究をいかに進めるべきかについてのメモを石母田たちに託して、最後の研究会に出席したあと警察に連行されたという(3)。

まだ若かった石母田たちが、こうした体験に大きな影響をうけたことは、想像に難くない。日米開戦後には、会誌の『歴史学研究』も休刊に追いこまれたが、彼らは渡部の残した「科学精神を死守し、史学の発展をになえ」という言葉を胸に、それぞれの研究にとりくんだ。石母田は当時を回想して、「暗黒の中で眼をみひらき、自己を確乎として支えてゆくためにはわれわれは学問の力にたよるよりほかなかった」と述べている(4)。

そうした石母田の戦時期の成果が、敗戦直後に出版された『中世的世界の形成』だった。歴史学研究会の活動が停止に追いこまれた翌月の一九四四年九月、当時三一歳だった石母田は、灯火管制のため窓を閉めきった部屋で、四百字詰め原稿用紙七百枚にあたるこの著作を一カ月で書きあげた。

この作品は、中世を対象としているとはいえ、石母田の同時代における関心を色濃く反映したものだった。丸山眞男が軍隊応召の朝に完成させた江戸時代論がそうであったように、この時期の若手学者たちは遺書にする覚悟で学問的労作を書いたが、石母田のこの本もその一つであった。

『中世的世界の形成』は、伊賀国にあった荘園「黒田荘」を舞台に、「古代」の終焉と「中世」の幕開けという「歴史の必然」を描いた著作である。舞台となった黒田荘は、「古代」の象徴である東大寺の直轄領であり、「中世」の担い手たるべき「黒田悪党」をはじめとする在地武士団が、東大寺に闘いを挑む歴史が描かれていた。

もちろんこれは、「古代」の象徴である東大寺の支配が揺らいでゆく姿を研究することで、天皇制国家が崩壊する「歴史の必然」を描こうとした著作にほかならなかった。学問的な論文を書くにあたって、主観的な問題意識をもちこむことが不適切であることは石母田も承知していたが、「問題意識による衝迫がなければ、少なくとも戦争末期の暗幕を降ろした部屋のなかで書物を書くだけの気力はもてなかった」という。[5]

石母田正

しかしこの著作の特徴は、必然とされているはずの「古代」から「中世」への転換の描写が、およそ楽観的ではない点にあった。旧体制に戦いを挑んだ武士団は、いずれも東大寺の前に敗北し、東大寺が内部の腐敗で弱体化していた時期に闘った黒田悪党も、ついに鎮圧されてしまう。石母田がこの本の末尾で述べているように、それは「蹉跌と敗北の歴史」として書かれていたのである。[6]

それでは、歴史の進歩を体現する側だったはずの黒田悪党は、なぜ敗北したのか。石母田はその原因を、悪党の「孤立性」に求めた。東大寺支配の末端を担っていた神人《じにん》は、「有力者に対しては追蹤怯懦、百姓に対しては猛悪なる人間であり、中世社会において最も腐敗せる人種であった」[7]。悪党はその神人を殺傷したが、しかしその大部分は無目的なテロや復讐にすぎず、地元の庄民からも略奪を行なっていた。いわば悪党は、民衆から孤立した暴力集団にすぎなかったのである。

石母田によれば、こうした悪党たちの「倫理的な頽廃」は、彼らが庄民から孤立していたことから発生した。なぜなら、「悪党が村落民全体の生活を代表するような健全な地侍であり、かかる立場から寺家に対捍するとすれば、それは小規模でも〔住民と協同した〕土一揆的形態をとるはずであり、何ら道徳的頽廃の傾向は発生するはずはない」からだった[8]。

そのうえ庄民たちの意識も、歴史の進歩に逆行した。当時すでに古代的な荘園支配は解体にむかっており、黒田荘の隣接地域でも、中世的な武家支配が始まっていた。しかし庄民たちは、外部から武士団が入ってくることを恐れ、東大寺に支配を強化してくれるように嘆願したのである。石母田は、「かかる外部的勢力に対する恐怖の念こそ多年外部の世界から遮断せられて東大寺の支配に慣らされた黒田庄民の根本的弱点をなしており、彼らが決して自らの力のみを以てしては東大寺に代り得ないことを示している」と評している[9]。

しかも東大寺は、武力だけでなく、宗教によって庄民の心を支配していた。悪党さえも「寺奴の血と意識」から逃れておらず、武力で鎮圧されれば、「忠実な庄民に意外に早く還る脆さ」を抱えていたという[10]。

こうして黒田荘は、内部の力では、「中世」への進歩をなしとげることができなかった。一五世紀になっても、黒田荘は東大寺領のままだった。そして石母田は、「古代世界は外部からの征服のない限り存続しなければならなかったであろう」と述べ、「われわれはもはや蹉跌と敗北の歴史を閉じねばならない。戸外では中世はすでに終り、西国には西欧の商業資本が訪れて来たのである」とこの本を結んでいる[11]。

こうした記述からは、石母田が戦前の共産主義運動と、戦時下の状況について、どのような考えを抱いていたかがうかがえる。もともと石母田は、一九三〇年代初頭に日本労働組合全国協議会（全協）の活動家として検挙され、実践活動が不可能になったあと、歴史研究にむかった経緯があった。彼は『中世的世界の形成』について、「私たちが人民から孤立しており、そのうえ人民そのものが天皇制にとらえられたままでいる」という状況の打破、「一言でいえば天皇制に呪縛された多数の日本人民との対決」がテーマだったと回想している。[12]

そして石母田は、「それは同時に自己との対決でもあった」とも回想している。彼は降伏を告げる放送を聞いたとき、「これで助かったという解放感とともに、天皇の詔勅という形で終戦をむかえなければならない腹立たしさ」を感じ、「自分をふくむ日本の人民にたいするやりばのない感情」をどうすることもできなかったという。[13]

第一次大戦におけるロシアやドイツでは、戦時下の混乱と飢餓のなかで革命がおこり、それによって戦争が終結した。これまでも述べてきたように、知識人のなかには、日本でもそうした民衆蜂起を期待していた者が少なくなかった。ところが日本では、石母田の予測どおり内部の力によっては天皇制の呪縛から逃れることができなかったばかりか、降伏すらも天皇の命令によって決定されてしまったのである。

しかも第7章で引用したように、石母田は、自分が戦時下において、反戦の意志を公表する勇気をもたなかったことを悔いていた。密室のなかで、歴史に託して天皇制への抗議を書いたところで、それがまったく政治的効果をもたないことは明らかだった。

ことに石母田が責任を感じたのは、戦争中に最前線に立たされた、彼よりも若い世代に対してだった。敗戦時に三〇歳前後だった石母田や丸山の世代は、思春期にマルクス主義などに接する機会があり、戦争を相対化して眺めることができた。それにたいし、敗戦時に二〇歳前後以下だった世代は、社会主義や自由主義が完全に弾圧された時期以降に物心ついたため、もっぱら皇国思想だけを注入されて育った。そのため、三〇歳前後の世代には戦争に屈折した思いを抱いていた者が多かったのにたいし、二〇代前半の者は戦争に何の疑いも持たないまま戦場にむかい、もっとも多くの戦死者を出したのである。

第5章や第6章で述べたように、戦後知識人の中心となった三〇歳前後の世代は、戦争を決定した四〇代や五〇代に対して、反感と被害者意識を抱いた。しかし敗戦後に戦場からもどった二〇歳前後の世代は、戦争を悪と知りながら沈黙していた三〇代にも強い反感を抱き、彼らの臆病と欺瞞を非難した。荒正人が「四十代」を批判していながら、

「二十代」の青年が「無言のまま僕らを戦場に送った三十代」を非難する言葉を引用していたことは、第6章で述べたとおりである。

第7章で引用したように、石母田は一九五一年に、「大胆に語り、勇敢に進行し、一切の利害を忘れ果て、古人をおしのけて、自身まことの言葉を発表するがよい」という魯迅の言葉を引用して、「私たちは戦争中、若い人たちに責任をもってこのようにすすめるだけの勇気をかいておりました」と述べている。彼はこうした悔恨を、「若い人たち」に対して抱いていたのだった。

これも第7章で引用したように、石母田は戦中を回想して、「戦争に関係のない職というものは当時ほとんどありませんでした」と述べていた。戦時期の彼は、冨山房や日本出版会、そして朝日新聞出版局などに勤めていた。石母田自身は戦争協力の文章を書いた形跡はないが、それらの出版社は、戦争賛美の出版物を刊行していた。そして石母田は、そうした職で「なにがしかの給料をもらってすごしてきました」と述べながら、「若い人たち」への悔恨を語っていたのである。

いわば石母田の出発点は、自分自身と「日本の人民」への絶望であった。いわゆる「戦後民主主義」の特徴として、楽観的なヒューマニズムや民衆観が挙げられることは多い。しかし実際には、敗戦直後の知識人たちは、自分たちの戦争体験から、日本の民衆に悲観的な感情をもっていた。石母田もまた、「ペシミズムをつきぬけないオプティミズムは、私には信頼しかねる」と述べていたのである。(14)

しかし第7章でも述べたように、社会全体の潮流を無視すれば、結局は自分自身をも守れなくなるというのが、当時の人びとに戦争がもたらした最大の教訓であった。そして戦時下の密室で歴史を書くといった行為で、自分個人の良心は守りえたとしても、「若い人たち」への責任は拭えるものではなかった。一九四六年三月、石母田はようやく出版されることになった『中世的世界の形成』のあとがきで、「古い秩序が音をたてて崩れ去ろうとし、学問の自由がはじめてこの国に開かれようとしている今、われわれの学問はもはや単に頽廃と流れに抗して自己を支える如き消極的なものであってはならぬ」と書いている。(15)

こうした政治志向は、仲間や先輩が続々と逮捕されるなかで研究を行なっていた戦時期から、石母田たちのなかに養われていたものだった。石母田の盟友だった藤間生大は、一九四三年の『歴史学研究』で、「単なる傍観者としての観察」や、「こじんまりと片隅でもよいから自分の独立性を認めてもらほうとする卑屈な意図がしみこんでゐる類型学」を非難し、「危機に面したわが民族」の状況に対応する「主体性」の確立を訴えている。[16]

何より石母田は、黒田悪党が民衆から孤立したがために、頽廃と敗北の道を歩んでいった歴史を描いていた。彼は『中世的世界の形成』の末尾で、「黒田悪党は決して東大寺のために敗北したのではない」「黒田悪党は自分自身に敗北したのである」と述べている。すなわち、「地侍が悪党であることをやめ、庄民が自らを寺家進止の土民であると考えることをやめない限り古代は何度でも復活する」。[17] たとえ「外部からの征服」によって日本の体制が一時的に改められたとしても、革新勢力が民衆から孤立しているかぎり、天皇制は「何度でも復活する」というのが、石母田の考えであった。

こうして石母田は、民衆からの孤立を脱し、社会に働きかける学問として、戦後の歴史学を構想していった。そしてそうした志向は、やがて「民族」という言葉によって表現されてゆくことになるのである。

戦後歴史学の出発

敗戦後、言論統制と皇国史観の支配から解放された人びとは、歴史学へ熱い関心をよせた。

一例をあげれば、一九四七年に川越民主主義研究会が行なった「古代社会展覧会」の盛況ぶりである。市立図書館で三日間だけの予定で開かれた展覧会は、市内や隣接町村から観客が集まり、会期を延長したのみか、他地方からも移動展示の申込みが殺到し、ついに一〇カ所以上を巡回したという。[18] それまでのタブーを破って、日本の歴史を自由に語る研究に触れることは、人びとにとってたんなる知識の獲得ではなく、自由と解放の空気を味わうことであった。

一九四六年一月、戦中には孤立に追い込まれていた哲学・科学・歴史学などのマルクス主義系知識人が集まり、そこに非マルクス主義系知識人も加わって、民主主義科学者協会（民科）が創立された。その歴史部会の機関誌として、一九四六年一〇月に『歴史評論』が創刊される。戦前いらい石母田たちが拠点にしてきた『歴史学研究』も一九四六年六月号から再刊され、この二つの雑誌が戦後のマルクス主義歴史学の中核となった。

戦後のマルクス主義歴史学者が、啓蒙活動以外にとりくんだ実践活動は、教科書批判だった。一九四六年一〇月、最後の国民学校初等科(小学校)用の国定国史教科書となった『くにのあゆみ』が発行された。世界史の見地や人民の歴史もとりいれたこの教科書は、教育民主化の象徴として宣伝されたが、マルクス主義歴史学者たちは、天皇崇拝教育の残滓がみられるとか、戦争責任の追及がないといった批判を行なった。

しかしこの時期の教科書批判は、政治的偏向を実証主義によって批判するのではなく、「非政治的な実証主義」を批判するという形態をとっていた。一九四七年初頭に、『くにのあゆみ』批判の座談会が開かれたさい、出席したマルクス主義歴史学者たちは、「いままでの歴史教育が、政策によって悪用されていたために、今度の歴史教科書が政治から抜け出なければいけないということはあたらない」「今後は正しい政治の上に立った歴史教育が行われなければならない」などと主張したのである(19)。

第6章でみたように、文学においては、政治的中立を装う「芸術至上主義」が批判されていたが、歴史学でそれに相当するのが「実証主義」だった。中立を装う「実証主義」は、最終的には帝国主義の側に加担する、ブルジョア思想にほかならないとされていたのである。

もっとも当時においては、こうした「実証主義」や「中立」への批判が必要とされていたことも事実であった。一九四六年に文部大臣となっていた安倍能成は、「もし民主主義の立場からのみ日本歴史を書きかへるなら、これも再び歪められたものができるであらう」と述べていたし、戦争を賛美していた歴史学者の板沢武雄は「われわれは昔から実証を主として来たので今さら改める何ものもない」と主張していた(20)。異質な思想には「偏向」というレッテルを貼り、自分たちは「中立」だと唱えるのが、保守派の常套手段だったのである。

そもそもこうした「中立」は、政治情勢を放置しているうちに、ファシズムの台頭を許してしまったという戦争体験からも、容認できないものであった。一九四九年の民主主義科学者協会の声明は、「わるい『政治』にたいしても

『中立的』であるというこのような態度、このような『非政治性』は、日本の学界をどういう状態へおとしいれたか。まだわれわれになまなましい戦争中の経験が、われわれに教えている」と述べていた。[21]

こうした強い政治志向のなかで、井上清は「歴史というものは、児童に単に過去の知識を教えるだけでなくて、これからの日本がどうなるのかという見通し……を教えなければならない」と主張し、遠山茂樹は「たんなる文化交流や国際交流を中心とする、みんな仲よくしましょうという『世界史』」を批判した。[22] 彼らが志向したのは、マルクス主義の発展段階論に即して、日本と世界の進むべき未来を明らかにする歴史にほかならなかった。

こうしたマルクス主義歴史学者からすれば、歴史とは明確なメッセージ性をもち、児童に希望と誇りを与えるものでなければならなかった。井上清がとくに批判したのは、『くにのあゆみ』の「あいまいな何だかぼんやりしている感じ、熱情のなさ」であった。『くにのあゆみ』の執筆者の一人であった家永三郎は後年、「文部省に同調して、意識的に戦前的歴史観の温存につとめたかのようにいうのは当っていない。非政治的な実証主義の立場から教科書を書けば、ああいうものにしかならないのは不可避であった」という回想を記している。[23]

ことにマルクス主義歴史学者たちを刺激したのは、『改造』一九四七年二月号に掲載された、ティルトマンという新聞記者の時評だった。ティルトマンは、イギリスやアメリカの歴史教科書が、「英国の相続財産の誇り」や「これがアメリカである」といった感情を児童にかきたてるものであるのにくらべ、『くにのあゆみ』の記述は「先祖の誇りもなければ、子孫の希望も持たない」ものだと評したのである。

石母田はのちに、このティルトマンの評を『歴史評論』でとりあげ、「日本国民の歴史を、読者諸兄とともに創りあげ、ティルトマン氏とその主人たちに、『これが日本である』と叫ばせてやろう」とよびかけている。[24] もちろん〈日本国民の歴史を創りだす〉とは、日本に革命をおこすことにほかならなかった。

もともと戦後のマルクス主義歴史学は、当初から「民族」に肯定的であった。一九四六年六月、『歴史学研究』復刊第一号に掲載された研究会綱領は、「祖国と人民との文化を高めよう」とうたっていた。また翌号に掲載された綱領の解説でも、「国家至上主義」や「偏狭な民族主義」を批判するとともに、「民族的なものの凡てが否定さるべきではない」ことを強調している。[25]

井上清の回想によれば、この綱領は井上と石母田が中心となって作成されたものだった。そして「民族」や「祖国」を肯定したのは、「コスモポリチズムと曲解され」ることを避けるためと、「ソ連の手先」という非難を予防するためであったという。[26]「コスモポリタニズム」への批判は当時の共産党周辺の常識であったが、それと同時に、民衆からの孤立を恐れての措置だったことがうかがえる。

もちろんここでいう「民族」は、「民衆」の同義語であった。『歴史学研究』復刊第一号でも、「少数支配者のための歴史ではなく、民族全体の、すなわち人民大衆のための歴史の教育」を掲げていた。[27]

そして第3章で述べたように、敗戦直後のマルクス主義歴史学においては、「民族」は近代以降に形成されるものであり、封建制の残滓である天皇制と対立するものと想定されていた。そして当時の講座派マルクス主義歴史学の位置づけでは、日本は近代化が不十分な後進国であった。そこでは、「民族」は過去の伝統ではなく、未来にむかって創造されるべきものであった。

それゆえ、マルクス主義歴史学者が敗戦直後にとりくんだことの一つは、天皇制と一体になった旧来の「民族」観を批判することだった。第7章で述べたように、石母田は一九四七年に津田左右吉を「市民的歴史学」として批判したが、そのさい問題とされたのが津田の「民族」観だった。津田は「民族」を、記紀神話が書かれた時代から存在する「文化共同体」とみなし、その文化的象徴として天皇を擁護していた。石母田は、こうした津田に対して、民族が「近世的創造物」であるという「正しい意味の民族」概念を欠いていると批判したのである。[28]

じつは歴史学研究会は、マルクス主義者以外にも幅広く歴史学者を糾合しようという志向から、一九四六年一月の再建大会では、津田を会長に推すことを決議していた。第5章でも述べたように、津田は戦前の記紀研究が出版法違反とされて弾圧された経緯があり、戦争に抵抗した自由主義歴史学者という評価を集めていたのである。

津田は会長就任を断わったものの、『歴史学研究』の復刊第一号に寄稿し、協調の姿勢を示していた。しかし津田はその後、『世界』一九四六年四月号に天皇擁護の論考を発表した。このとき津田は、『世界』編集長の吉野源三郎に、マルクス主義歴史学に「手套を投げた」と述べたという。そして一九四六年九月には、マルクス主義歴史学を「戦争中にいはゆる右翼の人たちが日本の歴史についてやかましくいつたのと同じしかたであつて、たゞその思想の方向が反対になつてゐるだけ」と非難した。(29)

こうした津田にたいし、マルクス主義歴史学者たちの失望は大きかった。石母田は、こうした津田を批判するにあたり、「民族」観の誤りが、津田を天皇擁護に走らせたと位置づけたのである。

こうした「民族」観は、「民族文化」にも適用された。第7章で述べたように、一九四八年八月には、「民族文化を守れ」というスローガンのもとに行なわれた東宝争議が警察と占領軍によって弾圧され、「民族文化」への注目が集まった。そして石母田は一九四八年一一月の座談会「民族文化の問題」で、「民族文化」とは過去の伝統に求められるものではなく、「勤労者階級が中心になって新しい文化創造」を行なうことだと主張している。そうした認識を持たなければ、「すぐ法隆寺、万葉集、お茶、お能ということになる」というのだった。(30)

当時の石母田の考えでは、法隆寺や能は支配階級の文化であって、民衆の文化ではなかった。石母田によれば、「封建時代のバラバラのものを統一させるのが民族文化」なのであり、(31) 支配者の文化を「民族文化」と称することはできないのである。

それは同時に、「民衆文化」についても言いうることであった。身分制度のもとで下層民がつくった民謡は、能や法隆寺が支配階級の意識を反映しているように、卑屈な被支配者意識を反映しがちである。それゆえ一九四八年末に行なわれた「わが民族文化の特質」という座談会では、石母田は「従来の民謡とか伝統的なもの、あれは将来の文化になり得ない」と述べている。(32)

石母田と座談会で同席した中野重治は、「民族という場合、日本人であるとかなんとかいう人種的な問題に基礎があるのではなくて」「人口の九五パーセントというものが民族だ」と述べながら、知識人むけの「純文学」と大衆むけの「大衆文学」の分断を克服して、「民族文学」を創造することを説いている。(33) そこでの「民族」とは、階級の分断を克服して創り出される、新しい統一のことであった。

そして石母田の考えでは、法隆寺や能を「民族文化」とみなすことは、新しい「民族文化」の創造を妨げるものだった。それらは過去に存在するものであって未来にむけて創造するものではないし、政府や知識人の権威によって「文化」と指定され、民衆に与えられるものだった。石母田は上記の座談会で、「文化というものは、他から与えられるものでなくて、形成するということが本質的な条件だ」と主張している。[34]

同時に石母田は、この座談会で、西洋文化の一方的な輸入を批判していた。しかしそれは、単純な排外主義からではなかった。石母田によれば、近代日本の西洋文化は「文化人とか支配者とかがコスモポリタン的に、外国文化を民衆とは関係なしに、一種の少数の特権階級が所有」しているものにすぎず、「民衆の方が与えられるというだけの文化」だというのだった。[35] 輸入された西洋文化は、法隆寺や能と同じく、特権的な権威によって一方的に与えられるものであるからこそ、批判されていたのである。

このように見てくると、当時の石母田が唱えていた「民族文化」とは、権威への従属を拒否し、みずからの「主体性」によって文化を創造することを、表現した言葉であったといってよい。丸山の「国民主義」がそうであったように、それは旧来の秩序に代わる、新しい未来への願望を述べたものだったのである。

しかし問題は、どのようにして、そうした「民族文化」を創造するかであった。戦中に『中世的世界の形成』を書いたときから、石母田は、いかに民衆からの孤立を脱するかを課題としていた。誰しも考える方法の一つは、民衆にたいする啓蒙活動であった。

第7章でも述べたように、当時の石母田は、民主主義科学者協会の事務局で、地方の啓蒙講演に知識人を派遣する仕事をしていた。しかし石母田によれば、そのほとんどは、「人民から遊離した知識人が、すでにでき上った知識、学問、思想を外部から、あるいは上から人民に普及し注入する」という明治期いらいの啓蒙活動の延長であり、「講師は人民から何も学んで来ない」ものだった。[36]「他から与えられるものでなくて、形成するということ」が「民族文化」の要件だとすれば、こうした方法は、もっとも批判されるべきものであった。

それは、歴史観についても同様だった。石母田によれば、「民主主義的な歴史が、中央から、講習会や著書などによって教師にあたえられ、またそれが口うつしに子供に伝えられるという仕方では、内容は戦前の歴史とちがったとしても」、「歴史というものが教師にとって上から与えられるということにかわりはない」というのである。[37]

じつは同様の問題は、丸山眞男も指摘していたことであった。丸山は一九五〇年の座談会で、戦後教育のあり方を批判して、「デモクラシーが教科書なんです。ファシズムの本を教科書に使わして、そして、そいつを批判してゆくのではない。それでは、ファシズムは克服されない」と述べていたのである。[38]

こうした問題への解答の一つとして、石母田は一九四八年の『歴史評論』に、「村の歴史・工場の歴史」と題する論考を発表している。この論考は、のちにベストセラーとなった『歴史と民族の発見』に収録され、一九五〇年代の「国民的歴史学運動」におけるバイブル的存在となる。

この論考のメインテーマは、歴史というものが、つねに政府や知識人といった権威から与えられるという「古い卑屈な伝統をこわす」ために、民衆自身が「自由な創意と興味」によって歴史を書くことを提案することにあった。[39]具体的には、石母田が労働学校の講師として交流していた池貝鉄工場の労働者が、その工場の労働組合の歴史を書きたいという希望を述べている文章が紹介されていた。

敗戦直後のこの時期、各地で労働争議が行なわれていたが、そのさい問題となったことの一つは、労働運動の歴史にかんする知識不足だった。一九三〇年代以降、社会主義労働運動は徹底的に弾圧されたため、若い労働者には、争議のノウハウを知っている者が少なかった。池貝鉄工場にも、経営側がつくった社史があるだけで、労働者がどのような方法で組織をつくり、どのようなやり方で闘ってきたかの歴史は、わずかに残ったベテラン労働者の口伝から探るしかなかった。こうして手探りで争議が行なわれるなか、「組合の歴史をつくろう」という提案が、自然発生的におこってきたのである。

それは同時に、労働者が争議のなかで成長し、連帯し、新しい社会を創造してゆく過程を、記録する作業でもあった。石母田は「村の歴史・工場の歴史」で、池貝鉄工場の労働者による以下のような文章を引用している。[40]

〔歴史を書くことを〕提案した同志の意見は、最近よその工場の細胞会議に出て見ると自分たちが一年も半年も前に討論したことをやっている。やはりわれわれの細胞の経験をまとめておいたらどんなによその細胞の成長のためになるか分らないというのである。……しかしそれだけではない。私たちにとって細胞は労働者の解放のための政治組織であるだけでなく、みんなで苦心してつくりあげて来た一つの新しい「社会」であり、今まで予想も出来なかった新しい生活体である。同じ工場にいながら話したこともない労働者同士が一つの意志につらぬかれて結ばれたばかりでなく、お互いに助けあい、けんかをし、誘いあって汽車にのって買出しにゆき、恋愛や結婚の問題までお互に考えてやる。……はじめのちっぽけなグループは工場の多様な労働者を代表する組織となり、今まであいつがと思っていた者やバクチと映画しか興味のなかった労働者が急速に成長して来る。細胞も大きくなれば労働者の縮図である。物の考え方や感じ方の相違、年齢や生活環境のちがいから来る個性や才能のあらゆる多様さ、よい面もわるい面もみんなここではさらけ出し、補い合ってゆかねばならない。生れてはじめて勉強することの悦びを知ったのも、無力で貧しい労働者の権威について感じたのもこの生活からである。細胞の歴史をつくることを決議したとき、みんなはこの新しい生活と社会の歴史について、一人一人の変化や成長についても書こうと考えていたのである。

こうした状況は、石母田が考える「民族文化」の、理想的な形態であった。そして彼がこの「村の歴史・工場の歴史」を書いたのは、第7章で述べた大塚久雄との論争の直後であった。前述したように大塚は、日本社会が近代化しないかぎり、労働者が自力で覚醒することは不可能だと主張していた。石母田にとって、池貝鉄工場の事例は、大塚に対する有力な反証でもあったのである。

それは同時に、新しい歴史学がめざすべき、未来像のヒントでもあった。既存の歴史学が、大学という象牙の塔に閉じこもり、民衆から孤立し、権威におぼれ創造を忘れたアカデミズムに堕している状況を打破するヒントが、ここにあるはずであった。石母田はこの「村の歴史・工場の歴史」で、民衆自身による歴史の創造を紹介しながら、「教壇の歴史学のせまさ、みじめさは、このような歴史が全国からあらわれてくる時いかんなくばくろされるであろう」と主張している。(41)

もちろん、文章を書きなれない労働者が歴史を書くことは、「実際には困難な作業であろう」。そこで必要になるのが、「歴史の専門家がその仕事を助け」ることである。そのさい歴史学者の役割は、「高いところから民衆に呼びかけるのでなく、けんそんに一緒に仕事をするような専門家」となることである。そのなかで、専門家も人民から自分の学問の狭さを知らされ、ともに学び、成長してゆくことが可能であるはずであった。

同時に石母田にとって、こうした過程への参加は、倫理感や責任意識によって耐え忍ぶような苦行ではなく、一種の快楽でもあるはずであった。石母田が紹介した池貝鉄工場の労働者の文章は、「みんなが愛情をもって育てたものの歴史」を書く作業は楽しいものであることを述べるとともに、「細胞はその歴史を書くまえに、その歴史を立派にするためのいくつかの試煉にたえてゆかねばならないと思う。歴史を書くことと歴史をつくることとがこれほど面白く結びついている組織がほかにあるだろうか」と記していた。

それは、自己の成長と他者の連帯を確かめてゆく作業であり、「歴史」を形骸として書くだけでなく、実践によって「歴史」を創るという作業であった。石母田はこれを受けて、「村の歴史・工場の歴史」で、「歴史を書くことはたのしいことである」と強調していた。

それはいわば、「政治」と「研究」の二元的対立の止揚をめざした思想であった。第6章で述べたように、荒正人など『近代文学』の同人たちは、自分自身の戦争責任の掘り下げから、「政治」と「文学」の二元的対立をのりこえることを模索した。石母田はその逆に、民衆のなかに入るという「政治」への参加によって、自己の「研究」を発展させることを唱えたのである。こうした歴史学の創造は、のちに「国民的歴史学」と呼称されるようになり、「歴史学の革命」というスローガンと結びついて、多くの学生を魅きつけることになる。

そして石母田にとって、こうした「歴史学の革命」は、彼の戦争体験から生まれた志向でもあった。それは、知識人が民衆からの孤立を脱する方法であると同時に、彼が悔恨を抱いていた「若い人たち」に対する責任を果たす行為でもあったからである。やや後年になるが、一九五一年一〇月に、彼はこう述べている。[42]

このような学問の転換をしなければ、学問は大衆からはいうまでもなく、学問に信頼をもってやってきた若いすぐれた人たちからも見放されてしまうでしょう。この人たちは学問を学者の地位を得るためでなく、立身出世の手段としてでもなく、また〔自分の日常と無縁な〕永遠の真理を探究するためでもなく、新しい正しい生き方を学び、祖国の現実をどうするかという切実な問題とむすびつけて学問を考えている人たちです。日本のつぎの学問を背負ってゆくべきこれらの若い人たちに、もし私どもが学問は少しは役に立つこと、また役に立つことによって発展するということをしめし得なかったならば、これらの人達が学問をすててしまっても、それにたいしてどうして非難めいたことをいうことができましょうか。

これに続けて、石母田は「私は学問がすきです。学問がはらむ可能性を信頼しています」と述べ、「民族と祖国にたいする愛着と自信と誇りを獲得する」ための歴史学を創造することを説いている。[43]

当時の大学生や大学院生は、大半が戦場から帰った元学徒兵であり、あるいは勤労動員を経験した元皇国少年であった。彼らの多くは、自分を戦場に送りだし、多くの友人を戦死させた年長の教師や知識人に、不信の念を抱いていた。あるいは、敗戦後の飢餓と貧困の現実に対して、何らの示唆も与えてくれない「永遠の真理」を説くアカデミズムに、あきたらないものを感じていた。兵営でリンチをうけたさい、カントやヘーゲルの思想が何の役にも立たなかった経験は、学徒兵たちに共通のものだった。

たとえば、国史学科の学生の身分から学徒出陣したあと、復員後の一九四七年に「主体性の研究」と副題した明治思想史の卒論を提出した色川大吉は、当時をこう回想している。「大学在籍中に敗戦にあい、日本史学のむなしさを骨身にしみて感じた。生き残って帰ってきた私たちは、ほとんど虚無に近い感情で、この傷だらけの、無惨な、ひからびた学問をとりあげ、自分を託する事業とすることに悩みぬいた[44]」。石母田にとって歴史学の変革は、こうした

「若い人たち」の信頼を回復し、自分自身の悔恨を晴らすためにも、必要な作業だったのである。

しかしこのような石母田の提言には、当初から、いくつかの問題点がふくまれていた。それは後述するように、国民的歴史学運動そのものの弱点にも、直結してゆくことになる。

前述したように、石母田がこうした提言を行なった一九四八年の論考の題名は、「村の歴史・工場の歴史」であった。「工場の歴史」については池貝鉄工場の事例が述べられていたが、「村の歴史」については、ある「歴史ものがたり」が紹介されていた。

この「歴史ものがたり」は、社会主義運動を行なっていた石母田の弟が、木曾地方の農村調査にむかうにあたって、子供むけの「土産話」として用意したものだった。その内容は、江戸時代の山村において、「殿様」が独占している山の木を村人が生活の必要から切ってしまったあと、平次郎という「お百姓さん」が申し開きをして一人で犠牲となり、その徳を称えて「平次郎地蔵」が建てられたというものだった。

「村の歴史・工場の歴史」では、こうした民話調の物語を紹介したあと、農村においても、こうした民話を掘りおこすことが薦められていた。しかし、現代の組合活動の歴史を書こうとしている池貝鉄工場の事例にくらべて、江戸時代の「殿様」と「お百姓さん」が登場する「歴史ものがたり」は、いささか図式的なステレオタイプを思わせるものであった。

「村の歴史・工場の歴史」がこうしたアンバランスな構成になったのは、それなりの理由があった。石母田は戦前いらい東京の下町で労働運動にコミットし、労働者には知人が多かった。しかし、のちに国民的歴史学運動が終焉したあと、彼が自己批判しているように、「私が書いた文章がバクロしているように、私は農村をよく知らない」という状態だったのである。(45)

石母田が「村の歴史」と「工場の歴史」の双方を論じたのは、「労農連帯」をうたっていた共産党の路線にしたがったものであったろう。しかし「工場」はともかく、彼自身が知識のない「村」のほうは、およそ貧しい記述になってしまったのである。こうした農村に対する理解不足は、のちに国民的歴史学運動において、大きな問題を露呈することになる。

そしてもう一つの問題は、「民族」の見方であった。前述したように、当時の石母田にとって、「民族」や「民族文化」は過去の伝統ではなく、未来にむかって創造されるものであった。

しかしこうした民族観は、マルクス主義歴史学者たちの間でさえ、十分に定着していたかどうか疑問であった。もちろん彼らは公式には、「民族」は近代の産物であるという見解をとっていた。しかし前述の『くにのあゆみ』批判の座談会で、羽仁五郎は「堺の自由都市を書かないのは、国民的誇りを持っていない人が書いたとしか思えない」と述べ、藤間生大も「建武中興を成功させなかったのは民族の名誉なんです」と主張している[46]。

もちろんここで強調されているのは、革命や自治の歴史ではあった。しかしこうした「民族の名誉」や「国民的誇り」が、「民族」は近代の産物であるという見解と、どう整合しているのかは不明だった。歴史上の革命や自治を賞賛することは、血族的な民族観に逆戻りしかねない危険性を帯びていたのである。

一九四九年に、中世史家の鈴木良一は、「民族」を掲げる石母田や藤間らの動向を批判して、「意図とはおよそ反対に民族戦線について誤った考えをひきおこすことを案ぜずにはおれない」と警告している[47]。そしてこうした危惧は、その後の情勢の変化のなかで、しだいに現実のものとなってゆくのである。

啓蒙から「民族」へ

一九五〇年六月の朝鮮戦争の勃発は、日本の政治状況を一変させた。一九五〇年一月のコミンフォルム批判いらい、分裂に陥っていた共産党だったが、所感派が握っていた臨時地下指導部は、「アメリカ帝国主義」と闘う民族独立闘争をよびかけた。

この時期に、共産党の「民族」観に大きな変更が起こった。「民族」が近代の産物であるという見解が修正されたのである。この転換は、朝鮮戦争勃発直後の一九五〇年八月、共産党機関誌『前衛』に、スターリンの言語学論文が翻訳掲載されたことから始まった。この論文は、ソ連共産党機関紙『プラウダ』が一九五〇年六月二〇日に発表したばかりのものだった[48]。

じつは、それまでマルクス主義者たちが「民族」を近代の産物だと強調していた背景には、スターリンの一九一三年の論文「マルクス主義と民族問題」があった。そこではマルクス主義の発展段階論にのっとり、近代資本主義の発達で市場・言語・文化などの共通性が生じたあと、「民族」が形成されるという見解がとられていた。

しかし一九五〇年に『前衛』が掲載したスターリンの新論文では、力点の置き方が変わっていた。そこでは、近代的な「民族」(ロシア語のナーツィア、英語の nation に相当)は資本主義以降に形成されるが、その基盤として、近代以前の「民族体」(ロシア語のナロードノスチ、英語の folk ないしドイツ語の Volk に相当)が重視されるべきだということが説かれていたのである。

この論文の掲載は、単なる学術的意味にとどまらなかった。すでにコミンフォルムは、「アメリカ帝国主義」と闘う民族独立闘争を強化するように日本共産党に要求し、共産党地下指導部は、一九五〇年三月の民主民族戦線綱領で「民族的、人民的芸術文化の保存と発展」を掲げていた[49]。この状況下でのスターリン論文の掲載は、民族戦線で掲げるべき「民族文化」も、近代以前のものを含むべきだという転換を示すものだったのである。

そして石母田もまた、こうした転換に同調した。一九五〇年九月三〇日、東京大学で開かれた民主主義科学者協会のシンポジウムで、石母田はスターリンの民族論について報告を行ない、民族観の転換をうたったのである[50]。

こうした石母田の姿勢が、共産党所感派の指導に従ったものであることは、疑いない。これも第7章で述べたように、彼は戦中の自分への悔恨を述べる一方、「獄中でたたかった少数の革命家」を賞賛しており、徳田球一をはじめとした非転向幹部に劣等感を抱いていたのである。

しかし石母田の転換には、彼なりの内発的な理由があった。それは、この時期に多くの知識人に作用した、民衆志向とアジア再評価の影響だった。

じつは、一九五〇年以前の石母田の「民族文化」観は、ある種の農民蔑視を含んで成立していたものであった。前述したように、彼は一九四八年の座談会で「従来の民謡とか伝統的なもの」を批判していた。そして同時に彼は、

「農民の中にああいう文化をほったらかしておけば、村芝居とか、その辺のものしか出てこない」「たとえばコーラス隊を農村にもっていっても、みんな逃げてしまって出てこないのです」と農民を批判し、「プロレタリアートの指導性を前面に出してこないと」と述べていたのである。[51]

もちろんこれは、石母田が交流していた都市労働者が前衛となって、農民を指導することを唱えたものであった。当時の都市知識人が抱いていた、農村に対する反感と蔑視を石母田も共有しており、その土壌のうえに「民謡とか伝統的なもの」に対する批判が成立していたのである。

こうした農民蔑視は、石母田の出身にも関係していた。彼は農村そのものは知らなかったが、宮城県の石巻で育ち、東京に出たのは大学生になってからで、東北出身であることには強い劣等感を抱いていた。彼は一九五二年に、東北は「もっとも古い型の封建制が支配する後進的な辺境」「反動と反革命の拠点」だったと形容し、「私はどれほど肩身のせまいおもいをし、『自由と革命の生れし地』という例の数え謡を高唱する土佐出身の学友を羨まざるを得ませんでした」と述べている。[52] 彼が「植民地的」な西洋文化輸入を批判しながら、同時に西洋への「亡命」に憧憬を述べていたことは、第7章で見たとおりである。

石母田が一九五〇年に民族観を変更したのは、こうした自分自身への自己批判でもあった。彼はスターリンの新論文を紹介するにあたり、対独レジスタンス運動に従事したフランスの詩人アラゴンが「民族の中世の叙事詩と伝説」を「大衆の力」として詩に歌いこんだこと、そしてゴーリキーがロシアの民話や民謡、神話や英雄伝説などを再評価したことを挙げた。そして彼らを、「近代主義者が後進性や前近代性を見出したところに、かえって文化と文学にとって貴重なもの、古くてかつ新しいものを見出しました」と賞賛し、「私どもはこのような認識と情熱をもって、神話や民話や民謡を学ぼうとしているでしょうか」と述べている。[53]

石母田はスターリンの論文を紹介しながら、「大衆こそが民族」であり、「段階と段階、時代と時代を一つの鎖につないでゆく地盤」であると強調した。そのことを考えるなら、近代以前には「民族」は存在しないといった機械的裁断は、「大衆」の存在を無視した見解であり、克服すべき「近代主義」にほかならない。スターリンが民族観の転換を説く論文で批判しているのはこうした思考様式であり、「私どもにたいして、スターリンは『実はお前のことをいっているのだ』とでもいっているようにきこえます」というのだった。[54]

もともと石母田は、『中世的世界の形成』で、民衆への絶望を述べながら、民衆から孤立した悪党を批判するという、矛盾した姿勢を示していた。そして一方では農民の民謡を批判していながら、「村の歴史・工場の歴史」では民話調の「歴史ものがたり」を賞賛していた。このような「民衆」へのアンビバレンスが、共産党の方針転換を契機として、民衆賛美の方向に振れたかたちとなったのである。

そして民衆志向とならんで、石母田の転換の背景となったのが、アジアの再評価であった。中国革命の成功いらい、アジアの植民地独立運動への注目が高まっていた。しかし、近代化以前には「民族」は存在しないとみなすならば、資本主義が発達していない地域では「民族独立」もありえないという見解が出かねなかったのである。

そして石母田によれば、スターリンが民族観の変更をうたう論文を公表したのは、アジアやアフリカに「民族独立」運動が台頭している状況を考慮したからにほかならなかった。もともとスターリンが一九一三年の論文で、「民族」が近代の産物であることを強調したのは、第一次世界大戦を目前に控えたヨーロッパにおいて、民族間の対立と憎悪が煽られていることを批判するためだった。しかし現在の主要な「民族問題」は、先進地域内の「ブルジョア民族主義」どうしの対立ではなく、帝国主義と民族解放闘争の対立に移行したというのである。

第5章でもみたように、悪しき「ブルジョア民族主義」と、プロレタリアートの「真の愛国」を区別することは、従来からの共産党の方針であった。石母田によれば、「民族」の名において国内の階級対立が隠蔽されたり、民族間の憎悪が扇動されるといった現象は、資本主義下の「ブルジョア民族主義」の悪弊であり、革命によって「社会主義民族」の段階に進んだソ連においては、こうした現象は克服されている。しかもソ連が領域内の後進地域の農民を組織して革命を遂行していることは、「一度ブルジョア的民族にまで成長して、それから社会主義民族へというような段階をかならずしも経る必要がないということ」を示しているというのである。[55]

しかしこうした石母田の転換の背景にあったのは、ソ連や中国の刺激だけではなかった。じつは石母田は、戦前から労働運動に参加するなかで、朝鮮人の民族主義と接触した経験があったのである。
石母田が戦前に活動していたのは、東京の下町の労働者街だった深川だった。そこは多数の朝鮮人や沖縄人の労働者が住み、戦前に唯一の朝鮮人衆議院議員が当選した地域でもあった。石母田はそこで、朝鮮人の労働運動家たちと出会ったのである。
石母田の回想によると、この交流によって彼は、「支配民族としての日本人であるという事実が、どのように自分の意識をゆがめているかを知らされ、朝鮮の人たちの立場や目で、日本なり自分なりをみなおす必要を感じさせられた」。そのことは、「日本を外から見る習練といえば、西欧との対比しか知らなかった私にとっては、一つ進歩であった」という。[56]
そして石母田の場合、こうした朝鮮人たちとの接触が、「日本人」としての「民族」意識を強化する方向に働いた。まず彼は、「日本人全体として、圧迫し搾取している朝鮮人の目」を意識するようになり、自分が「日本民族として生れてきたこと」を意識するようになった。そして、そうした「日本人」と朝鮮人の関係を考えなおすために、「民族問題についてのマルクスやレーニンの文献を読むようになった」のである。[57]
もちろん、その場合の「日本人」意識は、日本の現状の肯定ではなかった。石母田は一九四八年の「堅氷をわるもの」と題した論考で、朝鮮人との交流をふりかえりながら、「その悲惨な生活と、同じように貧しい日本の民衆からさえ酷薄な仕打ちをうける苦しさを見ると、やはり朝鮮民族として生れて来なかった自分を幸福だと考える気持がまずさきに来たが、しかし親しくなってくると、かえって日本民族として生れてきたことを不幸だと考える気持がだんだん自分のなかに成長してきた」と述べている。[58]
石母田はさらに、この論考で戦後の日本知識人を、こう批判している。[59]
戦争に批判的であった人、協力しなかった人はたくさんいた。それは戦争が生活と自由を破壊したからである。しかし日本人の生活と自由に直接関係のないことがらのように見えた朝鮮民族への圧迫を自分の問題としてとり上げていた人は意外に少いと思う。……この問題を気にかけていた人も敗戦によって朝鮮は日本からはなれた、これでサバサバしたくらいに考えている人が多いのでなかろうか。日本は植民地支配をやめた、日本人は自由な世界市民になれるし、ならねばならないと多くの人は考え、一足とびにその眼をアメリカとヨーロッパに釘づけにしている。しかしこの問題は、ハイカラな、胴体のない世界市民たちが忘れるような単純なものではないと思う。

こうした批判は、根拠のないものではなかった。たとえば南原繁は一九四六年四月二九日の「天長節」における講演で、戦後の状態を「外地異種族の離れ去った純粋日本に立ち帰った」と形容し、人間天皇を象徴とする民族共同体の再建を唱えていた。丸山眞男も一九四七年に、陸羯南が主宰していた明治の新聞『日本』に掲載されていた地図をとりあげて、「その地図には本州、四国、九州、北海道が載せられているだけだ。日本はいまちょうどこの時代から出直そうとしている」と述べている。[60] そして丸山や南原は、日本の民主化や平和問題は熱心に論じたが、在日朝鮮人についての発言はほとんど行なっていない。

石母田はこうして「世界市民」を批判したあと、彼が交際していた朝鮮人から聞いた子供時代の想い出を、以下のように列挙している。幼少のころに、三・一独立運動に遭遇したこと。日本側の設けた学校ではなく、朝鮮の民間学校である書堂に通ったこと。そこで老人たちが、豊臣秀吉の侵攻を撃退した李舜臣将軍や、郷土を守るために立ちあがった農民義勇兵など、「民族の英雄の伝説」を教えてくれたこと。そして朝鮮の子供たちは、こうした民話を聞いて、「民族の能力についての自信」を養ったというのだった。[61]

しかし石母田の側は、こうした朝鮮の民話を聞きながら、「日本の民衆はこのような……物語をもったであろうか」と自問せざるを得なかった。もちろん、朝鮮民謡のなかには「日本の東北の同じような民謡のようにすてばちで暗く無気力なもの」も存在するが、彼が聞いた朝鮮の民話や民謡の多くは、「民族の将来をきりひらくための伝統」となっていると感じられたのである。[62]

そして、こうした朝鮮人たちの「民族の英雄の伝説」を、近代以前には「民族」は存在しなかったという論法で否定してよいのかについては、石母田の回答は明らかだった。彼が「民族」観を変更し、民話や神話の再評価にむかったのは、こうした朝鮮民族主義への共鳴と、「日本人」としての責任意識が背景となっていたのである。

さらに朝鮮民族主義への共感は、国家否定論への批判にもつながった。石母田は一九五二年の論考で、戦前の無政府主義者である幸徳秋水が、朝鮮に対しても「国家観念の否定」を説いたことを批判し、「被圧迫民族は、外国の帝国主義的支配者から、権力をうばい、自己の独立の主権を確立すること、すなわち『民族国家』を形成することなしては、たんに民族の解放がないばかりか、国内の進歩と革命もあり得ない」と主張したのである。[63]

またアジアとの関係は、石母田の持論である、民衆からの孤立が知識人の頽廃を生むという見解とも連動していた。石母田は一九五一年には、「大正時代の知識人が、一面自由主義的であっても、明治時代の人間に比較して硬い骨をうしなっているようにおもわれるのは、大正時代が日本の帝国主義が確立され、それの腐食作用が深刻になった時代にあたることと連関がある」と述べている。[64]

石母田によれば、明治の知識人は、欧米による植民地化から日本の独立を保つという課題にとりくみ、政治への参加意識と健全なナショナリズムをもっていた。それにくらべ、大正の知識人は大日本帝国の安定と繁栄に安住し、政治から逃避して西洋文化の輸入に耽溺した。そうして生まれたのが、「国民という土壌に根をおろさず、そこから隔離されて、むしろ西欧帝国主義文化と直接つながっているこの知識人と小市民の小世界」であり、「西欧には追従、東洋には傲慢」がその基本的な性格となった。そのために、「尊敬すべき業績をのこし、自由で進歩的な思想をもった学者や教養人でも、こと現在の朝鮮・中国問題になるとみちがえるような低劣な考えをもち、国家の侵略政策を擁護するのがつねでありました」というのである。[65]

しかし敗戦によってアメリカ帝国主義に占領され、植民地化の危機にさらされている現在の日本は、「帝国主義的支配民族から、従属国あるいは被圧迫民族に転化した」。それは石母田にとって、「日本人」が民族解放闘争を闘うことで、朝鮮人や中国人の同志となれるチャンスであった。それは同時に、日本が帝国主義に足を踏みいれる以前の時代である「明治」に回帰して、「民族」としての再生を遂げ、理想の学問を創造する好機にほかならなかった。石母田はこうした認識にもとづいて、「学問をする目的を、明確に日本民族の帝国主義からの解放という一点に集中できますし、またしなければならない」と主張したのである。[66]

第7章で紹介したように、朝鮮民族主義の刺激によって、日本民族主義に目覚めるという現象は、敗戦後の日本では珍しいものではなかった。そして戦前から活動していたマルクス主義者たちは、朝鮮人の活動家と交流した経験を、大なり小なりもっていた。石母田とならんで「民族」を強調していた中野重治もそうした人物の一人であり、石母田が朝鮮人との交流を語った「堅氷をわるもの」という論考の題名も、中野が朝鮮人活動家との別れを描いた詩「雨の降る品川駅」の一節からとったものだった。

もともと共産党それ自身が、中国や朝鮮の共産党の民族主義から影響をうけていたことは、第5章で述べた。そして敗戦後に獄中から解放された共産党幹部のなかには、沖縄出身の徳田球一とならんで朝鮮人の金天海がいた。敗戦後しばらくは金天海が党の中央委員を務めていたこともあって、日本共産党には多数の朝鮮人が入党しており、一九五〇年三月に発表された共産党の民主民族戦線綱領には、「在日少数民族に対する不当な差別待遇に反対して、その民主的権利、職業、生活、教育を保証すること」をうたう条項が含まれていた。[67]

すなわち当時の共産党は、日本民族主義をもっとも強調していた政党であったと同時に、朝鮮民族主義にもっとも関心を払っていた政党であった。石母田が共産党を支持していたのも、「朝鮮人問題に対して本当に闘つた人は共産党以外にはなかつたと思ふ」という認識が根底にあったからだったのである。[68]

こうして石母田は、その民族観を変更し、民話や神話の再評価にむかった。しかしこうした転換は、彼の内発的な動機に根ざした部分もあったとはいえ、共産党の政治方針に従ったものでもあった。そしてこうした転換によって、マルクス主義歴史学における「民族主義」は、それ以前とは異なる様相を呈してゆくことになる。

民族主義の高潮

一九五一年五月、歴史学研究会の一九五一年度大会が、「歴史における民族の問題」という統一テーマのもとに開催された。

この大会テーマの出現に、「大方の研究者はたいへんとまどった」といわれる。(69) 歴史学研究会は、マルクス主義歴史学者が中心となっていたとはいえ、全員が共産党員だったわけではなかった。そして、「民族」は近代の産物であるというそれまでの常識からすれば、「民族」が古代史や中世史の報告を含んだ大会の、統一テーマになりうるはずがなかったのである。

しかも共産党系歴史学者の内部においてすら、「民族」観の変更は、統一された見解ではなかった。スターリンの論文が『前衛』に掲載されたとはいっても、当時の共産党は、所感派と国際派に分裂していた。所感派が握った当時の指導部は、民主民族戦線綱領を発表し、日本内部の階級闘争よりも反米闘争のほうを優先することを唱えて、階級をこえた民族戦線の構築を主張していた。しかし国際派は、これは階級闘争を放棄した「ブルジョア民族主義」であると批判し、所感派を「民族主義者」などと非難していたのである。(70)

すなわち、一九五〇年八月の『前衛』にスターリンの論文が掲載されたのは、所感派の意向を反映したものだった。そして当時、所感派系の歴史学者として知られていたのが、石母田と藤間生大、そして松本新八郎と林基だった。彼らはいずれも、渡部義通の指導をうけていた古代・中世史家であり、「渡部派」などと通称されることになる。

当然ながら歴史学研究会の会員たちには、この大会テーマ設定は、所感派ないし「渡部派」の策謀によるものだという憶測が生まれた。西洋史家の江口朴郎は、大会テーマに「民族」をとりあげることを提言したのは自分だと公言し、こうした憶測を否定したが、悪印象が広まったことは拭えなかった。(71)

この大会で物議をかもしたのは、藤間生大の「古代における民族の問題」という報告だった。藤間はこの報告で、「民族的なほこりを全民族に知らせて、わが民族が自信をもつ」ために、記紀神話に登場するヤマトタケルを「民族の英雄」として再評価することを唱えたのである。(72)

藤間の大会報告によれば、近代的な「民族」(nation)とは別に、スターリン論文で提起された「民族体」(Volk)は古代から形成されており、その民族意識が表現されたのがヤマトタケルである。その後、平安貴族たちは中国からの輸入文化に冒されて民族意識を喪失したが、日本民族の文化的創造力は、民族の力を結集した東大寺の建設、日本独自のカナの発明、仏教を消化した本地垂迹説などによって発揮されていったというのである[73]。

この報告をめぐり、大会の議論は沸騰した。古代から「民族」が存在したという見解が刺激的だったばかりでなく、天皇家の命令で各地を征服したヤマトタケルをはじめ、藤間の挙げた「民族文化」は、ほとんどが戦前の愛国教育で賛美されていたものであった。近代史家の犬丸義一や井上清は、「民族の概念を、極端にいえば偽造している」と藤間を批判し、金鵄勲章をぶらさげた戦前の復活ではないかと嚙みついた[74]。

これにたいし藤間は、こう反論した。ヤマトタケルが天皇家の手先に見えるのは、本来は民族精神の健全な表現だった神話や伝承を、時の政府がねじまげて記録したからである。大仏もまた、民衆のエネルギーの協力なくして、その建設はありえなかった。支配者がつくったテキストや文化を再解釈し、それを革命の表現に転化してこそ、支配者が大衆に注ぎこんだ愛国教育を逆手にとることができる。反論の多くはインテリ的で、民衆から乖離しており、民衆の民族意識を支配者に奪われてしまうにまかせているというのだった。

やはり「渡部派」の一員とされていた松本新八郎は、過去の文化を「支配階級の匂いがするから捨てろというのであれば、日本民族は何をささえとして闘えるかということになります」と述べて、藤間を擁護した[75]。第7章で述べたように、松本は文化財保護を唱える「日本文化を守る会」のメンバーであり、「中共の文化財保護なども参考」にすることを訴えていたのである。

この松本新八郎が歴史学研究会封建部会で行なった「中世の民族と伝統」という報告も、「民族文化」の全面的賞賛だった[76]。松本によれば、彼が専攻する南北朝時代は、元という「古代帝国の襲来」を契機として民族意識の覚醒がおきた時代であり、古代から中世へとむかう「封建革命」の時代であった。そして、「日本における民族文化、民族的特殊性をもつと云われる文化はみな南北朝の革命期における産物である」というのだった。

また松本によれば、この「封建革命」を担った武士は、古代の支配者である貴族を打倒した存在であり、「革命を遂行しつつある階級の倫理としての武士道」には今日でも学ぶべき点が多い。そして武士たちは、「中国の革命的リアリズムたる宋元画」の要素をとりいれて民族文化を創り、「狂言・謡曲・茶の湯・生花等はいずれも武士・農民による闘争の中で生まれて来た」というのだった。この松本の報告を文章にまとめたのは、大学を卒業したばかりだった網野善彦であり、彼は松本の影響のもとに「若狭における封建革命」という論文を発表する。

そして翌年の一九五二年五月に開催された歴史学研究会の大会テーマには、「民族の文化について」が掲げられた。この大会は「血のメーデー」事件の二日後から開催され、デモで負傷した出席者を混じえて、緊迫した雰囲気で討議が行なわれた。そこでは「植民地文化」や「パンパン文化」が非難される一方、室町小歌や民話の革命性が説かれ、武士道は支配者の思想ではなく、「民衆を守り、民族全体を守る者の責任の倫理として、むしろ下から出て来たものである」とされた。さらに大会最終日には、革命民話劇や民話紙芝居の上演、そして「歴史家コーラス団」による合唱が行なわれ、藤間生大や網野善彦たちが『万葉集』の古歌にメロディをつけたものを歌ったという。[77]

ここで上演された民話劇や紙芝居は、東京大学歴史学研究会の紙芝居「山城国一揆」や、民主主義科学者協会京都支部歴史部会による「祇園祭」など、民衆の抵抗をもりこんだ民話や郷土史を題材としたものだった。もちろんこれらは、石母田が「村の歴史・工場の歴史」でとりあげた、「平次郎地蔵」の挿話を参考にしていた。学生たちはこうした民話調の紙芝居や人形劇を、職業安定所の門前や農村などで上演し、民衆蜂起の啓発に努めた。

またこの時期には、「民歌民謡は大衆闘争の伝統的武器である」という言葉も叫ばれ、革命民謡や革命浪曲なども創作された。『歴史評論』の一九五二年一〇月号には、明治維新に題材をとり、吉田松陰や「薩摩の愛国者たち」が、アメリカの「黒い爪の毛唐」と闘う模様を描いた革命物語「民族の叫び」が掲載された。[78]第7章で述べたように、「民話の会」や「民族芸術を創る会」といった民話劇団も、一九五二年に生まれている。

やはり一九五二年には、藤間生大・松本新八郎・網野善彦らを中心に、竹内好や遠山茂樹などを交えて座談会が開かれた。そこでは、松本が「官僚的なアカデミズムに対抗して」「学問の革命をやることが必要」だと主張し、倉橋文雄は「歴史をほんとうに大衆のものにするためには、文学の場合と同じく歴史家の場合も史料操作以上の飛躍が必要ではないか」「大衆的ないい歴史叙述を出すことが歴史家の第一の義務であり責任である」と説いて、『宮本武蔵』

を書いた吉川英治の歴史叙述が参考として論じられた(79)。もともと藤間などは、自分が労働者などと話しあった経験をもとに、ヤマトタケルを題材にして好評を得たことを強調していたのである(80)。

当時の共産党の武装闘争路線を反映して、歴史上の武装闘争も再評価された。松本新八郎は、石母田が悪党を民衆から孤立した暴力集団と位置づけたのと異なり、悪党の武装闘争は「封建革命」を前進させたと主張した。井上清の回想によると、一九五三年の歴史学研究会総会で、林基《もとい》は「われわれは今や武装蜂起の戦術を歴史的に研究せねばならぬ秋が来た」と叫んだという(81)。

一九五二年六月には、『歴史評論』が「義民特集」を組み、各地の民話にうたわれた英雄をとりあげた。そこで賞賛されたのは、農民の窮状を直訴した田中正造や佐倉惣五郎など、講談などの題材となっている「義民」だった。各地の歴史学研究会などによって、地元の「義民」を「国民的英雄」として祭る「義民顕彰運動」が推進され、義民を題材にした紙芝居もつくられている(82)。

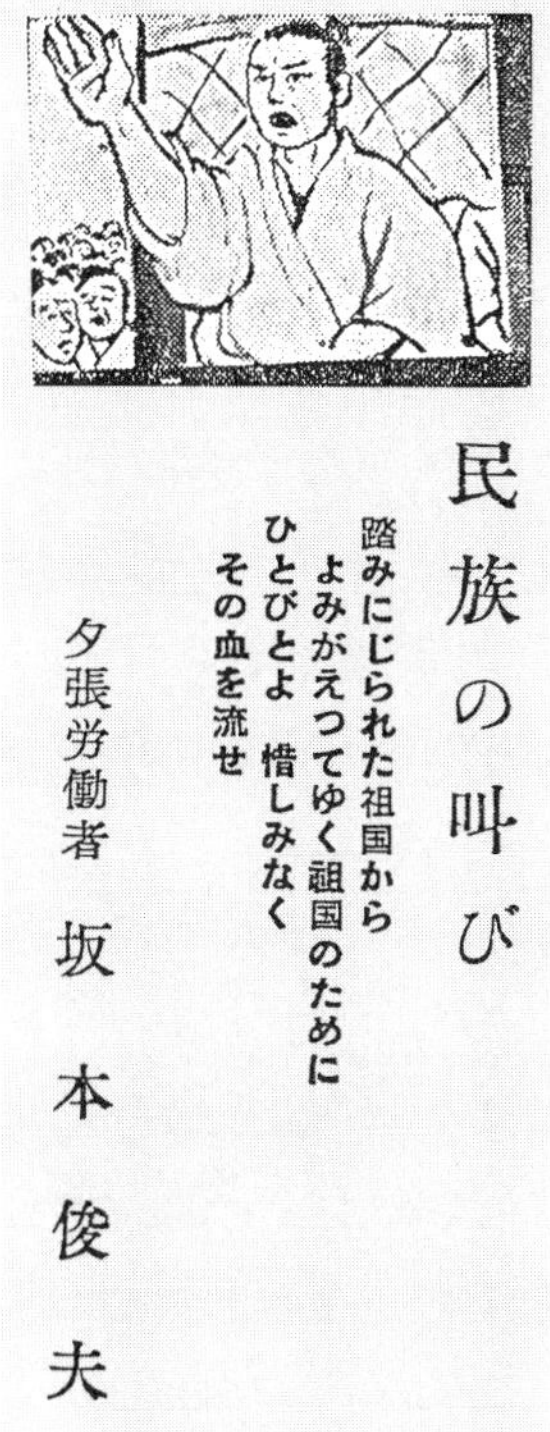
民族の叫び
踏みにじられた祖国から
よみがえつてゆく祖国のために
ひとびとよ　惜しみなく
その血を流せ
夕張労働者　坂本俊夫

『歴史評論』に掲載された
「民族の叫び」の見出し

もちろんこうした傾向に、当時から批判がなかったわけではない。丸山眞男は、一九五一年の論文「日本におけるナショナリズム」で、「前期的」なナショナリズムは「そのままの形では決して民主革命と結合した新しいナショナリズムの支柱とはなりえない」と主張し、革新陣営が「これを将来の民族意識の萌芽と見誤ったり、或いはその前期的性格を知りつつこれを目前の政治目的に動員しようという誘惑にかられるならば、それはやがて必ず手ひどい反作用となって己れに返ってくるであろう」と警告している(83)。

第7章でも述べたように、丸山はこの論文で、「日本はアジア諸国のなかでナショナリズムについて処女性をすでに失った唯一の国である」と書いた。彼は「処女」であるアジア諸国に好意を示してはいたが、同時に「すでに」という言葉によって、中国や朝鮮のナショナリズムも、やがては日本と同様の問題に直面するかもしれないという予測を表現していたのだと思われる。

マルクス主義歴史学の内部にも、批判は存在した。古代史家のねずまさしは、前述した歴史物語「民族の叫び」を評して、「封建制度へ逆戻りする攘夷と今日の民族の独立とを混同して考えているが、これはかつての軍部の『米鬼英鬼』の考えと少しもかわらない」と述べた(84)。

なかでも批判の先頭に立ったのは、井上清や犬丸義一といった近代史家たちだった。前述のように、犬丸は藤間を「民族の概念を、極端にいえば偽造している」と批判した。また井上は一九五三年に、「『民族』的なものなら封建文化でも何でもよいのか」「反封建をいうことが、何か近代主義のあやまりであるかのようにいわれる」と反論し、「現在の民族問題を古代にもちこむというたいど」を批判した(85)。

とはいえ犬丸や井上も共産党員であり、民族主義そのものには肯定的であった。井上は松本を批判しながらも、「日本民族がアメリカ帝国主義の植民地どれいとされ、民族文化が植民地的頽廃にさらされようとしている」という認識では、「まったくすこしのへだたりも相違ももっていない」と述べている(86)。

歴史叙述を現代と結びつけることについても、井上はむしろ積極的であった。井上が書いた一九五五年の岩波新書『条約改正』は、「明治の民族問題」という副題がつけられ、国粋主義者の壮士たちによる内地雑居や不平等条約への反対が、現代の安保条約抗議デモのように描かれている。また井上は、明治維新によって「日本は半植民地化からみずからを救い出し、当時およびその後しばらくアジアの進歩の先頭に立ちアジア人の希望となるの光栄を担いえた」と述べていた(87)。この時期、共産党系の歴史家でナショナリズムそのものを否定する者はほぼ皆無で、ただ肯定すべきナショナリズムを歴史上のどこに求めるかをめぐって論争していたといってよい。

じつは井上たちの批判は、共産党の党内抗争に沿ったものでもあった。前述のように国際派は、所感派を批判するさい、反米闘争のみを重視して階級闘争を放棄した「ブルジョア民族主義者」であると評していた。そして井上は国際派に属しており、支配階級の文化を賞賛する藤間や松本の姿勢を、民族独立だけを主張して階級闘争を放棄したも

のだと批判していたのである。(88)

そして井上をはじめとした近代史家たちにとっては、「民族」は近代以降に形成されるものである以上、「民族問題」を扱うことは近代史家の特権であるはずだった。近代史家の一人である鈴木正四は、一九五一年の歴史学研究会の大会に際して、「古代・中世史への注文」として「古代・中世には民族（Nation）が存在しなかったということを具体的に立証すること」を要望していた。(89)

こうした要望に対しては、「古代・中世史家には無駄な努力を要求されたとしか感じとれないだろう」という反発が出ていた。(90)もともと前述したように、戦前に近代史が徹底的に弾圧されたため、当時のマルクス主義歴史学の中心は中世と古代の研究者たちであった。

石母田によれば、彼はもともと民衆が天皇制を内面化した経緯を研究したかったものの、「近代史を専攻していない自分には、それは手が出ない仕事であった」ために、代わりに『中世的世界の形成』を書いたという経緯があった。そして石母田は、「民族」の形成は近代以前にさかのぼるという見解をとることによって、「民族問題について自分の関心が、古い時代に生かし得るように考えた」と回想している。(91)

いわば古代・中世史家にとって、所感派が提起した「民族」観の変更は、好都合なものだった。そして網野善彦の回想によれば、当時の共産党系歴史学者はほとんど所感派に属し、国際派は井上清など近代史家を中心に少数いただけだったという。ねずまさしや旗田巍のように、古代史家にも藤間などの「民族」観を批判した者もいたが、当時のマルクス主義歴史学の大勢が民族観の変更に同調したのには、こうした背景があった。(92)こうしたなかで、古代や中世の「民族文化」の賞賛を批判する者は、「近代主義者」であるという批判がなされていった。

こうした「民族文化」の賛美は、石母田が法隆寺や茶の湯を批判していた一九四八年とは、およそ異なる様相を呈していた。「民族文化」といえば武士道とヤマトタケル、「民衆に近づく」といえば『宮本武蔵』や浪曲という反応は、石母田の農村イメージがそうであったように、いささか発想が貧困ともいえた。

もともと一九四八年の時点では、「民族」は近代の産物だという見解と、理想的な「民族」が形成されるまでは階級闘争が重視されるべきだという認識が、単純な「民族」礼賛への歯止めになっていた。大仏やヤマトタケルを賞賛した藤間生大も、当時の座談会では、「でかい大仏殿を建てるために、人民がいかに使役されたか、これを出さなくちゃ」「日本文化を守れと云ふ人が、すぐ万葉集や法隆寺を頭に浮かべてゐる」と述べていたのである。(93)

しかし、そうした歯止めが取り払われた一九五〇年以降は、旧来の「民族」観を批判していたはずのマルクス主義歴史学者たちさえもが、慎重な姿勢を失ってしまった。もともと彼らも、他の日本臣民と同様に、戦前の愛国教育を受けて育ってきた人びとだった。いわば彼らは、革命推進のかたちで「民族」という言葉を使うことが許されたとき、数年前まで馴染んできた言語の発話形態に逆戻りしてしまったのである。

同時にそこには、彼らが戦争体験のなかで育んだ、「運命共同体」という意識も投影されていた。藤間生大は一九五一年の歴史学研究会の大会発表で、『古事記』ではヤマトタケルが故郷を離れて戦死する思いを述べた歌を収録しているのに対し、『日本書紀』ではヤマトタケルの業績が景行天皇のものとされていることを挙げて、天皇制によって「民族の神話」が歪められたと主張した。そして、戦争体験のある労働者にこのエピソードを伝えることで、「民族的なほこりと平和に対する要望をつよめ、更に天皇制に対するにくしみをもたらす」ことができたという。そして藤間は、ヤマトタケルの賞賛に反対する井上清にむかって、「南方で死んで行った『わだつみの声』を、イクジなし奴とどなりつける精神以外のなにものでもないと思います」と反論していたのだった。(94)

丸山眞男は一九五〇年の座談会で、当時の学生たちを評して、こう述べている。(95)「昼間のうちは主体性とか民主革命を口角泡を飛ばして論じているものが、夜コンパで酒を飲んで、だんだん落花狼藉になってくると、やはりすぐ軍隊生活の話がはじまるんですね。そして最後に歌い出すのは軍歌ということになる」。第7章でも述べたように、当時の共産党員には、「特攻隊から共産党へ」というルートをたどった者が少なくなかった。歴史学における「民族」の高唱も、こうした同時代の人びととの心情と、連続したところで営まれていたのである。

一方で石母田は、藤間や松本ほどには、古代や中世の「民族文化」や「民族英雄」を強調しなかった。彼は一九五二年の論考では、現在の民衆が使う「公民館を立てないで、松江城を修築するのは本末転倒である」と述べ、「封建文化」の保護に違和感を記している。[96]

もともと石母田は、黒田悪党をはじめとした武士を英雄として賞賛する傾向はなく、民衆との連帯に重点を置いていた。武士道を賞賛する松本新八郎と、悪党の評価をめぐって対立したことも、そうした石母田の志向の現われだったといえる。

そうした石母田が提唱していったのが、「国民的歴史学運動」だった。この運動は、彼が「村の歴史・工場の歴史」で主張した理念――民衆が自分自身の歴史を書くことで「声」を獲得し、知識人はその助力をすることで既存の学問を改革すること――を実行に移したものであった。

「国民的科学」という名称は、石母田が民主主義科学者協会（略称「民科」）の本部書記局員として、一九五二年一月に発表した「民科の当面の任務についての一つの意見」という文章から使用されはじめたといわれている。ここで石母田は、「民族を解放する」という目的のために、知識人が「大衆のなかにはいること」と「学問的な創造活動」の二つを統一するべきだと主張していた。[97]

当時は日本共産党は地下活動に入っており、公然たる啓蒙活動は困難となっていて、サークル活動が職場や農村に拠点を築く運動方法として注目されていた。第6章でも述べたように、知識人やプチブル党員は労働者街や農村におもむき、民衆のなかで自己改造を遂げるべきだという主張は、従来から存在したものだった。

そして一九五〇年代初頭には、「民衆のなかへ」というスローガンが、中国共産党の毛沢東思想の影響によって、いっそう強く唱えられていた。藤間生大によると、石母田はすでに一九四八年に、新しい歴史学の実践例として、中国共産党が長征の参加者に自分の体験手記を書かせたことを挙げていたという。[98]

第7章でも述べたように、当時は『山びこ学校』の成功によって、生活記録運動への関心が高まっていた。石母田はもちろんこれを支持し、労働者や農民とサークルを結成して、組合や村の歴史を書くことを奨励していった。現在では一般化した「サークル」という言葉は、もともと戦前にはマルクス主義の共同勉強会を指す用語だったものが、この時期以降に広まったものだった。

「歴史学の革命」とも称された「国民的歴史学運動」では、既存の歴史学の「実証主義」的な手法が再検討された。まず旧来の文書史料偏重を見なおし、民話や伝承といった民間史料を使うことや、村の老人や女性からの聞取り調査が奨励された。文書史料は、もっぱら紙と文字が使える権力者側が残すものであり、民衆の意識が現われていないと考えられたからである。

こうした手法は、柳田國男が創始した民俗学の手法とも一致するものであった。もともと柳田は、都市知識人による西洋追随型の学問を批判し、文書史料では民衆生活の歴史は書けないと主張して、地方の民話や伝承を調査していた。(99) 民衆志向とナショナリズムの同居も、柳田の民俗学と、石母田らの国民的歴史学運動に共通した性格だった。そして第7章でも述べたように、この時期はアジア志向および民衆志向の台頭とともに民俗学への注目も高まっており、石母田や鶴見和子などが民俗学との提携を主張していた。

同時に国民的歴史学運動で強調されたのは、学問成果の民衆への還元であった。サークル活動や聞取り調査は民衆との共同作業とされ、知識人がその成果を利用して「個人主義的な業績」を挙げることは、厳しく批判された。(100) サークルの研究成果は、サークルの共同名義で発表されることが原則とされ、成果そのものよりもサークル参加者の人間的成長のほうを重視すべきであるとされた。また聞取り調査は、民衆に代わって研究者が代筆する行為であり、その成果を民衆に共有しやすい歴史叙述によって還元してゆくことが奨励された。

さらに提唱されたのは、女性の重視であった。石母田は国民的歴史学運動のバイブル的存在となった『歴史と民族の発見』で、「民衆と女性の歴史によせて」という章を設け、「村の歴史・工場の歴史」とならんで、朝鮮人の歴史や女性の歴史など、既存の歴史学で軽視されていた領域への注目をよびかけた。

民科歴史部会の機関誌だった『歴史評論』の一九五四年七月号では、「母の歴史」という特集が組まれ、石母田がその序文を書いている。民衆のなかでも、もっとも「近代主義」から遠い存在と考えられた「母」は、もっとも声を持たない「民衆の中の民衆」とされた。石母田によれば、「父は『近代的』な思想をもっていても、人間性がブルジョア的立身出世主義に毒されているのにたいして、母は『封建的』でも、自分と子供たちの人間性を外部と父の権力からまもる」というのだった。[101] こうした趣旨のもと、農村や工場などで働いてきた女性のライフヒストリーを聞取り調査することによって、民衆の意識と社会の矛盾をつかむというのが、この「母の歴史」の意図だった。

こうした民衆志向の運動を、「国民的歴史学」と呼称することには、一部に抵抗もあった。一九五二年五月の民科第七回大会でも、「国民的」とは「日本的」という意味なのか、それとも「大衆的」という意味なのかをめぐって議論が紛糾した。一九五三年六月の第八回大会では、「国粋主義やナチスを思いださせる『国民的』とか、『民族的』とかいう形容詞をつけるよりは、『国民のための科学』といった表現のほうが、より適当である」という意見が出ている。[102] しかし当時は、共産党が「人民」を廃止して「国民」を採用していた時期でもあり、「国民的歴史学」という呼称はそのまま定着していった。

こうして『歴史評論』の一九五二年一〇月号は、「国民的科学の創造のために」という特集を組んだ。その目次には、「民衆の豊かな生活を求めて――民話の会の成果と課題」「農民の生活感情にとけ込んで――民族芸術を創る会のしごと」「川崎労働者のサークルから」「紙芝居『祇園祭』を創って」といった報告が並んだ。そのうえに、「歴史物語『民族の叫び』」「日比谷の焼打――明治の日本人は『屈辱講和』をいかに迎えたか」といった歴史論考や、「昔の労働歌・今の労働歌」「浪曲に関する討議」といった民衆文化関連の記事が加わっていた。

こうした国民的歴史学運動のなかで、成功例として賞賛されたのが、一九五三年の「月の輪古墳」の発掘と、一九五二年の「石間をわるしぶき」であった。[103] 月の輪古墳の発掘では、地元民と古代史学者が共同で発掘にとりくむ姿が映画に撮影され、知識人と民衆が連帯して「国民の歴史」を創っていく実例とされた。そして「石間をわるしぶき」は、東京都立大学歴史学研究会の学生たちが、夏休みに秩父地方の山村に入り、聞取り調査によって「村の歴史」を書いたものだった。

この「石間をわるしぶき」で歴史が書かれた山村は、自由民権運動末期の民衆蜂起として知られる「秩父事件」の舞台となったところであった。そしてこの調査が行なわれた一九五二年夏は、共産党の指導下にあった全学連が、夏季休暇を使って全国的な農村活動を行なうように指令した時期でもあった。

朝鮮戦争下の当時、共産党は山村工作隊をはじめとした農村活動に力を入れ、「革命近し」という認識が叫ばれていた。のちの一九六〇年二月に、竹内好はこう書いている。「一九五〇年には、戦争と革命は予測でなくて現実であった。前年の秋に中華人民共和国が成立し、その年の夏に朝鮮戦争がおこった。日本の革命も、多くの人にとって不可避と信じられていた。十年後の天下泰平を当時予想した者は、おそらくいなかったのではないか」(104)。こうした雰囲気のなかで行なわれた国民的歴史学運動は、政治運動としては、いわば山村工作隊の歴史学版として行なわれた側面があったといえる。

しかし共産党や全学連の方針はそうであっても、参加した学生の意識は、いささか異なっていた。「石間をわるしぶき」の農村調査に参加した学生である加藤文三は、一九五三年にこう述べている(105)。

歴研の中には、〝村の人を立ち上がらせるためにゆくのだ〟〝農学提携を強めるためにゆくのだ〟という意見を出した人もありました。しかし、それよりも私たちは学校で教えられていた歴史学、私たちのまわりに見出される学問、に不満だったのです。それらは毎日私たちがつきあたっていた問題を具体的に解決するのに役立たないように思えました。……私たちの心をとらえていたのもどうしたら歴史学をもっと生き生きとしたものに変えることができるであろうか、国民のための学問をつくってゆくにはどうしたらよいだろうか、ということでした。つまり私たちは歴史学のありかたを変革するために農村に行ったのです。

加藤はこれに続けて、就職のためには無意味と思われる講義にも出席しなければならず、「すべての授業の内容を変革し、生きた学問に変えてゆくということがない限り、私たちは、生きてゆくために、つまらないと思いながら授業に出席し、ペンを走らせなければならないのです」と述べている(106)。学生たちは、社会変革への情熱だけからでなく、大学の学問への不満からも、「歴史学の革命」に共鳴していたのである。

こうした学生たちのあいだで、石母田の評論をまとめた『歴史と民族の発見』は、熱烈な人気を獲得した。石母田はそこで、一九五二年五月の「血のメーデー」を、ロシア革命や中国革命の発端となった「血の日曜日」や「五・四運動」になぞらえながら、国民的歴史学運動への参加をうながした。石母田は当時の講演で、学生たちにこう訴えている。(107)

皆さんは忠実に大学に通い、きちょうめんにノートをし、点数を一生懸命にかせいで、官庁や会社の幹部に出世してゆくことができる。人民を見くだして特権的な地位を獲得することもできます。麻雀やダンスで暮して、教授のひげの塵をはらい、器用にたちまわるというより容易な方法によって、出世することも可能であります。学問に精進して、祖国や人民の苦しみをよそに、学界の権威になることもまた可能であります。その他さまざまの道があり得るにかかわらず、そのような生き方、学び方にあきたりないというところから……自分の内部にある矛盾を自分一人だけでは解決しがたいことを自覚したので、仲間によびかけ、力を結集し、組織をつくりました。このような動きは、学生のいるあらゆるところに最近急速におこりつつあります。それは祖国の現状がもたらした動きであり、インテリゲンチャが大衆とむすびつき、大衆とともに、国民を形成しようとする歴史の大きな動きの現れであります。もはやインテリゲンチャの活動は、戦前のように大衆から孤立することはありません。

大学進学率が低く、学生にエリートとしての自意識が残っていた当時においては、こうしたアピールは共感を集めた。そして大学や学問に対するこうした批判が、学生の側からだけではなく、石母田のような大学教授の側から行なわれた背景には、当時のマルクス主義歴史学者の社会的地位があった。戦前には、多くのマルクス主義歴史学者は大学に就職できず、在野で研究活動を行なっていた。石母田も戦後は法政大学に職を得ていたが、当時のレッド・パージのなかで、いつ大学を追われるかも不明であった。大学に安定した地位を築いていなかったマルクス主義歴史学者たちは、既存のアカデミズムと大学を批判する気運をもっていたのである。

そして学問の変革は、自分自身の変革でもあった。石母田は、既存の歴史学が女性や民衆を軽視していること、現実との関係を失って学者の立身出世の手段になっていることを批判しながら、聞取り調査についてこう述べている。[108]

しかしみなさんは、調査されるものの身になって、この問題を考えたことがあるでしょうか。……人間は自分の心の内部、その苦しみや迷い、真剣に考えていることは、そうたやすく、人に話さないものであります。……「学問のための」ということが、被圧迫階級にとっては、つねに縁がないか、またはたいてい支配階級のためのものだということを人民は長い経験によって本能的に知っています。みなさんの「調査」が、ほんとうに人民のためのものだ、自分たちのためのものだという保証はどこにあるのでしょうか。そのような信頼を――それなしには人間の意識の内部にたちいることはできません――みなさんはあらかじめ行為によって人々から得ているでしょうか。それだけではありません。調査は、人間の心をつねに「素材」としてとりあつかいます。……人の心を「調査」しようとすることは、人間的なことでなく、往々にして非情なことだということであります。

みなさんは、道徳的なお説教はもうたくさんだというでしょう。お説教ではなく、そのような欠点を私ももっているから申上げたのですが……人間にたいする、大衆にたいする尊敬を自分のものにすることが、われわれにとっていかに困難であるか、この困難さを身にしみて体得することが、われわれの第一歩であります。

こうした「人間改造の努力」の訴えも、当時の若者たちの支持を集めた。学生たちは、「文化とは創造であり、創造とはたたかいのことであります」「君自身はどうするのだ、大衆はこのようにたずねているのです」といった石母田の言葉を読み、農村や労働者街にむかった。[109]

当時は二三歳の中世史家だった網野善彦も、その一人だった。彼は大学卒業後、常民文化研究所の研究員をしていたが、林基や藤間生大などに導かれ、労働者学校で講義を行なった。労働者たちに講義のつまらなさを指摘されながらも、やがてそれを乗りこえて自分の学問を磨き、労働者と友人になっていったという経験を、網野は民科の通信に書いている。そして石母田は、その網野の文章を一九五三年の『続歴史と民族の発見』に収録し、「若い人」による実践例として賞賛していた[110]。

都立大学の学生たちによる「石間をわるしぶき」が賞賛されたのも、彼らが書いた村の歴史の出来映えそのものより、彼らが農村で行なった自己変革が評価されたからだった。高等教育の進学率が低かった当時、その村では高校以上の学校に進学している者は一人もおらず、東京から大学生がきたというだけで驚きをもって迎えられた。学生たちが『歴史評論』に寄稿した体験記では、当初は農民から「おめえたちも遊んでばかりいないで草取りでもしてみろ」「あんたたちは学校を出たら役人や重役になるんでしょうな」といった言葉を投げかけられたあと、調査を開始する前に農作業を手伝うことを決め、やがて地元民から歓迎されるにまで至った様子が、初々しく描かれている[111]。

このケースにかぎらず、共産党系の学生たちによる農村工作は、警察の激しい干渉のためもあって政治的にはほとんど効果がなかった反面、農民から歓迎された場合もあったようである。当時は一種の特権階級だった「学生さん」が、農民の話に耳を傾け、報酬を求めずに農作業を手伝い、紙芝居や人形劇を行なったことは、娯楽の少ない農村ではしばしば好奇心と好感をもって迎えられた。

鶴見俊輔は、当時の山村工作隊を評して、こう述べている[112]。「認識はあまかったとしても、それほどに学生たちは無邪気かつ真剣だった。彼らの無邪気さ、真剣さが、農村の大人たちにとって、むしろおもしろいものに思えた場合が多い。それは、学生たち自身の意志に反することではあったが」。こうした「学生さん」への敬意と好感は、大学生の存在が大衆化する六〇年代半ばまで持続し、六〇年安保闘争の高揚を支えることになる。

いわば国民的歴史学運動は、参加した学生たちの心情という面では、一九六〇年代の全共闘運動と、部分的には共通していたといえる。ただ一九五〇年代の特徴は、こうした活動で得られた一体感や自己変革が、「私たち学生と農民が一つの民族である」とか「私は民族を発見したと思いました」といった言葉で表現されていたことだったのである[113]。

運動の終焉

しかし国民的歴史学運動は、一九五三年ごろから、しだいに行き詰りはじめた。運動の担い手だった学生たちは、真剣ではあったが、あまりに未熟だったのである。

まず現われた問題は、学生たちのなかから、「民族」や「民衆」の権威を借りて、他者を攻撃する傾向が現われてきたことだった。「歴史学の革命」を掲げる彼らは、自分たちの意に沿わない学者や教授たちを、「反革命的」「近代主義」などと非難し始めたのである。

「石間をわるしぶき」をはじめ、国民的歴史学運動で書かれた「村の歴史」や「母の歴史」は、学問的にみれば稚拙な自由研究の域を出ないものが大部分であった。『歴史評論』にそれが掲載されたあと、専門の歴史研究者からは、「もっと歴史の勉強をした方がよい」「あれはむしろルポルタージュだ」といった批判が出た。ところが学生側は、そうした批判に、「いぜんとして民衆から遊離した古い学問、象牙の塔にとじこもった学問」「傍観者的な批評家の立場」だと反論したのである。[114]

一九五四年、学生など若手が主導権を握った民科歴史部会全国委員会準備会の報告草案は、サークルで書かれた「母の歴史」や「村の歴史」を「日本史学史上の一大金字塔」と評し、歴史学者たちは「未だ専門的で、国民の立場に立ってこれをうけとめていなかった」と位置づけた。学生たちの集会では、既存歴史学の「プチブル性」や「アカデミズム性」が批判され、「いままでの左翼学者の歴史も、石母田、藤間、林、松本四先生のものを除いて、すべて、非国民的歴史学である」とされていった。[115]

さらに前述したように、古代や中世の「民族文化」の賞賛に賛同しない者には、しばしば「近代主義者」という批判がなされた。前述のように、中世史家の鈴木良一は一九四九年の時点から石母田や藤間に批判的だったが、国民的歴史学運動の時期には「観念論者だ、社会民主主義者だ、実証主義者だ、近代主義者だ、コスモポリタンだ、なんだかんだと、さんざん」に他人を批判する風潮が支配的だったと述べている。[116]

何より状況を悪化させたのは、共産党の党内抗争だった。所感派と国際派が罵倒合戦をくりひろげ、査問やリンチが横行していた状況下で、国民的歴史学運動への賛否は、やがて政治的立場の踏絵となった。

たとえば、ヤマトタケルを「民族の英雄」とよんだ藤間生大を批判した井上清は、一九五四年に藤間によって査問をうけ、自己批判書を提出させられた。また井上が自宅の井戸を改装したことも、「ブルジョア的生活態度」にあたるという批判をうけた。さらに井上によれば、彼のヤマトタケル批判に同調した者もつぎつぎと査問され、「かたっぱしから『自己批判』をさせられ、あるいは党籍を事実上奪われたようである」。[117]

井上は後年、「進歩派の歴史学界で、『歴史と民族の発見』や『英雄時代論』に反対するものは、人民の敵とまで見なされるようになった」と回想している。彼はこの当時、「年少の友人たち」に迷惑が及ぶことを恐れ、「君たちは僕と町で出合っても知らん顔して通れ、僕の家へも来るな」と言っていたという。[118]

共産党の政治方針の悪影響は、別のかたちでも現われた。石母田の意志に反して、サークルや農村調査を、単なる党勢拡張の手段とみなす傾向が、しだいに顕著となっていった。石母田は後年、「サークルをたんに新しい型や手とだけ考える思想、あるいはサークルの数やそのメンバーの増減だけが報告されて、なにが内容として話されているか少しも討議されないような傾向」が民科のなかで強くなっていたと回想している。[119]

こうしたなか、運動への参加は、しだいに強制や義務の様相を呈していった。自分の研究を優先したい歴史家の間からは、「『国民的科学』ということをどうしても納得しない人たちは、人間として駄目なのだろうか」といった声が出始めた。しかしそうした声に対して、「個々の研究者の主体性の問題としてだけとりあげて、叱咤し、遂には非難するような」傾向が出現していった。[120]

もともと石母田が唱えたのは、「政治」への参加による自己改造は喜びを生むものであり、それがそのまま自己の学問の発展につながるということだった。しかし運動に疑問を呈する学者からは、「私は、最近の私たちの論争が、政治至上主義と学問至上主義の議論であるように感じた」「農村やサークルから直接に研究に役立つものを得ようとしても殆どの場合それは不可能だと思ひます」といった声も出てきた。[121]「政治」への参加が義務や強制に変質するなかで、「政治」と「研究」の二項対立という図式が、発生してしまっていたのである。

しかも運動に参加した学生たちは、しばしば性急かつ未熟であった。ある大学の歴史学研究会で、吉田松陰の愛国心に学べという学生と、松陰は反動イデオローグだという学生の論争がおこった。しかし後で判明したのは、論争に参加した学生たちが、じつは松陰の書いたものを何一つ読んでいなかったということだった。(122)

農村工作にしても、同様の傾向があった。大部分の学生は、自分が入ってゆく村や、農村の生活について、予備知識がほとんどなかった。一九五二年夏、民科京都支部歴史部会のメンバーを中心に、京都府北部の農村工作が行なわれたが、そこに参加した中塚明の回想によれば、「わたくしたちがその地方に出かけたときの、事前の知識は、ただその地方が、革新的な勢力にとって政治的に空白の地帯だということだけであった」という。(123)

現実の「民衆」の反応は、彼らが考えていたより、ずっと複雑だった。奈良の学生サークルが、江戸時代の百姓の窮乏と一揆を描いた紙芝居を農村で上演したとき、村人たちは「昔にくらべれば今はましだ」と反応しただけだった。一九一八年の米騒動について老人の回想をきいた学生は、「あれはヤクザがやったのです。まじめなものはやりませんよ」と返答されたという。(124)

指導する学者たちも、同様の弱点を抱えていた。石母田はサークル活動にあたり、民衆に「身近な歴史」を書くことからはじめるべきだと薦めていた。しかし、彼が参加していた主婦サークルで何を勉強したいか話しあったとき、「アジアのことを知りたい」という声が強く、石母田が意外に思ったところ、メンバーの「三〇人のうち一〇人は戦時中に朝鮮・中国等の外国で暮した経験があることがわかった」という。(125) 石母田の抱いていた「民衆」イメージは、すでに現実の民衆に合致しないものになっていたのである。

これも石母田の回想によれば、彼が木曾の農家に泊まったとき、イノシシが田を荒らす苦労話を農夫から聞いたが、その農夫は「話しながらわきのラジオで東京の流行歌をきき、全世界からのニュースもきいて」いた。東北出身だった石母田だが、「津軽のリンゴがホンコンに輸出され、そこでの相場に気を配っているような農民の意識がどのような構造のものかは、東北に育った私にも見当がつかない」と述べている。(126)

石母田は後年、国民的歴史学運動が失敗した一因として、中国共産党の農民政策を参考にしすぎたことを挙げている。一九五〇年代の日本では、「どんなヘンピな農村でも旧中国の農民と精神構造がちがうはずであるが、われわれの農村における文化運動は中国のそれとそれほどもちがっていなかった」というのである。(127)

石母田は一九五一年には、知識人の大衆蔑視を批判して、「知識人にとって大衆は浪曲と股旅物しか解さない俗悪を意味しました」と述べていた。しかし、革命民話や革命浪曲を「民族文化」と称していたのが、国民的歴史学運動の姿にほかならなかった。石母田はのちに、「大正時代以来、進歩的知識人が農村にたいしてもっていた偏見から、私などはいくらもぬけでていなかったことが、国民についてのトータル・イメージに重大な歪みをもたらし、われわれの科学運動を生活者の意識からはなれた内容のものにした」と自己批判している。(128)

それはすなわち、「民衆のなかへ」という理念そのものが、現実の民衆にたいする無知から発していたことを意味していた。網野善彦も運動の中途から、「『人民のなかへ』という理念自体、非常に観念的でインテリ的だという気持を持ちはじめ(129)」、「それを運動の内部で発言しているうちに、いろいろな摩擦が起こり」、一九五三年の夏に運動から脱落したという。

皮肉なことに、国民的歴史学運動に批判的だった井上清のほうが、石灰岩を割る日雇い労働者の息子であり、石割りや俵編みをしながら大学まで通った人間だった。井上は国民的歴史学運動が終焉したあと、「坊ちゃん嬢ちゃんたちが農村に入って人民の貧苦におどろき、封建制の根強さにびっくりして、大いに感激するのを見ながら、それもよい勉強だろうとは思ったが、何しろ、これが歴史の真ずいであると、のぼせ上がっているのには、手がつけられなかった」と述べている。(130)

こうした行き詰りのなかで、歴史学研究会や民主主義科学者協会から、まず専門の歴史学者が遠のいていった。遠山茂樹によれば、すでに一九五三年ごろから、歴史学研究会の部会に「若い学生諸君と常連以外には、アカデミックな研究者が出席することは、きわめて稀」になっていたという。(131)朝鮮戦争が休戦した一九五三年は、武装闘争路線の限界が見え始めていた時期でもあり、党内の内紛で共産党員も大幅に減少していた。それと国民的歴史学運動の停滞が並行していたのである。

運動の理念も、行き詰りをみせていた。これも遠山によれば、「近代史観をのりこえるのだと見えを切っても、そこで出されるものは、思いつき程度の仮説」にすぎず、「討論はいつもカラ廻りに終っていた」という。やはり一九五三年の『歴史評論』にも、「積極的に仕事を進めて来た人たちが確信をもてなくなって来ている」「民話をとり上げれば民族芸術になるというわけではないと思う。民族文化とは何かということを理論的に明かにしてほしい」といった記述がみられる。[132]

そのうえ学生や学者は、組織の運営に不慣れだった。一九五三年七月の民科本部通信には、『進歩的な科学者』は、民科の会費はおさめない、班や部会に所属して一会員として組織的な行動はしない、会合には遅刻、欠席常なしであり、研究はしないで方法論をとくばかりである」といった批判がみられる。この運動の活動家であった梅田欽治の回想によれば、歴史学者や学生は「共同の仕事についてはは不なれであった」うえに、「とかく討論は感情的になってしまい、組織の最も初歩的なことについてすら全く無理解であることも暴露した」という。[133]

こうした状況のなかで、とどめの一撃となったのが、一九五五年七月の六全協による、日本共産党の方針転換だった。山村工作隊をはじめとした武装闘争路線は「極左冒険主義」だったと総括され、査問をうけて追放同然となっていた国際派の党員たちが復権した。

六全協の直後に開かれた一九五五年一一月の民科歴史部会の全国総会は、国民的歴史学運動への総批判の様相を呈した。「あれは作文と云う外はなく、今迄の伝統的歴史学の成果をふまえていない」「一般学生層を性急に農民と結びつける政治的引き廻しがあった」「学会から孤立している」といった声があいつぎ、知識人のプチブル性を批判した前年の運動方針案が読み上げられると、会場で嘲笑がおこった。[134]

マルクス主義歴史学界の内部でも、完全に立場が逆転した。石母田や松本は自己批判を迫られ、井上清やねずまさしが復権した。ねずは国民的歴史学運動を「ソ連の生徒のようなやり方」と批判し、井上は「左翼がこんな馬鹿なことをしているうちに、まじめなアカデミーの研究者は、どんどん仕事をしていった。その開きは、いま何と大きいことか」と述べた。[135] 研究室に閉じこもったアカデミズムが批判された時期とは、まったく様変わりの状況が出現していったのである。
運動の瓦解は、多くの人びとを傷つけた。それまでの運動方針を否定された学生たちには、「政治」に対する不信が広まった。進学や研究を犠牲にして運動に献身していたため、その後の人生の建て直しに苦労した者も多かった。運動の摩擦と内紛のなかで常民文化研究所をやめ、高校教師に転職した網野善彦は、一九六〇年代の後半までほとんど論文を発表できなかった。当時の活動家だった梅田欽治は、運動が崩壊したあと、「生活をたてなおすのに五年以上かかった」と述べている。[13]

彼らの失望をさらに増したのは、運動の指導者たちの姿勢だった。運動に参加した若者たちは、その多くが、戦中に戦場や工場に動員された経験をもっていた。そして彼らは、自分たちを扇動して農村に送りだした指導者たちが、運動失敗の責任をどのようにとるかを注視していたのである。

しかし一九五六年、歴史学研究会で批判をあびた松本新八郎は、「陳謝」を表明したものの、ねずまさしによれば『当時の情勢、朝鮮戦争などでの国際情勢』などを引合にだし、彼自身はきわめて『一生懸命』だったと弁明」したにとどまった。ねずはこれを、「何等反省されていないかのような印象をうけた」と評している。かつては松本に師事していた網野善彦も、こうした松本に強い反発を抱き、その後は二度と口をきかなかったという。[137]

石母田も一九五七年に自己批判の文章を公表したものの、その内容は歯切れのよいものとはいえず、「官僚的」「卑怯」といった非難にさらされた。運動のバイブル的存在であった『歴史と民族の発見』も、犬丸義一から「この時期のマルクス主義史学の悪の見本」などと批判されるに至る。[138]石母田は、政治参加と学問の変革によって「若い人たちに対する戦争責任をとろうとしたのだが、それは結果として多くの若者の人生を狂わせ、非難される結果を招いてしまったのである。

やがて高度経済成長の進展とともに、国民的歴史学運動は過去の悪夢として忘却され、歴史学界には「政治」に対する忌避が広まった。鈴木良一は一九五六年の『歴史学研究』で、「実証主義者だ、近代主義者だ、コスモポリタンだ」といったレッテル貼りが横行した時期を批判しながら、「深刻げに例の『問題意識』とかいうものをもちだされるのがおそろしい」「それを歴研にもちこむことはおことわりしたい」と記している。[139]

やがてマルクス主義歴史学者が大学での地位を築いてゆくのと並行して、「アカデミズム」への批判も消え、文書史料中心の「実証主義」が歴史学のあり方として定着していった。これ以後、民主主義科学者協会は自然消滅し、歴史学研究会は通常の学会として運営されてゆくことになる。

井上清は一九五九年の評論で、歴史学の状況を評し、「いままでの政治主義は正反対の書斎主義になってしまった」と述べている。必要とされていたのは、運動の反省と再検討だったにもかかわらず、「自己批判のかわりに沈黙」があっただけで、歴史学者の間に「あつものにこりてなますをふくように、民衆と現実から離れ、学問のための学問に安住する傾向」が出てきたというのだった。[140]

その後、遠山茂樹や梅田欽治などが運動の総括を試みたが、結局のところ一九五〇年代前半のできごとは、歴史学界の傷痕として封印されてしまった。運動に参加した人びとは多くを語らず、歴史学者の世代交代とともに、運動で提起された問題そのものが忘却されていった。そうしたなかで網野善彦は、民衆文化や女性への注目、そして中世における「民族」意識の発生といった、国民的歴史学運動のなかで唱えられたテーマを発展させ、一九七〇年代以降に独自の中世史研究を生みだしてゆくことになる。

運動の崩壊と前後して、石母田は体調を崩し、しだいに歴史学の表舞台から退いていった。運動終焉から五年たった一九六〇年、石母田は運動を自分なりに総括した『「国民のための歴史学」おぼえがき』を公表した。そこで彼は、自分の民衆イメージが貧困だったことを自己批判したあと、学問的運動を政治的動員の手段として利用しようとした共産党の「実用主義」を暗に批判し、さらにこう述べている。[141]

サークルにゆく時間を「研究」にあてれば、能率があがり、業績をあげやすいことはたしかである。それにもかかわらずサークルにゆくのは、それがまず第一に楽しい仕事だからである。サークルの集まり自体が楽しいだけでなく……共同の責任を負うことから生まれる新しい人間関係の形成は、私たちに集団を創ることのよろこびをあたえる。それは過去の啓蒙家の知らない創造の側面である。……サークル活動は「奉仕」ではない。強制された「義務」としてだけサークルにゆく人は、はじめからゆくべきでなかったかもしれぬ。

こうした「よろこび」や「たのしさ」を出発点としていたはずの運動が、政治的な「実用主義」に巻きこまれ、「強制」や「義務」に転化してしまったことを、石母田は悔いていたのであろう。しかし彼の初発の意図はどうあれ、石母田が提唱した運動は、結果として戦争と同様に、多くの若者を傷つけた。網野善彦の回想によれば、「石母田さんは、国民的歴史学運動が終焉したあと、私に面とむかって『網野君、悪かった』といってくれた唯一の歴史家なのです。ほかの人はなんとなく変っていきましたね」という。(142)

石母田はその後も体調の悪化をおして研究を続けたが、一九七三年には不治の神経病であるパーキンソン病におかされ、読書や歩行すら困難な状態におちいった。妻に支えられ杖をついて、すっかり様変わりした八〇年代の歴史学研究会の大会にやってきた石母田の様子を、藤間生大は「いたましかった」と形容している。(143) 一〇年以上にわたる闘病生活のあと、かつて戦火のなかで執筆した「蹉跌と敗北の歴史」である『中世的世界の形成』の文庫版序文を絶筆として、石母田は一九八六年に死去した。

石母田は『続歴史と民族の発見』で、地方のサークル誌に掲載された労働者の文章の政治的未熟を論じながら、こう述べている。(144)「ここに引用した文章を読んで労働者を鼻さきでわらう知識人はわれわれと縁がありません。これを苦痛に感じながら読む人がわれわれとともに談じ得る人であります」。「民族」という言葉のもとに、孤立からの脱出と学問の革新をもとめた国民的歴史学運動は、政治の変転のなかで挫折し忘却された。しかし、この時期に提起された問題が果たして現代でも解決されえたのか、そこでの試行錯誤を「鼻さきでわらう」ことができるのかは、おのずから別問題である。

第9章　戦後教育と「民族」

戦後のナショナリズムを論ずる上で、教育の問題は欠かせない。とくに「日の丸」「君が代」への対応などをめぐって、日本教職員組合（日教組）が政府と対抗関係にあったことは、よく知られている。本章では、敗戦後から一九五〇年代半ばまでの、日教組および進歩系教育学者たちのナショナリズムを検証する。(1)

結論からいえば、戦後の左派や進歩派の大部分がそうであったように、日教組を中心とした進歩系の教育運動も、ナショナリズムの否定ではなく、異なるナショナリズムを模索したものだった。そして歴史学の場合もそうであったように、そのなかでは、戦前のナショナリズムとの断絶と連続性が、複雑な交錯をなしてゆくことになる。

戦後教育の出発

教育改革においても、占領軍の対応は早かった。一九四五年一二月までに、軍国主義的な教員を追放する審査機関の設置、公教育と神道の分離、修身・日本史・地理教育の一時停止などが指令された。

一九四六年三月には、アメリカから教育使節団が来日し、調査報告書をＧＨＱに提出した。その報告書では、個人の価値と尊厳を確立する教育がうたわれ、公選制の教育委員会や九年間の無償義務教育、そして男女共学などが提案されていた。これらの提案項目は、ほぼ改革に反映されることになる。

一九四七年三月、極東委員会によって教育に勅語を用いることが禁止される一方、同じ月に「教育基本法」が制定された。「個人の価値」や「人格の完成」をうたったこの基本法は、教育の具体的制度よりも、戦後教育の理念を明らかにすることを目的としたものであり、いわば戦前の教育勅語に代わる存在であった。

一九四七年四月からは、小学校六年・中学校三年のいわゆる六・三制が始まった。初等教育では、廃止された修身・歴史・地理に代わって、「社会科」や「ホームルーム」が新設された。導入初期の社会科は、従来の教科書暗記を排し、児童に討論や実地体験を行なわせ、自発的な人間を形成することを目的としていた。

しかし、こうした制度面の改革にくらべ、意識面の変化は緩慢だった。最大の原因は、教育に従事していた人間が、戦前と同じだったことである。

たとえば一九四五年九月一五日に文部省が発表した「新日本建設の基本方針」は、「従来の教育方針に検討を加へ新事態に即応する」ことをうたいながら、なお「今後の教育は益々国体の護持に努むる」と述べていた。[2]占領軍の指令で改革が進み、教員の資格審査と追放も実施されたが、日本側の行なった審査は甘いものであり、追放となったのは全教員の〇・五パーセント、大学教員では〇・三パーセントほどにすぎなかった。[3]教育勅語についても、極東委員会による禁止から一年以上を経て、ようやく一九四八年六月に国会で無効決議がなされている。

こうして敗戦後の教育界では、変更された制度と変わらない教育者という、矛盾した状況が生まれた。その結果は、昨日まで「鬼畜米英」や天皇崇拝を説いていた教師が、突然にアメリカと民主主義を賛美するという形態で現われた。こうした現象は、生徒たちの不信を買い、「戦後民主主義」の欺瞞という印象を植えつけることになる。

しかし、この「鬼畜米英」から「民主主義」への転換は、拍子抜けなほどスムースにみえながら、じつは奇妙な混乱を含んだものであった。敗戦時に中学生だった山本明は、一九四五年秋の学校の模様をこう回想している。[4]

二学期の始業式もなく、一時間目がはじまった。軍歌を教えていた音楽の教師が、「戦争に敗けたことでもあるし、今日はアメリカの愛国歌を教えよう」と黒板に書いた英語の歌詞を読みあげた。こうして、私の戦後が始まった。

「戦後」とは、教育勅語と宣戦の大詔がアメリカの愛国歌に変わっただけである。上級生がぞくぞく復員してきて、下級生を集めて演説をぶつ。「俺たちが久しぶりに学校へ帰ってみると、お前たちはダラダラと遊んでいて、T中魂を忘れている。……全員目をつぶれ。俺の言うことを聞いて、反省する！　よいか……、至誠ニ悖《もと》ルナカリシカ！」

これでは、まるで戦争中である。食料はますます乏しくなり、サツマイモを食べることができれば感謝しなければならなかった。

中学校には、かつて「祖国の危機を救うために愛国の至情もだし難くペンを操縦桿にかえた」とほめそやされた予科練や飛練からの復員生徒がもどってきた。彼らは校庭でタバコをすい、教師に「よくも、予科練に行かせたな。ただではすまんぞ」とすごむのである。学校当局は、あわてて復員生徒を下級生から離して、戦時中の武器庫を改造した教室に閉じこめた。……

一九四六年になって……〔街頭には〕右上がりのとがった字体で「軍事的封建的天皇制打倒」と書かれた日本共産党のポスターがはられた。中学一年生の私は、これを支持しようと決めた。

おそらくこれは当時、各地の学校でみられた風景である。日本からアメリカに対象が転換しても、教えられるのはやはり「愛国歌」であること。「特攻隊から共産党へ」という風潮のなかで、「まるで戦争中」のような訓戒でモラル回復が説かれること。これらの現象は、言葉が「鬼畜米英」から「民主主義」に変わっても、心情や行動様式のほうは、戦中から連続していたことを示していた。

同様の状態は、その後も数年にわたって継続した。一九五〇年秋、山本が通っていた高校の「ホームルーム」の時間に、担任教師が「朝鮮で闘っている国連軍（アメリカ軍）に慰問文を書くように」と命じた。そして山本の同級生の少女は、「平和のために闘っている兵隊さん、ありがとう」という英文の手紙を提出したという。(5) もちろんこれは、教師や生徒たちが、五年前までなじんできた行動様式そのものであった。

とはいうもののこの時期には、一般的にナショナリズムは低下していた。政府の権威や相互監視の視線によってつくりあげられていた戦中の「愛国心」は、そうした圧力がなくなると雲散霧消してしまっていた。

たとえば一九五〇年二月、『朝日新聞』が「日の丸」について世論調査を行なった。占領下で制限されていた「日の丸」の掲揚は一九四九年から自由化され、政府は希望者に無償配布することまで計画していた。戦中には全家庭が掲揚を強要されていたため、この調査結果でも、まだ七三パーセントの家庭が「日の丸」を所有していた。しかし、祝祭日にこれを掲揚するという回答は、全体の二割にすぎなかった。

こうした「日の丸」への対応は、意識的な反発というより、むしろ無関心の産物だった。掲揚しない理由の第一位は「近所で出さないから自分だけ出すのがなんとなくおかしいし、また面倒でもある」というもので、これが四四パーセントを占めた。次に多いのは、敗戦後の住宅難であった。「日の丸」をもたない理由も、まず挙げられたのは戦災による焼失であった。敗戦後の物資不足のなかで、「フロシキやまくらカバーや米袋にした」「子供の運動会用のはち巻を作った」といった回答も多かった。[6]

丸山眞男が「急進陣営と道学的保守主義者の双方を落胆させた」と形容したこのような状況に、保守政権もいらだちを示していた。朝鮮戦争開始直後の一九五〇年八月、当時の吉田茂首相は、天野貞祐・安倍能成・和辻哲郎などオールド・リベラリストの文教審議会委員を招き、「健全なる愛国心」の養成について懇談を行なった。そして同年一〇月二日には、吉田は新聞協会で「純正にして強固な愛国心の再興を文教政策の筆頭にかかげたい」という談話を発表した。[7]

これをうけて一九五〇年一〇月一七日、文相に任命されていた天野貞祐は、祝日には学校で「日の丸」掲揚と「君が代」斉唱を行なうよう通達した。明けて一九五一年に、天野は「国民実践要領」を提案した。カントを専攻する倫理学者だった天野の思想は、南原繁などと類似したドイツ系の倫理的民族共同体論に近かった。しかし要領の内容は、天皇への敬愛や愛国心の重要性、そして「家」の重視や「孝行」など、相当に「日本化」されたものであった。[8]

しかも天野から要領の編纂を委嘱されていたのは、大戦中に「世界史の哲学」をうたって公職追放となっていた、京都学派の高坂正顕・西谷啓治・鈴木成高などであった。[9] この要領は世論の批判を買い、「天野勅語」などと俗称されて葬られた。しかし戦後の社会変動にとまどう保守派からは、教育勅語や修身教育の復活、そして男女共学の廃止などを求める声が、絶えることがなかった。

同時に問題となっていたのは、戦後の新科目だった社会科だった。当時の社会科は、前述のように教科書暗記を排し、体験学習や自由研究を重視していた。しかし敗戦後の混乱とあいまって、児童の国語能力や算数能力が低下し、「学力低下」が教育界で問題とされた。そして多くの論者たちは、「学力低下」の原因として、社会科の暗記排除と体験学習重視を挙げたのである。

しかも社会科は、修身・地理・歴史を廃止して設けられた科目であった。「学力低下」への批判とあいまって、社会科を廃止し、修身や地理、歴史などを独立科目として復活させろという意見が高まった。吉田首相は一九五二年九月の自由党議員総会で、「地理・歴史の教育により軍備の根底たる愛国心を養わなければならない」と主張した。一九五五年一一月に文相となった清瀬一郎も、歴史・地理教育による愛国心の育成を強調し、戦前の「紀元節」を「建国記念日」として復活させることを唱えた。[10]

戦前の教育勅語に代わる存在だった教育基本法も、戦後教育の象徴として批判の焦点となった。清瀬文相は一九五五年一二月六日の衆議院文教委員会で、教育基本法には「世界人として、コスモポリタンとして」の道徳しか書かれておらず、「祖国愛の涵養」がないと発言している。[11]

こうして一九五三年には教科書検定権が文部大臣の所管に移され、一九五四年六月には教職員の政治行為を制限した「教育二法」が制定される。また一九五六年には、教育委員会の公選制が廃止された。同じ年から文部省が指導を開始し、一九五八年から各府県で実施された教員の勤務評定は、平和教育を阻害する弾圧となって現われ、日教組は強固な反対闘争を行なった。

以上のような保守政権側の動向は、戦後教育史でしばしば概説されるものである。しかし、日教組をはじめとした進歩派も、ナショナリズムを忌避していたわけではなかった。そしてそこでは、戦前戦中に形成された行動様式が、形を変えて継続されるという問題が、微妙に尾を引くことになるのである。

戦後左派の「新教育」批判

すでに述べてきたように、敗戦後のマルクス主義者は、自由主義・個人主義を批判し、反米をうたう傾向があった。そしてアメリカの意向を反映した戦後の教育改革は、彼らからも強い批判をうけることになった。

ただし前提としてふまえておく必要があるのは、当時の日本社会の貧困と、教育状況の荒廃である。空襲で多くの校舎が破壊され、生徒も教師も空腹を抱えていた。教員の戦死も少なくなく、校舎や教師が不足し、給料遅配とインフレが教師たちを苦しめていた。こうした劣悪な条件のもと、一クラス六〇人編成で昼夜二部授業も珍しくないという苛酷な状況で、教師たちは働いていた。

こうした状況のなかで、教育基本法が一九四七年三月に制定された。しかし当時は敗戦後の飢餓と混乱のさなかで、一般の関心は低かった。一九四七年六月に結成された日教組も、とりあえず基本法に歓迎の姿勢を示したものの、当面の課題は教員の生活を改善する賃金闘争や団体闘争におかれていた。

そして左派系の教育学者たちは、概して教育基本法に批判的であった。第4章でみたように、当時は憲法についても、政府が支持を表明し、左派が批判をする立場であった。当時の共産党が、新憲法は社会変革のプランを伴わない美辞麗句だと批判したことは、第4章で述べた。当時のマルクス主義者たちは、戦争は資本主義という経済的下部構造の問題から発生するものである以上、精神論だけで平和を説いても無意味だと考えていたのである。

教育基本法についても、事情はほぼ同じだった。文部省は教育基本法を賞賛したが、教育基本法にうたわれた理想像と、教育現場の実情の間には、あまりに乖離があった。そして基本法には、その理想を実現するための社会変革のプランや、具体的な方策は、とくに書かれていなかった。

たとえば、一九四八年三月一九日に『朝日新聞』に掲載された、「義務教育を受けられない子供たち」という投書で、山形県の教員はこう述べている(12)。

憲法は、すべての国民は能力に応じてひとしく教育を受ける権利を有し、その保護する子女に普通教育を受けさせる義務を負うことを規定している。そして義務教育は三年延長された。すべて申分なく結構なことだ。しかし実情はどうか。……

父兄の手紙は次のように訴えている。「小生も仕事がなく、〔子供を〕生活上やむなく休校させています」「衣食に不自由し、みじめな姿で登校させることもできません」「やむなく小僧にやって月六百円ほどいただくようになりました」と。……こういう事情で学校にこない生徒は全生徒数の一割内外におよぶだろう。彼らに対して国家は〔義務教育怠業の理由で〕一千円以下の罰金を用意するだけだ。彼らを救い、憲法の精神を生かすためには、全面的な生活扶助が、単に法律の上のみでなく、現実のうえで実施されなければならない。

貧困は児童の非行化もひきおこし、敗戦後のアナーキー状態もあいまって、闇商売や覚醒剤取引、売買春などにはまりこむ少年少女も絶えなかった。こうした状況があるにもかかわらず、教育基本法の条文は、「個人の価値」や「個性ゆたかな文化の創造」をうたっているだけだった。

このため教育学者の宗像誠也は、教育基本法を「実質的裏づけのない空な言葉」と批判した。社会学者の日高六郎も、「あまりに安楽椅子的でありすぎる」「貧乏も、道徳的な無政府状態も、戦争の危機も、『人格の完成』や『個人の価値』だけでは突破できない」と評した[13]。敗戦直後の共産党は、「憲法よりメシだ」というスローガンを掲げて新憲法を批判したが、それと類似の状況が教育基本法にもあったのである。

また敗戦直後の急進的雰囲気は、憲法や教育基本法を、〈なまぬるい〉ものと感じさせた。当時は中学生だった小田実が、男女同権や軍備撤廃をうたった新憲法を読んで、「何をぐずぐずまだそんなことを問題にしているのか」と感じたことは、これまた第4章で述べた。それと同様に、国語学者の国分一太郎も、のちに教育基本法制定当時を回想して、「ここに規定されているようなことは、もうわかりきったことのように考えた」「国会で大きな力をしめていたのは保守党の連中だから、ブルジョア民主主義の教育方針をうちたてたにすぎないと、心中では批判していた」と述べている。[14]

もちろん当時から、教育基本法を擁護した知識人がいなかったわけではない。上原専禄は進歩系の教育論者として知られていたが、教育基本法に当初から肯定的であった。また大熊信行は一九四九年に、「教育基本法の存在をかえりみるものが皆無だという教育界の実情」を批判し、「平和のための教育は、『真理と平和とを希求する人間の育成』(教育基本法)に目標をおくべきであって、当面の国際危機を切りぬけることに直接の目標をおくべきではあるまい」と述べている。[15]

とはいえこうした意見は、社会変革への志向を弱め、平和教育をたんなる精神論に低めるものとみなされがちだった。社会学者の清水幾太郎は、一九五二年の岩波講座『教育』の巻頭論文で、「精神だけで平和を確立することは出来ない。それと同時に、平和の肉体が作り出されるのでなければ、万事は無駄になる」「どんなに戦争を呪っても、自分たちの作っている社会それ自身が『戦争への衝動』を有している限り、即ち、資本主義社会である限り、平和を手に入れることは出来ない」と述べて、左派の教育関係者から賞賛された。[16]

戦後の教育改革についても、同様だった。荒廃した教育現場で、何の物質的裏づけもないまま、いきなりアメリカの影響をうけた教育プログラム(「新教育」と通称された)が開始されたことは、多くの混乱を招いた。もともと、平均所得がアメリカの十数分の一だった当時の日本社会に、アメリカを参考にした教育プログラムが導入されれば、不都合が生じないはずがなかった。

たとえば新課目の社会科は、生徒の討議や自由研究を重視していた。しかし、図書館はおろか校舎さえ不足している状況では、自由研究の実施は困難だった。過密労働のなかで、戦前にはまったく存在しなかった教育手法を要求されて、困惑する教師も多かった。宗像誠也によれば、当時の教師の多くは「社会科は苦手で、何をやったらいいのか解らない」という状態だったという。[17]

こうして発生した教育基本法や「新教育」への批判は、教育基本法の人間観にもむけられた。教育基本法第一条は、

「個人の価値をたつとび、勤労と責任を重んじ、自主的精神に充ちた心身ともに健康な国民の育成を期して行われなければならない」と教育の理念をうたっていた。しかし当時の左派知識人にとっては、「国民の育成」を掲げたこの基本法も、あまりに「個人主義的」に映ったのである。

たとえば一九四七年に、清水幾太郎は、教育基本法の根底にある「アメリカの教育思想」を批判した。彼によれば、近代的個人を重視するアメリカ教育思想は、ヨーロッパではすでに時代遅れとなった「十八世紀の思想」にすぎず、「十九世紀と共に現れた歴史の力」を認識していないというのである。[18]

当時の日本知識人は、ヨーロッパ思想史における「十八世紀」と「十九世紀」を、対比的に論ずる傾向があった。それによれば、一八世紀はブルジョア市民層が絶対王政と対抗していた時代であり、個人にたいする国家の介入を拒む自由主義思想が台頭した。しかし一九世紀には、そうした自由主義と個人主義は階級対立の出現とともに時代遅れとなり、ヘーゲルやマルクスといった「近代」を問いなおす「歴史哲学」が登場したというのである。

そして清水によれば、豊かで土地が広大なアメリカでは、貧富の格差が緩和され、階級対立が目立たなかった。それゆえアメリカでは、それぞれの「個人」が能力を発揮しさえすれば、社会全体も幸福になるという楽天的な近代自由主義思想が、例外的に生き残った。アメリカ教育思想の元祖であるデューイをはじめとして、個人の能力開発を重視する教育が唱えられるのも、そのためである。しかし日本には、アメリカのような社会的条件がない以上、社会構造の変革という視点を欠いた個人主義的能力開発という教育思想は、適合しないというのである。

このような「近代」や「十八世紀」批判は、当時の知識人においては珍しくなかった。たとえば共産主義には批判的だった南原繁も、一九四六年から四七年の時期には、「十八世紀とフランス革命が産んだ自由主義的民主主義」を批判し、資本主義をこえた「全体の計画による新経済秩序」を掲げていた。共産党から「近代主義者」と批判されていた大塚久雄でさえ、農民層を「個人」として解体する「アメリカ型解放」のみでは不十分であり、国内市場の形成による国民的連帯の形成が不可欠だと主張していたのである。[19]

第7章でみたように、社会全体の変革がなければ個人の幸福もありえないという論調は、高度成長以前の日本では広範に存在していた。そうした観点からみれば、社会変革の視点を欠いたまま「個人」の重視をうたう教育基本法は、「封建制」を打破するという意味では一歩前進であっても、富める者の勝利を正当化する自由主義思想にすぎないとみなされたのである。[20]

さらに左派のなかでも共産党系の論者たちは、文部省が作成した教科書『民主主義』をも批判の対象にした。一九四八年（上巻）から四九年（下巻）にかけて刊行され、一九五三年まで中学と高校の社会科で使用されたこの教科書は、アメリカやイギリス、スイスなどの制度を解説し、民主主義の理念や個人の尊重を説いたものであった。

ところが共産党の影響が強かった民主主義科学者協会や歴史学研究会は、一九四九年一月に対策委員会を設けてこの教科書を批判した。その理由は、この教科書では資本主義・自由主義・議会主義にもとづく「ブルジョア民主主義」だけが民主主義であるとみなされ、「共産主義が民主主義の最も発展した形態であるという学問上、また歴史上証明されつくした事実」が無視されているというものであった。[21] 教科書『民主主義』には、「暴力革命」や「プロレタリアの独裁」を批判した章があり、[22] これが彼らを刺激したのである。

教育学では、ソ連教育学の研究者である矢川徳光が、一九五〇年五月に『新教育への批判』を出版した。その内容は、「今日の日米のカリキュラム改造家たち」の思想を批判して、「きわめて幼稚な・おくれた個人主義的機械論の社会観」にもとづく「市民すなわちブルジョアジー」のイデオロギーだと評するものであった。矢川によれば、「今日の日本人は近代的な市民社会を乗り越えて……新たな社会に突入せねばならない」にもかかわらず、「アメリカ人の生活の理想は抜け目のない・小才のきいた市民である」。そして「学校は、子供は子供なりに人民革命の一翼をになうことができるような者に、これを合目的的に育成すべきものである」というのだった。[23]

共産党系の教育者の場合には、こうした「新教育」批判にくわえ、歴史学の場合と同じく、一九五一年ごろから反米民族主義が顕著になった。共産党の方針が影響したばかりでなく、一九四九年から始まったレッド・パージによって、約一七〇〇人の活動的教員が職を追われ、占領軍への反感が高まっていたからだった。

こうして『教師の友』や『六・三教室』といった教育雑誌は、一九五一年から五二年にかけて、次々と「民族教育」の特集を組んだ。『新教育の批判』を書いた矢川徳光は、一九五二年一月の『教師の友』で、こう述べている。[24]

日本の学校は民族の「自尊心」というものをもたない子どもたちをすでに作りあげているようである。というのは、東京のある教師が、よい国の名前を子どもたちにたずねたところ、その九割までが元気よく「アメリカ」と叫び、わずかに五％の子どもたちが、おずおずと「日本」という国名を口にしたというような例も伝えられているのだから。これは日本の教育が日本人をではなくて、コスモポリタン（世界人）を作りあげていることの一例証である。こういう無国籍人の形成については……文部省検定済の社会科教科書がある一国〔アメリカ〕の外見的富裕のまえに子どもたちを土下座させるように編集されていることに多大の責任があるのである。

やはり一九五二年、教育学者の海後勝雄は、「個人と人類とを考えるヒューマニストの立場」を批判した。海後によれば、欧米帝国主義とアジアの民族解放運動の戦いが重要になっている「世界の歴史的段階」において、「民族の枠をことさらに薄めて、個人から直ちに人類や世界へと連続してゆく立場」は、中立を装っているようにみえて、結果的には帝国主義に加担しているというのだった。[25]

さらに批判は、社会科にもむけられた。歴史と地理を廃止して設立された社会科は、日本民族の歴史と文化を奪うものと非難され、歴史・地理教育の復活が主張されたのである。

たとえば歴史教育者協議会の書記長だった高橋磌一は、一九五二年に「民族的教育への前進」と題した論考を書き、教師のあいだに社会科批判が多いことを紹介した。高橋によれば、「日本中の良心的な先生たちがいわゆる『新教育』、なかんずく現在行われている社会科に不信認状を叩きつけているのだ、日本民族のほこりを捨て、日本民族の歴史を忘れ、日本の言葉への愛情を失って、民族を汚し、くさらせてゆくパンパン教育の横ッ面へ、日本の教育者がついに手袋を投げたのだ」というのだった。[26]

もちろんそこで推奨された歴史教育の内容は、国民的歴史学運動で唱えられた、「民族英雄」や農民一揆の民話などであった。歴史教育者協議会のメンバーだった片岡並男は一九五二年に、「民族的英雄、民族的文化をほり起こし、まさに失われようとする祖国を再認識させ、民族と国の独立を戦いとろうとする愛国の熱気をたぎらせるもの、それこそ、正しい歴史教育」だと主張している。[27]

こうした民族教育論においては、天皇はアメリカに従属した買弁勢力と位置づけられた。矢川徳光は、天皇を「道徳的中心」と形容した天野文相を批判して、「自己の『神格』を外人によってすてさせられるほどに自主性をかいた人間、『民族の自尊心』をもたない人間を『道徳的中心』としていくような教育は、批判力のない、主体性のない、自尊心のない日本人を作るのにウッテツケであろう」と述べた。高橋磌一も一九五三年に、当時の皇太子を「背広姿でアメリカの大型旅客機から立ち現れるコスモポリタンのプリンス」と批判している。[28]

教育学者のみならず、マルクス主義歴史学者たちも、こうした批判に同調した。一九五三年一月に出版された、井上清らによる『現代日本の歴史』は、戦後の教育改革を「植民地的な愚民教育」と批判し、さらにこう述べている。[29]「民族的教育が破壊された。国語の読本からは、民族的な古典である民主的な文学の教育がはぶかれ、高等学校までは日本の歴史、地理が教えられないこととなった。天皇家はみずから範をたれて、ヴァイニング夫人というアメリカ婦人に、四七年四月から皇太子の帝王教育をまかせた」。

もちろん、上記のような論調は、当時の進歩系の教育学者や教育者の全体に共有されていたものではない。しかしこうした共産党系の論調ほど激しくはなかったにせよ、ナショナリズムを肯定する教育学者は多かった。丸山眞男をはじめとして、非共産党系の知識人たちも、ナショナリズムには肯定的であるのが通例だったからである。

たとえば東京大学教授だった勝田守一は、一九五一年の「教育とナショナリズム」という論考で、フランス革命に代表される近代的なナショナリズムを育成する「国民教育」を唱えた。勝田は丸山眞男とおなじく、フランスの知識人であるエルネスト・ルナンに言及しながら、「国民教育は、貴族教育に対立する大衆教育、庶民教育の別名なのである」「日本人が自分の運命の制約を脱することは、個人主義的理想や世界市民的教養や国際的精神を抱くということだけでは可能ではない」と主張している。[30]

日教組との関係が深かった上原専禄も、一九五二年の論考「祖国愛と平和」で、「民族意識形成の問題や愛国心育成の問題は、『新教育』においては殆んど忘れ去られていた」と主張した。[31] 第7章でも述べたように、ドイツ史の研究者であった上原は、フィヒテの『ドイツ国民に告ぐ』をモデルとして、近代的自我の確立と国民的連帯を両立させる「国民教育」を唱えていたのである。

総じていえば、矢川をはじめ共産党系の論者たちは、ソ連や中国をモデルに、「個人主義」や「近代主義」を批判した。それにたいし勝田や上原は、フランスやドイツをモデルにして、近代的個人に支えられたナショナリズムを唱えた。[32] しかしそうした相違はあったにせよ、愛国心教育の必要性を説き、「アメリカ的」な戦後教育を批判するという傾向は、当時の進歩系教育学者たちに共通していたといえよう。

もちろん彼らは、彼らが唱える愛国心と、戦前の超国家主義との相違を強調した。勝田や上原などは、戦前の忠君愛国論では、近代的自我が確立されていなかったと主張した。一方で、矢川をはじめとした共産党系論者たちは、天皇はアメリカに従属した買弁勢力であると位置づけ、保守派の唱える愛国心は、天皇を利用したアメリカの間接統治に協力するためのものだと主張した。

第11章でも述べるように、一九五〇年代のアメリカは、しばしば日本政府に再軍備の強化と「愛国心」の育成を要求していた。一九五三年一〇月の池田勇人特使とロバートソン国務次官補の会談では、アメリカが経済援助を与える見かえりとして、日本政府は防衛力の強化と「愛国心と自衛のための自発的精神」の育成を公約している。[33] こうした状況が、保守派の愛国心教育論は対米従属の産物にすぎないという批判を招いていたのである。

日教組にはさまざまな思想潮流の教員が集まっていたこともあって、組織として教育基本法を正面から批判するということはなかったが、上記のような革新系のナショナリズムは日教組にも影響した。朝鮮戦争下の一九五一年一月には、日教組は「教え子を再び戦場に送るな」という有名な決議を行なったが、その決議でも全面講和と再軍備反対とならんで、「民族の完全独立」が唱えられている。[34]

一九五二年六月、日教組第九回大会は、「教師の倫理綱領」を決定した。この綱領は、「教師はいうまでもなく労働者である」「団結こそは教師の最高の倫理である」と宣言し、保守政治家からはその左派的傾向が批判された。しかし同時に、上原専禄などの助力で起草されたこの綱領は、「一八世紀的個人主義」を批判して「民族の独立、搾取と貧乏と失業のない社会の実現」を主張するものでもあったのである。[35]

この「教師の倫理綱領」を決定した日教組第九回大会では、「君が代、修身科、男女共学の廃止、国民道徳実践要領」などへの反対と、「国民歌『緑の山河』の普及徹底」がうたわれた。[36]この「緑の山河」は、日教組が公募で制定した「国民歌」である。その歌詞は、以下のようなものであった。[37]

戦争超えて　たちあがる　　みどりの山河　雲晴れて
いまよみがえる　民族の　　わかい血汐に　たぎるもの
自由の翼　天を往く　　世紀の朝に　栄あれ

ここには、「平和」や「自由」などが、「民族」という言葉と同居している様子がうかがえる。ちなみに日教組の組合歌は、以下のようにうたっていた。[38]

ああ民族の独立と　　自由の空にかかる虹
ゆるがぬ誓いくろがねの　　力と意志をきたえつつ
勝利の道をわれら行く　われら　われら　われらの日教組

当時の教師の活動でも、「民族」というスローガンはしばしば用いられた。一九五四年には、京都の旭ケ丘中学校で、学級運営と平和教育が政治的偏向であるとされ、中核的な教員が転任処分にされるという「旭ケ丘中学校事件」がおきた。そしてこの中学校で、教師・生徒・父兄らが一九五三年七月につくった「綱領」は、「一、祖国を愛しよ

う」「二、民族を愛しよう」「三、勤労を愛しよう」とうたっていたのである。(39)

もちろん、「民族」という言葉には、反発も存在した。一九五一年一一月、日教組の第一回全国教育研究大会が開催されたとき、「民族」の扱いが論争となった。この大会では、矢川徳光・勝田守一・海後勝雄らを講師として、平和教育分科会が開かれた。そこに集まった教員から、「民族なんということを強く出しますことは、国家主義に走る危険もあります」(岩手県代表)、「民族とか国民とかいうことは捨てるべきで、最後は人間教育ということを目標にして行かなければならないと考えます」(宮崎県代表)といった意見が出たのである。(40)

しかし当時は、「民族」に賛同する声は多かった。「民族」ではなく「人民」を強調すべきだという提案も出されたが、「現在においては愛国は即ち平和である」という意見のもとに、「民族」の使用が肯定されていった。

そして第7章でも述べたように、「民族自決」が高く評価されていたこの当時は、「多民族国家」は「植民地領有国家」の同義語とされ、「単一の民族国家」を建設することが理想とされていた。この第一回教研大会でも、「以前の民族主義」は「国家の中に民族が多数あった民族主義」だったが、「現在においてはそうじゃなくして、そういう多数の民族国家から一民族の国家を要求する民族主義に発達して来ております」と述べられていたのである。

アジアへの視点

こうした論調のなかでは、中国をはじめとしたアジア諸国の民族主義は、見習うべき先例とされることが多かった。そして石母田正がそうだったように、在日朝鮮人の存在は、しばしば日本民族主義を高める要因となった。

そのさい強調されたのは、朝鮮民族と日本民族を、ともに「アメリカ帝国主義」によって植民地化された「被圧迫民族」とみなす視点であった。一九五三年一月の日教組第二回教研大会では、在日朝鮮人の民族教育問題がとりあげられたが、そこではこう述べられている。(41)

要するに、在日朝鮮人教育の問題を単なる外国人の教育というようなよそよそしい眼で見られないのであって、われわれはわれわれの責任と反省に加えて、今日われわれがアメリカ帝国主義の植民地支配の下に置かれ、われわれの愛する生徒児童がパンパン文化に包まれているという切実な問題に思い及ぶならば、在日朝鮮人教育の問題は決して朝鮮民族のみの問題でなくして、ともに被圧迫民族の解放、植民地化に対する抵抗の問題として、われわれがめざしている平和と独立の問題との関連において、深い共感のもとにとりあげられなければならないはずである。

この当時から、在日朝鮮人児童の教育は大きな問題だった。朝鮮人側の民族学校も整備途上であったし、日本児童にもまして貧困な在日児童の存在は、多くの現場教員にとって重要な問題として認識されていた。

そして教育現場において、在日朝鮮人の民族意識は、しばしば日本の教員たちの民族意識を刺激した。ある小学校教師は一九五一年に、在日朝鮮人の子弟が民族学校で朝鮮語と朝鮮史を学んでいた姿を描写しながら、日本の児童たちにも「復古的でない、前進する民族の、歴史的な使命感を幼いうちに培うこと」を説いている。(42)

そのため当時の教育論では、在日朝鮮人の民族的自覚と、日本民族の自覚は、相互に高めあう関係であるとされた。歴史家の松島栄一は一九五二年に、「自己の民族に対する自覚と誇りとが、他の民族に対する友愛と理解の基礎となる」と強調した。日教組の第九次教研集会でも、「日本人の民族感覚がマヒしては、とうてい在日朝鮮民族の民族教育を援助することもできないし、民族教育問題は抽象的な人権教育にスリかわってしまう」とされている。(43)

こうしたなかでは、過去の支配や差別の自覚も、民族教育の主張を強める要因となった。高橋磌一は一九五三年に、「日本の支配下で朝鮮民族の子どもたちを朝鮮語で教え、朝鮮の歴史を教える自由があったでしょうか」と述べたうえで、アメリカ帝国主義に支配されている日本でも、民族教育が必要であることを説いた。片岡並男も一九五二年に、「朝鮮人の子弟が、自国の国語や地理や歴史を学ぶことを禁止されていた事実、そして、それに対してかれらが、強烈果敢な闘争を行ってきた事実」を挙げながら、歴史・地理教育による愛国心育成を主張している。(44)

一九五〇年代の日教組の教研集会では、在日児童の問題は、沖縄や被差別部落の問題、そして米軍基地周辺の風紀問題や平和教育などとともに、「民族教育」として同一の分科会で討論されることが多かった。そして「日本民族の自覚」を育てることは、「朝鮮民族」との共存のためにも必要であるとされた。一九五八年一月の第七次教研集会で、討議をまとめた井上清は、こう述べている。[45]

日本にいる他民族からその民族的権利を奪い、これを差別迫害することは、実は日本人自身の民族的自覚・民族愛をさまたげるものである。このことは、端的に言えば在日朝鮮民族を一段低いものとする日本人は、アメリカ人には卑屈なものであるという目前の事実をみれば明白である。朝鮮民族の民族的権利の尊重は、同時に日本人の民族的権利の擁護と一体になるものである。ことに教育の場では、朝鮮民族子弟の教育をいいかげんにするという事実を見せながら、日本人の子どもに正しい国際理解や世界平和の擁護や民族的自覚をもたせることはできない。……朝鮮民族子弟に正しい民族教育をすることが、とりもなおさず日本人子弟にも正しい民族教育をほどこす場である……。

もっとも日本側の位置づけに、「在日」側が必ずしも同調していたわけではない。この第七次教研集会では、分科会の表題に「在日朝鮮人子弟の教育」と書かれていたことにたいし、大韓民国居留民団の傍聴者が激しく抗議し、「在日朝鮮人韓国人」あるいは「外国人」と呼称せよと主張して、一時間以上の議論となった。

この抗議に日本側は、「朝鮮人子弟」とは「朝鮮民族子弟のことで朝鮮共和国人ということではない」と述べ、分断国家が統一されることを願って「単一の朝鮮民族として在日朝鮮人と呼ぶのである」と主張した。[46]第7章で述べた、民族は「国家を超えるもの」だという論調が、ここで応用されたのである。

民族は「国家を超えるもの」だという思想は、第7章で述べたように、ドイツ史を専攻していた上原専禄が唱えたものであった。もともと複数のドイツ語地域が統合されて近代国家をつくったドイツでは、民族は国家をこえて広がっているものだという認識が存在していた。国家によって分断されている「朝鮮民族」の状況に、この思想は適合しやすいものだったのである。

同様の論理は、沖縄にも適用された。沖縄問題の根源は、「日本民族」の一部であるはずの沖縄人にたいする本土側の無関心、すなわち「日本のナショナリズム＝民族的な連帯意識の弱さ」であるとされた。朝鮮民族が三八度線によって南北に分断されているのとおなじく、日本民族も「二七度線」によって本土と沖縄に分断されているという論法が、そのなかで生まれていった。[47]

当時の沖縄教職員会が、「祖国復帰」を唱えていたことも、その傾向を助長した。一九五三年一月の日教組第二回教研大会には、奄美大島教職員組合と沖縄教職員会の代表が訪れ、それぞれの窮状と「祖国復帰」を訴えた。それを聞いた本土側教員たちからは、「民族の同胞が圧制に苦しんでいるそのことすら学び得ない社会科の現状」を批判し、「民族教育としての歴史・地理教育を充実せねばならない。こうしてはじめて沖縄・奄美大島の同胞に対して民族的共感と民族の危機の重大性をつかませることができ、この問題を国民運動にまで高めてゆくことができる」という声がでた。[48] こうした論調が、沖縄の復帰運動にもたらした影響については、前著『〈日本人〉の境界』で詳述したので、ここではくりかえさない。

そして、こうして形成される「民族」は、社会変革の「主体」にほかならなかった。それゆえ当時は、「民族」を伴わない平和教育への批判が存在した。前述のように、共産党は憲法第九条を批判するにあたり、社会変革のプランを伴わない平和論は、空虚な美辞麗句にすぎないと主張した。そうであるならば、変革の主体となる民族意識を育成しない平和論も、また空虚であるはずだったのである。

一九五二年の『教師の友』には、「石母田正さんの著書『歴史と民族の発見』から多くの示唆を与えられました」という石田宇三郎による、以下のような主張が掲載されている。[49]

もしわれわれが、アジアの諸民族に対する暴虐の責任を忘れるならば、われわれは同時に支配者の責任を追及することも忘れることになり、民族の甦生も不可能ということになります。つまりわれわれは、あの戦争から、民族の生き方については、殆ど何も学ばなかったということになります。せいぜい「戦争とは厭なものだ」という気持を味わったというだけのことになります。……

ところが、これまでの平和教育では、「戦争はこりごりだ」という利己的感情や、原爆に対する恐怖感に訴えることを主にして、民族の魂をゆたかにするという土台の仕事は軽視されていたように思われます。……たしかに戦争を憎み、平和を愛する心情を育てることは極めて大切です。けれども、この心情も、民族意識の裏付けがなければ、決して歴史をつくる力にならないと思うのです。……戦争はいやだという情緒、それを支える論理としての社会科学、さらにそれらを歴史的行為に発展させる民族意識、この三者がそろって、はじめて平和運動も強力なものになるのだと思います。

もちろんここでいう「社会科学」はマルクス主義であり、「民族意識」は変革の「主体」にほかならない。それゆえ石田は、「民族意識を伴なわない平和主義は、結局、事なかれ主義や、自分たちだけの平穏を願う利己主義に堕し、強い倫理性と実践力を持つことができません」というのである。

こうした論理からすれば、朝鮮や中国にたいする「加害」の自覚も、日本民族という「主体」を形成し、それを基盤にして資本主義体制を変革することなしには、単なる良心的反省にとどまってしまうはずだった。そのため、日本もアジア・アフリカ（AA）諸国の一員として民族的自覚を強め、アメリカ帝国主義との闘いのなかでAA諸国と連帯することによって、過去の日本の侵略も真の意味で克服されるという見解が唱えられた。

たとえば朝鮮教育史の研究者である小沢有作は、「民族解放の教育のために」という論考で、「AAとの連帯を可能にする民族意識の発展のプロセス」として、「加害者意識」から「被害者意識」に前進することを唱えている。(50) 朝鮮にたいする「加害」の自覚は必要だが、それにとどまることなく、日本民族と朝鮮民族が「アメリカの帝国主義にたいして共同の被害者」であるという自覚へ進むべきだというのである。

そして小沢によれば、そうした「共同の被害者」としての連帯と実践のなかでこそ、朝鮮への差別意識と加害者意識が、ともに「自覚的に克服される」。それゆえ日本の教師の課題は、「日本人教師による朝鮮人民族教育」よりも、まず「日本人児童に、日本人としての民族自覚と民族連帯をうえつける」ことだというのだった。もちろんこれらの論調の前提にあったのは、日本が貧しいアジアの後進国であるという認識と、社会主義による変革への信頼だった。当時の民族教育論は、こうした前提を背景として唱えられていたのである。

共通語普及と民族主義

しかしこうした思想が教育に適用されたとき、一つの問題が発生した。「民族」の統一という思想は、「民族の言葉」の統一を伴っていたのである。

この傾向は、共産党系の民族主義と、非共産党系の国民主義という、当時の革新ナショナリズムの二大潮流を反映して、二つの方向から進展した。まず共産党系の民族主義では、一九五三年に石田宇三郎はこう主張している。[51]

一つの民族には、一つの言語（国語）しかない。階級によって異なる国語などを持ってはいない。それ故に言語（国語）は、地域・経済・文化の同一性とならんで、民族的統一の基礎の一つになっている。……一つの民族が一つの言語（国語）しか持っていないからこそ、階級闘争がおこなわれ、闘争を通じて社会が発展していくのであり、しかも言語（国語）は、この闘争と発展にも奉仕する道具なのである。

こうした主張の背景にあったのは、第8章で紹介した、スターリンの一九五〇年の言語学論文だった。スターリンはここで、「言語は、社会にとって単一な、社会の全成員にとって共通」なものであり、「民族語は民族文化の一形態」だと規定していた。[52] そして石田は、上記のようにスターリンの思想を要約しながら、当時の文部省の指導要領を、「日本語と日本民族に対する愛情を失った、恐ろしいコスモポリタニズム」「『国語は民族文化の一形式である』などとは夢にも考えないところの、個人主義と無国籍主義」などと批判した。[53]

そのほか、国語学者の国分一太郎も一九五二年に、スターリンの論文をもとに、「民族語は階級的なものではなくて、全国民的な言語であり、民族にとって共通な単一のものである」「国語を愛さなければならない」と唱え、文部省の指導要領を「アメリカ式」の言語観に侵されていると批判した。[54] また『近代文学』の同人たちと座談した蔵原惟人も、一九五一年にスターリンを引きながら、占領下で生まれた日米の「混血語」の出現を非難し、「わが民族の言葉を破壊や歪曲から護り育てるためにたたかう覚悟がなければならない」と主張した。[55] スターリンの論文は、歴史学のみならず、言語方面でも民族主義に火をつけるかたちとなったのである。

上記のように石田や国分は、当時の文部省の指導要領を批判していた。そして国分がいう「アメリカ式」の言語観とは、言語を人間が社会生活を行なってゆく道具とみなす「言語道具説」であった。

国分によれば、敗戦後の指導要領に導入されたこの言語観は、国語科の授業形式に影響を与えた。具体的には、戦前日本の国語教育が、教科書の暗誦や古典鑑賞など文語に偏重していたのにたいし、日常会話の練習や学級での討論といった口語に重点を置き、文章でも手紙の書き方など実用的なものが重視されたのである。

しかし前述したように、個人の生活能力の開発を重視するアメリカ教育思想は、ブルジョア的であり、時代遅れの「近代主義」であるという批判が、敗戦直後から行なわれていた。思想を生活の道具とみなすプラグマティズム哲学も、当時の共産党系知識人から、ブルジョア哲学として批判されていた。言語道具説は、こうしたアメリカ的実用主義の言語版であり、「民族語」への愛情を失ったコスモポリタニズムであるとみなされたのである。

国分によれば、こうした言語道具説が敗戦後の日本で台頭したのは、戦前に横行した「日本語には日本精神が宿る式言語観」への反発からにほかならない。国分自身も、同様の理由で一時は言語道具説を支持していたのだが、アメリカ帝国主義による植民地化という「民族の危機」に目覚めていらい、立場を転換したのだという。[56]

また国分によれば、戦後の「学力低下」も、こうした言語道具説からくるあやまった国語教育の結果にほかならない。国分は一九五二年の岩波講座『教育』において、「民族語」への愛情を強調する一方、戦後の「新教育」が討論や生活単元学習を重視した結果、「記憶や練習をひどく軽蔑し」「基本能力をつけるような時間と機会を持たせない学習指導が横行した」と非難している。[57]

こうした潮流のなかで、古典を「民族文化」として再評価するという意見も台頭した。一九五三年六月、日本文学協会において、国語教育者の荒木繁が「民族教育としての古典教育」という報告を行なった。荒木はそこで、『万葉集』の防人歌に、民衆の徴兵にたいする抵抗感が現われていることを、生徒たちと論じあった経験などを挙げた。そこから彼は、保守派とは異なる古典教育によって、「日本民族がすぐれた文学遺産をもっていることに喜びと誇りを感じさせる」ことや、「生徒たちに祖国に対する愛情と民族的自覚をめざめさせる」ことを説いたのである。(58)

第7章でも述べたように、当時は「民族文学」や「国民文学」を論ずる傾向が、にわかに高まっていた。石川啄木や北村透谷といった「明治」の文学者ばかりでなく、『万葉集』などの古代・中世の文学も「民族文学」として再評価された。一九五二年度の日本文学協会大会では、近松門左衛門の民衆性や、『平家物語』の英雄叙事詩としての性格などが討議されている。(59)日本文学協会と関係が深かった雑誌『文学』も、一九五二年九月号では民謡について、同年一一月号では民話劇について企画を組んだ。古典教育の再評価も、そうした潮流の一環だったのである。

こうして共産党系の論者たちは、「単一」の民族語への愛を主張した。しかしその一方で、彼らが批判した言語道具説（「言語生活主義」などとも呼称された）もまた、別のかたちで国内の言語統一やナショナリズム形成の主張に結びつくことになる。

その一例が、国語学者の水野清による一九四八年の論文である。水野はこの論文で、戦前の「日本精神作興の具としての国語」を批判し、「生活認識の道具としての言語の技術をこそ教えるべき」だと主張した。(60)ところが彼は、こう続ける。

国語教育についてゼヒ一言しておきたいのは標準語の問題である。従来の国語学者の意見では標準語と方言と二足のわらじを使い分けることが適当だとされてきた。しかし方言は、「旅の手形」と呼ばれたように、封建的割拠の所産であり、又それが保持せられることによって、人民を分割して支配するという封建制の原則が固められてき、現在もその状態を十分に脱していない。だから民族統一語としての標準語そのものが確立せず、いわばよそ行きの言葉にすぎず……現在では労組、農組、文化団体などの全国的組織があり、その接触がますにつれ、標準語確立の問題は益々その必要の度を深めている。教科書は立派な標準語――とくに民衆の生活に必要な語彙をふくんだ――で書かれた文章をのせ、標準語で考える訓練をなすべきであろう。

言語は生活の道具であるからこそ、全国に通用しなければならず、「方言」は封建制の産物である。言語道具説は、その「近代的」な性格のゆえに、「近代的」な国民主義に結びついていったのだった。水野は一九五一年の論考では、この思想を階級間の格差にもあてはめ、「方言」と「インテリの特殊用語」の双方を「封建的なセクト主義」とみなし、「文化的民族共通語」の確立を唱えている。(61)

水野の主張は、じつは「新教育」における標準語の位置づけとも、そう遠くないものであった。一九五一年の文部省の国語教育指導要領は、「人の話をよくきくようにする」「相手によく分るようにはっきりとものを言う」といった「言語生活」を重視していた。このような会話重視は、全国に通用する発音の必要性と結びつき、「学校でならうことばは、日本中どこへ行ってもわかる、よいことばです。これをよくおぼえて、どんな人とでもりっぱに話せるように」という当時の教科書の言葉となっていったのである。(62)

皮肉にもこうした傾向は、戦後に導入された社会科やホームルーム、自治会活動などで、討論が重視されたことと も結びついた。民主的な社会は、全国の人びととの討論を可能にする共通語を前提として、成立するものとされやすかったのである。一九五二年に、国文学者の土岐善麿はこう述べている。(63)

戦後の国語教育は、とくに小学中学の義務教育において、いわゆる「話しことば」をおもくみるようになり、「読み書き」を主とするふるい学習指導を発言、会話、討議などの形式によって正しつつあるが、一般的にいって、国語の音韻についての関心はうすく、発声法についても、適当な訓練がまだ足りない。これに関連して標準語や方言の問題があり、標準語とは何か、ということも学問的にはなかなかむずかしい点もあるが、すくなくとも共通語の必要は、民主社会をつくってゆく上に、是非とも考えられなければならないはずである。ところがそれをはきちがえて、めいめいが民主的に自由をもつことになった以上、地域社会がそれぞれの存在をつよく主張するあまりに、方言の勢力を助長し過ぎる傾向があり、そのへんの調整も、これからじゅうぶんに考えられなければならないであろう。

こうして、スターリン論文から派生した民族語愛護論と、戦後教育改革から広まった言語道具説は、相互に批判しあう関係でありながら、ともに共通語指導を正当化する役割を果たした。西尾実や輿水実《こしみずみのる》などの国語学者たちも、言語道具説に近い立場から、共通語の普及を支持した。

議論の現場では、民族語愛護論と言語道具説は、しばしば混在しながら共通語指導を支持した。一九五四年には、雑誌『実践国語』で、地方語と共通語の二重言語主義を批判し、共通語指導の徹底を支持する論考が集中して掲載された。そこでの主張は、「〔地方語の分裂は〕日本の民主化にとって致命的なものがある」(近藤国一)、「言語の社会的機能を特に重視しながら、共通語指導では二重言語主義を主張することは、矛盾も甚だしい」(蓑手重則)、「今日ある共通語を無視して、全く新しいものを作らなければならないなどということを言う動きに、スターリンは『野蛮人』というレッテルを張っている」(大久保忠利)、「方言尊重論は、直ちに、はなしことば指導への意欲を減退させ、文字ことば中心の国語教育、よみかき中心の偏った国語教育論に結びつく」(倉澤栄吉)といったものであった[64]。

一人の学者の論調においても、民族語論と道具説の混合や転換がしばしば発生した。一九四八年には言語道具説から「民族統一語」を唱えていた水野清も、一九五三年には「スターリンはその言語論文で民族語=言語とその枝分かれである方言とをキッパリ区別し、後者が衰滅の運命にあることを説いている」と主張した。そして水野は、「民族語」への愛情がいかに重要であり、植民地化への抵抗の力となるかの事例として、「日本語の朝鮮民族への押し付けが、いかにミジメな結果に終ったか」を挙げていたのである[65]。

こうした論調は、日教組にも微妙な影響を与えた。一九五七年の第六次日教組教研集会報告集では、「平和や真実や自由や人権尊重や民主主義的な考え方」の育成が説かれると同時に、「『民族』という概念の成立を果させる条件のなかの重要な一要素である言語（民族のコトバ）についての知識を与えること」の必要性が主張されている。[66]

一九五〇年代の日教組の教研集会では、共通語指導はくりかえし議論のまとになったテーマの一つであった。一九五四年一月の第三回教研集会では、「私どもは日本人である以上、共通語を知っていなければいけない」（熊本県代表）、「共通語を自分のものにすることによって、より文化的な生活にふれ、それを吸収することができる」（秋田県代表）といった意見と、「私は出身が沖縄ですからはっきり申しあげます。方言は許容しようとしまいと、現在地方で使われておる。方言に賛成するしないということはもってのほかだ」（群馬県代表）といった意見との議論があった。しかし総じていえば、「いつ、どこで、だれとでも話せる共通語」は必要だという意見が優勢であった。[67]

一九五五年一月の第四次教研集会でも、「急速に『共通語になおしてしまう』という考え方と、『生活語としての方言を尊重しつつ、よりよい共通語（国民語、理想語）への指導をしていく』という考え方との対立がみられた」。しかし、共通語指導そのものの必要性を否定する意見はなかった。一九五六年一月の第五次教研集会でも、「常に共通語への理想をもたせるが、あせらないこと」（青森県代表）といった意見が出る一方で、「学校通信を出して、それに、方言やコトバづかいの表をつけ、子どもばかりでなく家庭の人にも注意してもらうようにした」（福島県代表）、「〔地方語では〕修学旅行で困った」（長崎県代表）といった声が出ている。[68]

結局のところ、両者の妥協点として、強圧的な指導は好ましくないが、共通語指導そのものは「主権在民の国の国民としてみずからの考えとコトバをも」つために必要であるとされていった。しかし共通語指導に熱心な地方代表からは、「方言はうしろむきのことばである」（第四次教研集会・熊本県代表）といった、地方語否定論が絶えなかった。[69]前述の水野清のように、地方言語の語彙を共通語にとりいれようという意見もあったが、それが実現されることはほとんどなかった。[70]

ただし当時は、高度成長期以後とは比較にならないほど、地方ごとの言語的な相違と、経済的な格差が大きかった。第7章で述べたように、「単一民族」の形成が目標として唱えられていたのも、格差を解消する願いからだった。しかしそうした格差解消への志向が、地方言語の抑圧につながっていたことも、また事実ではあったのである。
さらに皮肉なことに、左派教育学者たちの主張には、「教師の指導性」の確立も含まれていた。前述のように、敗戦後の社会科では、教科書の丸暗記や教師の強制を排し、児童が経験と討論によって学習することが奨励されていた。しかし矢川徳光は一九五〇年の『新教育の批判』で、経験と試行錯誤による学習は、ソ連の教育学ではすでに批判の対象になっていると主張したのである。
矢川によれば、ソ連でも初期には経験学習が唱えられたものの、一九三〇年代以降はプロレタリアートに対する党の指導性が確立された。人民に必要なのは、経験や試行錯誤よりも、科学的社会主義による正しい現実認識を、党と教師の指導のもとに学ぶことである。それにもかかわらず、戦後の「新教育」では経験学習が重視され、「子供たちはおのずからにして『育ちあがって』社会人になっていくものであり、教師は単なる助力者であるかのように考えられがちであった」というのである。[71]
このような批判は、国分一太郎も共有していた。国分は一九五二年の岩波講座『教育』への寄稿で、敗戦後の「学力低下」の原因として、「生活単元学習や討論法を重んずることのどはずれた強調」「記憶や練習をひどく軽蔑した考え方」とならんで、「教師の指導性を軽くみすぎる児童中心主義」を挙げていたのである。[72]
こうして戦後教育においても、共通語の指導と、「教師の指導性」を肯定する論調が形成されていった。その結果として、地方の教育現場では、戦前の標準語強制とほとんど変化のない手法が実行されることもあった。一九五七年に、沖縄教職員会に属する中学教師の報告はこう述べている。[73]

人間が自由に自分の考えや意見を述べる力をもち、それが実際に行われる社会に生きるということは、大きな幸福であり、そうすることによって民主社会は成立する。

しかるに我々があずかっている生徒たちの言語生活をみると、その基本ともいうべき共通語さえしっかり身についていない状態であり、方言との二重生活からくる共通語の誤りも大きいものである。まして美しい言葉づかいにみがきあげることは、今後の指導の力点である。

この教師はさらに、「ただ強制し督励するだけでは効果がない。いくら週番の教師がどなりつけてみても、その場限りで先生が去って行けば前と同じく方言を使っているのかもしれない。心の底から日本語の美しさ、ことばのもつたましい、日本語のかもし出す何とも言えない雰囲気を感得し、共通語を話すよろこびを感じさせるような指導は極めて大切である」と述べている。

そこでは、「皇国日本」が「主権在民の国」に変わっても、行動様式は戦前と変化していないという現象が露呈していた。こうした現象は、教えられるものが「アメリカの愛国歌」に変わり、「兵隊さんありがとう」と書く相手がアメリカ兵に変わっても、行動様式が変化していなかった状況と、並行して発生していたのである。

「愛国心」の連続

こうした戦前との連続性が発生した背景には、すでに述べたように、教育界でほとんど公職追放が実行されなかったという事情があった。戦後の教員の多くは、戦前から教育に従事していたか、あるいは戦前の教育によって人格形成された人間たちだった。

そして「聖戦完遂」が「民主主義」に変わっても、愛国心や「民族」が強調されるという事態もまた、変わっていないともいえた。教育学者の梅根悟は一九五三年に、保守政権と左派教育学者の双方から「愛国教育」が唱えられている状況を批判して、こう述べている(74)。

……われわれ日本人は長い間愛国心愛国心と教えられて来た。それがどんな社会のメカニズムの下でどんな立場の人たちから、どんな意図で呼びかけられたものであるかということが今になつて分つてみても、すでに身についてしまつた愛国心を持たぬ者は国賊であり、人非人であるというような観念は深く人々の心の中に沈殿している。

そこに再び愛国心工作の火の手が上がっている。人々は何等かの意味で俺も愛国者だと自分にも他人にも言ってきかせないと気がすまない。

第7章で引用したように、のちには「市民主義」を掲げた久野収も、一九五三年には「祖国への愛情を持たないような人間は国民として人でなしである」と述べていた。埴谷雄高が、「非国民といわれると怒るが、非人道的といわれたって身に感じやしないと僕の友人がよくいった」と述べていたことも、第6章で紹介したとおりである。

そして梅根は当時、アメリカの哲学者デューイの教育思想に影響をうけて、「生活教育」を掲げるコア・カリキュラム連盟を組織し、「新教育」を擁護していた。そして矢川徳光が『新教育の批判』で攻撃対象にしていたのは、こうした梅根悟や石山脩平など「新教育」を擁護する日本の教育学者たちであった。梅根はこうした批判に反論しながら、愛国心が人為的な政策の産物であることは、日本が「朝鮮でどんな愛国心工作をやったかということ」からも明らかだと主張していたのである。(75)

たしかに当時の左派の民族教育論には、戦前の愛国教育の残像を感じさせる部分もあった。一九五二年に『教師の友』で行なわれた座談会で、石田宇三郎はこう述べている。(76)

……終戦までの教育において、とにもかくにも子どもたちを元気づけてきたものは、国民の努力の目標というか、あるいは子どもたちが、一番大切なものとして考えなければならないものが、具体的に与えられておった。それはまちがったものであったけれども、いわばたたかいの目標というか、国民的行動の目標というものが、侵略的なものであったという点においてまちがっておったけれども、とにかくそういうものがあった……。

石田は同時に、戦後の教育論では「国民的目標というものが、具体的に与えられていない。ただ民主化というような言葉だけであって、率直にいえば、民族の完全な独立というような問題が打ち出されていない」と批判し、戦後に

「現れたのは、方向のない野放しの『自由』であり、コスモポリタンの自由であり、浮浪児の自由であった」と主張している。(77)

そして彼らの反米民族主義は、戦争への評価にも反映した。この座談会で石田は、敗戦後の戦争観を評して、「もっぱら日本の軍部が悪玉でアメリカは善玉というふうに書かれておって、戦後アメリカが、日本あるいはアジアに対してとってきたところの政策が、戦前からどういう継続をもっているものか、ということが全然不問に付されている」と述べている。同席した矢川徳光はこれに賛同して、「太平洋戦争についての責任が、日本の軍部や財閥だけでなくて、アメリカにもあるということを指摘しなければならない」と主張していた。(78)

こうした連続性は、第7章や第8章でみたように、当時の歴史学者たちにも存在した傾向だった。しかし教育学には、歴史学などにはなかった、一つの特徴があった。教育学では、戦争に協力した者が歴史学より多く、戦中戦後の言葉づかいの連続性がより顕著だったのである。

たとえば矢川徳光は、戦中は大日本青少年団の教養部長を務め、一九四二年には「日本民族が今日の世界に新秩序を建設するといふことは、世界をして真に世界たらしめるといふことでなければならぬ」と述べていた。(79)そして彼は一九五二年には、「わたしたちのこんにちの大義はなにであろうか？　それは平和の確保と民族の独立とのために闘うということであろう。それはわたしたち日本民族の偉大なる事業である」と述べていたのである。(80)

またマルクス主義と戦中思想は、「自由主義」「個人主義」「近代主義」への批判という点で、共通する部分をもっていた。そして矢川は一九四二年には、「個人主義から全体主義へ、自由主義から統制主義へ」と主張していた。(81)そして彼は戦後には、「新教育」を「ブルジョア的な個人主義」と批判していたのである。

もちろん矢川の場合も、戦中と戦後で、変化がなかったわけではない。その一つに、天皇観の変化があった。彼は一九四二年には、天皇を「太陽のような光輝」「わが国の政治理念の中軸」「正義の利剣」などと絶賛していた。(82)しかし一九五二年には、前述のように、昭和天皇を「自己の『神格』を外人によってすてさせられるほどに自主性を欠いた人間」と形容している。

この天皇批判には、丸山眞男が敗戦時に見聞した「国土防衛派」の将校たちの、「外国の軍隊の進駐を許すような天皇はもはやわれわれの天皇ではない」という心情と、共通したものが読みとれる。いわば矢川は、天皇すらも捨てさったと彼が考えた「民族の自尊心」を、別の形態で唱えつづけていたともいえる。

こうした連続性は、矢川だけのものではなかった。たとえば海後勝雄は、戦中に陸軍司政官としてビルマに赴任し、一九四二年には『東亜民族教育論』を出版して、「明治以後わが国教育学の伝統は何と云つても著しく欧米の影響の下にあり、殆どその紹介を事としてゐた」「わが国の当面してゐる歴史社会的段階に無関心であり、謂はば時事性を欠如した教育がありとするならば、それは全く教育学の名に価しないところの閑人の趣味に過ぎず、わが国の教育学界にその存在を許し得べかるざるものと云はねばならない」と述べていた。そして彼は一九五二年には、民族解放闘争の視点を欠いた「個人と人類を考えるヒューマニスト」の教育論を、「中間階級としての教育者層の社会的遊離性を表している」と批判していたのだった。(83)

戦後に活躍した教育学者には、こうした事例が少なくない。たとえば海後宗臣は、一九四三年には「米英の植民地教育を破砕し尽くし、大東亜新秩序建設の土台たるべき新しい教育を成立せしめる」ことを主張し、(84)戦後には日本とアジアの民族解放に貢献する民族教育の必要性を唱えていた。宮原誠一は一九四三年には「国民学校の子供は、国民精神を身につけ、国体に対する信念を確立して、皇国日本の使命を自覚するやうに育てられなければなりません」と述べ、一九五三年には「正しい愛国心」を掲げて「無国籍教育」の克服を唱えていた。(85)宗像誠也も一九四一年に「兵役は文字通り国民教育の仕上げの場所になる」「国民優生の溶鉱炉として広汎な兵役制度を作つてみ度い」と述べており、戦後には新しい民族意識をそなえた「日本人の創造」を唱えていた。(86)

そして前述したように、矢川徳光などは、ソビエト教育学における党の指導性をひきあいにして、経験学習を批判し、「教師の指導性」の確立を唱えていた。そうした意見は、たとえば海後勝雄が一九三九年に記した、「政治現象は、本来個人の自由な反省や思惟の上に立つて行はれるものではなく、殊に民衆にとつては指導者への絶対的な追随を原則とする」という言葉と、奇妙に共通するものであった。(87)

これまでみてきたように、丸山眞男や大塚久雄といった代表的な戦後知識人たちは、戦中には無名であり、戦争賛美の論文を量産した過去はなかった。もちろん、平野義太郎などのように、戦前には左派でありながら、戦中には戦争賛美の論文を書き、戦後にはふたたび共産党系論者として活躍した者もいた。しかし概していえば、こんにち代表的とみなされている戦後知識人の多くは、戦争協力の汚点が少なかったといえる。

ところが教育学は、もともと応用科学的な色彩が濃く、行政や学校現場とのつながりも強かった。教育者は生徒の模範であらねばならないという意識も、彼らを当時の規範に従わせる要因となった。そのため教育学者は、歴史学や哲学といった他の学問分野にくらべ、戦争協力に巻きこまれる度合いが高かったようである。

第1章で引用したように、教育学者の宗像誠也は、自分が戦争協力の論文を書いた理由の第一として、「牢屋に入れられるという恐怖」を挙げていた。そして、彼が挙げたもう一つの理由は、「私が教育者であったこと」だった。[88]

彼の回想は、当時の良心的な教育者が戦争協力に陥った事情を、よく示している。

戦中の宗像は、一九四二年に創立された国民生活学院の主事を務めていた。そのとき彼の念頭にあったのは、「教育者は模範であらねば」という意識と、「私たちが引張られたら生徒はどんなに不安と困惑に陥るだろうか」という危惧だった。そのため宗像は、「生徒を不幸にさせたくない」という思いから、「私はなるべく引張られたりしないようにしなければならない。私は危険人物ではなくて模範的な愛国者でなければならない」と決意し、自分がもっていたマルクス主義関係の書物をすべて焼いてしまった。そのあと彼は、学院の主事室に神棚を祭って、毎月八日の「大詔奉戴日」には日米宣戦の詔勅を奉読したという。

こうしたなかで、宗像が考え出したのは、「天皇下の社会主義」という論理だった。すなわち、「天皇の前では国民はすべて平等であるべきだ、軍部や財閥がいばるのはまちがいだ」という「一君万民」の主張によって、社会主義の理想をいくらかでも活かそうと考えたのである。しかし同時に、特高警察に検挙されたさいの予防として、「新聞や雑誌にそんなことを書いておけば、実績になるというさもしい気持もあった」という。宗像にかぎらず、多くの元マルクス主義者たちが、こうして総力戦体制の建設を唱える論文を書いた。

それと同時に、もともと愛国教育を施されて育った世代である宗像は、「逆賊にされる恐怖のために、理性が打ち負かされた」とも述べている。彼の回想によれば、「むしろ緒戦で景気のよかったあいだは、周囲の人が有頂天になっているのを冷眼視する気もちがあった」が、敗色が濃くなってくると、「負けそうだから崩壊を防がねば、などということを言いだした」という。こうした心情は、戦争末期になって総力戦体制の再建を説いた丸山眞男などと、共通したものだったといえるだろう。

もちろんこうした戦争体験は、宗像に大きな悔恨を残した。彼は戦後の回想で、「教育者であるということは辛いことだった。自分を無理にだましながらでも、私はズリ落ちなければならなかったのだ」と述べ、「この経験が私にもあるだけに、良心的な教師たちの、戦争中の責任に対する悔恨と苦悶がわかり、だから戦後の教員組合運動のスローガンである『教え子をふたたび戦場に送るな』ということにも心から同感できる」と記している。

宗像誠也

しかし同時に、こうした悔恨は、共産党への劣等感にもつながっていた。宗像は、自分が投獄の恐怖から戦争に協力したことを告白しながら、「獄中一八年などという人々に対しては、その一点で、ほとんど超人間的だと、弱虫の私は驚嘆する」と述べている。そして、自分が戦争に抵抗する確信をもてなかった理由として「社会や歴史の科学的・合理的把握の弱さ」を挙げ、マルクス主義や共産党への敬意を語っている。

おそらく矢川徳光などは、戦中の自分に悔恨を抱けば抱くほど、党中央の指導にしたがうことで、それを解消しようとしたのだと思われる。そして、その共産党が「民族戦線」による反米闘争を唱えたとき、彼らは党の指導にしたがうというかたちで、戦中の言葉づかいに回帰してしまったのである。

もちろんこうした傾向は、教育関係者すべてにあてはまるものではない。本章でとりあげた教育関係の論者のなかでも、矢川徳光などにくらべて、上原専禄などは戦中に書いた論文もそれほど戦争賛美に傾斜したものではない。しかし問題だったのは、戦争に協力した教育学者の多くが、戦中の発言を隠蔽したまま、戦後の民族教育論に移行してしまったことだった。教育学者の戦争協力を研究した長浜功によれば、矢川徳光や宮原誠一は、戦後に出版した自分の著作集や著作目録から、戦中の論文をすべて削除してしまっていたという(89)。

もっともその矢川徳光も、六全協後に書いた文章で、共産党内の「神経強靭組」を批判し、「正直者がバカをみるというようなことが、けっしてないようであってほしい」と述べていた(90)。矢川が自分の戦争協力を隠蔽しようとしたのは、彼が「神経強靭」ではなかったからだったともいえよう。しかし結果としてそうした隠蔽は、彼自身が「神経強靭組」の一員だとみなされてもやむをえない要因となるものであった。

いうまでもなくこうした現象は、左派や進歩派にのみ生じていたのではない。戦中には「鬼畜米英」を叫び、戦後には「親米反共」を唱えた保守系の政治家や教育者は少なくなかった。すでに述べたように、保守政権の唱える愛国教育は、アメリカの意向に沿ったものだった。しかしそれを批判する左派の側も、戦争責任を隠蔽する傾向があったことは否めなかったのである。

もちろん、自分の戦争協力を告白していた教育者もいた。教育学者のなかでも、宗像誠也は戦後の著作で戦争協力をくりかえし自己批判し、大学の講義でもはじめに自分の戦争責任に触れ、教育の重要性を説いていたといわれる(91)。しかし敗戦後の公職追放が不十分に終わったこともあって、多くの教育関係者は、こうした経緯をたどらなかったのである。

とはいえ、多くの教育者たちは、内心では悔恨を抱えていた。ある教師は、戦後三〇年ぶりに開かれた教え子の同級会への招待状をうけとったとき、出席を辞退した。その教師は、新聞への投書で、その理由をこう述べている(92)。「あの時小学校五年生だったこの子供たちの担任だった私は、だれにも負けず、熱心に、軍国主義教育をやったからである。戦争に負けた時、責任を自分なりに感じて教員を辞めようと思いつめながら、ついにそれさえも実行出来なかったこのおれが、いまさら何の面下げて『恩師でございい』と彼らの前に出られようか」。

また高知県の教師だった竹本源治が、戦後に書いた「逝いて還らぬ教え子よ／私の手は血まみれだ！／君を縊ったその綱の／端を私も持っていた／しかも人の師の名において」という詩は、教育関係者に広く知られていた(93)。宗像も述べていたように、「教え子を再び戦場に送るな」という日教組のスローガンが広く支持をうけたのも、多くの教員が大なり小なりこうした悔恨を秘めていたからにほかならない。

そしてじつは、前述した梅根悟が、矢川らの民族教育論に反対したのも、彼なりの戦争への反省からだった。梅根も一九四一年には、「天皇帰一の日本国体に関する信念の徹底と、之に基く尽忠報国の根本精神の確立」などを主張していた過去があった(94)。そして梅根は、前述した一九五三年の論考で、こう述べている(95)。

私自身はかつて上からの愛国心工作のとりこになり、自らも何年か、そのいわば走狗となつて子供たちに愛国心を説いても来た。今にして思えばそれはまことに愚かしきことであつた。私はそれをざんげし、そして生活教育の本道に立ち帰ろうとして苦しんだ。……今日わが国の教育界で最も大切なことは、この再び台頭しつつある上からの、特に保守支配権力の側からの愛国心工作を阻止することではなかろうか。……われわれは右からにせよ左からにせよ、子供たちを盲目にして、再び戦場に追いこむ危険のあるような愛国心教育から、子供を守らなければならない。

しかし一九五三年にあっては、こうした意見はさほど賛同を集めなかった。当時の共産党は、左右いずれの「政治」にも反対するといった中立論を、最大の攻撃対象にしていた。そして敗戦後の貧困と、朝鮮戦争の勃発という当時の現実のなかにあっては、「保守支配権力の側からの愛国心工作を阻止する」ために必要なのは、社会変革をめざす「真の愛国」であって、「政治」や「愛国」の否定ではないと考えられていたのである。

しかも上記のような主張を行なった梅根も、戦争責任の問題を、それ以上は深めようとしなかった。文学者たちの場合もそうだったように、敗戦直後のこの当時に戦争責任論議を深めれば、たがいの戦争協力をあばく泥仕合につながりかねなかった。もし梅根が、矢川の戦時中の発言を挙げて民族教育論批判を行なえば、梅根自身はもちろん、梅根とともにコア・カリキュラム連盟を運営していた教育学者たちの戦争中の発言も、明るみに出されるかもしれなかったのである。

結局、戦後の教育学者のなかからは、自分の戦争責任について個人的に反省を表明する者はいても、教育界全体の戦争協力を総括するという動きは大きくならなかった。そうした状況のなかで、左右の民族教育論が、戦中からの連続性を残したまま唱えられていたのである。

停滞の訪れ

そして左派の民族教育論は、じつは保守派の父兄の心情とも、連続したものであった。戦後の「新教育」にとまどい、「学力低下」を批判し、社会科を廃止して日本歴史と地理を復活させろというのは、保守派父兄の声でもあったからである。

それは同時に、修身を復活させろという保守派の心情とも、連続したものであった。石田宇三郎が、戦前教育では「国民の努力の目標」が明確だったと述べ、戦後教育を「方向のない野放しの『自由』」と批判していたことは、すでに述べた。宗像誠也も一九五八年に、修身教育の復活を求める父兄の声について、こう述べている。[96]

ところで大衆の希望にはたしかに理由がないではないのである。日教組の教研集会で、こういうはなしが出たことがある。素朴な父親の声として、「新教育は空っ汁をかきまわしているようで、さっぱりつかみどころがなくてじれったい」という批判が出るというのである。……

空っ汁ということばを、私なりに解釈すると、戦後の教育は、一つの解放ではあったが、積極的な中心的価値を与えるまでには至らなかった、ということなのである。子どもの自由を尊重するとか、その自発性をのばすとかいうことは、もとよりいいことなのだが、さてそのために何をするのかというと、むやみに教えてはいけない、叱ってはいけない、というようなことばかり先生はいっていて、それではまるで教えないのが教育のようである。……

このような気持には私も大いに同感できるのだ。今の子どもは……しっかり背骨が通っていて、どんな困難にも負けずに目的に進む強さがあるかというと、どうもそうとは思えない。どこへ向っていこうとするのか頼りない。つまり積極的な理想をもっていないし、したがって自分の生活を律する原理をもっていない。

こうした心情が、「民族独立」を掲げた教育論の台頭の背景にあった。いわばそれは、戦前の忠君愛国教育に代わる教育の目標を、模索する行為でもあったのである。

だがそれは時に、父兄と教員たちが、共通して親しんできたものを復活させろという要求にもつながっていた。たとえば高橋碩一は一九五三年に、保守派の愛国教育論を批判しながら、「歴史を教えてくれ、地理をという親たちの一見ときには素朴な、ときには反動的な声の中に、チューインガムをかむ事を知って沢庵の味を忘れる子どもを心配する親たちの、正しい国民的要求がこもっていないか」と述べている。[97] しかし、「沢庵の味」がなぜ「正しい国民的要求」であるのかについては、何の説明もなされていない。

また矢川徳光は、一九五二年に日本の「植民地的状況」を批判するにあたって、アメリカ製の『外国映画』は日本民族の精神に植民地的淫風を吹きいれている」「街に流れる音楽は、歯のうくような頽廃的な植民地的旋律によって日本民族の耳を毒し、民族の子どもたちの精神の髄までも腐らせている」などと述べている。松島栄一も同じ年に、「パンパンやチョコレートやコカコラがあらわす、植民地的な文化の頽廃」を批判し、「三千年以上の民族の歴史の発展」が生みだした「伝統的な芸能」「祭り」「民謡」「民話」などを賞賛していた。[98]

もちろん、圧倒的な豊かさをみせつけるアメリカへの憧憬と反発は、現在からは想像できないほど大きいものであった。第7章でみたように、米軍基地周辺の風紀問題は、当時の日教組にとっても重大な問題だった。チョコレートを米兵にねだる子供や、「パンパン」に憧れる子供を、教師が「涙を流して叱りつける」という状況があったことも、第7章で述べたとおりである。しかしそうはいっても、敗戦後の変動にとまどい、ナショナリズムとモラルの「再建」を志向した点で、当時の左派と保守派は、連続した心情を抱いていた部分があったのである。

矢川や国分が唱えた「教師の指導性」についても、同様の傾向があった。矢川の「新教育」批判は、マルクス主義の言葉で語られてはいても、その実質的な内容は、「自由主義」「個人主義」の批判であり、愛国心とモラルの強調であり、アメリカへの反感であり、教師の指導性の再建であった。そして、敗戦後の混乱のなかで、教育改革にとまどう教師たちから、こうした「新教育」批判は歓迎されていったのである。

国語教育においても、事態は同様だった。教科書の暗誦と古典鑑賞になれきっていた教員たちは、「民族文化」として『万葉集』や『平家物語』を再評価する意見が左派から出されたとき、これを歓迎した。もちろん再評価の対象になった古典は、彼らが戦前戦中から親しみ、「民族文化」として賛美していたものだった。

もちろん彼らは、意識の上では、自分たちの教育論を保守派のそれから区別していた。しかし現場では、両者はしばしば微妙な交錯をみせた。一九五一年に、ある小学校教師が社会科の時間を割いて日本史を教えたところ、歴史教育に賛同する父兄から激励の手紙が寄せられた。ところが、教師が教えたのは島原の乱など人民蜂起の歴史だったにもかかわらず、手紙の多くは「再び王政復古の昭和維新を実現しなければならない」「楠公精神にかえれ!」などと述べるもので、この教師を落胆させた。しかし同時に、日本史の授業を喜ぶ児童にたいするこの教師の感想は、「やっぱり君たちは日本の子どもだった。君たちの魂には、日本の血が流れていたんだ」というものだった。[99]

こうして一九五〇年代の論壇では、左右の勢力がともに「愛国」を主張し、相手を「コスモポリタン」と批判するという現象が発生した。前述したように、一九五五年には清瀬一郎文相が教育基本法を「コスモポリタン」的だと批判したが、宗像誠也は日教組の機関誌でこれに反論し、保守政権こそアメリカに追随する「コスモポリタン」だと主張している。一九六〇年には、日米安保に反対する学生たちのことを、荒木万寿夫文相が「愛国心」が欠けていると非難したのに対し、日教組委員長だった小林武は「新しい時代の愛国心」の現われだと反論した。[100]

しかしこうした主張は、論壇上の隆盛とは裏腹に、一般にはなかなか定着しなかった。日教組の内部でさえ、その例外ではなかった。一九五二年一月に、教育学者の森昭は「過日の教育研究大会(日教組主催)に心から参加した教員の数は、私の知るかぎり、全体から見て意外にも極めて少数にすぎなかった」と評し、教師の大多数は「情勢判断に関して教組の中央部との間に大きなギャップ」あり、「民族の危機を訴え、平和を叫ぶ声を、唐突な誇大な、しかも悪意の政治的意図を含んだ宣伝として受け取つているのではなかろうか」と述べている。[101]

ましてや、保守系の政治家や父兄たちは、日教組の主張を、ほとんど認識しようとはしなかった。「国民歌」の認知度も、まったく低いままだった。保守派の人びとにとっては、「君が代」や「日の丸」に反対する日教組が、別種の「愛国心」を唱えていることなど、想像すらできなかったのである。

そうしたなかで、教育学者たちや日教組は、一九六〇年代の前半までは、「愛国」教育のよびかけを継続していた。多様な教員の集まりだった日教組は、国民的歴史学運動の場合と異なり、一九五五年の共産党の方針転換によって一気に瓦解するなどということはなかった。一九五〇年代半ば以降は「民族の危機」といった表現は少なくなり、名称も「民族教育」から「国民教育」へ変化していったが、一九六一年には安保闘争の高揚をうけて「国民教育運動」が提起され、教研集会にも分科会が設けられている。

しかし運動が継続されるわりには、内容的な進歩はほとんどなかった。一九五七年に教育学者の伊藤忠彦は、日教組の機関誌『教育評論』で戦後教育史の連載を行なった。そこで彼が唱えたのは、戦後の「民族教育」から「国民教育」への変遷は、内容的な総括がほとんどなされないまま、「コトバ」が変わっているだけだということだった。[102]

一九五〇年代後半からは、アジア諸国を模範とした「民族教育」に、疑問も提起されていた。勝田守一は一九五五年に、「アジア・アフリカの植民地あるいは半植民地の人々にくらべて、私たちの状態とのちがいを、やはり感じないわけにはいかない」と述べ、左派の民族教育論と保守派の愛国教育論では、一般父兄は「後者を受け入れる素地のほうがずっと強い」と主張している。[103] しかしこうした問題提起から、議論が深められることはなかった。

こうしたなかで、変化があったといえるのは、一九五五年に結党した自由民主党が憲法と教育基本法の改正を打ちだしたのに対抗して、教育基本法の再評価が唱えられていったことだった。これらの経緯については第11章で詳述するが、こうした変化は、教育学者や日教組の内部で議論が深まった結果というより、保守政権の攻勢にたいする受動的反応という側面があったことは否めなかった。

それは同時に、社会全体の変化の反映でもあった。共産党の権威が失墜し、経済が復興しはじめていた一九五五年以降は、「民族」の高唱はやや少なくなり、憲法や教育基本法への評価も高まった。一九五〇年の矢川徳光のように、教育の目的は「人民革命の一翼をになうことができるような者」を育成することだと断言する者も減少し、戦後の「新教育」の成果を認める声も多くなった。一言でいえば、「新教育」は戦後一〇年を経て、社会の安定とともによやく定着した。しかし、憲法や教育基本法を中軸にすえた教育は、敗戦直後のマルクス主義者たちが批判していたように、ともすれば抽象的な平和教育に留まっているとみなされがちであった。

一九五六年一月の日教組第五次教研集会を見学した加藤周一は、こう述べている。[104]「敗戦後の日本では社会の全体が、あるべき人間の姿を見失っているのだ」。そして、「民主主義は一種の枠であって、中身はそれとして考えなければならない。しかしその中身は今の社会には全く混乱した形でしか存在しない」。教育学者たちの問題意識も、そうしたものであった。

一九五八年一月の日教組第七次教研集会では、保守政権が打ちだした道徳教育の復活に対抗して、「戦後一〇年、われわれのおこなった道徳教育」が再検討された。各地から集まった教員たちからは、科目としての修身はなくなっても、戦後教育は独自の道徳心の育成を行なってきたという主張がなされた。しかし、では「どんな人間を目標にするか」については、彼らのなかでさえ意見の一致をみなかった。各県の代表からは、「前向きの人間」「いのちを愛し、しあわせになろうとする人間」などさまざまな案が出たが、「結局のところ、『平和を愛し真実をつらぬく人間』というところを一歩もでず」に終わっている。[105]

すでにみてきたように、一九五〇年代の教育学者には、戦前教育にあった「国家目標」にノスタルジーを抱き、その代用になるものを探すという傾向があった。そうした行動様式の連続性のなかにあるかぎり、新しい教育理念を模索しても、満足のゆく結果がえられるはずはなかった。彼らがどんな理念を探しだしてきたとしても、その行為が「代用品」の「国家目標」を探すという意識にもとづいている以上、それが「代用品」にすぎないことを、彼ら自身が潜在的に知っているはずだったからである。

すなわち、敗戦後の教育論を拘束していたのは、戦争によって刻印された行動様式であった。「皇道日本」から「主権在民の国」に言葉が変わっても、共通語を普及し、教師の指導性をうたい、反米を唱え、「民族」や「伝統」を賞賛し、「国家目標」を求めるという行動様式は、じつは容易に変化していなかった。思想的な対立とは裏腹に、保守派と相通ずる部分が生じたのも、そのためであった。敗戦後の教育学者や教師たちは、おそらくは自分でも意識していないうちに、刻印された行動様式に拘束されたまま、失われた「国家目標」の代用品を探すという状態を、敗戦後も一〇年以上にわたって継続していたのである。

そのなかでとりあえず共通了解となっていたのは、貧困の克服であった。この点については、保守から左派まで、誰しも異論がなかった。地方の非民主的な人間関係も、学習についてゆけない児童の問題も、まず貧困の問題として論じられた。当時は入学試験や学歴競争も、就職難に起因する経済問題だとみなされていたのである。(106)

こうして一九五〇年代後半以降、左派からの民族教育論や国民教育論は、しだいに思想的にゆきづまっていった。それは第11章で後述する護憲論や平和論が、やはり同じ時期から、思想的な活力を失っていった状況と相応していた。教育関係者たちが革新陣営の弱体化を恐れ、教育学内部の戦争責任を不問に付したことや、敗戦直後に教育基本法や「新教育」を批判していた経緯を総括しなかったことは、その傾向を強める一因となった。

こうした状況は、教育される側の児童に、「戦後民主主義」の欺瞞と形骸化という印象を与えずにはおかなかった。ここから発生した不信感は、一九六〇年代に戦後教育をうけた児童たちが成人したとき、「戦後民主主義」を批判する声が発せられる背景をなしてゆくことになるのである。

第10章　「血ぬられた民族主義」の記憶

戦後日本で「民族」とアジアを重視した思想家としては、竹内好《よしみ》の名がしばしば挙げられる。この章では、この竹内の思想と、一九五〇年代前半に行なわれた「国民文学論争」をとりあげる。(1)

中国文学の研究者である竹内好は、一九五一年に「国民文学」を提唱し、「近代主義」を批判した。そのさい、戦時期日本の国粋主義文学として知られる、日本浪曼派への注目を唱えている。また彼は、日米開戦時には「東亜解放」の戦いを賛美する文章を書いたことで知られ、戦後においても、太平洋戦争が結果としてアジアに解放をもたらしたと唱えていた。

そのため竹内は、戦時期の国粋主義やアジア主義の流れをうけつぎ、西洋近代を賛美する戦後啓蒙を批判した民族主義者であるとみなされがちであった。また一九六〇年代以降に、全共闘運動や新左翼活動を経た若者たちによって、「戦後民主主義」や「近代」への批判が唱えられた時期には、竹内の再評価が行なわれ、「民族という観点から、戦後民主主義＝近代主義批判を敢行した」といった評価もされている。(2)

しかしこれまで明らかにしてきたように、「国民文学」の提唱や中国の再評価、あるいは「民族」を掲げての「近代主義」批判といった論調は、とくに珍しいものではない。ことに一九五一年においては、それらは共産党の公式見解でもあった。

しかし竹内は、国民文学論争で、共産党をも「近代主義」と批判した。そして彼が親交をもっていたのは、丸山眞男をはじめ、「近代主義＝戦後民主主義」の代表とされる人物たちであった。さらに竹内は、一九六〇年には自分にたいする世評に抗議して、「あいつはファシストだ、ナショナリストだというふうな評価さえ受けておりました」と述べている(3)。

こうした背景をふまえ、ここでは竹内を、アプリオリに「民族主義者」と規定しないかたちで検証を行なう。そこで必要なのは、竹内が「民族」や「近代主義」という言葉で表現していたものは何だったのか、という視点である。丸山眞男が「近代」という言葉で表現していたものが、必ずしも「西洋近代」そのものではなかったように、竹内の「民族」もまた、彼独特の意味を託されたものであった。そして、そのような竹内の提言からおこった国民文学論争は、「民族」という言葉をめぐるディスコミュニケーションが、集中的に現われた実例となったのである。

「政治と文学」の関係

竹内好は、一九一〇年に長野県で生まれ、東京で育った。父親が事業に失敗し、実母は竹内が一四歳のとき死んだ。父親は元役人だったが、竹内の子供時代に営んでいたのは風俗営業であったという。こうしたなか竹内は、貧困な生活と、世間の視線に苦しむ幼少期を送った。

竹内の回想によれば、貧困そのものよりも、「あいつの家は貧乏だと言われはしないか、という恐怖の感情」のほうが「はるかに辛かった」という。その事例として、流行のアルミの弁当箱が買ってもらえないため学校の「昼食時間が身を切られるようだった」とか、中学入試のさい新品の服を買ってもらえたことが何よりも嬉しかったといった体験を、回想記に書いている(4)。

こうした自意識は、貧困家庭に育った児童としてはありがちなものだが、竹内は幼少のころから「人一倍みえっぱり」であった。とはいえ、こうした性格は、竹内にとって一つのバネとなった。彼は後年、「これまでの生涯に私をはげましてくれた最大の動機は、私の中にある劣等感だった」と述べている（『竹内好全集』第一三巻七頁）。貧困の現実から逃れるため、彼は文学を濫読した一方、勉学で他の生徒よりも抜きんでることを試みた。

とはいえ、勉学で「優等生」になることは、裏を返せば教師に迎合することであった。竹内は小学校四年のころ、課題作文でつくった和歌が教師にほめられ、最高点で入選したという経験を、一つの屈辱として回想している。そこで入選した和歌は、自分の好みをまげて、「先生の気に入りそうな口調」でつくったものであった。竹内はこの経験から、「学生はつねに教師に迎合する」という「定理」を導いている（一三巻一〇頁）。

しかし竹内は、こうした迎合に、やがて耐えられなくなった。小学校時代の竹内は、優等生として教師から目をかけられた。また竹内の側も、和歌をほめてくれた教師に文章の添削を頼み、多数の作文を書き綴っていた。竹内はこれらの作文を手製の合本にして、その教師に題字を書いてもらい、大切に保存していた。しかし府立一中に進学したあと、優等生であることに疑問を抱きはじめた彼は、中学四年のとき学校をさぼって井の頭公園にゆき、林の中でこの作文集と手紙、そして書き溜めていた原稿の類を全部焼きはらった（一三巻一〇頁）。

劣等感からの脱出のために、教師に迎合して優等生となり、保身を図って他人を見くだす。竹内が生涯を通じてテーマとしたのは、こうした迎合と保身のメカニズムからの脱却であった。後述してゆくように彼は、西洋文明を学んでアジアの「優等生」となった近代日本の姿を批判しつづけ、保身を打破して自己革新を遂げてゆくことを「永遠の革命」と表現することになる。

こうして「優等生」をやめた竹内だったが、「みえっぱり」な性格はあいかわらずだった。「優等生」をやめた彼は、数学の成績が低下したが、一九二八年には何とか大阪高校に入学した。この高校は当時の新設校で、全国でただひとつ、入学試験に数学を出さない高校だった。無事に合格はしたものの、もともと京都の第三高等学校に憧れていた彼は、「屈辱感でいっぱい」になって、休日には大阪から京都の街に通う生活を送った。後年になっても、彼は「ねたみの感情を交えないで京都を考えることができない」と述べている（一三巻二〇頁）。

こうした劣等感のなか、竹内は従来から好んでいた文学に、いっそう耽溺するようになった。後年に彼は、「私は容貌に対する劣等感から、精神的価値に代償を求めるようになったし、才能に対する劣等感から、結果として文学を選ぶようになった」と述べている（一三巻七頁）。

竹内の高校時代は、戦前の左翼運動のピークとも重なっていた。学生雑誌の編集部に所属していた彼は、一九三〇年に学生を特高警察に引き渡した学校当局に抗議して、全学ストライキを組織した。このとき竹内とともに、ストライキの首謀者とみなされた学生のなかに、のちに日本浪曼派の中心人物となった保田與重郎がいたことはよく知られる。高校卒業後は、竹内は一九三一年に東京帝大支那文学科に入学し、マルクス主義系の読書会に参加した。

とはいえ竹内は、政治むきの性格ではなかった。『資本論』は読んでも、実践理論としてよりはもっぱら論理構成の巧みさに感動し、その「おもしろさ」を推理小説になぞらえている。支那文学科に進んだのも、東京帝大の数ある学科のなかで、「一番やさしそうだから入っただけ」だったという(一三巻二四、二三八頁)。とはいえ、こうした偶然で関係することになった中国が、この自意識過剰な文学青年の運命を変えてゆくことになる。

支那文学科に進学した竹内は、現代中国文学を専攻した。これは当時としては、かなり特異な関心の抱き方であった。当時は文学といえば、西洋文学と相場が決まっていた。そして中国への関心といえば、戦争と大陸進出を背景とした政治的・経済的なものか、漢籍や史書をはじめとした古典研究であった。

当時の支那文学科においても、研究対象は古典が中心だった。支那文学科の同窓生で現代文学を専攻したのは竹内一人であり、現代中国文学をあつかった卒業論文は、竹内のものが学科創設いらい史上二番めのものだったといわれる。[5] 学科の中国語教育も、漢文の読み方が中心で、現代中国語の会話は教えていなかった。

もともと優等生志向だった竹内が、学科の教授からおよそ好まれそうもないこうしたテーマを選んだのは、彼の反抗心の現われでもあった。後述するように、竹内は後年に至るまで、「漢学先生」と「官僚文化」を文学的創造の敵とみなしてゆくことになる。

前述したように、当時の日本における中国への関心といえば、古典か政治経済だった。そしてこの二つには、一つの共通点があった。それは、同時代の中国人がもつ苦悩を、自分のものとして考えるという観点を欠いていたことだった。古典研究者は、同時代の中国に無関心であった。一方で政治的な「支那通」たちは、中国を日本の進出先とみなすか、せいぜい同情や憐憫の対象と考えていた。ところが竹内は、同時代の中国文学者たちに、自分が抱える問題意識と共通のものを見出したのである。

竹内は大学在学中の一九三二年八月、見学旅行ではじめて中国に行った。そして北京に着いたとき、「自分と同じような考えをもっているらしい人間がいるということに感動した」という(五巻九二頁)。竹内は約一カ月の北京滞在の間に、家庭教師について中国語会話を習い、現代中国文学を憑かれたように読みはじめた。帰国した竹内は、友人の武田泰淳などとともに、一九三四年一月に中国文学研究会を結成する。

それでは、竹内が中国文学に見出した「自分と同じような考え」とは、何であったか。それは一言でいえば、外部の権威からの自立であった。

竹内が中国文学に見出した権威からの自立という問題は、大きく分けて二つあった。その一つは、植民地化されつつあった中国が、西欧近代の権威から自立して、独立をなしとげてゆくことであった。戦後の竹内は、この問題に関心を集中してゆくことになる。

しかし、一九三〇年代前半の竹内が中国文学にみいだしたのは、もう一つの問題であった。それは、中国の文学者が、「政治」の権威からどのように距離を保ち、文学の自律性を確立したかという問題であった。

当時の中国は、国共内戦や日本軍の侵入などがあいつぐ、政治の時代であった。そうしたなかで、文学者たちも政治との関係を考えずにはいられなかった。この中国文学者たちの課題が、プロレタリア文学運動全盛期に大学時代を送った竹内の問題意識と、合致したのである。

一九三三年一二月、二三歳の竹内は、東京帝大に提出した卒業論文で、郁達夫という作家を論じた。この卒論で竹内は郁達夫を、「性格の根本をなす文人気質と孤独癖」を抱え、「政治」への直接参加を拒否して、文学の自律性を模索した作家として描いていたのである(一七巻一四二頁)。

竹内によれば、郁達夫は「芸術のための芸術」を標榜した創造社の中心メンバーであった。そして、おなじく創造社にいた郭沫若が、やがて革命運動に参加して「建設的、積極的」な作品を創っていったのと対照的に、「破壊的、消極的」な創作活動を続けていったというのである(一七巻七六頁)。

しかし竹内によれば、郁達夫はただ単に孤立した文学者ではなかった。郁は直接的な政治参加は避けたものの、しだいに自分と同じ苦悩を共有する民衆に共感しながら、文学を創造していった。すなわち郁は、自己の外部にある「政治」に参加するのではなく、自己の内面を凝視することで、孤立を脱していったのである。

竹内はこの卒論の結語において、こう述べている（一七巻一六〇頁）。

> 郁達夫——彼は苦悶の詩人であった。彼は自己の苦悶を真摯なる態度を以て追求し、大胆な表現の中に曝露することによって中国文壇に異常なる影響を齎した。何故ならば彼の苦悶は同時代の青年の苦悶の集約であったからである。

外部の権威である「政治」に迎合することで他者に君臨するのではなく、自己の内部にある苦悩を掘りさげる「文学」で他者の苦悩とつながること。竹内はこうした郁達夫の作風を、「弱さに徹した強さの芸術」と形容している（一四巻六二頁）。

竹内　好（1938年）

戦後の竹内は、国民文学論を提起したり、数多くの時事評論を書くなどして、政治に積極的に発言する批評家と目されていた。大きな坊主頭や独特の外見とあいまって、「国士的風貌の論客」と評されたこともある。[6] そうした彼が、ここまで「政治」を拒否した「文学」を賞賛していることは奇異にもみえる。しかし後述するように、彼は主著の『魯迅』でも、文学者が安易に「政治」に参加することには否定的だった。

竹内の戦前の写真は、繊細な表情の文学青年であり、後年の「国士」的な外見とはほど遠い。前述のように、彼は自分の容姿に劣等感をもっていたので、「国士的風貌」は一種のポーズだったとも考えられる。竹内の盟友だった武田泰淳は、竹内を「ともかく、弱味をみせるのが嫌い」な人間だったと評している。[7] いずれにせよ、この「郁達夫論」にみられる主張は、その後も竹内の基本思想として持続してゆくことになった。

とはいえ時代の変転とともに、竹内も自分の思想の表現形態を変化させていった。まず変化は、中国情勢の切迫につれて竹内の社会志向が強まり、研究対象が郁達夫から魯迅に変更されるという形でおこっていった。

大学卒業後は、竹内は中国に関係のある職に就こうと思い、南満州鉄道調査部を志望したものの、文学部出身者には採用はなかった。おりしも一九三〇年代中期の不景気の時代で、卒業後も職がなかったが、一九三五年からは中国文学研究会の会誌『中国文学月報』(のち『中国文学』と改題)を発行する。

こうしたなか、日中戦争直前の一九三六年一〇月、中国文学の巨星だった魯迅が死去した。戦後に竹内は、一九四三年に『魯迅』を書くまで、「魯迅という人は嫌いでした」と回想しているが、[8] 魯迅追悼というかたちで中国文学の動向について書いた。それによれば、現在では「生き残った作家は多く人生的な要求を社会性に合致させ得たものばかり」であり、「自己を強く主張した先駆者ほど文壇的脱落が激しく、後の反発力を失った」。そして、前者の例が魯迅、後者の例が郁達夫だったというのである。[9]

こうした移行には、日中戦争へとむかう時代の動向のほかに、竹内自身の体験があった。[10] 上記の魯迅追悼文と前後して、一九三六年一一月に、竹内たち中国文学研究会は日本を訪れていた郁達夫の歓迎会を開き、講演会を企画した。ところが郁は、講演の前日に在日中国留学生を相手に抗日のアジ演説を行なって警察につかまり、官憲がつめかけた講演会場で竹内が即席の講演を行なって急場をしのぐ事態になった。

じつは、このとき郁達夫が日本にやってきたのは、抗日活動のため印刷機を購入するのが目的であった。彼はこの滞在中に、日本で抗日運動に関係し警察に監視されていた郭沫若とも、三回にわたり会合している。この後、郁達夫は抗日運動に従事し消息を断ったが、太平洋戦争中にスマトラで日本の憲兵に殺されたともいわれる。

のちに竹内は、このときの経験を、「こっちはなんにも知らない。実際、侵略する方は侵略される側のことはわからない」と回想している(一三巻二一五頁)。彼が文学作品上の推察から、孤立的な作家と考えていた郁達夫は、じつは活動的な人物であった。こうした体験も、文学作品の上でもより「社会性」の強い作品を書いていた魯迅へと、関心を移行させる契機となったと推測される。

しかし、竹内をより大きく魯迅に傾斜させる経験が、やがてやってくることになった。それが、日中戦争下の北京留学と、大戦末期の中国戦線への従軍だった。

抵抗としての「十二月八日」

一九三七年、竹内は北京留学に出発した。おりから勃発した日中戦争で出発が延期されたものの、召集令状がきた盟友の武田泰淳を見送ったあと、竹内は一〇月に岩波文庫の『戦争と平和』を携えて北京にむかった。

この時期、多くの中国知識人は戦火をさけて北京を離れてしまい、街は日本の軍人や商人が幅をきかせる殺風景な状況に変わっていた。文学の勉強ができるような雰囲気ではなかったが、竹内は日本語講師などを務めながら、一九三九年一〇月までの二年間をそこで費やした。

竹内はさまざまな回想記を残しているが、この北京滞在については、多くを語っていない。わずかに、「生涯の苦しい、早く忘れてしまいたい一時期」だったとか、「自分が二流の人たる運命を思い知らされた」といった言葉を残しているだけである。断片的な回想からうかがえるのは、日本の軍人や商人たちの横暴をしばしば目撃し、なかば自暴自棄になった彼は、毎日を「酒を飲んでバカ遊びをするだけ」に費やしていたらしいということである（一三巻六三、四九頁）。

敗戦後の一九四九年五月、竹内は「中国人の抗戦意識と日本人の道徳意識」という論考を発表している。(11) そこで彼は、日本政府が国際的な禁制品であったアヘンを計画的に量産し、中国に公然と売りこんでいた事実をとりあげた。その事実は、東京裁判によって全容が暴かれたもので、一般の日本国民は戦中には知らなかった。しかし竹内によれば、「私は、文学をやっているお蔭で、それをぼんやり知っていた」という（四巻二八頁）。

竹内はこの論考で、一九三八年から三九年――彼が北京に滞在していた時期――に書かれた、林語堂の小説について論じている。竹内はここで、この林語堂の小説が戦中の日本で翻訳出版されたとき、日本による麻薬取引を描いた箇所が省略され、あるいは改ざんされていることを指摘した。竹内はこの小説から、日本の麻薬で中毒になった中国人男性が、日本の船員に殴打されて更生を決意するという場面を訳出している（四巻三三頁）。

「だれが伯牙に中毒をなおす決心をさせたか、おわかりになる？　日本人の船員なんです。……制服をきた日本人の船員が後をつけて……奥さんがふりむいても日本人はやめないんです。奥さんはこわくなって、小声で旦那様に告げました。三度目にその日本人がいたずらしたときに、奥さんは金切声をあげ、そして伯牙は、憤慨してふりむいたんです。そうすると、その日本人の船員は、ピシャと伯牙の頰に平手打ちを食わせておいて、笑うんです。そのとき、日本人が憎い、という気持が骨まで通ったのです。そして、自分にヘロインをのむ習慣をつけさせたのは日本人だ、と気がついたものですから、それで止める気になったのです。」

「なぐられて、どうしましたの？」と木蘭がたずねた。

「どうすることができましょう。中国の警察は、日本人に手を触れることもできません。治外法権ですわ。」

この訳出のあと竹内は、「このエピソオドは架空であろうが、ありうることであって、私もそれに似た光景を実見している。それは珍しいことではない」と述べている（四巻三五頁）。竹内はこうした事例を挙げながら、中国侵略についての「日本国民の道徳的責任」を問うた。

しかし竹内は、東京裁判を待たずとも、北京滞在時にこうした光景を見聞し、麻薬取引の事実も知っていたはずだった。それではなぜ、戦争中にその事実を追及し、抗議しなかったのか。それについて竹内は、一九四九年の論考では、「私の勇気の問題にはいまは触れない」と述べているだけだったのである（四巻二八頁）。

竹内は北京滞在のあいだ、侵略の現実を知りながら、それに抗議する勇気をもたず、二年間を「酒を飲んでバカ遊びをするだけ」に費やした。その悔恨が、この北京留学を、「生涯の苦しい、早く忘れてしまいたい一時期」として記憶させたのだと思われる。前述のように、竹内はこの留学について多くを語っていないが、帰国直後の一九四一年にはこう記している。「僕だって、ずいぶんと厚顔無恥の徒輩に今は近いのである」「〔北京に〕行くときは、一つだけともしびがともっていた。今は、それがない。そのころの日記を見ると、自分だけには合点がいく。日記の空白の時期がそれである」(一四巻二八二頁)。

北京から帰国した竹内は、大陸進出のために設立された、回教圏研究所の所員となって生活の糧をえた。石母田正が悔恨とともに回想していたように、当時の日本には、戦争に関係のない職はほとんどなかった。さらに竹内は、中国の情報を得るため、アジア主義団体の「東亜会」にも入会している。

こうした状態のなかでおこったのが、一九四一年一二月の日米開戦だった。日米開戦に昂奮した知識人が多かったことは第1章で述べたが、竹内もそうした知識人の一人であった。竹内は一九四一年一二月一六日、「大東亜戦争と吾等の決意」という宣言を執筆し、彼らが営んでいた中国文学研究会の会誌『中国文学』に掲載した。その宣言は、以下のように始められている(一四巻二九四―二九五頁)。

十二月八日、宣戦の大詔が下った日、日本国民の決意は一つに燃えた。爽かな気持であった。これで安心と誰もが思い、口をむすんで歩き、親しげな眼なざしで同胞を眺めあった。口に出して云うことは何もなかった。建国の歴史が一瞬に去来し、それは説明を待つまでもない自明なことであった。

何びとが、事態のこのような展開を予期したろう。戦争はあくまで避くべしと、その直前まで信じていた。戦争はみじめであるとしか考えなかった。実は、その考え方のほうがみじめだったのである。

戦後の竹内は、知識人が戦争責任を隠蔽することに批判的であったため、「すべての言語表現は自分の血肉とともにあり、その責任は一生つきまとう」「他人にどう断罪されようとも、私はあの思想をもったまま地獄へ行くほかない」と述べ(一一巻一五七頁)、この宣言を単行本に再収録していた。そのためこの宣言は、竹内は戦中の大アジア主義をうけつぐ民族主義者であると位置づける文脈で、しばしば引用されることになった。しかしここで注目したいのは、この冒頭部のあとに続く、以下の文章である（一四巻二九五―二九六頁）。

率直に云えば、われらは支那事変に対して、にわかに同じがたい感情があった。疑惑がわれらを苦しめた。……苛酷な現実はわれらの存在を無視し、そのためわれらは自らを疑った。余りにも無力であった。現実が承認を迫れば迫るほど、われらは退き、萎えた。舵を失った船のように、風にまかせてさ迷った。辿り着くあてはなかった。現実はあまりにも明白かつ強力で、否定されようがない。われらは、自身を否定するより仕方なかった。ぎりぎりの場所に追いつめられて、ひそかにただならぬ決意を胸に描いたこともある。今にして思えば、局限された思惟の行く先はこのようなものでしかなかったであろう。くよくよと思い煩らい、一も行動に出ることなく、すべてのものを白眼に視た。……わが日本は、東亜建設の美名に隠れて弱いものいじめをするのではないかと今の今まで疑ってきたのである。

わが日本は、強者を懼れたのではなかった。すべては秋霜の行為の発露がこれを証かしている。国民の一人として、この上の喜びがあろうか。今こそ一切が白日の下にあるのだ。われらの疑惑は霧消した。美言は人を誑すも、行為は欺くを得ぬ。東亜に新しい秩序を布くといい、民族を解放するということの真意義は、骨身に徹して今やわれらの決意である。

当時の竹内は、中国侵略の実態を知りながら、それに抗議する勇気をもたなかったばかりか、軍に奉仕する調査機関から給料を得て生きていた。それは彼にとって、侵略の現実を否定しないかぎり、自分を否定するよりほかない状況であった。

そうした自己嫌悪が、耐えられないレベルにまで高まっていたとき、日米開戦がおきた。それを竹内は、日本が欧米という「強者」に闘いを挑むという勇気を見せたものと、希望的に解釈した。そうして彼は、日米開戦を機に「東亜解放」のスローガンが真実になって、中国侵略という現実のほうが消えさるかもしれないという期待に、なかば自暴自棄になりながら賭けたのである。[12]

このような心情は、当時において珍しいものではなかった。清水幾太郎は日米開戦時を回想して、日中戦争の行き詰りという「長い間の苦しい便秘の後に漸く便通があったという気持」だったと述べている。また一九五九年に竹内は、当時の文芸誌編集者だった高杉一郎の文章から、日中戦争には内心で反対していたにもかかわらず、日米開戦とともに「一夜のうちに自己麻痺にでもかかったように、抵抗意識を捨てて、一種の聖戦意識にしがみついていった」という部分を引用している。[13]

しかし、戦後に成人した若い世代は、こうした背景を理解できなかった。一九五八年に、当時は二六歳の若手批評家だった江藤淳が、上記の高杉の回想を引用し、年長世代の知識人は「聖戦」や「東亜解放」という「神話」に積極的に加担していったのだと主張した。竹内はこうした江藤の評価について、「誤ってはいないが、もの足りない」と述べ、「神話の拒否ないし嫌悪は一貫しながら、二重にも三重にも屈折した形で、結果として神話に巻き込まれた」と反論している（八巻二九頁）。

しかし侵略の現実は、竹内が期待したように消えさりはしなかった。上記の宣言を公表したあと、一九四二年二月から、竹内は回教圏研究所の命で中国現地調査に出発した。彼はこの調査旅行で、日本が麻薬の生産を行なわせていた蒙疆を訪ね、麻薬問題について日本の調査機関の調査員と話しあった。

当時の日本軍は、こうした現地調査機関の人材として、転向した元マルクス主義者をしばしば利用していた。彼らは内地で職を得られなかったことと、投獄の恐怖にさいなまれていたことから、進んで軍に協力する職に就いていたのである。竹内が話しあった調査員も、その一人であった。

戦後の竹内の回想によれば、この調査員は、「中共の戦力をじつに綿密に調べていた。私は、日本軍部がマルクス主義を利用する近代性におどろいた」。だが、「その調査は、数字からできていて、問題を倫理的観点から眺めることにはその人は興味を示さなかった」（四巻三八頁）。

そして竹内が、この調査員との会話で衝撃をうけたのが、中国共産党の麻薬にたいする政策だった。彼は一九四九年の「中国人の抗戦意識と日本人の道徳意識」で、こう書いている（四巻三八頁）。

アヘンは長く中国の軍閥の財源だった。アヘンを禁絶する政策は、いつも独占利潤の誘惑の前に屈した。国民政府治下でも、表面は禁ぜられていながら、半ば公然と売られた。日本の占領地では、それが公然化された。ところが日本の占領地と境を接している中共地区（中国共産党の解放区）では、絶対禁制を守った。そのため密輸がはげしかった。もし純経済的な観点から見るならば、このような中共の政策はバカげている。それは自分の金で相手の戦力を太らせるようなものだ。しかし中共は、目前の利益のために理想を売ることをしなかった。不利を承知で報復手段に出なかった。

竹内が会った調査員は、中国共産党の物質的な戦力を、綿密に調べつくしていた。中国共産党の軍事力や経済力は、日本はもちろん、アメリカから援助をうけている国民党にくらべても劣っていた。しかし、その中国共産党が、なぜ民衆から支持を集め、抗戦力を維持しているのかという問題について、「倫理的観点から眺めることにはその人は興味を示さなかった」。おそらく、「中共の政策はバカげている」という言葉は、その調査員が発したものだったのかもしれない。

マルクス主義を俗流的・公式的に解釈すれば、人間の良心や倫理などは、経済的な下部構造に決定されるイデオロギーにすぎず、それを戦力調査の対象にするのは「バカげている」はずであった。敗戦直後に、『近代文学』や大塚史学を批判した共産党系の論者たちも、「主体性」などを論じるのはナンセンスだと主張した。しかし竹内は、上記の調査員のエピソードを記した「中国人の抗戦意識と日本人の道徳意識」で、「人を利益だけで動かしうると考えるものは、自分が利益だけで動かされている人間である」と述べ、こう主張している（四巻四〇、三七―三八頁）。

生産力の比較では、日本の方が絶対的に優勢である。……ところが毛沢東は、他の条件がなくても、中国は自力抗戦が可能であるとした。……もし毛沢東が、俗流マルクス主義者、ドレイ的公式論者なら……敵の戦力と味方の戦力を、固定した実体的なものと考えて、その量的比較から自力抗戦の不利を結論し、その不利を国際情勢なり他の条件で補おうとしたろう。……

毛沢東のこの確信はどこから出てきたか。……中国共産党には、長い苦闘の歴史がある。その苦闘は、外にたいしての戦いであるよりも、それと同時に、内部からたえず自分を浄化して、引き出してくるための戦いであった。その戦いにきたえられて、革命的情熱は、敬虔に近い理想主義の極致に高められ、同時にそのことが、外に対する戦いにおいて、マルクス主義を肉体化した無から有を作る戦術を生み出したのである。

竹内によれば、中国共産党は外部の援助に頼らず、自己の内面との闘いによって自己革新し、そのことで現状を変革する力を引きだした。こうした中国共産党のイメージは、彼が「郁達夫論」いらい抱いていた、「政治」と「文学」の理想の関係に適合したものだったのである。

しかし戦中の竹内は、即座に中国共産党の支持という方向には、むかわなかった。弾圧の恐怖があっただけでなく、もともと「みえっぱり」で負けず嫌いだった竹内は、ひとたび自分が選択を公言した思想を簡単に放棄することに、抵抗を感じるタイプだった。そして何より、自己を批判するにあたり、外部の権威や思想に依拠することは、彼の選ぶところではなかった。

そのため戦中の竹内が選択したのは、当時の日本に内在していた思想から、日本の「浄化」を試みることだった。それは、彼が日米開戦にあたって賞賛した「東亜解放」の理念から、現実の日本を批判するという形で現われた。

一九四二年に竹内が中国視察から帰って書いた報告書は、日本への若干の批判を含んでいた。そしてそれは、「東亜解放」という「厳粛な問題が俗吏などの手で目前の功利や低い観念に利用されることがあってはならぬ」という形で行なわれた。彼はそもそも、日米開戦時の宣言文でも、「東亜解放」の理想をうたいながら、「われらは似て非なる

支那通、支那学者、および節操なき支那放浪者を駆逐し、日支両国万年の共栄のために献身する」と唱えていたのである。(14)

もともと第一部でみたように、多くの学徒兵や知識人たちは、「真の愛国」という戦中思想を出発点として、戦後思想を形成していった。竹内の場合は、「真の東亜解放」という戦中思想を変奏することで、彼の戦後思想を形成しつつあったのである。

この傾向がより顕著となったのが、一九四二年一一月に東京で開催された、第一回大東亜文学者大会への竹内の批判である。このあとこの大会は、一九四三年八月に「大東亜文学者決戦会議」が、一九四四年一一月には「南京大会」が開かれたが、日本の支配地域から日本に協力的な文学者を集めたものにすぎなかった。(15)

一九四二年秋、竹内たち中国文学研究会に、日本文学報国会からこの大会への協力要請があった。ところが竹内は、それを正面から拒否した。竹内が公開した批判文によれば、大会の企画に関係しているのは「文学も支那も分らぬくせに立廻りだけが器用な幇間的な男」であり、「中国文学研究会としては、役人ぶった歓迎の片棒を担ぐことは伝統が許さぬ」「弄ばれる支那文学が痛ましい」というのである(一四巻四三四、四三五頁)。

そして竹内が協力拒否の理由として掲げたのが、この大会が「十二月八日の冒瀆」であるという論理だった。竹内は、この大会は人選の面からいっても「日本文学の代表と支那文学の代表との会同であることを、日本文学の名誉のために、また支那文学の名誉のために、承服しない」と述べ、「承服しないのは……文学における十二月八日を実現しうる自信があるからである」と述べたのである(一四巻四六〇、四三五頁)。

弾圧と密告が横行していたこの当時、文壇のボスが組織した日本文学報国会の依頼を、これほど明確に拒否した団体はほかになかった。しかしその「抵抗」は、「十二月八日」という戦争スローガンを掲げるかたちで行なわれた。それは丸山眞男などが、総力戦の合理的遂行という論理によって、「抵抗」を行なったことにも似ていた。竹内が一九五九年の論文「近代の超克」で述べたように、この時代では「抵抗」と「屈服」は紙一重だったのである。

そしてこれは、竹内にとって、計画的な偽装抵抗などではなかった。竹内は戦後に、彼が書いた日米開戦時の宣言は一種の偽装抵抗だったのではないかという評価に異議を唱え、「私本人は一度だって心にないことを書いた覚えはない」「あの宣言は、政治的判断としてはまちがっている。徹頭徹尾まちがっている。しかし、文章表現を通しての思想という点では、自分ではまちがっていると思わない」と述べている(一一巻一五六、一五七頁)。前述のように彼は、「真の東亜解放」という思想を、彼なりに本気で掲げることによって、侵略の現実に「抵抗」しようとしていたからである。(16)

そして当時の竹内が、「十二月八日」に対置したものが、「官僚文化」であった。一九四三年三月、竹内は中国文学研究会の解散を宣言する「『中国文学』の廃刊と私」を発表した。そこで彼は、「世を挙げて滔々たる官僚文化」の支配に対抗して、中国文学研究会は「官僚化した漢学と支那学を否定することによって内から学問の独立をかち得ようとした」が、やがて「研究会自体がいちじるしく支那学化してゆく傾向」がみえ始めたため、解散を決意したと述べている(一四巻四五六、四五一、四五二頁)。

この当時、中国文学研究会は、かつて竹内たち数人の中国文学愛好者が集まっていた時期とは異なり、多数の会員を擁する規模に拡大していた。日本文学報国会から、大東亜文学者大会への協力要請があったのも、中国文学研究会が日本における現代中国文学研究を代表する存在とみなされるまでに成長していたからにほかならなかった。しかしその代償として、「支那学」に対する反逆者であったはずの研究会がすでに一つの権威となり、「支那学化」する傾向をみせ始めているというのである。

この「『中国文学』の廃刊と私」で、竹内は「大東亜理念の限りない正しさ」を賞賛しながら、以下のような議論を展開している。まず「官僚文化は性格として自己保全的」であるのにたいして、「大東亜の文化は、自己保全文化の超克の上にのみ築かれる」。なぜなら「わが日本は、既に大東亜諸地域の近代的植民地支配を観念として否定している」のであり、「植民地支配の否定とは、自己保全慾の抛棄ということである」。そして、「自己否定の行為によってのみ、創造はなされる」「日本文化が日本文化としてあることは、歴史を創造する所以ではない。それは、日本文化を固型化し、官僚化し、生の本源を涸らすことである」というのである(一四巻四四九、四五〇、四五四頁)。

いささか理解しにくいこの論理展開は、日米開戦後に竹内が傾倒していた、京都学派の「世界史の哲学」にもとづいていた。この点は、戦後の竹内の思想を理解するうえでも必要なので、やや詳しく説明する。

第2章で述べたように、京都学派はヘーゲル哲学などを下敷きにして、国家や民族、あるいは個人などを「はじめから完成された個体のやうに考へる」「個体主義的な発想」を、西洋近代が生みだした弊害であると批判していた。こうした「個体主義的な発想」が、個人レベルでは弱肉強食の近代市民社会を、世界レベルでは強国による植民地支配につながるのであり、国内では個人をこえた統制経済を、国際的には国家をこえた大東亜共栄圏を建設することが、日本の世界史的な使命である、というのが彼らの主張だった。

ところが皮肉なことに、この思想は、「日本」をも相対化する契機を含んでいた。当時は朝鮮や台湾で皇民化政策が強行されており、朝鮮人が「民族」という枠を破って、「日本人」になることが賞賛されていた。それを背景に、「世界史の哲学」の座談会では、「今迄固定したものと考へられてゐた小さな『民族』の観念は大きな観念のうちに融け込む」「大和民族と朝鮮民族とが或る意味で一つの日本民族になる」などと唱えられていた。[17]

この論法でゆくと、大東亜共栄圏の論理を貫徹してゆけば、「日本民族」という「個体」も変容と自己革新を余儀なくされることになる。第1章で述べたように、戦争を賛美していたはずの京都学派が、陸軍報道部と皇道哲学派から攻撃されたのは、このような論理が日本民族への冒瀆になりかねなかったことに関わっている。

もともとヘーゲル哲学やマルクス主義は、自己が労働や社会運動によって世界に働きかければ、同時に自己が変容を遂げてゆくとみなしていた。敗戦後の共産党系論者たちが、自己は実践活動のなかで創られるものであり、社会運動をさけて「主体性」を保つという姿勢は「近代主義」であると批判したのは、こうした思想にもとづいていた。このような近代批判思想を応用した「世界史の哲学」も、大東亜共栄圏の建設という実践活動にとりくむなかで、日本民族が変容してゆく可能性に言及していたのである。

もちろん「世界史の哲学」は、便乗的な哲学者たちが、戦争を正当化したものにすぎなかった。竹内自身もこの学派に傾倒したのは戦中の一時期にすぎず[18]、戦後には彼らを「御用学者」と形容している（四巻三六頁）。しかし戦中の竹内にとって、この哲学は、日本が「東亜解放」の思想を徹底してゆくことによって自己革新を遂げるかもしれないという、一縷の希望を示唆するものだったのである。

竹内が論考「『中国文学』の廃刊と私」で、「官僚文化」と「近代的植民地支配」の二つを「自己保全的」と批判し、「大東亜の文化は、自己保全文化の超克の上にのみ築かれる」「自己否定の行為によってのみ、創造はなされる」と唱えたのは、こうした思想に依拠したものであった。それは同時に、外部の権威に頼って自己保全を図るのではなく、自己の内部の苦悩を直視した自己否定と自己革新によって外部につながるという、竹内の従来からの思想とも合致していたのである。(19)

もちろん竹内のいう日本文化の「自己否定」とは、外国文化を新たな権威として導入することではない。『中国文学』の廃刊と私」によれば、西洋文化であれ東洋文化であれ、「日本文化へ外から何物かを加えるという意識」は、じつは「自己保全的であり、ヨーロッパ近代を肯定する立場」である（一四巻四五五頁）。外部から何かを移入することに頼ることは、自己の内面の苦悩から目をそらさせ、自己革新を妨げるからだ。

そもそも竹内によれば、「Aが存在するということは、Aが非Aを排除するということ」である（四巻一四三頁）。背景があってこそ図が成立しているように、「日本文学」という概念もまた、「外国文学」という補完的な対立物を表象することで成立している。それゆえ、安易に「外国文学」を学ぶことは、「日本文学」を固定化することにつながる。こうした思想に立って、竹内は「『中国文学』の廃刊と私」で、「支那を研究するのに、自己の対立物としての支那を肯定してはならぬ」と述べている（一四巻四五五頁）。

しかし同時に、「外国文学の研究はますます盛にならねばならぬ」。しかしその研究は、「個が他の個の収奪によって自らを支えるのでなく、個が自らを否定することによって他の個を包摂する立場を自らの内に生み出してゆくこと」でなければならない。それは具体的には、他者との「対立が私にとって肉体的な苦痛である場合にのみそれは真実なのである」（一四巻四五四、四五〇、四五五頁）。もちろんこの発想が、自己の苦悩を掘り下げることで他者の苦悩につながるという、「郁達夫論」の延長であることはいうまでもない。

こうして竹内は、「近代」を批判する京都学派の思想に拠ることで、大東亜文学者大会に象徴される「官僚文化」を批判した。これは、京都学派に反発して「近代」を再評価した丸山眞男とは、表面的には対極に位置する思想形成であった。

しかしそうした表面的な相違とは裏腹に、丸山と竹内の批判対象は、どちらも戦時下の官僚統制であった。いわば両者の相違は、根底的な相違というより、表現形態の相違であった。すなわち丸山は、官僚統制の根幹は「無責任」にあると判断し、近代的な主体意識の確立を唱えた。それにたいし竹内は、官僚統制の根幹は「保身」であると主張し、自己否定と自己革新をこれに対置したのである。

丸山と竹内の「近代」評価の相違も、ここから派生していた。「近代的個人」という言葉を、「自己保全」という意味に用いるならば、竹内のいうようにその超克が「官僚文化」の打破につながる。しかし「近代的個人」が、絶えざる進歩と革新をひきうける責任意識を意味する言葉であるならば、丸山のいうようにその確立が「官僚文化」を一掃するだろう。実際のところ、丸山と竹内は表面的な相違とは裏腹に、戦後において互いを尊敬しあうようになるのである。

何より竹内は、「近代」という言葉を、否定的な「自己保全」の意味だけでなく、肯定的な「自己革新」の意味にも使用していた。彼は一九四三年七月の「現代支那文学精神について」という論考では、中国が「強いられた近代でなく、自主的な近代」を獲得したと主張している(一四巻四六八頁)。

中国が「自主的な近代」を獲得した画期として、竹内が強調したのは、一九一九年の五・四運動であった。竹内によれば、この運動以前の中国文学は、「近代の侵攻と、それに対する古典支那の応戦、敗北によって特徴づけられる」(一巻四六八頁)。すなわち「西洋近代」と「中国古典」が、あたかも「日本文学」と「外国文学」のように、互いに対立しながらじつは補完しあっていたあいだは、中国文学の自己革新はおこらなかったのである。

ところが「五四以後は、近代的国民運動によって古典支那が自主的に書き改められ」、「近代を内部から否定する因子を妊んだ」。中国文学は、外部の権威を移入することによってではなく、自己の内部を見つめることで革新の契機をつかんだ。これを竹内は、「支那が独自の近代を持った」と形容している（一四巻四六八頁）。いわば竹内は、「近代」という言葉を、肯定的な意味と否定的な意味の双方で用いていたのである。

こうしたなか一九四三年一二月、ついに竹内にも、召集令状がやってきた。そして、丸山が軍隊入営を前にして江戸時代論を残したように、竹内は主著である『魯迅』を一一月に脱稿した。この原稿は、竹内が中国戦線に送られたあと、空襲下の一九四四年一二月に発刊されることになる。

前述したように、もともと竹内は魯迅の愛読者ではなく、この著作でも「今度はじめて魯迅の文章を通読した」と白状している。しかし、切迫する時局のなかで魯迅を読んだ彼は、魯迅が「あまりに身近にいる気がする」と感じた（一巻一五頁）。結果として竹内は、この著作で、従来から自分が抱いていた思想を、魯迅を論ずるというかたちで集大成することになる。

まず竹内は、既存の魯迅伝や、魯迅の独白の類を、ことごとく「嘘である」「このままには受け取れない」などと否定する。竹内によれば、魯迅は一般には政治的な作家とされているが、「素質的には政治と無縁」である。魯迅は、当時の中国で流布していた「革命に役立つ文学だけが真の文学だ」といった意見を拒否し、「文学の効用を疑うことによって文学者となった」タイプだというのである（一巻七七、一八、一四〇、七三頁）。

しかしそれでは、魯迅の政治性はどこから生まれたか。竹内によれば、「その政治性は、政治を拒否することによって与えられた政治性である」。魯迅は「熱烈な民族主義者であり、また愛国者である」が、「民族のため、あるいは愛国のための文学」を書こうとしたのではない。彼は自己の外部にある「政治」に参加しようとしたのではなく、あくまで、「彼自身の中にある如何ともしがたい苦痛」と闘うなかで文学を書き、「その苦痛を、自分から取り出して、相手の中に置いた」（一巻一八、六一、一一五頁）。魯迅は自己の内部にある苦悩を書くことで人びとの苦悩とつながり、結果として影響力をもったというのである。

そこで竹内が検証しているのが、魯迅が文学を志した契機としてしばしば挙げられる、「幻燈事件」である。魯迅が医学を学ぶため仙台に留学していたとき、日露戦争のニュース映画で、中国人が日本軍に虐待されている場面が上映された。日本軍に喝采を送る日本の学生たちと一緒にこの場面をみた魯迅は、中国人の身体を改善する医学よりも、精神を改善する文学のほうが大切だと考えた。これが、魯迅本人が回想記に書いているあらましである。

ところが竹内は、「幻燈事件と文学志望は直接の関係がない」と主張する。竹内によれば、「彼は、同胞の精神的貧困を文学で救済するなどという景気のいい志望を抱いて仙台を去ったのではない」。魯迅は「同胞を憐れむよりも、同胞を憐れまねばならぬ彼自身を憐れんだ」のであり、「同胞を憐れむことが、彼の孤独感につながる一つの指標になったまでである」というのである（一巻六〇頁）。

竹内によれば、魯迅の核心的な部分は、「政治との対決によって得た文学の自覚である」。文学は直接的には政治に無力だが、文学は文学に徹することによって、結果として政治につながることができる。外に期待をもつのではなく、自己の内面にある「暗黒」を掘り下げ、自己否定と自己革新をとげることで、文学者は影響力を獲得する。魯迅がこの自覚をつかんだことを、竹内は「回心」とよんでいる（一巻五五頁）。

また竹内はこの著作で、「素質的には政治に無縁」なはずの魯迅が、なぜ政治家の孫文を尊敬していたかを論じている。竹内によればその理由は、「彼は孫文において真の『革命者』を見た」からであるという（一巻一二〇頁）。

一九一一年の辛亥革命をなしとげた孫文は、「革命なお未だ成功せず」という言葉を残した。竹内によればこの言葉は、革命の成果に安住することなく、永遠の自己否定と自己革新をとげてゆく志向を表現したものであり、「真の革命は『永遠の革命』である」。すなわち、「『われ革命に成功せり』と叫んだものは真ならぬ革命者である」。そして魯迅は、このような孫文の姿勢に自己革新の姿をみいだしたのであって、「孫文に『永遠の革命者』を見た魯迅は、『永遠の革命者』に自己を見たのである」という（一巻一二〇、一二一頁）。

すなわち文学における「革命」とは、自己否定と自己革新のプロセスであり、「政治」に頼って内面の苦悩から目をそらすことではない。竹内は『魯迅』でこう述べる（一巻一四三―一四四頁）。

文学は行動である。観念ではない。しかしその行動は、行動を疎外することによって成立つ行動である。……政治に迎合し、あるいは政治を白眼視するものは、文学でない。……真の文学は、政治に反対せず、ただ政治によって自己を支える文学を唾棄するのである。孫文に「永遠の革命者」を見ず、革命の成功者、あるいは革命の失敗者を見る文学を唾棄するのである。なぜ唾棄するかと云えば、そのような相対的の世界は「凝固した世界」であり、自己生成は行われず、従って文学者は死滅せねばならぬからである。

文学者は内面の凝視と自己革新に徹することで、結果として政治につながるのであり、そうした「行動を疎外することによって成立つ行動」こそが真の力となる。それは竹内がみた中国共産党が、麻薬売買や外国の援助を拒否し、内部の倫理の確立に徹したことによって、中国民衆の支持という真の戦力を獲得したことにも似ていたのである。

こうして形成された竹内の思想は、戦後には丸山眞男や鶴見俊輔などから高い評価をうけ、江藤淳の評論『作家は行動する』や、吉本隆明の「自立」思想につながることになる。しかし、逆説的な表現がちりばめられた竹内の思想は、断片的な評論を読んだだけでは、およそ理解しやすいものとはいえなかった。そして事実、彼は戦後において、その名声とは裏腹に、多くの誤解にさらされてゆくことにもなるのである。

戦場の悪夢

一九四三年一二月、『魯迅』の原稿を出版社に託して召集された竹内は、中国戦線に送られた。すでに三三歳の老兵だった彼は、体力不足で行軍から落伍するので悪名高い、成績不良の兵士として中国各地を転戦した[20]。

竹内はこの時期についても、一九三七年から三九年の北京滞在とおなじく、ほとんど語っていない。わずかに、一九四九年の「中国人の抗戦意識と日本人の道徳意識」には、以下のような文章がある（四巻三四頁）。

私は軍隊で、無意味な破壊行為をたくさん見た。戦術上の必要からではなく、また戦場の異常心理でも説明のつかない、無目的の破壊である。それは価値の規準を失った近代人のアナーキイの心理からでなく、もっと素朴な野蛮人心理のように私には見えた。私たちの心の底深く、そのような野蛮人本能が住んでいるのかもしれない。

敗戦後、捕虜として一年近く抑留された竹内は、一九四六年六月に復員した。彼はその体験を「一九四六年夏、私は屈辱から解放された」と書いている（一巻二〇三頁）。おそらく竹内もまた、日本軍の一員として「無目的な破壊」に手を染めさせられ、自分自身の「野蛮人本能」を自覚する屈辱を味わったものと思われる。

丸山眞男の場合もそうだったが、概して戦後知識人たちは、彼らにとって最大の屈辱の記憶となった軍隊体験について、多くを語りたがらなかった。竹内の盟友であり、ともに中国文学研究会を担っていた武田泰淳は、やはり兵士として中国戦線に送られた経験をこう述べている。[21]

自分の保有する思想からすれば、脱走するか、入獄しなければならないはずだったのに、在郷軍人たちの合唱におくられ、九段の近歩二（キンポニ）〔近衛歩兵第二連隊〕に入隊して、輜重兵特務兵二等兵になった。……自分が仲よくせねばならぬ留学生たちの祖国へ攻め入るのだから、よくないことと知りながら、輸送船につみこまれて、呉淞《ウースン》に上陸。戦争に反対するための「理論」でアタマが一ぱいになっているくせに、平気で戦争に行く、あの恥ずかしさ、だらしなさは、今さら語りたくない。……

赤紙を手にするまでは、まさか自分が（自分だけは）戦場へ行くまい、行かないですむだろうとぼんやり考えている。そして、銃をあてがわれて「戦地」へ行く。そうすると、今までとはちがった自分、および人間を発見するようになってしまうのである。

死体は至るところに、ころがっていた。水たまりに倒れ、髪の毛を海草のように乱して、ふくれあがっている女の死体もあった。乾いた土の上に、まるで生きているように仰臥している乾いた老人の死体もあった。物の焼けるにおい、肉のくさるにおいが、みちひろがっていて、休息しても食事しても、つきまとっている。

憲兵のとりしまりもない、裁判も法廷もない前線では、殺人は罰せられない。たった一人の老婆をころすのに、あれほど深刻な緊張をしいられたラスコルニコフの苦悩をぬきにして、罪のない、武器ももたぬ人びとが殺されて行く。……殺すという行為が「勇敢」という美しいことばと結びつけられたりして、むごたらしく、なまなましく実演されて行く。……

私は、かつての体験をふりかえって、どうしても自分自身を信用することができない。人間がおい込まれた生活条件によって、どんな非人間になりかわるかも知れぬという不安から、はなれることができない。

そして武田は、戦場から帰って書いた彼のデビュー作『司馬遷』の冒頭で、「司馬遷は生き恥さらした男である」「『史記』を書くのは恥ずかしさを消すためではあるが、書くにつれて恥ずかしさは増していたと思われる」「私が『史記』について考え始めたのは、昭和十二年、出征してからである」と記した。[22] そして竹内は、一九六〇年の安保闘争にさいして、座談会で同席した丸山眞男とともに、戦中に勇気がなかった悔恨が、戦後の「行動の発条」になっていると述べている。[23]

また竹内は戦後において、「ドレイとドレイの主人はおなじものだ」という言葉を多用した。この言葉は、彼が一九四三年の『魯迅』で引用していた、「他人を奴隷とするものは、主人を持てば自分が奴隷に甘んずる」という魯迅の言葉を手直ししたものであった（一巻一二五頁）。

ところがじつは、竹内がこの言葉を重視したのは戦後になってからであり、軍隊応召前に書かれた『魯迅』では、数ある引用の一つとして記されていたにすぎない。このような竹内の転換の背景をうかがわせるのが、彼が一九四八年の論考「中国の近代と日本の近代」で、カナダの歴史家であったハーバート・ノーマンの著作に触れて書いた、以下の文章である（四巻一六九―一七〇頁）。

ノーマンの『日本における兵士と農民』に次のような言葉がある。この本は、私が最近よんだなかで感銘の深かったものだ。……「みずからは徴兵軍隊に召集されて不自由な主体《エイジェント》である一般日本人は、みずから意識せずして他国民に奴隷の足枷を打附ける代行人《エイジェント》となつた」と書いたあとで、ノーマンはこう附け加えている。

「他人を奴隷化するために純粋に自由な人間を使用することは不可能である。反対に、最も残忍で無恥な奴隷は、他人の自由の最も無慈悲且つ有力な掠奪者となる。」（白日書院版一一四頁）

私はこれを読みながら、魯迅を思い出していた。魯迅は、自国についてこれとそっくりおなじ意味のことを何度も書いている。……私は、ノーマンの言葉を、えがたいものだと思う。そしてそれに答える言葉が私にないのを残念に思う。しかし、魯迅がそれに答えてくれている。もし魯迅がいなかったら、私はどんなにはずかしい思いをしたろう。

前述したように、彼は日本の麻薬政策を知りながら、それに抗議する勇気をもたなかった。しかもそのあと、日本軍の兵士となり、おそらくは上官や古兵にリンチをうけながら中国を転戦し、自分のなかにも「野蛮人心理」が潜んでいることを自覚させられていた。その彼が、「最も残忍で無恥な奴隷は、他人の自由の最も無慈悲且つ有力な掠奪者となる」というノーマンの言葉に衝撃をうけ、魯迅の言葉を想起させられていたのである。

それは同時に、丸山眞男が自分の軍隊体験をもとにして「超国家主義の論理と心理」に書いた、「国内では『卑しい』人民であり、営内では二等兵でも一たび外地に赴けば、皇軍として究極的価値と連なる事によって限りなき優越的地位に立つ」「彼らの蛮行はそうした乱舞の悲しい記念碑ではなかったか」という文言と同質のものであった。そして竹内は、復員後の一九四六年一〇月一九日に「超国家主義の論理と心理」を読んで感動し、「面白かった。近来になく面白かった。帰還後よんだ中で随一のものである」と日記に書きつけている。(24)

復員後の一九四六年一二月、竹内は東京大学から、支那文学科助教授として招聘された。しかし、「漢学先生」のアカデミズムを嫌っていた彼はこれを断わり、一九五三年に東京都立大学に就職するまで、もっぱら評論で生計を立てた。(25)そのなかで竹内は、中国と対比して日本の近代化を批判し、しだいに名声を獲得する。

ことに一九四八年ごろから、中国共産党の勝利が確実視されるようになり、中国への注目が急速に高まった。ところが、戦前の中国研究者はもっぱら古典を研究していたため、悪名が高かった「支那通」や「大陸浪人」を別とすれば、現代中国を語れる者が少なかった。戦前の日本では有名とはいえなかった魯迅も、毛沢東が賞賛したこともあって、広く知られるようになっていた。そのため、中国文学研究者である竹内が、しばしば中国や中国共産党の解説者として論壇にひっぱりだされることになった。

当然のように、こうした竹内に注目したのが、日本共産党だった。一九四七年八月には小田切秀雄が竹内に新日本文学会への入会を勧め、一九四九年一月には石母田の盟友だった藤間生大が共産党への入党をよびかけた。しかし竹内は、そのいずれをも断った。[26]

竹内　好（1951年）

竹内の日記をみると、一九四六年六月に東京に復員した直後、共産党機関紙の『アカハタ』を購入したものの、「昔のままで興ざめした」と日記に書いている。『近代文学』の同人たちもそうだったように、戦争の体験から何ら学ぶことなく、一五年前の運動をそのまま復活させるかのような共産党の姿勢には、竹内も違和感を覚えていた。その直後には、マルクス主義歴史学者たちが拠る『歴史評論』も買ったが、「この雑誌は全体がつまらぬ。これでは民主主義科学者連盟という奴は信用ならぬ」という感想をもった。[27]

そもそも竹内は、日本のマルクス主義者を信頼していなかった。竹内が一九四二年に、日本軍に協力している元マルクス主義者の調査員に出会ったことは前述した。竹内は一九六一年に敗戦直後を回想して、戦後に「コミュニズムが復活するのはいいことだ」とは思ったが、「かつてのコミュニストが戦争中に転向して、もっとノン・コミュニストよりも積極的に戦争に協力したという側面をわりに多く見ている」ために、共産主義運動には距離をおいたと述べている（五巻九五頁）。

また竹内の思想からいっても、外部の「政治」に参加することは、彼の選ぶところではなかった。これまでの章で述べたように、自分の戦争協力の悔恨を消そうとして、共産党に入った者は少なくなかった。しかし竹内は、外部の権威にすがって苦悩を救われることよりも、自己の内面の暗黒を見つめることを選んだ。

竹内は新日本文学会への勧誘を断わったあと、一九四七年一二月の魯迅論「『狂人日記』について」で、こう述べている。「彼は絶望に沈んだ。一切の救いを信ぜず、それを求めようとしなかった。暗黒だけが彼にあった。暗黒は彼の外にあるのではなく、彼自身も暗黒の一部である」。「重苦しく被っているものがある。そこから出ていきたいのだが、出ていくことはできない。権威にすがれば、出ていくことはできるだろう。観念や言葉の権威にすがって多くの人が、自分だけは抜け出たつもりでいる」（一巻二二二頁）。

竹内によれば、「相手の立場に自分をおいて考えないで、実行できようとできまいと、そんなことはかまわずに、自分だけが高所にいて、権威のコトバを語るのが、指導者だ」。そして「指導者」たちは、魯迅に「『デモクラシイ』を、『サイエンス』を、自由を、平等を、博愛を、正義を、独立を、繁栄を、与えようとした。彼は信じなかった」（一巻二五二、二二六頁）。

これまでの章でみたように、戦中の悔恨から共産党に入党した者は、獄中非転向の幹部の権威に逆らうことができなかった。そして竹内は、一九四七年の「『狂人日記』について」でこう述べる。「魯迅も、かつてはそのような脱出を試みた。しかし、それは彼にとって『失敗』だった。もう彼は一切の権威――外にあるものを信じない。暗黒を消すものとしての光を信じない」。「それは暗黒が彼自身だからだ。権威にすがるのは奴隷になることだ」。「彼は死ぬまで権威――権威に服することと権威として他を服すること――に反抗しつづけた」（一巻二二三、二二六頁）。

竹内はこうして、共産党への入党を断わった。彼は一九六一年の講演で、敗戦直後をこう回想している。「あの間違った戦争への道、その結果としての敗戦というものからどういう教訓を汲むか、あるいはそれをどう自分の学問に組み込むかという場合に、いきなりコミュニズムに行ける人は――多くの人が行ったわけですが、それはそれでよろしい。その人はその人なりの過程で別な反省をした。私などは、それとは距離をもちながら、禍根はもっと深いところにあるのではないかと考えていたのであります」。そして竹内は、その「禍根」について、こう述べている（五巻

九五、九六頁)。

それはどういうことかというと、私は戦後に一つの仮説を出した。後進国における近代化の過程に二つ以上の型があるのではないか。日本の明治維新後の近代化というものは、非常に目覚しいものがありまして、東洋諸国の遅れた、植民地化された国の解放運動を励ましたわけです。それが巧くいっていれば唯一の模範になりえたのであるが、結果として最後に、どんでん返しの失敗をやった。その失敗の点から振り返ってみますと、日本の近代化は一つの型ではあるけれども、これだけが東洋諸国の、あるいは後進国の近代化の唯一絶対の道じゃなくて、ほかに多様な可能性があり、道があるのではないか、と考えたわけです。

そしていうまでもなく、竹内が日本と対比したのが、中国であった。彼によれば近代日本は、西洋文明という外部の権威を移入して「優等生」となり、西洋文明の「ドレイ」となって、東洋諸国を「ドレイ」にする鎖を打ちつける役目をになった。それにたいし中国は、「優等生」になることには失敗したが、「自己否定」と「自己革新」によって、日本とは異なる「自主的な近代」を築いていったというのである。

二つの「近代」

こうした仮説にもとづき、竹内は一九四八年から四九年にかけて、「中国の近代と日本の近代」「中国文学の政治的性格」「日本人の中国観」といった一連の論考を書いた。とくに「中国の近代と日本の近代」は反響をよび、『中央公論』が一九六四年一〇月号で「戦後日本を創った代表論文」を特集したさい、丸山眞男の「超国家主義の論理と心理」とならんで再録された。これらの論考の主張を概説すると、以下のようになる。

まず中国と日本の相違は、「究極的には、固有の文化をもつものと、そうでないものの差」である。すなわち、「中国の文明は、作り出したものであって、日本のように、他から借りることが習慣化されていない。したがって、制度にしろ思想にしろ、ヨオロッパ文明がうみ出した結果だけを借りてくることができない。改革は内部からの自己改造に徹底する以外に実現されない[28]」。

中国は固有の文化をもつがゆえに、伝統が強力である。それゆえ、伝統と徹底的に闘い、それを否定することでしか、革新が生まれない。また同時に、そうした自己否定と自己革新こそが、固有の文化を生みだす原動力でもある。したがって、「中国では、伝統の否定そのものが伝統に根ざしていた」のであり、「伝統のもっとも激しい否定者が同時に伝統のもっとも忠実な保持者であった」（四巻一一頁）。

そして、「中共（中国共産党）は、もっとも徹底した伝統の否定者であることにおいて、民族のもっとも高いモラルの体現者である」。そもそも「中国の革命は、民族に内在する本源的な力の発露であって、たとい外の力を借りていても、運動自体はつねに自律的であった」という（四巻一一頁）。

それにたいし日本では、つねに完成品を西洋から輸入することで、近代化を行なってきた。それが可能であったのは、固有の文化と伝統をもたないため、自己否定を行なわずとも近代化が可能だったからである。それは、「ともかく形式だけは近代化の速度をはやめた」が、「内的生活と外的生活の二重性」を生みだした。そもそも、「その進歩とみえるものが同時にダラク」だったのである（四巻一四、一四三頁）。

こうした近代日本では、自由主義が行きづまれば全体主義、全体主義で敗北すれば民主主義と、危機のたびに外国から思想を輸入することが期待される。要するに、「かつて与えられた、いまでも与えられている、将来も与えられるだろうという、与えられる環境のなかで形成されてきた心理傾向がもとになっている」。そのため、真の絶望や自己革新に至らず、「永久に失敗することで、永久に成功している。無限のくりかえしである。そしてそれが、進歩のように観念されている」（四巻一四八、一四七頁）。

ここから発生するのが、「『新しい』ということと『正しい』ということが重なりあって表象されるような日本人の無意識の心理傾向」である。そこでは、輸入されたものが次々と古くなって捨てられてゆくだけで、中国のように伝統の自己革新というものがない。したがって、「日本文化のなかでは、新しいものはかならず古くなる。古いものが新しくなることはない」。こうした状況を、竹内は「日本の社会にはあらゆるものを枯らす毒気がある」と形容している（四巻一四八、一六三、一一三頁）。

そして日本の近代文学の歴史は、こうした傾向の典型にほかならない。文学的な創造の危機があったとき、「日本の作家がやっていることは、大別して、外から新しい流派を注射薬として持ち込むか、政治に助けを求めるかである。つまり、外の力を借りようとしている」。そのため西洋から手法を借りたり、文学的貧しさを政治参加という口実でごまかそうする文学者が絶えることがない。「外の力を借りたからダラクしたのに、そのダラクを救うためにまた外の力を借りようとする。日本人のドレイ根性がどんなに深いかがわかる」（四巻一一二、一一三頁）。

竹内によれば、「日本文学をコドモの文学だとすれば、中国文学はオトナの文学」である。なぜなら「中国文学は一切の外のものにたよらなかった。もちろん、絶えず栄養は吸収したが、根は自分のものであった」。それにたいし、「日本の社会の矛盾がいつも外へふくれることで擬似的に解決されてきたように、日本文学は、自分の貧しさを、いつも外へ新しいものを求めることによってまぎらしてきた」。つねに外の力に頼っている日本文学は、「まるでコドモ」であり、「いくら年をとってもそのままではオトナにならない」という（四巻一〇二、一一三、一二五頁）。

こうした「日本文化は構造的に優等生文化である」。近代日本の文化とは、外部の権威からいかに早く学ぶかの競争である。「優勢感と劣勢感の並存という主体性を欠いたドレイ感情のもとは、そこにあるだろう」。下層民はエリートに劣等感を抱き、エリートは啓蒙主義と「指導者意識」に満ち、西洋への憧憬と東洋への蔑視が並存する。竹内によれば、敗戦後の変革も、「士官学校の優等生が帝国大学の優等生に変っただけだ」という（四巻一五〇、一四三、一五二頁）。

それではこうした状況は、どうすれば打開できるか。竹内によれば、日本ではしばしば、「主体性」や「現実」、あるいは「政治」などが、どこかに探しにゆけば与えられるはずの完成品として考えられている。そのため、「与えられるべき『主体性』を外に探しに出かけていく」ことや、「現実という実体的なものがあって、無限にそれに近づくこと」が試みられる（四巻一五八、一四九頁）。こうして「自分」を探しに外に出かけるという行為、外部に救いを求める期待が、「ドレイ」の状態を固定化しているのだ。

しかし竹内によれば自己とは、固定された完成品ではなく、自己否定と自己革新による「運動」である。人間は、自己否定によって変化してこそ、「自己」というものを実感し、獲得することできる。したがって、「変らないものは自己でない」。「私が私であるためには、私は私以外のものにならなければならぬ時期というものは、必ずあるだろう」。自己保全は自己を失うことであり、自己否定は自己を獲得することである。そうであるがゆえに、「自己を固執することで自己は変る」（四巻一六二頁）。

そうだとすれば、外部から文化を移入して危機を回避することはもちろん、「伝統」を墨守して変化を拒むことも自己保全であり、自己を失うことにすぎない。西洋の模倣と、その反動にすぎない国粋主義のあいだを揺れ動いてきた近代日本は、「自己を保持したいという欲求がない（自己そのものがない）」のである（四巻一四五頁）。

それにたいし魯迅は、「自己であることを拒否し、同時に自己以外のものであることを拒否する」。過去の「自己」にとどまることも、外の力に頼って「自己」を放棄することも、魯迅は拒否し「抵抗」する。過去の「自己」にとどまることは「劣等生」に甘んずることであり、外の力に頼ることは「優等生」に成りあがることである。その双方を拒否することは、「ドレイであることを拒否し、同時にドレイの主人であることも拒否」することである（四巻一五六、一一五頁）。

しかしそうした「抵抗」は、深い絶望をもたらす。なぜなら、「優等生」であることも「劣等生」であることも拒否することは、世界に居場所をもたないことを意味するからだ。そして、「ドレイは、自分がドレイの主人になろうとしているかぎり、希望を失うことはない。かれは可能的にドレイではないから」（四巻一一五頁）。

だがその状態では、「自分がドレイであることの自覚もうまれない」。劣等生が外部の権威に認められようと望むこと、優等生に成りあがろうという期待をもつこと、「ドレイが救いを求めること、そのことが、かれをドレイにしている」。帝国主義国家になるか、植民地になるかという二者択一の世界観をいちはやく受けいれた近代日本は、「抵抗を放棄した優秀さ」を発揮した。しかしそれは、「ドレイとしての優秀さ」にほかならなかったという（四巻一一五、

一五六、一五九頁)。

そして、「ドレイが脱却の行動をおこしうるのは、自分がドレイであることを自覚したときである」。それは、「ドレイであることを拒否し、同時にドレイの主人であることも拒否したときにもつ絶望感」に目覚めることである。そして、「抵抗は絶望の行動化としてあらわれる」(四巻一二五、一五六頁)。

ここで竹内がいう「抵抗」や「行動」とは、安易に「政治」に参加することではない。それはこの世界が与えてくる、既存の位置や同一性を拒否することである。「優等生」であることも、「劣等生」であることも拒否することである。「抵抗を放棄すれば与えられるが、そのため与えられるという幻想を拒否する能力は失われる」。こうした「抵抗」こそが、あてがいぶちの既製品ではない「自己」を獲得する契機となる。すなわち「自己が自己自身でないのは、自己自身であることを放棄したからだ。つまり抵抗を放棄したからだ」(四巻一五七、一五九頁)。

そしてこの世界において、「自己であることを拒否し、同時に自己以外のものであることを拒否する」ことは、永遠の自己否定と自己革新、すなわち「回心」を継続することにほかならない。もちろん「回心」とは、外部のものを移入して自己保全を行なう「転向」とは異なる。竹内は一九四八年の「中国の近代と日本の近代」で、こう述べている(四巻一六一—一六三頁)。

日本の優秀文化のなかでは、優等生になってダラクするか、ダラクを拒否して敗北するか、よりほかに生きる道がない。優等生が良心にしたがって行動すれば、転向という現象は必然におこる。もし転向しなければ、かれは優等生でなくなる。新しいものを受けいれる能力を失ったのだから。共産主義より全体主義が新しければ、共産主義を捨てて全体主義へ赴くのが良心的な行動である。民主主義がくれば民主主義に従うのが優等生にふさわしい進歩的な態度である。……そもそも日本の近代が転向ではじまっている。攘夷論者はそのまま開国論者であった。……

転向は、抵抗のないところにおこる現象である。つまり、自己自身であろうとする欲求の欠如からおこる。自己を固執するものは、方向を変えることができない。わが道を歩くしかない。しかし、歩くことは自己が変ることである。自己を固執することで自己は変る。（変らないものは自己でない。）……もし私がたんなる私であるなら、それは私であることですらないだろう。私が私であるためには、私は私以外のものにならなければならぬ時機というものは、かならずあるだろう。それは古いものが新しくなる時機でもあるし……それが個人にあらわれれば回心であり、歴史にあらわれれば革命である。

回心は、見かけは転向に似ているが、方向は逆である。転向が外に向う動きなら、回心は内へ向う動きである。回心は自己を保持することによってあらわれ、転向は自己を放棄することからおこる。回心は抵抗に媒介され、転向は無媒介である。

もちろん「回心」という言葉は、前述したように、一九四三年の『魯迅』で使われていたものである。そして竹内によれば、「日本文化は型としては転向文化であり、中国文化は回心文化である」。日本では、明治維新とその後の近代化が、容易に達成された。それと対照的に、「すべて上からの改革をはばむほど中国では反動が強かった」。しかしそのことが、日本の安易な近代化とは異なる道を中国に歩ませ、「下からの革命を盛りあがらせることになった」（四巻一六三、一六五頁）。

それが明確に現われているのが、明治維新と辛亥革命の相違である。竹内によれば、「明治維新は成功したが、辛亥革命は『失敗』した。失敗したのは、それが『革命』であったからだ」。それは、「内部から否定する力がたえず湧き出る革命である。孫文には革命がいつも『失敗』と観念されている」というのである（四巻一六四頁）。

こうした思想をもとに、竹内は一九四八年の「中国文学の政治的性格」という論考で、「日本には国民文学がない」と述べている（七巻一一頁）。この論考は、荒正人・平野謙と中野重治のあいだで行なわれていた「政治と文学」論争について、竹内が論じたものであった。この「国民文学」についての考え方が、一九五一年の「国民文学論争」につながってゆくことになる。

竹内によれば、近代中国は「形式はヨオロッパ的でないかもしれないが、ともかく日本などとくらべると、はるかに近代的である」（七巻九頁）。自己革新によって、下からの近代化をとげた中国では、思想や文学が「国民的基盤」をもっている。

ところが上からの近代化をとげた日本では、「思想は観念の借り着として通用しているだけ」である。そして知識人たちは、「生活を離れた思想を実体的なものとして問題にしている」（四巻七頁）。そのため思想も文学も政治も、観念のなかで空転するだけで、「国民的基盤」がない。

結果として、日本で「思想」や「文学」や「政治」について論ずるのは、西洋文化をいち早く移入した「優等生」たちだけである。それ以外の「劣等生」たちは、そのようなものに関心がない。

そして「優等生」たちは、「劣等生」たちを啓蒙しようとする。しかし彼らは、「自分はドレイでないという幻想のなかにいて、ドレイである劣等生人民をドレイから解放しようとしている」（四巻一五八頁）。自分は主人のつもりで、哀れな劣等生を救おうと考えているのだ。

だから彼らには、劣等生が「自分はドレイである」ことを自覚したときの絶望感がわからない。つまり、「呼び醒まされた苦痛にいないで相手を呼び醒まそうとしている」（四巻一五八頁）。竹内の考えでは、自己の苦痛と他者の苦痛がつながっている時しか、表現は相手に届かない。ところが前述したように、竹内によれば、「相手の立場に自分をおいて考えないで、実行できようとできまいと、そんなことはかまわずに、自分だけが高所にいて、権威のコトバを語るのが、指導者だ」。もちろんそのような啓蒙は、相手にされることがない。

そのため日本では、封建時代の武士と農民がまったく文化を共有していなかったように、知識人と大衆のあいだに問題意識や苦悩の共有がない。「文壇」や「学界」は、あたかも封建制下のギルドのような様相を呈する。文学者が、自分の外部にある「政治」に参加するか否かで悩むという「政治と文学」というテーマも、「日本文学の封建制のあらわれ」である。一九四八年に、竹内はこう述べている（四巻一〇六―一〇七頁）。

〔中国の作家は〕国民的感情の上に立って、その上での自分のコトバで話している。日本人側は作家としての職業意識の上に立って、自分たちの仲間のコトバで話している。……中国文学にとっては、文学者が国民的感情を代弁するのは自明なことであって、文学者を量る評価は、かれが、どのように、どの程度に、それを代表するかということ、国民的感情の方の側からの規準でおこなわれる。日本文学にとっては……作家が国民的感情を代表するかしないかということと、それをどう表現するかということとは、まったく切り離された問題であって、この両者を結びつけるためには、さらに別の操作が必要になる。「政治と文学」という日本的な問題の出し方の地盤がそこにあると思う。

「国民的基盤」が形成されている中国では、「国民的感情の上に立つ」ことと「自分のコトバ」で話すことには、何の矛盾もない。作家にとって、人民の苦悩は彼自身の苦悩であり、自分の苦悩を書くことが人民の苦悩につながる。それが成立していない日本では、「自分のコトバ」と「国民的感情」を結びつけるために、「政治」という自分の外部にある媒体が必要になってしまう。

竹内によれば、中国の「文学者は、職人としてでなく、自由な平均人の感覚でものを考えている」。中国の学生も、「日本のように特殊な閉鎖的な社会層を構成していない」がゆえに、「単一社会の構成員としての責任と自覚に支えられている。だから、学生の意志が直接に民衆の意志につながっている」。そのため中国の文学は「ギルド内で生産され消費されるのではなくて、市場は非常にせまいが、ともかく開放的な単一社会で生産され消費される」(七巻九、八頁)。こうした「開放的な単一社会」で成立する文学こそ、「国民文学」にほかならない。

ここでいう「開放的な単一社会」とは、丸山眞男の「近代国民国家」がそうであったように、各人が自立しつつ連帯している状態であり、既成事実ではなくめざすべき目標であった。竹内は一九四八年には、こうした「開放的な単一社会」を達成しつつある中国と対比して、「封建制」のような文壇に生きている日本の文学者を、「それはつまり、かれらが近代市民ではないからだろう」と評している。[29]

このような「国民文学」は、不屈の「主体性」を備えたものでもあった。竹内によれば、革命後の中国では、民衆の「日常的な要求が、つみかさねられていって政治的要求に組織されるときに、それに文学的表現を与えるのは文学者の責任であり、その責任が文学者に自覚されているのである。だからこの言葉は、下から出てきた言葉であり、肉体をもった、それだけに力強い言葉である。外からの強制にしたがった言葉でなくて、自主的な言葉である。権力によって取り消すことのできぬ言葉である。つまり、文学的な言葉である」というのである。[30]

それでは、そうした状態に日本と日本文学が到達するために、何がなされるべきなのか。当然ながら竹内が唱えたのは、自己の内部の暗黒を直視することで、自己革新の契機をつかむことであった。竹内は一九四七年の魯迅論で、以下のように述べている。

竹内によれば、魯迅は自分自身が暗黒であることを自覚し、同時に外からの救いを拒否した。そのとき、「彼にできるのは、悪である自分を滅ぼすことである」。こうして魯迅は、自分自身の暗黒を批判し滅ぼすために、『狂人日記』や『阿Q正伝』を書き、「青年に激動を与えた」。「魯迅の暗黒が、相手の内部へ食い入って、生命の火の自然発火となったのだ。新しい人間の形成が、このときからはじまった」。竹内によれば、「革命とは『国民が自分で自分の悪い根性を改革すること』だと彼は許広平への手紙に書いている」という（一巻二二八頁）。

そして竹内にとって、日本と自分自身の最大の「暗黒」は、戦争責任問題にほかならなかった。彼は一九四九年の「中国人の抗戦意識と日本人の道徳意識」で、中国への麻薬輸出を批判したが、同時期の論考でこう記している。「日本文化は、本来に、それを核心にして自己発展すべき原動力――モラルに欠けている、という結論になりそうである。果してそうだろうか」[31]。日本と自分自身の戦争責任を直視するモラルこそが、「自己発展の原動力」たりうるはずであった。

もう一つ、竹内が自覚していた内面の暗黒は、「天皇制」であった。日本軍の兵士として、ハーバート・ノーマンのいう「最も残忍で無恥な奴隷」の境遇に立たされた彼にとって、「天皇制」は恐怖と憎悪の的だった。第5章でも述べたように、竹内は一九五二年には、「私たちの世代にとっては、天皇制は、いまわしい、のろうべき、しかしまた、いくらもがいても脱却できない、宿命のようなものである」と述べている（六巻三一二頁）。

もともと竹内は敗戦時には、同時代の少なからぬ知識人がそうであったように、「アメリカ軍の上陸作戦があり、主戦派と和平派に支配権力が割れ、革命運動が猛烈に全国をひたす形で事態が進行するという夢想をえがいていた」という。彼は一九五三年には、「八・一五は私にとって、屈辱の事件である。民族の屈辱でもあり、私自身の屈辱でもある。つらい思い出の事件である。ポツダム革命のみじめな成り行きを見ていて、痛切に思うことは、八・一五のとき、共和制を実現する可能性がまったくなかったかどうかということである」と述べている。(32)

しかし竹内は、外部の権威を輸入して戦中の日本を裁くことには批判的であった。「中国の近代と日本の近代」で、竹内はこう述べている（四巻一六八―一六九頁）。

国粋主義や日本主義が流行したことがあった。その国粋や日本は、ヨオロッパを追放するということで、そのヨオロッパをのせているドレイ的構造を追放することではなかった。いまは反動で近代主義がはやるが、近代をのせている構造はやはり問題にしない。つまり主人をとりかえようとしているので、独立を欲しているのではない。東条を劣等生あつかいすることで、優等生文化そのものを保存するために別の優等生が居すわろうとしているのとおなじだ。……東条を否定するためには、東条に対立することではダメなので、東条を超えなければならぬ。そのためには、東条さえも利用しなければならぬ。

「A」と「非A」は補完関係にあるのであり、西洋に対抗するために「日本主義」をもちだすのが無意味なのと同様に、「日本主義」を批判するために西洋近代を掲げても意味がない。「東条」を否定するためには、「東条」と対立するのではなく、自己の内部にある「東条」を直視することによって、「東条」を超えなければならない。そしてこれは同時に、「十二月八日」を掲げて大東亜文学者大会を批判した、いわば「東条」によって「東条」を批判した戦中の竹内のありようとも、合致したものであった。

そして竹内にとって、直視すべき内なる暗黒である戦争責任と天皇制は、ほとんど一体のものであった。なぜなら

第3章でも述べたように、当時の知識人たちにとって「天皇制」は、たんに君主が存在するという政治制度の問題ではなく「主体性」の問題であり、知識人たちの悔恨や戦争責任問題とも密接に結びついていたからである。

とはいうものの、泥仕合を恐れた当時の知識人のつねで、竹内も敗戦直後には知識人の戦争責任問題について明示的に論じていない。しかし一九五五年以降は、戦時期の論壇事情についていくつかの論考を残している。

その一つである一九五五年の論考「転向と抵抗の時代」では、竹内は一九四一年二月におこった俳壇の一斉検挙をとりあげ、検挙された俳人である栗林農夫の以下のような回想を引用している（七巻二一三頁）。「弾圧のかげには俳壇のスパイがいたということなんです。……俳壇には結社がいろいろあって、その対立から排他的感情が強い。そこへもってきて古い伝統俳句に対する批判的な反逆者があらわれてそれが大きな脅威になってきたということから、こいつをおしつぶし、自分が俳壇の勢力を握ろうという権力慾もあって、ファッショ的な当局と結んで一と仕事しようというのが出て来たんですね」。

そして竹内や武田泰淳が中心となっていた中国文学研究会が、従来の「支那学」に対する「批判的な反逆者」であり、戦中には大東亜文学者大会への協力を拒んでいたことは前述した。さらに竹内は、上記の栗林の引用につづけて、「こういう事情は、俳壇ばかりでなく、ほぼ全体を通じてあった」と述べていたのである（七巻二一三頁）。

じつは竹内は、一九四六年六月に復員したあと、三月に復刊されていた『中国文学』を批判する文章を書き、かつての仲間たちと対立していた。その文章で彼は、「文学における戦争責任」の事例として、以下のようなものを挙げている。それは、「大東亜文学者大会を組織したもの、それに協力したもの、迎合したもの」、「封建日本の遺生児である漢学は、戦争の全期間を通じて遺憾なく奴隷性を発揮したこと」、「学問の官僚主義の発生地盤としての帝国大学」、そして「自己を主張するに怯であり、力弱く、組織力に乏しく、戦闘方法の拙劣であった中国文学研究会」などであった（一三巻一〇〇―一〇一頁）。

すでに述べたように、竹内が一九四三年に中国文学研究会の解散を決意したのは、「批判的な反逆者」として出発したはずの研究会が、肥大化してそれじたい権威になりつつあったなかで、「漢学」や「官僚文化」への批判意識が衰弱していく傾向がうかがえたからであった。竹内は明確に記していないが、おそらく彼が大東亜文学者大会への協力を拒んだことで、研究会内部に動揺が生まれ、「漢学先生」や「官僚文化」に迎合しようとする風潮が出てきたと竹内が判断したことも、解散の理由であったかもしれない(33)。そして戦中の竹内自身が、「自己を主張するに怯であり、力弱く」あったぶんだけ、そうした過去を清算しないまま戦後に復刊した中国文学研究会の動向は、許せなかったのであろう。

おそらく竹内が、「ギルド」のような文壇グループを嫌い、「天皇制」を憎み、「開放的な単一社会」を志向していたことには、こうした戦争体験も関係していたと思われる。そして竹内は、のちの一九五八年には「一木一草に天皇制がある」という有名な言葉を残したのである(34)。

一方で竹内は一九五〇年代前半に、革命後の中国を形容して、「個人は自由意志をもち、みずからの責任で行動する」「すべて自主性、自発性が重んじられていて、他から強制されることがない」「個人の幸福の追求と国の運命とが一体化している」「卑下して相手にこびるのでもなければ、尊大ぶって相手にいばるのでもない」などと述べている(四巻二八四、二八五、二六六頁)。こうした表現を、中国の過剰な理想化であると批判することはたやすい。だが逆にいえば、竹内が戦争体験からうけた傷は、こうした夢想を抱かねばならないほどに深かったといえる。

このようにみてくると、竹内の思想は、じつは丸山眞男をはじめとした、同時代の思想と連続したものだったことがうかがえる。明治から日本の近代化を考えなおすというアプローチも、「主体性」という問題にこだわったことも、「封建制」を批判して「国民的基盤」の成立を志向したことも、ほとんど丸山と共通していた。実際に竹内と丸山は親交が深く、丸山はのちに「二人は実は同じメダルを両側から攻めていたのだと思うんです」と回想している(35)。

ただし丸山が「近代」を基準に日本社会を批判したのに対し、竹内は肯定すべき「近代」と否定すべき「近代」を分け、日本の近代化と「封建制」の双方を批判していた。しかしどちらにせよ一貫して竹内が批判していたのは、外部の権威から与えられる「優等生」や「劣等生」といった位置づけに、自分からはまり込んでゆく「ドレイ根性」であった。

そうした「ドレイ根性」を、一種の自己保全と自己同一性の希求だとみなすならば、それに「近代」という名称を与えることは可能である。しかし同時に、権威への隷従を「封建的」とみなし、「優等生」と「劣等生」の分断状態を封建社会のギルドのようだと論ずることも、また可能であった。それゆえ竹内においては、「近代」批判と「近代」志向は、矛盾したものではなかったのである。

そうした意味では、「近代」という言葉の用法のちがいはあっても、丸山と竹内が批判していたものは同じであった。だがおそらく、二人の最大の相違は、思想内容とは別の、ある種の資質のちがいにあった。丸山はバランス感覚と責任意識を重んじる政治学者だったが、竹内は内向的でロマンティックな文学者だった。たとえば丸山が「文学は行動である」とか「自己否定」といった言葉を使うとは、およそ考えにくい。逆に竹内は、「パンパン根性」を批判する文章などは書かなかった。また丸山なら、竹内と同じことを主張するにしても、用語の定義をもっと厳密にして、「近代」という言葉を竹内ほど融通無碍には使わなかったと思われる。

こうした資質の相違は、二人の文体にも反映していた。竹内と丸山が、同じような戦争体験を共有し、同じような内容を説いていても、読者に与える印象は相当にちがっていた。丸山の文章は論理的で明晰な印象を与えたが、竹内の文章はパセティックな魅力があった。一九六〇年代の学生運動から、丸山が集中的に批判されたのに対し、竹内のほうは再評価されたのも、学生たちのロマン志向に竹内の文章が合致しやすかったからだと思われる。

しかしその代わり、竹内の文体は反語的な表現や独自の用語法に満ちており、あまり理解しやすいものとはいえなかった。実際に、竹内が中国共産党を評価しているというだけで、共産党への勧誘がやってくるという状態は、彼の思想が一般に理解されているとはいえない事情を示していた。やがてそうしたディスコミュニケーションは、国民文学論争において露呈することになるのである。

「国民文学」の運命

第7章で述べたように、一九五〇年代に入ると、アジアの再評価と啓蒙主義への反省が高まってくる。そして雑誌

『中央公論』一九五一年一月号は、清水幾太郎の論文「日本人」と、丸山眞男の論文「日本におけるナショナリズム」を掲載した。この丸山の論文は、近代ヨーロッパの「国民主義」や、アジアの植民地独立運動における「民族主義」と比較しながら、日本のナショナリズムの「前期的性格」を批判したものだった。

一九五一年七月、竹内は「ナショナリズムと社会革命」と題した論考で、この丸山の見解に反論した。この論考が、「国民文学論争」の発端となる。

まず竹内は、丸山の分析の的確さを評価し、「新しいナショナリズムをそだてることに絶望する丸山氏に私は同感する。たといそのナショナリズムが、左右いずれのイデオロギイによろうとも」と述べた（七巻一九頁）。当然ながらこの文言は、この一九五一年ごろに高まっていた、共産党の民族主義路線を暗に批判したものであった。第8章で述べたように、丸山の「日本におけるナショナリズム」には、「進歩的陣営」によるナショナリズムの利用を批判した一節があり、竹内はそれに共感を示したのである。

それは同時に、竹内が従来から抱いていた、マルクス主義者への不信の反映でもあった。彼は「左右いずれのイデオロギイ」のナショナリズムも信頼できないことの論拠として、「昭和の左翼運動」が「新型の大陸浪人を生んだ」ことを指摘している（七巻一九頁）。これはもちろん、竹内が中国で出会った、元マルクス主義者の調査員の姿を思わせるものであった。

しかし竹内にあっては、「絶望」の自覚は自己革新の第一歩である。竹内は、丸山の「絶望」の的確さに賛同したうえで、こう主張する（七巻一七―一八頁）。

　しかし、日本にも個々には、「よき」ナショナリズムの型が生れたように、中国人の心情に似たものが日本文学にまったくなかったわけではない。むしろ、明治時代にはそれが多分にあった。漱石にも、荷風にも、鷗外にすらあった。なかんずく、透谷、独歩、啄木の流れにはそれが強くあらわれている。この色彩が消えてしまったのは、自然主義末期、あるいは「白樺」以後であろう。

竹内によれば、明治の文学者たちは、「多かれ少かれナショナリズムと社会革命との結合に苦しんだのだ」。そして、「明治的ナショナリズムの究極」にまで到達したのが石川啄木であり、「啄木の思想を受けついだのがプロレタリア文学である、というのが文学史の定説になっている」（七巻一九頁）。

ところが竹内の見方では、「受けついだのは社会思想の面だけであって、啄木がそれと結合しようとして苦しんだナショナリズムの半面は、プロレタリア文学では切り離されてしまった。そしてこれが日本と中国のプロレタリア文学の相違点でもある」。そして「これが、プロレタリア文学がのちに日本浪曼派から手痛い復讐を受けた導因となったと私は考える」というのである（七巻一九頁）。

それでは、なぜプロレタリア文学が、戦中の国粋主義文学である日本浪曼派に復讐されたのか。二カ月後に発表された「近代主義と民族の問題」という論考で、竹内はこう主張する（七巻三一頁）。

マルクス主義者を含めての近代主義者たちは、血ぬられた民族主義をよけて通った。自分を被害者と規定し、ナショナリズムのウルトラ化を自己の責任外の出来事とした。「日本ロマン派」を黙殺することが正しいとされた。しかし、「日本ロマン派」を倒したものは、かれらではなくて外の力なのである。外の力によって倒されたものを、自分が倒したように、自分の力を過信したことはなかっただろうか。それによって、悪夢は忘れられたかもしれないが、血は洗い清められなかったのではないか。

この文章でまず疑問がわくのは、「マルクス主義者を含めての近代主義者」という表現である。竹内はこの論考で、「近代主義とは、いいかえれば、民族を思考の通路に含まぬ、あるいは排除する、ということだ」と述べている（七巻三二頁）。しかし当時の共産党は、「近代主義」を批判し、「民族」を掲げる最大の勢力であった。

ところが竹内は、「近代主義と民族の問題」でこう述べる（七巻三〇頁）。

それでは、戦後にあらわれた左のイデオロギイからの提唱は、民族を思考の通路に入れているか、というと、そうではない。「民族の独立」というようなスローガンはあるけれども、その民族は先験的に考えられたものであって、やはり一種の近代主義の範疇に属する。……アジアのナショナリズム、とくに中国のそれをモデルにして、日本へ適合させようと試みたものである。

すなわち、ここで竹内が述べている「近代主義」という言葉は、彼がかねてから批判していた悪しき「近代」、すなわち外部から完成品を移入してくる「ドレイ根性」を表現したものだったといってよい。もともと竹内はこの前年、コミンフォルム批判で日本共産党が混乱に陥ったとき、共産党を厳しく批判する文章を書いていたのである。

それでは、「近代主義とは、いいかえれば、民族を思考の通路に含まぬ」という文言にみられる「民族」とは、何を意味する言葉なのか。そもそも、竹内が「民族」を肯定的な存在と考えているのなら、なぜ「血ぬられた民族主義」などという言葉づかいをするのか。

この論考で竹内は、「民族」についてこう述べている。大正期の白樺派や、「『白樺派』の延長から出てきた日本のプロレタリア文学」は、「階級」や「抽象的自由人」のみを重視し、「民族」を「見捨てられた暗い片隅」に追いやった。「民族は、この暗い片隅に根ざしている」のであり、「民族の意識は抑圧によっておこる」（七巻三三、三四頁）。そして竹内は、こう述べる（七巻三六頁）。

一方から見ると、ナショナリズムとの対決をよける心理には、戦争責任の自覚の不足があらわれているともいえる。いいかえれば、良心の不足だ。そして良心の不足は、勇気の不足にもとづく。自分を傷つけるのがこわいために、血にまみれた民族を忘れようとする。私は日本人だ、と叫ぶことをためらう。しかし、忘れることによって血は清められない。

すなわち、竹内がここで「血にまみれた民族」という言葉で表現しようとしていたのは、自己の内部にある暗黒であり、具体的には戦争責任問題であった。おそらく、上記の引用にみられる「私は日本人だ、と叫ぶことをためらう」という一節も、〈私は血にまみれた侵略者だ、と認めることをためらう〉という含意の表現だったと思われる。前述の「近代主義とは、いいかえれば、民族を思考の通路に含まぬ」という文言も、「近代主義」とは自己の暗黒を直視しない「ドレイ根性」をいいかえた言葉だと考えれば、理解できよう。

大日本帝国が「外の力」によって倒されても、自分のなかに「野蛮人心理」が宿っていることを思い知らされていた竹内にとって、「悪夢は忘れられたかもしれないが、血は洗い清められなかった」。そうした彼には、戦後の知識人たちが、「血にまみれた民族」の一員であることを忘れたかのように、民主化や近代化といった「観念や言葉の権威にすがって」「自分だけは抜け出たつもりでいる」ことが、許せなかったのだと思われる。だからこそ竹内は、この論考で「ナショナリズムとの対決」を唱え、「汚れを自分の手で洗わなければならぬ」「ただ勇気をもて、勇気をもって現実の底にくぐれ」「それをしないのは、卑怯だ」などと主張していたのだった（七巻三五、三七頁）。

そして竹内が「日本ロマン派」をもちだしたのも、それが当時の文壇における最大のタブーであり、忘れてしまいたい悪夢の象徴とみなされていたからであったろう。前述のように、竹内は一九四八年の「中国の近代と日本の近代」では、「東条」という言葉を、「ファシズム」の代名詞として使用していた。おそらく竹内は、「日本ロマン派」という言葉も、〈文壇の暗黒〉ないし〈文学の戦争責任〉の代名詞として使用していたと思われる。

竹内自身は、高校時代に日本浪曼派の保田與重郎と同級生だったとはいえ、戦中に傾倒していたのは、日本浪曼派とは対立関係にあった京都学派のほうであった。彼は後年のインタビューで、「保田と同級というと、日本浪曼派のことをどうしても聞かれるんですが、私はやはり全然ちがうんですね」と述べ、しかも「保田のものは、私は断続してしか読んでいないんです」と洩らしている。[36] こうした姿勢は、戦中に日本浪曼派に傾倒し、その愛憎から『日本浪曼派批判序説』を書いた橋川文三などとは、かなり異なっていたといえる。

そして当然ながら、竹内が提唱したのは、日本と自分自身の暗黒にむかいあい、自己否定と自己革新をとげることであった。前述した論考「ナショナリズムと社会革命」で、竹内は「新しいナショナリズムをそだてることに絶望する丸山氏に私は同感する」と述べたあと、こう主張している（七巻二〇頁）。

ウルトラ・ナショナリズムに陥る危険を避けてナショナリズムだけを手に入れることができないとすれば、唯一の道は、逆にウルトラ・ナショナリズムの中から真実のナショナリズムを引き出してくることだ。反革命の中から革命を引き出してくることだ。

もちろんこれは、「東条」をこえるために、内なる「東条」を直視せよという主張の延長である。それは同時に、「十二月八日」を掲げて、大東亜文学者大会を批判するという論理の延長でもあった。竹内は上記の引用に続けて、中国では「反革命においてさえ革命の契機をつかみ出した」のであり、「その典型は魯迅だ。したがって、魯迅の抵抗こそ、今日学ぶべきものである」と述べている（七巻二〇頁）。

さらに竹内は「近代主義と民族の問題」で、この論法を日米戦争の見方にも応用している。彼によれば、オーエン・ラティモアのようなアメリカの学者も、「太平洋戦争がアジアの復興に刺激を与えたという、逆説的ではあるが、プラスの面も引き出している」という（七巻三四頁）。これもまた、暗黒のなかから自己革新の契機をつかむという論理の延長であることはいうまでもない。

そしてさらに、竹内はこう主張する。「民族の伝統に根ざさない革命というものはありえない」。日本に必要なのは、西洋から移入した方法論に依拠する「植民地文学（裏がえせば世界文学）」ではなく、「国民文学」であるという（七巻三六頁）。もちろんこれも、伝統の否定と革新を行なう者こそが伝統の体現者であるという彼の中国観の延長であり、「国民的基盤」にもとづく「国民文学」の提唱でもあった。

以上のように、竹内の「国民文学」の提唱は、彼の従来からの思想を述べたものであった。しかし問題は、竹内の問題提起の方法であった。「魯迅の抵抗」とか、「血にまみれた民族」とかいった竹内独特の表現は、およそ理解しやすいものとはいえなかった。「日本ロマン派」を直視しろとか、太平洋戦争から「プラスの面」を引きだせといった、人目を驚かす反語的・逆説的な表現も、誤解を招きかねないものであった。

おそらく竹内は、当時の文学者や知識人のありように不満がつのっていたあまり、あえて刺激的な表現を多用したのだと思われる。だがそれは結果として、竹内は戦中の大アジア主義や日本浪曼派を擁護し、丸山眞男のような「近代主義者」を批判したのだ、と解釈されても仕方のないものになっていたのである。

そしてある意味で竹内の狙いどおり、彼の刺激的な提言は大きな反響をよび、戦後有数の論争の一つといわれる「国民文学論争」が発生した。しかし、論争に参加した知識人の多さに比較して、その内容は、ほとんど誤解とすれ違いの連続であった。

その一因は、竹内の用語法の混乱にあった。彼は論争の当初は、ひたすら「近代主義」を批判した。ところが論争が進むにつれ、「国民文学の不成立は、いいかえれば近代文学の不成立」であり、「封建的な身分制の問題」だと唱えはじめた（七巻四三、四四頁）。また一九五二年の座談会では、「国民とか民族」が「形成されるのは近代以後」であり、封建制の打破によって「単一な個人の国民的結合が可能になる」と述べている。[37]

これでは、竹内が「民族」や「近代」という言葉で何を表現しているのか、大部分の読者が理解できなかったのも無理はなかった。比較的よく竹内の主張を理解していた日高六郎でさえ、「氏の近代主義の概念は非常に広い。氏が近代主義と名づけていることがらのなかには、常識的にはむしろ前近代性と名づけたほうが適当ではないかと思われるものまでふくまれているようである」と評している。[38]

さすがに論争が進むにつれて、竹内は肯定すべき「近代」と批判すべき「近代主義」を区別し、「近代主義は、前近代的社会、つまり身分制が解放されていない社会に、近代が外部から持ちこまれた場合に発生する意識現象である」「その克服によって近代化が実現される」と述べるようになっている（七巻五四頁）。しかしその後においてさえ、竹内が厳密な定義にもとづいて、これらの言葉を使用していたとは言いがたい。

そもそも「近代主義」などという、共産党の用語を使ったことも、誤解を招きやすい行為であった。第6章で述べたように当時の共産党は、「文学の自律性」を唱えて党の指導に抵抗する文学者たちを、「近代的自我」に拘泥する「近代主義者」だと批判していた。ところが竹内は論争の渦中の座談会で、「近代主義という言葉はいつごろからあるもんですか。不用意に使ってるけど、よく知らないんですよ」と述べており、この言葉の由来を認識しないまま使用していたらしい(39)。

もともと竹内は、用語を厳密に定義して論文を書くようなタイプではなかった。そして戦争体験の悪夢をはじめとした竹内の内面は、整然とした既存の言葉で語ることなどできないものであった。彼は『魯迅』において、「暗黒というのは、私にとって説明がつかぬという意味である」と述べている(40)。おそらく彼は、自分でも正体のつかめない衝動に突き動かされながら、「近代主義」や「血にまみれた民族」といった言葉を、漠然としたイメージとして連発していたのだと思われる。

そして、竹内が「国民文学」を提唱したのは、ある意味で最悪のタイミングであった。彼の「近代主義と民族の問題」は、雑誌『文学』一九五一年九月号の、「日本文学における民族の問題」という特集の一本として掲載された。そしてこの特集では、丸山静や西郷信綱、川崎庸之といったマルクス主義系の文学者や歴史学者たちが、民族文化や民族文学について論じていた。一九五一年九月は、サンフランシスコ講和条約会議が開かれており、共産党が「アメリカ帝国主義」による「日本の植民地化」を批判していた時期でもあった。

もともとこの雑誌『文学』は、岩波書店が発行を引きうけていたものの、当時は日本文学協会が編集を行なっていた。第9章でも述べたように、当時の日本文学協会は『平家物語』や近松門左衛門の「革命性」を大会で論じており、雑誌『文学』にも民話や民謡の再評価をうたう共産党系論者の寄稿が数多く載っていた。そうした雑誌の特集に、「近代主義」を批判して「民族」を掲げる竹内の論考が、掲載されていたのである。

そのため多くの知識人は、従来から中国共産党を賞賛していた竹内が、日本共産党の民族主義路線に同調したのではないかと受けとった。竹内と交際があった臼井吉見でさえ、論争が始まって一年以上経るまで、「国民文学の主張の根底的な考えが充分には納得できていなかった」と述べている。[41] その臼井の理解にしても、竹内のいう「近代主義」は共産党が唱えるそれとは異なり、外国にモデルを求めることを批判した言葉であって、したがって共産党の民族主義路線にも竹内は批判的であることがわかった、というだけのものであった。

こうした竹内の「国民文学」の提唱にたいし、論壇の反応は、まず大きく二つに分かれた。一つは、野間宏をはじめとした共産党所感派系の文学者たちが、竹内の提言を歓迎したことだった。そして第二の反応は、伊藤整や臼井吉見といった、非共産党系の知識人の当惑だった。

しかし共産党所感派系論者たちの歓迎は、誤解の集積としか言いようのないものであった。もともと彼らの論調は、党の指導に逆らう「近代主義者」を批判し、「民族のための文学、国民のための文学が近代的な自我の確立のための文学、小市民的な自己形成の文学にとってかわらねばならぬ」と主張するものだった。[42] ところが論争のなかで、竹内がこうした共産党系の意見に違和感を述べ、近代的自我の確立や文学の自律性を肯定したため、野間宏などは竹内を批判するようになった。[43]

一方で共産党非主流派と、非共産党系の論者たちは、竹内の提言を警戒した。一九五〇年から五一年にかけては、共産党の分裂の余波で『新日本文学』と『人民文学』が激しく対立していた時期であり、多くの文学者は疑心暗鬼に陥っていた。本多秋五の形容にしたがうなら、「新日本文学会が、国民文学論に対してつねに懐疑的であり、猜疑の眼をもってこれを眺めた」という状況があったのである。[44]

前述のように、竹内は一九五〇年には、コミンフォルム批判に動揺した日本共産党の対応を批判していた。共産党に劣等感を抱く文学者が多かったこの時期においては、これは本多秋五が「こんな大胆な論文を書いて大丈夫なのか」と危惧したほどの出来事であった。[45] しかし逆にいえば、そうした竹内がなぜ共産党と類似の提言を行なうのか、理解しにくかったと思われる。

そのため、竹内に往復書簡をせまられた伊藤整は、まず共産党系の民族文学論を暗に批判しながら、「『民族のための文学』と『近代的自我の確立の文学』とが異質な、矛盾するものとは考えられない」と応じた。[46] 竹内がその意見に同調すると、彼らは反発を弱めたが、それでも臼井吉見などは、「政治的プログラムとむすびついて出てきた国民文学の提唱というのはどうも信用できない」と当時の座談会で述べている。(47)

このような、二つの方面からの誤解の入り混じった反応にたいし、竹内はそれなりに誠実に対応した。しかし竹内自身の主張が曖昧だったこともあって、かえって混迷は深まった。竹内は、一方では「手段としての国民文学なら反対だ」と伊藤らに賛同を示した。しかしまた一方では、「『近代文学』一派」を批判して、「自我の確立、近代的市民への解放、というだけしか出てこない。それ以上の国民的連帯へまでは発展しない」といった批判を行なったのである(七巻五〇、四八頁)。

その結果は、竹内が両面から批判をこうむるだけだった。一方からは野間宏が竹内を批判したが、また一方からは荒正人が竹内にむかって、「『民族』と同時に『市民』についても思いを至さなくてはならぬ」と反論した。(48)荒は後年には、太平洋戦争にもプラス面があったという竹内の戦争観を批判して、「竹内好はこんなことを考えていたのか。本気でしゃべっているのか。全くあきれたものである」と述べている。(49)

とはいえ竹内には、大日本帝国を賛美する志向などなかった。誤解にさらされた竹内は、論争のなかで、日本文学は「占領によって急に植民地化したわけではなく」「『白樺』以後がそうであり」「戦争中に十全の奴隷性を発揮したことによって、戦後に完全な植民地になった」と強調している(七巻五〇頁)。しかしこうした主張は、十分に理解されたとは言いがたかった。そもそも多くの文学者からみれば、共産党が白樺派を批判しているにもかかわらず、なぜ竹内が「『白樺派』の延長から出てきた日本のプロレタリア文学」などという表現をするのかさえ、理解しにくかったただろうと思われる。

竹内が理想とする「政治と文学」の関係も、ほとんど理解されなかった。伊藤整は一九五三年の座談会で、「ぼくなんかは国民文学というと、政治との結び着きは〔戦中と〕同じくらい強度で、方向が逆だというふうに考えるので、これもうかつに近づけないように警戒する」と述べた。(50)野間宏はまったく逆に、「竹内氏の文学の自律性」は「ただ政治から自分を区別するということ」ではないかと批判した。(51)文壇に定着していた「政治と文学」の二者択一という発想は、容易に崩れなかったのである。

こうした二者択一の発想を、もっとも極端に示したのが、福田恆存だった。福田は竹内の国民文学論を「どうもよくわからない」と評し、「国民文学提唱をして真に効果あらしめようとするならば、完全に政治的であらねばならない」「やはり政治的になるか、文学的になるか、いづれか一方を択るべきであらう」と主張している。もちろん福田の主張は、政治志向の文学などは知識人の観念過剰にすぎず、竹内の国民文学論も「一時の文壇を賑すだけで消え去つてゆくといふ空しさをくりかへすだけ」に終わるだろうというものだった。[52]

一九五二年八月、民主主義科学者協会の主催で行なわれたシンポジウムは、論争の無内容ぶりを象徴するようなものだった。竹内をはじめ、野間宏・石母田正・岩上順一など一四人ものパネラーが集まったにもかかわらず、そこで明らかになったのは、多くの出席者が他人の書いたものを読んでいないということであった。発言を求められた安部公房や本多秋五などは、異口同音に「竹内さんの論文はよく読んでいない」「あまりよく読んでおりませんし、勉強していない」などと言い訳しながら、自分なりの国民文学観を述べたてるだけだった。[53]

総じて文学者たちは、文壇が閉鎖的で、自分たちの文学が「国民大衆」に届いていないという反省はもっていた。西洋文学にモデルを求め、日本の内発的な文学創造の努力が足りないという劣等感も、彼らがそれなりに共有していたものであった。そして彼らは、竹内の国民文学論を、もっぱらそうした側面への批判としてだけ受けとった。竹内の提言は、文学者たちが従来から抱いていたコンプレックスに点火をする役割は果たしたが、竹内の問題意識が伝わっていたとは言いがたかったのである。

また竹内自身も、「国民文学」の内容を、明確に提示することができなかった。竹内は一九五二年に、「国民文学」とは「デモクラシイと同様、実現を目ざすべき目標であって、しかも完全な市民社会と同様、実現の困難な状態である。それに到達することを理想として努力すべき日々の実践課題だ。既成のモデルで間にあうものはなにもない」と述べている。もちろんこれは、彼の持論である「永遠の革命」をいいかえたものといってよい。しかしそれでは、竹内自身が嘆いていたように、「日本文学の現状に批判的な見方をする人が、それぞれの立場、文学観の上に立って、現状否定の意味で、反対概念として国民文学というコトバを使っているだけである」という状態から脱するのは困難だった（七巻四七、四二頁）。

もともと「国民文学」という言葉は、戦時期にも戦争賛美の文学として唱えられた経緯があり、そのため「国民文学」という言葉に反発を示す者も多かった。かつて戦争賛美の文章を書いた過去をもつ伊藤整は、「戦時中の軍国主義的民族主義と文学を結びつけた風潮を受け容れたり、それに同感するような文章を書いたりした記憶があつて、それが心に痛いので、国民文学ということを考えることを拒否する傾向が文壇人にある」と述べた。[54] 平野謙も一九五三年の座談会で、同席した竹内に、「国民文学という言葉は、わたくしなんかは戦争中の記憶と結び着いているわけで……もつと新しいうまい言葉はないいんでしょうか」と問うている。[55]

しかし竹内は、「たとい『国民文学』というコトバがひとたび汚されたとしても、今日、私たちは国民文学への念願を捨てるわけにいかない」と唱えていた（七巻三六頁）。また彼の思想からすれば、まさに暗黒の記憶と結びついているからこそ、「日本ロマン派」とおなじく、「国民文学」という名称を提起する意味があるはずだった。

しかしそうした竹内の意図は、まったく理解されなかった。国民文学論争においては、戦争責任の問題はほとんど論じられることがなかった。竹内自身も、おそらくは泥仕合を危惧してこの論点をあえて深めようとせず、一九五五年以降にまで持ちこすことになる。

この点については、共産党系の文学者たちも同様だった。一九五五年に、民主主義科学者協会は一連の国民文学論争を編集して、『国民文学論』という単行本を刊行した。そこでは石川啄木やプロレタリア文学などが「国民文学」として賞賛され、新しい「国民文学」を創ることが説かれていた。しかし収録された「日本におけるいままでの国民文学」という作品リストでは、明治時代の文学が並べられたあと、一九三〇年代後半から敗戦までは空白にされ、いきなり戦後にとんでいた。[56] 多くのプロレタリア文学者たちが戦争協力の文学を書いた時代は、あたかも存在しなかったかのように扱われていたのである。

こうした情勢のなかで、文壇における国民文学論争は、結果的に福田恆存が予想したとおり、「一時文壇を賑すだけで消え去ってゆく」という展開をたどった。論争は一九五二年までがピークで、それ以後は早くも下火となった。「国民文学」を唱えるのに熱心だった共産党系の文学者たちも、一九五五年の六全協後には沈黙してしまった。竹内がかつて述べた、「日本文化のなかでは、新しいものは必ず古くなる」という状態が、彼の主張そのものにもおこってしまったのである。(57)

そして論争のあとには、竹内は民族主義者であり、太平洋戦争と日本浪曼派を擁護したのだというレッテルだけが残った。この後に竹内が、日本の内発的な近代化の芽を求めて戦前のアジア主義を論じたり、悪夢の時代を忘却しないために「近代の超克」をはじめとした戦中思想に注目をうながしたことが、そうした印象をさらに広めた。国民文学論争のあと、アジア主義や戦中思想といったテーマの執筆依頼が竹内のもとに寄せられていったため、竹内自身もこうしたテーマに関心を強めた傾向もあったようである。

とはいうものの、竹内は自分にたいする世評に、違和感を拭えなかった。そのため本章冒頭に述べたように、竹内は一九六〇年には、「あいつはファシストだ、ナショナリストだというふうな評価さえ受けておりました」と述べることになる。

これも本章冒頭に述べたように、一九六〇年代以降には、全共闘運動のなかから「戦後民主主義」や「近代」への批判が台頭し、竹内は三島由紀夫などとならんで、「近代主義＝戦後民主主義」を批判した民族主義者であるといった評価も現われた。戦争の時代はもちろん、一九五〇年代の事情もよく知らない若者たちは、戦後において竹内だけが突出して「民族」を唱え、「近代主義」を批判したのだと考えがちであった。

実際には前述のように、竹内は日本浪曼派とは異質であったし、三島由紀夫と同列視されることを嫌っていた。(58)しかし竹内は、若い世代による自分への評価について、ほとんど何の発言もしなかった。説明したところで、時代状況を知らない若者たちに、理解されるはずもないという諦めもあったろう。晩年になって、自分を評価する年下の学者に会った竹内は、「世代が違うんだね」と述べていたという。(59)

現在の目からみれば、竹内が自分の思想を表現するのに、「民族」や「近代主義」といった言葉を使用する必要があったのか、という疑問もわいてくる。しかし、「民族」を掲げて行なわれた戦争のなかで思想を形成し、その戦争の記憶と格闘することをテーマとしていた竹内にとって、この言葉をさけることはできなかった。戦争が「日本人」という単位で行なわれ、その単位として戦争責任を問われている以上、「自分は日本人だ、と叫ぶことをためらう」ことにたいしては、竹内は「卑怯だ」としか考えられなかったのである。

また今日の目からみれば、竹内が中国と中国共産党を美化する傾向があったことは、否定できない。[60] しかし竹内にとって、中国を論じることは、中国そのものよりも、中国を鏡として自分自身と日本の戦争体験を論じることにほかならなかった。そうした行為じたいが、「A」と「非A」の二項対立を批判していた竹内自身の思想を、裏切っていたという批判も可能だろう。だが丸山や大塚にとっての西洋近代や「明治」とおなじく、戦争体験の傷の深さが、彼に中国の美化をひきおこさずにはおかなかったといえる。

国民文学論争のあと、竹内は護憲や平和を訴える時事評論を書く一方、中国との国交回復を唱えつづけた。第12章で述べるように、一九六〇年の安保闘争のさいには、彼は都立大学教授の座を辞職して岸政権に抗議し、ふたたび注目を集めた。しかしその安保闘争の終焉後には、彼は急速に論壇の表舞台から退き、もっぱら魯迅の研究に没頭したあと、一九七七年に肺ガンで死去した。

一九四三年に書いた『魯迅』で、竹内は以下のように述べている。「私の書きたいのは、私の想像の中にいる魯迅という一個の人間の像である」。そして、「私は、魯迅を一種の贖罪の文学と見る」(一巻二九、四四頁)。中国戦線に兵士として送られた竹内が、一九五一年に「血ぬられた民族主義」という言葉を書いたとき、どのような記憶が想起されていたのかは、現在ではもはや確かめる術はない。

第11章 「自主独立」と「非武装中立」

第4章で述べたように、敗戦直後には、憲法第九条は政府や保守政治家からも支持されていた。その状態が崩れ、「改憲」と「護憲」の対立が確定したのは、一九五〇年代になってからである。この章では、一九五〇年に講和問題が浮上してから、一九五五年の「五五年体制」の成立に至るまでの、憲法と講和にかんする論議を検証する。[1]

アメリカは占領当初、日本の軍備を徹底的に解体する政策をとっていた。しかし一九五〇年六月に朝鮮戦争が勃発すると、朝鮮に出動した在日米軍の穴埋めとして、GHQは警察予備隊の設立を日本政府に命じた。並行してアメリカは、米軍による占領を終了して日本を独立させ、反共同盟国として育成する方針をとった。そのためには、第二次大戦で日本と交戦状態に入った各国と、日本が講和条約を結ぶことが必要であった。

しかしアメリカは、占領終了後も、日本を極東の出撃基地として確保することを望んだ。その結果、米軍の日本駐留を認める日米安全保障条約とペアのかたちで、サンフランシスコ講和条約が一九五一年九月に締結されたが、米軍駐留に反発するソ連や中国、インドなどはこの講和会議を欠席した。この講和会議を前にして、アメリカ主導の講和条約と日米安保条約を肯定する「単独講和論」と、ソ連や中国を含めた講和を主張する「全面講和論」が対立した。この全面講和論を唱えたことで知られるのが、本章で主たる検証対象とする知識人集団「平和問題談話会」であり、こうした議論のなかで、憲法第九条も注目されることになる。

そして結論からいえば、「護憲」と「非武装中立」は、戦後日本のナショナリズムの、一つの表現形態であった。

そしてそれは、一九五五年を境にして、しだいに惰性化と形骸化の傾向を示してもゆくのである。

一九五〇年の転換

憲法施行後、その理念は社会に定着していった。ただし注目に値するのは、憲法施行から数年間は、日常生活に密着した条項のほうが、第九条よりも論じられる機会が多かったことである。

たとえば憲法公布一周年の一九四七年一一月三日や、憲法施行一周年の一九四八年五月三日に、新聞各紙は社説で憲法を論じた。そこでは、「健康で文化的な最低限度の生活を営む権利」をうたった第二五条から貧困対策を説いたり、「すべて公務員は、全体の奉仕者であつて、一部の奉仕者ではない」という第一五条を掲げて官僚の腐敗を批判するといった論調が目立っていた。なかでも「両性の本質的平等」をうたった第二四条は、「新憲法が国民に与えた影響」の筆頭に挙げられている(2)。

敗戦後の貧困と混乱のなかにあった一般民衆にとっても、これらの条項は、第九条よりも実用的な価値が高いものであった。憲法施行から一、二年のうちには、第二四条や第二五条、そして「強制、拷問若しくは脅迫による自白又は不当に長く抑留若しくは拘禁された後の自白は、これを証拠とすることができない」と定めた第三八条などを根拠に、民間から多数の違憲訴訟がおきている(3)。むしろこの時期のほうが、後年よりも、一般民衆が憲法を利用している度合いが大きかったともいえる。

それにくらべ、第九条への注目は、高いとはいえなかった。この時期の政府は、五月三日の憲法記念日に、天皇を迎えて憲法を祝う式典を毎年行なっており、第九条を崇高な国家理念として称えていた。しかし一般民衆にとっては、第九条は日常生活とは縁遠い条項であった。

また第4章でも述べたように、敗戦直後においては、軍備撤廃は連合国とアメリカから与えられた所与の前提であった。日本の非武装化と連合国による管理は、一九四六年における国際社会の現実であった。第九条がうたう武装放棄と、憲法前文が述べる「平和を愛好する諸国民の公正と信義」に日本の安全保障を委ねるという文言は、国際平和の美しい理想であったと同時に、こうした国際社会の現実とも矛盾していなかった。

それはアメリカ側からすれば、日本の武装解除と国際管理を正当化する建前でもあった。米ソの冷戦が激化する以前は、非武装化された日本が、連合国の後身である国際連合によって安全保障されることは、アメリカにとっても望ましいプランだったのである。

こうした前提が崩れたのが、冷戦の激化と、一九五〇年六月に朝鮮戦争が勃発したことだった。日本を反共同盟国として再武装化する方針に転じたアメリカにとって、憲法は邪魔な存在となった。いわば、アメリカが一九四六年に掲げていた建前が、一九五〇年のアメリカにとって桎梏となってきたのである。

第九条を所与の前提と考えてきた日本の世論にとって、こうしたアメリカの転換は、一種の驚きであった。占領軍が警察予備隊の設立を命じた翌月、一九五〇年八月の『毎日新聞』の社説は、こう述べている。[4]

憲法第九条は……連合国の要求であり、平和条約においてもあらゆる条項に優先するほどの重要性をもつものと思われた。再軍備禁止を至上命令とし、軍備問題にふれることをタブーとする以上、日本の将来のあり方については、武力なき日本を前提として考えるよりほかにはなかつた。軍備放棄に心から賛成する日本人も、これに疑問をもつ日本人も、この問題についての考え方は、はじめからきめられていた。その限りにおいて、どうするかという決定の責任から逃れることができたわけである。

しかしアメリカは、日本再軍備の構想を、朝鮮戦争以前から検討の俎上にのせていた。すでに一九四八年一月六日には、ロイヤル陸軍長官が演説を行ない、激化する冷戦情勢に対処するために、日本を武装解除した占領政策の変更が迫られていると述べていたのである。[5]

また一九四八年三月には、占領軍でマッカーサーに次ぐ存在であったアイケルバーガー将軍が、冷戦情勢に対応するためと、「赤化しているかもしれぬ五〇万もの『在日』朝鮮人を抑える」ために、「日本人部隊を我が部隊の一部として利用する」という提案を行なった(6)。アイケルバーガーによれば、日本兵は絶対服従で死を恐れず、「将校なら誰でも配下にもちたいと夢みるような兵士」――上官ではなかった――であった(7)。

こうした発言からもうかがえるように、アメリカ側が望んだのは、アメリカの極東戦略に利用する現地人部隊を育成することであった。一九四九年秋には、台湾の国民党政権が唱える中国奪還作戦のために、旧日本軍のパイロットが傭兵として募集されるという報道も流れた(8)。後述するように朝鮮戦争の勃発後も、日本兵部隊を朝鮮に投入せよという意見が、アメリカ議会などで唱えられたのである。

一九四八年五月、アメリカ陸軍省は国防長官宛てに、日本の再軍備を提言する報告書を作成した。そこでは、「戦略的に重要な位置にある日本本土が我々のコントロール下に留まること」をまず前提にしたあと、「占領の終結」と「日本経済の復興」が述べられ、さらに「軽武装で、米陸軍によって組織され、初歩訓練され、その厳しい監督下にある小規模の日本人軍部隊の創設」が唱えられていた。そして同時に、「日本の新憲法に対する修正の可能性」が提唱されていたのである(9)。

しかしこうした方針に反対したのが、マッカーサーであった。一九四八年三月二一日、ドレーパー陸軍次官とケナン国務省政策企画室長が来日して、マッカーサーと会談した。このときマッカーサーは、日本には再軍備をする経済的余裕がないこと、アジア諸国が反発するであろうこと、大多数の日本国民が軍隊と戦争を嫌悪していることなどを理由に、再軍備に反対したのである。

しかしマッカーサーには、こうした客観情勢以外に、彼自身のプライドにかかわる反対理由があった。彼はこの会談で、「日本の再軍備は、日本の降伏以来ずっと占領軍当局を導いてきた多くの基本原則に反している」と述べ、「今になってこれらの原則を放棄してしまえば、日本における我々の威信を危険なまでに弱めることになってしまうだろうし、我々をこっけいなものとして日本人の前にさらすことになるであろう」と主張したのである(10)。

じつはこうした危惧は、日本の再軍備を提言した一九四八年五月の陸軍省の報告書でも、問題とされていた。この報告書は、付属文書で以下のように述べている(11)。

日本に警察軍（コンスタビュラリ）以上のレベルの軍事組織をつくることは憲法が違法としている、と解釈することは、まさに正当であり、また、そのように解釈することは、長期間に渡って米国の政治的立場を日本人との関係において最良の状態に確保することにつながる。もし、そのように解釈しないとすれば、日本人自ら、他の憲法条項も容易に反故にするのを助長することになり、その結果、日本における我々の威信低下をきたすおそれがある。

アメリカ政府にとってみれば、憲法第九条は、一九四六年におけるアメリカの対日戦略を、正当化した内容にすぎなかった。しかしだからといって、崇高な理念として日本に与えた憲法を、制定後わずか数年で覆すように強要することは、無原則なご都合主義としか形容できない行為であった。そうした政策が、アメリカの信用と威信を低下させ、日本に反米感情が台頭する引き金になりかねないことが懸念されていたのである。

いわばアメリカ側は、冷戦上の戦略的実利と、国家の威信と面子の間で、ジレンマに陥っていた。アメリカ政府内でも、陸軍省の再軍備構想に対し、外交関係を重視する国務省は慎重であった。そしてこうしたジレンマを体現していたのが、マッカーサーであった。

じつはマッカーサーは、日本再軍備の可能性を、全否定していたのではなかった。マッカーサーは一九四八年末には、在日米軍が出撃する場合には、その補充を日本で募集するという陸軍省の方針に賛成していた。また一九四九年九月のソ連の原爆保有公表以後は、講和のさい日本に警察軍を創設することを認めている[12]。

しかし同時に、マッカーサーの発言は、ある意味で矛盾を含んだ、揺れの激しいものであった。一九四九年三月三日のインタビューでは、「日本の役割は太平洋のスイスとなることである」という有名な発言を行なったが、それと同時に「日本で軍隊を建設してわれわれに協力してもらうことは容易にできよう。日本人は世界中で最も強健な部類に属する歩兵である」と述べていた。朝鮮戦争直前の一九五〇年一月の年頭声明では、「自己防衛の冒しがたい権利」を強調しているが、あわせて第九条の「高い道義的理想」を絶賛している[13]。

こうしたマッカーサーが、いつから再軍備容認に転換したのかは、明確になっていない[14]。おそらくマッカーサー自身のなかに、敬虔なクリスチャンとして絶対平和を掲げる理想主義と、軍人政治家としての機会主義が、当初から同居しており、それが上記のような矛盾した発言となって現われていたのだと思われる。

しかし何といっても、彼は非武装政策を推進した占領軍の最高司令官であり、第九条の絶賛をすでに日本やアメリカでくりかえしていた。そうした経緯を考えれば、いまさら再軍備を日本政府に要求するなど、自分自身を「こっけいなものとして日本人の前にさらすことになる」行為以外のなにものでもないはずだった。

もう一つ、マッカーサーの再軍備反対の背景にあったのは、本国政府との確執だった。一九四八年一〇月、アメリカ本国の国家安全保障会議は、対日政策の転換を提言する勧告を決定し、大統領の承認をえた。そこでは、公職追放や戦犯裁判の早期終結、沖縄の基地拡充、占領軍の人員と権限の縮小、そして沿岸警備隊を含む警察力の増強――陸軍省の再軍備要求が、国務省に拒否されたための妥協案――などが唱えられていた。ところが人一倍プライドの高いマッカーサーは、本国からの「干渉」に激怒し、自分は日本占領の連合国最高司令官であるから、連合国の一部にすぎないアメリカ政府の命令に服する義務はないと反論する返電を本国に送っている[15]。

マッカーサーにとっては、自分の対日政策を本国政府に反故にされ、面子をつぶされるのは耐えがたいことだった。そのためマッカーサーは、本国からの再軍備要求に対して、極東における共産主義の脅威は、重視するほどではないと強調していた。彼は一九四八年にケナンらとの会談でそのことを説いただけでなく、一九四九年三月になっても、「最近の中共の勝利に拘らず、太平洋における米英の権益は絶対安全である」と主張していたのである[16]。

こうしたマッカーサーが、第九条擁護のためにもちだしたのが、沖縄の存在であった。彼はケナンらとの会談で、「沖縄を適切に整備し要塞化するならば、我々は外敵の攻撃から日本の安全を守るために、必ずしも日本の国土の上に軍隊を維持する必要はないのだ」と強調したのである[17]。また昭和天皇はマッカーサーに、沖縄を長期にわたり利用することを認めるメッセージを渡していた。沖縄を軍事化することで日本の軍事負担を軽減するという構想は、この後に紆余曲折を経て、部分的に実現することになる。

そして、こうしたアンビバレントな拮抗状態が破れたのが、一九五〇年六月の朝鮮戦争の勃発だった。現地にのりこんだマッカーサーは、敗走する韓国軍を目の当たりにした。そして彼は、「ワシントンの連中」が共産主義の脅威を軽視し、韓国に軽武装の警察軍しか認めなかったことを非難しながら——それまで彼が本国政府の意向に逆らって、日本の再軍備に反対してきたこととは、まったく矛盾した姿勢だったが——在日米軍の朝鮮への出動と日本の再軍備を決定した。(18)

こうして一九五〇年七月、警察予備隊の設立が、GHQから日本政府へ要求された。そして日本の占領を終結させ、反共同盟国として独立させる準備作業も、一気に促進されたのだった。

アメリカの圧力

再軍備と講和問題の進展は、日本側にとっても急激なものだった。冷戦の激化にともない、講和をめぐる議論はそれなりに存在していたものの、朝鮮戦争以前の日本では、講和よりも経済のほうがむしろ注目を集めていた。

第7章で述べたように、敗戦で打ちのめされた一九四八年の日本の年間所得は、アメリカの一二分の一以下にすぎず、悪性のインフレがやまなかった。一九四九年には、ジョゼフ・ドッジに率いられたアメリカ経済使節団の監督下で緊縮財政が実施され、公共事業や福祉・教育の予算は厳しく削られた。これによってインフレは収束したものの、代わりに機械や石炭などの産業が打撃をうけ、失業と倒産があいついだ。一方で共産党は、一九四九年の総選挙で四議席から三五議席に躍進し、占領軍と政府側はレッド・パージと公安条例の制定で対抗した。

朝鮮戦争が勃発したのは、こうした不況のさなかだった。このとき首相だった吉田茂は、自由党議員秘密総会で「これは天佑である」と述べた。朝鮮戦争の特需による景気回復と、アメリカ主導の講和促進が期待できるからだった。当時は、戦時統制で統合された電力事業の再編が進行中であり、「日本最大の土木建築発注者」とよばれた日本発送電会社の分割をめぐって汚職疑惑がおこっており、政権延命のためにも朝鮮戦争は「天佑」であった。(19)

そして朝鮮戦争勃発後、再軍備論は急速に勢いを増した。かつて第九条を絶賛した石橋湛山や天野貞祐は、いずれも再軍備論に転換した。一九四六年五月には第九条の支持率は七〇パーセントを記録していたが、一九五〇年一一月の世論調査では、再軍備賛成が五三・八パーセント、反対は二七・六パーセントであった[20]。

しかし再軍備にかんする世論は、単純に「賛成」か「反対」かに二分できるものではなかった。軍備そのものには賛成する人びとの間にも、戦前の軍隊の復活には拒否反応が存在したからである。

そのため世論調査の数字は、設問の方法によって、微妙な変動を示した。たとえば一九五一年九月二〇日の『朝日新聞』の世論調査では、「『日本も講和条約ができて独立国になったのだから、自分の力で自分の国を守るために、軍隊を作らねばならぬ』という意見があります。あなたはこの意見に賛成されますか」と質問したところ、七一パーセントが賛成と回答した。ところが一九五一年三月二六日の『読売新聞』の調査では、「日本に国防軍を再建せよといわれていますがどう思いますか」という質問に対し、賛成は四七・三パーセントにすぎなかったのである。

再軍備の方法にも、世論は微妙な反応を示した。前述した一九五一年三月二六日の『読売新聞』の世論調査では、徴兵制に賛成の者は一〇・八パーセントにすぎず、とくに徴兵年齢にあたる二〇代の反発は強かった。また軍の最高指揮権を軍隊自体がもつことを支持した者は六・五パーセント、天皇がもつことを支持した者はわずか一・〇パーセントだった。丸山眞男は一九五〇年の座談会で、「独立国家である以上は軍備を持つべきだ」という意見に対して、「そういう人はおそらく日本の軍隊に入って悲惨な体験をしなかった人じゃないかと疑うんです。本当に経験した人ならば、いかなる形でもあれ、日本が軍隊を持つということはまっぴらだという、全人間的な反撥感情があるのが、当然じゃないかと思う」と述べている[21]。

そして世論は、アメリカの再軍備圧力には、強い反発を示した。一九五三年六月二二日の『朝日新聞』の世論調査では、「アメリカでは日本に、もっと武器や金をやるから、保安隊などをふやしたり、強くしろといっています。あなたはその通りにしたらよいと思いますか」という質問に対し、肯定の回答は二七パーセントにすぎなかった。さらに、「アメリカは日本に軍隊をおいたり、大砲や戦車、軍艦なども貸したりしていますが、これは日本のためを考えてのことだと思いますか」という質問には、肯定の回答は一〇パーセントだった。

総じて世論は、再軍備そのものは賛成しても、旧軍や戦前体制の復活には強い反発を示し、アメリカの圧力には抵抗感を抱いていた。そして知識人たちも、こうした揺らぎを共有していた。

たとえば雑誌『世界』の一九五二年五月号で、憲法学者の宮沢俊義は、「軍隊を設けて、およばずながら、祖国の独立と安全とを守るための最善をつくそうという気持には、じゅうぶんな共感を惜しむものではない」と述べながら、同時に「もし軍隊を設けることによつて、民主主義そのものが殺されてしまうようなことがあつたら、それこそなんにもならない」と主張していた。そしてさらに宮沢は、「いったい日本に戦争を放棄し、軍隊を廃止する憲法を作れと要求したのは、だれだつたのか。そして、いまその日本に軍隊を設けろと要求しているのは、いつたいだれなのか。日本人は、こうたずねたくなるだろう」と述べていたのである。[22]

同様の揺らぎを抱いていたのが、当時の首相だった吉田茂である。第4章でみたように、吉田は敗戦直後から、占領終了後には「やはり国家として兵力を持つようになるのではないか」という考えを内密の場では洩らしていた。しかし同時に、一九四九年一一月八日の施政方針演説では、「わが国の安全を保障する唯一の道は、新憲法において厳粛に宣言せられたるがごとく、わが国は非武装国家として……平和を愛好する世界の輿論を背景といたしまして……わが国に対する理解を促進すること」だと述べていたのである。[23]

こうした姿勢は、建前と本音の分裂という側面もあったが、同時に吉田のアンビバレンスの表現でもあったと思われる。吉田は現実的な外交政治家だったが、アメリカへの従属を潔しとしないナショナリストでもあった。また彼は、親英米派として軍部から攻撃された経験をもち、旧軍の復活には強い警戒心を抱いていたのである。

とりあえず、朝鮮戦争の勃発までは、マッカーサーが第九条を擁護していたこともあり、アメリカの再軍備圧力に抗することは可能であった。一九五〇年六月、朝鮮戦争勃発の直前に、アメリカ国務省顧問のダレスが特使として来日した。同席したシーボルト大使の記録によると、ダレスと会見した吉田は「くっくっと笑いながら」、日本は「民主的になり、非武装化し、平和を愛好し、そして世界の世論の保護に頼ることによって」安全保障をなしとげると述べて、ダレスを煙にまいた。[24]

ダレスは仰天したが、シーボルトはダレスにたいし、「吉田の安全保障のレトリックは、極東委員会の政策決定に使われた言葉そのものであるということを、私は伏せておいた」という。[25] 吉田はいわば、一九四六年の連合国とアメリカの建前を逆手にとることで、一九五〇年のアメリカに対抗したのである。

朝鮮戦争勃発後の一九五一年一月、ダレスはふたたび来日し、吉田に再軍備を迫った。こんどは吉田は、再軍備には「二つの大きな障害」があると主張した。その一つは、日本には大規模な再軍備に耐えられる経済的余力がないこと。そしてもう一つは、「日本の軍国主義者をよみがえらせる危険」であった。[26]

ダレスの側は、こうした日本側の事情に、頓着しなかった。吉田にたいしダレスは、朝鮮戦争で「合衆国の国民が払っている犠牲」を強調し、共産主義との闘いのために「どの国民も犠牲を払う必要がある」と述べた。そして、吉田のいう障害が、「何もしないでいることの理由として述べられたのか、それとも単に克服すべき障害があることを指摘しただけなのか」と迫ったのである。

そもそもダレスは、日本に好意的とは、およそ言えない人物だった。一九五〇年六月に来日したさいには、カクテル・パーティの席上で、不況が深刻ならばアメリカにパーティ用の紙ナプキンを輸出したらよいと発言し、日本側の不興を買った。のちにアイゼンハワー政権の国務長官になったさいにも、日本の指導者にむかって「合衆国に大きな市場を期待してはならない。日本人はわたしたちの欲しいような物は作らないからだ」と述べている。[27]

吉田はこうしたダレスに、再軍備の負担が日本の不況を深刻化させ、かえって共産主義を伸張させると反論した。その一方、吉田は社会党左派の指導者である鈴木茂三郎や勝間田清一に、再軍備反対運動をおこすよう内密に依頼した。[28] 国内の反対が強いことを理由に、ダレスの要求を値切ろうとしたのである。

最終的に吉田は、アメリカ側の要求を容れて限定的な再軍備を認めたが、彼の考えを示すものとして、以下のような発言が伝えられている。[29]

　再軍備などというものは当面とうていできもせず、また現在国民はやる気もない。かと言って政府が音頭をとって無理強いする筋のことでもない。いずれ国民生活が回復すればそういう時が自然に来るだろう。ずるいようだが、それまで当分アメリカに（日本の防衛を）やらせておけ。憲法で軍備を禁じているのは誠に天与の幸で、アメリカから文句が出れば憲法がちゃんとした理由になる。その憲法を改正しようと考える政治家は馬鹿野郎だ。

一九四六年におけるアメリカの建前を逆用して、一九五一年のアメリカに対抗するという姿勢は、こうした憲法観にも反映していたといえよう。

一方でダレスにとって収穫だったのは、一九五一年二月の天皇との会見だった。天皇はアメリカ主導の講和条約に支持を述べる一方、ダレスに対して、鳩山一郎など公職追放された政治家たちに会うことを薦めた。鳩山は吉田に対抗できる、保守政界の有力者であった。もともと天皇は、一九四七年五月六日のマッカーサーとの会見で、「日本の安全保障を図る為には、アングロサクソンの代表者である米国が其のイニシアチブを執ることを要するのでありまして、此の為元帥の御支援を期待して居ります」と述べていた。また一九五〇年八月にはダレスに文書を送り、公職追放の緩和によって「有能」な人物たちが活動できるようになれば、「基地問題をめぐる最近の誤った論争も、日本の側から」修正できると述べていたのである[30]。

ダレスと会った鳩山は、再軍備に積極的な姿勢を示した。ところがそこで浮上した問題は、アメリカ主導の再軍備には、精神的なバックボーンが欠けていることだった。

鳩山は一九五一年二月六日付のダレス宛て書簡で、再軍備反対論が発生している原因を三つ挙げた。そのうち二つは、吉田も挙げていた「経費」の問題と「軍閥の再現」への警戒だったが、もう一つは「米国のための傭兵化の怖れ」だった。鳩山によれば、警察予備隊は「隊の内外に於いて傭兵の感を与えて」おり、「このまゝですゝめば、心理的弱点が次第に表面化して行くこと」は不可避だというのである[31]。

警察予備隊はやがて保安隊と名を変え、一九五四年には自衛隊となったが、兵器や装備は米軍から供給され、米軍の軍事顧問団のもとで訓練された。一九五三年六月二〇日の『朝日新聞』は、保安隊への住民の反応として、「アメリカ仕込みの装備の中に自分たちの同胞の姿を見出して、しばし複雑な表情に沈んだ」と記している。隊員たちが外出すると、住民から「税金泥棒」「アメリカの傭兵」といった声が浴びせられることもしばしばだった。[32]

そして鳩山が指摘したように、警察予備隊の士気は、とうてい高いとはいえなかった。一九五〇年八月の創設にあたっての募集では、定員七万五〇〇〇にたいし三〇万人以上の応募があったが、その大部分は優遇された給与と、六万円という当時としては高額の退職金に惹かれた人びとであった。当時の新聞報道や回想記では、隊員から出た声として、「結局おれたちは六万円の退職金をもらって帰ればいいんだ」とか「ボーイスカウトに毛が生えたようなものだ」といったものが紹介されている。[33]

こうした士気の低下は、アメリカが中国や南ベトナムなどで育成した、反共陣営の軍隊に共通した現象であった。ましてや日本においては、軍隊と戦争を禁じているはずの憲法のもとで、何のために警察予備隊があるのかを、誰も明確に示せなかった。一九五一年九月二三日の『読売新聞』の報道は、「精神的な目標のないことが、何といっても予備隊の最大の欠陥となっている」と述べている。一九五三年六月二〇日の『朝日新聞』も、保安隊の将校から「精神的支柱のない隊員は、いくら装備がよくて物量があっても、ダメです」という声が出たことを紹介していた。[34]

こうしたなか、自由党政務調査会は一九五一年三月の政策方針で、「装備においてすぐれていた国府軍が中共軍に負けた事実を思えば、自衛の根本は魂の再武装にあるといわれなければならない。愛国心の振起こそ自衛の原動力である」と唱えた。さらに自由党議員総会は一九五一年一〇月、「講和条約の締結に伴う新政策」を作成し、「逐次防衛力を強化する」ことと、「愛国心と自衛意識の高揚」をうたった。[35]

こうした方針と連動して、「国民実践要領」の作成や、「君が代」「日の丸」の復活が推進されたことは、第9章でみたとおりである。しかし民衆の関心はほとんど盛りあがらず、政府の奨励をみこんで街頭販売された「日の丸」も、まったく売れていないという新聞報道が出ている。[36]

一九五二年四月には、サンフランシスコ講和条約が発効し、日本は形式的には独立国になった。しかし講和の内容は、「愛国心」を満足させるものとは、およそ言えないものだった。講和条約とともに結ばれた日米安全保障条約は、占領終了後も米軍基地の存続を認めており、占領軍が駐留軍と名を変えただけで、米軍の駐留が継続した。

しかもこの時の日米安保条約では、日本が米軍に基地を提供するだけで、アメリカ側には日本防衛の義務規定がなかった。安保条約前文では、日本側に防衛力の漸増が義務づけられたが、一九五二年七月二三日にアメリカ側は吉田首相から密約をとりつけ、日本の軍事力は有事の際には米軍の指揮下に入ることとされた[37]。

米軍駐留の細目は、一九五二年二月の行政協定で決められた。その内容は、基地の使用に期限や制限がなく、米軍人と家族には治外法権が認められ、駐留費用は分担というものであった。こうした条約が、幕末の不平等条約になぞらえられたことは、第7章や第8章で見たとおりである。

こうした講和条約に、ソ連や東欧諸国のほか、米軍駐留を不満としたインドやビルマも署名しなかった。エジプトの代表は、自国が植民地化された経験から、「外国軍隊が日本に駐留しているかぎり、日本には完全な自由が与えられていないものと考える」と演説した。実際にマッカーサーは、一九四九年一一月二六日の天皇との会見で、講和後の日本には「英米軍の駐屯が必要でありましょう。それは独立後のフィリピンにおける米軍やエジプトにおける英軍やギリシャにおける米軍と同様の性格のものとなりましょう」と述べていた。内戦下の朝鮮や、共産党が政権を握った中国は、講和会議に招請すらされず、周恩来中国外相はこの講和について「不法であり、それゆえ無効である」との声明を出した[38]。

こうした講和や再軍備を、日本共産党が「植民地状態」と批判したことは、すでに述べた。共産党系以外の論者たちも、たとえば近衛内閣の法相だった風見章は「たれがための再武装なのだ？　ありし日の満州国の満州軍が目さきにちらつきはせぬか」と述べ、一九五一年末から東大総長となる矢内原忠雄も「軍事協定は、講和後の日本を米国に対しいわば『満洲国的存在』たらしめるもの」と主張した[39]。

矢内原忠雄（1951年）

世論もまた、独立は形式的なものだと受けとめていた。一九五二年五月一七日の『朝日新聞』の世論調査では、「講和ができたので日本も独立国になったと考えるか」という質問に、肯定の回答は四一パーセントにすぎなかった。一九五三年六月二二日の『朝日新聞』の世論調査では、米軍に「いてもらいたい」は二七パーセント、「帰ってもらいたい」が四七パーセント、「意見なし」が二六パーセントとなっている。

事態をさらに複雑にしたのは、アメリカが軍備増強とともに、日本政府に「愛国心」の育成を迫ったことだった。第9章でも述べたように、一九五三年一〇月の日米会談で、「日本政府は教育および広報によって、日本に愛国心と自衛のための自発的精神が成長するような空気を助長すること」が誓約されたのである。(40)

この日米会談では、アメリカ側は日本に経済援助を与えるのと引きかえに、三二万五千人規模の陸軍をつくることを要求した。吉田首相の特使として交渉にあたった池田勇人は、経済的負担や憲法第九条の制約などを理由にして、これを一八万人にまで値切った。こうしたアメリカとの誓約に沿って、翌一九五四年には保安隊が自衛隊に拡張された。このとき日米交渉にあたった池田が、「日本はアメリカの妾である」と発言したことはよく知られる。

こうしたアメリカの圧力は、日本の「愛国心」をめぐる状況を、混乱させただけだった。これも第9章でみたように、進歩派の教育学者や日教組は、保守政権による「日の丸」「君が代」復活論に反対する一方、保守政権の唱える「愛国心」はアメリカの国際戦略に従属したものだと批判した。

自衛隊の内部にさえ、アメリカに反感を抱く者は少なくなかった。一九五五年に、元学徒兵の安田武は、陸上自衛隊通信学校生徒隊の少年たちにインタビューを行ない、国民や首相に言うことはないかと質問した。それに対する反応は、こうだった。「税金ドロボウと呼ぶのはやめてくれ」「〔米軍の〕基地は反対だ」「そうだ、ヤンキーは、早く帰ってくれ」。(41)

ことに当時の自衛隊員が反発したのは、アメリカの世界戦略の都合によって、自分たちが海外派兵される可能性があることだった。一九五三年一〇月から一一月の日米交渉の時点では、アメリカ側も「日本人部隊の海外派遣の如きは断じてその意図を持つていないことは国務省筋においても明確に表明している」(岡崎外務大臣宛新木駐米大使電報)とされていた。(42)しかし実際には、朝鮮戦争ではアメリカの要請を断りきれず、日本の掃海艇が極秘のうちに出動させられていた。
そのため隊員にとっては、この問題は切実だった。まだ朝鮮戦争が続いていた一九五三年五月、当時の保安隊員はインタビューで海外派兵について聞かれたとき、「それはおことわりします。われわれはことわる権利はあると思うんです」「そういう時は、ここをやめるですね。外国の内乱のために血を流すなんてぼくにはできないです」などと回答している。[43] そのなかで、ある隊員はこう述べている。

外国の軍隊が攻めてきて上陸したという時は、これはもう保安官だけの問題でなく、直接、妻子とか一般の人たちにとっても共通の災難だから、国をあげて戦うわけです。こうなりゃ、ぼくひとりだけ命がおしいなんて思わんです。だけど国外派兵ってのは犬死ですな……。どう考えても、一般の人がのんきにしていて、ぼくらだけが死地におもむくというのは……。そんなことになったら妻子がかわいそうというより、申しわけない気持ですよ。

一般世論においても、海外派兵には反発が強かった。一九五〇年一一月一五日の『朝日新聞』の世論調査では、再軍備に賛同する者の間でさえ、日本防衛のみに限定するべきだという意見が七三・九パーセントにのぼった。
一九五二年一二月一八日の参議院予算委員会では、右派社会党の議員である山下義信が、吉田首相への質問でこう述べている。[44]

今日のような状態に日本がなりましても、国民の祖国を愛するという精神には、決して私は変りはないと考えておるのであります。今世論が再軍備に反対いたしておるということの国民の心持は……米国の番犬になることはいやだ、それから第二は、一体アメリカは日本の軍備を奪うておいて、そうして又都合のよいときには軍備をしろということは……日本人を馬鹿にしておるといったような割切れない感じ、それから第三は……朝鮮へ行くということはいやだという感じであります。殊に最近はアメリカの下院のマジヨリテイーでありましたか、リーダーでありますマーチン議員が、私も昨年会いましたが、朝鮮に日本人をやれ〔派兵〕といつた議論に対しましては、国民が憤激いたしました。……以上申しましたような各種な気持が国民の間にあると私は思います。

吉田首相はこの質問に応えて、アメリカ側には「日本をアメリカの政策の道具として使おうという、そういう露骨な気持はないと私は思います」と答弁し、「日本に対してああしろ、こうしろ軍備をせよとか何とかいう要求は一つもいたしておりません」と述べている。(45)これが事実に反することは、アメリカからの再軍備要求を値切るために交渉していた吉田自身が、よく知っているはずだった。

その一方で、再軍備を歓迎していたのが、公職追放となっていた旧陸海軍の将校たちだった。太平洋戦争中の陸軍参謀本部作戦課長だった服部卓四郎元大佐を中心としたグループは、GHQ情報部のウィロビー将軍らと結びつき、朝鮮戦争開始以前から再軍備の中核となる旧軍将校の人選を開始していた。服部元大佐を中心とした参謀本部作戦課は、旧陸軍のトップ・エリート集団であり、返り咲きに熱意をもっていたのである。

また海軍側でも、旧連合艦隊参謀長の福留繁元中将を中心に、同様の動きが存在した。このグループは一九五一年一月に、ダレスとの会見を計画し、「再軍備意見書」を提出した。このグループが作成した文書は、アメリカ海軍の極東参謀副長の少将を、「日本海軍再建の恩人」とよんでいる。(46)

しかし、こうした旧軍人たちの姿勢は、旧軍の内部からでさえ反感をもたれた。一九五〇年春、故郷で農業を営んでいたある元大本営参謀のもとに、服部グループへの参加勧誘の手紙が届いた。そのとき、この参謀の父親だった元陸軍中将は、こう述べたという。(47)「やめておけ。一度大失敗した連中がいまから、また何をしようとしているのだ。それに服部はノモンハンでも失敗した男だ。性懲りもなしに」。「戦争を敗戦に導いた人間たちは、戦争指導に携った連中だ。この人たちが責任を感じないでどうするのだ」。

こうした感情は、吉田首相においても顕著だった。一九五一年二月六日、マッカーサーと会見した吉田は、たとえ再軍備をするにしても「民主的軍隊として立派なものに育成したい」と述べ、「ウィロビー将軍の所にいるような旧日本軍人など使いたくない」と強調している[48]。

こうした吉田の意向を反映して、一九五〇年八月に警察予備隊が発足した時点では、旧軍の将校をできるだけ排除していた。しかしその後の急激な拡張のなかで、幹部の不足が著しくなり、一九五〇年一一月には旧軍人の追放解除が始まり、翌年八月には八〇〇名の旧軍将校が警察予備隊に入隊した。

しかし元軍人のなかでも、入隊勧誘を拒否した者もいた。その動機としてみられたのは、戦死者の記憶だった。ある生き残りの元特攻隊パイロットは、航空自衛隊から勧誘されたさい、「特攻に出て若い命を国のために捧げた隊員たちのことを思うと、自分だけ生き残って、いい暮らしをするなんて、とてもできません」と考えてこれを拒否した。復員後に農業に従事していた元下級将校は、「かわいい部下を大勢殺されて、いまさらアメリカと仲良くなんてできるもんですか」と述べたという[49]。

こうした感情は、日本政府の唱える「愛国心」への反発にも結びついた。フィリピン戦線で捕虜になった経験のある作家の大岡昇平は、一九五七年に「自衛隊幹部なんかに成り上がった元職業軍人が神聖な日の丸の下に、アメリカ風なお仕着せの兵隊の閲兵なんてやってる光景を見ると、胸くそが悪くなる。恥知らずにもほどがある」と述べ、「外国の軍隊が日本の領土上にあるかぎり、絶対に日の丸をあげない」と主張した[50]。

再軍備問題は、当然ながら憲法改正にも直結した。一九四七年の新憲法施行いらい、政府が毎年の憲法記念日に行なっていた式典は、一九五二年には講和条約発効を期した独立祝賀式典に合併され、翌年からは廃止されてしまった。その後には、保守政権のあいだに「アメリカ製憲法」への批判と、「自主憲法制定」の声が高まった。

しかし皮肉にも、憲法改正もまた、アメリカの要望に沿ったものであった。日本政府が憲法祝賀祭をとりやめた一九五二年五月、キンボール海軍長官は日本政府への要望として、「太平洋の自由主義諸国民を守るため陸海軍を持てるようこの憲法の規定を修正すべきだ」と発言した[51]。一九五三年一一月には、リチャード・ニクソン副大統領が来日し、再軍備の増強を迫る一方、日米協会主催の昼食会で憲法第九条は誤りだったと主張した[52]。

「自主憲法」の制定が、アメリカへの従属を深めることにしかならないという事態は、日本の保守系ナショナリストにとって、深刻なジレンマとなった。自衛隊を愛した作家の三島由紀夫でさえ、『憲法改正』を推進しても、却ってアメリカの思ふ壺におちいり」、「韓国その他アジア反共国家と同列に並んだだけの結果に終ることは明らか」だと認めていた。[53]

この問題は、日本の右翼にとっても同様だった。社会学者の見田宗介は、「愛国党」の党首だった赤尾敏が、街頭演説で以下のように述べていたことを記している。[54]「(急に演説の声を落として)わしだって、本当いえば、アメリカなんか大きらいだよ。……(再び声をはり上げて)だけどもそのアメリカがいてくれなければどうなる。日本はソ連や中共の……」。

第7章で述べたように、一九五〇年代前半には、中国やインドといった、植民地状態から独立したアジア諸国のナショナリズムへの関心が高まっていた。そしてそれは、上記のような日本のナショナリズムの混乱を背景にしたものでもあった。一九五六年から二年半にわたってインドのラクノウ大学で講義した経済学者の深澤宏は、インドの学生が当時のネルー首相の非同盟外交を支持している様子を、こう述べている。[55]

〔学生たちは〕殆ど押しなべて、インドの平和中立外交を支持し、賛美し、自慢する。だが、それはむしろ当然であろう。冷戦の調停者として、国際社会で尊敬され傾聴される祖国と首相を持てば、嬉しく感じない人はあまりいないであろうから。むしろ、この点で日本はみじめ過ぎるのかも知れない。少なくとも私と親交のあった学生の多くは「国際社会における日本の立場はあまりにもみじめだ」と、慨嘆しつつ且つ同情してくれたものである。

再軍備反対論は、純然たる平和志向だけから発生してきたのではなかった。その根底にあったのは、アメリカによって戦後日本のナショナル・アイデンティティがねじまげられることへの抵抗感と、アメリカに従属して復活をはかろうとする旧勢力への反発だった。そして当然ながら、護憲と非武装中立の論調は、そうした心情を基盤として発生してくることになるのである。

ナショナリズムとしての非武装中立

一九五二年四月、講和条約発効を期して、雑誌『世界』は「平和憲法」の擁護を特集した。その巻頭言で、編集長の吉野源三郎は、特集の意図をこう宣言した[56]。

各人の道理に問うて納得し得ることのみを承認し、納得し得ないことに向つては男らしく抗議するという気概は、民主主義の根本の精神であるばかりでなく、特に、大国の間に挟まれた弱小国として自分を見出さねばならない私たちにとつて、いま切実に必要なものではないだろうか。大国といえども服すべき道理の存在することを信じ、道理の上に立つて主張すべきことを主張することを措いて、どこに私たちは自己の独立を保つことができよう。かかる気魄を喪失して、どうして敗戦後の挫折から立ちあがることができよう。私たちの父祖は、幕末・明治維新の国難に際し、溢るるばかりのこの気魄を以て大国との折衝にあたり、よくわが民族の独立を保つてくれたのである。

ここでの憲法第九条は、敗戦によって「弱小国」となった日本が、アメリカに対抗する「民族の独立」のシンボルであった。

そして、ここでいう「大国」は、アメリカだけではなかった。もう一つの大国、ソ連への対抗意識が存在したのである。そのことを理解するには、当時の共産党の平和問題にたいする姿勢を把握する必要がある。

保守政権が推進する再軍備に、社会党と共産党は反対した。ところが第4章で述べたように、共産党は憲法の非武装中立主義には、もともと反対であった。その理由は、資本主義の変革を伴わない平和のスローガンは無意味であり、資本主義とプロレタリアートの戦いにおいて「中立」は存在しないとされていたからだった。

そのため当時の共産党は、社会主義革命に資する軍備なら、賛成するという立場をとっていた。石田雄の回想によると、一九四九年のメーデーで徳田球一が演説を行なったさい、「大群衆の前で『いまや、ソビエトは原爆を持っているのである』と啖呵を切って、これが満場大拍手だった」という。[57]

このため清水幾太郎の回想によれば、敗戦直後の時点では、「マルクス・レーニン主義者は、平和の問題に対して著しく冷淡であった[58]」。平和問題は、あくまで資本主義体制の変革という課題の一部であり、平和問題だけを切り離して論じることはナンセンスだというのが、当時の共産党周辺の風潮だったのである。

第5章でも述べたように、吉野源三郎は一九四八年から平和運動を開始した。この平和問題談話会（当初は平和問題討議会）を組織し、共産党から一歩離れた地点で平和運動を開始した。この平和問題談話会は、一九四八年七月にユネスコから出された、八人のヨーロッパの社会科学者による平和声明に刺激されて、吉野が日本の社会科学者による平和声明を出すために組織したものだった。このユネスコの声明は、社会主義圏のハンガリーの学者も署名に加わっており、東西冷戦をこえるものとして注目されたのである。[59]

ところが共産党系論者たちは、ユネスコには冷淡であった。ユネスコの憲章は、「戦争は人の心から起る」という表現を含んでいた。しかし『世界』一九四八年二月号の「唯物主観と主体性」という座談会で、共産党系の哲学者だった松村一人は、これを「観念論的な見解」だと批判した。[60] 戦争は資本主義の矛盾からおこるものであり、社会経済構造を論ぜずに精神や人間性を云々しても無意味だというのである。

そして第2章や第6章で述べたように、当時における「主体性」や「人間」という言葉は、既存のマルクス主義の言語体系では表現困難な、戦争体験から生まれた心情を表現したものだった。この座談会「唯物主観と主体性」に参加した丸山眞男は、「主体とか、エトスとかいうと、僕がかつぎ出されるが、僕は積極的に主体性の哲学を形成していると自認するほどえらくないし、ただ、今までのマルクス主義者の説明で納得のいかないものがあるからそれを指摘しているだけです」と述べている。[61]

この座談会にも同席していた吉野が、ユネスコの出した社会科学者たちの声明を入手したのは、座談会の半年ほど後である一九四八年九月だった。[62] そしてこの声明は「人間性」を重視し、社会科学を「人間の学」と規定していた。吉野はここに、既存の「社会主義陣営」や「自由主義陣営」の二項対立的な図式に収まりきらない、「人間」による平和への動きを感じとった。いわばユネスコの声明は、大塚久雄にとってのヴェーバーや、丸山にとっての近代国民国家の理念がそうであったように、戦争体験から生まれた心情を表現するさいの刺激媒体となったのである。

こうして、ユネスコ声明に触発されるかたちで、平和問題談話会が組織された。そして、大塚や丸山が西洋思想を媒体としてナショナリズムを表現していたように、平和問題談話会もユネスコ声明に倣うという形態でナショナリズムを表現していた。談話会に参加した久野収は、後年の回想で、「日本のインテリゲンチャが、戦争と平和という世界大の問題にどういう態度をとるか、ユネスコから手袋をなげつけられて、どう答えるかという問題が、最重要のモチーフだった」と述べている。[63]

そしてこの平和問題談話会は、安倍能成・和辻哲郎・田中耕太郎といったオールド・リベラリストから、丸山眞男や清水幾太郎といった非共産党系の進歩派、そして羽仁五郎などのマルクス主義者までを含んでいた。こうした幅広い人選が行なわれた理由は、組織者だった吉野が、戦前の社会運動が各個撃破された経験から、当時の共産党の「社会民主主義主要打撃論」に疑問をもち、一種の人民戦線的な組織をつくる志向をもっていたからだった。[64]

だがそれ以上に大きな理由だったのは、吉野や丸山たちの戦争体験だった。というのも、共産党系の知識人には、共産党に入党することによって、自分の戦争協力を隠蔽している者が少なくなかったからである。

ことに吉野が嫌っていたのは、当時の共産党系平和運動の代表的知識人となっていた、平野義太郎だった。平野は講和問題においても、共産党系諸団体によって一九五一年一月一五日に結成された、全面講和愛国運動協議会（全愛協）の議長団長になっていた。[65]

しかし平野は、一九三〇年代半ばまで講座派の論客として活躍したあと、転向して戦争賛美の論文を量産した人物だった。それればかりでなく、平野は「ナチス国家体系」という企画の出版を、吉野を通じて岩波書店にもちかけた経緯があった。戦時下の情勢では、この企画を断わることは、岩波書店の存亡と吉野自身の身の危険を意味した。吉野は思案のあげく、資材不足で紙がないという理由をつけて何とか切りぬけたものの、平野に対して「腹にすえかねる思いをしていた」という。[66]

こうした事情のため、丸山眞男の回想によれば、平和問題談話会の人選にあたっては、「ある種のマルキストよりは、ある種の保守派のほうがまだ信用できるという、そういう思いが共通していた」。吉野も丸山もマルクス主義そのものは評価していたが、丸山によれば、「戦争中になにをしたかが問われる時代であって、つまり戦後のそのときにおける立場の問題ではなかった」のである[67]。

安倍能成や津田左右吉のようなオールド・リベラリストが人選に入ったのは、こうした理由からだった。同時にこのような事情が、共産党系論者から軽蔑されていたユネスコ声明への共感や、「人間」といった言葉の使用にもつながっていたのである。

もちろん、田中耕太郎や和辻哲郎、安倍能成などは、戦中には軍部に一定の「抵抗」を示したとはいっても、その資質は保守的な反共主義者であった。そして吉野の回想によると、レッド・パージのさなかだったこともあり、一九五〇年一月に談話会が全面講和を主張した声明を出すと、占領軍と日本の警視庁から詰問がなされ、団体等規制令に該当する政治団体であるか否かの審査まで行なわれた[68]。当時の全面講和論の扱いがうかがえるエピソードであり、第5章で述べたように、当初参加していた田中耕太郎や津田左右吉など幾人かのオールド・リベラリストがこの声明から抜けている。

また戦争責任問題についても、意見の相違があった。丸山は戦中に抵抗できなかったことに強い悔恨をもち、吉野も「青年たちをたくさん殺してしまったということ、これには自分は責任を感ぜざるを得ない」と述べていた。しかし吉野の回想によれば、安倍能成などは「ぼくなどとは意見も違う」という状態だったという[69]。談話会のメンバーは戦争協力の度合いが少ない者が選ばれていたが、積極的な戦争協力さえ行なわなかったならば戦争責任はないと考えるかどうかは、個人差があったのである。

そのため一九四八年一二月の討議では、羽仁五郎が「われわれ日本の学者」の戦争責任を問うたさい、安倍能成が反発するという場面もあった[70]。最終的には、声明文で「われわれ日本の科学者」が戦争の防止に「勇気と努力とを欠いていた」ことへの反省がうたわれたものの[71]、安倍がこうした文言に心からの共感をもっていたとは思いがたい。しかし逆にいえば、戦争協力の汚点が少ないメンバーが集まっていたために、獄中非転向の権威をもつ共産党に抗して、「中立」を主張できる姿勢が保てたともいえよう。

そうした意味で非武装中立論は、アメリカに対してだけでなく、ソ連に対する「自主独立」の主張でもあった。平和問題談話会は、一九四九年一月に最初の「戦争と平和に関する科学者の声明」を出したあと、一九五〇年一月には「講和問題についての平和問題談話会声明」、一九五〇年九月に「三たび平和について」と連続して声明を発し、全面講和・憲法擁護・中立などをうたって注目を集めた。一九五〇年九月の声明「三たび平和について」の前半部分は、丸山眞男が執筆したものだが、そこではこう述べられている(72)。

全面講和推進の運動

> このような「中立」の主張に対して……国際共産主義の明らさまな侵略的態度に目を閉じ、もしくはこれを陰に弁護するものであるかのように罵られるかと思えば、他方において、共産主義の陣営の中からも、中立主義は現実に進行している日本の軍事基地化と植民地化から大衆の目をそらせる役割をもつと批判されている。こうした相矛盾した批判こそ却ってまさに、現在において中立の主張が日本の真の自主独立の立場の表現であることを、何より雄弁に証明している。

これらの声明は、いずれも吉野が編集長を務めていた雑誌『世界』に掲載された。そして当時の『世界』は、若者にもっとも人気のある雑誌であった。一九五二年四月、『図書新聞』が行なった読者世論調査で、大学生および高校生の愛読雑誌の一位は『世界』であり、『文藝春秋』『平凡』『蛍雪時代』などをはるかに引きはなしていた。談話会のメンバーでもあった清水幾太郎は、後年にこれを評して、「『世界』が一位を占めていることに驚くであろうが、あの頃の『世界』は、日本人の素直な愛国心と通い合うものを持っていた」と述べている(73)。

平和問題談話会の声明についても、事態は同様だった。吉野源三郎の回想によると、彼らが参考にしたユネスコの声明のほうは、国際的にはほとんど無視されていた。それにもかかわらず、平和問題談話会の声明には「そういう冷たい扱いはなくて、むしろ、社会党の議員であるとか、あるいはかなり大きな労働組合の指導者たちも、これを非常に熱心に読んだ」という(74)。

社会党は、第七回党大会で「全面講和、中立、軍事基地反対」の平和三原則を確認し、総評は一九五〇年三月の大会でこれに再軍備反対を加えた平和四原則を採択した。しかし社会党は、敗戦後から共産党に批判されてきた経緯もあって、共産党を敵視していた。そのため、共産党が主導する全愛協とは別個に、社会党と総評は一九五〇年七月二八日には日本平和推進国民会議を結成した(75)。

しかし社会党は、戦前の非共産党系無産運動勢力が集まったいわば寄合所帯であり、党内の左右対立が激しく、思想的には統一されていなかった。一九五一年一月、とりあえず左派の鈴木茂三郎が委員長になり、平和四原則の路線がとられたものの、右派からは単独講和や再軍備を容認する声が絶えなかった。

こうした社会党が必要としていたのは、共産党とは距離をとりながら、全面講和や護憲を主張でき、かつ左右の分裂を促進しない思想的バックボーンだった。当時の「素直な愛国心」と連続していた平和問題談話会の声明は、この必要性に見あうものだったのである。

戦争と敗戦の体験を経た人びとは、マルクス主義をはじめとした、既存の言語体系では表現困難な心情を抱えていた。丸山眞男の「超国家主義の論理と心理」がそうであったように、平和問題談話会の声明は、そうした心情に表現手段を提供するかたちとなった。保守政党の再軍備論には批判的でありながら、共産党には違和感をもっていた社会党の議員や労組員たちは、談話会の声明に「理論的」な基盤——より正確にいえば、彼らの心情を巧みに表現してくれる「言葉」――を見出したのである。

そして当然ながら、社会党もまた、「素直な愛国心」を共有していた。一九五一年一月、社会党委員長に就任した左派の鈴木茂三郎は、「青年よ再び銃を取るな」という有名な言葉を発した演説で、全面講和と再軍備反対を「わが日本の民族をして、日本の独立を確保するただ一つの道である」と形容した。右派に属する書記長の浅沼稲次郎の名で発された一九五〇年九月の党内指令も、共産党を批判しながら、「憲法擁護と国連支持」および「日本民族の独立と世界平和の確立」を掲げた。(76)

そして第6章でも述べたように、一九四八年一二月の平和問題討議会の総会では、丸山眞男は「真のインターナショナリズムというものは各民族の文化的個性を尊重することによってのみ可能になる」と述べていた。丸山は後年、自分がこうした主張を唱えた理由について、「アメリカ的生活様式イコール国際主義という考えに対する批判があった」と回想している。(77)敗戦後には、「アメリカ的生活様式」への劣等感が一般に存在した。権威に隷従する「賤民根性」を嫌った丸山は、「民族の文化的個性」という言葉で、それを批判したのである。

またこれも丸山の回想によると、討議会で田中耕太郎が戦前の満州への日本文化輸出を批判し、その結果として一九四九年一月の東京法制部会の報告に「満洲事変以降国際文化振興の名目の下で行なわれた、文化的帝国主義のごときものに対する警戒」という文言を入れることになったという。(78)日本が行なった同化政策の反省が、日本の「民族文化」をアメリカに抗して防衛するという論調に結びついていたことは、第8章や第9章で述べた。また講和条約における日本の地位を、「満州国」になぞらえる論調が多かったことは、前述したとおりである。

もちろん、日本の「自主独立」を主張するのに、アメリカから与えられた憲法を掲げることは、一種の矛盾ともいえた。しかし逆にいえば、その憲法を逆転して利用することは、アメリカへの最大の抵抗力となりえた。清水幾太郎は、「憲法がアメリカの押しつけによるものであることは明らかである」と認めたうえで、こう主張している。(79)

……〔アメリカは〕朝鮮戦争のころから、即ち、アジア侵攻作戦における日本人の利用を考え始めてから、事毎に憲法を邪魔ものにし、これを骨抜きにする手を打って来ている。日本を再軍備させようとするアメリカ側の要求と、憲法を通じて新しく生れ変った民衆に怯える日本の支配者たちの要求とが、ここで内外から結び合わされることになる。それゆえに、憲法の学習と実践と擁護とは、国家からの独立という意味で国民的主体性を帯びるだけでなく、アメリカからの独立、というより、アメリカへの対立という意味で国民的主体性を帯びるものとなる。……

……ただ反米というものではない。アメリカの行動を審く尺度がわれわれの手のうちにあるのである。アメリカは地上最強の国かも知れぬ。この最強の国との対立において、われわれが憲法を学習し実践し擁護することを通じて、日本は本当に独立するのであろう。対外的主体性を獲得するのであろう。

ここには、日本やアメリカといった「国家からの独立」という心情が、「国民的主体性」という言葉で表現されている様子がうかがえる。

そして「アメリカの行動を審く尺度がわれわれの手のうちにある」という論理は、平和問題談話会に当初から存在したものであった。一九四八年一二月の討議で、議長の安倍能成は、「極東裁判は平和と文明の名をもって日本国民を裁いたのであります」「連合国がわれわれを裁くに平和と文明の名をもってした以上は、必ずわれわれに向かって平和と文明を保証しなければならない、当然そういう義務があると思うのであります」と主張していたのである。[80] 安倍のこの主張は、一九四九年一月の声明にも盛りこまれることになった。[81]

こうした逆転は、「文明」の名のもとに西洋に植民地化された諸地域住民が、西洋から強要された「文明」の名において植民地支配の不当を批判するというかたちで、世界各地に存在したものであった。敗戦によって「弱小国」となっていた日本において、それと類似の現象が、憲法の擁護というかたちで現われていたのである。

吉野源三郎は、当時を回想して、「極東裁判で日本国民をそのように裁いた相手がいま再び戦争をしようとしており、それに日本を巻き込もうとしていることに対する不満が広がりつつあった。そういう状況のなかで平和を要求することは、日本の旧秩序と現在の東西対立に対する両方の批判になってくる」と述べている。[82] 非武装中立論と護憲論は、米ソという二大国に対する「自主独立」の意志表示であったと同時に、アメリカに追随して復活をはかる「日本の旧秩序」への批判でもあったのである。

逆にいえば、敗戦直後には批判の多かった憲法が、一九五〇年ごろから「国民的主体性」を表現する媒体として再評価されたのは、アメリカ政府と日本政府が憲法を捨てたからであった。竹内好は一九五二年五月に憲法を評して、敗戦直後には「外国から与えられたということが、心理のシコリとしてあった」のだが、「為政者の憲法無視が、逆に私に憲法擁護の気持を起させた」と述べている(83)。

しかしもともと、一九四六年におけるアメリカと連合国の建前を逆転して、一九五〇年のアメリカに対抗するという戦略は、吉田首相も行なっていたものであった。いわば平和問題談話会は、吉田をふくむ同時代の人びとが共有していた「素直な愛国心」ないし「自主独立」の志向を、吉田や日本政府以上に表現していたのである。

アジアへの注目

そして知識人たちの対米不信は、アメリカに日本の安全保障を委ねることへの不安にもつながっていた。社会主義圏を講和から排除し、米軍に基地を提供することは、日本への攻撃が誘発される危険を意味した。一九五一年の日米安保条約にはアメリカに日本防衛の義務規定がなかったし、わずか数年で日本の非武装化政策を転換したアメリカの国際戦略に、日本の運命を預けることは危険だと考えられたのである。

清水幾太郎の回想によると、平和問題談話会のなかでも、オールド・リベラリストの安倍能成や和辻哲郎などは全面講和の可能性に懐疑的であり、ソ連や中国への嫌悪が強かった。しかし、講和後に米軍基地を残すことの是非については、「満場一致、強い反対の声が出た」という。清水によれば、「アメリカが自国の都合で何時太平洋の彼方へ帰ってしまうかも知れないと考え、帰った後に、日本の四つの島がロシアの敵意の下に存在すること」を、彼らは恐れたというのである(84)。

しかもアメリカは、五年前までの敵国であり、空襲と原爆で日本の非戦闘員を大量殺戮した国として記憶されていた。一九五一年六月、社会党の外交委員会で講和問題をめぐる討論が行なわれたさい、左派の勝間田清一は戦前の経済封鎖について「アメリカは、オレガ〔ママ〕鉄の原料をおさえるから、おれが〔ママ〕綿花をおさえているから、日本を適当におさえるといった」と述べ、「安全保障形式は若し日本が再軍備しているなら対等的な立場で出来るが日本の軍備をあとにして、外国の軍隊の駐兵を先にする、そしてそれがやがて再軍備になる」と主張している(85)。

対米不信の反面、全面講和論者には、アジアへの注目があった。一九五一年九月の講和会議の開催とともに、『世界』は講和問題の特集を組んだが、そこで多くの論者が指摘したことは、アメリカ主導の講和会議に中国が招かれていないことであった。

この特集で、たとえば竹内好は「この講和が国民によつて承認されたら、中国との関係は破局的になるだろう」と述べ、作家の野上彌生子も「最も長い喧嘩相手は中国である。従つて仲直りには中国こそ床柱を背負つて座るべきであるのに、かんじんな正客は招かないで手打ちをしようとする。これはやくざの仁義にも劣る仕方ではあるまいか」と評した(86)。丸山眞男は、戦中戦後の無理がたたって一九五一年二月から肺結核で入院していたが、この特集号に寄せた「病床からの感想」でこう述べている(87)。

……今度の講和が、中国及びソ連を明白な仮想敵国とした向米一辺倒的講和であることを否定するものはなかろう。ところで日本が長期間にわたり最大の兵力をもって莫大な人的物的損害を与えた当の中国を除外し、剰《あまつさ》えこれを仮想敵国とするような講和とは、それだけで果して講和の名に値するかどうか。……思えば明治維新によって、日本が東洋諸国のなかでひとりヨーロッパ帝国主義による植民地乃至《ないし》半植民地化の悲運を免れて、アジア最初の近代国家として颯爽と登場したとき、日本はアジア全民族のホープとして仰がれた。……ところが、その後まもなく、日本はむしろヨーロッパ帝国主義の尻馬にのり、やがて「列強」と肩をならべ、ついにはそれを排除してアジア大陸への侵略の巨歩を進めて行ったのである。しかもその際、日本帝国の前に最も強力に立ちはだかり、その企図を挫折させた根本の力は、皮肉にも最初日本の勃興に鼓舞されて興った中国民族運動のエネルギーであった。つまり日本の悲劇の因は、アジアのホープからアジアの裏切者への急速な変貌のうちに胚胎していたのである。敗戦によって、明治初年の振り出しに逆戻りした日本は、アジアの裏切者としてデビューしようとするのであるか。私はそうした方向への結末を予想するに忍びない。

同時に唱えられたのは、中国との関係断絶が日本の貿易に打撃となり、経済的にもアメリカに依存するしかなくなるという懸念であった。戦前の対中貿易は日本の国際貿易総額の六割以上を占めており、一九五〇年四月には参議院でも中日貿易促進決議が通過していた。しかしアメリカは、朝鮮戦争開戦後の一九五〇年一〇月に対中全面禁輸を決定し、占領下の日本もそれに従わされた。さらにアメリカは一九五二年九月、日本に秘密協定を結ばせ、ココム（NATO加盟国による対共産圏輸出規制統制委員会）の禁輸リストのほかに四〇〇品目の禁輸を義務づけた。(88) 日本は国際貿易においても、アメリカの従属下に入りつつあったのである。

それゆえ一九五〇年一月の平和問題談話会の声明でも、単独講和が対中関係を断絶させ、「日本の経済を特定国家への依存及び隷属の地位に立たしめ」、「国民生活の低下」をもたらすと強調されていた。(89)『世界』一九五一年一〇月号の講和問題特集でも、「中国との自由な交通なしには文化的にも経済的にも独立して立ち行かなくなる」という意見は多かった。(90) この特集で、平和問題談話会のメンバーだった医者の松田道雄は、こう述べている。(91)

こんどの講和はけんかの仲直りというのではなく乱暴もののおわびというべきものですから、乱暴をはたらいたものは、乱暴をされたものに二度と乱暴をしないという誠意を示さねばなりません。大東亜戦争などといっていたように東亜の諸民族が一ばん迷惑したのですから、何よりもそういう人たちにおわびをしないことには、東亜の片すみに生きている我国としては近所づきあいがうまくいかぬでしょう。近所づきあいがうまくいかぬと、ゆくゆく生活にこまるようなことになるでしょう。生活にこまってくると、とかく乱暴なことをたくらむ政治家が国民をたぶらかして……そのたくらみを実行にうつすことになりがちです。……

……何のうらみもない近隣の民族に乱暴をはたらいて自分だけがよくなろうというさもしい考え方をしたことが誤っていたとみとめるのが講和のたてまえでしょう。戦争はもうやらないと憲法にまで書いておきながら、講和をきっかけにその憲法をひっこめて軍隊をつくるようなことをすれば、我国民は人間としてゼロになるだけでなく、近所がおさまらないと思います。

このことは小学校五年生の子供なら、もうわかるのではないでしょうか。読ませてみて下さい。

そして同時に、当時の護憲論の根底にあったのは、戦後日本のナショナル・モラルを防衛するという意識であった。第4章で述べたように、敗戦直後の文部省は、『あたらしい憲法のはなし』や『民主主義』といった教材を発行して、憲法を新しい国家理念として児童たちに教えこんでいた。しかしそうした方針は、一九五三年ごろから廃止された。しかし、かつて児童に崇高な理念として教えこんだ憲法を、わずか数年で批判するという行為が、政治や教育への信頼を低下させないはずがなかった。

この点を重視したのが、東京大学総長の南原繁だった。一九四六年に、「どう言う事情があったにせよ、日本政府が作り、又日本の帝国議会が之に協賛したと致しますれば、其の責任が日本のものであり、日本の憲法として我々は何処迄も確立しなければならぬ」と述べて安易な改憲に反対した彼は、一九五〇年にも改憲に反対し、全面講和を主張した。彼は一九五一年三月の東大卒業式講演で、保守政権の愛国心育成論と改憲論について、こう述べている(92)。

殊に、われわれが憂うるのは、それが若き世代に与える道徳的・知的動揺と崩壊についてである。私は教育者の一人として、特にこのことを言うのである。……徹底した非武装平和主義の指導と政策を、僅々三、四年も経たぬ間に、一擲して、再び武器を執ることを、しかも〔愛国という〕道徳的責任と結びつけて説くことに対しては、何としてもかれらの納得し能わぬところであろう。……

日本国民も戦後あまり一時に善いことを教えられて来たが、今度はあまりにもにわかにそれを忘れなければならぬとすれば、すべてが一箇の「機会主義《オポチュニズム》」であるという印象と非難を、不幸にも内外に招かずにはおかぬであろう。そうして、そのことは、結局、将来、日本及び世界の真の安全保障の観点からも、大なる損傷といわなければならない。

南原によれば、「真の安全保障」は、日本が国際的な信用を得ることと、「国民の最多数が、その理想目的において一致結合する」ことによって成立する。国民の一致団結なしには、いくら兵器を装備しても、「真の安全保障」にはつながらない。そして安易な憲法改正は、「われわれが国家の名誉にかけて、内外に明らかにした誓約を、自ら破毀するもの」であり、国民の団結力と国際的信用を破壊するというのだった(93)。

前述したように、吉田首相は積極的な再軍備をためらっていたため、アメリカの要求に押されるまま、警察予備隊は「軍隊」ではないという名目で再軍備を進めていた。この方式は「なしくずし再軍備」とよばれ、その機会主義的かつ偽善的な姿勢が批判されていた。吉田をはじめとした保守政治家たちが、一九四六年には第九条を絶賛していたことは、批判をいっそう強くした。

『世界』の憲法擁護特集でも、この点が重視された。特集の巻頭に掲げられたのは、憲法の前文と第九条、そして「天皇又は摂政及び国務大臣、国会議員、裁判官その他の公務員は、この憲法を尊重し擁護する義務を負ふ」という憲法第九九条であった。そして知識人たちに出されたアンケートには、再軍備の是非と並んで、「なしくずし再軍備」を「道徳的にみていかがお考えでしょうか」という項目が挙げられていたのである。

もちろんこのアンケートへの回答は、「道義破壊の責任を負うもの」(中野好夫)、「地に堕ちた政治道徳」(風見章)、「端的に卑屈」(上原専禄)、「遵法の精神もくそもあったものではない」(大内力)、「だから私は政治を信用しない」(谷川徹三)といったものが圧倒的であった。再軍備賛成論者だった政治学者の蠟山政道でさえ、「政治道徳上悲しむべきことである」と回答している(94)。

そして、当時の非武装中立論が「自主独立」の表現であった以上、それは南原が一九四六年に批判したような、

「単に功利主義的な、便宜主義的な安全第一主義」とは対極的な心情を基盤としていた。たとえば同志社大学学長だった田畑忍は、改憲論を「政治的非道徳」と非難しながら、「憲法は国の面目であつて生命以上に尊ばるべきものである」と主張している。[95]

もちろん南原繁には、そうした志向が顕著だった。彼は一九五〇年三月の講演では、「いたずらに左顧右眄《うべん》、風に靡く葦のごとく、ひたすら客観的情勢におのれを委ねてはならない」「世界平和の使徒として、民族の偉大な理想に向って努力せられよ」「それは荊棘《けいきょく》の道、むしろ煉獄であるであろう」と主張している。南原によれば、明確な国家理念が保たれていれば、外敵の侵攻があっても、「必ずや国民を団結せしめて、消極的ないし積極的抵抗となって現われるであろう」というのだった。[96]

これと関連して注目すべきなのは、当時の護憲論者には、国民によるレジスタンス活動や民兵制を支持する意見が存在したことである。たとえば、当時は再軍備反対の急先鋒だった清水幾太郎は、一九五二年の座談会で、「日本でも各人の家に武器があって、僕の家にも一挺の機関銃くらいあるというのなら、日本の再軍備も大いに賛成する」と述べている。[97]竹内好も一九五二年に中国を参考に民兵制に共感を示しているし、丸山眞男は「全国の各世帯にせめてピストルを一挺ずつ配給して、世帯主の責任において管理する」というプランを提唱した。[98]

こうした主張は、専守防衛のスイスの民兵制などを参考にして、〈国家の武装〉とは異なる〈国民の武装〉を志向したものであった。国家の軍隊が、国民の政治活動を弾圧しかねないという恐怖は、戦争体験によって人びとのなかに強く焼きつけられていた。それにたいして、国民が武装する民兵制は、国民が政府と闘う武装にも転化しうるものであった。

丸山眞男によれば、日本は政府による国民の武装解除が早くから徹底した国であるため、個々人の「自己武装権」という発想がなく、「自衛権」といえば『国家』の自衛権」のことだと考えられてしまう。[99]第二次大戦下のフランスでみられたように、国家が降伏したあとも、人民がレジスタンスで立ちあがるという発想が弱いのは、そのためであるという。

それゆえ丸山の考えでは、日本でも各家庭に銃を配布すれば、政府に頼らない個人の「主体性」と、真の意味での「自衛」の思想が根づく。そして、「外国軍隊が入って来て乱暴狼藉しても、自衛権のない国民は手を束ねるほかはないという再軍備派の言葉の魔術もそれほど効かなくなるにちがいない」というのだった。

ここで留意すべきなのは、戦中に召集された丸山や竹内をはじめ、当時の知識人はほぼ全員が軍事訓練の体験者であり、銃の使用法を心得ていたことである。そしてそうであるからこそ、彼らは政府と軍隊が武器を独占することの恐ろしさを、よく知っていた。清水幾太郎によれば、政府が国民を武装解除するのは、国民の信頼を獲得する自信がないからであり、「僕の家にも一挺の機関銃くらいあるというのなら、日本の再軍備も大いに賛成する。日本の再軍備を力説する政治家にそれだけの度胸があるか」というのだった。

このようにみてくると、当時の非武装中立論は、アメリカに従属した国家の軍隊を拒否するものではあっても、必ずしも絶対非暴力の主張ではなかったことがわかる。民兵制までは唱えずとも、外敵が侵入したさいは、国民の不服従でレジスタンスを行なえという意見も少なくなかった。南原が唱えた、国民による「消極的ないし積極的抵抗」とは、このような事態にほかならない。

この点は、社会党左派なども同様だった。一九五一年六月の社会党外交委員会で、勝間田清一は「無抵抗、無防備ということをきくがわれわれはそういうことをいつたことがない」と述べ、現状の再軍備を「だれのためのだれに対する自衛なのか」と批判している。[100] 戦前の日本軍は国民の保護よりも軍隊組織の保全を優先したし、有事のさいには米軍の指揮下に入るはずの警察予備隊がどのような挙動に出るかも、不明確だったからである。

一九五一年一月、社会党は「再軍備反対決議」を行なったが、そこでは経済的負担や軍閥復活の怖れに加え、「再軍備と自衛権を混同せず、冷静に区分して考えねばならぬ」ということが唱えられた。自衛権そのものは認めるが、現状の再軍備は一種の「傭兵」にすぎず、「第三次世界大戦に引き込まれる危険を持っている」うえ、「屈辱極まるもので日本人として反対しない者はあるまい」というのである。[101]

とはいえ民兵構想などは、平和問題談話会の声明に盛りこまれることはなかった。丸山が執筆に参加した一九五〇年九月の声明「三たび平和について」で強調されたのは、国連による安全保障と、「原子力戦争は、最も現実的たらんとすれば理想主義的たらざるをえないという逆説的真理を教えている」という平和主義であった。(102)

とはいえ第4章でみたように、核兵器の存在が従来型の軍備を無意味にし、絶対平和主義を要求しているという主張は、マッカーサーや幣原喜重郎が一九四六年に述べていたものであった。国連に安全保障を委ねるという構想も、やはりマッカーサーや連合国が構想していたものだった。

その意味では、平和問題談話会の主張は、思想としては目新しいものではなかった。しかし憲法と同様に、非武装中立論もまた、アメリカから与えられた言葉を意図的に逆転させたものであった。声明「三たび平和について」は、吉田首相の憲法制定当時の答弁や、マッカーサーの一九四七年三月の声明などを挙げて、非武装中立論は日本政府のみならず「連合軍も明らかに同意していた」と唱えていたのである。(103)

それにたいし保守派の再軍備論は、モラルへのこだわりを欠いていた。一九五〇年八月の『東京新聞』の社説は、全面講和論を「世迷言」と形容し、「安全と平和が目的であつて、戦争や軍備や交戦権の放棄は手段である。憲法そのものさえ目的である国の手段に外ならない」と主張している。(104)しかしそれでは、防衛すべき「国」がどのような理念やナショナル・アイデンティティを基盤とするのかについては、保守派は答える術をもたなかった。

この点は、吉田首相も同様だった。前述のように、警察予備隊の士気低下を前にして、吉田首相や自由党は「愛国心」や「道義の高揚」を説いた。しかし一九五二年一二月の参議院予算委員会で、「道義の高揚」とは具体的には何を意味するのかという質問があったさい、吉田は「日本の国柄は非常に立派な国柄」だと強調するだけで、現状の日本の何がどう「立派」なのかは、述べることができなかったのである。(105)

そもそも当時の与党である自由党は、理念にもとづいてつくられた政党ではなかった。『世界』一九五〇年一二月号の記事は、「自由党の党員大衆を魅了している問題は、日本民族百年の生死を託すこのような重大な講和問題の在り方にあるのではなくして、政府与党として各種の利権に近づきうる有利な条件の継続的確保の方がより大きい」と述べ、吉田首相の単独講和促進も「一般の党員大衆にとって『講和内閣』の栄誉を担うということよりも、政権が一日も長続きするという点で大いに歓迎され」ているにすぎないと評している[106]。

それに対して、当時の非武装中立論と護憲論は、ナショナリズムとモラルの回復をもとめる心情を表現する媒体となっていた。そうしたナショナリズムは、民主主義の主張と矛盾しないのはもちろん、アジアへの罪責感とも、生活の向上とも両立しうるものであった。

これらの要素が矛盾なく結びつく基盤となっていたのは、戦争体験の記憶であった。当時の人びとにとって、戦争はたんに生命の危険であるだけでなく、貧困をもたらし、自由を剝奪し、モラルを崩壊させ、屈辱と悔恨を与えた体験であった。当時の平和主義は、そうした戦争の記憶から生まれていたものであった。そうであるからこそ、たんなる生命の安全だけでなく、民主主義の防衛や生活の向上、モラルの回復、そして「主体性」の主張や戦争責任の追及などが、そこに結びついていたのである。

そして、そうした戦争の記憶の象徴となっていたのが、戦死者だった。吉野源三郎が「青年たちをたくさん殺してしまったということ」への責任感を述べていたことは前述した。そして彼は、講和問題を特集した『世界』の巻頭言でも、こう訴えていた。「空しく大陸の奥地や南海の涯てに死んでいった多くの同胞――わたしたちのかけがえのない父や夫や兄弟たちのことを、改めて思い起そう。また、私たちの幼い弟妹や子供たちまでが嘗めた、あの窮乏と恐怖との記憶を思い起そう。私たちが過去の大きな過ちから、再びその過ちを犯さない決意とそれにふさわしい智恵とを汲みとらないとすれば、これらの犠牲は、あまりにも痛ましすぎる」[107]。こうした戦死者への哀悼が、日本という国家を新生させる志向となって、現われていたのである。

国連加盟と賠償問題

だが問題は、このような中立平和論が、どのように国際的に可能であるかだった。

平和問題談話会や、社会党左派が再軍備の代案として掲げていたのは、前述のように国連による安全保障であった。しかしこれは、積極的な提案というより、いわば消去法の産物であった。アメリカに従属した安保条約と再軍備を拒否し、旧軍の復活は問題外であるとすれば、民兵構想が一般の支持を得にくいものである以上、あとは国連による安全保障しか選択肢が残っていなかったのである。

そこで問題になるのは、再軍備を伴わない国連加盟が可能かどうかであった。第4章で述べたように、国連憲章第四三条は加盟国の兵力提供義務を規定していた。しかし、一九五一年一月の社会党の再軍備反対決議が掲げていたのは、「参戦の義務を伴わない国連による安全保障を求める」ことであった[108]。これが国際的に認められるか否かが、非武装中立論が実現可能であるか否かの焦点だった。

この問題は、平和問題談話会でも討議されていた。声明「三たび平和について」は、こう述べている[109]。

問題は、わが国が武力をもたず、武力的に協力できない状態にあり乍ら、一方的に国連による保障を求めるだけでは恥ではなかろうか、ということにある。それに対する解答は一に、武力をもたず、ひたすら平和的手段で、世界平和を熱望している日本の立場と、精神的文化的な面での国連の大いなる目的への日本の協力とが、どのように評価されるかにかかっている。

ここで声明では、中立国家が国際組織に加入した先例を論じている。まず一九二〇年に、スイスが国際連盟に加入するにあたり、武力制裁への参加や外国軍の通過を免除されていたこと。インドやスウェーデンなどは、国際連合に加盟しながら、中立政策を堅持していること。そして国連憲章第四三条は、兵力提供にあたって安全保障理事会と提供国が特別協定を締結することを規定しており、加盟国すべてに無条件の義務を課しているわけではないことなどであった。

もっとも平和問題談話会は、国連を理想化していたわけではなかった。そもそも当時は、朝鮮戦争に出動した米軍が、「国連軍」を名乗っていた。そして自由党政権は「国連協力」をうたい、輸送業務をはじめとした米軍への協力や、特需の請負を進めていた。そのため社会党では、「国連協力」をめぐって議論がおこり、「憲法の範囲で」のみ国連に協力することが一九五〇年九月に指令され、「例へば自ら武器を取る事は範囲外である」とされていた。[110]そしていうまでもなく、共産党は国連に批判的であった。

くわえて当時の国連は、米ソの対立で麻痺状態にあった。丸山眞男の回想によると、戦前の国際連盟が大国間の衝突によって崩壊した記憶がそこに重ねられたため、平和問題談話会でも「国連やユネスコは瀕死の状態にある」という発言が出ていた。そのうえ共産党が国連に批判的だったこともあって、「マルクス主義の洗礼をくぐった人の間ではそうだと思いますが、一般にも必ずしも〔国連に〕大きな期待はなかった」という。[111]

それでも談話会が国連重視を掲げたのは、日本が米ソの双方から独立した国際的立場をとろうとするさい、ほかに依拠するべき足場が存在しなかったからだった。そのため声明「三たび平和について」は、共産党からの批判を意識して、「中立」と「国連重視」の主張を擁護する一方、「国連自身の設立の企図からいって、それが一、二の強国の政策を実現するための手段だとみるのは正当でないであろう」「そのような本質的属性を失った国連は、もはや企図せられた国連とは別のものといわなければならない」と一種の国連批判を述べている。[112]

そして一九五〇年一月の「講和問題についての平和問題談話会声明」は、「わが憲法の平和的精神を忠実に守る限り、われわれは国際政局の動揺のままに受身の態度を以て講和の問題に当るのでなく進んで二つの世界の調和を図るという積極的態度を以て当ることを要求せられる。われわれは、過去の戦争責任を償う意味からも来るべき講和を通じて両者の接近乃至調整という困難な事業に一歩を進むべき責務を有している」と唱えていた。[113]すなわち、第九条の精神をもって東西両陣営の仲裁に努めることが、兵力提供に代わる、「精神的文化的な面」での国際貢献であるというのだった。

こうした主張が国際的に認められるかどうかは、大きな問題だった。これについて山川均は、『世界』の講和問題特集でこう述べている。[114]

しかし私は、国際連合に向つて、戦争の放棄と非武装主義の憲法をもつたままでわが国の加入を認めることを要求すべきだと思う。ある人は、虫のいい要求だと言うかもしれない。こういう人たちは、日本が現在の国際関係のうちにそのような立場を守ることが、日本が世界に貢献しうる唯一の道だということを理解しえぬ人である。……また民主主義諸国は、この要求を支持する道義上の責務があると思う。いつたい現行の憲法は、日本の国民が自らの意志により、自らの選択によつて制定したものにはちがいないが、同時にそれは連合国の占領下に制定された憲法であつて、連合国の意志に反して制定されたものではない。

連合国によって与えられた憲法であるからこそ、連合国がそれを尊重する義務があるという論理は、前述したように清水幾太郎や安倍能成なども唱えていた。この論理が、国連加盟問題にも適用されたのである。

しかし結論からいえば、こうした主張が通用する余地はなかった。当時の日米両政府がそうした志向をもっていなかっただけでなく、重要な条件の検討が、これらの意見には欠けていた。アジアへの戦後補償問題である。

前述したように、第二次大戦終結直後の連合国の対日政策は、日本の非武装化と軍需産業の解体を志向していたが、それと並んで重視されていたのが賠償の取立てであった。しかしアメリカでは、一九四八年ごろから、日本を反共同盟国として育成するため、賠償取立てを中止させる方針が台頭していた。

そのため一九四八年五月、陸軍次官ドレーパーによる報告は、日本産業界の再建と「賠償解決」を訴えた。そして一九四九年五月には、極東委員会のアメリカ代表マッコイ少将が、賠償取立て中止を声明する。[115] そしてアメリカ政府は、朝鮮戦争勃発後の一九五〇年一一月に「対日講和七原則」を公表し、講和後の日本への米軍駐留と、沖縄のアメリカ管理、そして講和締約国の賠償請求権の放棄を掲げたのである。[116]

しかしこうしたアメリカの方針には、多くの連合国が反発していた。すでに一九五〇年九月一六日、イギリス外務省は、日本の非武装と非軍事化という主張には何ら変化がないと声明していた。一一月の「対日講和七原則」には、イギリスのほかオーストラリア、ニュージーランド、フィリピン、ソ連などが反対した。[117] とくに日本軍に攻撃されたフィリピンやオーストラリアは、再軍備容認や賠償請求権放棄といった方針に強く反対した。

前述したように、一九五一年一月に来日したダレスは、再軍備を要求して各界要人と面談した。そしてその後にダレスが行なったのは、フィリピンとオーストラリアを回り、アメリカの対日講和計画への反対を抑えることだった。しかしオーストラリアとニュージーランドの外相は、日本の軍備と工業力の制限を、講和条約に盛りこむことを強硬に主張した。またフィリピンでは会談は物別れに終わり、反ダレスのデモが組織されている。

とはいえアメリカの主張に、これら諸国政府も折れ、一九五一年九月にはサンフランシスコ講和会議が開かれた。しかし前述のように、中国や朝鮮は招請されず、インドとビルマは欠席した。またインドネシアは賠償にかんする二国間協定を結ぶように講和会議場で主張し、フィリピンは賠償にむけた協議をただちに開始するように日本政府に迫った。日本側はこうした条件を呑んで、ようやく調印にこぎつけたのである。

結局、アジア諸国の賠償要求を抑えこんだのは、アメリカの政治的圧力だった。そして前述したように、日本は再軍備をするものの、日本の軍事力は、有事のさいには米軍の指揮下に入ることが密約された。これによって、日本軍の独自行動を懸念するアジア諸国やオーストラリアなどの不安が抑制されたのである。

こうした国際関係を考えれば、日本がアメリカから自立し、非武装中立を国際的に承認してもらうためには、戦後補償の解決が不可欠だった。しかし、当時の全面講和論には、この視点が欠けていた。平和問題談話会の声明では、イギリスやオーストラリアが日本の再軍備に反対していることが挙げられてはいたが、戦後補償問題への言及はなかったのである。

むしろ賠償を逃れたことは、全面講和論者からも歓迎されていた。『世界』の講和問題特集では、経済学者たちの座談会で賠償問題が議題にのぼったが、そこで平和問題談話会のメンバーだった大内兵衛は、「こちらに支払能力がないからカンベンしてくれというしかない」と述べた。おなじく談話会のメンバーだった有澤広巳も、アジア諸国で日本軍が発行した軍票に関連して、「戦争中の債権債務は御破算にしてもらいたい」と主張した。国民経済研究会理事長だった稲葉秀三は、「日本の経済力を阻害してまで、あるいは国民生活を落してまで賠償はとり立てないという建前は、ダレスさんによつて是認されています」と述べている。[118] これらの経済学者たちも、日本がアジアに与えた惨禍を認めてはいたが、日本経済の復興のほうが優先されていたのである。

戦後賠償は、本来は平和の問題と不可分であるはずだった。しかし敗戦後の窮乏した経済状態のなかでは、平和への願望が先行し、この問題は軽視されがちだった。第一次大戦後のドイツに課された苛酷な賠償が、ナチス台頭の温床となったという歴史もあり、賠償請求が抑制されたのは当然だという意見も少なくなかった。

そして社会党などは、国民生活の向上のために、賠償打切りを公然と要求していた。一九五一年二月、社会党委員長の鈴木茂三郎がダレスと会見したさい、ダレスに提出した講和への要望には、「賠償の打切」「海外資産に対する好意ある解決」などが掲げられていたのである。[119]

ダレスと鈴木の会見に同席したシーボルトは、社会党の見解を「全く非現実的」と評し、「社会党の指導者たちが、世界情勢および対日平和条約交渉の複雑さについて、いかに現実的な理解を欠いているかを、示したものであった」と述べている。[120] 非武装中立と全面講和を唱えながら、同時に賠償打切りを要求する姿勢は、そのように評されてもやむを得ないものであった。

また当時の全面講和論者たちは、「素直な愛国心」に依拠していただけに、マジョリティの「日本人」以外への配慮を欠きがちであった。サンフランシスコ講和条約の発効にあたり、在日朝鮮人や台湾人から日本国籍が剝奪されたが、その問題への言及はほとんどなかった。沖縄の分離については、知識人レベルでは沖縄住民に同情的な意見も少なくなかったが、日本政府や社会党は、もっぱら領土の確保という側面からこの問題をとりあげた。社会党委員長の鈴木がダレスに宛てた書簡でも、「敗戦日本は国土の四割四分を失いました」という言葉とともに、北方領土と沖縄の確保が主張されていたのである。[121]

一般世論においては、こうした傾向はいっそう顕著だった。一九五一年九月二〇日の『朝日新聞』に掲載された世論調査では、講和条約への不満として挙げられたのは、「領土が狭くなったこと」の一一パーセントを筆頭に、千島や南洋群島が失われたことを嘆く意見が各六パーセントにのぼっていた。それにたいし、「全面講和ができなかったこと」を挙げたのは五パーセントだった。

知識人においても、第8章で述べたように南原繁は、敗戦後の状況を「外地異種族の離れ去った純粋日本に立ち戻った」と形容していた。平和問題談話会に参加していた大阪商大学長の恒藤恭《つねとうきょう》も、「過去における侵略的軍国主義の獲物をきれいさつぱりと放棄して、日本民族本来の在りかたに立ち帰つた」と述べて、憲法を「新しい道徳基準」として日本を再建すべきだと主張している。[122]

さらに平和問題談話会の重鎮だった安倍能成は、『世界』の講和問題特集で、「アメリカの駐兵と軍事基地は、願へれば琉球その他の四島以外の地にしてもらひたい」と公言していた。[123] こうした露骨な発言は、年長世代により多くみられた特徴だったとはいえ、丸山をはじめとした若手の知識人たちも、戦後補償や沖縄問題に大きな注意を払っていたとは言いがたかった。

第5章でも述べたように、丸山の回想によれば、平和問題談話会のメンバーは戦争協力の汚点の少ない者が選ばれていたため、戦中に抵抗できなかったことへの悔恨はあっても、「自分個人として戦争責任があるとはまず思っていなかった」という。[124] 当時の知識人にとっての「戦争責任」は、もっぱら日本の為政者が日本国民に与えた被害を問うことであり、あるいは知識人の身の処し方や「主体性」の問題だった。それは彼ら自身の経験や悔恨に根ざしていただけに、戦後の彼らの行動を支えるバネとなっていた。しかしそうした戦争責任意識は、「日本人」の外部への視点を欠きがちだったのである。

前述したように、中国を排除して講和を促進することには、当時から批判が多かった。しかしそれは、中国との貿易が回復すれば、日本経済の再建に資するという認識と結びついたものであった。そもそも第7章でみたように、一九五〇年代の平和主義そのものが、貧困からの脱出願望と一体になったものだった。

こうした思考の枠組みのなかでは、日本経済にマイナスになる可能性が高い賠償問題が、こぼれ落ちがちになったのは当然であった。『世界』の講和問題特集では、アンケートを含め一二〇名ちかい知識人が寄稿していたが、前述の経済学者たちの座談会をのぞけば、賠償問題を論じたのは二人にすぎなかった。

その二人は、東京教育大学教授だった河盛好蔵と、『近代文学』同人の荒正人だった。[125] とくに荒は、アンケートへの回答すべてをこの問題に充てて、こう主張した。[126]

講和問題の草案に賠償のことがないのは不思議といえば不思議です。アジアの諸地域で、日本軍が破壊、損傷した人命、財産、施設などの総額は厖大なものである筈です。それが帳消しになつている理由はどこにあるのでしょうか。フィリッピンやビルマなどから賠償の要求がでていますが、ないものは払えません、と口にださぬまでも、それをただアメリカの留め役にだけまかせて黙つてみていていいものでしようか。これは、追放解除になつたひとたちが、むしろまちがつて追放になつていたのです、といつたような表情をしているのと微妙なかたちでつながつているようです。

この当時、アメリカは日本を反共同盟国として育成するため、公職追放の解除を進めていた。そして第5章や第6章で述べたように、荒は敗戦直後から、日本が侵略戦争を行なったことを一種の原罪として、日本に近代的な主体意識を構築できないかと唱えていた。彼が賠償問題に注目したのは、そうした思想の延長だったといえる。

しかしこうした意見は、ごく少数であった。講和条約のあとも、日本に占領された東南アジア諸国は請求権が認められたが、原料を提供して日本に加工させる役務賠償に限定され、日本の経済力再建に役立つ方向での解決がなされた。この後、日本政府はビルマ・インドネシア・フィリピン・南ベトナムの四カ国と個別交渉によって賠償を行なったが、これが日本企業のアジア再進出の契機として機能することになる。

こうした東南アジア進出は、アメリカの戦略に沿ったものでもあった。アメリカは日本の対中貿易を遮断する代わりに、アメリカの影響圏下にある東南アジア市場を日本に与えることを計画したのである。そしてアメリカは、この地域に与える軍事援助物資を日本に発注し、朝鮮戦争が休戦したあとも特需を継続させたのだった。[127]

それと同時に進行したのは、アメリカ主導による、日本の国連加盟であった。一九五一年五月一七日、アメリカの国家安全保障会議は、講和後の対日政策について、①日本の再軍備促進、②アジアの非共産主義諸国で使用する低コスト軍需物資の生産のために日本を援助する、③日本の国連加盟と地域的安全保障参加を達成する、といった方針を決定している[128]。

こうした方針のもと、サンフランシスコ講和条約では、日本の国連加盟意志の宣言と、「連合国はこの意思を歓迎する」という旨がうたわれた[129]。これにもとづき、日本政府は講和条約発効直後の一九五二年六月、国連に加盟申請を行なった。この申請はソ連の拒否で否決され、日本の国連加盟は日ソ国交回復後の一九五六年一二月までもちこされたものの、最終的には達成された。並行して一九五四年五月には、自衛隊の発足にともない、参議院で海外派兵を行なわない決議がなされている[130]。

こうして、賠償を支払わない講和と、兵力を提供しない国連加盟は、アメリカの国際戦略に従属する形態で実現された。日本は東アジアの反共陣営の工場として、経済成長に専念する道が開けたのである。

「五五年体制」の確立

講和問題が一段落したあと、一九五〇年代には、憲法改正が政治的争点となった。

一九五一年一〇月、サンフランシスコ講和条約の批准をめぐって、もともと内部対立の激しかった社会党が分裂した。左派は講和条約と安保条約の双方に反対したが、右派は安保には反対するが講和には賛成したのである。この後、社会党は一九五五年の統一まで、左派社会党と右派社会党が別個に活動する。

一方で一九五三年一一月、ニクソン副大統領が第九条を批判する講演を行なったのと並行して、従来は憲法改正に消極的だった吉田茂首相が、憲法調査会の設置を指示した。追放解除で政界に復帰した改憲派の鳩山一郎が、自派を率いて自由党を脱党していたため、その復党をとりつけるための妥協策だった。この調査会は、やはり追放解除で政界に復帰した岸信介を会長にすることが決定された。そして一九五四年一二月に吉田から政権を奪った鳩山は、より積極的に改憲にむけて動きだすことになる。

こうした動きに対抗して、講和条約締結後に自然消滅していた平和問題談話会のメンバーたちが中核となって、政府側に対抗する憲法問題調査会が結成された。さらに一九五四年一月には、左右の社会党を中心に、労農党、総評、新産別などの労組や宗教団体など一二〇団体が加わって、憲法擁護国民連合が結成された。

とはいうものの、この「国民連合」は、多分に政治的妥協の産物であった。議長には右派社会党の片山哲元首相が就任していたが、右派社会党にはもともと再軍備に肯定的な議員が多かった。それにもかかわらずこの連合に参加したのは、保守政党に対抗する政治戦略であった。右派社会党の三輪寿壮憲法擁護特別委員長は、一九五四年五月に、「憲法擁護というスローガンはいわば保守党の憲法改正に対する戦術的なものであって党内の多くは現行憲法を永久不変であるべきものと思っていない」と明言していたのである。(131)

一方で左派社会党も、右派とは別の理由から、憲法を絶対とみなしていなかった。第4章でみたように、もともと社会党は、憲法の私有財産偏重や社会福祉規定の不足に批判的であった。講和と再軍備の問題が台頭した一九五〇年前後には、憲法第九条だけがクローズアップされたため、その他の条項への批判が鎮静化していたのである。

また左派社会党は、右派が脱退したぶんだけ、左派的な色彩を増していた。一九五四年一月の大会では、労農派マルクス主義の影響下で作成された階級闘争重視の綱領が採択されたが、そこでは議会で多数を獲得したうえで、社会主義の原則に従って憲法を改正することがうたわれていた。

そのため一九五四年五月三日の『毎日新聞』の報道によれば、左派社会党の稲村順三綱領委員長は、「現行憲法は平和と基本的人権の擁護のためにのみ擁護する義務があるのみで、それ以外の点は絶対的なものとは思えない」と述べていた。また防衛力についても、稲村は「社会主義政権下で革命遂行に有利とあれば維持すべきものである。非武装ということは絶対なものではない」と主張していたのである。(132)

それにもかかわらず、左派社会党が護憲連合に参加したのは、やはり保守政党に対抗するためだった。左派社会党の穂積七郎憲法擁護委員会事務局長は、一九五四年五月に、「いま改正論を打出すのは戦術的に不利であるから岸氏を中心とする自由党の憲法調査会が打出してくる改正点を一つ一つ夕夕いてゆく方がよい」と述べている。(133)

共産党は、さらに態度が微妙であった。もともと敗戦直後から、共産党は憲法に批判的であった。ところが一九五〇年ごろから、所感派が握っていた地下指導部は、再軍備反対と平和擁護を唱える根拠として、憲法を掲げる傾向が現われていた。

とはいえ分裂期には、こうした姿勢は共産党全体の方針ではなかった。一九五〇年七月、非主流派の一部である国際主義者団は、所感派への反論にあたり、「彼ら〔所感派〕はまた『日本国憲法の精神と規定はふみにじられて』とか、『国民に与えられた自由と権利は一つ一つ奪いとられ』となげいてみせて、『日本国憲法の精神と規定』は〔アメリカ〕帝国主義者による日本人民の隷属化、無権利化、日本人民の武装解除であり、それを修飾するために民主的装いをかぶせてあることを全然みず」などと述べていた。[134] 主流派の側も、反米主義の強化も手伝って、憲法を全面的に擁護するという姿勢ではなかった。

そもそも非合法の武装闘争を採用し、党内文書では「合法主義」の克服を唱えていた当時の共産党が、憲法の擁護を掲げるというのは、いささか矛盾した事態ではあった。いずれにせよ、一九五五年の六全協によって、武装闘争路線は放棄された。その後の一九五六年八月に、機関誌『アカハタ』は、「『憲法擁護』というスローガンは、その下にひろく国民各階層を結集すべき旗印となっている」と唱える記事を掲載した。[135]

こうした経緯から、共産党の憲法にたいする姿勢は、疑惑の目をもってみられていた。一九五三年一二月、憲法擁護国民連合は結成準備にあたり、共産党およびその傘下団体を排除することを言明した。これを伝えたある新聞社説は、共産党が第九条を擁護して再軍備反対運動を行なっていることを評して、「かつて平和条項に対して賛成し、今やその削除を主張する保守諸党の便宜主義に対して信をおきがたいのと同様に、われわれは共産党のこの重大な転換にもまた簡単に信をおきがたい」と述べている。[136]

そしてそもそも、共産党と社会党は、犬猿の仲であった。敗戦後しばらくの共産党は社会民主主義主要打撃論の影響下にあり、一九五〇年には社会党左派を「国際的独占資本に階級を売る最悪の分子」などと攻撃していた。[137] 一方で社会党左派の鈴木茂三郎は、一九五一年二月にダレスに宛てた書簡で、中立と社会的平等の推進こそが共産主義に対する最大の安全保障であり、その主役が社会党だと主張している。[138]

つまるところ、憲法擁護の「国民連合」が結成されはしたものの、憲法を心から支持している政党は存在しなかったといってよい。それにもかかわらず、憲法擁護がこの時期に浮上したのは、それが「平和」や「民主主義」とならんで、保守政党に対抗する諸勢力の最大公約数的なスローガンだったからである。

各種の政党と労働組合を糾合した一九五三年五月のメーデーは、「日本のファッショ化反対、平和憲法と民主主義を守れ」というスローガンのもとに行なわれた。[139]もし集まった各勢力が、「平和」や「民主主義」の具体的内容について議論しはじめれば、統一が不可能であることは目にみえていた。それにもかかわらず、「平和憲法」と「民主主義」という言葉を抽象的に掲げているかぎりは、形だけでも諸勢力の糾合が可能だったのである。

とはいえ、こうした野合ともいえる糾合が行なわれたことには、それなりの理由があった。保守政党による戦後改革の掘りくずしが、一九五二年四月の占領終結とともに、急激に強まっていたのである。

追放解除された保守政治家たちが大量に復活したため、一九五三年から五六年は、政治制度の戦前回帰の危険がもっとも強かった時期であった。改憲の準備ばかりでなく、一九五四年には保安隊が自衛隊に昇格し、一九五六年には教育委員会の公選制が廃止された。そのほか、家族制度を復活させる民法改正が計画され、戦後改革で解体された内務省を復活させる内政省設置法案などが議会に提出されている。

そもそも当時の保守政権の改憲案は、再軍備容認にとどまらないものであった。一九五四年に公表された自由党憲法調査会の改正案要綱は、再軍備の肯定のみならず、天皇を元首と規定していた。さらに参議院議員は選挙だけでなく、戦前とおなじく推薦議員によって構成されることになっていた。また都道府県首長の公選制を廃止するほか、国会を「最高機関」と規定した部分を削除し、天皇による国会停会を可能にしていた。そして調査会では、第九条だけでなく、第二一条（集会・結社・言論の自由）、第二四条（男女平等）、第二八条（労働者の団結権・団体交渉権）、第三八条（黙秘権）、第六六条（内閣文民規定）などが、検討すべき問題点とされていたのである。[140]

一九五三年一一月二九日の『朝日新聞』は、アメリカ当局が日本の情勢について、一九五四年に改憲準備完了、一九五五年には改憲実現という見通しをもっているという報道を行なった。[141]そして一九五五年一一月には、自由党と民主党の保守合同によって自由民主党が成立し、党是に「自主憲法制定」を掲げた。

憲法の内容すべてに賛成しているわけではない諸勢力が、「護憲」のスローガンのもとに大同団結する必要に迫られたのは、こうした事情からだった。たとえば一九五五年五月、作家の平林たい子は日本国憲法を「武装解除憲法」と批判し、「日本人自身で作らなかったせいか理想的すぎて私は擁護したくありません」と述べたが、「二十四条が改正されて家族制度が復活されちゃたまりません」と保守政権による改憲には異議を唱えた。[142] いまや憲法擁護は、再軍備の是非にとどまらない、戦前回帰志向との対決を意味するようになっていたのである。[143]

社会党統一大会（握手する鈴木茂三郎〔右〕と河上丈太郎〔左〕）

保守勢力の改憲攻勢が強まるにつれ、一般世論でも改憲への反対が強まった。『朝日新聞』の世論調査では、一九五五年一一月には改憲賛成が三〇パーセント、反対は二五パーセントだったものが、一九五七年一一月には改憲賛成が二七パーセント、反対が三一パーセントと逆転した。新聞側のコメントでは、「三〇歳台境に賛否分れる」とされており、戦後世代の台頭がこの逆転の背景にあったことは明らかだった。[144]

こうした世論を背景に、社会党は急速に議席を伸ばした。一九五三年四月の総選挙では、左派社会党と右派社会党の合計は一三八議席と、それ以前の三倍に躍進した。改憲を掲げる鳩山内閣が成立した直後の一九五五年二月の総選挙では、二つの社会党は統一を公約して支持を集め、改憲阻止に必要な総議席の三分の一をこえる一五六議席が獲得された。非武装中立を掲げる左派と、自衛権と集団安全保障を認める右派との統一交渉は難航したが、最終的には、東西両陣営が加わった相互不可侵・相互安全保障条約が締結されれば日米安保は解消するという妥協案――右派が実をとり、左派が建前をとった形態――によって、一九五五年一〇月に社会党の統一が実現する。

こうしてそれぞれ合同をとげた自民党と社会党によって、一九五六年の第二四国会は、全面対決の様相を呈した。教育委員会の公選を廃止した教育委員会法案は、五百人の警官隊が本会議場に導入されるという、異常事態のなかで強行採決された。しかし内務省設置法案、検定強化をめざした教科書法案、自民党に有利な区割りをほどこした小選挙区法案などは、社会党と世論の反対で阻止された。

しかし、社会党の伸張はここまでだった。世論は社会主義政権の誕生を期待したのではなく、戦前回帰を牽制するために、社会党の存在意義を認めただけだった。社会党は一九五八年五月の総選挙でも議席を伸ばし、戦後最高の一六六議席にまで到達したが、目標としていた二百議席にはほど遠かった。一九五九年六月の参議院選挙では得票率も議席も減少に転じ、頭打ちが明確となって、改憲阻止を可能にする三分の一の議席を保った地点で固定化した。こうして、自民党が与党となり、「適性規模」の野党勢力が拮抗するという「五五年体制」が成立する。

こうして社会党の左派と右派、そして共産党などは、いずれも一九五五年を境に、自党の社会構想を棚上げにすることで「国民的」な護憲運動に参加した。それによって、戦前体制への回帰を阻止した意義は、確かに大きかった。しかしその代償として、お互いが未来にむけた社会構想をぶつけあうダイナミズムは失なわれた。そのなかで、「護憲」「平和」「民主主義」といった言葉が、保守勢力の攻勢から戦後改革の成果を「守る」という、防衛的なスローガンと化しつつあったことは否めなかった。

同様のことは、教育基本法についてもいえた。第9章で述べたように、教育基本法は敗戦直後には、むしろ左派から批判されていた。しかし清瀬一郎文相や荒木万寿夫文相などが基本法批判を表明するにつれ、教育学者や日教組の側に、教育基本法擁護の声が高まった。

敗戦直後には教育基本法に批判的だった国語学者の国分一太郎は、一九五七年にこう述べている。「アメリカ合衆国首脳をはじめ、国内の保守反動勢力が、この教育基本法を（もちろん憲法をも）改悪しようとしたり、この精神によってする教育実践にケチをつけたりすると、『さあ、たいへんだ』ということで憲法よう護・教育基本法よう護の声が、ようやくあがってくる。したがって、それは当然防衛的にならざるをえない[145]」。これ以後、いわゆる「革新」勢力は敗戦直後のラディカルさを失い、防衛的な姿勢を強いられることになる。

しかし一方で、ダイナミズムの衰退は、保守政党の側にもおこっていた。世論の反対が強いとわかると、地元への利益誘導を優先する保守政治家たちは、落選を恐れて改憲意欲を低下させていった。鳩山内閣成立直後である一九五四年一二月の『朝日新聞』の報道では、「民主党の多くの人達の考え方は総選挙を目前にして第九条の解釈論などであまり深入りしたくない、というのが実情である」とされている[146]。

このような動きを支えたのが、保守政党内部の新世代の台頭だった。もともと第九条は、吉田茂などによって、アメリカの軍備増強要求を値切るために利用されていた。アメリカの庇護下での経済成長を容認する新世代にとって、憲法はそうした意味で利用価値のあるものだった。当時は自民党の若手議員だった宮沢喜一は、一九六五年の対談でこう述べている[147]。「ぼく以下のゼネレーションはほとんど改憲に反対です。上のゼネレーションは年とともに少なくなる。絶対変わりっこないですよ。またこんな便利なものを変える手はないでしょう」。

改憲の圧力が弱まるにつれて、それに代わるように浸透していったのは、自衛隊は憲法が禁じる「戦力」ではないという憲法解釈だった[148]。改憲論者だったはずの鳩山も、憲法問題に深入りしたくないという議員たちの圧力をうけて、一九五四年一二月には自衛隊合憲論を打ちだした。

こうした保守側による第九条の形骸化に、護憲論者からも、呼応する声が出始めていた。すでに『世界』一九五二年五月号の憲法擁護特集において、評論家の吉村正一郎はこう主張している[149]。

現在のような手続で行われる再軍備は違憲であるから、不届きなことは申すまでもありませんが、さればといって、改進党や右派社会党の一部が主張するように、憲法を改正して、大つぴらに再軍備をやるべしという意見には、私は賛成いたしかねます。それはなるほど公明正大には違いないが……公明正大に事を運べば、事態はいまよりもいっそう悪くなるでありましょう。

悪は小なりといえども、これを許容するのは心苦しいが、より大きな悪の発生を防止するためには、比較的小さな悪は不本意ながら大目に見るより仕方がない。私は吉田政府にウソやゴマカシをいわせておいた方が、憲法を改悪するよりはまだしもはるかにましであると思います。

吉村によれば、「事実上アメリカの衛星国となつた現在の日本の立場」からいって、再軍備はやむをえず、憲法第九条は軍備拡張の牽制と考えればよいというのだった。

そしてこうした憲法観は、しだいに一般にも浸透していった。一九五二年二月と一九五三年二月の『朝日新聞』の世論調査を比較すると、憲法改正の必要なしという意見が一〇パーセント増加していた。しかし同時に、軍隊が必要だという意見も六パーセントの増加をみた。『朝日新聞』はこれについて、「日本に軍隊をつくる必要があると考えている人でも憲法を改正してまで作る必要なしと考えている」とコメントしている。(150)

いまや人びとは、憲法第九条が軍備の全廃を要求しているわけでも、安保条約の廃棄を意味するわけでもないという安心感のもとに、憲法への「支持」を表明するようになりつつあった。そしてそれは、共産党や社会党に投票したからといって、社会主義政権ができるわけではないという「支持」が伸張したのと並行していた。一九五〇年代の後半には、原水爆禁止運動や警職法反対闘争などにみられるように、進歩系の社会運動は量的には拡大したが、敗戦直後のような尖鋭さは失われていた。

こうした状況のなか、一九五六年に丸山眞男は、「『新憲法』は今日相当広い国民層において一種の保守感覚に転化しつつあり」、「日常的な生活感覚ないしは受益感の上に根を下すようになった」と述べた。そして彼は、一九四七年に自分が唱えた「大学出身のサラリーマン層＝インテリという等式が破れ」、日本社会の構造変動が急激に進行しつつあることを認めた。そして一九五七年には、丸山はcitoyenの訳として、かつての「公民《シトワイヤン》」ではなく、「市民《シトワイアン》」を充てるようになったのである。(151)

それと並行しておきていたのは、戦後思想の沈滞だった。戦後一〇年以上が経過し、敗戦時に三〇歳前後だった戦後思想家たちも四〇歳をこえ、彼らを支えていた戦争体験の記憶もしだいに風化しつつあった。そして丸山は一九五八年の座談会で、「年をとって肉体的エネルギーが減退したせいもあるでしょうけれど、ほんとに、この一、二年というもの、精神的にスランプを感じる」と述べ、自分の「内面的なエネルギー」だったものが「何か風化しちゃって、以前ほど手ごたえがなくなった」と洩らしていたのである。[152]

そして、「もはや『戦後』ではない」という言葉が『経済白書』に登場した一九五六年、米ソの「平和共存」のムードに乗って、日本の国連加盟が実現した。並行して、米軍基地反対運動の高揚を恐れた日米政府の協議により、一九五〇年代後半から一九六〇年代初頭にかけて、本土の米軍基地はほぼ四分の一に縮小された。しかし本土から撤退した米軍は実質的に沖縄に移動し、同時期に沖縄の基地は約二倍に増加した。[153] こうして、沖縄を米軍に提供しつつ、アメリカの庇護下で経済成長に邁進するという体制が、しだいに固定化されていった。

こうした体制のなかで、憲法と自衛隊は、なしくずしのうちに定着していった。混乱と改革の「第一の戦後」が終わり、安定と成長の「第二の戦後」が始まろうとするなかで、保守と左派のいずれからも改憲論は弱まり、憲法は「国民的」な定着をみた。しかしそれは、憲法の理念が徹底されたからというより、左右の政治勢力が理念をぶつけあうことを棚上げにすることによってだった。

そしてそれは、「単一」の「民族」や「国民」というものが、めざすべき理念だった時代が終わり、嫌忌される既成事実に転化する時代が始まろうとしていたことと並行していた。こうしたかたちで成立した五五年体制と「革新」勢力、そして「国民」のありようは、第三部で述べる一九六〇年代以降の新左翼と学生反乱の台頭によって、厳しく批判されることになる。

『世界』一九五一年一〇月号の講和特集で、荒正人はアジアへの賠償について、こう述べている。[154]

僕は危惧します。賠償は一応日を繰りのべられはしたが、形を変えてもっと苛酷な内容で、そして、理不尽な方法で、実質的に支払わねばならなくなるのではないか、ということです。払うべきときに借金を支払わぬ以上、これはむしろ当然のことです。相手方を責めるよりまえに、その日ぐらしの自分の智恵のあさはかさを嗤うべきでしょう。二十世紀の現実というもつとも手きびしい相手がこんな厖大な借財をただで見逃してくれるなんてことがありうるでしようか。

一九五〇年前後の非武装中立論と護憲論は、新しい時代における国家理念を模索し、「自主独立」の日本を構想しようとする試みだった。その試みが挫折に終わったあと、日本は対米従属を決定的にするという代償を支払うことで、戦後賠償を逃れて経済成長を達成した。その過程において、戦後日本のナショナル・アイデンティティの混乱は、その後も解けない問題として残されていったのである。

第12章　六〇年安保闘争

一九六〇年の日米安保反対闘争は、「戦後民主主義」の最大の高揚点として知られる。この運動は、一方で「反米愛国」のスローガンが掲げられていたと同時に、のちに「市民運動」という名称を与えられる動きが、萌芽として出現していたことでも知られている。[1]

しかしここでは、運動の基盤となっていた心情を、単純に「ナショナリズム」や「市民主義」といった分類枠に当てはめることを拒否するかたちで、検証を行ないたい。これまでも見てきたように、「民族」「国民」「民主主義」「市民」などは、さまざまな含意をもって使用されていた。そして六〇年安保は、これらの言葉の意味が変遷してゆく、重要な転換点となったのである。

桎梏としての「サンフランシスコ体制」

一九六〇年の安保闘争を論ずるうえでは、まずその前史を語らねばならない。

この問題の一方の主役であったのは、当時の岸信介首相である。彼は東京帝大法学部卒業時には、のちに民法学者となった我妻栄と首席を争った秀才であり、右派憲法学者の上杉慎吉から講座の後継者に誘われたのを断って官界入りした。その後は一九三六年から三九年まで「満州国」の要職に就き、太平洋戦争開戦時には東条内閣の商工大臣として、開戦の詔勅に署名している。敗戦後はA級戦犯容疑で収監されていたが、占領終結後には政界に復帰し、自由党の憲法調査会の会長となっていた。

こうした経歴が示すように、岸は「秀才」であり、官僚出身であり、元戦犯であった。大衆的な地盤選挙で当選したタイプの保守政治家とは異なり、官僚時代や東大時代の人脈と資金調達力、そして「そつのない」言動と巧みな党内操縦でのしあがってきた人物であった。一九五七年二月に首相の座についたのも、前首相の石橋湛山が病気となった機会を逃さなかったためだった。

作家の伊藤整は、国会傍聴で岸を目撃した印象を、こう述べている。[2]「おや会社員みたいな人間だな、と考えた」「私が保守系の政治家にしばしば見ていた人間とは異質なものであった」「理想を持つ人、人格的な人間、豪傑風の人間などを国民は漠然と首相なるものの中に期待する。その資格のどれもが岸信介にはないのである」。伊藤の形容にしたがえば、岸は「既成政党と党人の弱点を握り、内側からそれを智略によって支配して首相の座に這いのぼった」「知識階級人のいやらしいタイプの一つ」であった。

伊藤がみた岸には、巧みな計算と要領の良さ、権威的でありながらそつがない「優等生的」「官僚的」な姿勢、そして戦争責任の忘却など、戦後知識人たちが批判してきた要素のすべてが備わっていた。そして伊藤は、そうした岸に「自分の中にありながら、自分があんまり認めたがらない何か」を見出して、「はっとしたというか、ぎょっとしたと言うに近いショックを受けた」という。六〇年安保において、岸があれほど反発を買ったのも、こうした岸の特性を抜きには語れない。

首相に就任した岸は、日米安保条約の改定交渉に着手した。サンフランシスコ講和条約とともに一九五一年に結ばれた旧安保条約は、アメリカに日本防衛の義務規定がなく、日本が一方的に基地を提供する内容であり、しかもその状態には年限がなかった。

しかも一九五一年の安保条約は、日本が敗戦で打ちのめされた弱小国だった時期に、結ばれたものだった。しかし日本経済は朝鮮戦争後には戦前水準を回復し、一九五五年にはGATT（関税貿易一般協定）に加入、さらに一九五六年には念願の国連加盟に成功した。対米貿易収支も一九五九年には一億ドル以上の黒字となり、岸政権は「貿易為替自由化大綱」を作成していた。急速に経済大国化しつつあった日本にとって、安保条約をはじめとした国際関係の再構築が、課題となっていたのである。

そうした問題意識は、革新側にも共有されていた。一九五六年一〇月には、東京都立川市の米軍基地拡張をめぐって警官隊と学生・住民が衝突し、多数の負傷者を出す砂川事件がおきた。それをうけて、岸の首相就任直後の一九五七年二月二七日、知識人五百数十名の署名を集めた「安保問題再検討声明書」が発表され、安保条約と「サンフランシスコ体制」の再検討を要請した。(3)

さらに雑誌『世界』は、一九五九年一〇月号と六〇年二月号で、「国際問題談話会」の共同討議を掲載した。この国際問題談話会は、かつての平和問題談話会のあとをうけるかたちで、丸山眞男や清水幾太郎などを中心に、石田雄、坂本義和、日高六郎、加藤周一、福田歓一、小林直樹など、当時の若手知識人を加えて再構成されたものであった。そしてこれらの討議では、「高度に工業化され」た日本の現状をふまえて、「対米従属の速かな解消」と「一切の軍事同盟からの中立」による「わが国の自主性の確立」が唱えられた。(4)

こうした革新側の主張のうち、「サンフランシスコ体制」への批判には、岸首相も賛同していた。雑誌『中央公論』一九五七年五月号のインタビューで、岸は「若い人たちがサンフランシスコ体制に反対するのも、ある意味では戦後の一時的な虚脱状態から抜け出て民族的な自覚が生まれつつある証拠」だと述べ、安保条約の見直しについて「党派を超越した国民的感情が作られつつある」と述べている。(5)

とはいえ問題は、どのような方向で安保条約を見なおすかであった。岸はこのインタビューで、「理想からいえば、安保条約も行政協定もない、日本自らが防衛していて駐留軍はいない、そして日本の究極の安全保障は国連において集団安全保障されるという姿になるのが一番望ましいのだが、しかしそこまで一挙にいけるものではない」と述べ、「日米の間に水も漏らさぬ考え方の一致があって初めていろいろやれる」と主張した。

じつは一九五一年の安保条約で、アメリカに日本防衛の義務規定がなかった背景には、アメリカ議会が一九四八年のバンデンバーグ決議で、相互援助ができない他国との集団防衛を禁じていたことがあった。海外派兵が不可能である日本は、アメリカを軍事援助できないため、防衛義務規定がない安保条約という形態になったのである。

そのため、アメリカに日本防衛の義務をうたわせる方向で安保を改定するには、日本が憲法を改正して、再軍備と海外派兵を可能にするのが早道であった。少なくとも、何らかの方法でアメリカの国際戦略に貢献できなければ、安保条約をより対等の関係に近づけることは不可能だというのが、岸をはじめ保守政権の考えだった。岸が述べた「日米の間に水も漏らさぬ考え方の一致があって初めていろいろやれる」という主張は、こうした考えを述べたものにほかならない。

いわば岸首相も国際問題談話会も、経済成長を遂げつつあった日本にとって、「サンフランシスコ体制」が桎梏になっているという認識では一致していた。ただその桎梏を見なおす方向が、対米従属の解消と非武装中立という方向であるのか、それとも再軍備と改憲によってアメリカに対等のパートナーと認知してもらう方向なのかで、立場が分かれていたのである。

一九五七年から五九年にかけての日米交渉で、岸による安保改定交渉は、大筋が固まっていった。その中核は、アメリカに日本防衛の義務を課すかわりに、日本は国内——この「国内」が沖縄を含むのか否かが、一つの焦点になったことは後述する——の米軍基地が攻撃された場合にも、日本が攻撃されたものとみなして対応するという規定だった。そして「極東」の安定のため米軍に基地を提供すること、旧安保条約が無期限だったのにたいし有効期限を一〇年とすること、核兵器の持ちこみには事前協議をすることなどが盛りこまれた。

こうした規定は、岸政権からすれば、旧安保条約よりも対等条約に近づけたものであった。しかし核兵器持ちこみの事前協議は形式的なものにすぎないうえ、「極東」の範囲が不明確で、相当な拡大解釈が可能であった。変転する国際情勢のなかで、一〇年という長期間の拘束があることと、在日米軍基地への攻撃によって日本が戦争にまきこまれる危険性も問題とされた。

安保条約への反発を強めた要因の一つは、国際情勢の緊迫だった。一九六〇年五月一日、ソ連政府はアメリカの高空偵察機U2がソ連上空で撃墜されたことを発表し、アメリカに基地を提供している諸国への報復を警告した。社会党は厚木基地にU2が駐留していることを暴露したが、自民党外交調査会長だった賀屋興宣は、ソ連が在日米軍基地に駐留するU2を攻撃するならば「日本は新安保条約によってこれに反撃する」と述べた。(6)

国際問題談話会はこうした安保条約改定を、「日本が戦争にまきこまれる危険性が生れる」「今後十年にわたって危機の再生産と自主性の放棄とを『自主的』にアメリカに約束する以外の何ものでもない」と批判した。(7) しかし数年にわたって日米会談を続けてきた岸政権にとっては、これが対米交渉の限界であった。

岸が安保改定の日米交渉を進めていた一九五八年は、内政でも衝突が多い年だった。この年の四月、学校管理の強化と日教組抑圧を目的としたといわれる勤務評定が各府県で実施に移され、日教組は組織をあげて反対運動にとりくんだが、文部省は大量処分でこれに対応した。さらに一〇月、警官の権限を大幅に拡大する警職法（警察官職務執行法）改正が国会に提出され、大規模な反対運動によって審議未了となった。こうした一連の事態は、岸が従来から改憲論者であることとあいまって、安保改定と戦前体制の復活が一体であるという印象を広めた。

いまや安保改定は、単なる外交問題にとどまらず、戦後日本のグランド・デザインをめぐる対立となりつつあった。その対立は、一九六〇年に入って大きく火を吹くことになる。

五月一九日の強行採決

一九五九年三月二八日、安保条約改定阻止国民会議が結成された。総評・原水協・護憲連合・日中国交回復国民会議・全国基地連の五団体が率先し、社会党をはじめ合計一三四団体が加わって、共産党も幹事団体ではないものの参加を認められた。

共産党の参加が認められたのは、一つの変化であった。一九五五年の憲法擁護国民連合や、一九五八年の警職法改悪反対国民会議といった、それまでの革新側の「国民」組織において、共産党は原則として排除されていた。しかし六全協以後の穏健化路線がようやく認知され、安保改定反対の「国民会議」では、共産党はいわば「非国民」の地位を脱する形となったのである。

しかし逆に、こうした「国民」的な統一から、こぼれおちたものがあった。その一つは、社会党右派だった。共産党の参加に反発して、右派系労組の全労と新産別は安保改定阻止国民会議に加入しなかった。これらの労組を支持母体とする社会党右派は、六〇年一月に社会党から分裂して民主社会党（民社党）を結成し、安保改定に対しても是々非々の態度で臨むことになった。

そしてもう一つは、全学連主流派だった。第7章で述べたように、六全協で穏健化した共産党にあきたらず除名された学生党員たちが、よりラディカルな革命路線を掲げて、一九五八年一二月に共産主義者同盟（ブント）を結成した。全学連主流派執行部を掌握したブントは、共産党の指導下にある全学連反主流派と対立しながら、より先鋭的な直接行動に傾斜した。

全学連主流派と社会党・共産党との対立は、はやくも一九五九年八月に現われた。八月六日の原爆記念日に、広島で第五回原水爆禁止世界大会が開催されるタイミングにあわせ、安保改定阻止国民会議は統一行動を行なった。このとき、全学連主流派が原水爆禁止世界大会のアピールに安保阻止を結びつけることを主張したのにたいし、社会党や共産党はそれに反対した(8)。原水爆禁止運動には、安保反対を明確にしていない保守系の人びとも含まれており、その反発によって「国民」的統一が崩れることが恐れられたのである。

こうした弱気の姿勢の背景には、社会党の退勢があった。一九五九年六月の参議院選挙では、社会党は三年前の四九議席から三八議席に低下し、その後の内紛で右派が分裂した。運動を先鋭化させることで、これ以上の分裂を引きおこすことは、社会党の望むところではなかった。

また共産党は、除名された学生党員たちが指導する全学連主流派を、しばしば「トロツキスト」と非難した（「トロツキスト」は国際共産主義運動の統一を乱す極左分派活動を指す言葉として使われていた）。穏健化によって国民会議への参加が認められた共産党にとって、全学連主流派の行動は、統一を乱す「跳ねあがり」と映った。

当時の共産党は、武装闘争期に低落した党勢を回復しておらず、一九四九年には三五名が当選した国会議員も、三名しかいなかった。当時の社会党専従の回想によると、危険団体としてマークされていた共産党は、「国会で何かやったらすぐに院内の懲罰委員会にかけられる。懲罰委員会にかけられると議員を除名されるわけ。三人だけだから懲罰を恐れて、共産党は国会では何もできない」という状態だったという。(9) こうした状態にあった共産党は、党勢回復のため穏健路線に徹しようとしたのである。

そもそも社共両党や国民会議は、安保問題で広範な関心がよべるとは期待していなかった。生活に身近な問題だった警職法にくらべ、安保への一般の関心は低かった。国民会議は一九五九年から数次にわたる「全国統一行動」を組織したものの、動員の中心は労組員などで、運動が盛りあがっているとは言いがたかった。

清水幾太郎の回想によれば、当時は「敗戦後十四年経って、私たちの生活が敗戦直後の窮乏および混乱を何とか切抜けて、慎ましいながら、一種の安定に辿りついた」という時期であり、「多くの人々は、その小さな安定を崩したくない気持になっていた」。(10) 社会党などにとっても、安保の通過はいわば予定済みであり、一九五四年の護憲連合いらい惰性化した「国民運動」で自民党政権を批判し、選挙に有利になればよいという程度の考えだったようである。いまや中年にさしかかっていた戦後知識人たちも、同様の状態だった。たとえば鶴見俊輔は、自分が勤務する東京工業大学の組合から安保反対声明を出す準備をしたものの、「これも、いままで何度もあった失望の一つとかんじられた。今度も、何も役にたたないままに、とにかく政府の方針が正しくないという判断の表明をすれば、それ以上のことはしなくてもよいように思えた」という。(11)

しかし全学連主流派を掌握したブントは、安保反対闘争を革命の第一歩とみなしていた。彼らは、共産党傘下の全学連反主流派や、国民会議が指導する穏健なデモを「お焼香デモ」などと揶揄し、過激ともいえる直接行動を行なった。彼らにとって、社共両党が直接行動を恐れることは、既存の革新政党が体制内勢力に堕してしまった証拠にほかならなかった。

一九五九年一一月二七日、安保改定阻止国民会議の第八次統一行動にあたって、全学連主流派をはじめとした約一万人（人数は諸説がある）のデモ隊が国会構内に突入した。この当日の未明、与党が衆議院でベトナム賠償協定——第11章で述べたような、日本側に有利なかたちの賠償協定——を強行採決したことが、彼らを刺激していた。

自民党や新聞各紙は、これを「国会乱入事件」として批判し、柏村信雄警察庁長官は、デモの責任者として社会党の浅沼稲次郎書記長の逮捕もありうると述べた。実際には、浅沼はデモ隊の制止と解散をよびかけていたともいわれるが、自民党側はこれを機に安保反対運動を牽制しようとしたのである。

こうした批判をうけた社会党は、世論の批判が自分たちにおよぶのを恐れ、国民会議に全学連の排除を申し入れた。共産党も、全学連排除には反対したものの、全学連指導者たちを「トロツキスト」と非難した。動揺した国民会議は、一二月一〇日の第九次統一行動では国会周辺の大衆行動を中止した。

全学連主流派はそれにめげず、岸首相が安保条約調印のために訪米するのを阻止するべく、一九六〇年一月には羽田空港にデモを行なった。このときも国民会議は、混乱を恐れて、羽田周辺への動員を見送った。孤立した全学連主流派は、独力で空港食堂に立てこもったが、逆にブント幹部の多くが逮捕されてしまった。

全学連主流派の直接行動は、戦術としてはおよそ拙劣であった。安保反対が革命の第一歩であるという認識も、安定期を迎えつつあった日本社会に、共有されていたとはいえなかった[12]。しかし妥協を排した彼らの直接行動は、マンネリ化した国民会議型運動に刺激をあたえ、闘争をもりあげる一種の牽引役を果たすことになる。

そもそも当時の全学連は、ヘルメットも角材ももたず、完全武装の警官隊に対峙していた。清水幾太郎の表現をかりれば、「社会主義の旗を掲げていたが、彼らの仕事は、黙々と警官の棍棒で頭を叩き割られることであった」。それは実質的には、社会主義革命などに結びつくはずもない「愚直な運動」であった。しかしその愚直さは、政治的取引に陥りがちな社共両党よりも、むしろ人びとに好感をあたえた。これ以後、これも清水幾太郎の表現をかりれば、「全学連の無茶な――無私の――行動を通して、安保闘争が一つずつ階段を上って行く」という現象が出現してゆくことになる[13]。

こうして運動が継続されるなか、一九六〇年一月から五月にかけては、世論を刺激するいくつかの動向があった。まず国内では、日本最強の労組といわれた三井三池炭鉱労組が、人員整理に反対して一月二五日に無期限ストに入り、三月二八日には会社が雇った暴力団により組合員が刺殺される事件がおきた。

さらに韓国では、一二年にわたり独裁を続けていた李承晩政権のもとで、三月の大統領選挙への不正糾弾デモが各地に発生した。四月一九日には学生のデモ隊に警官隊が発砲して死者一八六人を出し、主要都市には戒厳令が布かれたが、デモはさらに拡大した。

国内労組の長期闘争と、隣国の学生デモに刺激されて、四月二六日には国会に約八万人の請願が行なわれ、全学連主流派はふたたび国会に突入を試みた。その翌日、ついに李承晩が辞任し、五月にはアメリカに亡命した。さらに五月一日、前述したU2型機の撃墜事件が公表され、新安保が戦争に結びつくという危機感を広めた。国会の論戦も緊張をくわえ、社会党は厚木基地のU2撤去を迫り、これを機に民社党も新安保反対に転じた。

このときの国会の会期は、五月二六日までだった。社会党と民社党は会期延長に反対して、審議は暗礁にのりあげた。ついに五月一九日深夜、岸首相は側近と相談のうえ、会期延長と安保承認を自民党だけで強行採決する作戦に出た。[14] 結果としてこの強行採決が、安保反対闘争を一気に高揚させることになる。

一九五六年の教育委員会法案も、警官隊を導入して強行採決が行なわれたが、新安保条約の採決はそれ以上に暴力的なものであった。[15] この五月一九日に、岸を中心とした自民党主流派は、議員秘書のうち女性や老人を青年名義にとりかえ、総勢六百名ちかい「秘書団」を編成した。社会党側はこの日の午後、本会議場の外交官専用傍聴席に、自民党が雇った「ヤクザ風の男」たちが集結していることに気づいた。

強行採決を察した社会党議員団と秘書たちは、江田三郎書記長を中心に、深夜の議場前で肩を組んでスクラムを組み、自民党議員の入場を阻止する態勢をとった。全学連主流派の直接行動を批判していた社会党ではあったが、すでに国会周辺では自民党の挙動を知って集結したデモ隊が「津波のような歓声」を上げており、それが社会党の議員たちを発奮させたようである。

自民党主流派は、「秘書団」に加えて警官隊を導入し、社会党議員団を排除しにかかった。最初は遠慮ぎみだった警官も、自民党側からおこる「思いきりやっちまえ」「遠慮すんなよお」といった声にうながされ、抵抗する社会党議員たちを引き離しにかかった。現場にいた新聞記者は、その模様をこう伝えている。[16]

……〔警官隊は〕腕をこじ上げ、足をつかみ、頭を引きずって強引にスクラムからもぎ離す。一人を抜くとその四、五人の一隊が院外へ連行し、交替の一組が次の議員にワッと襲いかかる。ワイシャツのボタンが飛ぶ。一人二人と抜かれる同僚をみて議員団の抵抗も激しくなった。必死に離すまいとする腕、腕……。と突如、列の後で異様なことが起った。議員団、秘書団が一斉に歌い出したのだ。

社会党議員団と秘書団からおこった歌は、一九五〇年代に共産党の青年党員や総評の労組員などが愛唱した、「民族独立行動隊の歌」である。その歌詞は、以下のようなものであった。[17]

民族の自由を守れ　決起せよ　祖国の労働者
栄ある革命の伝統を守れ　血潮には正義の血潮もて
たたきだせ　民族の敵　国を売る犬どもを
進め　進め　団結かたく
民族独立行動隊　前へ前へ　進め

自民党議員の怒声と、国会をとりまいたデモ隊の歓声のなかで、この歌は自然発生的にわきあがった。この光景をみた新聞記者は、「まさにいまこそ民族の独立が守られねばならない瞬間」において、この歌が「何とふさわしかったことか」と記している。[18]

しかし結局、社会党議員団は排除された。自民党議員たちは、「ざまあみやがれ」「お前なんか代議士やめちまえ」といった罵声を浴びせながら、議場の入口を破壊して入場した。清瀬一郎議長がマイクを握り、会期延長と新安保承認の採決を行なうまで、わずか一五分ほどのできごとだった。

この強引な採決方法は、じつは自民党内でも、十分に知らされていなかった。清瀬議長も多くの議員も、会期延長だけの議決だと思っていたところ、岸の側近に促された議長が新安保採決を宣言し、一気に議決してしまったというのが実情だった。自民党副総裁の大野伴睦は、安保議決を議場ではじめて知らされ、岸の弟である佐藤栄作蔵相に抗議したところ、「はじめから知らせたら、みんなバレちまうから」と返答されたという。[19]

こうした岸の手法は、自民党内でも反発をよんだ。岸にすれば、安保承認には、自分の面子と政権延命がかかっていた。しかし新安保が今後一〇年以上にわたって日本の運命を決定することは、賛否を問わずみなが承知していた。その重要条約が、このような方法で議決されることに抗議し、自民党議員二七名が欠席した。

その一人であった平野三郎は、こうした方法で「安保強行を決意するような人に、どうして民族の安全を託し得ようか」と岸を批判した。[20] 三木武夫や河野一郎も退席し、病気療養中だった前首相の石橋湛山は「自宅でラジオを聞いて、おこって寝てしまった」。議場突破の状況に反発して帰宅した松村謙三は、車中のラジオで安保可決のニュースを聞き、「『ああ、日本はどうなるのだろう』と暗然とした」という。[21]

戦争の記憶と「愛国」

五月一九日の強行採決は、安保への賛否をこえて、大きな反発を招いた。

五月二一日の『朝日新聞』の社説は、「いまは、わが議会民主主義を殺すか生かすかの岐路である」と岸の退陣と総選挙を要求した。国民の大多数は安保への賛否を決めかねていたが、「そのやり方の卑劣という印象が、これを見る国民の多くに感情的な憎悪感を起こさせ」たというのだった。[22]

採決手法もさることながら、五月一九日という強行採決の日付にも批判が集まった。岸は一九六〇年一月にワシントンで新安保条約に調印したさい、日米修好百年を記念して、六月一九日にアイゼンハワー大統領を日本に迎えると公表していた。これが実現すれば、戦後初の米大統領の訪日になるはずであった。そして憲法の規定では、衆議院で条約が承認されてから三〇日が経過すると、参議院での議決を経ずとも自然承認されることになっていた。すなわち、五月一九日に安保を強行採決したのは、アメリカ大統領の訪日予定にあわせるためだったと考えられた。

元A級戦犯である岸が、アメリカの好意を買うために強行採決を行なったとみなされたことは、強い反発を買った。『東京新聞』のコラムは、岸を「天皇の名によって戦争という大バクチをやり、甘いしるを思いきりすった、このキツネ」と形容し、「アイクの訪日も、トラの威をかりようとするキツネの悪ヂエ計画だ」と評した。[23] 政治学者の猪木正道は反共主義者だったが、「自分たちだけが米国の『よい子』になろうという卑劣な了見ほど、日米両国民のほんとうの友好関係にとって有害なものはない」と批判した。[24]

この当時、岸に与えられた評価は、「卑劣」「キツネ」「官僚」「小悪党」「コソ泥」といったものが多かった。谷川徹三は、強行採決を知って「一国の首相に対する考えられる限りの軽蔑」を感じ、「あきれると共に無性に腹が立った」と述べた。[25] 伊藤整は前述したように、「理想を持つ人、人格的な人間、豪傑風の人間などを国民は漠然と首相なるものの中に期待する。その資格のどれもが岸信介にはないのである」と評した。

五月二五日から二六日にかけて行なわれた『朝日新聞』の世論調査では、岸内閣の支持率は、当時の戦後最低である一二パーセントにまで落ちこんだ。[26] 物理学者の湯川秀樹は、「安保条約に絶対反対するのは依然として少数意見であろうと推定されますが、今回の改定に疑問と不安を持つ人の数は、決して少なくありません。それ等の人たちに、さらに五月一九日、二〇日の出来事に強い反発を感じる人たちを加えると、総数は前二者のそれぞれより遥かに大きくなります。現内閣の退陣を希望する人たちがどのくらいかというと、あるいはこれが一番大きな数になるかもしれません」と述べた。[27]

それと同時に、既成事実を積みあげる岸の政治手法は、戦争に突入した時代の記憶をよびおこした。竹内好は、五月一九日に深夜のラジオで強行採決のニュースを聞いたあとの心情を、二三日にこう記している。[28]

私は寝床を出ました。もう眠れません。健康のためひかえている酒を台所から出してきて、ひとりでのみました。……これで民主主義はおわった、引導を渡された、という感じが最初にしました。

民主主義がおわればファシズムです。ファシズムは将来の危険でなく、目の前の現実となったのです。ファシズムの下でどう生きるべきか。あれやこれや思いは乱れるばかりです。ともかく態度決定をしなければならない。私の場合、亡命はできないし、国籍離脱もできない。

屈辱と悔恨に満ちた戦争の時代を生きた人びとにとって、強行採決は「ファシズムの下でどう生きるべきか」という危機感を与えるものだった。竹内は本気で亡命を考えたあと、それを断念し、日本にとどまって岸政権と闘う覚悟を決めた。

こうした戦争の記憶の想起は、竹内だけのものではなかった。作家の野上彌生子は、「あの流儀でやれば徴兵制度の復活であろうが、或はまた戦争さえもが強行採決されるのだ、と考えれば慄然とする」と述べた。[29] さらに鶴見俊輔は、こう述べている。[30]

……戦時の革新官僚であり開戦当時の大臣でもあった岸信介が総理大臣になったことは、すべてがうやむやにおわってしまうという特殊構造を日本の精神史がもっているかのように考えさせた。はじめは民主主義者になりすましたかのようにそつなくふるまった岸首相とその流派は、やがて自民党絶対多数の上にたって、戦前と似た官僚主義的方法にかえって既成事実のつみかさねをはじめた。それは、張作霖爆殺―満洲事変以来、日本の軍部官僚がくりかえし国民にたいして用いて成功して来た方法である。……五月十九日のこの処置にたいするふんがいは、われわれを、遠く敗戦の時点に、またさらに遠く満洲事変の時点に一挙にさかのぼらした。私は、今までふたしかでとらえにくかった日本歴史の形が、一つの点に凝集してゆくのを感じた。

前述したように岸には、官僚的な権威主義、アメリカへの従属、戦争責任の忘却、そして「卑劣」さといった、戦後思想が嫌悪してきたもののすべてが備わっていた。鶴見は、「岸首相ほど見事に、昭和時代における日本の支配者を代表するものはない。これより見事な単一の象徴は考えられない」と述べ、「日本で現在たたかわれているのは、実質的には敗北前に日本を支配した国家と敗北後にうまれた国家との二つの国家のたたかいである」と唱えた。[31]

五月一九日の強行採決を境に、問題は安保への賛否から、「戦前日本」と「戦後日本」という「二つの国家のたたかい」に転換しつつあった。そして岸への抗議ほど、「戦後日本」への愛国心を、公然と表明できる機会はありえなかった。作家の松山善三は岸を「国を売る奴」と形容し、矢内原忠雄は岸への抗議によって「真の意味において国を愛し、国民を愛するものとなることができる」と講演した。[32]

清水幾太郎は、安保闘争について、のちにこう回想している。[33]

……参加者の殆ど全員が戦争を知っていた。彼らは、戦前の生活を知り、戦中の生活を知り、戦後の生活を知っていた。知っていたのではない。戦争というものの中を辛うじて生きて来たのである。……振返ってみれば、誰の過去も、不安、恐怖、憤怒、飢餓、屈辱で一杯になっている。……戦後十五年間、これらの経験や感情の私的な部分は高い明るい舞台に上る権利を与えられたが、ナショナリズムを含む部分は暗い片隅に押込められて来た。全学連の無茶な――無私の――行動を通して、安保闘争が一つずつ階段を上って行くのに従って……そこに身を潜めていた経験や感情を刺戟し、それらに図らずも表現の機会を与えることになったのだと思う。多くの人々は、久しく言葉にならなかった古い経験や感情を「安保反対」という叫びに託していたのであろう。

「振返ってみれば、誰の過去も、不安、恐怖、憤怒、飢餓、屈辱で一杯になっている」という言葉は、過大なものではなかった。戦争と敗戦のなかで、人びとは死の恐怖に脅かされ、貧しさと飢餓にさいなまれ、無責任な戦争指導で肉親を奪われ、自分の将来設計を破壊され、生き残るために卑屈な行為に手を染めねばならなかった。戦後一五年を経て、ようやく生活が安定しはじめ、そうした傷痕が癒されはじめた時期に、開戦の詔勅に署名した戦争責任者が、悪夢をよみがえらせる暴挙を行なったのである。

そのとき人びとは、戦争の記憶を想起するとともに、戦後ずっと抱えこんできた心情が、「岸信介」という象徴に凝縮してゆくのを感じた。清水のいうように、「久しく言葉にならなかった古い経験や感情」が、いまや「表現の機会」を獲得しようとしていたのである。

そして、戦争の記憶のもう一つの象徴が、戦死者であった。五月三一日、東京大学で異例の全学教官集会が開かれ、丸山眞男が講演を行なった。そこで彼は、岸政権との闘いを訴えたあと、「最後に一言。人民主権の上に立った議会政治は私たち日本人が何百万人かの血を流してようやくかちとったものである」と講演を結んだ。[34]

戦争の記憶の想起は、屈辱と悔恨の想起にもつながった。五月二七日に行なわれた座談会で、丸山眞男と竹内好は異口同音に、「あのときはもっと、自分はこうすればよかった」という悔恨の記憶が、現在の「行動の発条」になっていると述べている。[35]

そして竹内好は、六月二日の文京公会堂での集会で、安保闘争のなかで広く知られた「四つの提案」という講演を行なった。その提案は、①問題はいまや安保への賛否ではなく「民主主義か独裁か」である、②岸政権は暴力を使ったがこちらは「暴力を絶対に使わない」、③「敵が外国の力を借りようともわれわれは借りない」、④そして「下手に勝つくらいなら、この際はうまく負けるべきだ」、というものだった。[36]

もちろんこの「四つの提案」は、竹内の従来からの思想の延長であった。おそらく彼のなかでは、「不利を承知で報復手段に出なかった」という中国共産党の麻薬政策や、表面的には失敗に終わったがために長期的な成功に結びついた辛亥革命などが、思い描かれていただろう。彼はこの提案を結ぶにあたって、こう述べている。[37]

しかし岸さんのような人が出てくる根——これが結局、私たち国民の心にある、弱い心にある、依頼心、人にすがりつく、自分で自分のことを決めかねる、決断がつかない、という国民の、私たち一人一人の心の底にある——かくされているところのそれを、自分で見つめることがためらわれるような弱い心が、そういうファシズムを培ってゆく、ということを忘れてはなりません。

たしかに本当の敵はわが心にあります。自分で自分の弱い心に鞭うって、自分で自分の奴隷根性を見つめ、それを叩き直すという辛い戦いがこの戦いです。国民の一人一人が眼覚めてゆく過程が、わが国全体が民主化する過程と重なります。……

……時間を犠牲にし、金を犠牲にして……こうしたことをやっているのは、大きな実りを得たいからなのです。……それはめいめい、この戦いを通じて、戦いの後に国民の一人一人が大きな知恵の袋を自分のものにするということです。どういう困難な境遇に立っても、めげずに生きてゆけるような、いつも生命の泉が噴き出るような、大きな知恵の袋をめいめいが自分のものにするように戦ってまいりましょう。

一九六〇年六月において、このメッセージは大きな共感をもって迎えられた。岸政権との闘いは、いまや人びとにとって、戦後日本と自分自身の内部にある、否定的なものとの闘いとなっていた。

竹内はさらに六月一二日の講演で、こう述べている。[38]

どうか皆さんも、それぞれの持ち場持ち場で、この戦いの中で自分を鍛える、自分を鍛えることによって国民を、自由な人間の集まりである日本の民族の集合体に鍛えていただきたい。……私はやはり愛国ということが大事だと思います。日本の民族の光栄ある過去に、かつてなかったこういう非常事態に際して、日本人の全力を発揮することによって、民族の光栄ある歴史を書きかえる。将来に向って子孫に恥かしくない行動、日本人として恥かしくない行動をとるというこの戦いの中で、皆さんと相ともに手を携えていきたいと思います。

のちに保守派に転じた江藤淳も、六月初めに執筆した評論で岸政権との闘いを説き、読者にこう訴えた。[39]「もし、ここでわれわれが勝てば、日本人は戦後はじめて自分の手で自分の運命をえらびとることができるのである」。

五月一九日以降、運動は一気に高揚を迎えた。国会周辺は連日のデモで埋まり、五月二〇日から一月間の動員数は、それ以前の一年余の動員数をうわまわった。六月四日には戦後最大の交通ストが行なわれ、各地の集会・デモの参加者は国民会議の発表では五六〇万人に達した。

こうした盛りあがりは、事前の予想をはるかに超えていた。竹内好は、「一度でもいいから民衆で国会を取りまいてみたい、というのがそのころの活動家の夢であった。まさかその夢がこんなに早く実現しようとは、だれひとり考えなかったにちがいない」と述べている(40)。

しかし社共両党は、この盛りあがりを組織する力量や準備を欠いていた。それどころかこれらの政党の幹部は、自分たちの思いどおりにならない運動のエネルギーを、押さえようという傾向すらあった。総評の岩井章事務局長は、「世論を刺激するようなやり方をすると、社会党の票が逃げる」と新聞にコメントし、「党利党略？　当たり前じゃないか。社会党が民主勢力の中心だもの」と述べた(41)。共産党は運動を反米民族闘争の方向に導こうと努め、しばしば国会周辺を埋めたデモ隊をアメリカ大使館の方へ誘導し、指導に従わない全学連主流派を激しく批判した。

こうした社共の姿勢は、人びとの反発と冷笑を招いた。竹内好は、「集会に出てみて気のつくことは、既成の指導者の紋切り型のアジ演説に大衆がどんなに食傷し、どんなに不感症になっているかということだ」と記した(42)。若手政治学者だった石田雄は、六月二日に行なわれた座談会で、「もう国民の方では、従来のあらゆる組織に信頼できない。直接何とか自分たちの意向を反映できるような形態を求めている」と述べている(43)。

こうした状況のなかで、既存の政党や労組とは異なる組織が現われはじめた。それは、組織が人びとを動員するのではなく、人びとが自分たちの表現手段として組織をつくるという動きだった。

たとえば若手政治学者だった篠原一《はじめ》は、当時の座談会で、五月二四日に学者と文化人が請願デモを行なったさいのエピソードを挙げている。このとき、請願の代表団が首相官邸に入っている間に、外で待っている学者たちが「統一行動会議」をつくってしまい、「出てきた代表団は、そんなものができちゃったのかといささかあわてた」という。

石田雄はこれに応じて、「二十日の事件以後は全然組織ぎらいだった層が、自分たちで組織をつくらなければならないということで、素人ながら、新しい組織づくりの方法を自分で生み出してきた」と述べている。[44]

それは政治学者の福田歓一の言葉によれば、「組織を外から与えられたものと受けとる立場」から、「組織は自分がつくるんだという意識」への変化であった。[45] そこでは、敗戦直後の「政治と文学」論争いらい議論されてきた、個人と組織の矛盾が、いつのまにか解消されていた。既存の組織に不満なら、自分たちで組織をつくるという動きが始まったのである。

五月二七日に行なわれた座談会で、丸山眞男は「これまでの目的意識というのはいつでも、自分が作り出していくというよりも、どこかから持ってきたおしきせをかぶせることだった。それが今度はこっぱみじんにふっとんでいる。それはある意味ではいいことなんじゃないか」と述べている。共産党や社会党の綱領という「擬似プログラム」をこえて、「既存の革命的な組織とはなんら関係のない至るところで怒りや行動が爆発している」という「混迷の中に、民主主義が地につきはじめた徴候をみる」というのだった。[46]

そもそも人びとは、既存組織のありきたりのスローガンに飽いていた。元学徒兵の安田武は、「戦後十五年、〈戦争につながる〉というキャッチ・フレーズは使い古された」と述べ、「革新政党や組合などのビラ文句が、十年一日のごとく同工異曲の呼びかけをくりかえしているのは困りものだ」と評した。[47] ある大学助手は、「いまの運動は何もかもまったく新しいことだらけです。ポスターひとつ、ビラひとつ作るにしても、前に使われたありきたりの文案にちょっと手を加えて、というわけにはゆかない」と述べている。[48] こうして安保闘争では、「今までの型にはまった運動方式でなくて、自分たちで考えた運動方式」が出現することとなった。[49]

その一つが、若手の芸術家や作家が集まった「若い日本の会」だった。五月三〇日に開かれたこの会の集会招請状には、江藤淳・浅利慶太・石原慎太郎・大江健三郎・開高健・武満徹・寺山修司・谷川俊太郎など、当時の二〇代の新進作家たちが名を連ねた。[50] そしてこの会の特徴は、指導部や綱領をもたない、メンバー各自の自発的な集まりである点にあった。代表役だった江藤淳は、会の性格についてこう述べている。[51]

名前がないとかっこうがつかないので、詩人の谷川俊太郎氏の考え出したのが「若い日本の会」という名前であるが、そういう「組織」が恒にあるわけではなく、五人寄れば五人が、五十人寄れば五十人がこの会の会員である。……世話を焼く人間は必要であるが、これも買って出た者に任せよう。金は集った会員が出せるだけ出す。大勢集ればそれだけ運動の拡大が可能である。大勢集めるためには、口から口に伝えるのが一番いい。五十人が三人ずつに伝えれば、百五十人の市民が集れる。……強行安保採決不承認という共通の目的のために、多声部のフーガのひとつのパートを受持つことが可能であろう。

こうしたあり方は、後年に「新しい社会運動」や「ネットワーク組織」などと名づけられた形態の、嚆矢といってよかった。江藤によれば、会員の「政治的考えは十人十様」で、「デモもなかなかいいが、こうして自発的に集まったからにはそれ以外の表現、デモにしてもワッショイワッショイだけではない表現がありうるはずだと考える者が大部分である」。そして、「反権力運動には複数の方法が可能である。労働歌を知らない人間にも政治的要求はある」「こういう人々の声が、斉唱ではなく、多声部の複雑なフーガのようなかたちで、労働者や学生の声に和したとき、はじめて政治と生活の間の抜きがたい断層が埋まるのではないか」というのだった。(52)

実際に当時の国会周辺は、各地から集まった各種のグループが掲げるさまざまなプラカードや旗で埋まり、「多声部の複雑なフーガ」の様相を呈していた。そこには学生や労組員のデモだけでなく、劇団員や作家の隊列、大学教授の請願団、ノレンを掲げた小商店主のデモ隊、さらには「ムシロ旗をもった農民、ウチワ太鼓を鳴らす仏教徒、子づれの女たち」などが集まっていた。(53)

社会学者の日高六郎は、安保闘争の特徴として、「参加者の多様さ」を挙げた。すなわち、「相手は民主主義の破壊者として一色の権力主義者であり、味方は多彩多色である」。そしてこれは、「戦前反動陣営が天皇主義者から社会民主主義者などまでも引きいれ、最後に抵抗するものはただ一色のコミュニストであったのと、関係は逆になる」。こうしたなかで、「大衆運動は、単一的中心部の存在がむしろ有害である段階」に入ったというのだった。[54]

自発的な組織づくりのなかで、人びとの意識も変化した。竹内好は、運動が広がるなかで、「学生たちに学問への渇えがあらわれはじめた」ことを見出した。それまで、学ぶ目的をもたないまま大学に通っていた学生たちは、デモにどのように参加するかをめぐって連日の討議を重ねるなかで、社会の構造や政治経済に関心を抱きはじめた。その様子を竹内は、「彼らは受身の姿勢から脱却していった。すすんで指導を求め、自主的に、研究意欲をもやすようになった」と形容し、「この運動がどんなに大きな教育効果をあげているか測り知れない」と述べた。[55]

そして竹内によれば、共通の目標に結ばれるなかで、「教師と学生の間の垣も日を追って取りはらわれた」。さらに、「異る機関の間の融和も進んだ。人が隣人に親切になり、時間を守るようになり、すすんで責任を負うようになった」。それは何よりも、「われわれの運動が建設の事業だからである」というのだった。[56]

六月三日、デモのあとの街頭を取材したラジオ局員は、「ここには都会のよそよそしい『個人』がいない。二、三十人の市民たちが、まったく自然に、目撃した事件について話しあい、討論しあっている」と報じている。ある銀行の事例では、それまで「各自が考えていることをじっと押しかくして何もいわない」という状態だった女性行員たちが、安保について「二人で話してると、それにまた二人、三人が加わってくる」という現象が発生した。[57]

人びとのこうした連帯を支えていたのは、岸政権への抗議と、共通体験としての戦争の記憶だった。敗戦から一五年目だった当時は、二〇代の若者も戦争を知っていた。六月三日、日本橋でデパート労組が主催した安保研究会には、主催者の予想をこえて、若い女性社員たちが多数集まった。そして彼女たちの会話は、安保問題から「疎開児童としてなめた苦しみ、未亡人になった母の苦しみ」など、「自然に戦争体験につながって」いったという。当時の報道は、安保を契機として、人びとの間に戦争の記憶が「急に生き生きと甦えっている」と述べている。[58]

こうした連帯感のなかでは、孤立した運動家が抱きがちな、悲壮感やヒロイズムが消えていった。六月四日の交通ストの報道は、「どの顔も険しくはない、むしろ明るい。たえずわきおこる拍手、歌声」「ごく当りまえなことが行われている、というカラッとした明るさ」を伝えている。[59] 竹内好も、同じ日のデモの模様を、「ヒステリックな気負い」

や「お座なりな気勢や、だらけた雷同性がほとんど見られない」と評した[60]。

デモそのものも、しばしば多様かつ和やかな雰囲気で行なわれた。竹内好が地元で参加していた「むさしの会」というサークルがデモを行なったとき、亀井勝一郎が「おれはデモがきらいだ」と発言した。竹内自身は丸山眞男と一緒にデモに参加したが、「集団行動に適する人と適さぬ人とがある。シュプレヒコールを強制されるような雰囲気は私もいやだ」と考えて、亀井の不参加を許容した。そしてデモは、「若い人たちは歌を、政党員はスローガンを、それぞれに高唱したが、私たちはピクニック気分で雑談」しながら、行なわれたという[61]。

日高六郎は、「戦後十五年たってほとんど想像もできなかったことが実現する」と述べ、こう書いている[62]。

> 街頭でデモ隊をむかえると、たがいのまなざしの交換はたのしかった。自分自身デモ隊に入ると……連帯的感情がひろがっていった。ある不定形の思想・感情が、ゆっくりと……定型の思想・感情へと結晶していく。その結晶化していくゆったりとした時間は美しかった。
>
> ……たとえば六月四日。その日の午後はうきうきと、お祭気分の表情だった。自信と誇りが祝典になった。……交流がテレくささを破って深まる。ビルの七階・八階の窓がひらかれ、手がふられ、拍手がきこえる。恋人同士の稲妻のような感情が地上と空とをつなぐ。私は夜のデモのなかで、そっと涙をぬぐった白髪の教授を知っている。そのころになると、ときには店のおかみさんや、会社がえりのサラリーマンが、デモ隊のあとへ、気楽に参加していくのが見られるようになった……。

高揚した雰囲気は、日を追うごとに進展した。五月二六日の時点では、デモに参加した久野収が、「やっぱり駄目だな。日本以外の国だったら、道を歩いてゆく人が入ってくるようになるのだろうが、そういうことはないね」と評していた[63]。だが六月四日になると、画家の小林トミの発案で「誰でも入れる声なき声の会」というプラカードをつくって歩いたところ、道の両側から人が列にくわわり、最初の二人が三百人になった。

竹内好は六月四日のデモを見て、「年齢や服装はさまざまであって、おそらく信仰や思想においても多様であるにちがいない、ただ一点、独裁者を許さぬという決意において共通するかくも多くの人間の集団」を、「国民的連帯のイメージが現実化されて眼前にある」と形容した。竹内によれば、こうした連帯に参加することは、かつて味わったことのない「持続する敬虔（？）な感情」であり、「一兵卒ではない。部隊長でもない。いわんや司令官や参謀ではない。ただ不思議な連帯感が自分を支えている」のだった。(64)

こうした連帯のなかでは、「一兵卒」や「司令官」といったツリー状の組織は意味を失った。他者を所属集団によってアイデンティファイし、分類する慣習も消えていた。

たとえば、「誰でも入れる声なき声の会」の行進に参加していた両沢葉子は、通りすがりの男性から「これはどこのデモですか？」ときかれたとき、「どこのデモでもありません」「誰でも自由に入れるデモなんですよ。私たちもいまさっき、途中から参加して来たんです」と答えた。両沢は、互いに見知らぬ間柄でありながら、ともに歩いているデモの参加者を、「未知でいながら血族の親しさをおぼえる人達」と形容し、「デモの中で私は孤独をおぼえなかった」と語った。(65)

鶴見俊輔は安保闘争のなかで、それまでの左翼運動にありがちだった「誰は誰の線だとか、ブハーリン主義だの、プラグマティズムだの、トロツキズムだのという」レッテル貼りの習慣が消えたことに、「奇妙な状況」「ほんとうか？」という驚きを記した。(66) 鶴見はそれに続けて、こう書いている。(67)

……はじめて会った人でも、十年、二十年も知っている人のように用件の中心から話をはじめることがふつうになって来ている。……組織がまだないから、それをつくることに参加している誰か個人の名でおぼえておくほかない。しかも、その個人が、組織の会長とか理事とかいうのでなく、平メンバーとして参加しているというだけで、けっこう連絡の相手として用がたりてゆく。……誰がどの会の幹部になるということは大切ではなくて、積極的な関心をもつひとりの平メンバーが、どんどん自分で企画し、会を召集したり、声明を起草することができた。……

いっぽうにおいては、組織の時代であったが、いっぽうにおいてはこれほど個人に依存した時代であったこともすくない。すべてが、すばやく個人から個人へのパス・ボールでうごいているので、政府の側では、どういう目的をもつ、どのようなグループが岸反対の運動をやっているのか、理解できなかったと思う。

組織が続々と発生することと、個人が自発性をもつことは、矛盾しないどころか、相互に高めあう関係にあった。同じ状況を竹内好は、「完全な情報を得ようとすると状況に立ちおくれる」「全体をつかむ必要がない。部分に全体が代表されている」と形容した。(68) こうしたなかで、「単一の中心」をもつ既存組織は意味を失い、地下茎が思いがけない場所から芽をふくように、数多くの組織が新しく出現した。

60年安保のデモ（6月18日，有楽町）

既存組織の指導者たちは、保守側も革新側も、こうした状況に当惑した。混乱した彼らは、自分たちが理解できない組織に、既存の分類枠を当てはめようとした。岸首相や自民党幹部は、一連の運動はすべて「国際共産主義の陰謀」であるといった形容を乱発した。共産党もまた、自分たちの指導をこえて広がってゆく運動にたいし、「トロツキスト」「挑発者」「アメリカ帝国主義のスパイ」といったレッテル貼りを行なった。

運動の参加者たちは、そうした対応を冷笑していた。竹内好は、「国際共産主義の陰謀という説が大マジメに論じられる一方では、全学連主流派の代々木デモを、アメリカ帝国主義の手先ときめつける旧態依然たる『前衛』の頽廃ぶりが両者見合っている。こういう陳腐なセリフはききあきた、という民衆の『声なき声』がじつは革命の主体である」と述べている。[69]

もともと「声なき声」という言葉は、岸首相が五月二八日の記者会見で、「私は〝声なき声〟にも耳を傾けなければならぬと思う。いまのは〝声ある声〟だけだ」と述べたことから発したものだった。[70]「声」を既存の分類枠でしか認識できない統治者の言葉を逆転させた命名が、「誰でも入れる声なき声の会」だった。

統治者の予想をこえた運動の速度は、テクノロジーによっても促進された。その一つが、当時最新のコミュニケーション技術である電話だった。鶴見俊輔は当時の手記で、「電話がこれほど役に立つとは今まで考えてもみなかった」「知らない人に電話をかけても、電話一本で即座に作業がすすんでゆく」と述べている。[71]

一九六〇年においては、電話は不測の急用以外にはほとんど使用されないメディアであり、初対面の人間に電話で仕事を依頼するなど非常識とされていた。しかし鶴見によると、「声なき声の会」が「今までの軍歌のようなデモの歌」とはちがう歌をうたいたいと考え、一面識もない作曲家の中田喜直に深夜に電話で依頼したところ、快諾した中田が一日で曲をつくり、その翌日にはデモで歌われたという。鶴見は、「『電話で失礼ですが』というあいさつのことばは五月十九日をさかいにわれわれのあいだでは消えてゆくのではないか」と述べている。

抗議の表現手段の多様化も、新しい技術の普及に支えられた。ガリ版印刷機の普及は、既存組織に頼らずとも、チラシやビラを各地の組織がつくることを可能にした。また丸山眞男は、「市民が社会的政治的関心を表現する方法がほとんどデモに代表されていて、投書や抗議電報といったような一人でもできる方法がまだまだ活用されていない」と述べて、新しいメディアを利用した表現を提言した。[72]

そもそも、強行採決のニュースを浸透させたのは、当時の新しいメディアであるテレビだった。前年の皇太子結婚によって、テレビの普及率は三〇パーセントをこえていた。いわば安保闘争は、「国民」的なレベルで人びとがテレビを介して接した、はじめての政治的事件だった。

たとえば江藤淳は、五月一九日の強行採決のテレビ報道で、警官隊と「日当二千円（但し弁当つき）でやとわれた議員秘書と称する暴力団」によって、社会党議員が「踏んだり蹴ったりされて連れて行かれる光景」を目撃し、自分自身が「愚弄され、侮辱されたもののように怒った」[73]。政府がどんな声明を出しても、採決の実態はテレビでは一目瞭然だった。

さらに放送機材の軽量化が、実況中継という表現手段をもたらしていた。六月一五日の国会周辺のデモを取材したラジオ関東は、催涙弾の炸裂音やサイレンの音、警官の「検挙しろ」といった声に混じり、アナウンサーが涙声で「放送中でありますが、警官隊が私の頭をなぐりました」という実況中継を行なって、多くの反響をよんだ[74]。

大阪在住の主婦だった磯貝真子は、当時のテレビ放送についてこう回想している[75]。「私は大阪にいながら、国会を取り巻く大群衆を見た。デモ隊に襲いかかる右翼、警官隊になぐられて血を流す人々、『声なき声の会』のおだやかな行進、街の小さな商店のスト。私を含む数百万の人々が、自分の目で見、素直に感じる事ができた。私がこうしている時、体を張って闘っている人たちがいる、ということの後ろめたさからよけい熱くなっていたのかもしれない」。テレビは空間的な距離をこえて、「想像の共同体」を創りだしていたのである。

しかも当時のテレビは、個人が個室でみるメディアではなかった。鶴見俊輔は五月二二日の日記に、「テレビを見に行っていた」と記している[76]。テレビを所有していなかった七〇パーセントちかい世帯の人びとにとって、テレビは街頭や食堂、あるいは隣家などに外出してみるものだった。テレビを所有している世帯でも、茶の間にある一台のテレビの前に、家族が集まって放送をみた。それはいあわせた人びとのあいだに、しばしば共通の関心と論議をよびおこした。テレビは人を分断するメディアではなく、人を結びつけるメディアとして機能していたのである。

「市民」の登場

そして安保闘争は、「市民」という言葉が、積極的な意味をもって定着した画期でもあった。「声なき声の会」のビラは、以下のようにうたっていた[77]。

市民の皆さんいっしょに歩きましょう
五分でも百米《メートル》でもいっしょに歩きましょう
格別立派な意見があるわけではないし
主張をいいたてる大きな声も持たない私たちだけれど
〝声なき声〟にも何が正しいかを見わける分別はあり
不当な政治に抗議する意志のあることを
いっしょに歩いて静かに示しましょう
仕事は毎日忙しいし、その上
デモに参加するなんて気はずかしいと思うけれど
今、ここで私たちがあきらめて黙ってしまっては
日本はいつまでたってもよくはならない
いつか、私たちの子供に〝あの時みんなどうしていたの〟と
きかれてもはずかしくないだけのことはしておきたい

久野収など一部の知識人の間では、一九五〇年代後半から「市民」という言葉を肯定的な意味で使用する動きがあった。しかし「プチブル」の同義語という共産党周辺の位置づけは根強かったし、言葉じたいが一般的なものではなかった。だが安保闘争のなかで、共産党の権威が失墜し、「労働者」や「農民」に依拠していた既存組織から独立した運動が広がりはじめたとき、これに参加する人びとを表現する言葉として「市民」が使用されていった。

こうした「市民」は、安保闘争のなかで現われた、自立と連帯が同時に実現している状態を形容した言葉だった。政治学者の福田歓一は当時の座談会で、個人が自発的に組織をつくって連帯を生みだしてゆく感覚が安保闘争で生ま

れたと述べ、「つきつめれば、一人一党になったわけで、それが市民精神だ」と述べた。江藤淳も、自立と連帯を兼備した「新しい市民的な運動」の必要性を唱えた。(78)

このような「市民」が、既存組織から独立している状態を表現した言葉が、「無党派」だった。鶴見俊輔は、「総評も、共産党も、社会党も、国民会議も、巨大組織の幹部は指導力を失い、メンバーの感情と思想とは組織のせきをあふれて、国民的規模をもつ無党無派のながれをさしてながれている」と述べ、「声なき声の会」に集まった人びとを、「自由に集まった市民が自分たちであたらしく秩序をつくることができるという人民政府の一つのヒナ型をそこに見るような気がした」と評している。(79)

鶴見がここで用いている「無党無派」という言葉も、当時においてはあまり使用されていない言葉だった。「無党派層」という言葉が新聞の見出し語として定着したのは、一九七七年であるとされている。(80)そのときこの言葉は、「支持政党なし」と回答する人びとを、政治的無関心層も含めて表現する言葉となっていた。しかし一九六〇年に、鶴見が「無党無派の市民」という言葉を使ったときには、異なる意味を託されていたのである。

そしてこうした「市民」は、ナショナリズムと矛盾していなかった。福田歓一は、前述のように「市民精神」を賞賛しながら、「日本国民がはじめて国民としての責任に立ち上がった」「まさに国民国家日本の原理的誕生を予示している」と述べた。(81)やはり若手の政治学者だった坂本義和は、もっと直接的に、「安保への挑戦という形で、日本の歴史ではじめてデモクラシーとナショナリズムとが、手を結ぶことになった」と主張した。(82)

その反面、従来の「プチブル」といった語感から、「市民」という言葉に違和感を述べる者もいた。日高六郎は当時、「『市民』という言葉でわれわれが受取る感じには、当然のことながら独立独歩というニュアンスがある。それは大切なことだが、民衆がデモをやり、労働者がストに入るときに感じることは、独立の個人が立ち上がるということと同時に、強い連帯感だと思う」と述べ、「それを指す言葉がない。『市民』という言葉ではどうもいいつくせない」と主張している。(83)

こうした日高に対して、福田歓一は「日本語で使われる『市民』という言葉には二つの系統」があると述べ、マルクス主義における「プチブル」と、フランス革命によって出現した「シトワイアン」が、ともに「市民」と呼称されているると指摘している。そして福田によれば、「シトワイアン」は「独立し、しかも連帯感をもっている」状態であり、「日本の場合ならシトワイアンに相当するものは……国民といってもよい」というのだった。(84)

もともと丸山が従来から唱えていたように、フランス革命で出現した「市民」が、同時にナショナリズムの担い手でもあるというのは、政治思想の常識であった。したがって日高と福田の「市民」観の対立は、マルクス主義の影響をうけた社会学者の日高と、フランス革命型の国民主義を肯定する政治思想史家の福田の相違であると、図式的に整理することも不可能ではない。

しかし一九六〇年の「市民」という言葉の台頭は、思想の変化というよりも、むしろ言語体系の変化であった。たとえば東大理学部教授だった高宮篤は、国会解散を求める全学教官集会の声明に多くの署名が集まった理由を、こう述べている。(85)「少しく古めかしいことばでいえば、誰しもが皆、国事を憂えていたということ、あたらしい表現によれば、社会人、市民としての政治に対する責任《レスポンシビリテイ》の自覚か」。

すなわち、ここでの「憂国」と「市民」は、どちらも同じ心情を表現した言葉であった。そこには、「古めかしいことば」と「あたらしい表現」の相違があったにすぎない。そして福田も日高も、目前で展開されている現象や、彼らを捉えている心情を表現する言葉を模索しながら、「市民」という言葉を、微妙な違和感を交えつつ使用していたのである。

こうした心情は、敗戦直後ならば、「武士道」や「明治」といった言葉で表現されたかもしれないものであった。実際に、安保闘争の渦中にも、「明治」を表現手段にした例は存在した。篠原一は安保闘争を「昭和の民権主義、護憲運動だ」と形容したし、竹内好は五月二五日に「私は明治の血を引いているから、胸のうちに、自分によびかける声をきく。『各員一層奮励努力せよ!』」と記している。(86)

そして竹内好も、「市民」という言葉を、違和感を含みつつ使用した一人だった。彼は安保闘争について講演したさい、こう述べている。(87)

ここに市民という語を使ったが……私は実はこの語を好まない。バタくさいのと、誤解されるおそれがあるのがその理由である。できたらほかの語を使いたいが、適当なのを思いつかぬから、かりに使うのである。……市民という語はなじみにくい。……農村では「市民」は通用しない。それを無理に通用させるのではないけれども、代ることばがないから困るのである。日本の事情では、独立と均質と連帯の語感をふくんだ個人を意味する語が、市民を通り越して人民に定着するかもしれないが、これはそうなるにしても将来の話であって、今はまだ人民ではおかしい。そこで止むをえず市民とよぶのである。

一九五〇年代ならば、「独立と均質と連帯の語感」は、「民族」と表現されたはずだった。しかし安保闘争では、共産党が「民族独立」や「反米愛国」といったスローガンを連呼して、デモ隊をアメリカ大使館の方へ誘導し、自党の指導にしたがわない勢力を「トロツキスト」「米帝の手先」などと非難していた。このため全学連主流派などは、「民族」という言葉に反発し、「我々の闘いは（民族独立の闘争ではなく）岸資本家政府に徹頭徹尾主要打撃の方向を向けねばならず」と主張していた。(88)

当時の学生であり、全学連主流派のデモに参加していた批評家の柄谷行人は、後年こう述べている。(89)「当時の学生運動は『世界革命』を唱えていましたが、私は、それは本質的には民族主義的な運動だったと思います。ただ、その言葉が使われなかったのです。というより、使えなかったのです。何しろ、民族という言葉をふりまわす体制と反体制の間にいたからです」。こうした事情が、「民族」という言葉からの離脱と、共産党から忌避されていた「市民」の採用という、言語体系の転換が行なわれた背景となっていた。

そもそも安保闘争に含まれていた「民族主義」は、共産党がうたう「反米愛国」とは別ものだった。人びとは、アメリカの権威に従属しながら日本の民衆には権威的である岸政権の姿勢を嫌悪したのであって、アメリカそのものを憎んだのではなかった。前述したように『東京新聞』の社説は、岸を「トラの威を借りるキツネ」と形容したが、そこで求められたのは「キツネの退陣とトラにならぬアイクの態度」だった。

そうした気運は、デモのあり方にも反映した。鶴見俊輔は、こう記している。[90]「私が自分の眼をうたがうほどびっくりしたことは、全学連主流派がきんちょうした気分ですわりこんでいる品川駅プラットフォームを、六月四日ゼネストの日のあけがたUPのアメリカ人記者が平気で歩きまわっていたことだ。一九五二年血のメーデーのころ、日本共産党にひきまわされ『あの脂ぎった白鬼どもをまた海の中にたたきこめ』(『アカハタ』)と声はりあげた時代とは、まったくちがう状況を、もっとも急進的な学生たちがつくりだしたのである」。

そして、安保闘争のスローガンの一つは「民主主義を守れ」だった。この当時、岸政権も「民主主義」の擁護を唱えていたが、その「民主主義」は形式的な議会政治や多数決のことであり、強行採決の結果を正当化するものだった。だが運動の側はそれとは異なり、「民主主義」という言葉も、「独立と均質と連帯の語感」を表現するものとして使用していた。

たとえば竹内好は、前述した「四つの提案」で民主主義擁護を唱えたが、当時の講演で「民主主義とは何かと言えばこれは結局、我々人民の自由ということだと思います」「自分の行為を人に命令されて人に動かされてやるのではない。自分で自分のことはする。他人の支配は受けない。それだけのことだと思います」と強調している。竹内によれば、「自発性がますます高まり、それだけ連帯感と政治意識も深まって」いくという状態、「深いところからわき出た国民の元気というもの」を、「何と名付けるべきかというときにそれを民主主義と名付けた」というのである。[91]

さらに竹内は当時、こう述べている。[92]

告白しますと私は実は民主主義をそれほど信頼しておりません。戦後、民主主義というもの、民主主義という言葉がはやったころ、そもそも言葉にするのが恥かしくてほとんど口にしたことはないんです。偉い人が民主主義と言ってると、どうも疑わしくなる。……だからあいつはファシストだ、ナショナリストだというふうな評価さえ受けておりました。ところが、あの五月十九日を経験しまして、あの時点で考えたことは何かといえば、今こそチャンスである。敵があれほど民主主義を口に唱えながら、今それを捨ててしまった。今こそ我々がそれを拾おう。

それまでの竹内は、「独立と均質と連帯の語感」を表現するにあたり、「民主主義」を避けて「国民」や「民族」を用いていた。それは、かつて「聖戦完遂」を叫んでいた者が「民主主義」に鞍替えする事例の多さに、反発してのことだった。しかし保守政権が「民主主義」を捨てたいま、「民主主義を内面転換し、それにふさわしい内容を国民みずからが与えようと決意した」というのだった。[93]それは、かつてアメリカと保守政権が捨てた憲法が、「自主独立」のシンボルとして読みかえられていったことにも似ていた。

丸山眞男もまた、「民主主義」という言葉で、同様の心情を表現していた。安保闘争を革命の第一歩とみなす全学連主流派などは、「民主主義」の擁護というスローガンには不満を示していた。しかし丸山は当時の座談会で、「民主主義擁護より安保廃棄が急進的だとか、民主主義というのはなまぬるいという考えくらいおかしいものはない。内政と外交をどこまでも人民の自発的な選択の問題に下げて行くということはもっとも正しい意味でラディカルな要求です」と述べ、「青写真を上から与えるのではなく、人民の自発的な運動と討議の過程のなかから、はじめて輸入型制度でない日本独自のデモクラシーの形態を創造していく」ことを唱えている。[94]

ここで丸山は、個々人の「自発的な選択」を重視すると同時に、「日本独自のデモクラシー」の創造というナショナリズムを唱えている。しかし両者は、どちらも上からの「青写真」を拒否する心情を表現した言葉であり、したがって矛盾したものではなかった。一九六〇年の初夏においては、「市民」と「国民」、「個人」と「組織」、「民主」と「愛国」は、どれも同一の現象と心情を表現する言葉でありえたのである。

五月二九日、鶴見や竹内らが集まった「思想の科学研究会」の拡大評議員会は、「いま進行中の状態を革命と規定すべきだという見方には全員ほとんど異論がない」という結論を出した。竹内によれば、そこでいう「革命」とは社会主義政党が権力を奪取することではなく、「民主主義を完成品としてでなく、過程として、日ごとの実践としてとらえること」ないし「国民がみずから秩序をつくり、みずから慣行をつくり、みずから法をつくる訓練」を意味する、

「一種の精神革命」であった。竹内はそうした観点に立って、「最終的な権力の奪取だけを革命と考える方がむしろ観念的である」と主張していたのである。(95)

「無私」の運動

安保闘争にたいする住民の反応は、概して好意的だった。その背景には、岸政権への反発が共有されていたことだけでなく、運動が「無私」の行為とみなされたことがあった。

たとえば六月四日の交通ストが、そうだった。生活保守主義が広まりつつあったこの当時は、交通ストが乗客から反発されるようになり、労組員の気運も盛りあがらない傾向が出はじめていた。藤島宇内は、一九五八年の「警職法反対のときにも、必ず賃上げなどの経済要求といっしょに抱き合わせて政治的要求を出さなければ日本の労働者は闘うことができなかった」と述べている。(96)

ところが藤島は、「そういう伝統が、六月四日ストのなかでほとんど突然ともみえるほど変わってしまった」と述べ、その理由をこう記している。

今年の春闘では安保反対と賃上げがスローガンだった。ところが経営者側は、ここ数年来最高の金を出して来たのでまるでストにならない。……ついに六・四ストでは……純粋に政治目標だけのストが生まれてきた。このとき労組員の心のなかには、従来の賃上げのときのような……弁解がましさは消えてなくなり、いまこそ自分たち労働者は全国民の気持を背景としてその中で決定的な役割を果さねばならぬという深い自信が生まれてきた。そうなると労組にありがちな労働者セクト主義も消え……指令も出さず、せいぜい二、三万と思っていたデモが、自然に十三万にもなっていたのである。……このように国民がみずから社会を作り出す気迫の中から、デモやピケの後片づけをきれいにして帰るような公徳心が生まれてきた。

当時の街の声を取材したラジオ局員は、「賃上げストは大反対だが、今度ばかりはやむをえぬ」という声が多かったことを報じ、「労組の実生活上の利害をはなれたストであることに、市民一般の正義感が本能的に共鳴している」という感想を記している。[97] 賃上げ目的ではない、「無私」の行動とみなされたことが、労組員の士気と一般の支持を高めたのだった。

こうした「無私」の運動の象徴とみられていたのが、全学連だった。ブントが執行部を掌握していた全学連主流派が、五月一九日以前から「愚直」な直接行動をくりかえし、運動の牽引役となっていたことはすでに述べた。全学連主流派を支持していた清水幾太郎は、こう述べている。[98]

歌と旗とがあるところには、必ず学生たちの群があった。私が彼らのために出来たのは、精々、講演やカンパぐらいのものであった。……学生は、日当を貰ってデモに出かける労働者とも違う。運動で衣食や昇進の道を得ている諸組織のメンバーとも違う。万事警察と打合せ済みで行動する職業的運動家とも違う。何をやっても、学生にとって得るものは一つもなかった。お金も名誉も昇進もなかった。あるのは犠牲だけであった。得るものが一つもないのに、或いは、得るものが一つもないから、彼らは、掲げられた目標へ向って、あらゆる犠牲を顧みずに、一直線に進んで行った。私にとって、それは、正しいものであるよりは、美しいものであった。

学生たちの運動は、既成政党のような戦術を欠いた、拙劣なものであった。しかしそうであるがゆえに、人びとは半ば呆れながらも、妥協を排した素朴な純粋さを支持した。高畠通敏は当時の座談会で、「まず気がつくのは、組織のない一般主婦や老人などの方がずっとラジカルですね。やり場のないいらだちがあるからか、もう岸なんか殺しちゃえとオカミさんたちがいう。全学連にも同情的」と述べている。[99] 全学連の支持基盤は、こうした下町風の正義感とラディカリズムだったといえる。

生活のない学生たちが、労働者にくらべ戦闘的であることも、むしろ好意的に迎えられた。当時の報道は、全学連に対する街の声として、「ぼくら家族持ちはようやれないけれど、ありがたいなと思います」「ぼくの弟は学生です。デモにゆくっていうのを、いつも止めてました。しかし……五月二十日以来、ぼくはむしろ弟といっしょに動けない自分が情けないかんじです」といったものを伝えている。[100] 生活のしがらみに埋没する日常のなかで、純粋な正義感を失いつつあった罪責感が、学生への支持につながっていたのである。

こうした罪責感は、戦争の記憶とも結びついていた。学生デモを目撃したある主婦は、こう記している。[101]

彼らの一人一人を、私は見ました。伸び伸びと発育した立派な体、そして賢こそうな顔でした。自分一人の勉強よりも、今、日本の民主主義が崩壊することを恐れてデモに参加している人たちでした。

わたしは彼らに対して、ほんとうに済まない、申しわけないという気持でいっぱいでした。

「万歳! 万歳!」と叫んで日の丸の小旗に駅を埋め、兄や父を戦場に送ったのもこの間のことのように思われますのに、もしも、この若い人たちにそのようなことが起ったら、どうしたらよいのでしょう。

隊列を組んで行進する学生たちの張りつめた表情は、学徒出陣をはじめとする、戦死していった若者たちの面影をよびさました。人びとは、自分が戦争に抗議する知恵と勇気をもたなかったために、死に追いやる結果になった肉親や友人の姿を、悔恨とともに学生たちに重ねていた。高度経済成長の入口にあって、戦死者の存在を忘れ私生活の充実に没入していた後ろめたさが、「ほんとうに済まない」という言葉となって表われていたのである。

くわえて当時の大学進学率はまだ一〇パーセントであり、学生は大衆化した存在ではなく、庶民には「学生さん」への尊敬の念が残っていた。エリートの卵である「学生さん」が、「自分一人の勉強」を犠牲にして、純粋な正義感を追求しているとみなされたことが、多くの支持を集めた。

学生と警察が衝突したあと、しばしば街角で、住民が井戸端会議ふうの議論をおこした。当時の報道によれば、そうした議論の一つで、「先に手を出したのは全学連で……」という意見に対し、「だから何だってんだ、学生さんがあんた、やりたくてやってると思うかい」という反論が出たという。[102] 彼らは、「学生さん」が私的な理由から「やりたくてやってる」のではなく、自分たちの正義感を代弁するために闘ってくれていると感じていたのである。

ある中年の母親は、マスコミの取材に答え、「絶対、政府がわるいんです。新聞みてテレビみて泣きました。学生さんたちをこんな気持にまで追いやった政府を恨みます」と述べている。六月三日の首相官邸周辺では、「現われた一団の全学連のデモに、市民たちは激しい拍手をいつまでも浴びせていた」という。[103] デモに疲れて坐りこんでいる学生に、付近の住民が握飯を与えたり、励ましの言葉をかけるなどの風景も多かった。

「無私」の表現形態は、学生たちのデモだけではなかった。竹内好は、岸政権のもとで公務員の職に就くことを拒否して、東京都立大学の教授を辞職した。東京工業大学の助教授だった鶴見俊輔も、それに続いて辞職した。こうした行動は、政治的には無意味であっても、大きな反響をよんだ。学生からは「竹内やめるな、岸やめろ」というスローガンが現われ、かつて竹内の国民文学論を批判した荒正人からは、竹内のもとに「キミノココロザシハヒトツブノムギニニタリカナラズミヲムスブベシ」という激励電報が届いた。[104]

こうした行動を支えていたのは、彼らの戦争体験だった。竹内も鶴見も、戦中の自分が政府に抗議する勇気をもたなかったことに、深い悔恨を抱いていた。それゆえ鶴見は、後年に吉本隆明と対談したさい、戦争中は「自分の信じていない戦争目的のために死んだらやり切れない」と思っていたが、「安保のときは、あの戦争にくらべれば自分の目的により合致しているのだから、死んでもいいと思いました」と述べている。[105]

こうした運動を攻撃したのが、右翼団体だった。六月一五日夕方、「維新行動隊」の旗を掲げた右翼が、二台のトラックで国会周辺の新劇人の隊列に突っこみ、釘を打ちこんだ棍棒と鉄棒で殴りかかった。このとき国会を警備していた警官隊は右翼を制止せず、女性が主に狙われ、約六〇人が重軽傷を負ったといわれる。

敗戦後に低迷していた右翼運動は岸政権のもとで伸張し、一九五八年一月には、元内相の安倍源基や防衛庁長官の木村篤太郎などを代表理事として、新日本協議会が結成されていた。翌一九五九年には全日本愛国者団体会議が誕生して、この両団体は安保改定促進運動を展開していた。日教組の教研集会に対する右翼の妨害が始まったのも、一九五八年からだった。自民党の幹事長だった川島正次郎は、アイゼンハワー訪日の警備と歓迎のため、こうした右翼団体を動員する計画を立てていた。[106]

右翼による襲撃は全学連主流派を刺激し、この六月一五日の午後五時半には、学生たちが国会構内に突入した。しかし共産党は、「反米愛国」のスローガンのもと、傘下のデモ隊を国会前からアメリカ大使館の方に誘導して解散させた。孤立した全学連主流派のデモ隊は警官隊に制圧され、負傷者は救急車で運ばれた者だけで五八九名にのぼり、東京大学の女子学生だった樺美智子が死亡した。

この日の夜、「声なき声の会」のメンバーとともに国会周辺にいた鶴見俊輔は、共産党の姿勢を批判して、こう記している。[107]

> 一般市民の気持ちとしては、マルクス主義にも、トロツキズムにも関心がない。ただ腐敗した政治の中にむかってつっこんでいっている学生たちを助けたいという感情があるのだ。実はこのために、穏健な一般市民の運動が、急進的な学生運動とかよいあう構造をもつことになる。整然とデモをくみ、挑発者の入ってくる危険を排除し、危地におちた学生たちをよそにすすんで流れ解散してゆく方針は、たとえ、それがもっとも純正なマルクス主義の体系の把握の上にたつ行動だとしても、この市民の立場から見るといいかげんだと考えざるを得ない。

鶴見が指摘しているように、全学連主流派が支持を集めていたのは、指導部を掌握していたブントの革命思想に世論が共感していたからだったとは思えない。それは、全学連主流派のデモに参加した学生たちにおいても同様だった。ある学生は新聞の取材にたいし、「全学連主流派、反主流派というような割り切ったレッテルをマス・コミがぼくらに貼りつけるのは迷惑なんです」と述べている。[108]

当時の東大生が書いた手紙は、一般の学生の動向について、「毎日、反主流派のおとなしいデモと主流派の過激なデモとどっちが効果があるのか討論をかさね、クラスでは真っ二つに分かれて、両方に参加しました」と述べている。

共産党系の学生であっても、国会突入を掲げたデモに参加した者もいたという。[109] 多くの学生にとって、どのデモに参加するかは、自分の心情を託すのに適切な表現媒体を選択することだったのである。

久野収は当時の「市民主義の成立」と題した論考で、学生の大部分はブントや共産党とは関係がなく、「ジャーナリズムは彼らを名づけようがないので、主流派、反主流派などとよんでいるが、彼らは実は無流派の市民学生だ。彼らは目のまえの状況をかえるためにでてきたのであって、マルクス主義や革命運動とはほとんど何の関係もない」と述べている。[110] 日高六郎も、「自発的な参加者がものすごくふえてきて、いまでは全学連主流派的指導方針というものは全体のなかの二十分の一くらいです」という観察を記している。[111]

それゆえ、ブントが握る指導部と、デモに参加する学生の対立という場面も存在した。六月四日の交通ストでは、全学連主流派の指導部は時限ストの解除に反対し、学生デモ隊に駅頭での坐りこみを指示した。このとき参加学生の一人は、「国鉄の人たちはクビをかけてやってるんだ。ぼくらは、ただそれを援ければいい。ところがリーダーは、国鉄からの申し入れをにぎりつぶして、ぼくらに伝えなかった」と抗議している。[112] 安保闘争の数年後には、ブントの幹部が右翼から資金提供をうけていたというスキャンダルが暴かれたが、運動に参加した学生たちの心情は必ずしも幹部と一体ではなかったのである。

もっともブントの幹部にしても、マルクス主義やトロツキーの思想を、理論的に信奉していたともいえなかった。ブントのメンバーだった西部邁の回想によれば、「ブントにあって『革命』とは、純粋性とか徹底性とかを表す理念語であった。したがって、『革命』という言葉は異常とも思えるほど真摯に発語されたのだが、ほとんど誰ひとりとして、その言葉が現実のものとなった状態を想起できなかったし、しようともしなかった」という。[113] そうした意味では、表面的な用語の相違にまどわされた共産党よりも、学生たちの純粋さに共鳴した庶民たちのほうが、ブントが唱えた「革命」の含意を的確に理解していたともいえる。

そして、こうした「純粋性」の象徴的存在となったのが、六月一五日に死亡した女子学生の樺美智子だった。一九三七年に生まれ、大学教授の娘だった樺は、きわめて倫理感と正義感の強い女性であった。親や教師の回想によると、幼稚園児のころから、掃除や草取りなどを「一人止め二人止め、誰もしていないような場合、よく見ると美智子さんだけは黙々とやっている」というタイプだった。[114] 彼女が死んだ六月一五日には、母親がデモに行くのを制止したが、樺は「あの人たち〔労働者〕には生活がある。かわいそうよ。だから学生がやるのよ。だれかがしなけりゃ」と反論して出かけたという。[115]

そうした樺の性格は、学生の間でも知られていた。西部邁の回想によれば、大学の先輩だった樺からレクチャーをうけたさい、「彼女のただならぬ誠実さがつよく印象づけられ」、「六・一五事件で死者が出たと耳にしたとき、すぐ彼女に間違いないと直感した」という。[116]

事件後に出版された樺の遺稿集は、『人しれず微笑まん』と題された。この題名は、以下のような彼女の遺稿の詩からとられたものであった。[117]

誰かが私を笑っている　こっちでも向うでも　私をあざ笑っている
でもかまわないさ　私は自分の道を行く
笑っている連中もやはり　各々の道を行くだろう
よく云うじゃないか　「最後に笑うものが最もよく笑うものだ」と

でも私は　いつまでも笑わないだろう
いつまでも笑えないだろう　それでいいのだ
ただ許されるものなら　最後に
人知れず　ほほえみたいものだ

樺の死は、大きな反響をよびおこした。竹内好は、「多くの人が、彼女は自分の身替りになってくれたと感じている」と述べた。当時は中学一年生だった歌人の道浦母都子は、「難しいことは何もわからなかった」ものの、「自らの信じるものに向かって命をかけた存在がいる」という事実に、「体が震えるほど衝撃を覚えた」という。[118] 一九日には樺の「国民葬」が行なわれ、中国からは、「樺美智子さんは全世界に知られる日本の民族的英雄になった」という毛沢東のコメントが伝えられた。[119]

純粋な正義感に燃え、「革命」を一瞬でも信じていた学生たちには、衝撃はさらに大きかった。当時は京都の大学生だったジャーナリストの保阪正康は、樺の死のニュースを聞いた学生たちの反応を、こう回想している。[120]「ある者は夜行列車に乗って東京にむかった。『もう京都には戻らん』といい、遺言めいた言葉をのこして列車にとび乗った者もいた」。「私の周囲のそういう光景は、何も特別なことではなく、当時の学生の間ではそんなやりとりは当たりまえだったはずである」。

しかし人びとは、樺に象徴される何ものかに共鳴したのであり、その心情は必ずしもマルクス主義の言語と合致していなかった。たとえば六月二三日に日比谷公会堂で開かれた樺美智子の全学連葬には、数千人が集まった。清水幾太郎の回想によれば、そのさいブントの書記長だった島成郎が弔辞を読み、「プロレタリア、帝国主義、共産主義、革命……そういう種類の言葉が頻繁に出て来た」。そのとき清水は、「みんなは、そんなことのために日比谷公会堂へ来たのではない」と感じ、「『島君、違うんだ、そうではないんだ』と私は怒鳴りたかった」という。[121]

樺の死は、岸政権にも動揺をもたらした。樺が死んだ夜、六月一六日午前零時過ぎから緊急閣議が開かれ、対応が協議された。安保反対運動は「国際共産主義の陰謀」だと主張する岸・佐藤・池田らは、最大限の警察力を動員して、一九日に予定されているアイゼンハワー訪日を強行すべきだと主張した。しかし、治安出動を打診された陸上自衛隊の幕僚長は、「無理に出動すれば自衛隊自体の存亡にかかわります」と難色を示した。柏村警察庁長官も、「このデモ隊は、機動隊や催涙ガスの力だけではなんともなりません。もはや残された道は、一つ。総理ご自身が国民の声を無視した姿勢を正すことしかありません」と直言した。[122]

さらに、すでに六月上旬から天皇側近が、訪日強行に反対していた。この時期にアメリカ大統領と天皇を会見させれば、反感が天皇に向かいかねなかった。デモが予想される空港への出迎えを避け、大統領がヘリコプターで皇居へ直行するという案も、「皇居が赤旗に取り囲まれることになり兼ねない」と宮内庁から拒否された。[123]こうした事情のため、ついに岸も折れ、アイゼンハワーの東京訪問中止が一六日に決定された。

しかし、樺の死と全学連の直接行動にたいし、非難も現われた。共産党の機関紙は、樺が全学連主流派の学生だったことから、事実上黙殺の姿勢をとった。警察側は樺の死因をデモ隊の混乱にもとめ、自民党や日経連は、樺の死は全学連の過激さがもたらしたと主張した。東京の主要新聞社七社は、アイゼンハワー東京訪問中止決定の翌一七日の朝刊で、「暴力を排し議会主義を守れ」という共同声明を掲載し、全学連を批判した。

こうした批判にたいし、鶴見俊輔は学生を擁護して、六月一八日に書いた論考でこう述べている。[124]

かれらは、そのほとんど全部が素手で、武装警官にたいしている。つっこむときもおなじで、なぐられても、なぐられても、そのままつっこんでゆく。このような行動が強烈な暴力否定の精神によって支えられていることがどうして、新聞社の社長・重役、日経連の理事たち、自民党の代議士たちには見えないのか。ここには、大正時代の東大新人会の学生運動に見られたような指導者意識も英雄主義もない。無名の若者のひとりひとりの意志の表現が、あるだけだ。樺美智子の死は、このように死ぬ用意のある数知れぬ学生たちの姿をあらわしている。

鶴見は後年、「学生たちの政治プログラムを実現可能と当時も今も思わないが、学生たちの打算をこえた姿勢に当時も今も感動する」と述べている。[125]清水幾太郎が、「全学連の無茶な——無私の——行動を通して、安保闘争が一つずつ階段を上って行く」と形容したのは、このような状況を表現してのことだった。

全学連は共産党との対抗上から「民族」や「愛国」といった言葉を忌避したが、年長者たちはしばしば、学生への共感を「愛国」という言葉で表現した。樺の父親は、「学生たちはそれこそ文字通り憂国の至情からそうしなければならないと思って行動している」と述べた。日教組委員長の小林武も、「若人たちの愛国的行動は、教育勅語の精神で教育された大人達をはるかに乗り越えていたではないか」と主張した。清水幾太郎が六月一五日夜に会ったある共産党員は、「愛国者のことをトロツキストなどと非難して……。お恥ずかしい話です」と目を伏せたという。[126]

「日の丸」がすでに政府や右翼のシンボルとして使われていた当時にあっては、多くのデモ隊は社会主義を信奉するしないにかかわらず、赤旗を掲げていた。しかし六月五日の『毎日新聞』に掲載された団体役員の投書は、「日本人としての安保反対なら、堂々と日の丸を掲げて行動しよう」と述べた。[127] 実際に、「日の丸」を掲げた安保反対のデモ隊も、存在したことが知られている。[128]

「愛国心」と連帯感の高揚は、「亡命」への批判をもたらした。竹内好は、「国籍離脱の方法まで空想したことを今では恥かしく思っている」と述べた。鶴見和子は、樺の死の直後に「青年の血をあがなうもの」という文章を書き、「『無責任の体系』そのものである岸内閣にとっては、しくじっても安楽な亡命という途がひらかれている。しかし国民は亡命することができない」と主張した。[129] もちろん後者の発言は、韓国の独裁者だった李承晩が、アメリカに亡命したことを念頭においたものだった。

鶴見俊輔は、『思想の科学』の編集者として参加した当時の座談会で、「私はいままでは国籍離脱の欲求が非常に強くてナショナリズムとか愛国心とかいう言葉を聞くとぞっとするという感じがあったんです。ところが五・一九以降はじめて『よくぞ日本に生れける』という感じ、日本がはじめて世界の中につながるという感じを持ったんですがね。それは戦後の本来のめざすところだったと思うんです」と述べている。[130] 樺に象徴される「無名の若者」への連帯意識は、「日本人」への信頼につながっていたのである。

闘争の終焉

こうした安保闘争にたいする国際的な反応は、どうであったろうか。

六月上旬でのアメリカ側の報道は、大部分が「少数派の行き過ぎ」「共産主義にあおられた圧力」「大衆がこれに参加しているという報道はない」といったものだった。[131] イギリスや西独の報道も、ほとんど大差がなかった。

そもそも安保闘争は、人種偏見が強かった当時の欧米諸国からすれば、議会政治が未熟なアジアの小国で暴動がおきただけのことだった。五月一九日の強行採決のニュース映画がイギリスで上映され、社会党議員団を警官隊が排除するシーンが映されたとき、客席からは「一斉にクスクス笑いや舌打ちが聞こえる有様」であった。おなじニュース映画がワシントンで上映されたさいも、「満場は失笑、爆笑のウズ」だったという。[132]

しかし運動が予想をこえて拡大すると、嘲笑は恐怖と憎悪に変わった。イギリスの新聞『サンデー・エクスプレス』は、樺美智子が死亡した六月一五日のあと、「東京の狂信的な若者ども」は「かつて真珠湾をたたき、シンガポールで同胞をいためた狂信者の子供である」と形容した。アメリカでは「リメンバー・パールハーバー」という言葉が現われ、『ニューヨーク・タイムズ』の記者は「日本人は、戦前も今もちっとも変わっていない」と述べた。[133]

六月一〇日には、アイゼンハワー訪日に先だって、大統領秘書ハガティーが来日した。反米闘争を唱える共産党は、全学連反主流派を動員してデモをかけ、包囲されたハガティーは米軍のヘリコプターで脱出した。そして一六日には、アイゼンハワーの東京訪問中止が発表された。

こうした事態に、アメリカ政界の反応は硬直したものだった。六月一七日のアメリカ議会では、「もし岸政権が倒れたら、日本は共産国になろう」(ジョンソン上院議員)、「そのようなところに金をつぎこむのはムダなことである」(ジョンストン上院議員)、「日本がアメリカのドルでつくった軍隊を、親善旅行中のアメリカ大統領の警備に使わないのなら、一体どういうときに共同の目的に使うのだろうか」(サイクス下院議員)といった発言が出た。[134]

そしてデモ隊の包囲から脱出したハガティーは、「インターナショナルを歌っていたことから察すれば、この人たちは、日本に対する忠誠心さえもない人たちである」とコメントした。竹内好はこうした発言に怒り、「本心は日本を独立国と思っていないのではないか。彼が『日本に対する忠誠心』というとき、その本意は『アメリカに対する忠誠心』と重なっているのではないか」と評した。[135]

そもそも『毎日新聞』の形容にしたがえば、当時の欧米側は、「日本について驚くほど無知」であった。アメリカ共和党のキーティング上院議員は、六月一六日に「岸首相がこれほど有能な指導者でなかったら岸内閣はとっくに崩壊していただろう」と発言した。磯野富士子はこのようなアメリカの論調に反論して、「岸氏が真珠湾攻撃を計画し、英米に対して宣戦布告をした東条内閣の有力閣僚だったことを、アメリカ国民の何人が知っていらっしゃるでしょうか」と述べている。[136]

このような日本への無理解は、外務省の姿勢にも一因があった。日本の在外公館は、保守政権の「国際共産主義の陰謀」という見解に沿い、安保闘争の大衆的な広がりを各国に知らせなかった。帰国した駐米大使は、『中央公論』の対談に出席したが、もっぱらアメリカに対する日本の「信用」の失墜を嘆くばかりだった。[137]

しかしこうした欧米の視線は、日本の新聞を、安保闘争へのマイナス評価に導いた。六月二〇日の『朝日新聞』は、「われわれは、日本人がどう見られているかという現実を忘れてはならない」と述べ、六月一七日の『毎日新聞』はアイゼンハワーの東京訪問中止について「日本は全世界に対し国家の権威を失墜した。こんなはずかしいことがあるか」というアメリカ側記者の意見を報じた。[138]こうした欧米からの視線のなかで、六月一七日に新聞各社が「暴力を排し議会政治を守れ」という共同声明を発表したのである。

ことに日本の新聞が気にかけていたのは、欧米のメディアが安保闘争を、ほぼ同時におこっていた韓国やトルコの政変と、類似のものとして報道していることであった。六月四日のストに対する欧米の報道を伝えた『毎日新聞』の記事は、「日本のデモクラシーは韓国、トルコ並みであったのかという印象を与えている」「まるで日本は後進国扱いだ」と述べている。[139]

こうした声は、政界にも存在した。社会党の江田三郎は、六月四日のストのあと、自民党の国会対策委員長にむかって、「私は日本を韓国にするな、とだけいっておきます」と述べた。岸の側もまた、六月二日にコメントを発表し、「日本の政局の現状を韓国、トルコにくらべるものもいるが、これらの国には言論の自由がなかったのに対して、日本は行き過ぎと思われるほど言論が自由で根本的に違う」と主張した。[140]

竹内好はこうした風潮に反論し、「日本の国際的な相場が下落したということを新聞が書き、政府が言っておりますが、とんでもないことです。政府の評判が下落したんでありまして日本人民の相場は非常に大きく揚って」いると主張した。鶴見俊輔も、「新聞は、デモ隊の行動を国辱、国辱と呼ぶが、何が国辱なのか、理解できない」と述べている。[141]

実際に、非欧米圏においては、安保闘争への支持が存在した。一九六〇年四月にギニアで開かれたアジア・アフリカ諸国民連帯会議では、日米安保条約批判の決議が行なわれ、インド代表が「岸政府はわれわれアジア人の敵だ」と演説した。エジプトでは、新聞各紙が日本政府の「対米依存外交」とアメリカの軍事同盟政策を批判した。六月一六日の『北京大公報』は「日本の愛国的烈士たち」を絶賛し、当時モスクワにいた在留邦人は「だれもがロシア人から肩をたたかれて祝福を受けている」と報じられた。[142] 中ソの反応には、多分に冷戦の影響がみられたが、他のアジア諸国は日本の「民族主義」に共感した部分があった。

欧米の一部にも、運動への肯定的な評価は存在した。英紙『クロニクル』は、「すべて共産勢力の扇動に帰してしまうことは事実に目をおおうものである」「日本を友とするには日本の真の自由主義分子、民主的社会主義者に求めるべき」だとコメントした。米紙『ワシントン・ポスト』は、日本の進歩派の多くは「共産主義者ではないマルキスト」であり、「モスクワや北京の文化的奴隷ではない」と評する論文を掲載した。英紙『デイリー・メール』も、「日本は名目的な独立国だったが、実際上は米国の保護の下にある被占領国であった」が、いまや「日本の受動的役割は終ろうとしている」と論評した。[143]

日本国内の韓国観も、新聞や既成政党とは、異なるものが存在した。学生デモによって政権が倒れた韓国の事例は、運動側にとっては、むしろ見習うべき対象だった。東京都自治会連絡会議は、六月一三日に、「南朝鮮やトルコの学友との力強い国際的連帯性をかちとりえた」と形容した。[144]

しかしこうした声が、表面的な美辞麗句ではなく、韓国やアジアの現状にたいする正確な理解にもとづいたものであったのかには、疑問もあった。その現われの一つが、沖縄への対応だった。

安保闘争において、米軍基地が集中している沖縄は、一つの焦点だった。しかし安保審議の過程で、保守側は沖縄を安保条約の適用範囲である「日本」に加えようとしたが、社会党などはそれに反対し、最終的には沖縄は安保条約の適用範囲から外された。前述のように、「日本」にある米軍基地が攻撃されれば、「日本」が攻撃されたものとみなして反撃態勢をとることを約束して、アメリカに日本防衛の義務を負わせたのが、新安保条約の眼目であった。そして沖縄の米軍基地が攻撃された場合に、本土が戦争に巻きこまれることが、恐れられていたのである。

こうした矛盾を深刻に体験したのが、東京で安保闘争に参加した、沖縄出身の学生だった。六月一六日、東京訪問を中止したアイゼンハワーが、沖縄を経由してフィリピンへむかうことが発表された。そのときの運動側の反応を、沖縄出身の学生だった仲宗根勇は、こう記している。(145)

私は「安保」で死んでもいいと思っていた。文学部の樺美智子さんが国家権力の使徒たちに殺された夜、私は怒りに泣いた。……安保闘争中、私は「半日本人」としてではなく、すっかり「全日本人」＝本土日本人として行動していた。この力強いスクラムが、この叫びが、この歓声が日本の未来を、私たちの沖縄をもすっぽりと包み込む時、俺たちの時代は始まるのだと……。だがその日、訪日阻止を叫んで国会前にすわり込んだ巨大な国民大衆に向って執行部は誇らしげに、かつ少々悲愴ぶって訪日阻止の成功を報告した。「……アイゼンハウアーの訪日は阻止されました。我々は勝利しました。卑怯なアイゼンハウアーは沖縄に逃げ去りました！」。大衆は歓呼した。私は気も動転せんばかりに驚いた。これは一体どうしたことだ？　沖縄にアイゼンハウアーが上陸したことはとりもなおさず、確実に日本＝沖縄に足を踏み込んだことなのではないのか！

明らかにここでは、安保闘争の「国民的」な連帯から、沖縄は排除されていた。仲宗根は、「真実は何も知らずに、いや偏見と先入観をもって前提された知識と意識の形でしか、沖縄は本土日本人、とりわけここに集まったいわゆる革新的な人々の中でさえ存在していないにすぎないのか」と衝撃をうけ、「日本国家にとって沖縄とは何か。いや、そもそも『日本国』とは何か。そして、もっと根源的に国家とは何か」と考えざるを得なかったという。(146)

そして実は、安保闘争の高揚は、全国を包んでいたとはいえなかった。三井三池の炭鉱争議を支援していた詩人の谷川雁によれば、「私の直接知るかぎりでは、五月十九日以後でも地方の表情にさほど質的に新しい高揚はなかった」。漫画家のつげ義春は、ヤミ流通のコメを運んでいたという自伝的作品のなかで、「安保」の存在すら知らなかったとしている。[147]闘争の盛りあがりは、多分に東京や主要都市を中心とした、限られたものだったのである。

もちろん世論調査では、岸政権への不支持は多かった。しかし六月に行なわれた長野県の農村調査では、安保賛成はごく少数だったものの、目立った抗議行動はおこっていなかった。そして賛否の意見の特徴は、「安保反対は戦争に、賛成は経済に結びついていることが多い」ことだった。[148]

この特徴は、東京でも同様だった。六月四日のストのさい、新聞記者が聞いた労組員の会話では、一人が「ここで安保をお断わりしたら、アメリカは日本を援助しなくなって、日本は経済的に困る。みんなひどい貧乏をしなきゃあならんのじゃないか」と述べ、もう一方が「それなら、みんなが歯を食いしばってでも、耐乏生活でやるべきだ」と反論していたという。[149]敗戦直後のように、平和の主張と経済の復興が結びついていた時代は、アメリカに従属した経済成長の進展とともに終わりつつあったのである。

そして高畠通敏は、下町の主婦や老人が全学連を支持していることを指摘する一方、「一般市民といっても、いわゆるホワイトカラーはだめですね」と述べていた。[150]ある証券会社社員は、運動について「株は下りませんよ」とだけ評した。[151]ナイターの球場で取材に応じたサラリーマンは、安保反対の署名はしていたものの、「イミないと思うな。どうせ聞かれっこないのに。政治なんて政治家の赤坂会談できまるんだし」「戦争なんておこりっこないですよ。おこらないに決ってる以上アメリカと結んで、せいぜいもうけた方が得ですね」と述べている。[152]

当時のある「一流会社の中堅幹部」は、取材に応じてこう述べている。[153]

今度のように精神的な運動が盛上がるのは、今後はもうないのではなかろうか。自分の考えで自分が動くという領域は、だんだん狭められている。我々の学生時代はまず哲学だったが、最近入社した連中は初めから就職を目指してだけ勉強している。今では幼稚園からそうだ。スタンダリゼイションというか、そういう時代だ。

運動の参加者たちも、同様の危惧を抱いていた。六月初頭の『朝日ジャーナル』の記事で、国民会議事務局長の水口宏三は、「大衆の生活が相対的に安定している時期の政治闘争としての一つの限界は、乗り越えられないのではないかという気がする」と洩らした。[154] 街頭で取材に応じた学生は、「ぼくらだって毎日デモをやってれば疲れてくる」「就職のために今からコネさがししてる連中、デモになんか出ないで勉強してる連中の存在がむしょうに大きく見えてくる」と述べた。ある雑誌編集者は、「もし負ければ、もう何をやってもダメなんだという絶望は色濃くなるでしょうね。今まで以上にみんなは政治にソッポを向き、青年層には頽廃気分がひろがるような気がします」と発言している。[155]

五月一九日の強行採決から三〇日が経過すれば、参議院の審議を経ずとも安保条約は自然承認される。その期日の六月一九日が迫っていた。樺美智子が死んだ六月一五日、アイゼンハワーの東京訪問が中止された一六日、そして「暴力を排し議会主義を守れ」という新聞の共同声明がでた一七日と、国会は連日にわたり巨大なデモ隊に包囲されたが、岸首相はなお強気だった。

反対運動の一部は、自民党の反主流派による造反を期待した。だが自民党内には、安保通過までを岸の手でやらせ、その後を引きついだ方が得策だという観測が生まれていた。運動側は決め手を欠き、社共をはじめとした革新政党は、具体的な方針を打ちだすことができなかった。

六月一八日深夜、午前零時の自然承認を前にして、夜を徹してデモ隊は国会を包囲した。すでに連日のデモと検挙で疲労困憊していた全学連は、「樺さんの死を無駄にするな」というスローガンのもと、最後の大規模動員をかけた。[156] その晩の様子を、ブントの書記長だった島成郎は、こう回想している。[157]

一九六〇年六月一八日、日米新安保条約自然承認の時が刻一刻と近づいていたあの夜……私は、どうすることもできずに、空っぽの胃からしぼり出すようにヘドを吐いて蹲っていた。その時、その横で、〝共産主義者同盟〟の旗の近くに居た生田が、怒ったような顔つきで、腕をふりまわしながら、〝畜生、畜生、このエネルギーが！　このエネルギーがどうにもできない！　ブントも駄目だ！〟と誰にいうでもなく、吐きだすように叫んでいた。

こうして時間は零時を迎え、安保条約は自然承認された。明けて一九日、官房長官は談話を発表し、「本条約に対する執ような反対は、国際共産主義におどる一部の少数の人びとによって行なわれたもの」だと述べた[158]。社会党は自然承認にたいし、「新条約は違憲」と声明を出しただけだった。

翌二〇日、野党の虚をついて、参議院の自民党は安保特別委員会と本会議を単独で開き、安保関係法案を一挙に通過させた。二二日にはアメリカ上院が新安保条約を承認し、二三日に岸首相は外相公邸で批准書を交換したあと、内閣総辞職を公表した。

こうした結果に対し、人びとの反応はさまざまだった。清水幾太郎は、安保自然承認の夜、敗北感に打ちのめされて泣いた。対照的に丸山眞男は、闘争のなかで実現された「秩序意識と連帯感」の「圧倒的な印象」にくらべれば、「『自然承認』の瞬間などは私の脳裏の中のとるに足らぬちっぽけな場所しか、占めていなかった」と述べた[159]。

総じて、知識人には丸山と同じく、「勝利」を述べる者が少なくなかった。竹内好も、安保条約の通過そのものは、五月から六月の「国民的経験」にくらべ小さな意味しかもたないと位置づけて「勝利」を宣言した。「下手に勝つくらいなら、うまく負ける」ことを主張していた竹内にすれば、これは当然の反応であった。形式的に安保が通過したにせよ、日米政府を動揺させたことで、実質的には安保体制を骨抜きにしたという意見も多かった。

しかし、こうした大局的な位置づけにたいし、「純粋性」にこだわって安保阻止を叫んでいた全学連主流派は、闘争を「敗北」と総括した。彼らにとっては、部分的な成果だけで「勝利」をうたう姿勢は、妥協的かつ不純なものと映った。こうした対立は、第三部で述べるように、全学連主流派のシンパだった吉本隆明による「戦後民主主義」批判につながってゆくことになる。

勝敗の位置づけがどうであったにせよ、安保の自然承認と岸首相の退陣以後、デモの波は急速に退いていった。もともと五月一九日以降の運動の盛りあがりは、安保そのものへの反対よりも、岸に対する反感と、全学連に代表される「素朴」な正義感に裏打ちされていた。岸が退陣し、安保の自然承認によって「素朴」な正義感からすれば敗北が明らかになった以上、運動が退潮するのは避けられないことだった。

東京の「カクメイ」を取材しろという社命で来日したイタリアの新聞記者は、六月一九日の夜に本社に宛てて、「カクメイ　ミアタラヌ」と打電した。『毎日新聞』のインタビューをうけたこの記者は、こう述べている。[160]「ボクも昔は夢をみたよ。社会改革とか、進歩への情熱とか――。十年たってみたまえ、夢のむなしさを悟るだろう。最良の進歩主義者は最良の保守主義者になるよ」。

このイタリア人記者のインタビューを掲載した六月二六日の『毎日新聞』は、一九六〇年三月に卒業した大学生の就職率が戦後最高を記録し、ほぼ完全就職状態になったことを伝えていた。『週刊文春』の六月二七日号は、特集記事に「デモは終わった　さあ就職だ」というタイトルを掲げた。[161]

当時の新聞記者だった辰濃和男は、こう書いている。[162]

政治の季節から経済の季節へ、石炭から石油へ、世の中は変わりつつあった。当時、社会部記者だった私は小、中学生たちに『私たちの将来』という作文を書いてもらった。

少年A「全学連に入って思うぞんぶん政治に反対したいが、就職にも関係があるのでやめとこうと思う。りっぱな会社へ入り、株か何かを買って百万円くらいためたい」

少女B「大学ではノラリクラリと過ごし、一、二年働き、お嫁にいっておかあさんになっておばあさんになってやがては死ぬ」

子どもたちの、ある心象風景だ。アンポフンサイの声に代わって、やがてマイカー、マイホームが流行語になる。

こうした風潮が広がるなか、安保闘争の終焉後、保守論者の間で、愛国心の低下を嘆く論調が流行した。右翼団体の「新日本協議会」の代表理事だった安岡正篤は、一九六一年に、戦後の愛国心低下の原因が「進歩陣営の愛国心否認論であることは、誰しも知る通りである」と述べた。[163] 福田恆存は一九六二年に、「戦後教育は、まず過去の文化を否定してかかった」「愛国心を否定するかたちで、いきなり平和やヒューマニズムを子どもに押しつけた」と主張した。[164] こうした保守論者たちは、愛国心やモラルの低下が、占領政策や「戦後民主主義」の影響で引きおこされたという主張をとりつづけた。

一九六〇年一一月、『御茶の水女子大新聞』に掲載されたある学生の寄稿は、安保闘争終焉後の心情をこう述べている。[165]

私はもはや日本人との連帯を信じられない。スクラムを組んだ瞬間だけ私は信じた。しかしそれが解かれた時、もはや私の隣の人は赤の他人である。私には赤の他人がますます増すばかりだ。……〝学生大衆〟の享楽主義が安保闘争の残したものだ。ただ絶望するのみ。どこに連帯の絆が？

一九六〇年の安保闘争は、戦後日本の進歩派が「愛国」や「民族」といった言葉で表現していた心情が、最大にして最後の噴出をみた事件だった。岸に代わって首相となった池田勇人は、就任直後に「所得倍増計画」を発表し、高度経済成長の本格的な幕開けが訪れようとしていた。そして戦後日本の「民主」と「愛国」をめぐる言説も、変動の時代に入ってゆくことになるのである。

第三部

第13章　大衆社会とナショナリズム

「敗戦から二十年ちかくたって、私は、今、矢玉をうちつくした感じがしている。」

鶴見俊輔は、高度成長と東京オリンピックに世間が沸いていた一九六四年にこう書いた[1]。

敗戦時に二〇代から三〇歳前後だった知識人たちも、この時期には中年から初老のときを迎えていた。竹内好や丸山眞男は、一九六〇年以後は時事的な言論活動からしだいに退き、それぞれの研究にむかっていった。彼らより若い年代に属する鶴見俊輔も、安保闘争の終焉後は、鬱病で一年以上ひきこもる生活を送っている。

こうして従来の戦後思想家が退場し、知識人の世代交代が進んでゆくのと並行して、高度成長による社会変動が急速に進んでいた。そうしたなかで、一九六〇年代半ばから、ナショナリズムにかんする言説の構造も大きく変化していった。以下の第三部では、その模様を具体的に検証してゆくが、本章ではその前提として、この時代における社会構造と言説の変動を概説する。

高度経済成長と「大衆ナショナリズム」

高度経済成長の進展は、急速だった。一九五五年から六〇年の実質平均成長率は八・七パーセントだったが、一九六〇年から六五年は九・七パーセント、一九六五年から七〇年は一一・六パーセントにまで伸張した。この状態は、石油ショックがおきた一九七三年まで継続する。

日本の国際的な位置も、大きく変化した。対米貿易収入の増加により、アメリカの市場開放要求が高まり、輸入自由化率は一九五五年の一六パーセントから一九五九年の二六パーセント、そして一九六三年には九〇パーセントをこえた。その一九六三年には、日本は発展途上国を支援するＯＥＣＤ（経済協力開発機構）に加盟し、国際的にも先進国の一員となった。

高度成長と輸入自由化は、農業人口の減少と、急激な都市化をひきおこした。第7章でも述べたように、一九四五年には二八パーセントだった都市人口は、一九七〇年には七二パーセントにまで上昇した。東京は一九六二年に世界初の人口一〇〇〇万人の都市となり、一九六四年に開催された東京オリンピックの準備で大規模な公共事業が行なわれたことを境として、敗戦後の焼跡・闇市の風景は消滅した。

ライフスタイルの変化も急激だった。一九六四年に渡米した山本明は、ティッシュペーパーや冷凍食品の存在に驚愕した。しかし山本が帰国した一九六八年には、これらの品々は日本にも急速に普及しはじめており、一九七三年に再び渡米したときには「目をみはるものはアメリカには何一つ見当たらなかった」という。[2]

生活様式の変化は、人びとの意識をも急速に変えた。西日本の農村を調査していた民俗学者の宮本常一は、一九六八年に、「昭和三五年頃を境にして村人の統一行動が非常にむずかしくなって来ている」と記した。宮本によれば、かつての村人は「村がよくなれば村の一軒一軒の生活もよくなるのだと信じ」、「単に自分の家さえよくなればよいと考えているものは私の接したかぎりでは一人もなかったといっていい」。しかし高度成長によって、個人が個人として収入を得ることが可能になり、「テレビが五〇%以上普及しているところでは、その地域のものが一つになってあたらしい問題にとりくもうとする意欲はなくなっていた」というのだった。[3]

こうした変化は、大衆文化にも現われた。一九六〇年代前半の映画や漫画では、「一人の百歩よりみんなの一歩」といった言葉に象徴される、エゴイズムの克服と連帯の形成がテーマにされることが多かった。しかし一九六〇年代後半になると、都会の青年の孤独な心象風景が、より多くとりあげられるようになる。

たとえば一九六四年から連載が開始された漫画『サイボーグ００９』では、連載初期には九人のサイボーグ戦士たちの「チームワーク」が強調されていた。しかし一九六〇年代末になると、九人の登場人物たちは各自の職業で成功を遂げ、「チームワーク」の強調は少なくなった。その中間点にあたる一九六七年には、登場人物たちが、以下のような会話を行なっている。[4]

「幽霊島からにげ出したころのあたしたちはよかったわ。ほんとうにチームワークがとれていた……。それなのにいまはどう？　みんなばらばらじゃない。……」

「……いったいなぜだろう？　なにがげんいんかな？」

「みんなしあわせになったからだよ」

「え？　しあわせに……？」

「……みんな自分の生活を手にいれてしまったからだ」

一九六六年から連載された野球漫画『巨人の星』にも、同様の変化がうかがえる。[5]連載前半では、都市貧民街（「長屋」）出身の主人公が、戦争で野球の夢を断たれた日雇い労働者の父に鍛えられ、長屋に一台しかないテレビの前に集まるコミュニティの人びとの応援をうけつつ、「個人よりまずチーム」という倫理に目覚めてゆく過程が描かれていた。しかし連載後半には、主人公はテレビと応接セットが整えられた富士山の見える高層マンションに転居し、主人公の家族も分解してゆく。主人公の恋人役も、連載前半は地方農村に奉仕する看護婦だったが、後半には新宿の孤独な不良少女に変わる。

こうした現象と並行して発生したのが、体系的な思想をもたない、無自覚的なナショナリズムの広がりだった。地方コミュニティが崩壊し、全国の生活様式や文化が「単一化」するにしたがい、人びとは「村人」から「日本人」に変容しつつあった。もちろんこれは明治期から進行していた事態だったが、高度成長はその最終的な仕上げの機能を果たした。高度経済成長の進展、一九六三年のＯＥＣＤ加盟、そして一九六四年の東京オリンピックは、国際的にも日本の地位が上昇したことを印象づけた。

一九六六年に、作家の小田実は、こう述べている。[6]

私はここ六年間予備校の教師をつとめて、日々、二十歳前後の若者に接する機会をもつが、六年の時間のひろがりのなかで、若者たちの意識の変化は、対ナショナリズム、対国家観に関してもっともはげしい。私の直接経験を比喩を使って言いあらわせば、六年前、私の接する十人の若者のなかで、「日本をどう思うか」という私の問いに対して「日本は立派だ」と答える若者は、おそらく一人だっただろう。そして、彼は、自分は日本に必ずしも満足していない。しかし、自分は日本人だから、日本をそんなふうに認めるのだと、あまり明るいとは言えない表情でつけ加えたことだろう。同じ若者が「国を愛する」ということを気恥しげに、しかし、それなりの決意をこめて言い切ったにちがいない。外敵が侵略してきたら、きみは自分の生命を投げ出して国を護るかと訊くと、たいていが笑って、逃げますよ、と答えただろう。一人が真面目な顔で、それはさっき「国を愛する」と言い切った若者と同じ若者なのだろうが、「国を護る」というのはどういうことか、国の何を護るというのか、と反問して来たにちがいない。

六年たった今ではどうか。実際に何度か試してみたことがあるのだが、十人のうち、まず、八人までが「日本は立派だ」と答えるだろう。そして、それでいて、日本のどこが立派なのかと訊くと、一様に口ごもる。「国を愛する」ということも同じ。国の何を愛するのかという問に対して確とした返答がないのも同じ。「国を護るか」――同じように、ほとんどすべてが自明のこととして答える。……しかし、それでいて、国の何を護るのか、何のために国を護るのか、という問には明確な答はない（余談だが、こうした無責任なナショナリズムの高揚について、オリンピックは、やはり、大きな効果をはたしたと思う。……）。

おそらくは、一九六〇年に「気恥しげに、しかし、それなりの決意をこめて」「国を愛する」と述べた「一人」が、かつての革新ナショナリズムの担い手であった。それは「国を愛する」とは何を意味するのかという問題について、それなりの思考を経たものであった。しかし高度成長の進行とともに、生活の安定をもたらしてくれる「日本」への信頼と安心が、無自覚的なナショナリズムというかたちで定着しつつあったのである。

こうしたタイプのナショナリズムの出現は、すでに一九五六年に、政治学者の松下圭一が「大衆ナショナリズム」という名称で指摘していた。松下は当時二七歳の若手研究者であり、第7章で紹介した『中間文化論』の著者である加藤秀俊とおなじく、アメリカの大衆社会論の影響をうけていた。

松下によれば、生産力とマスメディアの発展によって、西側先進国では文化や生活様式の均質化が進行しており、階級社会から大衆社会へと移行した。そこでは、階級対立を前提とした社会主義革命が成立しなくなり、政治に無関心な大衆が主流を占めるようになる。そして、かつてマルクスが「祖国をもたない」と呼んだプロレタリアートも、「社会の『小市民化』」と「大衆デモクラシー」によって「資本主義国家の『国民』に転化」し、「大衆ナショナリズム」が発生するというのだった。[7]

とはいえ加藤も松下も、こうした「大衆社会」を賛美したわけではなかった。六〇年安保闘争にさいしては、加藤は私生活に埋没した政治的無関心を「市民という観念以前の、ひとつのエゴイズムにすぎない」と批判している。[8]松下も安保闘争を「新しい国民の形成のはじまり」と賞賛し、保守政権の「体制ナショナリズム」や大衆社会の「大衆ナショナリズム」に対抗する、「革新ナショナリズム」の形成を唱えた。[9]

ましてや階級闘争を唱えるマルクス主義者たちは、大衆社会論そのものに批判的だった。アメリカより後進社会であるはずの日本で、大衆社会が出現するはずがないと考えた知識人も多かった。政治学者の藤田省三は六〇年安保闘争の盛りあがりを前にして、「いわゆる『大衆社会論』は破産した」と断言している。[10]

しかし、一九六〇年以降の情勢は、藤田はもちろん、加藤や松下の予測をもこえる勢いで進行した。世論調査では、私生活志向の上昇と政治参加意識の低下は、一九六〇年代以降も一貫して進行した。その一方、「日本人と西洋人の優劣」という質問にたいし、一九五一年には「日本人が優れている」が二八パーセント、「劣っている」が四七パーセントだったのにたいし、一九六三年にはこれが逆転し、「優れている」が三三パーセント、「劣っている」が一四パーセントとなった。さらに一九六八年には、「優れている」が四七パーセントにまで上昇する。NHK放送世論調査所はこれらの結果について、「根を下ろした私生活優先の暮らし方」および「回復した民族の自信」という表題を付した。(11)

こうしたなかで、「単一民族」という言葉の用法も変化した。この言葉は一九五〇年代においては、形成すべき目標として、左派のなかで唱えられていた。しかし一九六〇年代以降は、古代以来の既成事実を指す言葉として、保守側から唱えられるようになる。

たとえば一九六一年、小泉信三は「ロシアやシナ」と対比して、「日本国民というものが幸いにもこれとはちがってかく単一同質である」と強調した。日経連専務理事の前田一も、一九六四年に「異民族の集合あるいは混血ということを持たない日本民族の統一性」を賞賛した。三島由紀夫は一九六八年の「文化防衛論」で「日本は世界にも稀な単一民族単一言語の国」と述べ、石原慎太郎も一九六八年に「ほぼ単一民族といえる国民が、他の国家とまったく共通しない単一の言語を話し、まったく独自の文化を、かくも長い期間にわたって形成して来た」と主張した。(12)

高度成長の進展は、左派の論調にも微妙な影響をもたらした。それはまず、「近代」という言葉がめざすべき目標としての輝きを失い、批判の対象となってゆくという形で現われた。代わって台頭したのは、近代化の弊害である公害問題への注目であり、農村共同体や「土着文化」への再評価だった。

それとともに、かつては共産党周辺で使われていた「近代主義」という非難用語が、急速に一般化した。小田実は一九六五年の評論で、「時代は大きく変ったようだ」と述べ、彼の友人のなかに「私が何か言うと、『そんなものは近代主義だよ。』と言って言下に片づけ去る」という傾向が出現しはじめたことを指摘している。(13)

そして同時に、民俗学や古代史への注目が発生した。第14章で検証する吉本隆明が、一九六八年に出版した『共同幻想論』は、民俗学を援用しつつ、古代神話の分析から天皇制と国家の発生を論じたものだった。こうしたアプローチは、敗戦直後にみられた「民族」や天皇制は近代の産物であるという見解とは相容れないものであったが、一九六〇年代以降には、そうした見方のほうが「近代主義」であると批判されるようになっていった。

現在からみれば奇妙なことだが、こうした動向に沿って「近代主義」を批判した者たちは、自分たちが使っている言葉の由来を知らなかった。むしろ共産党に批判的な新左翼系の若者たちが、こうした潮流のなかで、彼らのいう「戦後民主主義＝近代主義」への批判を行なっていた。彼らはいわば、共産党に反抗していながら、その反抗が共産党から与えられた言葉づかいの枠内で行なわれていることを、自覚していなかったのである。

そして、こうした動向と並行しておこっていたのが、「明治」評価の変容である。丸山眞男をはじめとした戦後知識人たちは、近代化と国家建設の時代として、「明治」を高く評価していた。一九六〇年二月には、竹内好が、一九六八年の明治維新百周年を記念して、「明治維新百年祭」を行なうことを提唱した。

六〇年安保闘争の高まりを受けて、こうした「明治」への賞賛はしばらく持続した。一九六四年には、近代史家の色川大吉が、自由民権期の「青年」の政治意識を描いた『明治精神史』を出版した。色川は『明治精神史』の序文で、六〇年安保闘争で「現代日本の青年」の「潜力」を目撃し、彼らに「明治の青年たちの生き方を見てもらいたい」と考えたことが、執筆の動機だったと述べている。[14]

しかし一九六〇年代中期以降、こうした傾向は逆転した。日本政府は東京オリンピックによるナショナリズムの高まりをうけ、「明治百年」にむけて「明治」再評価のキャンペーンを開始した。もちろんその場合の「明治」は、革新と自由民権の時代としてではなく、国家意識と元勲たちの時代として描かれていた。

左派の歴史学界や教育界は、こうした動向に反発し、「明治百年」に反対する運動を開始した。この時期から、日教組も「愛国心」への反発をしだいに強めるようになった。一九六〇年に「明治維新百年祭」を提唱していた竹内好も、一九六五年には「『明治ブーム』に思う」という評論を書き、自分は日本の近代化を見なおすつもりで「明治百年」を提唱したのに、「私の意図とはまったく無縁の『明治百年』ノッペラボー肯定の風潮がおこって、提案は押し流されてしまった」と嘆いた。[15]

一九六五年には、思想史家の山田宗睦が、『危険な思想家』という保守知識人批判の本を書いた。山田はその前書きで、「三年後の一九六八年は、明治維新百周年にあたる。このチャンスをめざして、いろいろの戦後否定の声が一つに合わされようとしている。維新百年が勝つか、戦後二十年が勝つか。それはじつに日本の将来がかかっている」と主張した。[16] この提起をうけて、『朝日新聞』は「明治百年と戦後二十年」という特集を組んだ。こうして一九六五年ごろまでには、「明治」は保守反動のシンボルとして、「戦後」と対置される存在になっていった。

一九六〇年代後半には、第15章で検証する保守派批評家の江藤淳が、「明治」を掲げて国家を説き、戦後思想は「白樺派」の延長にあるものだと批判した。もちろん、彼が唱えた「明治」の賞賛と「白樺派」の批判という図式は、かつては丸山眞男や竹内好、あるいは共産党系の文学者たちが唱えたものだった。しかし江藤は、吉本隆明や新左翼の若者たちがそうであったように、そうした言葉づかいの由来を自覚していなかった。

敗戦直後の戦後思想は、総力戦体制をはじめとした戦中の言語体系の変奏という形態で、戦争への批判を表現していた。そして一九六〇年代の左右からの「戦後民主主義」批判も、戦後思想の言語体系の変奏という形態で行なわれていたのである。

こうした動向とは逆に、一九六〇年代末には、それまで「明治」を賞賛していた戦後知識人のなかから、「大正」への賞賛がみられることもあった。第5章でみたように、鶴見俊輔は一九五〇年代には「明治」を賞賛し、「明治の精神は、やはり昭和の精神より高かった」と述べていた。[17] ところが一九七二年には、鶴見は「私は大正デモクラシーの思想がのこっている時代にそだった」と語っている。[18]

革命と混乱の時代だった「第一の戦後」においては、大正デモクラシーなどは、批判され乗りこえられるべき穏健主義とみなされていた。しかし革新勢力が攻勢にあった時期はすでに終わり、敗戦直後には穏健すぎると批判されていた憲法や教育基本法などが、戦後改革の成果として防衛されなければならなくなっていた。「大正」評価の逆転は、こうした時代の変化にも見あったものだったといえる。

そして、高度経済成長と並行して生じていた現象が、もう一つあった。戦争体験の風化である。

戦争体験の風化

六〇年安保闘争のあと、竹内好は断続的に、戦争体験にかんする論考を発表した。そこで彼が主張したのは、戦争体験世代である「われわれは過去の記憶にもとづいて行動している」こと、自分たちにとって安保闘争は「戦争体験の噴出」であったこと、しかし同時に「戦争体験は、ものすごい勢いで腐食しているらしい」ことであった(19)。

戦争体験の「腐食」は、二つの側面から進行した。その一つは、戦争を知らない世代の台頭だった。すでに一九五六年、日高六郎は小中学校の教師たちの声として、「平和教育といいますがね、もういまの子どもたちは戦争を知りませんよ、戦後生れた子どもが四年生、五年生ですからね」とか、「時々私が教室で私自身の過去を、苦しみと悲しみといきどおりとで語るとき、多くの生徒の目にあらわれるものは、同じ感動ではなく、むしろ珍しいものへの好奇心と、ある種の単純な笑いである」といったものを紹介している(20)。

だが「腐食」は、それとは別の側面からも進行していた。それは、戦争の記憶がしだいに形骸化するとともに、美化の対象になっていったことだった。

こうした現象は、知識人のあいだでも進行していた。第11章で述べたように、丸山眞男は一九五〇年の座談会で、再軍備賛成論者を「おそらく日本の軍隊に入って悲惨な体験をしなかった人じゃないか」と非難した。しかし彼は同じ座談会で、軍隊時代の記憶のなかでも、「演習の休憩の時に歌を歌ったとか、実に小さな些細なこと」が、「オアシスのように」「あとまで続いて印象づけられております」とも述べていたのである(21)。

ましてや、敗戦から二〇年を経た時期では、そうした傾向はいっそう顕著になった。鶴見俊輔は一九六八年に、「戦中にもどってそこから考え直すということは、今ではむずかしいことだ。それをよくなし得る人にとってさえ、自分の青春を理想化してとらえる誘惑から脱けでることはむずかしい」と述べている(22)。

一九六〇年代は、生活の安定とともに各地で「戦友会」が結成され、元兵士たちの回想記が多数出版されはじめた時期でもあった。いわゆる「戦記もの」出版のブームは敗戦直後にも存在したが、一九六七年の『出版ニュース』は、当時の特徴をこう述べている(23)。「最近、出版される戦記もの、または戦争小説には、何か前と変った傾向が現れてきたのではあるまいか。ついこの間までは、そうしたものの類には、戦争は罪悪である、二度とくりかえしてはならないという素朴な願いのこめられているものがほとんどであった。ところが、最近は戦争を美化しないまでも、〃お国のために〃死ぬことの美しさを、ある程度、前提として書かれたものが多くなってきているようだ」。

こうした「戦記もの」を分析した社会学者の高橋三郎は、「昭和四〇年代」の現象として、それ以前の戦争体験記に存在した「ある種の『凄み』」が失われたことを指摘している。歴史学者の吉田裕も、海軍の戦闘機乗りだった坂井三郎――第1章で引用したように、特攻隊についての海軍広報を「大嘘つき」と形容したパイロット――の回想記を分析して、一九五三年の『坂井三郎空戦記録』が一九六七年に『大空のサムライ』という題名のもとにリライトされたさい、「自己の戦争体験へのどろどろとしたこだわりのようなものが消え」、代わって「日本一の勝負師」といった側面が強調されていったことを指摘している。(24)

こうした傾向は、戦争の美化とばかりは限らなかった。戦争を美化する「戦記もの」が、「勇戦敢闘」や「純粋無雑」を強調していった一方、戦争の悲劇を伝えようとする「戦争体験もの」は、「悲劇」や「労苦」を情緒的に語る傾向が現われていった。両者は政治的立場としては反対ではあっても、戦争を感傷的に語ることと、戦後思想の最大のバネだった屈辱と悔恨の傷に触れることが少ない点では共通していた。日高六郎が一九五六年に述べた形容にしたがえば、戦争を知らない世代のみならず、戦争体験世代にとっても「戦争がすでに各人の体験と実感を超えた抽象物となりかけて」いたのである。(25)

こうして戦争の記憶が形骸化してゆくなか、保守政権による戦死者追悼事業が開始された。第3章で述べたように、講和条約発効直後の一九五二年五月に、天皇が参列して追悼式が行なわれたものの、その後はこの種の事業は行なわれていなかった。しかし一九六三年五月、「全国戦没者追悼式の実施に関する件」が閣議決定され、この年から毎年の八月一五日に政府主導の追悼式が挙行された。追悼対象の範囲は日中戦争以後に戦没した「日本人」に限定され、一九六三年の式典では池田勇人首相が「祖国の栄光を確信して散った多くの人々の願い」を強調した。(26)

しかしこうした政府の事業とは裏腹に、記憶の風化は止まらなかった。追悼式が開始された一九六三年の八月一四日、黒金泰美内閣官房長官は声明を発表し、八月一五日の正午を期して黙禱することを全国民に要望した。しかし一九六七年八月一五日の『朝日新聞』夕刊は、銀座の街頭で取材したさい、脱帽して黙禱した人は数えるほどであり、大部分は無関心であったことを報道した。そして一九六八年八月一五日の同紙夕刊では、正午の新宿で黙禱していた人は「まったく見当たらなかった」ことが報じられた[27]。

戦争の記憶の形骸化は、戦後世代への戦争体験の継承をいっそう困難にし、その風化に拍車をかけた。戦後育ちの若者たちは、戦争体験者が自分の過去を美化し、自慢するありさまに反発したのである。

たとえば一九六一年、野添憲治は『思想の科学』への寄稿で、「農民兵士の帰還者のほとんどが、現在でも戦争を賛美し、戦地で行なったかずかずの残虐行為を自慢しておりますよ。そして、戦争経験のない若い人たちをつかまえては、兵隊に行かなければ男は一人前にならないといっています」と述べている[28]。こうした姿勢が、若者たちの反発を買ったのは、自然なことだった。

戦争を美化しない場合であっても、戦争を感傷的に語る姿勢は、若い世代から反発された。敗戦時に少年飛行兵だった高田佳利は一九五九年に、友人と「八月が近づくと戦争の傷痕がうずいてくるな」と話していると、友人の弟から「そんなことを毎年繰返していう兄さんたちの世代」は、感傷的で「めめしさ」を抱えていると非難されたというエピソードを記している[29]。

戦争体験者どうしのあいだでは、「万感の思い」とか「声涙くだる」といった暗号のような表現だけで、戦時下のさまざまな記憶が共有できた。しかし戦争を知らない世代にとって、それは閉鎖的な感傷共同体にしか映らなかった。竹内好は一九六一年に、「若い世代の一部あるいは多数が、前世代の戦争体験を白眼視したり拒否したりするのは、戦争体験の封鎖性を前提にするかぎり、もっともな理由があるといえる」と述べた[30]。

体験者だけに通じる閉鎖的な表現は、しだいに定型的となり、悔恨を感傷で隠蔽する美辞麗句に堕しがちだった。教育者の戦争責任を追及した長浜功は、こう述べている[31]。「ひとことでいって、いままでの戦争体験は誰もがいえる程度のことでしかなかった。辛い時代を体験した世代が、親の苦労を知らずにぬくぬく育っていることへの苦々しさを、若い世代にぶつけるための武器でしかなかった」「若い世代から疎んぜられ、煙たがられるのは当然であった。それが風化していくのも当然であった」。

論壇においても、若い世代の反発が現われた。一九五九年、雑誌『文学界』一〇月号の座談会で、当時は二七歳の若手作家だった石原慎太郎と、戦中派の橋川文三が衝突した。そこで石原は、戦争体験にこだわっている年長世代を批判する一方、自分にとっては生きている手応えが感じられない平和な時代のほうが苦痛であって、「今になってまだ戦争ばかり書いて、どうなるんですか」と橋川に反論したのである(32)。

一九六三年には、二六歳の社会学者だった見田宗介が、左派の立場から「戦争世代の語り口にある女々しさ」を批判した。見田によれば、現在は戦前とはまったく状況が異なる「大衆社会状況の完成期」であるにもかかわらず、戦争体験に拘泥する年長世代は、「これは『本質的には』戦前と同じものだとか、戦争に『つながる』道だとか、天皇制『原理』の再現だとかいって、問題をなんとか自分たちの思想のイガタにはめこんで考えようとする」。それが安保闘争後の社会運動において、「能動性や創造性を阻害する要因になってきた」というのである(33)。

そして若者たちにとって、戦争体験を掲げる年長世代への対抗手段となったのが、感傷的な「被害者意識」を批判して、「加害」を強調することだった。一九六七年、若者に人気を集めていた永島慎二の漫画『フーテン』に、幻覚剤パーティに興ずる若者たちが、自分たちを嘲笑する年長者に集団で反論する場面が掲載された(34)。

「おれがいまここであんたにはっきりいえることは、あなたは殺人者だということだ。」
「な、なんじゃと!」
「ホラ、みろ。あんた自身すでにわすれちゃってるということだ!」
「おれがいってることは、あんたをふくめる日本の四十歳以上の人間は、みんな人殺しだということさ……。つまり太平洋戦争の嵐の中で直接または間接的に多くの人々を殺してきたというわけだ。」
「われわれの世代の人間は、己の手をまだ人間の血で染めてはいない!」

「そのわれわれの前で、あんたはなにを笑うのだ!」

年長者への戦争責任追及は、敗戦直後から存在したものだったが、追及の対象とされていたのは、もっぱら責任ある地位にいた為政者であった。しかし上記のやりとりでは、為政者も民衆も区別なく、「四十歳以上の人間」の責任が問われていた。こうした論理は、戦争を知らない世代が台頭して、はじめて出現したものだった。

それは同時に、若者たちが教育されてきた言葉が、反転して年長者にむけられたものでもあった。彼らは幼少のころから平和への願いと戦争への反省を教えられてきた。その彼らが、戦争体験をふりかざす年長者に反抗したとき、年長者の加害責任を強調するというかたちになったことは、自然なことだったのである。

「平和と民主主義」への批判

そして高度成長が進むにつれ台頭したのが、「平和と民主主義」への批判だった。戦争を知らない世代にとって、「平和と民主主義」は、「近代的」な大衆社会を支える現状維持の論理とみなされるようになっていったのである。

その契機となったのが、六〇年安保闘争のあと、共産党への批判が台頭したことだった。これまで述べてきたように、共産党は独自の意味で「平和と民主主義」を掲げていた。たとえば共産党の二段階革命論は、絶対王政の段階にある日本ではまず「民主主義革命」をおこし、ついで社会主義革命に移行すると唱えていた。そうした方針に沿った共産党系の文学が、「民主主義文学」と呼称されたことは、第6章でみたとおりである。

そのため共産党、とくに一九五五年の六全協によって穏健化した共産党を新左翼系の論者たちが批判するときは、「平和と民主主義」を批判するという形態をとりがちだった。安保闘争直後の一九六〇年一一月、吉本隆明や黒田寛一といった全学連主流派を擁護する知識人たちが、『民主主義の神話』という共著を出版した。そこでは、全学連主流派を支援しなかった共産党の姿勢が、強く批判されていたのである。

同時に、この『民主主義の神話』では、丸山眞男や日高六郎といった非共産党系の「進歩的文化人」たちも、批判の対象とされていた。彼らが全学連主流派の猪突猛進型の闘争を必ずしも全面的に評価しなかったこと、また安保闘争は「敗北」したという全学連主流派の認識を共有していなかったことから、彼らは「平和と民主主義」を掲げる共産党の「同伴者」だとみなされたのである。

こうした「平和と民主主義」批判は、平和な時代しか知らず、それに飽きたらなくなっていた戦後世代の心に響きやすかった。全学連主流派の若者たちと親交があった清水幾太郎は、一九六一年にやはり共産党を批判しつつ、こう述べている[35]。「或る年齢以上のインテリにとっては、戦前および戦中の暗い記憶が生きているために、平和と民主主義とが戦後の二大価値であるということだけでもかなり満足していられるのに対して、若い連中は非常に違う。戦後に小学校教育を受けた人々の場合は……二大価値が当り前のもの、平凡なもの、退屈なものにさえなっている」。そして清水によれば、やがて「若い人々は、平和ナンセンス、民主主義ナンセンスと叫び出すであろう」というのだった。

このような認識は、全学連主流派を指導したブントのメンバーだった、西部邁にも共通していた。西部は六〇年安保闘争の回想記で、「平和と民主主義」は「戦前世代にとってはようやくにしてありついた恩恵だったのであろうが、戦後世代にとっては懐疑すべき、さらには打破すべき空語と映った[36]」「権力の所在を隠蔽しているのは戦後民主主義にほかならないということをブントは直感していた」と述べている。

六〇年安保闘争において、年長世代の知識人たちが、学生の直接行動を抑制しようとした傾向があったことは、事実だった。また一九五五年以降、革新勢力内部の対立を隠蔽し、穏健化した「国民運動」の形式的な統一を保つために、「平和と民主主義」という当り障りのないスローガンが掲げられていたことも事実だった。こうしたことから、若い世代が「権力の所在を隠蔽しているのは戦後民主主義にほかならないということ」を「直感」したとしても、無理からぬことではあった。

とはいえこのような「直感」が、戦後思想の正確な認識から出現したものだったのかは、疑問であった。たとえば樺美智子の遺稿集には、『世界』誌上などで『進歩的知識人』がものしていた『日本の自主性向上の面もあるのだから、安保改定に全面的に反対するのは子供じみている。……』という『大人』の条件闘争への進言」を批判している箇所がある。(37) しかし当時の『世界』に、それに適合する記事を見つけだすのはむずかしい。

若者たちは、「直感」によって、「平和と民主主義」の欺瞞を指摘した。しかし彼らの多くは、一九五五年以前には多様な憲法観や「平和」観が存在したことを知らなかった。そして西部の回想によれば、安保闘争の時期は運動に多忙であり、ブントの幹部たちはろくに本を読む時間がなかったという。若かった彼らが、「民主主義」や「進歩的文化人」のイメージを、多分に思いこみによって構成していた可能性は否定できないと思われる。いずれにせよこの時期から、敗戦後に存在したさまざまな思想潮流や改革を、一括して「戦後民主主義」と総称することが、急速に一般化していった。

そして「平和」への嫌悪は、戦争へのロマンティックな憧憬にもつながった。一九五六年の座談会で、当時二四歳の石原慎太郎は、「現代というのは表面は開けっぴろげで明るいわけです」「非常に空まわりしてるような、虚脱感があるんです」と述べたあと、こう主張している。「ぼくなんかの、戦争というものに対するイメージを作るというのは、今まわりの人から聴くことだけですからね。しかし戦記ものを読むとか、そういう映画を見ると、ヒロイックな感じもあるんですね。西部劇以上の感動を受ける場合だつてあるんです(38)」。

こうして若い世代の「平和」批判と、年長世代の戦争体験美化が、一九六〇年代には一致をみた。一九六〇年代半ばごろから、少年雑誌において、『紫電改のタカ』『ゼロ戦はやと』といった戦記漫画がブームとなった。戦闘機をはじめとしたプラモデルや、兵器の解説記事が、少年たちの人気を集めはじめたのもこの時期だった。

こうした戦争への憧憬は、過激な社会運動への支持と重なる場合もあった。当時の石原慎太郎は「価値紊乱者」を自称しており、一九五九年には「刺し殺せ!」というエッセイを書いて、「読者をテロリストとして駆る」ことが作家にとって重要だと主張した(39)。大江健三郎の回想によると、六〇年安保闘争の前後に石原を訪ねた「全学連のリーダアのひとり」は、「現代日本の真の左翼は石原だけだ」と述べ、大江にむかっては「革命後ただちに粛清だ」と言ったという(40)。

「平和と民主主義」への反感から、北一輝などをはじめとした、戦前の右翼論者を賞賛する若者も現われた。年長世代がそうした傾向に眉をひそめることは、むしろ彼らの望むところだった。六〇年安保当時に小学生で、北一輝の著作を読みながらデモに参加していたという少年は、一九六七年にこう書いている。(41)

……ぼくにとっての民主主義は、憎むべきもの以外の何ものでもなかったのだ。一九六〇年夏、ぼくは横浜の高台にある小学校の六年生で、少年ファシストだった。

……横浜の住宅街に住む少年にとって、たとえば「受験」という言葉は、小学生の時でさえもうおなじみのものなのだ。ぼくはあらゆる意味で、学校と家庭の公認する価値基準から外れていた。……教師も親も自分を憎んでいるようだった。評判の良い坊ちゃんどもは模擬試験の結果から自分を軽蔑していた。そして彼らの価値基準を支えるものが民主主義だった。猿のような教師は、社会科の時間にもっともらしい顔で平和と民主主義について説いていた。少年期のぼくにとって、ファシストであることこそがその反逆のすべてであったのだ。

……激動の六月にぼくは、全学連の行動を「ファシストとして」支持したものだった。彼らもまた、大人の設定した愚劣なルールを踏み破り、自らの血をもってその結果を引き受けた者だったからだ。

このような風潮に乗って、一九六〇年代から七〇年代の若者たちのなかに、竹内好を「近代主義＝戦後民主主義」を批判した民族主義者として再評価する動きがおこった。彼らにとって、丸山眞男が日本共産党の「同伴者」であるのが自明なのと同じていどに、竹内が日本浪曼派や三島由紀夫と同列の存在であるのは自明のことして映った。

このような「平和と民主主義」への反抗は、高度成長で出現した大衆社会の「多数者」への反抗としても意識されていた。これも西部邁の回想によれば、ブントにおいては「多数決制にたいする軽侮の念は並大抵でなかった」。そして、直接行動の「過激主義」や「放縦放埒」によって「多数者の凡庸な生を撃とうとする意欲がブントの活力だった」という。(42)

こうした「多数者」への反発は、大学生や知識人が、民衆から孤立したエリートではなくなりつつあった高度成長下の状況を反映していた。上記のように「多数者の凡庸な生」を批判した西部邁は、後年にエリート主義的な「大衆」批判を展開していった。しかし彼自身は上層階級の出身ではなく、一九五〇年代末の「高校二年のとき、突如、世界文学全集がそろいはじめたが、それまでは、教科書のほかに、自分の家で書籍といえるほどのものをみた憶えがない」という環境で育っていた。[43]

それと対照的に、一九五〇年代から「大衆」を賞賛しつづけた鶴見俊輔は、政治家の家系に育ち、姉弟そろってアメリカ留学に送られた人間であった。こうした鶴見と西部の相違は、高度成長以前と以後における「知識人」という存在の変容の一端を示していた。

こうしたなかで、「戦後民主主義」は、「凡庸」な大衆社会と同列視されるようになっていった。石原慎太郎とほぼ同世代である映画評論家の佐藤忠男は、一九六九年に黒澤明を論じながら、「戦後民主主義」についてこう述べている。[44]

戦後の日本では……克己的、禁欲的な精神主義は、封建思想や軍国主義といっしょに過去のものとされた。グチっぽい被害者意識や、芯の弱い幸福願望がその空隙を埋めた。ところが、黒澤明はただ一人、克己と禁欲の精神主義の孤塁を守っていた。『生きる』や『七人の侍』にその頂点があった。

黒澤作品の主人公は常に武士である。時代劇ではない場合にも、その主人公の意識のあり方は武士以外の何者でもありえない。……

自分の生き方についての確固不抜の責任意識、といったものを一貫して正面に押し出した黒澤作品の主人公たちは、被害者意識や幸福願望で人間像の輪郭のぼやけ気味だった戦後の日本では鮮やかな意味をもっていた。今日流の言葉でいえば、それは、自立した強靭な個人の像を提示しつづけることによって、日本の戦後民主主義の弱点に対比されるものだったからだ。

いうまでもなく、丸山眞男や大塚久雄が主張したのは、「確固不抜の責任意識」と「克己と禁欲」の精神をもつ、「自立した強靭な個人」であるはずだった。しかし佐藤がここで「戦後民主主義」と呼んでいるのは、高度成長のなかで定着した大衆社会状況のほうであった。

佐藤の文章にうかがえるのは、「戦後民主主義」は封建制を批判して近代化を説いたのだから、「武士」的な「克己と禁欲」も否定したはずだという先入観であった。もはやこの時期には、何が「戦後民主主義」であるのかがわからなくなり、ただ目前の「戦後社会」を「戦後民主主義」と同一視して批判する傾向が出現していたのである。こうしたなかで、「武士道」を掲げる三島由紀夫や、「民主主義の神話」を批判する吉本隆明などが、新左翼や全共闘運動の若者の一部に人気を集めていった。

その一方では、戦後の民主化を占領政策の産物と批判し、「自主憲法」の制定を唱える保守派の論調も、大衆ナショナリズムの台頭とともに、「戦後民主主義」への批判を展開していった。丸山眞男は、一九六四年に出版された『現代政治の思想と行動』増補版のあとがきで、こう述べている(45)。

とくに最近の論議で私に気になるのは、意識的歪曲からと無智からとを問わず、戦後歴史過程の複雑な屈折や、個々の人々の多岐な歩み方を、粗雑な段階区分や「動向」の名でぬりつぶすたぐいの「戦後思想」論からして、いつの間にか、戦後についての、十分な吟味を欠いたイメージが沈澱し、新たな「戦後神話」が生れていることである。……こうした神話(たとえば戦後民主主義を「占領民主主義」の名において一括して「虚妄」とする言説)は、戦争と戦争直後の精神的空気を直接に経験しない世代の増加とともに、存外無批判的に受容される可能性がある。

このあとがきで、丸山は「大日本帝国の『実在』よりも戦後民主主義の『虚妄』の方に賭ける」という、有名になった言葉を書いた。しかし丸山の危惧は、高度成長の進展とともに、ますます現実のものとなっていったのである。

新左翼の「民族主義」批判

そして、高度成長とともに発生していたのが、新左翼のナショナリズム批判だった。一九六〇年代から、「多数者」が大衆ナショナリズムにむかってゆくにしたがい、新左翼の若者たちはそれに反発したのである。

新左翼のナショナリズム批判は、まず共産党の「民族主義」への反抗となって現われた。そして新左翼と共産党の対立点の一つだったのが、「日帝自立論」の問題だった。当時の共産党は、日本をアメリカの従属国と規定し、階級闘争よりも反米民族独立闘争を優先していた。しかし新左翼諸派は、日本はすでに自立した先進帝国主義国家であり、日本の独占資本との対決が反米闘争よりも優先されると主張したのである。

このため共産党と対立した学生たちは、共産党の民族主義を批判した。たとえば一九五九年一月、当時の全学連委員長であり、共産党から除名された香山《こうやま》健一の名で発された「全学連意見書」は、砂川闘争についての共産党中央委員会声明が「日本人が日本人をいじめるような政策をやめよ」「国民の立場にたってアメリカと交渉を開始せよ」と述べていることを、こう批判している(46)。

「日本人が日本人をいじめるな」とは一体何事だ！　階級闘争は何処へ行ったのか！　二十世紀後半には階級は消滅して民族しか残っていないというのか！　政府に「国民の立場に立て」と要求する共産党、しかも請願運動だというのだ！　暴力行為の阻止、政党政派を超えた大同団結等々これはどう弁解してみても絶対にマルクス主義とは無縁である。

ここで批判されていたのは、超党派の「国民連合」を維持するために、直接行動を抑制しようとする共産党の姿勢であった。そしてこの意見書は、日本共産党が「日和見主義・ブルジョア民族主義・官僚主義」に毒され、「階級政党たることを忘れて……国民政党に変質した」と主張したのである。

同時にこの意見書は、「『一国社会主義論の絶対化』と『世界革命の放棄』によって世界プロレタリアート解放の事業を裏切りつづけてきたスターリン主義」をも批判している。ロシア革命後、「世界革命」を中止して「一国社会主義」の路線をとったソ連共産党は、一九五五年ごろには「平和共存」を唱えて資本主義社会と妥協する姿勢をみせていた。新左翼の若者たちにとって、こうした穏健路線は、「日和見主義・ブルジョア民族主義・官僚主義」である「スターリン主義」にほかならなかった。

第12章で述べたように、全学連主流派を指導したブントも、六〇年安保闘争で「我々の闘いは（民族独立の闘争ではなく）岸資本家政府に徹頭徹尾主要打撃の方向を向けねばならず」と主張していた。こうしてブントは、「日共の民族主義と社党の議会主義、総評の合法主義」などを批判するとともに、「進歩的文化人」の「市民主義」をも否定し、非合法直接行動を恐れない「革命の党」となることを唱えた。(47)

こうして共産党の「ブルジョア民族主義」が批判されながら、一方では北一輝の著作を手にした若者が全学連を支持するという構図は、表面的には矛盾していた。しかし第12章で述べたように、ブントのメンバーだった西部邁によれば、「ブントにあって『革命』とは、純粋性とか徹底性とかを表す理念語であった」。そうした意味では、共産党の「ブルジョア民族主義」への批判も、北一輝への賞賛も、「平和と民主主義」を掲げる年長世代への反抗と、「純粋性」や「徹底性」を欠いた政治的打算を嫌悪する心情を表現したものであったといえる。

当然ながらそこには、大衆社会への嫌悪も含まれていた。一九六〇年一月、ブントの機関紙『戦旗』創刊号は、日本共産党の「スターリン主義」を打ちやぶる「革命的情熱」を掲げるとともに、「われわれは、〝戦旗〟をすべての階層に読まれ、すべての大衆に愛されるようにしようなどと虫のいいことは考えない」「ブルジョア合法性のわくにしばられた奴隷の言葉をわれわれは絶対に使わない」「われわれの語調は、小心な小市民的紳士諸君には口汚く聞え、あるいは彼らを仰天させるかもしれぬ」などと主張していた。(48)

ここには、「国民」の多数派を組織しようとした共産党や、「民衆」からの乖離に悩んでいた一九五〇年代の知識人たちとは、明確な相違があった。それは、大衆社会状況への反発の現われであったと同時に、日本がすでに欧米とならぶ先進帝国主義国家になったという認識とも結びついていたのである。

また戦後世代の台頭は、「民族」という言葉への反応にも、変化をもたらしていた。かつて「民族」の名のもとに少年飛行兵となり、戦後には「民族」のスローガンに惹かれて共産党に加入した高田佳利は、一九五九年に友人の弟から投げかけられた言葉を、こう書き記している。「兄さんたちの天皇に対する憎悪に近い批判的態度も、やれ草莽の臣だとか、水漬くかばねだとか、ファナティックな態度でほれた経験があるからだ。私たちは天皇にも日本の国にもほれたことがないから、天皇や国家なんかには関心がない」「共産党の出している民族独立というスローガンは、僕らにはピンときませんね」。高田は世代の違いを痛感し、「この言葉は痛く胸につきささった」という(49)。

共産党と新左翼の「民族」をめぐる対立関係が、国際関係認識において露呈したのが、一九六五年の日韓会談の反対運動だった。この日韓会談では、軍事独裁政権だった朴正熙政権に、自民党政権が経済援助を行なうというかたちで、戦争賠償問題が政治決着された。そのさい、社共両党を中心とした「国民会議」は、日韓会談はアメリカに従属した日韓の反共政権の合意であると位置づけ、反米民族闘争と「自主外交」を推進すべきだと唱えた。しかし新左翼諸派は、日韓会談はすでに自立状態に至った日本帝国主義が、あらたに植民地を拡大する第一歩であるととらえ、民族主義闘争を否定したのである。

この日韓会談反対闘争のさい、新左翼諸派や非共産党系全学連は、共産党の「反米民族主義」を批判して、「プロレタリア国際主義」を掲げた。当時のビラでは、「日共の反米民族主義をのりこえて闘おう!」とか、「日共による〝日本人意識〟の強調は、日本帝国主義者による民族主義の絶対の条件にされるのである」といった表現がみられる。さらに一部には、韓国についても階級闘争重視を唱え、「韓国民族主義への批判」を掲げる論調も存在した(50)。

一九六五年に、新左翼系の社青同解放派の結成宣言は、「小ブルジョア的な『平和と民主主義』運動」を批判しながら、一国社会主義を推進したソ連の「スターリン主義」の影響で、各国の労働者と共産党は「自己の階級的独立を著しく喪失し、小市民的民主主義の国民主義、民族主義に深く染め上げられていた」と主張している(51)。こうした表現は、この時期から急速に高まっていた大衆社会化と大衆ナショナリズムへの反発が、「民族主義」「国民主義」「小市民的民主主義」への敵意と、「階級闘争」「世界革命」への共感というかたちで現われたものであった。

こうした論調は、一九六〇年代から顕著になった戦争の記憶の美化にたいする反発とあいまって、戦死者への感情をも変化させた。一九六三年、日韓会談を批判する全学連主流派書記局のビラは、政府による戦没者慰霊祭を「〝日本人意識の鼓吹〟と帝国主義戦争の美化」と形容し、あわせて「日共の民族主義」を批判している。[52]

第3章で述べたように、一九五一年に天皇への質問状を作成した京都大学の学生たちは、「死んで行った先輩たちを忘れるな」というスローガンを掲げていた。この事例にかぎらず、戦死者の記憶は戦争責任追及や平和運動の基盤であり、靖国神社への批判はあっても、革新勢力も戦没者への慰霊そのものは尊重していた。しかし戦後世代の台頭とともに、慰霊そのものを「〝日本人意識の鼓吹〟」として批判する論調が出現し始めたのである。

こうした左派からの民族主義批判と並行して、前述した大衆ナショナリズムの高まりが発生していた。そうしたなかで、戦後知識人の「国民主義」は、もはや存在する場所を失いつつあった。竹内好は一九六五年の「『明治ブーム』に思う」という論考で、自分の「明治維新百年祭」の提言が換骨奪胎されてしまったことを嘆きながら、最近では「ナショナリズム」という言葉をさけ、「『ネーションの形成』といういい方に変えるようになった」と述べた。[53]

第15章で後述するように、六〇年代半ばまでは護憲の立場からナショナリズムを唱えていた大江健三郎なども、一九七一年には「ナショナリズム」という言葉は使用したくないと述べるようになった。政治学者の坂本義和をはじめ、六〇年安保直後には「ナショナリズムとデモクラシーの綜合」に期待を述べていた論者たちも、一九六〇年代末までにはナショナリズムに距離をおき、「市民」だけを掲げるようになっていった。一九四七年には左派からの「国民的誇り」を唱えていた羽仁五郎も、一九六八年のベストセラー『都市の論理』では、「市民」による自治と闘争をうたうようになった。[54]

これと反対のコースをたどったのが、清水幾太郎だった。一九五〇年代には護憲と平和運動で「素直な愛国心」を表現していた清水は、六〇年安保闘争で全学連主流派に肩入れし、共産党と対立してゆくなかで、「民主主義擁護」というスローガンに疑問を抱くようになった。安保闘争後の清水は、大衆社会状況のなかで「戦後民主主義」は効力を失ったと主張する一方、香山健一など共産党から除名された若者とともに、一時は急進左派の方向を模索した。しかしそうした路線は長続きせず、一九七〇年代以降は急激に保守系の反米ナショナリズムに傾斜し、「戦後民主主義」批判や改憲、核武装などの主張によって「素直な愛国心」を表現する右派論者に変貌してしまった[55]。

第3章で述べたように、丸山眞男は一九六〇年の論文「忠誠と反逆」で、内村鑑三や自由民権運動の思想家たちが、「封建的忠誠」を積極的に読みかえて、「反逆」の思想を生みだしていたことを論じた。しかしこの論文で丸山は、こうした思想運動が停滞期に入った明治三〇年代の状況について、こう述べている[56]。

つまり、官僚化と都市化という二重の意味での「近代化」の大波がすでにこうした中間層の自主的基盤を大幅に洗い流して、「月給取」ないしは寄生地主への軌道に乗せ、または「車夫馬丁」などの下層社会へと掃き寄せて行ったのである。したがってこうした舞台の暗転を経た明治三十年代のキリスト者が「封建的精神」を強調したところで、それはもはや民権運動の段階のようなダイナミックな反応を見出すことはできない。いや別の意味でなら反応はあった。まさに三十年ごろから思想界に台頭しはじめる「武士道」ブームがそれであり、そこには明らかに日清戦争後の国家的自負と軍国的色調を帯びた復古的風潮の反映が見られる。……

事態を冷酷に見るならば、もはやこの時には封建的忠誠の強調は、手応えを見出す限りでは反動的に作用したし、逆に抵抗の発想と結びついた限りでは、社会的な基盤を持たぬ「荒野」の叫びになっていた、というほかない。内村はおそらくそのことを知りすぎるほど知っていた。……彼の語調がほとんど自虐的ともいうべきアイロニィのひびきを帯びているのも当然であった。

この四年後に丸山は、前述した「大日本帝国の『実在』よりも戦後民主主義の『虚妄』の方に賭ける」という、「ほとんど自虐的ともいうべき」言葉を書いた。彼はおそらく、自分の唱える「国民主義」が、大衆社会状況のなかでどんな運命に陥るのかを、「知りすぎるほど知っていた」といえる。

そして、こうした状況のなかで発生したのが、一九六八年から始まった全共闘運動だった。

全共闘運動の台頭

全共闘運動の分析は本書のテーマから外れるが、本書の文脈で必要な範囲で、最低限のことを述べておく。

戦後の学制改革と高度成長は、大学生の急激な大衆化をもたらした。一九四〇年に四七校だった大学は、一九五四年には二二七校まで増加した。大学進学率も、一九六〇年の一〇・三パーセントが、一九六五年に一七・〇パーセント、一九七〇年に二三・六パーセント、一九七五年には三七・八パーセントまで上昇する。

それにくわえて、敗戦後のベビーブーム世代の大学進学が発生した。[57] すでに一九五四年、この世代が小学校進学年齢に達したとき、児童数が前年より五五万人も増加して深刻な教室不足をひきおこし、一クラス七〇人編成といった劣悪な教育環境を発生させていた。[58] 彼らが一九六〇年代中期から大学進学年齢に達したとき、進学率の急上昇とあいまって、受験競争の激化と大学設備の不足がおこった。

その結果として出現したのは、大学入学以前においては予備校や進学塾の増加であり、大学入学後においては大講堂でマイクで行なわれる講義だった。「受験戦争」「マンモス大学」「マスプロ教育」といった言葉が流行語となったのも、この時期のことだった。

大学の教授たちは、こうした急激なマス化に対応できなかった。彼らはそれまで、予備知識を備えた少数精鋭の大学生を相手に、ゼミナール形式で講義することに慣れきっていた。そうした教授たちにできたことは、小人数のゼミ学生に与えていた高踏的な講義を、大講堂でマイクを通じて行なうことだけだった。しかも大学数の急増は、必然的に大学教員の急増と、質の低下を引きおこしていた。

大学のマス化にとまどったのは、学生たちも同様だった。彼らのうち少なからぬ者たちが、旧制高校や帝国大学に存在したような、教員と学生の密接な結びつきや、天下国家を担うエリートの卵という大学生像を期待していた。そうした彼らにとって、「受験戦争」をくぐりぬけて到達した大学が、劣悪な設備とマスプロ化した教育内容しか与えなかったことは、期待を大きく裏切るものだった。

　こうした意識のギャップは、就職においても露呈した。一九六〇年を境として、大学卒業者の完全就職状態が成立したものの、大学卒業生の急激な増加のために、就職できる職業は平凡なものに変化した。新規大卒就職者の職種は、一九五三年に四三・〇パーセントだった事務職が一九六七年には三一・二パーセントに低下し、逆に販売職が三・五パーセントから一九・三パーセントに上昇した。しかもその「事務職」も、「サラリーマン」が「インテリ」と同義語であった時代とは、大きく隔たったものだった。多大の夢を抱いて大学に進学してきた若者にとって、こうした事態は未来が限定されたもののように感じられた。

　学生の増加に対応するべく、各地の大学は教室の増加を試み、建設ラッシュがおこった。しかし新設されたコンクリート建築のビルは、かえって管理社会的なイメージを醸しだし、学生たちには不評だった。さらに設備投資の増加は私立大学の財政を圧迫し、高度成長下のインフレとあいまって、学費の値上げがあいついだ。貧しい教育内容にもかかわらず、度重なる学費値上げが行なわれたことは、学生たちの反感を買った。

　おなじく急激なマス化に対応できていなかったのが、大学の運営体制だった。東京大学をはじめとした国立大学では、大きな権威をもった教授が講座内の助手や大学生にパターナルな姿勢で臨んでいたり、大学院生や研修医の無賃奉仕が習慣化しているケースが多かった。私立大学では、創立者や理事が独裁的な権限をもっていたり、地元経済界との癒着が発生している場合が少なくなかった。こうした旧来型の組織運営は、マス化してゆく大学の実態と、戦後の新教育をうけた学生の意識に、とうてい適合しないものだった。

　こうした背景のもと、一九六〇年代後半には、各地の大学で紛争があいついだ。一九六五年四月、高崎経済大学において、地元優先の委託学生入学に反対がおこり、学生がハンストと授業放棄に突入した。一九六六年には、早稲田大学で授業料値上げ反対闘争がおき、学生たちが大学本館を占拠した。さらに一九六八年、日本大学で二〇億円の使途不明金が発覚し、それを契機にワンマン経営者による大学運営に学生の不満が爆発した。おなじく一九六八年には、東京大学医学部学生自治会が、無賃労働に等しい登録医制度に反対して無期限ストに入った。

一九六八年に、当時の中核派全学連の委員長だった秋山勝行と情宣部長だった青木忠の共著『全学連は何を考えるか』は、こう述べている。[59]「われわれのすべては、大きな希望をもって大学に入った」「だが、新しい希望にもえ、現代世界に目を開いた学生に、大学が与えるものはあまりにもおそまつである」「現代世界の生き生きした問題意識は、教授や教室からは全然感じることができない」「定員をオーバーする学生をつめこみ、マスプロ化し、大学に入学したとたんに、高校生活とは全く異質な群衆の一員に自分自身がなってしまう。近代的なビルのなかに生活していることは、いいようのない人間空白であり、大学の当局者からみれば、授業料を収める『モノ』として数えられてしまう」。

そして「学生数の圧倒的増大は、学生の社会的地位をも著しく変化せしめ、大学を卒業したからといって大企業に就職するとは決していえない」「それは、学生そのものが、社会のなかで、例外的存在であることから、マスのなかの一員としてしかみなされなくなってきていることと無関係ではない」「今日の学生運動は、すでにのべたような社会的地位の変化、エリート的意識と存在の決定的欠落、そしてマスプロ化していく学園のなかにあって、たえず人間としての真実をとりかえしたいという欲求が大衆的にひろがっていくことを基礎において成り立っているのである」「このような背景のもとでの学生の不満と不安のうっ積は、どのような契機から学園闘争が爆発しても、同じような全学的闘争にと発展してしまうのである」。

こうして一九六八年には、日本大学や東京大学で学生による大学占拠がおこり、全学の学生を糾合した「全学共闘会議」が結成され、「全共闘」と略称された。一九六五年の日韓会談反対闘争いらい、学生運動は一時停滞していたが、一九六七年から六八年以降は一気に盛りあがった。この「全共闘」による大学占拠は、やがて全国各地の大学に波及し、全共闘運動と総称された。

この全共闘運動は多くの場合、「革命」や「疎外」といった、マルクス主義の言葉によって行なわれていた。しかしその背景にあったのは、学生のマス化と旧来型の大学組織のミスマッチであり、秋山らのいう「エリート的意識と存在の決定的欠落」であり、マス化してゆく大学と社会のなかで「人間としての真実をとりかえしたいという欲求」

だった。こうした背景なくしては、全共闘運動が一部の活動家の範囲をこえて、あれほどの広がりをもつことはなかっただろう。

当時の学生の一人は、一九九六年にこう回想している(60)。

一つの時代が過ぎてから、多くの友人と話してみると、マルクスもレーニンも誰もがほとんど正確に理解していないことに驚かされたが……私たちを行動に駆り立てたのは決してそうしたイデオロギーでも思想でも理論でもなかった。理屈は後からついて来る、である。むしろ、戦後生まれの私たちの世代にとって、旧態依然の秩序や常識がぴったりこないいらだちのほうが重要だった。たとえば、一流大学に入ることで人生のプラスカードを得るとか、女は男ほどの学力は必要ない〔ママ〕。勉強をろくにしなくても卒業できる大学と、それに比べてやたらと消耗な受験勉強とか、天皇と軍部だけが悪いと総括する戦争観や、大人たちがもっているアジア人に対する差別意識とか社会のヒエラルキーとかの考え方に対する違和感のほうが大きかった。そしてその違和感をそのまま受け入れてくれたのが全共闘だった。歴史は古い時代のカビ臭い価値観を終わらせて、新しい価値を求めている。そしてその改革の錠は自分たちの手の中にある、と熱い思いを抱いた。

「さあ、これから新しい時代に向けての歴史的ビッグイベントが始まりますよ」それは、先輩たちのオルグやマスコミの報道だったり、校門のところで手渡されたビラだったりした。とまれ、歴史への参加・未来を切り拓く試みと認識しているわけだから、いくら深刻ぶっても心の中はワクワクしていた。あらゆる権威や権力に対し傲慢に振る舞えもした。「東大解体」や東大の門柱に書かれた「造反有理」はますます私たちを元気にしてくれた。

こうして全共闘運動は、マスプロの講義よりもはるかに魅力的なものとして、多くの学生の心をとらえた。当時の活動家の一人は、「立て看板づくり、ガリ版でのチラシ作りの中に自己表現の楽しさがあった。というより、大学の講義はまったくつまらないもので、教師は何十年も同じノートを学生の顔も見ることさえせず、ひたすら読み続けるという類のものが多かったことと、私の専攻する……教室の保守的な雰囲気が私の性に合わなかった」と回想している。講義を討論会に変えてしまって教授をやりこめたり、大学を占拠してバリケードの内部で徹夜の討論をしたり、学生だけの「解放区」を運営することは、「実に楽しかった」という。(61)

とくに東京大学の場合は、受験競争においても社会的な意味でも、最高の権威と意識されていただけに、権威への反抗意識がくわわった。旧態依然の大学制度のなかで、教授の権威に従属させられていた助手のなかには、運動に積極的に参加する者もいた。その一人は後年、「好機到来とばかりに、〝みなさん騒ぎましょう〟とあおった部分もあるよ。だってこんなおもしろいことないもの。東大という権威が揺らぐ快感、これがなかったら、あんなに続きませんでしたよ」と回想している。(62)

こうした全共闘運動は、非常に急進的かつ精神的な運動となった。東大全共闘の活動家たちは、東京大学を先進帝国主義国家たる日本の人材養成機関と位置づけ、「大学解体」を主張した。共産党系の民主青年同盟（民青）は、大学運営の民主化や設備改善を要求したが、全共闘はこうした民青に反発し、学生の支持も全共闘に集まった。

民青が支持されなかった理由の第一は、共産党中央の意向を優先する組織の傾向が、新世代の気風にあわなかったことだった。当時の活動家の一人は民青について、「ひとりひとりの主体的動きより組織の考えが優先されるという私の最も嫌いな雰囲気だった」と述べている。(63)

一方で、当時の東大の民青系活動家は、「民青が負けた理由は、民青が穏健だったからです」と回想している。すなわち、「当時は第二次高度成長期のただ中にあって、どんどん世の中が管理社会化していった。このまま卒業して官僚になって支配の側にまわる、本当にそれでいいのか、と疑問に思っていた。そこへ全共闘は『東大は支配階級の手先だ』とやったわけですから。学生の心情をうまく表現してくれたんですね」というのである。(64)

そもそも全共闘運動に参加した世代は、戦争や飢餓を経験していなかった。当時の新左翼系活動家の一人は、「デモに行くようになったのは、何の苦労もなく育った世間知らずの役立たずの自分を恥じ、どうにかしたいという『真面目な』気持ちと、時代の空気にいち早く感応するミーハーの『非日常』への憧れとが同居した中からだった」と回想している。[65]

そのため当時の全共闘系学生たちの手記には、「マス」「日常」「秩序」などへの「反逆」を語ったり、「自己否定」「日常の否定」「隷属の平和より自由の闘争を！」などと訴えているものが多い。東大全共闘のある学生は、「全共闘はどんな大学を作りたいのだ」という問いに、「闘い自身が我々の求めるものである」と答えた。[66]

こうした全共闘系の学生たちが嫌った言葉は、「民主主義」「平和」「近代市民社会」「近代合理主義」「話し合い」などだった。[67] それらは彼らにとって、既存の社会を支える論理であり、「革命」を押しとどめる「改良主義」であった。それは同時に、彼らが敵対していた民青や大学教員たちが――もちろん、共産党に同調していた大学教員はむしろ少数派だったが――使用していた言葉でもあった。

学生側の要求がしばしば抽象的だったこともあって、概して教授たちは、学生が何を求めて運動しているのかほとんど理解できなかった。大学運営体質の古さがそこにくわわり、大学側の対応は往々にして拙劣だった。右翼学生を使って鎮圧をはかった日本大学の事例もあったし、東大をはじめ多くの大学では、対応に困った大学側は、しばしば警察や機動隊の力を借りた。

こうした拙劣な対応は、多くの場合、学生たちの怒りを強める結果となった。東大の場合、ストライキに入った医学部の学生にまちがった処分を行なった教授会が、教授会の権威低下を恐れて処分を撤回しなかったことと、一九六八年六月に機動隊を学内に導入したことから、大学全体の占拠にまで事態が進展した。

この当時、東大で学生相談にあたっていた教官は、学生たちが「『出会い』を通して学ぶことを求めている」と「痛切に感ぜられた」と回想している。早稲田大学のある活動家は、大学側が学生との団交を適当に打ち切ったため、「私たちのことを本気で相手にする気なんてないんだ」と思ったことから、大学本部の占拠に至ったと述べている。東大でも、一九六八年六月の機動隊導入のあと、学生との会見に臨んだ大河内一男総長の態度が、学生側には「国会答弁のようにのらりくらりしている」と映ったことで、運動がますます激化した。むしろ徹底的に学生につきあい、本音で反論した保守派教授の林健太郎のほうが、「敵ながらアッパレ」などと好評を買った。[68]

全共闘を支持していた東大助手は、学生との団交における教授たちの姿勢を、こう回想している。[69]「『僕にも妻子がいる』とか『生活がかかっている』とか話をそらすんだよね。〝教授〟といえば、(明治のころは)士族だったんだし、武士的イメージがあったのに、それがあまりにだらしがない」。全共闘運動の学生たちに、高倉健主演のヤクザ映画や、三島由紀夫の小説を好む者が多かったことはよく知られる。

当時の大学生で、のちに「戦後民主主義」批判を唱える保守論者になった佐伯啓思は、こう回想している。「私が比較的シンパシーを持った全共闘的なものというのは、一つはやはり戦後の民主主義の欺瞞、民主主義とか高度成長とか、プラスとして評価されていた体制的なものに対する、なにか得体の知れない憤りというか、こんなものはインチキだという感じです。そういうものをつき崩すには一種の暴力運動、ゲバルトしかないんだという心情には共感を覚えました」。そして、佐伯が理想的な人間像として好むものは「武士的精神」であり、「それは戦後民主主義とは全くちがう。それを一番表現したのが高倉健だった」というのである。[70]

しかし全共闘運動は、六〇年安保闘争のような、広範な支持を得ることはできなかった。教授たちのみならず、一般的に年長者たちにとって、運動は理解しがたいものと映った。同世代のなかでも、全共闘運動は、もっぱら大学にかぎられた現象だった。この当時、美術系の各種学校に通っていた学生の一人は、こう回想している。[71]

大学から学生が説教しに来るわけ。「学園粉砕」だとか色んなこと言う。……真に受けてやった各種学校があるんだよね。そこは理事会が、あっと言う間に学生が立てこもったまんま学校を不動産屋に売っちゃった。そしたら不法占拠になるわけだよね。暴力団や警察が堂々と介入してきた。各種学校なんて学校側と衝突することもできない。大学生がバリケードをはるというのは、そこにずっといられると思っているわけです。

そして全共闘運動から、「戦後民主主義」の代表格として批判されたのが、丸山眞男だった。丸山はすでに一九六四年に、若い世代に台頭しつつある「民主主義」批判を、「『反抗』の根底に『甘え』がひそんでいる」「電車のなかで大の字になって泣きわめいて親を困らせている子供を連想したくなる」と形容していた。丸山は、全共闘の学生たちにむかっても、「私は君達を甘えさせるのは、君達のためによくないと思っている。僕も考えるから君達も考え給え」と語っていた。そして一九六八年一二月、全共闘に研究室を占拠された丸山は、「君たちを憎んだりしない。軽べつするだけだ」「軍国主義もしなかった。ナチもしなかった。そんな暴挙だ」と述べたと報道されている。[72]

学生たちはこうした丸山に激しく反発し、「あんたのような教授を追出すために封鎖したんだ」とやり返して研究室を占拠した。そして吉本隆明は、学生はまさに「戦後民主主義」のなかで育ったのであり、「学生たちの行動が、丸山のいうようにナチスも軍国主義もしなかった〈暴挙〉だとすれば、丸山の評価する戦後民主主義は、ナチスや軍国主義の社会よりも劣悪でなければならないはずである」と批評した。[73] この後、丸山は心身の疲労で肝臓を患い、大学の講義は一九六九年以降は休講となって、一九七一年に定年まで四年を残して東大を退官した。

しかし一方で、全共闘運動でよく知られたスローガンは、「連帯を求めて孤立を恐れず」というものだった。そして丸山や大塚も、旧来の秩序からの自立と、新しい連帯を兼ね備えた状態を、「国民主義」や「近代的人間類型」と表現していたはずだった。そうした意味では、全共闘運動と丸山は、その表現形態における対立とは裏腹に、じつは類似した志向を抱えていたともいえた。

また全共闘運動による大学教授批判は、「唾棄すべき権威主義、目をおおいたくなるような無責任、倫理性の欠如」とか、「自己の地位の絶対化、ゆるがぬ自己肯定、無責任性、非主体性」といったものが多かった。[74] こうした言葉づかいは、まさに丸山をはじめとした戦後知識人たちが、戦中の為政者たちを批判したのと同じものだった。いわば全共闘運動の若者たちは、丸山をはじめとした「戦後民主主義」が築いた言説のなかで育ち、その言葉づかいによって丸山や「戦後民主主義」に反抗していた局面があったのである。

こうした事情もあり、多くの年長の戦後知識人にとって、新左翼や全共闘運動の主張は、目新しいものとは映らなかったようである。松田道雄は全共闘を評して、「彼らのいう新曲は、どうも一九世紀調だ。彼らのいうトロツキー編曲が、実はマルトフ氏の作だったり、スターリンの編曲だと思ってるところが、レーニンの曲そっくりだったりする」と述べた。日高六郎は、「思い出したいことは、冒険主義がかつては既成組織の、じつに手あかにまみれた古くさい運動方針であったことだ。既成組織を批判するものが、なぜそのことに気がつかなかったのか」と新左翼を批判した。神田文人は、「国民的歴史学運動と全共闘運動は初心においてその思想構造に共通性があった」と指摘した。(75)

共産党が非合法の武装闘争を行なっていた時代や、国民的歴史学運動の学生たちが「アカデミズム」を批判した過去を知っている者にとって、新左翼や全共闘の主張は、むしろ「古くさい」ものと感じられた。「近代主義」や「啓蒙主義」への批判、民俗学や「大衆」の再評価、あるいは日本国憲法や平和運動を「小市民的」などと批判することも、一九五〇年代前半に共産党が唱えていたことだった。

しかし一九六八年に二〇歳前後だった学生たちは、一九五五年以前の社会運動を、具体的には知らなかった。彼らが知っていたのは、一九五五年以後の穏健化した共産党や、なかば惰性化した護憲平和の「国民運動」、あるいは教室で「平和と民主主義」を説いていた「猿のような」教師でしかなかったのである。

また年長世代の知識人の側も、自分たちが一九五〇年代に行なっていた運動の失敗の歴史を、若者たちに語りたがらなかった。失敗の教訓は、若い世代に受けつがれないまま、当事者たちが胸に秘めているだけだった。国民的歴史学運動で挫折を経験していた歴史学者の鈴木正は、六〇年安保闘争の直後に、「ぼくらは一〇年前に『壁』をやぶろうとして傷ついた。ぼくの教え子たちが、いままた『壁』をつきやぶろうとしている。ぼくの先生に当る先輩もぼくらも若い世代に手をかさず個々別々に『青春残酷物語』をくりかえす悲しみと愚かさを断つために口を開かねばならない」と述べていた。(76)しかしそうした状況は、一九六八年になっても変わっていなかったのである。

ただし一九五〇年代前半の運動と、一九六〇年代後半の運動のあいだには、明確に異なっていた点があった。それは新左翼や全共闘運動が、日本をすでに近代化した先進帝国主義国家の一員とみなし、「民族主義」への反発を抱いていたことだった。そしてそれは、高度成長によって地方や階級の差異が縮小し、「民族」という言葉で格差の解消を求めた一九五〇年代の心情が、理解されなくなった時代状況を反映していた。

そもそも混乱と復興の時代だった敗戦直後においては、日本という国家は、アジアの発展途上国であると同時に、個々人が新しい再建のために参加できるものと考えられていた。丸山が「国民主義」という言葉で政治参加を説いたのも、マルクス主義系歴史学者たちが「民族」を賞賛したのも、未来にむけて創造されるものとして、「国家」や「民族」を考えていたからだった。

しかし、すでに社会が安定した高度成長期に育った若者たちにとって、日本はすでに管理社会化した先進帝国主義国家であり、「国家」や「民族」は彼らを抑圧する所与の体制であった。そこでは、丸山が説いた政治参加などは、管理社会のエリートとして取りこまれてゆくことの呼びかけとしか、映らなくなりつつあったのである。

そして全共闘運動は、ナショナリズムへの批判とともに、一五年戦争における「加害」を強調した。それは、日本がすでに先進帝国主義国家になったという彼らの認識の現われでもあったが、教授たちをはじめとした年長世代への反発にも結びついていた。

全共闘運動においては、しばしば教授たちの「被害者意識」が、学生たちの批判対象となった。学生たちの目には、研究室を占拠された教授たちが全共闘運動を批判するのは、教授たちが「被害者意識」を抱いているからだと映った。そのため学生側は、「帝国大学」が日本帝国主義の人材養成機関であり、教授たちもアジア侵略の「加害者」であることを強調した。当時の東大全共闘が編纂した『炎で描く変革の論理』は、こう述べている。[77]

……丸山真男教官、法学部教授会そして東大の全教官は、「軍国主義」の下においても、ひたすら研究室にこもりつづけて、「学問の自由」をまもったことによって、客観的には「日本軍国主義」に加担し、数多くの人々を戦争で死なせた〝加害者〟だったはずである。ところが彼らに加害者意識はなく、したがって戦争加担者としての責任を感ずることもないばかりか、みずからを「軍部ファシストの攻撃にさらされた」被害者と考えているのである。

われわれの封鎖は、東大九〇年の「研究の自由」のはたした客観的役割に対する告発の意味をもった。ところが、東大教官たちはまたしても「暴力学生」の被害者とみせかけることによって、みずからの歴史を正当化しようとしている。

こうした論理から、東大全共闘の学生は、「東京大学に存在していることは一つの罪である」「それは資本主義体制を存続させる手助けをすることである」と主張し、「大学解体」と「自己否定」を唱えた。逮捕された学生たちの獄中書簡にも、「ベトナム戦争による血ぶくれした繁栄を謳歌している現在」を批判したり、植民地支配の歴史を挙げて「近代日本（戦前日帝・戦後日帝・文化・われわれ自体）の総否定」を主張しているものが多い(78)。

こうして各地の大学で「大学解体」が唱えられただけでなく、一九六九年の東京大学の入試が大学占拠によって中止されたことにも刺激されて、「入試粉砕」がしばしば叫ばれた。しかし一方で、卒業と同時に運動を放棄し、企業や官庁に就職する学生も少なくなかった。小田実は、当時を回想してこう述べている(79)。

……当時、私の大学でも、学生活動家たちは、「入試粉砕闘争」をやりかけていた。私は彼らに言った。「きみたちがもし就職アッセン部粉砕闘争を同時にやるなら、その闘争を認めるね。」彼らは唖然としたふうに見えた。私のことばが理解できているようには見えなかった。あとからやって来る人たちにむかっては、こうした「帝国主義大学」に入るな、入る必要はないと言い、自分は「帝国主義企業」に入って行く——というようなことは、論理的におかしいと言うより、まず、倫理的にタイハイしていた。

「近代日本」や「自己」を「総否定」するといっても、それは容易に達成できることではなかった。全共闘運動はそうした達成困難な目標を掲げたが、東大では一九六九年一月に安田講堂を占拠していた学生が機動隊によって排除され、運動は下火となった。全国の大学でも、全共闘運動は一九六八年から一気に盛りあがったものの、その最盛期は一年ほどしか続かず、一九七〇年までには衰退した。運動に自分の将来を賭け、自分なりの生き方を探った学生も少なくなかったが、そうした者は必ずしも多数派とはいえなかった。

この当時、東大全共闘を取材していた新聞記者の内藤国夫は、後年にこう述べている(80)。

〔六八年の〕夏休みから十一月にかけての時期の学生は明るかった。学生たちが腹の底から意見を述べあい、楽しく議論しあっているのをみて、これが大学なんだな、と思いましたよ。すばらしい時期だった。しかし冬になって「自分はどうする」「一生を棒に振るのか」とつきつめられたら、あっという間にくずれさっていった学生が多かったね。六八年十二月から翌年五〜六月までは、闘いの緊張感もうすれ、暴力と対立と憎悪の、見てて不愉快な時期でした。

運動の衰退期に現われたのは、これも一九五〇年代前半と類似した、新左翼諸党派どうしの抗争や査問、そしてリンチなどだった。当時の活動家の一人は、「運動の高揚期には仲間同士の価値観の一致を求めず、一〇のうち一つ同意できれば仲間として、優しい連帯で結ばれていたのとは逆に、わずかばかりの違いを探し、自分たちの正統性を主張し他を排斥し始めた」と回想している。(81)

そして一九七二年二月、連合赤軍による浅間山荘事件が発生した。新左翼党派の一部が、武装闘争を主張して「連合赤軍」を名のり、仲間の「プチブル的生活態度」を批判してリンチ殺人を行なったあと、最後には警官隊と銃撃戦におよんだこの事件は、警察側のマスコミ操作ともあいまって新左翼のイメージを一気に悪化させた。あいつぐ党派間抗争がこれに重なり、これ以後の新左翼運動は、一部の活動家以外に広がることが困難な状態に陥っていった。

こうして全共闘運動は、大規模な運動としては、数年で消えさった。そして運動が残した影響の一つは、従来の「進歩的知識人」や教養の影響力を、大幅に低下させたことだった。一九八〇年代に東京大学出版会の専務理事だった石井和夫によれば、「それまでは、学生にとってこれだけは必ず読むという〝定本〟があ」ったが、全共闘運動後には「〝定本〟の重版が出なくなってしまった」という。(82)

同時に全共闘運動は、大学生にも変化をもたらした。当時の東大生だった橋本治は、一九六九年の入試中止より後に入学してきた下級生をみて、「『あっ、東大って完全に変わった』って思ったの。ガキっぽくなった」と回想している。[83] この後の大学生は、大衆化した大学やマスプロ講義をはじめから所与の前提とするようになり、全共闘運動の学生たちに生じたような意識のギャップは縮小した。

全共闘運動の背景には、旧来の大学イメージと、大衆化してゆく大学のギャップがあった。それは学生の意識面からいえば、秋山勝行らが述べた、「エリート的意識と存在の決定的欠落」であった。全共闘運動以後、大学生は人数的な面だけでなく、知識や意識の面でも大衆化し、名実ともにエリートではなくなった。それと同時に、「知識人」という存在も、全共闘運動の衝撃によって特権的な地位を失った。

その意味で全共闘運動は、旧来型の大学および知識人のありようと、大衆化してゆく社会のあいだのギャップ、すなわち「エリート的意識と存在の決定的欠落」という問題が、いわば一回限りの爆発をおこしたものだった。そしてこの運動は、皮肉にも彼らが志向したのとは異なる方向で、そのギャップを解消する効果をもたらしたといえる。

ベトナム反戦と「加害」

全共闘運動と並行して、一九六〇年代後半にはベトナム反戦運動が台頭した。これに大きな役割を果たしたベ平連（「ベトナムに平和を！ 市民連合」）については第16章で検証するが、ここではその背景を述べておく。

ベトナム戦争は、一九六四年八月のトンキン湾事件、六五年二月の米軍による北ベトナム爆撃（いわゆる「北爆」）の本格的開始を経て激化した。この戦争にたいし、日本の世論は一貫して批判的だった。一九六五年八月二四日の『朝日新聞』の世論調査では、北爆に賛成が四パーセント、反対が七五パーセントだった。

こうした数字の背景には、戦争体験世代がまだ社会の多数派を占めていたことがあった。アメリカの空襲にさらされるベトナム民衆の姿を映しだすテレビ報道は、戦争体験者の記憶を刺激した。作家の小松左京は、一九六六年一〇月にこう書いている。[84]

……同じような顔をして、同じような米をつくっている小さな国で……爆撃機が、爆弾やナパームや毒ガスや植物枯死剤をまきちらす。――その時、ふたたびあの記憶が、人々の胸にうずくような共感をもってよみがえってきたのであろう。空から降る火の雨に家をやかれ、肌をやかれ、愛児を鉄片に貫かれ、丹精こめた貧しい田をちりちりに枯らされて、硝煙の中をにげまどっているのは――私たち自身であり、私たちの肉親であり、私たちの恋人であった。あつい泥田の中をはいまわっている、私たちの両親であり、祖父母だった。私自身が、嘘でも誇張でもなく、北爆のはじまった頃から、十数年来見なかった空襲の夢を度々――はっきり記憶しているだけでも両三度――見るようになった。……夢からさめたばかりの眼に、妻子の姿が、やけただれ、裸の手足をちぢめた焼死体のように見えたことさえある。

ベトナムの惨禍は、二十一年前のこれらの記憶をはっきりよびおこし……とにかくそれは無条件に不正である、という絶対的な確信が、私たちの舌のつけ根、体の芯からどうしようもなくよみがえってくる戦争の「味」によってゆるぎないものになって行った。

空襲体験がない農村部の人びとも、アジアの米作国にたいする共感から、ベトナム戦争への批判感情をかきたてた。一九六七年、『朝日新聞』の記者である本多勝一が、連載ルポ「戦場の村」を書いた。その一節は、米軍がベトナムの農村を行軍してゆく様子を、こう描いている。(85)

黄金色に波打つ稲田の中へ、五台のＡＰＣ戦車隊はまっしぐらに進撃した。刈り入れを待つばかりに実った稲穂は、縦横に走りまわる一〇本の無限軌道で泥田の中に蹂躙され、こねまわされた。前の戦車が通った跡を他の戦車が通るというような配慮もなされなかった。苗代の田も、田植えが終わったばかりの田も無視された。スポーツカーでも乗りまわすように、各車勝手なルートをとって稲田に新しい轍《わだち》をきざみこんだ。アメリカ兵たちの心には、稲作民族の心を理解すべき共通の因子が欠如していた。

このルポ「戦場の村」は、米兵による家財の破壊や、残虐行為を報道するとともに、ベトナム人への共感を語った。本多はベトナム農民たちと肌の色を確かめあって、「わしらは同じアジア人じゃ」と会話した。(86)

同時に本多は、アメリカへの隷属がベトナムにも生まれ始めていることを取材した。前線にちかい基地で、「金網ごしに子供を集めた米兵が、缶詰めや菓子をわざと遠くへ投げて、子供たちが犬のように競争で拾いに走るのを楽しんでいる」という光景を、彼は「敗戦直後の日本の都会の貧しい子供ら」に重ね合わせた。(87) 一九三一年生まれの彼にとって、それはかつての自分の姿にほかならなかった。アメリカと癒着した南ベトナム政府と政府軍がいかに腐敗しているか、ベトナム民衆がいかにそれに反感を抱いているかも、本多は克明に報道した。

本多がそれと対照的な存在として描きだしたのが、南ベトナム解放戦線の兵士たちだった。本多が会見した解放戦線の青年将校は、彼の身を案じて写真撮影を遠慮する本多たちにむかって、「私は民族の独立に生命をささげた人間です。傀儡政府のもとで生きて行くことがない以上、顔が外部にわかっても一向にかまいません」と返答した。米軍の空襲のもとで抗戦する解放区の幹部は、「われわれは軍事的に負けているでしょう。しかし負けません。負けても、負けないのです。本当の勝利とは何でしょうか」と述べた。(88)

アメリカの空襲に耐え、アメリカの物質的誘惑に抗しながら、「民族の独立」を掲げる解放戦線のありようは、日本の読者から多くの共感を集めた。圧倒的な物量と科学力で攻めよせる米軍にたいし、粗末な兵器と乏しい食料で善戦する彼らの姿も、戦争体験者の心に訴えるものがあった。本多のルポが連載された『朝日新聞』には、読者からの共感の投稿が殺到したという。

しかしこうしたベトナムのあり方は、日本という国家を問いなおさずにはおかなかった。本多は、日本製の軍用トラックや上陸用舟艇を米軍が使っていること、日本の業者の輸送した燃料で北爆が行なわれていることを報道した。ベトナムに派遣されていた韓国軍の将校は、「この戦争で、日本はどれだけもうけているか知れないほどですなあ」とコメントした。本多は日本という国家を、「死の商人」と形容せざるをえなかった。(89)

米軍の「ベトナム特需」は、輸出総額の一割から二割におよんでおり、輸出総額の六割を占めた朝鮮戦争特需にくらべれば小さかったものの、日本の経済成長を支える要因になっていたことは事実だった。それには武器弾薬だけでなく、枯葉剤なども含まれた。横須賀や沖縄が米軍艦隊の基地となったばかりでなく、一九六七年に羽田空港を利用した航空機総数のうち四割は米軍のチャーター機であり、ベトナムで負傷した米兵の七五パーセントが日本に送られて治療をうけた[90]。日本は米軍にとって、ベトナム戦争に不可欠な後方基地だった。

こうした事情のため、前述した一九六五年八月二四日の『朝日新聞』の世論調査では、戦争で「日本もまきぞえを食う心配がある」が五四パーセント、「心配はない」が一七パーセントという結果がでた。一九六六年六月一日、当時の椎名悦三郎外相は衆議院外務委員会で、日本に報復攻撃が加えられないのは地理的条件のためだと言明した。自衛隊は有事即応態勢をとり、一九六六年九月には南ベトナムに軍事視察団を送った。日本からの軍需物資を輸送する米軍舟艇には、政府の斡旋で日本の要員が乗りくんでおり、一九六七年一〇月までに九人の戦死者を出していた[91]。

本多が会見した解放区の幹部は、日本からどんな支援をしたらよいかという問いに、こう返答した。「ありがたいことです。しかし私たちは、大丈夫です。やりぬく自信があります。心配しないで下さい。それよりも、日本人が自分の問題で、自分のためにアメリカのひどいやり方と戦うこと、これこそ、結局は何よりもベトナムのためになるのです」。この返答を聞いた本多は、こう記している[92]。

中国に支配され、フランスの植民地になり、日本にも占領され、いまアメリカと民族戦争をしているベトナム人は、他民族というものが絶対に信用できないことを、一人一人が肌で知っている。……いっぽう日本人は、こうした認識の最もうすい民族に数えられよう。このようなベトナム人の目から見れば、アメリカの戦争を支持する体制の中から「小さな親切」をする人々を、全面的には信用しがたいと考えるのは、むしろ当然であろう。彼らが信用するのは、自分自身のために戦う民族なのだ。アルジェリアやキューバのような国なのだ。ベトナム人が日本の反戦運動を本当に信用するのは、日本人自身の問題――「沖縄」「安保」「北方領土」その他無数の「私たちの問題」に民族として取り組むときであろう。ベトナム反戦運動自体はむろん良いことだが「自分自身の問題」としてとらえられていない限り、単なる免罪符に終わる。アメリカの北爆反対の前に、北爆を支持する日本政府のあり方が問題とされなければならない。

しかし同時に、ベトナム戦争を契機とした日本の見直しは、これにとどまらなかった。人びとに戦争の記憶を想起させたものは、空襲に耐えるベトナム民衆と解放戦線の姿だけではなかった。ベトナムの村を焼き払い、ベトナム人を虐殺し強姦する米兵の存在も、おなじく「二十一年前の記憶」をよびおこしたのである。

一九六六年六月、ベ平連（「ベトナムに平和を！　市民連合」）のよびかけで、日米合同のベトナム反戦集会が東京で開かれた。東京に招聘されたアメリカの平和運動家ハワード・ジンは、日本の人びとが、なぜ遠く離れたベトナム戦争にこれほど関心をもっているのか疑問に思った。日本滞在が終わるまでに、ジンが出した解答は、「日本人民が、彼ら自身の最近の歴史について鋭い意識を持っているからなのだ」というものだった。ジンと会った日本の人びとは、口々に空襲体験の恐怖を語る一方、ジンにむかって「君たちは、いまアジアで、かつてわれわれがふるまったようにふるまっている」とアメリカを批判したのである。(93)

この前年の一九六五年一一月一六日、ベ平連はアメリカの『ニューヨーク・タイムズ』に反戦広告を出していた。そこでは、「敗者に知恵がある」という表題が掲げられ、「中国本土での十五年に及ぶ戦いから、日本人は厳しい教訓を学びました」と述べられていた。ジンは、「負けたことが一度もない」アメリカ人にくらべ、「日本人は、加害者及び被害者として死に対するもっと強い連想を持っている」ことに強い印象をうけた。(94)

ジンが参加した東京での反戦集会でも、ベ平連のリーダー役である小田実が、「空襲の煙のなかで逃げ回っていた自分自身」(95)の被害体験を語る一方、日本政府がベトナム戦争支持を表明したことを挙げて、「加害者としての自分」を強調した。そこで小田は、このように述べている。

……日本人にとってすでにこの戦争は他人事の戦争ではない。……われわれの立場というものはアメリカをあと押している立場である……アメリカに対して強力なことを言うことができない、日本政府はそんなふうに考えているかも知れない。そうすると日本はアメリカに対して被害者の立場に立っている。しかし同時に、そのことによってベトナムに対しては加害者の立場に立っている、そういうことが言えます。

ベトナム戦争は、戦争体験をもつ人びとにとって、かつての自分が、もう一人のかつての自分を虐殺している光景であった。そうした状況をつくりだしているアメリカに追随することによって、日本はアメリカなみの経済的繁栄を達成しようとしていた。それは多くの人びとにとって、耐えられない自画像だったのである。

こうしたベトナム戦争の刺激をうけて、井伏鱒二の『黒い雨』や、大岡昇平の『レイテ戦記』など、戦争の記憶の形骸化に抗する小説が、一九六〇年代後半に書かれた。ジンはこうした日本の歴史意識に感銘をうけ、「彼らは、同時に魚であり、漁師である立場に置かれたことがある。われわれアメリカ人は釣り針に引っかかってもがき、負けたことが一度もない。……われわれは日本人のように一度も、自分自身の行為を認め、頭をたれ謝罪し、平和な生活を約束したという経験がないのだ」と述べた。[96]

しかしこうしたジンの評価は、いささか過大なものだった。なにより日本でも、戦争の記憶は急速に風化し、美化されようとしていた。こうした美化に対抗して、ベトナム反戦運動で行なわれるようになったのが、一五年戦争における「加害」の強調だった。

「加害」が強調されるようになった背景には、戦争美化に抗することのほかに、戦争を知らない若い世代への対応があった。戦争体験者は、ベトナム戦争に自分の被害体験を重ねあわせて反応したが、被害体験のない若者に問題を訴えるには、現在の日本がベトナムに加害を行なっていることを強調するほうが有効だったのである。

一九六六年の対談で、小田実はこう述べている。[97]「被害者体験というのはね、体験が薄れてしまったらそれでアウト」「僕は岸信介というのは戦犯であったということを生徒にいつかいったら、ハー岸さん戦犯ですかってなことをいわれて、こっちがびっくりした」「過去の岸にたいして、私は被害者である、かれを見ると虫酸が走るというようなことを言ったところで、そういうことはもう駄目だと思う」。

それに代わって小田が主張したのが、「安保条約によってわれわれが加害者たりうるという意識」を、若者に喚起することであった。対談相手の武藤一羊も、これまでの「平和運動自体の欠陥は、加害者体験というものを重視しなかったところにある」という認識を示した。(98)

小田がこうした認識にいたった背景には、アメリカの平和運動の刺激があった。すなわち、被害経験をもたないアメリカの平和運動は、ベトナムへの加害を強調することによって行なわれていたのである。

第7章で述べたように、小田は一九五八年にアメリカに留学した経験があった。そこで彼が驚かされたのは、平和と繁栄のなかで育ったアメリカの若者たちが、戦争や貧困にたいする想像力をまったく欠いていることだった。敗戦時に一三歳だった小田が、空襲でなりふりかまわず逃げまどった体験を語っても、アメリカの若者はそれを滑稽な冒険談としてだけ受けとり、「くったくなげにケラケラと笑い始め」る始末だった。(99)それと類似の若者が、日本でも育ちつつある状況に、小田は直面していたのである。

そして、小田が「加害者体験」の重要性を説いた一九六六年の対談は、『ベトナムのアメリカ人』という本の一部として行なわれたものだった。この本は、アメリカの平和運動グループがニューズレターに掲載した、米兵の加害体験談などを編集したものだった。小田はこの本の序文で、「これまでの平和への志向の大部分が、被害者意識に裏打ちされたものによって支えられてきたのに対して、この本が示すのは加害者意識から出発する平和への志向だろう」と述べている。(100)

平和と繁栄のなかで育ち、被害者の体験を「ケラケラと笑う」アメリカの若者のなかから出現したこの運動スタイルは、日本の新世代にも有効たりうるはずであった。この対談と前後して開催された日米合同の反戦集会で、小田は前述のように、自分の空襲体験とともに「加害者としての自分」を強調したのである。

そして小田が強調したのは、ベトナム反戦運動はアメリカの公民権運動と連続していること、そしてベトナムでの残虐行為のみならず、国内の人種差別という「白人の側の加害者体験」が、アメリカの平和運動のバネになっていることだった。[101]本多勝一の『戦場の村』をはじめとして、ベトナムでの残虐行為の背景に、アメリカの有色人差別が影響しているという意見は多かった。

こうした認識は、必然的に、日本における差別を見なおすことにつながった。ベトナム戦争を契機として、中国での日本軍の虐殺行為や、朝鮮人やアイヌ、沖縄などへの差別の歴史が注目されていった。本多は『戦場の村』に続いて、『アメリカ合州国』でアメリカの人種差別を取材し、さらに一九七一年には中国を訪れ、日本軍の残虐行為をあつかった『中国の旅』を書いた。

この当時、ベトナムの米軍によるソンミ村虐殺事件が、アメリカのジャーナリズムによって明らかにされたことが、日本でも評判になっていた。本多は『中国の旅』の序文で、戦中も戦後も「日本の報道がそのようではなかったこと」を強調し、「ソンミ事件の報道に感嘆するよりは、実践したほうがよい」と中国取材の動機を述べている。[102]

一九六七年三月、日本基督教団が、戦前のキリスト教諸団体の戦争協力を明らかにする報告を公表した。鶴見俊輔はこの報告について、「戦争が終って二十二年経って、なぜその告白をしたかというと、これはベトナム戦争が触媒として役に立っている。ベトナム戦争に不信感があって初めて、太平洋戦争責任の告白がなされた」と評した。[103]

さらに鶴見俊輔は、一九六八年には「国家の原犯罪」という概念を提起した。それによれば、アメリカという国家が先住民と黒人の犠牲のもとに建国されたように、「およそ国家のあるところ、おそらく何かの仕方での犯罪がなされた」。そして、「日本の国民として生きている以上、その原犯罪に加担している」のであり、それに加担しないためには「カウンター・クライムをもって立上がって当然」である。こうして鶴見は、「学徒兵の手紙には、平和への願望が語られているにもかかわらず、平和であった時代にさえも日本が朝鮮、台湾、中国にたいして続けて来た不当な支配についての自覚と反省が見られない」と批判し、彼らは国家の原犯罪に対抗して脱走する勇気を欠いた「ある種の精神の卑怯さ」を抱いていたと主張したのである。[104]

こうして、従来まで日本の為政者を批判する足場とされていた戦死者の記憶は、しだいに朝鮮人やアイヌといったマイノリティの存在に、その座を譲ってゆくことになった。その移行は、戦争の記憶が風化してゆくとともに、戦死者の追悼がしだいに保守的な大衆ナショナリズムの側にとりこまれてゆく動向と並行していた。

そしてこうした移行を促進する触媒となったのが、ベトナム戦争だった。いわばベトナム戦争は、アメリカという鏡を通して日本の記憶を問いなおし、ナショナルな自画像を再編してゆく契機となったのである。それは同時に、全共闘運動が「自己否定」や「加害」を強調していた流れとも、合致していた。

しかし、小田実が一九六六年に「加害者体験」を強調したときには、「加害」の自覚と「被害」の記憶は対立するものとはされていなかった。小田は国家の命令で徴兵された兵士たちを、国家の被害者であると同時に加害者である存在、被害者であることによって加害者の位置に追いこまれた存在として位置づけていた。

それはいわば、丸山眞男が述べた「抑圧の移譲」や、竹内好が唱えた「ドレイとドレイの主人はおなじものだ」といった主張と、似通った認識だった。そこでは国家によって兵士にされた人間は、被害者であるからこそもっとも残忍な加害者になるのであり、被害と加害はおなじ構造から派生した現象であった。

もともと小田が恐れていたのは、それまでの戦争の語り方が「被害」を強調するあまり、戦争体験が現在の現実とかかわりのない感傷に風化してしまうことだった。彼はそうした形骸化した戦争体験を、「生者としての自分と何らかみあいのない追憶」「『戦争を知らない』若い世代に対してのお説教用の追憶」と形容している[105]。

小田が「加害」の自覚を強調したのは、被害と加害の不可分性を強調することで、現在の自分をも支配している社会構造を認識させるためだった。そして戦争体験者の悔恨は、多くの場合、自分の勇気の不足から若者を死なせてしまったとか、自分自身が侵略行為に手を染めさせられたといった、「加害」にたいする後悔から生まれていた。そうした「加害」の記憶をよみがえらせれば、「被害」に偏重した感傷に風化しつつある戦争体験の衝撃力を、もういちど再生することができるはずだった。

そうした意味では、小田にとって「加害」の自覚と「被害」の記憶は、いわば不可分の関係にあった。ところが若い世代は、必ずしもそのようには受けとらなかった。彼らの一部は、「被害」を語りがちな年長者を批判するために、一方的に「加害」を強調するという方向にむかった。

一九七一年に、べ平連の事務局長だった吉川勇一は、「若い人びとの批判を聞いていると、『自分も自己批判した上で』という一言をいっただけで、あたかも自分が在日朝鮮人の立場や被差別部落民の立場に立ちえたかのように、他の人びとへの告発や糾弾を開始する(ように思える)傾向があります」と述べている。[106] 小田もこうした傾向を意識して、「重い口をひらいて被爆者がようやく過去の苦しい体験を話し出そうとすると、『おまえは加害者の自分を忘れている』と声高にくってかかる若者の精神のありよう」を批判した。[107]

しかし一部の学生たちは、年長世代の「被害」意識を保守派の戦争賛美と同一視し、「戦死者」を打倒すべき権威とみなした。一九六九年五月二〇日、立命館大学全共闘の学生たちが、戦没学徒兵を追悼して一九五三年に建立された「わだつみ像」を破壊し、首に縄をつけて引きまわしたのは、その一例だった。『朝日新聞』の社説はこの事件について、こう述べている。[108]

少なからぬ学生が、大人たちを問罪する。いやなら何故、戦場から逃亡しなかったのか。どうして銃を捨てなかったのか。そうしなかったところをみると、みんなファシストだったに違いない——彼等の論理は飛躍する。大人たちは戦争について、かなりの事実を若い世代に伝えてきたと思いこんでいる。だが案外そうではない。もっとも基本的な知識が、語り継がれていないと思えるのである。

それが帝国主義の侵略戦争であった、という概念だけでは戦争のもつ意味を十分に理解したことにはならない。国家というもののもつ宿命、権力のそらおそろしさ、それが実感となって若者の胸にきざみこまれなければならない。そうでないと、国家をこれからどう止揚してゆくかについて考えることも、生命がけで戦争に反対することもできはしない。そしてその戦争の実感をつたえることができる者は、われわれ大人しかいないのだ。

われわれはいままで、その努力を惜しんできたのではなかったのか。そうだとすれば、われわれはまずなによりも、戦場に散っていった戦死者にわびねばなるまい。われわれはその怠慢で、戦死者が生命を捨てて残した教訓を、次の世代につたえ得なかったのだ。

しかしこうした意見は、若い世代に理解されたとはいえなかった。一九六九年一月、ニューギニア戦線から生還した元兵士の奥崎謙三が、「ヤマザキ、天皇を撃て！」と叫んで、新年祝賀会に現われた昭和天皇にパチンコ玉を発射した。(109) しかし、この事件を反天皇制の直接行動として賞賛した全共闘や新左翼の学生たちも、「ヤマザキ」がニューギニアで死んだ奥崎の戦友の名前であることの意味に、必ずしも深い注目を払わなかった。

若い世代が「加害」を強調するなかで、意外な波及をみせたのが、古代史の領域だった。戦争体験をもたない若者たちには、具体的な「加害」経験がなかった。そのなかで「加害」を強調することから、自分が「日本人」であり、その「日本」が現在および過去において加害を行なったことを強調する傾向が現われていった。

その結果、ベトナム戦争や一五年戦争における「加害」のみならず、古代や中世の「日本人」がアイヌや沖縄、朝鮮を侵略したことも一部では論じられた。前述したように、当時は「近代主義」への批判と土着共同体の再評価がおこり、民俗学や古代史が注目されていた時期だった。こうした文脈から、「原始共産制」を実現していたアイヌや沖縄を、古代天皇制国家が侵略したという「加害」を強調する論調も現われた。

こうした傾向を触発したのが、吉本隆明の『共同幻想論』と沖縄論だった。前述したように吉本は、一九六八年に『共同幻想論』を発表し、民俗学と古代神話から天皇制と国家の起源を論じていた。そして吉本は一九七〇年、沖縄の復帰問題が議論されていた時期に、古代沖縄はヤマト朝廷とは「異族」だったと主張し、沖縄の存在によって「本土の弥生式以後の国家の歴史的な根拠」を相対化することを唱えたのである。(110)

こうした民族観の台頭は、高度経済成長とともに、国内の地方格差が縮小し、「単一民族」意識が成立していたことと並行していた。前述のように一九六〇年代以降、保守派の論者から、古代いらい日本は「単一民族国家」だったという論調が強まった。それに対抗して、一九七〇年代後半からは、マイノリティの存在を強調して「単一民族国家」という見解を批判する論調が台頭した。しかしどちらにせよ、一九五〇年代に存在したような、地方格差や階級格差を強調して、日本では「単一民族」が成立していないという見解は消えていった。

そして、古代までさかのぼって「日本人」の「加害」を強調した一つの極限は、東アジア反日武装戦線だった[11]。日本企業のアジア進出や軍需請負を批判して、三菱重工や三井物産などの社屋を爆破したこのグループは、記紀神話にうたわれた蝦夷や熊襲、アイヌ、沖縄、朝鮮、中国などへの「加害」を強調し、「原始共同体部族」にたいする「日本の古代建国以来連綿と続く、日本民族・日本帝国の侵略反革命」を批判した。日本国民は、労働者も含めて、アジアの植民地化によって豊かな生活を営む「帝国主義的寄生虫」であり、「〝日本〟を否定する反日思想は、原始共産制の新たな次元での革命的復権の思想である」とされた。

この東アジア反日武装戦線が一九七四年に発行した文書『腹腹時計』は、こう述べている。

1　日帝は、三六年間に及ぶ朝鮮の侵略、植民地支配を始めとして、台湾、中国大陸、東南アジア等をも侵略、支配し、「国内」植民地として、アイヌ・モシリ、沖縄を同化、吸収してきた。われわれはその日本帝国主義者の子孫であり、敗戦後開始された日帝の新植民地主義侵略、支配を、許容、黙認し、旧日本帝国主義者の官僚群、資本家共を再び生き返らせた帝国主義本国人である。……

2　日帝は、その「繁栄と成長」の主要な源泉を、植民地人民の血と累々たる屍の上に求め、更なる収奪と犠牲を強制している。そうであるが故に、帝国主義本国人であるわれわれは、「平和で安全で豊かな小市民的生活」を保証されているのだ。……日帝本国の労働者、市民は植民地人民と日常不断に敵対する帝国主義者、侵略者である。

以上が、一九六〇年代から七〇年代初頭にかけての、ナショナリズムにかんする言説の変遷の概略である。以下の第三部では、こうした変動期において、どのような言説創出の試みが行なわれたかを、個々の事例に即して検証する。

第14章　「公」の解体

吉本隆明は、その戦闘的な言論活動によって、一九六〇年代の新左翼や全共闘の若者から、熱狂的な支持を集めた思想家として知られる。本章では、吉本の思想を、二つの文脈から検証する。[1]

一つは、戦後知識人の革新ナショナリズムと、吉本の関係である。結論からいえば、吉本は革新ナショナリズムの思想にもっとも敵対し、それを解体した思想家であった。

そしてもう一つは、吉本の戦争体験が、彼の思想にもたらした影響である。吉本は著作で、戦中の自分を熱烈な皇国青年として描いており、これまでの吉本論はそれを前提に行なわれてきた。しかし本章の検証で明らかにするように、彼の実像はそれとは異なったものであり、その戦争体験が吉本の思想を大きく規定していた。

こうした吉本の思想の検証は、高度経済成長期における「民主」と「愛国」の関係の変化を示す、好適なケース・スタディたりうる。それは同時に、「戦争」と「戦死者」の記憶が、戦後思想にいかに反映し、いかに変容していったかを示す事例でもあるのである。

「戦中派」の心情

吉本隆明を論ずるには、彼自身もその一人だった、「戦中派」の知識人たちについて述べなければならない。

「戦中派」という言葉は、元陸軍青年将校だった村上兵衛が使用したことをきっかけに、一九五五年ごろから広まったものである。後年には、この言葉は戦争体験のある世代すべてを総称するものになったが、当初は敗戦時に一〇代後半から二〇代前半の青春期だった世代を指した。より年長（敗戦時に三〇歳前後）の丸山眞男や竹内好の世代は「戦前派」、より年少（敗戦時に一〇歳前後）の江藤淳や大江健三郎などの世代は「戦後派」などとよばれたこともある。そして一九五五年前後は、この世代の知識人が三〇歳前後となり、論壇上で活動しはじめた時期であった。吉本隆明もまた、この時期に論壇にデビューしている。

この「戦中派」知識人の代表として挙げられることが多いのは、評論家の吉本隆明、作家の三島由紀夫、政治学者の橋川文三などである。これらの人びとは、その思想傾向をこえて、ある種の共通性をもっていた。

まず「戦中派」知識人たちは、戦前に一定の人格形成を終えていた丸山らの世代とは異なり、ものごころついたときから戦争のなかにいた。敗戦時に二〇歳だった者は、満州事変がおきた一九三一年には六歳だった。三島や吉本はいずれも、自分たちの記憶に残っている最初の政治的事件は、一九三六年の二・二六事件だったと述べている。

さらにこの「戦中派」は、戦中に最大の動員対象にされ、もっとも死傷者が多かっただけでなく、中等・高等教育をまともにうける機会をもてなかった。また彼らの幼少期は皇国教育が激化した時期であり、しかも極度の言論弾圧のため、マルクス主義や自由主義に接することも不可能だった。そのためこの世代は、幼少期から注ぎこまれた皇国思想を相対化する経験も知識もなく、敗戦まで戦争に批判的な視点をもたない者が多かった。学徒兵の遺稿集『きけわだつみのこえ』を読むと、多少ともマルクス主義や自由主義に接した経験のあるやや年長の学徒兵が、後輩たちがあまりに戦争に無批判なことを驚いている事例が散見される。

こうした事情もあって、敗戦直後に丸山たち三〇歳前後の戦後知識人が活躍しはじめたとき、二〇歳前後の吉本の世代は大きな違和感をもった。丸山たち「戦前派」の知識人が、当然の常識としていたマルクス主義やヘーゲル哲学は、「戦中派」にとってまったく未知のものであった。生まれたときから戦争状態だった彼らには、戦争に批判的な思想をもっている人間がいたことも、戦争以外の状態が存在することも、想像できにくいものだった。

竹内好によれば、敗戦直後の大学生たちに「いつか戦争はおわる時期があると考えたことがあるか」と質問したところ、その多くが「否」と回答したという。竹内はこれについて、「史上に、おわらなかった戦争はないのだ。私自身は、結末は予想できなかったけれども、この戦争もいつか終る時が来るにちがいない、という気は絶えずしていた」と述べ、若い世代をこうした状態にした「教育のおそろしさ」を論じている。(2)

こうした相違のため、敗戦時に三〇代前半だった丸山眞男や荒正人などが敗戦を解放とうけとめたのにたいし、吉本らのちに「戦中派」とよばれた世代の知識人は、むしろ敗戦にとまどったケースが多かった。一九四七年の座談会で、二九歳だった寺澤恒信は、日中戦争開戦後には後輩と急激に話が通じなくなったという経験を述べたあと、こう洩らしている。(3)「〔自分たちは〕戦争がすんでほッとしたわけです。……〔思想的に〕帰つていく場所をもつているので、わりあいすなおに帰つていけた。その点、そういう場所をもつていない二十台前期の人とはちがうと思う」。

そのため「戦中派」知識人たちは、戦争こそが正常であり、平和のほうが異常だという感覚をしばしば述べた。一九五六年の座談会で、村上兵衛は「戦争が当り前というような感情で育つてる」と述べ、三島由紀夫も「今のほうがアブノーマルのような気がしてしようがない」「不断に『ほんとじやない』つていう意識がある」と応じている。(4)戦後思想を「擬制」として批判した吉本は、こうした世代に属していた。

それと同時に、「戦中派」知識人たちはしばしば「戦死」への憧憬を語った。海軍の青年将校だった村上一郎は一九六〇年に、「ぼくにとって、人生は八月十五日で終っている。死ぬべきであった。十五年は蛇足であった」「家庭での小さな団欒、その人たちの送るあなたまかせのサラリー生活、岸内閣下のこの『天下泰平』、そんなものはぞっとしてかなわない」と書いた。(5)三島由紀夫が、軍人の死を美化する小説を書いたことは、周知のとおりである。

このような「戦死」への憧憬は、降伏を決定した為政者への憎悪につながった。海軍経理学校の生徒だった白鳥邦夫は、一九四五年八月一七日の日記に、「俺達は瞞されていたのだ」と書いている。彼らに戦死への憧れをあおっていた軍の上層部が、裏では降伏交渉を進めていたことは、白鳥にとって「瞞されていた」ことにほかならなかった。そして白鳥は、降伏後の復員を、「娑婆の人間になりさがる」ことだと形容していたのである。(6)

こうした為政者への憎悪は、第3章で述べた、戦死者を足場にした天皇批判と結びついた。村上兵衛は一九五六年に「天皇の戦争責任」という論考を書き、戦死した戦友たちは、天皇に「裏切られた」と主張した。[7]三島由紀夫も小説『英霊の聲』で、二・二六事件で死んだ兵士の霊に「などてすめろぎは人となりたまいし」と語らせた。

こうした感情は、一切の権威への懐疑と結びついた。一三歳で敗戦を迎えたある女性は、敗戦によって「神国日本、無敵日本、現人神天皇、こうした一切の既成の権威が崩壊し、信じられぬものになってしまった」ために、「権威がすべておかしいと感じる自然的感情を身につけさせられた」と述べている。[8]

こうした権威への反発のなかに、国家への懐疑も含まれた。ただし、幼少期に皇国教育を施された「戦中派」の知識人には、「日本」や「日本人」を、天皇と分離して考えられない者も多かった。一九二七年生れの森崎和江は、「私などは戦時下に育ったので、日本といえば天皇と直結する用語めいていて、抵抗なしには使えない。天皇観念ぬきの、国民の総体を表す場合には『にほん』とでも表記せねば心がひきつってしまう」と述べている。[9]

こうした日本観は、天皇と分離された「国民」を構築しようとした丸山眞男などとは、およそ相容れないものだった。こうした「戦中派」知識人のなかからは、三島由紀夫のように「日本」を賛美する者と、吉本隆明のように「日本」を批判する者が現われたが、両者とも「日本」と天皇を不可分とみなすという点では共通していた。そして後述するように、吉本は丸山への批判というかたちで、ナショナリズム否定の思想を唱えてゆくことになる。

そして権威への懐疑は、もう一つの反応も生み出した。すなわち、彼らが違和感を抱いていた戦後社会の権威とみなされた、「進歩的知識人」への反発である。

一九五六年に、鶴見俊輔は「知識人の戦争責任」という論考で、敗戦時に飛行予科練生だった猪狩正男の文章を紹介した。[10]名誉の戦死に憧れていた猪狩が、敗戦と同時に虚脱状態に陥り、よれよれの軍服を着て立っていると、「『敗戦兵!』という声をなげつけられた。ふりむくと米人と手をくんだ大和撫子がたっていた」。このとき、「今度こそ、俺が原爆機を操縦して、偽善者と利己主義者に満ちあふれた全日本を粉砕して見せる」と猪狩は誓った。

この猪狩が、「偽善者」「利己主義者」の象徴として挙げたのは、戦時中に戦争賛美の文章を書きながら、戦後になって「平和と民主主義」を唱えた「偽善的知識人」であった。そして彼は戦争中の言論状況を自分なりに調べ、ほとんどの知識人が戦争に無抵抗だったか、戦争賛美を行なっていたと主張したのである。

こうした対立は、じつは敗戦直後から始まっていた。丸山眞男をはじめとして、戦後知識人の中核となったのは、戦前に一定の社会科学の知識を身につけ、そのうえで戦争体験をくぐった敗戦時に三〇歳前後だった世代である。この世代からみれば、まともな高等教育をうけずに皇国教育だけで育てられた「戦中派」はきわめて無教養に映り、敗戦直後には「空白の世代」という呼称さえ存在したほどだった。

ところが「戦中派」の側は、こうした見解に激しく反発した。一九四七年に、のちに吉本も参加することになる「荒地派」の詩人だった北村太郎は、三〇代の知識人を批判して、こう述べている。「彼らは、自分たちが昭和初期に官憲の弾圧を受けながらコミュニスムを勉強したといふ経歴を絶えず頭に思ひ浮べながら、その後の戦争時代に学生であつた僕らを、実に無邪気に、思想的にブランクな時代に教育を受けた者として一括する悪癖がある」[11]。

こうした視線に対抗するため、当時の二〇代が唱えたのが、「思想」への不信と、戦争体験へのこだわりだった。教養や知識量で年長世代に劣る彼らが依拠できるものは、戦争のもっとも苛烈な部分を経験したという自負だった。北村は上記の論考で、「若い詩人を『啓蒙する』と云」う「先輩詩人」を批判し、「無益無用の注釈」である「思想」よりも、「まさにこの肉体を持つて生きてきた」という戦争体験を重視すると唱えている[12]。

またこの世代の最大の武器となったのは、戦争に批判的であったにもかかわらず沈黙していた年長者たちの責任を追及し、彼らを「卑怯」であると攻撃することだった。荒正人は一九四七年に、当時の二〇代の発言として、「『生きのこつた思想なんか誰が信ずるか』僕は無言のまま僕らを戦場に送つた三十代にこの言葉をはきかけたい衝動をかんじている」というものを引用している[13]。鶴見俊輔がとりあげた猪狩正男などが、知識人の戦中の言論を調査していたのは、こうした敗戦直後の対立が延長されたものだった。そして後述するように、吉本隆明もまた、一九五五年に知識人の戦争責任を追及することから、論壇にデビューすることになる。

しかしこうした「戦中派」の多くは、年長世代の戦争責任は追及しても、自分自身には戦争責任を感じていなかった。一九五六年の『中央公論』に掲載された「戦中派座談会」において、参加者の一人は、「あの時僕らは、社会の指導的役割をなんにも果たしていなかつたから、戦争責任は僕らに全然ない」と述べている。[14]

猪狩正男の表現にしたがえば、彼らは「曽ては死地に追い込まれ、幸か不幸か生き残れば、日本の〔進歩的〕文化人から踏まれ蹴られ、散々な目に会って苦しんできた」という被害者であった。村上兵衛も、天皇の戦争責任を追及した文章で、戦争の決定も戦後の処理も「私たちよりずつと大人の……人たちと、アメリカ軍がやつたこと」であり、「私たちに責任はなかつた」と述べている。[15]

そもそも、戦争に批判的な思想を知らなかった彼らは、戦争に抗議する勇気がなかったという種類の悔恨を共有していなかった。敗戦時に一四歳の飛行予科練生だった佐藤忠男は、一九五八年の著作で、〈負けることは初めから分かっていたのだ〉などと、一部の大人たちのように、知ったかぶりをする必要はなかったし、〈なぜこの戦争を阻止できなかったか〉などと、自責の念にかられたりする必要もなかった」と記している。[16]

むしろこの世代の知識人は、反戦の思想をもっていたにもかかわらず沈黙していた「大人」たちの「偽善」を、戦争責任として攻撃する特権をもっていた。後述するように、吉本隆明は年長世代と論争するさい、しばしば相手を「爺」「前世代」などとよび、自分の世代である「戦中派」を「反逆の息子」と形容していた。こうした吉本の姿勢は、「戦後民主主義」の「欺瞞」を批判して「反逆」を叫ぶ一九六〇年代の若者たちに、好評をよぶことになる。

また悔恨が存在しないことは、共産党への劣等感がないということも意味していた。むしろこの世代の知識人にとって共産党は、戦後に豹変した教師たちとおなじく、戦後の既成秩序である「平和と民主主義」の象徴と映った。中学三年で敗戦を迎えた評論家の磯田光一は、一九六四年の対談で、「僕の場合、共産党は公認された最も世俗的な勢力なんです。むしろ自分の敗戦から受けた、学校の教師など人間に対する不信感、そういう気持を持っていれば、必然的に、わが世の春を謳っている共産党に対する違和感があるわけです」と述べている。[17]

こうした磯田にたいし、年長世代の平野謙は、「僕なんかには共産党コンプレックスがずっとあるわけです」「卑俗な学校教師なんていうものを現実に見ていて、それに不信感があればあるほど、苛烈な戦争下に獄中十八年という節操を守ってきた人たちが戦後現実に現われて、政党を組織したことに対する信頼感があってもよさそうなものですがね」と応じている。後述するように、吉本が共産党や獄中非転向幹部をあれほど大胆に批判できたのも、こうした世代的な背景を抜きには語れない。

また「戦中派」知識人のなかには、戦時動員の最大の対象だった自分たちこそが、民衆に触れあってきたと主張する者もいた。村上兵衛は一九五六年に、「戦中派の多くは軍隊組織の中で、或いは緊迫した、戦時生活の下で、農民や工場労働者その他の大衆とじかに肌を触れあつて生活してきたはずだ」と述べ、「このほんとうの大衆を感じたという点でも、戦中派は戦前、戦後派と物の考え方にちがいができている」と主張している。(18)

それゆえ彼らはしばしば、「大衆の生活実感」を掲げて、「知識人の理念」を撃つという姿勢をとった。この論法は、知識において優る年長知識人に対抗するために、戦争体験を重視したことからも派生していた。もっともこの論法は、小林秀雄や福田恆存といった保守思想家が、従来から採用していたものでもあった。そしてこれらの保守知識人の場合とおなじく、「戦中派」知識人たちも、戦後の左派の理念と、戦中の軍部の理念を並列に語る傾向があった。

たとえば元学徒兵だった梅原猛は、戦後に「文化国家」論を唱えた京都学派を批判して、「戦争の正しさを説得され、戦争を嫌だと思う実感を否定して、軍隊におもむいたけれど、今また同じ論理で、民主主義や文化国家について論じたとしても、それが一体何の役に立つのか」と述べている。(19)そのうえで梅原は、大東亜の解放にせよ、民主主義や革命にせよ、崇高な理念のために死ぬことを説く哲学は虚構であると位置づけ、「小市民の幸福感に白い眼を送る思想はどこかが間違っている」と主張したのである。

梅原がこの文章を書いたのは、高度経済成長の入口にあたる一九五九年であった。そして彼が、ここで「小市民の幸福感」の事例として挙げたのは、敗戦後の混乱と生活苦の時代を抜けだしたあと、彼が大学で専任職を得て初めてボーナスをもらい、家族と一緒に天ぷらを食べたというエピソードであった。彼は「天ぷらで十分幸福感を味わえる私自身が、民衆中の民衆ではないか」と述べ、戦争や革命への献身を説く「死の哲学」を批判している。

とはいうものの、この「大衆の生活実感」から「理念」を撃つという論法は、「戦中派」知識人たちの内部分裂の投影でもあった。前述のように、彼らは崇高な理念に殉じて戦死することに憧れ、「天下泰平」の戦後社会を批判してもいたからである。梅原も上記の文章で、「戦争で育った私の人間を見る眼は、戦争を嫌いつつ、戦争に憧れ、平和な民衆の喜びを素直に評価する眼を失っていたのだ」と述べている。彼はそうした自分を自己批判して、「天ぷら」を賛美していたのだった。

もちろんこうした内部分裂は、「理念に殉ずる死」を教えこまれてきた、彼らの世代的体験から派生したものにほかならなかった。そしてこうした「戦中派」知識人からは、天皇と国家に殉ずる死を美化して「天下泰平」の戦後社会を批判するという三島由紀夫に代表される潮流と、「大衆の生活」を掲げて天皇制国家と共産党の理念を撃つという吉本隆明に代表される潮流が、それぞれ発生することになる。

そして吉本に代表される後者の潮流においては、天皇制国家と共産党の同質性が、しばしば強調された。両者はいずれも、理念によって「大衆の生活」を否定し、「大衆」を戦争や革命に動員する権威にほかならなかった。そして両者の同質性は、戦前のマルクス主義者が転向して戦争協力を行なっていたという事実をあばくことによって、裏づけられるとされていたのである。

しかし同時に、「特攻隊から共産党へ」という言葉に象徴されるように、天皇制国家と共産党の双方に魅入られていたのも、「戦中派」の青年たちだった。だがそうした青年たちは、共産党活動にも、過剰なまでの崇高さを求めがちだった。元少年飛行兵の身から共産党に入党した高田佳利は、一九五九年にこう述べている。[20]

僕の人間に対する信頼感というのは飛行兵時代につちかわれた。飛行機に命を託すというときには、飛行兵と整備兵、航空隊全部の人間がきちっとあつい人間の信頼というきずなで結びついているのです。このきずながないと飛行機は飛びませんからね。それこそ純粋無雑という、あのころよくいわれた言葉があてはまります。戦後革命運動の一翼をになおうとして動いたとき、僕の心情というのは、革命運動に携わる人間のあいだには、出世主義とか人を陥し入れて平気でいるような人間なんて、いるとは考えられなかった。ところが、そういう人間がいることを知った時に、僕は愕然としてしまったんです。それで僕は、そういえば部下を捨てて逃げた特攻隊の司令官もいたな。左翼や右翼の指導者という手合には、共通心理がありやがると、激しく憎悪したんです。それでベタボレからさめるのです。

こうして共産党に入党した青年の多くは、五〇年代前半の党内抗争と、六全協による方針転換に失望して脱落した。あとに残ったのは、戦争指導者とおなじく、共産党の指導者に「裏切られた」「欺かれた」といった心情だった。こうした心情が、共産党系知識人の戦争協力をあばく吉本の言論活動が、支持を集める基盤となったのである。

もっとも、このような「純粋」志向や挫折などは、青少年期の心理としてはありふれたものである。いわば「戦中派」知識人の特徴は、敗戦を二〇歳前後で迎えたという事情のため、青春期にありがちな感情形成が、そのまま戦争や国家にたいする思想形成につながったことにあった。

こうした事情もあって、吉本隆明の思想は、年長世代や権威への反抗という、二〇歳の青年らしい特徴をもっていた。それにたいし三〇歳で召集された丸山眞男の思想は、バランス感覚と責任意識を特徴としたものだった。これは二人の性格の相違だけでなく、彼らが思想的原点となった戦争体験を何歳で迎えたかにも関係していた。

ただし、これまで述べてきた「戦中派」知識人の特徴が、この世代の人びとすべてに共有されていたかについては疑問もある。そもそも同世代のなかでも、人一倍に理念志向の強い人間が文学者や思想家になったことは、いうまでもない。しかもそれだけでなく、これまで引用してきた「戦中派」知識人たちには、同世代のなかでも特異な共通点があった。それは彼らのなかに、前線での戦闘経験者が少ないことである。

これまで述べてきた知識人についていえば、佐藤忠男は少年飛行兵として、白鳥邦夫は海軍主計学校生として、いずれも軍附属学校の生徒として内地で敗戦を迎えた。村上兵衛や村上一郎、梅原猛などは青年将校や学徒兵だったが、前線での勤務経験はなく、やはり内地で敗戦を迎えている。

そして「戦中派」知識人の代表格とされる三島由紀夫と吉本隆明は、太平洋戦争中に二〇歳を迎えたにもかかわらず、いずれも兵役を経験していない。三島の場合は、自伝的作品とされる『仮面の告白』の記述を事実とするなら、仮病によって肺結核の診断をうけとり、兵役を逃れていた。そして後述するように、吉本は理科系大学への進学という手段を使って、やはり兵役を免れていたのである。

そして吉本をはじめ、多くの「戦中派」知識人たちの敗戦描写は、一つの共通した特徴をもっている。その典型は、崇高な理念にもえて一途に死を信じていた状態から、まったく突然に八月一五日をむかえ、国家にたいする価値観が激変したというものである。

しかしこの語り方が、当時の平均的な敗戦体験といえるかどうかは、いささか疑わしい。たしかに、大部分の庶民は反戦思想を体系的には知らなかったし、降伏の情報を事前に入手することも不可能であった。とはいえ第1章で述べたように、戦争後期には厭戦気分やモラルの崩壊が広範に浸透していた。そうした状況を考えるなら、すべての国民が、敗戦の日まで政府の戦争スローガンを一途に信じていたとは考えにくい。

戦後に行なわれたアメリカ戦略爆撃調査団の面接調査によれば、敗戦を確信していた者は、調査対象者の五四パーセントにのぼっていた。ただし敗戦などを予告する米軍の宣伝ビラを信じた者の比率は、農村部よりも空襲をうけた都市部に多く、また若年者よりも年長者に多かった(21)。平和な時代を生きた経験があり、それなりに世知に長けていた年長者は、たとえ知識人ではなくとも、戦争を相対化してみることができた。敗戦を突然のものと受けとめたのは、皇国教育で育てられた純情な若者を中心とした現象だったのである。

しかも同世代のなかでも、純真な戦争観を敗戦まで維持できたのは、社会経験のない学生たちが中心だった。吉本や三島のような、徴兵体験のない者はなおさら、軍隊内部の不正やリンチ、戦場での虐殺行為などを目の当たりにすることがなく、政府のスローガンが美辞麗句にすぎないことに気づく機会をもてなかった。

それにたいし前線にいた兵士たちは、反戦思想を知識として知らなくとも、戦争に勝ち目がないことをよく知っていた。そのため、戦闘中の部隊で敗戦を迎えた兵士の回想では、「みんなホッとした顔をしてました」「いつかはこうなる、勝てない戦争だ、というのは以前から思ってました」「正直言って、ああ、よかった、と思うと同時に、どうしてもっと早くやめてくれなかったんだ、と思いました」といった言葉が少なくない(22)。逆に、降伏の知らせで悲憤慷慨したといった回想は、戦局が有利だった戦争前期にだけ前線にいた者か、戦闘経験のない青年将校や予科練生などに多かった。

内地で空襲を体験した者も、戦争スローガンの空虚さに、すでに気づいていた。敗戦時に一三歳の皇国少年だった小田実は、一九六五年にこう回想している。「開戦当初、私は『天皇陛下のために』死ぬのだと心をたかぶらせたのだが、それから三年たち、すでに空襲を何度となく経験し、飢えに苦しんでいたとき、『こんな負ける戦争をなんで始めたのだろう。』という意味のことを言った父に、私は腹をたて、『大東亜共栄圏の理想』を言い、『天皇陛下のために』という意味のキマリ文句を叫んだのだが、そのときには、自分でも『大東亜共栄圏の理想』や『天皇陛下のために』と自分とのあいだが妙にかけ離れてスカスカした感じで、気持がわるかったことをいまだに覚えている」。大阪大空襲を経験した彼は、一般住民たちが「ただもう死にたくない死にたくないと逃げまわっているうちに黒焦げになってしまった」のを、大量に見てしまっていたのだった。[23]

それにたいし、予科練生や青年将校は、外部から隔絶された基地や宿舎のなかに住み、皇国イデオロギーの純粋培養状態にあった人びとであった。彼らはいわば軍隊内のエリートであり、戦争末期には不足していた食料も、一般住民より多量に配給されていた。内地以外でも戦場にならなかった地域にいた者、たとえば台湾駐留の海軍青年士官だった中曾根康弘などは、内地以上に食料に恵まれた安全な環境にいた。

そのためこうした人びとの戦争体験は、前線の兵士はもちろん、空襲にさらされた一般住民よりも、むしろ安泰なものだった。陸軍の見習士官だった山田宗睦の回想によれば、内地の基地で教育をうけていたため、敗戦後に復員するまで「わたしたちは戦略爆撃の実態・敗戦の相貌をしらなかった」うえ、民衆が「軍人の白米をにくむ目」にも気づかなかったという。[24]

こうした山田にとっては、八月一五日は「とつぜん敗戦がとびこんできた。敗戦はいっさいの崩壊であった」という体験として受けとめられた。しかし同世代の知識人でも、南方戦線に徴用されていた鶴見俊輔などの敗戦観は、大きく異なっている。

それにもかかわらず、山田は敗戦経験について、「鶴見の型が少数派で、吉本・わたしの型が多数派であった」と断言していた。その背景にあったのは、反戦思想を知っていたのは年長の「知識人」であるはずで、そうした思想を知らなかった自分たち「戦中派」の感覚は、多数派の「大衆」とおなじであるはずだという「実感」だった。

そして一九五五年前後から、「戦中派」知識人が論壇に登場し、元青年将校や元予科練生の戦争体験談が、マスメディア上に大量に流布するようになった。この年代の文科系大学生の多くは学徒動員で予備将校になった経験があり、多くの優秀な少年が予科練を受験していたため、この年代の知識人には青年将校や予科練生出身者が多かったという事情が、この現象を促進した。

国民全体に占める青年将校や予科練生の比率を考えれば、彼らが語ったものは、平均的な戦争体験とはおよそ言えないものだった。しかし彼らの語る戦争体験は、敗戦を理想化したいという、国民の平均的な願望とは合致していた。多くの国民もまた、自分たちが勇敢かつ純真に戦争に献身し、天皇の命令によって「耐えがたきを耐え、忍びがたきを忍び」敗戦をうけいれたのだという神話を、好んでいたからである。

すでに一九四六年、坂口安吾は「続堕落論」において、こうした敗戦体験の神話化を、「嘘をつけ！　嘘をつけ！　嘘をつけ！」と批判していた。坂口は、こう述べている。「我等国民は戦争をやめたくて仕方がなかつたのではないか。竹槍をしごいて戦車に立ちむかい土人形の如くにバタバタ死ぬのが厭でたまらなかつたのではないか。戦争を終ることを最も切に欲してゐた。そのくせ、それが言へないのだ[25]」。

そして一九五五年前後から、上述したような「戦中派」知識人が、いわば特権的な敗戦観を語りはじめたとき、多くのマスメディアはそれを歓迎した。それは何よりも、高度成長が軌道に乗りはじめ、戦争の傷痕が癒えはじめていたこの時期において、人びとが期待する語り方にほかならなかったからだった。

そしてこうした敗戦の語り方は、戦争を知らない若い世代には、ごく自然なものとして受けいれられた。ことに「戦後民主主義」の「偽善」を攻撃していた新左翼系の若者は、こうした「戦中派」の語りを歓迎した。こうした語りが「民衆の戦争体験」であったなら、「進歩的知識人」が反戦意識を抱いていたというのは欺瞞であり、彼らは侵略戦争に協力していた過去を隠蔽しているか、あるいは民衆から浮きあがった特権的なエリートにすぎなかったことが立証されるからだった。

そこでは「戦中派」世代のノスタルジーと、戦争を知らない世代の批判意識が、「戦後」批判というかたちで共犯関係をなしていた。また「戦中派」知識人の特徴である、丸山らの世代の戦後知識人への批判、「大人」への反抗、知識や教養よりも自らの体験を重視する姿勢なども、全共闘運動の若者に歓迎される傾向があったようである。

吉本隆明は、上述してきたような「戦中派」知識人の特徴を、集約的に表現した人物の一人だった。そして彼は、高度成長の幕開けだった一九五五年に論壇に登場し、「戦後民主主義」への批判で注目を集めるようになるのである。

超越者と「家族」

吉本隆明は一九二四年に、東京市京橋区の下町で、小さな造船所を営む船大工の三男として生まれた。理科系の東京府立科学工業学校から、一九四二年には山形県の米沢高等工業学校に進んだが、哲学や文学を愛する早熟な青年であった。米沢高工時代には、欧米の小説、宮沢賢治や高村光太郎の詩、横光利一や太宰治の小説などのほか、日本浪曼派の保田與重郎や京都学派の哲学、そして小林秀雄の評論などを読み漁っていたという(26)。

戦後の一九五七年、吉本は出世作となった『高村光太郎』で、八月一五日の心情をこう書いている(『吉本隆明全著作集』第八巻一三九頁)。

わたしは徹底的に戦争を継続すべきだという激しい考えを抱いていた。死は、すでに勘定に入れてある。……死は怖ろしくはなかった。反戦とか厭戦とかが、思想としてありうることを、想像さえしなかった。傍観とか逃避とかは、態度としては、それがゆるされる物質的特権をもとにしてあることはしっていたが、ほとんど反感と侮蔑しかかんじていなかった。戦争に敗けたら、アジアの植民地は解放されないという天皇制ファシズムのスローガンを、わたしなりに信じていた。

当時としては刺激的だったこの文章は、吉本を論じる場合に、きまって引用されるものである。そのためこれまでの吉本論は、吉本は熱烈な皇国青年だったという先入観に拘束されることになった。

とはいうものの、ほかの著作に書かれた断片的な回想を総合すると、戦中の彼の実像はいささか異なるものだった。米沢高工での彼は、戦争への積極的参加を呼号する「武断派」と対抗関係にあった「クラスの文治派の中心」であり、「武断派」からは「度しがたい人物におもわれていた」という（四巻一九一頁）。

これも断片的な回想から総合すると、戦中の吉本を悩ました最大の問題は、大学に進学するか否かだった。一九二四年生まれの吉本は、米沢の旧制高工に在学のまま、一九四四年に徴兵検査をうけた。一九四三年末には文科系大学生の学徒動員が始まったが、技術者の卵である理科系の大学生は徴兵が猶予されていた。理科系の高等工業学校生だった吉本にすれば、大学に進学するか否かは、兵役に就くか否かの選択だった。

戦争末期のこの時期には、軍隊入営は死と同義語だった。米沢高工の同窓生たちで、大学に進学しない者は、続々と入営していた。この時期の吉本は、「幾日おきかに、少しづつ櫛の歯を抜くように『今生の訣れ』の宴を張り」、入営する同窓生を「駅頭へ見送り、騒ぎ立て、喚き、帰り道は、悄然とうなだれて寮に帰るという日々がつづいた」（一五巻四六一頁）。吉本を非難していた「武断派」のリーダー格だった学生の送別にあたってすら、「いつものとおり駅前で大騒ぎを演じた後、彼の列車が消えさるまで立ちつくした」という（四巻一九三頁）。

こうした状況のなか、武断派の学生は、「いまは、国家危急のときだ。きみたちは、大学進学など悠長なことをこの際返上して、すぐに軍隊に入るべきではないか」と、吉本たち「文治派」の学生に迫った（四巻一九二頁）。大学進学率が低かった当時にあっては、進学によって兵役を逃れることは、「一握りの学生だけにゆるされた特権であった」（一五巻四六二頁）。そうした特権を行使することは、死地に赴く同窓生を裏切り、苦闘する「同胞」に背をむける行為であるという罪責感が、吉本を苦しめた。

吉本は敗戦直後の一九四五年一一月に書いた宮沢賢治論で、この時期のことを、「祖国の促しの前に幾度か自明の苦悩をつづけたか知れません」と述べている。米沢時代の彼は、高村光太郎とならんで、横光利一や宮沢賢治などを愛読していたが、ここで彼はその動機を、「日々私達に決断を迫つてやまない祖国の苦悩の声に応じやうとするときに感ずるヨーロッパ的知性に対するひそかな旅愁」からだったと語っている（一五巻四一四、四一三頁）。当時の吉本にとって、「祖国」を相対化する「ヨーロッパ的知性」は、唯一の救いだったのである。

吉本は一九四五年一一月の宮沢賢治論で、こう述べている（一五巻四一八頁）。

祖国の危機の日に宮沢賢治は一日も私の脳裏を去りませんでした……若しここに優れた僧侶があり祖国の苦悩を超越して悠々と閑日月を送つて自らを高めてゐるとしたら……若しここに秀れた詩人があり彼が祖国の苦悩の日に、永遠の詩を書きつつあつたとしたら……私はそれらの人々を尊ばずには居られないだらう

しかし吉本は、「祖国の苦悩を超越」した姿勢に、憧れと同時に反発を抱いた。吉本はこの文章に続けて、「宮沢賢治には祖国がない」と非難し、「彼は畢竟一人の思想的コスモポリタンに外なりません」と述べている（一五巻四一八、四一五頁）。吉本にとって、戦争を超越する「永遠の詩人」への憧れは強かったが、同窓生や「同胞」に背をむける孤立感は耐えられないものだったのである。

ちなみに一九五八年、吉本は「転向論」を発表し、戦前の共産主義者が転向したのは、弾圧や拷問のためよりも「大衆からの孤立(感)」が最大の条件であった」と主張した。この論文によれば、転向とは、「西欧の政治思想や知識に頼って「日本的な小情況」をあなどっていた「田舎インテリ」におこる現象だというのだった（一三巻九、一〇頁）。

こうして揺れ動いた吉本は、しかし結局、軍隊に入営する道を選ばなかった。一九四四年九月、吉本は米沢高工を繰上げ卒業して東京にもどり、東京工業大学電気化学科に進学したのである。

進学を決意した主な理由は、家族との関係だったようである。一九九九年のインタビューによると、第一次大戦の青島《チンタオ》戦線に従軍した経験があった吉本の父親から、戦死の大部分はみじめな病死や轢死などにすぎず、「戦争という

のはお前の考えているようなものでもない」と説得されて、兵役を思いとどまったという。[27]

とはいうものの吉本は、父親の説得をすんなり受け入れたわけではなかった。上述の一九九九年のインタビューでは、吉本は父親の話を聞いて「水をぶっかけられるような思い」をし、「親父はさすがだな」と思ったとだけ述べている。[28] しかし一九六四年の「過去についての自註」では、自分の大学進学について、「それが嫌でさんざん家人を手こずらせた」と述べており、父親とは相当の葛藤や対立があったことがうかがえる（一五巻四六二頁）。

「祖国の危機」に応じようとする純真な息子と、それを引きとめる家族という構図は、戦争末期には一般的なものであった。一七歳で少年飛行兵を志願したある「戦中派」知識人は、志願を引きとめる母親にたいし、「国が亡びるかどうかというときに、小さな家とか個人の生活なんか考えていられますか」と反論して入営したと回想している。[29] こうした「国家」と「家」の対立が、総力戦体制を麻痺させる「私的な家」のエゴイズムとして問題とされていたことは、第2章でみたとおりである。

吉本は、国家という共同性の圧力にたいして、ヨーロッパ思想によって国家を超越する「個人」、すなわち「永遠の詩人」になりきるという方法で対抗しようとしたが、それだけでは孤立感に抗しえなかった。しかし彼は、家族という国家とは別の共同性に依拠することで、国家が与える罪責感から脱しえたのである。

とはいえ吉本は、「家」を全面的に肯定していたのではない。彼が中学卒業後に東京を離れ、わざわざ米沢の学校に進学したのは、家族から独立したいという動機からだったという。[30] 後述するように、彼の出世作となった『高村光太郎』でも、高村と父親との確執が描かれ、「家」は「日本封建制」の象徴として批判されている。その彼が、父親の説得に屈して進学を決意したことは、一種の屈辱でもあったろう。いわば吉本は、兵役に就くか否かの選択に迷うなかで、「永遠の詩人」に対してと同時に、「家」に対してもアンビバレントな感情を抱えこんだのである。

そして、家族のほかに、吉本に進学を決意させた要因がもう一つあった。権威への反発である。

前述したように「武断派」の学生たちは、吉本たち「文治派」に、大学進学を放棄して兵士になることを説いた。ところがそのさい「武断派」学生たちは、「われわれは学長の内意をうけてきた」と付けくわえたという（四巻一九二頁)。吉本は「武断派」の学生が、「学長」という権威をかりて献身を説く姿勢に、反発を感じたのである。

そしてもう一つ、「武断派」の学生たちが借りた権威は、知識人であった。吉本の回想によると、一九四三年ごろ、米沢高工に国民服を着こんだ講師が現われた。その講師は、それまで吉本が知っていた粗雑な「農本主義ファシスト」とは異なり、哲学的な味つけを施した「東亜の有機的未来」を説き、労働の合理化による「生産力」の増強をうたって、哲学青年の吉本にも「奇妙に論理的な説得力を感じさせた」。そしてその講師は、次々に学生を講習に連れてゆき、講習からもどった学生は「狐がついたみたいに」兵役につくことを唱えだしたという(四巻一九一頁)。

こうした状況のなかで、「文治派」のリーダー格だった吉本は、学長や講師の権威を借りた「エピゴーネンに屈服してなるものか」と決意した。そして吉本はある日、「武断派」学生にむかって、「大学に進学することが、どうして国家のためにならぬのか説明してもらいたい」と反論したのである(四巻一九二頁)。

科学技術の研究は、国家によって認められた戦力増進の一環であった。「武断派」の学生も、この主張に反論することは困難だった。吉本の反論に力をえた「文治派」の学生たちは、「武断派」を説きふせ、彼らの進学への決意が固まった。

とはいうものの、「大学進学を固守したけれど、内心の悩みは解かれたわけではなかった」。吉本は敗戦直後に書いた宮沢賢治論の一節で、戦局の窮迫を考えれば、「私は既に科学技術が祖国を救ひ得る時期は過ぎたと思ひました」と告白している。そうである以上、進学も国家への貢献であるという反論も、兵役を免れるために「詭弁をつかって反撃」したにすぎないことを、吉本自身も自覚していた(四巻一九三、一九二頁、一五巻四一四頁)。

これも吉本の回想によれば、いつものように入営する学生たちの送別会を行なったとき、泥酔した学生の一人を肩にかついで学生寮に連れかえった。そのときその学生は、「餞別のつもりらしく『ああ、吉本か。お前は自分の好きな道をゆくんだな。』と一言だけ云った」。吉本にはこの言葉が、強烈な印象になって残った。そしてその後、その学生が特攻隊員となって死んだという知らせが、吉本のもとに届いた(四巻一八五―一八六頁)。

こうした経緯のため、吉本は戦後に自分の大学進学について、「その特権を擁護するために自己嫌悪に泌みこむような体験もした」と述べている（一五巻四六二頁）。また一九五七年の論考によれば、戦後もずっと「米沢ときくと後めたい思いに襲われ」、汽車で通過した以外は一度も訪れなかったという（五巻六六二頁）。

こうした事情をふまえると、先に引用した「死は怖ろしくはなかった。反戦とか厭戦とかが、思想としてありうることを、想像さえしなかった。傍観とか逃避とかは、態度としては、それがゆるされる物質的特権をもとにしてあることはしっていたが、ほとんど反感と侮蔑しかかんじていなかった」という文章は、戦中の吉本の実像というよりも、彼がこうありたいと思った理想像であることがわかる。戦後に彼が引きずった罪責感の重さが、こうした理想像をつくりあげたという側面もあったろう。坂口安吾なら、これを「嘘をつけ！　嘘をつけ！　嘘をつけ！」と評したかもしれない。

こうして吉本は、東京工業大学に進学した。しかし戦況逼迫のため、講義はほとんど行なわれず、吉本も一九四五年春には勤労動員で富山県の工場に送られた。こうしたなかで吉本は、大学進学は「死の執行猶予」にすぎないと考えた（四巻一九二頁）。三年すれば卒業して徴兵となり、遅かれ早かれ入営した同級生と同じく死に直面するだろうという予測が、進学を決定した罪責感を弱めていたと思われる。

こうした吉本にとって、八月一五日は、「何の精神的準備もなしに突然やってきた」。敗戦の知らせを聞いた吉本は、「じぶんが生き残ってしまったという負い目にさいなまれ」、「徹底的に戦争を継続すべきだという激しい考え」を抱いた。敗戦直後の吉本は、「降伏を肯んじない一群の軍人と青年たちが、反乱をたくらんでいる風評」に望みを託し、その蜂起に参加して死ぬつもりでいたようである（八巻一四〇、一三九、一四二頁）。

しかし結局、こうした蜂起はおこらなかった。代わりに吉本がみたのは、人びとが「天皇の『終戦』宣言をうなだれて、あるいは嬉しそうにきき」、復員する兵士たちが「背中にありったけの軍食糧や衣料をつめこんだ荷作りをかついで」故郷に帰ってゆく光景だった。吉本は後年、これを「まったく意外」だったと述べ、「このとき絶望的な大衆のイメージをみた」と述べている（一二巻二〇頁）。

こうした光景が「まったく意外」だったのは、吉本が純真で理想肌の青年であり、周囲の厭戦気分を理解していなかったことを示している。というよりも、降伏に安堵する気持が自分のなかにも存在するからこそ、理解したくないというのが実情であったろう。敗戦の知らせを聞いたとき、彼は「徹底的に戦争を継続すべきだという激しい考え」を抱いたものの、同時に「じぶんの戦争や死についての自覚に、うそっぱちな裂け目があるらしい」ことを自覚させられて、「いやな自己嫌悪をかんじた」という（八巻一四〇頁）。

それは、吉本自身が、「絶望的な大衆」の一員であることを自覚させられることにほかならなかった。吉本にとってそうした「大衆」とは、国家の理念に動員されることを拒否し、家族との私的生活に満足する存在にほかならなかった。こうして彼のなかに、「大衆」を嫌悪すると同時に、自分自身が「大衆」の一員であるというアンビバレンスが埋めこまれることになる。

こうして吉本は、戦争体験によって、何重ものアンビバレンスを背負いこんだ。それは、「戦死」への憧憬と恐怖であり、「永遠の詩人」への崇敬と反発であり、「家」と「大衆」への愛情と反感であった。そしてその根底にあったのは、兵役を免れたことで級友を裏切り、「同胞」を裏切ったという罪責感だった。そして戦後の吉本は、こうした罪責感を与える国家や「公」の理念との闘いに、全力を投入してゆくことになる。

「神」への憎悪

敗戦後、吉本は富山の工場から東京にもどり、空襲後の廃墟のなかで、「権力の分配機構をあてにできなくなった人々」が、「自己防衛の本能」によって生活している状況になげこまれた。そして「この体験は、わたしの人間理解に決定的な影響をあたえた」（八巻一三七頁）。

その一つは、焼跡・闇市の無政府状態のなかで、「人間どんなことをしたってだれから文句をつけられる筋合はないのだという原理を体得した」ことだった（五巻六七四頁）。特攻隊員として死んでいった米沢時代の同窓生が発した、「ああ、吉本か。お前は自分の好きな道をゆくんだな」という言葉は、彼に強い罪責感をあたえていた。そうした罪責感を和らげてくれたのが、焼跡生活の無政府状態だったといえる。

そしてもう一つは、「戦争がつくっていた連帯感」が消滅したという孤独感だった。戦後において、「同じ連帯感に結ばれていたと信じた人々が、ほとんどばらばらに動きだし、ばらばらに戦争体験の意味づけをやりだして、どこに共通の戦争をともにした事実があったのかを疑わざるをえなくなった」のである（八巻一四一、一三八頁）。

ことに吉本にとって、連帯感の消滅を印象づけたのは、戦後になって「戦争に抵抗したという世代があらわれた」ことだった。思想として自覚的に戦争を批判するという発想がなかった吉本は、これに「驚倒」した（八巻一三八、一三九頁）。彼が生命を捧げるか否かで苦悩した「祖国」の内部に、自分の献身を批判的にみていた人びとがいたという事実は、吉本が思い描いていた「祖国」や「連帯感」が、虚像にすぎなかったことを意味していた。

ことに吉本が「連帯感」の消滅を意識したのは、彼が愛読していた詩人の高村光太郎が、「文化」によって日本を再建することをうたう詩を発表したときだった。高村の熱烈なファンだった吉本は、高村の理解者を自負していた。そして高村は、日中戦争期から戦争賛美の詩を大量に書いており、吉本は尊敬する高村の詩を読んで、兵役に就くか否かの悩みを深めていたのである。

吉本にしてみれば、自分と連帯感で結ばれているはずの高村は、自分とおなじく敗戦によって打ちのめされ、絶望を抱えていなければならないはずだった。その高村が、文化で日本を再建するという、「希望的なコトバを見出せる精神構造が、合点がゆかなかった」。吉本はこう述べている（八巻一四二頁）。

高村もまた、戦争に全霊をかけぬくせに便乗した口舌の徒にすぎなかったのではないか。あるいは、じぶんが死とといかえっこのつもりで懸命に考えこんだことなど、高村にとっては、一部分にすぎなかったのではないか。わたしは、この詩人を理解したつもりだったが、この詩人にはじぶんなどの全く知らない世界があって、そこから戦争をかんがえていたのではないか。

いうまでもなく、吉本が高村の理解者を自認していたとしても、それはファンにありがちな一方的な思い入れであった。幼少期からずっと戦争状態だった吉本とは異なり、高村をはじめとした年長世代にとって、戦争が生涯の一部分の意味しかもたなかったのは、ごく自然なことだった。のちに吉本と対談した平野謙は、「戦争はいつか終るだろう」という前提のもとに、戦時中を「仮の姿だと思って」やりすごしていたと述べ、「しかし吉本さん以下の世代では、あれが仮の姿じゃなく、ひとつの絶対のものと受け取った」と評している。[31]

自分にとってはすべてであったものが、相手にとっては一部にすぎなかったこと。「じぶんが死ととりかえっこのつもりで懸命に考えこんだこと」が、一方的な片想いにすぎなかったこと。二〇代前半の文学青年だった吉本は、こうした現実を思い知らされて、「絶望や汚辱や悔恨や憤怒がいりまじった気持で、孤独感はやりきれないほどであった」（八巻一四二頁）。彼が一九五〇年ごろに書いたメモには、「結局地上に存在するすべてのものは僕のために存在するのではなかつた」「可哀そうな僕！」といった言葉が連ねられている（一五巻八六頁）。

それと同時に、東京裁判の衝撃がくわわった。アジアでの日本軍の残虐行為と麻薬政策があばかれたことで、吉本は「青春前期をささえた戦争のモラルには、ひとつも取柄がないという衝撃をうけた」。それは彼自身のモラルの基盤が崩壊しただけでなく、米沢時代の同窓生をはじめとした「戦争犠牲者の死は、無意味になる」ことでもあった（八巻一三九頁）。

もちろん、戦争が侵略行為にすぎなかったことは、吉本も認めざるをえなかった。しかし、吉本の「絶望や汚辱や悔恨や憤怒」は、客観的な判断を受けつけなかった。当時のメモで、吉本はこう述べている（一五巻九七頁）。

> 僕は一九四五年までの大戦争に反戦的であつたと自称する人たちを信じない。彼らは傍観した。真実の名の下に。僕らは己れを苦しめた。虚偽に惑はされて。何れが賢者であるかは自明かも知れぬ。
> だが僕はそう明な傍観者を好まない。

彼は同じメモで、「僕の軽蔑する人たちは戦争が来やうと平和が来やうといつも無傷なのだ」と記している（一五巻九七頁)。もはや吉本にとって、客観的な善悪や賢明さなど、問題ではなかった。評価の基準になるのは、当人が「死ととりかえつこのつもりで」「全霊をかけ」たか否かであった。もし全身全霊を賭けたならば、必ず自分とおなじく敗北の傷を負っているはずであり、客観的な賢明さを説く者は、彼が「傍観者」であったことを証明しているにすぎないというのである。

もちろん、吉本が年長の知識人たちを「無傷」だと考えたのは、これまた一方的な思いこみであった。これまでの章で明らかにしてきたように、年長世代の知識人たちも、吉本とは別の形ではあったが、戦争によって悔恨の傷を負っていた。ただし年長世代の知識人たちは、自分が戦争体験からうけた悔恨の傷を、明示的には語りたがらなかった。それは何よりも、自分に勇気が不足していたことを公表するに等しいからだった。

ところが吉本の世代は、そうした種類の悔恨をもたなかった。そのため彼らは、自分は戦争に献身し、降伏によって裏切られ傷ついたという体験談を、むしろ誇張的に公表することになった。こうして吉本は、自分たちこそが戦争で一方的に傷ついた世代であり、年長世代は戦争を無傷ですごした傍観者だという認識を抱いたのである。

しかし一方で吉本は、世俗を超越した「永遠の詩人」への憧れを抱いていたはずだった。また何より、兵役を免れた彼自身が「傍観者」ではなかったのかという疑問も、当然にありうるはずだった。おそらく彼は、戦中の自分に自己嫌悪と罪責感を抱いていたぶんだけ、「傍観者」への憎悪を強めたのだと思われる。

こうして吉本は、敗戦後に、二つのものへの憎悪を燃え立たせた。一つは、「降伏を決定した戦争権力」であり、もう一つは「戦争を傍観し、戦争の苛烈さから逃亡していながら、さっそく平和を謳歌しはじめた小インテリゲンチャ層」である(八巻一四三頁)。

前者の「権力」への憎悪は、かつて吉本が愛した「祖国」への幻滅となって現われた。のちの一九六〇年、吉本は「私たち戦争世代は、国家的な制約、民族的な幻想などを、もっとも、はげしく打ち破られた世代にぞくする」と述べ、「敗戦の当初など、国家とか民族とか日本人などということばは、きいただけでも傷がしみだすのを感じた。いまでも、抵抗なしには、このようなことばをつかいえない」と書いている(一三巻四五頁)。

そして後者の「インテリ」への憎悪は、「平和と民主主義」をうたう戦後知識人への反感につながった。敗戦後、吉本はかつて愛読していた京都学派などの著作を、「皆うそっぱちだ」と考えて売り払ってしまった。そして、「にわか転換の平和も民主主義も、文学者も、みな胸くそが悪いばかりだった」ため、マルクスの原典を読んだほかは、聖書や仏教書を「唯一の場所」として読みふけっていたという（五巻六七四頁）。

第5章で述べたように、マルクスの著作や聖書を読んだというのは、多くの死と価値観の激変に直面した、当時の二〇代の青年にありがちな行為であった。敗戦直後には、吉本は魂の救いをもとめて富士見坂の教会に通い、牧師の説教を聞いたりしている。

しかし吉本は、結局はキリスト教に反発した。彼は牧師の説教を聞いているうちに、「綺麗事じゃないか、新約書なんて、そんなものじゃないよ」と考えた（五巻六七〇頁）。また共産党にたいしては、戦争に抵抗したという主張に違和感を覚え、「なにをいってやがるのか」という反発だけを感じた。(32) 結果として吉本は、キリスト教や共産党を、傾倒の対象としてではなく、反発の対象としながら思想を形成してゆくことになる。

一九四七年に東京工業大学を卒業した吉本は、彼の専門であった化学系の職場を転々としていたが、勤務時間が終わればただちに帰宅して自分の思索をメモに書き連ねるという毎日を送っていた。そしてそれらのメモには、「神権と王権」、すなわち神と国家にたいする非難の言葉が数多く記されている（一五巻八七頁）。

それでは、吉本はなぜ、キリスト教と国家に反発したのか。それは一言でいえば、彼は自分に罪責感をかきたてる権威を、徹底的に嫌ったからだった。

周知のように、キリスト教は「原罪」の重さを強調し、それを救済する神への信仰を説くものであった。しかし吉本にとっては、兵役を免れたことによって刻印された罪責感からの解放が、重大な課題であった。そうした彼にとって、「原罪」を強調することで神への献身を引きだすキリスト教は、「同胞」への罪責感をかきたてることで天皇という「現人神」への献身を引きだす国家と、同列の存在として映ったのである。

当時の吉本のメモによれば、「人類が宗教を否定してゆく過程は、とりもなほさず人類が被支配者たる自らの位置を否定してゆく過程である」。彼はこの時期、「正系主義が支配と搾取とを、人種学的および神学的論拠を以て理論づけることは、どこでも同じである」という言葉をいくども引用し、「立法と行政が、神と帝王から離れて民衆の手に移されるのは何日のことか」と述べて第一インターナショナル設立の年号を記している（一五巻八九、八〇、八七頁）。当時の彼が、宗教と国家を最終的に否定するマルクスの思想に影響されていたことは、いうまでもない。

しかし当時の日本共産党は、積極的に「民族の独立」を掲げていた。吉本は、これに激しく反発した。彼はこの時期のメモで自分を「エリアン」と呼称しているが、「コミユニスト、ファシスト供に民族の独立を主張す。エリアンこれに不信」と記し、「祖国のためには決して立たず。人間のため、強ひて言へば人類における貧しいひとびとのため」と唱えている（一五巻八五頁）。

さらに敗戦直後の吉本のメモには、「神」と「国家」への反発以外に、もう一つの特徴が現われていた。それは、現状に代わる秩序や理念を構築することではなく、秩序や理念そのものを否定する無政府状態への志向である。

これらのメモで吉本は、秩序を正当化する「正系主義」を非難すると同時に、「秩序とは搾取の定立のことである」と記し、「誰が結果のために行動するだらうか」「暴徒を信ずる」と述べている（一五巻八〇、八九頁）。こうした主張は、当時の正統マルクス主義とはやや異質であった。

もともと吉本は、あらゆるモラルが崩壊した敗戦後の無秩序状態のなかで、はじめて罪責感から解放される安堵を感じていた。そして彼はこの時期のメモで、「僕らは正しいことをやる奴が嫌ひだ。正しいことはしばしば狡猾に巧まれた貪慾である」と述べている（一五巻一一四頁）。人間を拘束するあらゆる秩序や理念、そして国家と神に代表される権威への反抗が、吉本の基本的志向をなしていたといってよい。

こうした無政府状態への志向は、「平和」な秩序への反発につながった。彼はこの時期、「エリアン　おまえは此の世に生きられない　お前は平和が堪えられないのだから」という詩を書いている。そして一九五九年の文章では、戦後の生活をこう述べている（五巻六六六頁）。

敗戦で復帰した世界は平和で、生命の心配はまずないとしても、意外にこまごましてしち面倒な日常であった。なぜ、口紅や女のプリント染めをつくるために高度の技術をつかわねばならないのだろう。ビニールの風呂敷をつくるために学問をしなければならないのだろう。なぜ、書類のたばをさばくために老いねばならぬのであろう。このような、自問自答がはてしなく生活のなかでくりかえされる。

吉本にとって、自分が科学技術を学んだのは、口紅や風呂敷をつくるためではなく、兵器をつくるためであるはずだった。そして敗戦後の平和に違和感をもち、戦争へのノスタルジーを語ることは、多くの「戦中派」知識人にみられた現象であった。こうした平和な日常への違和感のなかで、吉本は「暴徒」を夢見るメモを書き、秩序を支えている「正義」や「倫理」に反発していたのである。

ただしこのことは、吉本が非倫理的だったことを意味しない。当時のメモでは、「戦後世代の特質はそれが極めて倫理的であるといふことである」「倫理性はこの場合しばしば反倫理の形で表出される」と述べられている(一五巻一一六頁)。反倫理の形態をとった倫理の追求は、坂口安吾の「堕落論」などにも顕著だった。吉本も人一倍にモラルとの葛藤に苦しむタイプであり、後述するように一九五四年には「反逆の倫理」という論文も書いている。

そして吉本がもっとも憎悪したのは、他者に倫理を説いて罪責感をあたえながら、自分はその倫理に全身全霊を賭けていない者であった。彼は当時のメモで「正しいことをやる奴が嫌ひだ」と書いていたが、それは「倫理が他人がそれに従服すべきもので自らは関知せぬと思ってゐるものは、この正義の士のうちにある」という認識からだった(二五巻一一四頁)。もちろんこれが、吉本たち「戦中派」世代に戦争への献身を説きながら、戦後に自決も沈黙もしなかった年長者への反感と結びついていたことは、いうまでもない。

そして吉本にとって、「神」と対置される「大衆」は、あらゆる倫理や理念と無関係な存在であった。[33] 一九六六年の江藤淳との対談で、吉本はこう述べている。「僕は人間の存在というのはなにかというと、よけいなことをだんだん考えだしていくということだと思うのです。はじめは、どこかそこらへんの、木の実があれば木の実、あるいは獣がおれば獣を獲って食っている。草があれば、食えそうな草を食っている。そういうような形でいるのが、だんだんよけいなことを考えるようになって……ルールのようなものを作ってしまう」(一四巻四五二頁)。

人間が生みだした神や国家によって、逆に人間が拘束されてゆくという図式には、マルクスの影響もうかがえる。しかしそれと同時に吉本は、敗戦直後の焼跡生活を回想して、「草のうえに寝たり、着物や靴をはいたまま寝たりすることも覚えてしまった」と述懐してもいるのである(五巻六六六頁)。

吉本にとって、あらゆる倫理や正義が無に帰した焼跡生活は、戦死した同窓生が発した「お前は自分の好きな道をゆくんだな」という言葉で植えつけられた罪責感を、忘れさせてくれるものだった。しかし、そうした状態にある「大衆」が、「正義の士」の扇動などで「よけいなことを考えるようになって」ゆき、罪責感を植えつけられ、やがて救いをもとめて神や国家の奴隷となってゆくというのが、吉本の基本的な認識だったのである。

逆に吉本が憧れたのは、いっさいの罪責感をもたない人間であった。一九五七年に、吉本は今井正監督の映画『純愛物語』の映画評で、こう述べている(五巻六三〇頁)。

> わたしは、人間は喰えなくなったら、スリでも、強盗でも、サギでもやって生きるべき権利をもっていると、かねてからかたく信じたいと思っているが、この映画の主人公貫坊と恋人の不良少女ミツ子は、まさしく、そういうモラルの体現者なので、わたしが狂喜したのは云うまでもない。
>
> 二人は、商売のもとでを稼ぐため、べつに悪びれるところもなく、デパートの客の懐中を荒しに出かけ、あわやというところで捕ってしまう。おまけに、少年院に送られようとしても、さらに後悔する様子もなく列車から飛下りて逃げてしまう少年と、感化学院におくられても悔悛の色なく、良心派の女子教官を殴りつけて、脱走しようとする少女は、じつにいい。

ここで吉本を「狂喜」させたのは、少年と少女が「後悔」や「悔悛の情」をもたず、罪責感をかきたてる「良心派」を殴りつけて、「逃げてしまう」という行動パターンであっただろう。とはいえ吉本は、スリや強盗をして「生活」する権利を「信じたい」と言っているのであって、「信じている」のではなかったのである。

ただし、吉本の「神」に対する反発は、敗戦後に現われたのではなく、彼が進学をめぐって悩んでいた高校時代から存在したものであった。吉本は米沢時代末期の一九四四年五月にガリ版刷りの詩集をつくり、そこに「無神論」という詩を収録している。それは、以下のようなものであった（一五巻四七頁）。

さあれどんな場合でも／人間をはなれて「神さま」があつたり／人間の外側に「理想」があると思ふのはインテリと呼ぶメタ人類の／淋しい暗い幻覚なのでせう
一先づ私はこのやうにして／一つの無神論の口火を切ることにより／今までの文化と人に戦ひを言はねばなりません

おなじ詩集に収録された「原子番号二番」という詩では、吉本は「文化人」を形容して、こう述べている。「ぎたぎた眼が青く光り　虚妄の毒舌を口にふくんで　どんどん私を追って来るのは　彼らのうちの手強い顔ぶれです」（一五巻三七頁）。おそらくこの表現は、彼に入営を迫った「武断派」の学生や、学生を扇動した講師の姿に重ねられていただろう。

しかし、吉本はこうした状況の打開を、「大衆」になりきるという方向では行なわなかった。そうであるためには、彼はあまりに理念的であり、また倫理的でありすぎた。

代わって吉本が行なったのは、攻撃対象よりもさらに倫理的な姿勢をとることによって、既存の権威の偽善性をあばくことであった。一九五四年、吉本の無名時代における最大の著作『反逆の倫理──マチウ書試論』が発表された。この評論は、聖書のマタイ伝の分析を通して、原始キリスト教団が観念的な「神の倫理」を打ちたててゆく模様を描き、これを徹底的に批判したものだった。

米沢時代の詩「原子番号二番」では、彼を苦しめる「文化人」への対抗手段を、こう述べている（一五巻三七頁）。

私はこれは最後の切札なのですが
とても苦しい道なのですが
彼らよりもつと一途に青白くなることにより
彼らをむざんに踏みつけることより外に
どうしてよいか判らないのです

こうして吉本は、『マチウ書試論』を公表した翌年の一九五五年から、当時における「正義」の象徴ともいうべき存在だった、共産党や進歩的知識人への攻撃を開始した。それは、進歩的知識人の偽善性をあばくこと、すなわち知識人の戦争協力を追及するという形で行なわれた。これ以後の吉本は、共産党の権威が低下し、「平和と民主主義」への倦怠が潜在していた雰囲気のなかで、一気に論壇の注目を集めるようになるのである。

戦争責任の追及

吉本が共産党の攻撃にむかった背景には、彼なりの戦後体験があった。その一つは、吉本の詩論が、共産党系の論者から批判されたことだった。吉本は一九五〇年前後から大量の詩を書いており、私家版の詩集を発行していた。そして一九五四年三月、吉本は『新日本文学』に、「日本の現代詩史論をどう書くか」という評論を寄稿した。

吉本はこの数年前から、詩にかんする独自の思考を形成していた。その基本的な主張は、秩序への抵抗という彼の思想を、言語表現としての詩にあてはめたものであった。

吉本によれば、詩における「感性の秩序」である韻律の発生は、「人間の感性が自らの欠如感覚を充塡しようとする上昇志向」のために、「人性から神性の方へ」という「上昇」をおこしてしまうことが原因である。そして現代詩の役割は、この「神性」へとむかう「上昇志向」によって築かれた「現実の秩序」に抵抗し、韻律の支配を打ち破ることにある。その戦いの重要性にくらべれば、詩人が共産党の綱領に従うか否かといった問題は、「空騒ぎ」にすぎないというのだった（五巻三一三、三三五頁）。

こうした吉本の詩論は、後年のポスト構造主義の言語理論に共通する部分もあり、それなりの思考を経たものではあった。しかし、内容ではなく表現様式が問題なのだという主張は、もともと彼が愛読していた小林秀雄が唱えていたものだった。そのうえ吉本の論文は、彼独特の晦渋な表現に満ちており、しかも当時の詩人や知識人を「日本の詩意識の構造にたいする、本質的な無智が集中してあらわれている」とか「でたらめきわまるもの」などと罵倒していた（五巻三一三、三一八頁）。

そのため吉本の詩論は、共産党系の批評家から、「日本がいま、アメリカ帝国主義のまつたき支配をうけている事実をヌキにして、どうして現実の社会構造をとらえることができるのか」という、見当ちがいの批判をうけるにとどまった。吉本はこれに怒り、この批評家を「絶対的な思想の背にまたがつて、自己陶酔してゐる選民」「かかる人物は、神棚か教会へでも祭つておいた方がいい」などと非難する草稿を書き残している（一五巻四四五、四五二頁）。

こうした経験に、もう一つの事態がくわわった。労働運動において、吉本が共産党から批判されたのである。

敗戦後、「特攻隊から共産党へ」という言葉に象徴されるように、「死に場所」を求める「戦中派」の若者たちが、ラディカルな革命運動や労働運動の担い手となった。吉本もまた、化学系の職を転々としながら、各職場で組合活動を組織し、過激なストライキを試みては経営者からパージされるという生活を送っていた。

そして一九五五年、吉本は当時勤務していたインキ会社で、若手を中心とした組合執行部とともに、ストライキ闘争を計画した。彼はこのときの経験を、「壊滅的な徹底闘争を企てた」と回想している（一五巻四六六頁）。

しかし年長の組合幹部たちは、吉本と一緒に「壊滅」する意志はなく、経営者と妥協を図ろうとした。また共産党は六全協の前後から、過激な運動を抑制する方向に動いていた。この地域の共産党細胞も、吉本たちの闘争姿勢を、「日常闘争をかえりみず、ストライキ主義的な指導をおこなった」と批判したのである（四巻一九七頁）。

こうした経緯もあって、吉本らの闘争は失敗に終わった。吉本は懲罰人事で職場をたらいまわしにされ、それに抗議して辞職してしまう。その後の彼は、職探しに苦労しただけでなく、既婚女性との恋愛関係にも悩み、彼自身の形容によれば「泥まみれ」の状態に追いこまれた。こうしたなかで、共産党と年長の労働運動家が、「降伏を決定した権力」として憎悪の対象となっていった。

こうした吉本にとって、共産党と天皇制国家、そしてキリスト教は、いずれも人間に罪責感をかきたてることで、忠誠心をひきだす存在だと考えられた。吉本は一九六一年に「前衛的コミュニケーションについて」という論考を書き、彼が考える共産党の典型的論法を、以下のように述べている。「『きみはじぶんが小市民インテリゲンチャであることを認めるか?』、『認める』、『きみは労働者階級が資本主義を止揚させる主体であることを信ずるか』、『信ずる』、『ならばきみは小ブル的個人主義から脱皮しプロレタリア的人間としての自己形成をかちとることを誓うか』、『誓う』」(一三巻一〇〇―一〇一頁)。

プロレタリアートや「民衆」への罪責感をかきたてようとするこの論法を、吉本は「狐付きの軍国主義者ども」が戦中に唱えた「天皇の教育勅語まがいの偽善的な御託宣」になぞらえている(一三巻九六頁)。吉本は戦後においても、「ああ、吉本か。お前は自分の好きな道をゆくんだな」という戦死者の言葉が生みだした罪責感に苦しめられていた。そうした彼にとって、自分に罪責感をかきたてる存在とは、叩き潰すまで闘うしかなかったのである。

こうしてインキ会社を退職した吉本は、特許事務所に職をえて生活費を稼ぐ一方、評論の執筆を始めた。そのテーマとして彼が選んだのが、かつて愛読していた高村光太郎を批判することと、共産党系の「前世代の詩人たち」の戦争協力をあばくことだった。

一九五五年一一月の評論「前世代の詩人たち」と、並行して発表された高村光太郎論において、吉本は過去の自分を熱烈な皇国青年として描く一方、プロレタリア詩人の壺井繁治や岡本潤などが、戦争賛美の詩を書いていたことを暴露した。おりしも六全協の余波で、共産党にたいする批判が、論壇のなかで高まりつつあった時期だった。吉本の問題提起は、この潮流に合致したかたちとなったのである。

これを皮切りに吉本は、共産党系文化人の戦時期の言論をつぎつぎと取りあげ、「頬かぶりの名手」「盗賊の手口」「こういう手合いが民主主義者づらをしていることを、断じて許容しまい」などと撫で斬りにした（五巻四二、四三頁）。吉本によれば、「戦後文学」は、「ひとくちにいってしまえば、転向者または戦争傍観者の文学である」というのだった（四巻一三〇頁）。

この時期の吉本の主張で有名になったのは、共産党の「二段階革命論」をもじった「二段階転向論」である。すなわち転向は、社会主義の放棄という第一段階だけでなく、プロレタリア文学の技法で戦争を賛美するという第二段階を経たのだというのである。吉本はこの論法から、「小林多喜二が生きていたら、火野葦平になったかもしれない」とプロレタリア文学の偶像破壊を遂行した（四巻一一五頁）。

小林多喜二と火野葦平を並列にするという論法は、敗戦直後に、「政治と文学」論争で平野謙が行なっていたものだった。また吉本が、戦後の文学者のなかで好んでいたのが、荒正人だった（四巻六四九頁）。荒正人の最大のテーマは、戦争によって経験した「観念と肉体の分裂」であった。また荒が、「観念と肉体の分裂」を克服しえた存在として、獄中非転向の共産党幹部だけでなく、特攻隊員を挙げていたことも、第6章で述べたとおりである。

もちろん吉本は、荒が抱いていたような、戦中に反戦意識を表明しえなかったという悔恨とは無縁だった。しかし荒が「観念と肉体の分裂」を問題にしたこと、共産党の権威を拒否したこと、「民衆とはわたくしだ」と宣言して年長者たちを批判したことなどは、やや変形したかたちで吉本に受けつがれた。もともと吉本は『近代文学』を愛読しており、『マチウ書試論』を『近代文学』に投稿しようとして果たせなかったという経緯もあったのである。(34)

もっとも吉本の戦争責任追及は、多分に彼の思いこみが入り混じったものであった。たとえば彼は一九五九年の評論で、米沢時代に学生を扇動した講師は、社会主義運動からの転向者ではないかと主張している。しかし彼は、何の論拠も示さないまま、その講師が「どう考えても、戦後生きのこり」「戦後は、日本共産党などに所属して」「いるような気がしてならない」と述べ、自分のストライキ闘争を批判した共産党細胞も、こうした「転向ファシストの影響」を受けていたのではないかと疑った」と記していたのだった（四巻一九四、一九七頁）。

しかし、共産党の権威に飽いていた同時代の論壇は、こうした吉本の主張に喝采を送った。反論を行なった共産党系論者にたいしては、吉本は「転向ファシスト」「傍観者」といった罵倒をくりかえし、「背信行為をあばき出された宗徒の狼狽」とあざけった(四巻一四五頁)。

当時の論壇において、吉本はほとんど無敵を誇った。多くの年長者たちは、自分の勇気の不足から戦死させてしまった吉本の世代に罪責感を抱いており、戦争中の協力や沈黙を指摘されれば対抗できなかった。反論を挑まれた場合には、吉本はまず相手を「転向者」「耄碌爺」などと罵倒し、論理的に論破されそうになった場合には、論理的な正しさは「傍観者」の証明であると反撃した。そしてそうした他者批判と対照させるように、彼は自分自身を、死を恐れずに闘った皇国青年として描き出していったのである。

「捩れの構造」と「大衆」

しかし吉本は、戦争責任を論ずるにあたって、戦争協力の事実を批判していたのではなかった。彼は一九五六年に、「わたしの奇妙な論敵たちは、たんに戦争詩をかいたとか、かかなかったとかいうことで、わたしが前世代の詩人たちを批判しているかのように故意に誤読している」と述べている(一三巻四二三頁)。吉本にとって重要なのは、戦争に賛成したか反対したかといった客観的賢明さの問題ではなく、その過程をどれだけ全身全霊をもって闘い、敗北の傷を負ったか否かであった。

つまり吉本が問うたのは、文学や思想の内容ではなく、文学者や思想家の姿勢であった。吉本は、兵役問題の救いを文学に求めた米沢時代から、「思想や芸術は生きたり死んだりの問題」だと認識していた。そして『高村光太郎』において吉本が批判したのは、「実行と芸術を二元的に分離」することだった(八巻一三九、一二頁)。

そして、吉本が「傍観者」と対比させたのは、全身全霊を闘いに捧げた戦死者であった。彼は「わたしたちの戦争責任論の根底には、いつも死せる同世代の哄笑が存在している」と述べ、この点が自分の戦争責任論を、「〈近代文学〉派の戦争責任論と本質的に区別している」と主張している。そして吉本によれば、戦後の「民主主義文学」は、

「戦争犠牲者の死を足蹴にして出発した」「転向者、傍観者、ニヒリスト」の文学であるがゆえに、許しがたいというのだった（四巻一九二、一九三、一三〇頁）。もちろん吉本が「戦死者」という場合に念頭にあったのは、米沢時代の同窓生だったろう。

一方で彼は、アジアの戦争犠牲者にはほとんど関心をもたなかった。彼は一九六一年に、武田泰淳を批判して、「中国に片想いし、戦争責任を感ずるくらいならわが死者を想え」と主張している（七巻三六二頁）。もちろん、彼の戦争責任追及の対象は年長世代であって、自分の世代の戦争責任を考えるという発想は吉本にはなかった。

そしてこの時期の吉本の特徴は、「戦死者」と「大衆」が、ほとんど同義語のように重ねられていたことである。彼は『高村光太郎』で、「支配者」と「インテリ」が、戦争を無傷で生き残ったと批判した。そうして彼は、「もっとも戦争に献身し、もっとも大きな犠牲を支払い、同時に、もっとも凶暴性を発揮して行き過ぎ、そして結局ほうり出されたのは下層大衆ではないか」と主張している（八巻一四三頁）。彼にとっての「大衆」とは、偽善に満ちた「知識人」や「傍観者」とは異なり、思想と行動を一致させて闘った人間のことであった。

こうした「大衆」像は、年長世代の知識人からは、違和感をもって受けとめられた。吉本に批判された詩人の岡本潤は、一九五六年の吉本との座談で、戦中の庶民は政府の戦争方針に面従腹背していたのではないかと主張した。それにたいし吉本は、「当時ぼくらが庶民といわれる中にいて、ぼくらが住んでいる世代の周囲の人たちを見るとそうではない」と反論した(35)。ここでの吉本は、あくまで米沢時代の同窓生を基準に、「大衆」を論じていたのである。

吉本の出世作となった一九五七年の『高村光太郎』は、こうした「知識人」と「大衆」の二項対立をもとに、高村を題材として「出生としての庶民と教養としてのインテリゲンチャとの矛盾」を描いたものだった。すなわち、ヨーロッパ的な知性を身につけて「よけいなこと」を考えるようになり、「先端的な言語と土俗的な言語のあいだ」に存在する「捩れの構造」に巻きこまれ、「日本の大衆」から孤立して「日常環境を設定できない」という問題を抱えてしまった知識人を、吉本はテーマにしたのである(36)。

吉本によれば、高村はヨーロッパ留学で人類普遍的な感性を身につけた結果、日本では「後進社会の優等生」として孤立した。とくに高村が対立したのが、父親に代表される「庶民の家」である。高村は「家」から脱出するため留学し、「新しい女性」である智恵子と生活した。しかし、それが社会からの孤立によって失敗したあと、高村は「庶民がえり」を行ない、戦争へとむかう「大衆的な動向」に巻きこまれたというのである（八巻二一、一〇七頁）。

一九五五年当時、吉本は既婚女性との恋愛に悩んでおり、旧来型の家制度と敵対関係にあった。彼が米沢の学校に進んだのも、家族から独立したいためだったことは、すでに述べた。ヨーロッパ的知性によって自己を支えようとした吉本が、戦中の孤立感に耐えられなかったことも、前述したとおりである。

「西欧的な知識人」と「日本の大衆」という対立図式は、一九五〇年代の論壇では一般的なテーマであった。しかし、吉本がこの「捩れの構造」を問題にしたのは、彼が批判した思想と行動の分離を解消するためだった。なぜなら、彼が戦争体験から与えられた罪責感は、戦争に献身する思想に惹かれていながら兵役を免れたという、思想と行動の分離から生じたものだったからである。

もともと吉本が『高村光太郎』で批判していたのが、「実行と芸術を二元的に分離」することだったのは、前述した。また彼が『マチウ書試論』で批判したのも、大衆の現実生活から遊離した「神の倫理」を打ちたてる「原始キリスト教の観念的二元論」だったのである（四巻七六頁）。

そして吉本が、「捩れの構造」の解決として提示した方法は、一種独特であった。彼は自己に沈潜することと他者に服することの二者択一を否定し、「客観描写を内在化（主体化）する」ことを唱えたのである（八巻一二頁）。吉本によれば、これは「自己の内部の世界を現実とぶつけ、検討し、論理化してゆく過程」である（五巻五三頁）。つまり、外の世界を拒否するのではなく、外の世界に服従するのでもなく、自分の思想や言語表現のなかに世界をまるごと含みこんでしまうことである。そうすることで、自己の内部と外部のあいだにある「捩れの構造」が解消される。後年には、吉本はこうした状態を、「大衆の原像を繰りこむ」と表現することになる。

これは詩人であった吉本が、世界のすべてを自分の詩のなかにとりこんでしまう希望を表現したものと言ってよかった。吉本が『高村光太郎』において、こうした方法論を提示したのも、文学表現を行なうさいの姿勢としてだった。

ところが彼は、のちに政治評論を書くようになっても、同様の論理を維持しつづけた。

一九六〇年代になって、吉本が新左翼運動に影響力をもつようになると、吉本の政治思想には現実的基盤がないという批判もでた。しかし吉本の側は、一九六七年の鶴見俊輔との対談で、「思想というものは、極端にいえば原理的にあいまいな部分が残らないように世界を包括していれば、潜在的には世界の現実的基盤をちゃんと獲得しているのだ」と主張し、「それは自立しているということであって、その世界を包括しえていれば、いかなる事態であろうと、だれがどう言おうと動揺することはない」と述べている（一四巻四七三、四八〇頁）。

つまり吉本にとって、政治思想も一つの言語表現であり、表現として完成していることが「現実的基盤」だった。そうして世界のすべてを自分の言語表現にとりこみ、「捩れの構造」が解消されれば、戦中に彼を悩ました孤立感や動揺は消滅し、思想と行動のずれから生じる罪責感もなくなるはずであった。いわば吉本にとって「自立」とは、「お前は自分の好きな道をゆくんだな」という戦死者の声をふりきり、罪責感と動揺を超越して、世界のすべてを包含する「永遠の詩」を書く状態に到達することだったといってよい。(37)

そして吉本にとっては、あらゆる罪責感や動揺をふりきった表現こそが、真に人の心を動かす力となるはずであった。吉本は一九六六年の江藤淳との対談で、「きわめて個人的にといいますか、きわめて孤立的に存在していた知識人の生みだした、文化なら文化というもの、文学なら文学というものが、時代をほんとうは転換させていくと思います」と主張していた。また一九六八年の竹内好との対談では、戦中を回想して、「文学者に、戦争文学なんていうのは書いてもらいたくないというふうに思っていました。もっと現実離れでいいから、たしかに文学であるというふうにいえるものを、とにかく渇望していたとおもいます」と述べている（一四巻四四五、六二八頁）。もちろん彼にとってその典型は、「永遠の詩人」である宮沢賢治であったろう。

こうした主張は、文学者の創作姿勢論としては、一定の説得力をもっていた。ところが吉本は、社会運動家や政治家も、おなじ論法で批評した。彼は労働運動家で詩人だった谷川雁を評して、「作品自体として自立している」のは谷川の詩だけであり、谷川の政治評論は現実の運動との関係を基盤としているから「完結した表現と呼ぶことはできない」と述べている。また毛沢東が唱えた「革命戦士は魚で人民は海」という言葉は、「比喩のうちで最も単純な直喩で、そんな直喩で語れる形式論理は、究極的には駄目」であり、「そういう奴が革命をやったってどうってことはない」というのだった。(38)

もともと、詩人が社会の構造をつかみとる力は、その詩人がどのような言語感覚の詩を書くかによって計られるというのが、吉本の詩論の主張であった。その場合、できあがった詩が、現実社会の政治問題をどう論じているかなどは、彼にとって二次的な問題であった。

鶴見俊輔は、こうした吉本の思想の特徴を、詩人の言語観に求めている。すなわち、「詩においては、言葉とものとが区別されないことによって、詩独自の世界が成りたつ。言葉はここでは『もの』そのものである」。原始社会の人間が〈雨乞いの儀式〉と〈雨が降ること〉を一体のものと考えているように、詩人にとっては言語表現と現実世界は同じものなのであり、その前提があるからこそ「詩は未開人の呪術とおなじように、力を発揮する」。そして吉本は、「詩における言葉の魔力」で評論を書いているのであり、それゆえ「異常な純粋性」と「現実についての実証的分析を拒否する排他的信仰をつくり出す」というのだった。(39)

そして一九五八年に、吉本は戦前の共産主義者たちの転向を論じた「転向論」を発表した。この論文によれば、転向とは「日本の近代社会の構造を、総体のヴィジョンとしてつかまえそこなったために、インテリゲンチャの間におこった思考変換」である。そしてそれは、弾圧や暴力よりも、「大衆からの孤立(感)」が最大の条件」となって発生したという(一三巻六、九頁)。すなわち転向とは、自己の思想のなかに「大衆」をはじめとした世界のすべてを含みこむことに失敗したがために、動揺が生じてしまった状態にほかならない。(40)

そして吉本はこの「転向論」で、獄中非転向の共産党幹部たちをも、「『非転向』な転向」と断定した。吉本によれば、獄中非転向幹部に代表される思考様式は、自己の思想に「大衆」を含みこむことなく、ただ所与の思想を墨守した「天動説」であり、「はじめから現実社会を必要としていない」(一三巻六、一九頁)。そもそも吉本の考えからすれば、無傷で思想を保った者は、傍観者にほかならないのである。

代わりに吉本がここで賞賛したのは、中野重治の自伝的小説『村の家』だった。この小説の主人公は、転向による敗北の傷を負いながらも、「日本封建制」の象徴である故郷の家と、「平凡な庶民」である父親と対決し、文学表現を継続したというのである。

第6章で述べたように、一九四七年に福田恆存が獄中非転向幹部にほぼ同趣旨の批判を行なったさいには、単なる保守反動として黙殺された。一九五八年においても、年長の共産党系知識人たちは、戦時期に一〇代にすぎなかった吉本が、思想弾圧の実相を知らずにつくりあげた立論だと反発した。だが概していえば、吉本の主張は若い世代のみならず、共産党に劣等感を抱いていた年長の知識人たちからも、好意的な反響をよんだ。

こうした吉本にたいし、共産党を擁護する花田清輝が論争を挑んだ。論争の発端になったのは、文学の戦争責任問題をあつかった一九五六年の座談会で、両者が衝突したことだった。そして、この座談会で明らかになったのは、花田と吉本のあいだに、文学と政治の関係についての考えに大きなギャップがあることだった。

花田はこの座談会で、文学の政治的評価は、その作品がどれだけ現実の変革に貢献したかで計られると主張した(41)。戦前の社会主義者の多くがそうであったように、花田は戦中には、『軍事工業新聞』という御用機関で働かざるをえない状況に追いこまれていた。しかし花田は、自分は転向を装いながら、労働者の悲惨な状況を改善するために、労働能率の向上という建設的提言を装った時局批判を書いたのだと主張した。

第2章でみたように、この種の「建設的」批判は、戦中の知識人たちが辛うじてなしえた抵抗だった。敗戦時に三六歳だった花田によれば、当時は弾圧を避けるため、与えられた紙幅の四分の三までは戦争賛美の文言を書き、残りの四分の一で間接的に時局批判を行なったのであって、当時の読者はその事情をよく理解していたと主張した。そして花田は、「レジスタンスは現実に働きかける力を持っていなければならない」と述べ、自分が書いた記事は、生産の合理化や工場衛生の改善に貢献したと主張した。

ところが吉本にしてみれば、生産の合理化などは、米沢時代の講師のような「社会ファシスト」の論理にほかならなかった。吉本にすれば、言語表現は表現として「自立」していることが最大の抵抗であり、それが「現実」にどのような効果をもったかは問題ではない。ましてや、偽装抵抗といった「捩れ」た言語表現などは、批判の対象でしかなかった。そのため吉本は花田にたいし、表面的であれ戦争を賛美した偽装的表現は、それによって欺かれた「大衆に対する責任」があると主張した。

それにたいし花田は、言語表現としての抵抗などは「気休め」にすぎないと述べ、偽装的な表現が「大衆」を欺いたという「客観的なデータ」があるのかと問うた。吉本の側は、「大衆に対する責任」とは文学表現の倫理問題であり、「読者が一人もいなかったとしても」発生する「表現自体の責任」だと主張した。

この返答に面くらった花田は、「君は個人的な体験に即して作品を取り上げているのであって」「作品と大衆の関係を問題にしているのではない」と反論した。すると吉本は、「ぼく自身」が「大衆」であると述べ、自分の体験から言語表現の「大衆に対する責任」を問うことの正当性を主張した。要するに吉本にとっての「大衆」とは、言語表現と現実、思想と行動が一致している状態をさした言葉であり、その地点から花田の「偽装」を攻撃したのである。

吉本と花田が、いくらかでも内容のある議論を行なったのは、この座談会だけだった。その後に数年にわたり続けられた「論争」は、もっぱら吉本が、花田を「転向ファシスト」「花田爺」などと罵倒するだけのものだった。それにもかかわらず、人びとは吉本に喝采を送り、この論争は共産党の権威低下を象徴するものとして、戦後文学史におけるもっとも重要な論争の一つと位置づけられた。

いわば吉本が注目を集めたのは、吉本の思想の価値そのものよりも、人びとが共産党の権威低下を願っていたからにほかならなかった。敗戦後一〇年以上が経過した高度成長の入口にあって、知識人たちは、戦中の悔恨の記憶をよびおこす獄中非転向の神話を、厭わしく感じるようになっていた。六全協による共産党の転換を批判して脱党した元党員たちも、社会変革の夢を捨てたという負い目があった。そうした人びとにとって、自分に罪の意識をかきたてる「正義」が、泥を塗られて破壊されてゆくありさまは、彼らの罪責感を和らげてくれるものだった。いわば吉本は、人びとが戦争によって与えられた悔恨を消去する、触媒の役割を果たすようになっていたのである。

それと同時に、戦争を知らない若い世代、とくに共産党に対抗していた新左翼系の若者たちにとっては、吉本は共産党や年長世代の権威と闘うヒーローとして映った。吉本が熱烈な皇国青年だったという自己提示も、「戦後民主主義」や「平和」に倦みはじめていた若者たちに、新鮮な印象をもって迎えられた。

しかし、一九五〇年代の時点では、吉本が攻撃していた「正義」は、共産党だけだった。彼が「民主主義文学」とよんで批判していたものは、民主主義を賞賛した文学一般のことではなく、敗戦直後に共産党系の文学者たちが「民主主義文学」を名のって書いた、プロレタリア文学運動の延長線上にある文学のことだった。

しかし一九六〇年代に入ると、吉本は丸山眞男をはじめとする非共産党系知識人たちにも攻撃の鉾先をむけ、共産党に限定されない「戦後民主主義」への批判を開始した。その契機となったのが、一九六〇年の安保闘争だった。

安保闘争と戦死者

吉本の思想は、一九六〇年代に入ると、微妙な変化を迎える。その背景となったのは、高度経済成長であった。『高村光太郎』に典型的にみられたように、一九五五年ごろの吉本は、日本社会の「後進性」を強調していた。ところが一九五九年には、花田との論争において、吉本は「日本は後進国ではありません。レッキとした高度の資本主義社会であります」と強調したのである（四巻五二九頁）。

さらに吉本は、一九五六年末には熱愛した既婚女性との結婚が成就し、やがて彼自身も父親となって、安定した家庭生活を築きつつあった。彼は花田との論争で雑誌『近代文学』から賞を受けたが、その賞金の一部は電気洗濯機の購入に充てられたという[42]。高度経済成長は、確実に吉本自身の生活を変えつつあった。

そして六〇年安保闘争が盛りあがりつつあった一九五九年一一月、吉本は「憂国の文学者たちに」という評論を発表した。ここで彼は、『新日本文学』に集められた進歩派の文学者たちの寄稿が、安保改定を「民族的」な危機と位置づけていることに反発し、「戦争世代は、民族的な、あるいは国家的な幻想共同体の利益のまえには、個人は絶対的に服従しなければならないという神話に、もっとも、ひどくたぶらかされ、呪縛をうけてきた世代である。わたしたち、戦争世代の戦後社会でのたたかいは、いかにして国家とか民族とかいうものを体制化しようとする思考の幻想性を打ち破るか、という点に集中された」と主張した（一三巻四九七頁）。

吉本はこうして、「民族の危機」を唱える文学者たちを批判する一方、安保反対の根拠として「大衆」の「生活」を挙げた。すなわち、安保改定は日本の対米従属のシンボルではなく、日米両国の「独占支配のシンボル」であり、この独占資本の搾取によって、大衆の「生活がむしばまれ」ている。そして、「大衆は、これらの文学者の日本人の従属とか民族の危機とかいう発言には動かされなくても……個人の生活権や人権を侵すような国家の法律などは、わが身の利害にかかわる段になったら、絶対に従わない」というのである（一三巻四九六、四九九頁）。

ここには、吉本の「大衆」観の、微妙な変化が現われていた。たしかに吉本はそれ以前から、「大衆の生活」を掲げて知識人批判を行なっていた。しかしそこでの「大衆」とは、西欧的な知識人を孤立に追いこむ「後進性」の象徴であった。また「大衆」は、政府の戦争スローガンに熱狂して徹底的に闘い、傷ついた存在であるはずだった。ところが一九五九年になると、日本社会の「後進性」が否定されるとともに、「大衆」は生活を守るために政府の戦争スローガンを拒否すると主張されていたのである。

いわば吉本には、二種類の「大衆の原像」が存在した。その一つは、戦争に熱狂し、吉本を孤立に追いこんだ、米沢時代の同窓生と戦死者たちであった。そしてもう一つは、入営を主張する吉本を説得した父親であり、降伏を喜びながら故郷に帰っていった兵士たちであった。

まったく矛盾するこの二つの「大衆の原像」は、しかし、一つの共通点を持っていた。それは、吉本が忌み嫌った「捩れの構造」、すなわち思想と行動の分裂から生まれる罪責感が、両者ともみられないことだった。前者の「大衆」は戦争スローガンを信じて死ぬまで戦ったという点で、後者の「大衆」は戦争スローガンを平然と拒否して生活を守ったという点で、それぞれ「捩れ」をもたない存在だったのである。

こうした二種類の「大衆の原像」は、吉本の内部分裂の投影でもあった。その一つは、戦争スローガンを信じ、生死の問題で悩んだ自分だった。そしてもう一つは、降伏に安堵し、焼跡生活のなかで生活を営んだ自分だった。高度経済成長によって、生活が安定するにつれて、吉本のなかで前者の「大衆」がしだいに退き、後者の「大衆」がせりあがってきたのである。

こうした吉本が、六〇年安保で支持した勢力は、共産主義者同盟（ブント）であった。吉本によれば、安保を対米従属問題とみなす共産党と異なり、ブントはこれを日米独占資本の政策とみなすという「総体のヴィジョン」を獲得しており、それゆえ「国家的な規制力や民族的な封鎖性」を脱していた（一三巻二九、四五頁）。すなわちブントは、世界のすべてを思想にとりこむという「自立」を達成して動揺をふりきり、神や国家の権威から自由な状態に到達しているというのである。

もともとブントは、六全協で穏健化した共産党を批判し、より過激な革命路線と徹底闘争を掲げており、「壊滅的な徹底闘争」や「暴徒」を好む吉本の志向に合致しやすい党派だった。こうして吉本は安保闘争で、全学連主流派を支持する知識人として注目され、学生たちの支持と共産党からの非難をうけることになる。

六〇年安保闘争で、吉本の憎悪の対象となったのは、「反米愛国」を掲げる共産党がデモをアメリカ大使館の方へ誘導し、国会に突入した全学連主流派が孤立したという事件だった。これは吉本からすれば、共産党や民族主義への反感からいっても、全身全霊を賭けて闘う若者たちを見捨てたという点でも、許しがたい行為だった。安保闘争のあとに、吉本はこう書いている（一三巻一二七頁）。

わたしたちは、かつて、このような情景を体験したのではなかったか？　兵士となった青年たちと大衆とが戦闘のなかで死に、将軍たちが生き残った情景を？　現実的な生活者大衆は死に「知識」人が生き残った情景を？

……よくたたかったものは死に、たたかわないものが生き残った情景を！

もちろんここでいう「大衆」は、戦争に熱狂し、戦死した「大衆」である。吉本はこうして、「組織的壊滅をかけてたたかった」ブントを、「よくたたかって『死んだ』行動者」として絶賛し、六月一五日の全学連主流派のデモ隊を「あたらしいインターナショナリズムの渦」と評価した。そして、「いま、わたしの関心をもつのは、安保闘争の負傷者や重傷者だけである。そうだ、死者もまたわたしの意識の底に重く沈んで、どうやら太平洋戦争の死者たちの像とかさなっている」というのだった。(43)

そして安保闘争終焉直後、吉本は彼の名を高めた「擬制の終焉」という評論を発表した。これは、吉本や谷川雁、黒田寛一など、新左翼から支持を集めていた論者たちが六〇年安保を総括した、『民主主義の神話』という共著に収められたものだった。そして吉本が行なったのは、共産党や進歩的知識人たちを、徹底的に闘うことをしなかった傍観者として批判し、「民主主義の神話」を「擬制」として解体することだった。

そしてこの評論では、共産党だけでなく、丸山眞男をはじめとした非共産党系の知識人も、「市民民主主義派」として攻撃対象に加えられていた。理由の一つは、彼らが全学連の直接行動を全面的には評価しなかったことであり、もう一つは、彼らが安保闘争の渦中で実現された民主主義の定着を強調して「勝利」を述べていたことだった。吉本にとっては、徹底的に闘わなかった者が敗北の傷を負わず、「勝利」をうたうことなど、許しがたいことだった。

そもそも吉本においては、闘争にかんする人間像は、三種類しかありえなかった。第一は徹底的に闘い、思想と行動を一致させて戦死する者。第二は、生き残った負い目を抱え、敗北の傷とともに生きてゆく者。そして第三が、闘いを傍観し、傷つくことのない「支配者」や「知識人」であった。そうした吉本にとっては、「勝利」をうたう者がいれば、それは傍観者であったことの証明にすぎなかったのである。

竹内好の回想によれば、安保闘争の渦中である一九六〇年五月末に、吉本とある会合で激論になったという。竹内によると、「対立の要点は、私がプログラムの必要を力説」したのに対し、吉本は「プログラム無用説だった」ことだった。(44) もともと「誰が結果のために行動するだらうか」という信条の持主だった吉本は、安保闘争でもひたすら「壊滅的な徹底闘争」を志向していたのである。

だが同時に吉本は、六〇年安保闘争で一つの思想的危機に直面した。それは、彼がこの闘争のなかで、「戦死」に対する自己の感覚を、再検討させられたことである。

六〇年安保闘争において、吉本は各地で講演を行なうとともに、全学連主流派を支援するデモに参加した。樺美智子が死亡した六月一五日には、全学連主流派とともに国会構内に突入し、構内で開かれた集会で演説を行なっている。ところがその直後、吉本は学生とともに警官隊に追われ、隣接の警察庁舎に入ってしまった。逮捕された吉本は、数日の留置のあと釈放され、出迎えた妻と娘に会って安堵した。

吉本は一九六〇年末に、六月一五日の警官隊との押しあいを回想して、「おれもここで死ぬなと一時は観念せざるをえなかった」と述べている(一三巻五五五頁)。第12章で述べたように、鶴見俊輔は安保闘争において、死を覚悟していた。しかし吉本は、鶴見よりも過激な闘争を訴えていたにもかかわらず、その押しあいから逃げ、捕われの身となって生還した。すなわち彼は、戦争と同様に、安保闘争でも死ななかったのである。

吉本は一九六一年に、自分の「安保闘争の心理的総括」を行なった。彼によれば、安保闘争で刻印されたものは、「警官隊の棍棒におわれて我さきにと遁走したときの屈辱感と敗北感」だった(五巻六七八頁)。警官隊の棍棒から逃げ、妻子に会って安堵してしまった体験から、彼は自分に「死ぬ覚悟はなかった」ことを自覚させられるに至った(一三巻八四頁)。

これは、吉本にとって思想的な危機であった。戦争に全身全霊を賭けない知識人を批判していた彼が、敗戦直後に体験したのとおなじく、「じぶんの戦争や死についての自覚に、うそっぱちな裂け目があるらしい」ことを自覚してしまったのである。吉本は一九六一年に、こう書いている(一三巻八四頁)。

一五歳から二十歳までのあいだ太平洋戦争中、わたしはひとかどの文学青年だったが、この戦争で死んでもいいとおもっていたし、またそれは平気であった。すると、わたしは、戦後十五年のあいだに生活的な執着をふやし、駄目になったのだろうか……。

敗戦時に二〇歳の文学青年だった吉本も、一九六〇年には三五歳の父親となっていた。そしてたとえば、第3章で検証した渡辺清は、「死んだ仲間から『あいつ一人でうまいことやっていやがらあ……』と思われるようなことはしたくない」と記していた。第11章で紹介した元パイロットは、「特攻に出て若い命を国のために捧げた隊員たちのことを思うと、自分だけ生き残って、いい暮しをするなんて、とてもできません」と述べていた。高度成長下の家族生活を楽しみつつあった吉本は、「ああ、吉本か。お前は自分の好きな道をゆくんだな」という戦死者の言葉に、どのような姿勢をとるかが問われるはずだった。

こうした問いにたいし、吉本が出した結論は、「自分の好きな道をゆく」ために、戦死者を否定することだった。彼は上記の文章に続けて、以下のように述べている(一三巻八四頁)。

そこで、わたしのなかに、ふたすじの感慨がわいた。ひとつは、戦争中のわたしは、人間とは何か、生きるとは何かということをまるで知らなかったといってもいいということだ。それだけに決断明晰があった。ことわっておくがこれは、良い悪いという倫理的なもんだいではない。事実のもんだいである。……もうひとつの答えは、やはり、死の認識、死をうけいれることができるかどうかが、思想の尻尾にたえずくっついて、何だかだといっても、生命知らずが強いということが、思想をしめくくるのは、まちがいではなかろうかということだ。

吉本は、「戦死」も思想的権威への従属だという。これはもちろん、米沢時代の吉本が、学長や知識人の権威を借りて入営を迫った「武断派」の学生たちに抱いた感情を、延長したものであった。

しかしこうした総括は、吉本の思想が、重点を変化させたことを示していた。一九五〇年代までの吉本は、思想に生命を賭けた「戦死」を、無条件に肯定していた。しかし自分に死の覚悟がないことが自覚された一九六一年には、吉本は自分が「駄目になった」のではなく、「戦死」のほうに批判的な視点を混じえはじめたのである。

こうした「戦死」観の変化は、前述した「大衆」観の変化とも、連動していた。「大衆」とは、思想に殉じて戦死するまで闘うという方向で「捩れ」を解決する存在なのか、それとも「生活」を防衛して思想を拒否する方向で「捩れ」を解消する存在なのかは、「戦死」を肯定的に描くか、否定的に描くかと不可分であるはずだった。

そして吉本が、「大衆」観を変化させはじめた一九五九年は、吉本と同世代の梅原猛が、家族と食べた「天ぷら」を称えて、「死の哲学」を批判した文章を書いた年でもあった。高度経済成長のなかで、妻子との「生活」をもった吉本は、しだいに「戦死」への願望を失いつつあったのである。

これが一種の「転向」であることに、吉本自身も気づいていた。彼は一九六六年に書いた評論で、同世代の橋川文三との会話を回想している。家族をもった吉本は、戦中の自分をふりかえり、息子を兵士として見送るさいの家族どうしの挨拶の重さがわかっていなかったと述べた。それを聞いた橋川は、かつては入営を主張して父親をてこずらせたはずの吉本にむかって、笑いながら「それ転向だな」と返答した。これを聞いた吉本は、「独身もののおめえにはわかるまいというようににやにやしながらも」、その指摘を「妙に鋭い印象で聴いた」という(一三巻三九八頁)。

そして、六〇年安保以降の吉本は、「大衆の生活」に介入する、あらゆる理念を拒否する方向にむかった。一九六五年の吉本の講演では、大衆とは「自己の生活にまつわる思想しかかんがえず、また国家権力がどうなっているかなどはあまりかんがえない」という存在とされ、「イデオローグが大衆のところにいき戦争を煽ったり、安直な平和理念を説くということにたいして大衆が見向きもしない」という状態が肯定されている(一四巻八〇、八一頁)。その「大衆」像の究極は、「生活」のリアリズムから吉本の入営を説きふせた父親であったろう。

そして吉本は、そのような「大衆を叱咤する紳士たち」を批判した(一三巻一三二頁)。その代表格とされたのが、丸山眞男だった。吉本は六〇年安保後に、丸山の批判を執拗に行なっている。

吉本の丸山批判は、二つの角度から行なわれた。その一つは、戦争に批判的な視点をもっていながら十分な抵抗をしなかった丸山は、思想に全身全霊を賭けなかった傍観者であり、「同胞の血まみれの姿」から孤立して「大衆の生活思想に、ひと鍬も打ちいれる働きをもっていなかった」というものだった(一二巻一九頁)。

こうした吉本の丸山批判は、知識人の権威に飽いていた若い世代、とくに丸山ら大学教授と対立した全共闘運動からは歓迎された。もっとも、戦争協力の過去をあばくという吉本の得意の手法は、汚点の少ない丸山には使えず、「陸軍一等兵として戦争に協力した丸山」という、いささか苦しい批判にとどまっている(一三巻三六二頁)。

そして、吉本による丸山批判のもう一つの角度は、特権的な知識人である丸山が、「大衆」を叱咤するイデオローグだというものだった。その一環として、吉本は『民主主義の神話』に収録された評論「擬制の終焉」において、『中央公論』一九六〇年八月号に掲載された丸山のインタビュー「八・一五と五・一九」をとりあげた。

第7章で引用したこのインタビューは、丸山が戦後の思想的潮流を、「『臣』から『民』への大量還流」「『民』の『私』化の方向」と総括し、政治的無関心にとどまる「私生活享受」を批判したものだった。そして丸山は、政治的無関心が六〇年安保で打破されたことを、日本に民主主義が根づきはじめた兆しとして賞賛していたのである。

しかし吉本は、こうした丸山の見解を、「擬制民主主義の典型的な思考法」であり、「日共の頂点から流れ出してくる一般的な潮流をたくみに象徴している」と非難した。そして彼は、こう述べたのである（一三巻六七―六八頁）。

敗戦の闇市的混乱と自然権的灰墟のなかから、全体社会よりも部分社会の利害を重しとし、部分社会よりも「私」的利害の方を重しとする意識は必然的に根づいていった。……丸山はこの私的利害を優先する意識を、政治的無関心派として否定的評価をあたえているが、じつはまったく逆であり、これが戦後「民主」（ブルジョア民主）の基底をなしているのである。この基底に良き徴候をみとめるほかに、大戦争後の日本の社会にみとめるべき進歩は存在しはしない。ここでは、組織にたいする物神感覚もなければ、国家権力にたいする集中意識もない。

吉本によれば、敗戦後に生まれた「社会の利害よりも『私』的利害を優先する自立意識」、かつて丸山が批判した「無気力なパンパン根性」や「むきだしのエゴイズムの追求」こそが、真の「民主」にほかならない（一三巻六八、一一七頁）。六〇年安保において、「死の覚悟」が自分に存在しないことを自覚した彼は、「私的利害」の優先こそが、神と国家の権威を無化する「自立」であると主張しはじめたのである。

丸山は前述のインタビューで、「市民」はプロの政治家とは異なり、部分的かつ持続的に政治に参加してゆくべきだと説いた。しかし吉本にしてみれば、政治に参加するならば戦死するまで闘うべきであり、部分的かつ持続的な参加などは、生ぬるい「傍観者」の態度にほかならなかった。おまけに丸山は、政治に部分参加をする「市民」を「在家仏教」と形容しており、これが吉本をよけいに刺激したことは想像に難くない。

吉本にとって、自分に「戦死」の覚悟がないことが明らかになった以上は、政治からの全面撤退しかありえなかった。彼は一九六一年に「頽廃への誘い」という論考を書き、政治集会に行くくらいなら「昼寝をします」と述べ、「昼寝はすくなくともゼロだ。全否定はプラスだ。やれ、人民民主主義革命だ、構造的改良だ、反帝・反スタ・プロレタリア党をつくれなどといっているのはマイナスだ」と宣言したのである(一三巻七六、八三頁)。

吉本にとってみれば、私生活への没入を批判する丸山の思想は、「ああ、吉本か。お前は自分の好きな道をゆくんだな」という戦死者の言葉を想起させるものであったろう。吉本にとって、共産党であろうと丸山眞男であろうと、「自分の好きな道をゆく」ことに罪責感をかきたてる存在は、否定せずにはいられなかったのである。

これは、まさに「私」による「公」の解体であった。こうした「私」志向は、敗戦直後から社会現象としては存在したが、多くの戦後知識人はそれを批判する立場をとっていた。「私」による「公」の解体という思想は、高度経済成長の入口にあたるこの時期に、「戦後民主主義」を批判する側から現われたものだったのである。

こうして六〇年安保以後、吉本は方向転換を遂げた。これ以後の彼は、こうした「私」の賞賛によって、あらゆる「公」の理念を解体してゆくのである。

国家に抗する「家族」

六〇年安保以後、吉本は仲間たちと雑誌を編集する一方、大量の政治評論を書き、あらゆる政治党派を批判した。一九六〇年代に生まれた無党派の市民運動も、吉本にとっては、共産党や社会主義国家の権威に追随した運動にすぎなかった。彼はべ平連を評して、「社会主義国家群に対する同伴運動ですよ。同伴運動というのは自立せる運動ではない。それ自体一つの世界を包括しうる運動ではない」と述べている(一四巻四七三頁)。

そもそも吉本は、「平和」を志向する運動を好まなかった。彼によれば、ベトナム戦争に反対なら「南ベトナム政府をつぶすか、じゃなければ自分たちがつぶれるか、それ以外にしようがない」。そうである以上、日本からベトナム停戦を唱える者は、「安全な〈第三者〉」であり、傍観者にすぎないというのだった（一四巻六二五、一三巻三二五頁）。

しかし吉本は、南ベトナム民族解放戦線を支持するという姿勢もとらなかった。吉本の見方では、第三世界の革命運動への支持などは、「レーニンの古典時代の『帝国主義』論のモデル地域を世界中にさがしあるいて……後進地帯の民族主義の闘争にそれをみつけた」にすぎないというのである（一三巻一六一頁）。

一九六〇年代以降の吉本は、日本の進歩派は「秩序に対して反秩序」であるにすぎず、いわば「秩序の補填物」だという見方をとっていた。そうした構造のなかでは、「現実運動をやれば、必ずそのどちらかの秩序に入ってしまう」（一四巻四二九、四三六、四三七頁）。戦後の右派と左派は「相互に写しあう鏡」であり、戦争に「生き残ったくせに、死者である大衆にたいして、自己の罪と罰とを対置することを知らぬスターリニズム左翼・リベラリスト」と「死に切ることができなかった右翼」にすぎず、「どのような勢力が勝利をしめたとて、そんなことに何の思想上の意味もない」というのだった（一三巻一九三頁）。

吉本によれば、「ほんとうの反秩序というのは、秩序あるが故に反秩序が存在しうるというようなものではなくて、秩序と、絶対的に、つまり精神的にも存在的にも衝突してしまうもの」だった（一四巻四二六―四二七頁）。もちろん吉本にとって、感性の「上昇志向」によって倫理や論理を持ってしまったものは、すべて「秩序」であり、神か国家の権威に服従したものだった。そして究極の「反秩序」とは、倫理や罪責感が与える動揺をすべてふりきった「自立」の状態であった。

六〇年安保以前の吉本は、そうした「反秩序」を、死ぬまで戦うことで思想と行動の「振れ」を解消し、この世の彼岸となった「死者である大衆」に求めていた。だが六〇年以降の吉本は、おなじ「大衆」という言葉を使用しつつも、それを戦死者にではなく、あらゆる「公」的秩序を無化する「私」生活に見出していった。

もちろんその「私」は、丸山が唱えたような、近代的な責任主体としての「個人」や「市民」ではなかった。第16章で述べるように、一九六〇年代のベトナム反戦運動では、鶴見俊輔や小田実などによって、国家をこえる「人間」

や「市民」という思想が唱えられた。だが吉本は一九六六年の講演では、「市民的社会における個人の特殊原理を尊重する意識というのは……近代国家というものを想定せずしては成りたたないもの」であり、「個人原理が国家原理を超えるなんていういいぐさは、自己矛盾にすぎません」と主張していた(一四巻一五四頁)。

そして吉本は上記の「市民」批判につづけて、「しかし大衆っていうものはそういうものではないわけです」「それはまさに国家自体を超えてしまう」と強調している。その「大衆」とは、「よけいなこと」を考えないがゆえに「感性の秩序」と無縁な存在であり、政治的無関心の「私」であるものだった。

一九六三年の評論「模写と鏡」では、吉本は既存の「政治」を解体するものとして、「大衆の政治的アパシーの力」を賞賛している。彼によれば、「生産の高度化がうながした大衆社会の力」こそが「スターリン主義の解体を促した」のであり、これは「肯定的にとりあげるべき象徴」だという。そして一九六一年には、弱者への罪責感をかきたてることで党への献身をひきだす「『前衛』的なコミュニケーション」を拒否して生活実体の方向に自立する」ことを主張した(一三巻一四七、一四八、九〇頁)。

しかし同時に吉本は、戦争中の経験から、孤立した「私」に依拠するだけでは、孤立感と罪責感に抗しきれないことを知っていた。そこで吉本が見出した共同性が、かつて彼を「戦死」からひきとめた家族だった。吉本は一九六〇年代中期から、家族と恋愛関係を、国家をこえる「私」的な共同性として賞賛してゆくことになる。(45)

まず一九六五年の評論「自立の思想的根拠」で、吉本は独自の国家観を打ちだした。彼によれば、国家はマルクス主義のいう生産様式の発展などとはかかわりなく、「それ自体の発展の様式をもっている幻想の共同性」である(一三巻二七一頁)。もちろん彼のいう「それ自体の発展の様式」とは、彼の詩論で主張されていた「人性から神性へ」という感性の「上昇志向」であり、「よけいなことを考えるようになって」しまう状態にほかならない。そして一九六六年からは、吉本は「個人幻想」「対幻想」「共同幻想」という図式を提示しはじめた。

吉本によれば、個人の「個人幻想」や、国家をはじめとした共同体の「共同幻想」にたいして、「対幻想」は互いに他者である男女の恋愛がつくるものであり、個人意識と共同体意識のどちらにも分類されない。それゆえ、近代国家と近代的個人が相互依存関係にあるのと異なり、「家というものが対幻想を本質とするゆえに、個人幻想と、それから共同幻想としての国家とにたいして特異な位相をもっている」という（一四巻一五六頁）。それはかつて彼が、自己に沈潜することと他者に服することの二者択一を排して、「自立」を唱えたことにも似ていた。

もちろん、「家というものが対幻想を本質とする」という規定は、恋愛結婚によって成立する近代的な家族を前提としたものであった。吉本が上記の思想を展開した『共同幻想論』が一九六八年に出版されたとき、人類学者の山口昌男は、この著作は古代の共同体意識を論じているにもかかわらず、吉本のいう「家族」は近代的核家族ではないかと批判した。しかし吉本の側は、山口を「チンピラ文化人類学者」などと罵倒しただけだった。[46]

もともと吉本は、一九五〇年のメモで、「人間は支配の秩序に馴致された精神の秩序を有つてゐる」と述べて「名誉欲、金欲、支配欲」を挙げたあと、「だから性欲はいちばん純粋なものだ」と主張していた（一五巻一六九頁）。そして『高村光太郎』でも、高村が「新しい女性」である智恵子と築いた恋愛生活を、「日本封建制」への対抗として描いていたのである。

もっとも『高村光太郎』の時点の吉本は、「家」の存在を、そうした恋愛に敵対する「日本封建制」の象徴として批判していた。しかし一九六〇年代以降は、吉本は「家」を恋愛によってつくられるものとみなすようになり、国家からの自立を保障する共同性として賞賛していった。[47]それは吉本個人の恋愛と家庭生活の軌跡と一致したものだったと同時に、高度経済成長のなかで「家族」のイメージが急速に変化していた時代背景とも適合していた。

そして吉本にとって、「家」は国家のみならず、「神」にも対抗する存在とされていた。「共同幻想」を打ちだした一九六六年の講演「国家・家・大衆・知識人」は、新約聖書マタイ伝の「我よりも父または母を愛する者は、我にふさわしからず」というキリストの言葉の引用から始められた。吉本はこの言葉を、「〈神の国〉なるものと〈家族〉とは両端にかけられた秤であり、人間はいずれかひとつを択ぶよりほかに方法がない」という意味に解釈している（四巻四五五頁）。もちろんマタイ伝は、彼が『マチウ書試論』で「神の倫理」を批判するために論じた書であった。

そして吉本は、家族の共同性が、国家につながるという考え方はとらなかった。彼は一九六八年には、「〈家族〉の共同性をどんなにかき集めても〈社会〉や〈国家〉の共同性にはなりうべくもない」と主張し、「家族国家とかいう概念」を使う知識人を批判している(四巻四六二頁)。

吉本の『共同幻想論』は、こうした思想をもとに、記紀神話や古代国家を批判的に論じたものだった。もちろんこれは、記紀神話や天皇と国家を分離して考えられない、彼の世代の発想を反映していた。

吉本の古代志向は以前から顕著で、一九五二年の詩論でも、「自我の問題は近代精神の系譜によってではなく、原始社会制度における且ての人間の自我の問題として解かれなければならない」と主張していた。[48] 自我の問題は近代資本制の問題だと考えられがちだった一九五二年には、こうした主張はほとんど相手にされなかった。ところが一九六八年には、「近代主義」批判の流れにのって、『共同幻想論』は若者たちに評判となった。

しかし吉本の文章は、「自立」とか「抒情の論理」といった、独特の感覚的な用語に満ちており、論理の飛躍も多かった。そのため一九六〇年代の戦闘的な学生たちは、吉本が「私生活」を賞賛した部分には注目せず、もっぱら共産党や「戦後民主主義」を批判した箇所や、国家や天皇制を論じた部分を読み、彼を共産党や国家の権威に反抗するラディカルな思想家とみなした。

しかし当時から、吉本の思想に疑問をはさむ者も少なくなかった。一九六〇年代に吉本と対談した相手が、異口同音に指摘したのは、吉本の「詩的発想」と「宗教性」だった。

たとえば竹内好は、吉本の論じ方は「非常に文学的とか、あるいは詩的発想」だと述べた。鶴見俊輔は、すべてを「全否定」して純粋さを追求する姿勢に「非常に宗教性を感じる」と指摘し、吉本の「擬制」批判は「『すべてのニセモノを倒せ』というスローガンに読みかえられて」「学生の純粋好みと結びついた」と評した。[49]

一九六六年の江藤淳との対談では、吉本は自分の姿勢をこう語っている。時代を動かすのは「死ぬときには家族、兄弟だけでたくさんであるという、そういうところでの思想」であり、「文学で言えば、おれは世界がどうなってても知らない、時代がどうなってもしらない。ただ時代があり世界があるとすれば、おれのなかにだけあるというような、そういうような文学」で、「自分のなかに世界を取り込んだというような、そういうものだけが動かす」。そして、

「思想というものは」「ほんとうは他者を要しない」のであり、「世界を包括しえていれば、いかなる事態であろうと、だれがどう言おうと動揺することはない」というのだった（一四巻四四五、四四六、四四四、四八〇頁）。

これに江藤は、「詩は世界を消すものです」「実際には世界を消してしまうことだけをやっているのに世界になにか寄与していると思いこんでいる人々が多い」と応じ、「絶対の反体制という夢は、やはり政治に託された、あなたご自身の詩なのではないか」と述べた。そして、吉本は「民主主義の神話」を批判したが、今では若者たちのなかに「吉本神話のごときものができつつある」と指摘している（一四巻四四八、四四三、四二八頁）。

吉本はこの江藤の意見に、「ただいたらざるがゆえにそう客観的に見えるかも知れない」と述べ、言語表現としての完成度をもっと上昇させればよいという見解を示した（一四巻四四八頁）。しかし、感性の「上昇志向」を批判し、獄中非転向の共産党幹部を「はじめから現実社会を必要としていない」と非難していたのは、吉本自身のはずだった。

とはいえ前述のように、吉本の著作は、およそ理解しやすいものとはいえなかった。当時は全共闘系の学生だった吉田和明は、「私たちのような並の学生には、とうてい読んでも理解しうるようなナンパな本でもなかった。そして、事実解らなかった」と回想している。やはり当時の大学生だった社会学者の桜井哲夫も、『共同幻想論』について、「わからないのに無理にとばし読みをして、理解できるわずかな部分からのみ、この本を理解したふりをしているにすぎなかった」と述べている。[50]

それにもかかわらず、吉田によれば、当時の大学では、吉本の著作を「胸に大事そうにかかえて歩く女子学生、男子学生の姿が流行っていた」。吉田はその理由として、学生たちは内容が理解できなくとも、そこに込められたメタ・メッセージを、「詩でも読むかのように」「心の奥底で感じてしまっていた」からだと述べている。[51]

たしかに吉本の文章には、当時の青年が好む要素が多分に含まれていた。年長世代の偽善を批判する純粋志向、「壊滅的な徹底闘争」をうたう戦闘的姿勢、国家や共産党といった権威への反抗、封建的な「家」との対決と恋愛の賛美、そして「自立」というスローガン。さらに何よりも、あらゆる権威を否定して「自分の好きな道をゆく」ことを正当化するという吉本が抱えていたテーマは、「詩でも読むかのように」学生たちに伝わった。

これも吉田の回想によれば、吉本の著作には「革命へ向って前進せよ、なんてアジテイションは一言も書いてなかった」にもかかわらず、「高倉健の映画を見たときと同じような壮快感を覚えた」という。[52] 第13章で述べたように、当時は高倉健が主演するヤクザ映画が、全共闘の学生たちの人気を集めていた。吉本が論争相手を罵倒する過激さも、敗北の傷を強調する姿勢も、戦闘的なロマンティシズムも、彼を痛快なヒーローとして映しだした。

そして吉本は一九五九年の評論で、自分たち「戦中派」を、戦前派の権威に挑む「反逆の息子」と形容していた（一三巻四九〇頁）。この当時、全共闘の若者から、広く支持を集めた思想家は、吉本と三島由紀夫であった。この二人は、いずれも兵役を免れたことに罪責感をもち、死を恐れず闘う皇国青年のイメージを演出していた「戦中派」だったという点で、共通していたのである。

全共闘運動のピーク時には、吉本には熱狂的なファンがつきまとい、長文の吉本隆明論を著わしたり、吉本宛てに手紙を書いて自殺する者まで現われた。ファンの一人に自宅までつきまとわれた吉本は、その若者を「自己の中心に他者をみることがまったくできない」と形容したが、しかし同時に、「幾分かは、わたしの影でもあるような資質である」と述べている（続一〇巻三五一頁）。

吉本自身の全共闘運動にたいする評価は、「ベトナム平和運動とかいうものより、大学紛争のほうが〈好き〉です」というものだった（一三巻六八五頁）。「暴徒」を賞賛し、結果を考えない「壊滅的な徹底闘争」を好む吉本としては、当然の反応だった。彼はあらゆる政治党派を批判するという姿勢から、当時の学生活動家も「毛沢東かぶれの馬鹿学生」「身のほどを知らぬ青二才」などとこきおろしていたが、全共闘運動が丸山眞男をはじめとした知識人と対立したときには丸山らのほうを攻撃した（続一〇巻一四八、一四七頁）。

しかし吉本は、状況認識ではきわめてペシミスティックであった。彼は六〇年安保でも闘争の最中から、この闘争は「敗北」すると考えていたという。そして三島由紀夫が賞賛し、一部の全共闘系学生に評判になっていた二・二六事件についても、「テロリストたちは、たんに、単純で偏執的な、世智に乏しい青年にみえただけである。利害を計算に入れず、結果を構想することを拒否し、論理的な思考と計画を欠いていた彼等の実行は、いくらかでもブルジョワ化した都市庶民を動かしえたはずがなかった」と書いていたのだった(八巻一四四頁)。

そもそも吉本の世界観からすれば、闘争が行なわれれば、「戦死者」「敗北者」「傍観者」の三種類しかありえないはずだった。勝利をうたう者は傍観者であり、戦死が不可能だとすれば、「壊滅的な徹底闘争」のあとは敗北の傷を抱えて生きてゆくことだけが、吉本の思想において許されたあり方だった。そして、吉本に共鳴した全共闘の若者たちは、あたかも「敗北」を自己目的化したかのように、「壊滅的な徹底闘争」を行なっていったのである。

「戦死」からの離脱

若者たちが家族の留意をふりきってデモにむかっていた全共闘の時代には、吉本はもっぱら死を賭して闘う反体制思想家として人気を集め、「私」と「家」への賞賛はほとんど注目を集めなかった。しかしその流れが変化したのが、全共闘運動の退潮とともに発生した、一九七〇年の三島由紀夫の自殺と一九七二年の連合赤軍事件だった。

一九七〇年一一月、自衛隊市ヶ谷官舎で、三島由紀夫が自衛隊員に蜂起を訴えたあと、切腹自殺を遂げた。この事件は、直接行動をうたってきた全共闘系学生に衝撃を与え、「三島由紀夫に先をこされた」といった反応もあった。

吉本もまた、この「戦死」に衝撃をうけ、「〈おまえはなにをしてきたのか!〉と迫るだけの力をわたしに対してもっている」と述べた(続一〇巻二四五頁)。しかし最終的に吉本は、六〇年安保のときと同様の反応を示した。すなわち、戦死せず生きのびている自分をではなく、思想に殉じて死ぬ者を批判したのである。

吉本は、三島の死に衝撃をうけたことを認める一方、「政治的行為としての見当はずれの愚劣さ」と「悲惨なばかりの〈檄文〉や〈辞世〉の歌の下らなさ」を文学表現として批判し、「知行が一致するのは動物だけだ」と主張した(続一〇巻二四五、二四八頁)。もともと吉本にとって、思想と行動が一致している「大衆」は、木の実や草を食べて生きる動物にちかい存在であった。しかしこうした三島批判は、年長世代の「面従腹背」を攻撃し、「捩れの構造」を批判していた吉本が、三島の「戦死」を前にして姿勢を転換させつつあったことを意味していた。

そのうえに加わったのが、一九七二年二月の連合赤軍事件だった。かつて吉本は、六〇年安保で死を賭して戦った全学連主流派を賞賛した。しかし連合赤軍事件では、彼は「戦死」した若者たちに異なる態度を示した。一九七二年七月、吉本は「連合赤軍事件をめぐって」という講演で、こう述べている。[53]

じぶんでも思い出すと嫌なのですが、戦争中ですと、同年代あるいはそれより下の年代の人たちは、軍隊へ入って、そこで軽業師的な訓練をして、そういう人たちが、どんどん飛行機に乗って、自爆して死んでしまいます。そういうのを目撃して……〈こいつらにはどうかんがえてもかなわんな〉という劣等感が心に渦まくのです。それでもうやり切れなくなります。……ぼくなんか、学校へゆくのはいけないのではないかとかんがえ込んだりしました。そういうときに、あれは駄目なんだと云い切る根拠は、その当時のぼくでは打ち出すことができないのです。ぼくは戦後に徹底してそのことはかんがえたようにおもいます。

そしてその三カ月後、吉本は「戦後思想の頽廃と危機」という講演で、ふたたび連合赤軍事件を論じた。彼はそこで、こう述べたのである。[54]

……どういうことがいちばん戦後の課題になりえたかというと、要するに〈公《おおやけ》〉よりも〈私〉のほうが大切だということ、国家よりも大衆の個人個人のほうが大切なんだ、つまり〈私〉が明日どうなるかということのほうが国家が明日どうなるかということより大切なんだということは最低限の了解事項だったとおもいます。

……ところが戦後何十年たって……〈公〉のほうが〈私〉より大切なんだとか、国家がどうなるかというのが〈私〉より大切なんだというふうに、だんだんイデオロギーの如何を問わずなっちゃった。

かつて一九六〇年に、丸山眞男を「戦後思想」の代表格とみなし、これに対抗して「私」優先の論理を掲げたのは吉本自身だった。その吉本が、一九七二年には、「私」を優先する思想こそが「戦後思想」であると主張し始めたのである。

こうして、「私」による「公」の解体という論理は、一九六〇年に「戦後思想」の批判として現われ、一九七二年に「戦後思想」としての地位を獲得した。これは吉本が、私生活への没頭に罪責感をあたえる戦死者の存在を「あれは駄目なんだ」と言い切り、「自分の好きな道をゆく」ことを宣言したことにほかならなかった。

それは同時に、戦死者の記憶に悩まされてきた吉本の「戦後」が、終わったことを意味していた。連合赤軍事件を契機として、「政治の季節」は終わり、高度経済成長のなかで広まっていた生活保守の流れが最終的な定着をみはじめていた。こうして、「私」の優先という新たな「戦後思想」は、「戦後」の終わりとともに出現したのである。

こうした吉本の「戦後思想」は、過激化した新左翼運動に失望し、「生活」に回帰しようとしていた若者たちの共鳴を集めやすかった。しかも吉本は、「公」への関心や弱者への罪責感を断ちきり、家庭生活に没頭することが、国家をこえる究極の反秩序であり、「自立」であるという論理を築きあげていた。かつて吉本の戦闘的姿勢に共鳴して全共闘運動に参加し、「敗北」の傷を負った若者たちが、一九七〇年代以降に「ニューファミリー」を築いてゆく潮流と、この思想は合致した。

この後の吉本は、大衆消費社会を肯定する評論を書く一方、あらゆる政治運動を批判しつづけた。第三世界にたいする搾取批判も、アジアへの戦争責任論も、吉本の目には、罪責感をかきたてる新たな「神」の創出であると映った。一九八〇年代の反核運動や反原発運動にも、彼は強い批判を行なっている。もっとも、共産党や政治党派の権威が失われ、豊かな私生活にはじめから罪悪感をもたない世代が台頭すると、吉本の思想はしだいに影響力をなくしていった。

本章冒頭で述べたように、吉本の思想は彼独自のものというより、彼の世代である「戦中派」の特徴を総合したものという側面をもっている。それと同時に、「大衆の生活」から左翼知識人の理念を撃つという姿勢は、福田恆存や小林秀雄をはじめとした保守論者にちかい。自分の内部にある「理想の鞭」に耐えかねて進歩派の批判を行なっていたという点、そして徹底的な政治参加か完全な無関心かの二者択一を志向した点において、世代は異なるものの、吉本の資質は福田恆存と共通していたともいえる[55]。

ただし吉本の特徴は、詩人らしい言語へのこだわりと、罪責感をかきたてる権威への反感から、ひたすら戦闘的な「反秩序」の姿勢をとりつづけたことにあった。吉本の根底にあった生活保守主義的な要素は、こうした戦闘的姿勢に覆い隠されて、一九八〇年代まではさほど目立たなかった。彼自身も、おそらく完全に自分の志向を自覚して評論を書いていたのではなかったろう。彼の思想が全共闘運動に好まれたり、対幻想論が日本のフェミニズムを触発したといった現象も、あるいは吉本の予想外だったかもしれない[56]。

吉本は前述のように、一九五八年の「転向論」で、中野重治の小説『村の家』を賞賛した。この小説では、プロレタリア文学運動で逮捕されたあと、転向を宣言して出獄した主人公が、故郷の父親に以下のようになじられる。「お前がつかまったと聞いた時にゃお父つぁんらは、死んで来るものとして一切処理して来た」「それじゃさかい、転向と聞いた時にゃ、おっ母さんでも尻餅ついて仰天したんじゃ」「この頃書くもな、どれもこれも転向の言訳じゃってじゃないかいや。そんなもの書いて何するんか」。

おそらく吉本は、父親の説得で兵役を免れたとき、これと類似の屈辱を感じたであろう。そして自分の著作が、「戦死」しなかったことへの「言訳」ではないかという疑問を、潜在的には抱いていたであろう。しかしこの『村の家』の主人公は、「よく分りますが、やはり書いて行きたいと思います」と返答し、吉本はこの姿勢を絶賛した。そして彼は、六〇年安保や連合赤軍事件で「戦死」の情景に直面するたびに、「お前は自分の好きな道をゆくんだな」という戦死者の声をふりきる文章を書きつづけていったのである。

そして、そうした吉本の著作は、同時代に多くの人びとから歓迎された。それは高度成長下において、権威や罪責感の制約をふりきり、「自分の好きな道をゆく」ことを正当化してくれる思想が、待ち望まれていたからにほかならない。その「自分の好きな道をゆく」という願望は、あるいは全共闘運動をはじめとした権威への反抗というかたちで、あるいは罪責感を脱して私生活に没頭するというかたちで、それぞれ表現された。吉本の思想は、そうした動きを促進する、いわば触媒として機能したのである。

ある意味で吉本の思想の魅力は、さまざまな矛盾が、渾然と包含されていたことにある。そこでは徹底闘争が説かれながら、私生活に没頭することが究極の反秩序とされていた。「大衆の原像を繰りこむ」ことが説かれながら、他者を必要としない超越に到達することが、めざすべき「自立」とされていた。人びとはそうした混沌のなかから、その時々の自分の願望に応えてくれる言葉を、詩を読むように見つけだすことができた。そしてそうした人びとの願望に支えられて、「民主主義の神話」を批判した吉本は、彼自身が神話と化していったのである。

吉本は米沢時代の詩「原子番号二番」で、以下のようにうたっている（一五巻三六頁）。

きみたちの考へて苦しんでゐることなんか
みんな空中の楼閣ですよ
見給へ　きみたちはみんな
各々の影をそのとほりに
探つてそのとほり苦しんでゐるのです

吉本は、自分自身の罪責感からの解放を求めて、戦後思想が築いた「公」の論理を解体した。高度経済成長のなかで、革新ナショナリズムが退潮し、戦後思想の倫理基盤だった戦死者の記憶が薄れてゆくなかで、「私」の優先こそが「戦後民主主義」であるという認識が、やがて広範に流布してゆく。そしてそのなかで、丸山たちが唱えた「民主」と「愛国」の結合が、ふたたび切断されてゆくことになるのである。

第15章　「屍臭」への憧憬

「いま、あの扉をあけて外に出たら、死んだ兵隊がよごれた軍服を着て整列しているかもしれないな。君は扉の内側が現実だと思っているのかもしれないが、これは夢で、外に整列している兵隊のほうが実在なのだ。そうだろう。そうに決まっているさ」。

江藤淳は一九六五年の評論で、こう述べている。(1) 彼は戦後日本の代表的な文芸評論家の一人として、また保守論客として知られる。本章では、この江藤を論ずることによって、敗戦直後のオールド・リベラリストとは異なる、高度成長期以後の保守論調の特徴を検証する。

結論からいえば、江藤はその生い立ちの偶然性ゆえに、国家を語ることによって個人のアイデンティティへの渇望を満たすという、新しい保守論調を生みだした。「自己同一性《アイデンティティ》」という言葉を、江藤はすでに一九七〇年から使用しているが、そうした言葉で国家を語ることは、旧来の保守論者にはなかったものであった。そしてそれは、戦後思想の倫理基盤だった戦死者の記憶が、保守ナショナリズムにとりこまれてゆく過程とも重なっていたのである。

「死」の世代

江藤淳は満州事変の翌年、一九三二年に生まれている。吉本隆明の場合と同様に、江藤を検証するためにも、まず彼の世代の一般的傾向について述べておく。

「少国民世代」などとも呼ばれるこの世代は、敗戦時に一〇歳前後から一〇代前半であった。敗戦時に三一歳だった丸山など「戦前派」(この呼称は丸山らの世代が自称したものではなかったが)はもちろん、敗戦時に二〇歳だった吉本など「戦中派」よりも、いっそう戦争と皇国教育に塗りつぶされて育ったのが、この「少国民世代」だった。一九四三年の『東京府中等学校入学案内』には、当時の中学校の面接試験で出された口頭試問の事例として、以下のようなものが掲載されている。(2)

「いま日本軍はどの辺で戦っていますか。その中で一番寒い所はどこですか。君はそこで戦っている兵隊さん方に対してどんな感じがしますか。では、どうしなければなりませんか」。「米英に勝つにはどうすればよいですか。君はどういうふうに節約をしていますか」。「日本の兵隊は何と言って戦死しますか。何故ですか。いま貴方が恩を受けている人を言ってごらんなさい。どうすれば恩を返す事ができますか」。

こうした質問は、児童一人ひとりに、〈君はどうするのか〉という倫理的な問いを突きつけ、告白を迫るものだった。一九三〇年生まれの佐藤忠男は、中学受験の口頭試問の模擬練習で失敗した体験を、こう回想している。(3)

口頭試問の練習で、「日本に生まれた幸福は何か。」という質問を大勢の友だちの前で受けた。あんまり抽象的な問題なので、私は答えられなかった。……

……「なぜ日本はシナをこらしめねばならぬか。」とか、「ABCD包囲陣とは何か。」とか、「飛行機はなぜ飛ぶか。」といった問題なら得意なのだけれど、〈日本に生まれた幸福〉という分かりきっているはずの観念は、いったい、どういう言葉に置きかえたらいいのだろう。私は、途方にくれて立ちすくんだ。

質問をした先生は、やがて、〈あきれた〉という顔で私に着席を命じた。そのかたわらに、私の受持の先生が、恥ずかしさに耐えられぬという面持で、顔を真赤にして私をにらんでいた。……

それは、もっともけしからぬことであった。「万世一系の天皇をいただいているから。」という単純明快な、模範解答が用意されていたのだからである。……私は日暮れまで、教室に残された。

日が沈んで、だれもいなくなって電灯もまだつけない静まりかえった小学校。それはひどく気味が悪く、得体の知れぬ圧迫感と孤独感をひしひしと感じさせられる場所であるが、やっと現われた受持の先生は、「あんな質問に答えられない不忠者には、勉学を続ける資格なし。」と、取りつく島もない冷たい口調で言い捨てて、私の顔を見ようともしなかった。帰宅を許されて、すっかり暗くなった校庭を一人で横切りながら、私は、〈この恥は家の者には話すまい〉と思っていた。

それはまさに、一種の異端審問であった。佐藤はこのあと、「自分は不忠者ではないか」という疑念にとらわれ、それをふりきるために予科練に志願した。当時の少年の常識として、「どうせみんな兵隊に行って死ぬのだから」と思っていた佐藤は、予科練の合格通知をうけとると、まっさきに「かつて私を不忠者とののしった先生のところへ知らせにかけつけた」。そして、「『おめでとう。君は中学へ行かなくて、かえってよかったかもしれないね。』という先生の言葉に、私はしみじみと幸福を感じた」という。

しかし、敗戦はまもなくやってきた。戦争に献身する以外の価値観を知らなかった少年少女にとって、それは世界の崩壊を意味した。自分を叱咤した教師が豹変し、アメリカと民主主義を賛美し始めた衝撃も大きかった。

江藤とおなじ一九三二年生まれの小田実は、一九五一年に自分の世代のことを、「平和の到来をむしろ奇異な感情でむかえた、〈奇妙〉な世代」と形容した。(4) 小田は敗戦時を回想して、一九六五年にこう書いている。(5)

私より十年年長の人なら、どんなバカでもトンマでも、すくなくとも、人間にとって(あるいは日本にとって)、平和という状態が正常な状態であって、戦争という状態が異常な状態であると考えたにちがいない、と――人間は誰だってそんなふうに考える。いや、そんなふうに考えるにちがいないと、私は今なら考える。

しかし、そのときの私にはできなかった。

私の知っているのは戦争だけだった。平和は私は知らなかった。それは本によってよむことができ、人の話にきくことはできるものであった。

しかし、現実には私の手につかめないものだった。

つまり、平和は虚構だった。

戦争は、これに反して、現実であり、真実であった。


小田はさらに、高度成長下の風景にたいする違和感を、こう述べる。「突然、すべてが虚構に見えることがある」。「屋並みがきれいにつづき、ビルディングがそびえ、ネオンサインがきれいにまたたき、自動車の列がつづく――そのすべての街景が虚構に見えることがある」。

こうした小田が、唯一リアリティを感じていた対象が、戦死者であった。空襲で焼かれた瓦礫や人間の死体が、三〇センチほどの焦げた堆積物となって街を覆っていた様子を回想して、小田はこう述べる。


巨大な面積の焼跡があった。その面積の上にくまなくひろがっていた三十センチの高さ――それを処分してしまうためには、努力とエネルギーがいっただろう。戦後二十年近く、私たちはそれをやってきたことになる。そして、努力のかいあって、それはなくなった。

家、事務所、工場は、あたかもはじめから三十センチの高さがなかったように、地面の上にたっている。

何ごとも知らぬげにたち、そして、そのなかで、赤ん坊が生れ、少年が叫び、青年が働いている。

もちろん、彼らは、もし彼らがもう少し早く生れていたなら、彼らの足と土地のあいだに、その奇妙な三十センチの高さが存在したなどとは夢にも思わないだろう。

また、これからも、ひょっとしたら、足と大地のあいだにいつのまにかしのび込んでくるとは、考えたこともないだろう。

それはそれでいい。

私もそう思う。しかし、ときとして、私の目には、それらすべて、家も事務所も工場も、そのなかの赤ん坊、少年、青年も虚構の産物に見える。

そして、唯一の真実なものとして、その三十センチの高さを私の目はとらえる。

私はつぶやく。

あれはどこへいったんだ？

誰が、どこへやってしまったんだ？

そして、何のために？

小田がこの評論を書いた一九六五年は、江藤淳が本章冒頭に掲げた文章を書いた年でもあった。小田と江藤は、その政治的立場の相違にもかかわらず、世代的な共通心情を抱えていたのである。

そして「何のために」という問いは、敗戦で価値観の崩壊を体験したこの世代にとって、逃れられぬものになった。一〇歳で敗戦を迎えた大江健三郎は、二四歳だった一九五九年にこう書いている。[6]「なんのために死ぬか、なんのために生きぬくか？　国のために、お国のために、というしっかりしたこたえのあった時代があったのだ。……この、お国のために、という目的意識が、とにかく日本人に希望のごときものをあたえていたのだと思う」。

皇国少年だった戦中の大江は、白い羽を生やした天使のような天皇が空中を舞う夢を見ながら、兵士として二〇歳までに死ぬことを考えていた。しかし彼は戦後に、「かつて薔薇色の幻影としてのぞんでいた、この黄金の二十歳を、きわめてむなしい感じとともに現実からうけとらねばならなかった」。一九六〇年に二五歳だった大江は、こう述べる。「平和な時代に青年として生きることの苦しみとは、この個人の眼の自由という刑を負った孤独な青年の苦悩である。かれは勇気をもってこの刑に耐えねばならないが、戦争の時代の青年の勇気を、国家とか天皇とかがささえてくれたような事情は、一九六〇年の日本人青年にはないのだ[7]」。

大江の初期の小説は、こうした青年を主人公にしたものが多い。一九六二年の『遅れてきた青年』は、文字通り戦争に「遅れてきた」青年が、戦後社会で煩悶する物語であった。一九六四年の『日常生活の冒険』の主人公はアラブの義勇軍に参加し、最後には自殺してしまう。大江は一九六三年の「ぼく自身のなかの戦争」という評論で、こう書いている。[8]「ぼくはたびたび自分の内部に戦争への憧憬を見出したものだったし、スエズ戦争のときには大学の友人たちと義勇軍募集の噂を追いかけたりもした。それも、端的にいえば、この〈宏大な共生感〉、連帯の感情にあこがれていた、ということにすぎないのが、いまのぼくには、はっきりわかっている」。

同様の不安感を抱えていたのが、一九三二年生まれの石原慎太郎である。第13章でも述べたように、石原は二四歳だった一九五六年の座談会で、「非常に空まわりしてるような、虚脱感があるんです」「空転して、連帯性を持たないわけなんだ」「どういうことで社会的なものに結びついていくかということは、いつも考えるんですけどね、どう考えても出て来ないんです」といった発言をくりかえしている。[9]

そしてこの座談会では、三島由紀夫が石原にむかって、「戦争のお蔭でぼくらは不安を免れた」「おそらく石原さんたちのゼネレーションから、現代の不安が始まるだろう」と述べている。[10] 死の美学を描く三島は、戦死への憧憬を刻印されてきた少国民世代に人気を獲得した作家であった。以下で述べるように、大江も小田も、そして江藤も、三島に強い共感と反発を抱えていた。

ただし上記の三島の言葉は、「戦中派」の典型的発言ではなく、兵役を免れていた彼ならではのものでもあった。座談会の参加者からも、「三島さんは不安がないと言つたんだけど、それは三島さんの特殊な例じやなかつたか」と反論され、三島も「そうかも知れない」と認めている。[11]

しかし、三島の死にたいするロマンティックな感覚は、実体験を欠いたものであったがゆえに、かえって戦争を知らない若者には人気があった。そして大江や石原の世代も、実際には軍隊や戦場を経験しておらず、したがって現実の軍隊の醜悪さに直面する経験も少なかったのである。

そのため彼らの戦争観の甘さは、年長世代から批判された。兵役未経験者の吉本隆明でさえ、一九五九年に石原や大江、そして江藤の「ロマンチシズム」を批判して、こう述べている。「かれらの意識には、潜在的に、殺リクに参加しなかったものだけがもつ殺リク憧憬が巣くっている」「大江健三郎の『われらの時代』のコトバでいえば、『あの英雄的な戦いの時代に、若者は希望をもち、希望を眼や唇にみなぎらせていた。』とでもかんがえているのだ[12]」。

また同世代のなかでも、空襲や飢餓を体験した都市部出身者と、戦争の被害が少なかった地方在住者では、感覚に相違があった。戦中に北海道や湘南にいた石原、四国の山村にいた大江、鎌倉の親族のもとに疎開していた江藤などは、自分自身ではさほど惨烈な戦争体験をもたなかった。次章で検証するように、この世代でも大阪大空襲を経験した小田実の戦争観は、ロマンティックな要素が稀薄である。

それゆえこの「少国民世代」は、戦争で傷をうけてはいても、戦争体験の苛酷さを語るという土俵に乗れば、自分たちが年長のより劣った地位に立たざるをえないというジレンマを抱えていた。そこに戦争体験にこだわる「戦中派」への反発が加わって、自分たちは戦争の傷とは無関係な「戦後派」だと強調する傾向がみられた。

たとえば石原慎太郎は一九五六年の座談会で、「戦中派」の三島由紀夫や堀田善衛などが戦争体験談に興じるのに反発し、「きょうの座談会は完全に局外者でね、お聴きしていて非常に詰らない」「戦争がぼくなんかに持っている影の大きさというものは、全然ないです」と述べている。江藤淳も前述の一九六五年の評論では、「戦中派」にありがちな「軍歌の演奏のような、懐古的戦争文学の感傷を嫌悪するものである」と述べていた[13]。吉本ら「戦中派」が戦争体験を掲げて丸山など「戦前派」を攻撃したのに対し、石原や江藤ら「少国民世代」は、「戦中派」の足場である戦争体験論を「感傷」と批判したのである。

とはいえこの世代は、戦後生まれとは異なり、戦争でそれなりの傷を負っていた。竹内好は一九六〇年の戦争体験論で、「自分はまったく戦争と無縁であると主張する世代さえ現れている。その主張に私は同意しないが、むしろ自分を戦争から切りはなしたがる心理そのものが戦争の傷と無関係でないと思う」と述べている[14]。そして江藤もまた、一方では「戦中派」の感傷的懐古を嫌悪しながら、「死んだ兵隊」こそが実在だと主張していたのである。

それゆえ石原慎太郎などには、若いときには「戦中派」の戦争体験談に反発しながら、自分が年長になると戦後世代に戦争体験を語るという傾向もみられた。石原は一九五九年には、年長世代の「お涙さそう戦争の傷」や「オールドグッドエイジへのリストレーション」願望を批判していた。しかし一九八一年になると、「子供なりの感覚で『戦争』なるものを体得出来たことは貴重でした」と述べている。[15]

さらにこの世代のもう一つの特徴は、アメリカにたいする複雑な感情だった。中学時代の大江健三郎が、アメリカ製のチョコレートに憧憬と屈辱の入り混じった感情を抱いたことは、第7章で述べた。一九三一年生まれの本多勝一が、ベトナム戦争を取材して、米軍から食料を投げ与えられるベトナムの子供たちに、敗戦直後の子供たち——彼ら自身の世代——を重ねていたことも、第13章で述べたとおりである。

大江が一九六六年に書いたエッセイによれば、「ものごころついて以来、ずっと、アメリカという言葉のひきおこす錯綜した複雑きわまるコムプレックスのうちに生きてきた」。彼のアメリカ像は、戦中に教えられた「強姦し殺戮する」アメリカからはじまり、敗戦直後には「デモクラシーのアメリカ、骨おしみせず啓蒙的な明るいアメリカ」に変わり、さらに朝鮮戦争によって「殺戮するアメリカの幻影がよみがえる」という変遷をたどった。彼は大学生として砂川闘争に参加したときも、鉄条網のむこうにある豊かな米軍宿舎をみて、「コーンフレークのもたらした、恥かしさと欲望のからみあった懊悩の気分を思い出した」という。[16]

そしてアメリカは、彼らの自画像を決定する他者でもあった。大江は高校生だったときに、アメリカの女子学生グループと話しあったエピソードをこう記している。[17]

彼女たちが〔アメリカの〕漫画の本をみせてくれる。眼鏡をかけて反歯でチビの醜悪な人間がえがかれているのを見て、これは朝鮮人か？　とぼくの友達のひとりが無邪気にたずねる。いや、日本人だ、と女子学生はこちらもまた無邪気に答える。この漫画は、とてもあなたたちに似ている、と女子学生たちはぼくらを指さして笑うのである。そこでぼくは、自分の生涯ではじめて、自国の人間でないものの眼で自分自身を見た。

一九六七年の大江と江藤の対談では、大江は自分がフランス文学を専攻した理由として、「アメリカ的なものにあまりにも深く子供のときから浸透されたという感じがあるから、それに対して第三者としてのフランス文学を発見したいという気持があった」と述べている。江藤もまた、「同じ理由」から一度は仏文科進学を考えたが、「アメリカ文学はいやだけれども英〔イギリス〕文学ならいいだろうと思って英文にいった」と応じていた[18]。

そして大江も石原も、そして江藤も、それぞれに「社会的なもの」につながりたいという志向を抱えて、六〇年安保闘争に加わった。第13章でも述べたように、石原は「刺し殺せ!」というエッセイを書き、全学連主流派の学生の一部から支持をうけた。大江は安保闘争後に、戦争に夢見た「〈宏大な共生感〉を、ぼくはきわめて縮小されたかたちにおいてではあるが、安保闘争のときに感じたようだった」と書いた[19]。

しかし、その後の彼らは、対照的なコースをたどった。「民主」と「愛国」が共存していた安保闘争のあと、大江や小田は「民主」の側に、石原や江藤は「愛国」の側に、それぞれ分裂していった。

石原の場合、「愛国」への傾斜をもたらした契機は、ベトナム戦争だったようである。安保闘争後、彼は日生劇場の取締役に就任したり、太平洋横断レースに参加するなど、芸術やスポーツで「空まわり」の克服に努めていた。しかし一九六六年に南ベトナムの取材に出かけた彼は、帰国後に「祖国について」という論考を発表した。彼はそこで、国家の運命を賭けて戦うベトナムとアメリカの兵士たちを見聞し、「私は何よりも祖国である日本のことばかりを思った」と述べたのである[20]。

石原はこの「祖国について」で、こう述べる。「国家の理念と私の理念が重なり、国家の目的と私の目的が重なり合い、その目的を賭けた両者の行為が重なり合う、という幸せこそが、青年の至福に違いない」。しかし、「国家の歴史への参加ということに関しては、現代の青年は悲運にあるといっていい」。石原はこの後、一九六八年七月に参議院全国区に出馬してトップ当選し、自民党の最右派として「青嵐会」を組織してゆく。

そして石原が憧れたのは、「明治」の軍人たちであった。石原は「祖国について」で、戦中に「軍神」と称えられていた日露戦争の広瀬武夫中佐を青年の理想像として挙げて、こう述べている。

……かつての時代には広瀬の如き至福な、美しい青年たちが多勢いた。

国家の歴史は、彼らが容易にそれを手にすることの出来る距離にあった。

そして今、日本の歴史は我々青年をかえり見ることがないと大方の青年は信じ、絶望している。

現代文学の大きな命題もまたそれである。一体どれほどの文学が、国家社会、歴史、文明から疎外され挫折し、絶望した青年たちを描きつづけて来たことか。

ある作家は、自殺こそが青年としての唯一の行為だ、とさえ書いた。

だが、そうした文学の悲鳴が現代病の虚妄の押し売りでないとどうしていえるのだろうか。


ここで石原が批判している「ある作家」の作品とは、大江健三郎の一九五九年の小説『われらの時代』である。そして大江の側は、こうした石原とは、まっこうから対立する道を歩んだ。第4章で言及したように、大江は平和憲法を戦前に代わる国家理念とみなすことで、「国家の理念と私の理念」を一致させる方向を模索した。上記のような石原の批判に対応するかのように、大江の側はこう述べている。(21)


……ある青年作家が、週刊誌に「若いものはだれでも戦争が再びおこるのを待つ気持をもっている」という意味の放言をしていたのには、かれが同時代の学生であるだけに黙って見のがしえないと思った。

ぼくは若いものの一人として証言するが、絶対に戦争をのぞんでいない。

あの戦争時代に多くの二十歳の青年がむなしい死を、恐怖におののきつつ、または勇敢にそれを直視しつつ、戦場でとげた。かれらはなにひとつ日本人の歴史に積極的に貢献することなく、むなしく死んだ。……こういうむなしい青春をむなしい死でとじた者たちの次の世代であるぼくらが、戦争にたいして肯定的な態度をとることは、最もいやしい背信行為であり恥しらずの裏切りである。

ぼくらはつい、あの英雄的な戦争の時代！　などと呻《うめ》きかねないだけに、よりしっかり精神の方向を見きわめつづけていなければならない。

こうして大江は安保闘争後、「日本の青年が国について情熱を回復するためには日本から外国の基地がなくならねばならない」と唱え、平和憲法を自分のモラルの中核に据えることを宣言した[22]。

並行して大江は、『われらの時代』や『遅れてきた青年』で、指針を失って右翼に傾倒する少年たちを描いていた。しかし一九六〇年一〇月に、一七歳の右翼少年が社会党委員長の浅沼稲次郎を刺殺する事件がおきると、彼はそれに深いショックをうけた。かねてから「ぼくにつきまとった非論理的で甘美に英雄的な衝動を再び圧しつぶす責任」を唱えていた大江は、その少年を批判的に描く小説『セヴンティーン』を書いた[23]。

石原がベトナムで「英雄的な衝動」を刺激されたのと対照的に、大江は一九六三年に広島を訪れた。一九六五年に出版された『ヒロシマ・ノート』では、日本政府から放置された被爆者や、被爆者を援護する医師たちの姿を描写し、大江は「広島の正統的な人間は、そのまま僕にとって、日本の新しいナショナリズムの積極的シムボルのイメージをあらわすものなのである」と主張した[24]。

そして一九六五年には、大江は沖縄を訪れた。沖縄は彼にとって、「日本のあらゆる場所のうち、もっともひんぱんに憲法が日常生活の会話にのぼるところ」として映った[25]。すなわち沖縄は、「広島の正統的な人間」たちとおなじく、国家の理念である平和憲法と、個人の日常生活のモラルが合致している土地だと考えられた。

しかし日本政府はベトナム戦争を支持し、沖縄を米軍の統治にまかせていた。さらに大江は、沖縄にやってくる本土の旅行者の多くが、「ヴィエトナム帰りの米兵」とおなじく、「女と外国製品だけがめあて」であることを知った。彼は沖縄の中学教師から、「祖国に帰る運動は、祖国反逆の戦いでなくてはならないと思います」と言われ、「反復帰」を掲げる新川明《あらかわあきら》とも交流した[26]。沖縄は大江にとって理想の日本だったが、沖縄からみた日本は、日本からみたアメリカに等しいものだった。

こうした日本国家に代わって、大江が「愛国心」の対象として見出していったのは、彼の故郷である四国の山村だった。一九六五年のアメリカ旅行のあと、大江は一九六七年に、山村の一揆と暴動を重ね描いた『万延元年のフットボール』を書いた。また山村と大日本帝国の戦いを描いた『同時代ゲーム』を書いたあと、大江は「戦争中を思い出しても、民主主義時代になっても、僕は〈村〉に愛国心を持っていたという気がする」と述べた。[27]

また大江は、「村」への「愛国心」を語りながら、「自分の村が武装して、日本あるいは全世界と戦うというイメージは、敗戦の際にも強固な夢想だった」とも述べている。[28]敗戦を機に、日本政府およびアメリカ軍と闘う蜂起がおきるだろうという「夢想」は、荒正人や竹内好、吉本隆明なども抱いたものだった。同時に、郷土愛と国家の対立というイメージは、沖縄と日本の関係とも合致していたのである。

そして一九七〇年、インドのベナレスで三島由紀夫の死のニュースを聞いた大江は、「自分が、『日本人たること』を、抵抗なくすっきりと、相対的に考えはじめていることに気づいた」。さらに彼は一九七一年には、かつて自分が唱えていた広島を中核とする「ナショナリズム」を自己批判し、「ナショナリズムという言葉は、たとえそれに反語的意味あいをこめてすらも、すなわち言葉そのものを逆手にとるようにしてすらも、ぼくはそれを用いたくない」と宣言したのである。[29]

ずっと後年の二〇〇一年の座談会で、大江は「超国家主義的なものに引きずられやすい、それに強い魅力を感じる人間だということは、無意識の中に押え込もうとしていた」と自認している。そして彼は、一九九七年に設立された右派団体「新しい教科書をつくる会」のことを、「みんなナイーブな人たちですよ。どうしてこんな年齢になるまで、そのようであり続けられたかと疑うぐらいです」と評している。[30]大江にとって、自分が三〇年以上前に克服した問題を、いまだに処理できていない人間たちがいることは、「ナイーブ」に感じられたのだろう。

こうして石原と大江は対照的な道を歩んでいったわけだが、しかし彼らは「無意識」のレベルでは、共通する心情を抱えていた。そしてその「無意識」のありようには、彼ら「少国民世代」特有の特徴があった。それは、戦争と死の恐怖感が、しばしば性や自然のイメージと結びついていたことである。

戦争の傷痕は、彼らより年長の「戦前派」や「戦中派」の場合は、悔恨や屈辱といった社会的な記憶として刻みこまれた。しかし敗戦時に一〇歳前後であり、自分の体験を位置づける社会的な言語を十分に備えていなかった少年少女たちは、より抽象的な、言葉にならない抑圧感として、戦争の圧力と死の恐怖をうけとった。

そしてこの「少国民世代」の少年たちは、生まれたときから兵士として死ぬことを教育されていた。それは憧れと同時に恐怖でもあった。しかし死の恐怖は、表立って公言することはもちろん、自分自身の内心で認めることさえ禁じられていた。そのため彼らは、死の恐怖を無意識のなかに抑圧した。そして彼らの第二次性徴期が戦争と重なった事情もあって、抑圧された死の恐怖は、しばしば性のイメージと結びつけられて刻印される形になったのである。

たとえば佐藤忠男は、少年時代を回想して、「私は、〈自分は不忠者ではないか〉という思いに、〈自分の性器は短小なのではないか〉と妄想するのと似たようなかっこうで悩まされた」と述べている。[31] 小田実は一九七〇年に、同世代の作家である野坂昭如を評して、「私は彼のものを読んでいると、たとえ彼がマスターベーションの快楽について語ろうとも、どもりながら必死になってその〈戦争と死の〉こわさを懸命になって語っているように見えて一種の傷ましさにうたれる」と述べた。[32]

もちろんこれは、必ずしも「少国民世代」の人間すべてに共通した現象ではない。とはいえ、この世代の作家にはしばしばみられた現象でもあった。大江健三郎もまた、一九五九年の「われらの性の世界」という論考で、「戦争の恐怖」は「つねに激烈に性と結びつくとかつて一度も戦場に出たことのないぼくには考えられ」ると述べていた。[33]

こうした死と性のイメージの結合は、年長者のように戦争の恐怖を言語化するだけの体系的な言語をもたなかった「少国民世代」の内部では、神話のように混沌とした記号の乱舞となって記憶された。それは、無意識のなかに抑圧された恐怖が、非合理な夢となって現われることにも似ていた。大江は敗戦直後の記憶として、米軍が彼の山村にやってくるまでのあいだ、米兵が住民を虐殺し強姦しているという流言とともに、「知能の発達の遅れた少年」が「新聞紙でつくったＧＩ帽をかぶって」、幼女の性器を竹槍で貫いて殺したという噂が流れたというエピソードを述べている。[34]

そして大江の小説には、しばしばこうした神話的なイメージが登場した。大江が芥川賞を受賞した短編『飼育』は、墜落した米軍機から落下傘降下した黒人兵を、山村の子供たちが監禁するという内容だったが、その黒人兵は「堂どうとして英雄的で壮大な信じられないほど美しいセクスを持って」いたとされている。[35]

また大江の初期短編『死者の奢り』は、ホルマリン液のプールから絶えず浮びあがってくる兵士たちの死体を、棒で突ついてくりかえし沈めるというアルバイトを描いたものだった。おそらくこれは、死の恐怖を無意識の「プール」のなかに抑圧した大江の世代的な無意識のありようを、象徴する内容だったといえる。

そして、大江が右翼少年をモデルにした一九六一年の小説『セヴンティーン』では、少年は性的な「オルガスムス」を感じながら安保闘争のデモ隊に暴力をふるい、「おれが死んでもおれは滅びることがないのだ、おれは天皇陛下という永遠の大樹木の一枚の若い葉にすぎないからだ。おれは永遠に滅びない！　死の恐怖は克服されたのだ！」と叫ぶ。[36]前述のように、大江はこの少年を批判的に描くことで、国家と天皇に帰依する誘惑を克服した。しかし大江のなかでは、「死」と「性」、そして「樹木」に象徴される自然は、言語では名前のつけられない巨大なものの影として、絡みあうように一体となっていたのである。

それゆえこの世代の作家たちはしばしば、死の魅惑と恐怖を、いかに克服するかを課題としていた。小田実は一九七〇年から、「私は死がこわい」「『生きつづける』ということ」といった題名の論考を書き、ベトナム戦争で殺されてゆく人びとの姿が「胸に突き刺さった」ことが、べ平連を旗揚げした理由であると述べた。そうして彼は、「死を恐れぬ三島氏」への訣別を語り、「いさぎよく死ぬより、ぬけぬけ生きよう」と宣言したのである。[37]

大江健三郎もまた、一九五〇年代から、くりかえし核戦争における死の恐怖を語っていた。彼は一九六三年の論考「ぼく自身のなかの戦争」で、具体的に戦闘を体験した年長世代よりも、「戦争の時代には幼すぎて戦うことの出来なかった人間」のほうが、「戦争という怪物は抽象的、反・現実的な、見当もつかない大物」としてイメージされるために、未来の核戦争にたいする恐怖感は大きいと述べている。[38]

そして江藤淳においても、死へのこだわりは、強烈なものであった。江藤と親しかった批評家の福田和也は、「江藤さんと付き合っている間、死への憧憬の裏返しとして持っていた異常な自己防衛の強さの方をいつも感じていました」と述べ、江藤が「阪神大震災の後も、自宅の壁をレントゲンに撮って設計図と照らし合わせて、ここに梁が二本足りないと言って、わざわざ半年ぐらい引っ越して改築された」というエピソードを挙げている。そして江藤は、三島の自決を歴史的事件と評価する小林秀雄に反論し、「たいした歴史の事件だなどとは思えない」「一種の病気でしょう」と全否定していたのである。(39)

「戦後」にたいする違和感と虚構感、「公」的な価値の希求、アメリカへの複雑な感情、そして「死」「性」「自然」への憧憬と恐怖などは、以下で検証してゆくように、江藤淳につきまとったテーマでもある。それは江藤だけではなく、大江や小田など「少国民世代」の文学者たちに、共通した傾向であった。そして江藤は、大江とは対照的に、しかし石原よりも精巧なかたちで、死の恐怖を克服する「愛国」の論理を構築してゆくことになるのである。

没落中産階層の少年

江藤淳は、本名を江頭淳夫といい、一九三二年に東京の大久保で生まれた。父方の祖父は海軍中将、母方の祖父は海軍少将という家柄は、のちに江藤自身が重視することになる。父親は銀行員であり、ゴルフや乗馬を楽しみ、英会話も堪能で、戦時中も麻の背広を着こなすしゃれ者だった。もちろん当時の日本社会では、銀行員は特権的な都市中産層であり、江藤の世話も女中が行なっていた。

江藤が四歳のとき、母親が結核で死亡した。溺愛されて育った長男の江藤にとって、ショックは少なくなかった。母親が死んで二年後、江藤の父親は再婚したが、江藤は義母になじめなかった。小学校に入る年齢になった江藤は、学校の廊下で小便を漏らし、その失敗をどうしても新しい母に告げることができなかった。

それ以後、江藤は不登校に陥り、義母や女中に連れられて学校に行ってもすぐ逃げかえってしまい、納戸にこもって読書にふける毎日を送った。当時の彼が愛読したのは、明治大正期の日本文学全集や世界文学全集であり、小学生のうちから谷崎潤一郎に惹きつけられたという。

とはいえ江藤が好んだのは、本の内容もさることながら、納戸に閉じこもって外界を拒否する平安であった。その納戸には、実母の遺品類が保存されていたのである。彼は後年に、「納戸は、多分私にとっての母の胎内に等しい役割を果していたにちがいない」と回想している。[40]

しかしこの平安は、長く続かなかった。納戸にこもっていた江藤の処遇をめぐって親族会議が開かれ、家庭教師をつける案も出されたが、父親は「国法の定める義務教育を受けさせぬわけにはいかない」とこれを一蹴した。江藤は後年、この〈法を告げる父〉を回想して、「父はかつて私にとっての最初の他人であり、また私と他人との、つまり社会というものとの通路であった。私は社会や、国家や、さらにその向うにひろがる世界についての最初の感覚を、おそらく父から得ているにちがいない」と述べている。[41]

しかしやがて、江藤にも結核菌が感染していることが判明した。江藤は義母のもとから離れ、義母の父である英文学教授の住む鎌倉へ転地させられた。転地先では江藤は溺愛され、心身の調子を回復していったが、その後も結核は何度も再発し、江藤を脅かす死の影としてつきまとうことになった。

その一方、江藤の父と義母の間には弟妹が生まれた。ところが江藤と弟妹が母親を異にしている事実は、のちに江藤が結婚するまで秘密にされた。この秘密を守り通すことは、江藤にとって「かなり重い心理的負担」となり、「日常茶飯のうちに自分に課せられているこの虚構の重さに、ときどき耐えられなくなった」という。[42]

こうした家庭の事情と並行して、戦争は激化していた。実母が死んだ翌月には日中戦争が始まり、江藤が鎌倉に転地した翌年には日米戦争が勃発した。当時八歳だった江藤は、日米開戦時に「もし敗けたらどうなるのかという不安にとりつかれ、そのことを口に出して隣人の海軍大佐夫人に叱責され」たという。[43]

こうして幼い江藤のなかで、実母の死と自分自身の病気、そして複雑な家庭事情などは、社会全体をおおってゆく死の影と結びつき、言葉にならない不安として刻印されていった。彼はのちの一九六五年に夏目漱石を論じたとき、夏目が「おびえた、不幸な、暗い幼年時代の記憶から浮び上って来るもの」、正体不明な「ぷよぷよした醜悪なもの、永く直視するに耐えないもの」と闘っていたと主張している。[44] そして江藤は、生涯を通じて、こうした「ぷよぷよした醜悪なもの」への恐怖に支配されることになった。

じつはこうした生い立ちは、大江健三郎と共通していた。大江は江藤と同世代だっただけでなく、九歳だった一九四四年に父親を失っていた。江藤は一九八八年には、「僕は表面的な言説の交換がどうなっていようと、大江健三郎という人を深く理解していると思っている。大江君もまたそう思っているだろうと思う」と述べている。(45)

戦争が激化するなかで、やがて東京の一家も鎌倉に疎開してきたが、一九四五年には空襲で大久保の生家が焼失した。江藤は家財を失ったことよりも、納戸が焼けて実母の遺品が失われたことを悲しんだ。

こうしたなか、江藤も平均的な皇国少年として、戦死を夢見ていた。一二歳だった彼は、「B29が青空に描いて行く美しい航跡をあおぎながら、いつ死ぬだろうかという甘美な空想にひた」り、「相模湾に敵が上陸して来たらひとりだけ米兵を殺して死ぬつもりでいた」という(『江藤淳著作集』第六巻一九、続一巻二一四頁)。

また同時に、「早熟だった私は、戦局が不利になって周囲の秩序が弛み、大人の監視がなくなるのとあたかも歩調を合わせでもするように、最初の性の解放を感じてもいた」。大戦末期の一九四五年初夏に、「陽光が強まるにつれて私はある切ない充実を身内に覚え、おびただしい自然が、自分に近づいて来るように感じた。やはり早熟な女生徒たちのふくらみかけた胸や色づきかけた耳朶を、私は美しいものと思って眺めた。退避訓練のときなどにそれに触れることがあると、私は歓喜を覚えた」(続一巻二一四頁)。

死の予感に満ちた少年期の性の目覚めは、「おびただしい自然」の光景とも結びついて、「ぷよぷよした醜悪なもの」を、恐怖の対象としてだけでなく、禁じられた憧憬の対象としても刻印していった。江藤は戦中の勤労奉仕で、水田に初めて入った経験を、こう回想している。「泥の感触を想像しているうちは不潔で厭でたまらなかったが、いったん足を踏入れてみると、趾《あし》の間になまなましく暖かく感じられる田んぼの柔らかい泥が、人にはちょっといえないような、肉感的な昂奮をあたえるのである」「いま考えてみると、あれは女性の感触に似ている。そのとき、変な話だが、私はああこれで自分も日本人になったのだなと感じたものであった。それは、どこか、ああこれでおれも男になったのだなというときの感覚に似ていたような気もする」(続三巻五六頁)。

八月一五日に際しては、江藤は「死からの解放を感じていた」。しかし多くの皇国少年がそうであったように、「大きなものが自分から失われて行くのを感じ」、「私の価値が崩壊したように、一切の価値もまた急速に崩壊すべきだ、という焦燥は、私を一時も去らなかった」。江藤はのちの一九五九年、吉本隆明が書いた「死は怖くはなかった」「戦争に負けたら、アジアの植民地は解放されないという天皇制ファシズムのスローガンを、わたしなりに信じていた」という文章を好意的に引用している（続一巻二一四、続二巻八五頁、六巻五三頁）。

こうした価値観の崩壊のなか、吉本隆明は宗教書と古典に救いを見出したが、江藤の場合は音楽だった。敗戦後の彼は、音楽教師についてバイオリンを学び、音楽会通いと作曲の日々を続けた。江藤は後年に、言葉で語られる価値がすべて崩壊したにもかかわらず、「戦争中美しかったベートーヴェンが敗戦後もやはり美しいというところが気に入った」と回想している（続一巻二一六頁）。

しかし優雅な音楽三昧の時期は、長続きしなかった。戦中戦後のインフレは、都市中産層を急激に没落させ、江藤の一族もそれに巻きこまれた。江藤も一九四八年にはバイオリンの練習をあきらめ、一家は鎌倉の家屋を「新興成金」に売り払い、父親が勤務する銀行の社宅である東京の「場末のバラック」に転居した。鎌倉の家を売却し、大久保の生家が焼けた以上、戦前の豊かな生活を思い出させてくれる「故郷」もなくなった。生活苦のなか、やがて義母も結核菌に冒されて肋膜炎からカリエスになり、寝たきり状態となってゆく。

多くのオールド・リベラリストと同様に、没落を経験した江藤にとっては、「戦後」は嫌悪すべき時代としか映らなかった。皇国教育で純粋培養され、戦中にはまだ幼なかった彼の世代は、内に秘めた反戦思想などあるはずもなく、丸山たちの世代の知識人が感じたような、敗戦による言論の解放感なども無縁だった。また江藤は空襲を経験せず、その意味でも戦争の終結を歓迎する雰囲気とは無縁だった。江藤にとっての「戦後」は、ただ精神と生活の両面にわたる、崩壊と喪失の時代として感じられたのである。

前後して、江藤の祖母が一九四八年に死んだ。第3章で述べたように、敗戦を告げる放送を聞いて、「お国をこんなにして、大勢人を死なせて、陛下は明治さまになんと申訳をなさる」と言ったのは、この祖母だった。これが家を売り払う直前の出来事だったため、江藤のなかでは、「明治」を象徴する祖母の死は、家運の凋落と連動して感じられた。江藤はこの祖母のことを「事実上の家長であった」と形容し、その死を「あらゆる旧い価値の崩壊の象徴であった」と述べている（続一巻三一〇、続二巻八四頁）。

祖母が「事実上の家長」だった時期、江藤の父は没落のなかで憔悴していた。しかし、乗馬や英会話に親しんでいた父親は、第5章で述べた清沢洌と同様に、戦中は警防団や竹槍訓練を冷笑していた。しかし、安定した銀行員の身分に慣れきっていた父は、徒手空拳の闇屋が幅をきかす焼跡時代には無力だった。一家が没落するなかで、時勢について江藤が何をいっても、父親は「敗けたのだから仕方がない」と言うばかりだったという。(46)

かつて自分に法を告げ、指導してくれたはずの父親が無力になってゆく様子に、少年だった江藤は同情と不満を感じた。敗戦の日さえ白麻の背広にパナマ帽で出勤していた父が、戦後は身なりにかまわなくなった様子を、江藤は「見るに耐えなかった」と回想している。しかし同時に江藤は、一九五九年には「今日の日本の青年層」の共通感情だと前置きしたうえで、「家が焼かれ……財産がなくなり、希望が喪失してしまったのは自分たちが悪いからではない。大人が愚鈍だったからだ」と述べていた（続一巻二一八頁、六巻五二頁）。

一九六七年から七二年にかけて、江藤は自分の家族のことを、『一族再会』という評伝に書いている。しかしそこに登場するのは、実母と「明治」生まれの祖母、海軍少将だった実母の父、そして同じく「明治」の海軍中将であった父方の祖父など、彼が実際には会ったことのない人物か、豊かだった幼年時代の記憶に結びついた者たちだけである。その一方で、実父と義母、そして義母から生まれた弟妹をはじめ、戦後の苦しい生活をともにした人物たちは、必要最低限の脇役としてしか書かれていない。

一九四八年、一五歳の江藤がバラックに転居したあと、泥棒が入り、彼の父が戦前に使っていたゴルフバッグと衣類が盗まれた。ゴルフは、戦前では特権的な中産階層だけに許されたスポーツであり、江藤にとっては豊かだった幼年時代の思い出と結びついていた。彼はこのとき、「敗戦が自分の内ぶところに土足で踏みこみ、そこから誇りを奪って行ったのを感じた」。そして江藤は、彼にとっての「戦後」である「コソ泥と闇屋と彼らの背後の頽廃」に怒りを燃やし、力を失った父に代わって「大人になる」ことを決意した（続一巻二一七頁）。

しかしこうした決意は、元来は病弱で甘えん坊だった江藤少年にとって、かなりの負担となった。気持はあせるものの、幼少期いらいの結核を再発させ寝こむことも多く、義母と異母弟妹への複雑な感情とあいまって、江藤はしばしば癇癪をおこした。江藤は高校時代のエピソードとして、以下のようなものを記している。(47)

弟はまだ小学生で、私は何度目かの結核で寝ていた。隣の部屋にはカリエスの義母が寝ており、弟と妹は学校から帰るといつもそのそばに集って義母と話をしている。それが不愉快だったというわけではない。しかしあるとき便所に起きたついでにのぞくと、弟が義母のふとんのなかにはいってなにか食べているのが見える。

「いつまでもそんなことをしていると大人になれないぞ」

と私がいった。弟が意外にもなにか口答えをし、私がむきになっていいかえした。ひとまわりもちがう小学生の弟に、そんなふうに挑戦するのがばかげていることはわかっている。だが私には弟が遠くにいるのがたまらない。遠くにいることを口に出していったという事実が耐えられない。

「あなたも小さい子をつかまえてなんです」

と義母がたしなめると、私はもう自分を抑え切れない。私は弟をふとんからひきずり出して殴り、弟が可愛がっていた猫を戸外にほうり出し、自分でも意味のわからないことをわめいている。「気狂い、気狂い！」と弟が泣き叫ぶのがきこえるが、その小さなまるい身体は、まだ私の手にふれている。これが弟か、これがおれの弟か、と思いながら私は息をはずませて殴りつづける。それが嫉妬なのか、悲しみなのか、弟を自分に引きよせたい衝動なのか、わからない。わからないが、私は弟をただめちゃめちゃにしたい。……

こうした混乱状態に秩序を与え、法を告げてくれるはずの父は、すでに力を失っていた。救いを求める江藤は、一時は湘南中学の同窓生だった石原慎太郎などと研究会を営み、急進的なマルクス主義に傾倒した。しかし繊細で感受性の強い江藤は政治運動には不向きであり、やがてふたたび文学に耽溺していった。

とはいえ、戦中の悔恨を抱える年長世代が書いた戦後文学の多くは、少年の江藤には理解しがたかった。彼は後年、「戦後の文芸雑誌は私の喪失感とは無縁な感情と難解な表現に満たされていたから、買って読むのは浪費と思われた」と述べている（続一巻二一八頁）。彼が好んだのは、日本とは別世界に連れていってくれるヨーロッパの翻訳文学であり、堀辰雄や立原道造などのロマンティックな詩や小説であり、小林秀雄や福田恆存の審美的な評論であった。江藤にとって、こうしたロマンスと美の世界は、戦後の現実を忘れさせてくれるものだった。

それと同時に、敗戦直後の江藤が耽溺したのが太宰治だった。「斜陽族」という流行語まで生んだ太宰の文学は、戦争で絶望と没落を強いられた青年層に人気を集めていた。江藤は「私の家が急速に崩れおちていった頃、太宰治を耽読したということの痕跡は、おそらく生涯私から消え去りそうにない」と回想している。(48)

もっとも江藤にとって太宰は、愛憎が半ばする存在でもあった。江藤によれば、「彼のなかには、甘ったるい悪い酒のようなものがあった。あるいは、『ふざけるな。いい加減にしろ』といいたくなるものがあった」。そして江藤は、「私はその頃、太宰治を通して日本浪曼派をのぞみ見、あるいは日本浪曼派のみをのぞみ見ていた」と述べ、「太宰治の作品のなかに屍臭のみを嗅ぎとろうとしていた」と回想している。ちなみに、「三島由紀夫は読んだら反感を持ちそうなので、わざと読まなかった」という。(49)

江藤が太宰に見出していたのは、日本浪曼派に象徴される「死」の香りであった。それは江藤にとって、彼が生まれ育った戦争の時代に満ちていた香りであり、失われた幼年時代をともにした実母や祖母たちの香りであった。太宰に象徴される甘い「屍臭」は、幼年時代に刻印された「ぷよぷよした醜悪なもの」から漂ってくる香りであり、江藤にとっては恐怖と憧憬の対象であった。そして、そうした「屍臭」の誘惑を断ちきり、戦後の現実生活に立ちむかうことが、彼にとっての「大人になる」ことだったのである。

一九五〇年には、朝鮮戦争が始まった。第7章で述べたように、このとき江藤と同世代の佐藤忠男や大江健三郎などは、この戦争で自分たちも動員されるのではないかという恐怖感をもった。江藤もまた、「米ソの合戦のなかで、集団的な死の中に自分を埋めるほど愚劣なことはない」と考え、「戦死」の誘惑を相対化した（六巻一九頁）。

前後して江藤は、太宰の作品を読むのをやめて、英語の勉強に集中した。そのかいあって高校では成績優秀だったが、結核が彼をふたたび蝕み、一八歳のとき肺浸潤を発病してしまう。進級が遅れた江藤は、療養生活ののち、一九五三年に二〇歳になって慶應義塾大学文学部に入学した。父親に負担をかけるのを嫌い、家庭教師のかけもちで授業料を払いながら英文科に進んだ江藤は、やがて同人誌に参加して自分でも文学を手がけるようになる。

ここで留意しなければならないのが、当時における文学部の評価の低さである。第7章でも言及したが、一九五四年一月における京都大学の就職希望者のうち、平均の決定率が六二パーセントだったのに、文学部は一三・七パーセントだった。江藤が通っていた都立一中（現日比谷高校）は、東大合格者が全国一だったことで知られたが、慶應の文学部入学後に江藤が教員室に挨拶に行ったところ、「君、慶応は経済かね？　なに文科？　君も案外伸びなかったね」と言われたという(50)。江藤はこの言葉に傷つき、その後は二度とこの高校を訪れなかった。

そもそも戦前の中産階層や軍人家庭では、文学者はまともな職業とみなされていなかった。江藤の父も、「文学者を少しも尊敬していなかった」。江藤もこうした価値観を内面化しており、海軍少将だった母方の祖父と対面したさいには、天下国家の話題にうとい自分を「文弱な孫」と感じて恥じた。湘南中学で江藤の同窓だった石原慎太郎の回想によると、彼らが文壇にデビューして再会したとき、江藤は「お互いに文士になんぞなっちまったなんていかにも気恥ずかしいじゃないか」と述べていたという(51)。

また江藤は、病弱で文学に耽溺している自分へむけられる父の視線を、強烈に意識していた。彼は自分が不登校に陥ったとき、父親が「お前のような出来損ないは丁稚奉公にでも行け」と言ったのを、「よく覚えている」と回想している。焼跡生活のなかで、父親が銀行員の職に見切りをつけることを考え、江藤に「屑屋の会社をつくろうか。お前を専務にしてやってもいいぞ」と言い、すぐに「お前では役に立たないな。だめだ、だめだ」と撤回したとき、江藤はひどく傷ついた。そのとき江藤は、「なんでもいい、とにかく早く金のとれる仕事に」と考えたが、不況の時代に結核もちの文学部生が就職できる当ては少なかった(52)。

こうしたなか、江藤は一九五二年五月、友人の家の別荘だった軽井沢のコテージに一人でこもり、『フロラ・フロラアヌと少年の物語』という短編小説を書いた。[53] 美しい芝生と白いテラスのある屋敷に住む、母を失った病気の少年が、フロラという幻想の少女と交流しながら死んでゆくという、「文弱」を通りこして「少女趣味」ともいうべき作品だった。続いて一九五四年に、彼が大学の同人誌に寄稿したのが、イギリスの作家であるキャサリン・マンスフィールドを論じた「マンスフィールド覚書」および「マンスフィールド覚書補遺」という評論だった。

これらの評論の内容は、一種異様なものであった。そこで彼は、マンスフィールドを「肺病やみのヒステリー女」と形容し、「彼女が生をともにしていたのは死者とだった」と述べるとともに、現実を拒否した「過去への愛着」と『死』に意外な感性を示す世界の美しさ」こそが、マンスフィールドの特徴だったと主張したのである。[54]

こうしたマンスフィールドの評価が適切であるのか否かは、ここでは問題としない。一つだけ確かなことは、この後に江藤は夏目漱石や小林秀雄、あるいは西郷隆盛などの評伝を書いたが、論じる対象が誰であっても、その人物が「死」への憧憬を抱いていたと描いていることである。

しかし、「マンスフィールド覚書」を書いた直後の一九五四年六月、江藤は突然に喀血し、結核が進行しているという診断結果がでた。江藤は「再発したのを父にいうのがいやで、そのまま失踪してしまおうかと思った」ものの、「父の怒りの重みをうけとめないのは卑怯だ」と考えて報告した。[55]

そもそも江藤は、実母が死んだあと再婚した父に、複雑な感情を抱いていた。彼は後年、「私がうしろめたさから逃がれられないのは、私のなかに父を『拒否』しているという意識がひそんでいるからである」と書いている。[56]『フロラ・フロラアヌと少年の物語』では、少年の母親は父親と結婚して文学の才能を捨ててしまったとされており、少年の死後には父親は憔悴して廃人のようになってしまう。

そして江藤は母の死いらい、父が義母や異母弟妹と家庭を営んでゆくなかで、「甘えることの下手な人間」になってしまったと回想している。彼は後年には、「『家』という言葉を聴くと、自分のなかからある暗い激情がほとばしり出て来て、どうしても抑制ができなくなってしまう」と書くとともに、相続権を放棄して異母弟妹に一家の資産を譲る決意を語りながら、「要するに私は長男の権利をすべて放棄するかわりに、長男の義務をすべて引きうける用意があることを、父にわかってもらいたかった」と記している。[57] しかし、「義務」を引きうけて「大人になる」ことを焦っても、江藤の病弱な心身がその決意についてゆけなかった。

父親は江藤の再発を聞いて叱責したものの、これまでどおり闇のルートで特効薬を買ってきてくれた。江藤が父に抱く感情も複雑だったが、父の側も、死んだ妻の面影を残した病弱な長男に、複雑な愛情を抱いていた。

江藤の回想によると、彼が敗戦直後に旧制中学の入試に合格したお祝いに、教師を招いてささやかな祝賀会を開いたあと、教師を送って外に出たとき、紅顔の江藤少年を女性とまちがえた酔っ払いが夜道で声をかけてきた。このとき酔っていた父親は、「これにさわってみろ。ただではおかないぞ。この馬鹿野郎!」と怒鳴り、そのあと「お前は可愛いやつだ。お前は可愛いやつだ」と江藤を抱きしめた。江藤はその手をふり払ったが、父親が泣いているのをみて愕然としたという。[58]

江藤 淳

江藤はやはり一九六七年に、「あのまつわりついて来るような父の愛情」について、「鳥もちのようにねばねばと私の皮膚をつつみ、私を自分の生活から引きはなしてしまう。あれは『父』の愛情だろうか。むしろ母性愛に近いものではないか」と書いている。こうしたなか、彼は「甘えることが下手」になってしまった一方、父親とはいつも些細なことで口論し、「三十分も一緒にいれば、たちまち口論がはじまって険悪な空気になり、周囲がハラハラするというようなことは、少しもめずらしいことではなかった」と記している。[59]

一方で父親のほうは、豊かだった戦前とは激変した状況のなかで、妻子のために不慣れな努力を重ねていた。江藤は敗戦後の父親を回想して、「不思議なほど自分の人生を生きようとしているようには見えなかった。なぜ自分のためにはなにもしないのかとたずねると、きまって激怒して肺腑をえぐるような言葉を私に投げつけた」と述べている。江藤はこうした父をみていて、「辛くてならなかった」という。[60]

こうしたなかで、江藤の内面に刻印された「ぷよぷよした醜悪なもの」は、「鳥もちのようにねばねば」と彼が形容した父親の愛情とも結びつけられることになった。彼が「甘えることが下手な人間」になったのも、「家」という言葉に「暗い激情」を感じずにはいられなくなったのも、さまざまな感情が渾然一体となった「ぷよぷよした醜悪なもの」にたいするアンビバレンスの結果だったろう。

しかし同時に、その「ぷよぷよした醜悪なもの」が発する「屍臭」の誘惑に打ち克ち、戦後の現実のなかで生きてゆくことは、父を見捨てないことと同義だった。江藤は一九七一年に、少年期の自分をこう形容している。[61]「彼は結核の病み上りで、健康に自信がなく、家族という重い行きがかりを両の肩の上に感じていて、それを嫌わしく思い、しばしば死を夢想している。彼が死なずにいるのは、その父親の悲しみを想像すると実行不可能になるからである。彼は絶望しているが、絶望していることを他人に、ことさら父親に悟らせないためにのみ生きている」。

もともと江藤が敗戦直後から英語の勉強を始めたのも、英語に堪能だった父の命令からだった。江藤は一九九四年の随筆で、実母が死んだあと父が再婚する前に、逗子の海辺のホテルに連れていってもらい、父と一緒に水遊びをし、ハイカラな西洋式の朝食をともにした思い出を語っている。そのとき、となりのテーブルにいた西洋人の男女が声をかけてきて、父が流暢な英語で会話していたのを誇らしく思い、父のように英語がうまくなりたいと思ったという。江藤はこの思い出について、「あれは父と私が一番近くにいた時間だった。そういう時間があったから、私は今まで生きてこられたのである」と記している。[62]

そうした父が戦後に没落してゆく様子は、江藤には敗戦国となった日本の運命と二重写しになってみえた。そして江藤の結核再発の三カ月後、父も無理がたたり、高熱を発して倒れた。カリエスで病床にあった義母とあわせ、一家はついに三人が寝こむ状態となった。

こうした危機のなかで、江藤は「仕方なく天井を眺め、耐える」ほかない自分に「切歯扼腕」し、「この療養中に一転機を得」た。すなわち、「ひと言でいえば、私はある瞬間から死ぬことが汚いことだと突然感じるようになった」。この転機のあと江藤は、それまで好んでいた耽美的な文学、「堀辰雄、立原道造及びその亜流を贋物と感じ」、

「『文学的』なものへの嫌悪」を抱くようになった(63)。

一九五五年五月、こうした江藤のもとに、雑誌『三田文学』の編集者だった山川方夫が訪れた。「マンスフィールド覚書補遺」を読んで江藤の才覚を認めた山川は、江藤に日本の作家論の執筆を依頼した。江藤は候補として、堀辰雄、小林秀雄、夏目漱石の三人を挙げた。そして江藤は、それまで愛読していた堀や小林ではなく、過去に著作を読んだだけで、当時は一冊も本をもっていなかった夏目について書くことを強く望んだ。それと同時に、「マンスフィールド覚書」を書いた「江頭淳夫」という名前は捨てられ、「江藤淳」というペンネームが採用された。

こうして『三田評論』一九五五年一一月号と一二月号に、二二歳の新鋭評論家「江藤淳」のデビュー作「夏目漱石論」が掲載された。吉本隆明の「前世代の詩人たち」や石原慎太郎の『太陽の季節』が登場したのも、ほぼ同時期だった。おりしも時代は、「もはや『戦後』ではない」という言葉とともに、大きな転機を迎えようとしていた。

「死」と「生活者」

俗に「デビュー作にすべてがある」といわれる。江藤のデビュー作『夏目漱石』は、その後に彼が展開した主題の大部分が、萌芽的に含まれている作品である。

前述のように江藤は、堀辰雄に代表される「贋物」の「『文学的』なるもの」を嫌悪するに至っていた。そして江藤が夏目に見出していったのは、「贋物」ではない真の文学、「屍臭」の甘さに自閉する誘惑を断ちきって、現実に開かれてゆく文学にほかならなかった。『夏目漱石』は、以下のような文章で始められている(一巻七頁)。

日本の作家について論じようという時、ぼくらはある種の特別な困難を感じないわけには行かない。西欧の作家達は堅固な土台を持っている。ぼくらはその上に建っている建物のみを、あるいはその建物の陰にいる大工のみを論ずればよい。つまりこれは、これが果して文学だろうか?　などという余計な取越苦労をしないでも済むといった程度の意味である。……日本の作家を相手にしている時には事情はそれほど簡単ではない。彼らを問題にしようとすれば、先ず、彼らの作品の成立っている土台から問題にしてかからねばならない……。

後年の江藤は、この日本文学の「土台」を問うという作業を、占領軍の検閲政策や憲法制定過程を問いなおすといった、政治的保守の立場から追求していった。しかし一九五五年の江藤が問うていたのは、そうした問題ではなく、安易な言語表現をこえた「現実」が文学作品のなかに表現されているか否かという問題であった。

江藤は『夏目漱石』で、「現実」を描写したと称されるプロレタリア文学や自然主義文学を、まっこうから批判している。彼によればこれらの文学流派は、「日本の現実」を描写していると主張していながら、実際には西洋から輸入された手法や観念のなかで空転していたにすぎないというのである。

こうしたプロレタリア文学批判に、小林秀雄や福田恆存の影響をみることは容易である。ただし留意すべきなのは、敗戦による言語体系の激変に直面したこの時代の若者たちには、言語への不信が存在したことである。

たとえば第3章で紹介した元少年水兵の渡辺清は、一九四六年の日記に、「おれが天皇に裏切られたのも、国家に欺されたのも、自分で自分を裏切ったのも、もとはと言えば言葉のせいだ。仲立ちになっている言葉や文字をそのまま早とちりにものごとの実体だと取りちがえていたからだ。言ってみればだらしなく言葉の魔術にひっかかっていたのだ」と述べている。(64) 大日本帝国の「言葉の魔術」に失望したのは、この時代の青少年に共通の現象だった。吉本隆明も鶴見俊輔も、まず言語と現実の関係を論ずることから、戦後の思索を開始している。江藤もまた、こうした同時代の潮流と無縁ではなかったといえよう。(65)

そして渡辺清は、「おれは、これからは自分の眼と手足でたしかめたこと、納得のいくまで自分の頭で考えたことだけを信じようと思う」と記していた。江藤もまた、『夏目漱石』において、「ぼくらにとって重要なことは」「ぼくらが現に生き、やがて死ぬ、というつまらぬ事実以外にはない」と宣言している(一巻五九、六〇頁)。

ところが『夏目漱石』によれば、これまで文学批評の大部分は、「国家」や「政治」といった言葉に絡めとられ、「一人の人間のかわりに、何か都合のよい問題を置換しようとする努力」に陥っていた。江藤は、「伝統といい、歴史的態度といい、社会史的意義といい、それらはすべてこの種の置換物」だと断言している（一巻六〇頁）。

後年の保守論者としての江藤のイメージからすると意外にもみえるが、一九六〇年ごろまでの彼は、「国家」や「民族」よりも「私」をはるかに重視していた。彼は一九五九年には「民族共同体なんて幻影ですよ」と述べ、「国家があって私があるわけではない。国家というが如き人為的な約束事に対して、己れの点数の高さを誇ろうとするみみっちい精神を、常識では官僚的な精神というのである」と主張している[66]。

しかし江藤は『夏目漱石』で、「個人」の煩悶を描いたと称する文学をも否定した。なぜなら、「日本に近代市民社会などというものはなく」、「西欧的な意味での近代的自我の如きものも存在しない」。ところが近代日本では、「鉄道が敷設され、軍艦が自国の造船所で建造されることが名誉だったように、西洋風の『懐疑苦悶』を所有していることも名誉だった」。そこで日本の作家たちは、「日本人を主人公とし、その主人公にありもせぬ『懐疑苦悶』を悩ませることによって我が国の精神史に西欧並みの進歩があったかのように錯覚させ」た。それゆえ「作家達は、この意味では、光栄ある帝国陸海軍並みの国家的貢献をしていたといわねばならない。今日からみればまるでお笑い草である」というのである（一巻一六―一八、五四頁）。

しかし江藤は、西欧文化に対抗して「伝統」を賞賛するといった姿勢はとらなかった。なぜなら「伝統」も「歴史」も、空虚な言葉にすぎないからである。彼は『夏目漱石』で、「日本的な文学とか、日本的あるいは東洋的思惟を表した文学とか、私小説が日本独自の文学形式だとかいう妄想」を強く批判している（一巻八頁）。

それでは真の文学は、いかに生みだされるのだろうか。江藤によれば、日本には近代的自我などありえず、ただ「近代的な意匠と前近代的な周囲の現実との間に生ずる炎症」が存在するだけである。まさにその「炎症現象が、恐らく唯一の書くに足る日本の現実」にほかならない（一巻一八、一九頁）。そしてこの「日本の現実」を描くべく格闘したのが、夏目漱石であるという。

英語教師であった夏目が、イギリス留学に行って神経衰弱になったあと、帰国して小説を書くに至ったことはよく知られる。この後の夏目は、日本の西洋化と近代化の皮相さを批判する作品を書き、やがて西洋的なエゴイズムをこえる「則天去私」という境地に至った、というのがよく描かれる夏目漱石の軌跡である。

ところが江藤は、この夏目観に異議を唱えた。江藤によれば、夏目がイギリスになじめなかったのは、西洋文化と東洋文化の衝突などという問題からではないという。

そして、江藤がこの問題にくだした解釈は、それまでの夏目論とはおよそ異質なものであった。江藤によれば、夏目は「自己を抹殺したいという、絶え間ない衝動に悩まされていた人間」だったのであり、イギリスで神経衰弱になったのは、彼の資質である「人間嫌い」が表面化したからである。夏目が書いた「早く茶漬と蕎麦が食べたい」という手紙も、現実からの逃避願望をそう表現したにすぎないのであって、「漱石の憧れる場所は地図の上には見出せない。故国日本は、彼の欲する土地への媒体にすぎない」というのだった（一巻六八、一二三頁）。

さらに江藤が重視したのが、夏目の幼年時代である。夏目は数回にわたり養子に出され、継母に冷遇された人物であった。江藤は夏目の回想記から、中国南画の掛軸の前で過ごすのが好きだったという記述を重視し、「南画などに見入っている子供の姿は異常であって、ぼくらは幼い南画鑑賞家の孤独な姿の裏に、彼をいためつづけた不幸な家庭生活を想像せずにはいられない」と述べている（一巻二一頁）。

さらに江藤は、夏目が書いた英詩のなかから、「人生と夢の間」である死の世界にいるという女性を描いたものをとりあげ、「漱石の最低音部の世界は人間の存在しない極地であって、時として僅かに彼自身と、その『永遠の女性』の影が長く投じられているにすぎない。彼の心のかくれ家は、実にこのような風土だった」と主張した。江藤が夏目の作品のなかで「最も美しいものの一つ」と絶賛したのも、死んだ文鳥に「永遠の女性」のイメージを交錯させたという短編『文鳥』であり、「屍臭がただよ」う作品である『夢十夜』とならんで、「漱石の生の要素へのほとんど生理的な嫌悪感」が表現されていると述べている（一巻二三、五三頁）。

江藤はさらに『夏目漱石』で、「永遠の女性」が住む死の世界を、人間を溶解させる「自然」の世界としても描いた。これを表現するにあたり、江藤は「自然界は悉皆淫猥ぢや」というリア王の言葉を引用している。そして日本の私小説に存在するのは、「硬い倫理的輪郭を有する『自我』ではなく、ぷよぷよと水を吸った寒天のように浮遊する彼らの本能――リア王のあれほど呪い嫌った『自然』にすぎない」という（一巻八三、九二頁）。
　こうした現実嫌悪と「死」への憧憬にとらわれていた夏目は、日本に帰国しても不適応者のままであった。しかし江藤が注目するのは、夏目がこのような状態にとどまることなく、現実の社会的責任に目覚め、「『生活の意義』をことごとく包含し得るような文学」を志向していったことである（一巻四八頁）。その場合に夏目が克服しなければならなかったのは、「自己抹殺」と「自己絶対化」の衝動であった。江藤はこう述べる（一巻七八頁）。

　自分は正しいのに、お前達は正しくない。目を覚せ。正しくなれ。そして自分と同じように振舞え。そうすれば自分は自分の意志に忠実なお前達の支配者になろう。あるいは、自分一人正しいのに、全世界は自分の敵だ。むしろ自分は無に同化してこの俗衆を去ろう。かくの如くにして、啓蒙主義的態度は、自己絶対化及び自己抹殺への欲求と見事に連続する。更にこの欲求は、積極的には対社会的な絶対支配への意欲に、消極的には反社会的な逃避の姿勢へと連続するのである。

　尊大な自己絶対化と卑小な自己抹殺は、現実逃避の両側面である。そして江藤によれば、夏目にとって「両極点の間を震動するあらゆる人間的欲望は厭わしいものにすぎない。彼はそれを『我執』と呼ぶ」（一巻七九頁）。江藤はここで、彼独特の自我論を述べている。江藤によれば、西洋の近代的自我は、それぞれが自立していながら、神という超越者を媒介にして他者とつながることができる。しかし、日本の「『我執』は神を通じて人間関係を成立させることも出来なければ、他者の前で自己を消滅させることも出来ない」という（一巻五四頁）。
　そして江藤によれば、夏目の作品は、「『我執』のぷよぷよと浮遊している、平面的人間関係の世界での愛の不可能性」をテーマとしていた。この「日本の近代社会に特徴的な」「『我執』の存在」、すなわち「ぷよぷよした醜悪なもの」を描きだすことが、近代化の「炎症現象」という「日本の現実」を書くことにほかならないというのである（一巻八七、五五頁）。

ところが日本の作家の大部分は、この重大なテーマを扱わなかった。彼らがやったことは、西洋の技法を導入して、空虚な観念の言葉で「ガラスの城」を築いただけだった。「これで満足していられるのは半ば専門的な極く少数の文学鑑賞家だけで、一般の読者は空虚な心情をどうすることもできない」。そして「文学青年という人種が軽蔑されるのも、結局は、現実にありもしない亡霊を信仰しているからであって、健康な生活人の感覚が自然にそのようなからくりに反撥を覚えるのである」という（一巻一七、一八頁）。

こうした「ぷよぷよ」の「我執」への対処として、夏目は一時、日本にも近代的自我を確立させることを考えた。しかし、こうした「啓蒙主義的態度が可能なためには、優れた天下国家を論ずる少数と、愚昧な大衆とが同時に存在する必要がある」（一巻七三頁）。すなわち、近代的自我の確立を説く啓蒙主義そのものが、知識人の自己絶対化と「我執」をもたらしてしまう。

だが現実の「生活人」の世界では、「自己は絶対者ではあり得ない」。そして夏目は、日常生活のために働く『道草』の主人公などを通じて、「平凡な一般の生活人に通用する、日常生活の倫理」を描いた。一方で大部分の私小説家たちは、「社会的責任を拋棄した時、彼らは期せずして『自然』の中に赴いた」。こうして夏目は、近代日本では「寥々たる『生活者』である作家」となり、「死」への憧憬を克服して、「生活者」としての責任と倫理を確立していったというのである（一巻九二―九四頁）。

こうした夏目像がどこまで的確なのかは、いささか疑問でもある。前述のように、江藤ははじめから夏目を愛読していたわけではなく、むしろ堀辰雄や谷崎潤一郎などを好んでいた。彼は一九六七年には、「Y〔山川方夫〕にすすめられて私は口からでまかせにいった夏目漱石論を書き、それからずるずるべったりにものを書いて生活するようになってしまった」と述べ、「あのとき私がなんでもいいから毎日文章をつくっていたかったのは、そうしていると父の重さも義母と自分の病気も、そういううっとうしいものの存在を忘れていられたからだ」と回想している[67]。

しかし、二二歳の青年がこうした状況からしぼり出した夏目論は、一九五六年には単行本『夏目漱石』としてまとめられ、人びとに不思議な感動を与える書物となった。よくも悪くも論理的な体裁が整った本ではなかったが、それがかえって混沌とした迫力をかもしだし、江藤淳の名は一躍文壇に知られるようになった。

とはいえ「文学は職業とするに足りず」という信条をもっていた彼は、慶應義塾大学の英文科大学院に進学して、大学教師の座をめざした。体力もいくぶんは回復し、一九五七年には慶應の同期生だった三浦慶子と結婚して、江藤は父の家を出た。このあと一九五九年まで、江藤は大学院に在籍しながら評論を書いている。

この大学院時代に、江藤は一九五八年の警職法反対闘争を機に結成された、「若い日本の会」の幹事役を務めた。こうした活動の一方、江藤は『作家は行動する』や『奴隷の思想を排す』などの評論集を発表し、小林秀雄や日本浪曼派、そして天皇制への徹底的な批判を行なって、進歩派の若手評論家として期待されることになった。この時期の印象が鮮烈だったため、一九六〇年代以降の江藤を、保守派に「転向」したと批判する論者も多い。

しかしこの時期もその後も、江藤を一貫して支配していたのは、「ぷよぷよした醜悪なもの」へのアンビバレンスであった。実際に、大学院時代の江藤が行なった天皇制や日本浪曼派への批判は、一連の対比を駆使して行なわれている。彼が否定すべきものとして挙げたのは「死の思想」「淫猥」「自然」「詩」「ロマンティック」などであり、肯定されたものは「人間」「秩序」「散文」「リアリスティック」などであった。

この対比の意味は、江藤が一九五八年に行なった、「人間」と「自然」の定義に明瞭にみることができる。すなわち、「『人間』は、主体的な意志を持ち、あいまいなものを明瞭化し、自分を圧迫から解放しようとするもののこと」であり、「自然」とは「理解の範囲をこえた、ある暗い、あいまいなもの」だというのである（五巻二三九頁）。

江藤が一九五八年に書いた「神話の克服」によれば、「神話」とは人間に潜在している「非合理的な、暗い兇暴なエネルギー」を解き放つ寓話である。神話そのものは無内容な象徴にすぎないが、「象徴が包括的であればあるほど、解放される原始的なエネルギーは増大し、人間はいっそう奴隷化される」。「八紘一宇」や「大東亜共栄圏」といったスローガンは、こうした「神話的象徴」の代表的なものであるという（五巻二三二頁）。

そして日本浪曼派は、近代を批判し、人間のつくったあらゆる秩序を批判したが、それは「責任と自由を課せられた『人間』」そのものを否定する「『自然』崇拝」にゆきついた。日本浪曼派にとって、「『文化』は『死』の同義語」

であり、「リア王のきいた『自然』の声そのもの」だという（五巻二四三―二四五頁）。
また日本社会は、「家族制度」や「『天皇』という原始的宗教観念への盲従」が支配する「巨大な沼地」であり、「アメーバ状の生きものに変形して不定形な自己運動をおこない、人間の輪郭は、ある粘質な力のなかに解消させられようとしている」。そしてそこでは、人間を「自然」や「もの」の前に拝跪させる、「物神崇拝の邪悪な死の思想」が生まれる。人間の道具にすぎない刀剣に美を見出すのは、こうしたアニミズムの典型にほかならない。「物の美」を賞賛する小林秀雄の批評もそうしたアニミズムの一例であり、「そこには『自然』があり、人間がいない。正確にいうと彼〔小林〕以外の人間がいない」という(68)。

さらに江藤はこの時期、この図式から独自の文体論を唱えている。それによれば、日本文学は現実と他者を直視した散文よりも、詩的で自己陶酔的な美文を志向しやすい。「詩の世界というのは結局物の世界」であり、日本文学は「詩的であり、具体的にいえば、その文章に暗喩《メタファー》や直喩《シミリー》が多い」。ほんらいは、「吟遊詩人は詩神や、王や、族長の権威において伝達をおこない、作家は、あたかも『国民公会《アサンブル・ナショナール》』の代議士たちのように、まず自らの属する集団――極限的には人間――を代表して、伝達する。このかぎりで、散文家であることは作家にとって不可欠の条件である」。ところが近代日本では、「作家は生活者である社会的責任を持った市民ではなくて、アニミズム的社会の呪術者か職人であった」。その典型が「修辞学教室の優等生」である三島由紀夫で、三島の文学には「死」の賛美と日常生活への嫌悪が満ちているという(69)。

そして日本の近代文学史は、情念のエネルギーを噴出させる「ロマンティスト」と、それを制御しようとした夏目漱石ほか「極少数のリアリストたち」の対決の歴史であった。多くの文学者たちは、暗い狂暴な情念を制御するため、「日本の前近代的なロマンティシズムの上に、西欧から輸入された『近代文学』の鋳型」をはめこもうとした。「かりにこのような傾向を『近代主義』とよぶのであれば、昭和初期のマルクス主義文学運動は、この意味での『近代主義』の最後の光芒であった」（五巻二三四頁）。

しかし、こうした「近代主義的な自己充足によっては、近代化はいささかも促進されず」、「自己を確立するものは自己否定である」。「近代主義」の問題点は、自己の内部にある「『神話』の存在を無視するという前提から出発している」ことである。必要なのは、暗く混沌とした「神話」を直視し、「神話の性質を正確に洞察したうえで書いた『文学作品』」だという（五巻六七、二六八頁）。

こうした論調からうかがえるのは、江藤が「ぷよぷよした醜悪なもの」への恐怖を、「近代」という「輪郭」で抑えこもうとしている様子である。それと同時に、「近代主義」の限界を論じ、「神話」の直視を唱える論法は、竹内好の影響を感じさせる。実際に江藤は、この時期の評論「奴隷の思想を排す」で、「一人の魯迅を生んで、社会の民衆の方に進みよって行く」ことを唱えたり、天皇制を批判するにあたって竹内を引用したりしている（五巻二〇七、七三頁）。また「国民公会《アサンブル・ナショナール》」を賞賛するかたわら、丸山眞男にもしばしば言及していた。

一方で江藤は『夏目漱石』では、夏目を文学史的に位置づけるにあたり、福田恆存に言及していた（一巻九二頁）。福田恆存と竹内好という、政治的立場においても、「政治と文学」の論じ方においても両極のような思想家から影響されていることは、いささか奇異にもみえる。しかし福田と竹内は、夏目漱石をはじめとした「明治」の文学を賞賛し、白樺派やプロレタリア文学に批判的だったという点では共通していた。

また福田と竹内は、文壇文学の閉鎖性を批判して、「生活者」や「国民」に開かれた文学を創れと主張していた点でも共通していた。そして江藤もまた、作家の自己絶対化を批判し、「生活者」に開かれた文学を創れと唱えていた。この「生活者」を、左派知識人への批判として用いれば福田や小林のような「保守」の側に、民衆や「国民」に寄りそうという文脈で用いれば竹内のような「革新」の側に、それぞれ江藤は傾斜するはずであった。そして一九五〇年代後半の江藤は、後者のほうに傾いていたのである。

とはいうものの、江藤が福田や竹内にうけた影響は、あくまで部分的なものであった。江藤には福田のような伝統志向は稀薄だったし、竹内のように魯迅を愛読した形跡もなかった。何より、福田や竹内が背負っていたような、戦中の悔恨の傷は江藤にはなかった。江藤が直面していた課題は、自分でも正体のつかめない「ぷよぷよした醜悪なもの」といかに闘うかであり、それを表現するために福田や竹内の言葉づかいを借りたのだといってよい。

何より竹内の場合は、戦中の屈辱の体験から、天皇制を否定の対象とだけ考えていた。しかし江藤にとっては、天皇制や小林秀雄への批判は、「屍臭」の誘惑にたいする自己抑制の産物であり、彼は内心ではそれに惹かれてもいた。この時期の評論でも、江藤は「原始」を批判しながら、「われわれの心も原始的な感動をあたえるものなしには生きられない」と述べていたのである（五巻二一九頁）。

そして江藤がこの時期に絶賛していたのは、デビューしたばかりの大江健三郎だった。江藤によれば、四国の山村を舞台とした大江の初期作品である『飼育』や『芽むしり仔撃ち』は、ロマンティシズムが丸出しになっている太宰や三島と異なり、「作者自身の人間的な意志」と『死』の思想の官能」が絶妙なバランスで同居している「対象化され、論理化された汎神論の世界」であった。ところが、やがて大江が都会の青年の煩悶をあつかった作品を書きはじめたとき、江藤は「自然や動物との汎神論的な交感をなしえた山村の少年にかわって、都会に移植された孤独な青年が出現した」と批判に転じたのである。[70]

そして、当時の江藤が進歩派に傾斜していたのには、一つの前提があった。それは彼が、マルクス主義を「輪郭」の側に分類していたことだった。彼は当時、「保田〔與重郎〕氏の論理のなかでは、革命そのものがあらゆる体制を否定すること、ないしは『一君万民』というような『原始状態』への復帰であるのに、マルクス主義者にとっては、それはひとつの体制をもう一つのよりよい体制で置換すること」だと述べている（五巻二四一頁）。

すなわち江藤は、マルクス主義運動を「秩序」の一種として評価することで、「混沌」である天皇制や日本浪曼派と対置させていた。ところが、そうした左派運動にたいする認識が彼のなかで崩れたのが、六〇年安保闘争だった。

「屍臭」を放つ六〇年安保

一九五九年三月、江藤は慶應義塾大学文学部の大学院を中退した。じつは一九五八年三月から、ジャーナリズムに寄稿するのを止めるよう大学側から勧告され、それに反発した江藤は一年以上も大学院に通っていなかった。当時のアカデミズムでは、ジャーナリズムへの寄稿は卑しまれており、江藤は文筆か大学院かの二者択一を迫られ、ついに大学教師への道を断念したのである。

「文士」の地位を嫌っていた江藤にとって、これは辛い選択であった。のちの一九七一年、江藤は東京工業大学助教授に招聘されたとき、「やっと俸給がちゃんと」もらえる身分になったと喜んだという。彼はこの年に書いたエッセイでも、老齢に達した父親が関係していた会社役員を辞めて、「全く所属のない人間」になった「淋しさ」について述べている。[71] 父親への意地もあって、江藤は自分で学費を捻出し、通ってもいない大学院に学籍を維持していたのだが、ついに文学批評への愛情を捨てきれず、「所属のない人間」になる道を選んだのだった。

こうして江藤は、一九五九年から七一年まで、「所属のない人間」という不安定状態に陥った。この時期に、江藤は六〇年安保とアメリカ滞在を経験し、保守ナショナリストへ変貌してゆくとともに、『成熟と喪失』をはじめとした代表作を書きあげることになる。

そして江藤と進歩派との関係は、一九五九年から崩れ始めていた。その徴候が最初に現われたのが、戦争責任論だった。一九五九年、講座『現代の発見』が戦争体験と戦争責任を特集した巻を設け、江藤はそこに「『体験』と『責任』について」と題する戦争体験論を寄稿した。この巻の編者だった橋川文三は、『日本浪曼派批判序説』を書いた「戦中派」の政治学者であり、第13章で述べたように戦争体験へのこだわりを示して、石原慎太郎に反発された人物であった。おそらく橋川は、石原が「戦後派」を自称して自分は戦争の傷とは無縁だと主張していたのにいらだち、「少国民世代」にしては珍らしく日本浪曼派批判という問題を論じていた江藤に、戦争体験論議に参加してもらおうと考えたのだと思われる。

ところが江藤の示した反応は、石原に劣らぬほどの、「戦中派」知識人への罵倒だった。とくに彼が批判したのは、「戦中派」知識人が「戦死」を美化し、「天下泰平」の日常生活を蔑視していることだった。江藤はそこで、「『国家のために』であろうが、『社会主義のために』であろうが、彼ら『戦争体験論』者たちは、西欧が嫌いだという点で一貫し、個人が嫌いだという点で一貫している」と断じ、橋川文三や山田宗睦などを「醜悪な青年期のナルシシズム」「概念を愛し、生身の人間を嫌うもの」などとなで斬りにしたのである(六巻四五、四三、四六頁)。

とくに江藤が「戦中派」知識人を批判したのは、彼らが「いかにも国士風に、『幸福な』(!)家庭生活を軽蔑してみせる」という姿勢だった。江藤によれば、「家庭などというものは身近な人間同士の間に底の知れぬ穴が閉じたり開いたりする奇怪な場所にすぎない」。前述のように、父親との確執に苦しんでいた彼は、父との争いを回避する日常的な努力を重ねていた。彼はのちの一九六七年には、「天下国家も文学も忘れて、小型自動車の月賦ののこりを勘定していたい。そういう『家庭の幸福』があるだけでもすばらしいことのように思われるのに、その上それを軽蔑したり破壊したりする贅沢までわがものにできたら、私はきっと有頂天になってしまうにちがいない」と述べている。(72)

さらに江藤は、この一九五九年の戦争体験論で、一方的に「大人」——彼の父親の世代——を批判する「戦中派」の姿勢を批判した。江藤によれば、「戦中派」知識人による戦争責任追及は、自己の満たされない感情を為政者や年長者にぶつけようという「猥雑」な「復讐の衝動」でしかなく、「世の中にはいつも『責任』を自覚するという辛さに耐える少数の者と、それを『憎悪』の表現に用いようとする多数の人々がいる」というのである(五巻五七頁)。

並行して江藤は、同世代の若手文学者たちにも違和感を抱いた。一九五九年八月、石原慎太郎や大江健三郎をはじめとした「若い日本の会」のメンバーが中心となって、シンポジウムが行なわれた。(73) その司会を務めた江藤は、彼らの芸術論や政治論に新しいものは何もなく、明治・大正期の知識人の議論と大差がないと感じた。

江藤はこの座談会のあと、参加者が自分の議論を絶対視しているのは、「新しいもの」が「よいもの」とされてきた戦後の価値観によるものだと主張した。そして、「彼らにとっては『革新』とは多くの場合『現実離脱』の同義語であった。離脱してゆくさきは、西欧の文化でもよければ『革命』という観念でもよい。あるいは『戦争』でも『最新の世代』の自負でもよい」というのである(六巻六三頁)。

こうして江藤のなかで、「革新」や「革命」、そして戦争責任追及などは「現実離脱」の別名にすぎないという図式が抱かれ始めた。それと前後して、彼は「小林秀雄氏に対して不公正な態度をとっているのではないかという疑いに、突然とりつかれた」。(74) そして一九六〇年一月から、江藤は評伝『小林秀雄』を書き始め、小林が「死」への衝動を克服して批評を展開していったと論じた。そうしたなかで、彼は六〇年安保に直面したのである。

一九六〇年五月一九日、江藤は強行採決のテレビ・ニュースをみて怒りを抱き、積極的に反対運動を試みた。二三日には江藤を幹事とする「若い日本の会」は抗議の声明書を発表し、六月四日には「民主主義よよみがえれ」というスローガンを掲げて集会を開き、一一日にも各党から政治家を招いて集会を行なった。

運動の渦中に、江藤は雑誌『中央公論』七月号に、「〝声なきもの〟も起ちあがる」という論考を寄稿した。第12章で述べたように、この論考は「多声部のフーガ」のような「新しい市民的な運動」を提唱したものだったが、のちに江藤の著作集からは削除されてしまう。

しかし同時にこの論考は、やはり江藤のアンビバレンスを反映したものであった。[75] 江藤によれば、強行採決は「一般市民の常識——生活感覚」から批判されるべきもので、問題は安保の是非ではなく議会制民主主義という秩序の回復であり、「日本中がいま刻一刻と屍臭をはなちつつある」「屍臭の彼方に感じられるのはファシズムの不安である」というのだった。江藤はこの評論で、「若い日本の会」の集会を、こう形容している。

ここに集まった人たちは……瀕死の病人のように孤立して、おびえている。だから、死におびえる者が、来るべき暗いつめたいものの恐怖に耐え切れずに、思わずベッドの傍の人の手を求めるように、同じ恐怖とそれをのがれようとする意志を共有する人々の手を求めて集まって来たのである。しかし、その恐怖に負けて暴走すれば自滅するほかない。暴走するよりは、もっと多くの市民たちと手を握ろう。そして、身近かにいる代議士たちに働きかけよう。

そして江藤が安保闘争のなかで行なったのは、混乱した事態を収拾する指導者を求めて、自民党反主流派の議員たちと交渉することであった。そして彼の見方では、「屍臭」の誘惑に負けて暴走してしまったのが全学連主流派であり、「彼らが『純粋』であることは何の理由にもならない」というのだった。[76]

だが江藤がこの評論で、全学連以上に憎悪し、「奇妙に悲愴な自己憐憫」「政治的オナニズム」「無責任」などと罵倒したのは、そうした全学連を指導することができない社会党だった[77]。江藤にしてみれば、混乱に陥った若者に法を告げることができない無力な指導者は、もっとも批判されるべき存在だったのである。

江藤は同様の憎悪を、全学連に同情する進歩的知識人たちにも爆発させた。一九六〇年一月の羽田空港デモで逮捕された全学連主流派の幹部に、知識人たちが救援運動を行なったとき、江藤は「愚挙を叱るわけでもなく、只『同情』している知識人」は「女性的で不潔」だと非難したのである（六巻二五、二六頁）。

六月一〇日、江藤にとって決定的な事件が起こった。この日、特使として来日したハガティー秘書が、「反米愛国」を叫ぶ共産党系の全学連反主流派を中心としたデモ隊に包囲され、米軍のヘリコプターで脱出した。

現場にいあわせた江藤は、デモ隊の「民族独立行動隊の歌」や「反米愛国」の叫びに、戦中の記憶がよみがえるのを感じた。ハガティーの車を包囲するデモ隊をみて、江藤は「自分の腹の中を風景に拡大されたような気」がした。そして江藤の目には、デモ隊はまったく統制を失した「巨大なアメーバ」のように映った。この「完全な無秩序」を収拾してくれる指導者を求めて、江藤は付近にいた社会党議員や国民会議の幹部に食ってかかったが、期待したような反応は得られなかった[78]。

この事件を書いたレポートで、江藤は社会党議員たちを「無責任の象徴」と批判し、事件の顚末を「進歩派指導者の頽廃と無能を暴露した茶番」と形容した（六巻三二頁）。かつて天皇制に与えられていた「アメーバ」「無責任」といった形容は、いまや「進歩派」に投げつけられるようになったのである。

しかし一方で江藤は、嫌悪しているはずの「アメーバ」に、誘惑を感じてもいた。彼は安保闘争中、デモには一度も参加しなかった。しかし『思想の科学』誌上で行なわれた藤田省三との対談では、安保闘争のデモを評して、「ほんとうに爛熟した果物が落ちる一歩手まえという気がして、僕はこわかった」「腐敗してもうくずれきったなかに、非常においしいうま味というものがある」と禁断の誘惑の甘さを語っていたのである[79]。

もともと江藤は、敗戦直後には太宰治を耽読するかたわらマルクス主義に傾倒し、石原慎太郎などと営んでいた研究会で「激越な調子でしゃべりつづけ」ていた過去があった。このときの経験を、彼はのちに「マルクス主義の実践運動に接近するところに、自分が彼〔太宰〕からうけついだ滅亡の論理を実現する道があるように感じていた」と述べている（続二巻八三、八五頁）。最終的には、政治に不向きなため文学にむかったものの、内心に秘めたロマン志向は大きかったのである。

おそらくこうしたロマン志向のゆえに、江藤は吉本隆明と気が合った。江藤は前述したように、一九五九年の『「体験」と「責任」について』で「戦中派」知識人を批判するかたわら、「死は怖しくなかった」という吉本の言葉は好意的に引用していた。吉本の側も、江藤が進歩的知識人を批判したことに好感を示し、江藤の『作家は行動する』を「優れた文体論」と賞賛した。(80)

そして江藤もまた、吉本とは異なった角度からではあるが、六〇年安保の直後から「戦後民主主義」への批判を開始した。一九六〇年一〇月、彼は「〝戦後〟知識人の破産」という評論を発表した。この評論は、吉本とおなじく、丸山眞男が行なった安保闘争の総括を批判するものだった。

とくに江藤が批判したのは、『世界』一九六〇年八月号に掲載された丸山の講演「複初の説」だった。丸山はこの講演で、敗戦の日に日本の再建を決意した記憶を想起せよとよびかけ、公的関心の再建を訴えた。吉本が丸山に反発したのは、公的関心の再建という部分だったが、江藤の場合は異なった。江藤は、自分にとっては家族の没落の始まり以外の何物でもなかった敗戦の日の記憶を、丸山が想起せよと述べていることに、激しい反発を示したのである。

もともと江藤は、この世代の若手知識人の例にもれず、丸山から影響をうけていた。彼は天皇制や「戦中派」知識人、そして安保闘争の指導者などを批判するさいに、丸山の「無責任の体系」という言葉を常用していた。政治は結果責任の問題であり、動機の純粋さは無関係だという全学連評価も、丸山の影響が感じとれるものだった。その丸山が、自分が期待したような見解を示さなかったことに、江藤は怒りをみせたのである。

そして江藤の丸山批判も、彼らしいものであった。江藤によれば、八月一五日を基準点として現状の日本を批判することは、観念に頼って現実から目をそらそうとする自己絶対化だというのである。

江藤によれば、「『戦後』に正義の実現を見るという考えかた」は、「戦争になんらかの道徳的価値を導入」することから発している。しかし戦争とは力と力のぶつかりあいにすぎず、戦後改革も米軍にとって必要な占領政策だったにすぎない。「平和」もまた神聖な価値でも何でもなく、争いを回避する日常的努力という「散文的」な行為にすぎない。[81] にもかかわらず進歩的知識人たちは、安保闘争を「自分の抒情詩を現実の上に大書する好機」とみなしたというのである(六巻九、一七頁)。

そして戦後の平和主義とは、「武力のかわりに『絶対平和』という点で万邦に冠絶しようという急進的な心情のあらわれであり、『中立主義』とは、結局世界支配のかわりに国際的な権力関係から離脱したいという願望の政治的表現にすぎない」。安保闘争でナショナリズムと民主主義が結びついたという評価があるが、実際には「戦時中に猛威をふるったファナティシズムが、『民主主義』の旗を掲げて復活しただけ」である。全学連が支持を集めたのも、彼らが「純真」な「ウルトラ・ナショナリスト」だったからにすぎないという。[82]

そもそも、「戦後」とは何か。それは、単なる物理的敗北を、平和や民主主義の実現だと意味づけした虚構にすぎない。「進歩的文化人」たちは、敗戦で「傷つけられた『誇り』」を守るために、「現実を回避しようとして新しい規範を必死に喚び求め」たのである。江藤はこう述べる(六巻一三、一六頁)。

「戦後」という仮構をとり去ってみるがいい。日本を支えて来たものが生活する実際家たちの努力で、それを危地においやったのが理想家の幻影であったという一本の筋が今日にまでつながっているのが見えるであろう。そしてこの実際家たちのひとりひとりが、どれほどの個人的な不幸に耐えて来ているかということが見えるであろう。生活者は不幸を観念に流しこんで解消しようなどとはしない。

江藤のこうした評価は、部分的には鋭い指摘を含んでいた。しかし彼は、敗戦直後にはまだ幼かったこともあって、実際には戦後思想の流れを知らなかった。江藤はのちに『昭和の文人』という著作で中野重治を論じているが、中野が『五勺の酒』で戦死者への追悼を訴え、憲法を批判したことを、中野の保守ナショナリズムの発露とみなしている。[83]

憲法批判は当時の共産党の公式方針だったことを考えれば、これはおよそ見当外れの解釈であった。上記の戦後思想批判も、大部分は江藤の思いこみを前提に行なわれたものだったといってよい。

さらに江藤は、六〇年安保のあと「政治的季節の中の個人」という論考を発表し、「あの一ヶ月を支配していたのが、個人を個人でなくそうとする異常な雰囲気だったことは疑う余地がない」「私の主人は私以外にはいない。そうでなければ、どうして文学をやっていられるであろうか」と宣言した（六巻二二一、二二三頁）。安保闘争の高揚に、江藤は内心では惹かれつつも反発し、これは自己を溶解させる現実逃避だと主張したのである。

だがこの時点の江藤は、保守ナショナリストに転向したわけではなかった。江藤がこのとき説いたのは、進歩派の革新ナショナリズムへの痛烈な批判であり、「政治」にたいする「個人」の主張ではあったが、保守の立場からナショナリズムを唱えたわけではなかった(84)。「民族」を「幻影」と評し、「国家があって私があるわけではない」と述べていた姿勢は、江藤のなかでまだ維持されていたのである。

「民主」と「愛国」の共存が崩壊しつつあったこの時期に、革新ナショナリズムから離脱していった論者は、江藤だけではなかった。前述のように、大江健三郎は沖縄や山村という国家に抗する共同体を足場にして、ナショナリズムから離脱した。吉本隆明は、家族という共同性に依拠して、国家を批判していった。

しかし敗戦で「故郷」を失っていた江藤には、大江のような路線はとりえなかった。そして、家族の内紛のなかで育った江藤は、吉本のような家族観も抱けなかった。一九六六年に行なわれた江藤と吉本の対談では、家族を賞賛する吉本とは対照的に、江藤は「家庭関係は一面で倫理だが他面では政治です」「他人の苦痛は絶対にわからないから、家庭生活も可能なのでしょう」と語っている(85)。

こうした江藤にとって、ナショナリズムに対抗するために掲げられるものは、「個人」しかなかった。しかし一方で、旧世代のオールド・リベラリストのように、「政治」の過剰を批判して軍部や「赤」を排除すれば、「個人」は安定した秩序に回帰できると楽観できるほどには、江藤は戦前の生活感覚を身につけていなかった。そして、神という超越者をもたない日本では、近代的個人の成立は不可能であり、孤独で「ぷよぷよ」な「我執」に陥るほかないというのが、『夏目漱石』いらいの江藤の主張だった。

こうして六〇年安保を経た江藤は、不安定な状態に陥った。彼が探さなければならなかったのは、従来の保守派が賞賛していたような戦前型の家族や国家に代わる、新しい共同性のモデルだった。そして江藤は、そうした共同性のモデルを、アメリカと「明治」のナショナリズムに見つけだしてゆくのである。

アメリカでの「明治」発見

一九六二年、二九歳の江藤は、ロックフェラー財団研究員としてプリンストン大学に留学した。当初の目的は英文学の研究だったが、やがて日本文学を講義するようになり、二年にわたり妻とアメリカに滞在した。

彼の世代の例にもれず、江藤のアメリカにたいする感情は複雑だった。彼は敗戦直後から英語の勉強を始めたが、「勝者と敗者の関係」を逃れたいという「心理的自己防衛」から、「アメリカ映画を見ず、アメリカ音楽を聞かず、英語放送を聞かなかった」(四巻三一頁)。一九六二年には、まだ海外渡航は自由化されておらず、外貨の持出制限もあり、アメリカは日本より圧倒的に豊かな国であった。

とはいうものの、留学後の江藤は、プリンストンで快適な日々をすごした。欧米留学で不適応に陥り、その結果としてナショナリストに変貌したというパターンは、江藤の場合にはあてはまらない。むしろ逆に、江藤はアメリカの価値観に適応するなかで、ナショナリズムに開眼することになる。

江藤がプリンストンに適応できたのには、彼なりの理由があった。江藤はアメリカを適者生存の競争社会とみなしたが、同時にそこに、日本社会の「粘着性の関係」とは異なる「快い距離」を見出した。彼はアメリカ滞在の回想記『アメリカと私』で、「他人に甘えられない人間である私が、米国の社会の苛酷さのなかに、自分の感情にしっくりするものを見出していた」と述べている(四巻四一、九六頁)。

むしろ江藤が嫌ったのは、アメリカの在留邦人社会だった。彼はこれを「病的な小社会」とよび、在留邦人たちが「際限のない好奇心と、『親切』というかたちで他人の私生活に容喙して来る」ことに辟易した。農村や下町の生活を知らなかった彼は、「東京でそういう干渉を受けた経験がなかった」のである（四巻四一、四〇頁）。
もともと江藤は、性格的に「甘えられない人間」だっただけでなく、戦前の都市中産家庭で躾られたため、折り目正しい礼儀と気配りを欠かさないタイプだった。後年に江藤は、『昭和の文人』で堀辰雄を論じ、養父に借金をしながらロマンティックな作品を書いていたと批判した。しかし下町育ちの吉本隆明は、堀が下町出身であることを指摘し、「下町って、日常生活では貸し借り平気だとか、米櫃の中まで平気でさらしちゃう」と述べている。[86]
江藤の家族や性にたいするストイックな姿勢、そして「生活者」や「大人」のイメージは、こうした背景にも規定されていた。江藤と親しかった福田和也は、江藤の死後に、「とにかく、『真面目な生活者』ではありました。公共料金の滞納とかは絶対しない」「けれども本当の『生活者』というのは、電話が止まろうが、電気が止まろうか、気にせず生活できる人の方ではないですか」と述べている。[87]
江藤がアメリカに「しっくりするもの」を見出したのも、プリンストンがピューリタン的な気風を残す学園都市だったことに関係していた。そこには、江藤が幼年時代に親しんだ、戦前の中産階層の雰囲気に似たものがあった。また当時のプリンストンは、マッカーシズムで左派知識人が一掃された後であり、かつベトナム反戦運動が発生する前の時期だった。さらに江藤はプリンストンを、「一種コスモポリタン的な雰囲気があり、新参者をいじめるという空気はまるでなく」と評しており、深刻な人種差別にも出会わなかったらしい（四巻一二二頁）。もし江藤が、一九七〇年代のニューヨークに滞在していれば、相当に異なったアメリカ観をもっただろう。
こうしてプリンストンになじむ一方、江藤は一九六三年夏に一時帰国して、東京オリンピックを控えて土木工事が進んでいた東京が、「猥雑」で「醜悪な街」に変貌していることに衝撃をうけた。江藤の生家があった大久保も、「連れ込み宿」が並ぶ街になっていた。[88] そこはもはや、江藤にとって「故郷」とは思えなかった。そして彼はアメリカの「自分の家」に帰るとき、「自分の家が、かならずしも自分の国のなかになくてもよい」という「新鮮な発見」を味わった（四巻六四頁）。
しかし江藤は、アメリカに永住はしなかった。彼は滞在二年目でプリンストンに教職を得たが、それを延長することを断わり、帰国する道を選んだ。理由の一つは、文学者であった江藤にとって日本語が捨てられなかったからだが、それ以外にもさまざまな要因があった。

まず江藤には、アメリカの実用主義が肌に合わなかった。江藤はあるアメリカ家庭に招かれたさい、一家の主人が占領期の日本で安く入手したという刀の鍔《つば》が、クローゼットの把手になっているのを見た。その鍔は、江藤が小林秀雄の自宅で見せてもらったものに「まさるとも劣らぬ逸品」だった。これをみた江藤は「ひそかに怒りにまみれ」、「戦争に敗けるということは、鍔がクローゼットの把手に化けるのをこの眼でみなければならぬことだと、私はそのとき肝に銘じた」(四巻六六頁)。かつては刀剣の美を批判していたものの、ほんらいは審美的だった彼は、アメリカのこうした側面を嫌悪した。

そしておそらく、江藤がアメリカに定住しなかったもう一つの理由は、江藤が無意識のうちに「家」や「定住」を避けていたことにあった。江藤夫婦はすでに結婚して五年以上たっていたが、夫婦のあいだに子供はなく、犬を飼いながら一時住まいの借家や間借りを転々としていた。江藤は一九六七年の論考では、「自分の家」をもって父親になることに憧れを語りながらも、「その『いつか』をなるべく先にのばしておきたい」と述べ、『家』という言葉を聴くと、自分のなかからある暗い激情がほとばしり出て来て、どうしても抑制できなくなってしまう」と告白している。こうした状態を、彼は「いつの間にかにわか仕立ての遊牧民になってしまった」と形容している。[89]

そして江藤がアメリカで見出した快適さは、一時滞在の外国人の気安さでもあった。彼はアメリカから帰国直前のエッセイでは、「私はこの国と不幸な恋愛をするくらいなら、親しい友人にとどまっていたい」と書いている(四巻一四〇頁)。定住は江藤にとって、彼がアメリカに見出した、「快い距離」の消滅を意味したのである。

こうして江藤は、日本にもアメリカにも、「故郷」を見出せない状態に陥った。その彼が発見した「故郷」が、空間的にではなく時間的に「快い距離」が保てる「明治」だった。江藤は、全寮制で男子学生だけのプリンストン大学に初めて足をふみいれたとき、「一度だけ見学したことのある防衛大学校」を想起しながらこう感じた(四巻三二頁)。

私は、ふと自分が明治時代に投げかえされたような幻覚を感じた。士族出の、あるいは新しい知的士族たらんとする「書生」たちが、ウェブスターの辞書を前にして、いわば learnings in the Nation's Service を想っていたあの時代——つまり、私は、そのときほんの一瞬の間ではあったが、周囲に士族の雰囲気とでもいうべきものを感じたのである。が、それは単に、あまりに反士族的なものが充満している東京から来た私が、異質の学園に触れて、自分のなかで眠っていたなにかを喚び覚されたために感じた幻覚だったかも知れない。幻覚であるにせよ、それは快い体験であった。私は、ここには依然としてあり、戦後の日本からは消え去ってしまったある精神を想った。私は、両の眼に涙がにじみ出て来るのを感じた。

すでに述べたように、渡米以前の江藤は、夏目漱石を扱ってはいても、明治国家の賛美などは書いていなかった。そして、祖母や祖父が明治生まれであることを強調する回想記を江藤が書き始めたのは、アメリカから帰国後のことである。すなわち、江藤が「明治国家」を発見したのは、アメリカ体験からだったといってよい(90)。

そして江藤は、「米国には、たしかに戦後の日本人が忘れてしまったものを、思い出させる力がある」と感じた。そして江藤が発見したアメリカは、彼の幼年時代の日本がそうであったように、愛国心を罪悪感なく謳歌し、若者たちが国家のために死ぬことに生きがいを見出している（はずの）国であった。江藤は予備将校訓練課程の制服を着たアメリカの大学生たちをみて、「やがて『国のために』死ぬ」者たちが、「死の影を受けて美しく」輝くのを感じ、「残酷な感動」に満たされた(91)。

江藤が日本に一時帰国し、東京が「猥雑」な街に変貌していることを確認したのは、こうした体験を経たあとの一九六三年夏だった。この一時帰国のさい彼は、友人と酒場にいたとき、「妙に生々しい死者の幻影に出あった」。彼は、流しの楽師と客が軍歌を歌っている酒場で、以下のような幻想にとらわれたのである（六巻八一―八二頁）。

私は、軍歌を歌っているお客もいやなら、意味もなくそういう場所にすわっている自分もいやだった。……早くこの場所を出て帰ろうと思った。だが、どこへ？　自分が生まれて育った東京がすでに故郷ではないなら、私はアメリカを故郷と思うべきなのだろうか？　それはやりきれぬ気持ちであった。

その瞬間である。私がある濃密な死者たちの実在を感じたのは。……私は、そのとき周囲に浮遊している死者たちの羽ばたきをきいた。きいたばかりではなく、私はその気配があたりに充満しているのを感じた。そして、この感覚は、不思議なことに、東京に着いて以来かわききっていた私の内部を、ある渾々としたものでみたしはじめた。

……

……私には、すでに帰るところがあった。私は、帰ろうと思えば、前の戦争で死んだ三百万の死者たち――日本のために死んで、いまでも日本にとどまり、見てくれの急速な「近代化」から生じたその日暮らしに追われている人々からは忘れられているあの死者たちのところへ、帰ればよかったのである。

本章冒頭に引用した、「死んだ兵隊」こそが実在で、戦後日本は虚構であるという言葉を江藤が述べたのは、この酒場においてであった。そして前述したように、江藤が実母や祖母たちのことを書き始めたのは、この体験より後のことである。おそらく、江藤にとって唯一の「故郷」であった「屍臭」は、戦争の記憶と失われた幼年時代、そして家族のイメージが渾然となった、「ぷよぷよしたもの」から漂っていたのだろう。

こうした感慨を抱いてアメリカにもどった江藤は、一九六三年一一月のケネディ大統領暗殺に遭遇した。すでにプリンストンで教職に就いていた江藤は、教え子の学生たちが、軍服を着てケネディの追悼式に参加する様子に感動した。追悼式に陳列された死せるケネディの写真は、「いいようもなく美しかった」。そして彼は、アメリカ人たちが死んだ英雄を中心に結ばれ、「声もなく泣いているに違いない」と考えた（四巻八八頁）。

しかし江藤は、ケネディはやはりアメリカの大統領であり、「私の英雄は実はどこにもいなかった」と感じた。ケネディ葬儀のテレビ放送で、江藤は池田勇人首相の姿をみつけたが、彼が「合衆国大統領の職務が米国人に尊敬されているようには、決して日本人に尊敬されていなかった」ことを認めざるをえなかった（四巻八五、九一頁）。

こうしたなかで江藤は、プリンストンで日本文学史を講義するために読んでいた、明治時代の『ロンドン・タイムズ』の記事を想起した。そこには、明治天皇の死に際し、「日本人が、いかに粛々と、ある威厳をもってその悲しみを表現したか」が語られていた。江藤はこれを思いだして、大きな感動に包まれた（四巻八八頁）。

じつは江藤には、戦死者に「故郷」を感じても、太平洋戦争を賛美できない理由があった。前述したように江藤の父親は、戦争と総力戦体制に冷淡であった。また早熟な少年だった江藤も、「大戦中の海軍士官の腐敗と醜状を自分の眼で見る機会があった」と回想している。しかしそこで江藤が考えたのは、日本軍そのものの否定ではなく、「この海軍が祖父の時代の海軍と同じものではないらしい」ということだった（続一巻二一四頁）。

第3章でも述べたように、司馬遼太郎にしろ丸山眞男にしろ、戦中の日本の「醜状」を前にして「明治」を想起することは、敗戦後の一般的な現象だった。ただし丸山などの場合は、戦中の日本を批判し、戦後の日本を建設する足場として「明治」を発見した。しかし江藤の場合は、戦後の日本を批判し、彼の「故郷」である戦中の日本に満ちていた「屍臭」を「快い距離」をおいて味わうために、「明治」を発見したのである。

同時に「明治」の発見は、アメリカに同化されてゆく不安を和らげるためにも、必要な行為だった。一時帰国からアメリカにもどったとき、空港で「アメリカ女の弾みのある歩きかた」をする東洋系の女性をみた江藤は、それが自分の妻であることを知って「突然一種の恐怖を感じ」た。しかし、アメリカが明治の日本と似ているなら、そこに同化することは、「真の日本人」になることだと意識できた。江藤は、「自分のなかに日本をとり戻して行く過程は、私が英語で暮すことに馴れて行くのとほぼ比例していた」と述べている（四巻六五、五七頁）。

こうした〈明治＝アメリカ〉への同化は、戦後日本を否定することでもあった。江藤はアメリカの知識人と議論しているうちに、彼らが六〇年安保を反米ナショナリズムの発露としか考えていないことに気づいた。それは江藤の従来からの考えと、一致するものだった。江藤は彼らと議論しながら、「戦後の『国体』である『平和』と『民主主義』という理念」を、自由に批判できる快感を味わった。そして彼は、「東京の生活のなかでは意識の底にかくされていた自分をとり戻すにつれて、私は、逆に、米国の社会に、より深くうけいれられはじめた」と感じた。(92)

同時に江藤は、自己の民族的出自や伝統文化を誇示したほうが、アメリカ社会での適応が容易なことに気づいた。江藤の妻は、パーティで和服を着て、来客から好評を博した。当初は適応に苦しんでいた江藤自身も、日本文学に関する講演を行なって、喝采を浴びる経験を味わった。彼はそれを「日本人」を回復する体験とうけとめたが、実際には、アメリカ社会に存在する「日本人」のステレオタイプに同化してゆく過程にほかならなかった。

並行して江藤は、エスニック・カルチャーを失った移民が、アメリカへの適応に失敗した事例を確認した。彼はプリンストンで、イタリア文化を捨ててアメリカに同化しようとしたために、イタリア系コミュニティから孤立している老人の存在を知った。江藤はその人物を、「彼はすでに『イタリア人』とつながってはいなかった。しかし『アメリカ人』はまだ無限の距離があった」と評し、「社交のできない人間」と形容した（四巻七一頁）。

こうしたアイデンティティの獲得過程は、「大人になること」としても意識された。プリンストンの宿舎で顔を洗っていた江藤は、自分の頭髪が薄くなっていることに気づき、もはや自分が若くないことを感じとった。前後して江藤は、評伝『小林秀雄』が受賞したことを東京からの電報で知らされた。そのとき彼は、「自分がほかならぬ日本語の文化の樹液を受けて生きていることを、あるひそかな誇りとともに、思い知ら」され、「自分が何であり、今どこにいるのか、という感覚」を得た（四巻四四頁）。

さらに江藤に影響したのが、プリンストンでの教職経験だった。従来からの「まともな職業」に就きたいという夢を、彼はアメリカで実現した。日本文学史を初めて講義したときの感慨を、彼はこう書いている（四巻七六頁）。

……学生はいっせいにペンを動かして、ノートをとっていた。それは、意外に感動的な光景であった。私は、いわば、それまでに思いも及ばなかった新しい生き甲斐のようなものが、自分のなかに芽生えはじめたのを感じた。……講義するという行為を通じて、過去から現在までの日本文化の全体に対して、自分を捧げているという感覚である。思えば、私はある確信をもって自分を捧げられるものの到来を待っていたのかも知れない。おそらくは深い無意識の奥底で。そして、今、私は、それがついにやって来たことを感じているのかも知れなかった。

この影響は、夏目漱石への見方にも反映した。アメリカから帰国後、江藤は夏目について、「第五高等学校教授に就任し、高等官六等に叙せられたことが、彼の意識に大きな変化をあたえている」「このときを契機として漱石は『国家』を語り出した」と主張するようになった（続三巻三一頁）。

江藤が帰国後の一九六五年に書いた「日本文学と『私』」によれば、夏目のテーマは「『私』という近代人の宿痾」の克服だった。その「私」とは、「『役割』以前の、無限定な、無所属な、無防備な」「ぷよぷよした醜悪なもの、永く直視するに耐えないもの」であった。そして乃木希典将軍が明治天皇に殉じて自決したとき、夏目は「国のために」という「失われた役割を、にわかに回復したいという欲望」に目覚め、「何をぐず〴〵してゐるのだ。ここがお前の家ではないか」という幽霊の声に促され、「幻影の家にはいった」というのだった（続一巻一七〇、一七三頁）。

こうした形で、「快い距離」をおきながら「屍臭」への欲望を満たした江藤は、自我の安定を感じつつあった。帰国直前の一九六四年六月に発表された評論「国家・個人・言葉」では、江藤は「二年間米国で暮しているうちに、私のなかの『死の感覚』は大分鈍ったような気がする」と書いている（四巻一三七頁）。

一方で大江健三郎は、江藤が渡米する前年に『セヴンティーン』を発表した。そこでは右翼少年が、「おれが不安に怯え死を恐れ、この現実世界が把握できなくて無力感にとらえられていたのは、おれに私心があったからなのだ。私心のあるおれは、自分を奇怪で矛盾だらけで複雑で猥雑ではみだしていると感じ不安でたまらなかった」と述べながら、「私心を棄てて天皇陛下に精神も肉体もささげつくす」ことを夢想し、「おれが死んでもおれは滅びることがないのだ。おれは天皇陛下という永遠の大樹木の一枚の若い葉にすぎないからだ。おれは永遠に滅びない！　死の恐怖は克服されたのだ！」と叫ぶ(93)。江藤はこうした大江を、「深く理解している」と述べていたのである。

そして江藤の「日本文学と『私』」によれば、「社会秩序を成立させるのは禁止である。そのなかにいるとき人はその個体を維持している。一方性的恍惚は個体が解消される瞬間に訪れる」（続一巻一五二頁）。国家の与える秩序に身を委ねることは、江藤を長く苦しめた、安定感と恍惚の二律背反を解決する方法であった。

そのため江藤はアメリカ滞在のあいだに、死の恐怖を克服した安定感と、死の恍惚に親しむ快感の双方を味わった。彼はプリンストンでの講義によって、与えられた役割を生きる安定感を得た一方、「大学町の自分の部屋で、深夜ひとり講義の下調べをしているようなとき、私はまたあの死者たちの実在を感じた」。そして彼は、「死者を慰め、そのことによって死者とのつながりにおいて生きている自己を確かめること、過去が現存していることを証拠立てること、それがいつの世も変わらぬ文学の根本的な機能ではないか」と考えた（六巻八三頁）。やがて江藤は妻にむかって、「帰ったら靖国神社の近くに住みたいね」と語るようになる（続四巻一六七頁）。

そして江藤にとって、「死」と「国家」への距離のとり方は、家族とくに父親との関係と不可分であった。帰国直前に書かれた評論「国家・個人・言葉」で、江藤は「二年間の米国生活を通じて、私は戦後の日本をきわめて異常な状態にある国とながめざるを得なかった」「倫理の源泉であることを引受けたがらぬ国家は、ただ金をためろ、輸出を伸ばせ、というだけである」「個人は、したがって孤独であり、なにをもって善とし、なにを悪とするかを知らない。人はただ生きている」と主張した。さらに彼は、こう述べている（四巻一四〇、一四一頁）。

……現在の日本が自分をつなぎとめている力が、老いた父親のそれのように脆弱なものでしかないことを、あらためて認めざるを得ないのである。

かつて日本に在り、今はないきずなとは、おそらく国家から各個人に発せられる強力な義務の要請である。あるいは、個人が私情をおさえてその要請に応えるときに生ずる劇である。鷗外における義務の要請は、彼に「舞姫」を書かせるほど強力であった。漱石は英語学を——英文学をではなく——習得せよという文部省の命令にしばられて、ついに神経衰弱となった。蕩児荷風といえども、四年の外国生活を通じて、結局父親に象徴される全体への要請から自由ではなかった。だが、今日私に対して発せられる外からの強力な声は何もない。

そして江藤はこのエッセイで、国家の側が「きずな」を投げかけてくれないとしても、「私のほうから日本に向って行く」ことを語った。そして帰国後、父および「父の家族」と対面した彼は、自分の相続権を異母弟妹にすべて譲る決意を語りながら、「もう父を『拒否』しはしない。それは私が『自由』を棄てることではなくて『自由』を実質的なものにするためだ。要するに私は長男の権利をすべて放棄するかわりに、長男の義務をすべて引きうける用意があることを、父にわかってもらいたかった」と書いたのである。(94)

こうして江藤は、「死」「性」「自然」「家族」「国家」などが渾然一体となった「ぷよぷよした醜悪なもの」との関係を再構築した。そして帰国後の彼は、国家と「父」の復権を掲げる保守論者として、論壇で活動を開始するのである。

幻想の死者たち

帰国後の江藤は、「二つのナショナリズム」の対比という論法を展開した。彼によれば、戦後の全面講和論や安保闘争は、自己陶酔的で他者を無視した「急進的ナショナリズム」の爆発だったにすぎない。しかし明治のナショナリズムは、「眼の前に他者を見据えた自己抑制の倫理」だったというのである(六巻三五、七二頁)。

江藤によれば、西洋の近代的個人が神によって支えられているように、江戸時代の朱子学は「天」に支えられる人間像を提示していた。そして「明治人にとって、この『天』はごく自然に『国』と重ね合わせられた」。そして明治の海軍の基礎を築いた勝海舟も、夏目漱石や岡倉天心も、「国家という超越者に対する忠誠」を抱いていたと同時に、英語に通暁する開明性や、冷徹な国際認識を備えていた(六巻七二頁)。しかしその後の日本は、他者に開かれた現実的なナショナリズムを失い、独善的な理想主義に自閉してしまったというのである。

そして、江藤が「明治の精神」の象徴として賞賛したのが、乃木希典将軍の殉死だった。彼が文学上の「生きかたのもっとも美しい表現」と形容したのも、明治天皇に殉死した、夏目漱石の『こころ』の主人公だった。江藤によれば、これは「もっとも純粋に個人的な行為である自殺をすら、『明治の精神』に殉じる行為としてでなければおかそうとしなかった」という、理想の「公」のあり方を示したものであった(六巻七二頁)。

そして江藤によれば、日本文学の頽廃は、白樺派から始まった。乃木将軍の死を嘲笑した白樺派の作家たちは、「『私』の存在意義を決定するのは『私』以外にはなくて、社会という他者ではない」という論理から出発した。だがそれは、必然的に他者の喪失を招き、やがて自己陶酔的なロマンティシズムの台頭と、国粋主義の興隆につながった。それに対抗したプロレタリア文学は、マルクス主義に「天」の代用品を求めたが、彼らが見出したのは「『社会』という観念」にすぎず、やがて自己完結的な思想に自閉していった（続一巻一七三、一七七頁）。そして「私」に傾斜した戦後文学もまた、白樺派の延長にあったというのである。

とはいえ江藤の「明治」賛美は、一方で他者に開かれた現実主義を説きながら、同時に自殺の陶酔を賞賛するという、およそ矛盾に満ちたものであった。彼は一九六五年には、こう述べている。「歴史家のいわゆる日本の『近代化』が開始されてこのかた、われわれはつねに不幸であった。それは、まず、日本即世界という自己完結的な世界像のかわりに、日本が世界の数ある国の一つにすぎぬという現実をうけいれなければならなくなったからである」（六巻八四頁）。江藤によれば、黒船の到来で「『他人』に出遭った」人びとは、「ほとんど処女性喪失の恐怖に似た喪失の予感」を味わったというのだった（続一巻一五六頁）。

そして江藤は東京オリンピックの開会式のさい、「戦後はじめて自分の手で掲げた日章旗が、家の門ではためいているのをときどき横目でたしかめながら」、各国の選手たちが貴賓席の天皇に敬礼しつつ行進する姿をテレビでみて、「『日本即世界』という遠く過ぎ去ったはずの黄金時代の夢が、意外にも今象徴的なかたちで国立競技場のなかに実現されていることに、おどろき、かつ感動した」。彼はこのとき涙を流しながら、「世界を自分のなかに含み、『他人』に絶対に出遭うまいとする願望。まるであの『家庭の幸福』にたいするあこがれのような願望」に吸いこまれるのを感じ、「昂奮のためにほとんど性的な充足を感じている」と述べた[95]。

こうした江藤が、帰国後の一九六七年に発表したのが、『成熟と喪失』だった。江藤はここで、戦後の数編の文学作品を題材にして、高度成長下の日本が「自然」という「母」を喪失しつつある一方、自己に輪郭を与えてくれる「父」も不在のまま、成熟に到達できないでいると主張したのである。

一九五五年の『夏目漱石』では、「自然」の象徴である「永遠の女性」に「母」という名称は冠されていなかった。そしてじつは、江藤が「母」に注目した一つの契機も、アメリカ滞在だった。江藤はアメリカで、アイデンティティ形成における幼年期の父母との関係を重視するエリクソンの本を読み、これを応用して『成熟と喪失』を書いた。しかもそれだけでなく、江藤はアメリカ滞在記で、前述した周囲から孤立しているイタリア系移民二世の医師を、「母」との関係から論じていたのである。

江藤によれば、移民一世だったその医師の父親は、息子を出世させるため必死に働き、彼らがアメリカ社会に同化することを望んだ。しかし、そうした「願望と目的に忠実なかぎり、いずれにせよ彼らは旧世界の習慣と道徳に固執する母親から、何らかのかたちでわかれなければならなかった」。そうした息子は、「母親を捨て、母親によって象徴される『イタリア人』を裏切ったという罪悪感の追跡から逃れられなくなった」。そして息子は、「追跡してくる罪悪感から逃れようとして死物狂いで働き、産をなし、名声を得た」。しかしその結果、彼は「社交のできない人間になっていた」というのである。(96)

ただし江藤は、この医師と直接にはほとんど会話しておらず、以上の記述は大部分が江藤の想像だった。そして江藤は、帰国後の一九六五年に「日本人は二世移民に似ている」と主張する評論を書き（六巻九七頁）、その翌年に『成熟と喪失』を書いたのである。

この『成熟と喪失』によれば、戦後文学に登場する「母」は、農耕文化と「自然」を象徴していると同時に、「幼いころ母親の胸のなかで獲得した世界との緊密な結びつき」を基本とする「素朴実在論的な世界」を表現している。(97)そこには肉感的な結びつきがあり、世界は確かな実感をもって存在していた。

しかし、農耕文化と「自然」の崩壊とともに、「われわれが『個人』というものになることを余儀なくされ、保護されている者の安息から切り離されておたがいを『他者』の前に露出しあう状態におかれたとすれば、われわれは生存を続けるために『治者』にならざるを得ない」。「治者」とは、現実から逃避することなく、他者を見据え、争いを回避するという「散文的」な努力を重ねる者のことである。

そして一九六六年に、江藤は「戦後と私」というエッセイで、一家の没落の経緯と父との関係をはじめて文章に書いた。彼はそこで、「『戦後』は喪失の時代としか思われなかった」と主張し、こう続けている(98)。

そう思うことが私の私情であることを私は否定しない。お前の祖父がつくり守ったという明治日本が民衆を圧迫したという声がおこることを私は否定しない。お前の父親が舶来のネクタイをして馬に乗っていたとき、特高警察に拷問されていた人間がいるという者のいることを私は否定しない。お前が戦後なにを失ったとしても、民衆は多くのものを得たと主張する者のあらわれることを私は否定しない。要するに、「ざまあみろ、いい気味だ。なにが国家だ」と叫ぶ声の少くないことを私は少しも否定しない。

しかしそのすべてをうけいれてもなお、私のなかにある深い癒しがたい悲しみがあり、それはどんな正義や正当化によってもぬぐえないということを私は否定できない。それは私情であって正義でなくてもよい。しかしいったいこの世の中に私情以上に強烈な感情があるか。

かつての江藤は、かけがえのない「私情」を回収してしまう「正義」の一部に、「国家」を含めていたはずだった。しかしこの「戦後と私」では、「私は国というものを父を通じてしか考えることができないことに、近頃気がついた」「私は父の姿の背後に想い描くことのできるあの衰弱した国家のイメイジを、あの耐えつづけている国家のイメイジを一度も裏切りはしなかったし、今後も裏切らないであろう」と述べるようになっていた。いまや「国家」は、「私情」であると同時に「公」であるという、矛盾した欲望を満たす存在とされていたのである。

江藤は『成熟と喪失』では、社会的責任をひきうける「治者」になることを説き、「近代の政治思想が実現すべき理想として来たのは、近代以前の『被治者』を一様に普遍的に『治者』にひきあげようとすることである」と唱えた(続一巻一三九—一四〇頁)。しかし江藤が唱えたのは、国民の側が一方的に、「国家という超越者に対する忠誠」を示すことであった。それは江藤が少年期に植えつけられた国家像であったと同時に、「長男の権利をすべて放棄するかわりに、長男の義務をすべて引きうける用意があることを、父にわかってもらいたかった」という彼にとっては、国家との関係はそのようなものでしかありえなかった。

しかし「国家」と「父」の復権を説きながら、江藤夫婦には子供がなく、江藤自身は「父」ではなかった。アメリカから帰国したあとも、江藤はやはり定住せず、四カ月以上も旅館や仮住まいを転々としていた。そして『成熟と喪失』では、「『父』に権威を賦与するものはすでに存在せず、人はあたかも『父』であるかのように生きるほかない」「役割に耐えつづけるためには、彼はおそらく自分を超えたなにものかに支えられていなければならない」と述べられていたのである（続一巻一四三頁）。

そして江藤は、一九六七年の『日本と私』では、「いずれは私も子供の学校の心配がしてみたい。天下国家も文学も忘れて、小型自動車の月賦ののこりを勘定していたい」と述べた。しかしそうでありながら、「自分の家」をもつことを恐れ、「その『いつか』をなるべく先にのばしておきたい」と書いていた。この『日本と私』では、江藤は父親との確執を語り、あざができるほど妻を殴打してしまう自分を語りながら、「『家庭の幸福』があるわけではないが、そうかといって私に天下国家につながっているという手ごたえがあるわけでもない」と記している。[99]

かつて江藤が書いた『フロラ・フロラアヌと少年の物語』では、少年の母親は、「自分には与えられなかった倖せな家庭というものを築きあげてみたいという決心」のために、文学の才能を捨てて家庭をもったとされていた。[100]そして江藤は、大学院生になったばかりの二四歳のときに結婚して父の家から独立し、妻の慶子を熱愛して、デビュー作の『夏目漱石』の扉裏には「To Keiko」と印字した。

だが江藤はその『夏目漱石』で、夏目と妻が不仲だったことを述べ、相手の女性が誰であっても「結末は似たりよったりであったに違いない」と書いていた。なぜなら江藤によれば、夏目は死の世界に住む「永遠の女性」に魅入られていたのであり、「細君の中に理想の女性――恐らくは先に引用した英詩の中の女――の幻影を追おうとした不幸な男の一例にすぎない」からだった（一巻二五頁）。

江藤の妻の慶子は、いっさいの家事をひきうけ、江藤の執筆スケジュールを管理し、夫を文筆業に専心させるべく献身していた。「家」という言葉を聞くと原稿が書けなくなってしまう江藤に代わって、帰国後の仮住いを探し、ついには定住場所となった分譲アパートを探したのも彼女だった。しかし福田和也は江藤の死後、江藤夫婦が一心同体だったという世評について、「そういう神話をつくってしまった」と形容し、こう述べている。「奥さんは、やや復讐のようにして江藤さんを甘やかしてたでしょう。自分なしではいられないように[101]」。

そして江藤は一九七一年の評論「『国家目標』と『国民目標』」では、「家庭内の『公』的なものの象徴」である「『父』のイメイジが回復されなければならない」と主張した。しかし同時に彼はこの評論で、「疲れた不安な父親は、みずから『父』の権威と役割を引き受けようとするよりは、妻の上に『母』のイメイジを重ね合わせ、あの渇望の充足を求めようとする」と述べていたのである[102]。

一九七〇年、江藤は評論「『ごっこ』の世界が終ったとき」を発表した。そこで彼は、「戦後の日本人の自己同一性《アイデンティティ》が深刻に混乱している」と述べ、現代日本は現実の感触が失われた「『ごっこ』の世界」となったと主張した[103]。この「自己同一性《アイデンティティ》」という言葉は、当時はあまり一般化していなかった言葉であり、エリクソンを学んだ江藤が先駆的に導入したものだった。

この評論によれば、「『ごっこ』の世界」とは、「公的なものが存在しない世界、あるいは公的なものを誰かの手にあずけてしまったところに現出する世界」である。戦後日本は、「公的な価値を米国の手にあずけて肥大」してしまった。そして「公的なもの」とは、「共同体の運命」を「自分たちの意志に出来するものとして引き受けるという覚悟」であり、「この覚悟のないところに生甲斐は存在しない」。この覚悟がないゆえに、対米従属の保守派も、アメリカ製の憲法を擁護する進歩派も、三島由紀夫も全共闘も、「ごっこ」や「わたくしごと」になってしまうという。

この状態を打開するために、江藤が提言したのは、「安保条約の発展的解消ともいうべき新たな同盟関係」を築き、在日米軍をグアム以東に撤退させ、「一九四一年一二月七日以前の状態に復帰」することであった。すなわち、江藤の幼年期である戦前への復帰によってこそ、「日本人の混乱した自己同一性《アイデンティティ》」は回復され、「あれほど渇望していた現実」に出会うことができるというのである。この論考で、江藤はこう主張している。

それはいうまでもなく現実の回復であり、われわれの自己同一化《アイデンティフィケーション》の達成である。……われわれはそのときはじめてわれわれにかえる。そして回復された自分と現実とを見つめる。今やはじめて真の経験が可能になったのである。しかし、そのときわれわれは……東京の市街が、にわかに幻のように消え失せて、そこに焼跡と廃墟のひろがるのを見るであろう。そして空がにわかに半透明なものたちのおびただしい群にみたされ、啾々たる声がなにごとかをうったえるのを聴くであろう。

……戦争を少しも知らない若者たちも、即座にそれが戦争で死んだ三百万の死者たちの鬼哭であり、眼前に広がっているのが敗戦当時の東京の光景にほかならぬことを悟るであろう。それがこれまでに日本人の持ち得た真の経験の最後のものであった。われわれが自分の運命の主人公として歴史を生き、その帰結を自分の手に握りしめ、それを直視する勇気と誠実さを持っていた最後の瞬間であった。……

達成された自己同一化《アイデンティフィケーション》とは敗者である自己に出逢うことであり、回復された現実とは敗北にほかならなかった。……われわれにとって公的な価値とは敗北した共同体の運命を引き受けるところに生じる価値である。われわれがあれほど渇望し、模索していた自分の正体とは、このようなもの以外ではなかった。

もはや江藤にとって、実感できる唯一の「現実」は、彼の内部から漂う「屍臭」しかなかった。江藤はこの評論で、戦後の日本は敗戦の痛手を直視することができず、「死者の重みを受けとめられなかった」ために、「ただ生存の維持のみを目的とする『ごっこ』の世界」になったと主張した。しかし、「八月十五日にさかのぼれ」と述べた丸山眞男を現実逃避だと非難した彼が、「一二月七日以前」に復帰すれば「現実」に出会えると主張するのは、矛盾でしかなかった。敗戦と没落の痛手を直視できず、戦後の日本社会の現実を「虚構」だと拒み、ひたすら「屍臭」の世界に逃避していたのは、江藤自身のほうだったのである。

そして江藤は一九六七年から七二年にかけて、実母や祖母を回想した『一族再会』を書いた。もっとも実母が死んだとき四歳だった彼には、実際の記憶はほとんどなく、数枚の写真やわずかな証言から、「かも知れない」「ちがいない」「疑えない」などと想像をめぐらせるばかりだった。そして江藤は、実母の死こそが「私が世界を喪失しはじめた最初のきっかけ」であり、現実を虚構としか感じられなくなったのも、言語を介してしか世界と接触できなくなったのも、実母の死による「喪失」から始まったのだ主張するようになった[104]。

そもそも江藤のいう「戦死者」は、「三百万の死者たち」という表現にもみられるように、きわめて抽象的なものであった。江藤には、たとえば吉本隆明にとっての米沢時代の同窓生のような、固有名をもつ戦死者の記憶はなかった。江藤にとっての戦死者は、生々しい悔恨や罪責感をつきつけてくる「現実」的なものではなく、ほとんど記憶のない実母と同様に、「快い距離」が保てる安全な存在であった。

前述のように、江藤は一九五五年の『夏目漱石』では、「漱石の憧れる場所は地図の上には見出せない。故国日本は、彼の欲する土地への媒体にすぎない」と述べていた。また一九六四年には、「荷風の江戸への憧れは、彼の現実嫌悪がつくり出した白昼夢とでもいうべきものであった」と記している（六巻七五頁）。これらの形容は、江藤にとっての「明治」や「母」、そして「戦死者」や「国家」にもあてはまるものであった。

江藤の「『ごっこの世界』が終ったとき」によれば、「わいせつとは、超えがたい距離が存在するという意識と、それにもかかわらずそれをこえて自己同一化《アイデンティフィケーション》をおこないたいという欲望との組合わせから生じる状態」であり、「性交そのものはわいせつではないが、性交をのぞきながら自分が性交している幻想にひたるのはわいせつである」（続三巻一二五頁）。江藤はおそらく、自分が「明治」や「国家」に抱いている感情の性格を、潜在的には理解していたであろう。そうした彼が、丸山をはじめとした戦後知識人たちのことを、ことさらに「猥雑」だと攻撃していたのである。

戦後思想における江藤の特徴は、旧世代のオールド・リベラリストとは異なり、自己のアイデンティティの問題から保守思想を組みたてていった点にある。オールド・リベラリストたちは、戦前の中産階層の安定した生活のなかで自己形成をとげ、そこで培った価値観や生活感覚を基盤にして、戦後の社会変動を批判した。しかし江藤は、オールド・リベラリストたちと出身階層は重なっていたものの、少年期に没落を経験したため、安定したアイデンティティを形成することができなかった。そのため江藤は、敗戦の痛手を忘れるために戦後社会の現実を拒否し、「国家」という「白昼夢」を築きあげるなかで、自己のアイデンティティを希求していったのである。

本章前半でも述べたように、戦後社会に虚構感を抱くことや、「死」や「国家」にアンビバレンスをもつことは、江藤に特異なものではなく、彼の世代の文学者に少なくない現象である。だが江藤の特徴は、実母の死が戦争の開始と重なり、父との確執が敗戦と重なったという偶然から、こうしたアンビバレンスや虚構感が、「家」の問題と渾然一体になっていたことにあった。もしも江藤が、単純に国家への献身を語り、戦死への憧憬を語るだけだったなら、若い世代には時代錯誤としか映らなかったかもしれない。しかし、「成熟」や「自己同一性《アイデンティティ》」の問題として国家を語る江藤は、高度成長以降の社会変動にとまどう若い世代の共感をも獲得することができたのだった。

江藤の評論は、その主張とは裏腹に、きわめて私的な性格の強いものである。江藤は一九六五年に大江健三郎を評して、「私的体験を語ることが、そのまま国民的体験を語ることになるような作家」と評しているが、この形容は江藤自身にもあてはまる(続二巻一九六頁)。戦争と敗戦から、癒しがたい傷を負った一人の少年が、自分自身を語り、現実から逃れようともがく過程で、「自分探し」としての保守ナショナリズムという、前世代の保守論者には思いもよらなかった新しいスタイルが生みだされたのである。

そしてすべての言語行為がそうであるように、江藤も過去の言説の変奏というかたちで、新しい言説を生みだした。新世代の台頭と高度成長によって、「民主」と「愛国」の共存状態が崩壊しつつあったとき、江藤は彼なりの方法で、戦後日本の保守ナショナリズムを新しい時代に即した形態につくりかえた。そのなかで、かつては戦中の日本を批判する準拠点だった「明治」や「戦死者」は、戦後の日本を批判する準拠点に変えられていったのである。

一九六七年一〇月に、江藤と大江健三郎は、大江の新作だった『万延元年のフットボール』をめぐって、激烈な対談を行なっている。前述のように、大江はこの作品をもって、山村を国家と闘う共同体として見出した。しかし、回帰すべき「故郷」をもたない江藤は、対談の冒頭から、自分から遠ざかりつつある大江を激しく攻撃した。それは、かつて江藤が弟を殴打しながら感じた、「それが嫉妬なのか、悲しみなのか、弟を自分に引きよせたい衝動なのか、わからない。わからないが、私はただ弟をめちゃめちゃにしたい」という激しさを思わせるものであった。

そして、江藤がこのとき行なった大江への批判も、彼が弟に述べた「いつまでもそんなことをしていると大人になれないぞ」という言葉と同型だった。対談で江藤は、大江の作品が日本の現実や他者との関係を見失い、幼児じみた想像の世界になっていると批判したのである。

大江の側も、負けてはいなかった。[105] 大江は江藤に、「その他者というものも、つづまるところ江藤淳の内部にあるわけでしょう」「それを他者だと見くびったことを考えているために、自分自身の考え方に客観性があり普遍性があると容易に信じ過ぎてしまう」と反論し、こう指摘している。「江藤さんは自分の内面を誠実に見ている人だと思うけれども、他人の内部についてはあまり誠実に見ないと思いますね」「他人ということにはあなたは本当は興味がないのじゃないかな」。

もちろん江藤はこれに、「そんなことはない」と反駁した。しかしこの大江の指摘は、江藤を支配していた戦争の傷痕の性格を、そして彼が築いた保守ナショナリズムの実態を、言いあてたものだったかもしれない。しかもそうした保守ナショナリズムに逃避することによって、江藤自身は救われなかったのである。

一九七〇年代以降、戦後批判と明治賛美の文章を書きつづけた江藤は、一九七八年に父を失い、一九九八年には妻の慶子を癌で失った。その翌年の一九九九年七月、ついに父親になることなく六六歳を迎えていた江藤は、死者たちを追慕した『妻と私』および『幼年時代』を絶筆として、国旗国歌法の審議のさなか、自宅で自殺した。

かつて、死を「公」に結びつける殉死を賞賛していた江藤だったが、政治にかんする言及は、彼の遺書には見当らなかった。そして絶筆となった『幼年時代』は、彼が批判していたはずだった、堀辰雄の小説と同名だった。親族宛の遺書には、「慶子の所へ行くことにします」と書かれ、『夏目漱石』を書いていらい捨てたはずの、「江頭淳夫」の署名があったという。[106]

第16章　死者の越境

一九六〇年代に全共闘運動とならんで注目を集めたのが、「ベ平連」（「ベトナムに平和を！　市民連合」）である。ベ平連は固定した組織形態をとらず、「市民」の自由参加という運動方式を打ちだし、その後の「市民運動」の原型をつくったとされている。この章では、このベ平連の旗揚げ役を果たした、鶴見俊輔と小田実をとりあげる。[1]

鶴見俊輔は、日本にプラグマティズムを紹介した哲学者であり、知識人の転向と戦争協力の歴史を研究したほか、「一五年戦争」という言葉をつくったことや、雑誌『思想の科学』を主宰して大衆文化研究の開祖となったことで知られる。また小田実は、一九六一年に世界旅行記『何でも見てやろう』をベストセラーにしたあと、鶴見の勧誘によってベ平連の代表役となり、「国家を超える市民」や「加害の自覚」などを唱えた作家であった。

しかし彼らが唱えた「国家を超える市民」あるいは「加害の自覚」という主張は、「戦死者への追悼」や「被害の痛み」と矛盾したものではなく、むしろその発展形態として提唱されたものであった。そしてそれは同時に、彼らなりの「ナショナリズム」の構想を、提示する試みでもあったのである。

慰安所員としての戦争体験

鶴見俊輔は、一九二二年に東京で生まれた。一九四二年に二〇歳という、もっとも戦死者の多い年代に属する。ただし同世代のなかでも、鶴見の家庭環境は特異であった。父の鶴見祐輔は、鉄道院の官僚を経て衆議院議員となった政治家で、戦後に公職追放になったものの返り咲き、鳩山一郎内閣では厚生大臣を務めている。さらに鶴見の母方の祖父は、台湾総督府民政長官や満鉄総裁を歴任した後藤新平であった。また鶴見の姉である和子は、俊輔とともに『思想の科学』の編集を担った社会学者であり、一九五〇年代には主婦や女性労働者の生活記録運動にとりくみ、後年には柳田國男や南方熊楠の研究、内発的発展論の提唱などで知られている。

こうした一族のなかで育った鶴見の性格に、大きな影響を与えたのが、後藤新平の娘だった母親である。偉大な父親と政治家の夫をもつ彼女は、長男だった俊輔に、過剰なまでの厳格さと溺愛をもって臨んだ。

鶴見の回想によれば、母親は誠実で向上心が強く、「くつろぐことのできない人で、そばにいるだけで、こどもの気持もぴりぴりして来た」。家に帰るのが辛くなり、帰宅が遅くなると、母親に叱られた。母親に抵抗して盗み食いを覚えると、「こういう恐ろしい子ができたのは、自分の責任だから、さしちがえて死ぬ」と迫られたという。(2)

厳格と反抗の悪循環はとどまるところがなく、余分の金銭を渡さない母親に反抗して、鶴見は小学生から万引きを始めた。盗みの次には家出、女性関係、自殺未遂などをくりかえし、学校は二度にわたり退学となって、ついには親戚の精神病院に入れられた。その病院にも、母親が一緒に泊まりこんだという。

一方で父親の祐輔は、一高英法科を首席で卒業し、自由主義者の政治家でベストセラー作家であり、東大出以外の人間を評価していなかった。鶴見はこうした父の影響もあって小学生の時から小説を書き、一日に四冊ずつ本を読み、小学校卒業までに約一万冊を読んだ。(3)

こうして鶴見は、母親に反抗する一方、母親譲りの純粋さと、父親譲りの上昇志向を身につけた。鶴見は「子供の時から生活のあらゆる面で、百点満点の英雄になりたいと思っていた」と回想している。(4)しかし過剰な理想に自分自身がついてゆけず、一三歳のころから小説の才能がないことに悩み、読書をしていない同級生を見下しながら、学校の試験は反抗的態度で白紙提出をくりかえした。

また岡部伊都子によると、鶴見は「母はうそを絶対に許さないんです。うそをつかない人なんていないと思うでしょう。母だけは実際にうそをつかないんです」と述べていたという。(5)こうした母のもとで、鶴見は自分が悪人であるという自意識に悩まされ、不良行為と自殺未遂をくりかえした。そして後年、転向と戦争責任の問題にとりくんだとき、知識人や保守政治家たちの「うそを絶対に許さない」という姿勢をとることになる。

日本の学校に適応できず、ついに鬱病になった鶴見は、父親の配慮で、一九三八年にアメリカ東部の学校に送りだされた。これを鶴見は、自分と母との闘いに、父が「タオルを投げてくれた」と回想している。[(6)] 母のもとを離れると、鶴見の不良行為もやんだ。全寮制の男子寄宿学校で、鶴見は唯一の外国人生徒であり、当初は英語がほとんど理解できなかったが、「百点満点」志向の彼は毎日五〇個の英単語暗記を日課とし、深夜まで勉学に励んだ。

同じくアメリカの学校に送られていた姉の鶴見和子の証言によると、俊輔の下宿を訪ねたところ、自分への訓戒の言葉を書いた紙が、壁一面に貼りつけてあったという。和子はこれについて、「張紙の戒律は、母の訓戒の内面化であったかもしれない」と述べている。[(7)] こうして成績を上昇させた彼は、一九三九年にはハーヴァード大学に入学してプラグマティズム哲学を学ぶことになる。

鶴見の回想によると、日本では著名な父と祖父のもとにいたため、その重圧に悩んだ。しかしアメリカでは、「私の名字がなんの連想も呼ばない」という状態にはじめて出会い、ひたすら勉学に励んで成績レースの英雄をめざした。大学時代の彼は、ほとんどの時間を勉学に費やし、ストレスに悩みながらも「ほかのやつらは私よりも成績が悪いんだと思うと、なんとなく元気が出てくる」という状態だったという。[(8)]

しかし一九四一年一二月、日米が開戦した。このとき鶴見は、アメリカ人と敵味方にならなければならない理由がわからなかった。しかし同時に彼は、日本の敗戦を必至と考えていたにもかかわらず、「敗北を日本人の間にあってうけたい」と考えた。彼によれば、「この感じかたに合理的な根拠はない」が、とにかく「日本の国家が負ける時には日本にいなければならない」と感じたという。[(9)]

少年時代から無政府主義の思想を読んでいた鶴見は、日本国に自分を同

ハーヴァード大学入学時の
鶴見俊輔（1939年）

一化するつもりはなかった。しかし彼は、母親との確執から、自分を悪人だと考え、「正義」に違和感をもつようになっていた。日本国家の命令を聞く気はなかったが、勝ったアメリカ国家が正義の名のもとに日本を占領したとき、「英語をしゃべって、のこのこ日本に帰ってくる自分が耐えられない」と感じた。敗戦後には占領軍のもとで働くように誘われたが、断わったという(10)。

一九四二年二月、連邦警察の捜査官たちが突然に鶴見の下宿を訪れ、彼は身に覚えのないスパイ容疑で留置所に連行された。アメリカ在住の日系人が収容所に送られていた情勢のなかで、無政府主義の文献を読んでいた彼がマークされた結果だった。しかし恐れていた拷問はなく、収容をめぐって行なわれた公聴会で、特別弁護人として出席した教授は熱心に鶴見を擁護した。また留置所の便器を台座にして書いた卒業論文を、修業日数が足りないにもかかわらず、ハーヴァード大学は認定してくれた。

鶴見はこの経験から、アメリカ国家の傲慢さに反感を抱くと同時に、アメリカの市民社会に根づいている「民主政治の岩床」に触れたと感じた。彼は後年、自分が微力を尽くしてベトナム反戦運動にとりくんだのは、アメリカ国家への抗議であると同時に、アメリカ市民社会の「恩義」に報いるためだったと述べている(11)。

三カ月の留置のあと、鶴見は中立国スウェーデンの交換船で、日本へ送還された。留置体験は鶴見にとってアメリカの再発見だったが、戦中の日本への送還は、彼に「日本」を再発見させることとなった。

日本へむかう交換船には、上層から「まず外務省その他の官吏、財界人および家族、次に民間の会社員、官吏のつき人、学生という順序」で船室が割り当てられ、鶴見たち学生は船の最下層にすし詰めにされた(12)。交換船は戦場となった太平洋をさけ、大西洋を横断してアフリカのモザンビークに到着し、そこで日本からやってきた船への乗りかえが行なわれた。そのとき人びとが示した変化に、鶴見は強烈な印象をうけた。船を乗りかえたとき、人びとは「急に日本人にもどった」のである。

日本船に乗りかえたあと、最初に行なわれたのは、日本からやってきた軍人たちが、開戦の詔勅と戦時の心得をアメリカ帰りの青少年に教えることだった。漢字熟語だらけの詔勅を聞かされた帰国子女たちは、「はじめてきくむずかしいことばに困っていた」。一五歳までしか日本にいなかった鶴見自身も、同様だった。そのときある女子学生が、アメリカでは良心的兵役拒否の運動があるが、日本でそれを話してよいかと軍人に質問した。

そのあとにおきた事態は、鶴見の予想をこえていた。船を乗りかえるまで、国粋主義の片鱗もみせていなかったアメリカ帰りの留学生が、その女子学生を非難しはじめたのである。それ以後は、留学生どうしでも「気を許して話しはできないという気分」が広まった。鶴見はこの集団転向現象に深い衝撃をうけ、こう回想している。

二ヶ月半の航海をおえて、私たちは、横浜についた。おなじ人間の集団が、誰ひとりさしかえられることもなく、そのまま、出発の時とは、ちがう人間として、船からおりた。一五〇〇人の動態社会学の実例だった。

それは、一つの国ともう一つの国とのすきまを旅した航海であり、二つの文化のすきまを旅した航海でもあった。……おおかたの人たちは、学生をふくめて、一つの言語からもう一つの言語にのりかえた。

この「言語」の乗りかえは、単純に英語から日本語へ乗りかえではなかった。すでに船内では、元号が支配する日本にむかうにあたり、「帰国の申告の時に生年月日は、などとたずねられて、一九□□年などというと、なぐられるぞ」などと、ある「日本語」から別の「日本語」への転換がはじまっていた。アメリカで言語理論や記号論を学んだ鶴見は、こうした体験を思想化しつつ、戦後に「転向」の研究にとりくむことになる。

鶴見によれば、「日本での戦争中の三年間は、私には異国で過ごしたように過ごした時期だった」。一九四二年八月に帰国してみると、留学の間に日本の雰囲気は大きく変わり、道端の電柱には、子供が書いた「百年戦争を闘いぬく」という標語が貼ってあった。知識人や学生が賞賛していた「社会主義」や「自由主義」は侮蔑語となり、かつては鶴見少年に「〔教育勅語は〕嘘だと教えてくれた先輩の知識人が、教育勅語に本気で涙をながしはじめた」[13]。

帰国して五日後、鶴見は徴兵検査をうけた。日本で敗北を迎えたいと思って帰国したことが、「早まった理想主義のように思えた」。アメリカでの無理がたたって結核を患っていた鶴見は、徴兵は免れたが海軍の軍属として南方に送られた。軍隊で鶴見は、自分の考えを表面に出さないことを決意し、手帖に「自分について沈黙を守れ」「ゆっくり、慎重に話すことをまなべ。あまりしゃべるな」といった訓戒を英語で連記した。こうして黙々と働いたものの、緊張のあまり、ズボンに手をこすりつける癖が「あたかも顔面のひきつけのように」抜けなかったという。(14)

軍隊内での軍属の地位は、最下級の兵士よりも低かった。軍隊では、中上層出身者は下層出身の古兵の怨嗟を買い、集中的なリンチをうけがちだった。坊ちゃん育ちのアメリカ帰りで、一九四二年の日本語が使いこなせず、日本風のお辞儀の仕方すら練習して考えねばならなかった鶴見は、なおさらのことだった。一列に並ばされて殴られる「整列びんた」、甲板掃除を無限に強要される「廻れ廻れ」、寝台の下を鳥の鳴き声をまねて潜りまわる「うぐいすの谷わたり」など、「大の男が人前で恥をさらさなければならぬ」各種のリンチを、鶴見はのちに回想している。(15)

こうした戦争体験は、「百点満点の英雄」を志向していた鶴見の自尊心を打ち砕き、彼の性格を変えさせた。鶴見は一九五五年に、「戦争中の社会に出てから、この満点主義では駄目なことを感じた。ことごとに失敗して、良心の重荷が増して行くばかりだった」と述べている。(16)

軍隊のなかで、鶴見は兵士たちに、二種類の人間がいると感じた。一つは、向上心に満ち、戦争の理念を信じ、軍務に真面目な若い水兵たちだった。そしてもう一つのタイプは、年配になってから徴兵された、うだつの上がらない老兵たちだった。前者の兵士たちは、動作の遅れがちな鶴見を、容赦なくリンチの対象にした。それにたいし後者は、軍人としては劣等生だったが、世間的には苦労人であり、鶴見をそれとなくかばったり、軍隊生活をやりすごす「要領」を教えてくれたりした。

この経験は、鶴見の人間観に影響を及ぼさずにはいなかった。向上心に満ちた「純粋さ」や「正義」が、その基準を満たせない人間にどれほど暴力的なものであるかという問題は、彼の母との関係からいっても切実なものだった。こうした戦争体験から彼は、「百点満点の英雄がその視野の外でどんなくびきを人におわせているかの実物教育をうけてから、自分の理想を改めることが必要になった」と述べている。(17)

一九六七年に吉本隆明と対談した鶴見は、こう語っている。(18)

私は吉本さんに一つ批判をもっているとすれば、私には純粋な心情というのがいやだなという価値判断が抜きがたいのですよ。純粋な心情は、せまく動きがとれないでしょう。……つまりウルトラになるでしょう。……自分をそこからちょっとずらして、いわば体をやわらかくして、力を抜いていたいという感じですね。

戦争中に、万年二等兵でいる三〇歳ぐらいの兵隊がいて、そういうのは先に立って人をなぐったりしないんですよ。一等水兵ぐらいがなぐる。あとで、あんな子供ももったことのない連中が、人をなぐってたまるかなんて、かげでぼそぼそ言うわけです。私は反戦論者だったから、一人で孤立していて、こわくてたまらない。そういうとき、こういう人たちのあいまいな感情が安らぎの場だったわけだ。

吉本はこれに、「ぼくは、大衆のとらえ方が鶴見さんとはものすごくちがいますね。ぼくのとらえている大衆というのは、まさにあなたがウルトラとして出されたものですよ」と応じている。ここで吉本の念頭にあった「大衆」は米沢時代の同窓生たちだったろうが、鶴見と吉本の志向の相違を示すやりとりといえるだろう。

鶴見の軍属としての業務も、自己嫌悪をもたらした。昼の仕事はラジオで敵側の英語ニュースを傍受して翻訳することだったが、夜の仕事は「男女の問題の操作」だった。任地のジャワで住んでいた官舎は、入港する海軍将校むけの慰安所として使用されており、鶴見はその使用人を務めさせられていたのである。

鶴見はそこで、将校たちへの女性の手配や、「朝飯の用意をするとか、スキンが必要だというのでもってゆく」といった雑用を、「非常に事務的に、徹底的に処理」した。命令に反抗すれば、もちろん牢獄か銃殺が待っていた。鶴見は黙々と与えられた作業をこなし、いっさいの男女関係をさけつづけ、自分の内側では英語で思考しながら「のどまでこみあげてくる恐怖をおさえ」、宿舎ではひたすら聖書や宗教書を読みふけった。[19]

慰安所の設置も、鶴見の仕事の一つだった。[20] 英語ができる彼は、日本とドイツを往復する封鎖突破船に乗せられたあと、海軍の将校むけの慰安所をつくるよう命じられた。そのため鶴見と同僚は旧オランダ領のジャワで慰安所を設置し、同僚が島内に残っていた白人女性を集めた。島内の白人男性はすでに日本軍の収容所に入れられており、鶴見の同僚は、軍需物資の石鹼や歯磨き粉を携えて、生活に困窮した白人女性たちと「交際」していた。

鶴見は情報を担当する司政官の官邸にいたが、その司政官は機密ルートで入手したモルヒネに手をだし、中毒になっていた。鶴見の同僚は、司政官の食事や麻薬注射の世話をして、機密費からこづかいを受けとっていた。情報部の業務として、現地で「スパイ数百人」が募集されたが、面接を通過したのはほとんど女性で、「やがてはドイツ兵慰安所に送りこまれたもの、士官慰安所に送りこまれたもの、さらに特設の高級将校慰安のための別邸非常要員とされたものなど、別々の径路で質的変化をとげた。採用された男子は、さらに慰安施設の見まわりに使われた」。

戦況が不利になるなか、不安にかられた日本軍は、しばしば「スパイ」とみなした者を殺害した。ジャワに司令部があった海軍の艦隊が、インド洋で遭遇したオーストラリアの貨物船の乗船者たちを捕虜にし、司政官の官邸に移送してきた。国際法の規定からいえば、捕虜になった民間人を殺せば犯罪だった。しかし艦隊の司令官は、艦隊の姿を見られたという理由で、乗船者たちを生還させない意向を伝えてきた。

司政官の命令で、官邸の馬小屋を改造して急ごしらえの獄舎がつくられ、乗船者たちが収容された。収容された乗船者のなかには、中立国ポルトガルの植民地だったインドのゴア地方生まれの水夫たちがいたが、劣悪な環境のなかで病気が発生し、彼らの一人は瀕死の重病になった。日本の軍医からは医薬品を出してもらえず、そのインド人は殺害処分されることになった。

鶴見の同僚の軍属が殺害の命令をうけ、そのインド人に毒薬を飲ませ、自動車に乗せて墓地に移送した。病院に移送してもらえると聞かされたインド人は、感謝しながら連行されたが、飲ませた毒薬は途中で吐いてしまった。鶴見の同僚はそのまま墓穴にインド人を埋め、死なずに泣きうめいている相手に銃を乱射して帰ってきた。

日本の軍人軍属は国際法に無知だったが、中立国の人間を証拠もなしに殺すのは国際法違反であることを、鶴見は知っていた。そのことを司政官に訴えることを考えたが、自分の身の危険を恐れ、黙っていることにした。

この経験のあと、幼いころから純粋志向で育てられた鶴見は、「不正義を即座にはじきかえす少年の頃の自分の皮膚のかんじが、全身の表皮から失われてしまったことをかんじた」。かつて「百点満点の英雄」を夢見ていた彼も、ジャワ駐屯の高級軍人たちの「礼装を見ていると、子供のころの勲章崇拝は蒸発してしまった」。

鶴見はこうした状況下で、「外に出ればすることが悪につながるので、内にとじこもってアヤマチを少なくしようという吝嗇な姿勢」に終始した。彼は現地語を覚えようとせず、官舎に閉じこもり、ひたすら黙って職務を遂行した。そうした彼にとって、「毎夜のねがいは、人を殺さずに死ぬこと」だった。慰安所の仕事も、「殺す部門にまわるよりは男女を合体させる部門のほうに、はっきりと、より深い善がある」と自分に言いきかせ、「人を殺す条件にきたら人を殺すよりも自殺しよう」と決意して、自殺用の毒薬をいつもポケットに持っていたという。[21]

こうした戦争体験は、鶴見に深い悔恨を植えつけた。彼は敗戦後の数年間を回想して、「戦争中の自分の無行動について人中を顔をあげて歩けないようにまいっていた」と述べている。[22] そして鶴見は、敗戦後に竹内好の中国論と魯迅論を読んで感銘をうけ、竹内を『思想の科学』研究会に招いて交流した。

しかし鶴見は、日本軍からの逃亡は試みなかった。脱走すれば銃殺が待っているという恐怖だけでなく、別種の「無行動」への悔恨があったからだった。

一九五七年に、鶴見は「戦争映画について」という論考で、彼が南方に狩りだされる直前に、小学校時代の友人だった大学生が相談にきたという経験を述べている。まだ学徒出陣が始まる前であり、大学生は徴兵猶予だったが、人一倍にまじめなその友人は、そうした特権を棄てて、海軍に志願することを考えていた。

この相談に、鶴見は「いそがないほうがいいよ」とだけ述べた。[23] その友人は「なぜ、君は、そういうのだ」と問いかえしたが、鶴見はあいまいにしか返答できなかった。反戦思想を友人に理解してもらえるか否かも不明だったし、思想犯として投獄される覚悟も鶴見にはなかった。結局この友人は海軍に志願し、フィリピン沖の海戦で戦死してしまった。この友人の名である「一宮三郎」も、鶴見のなかに死者の固有名として深く刻印された。

この論考で鶴見は、「私は私の敗北主義をうずくまって守っており、自分の正しさに確信をもっていたが、同時に、うずくまっている姿勢にたいして、美学的にみにくいものと感じた」と回想している。そして、ひたむきな少年飛行兵たちを描いた戦争映画をみると、戦争がまちがっていたと確信していても泣けてしまうと述べ、「戦争のころ、そういうひたむきな人々にたいして、私は、うしろめたい感情をもちつづけた」と述べている。また別の回想では、戦中の心境を「すでに知人の多くが死んでいるので、生きのころうと思うことが冒瀆のように感じられた」と記している。[24]こうした「戦中派」らしい心情が、彼が脱走しなかった背景となっていたといえよう。

鶴見はこの戦争映画論で、「本当にがんばって戦った人々にたいして、私は、何の反感も感じない」「むしろ、軍人にすっかり罪をきせてしまって、戦後に自分の席を少しずらして自由主義・民主主義の側についてしまった権力者——官僚、政治家、実業家たちに憎しみを感じる」と述べている。そのもっとも身近な例が、彼の父親だった。

鶴見の父の祐輔は、戦前は知米派の自由主義者として知られ、国粋主義者の平沼騏一郎を「日本をわるくする元凶だ」と評していた。ところが一九三九年一月に平沼が内閣を組織したさい、祐輔は次官として入閣した。このとき鶴見は、「えらいと思っていた」父親が、「次官くらいのエサでもパクッと食う」ことにひどい失望と屈辱を感じた。そして祐輔は戦後に公職追放になったが、一九五〇年代には返り咲いた。鶴見はのちに、父親が「家からいろんな人たちに電話をかけるので、話の内容で考えが変わっていくのが見えた」と回想している。[25]

また鶴見は、自分がかつて愛読していた武者小路実篤や倉田百三が、帰国してみると「鬼畜米英」の旗振り役を務めていることに怒りを覚えた。柳宗悦や宮本百合子、永井荷風などがそうした潮流に同調していないことが、わずかな救いだった。鶴見はたまたま入手した『評論家手帖』の名簿をみながら、かつての論調を変えて戦争賛美の文章を書いた知識人をチェックしていたという。[26]こうした怒りは、後年に同世代の吉本隆明なども交えて、転向の共同研究を組織することにつながってゆく。

しかし鶴見は、吉本とは大きな相違があった。兵役を経験しなかった吉本と違い、鶴見はロマンティックな戦争観とおよそ無縁だった。彼は一九五〇年には、「私達日本人が、戦争中、日本の外に出て何をしたか——日本に残っておられた方達には今日でも分っていないように思う」と述べ、「純粋」な少年兵たちが、狂暴な加害者でもあったことを指摘した。鶴見はそのさい、サディストとマゾヒストは表裏一体だという学説に言及しながら、こう述べている。[27]

日本人の多くは、小学校、中学校できびしいワクの中にはめられて、しかもそれを余り苦にしないで成長した。先生のいうままになり、全く自主性がなく、教育勅語や修身の教科書をうのみにしている、典型的なマゾヒストの優等生。……やがて十六、七歳になって、早めに学校からほうり出されて志願兵または軍属となって占領地に出る。そうするとそこで……サディスト的本能がむくむくと目ざめる。内地で数年にわたって日本精神教育を受けた少年達が、占領地に来てすぐ、毎晩酒をあびるようにのんでは女を買い、原住民の娘達を自由にし捕虜収容所で「毛唐」の首を試しぎりにしたことを自慢しているのを見た。……私達日本人は、平和の時、天皇陛下や役人にへいこらへいこらしているその同じ程度に、戦時になると、他国民に対して残虐なことをする。

こうした視点は、「優等生」や「正義」への反抗という鶴見らしい要素も加わってはいるものの、丸山眞男の「超国家主義の論理と心理」や、竹内好の「ドレイとドレイの主人は同じものだ」という言葉と同質のものだった。そして何より、鶴見はジャワ時代の自分のことを、こう回想していた。[28]「私は、この島を支配する官僚組織の末端にあって、私の上にある重みを更に苛酷なものとして現地人に伝えている。私のスタイルは同僚たちと何のかわりもない。おなじ権威を背にして、二言、三言のつたない現地語で、命令をくだしているばかりだ」。

こうした鶴見の戦争体験においては、「被害」と「加害」は表裏一体のものであった。彼自身が上官から殴打されながら、現地人に「加害者」としてふるまっていたばかりでなく、「被害者」であるはずの慰安所の女性たちも、鶴見にとっては複雑な存在だった。鶴見はジャワ時代を、こう回想している。「将校の命令で酒食の用意をする私たちと、原住民のボーイとを、女性たちは、将校の立場に立って見ていた。……白人の女性は将校には許して、われわれに対しては戦前と同じく黄色人種にたいする威厳をもって対している」。

最上級の「加害者」であったはずの司政官も、また複雑だった。司政官は麻薬中毒が重症になり、敗戦を待たずに死んでしまった。司政官の官舎からは、大量の注射薬の空アンプルとともに、詩歌やスケッチ、そして「自叙伝風のもの」を書いたノートが出てきた。ノートの最後の数頁には、注射器の絵とともに、「こもりいて　子にやるかたみさがしけり」という句が書かれていた。鶴見は残された自叙伝から、司政官が上海にあった病院の婦長の「私生児」であり、そのため内地の出世ルートからはずされ、ジャワにやってきたことを知った。

こうしたなかで鶴見は、誰が「加害者」であり、誰が「被害者」であるのか、単純に裁断できなくなった。そもそも、「加害者」と「被害者」を区分できるという発想さえ、疑わしくなった。鶴見はジャワ時代について、こう述べている。「前には黒と白、正義と不正義とに截然と、世界が分れていた。……世界が正義と不正義とに直線によって二分されているという信条は、応用不可能なのだ」。

敗戦後には、ジャワでの捕虜殺害が戦犯裁判の対象となって、殺害の責任を問われた艦隊の司令官が処刑された。鶴見は戦犯裁判には批判的であり、証言も行なわなかった。しかし鶴見が捕虜殺害の当事者にならず、軍属の同僚がそれを命じられたのは、ある意味で偶然のはずだった。のちの一九五九年、鶴見は戦犯たちの遺書を集めた『世紀の遺書』のなかに、処刑された司令官の遺書が収録されていたのを読み、「私の証言の結果、死刑になったのではないこと」に「ほっとした」という。[29]

すべての価値観が崩壊するなかで、ジャワ時代の鶴見の救いとなったのは、官邸の下働きをしていたロオムという少女の美しさだった。女性との接触を断っていた鶴見は、この少女と何らの交際もしなかったが、「ロオムのあとについて、どこまででも行きたいと思った。私は、日本人であることをぬぎすてたかった」。「私は自分の背中にせおっている安っぽい威光をはぎとられて、この島の無力な生活のなかにのめりこんでしまいたかった」。ほんらいは対立するはずのない人間たちを、国境や国籍で分断し、「加害者」と「被害者」の役割に囲い込んでしまう「日本人」という概念が、「不自由な制服」としてだけ感じられた。[30]

過労と緊張が重なり、鶴見は持病の肺湿潤が悪化してカリエスになった。ジャワでは病状が好転せず、彼はシンガポールに送られ、一九四四年一二月には日本に送還された。シンガポールでは空襲を、南太平洋では海戦を経験して、死の恐怖を味わった。一九四五年八月一五日には、療養中に天皇の放送を聞いた。彼はその声を、耳慣れない不気味なものと感じ、天皇が敵の残虐さだけを強調して、日本側の残虐さを語らないことに抵抗感を抱いた。

同時に鶴見は、天皇の命令による戦争終結という形態に、強い失望を感じた。第2章でも述べたように、彼は戦争中には、物資分配の不平等や空襲によって混乱が生じ、翼賛組織に加入していた社会主義者が指導者となって、民衆蜂起がおきると予測していた。しかし日本の民衆は、天皇の命令による敗戦を、あっさりと受けいれた。さらに占領軍の到着とともに、昨日まで聖戦を叫んでいた知識人や為政者が、「民主主義」を唱えだした。一九四二年に鶴見が体験したのと同様の、言語体系の転換がまたもや生じたのである。

のちに鶴見は「戦後の民主化は、アメリカで教育をうけた私などにとってありがたかったが、同時に、自発性の欠如ということが裏側につきまとっていて、戦争中以上の絶望感をつくった」と回想している。そして一九四六年五月の『思想の科学』創刊号には、鶴見は「言葉のお守り的使用法について」という論考を寄稿した。そこで彼は、戦中に「国体」や「皇道」といった言葉を「お守り」にしていた人びとが、こんどは「米国から輸入された『民主』、『自由』、『デモクラシー』等のお守り」を濫用していることを批判し、「マクアーサー去り、アメリカ流行時代が去る時、彼等は亦履物を更へる如くあつさりと、その魔除け符を再度新調するであらうか」と述べている。[31]

こうした戦争体験を経て、鶴見は戦後に、言語や大衆にかんする独自の思想を形成してゆくことになった。

「根底」への志向

一九四六年五月、鶴見俊輔と和子の姉弟を中心に、雑誌『思想の科学』が創刊された。雑誌同人には、鶴見と同じ船で送還された都留重人や武田清子のほか、丸山眞男や武谷三男などが集まり、後年には竹内好や見田宗介、加藤秀俊なども研究会に参加した。創刊当時に鶴見は二三歳、同人も三二歳の丸山が年長組という若手集団であった。

敗戦直後の鶴見姉弟は、まずアメリカ哲学の紹介者として注目された。戦前の知識人の基本教養はヘーゲルやマルクスなどのドイツ哲学で、京都学派などはそれを下敷きに、難解な哲学用語で戦争を美化していた。しかし鶴見俊輔は、アメリカで身につけた論理実証主義やプラグマティズム、記号論などを武器に、こうした「お守り」的な言語の非合理性を徹底的に批判したのである。

しかし第7章でも記したように、一九五〇年代に入ると、鶴見姉弟は西洋思想による啓蒙主義を自己批判して、「日本の大衆」を重視するようになった。その後の『思想の科学』には、『山びこ学校』に刺激された生活記録運動やサークル運動の紹介、そして大衆文化研究などが掲載されることになる。ところが一九六〇年代以降は、鶴見俊輔は「国家」をこえる「市民」に注目するようになり、日本国内の在日韓国・朝鮮人への注目、韓国民主化への支援、そしてベトナム反戦運動といった、国際的な活動を行なっていった。

アメリカ哲学の啓蒙から「日本の大衆」の重視、そして「国境を越える市民」へという変遷は、表面的にみれば無節操にもみえる。しかしじつは、鶴見には一貫した根本思想が存在していた。それを検証するために、一九四六年四月に刊行された『哲学の反省』をみておこう。これは竹内好の『魯迅』や石母田正の『中世的世界の形成』などと同じく、鶴見が戦中に執筆していたものであり、鶴見の思想的原点がうかがえる著作である。

この著作で鶴見は、敗戦後の哲学の役割として、「批判」「指針」「同情」の三つを挙げている。このうち「批判」と「指針」は、戦中に横行した非論理的な「記号使用法」を批判して、将来にむけた合理的指針をうち建てることだった。しかし鶴見の思想の特徴は、彼が哲学の第三の役割として挙げた「同情」にある。

鶴見がここで述べている「同情」は、他者に憐憫を注ぐことではない。彼のいう「同情」は、他者が自分と異なった存在であることを認めたうえで、他者と共感し、連帯を生みだすことである。

鶴見の『哲学の反省』によれば、戦中の日本では、この「同情」が著しく不足していた。まず日本が支配した他民族への共感と理解がなく、「一民族の風俗を他民族に強要したりする傾向」が顕著だった。[32] また国内でも言論統制や密告の恐怖、そして転向やエゴイズムの横行は、人間の共感と連帯を徹底的に破壊した。鶴見自身も、他者を信頼できず、内心を押しかくして戦中をすごし、人びとが示した転向ぶりに絶望を感じていた。

鶴見は『哲学の反省』で、こう述べる。「我々は、一人一人が別の心をもっているので、自分が大宇宙にただ一人の者として孤立しているという感じを離れることが出来ない」。そのうえ、「同じ人間でも、戦前と戦中とでは、外国人とか軍人とか雇傭人とか資本家とかの諸階級の人々に対する感じ方が異なってくる」。人間には、確固とした信頼と共感の基盤が存在しないのである。

しかし鶴見は、『哲学の反省』でさらにこう述べる。「哲学とは、他の人々に同情せんとする人間の意志である」。哲学とは、他者への不信を前提としたうえで、共感の回路を探りだす努力である。それではその「同情」は、どうすれば成し遂げられるか。鶴見はこう述べる。

人々の世界は、その一つ一つが極めて厖大な領野であり、その内容も極めて多種目に及んでいるが、この中で同情としての哲学が特に考察の対象とするのは、万人の世界に共通して存在するところの諸因子である。味噌汁とか長靴とかいう特殊項目に非ずして、実在、他人、社会、時間、空間、神聖者（神と限られたものではない）、善悪、真偽等のごとき一般項目についての、人々の体験及び思想である。

個々の人間は、出身階級も経験もちがい、性格も思想も異なっている。しかし、階級や国籍といった「不自由な制服」をはぎとってみれば、そうした人びとの根底には、「万人に共通して存在するところの諸因子」が存在するのではないか。アメリカ人にはアメリカ人の、イスラム教徒にはイスラム教徒の「悲しみ」があったとしても、「特殊項目」ではない「悲しみそのもの」が存在するのではないか。それを探りだすことで、表面的な相違をこえた共感と連帯の基盤をつかむことが、哲学の任務だというのである。

鶴見のこうした発想は、彼の戦争体験と結びついていた。鶴見は、ジャワ時代の司政官が残したノートを読み、司政官の背景を知ったあと、こう感じたという(33)。「他の人の意志の底にまでのぞきこみ、その意志の自由な発動をさまたげている条件までもしっかりと見きわめることは、どんなにむずかしいことだろう。われわれの不当な裁断、固定した憎しみは、他人にたいして、特有なそれぞれの意志の苗床をさぐらないことから来るのではないか」。いうまでもなく鶴見のいう「同情」は、この「苗床」を探る作業にほかならない。

そして、普遍的なものによって他者と結びつくという思想もまた、戦争体験から生まれていた。鶴見とおなじ交換船に乗っていた留学生のなかに、数学者の角谷静夫がいた。船のなかで鶴見は二〇歳を迎え、記念に手紙を空きビンに入れて流し、「世界のどこに流れついても読めるものにしよう」と学生たちで話しあった。そのとき角谷は日本語でも英語でもなく、自分で発見した定理を書いてビンに入れた。角谷によれば、火星人と交信するさいには「何語を使っても駄目だから、三角形を大きく地面に書いて、ピタゴラスの定理を示す記号をそれにくわえたらどうかという説がある」というのだった。[34] その後の船内で、前述した集団転向現象がおこったとき、鶴見は特定の言語体系に縛られていない角谷に憧れを感じたのである。

いわば鶴見にとっての哲学の任務は、言語体系の相違をこえる「ピタゴラスの定理」を探りだすことにあった。そして敗戦後の彼は、「AはAである」といった論理実証主義を武器に、「八紘一宇」や「皇道日本」といった「お守り」言葉の非合理性を批判していった。敗戦による言語体系の激変に直面した江藤淳が、言語に不信をもち音楽に熱中したことは第15章で述べたが、鶴見の場合はそれが哲学だったといってよい。

しかし前述のように、一九五〇年代以降の鶴見は、西洋哲学による啓蒙主義を反省し、日本の大衆文化を研究する方向に転じた。ところがこれもまた、彼なりの普遍志向にもとづいていた。

その背景には、やはり鶴見の戦争体験があった。彼が戦中に痛感したことの一つは、『教養人』も『非教養人』も、大学を出ているものも大学を出ていないものも、軍国主義に屈服するという点ではほとんどちがいがないという事実であった。大学出の学徒兵や軍属が食物の分配をめぐって争うありさまは、「日本の教養人は意外にも大衆的である」という認識を与えた。鶴見自身、「鶴見」という苗字は軍隊では役に立たず、アメリカにいたときと同様に、「はだかの人間」として戦争に投げこまれた。その体験は、人間は表面的な教養や身分差をはぎとってみれば、「万人の世界に共通して存在するところの諸因子」を抱いていることを感じさせたのである。[35]

つまるところ、鶴見にとっての「大衆」は、ピタゴラスの三角形と同じく、「万人の世界に共通して存在するところの諸因子」の別名であった。鶴見自身にとっても、「戦争の期間をすごしたとき、自分の精神の動力となっていたものは、スピノザでもカントでもヘーゲルでもなく『俺は河原の枯れススキ』という思想であった」(『鶴見俊輔著作集』第四巻四一頁)。こうした鶴見が、「万人の世界に共通して存在するところの諸因子」を追求するにあたり、カントやヘーゲルではなく大衆文化の研究に赴いたのは、自然なことであった。

もう一つの背景になったのが、鶴見の帰国子女体験である。一五歳で日本を離れた鶴見は、哲学用語を英語で習ってしまい、帰国したあと「八紘一宇」や「皇道日本之世界史的役割」といった漢字語の羅列に、激しい反発とギャップを感じた。そうした彼にとって、他者と交流できる日本語は、子供時代に覚えた日常語しかなかった。そうした鶴見にとって、日常語は知識人と大衆に共通のものであり、思想や階層に左右されない「万人の世界に共通して存在するところの諸因子」だと感じられたのである。[36]

同時に日常語は、国際的な普遍性をもった言語でもあった。鶴見はアメリカ滞在時の一九四〇年に、姉の和子とともに、のちに日本大使となったライシャワー教授が書いた初等日本語教科書の作成に協力した経緯があった。[37]当然ながらこの初等日本語教科書は、知識人が使用する特殊な用語ではなく、日常用語を基本としていた。

こうした経験をした鶴見は、敗戦後に、八五〇程度の基本単語と簡単な文法から成る「ベイシック英語」の構想を賞賛していた。そして鶴見は、この「ベイシック英語」の機能として、表現が単純明確になり、難解な単語や言いまわしを使った論理のごまかしが退けられることを強調していたのである。[38]

同時に鶴見は、日常的な基本言語は、民族語の多様性をこえた、人類共通のルールがあると主張した。彼はアメリカで言語心理学を学び、各種の言語に共通の一般法則があるという学説に強い印象をうけていた。そして一九六一年の「言語の本質」という論文では、鶴見は「あらゆる言語に共通な文法は、むしろ論理学の一部」であり、「特殊な言語についての文法だけが、単純に文法と呼ばれる」と述べている。そして前者の「言語の一般法則」は、「1＋1＝2」や「AはAである」といった「論理の法則であり、数学の法則である」というのだった。[39]

そして注目すべきことに、鶴見のこのような普遍志向は、彼の「大衆」志向ばかりでなく、ナショナリズムとも対立していなかった。鶴見は一九四六年の『哲学の反省』で、「万人の世界に共通して存在するところの諸因子」の重要性を説きながら、同時に「往時の日本主義は誤りであったけれど、踵を翻えして突然アメリカ趣味やロシア趣味に走る必要はないであろう。己れの難関の特殊事情を理解し、他人及び他国民への同情を維持しつつ……新たなる国粋主義を創《はじ》めるべき時である」と結論している（一巻二五五頁）。

人類普遍志向と、「新たな国粋主義」という主張は、一見すると矛盾にみえる。しかし鶴見は一九六二年の「ドグラ・マグラの世界」では、こう述べている（四巻二一二頁）。

国家の規定する自分、会社、学校、家の規定する自分よりも深くに、おりてゆくと、祖先以来の民族文化によってつくられた自分があり、さらにその底に動物としての自分、生命、名前なき存在としての自分がある。そこまでおりていって、自分を現代社会の流行とは別の仕方で再構成し、新しく世界結合の方法をさがす。そこには、民族主義をとおしてのインターナショナリズムの道がある。民族のたましいの底のさらに名もない部分。

西洋から学んだ普遍思想（と称するもの）をふりかざして、「大衆」を啓蒙しようとする知識人がいたとする。しかしその思想をはぎとって「おりてゆく」と、知識人も「大衆」とおなじ日常語を使っており、「祖先以来の民族文化によってつくられた自分」を見出す。そこは、知識人と「大衆」が階層対立をこえて結びつく「民族」の場所だ。しかしその「民族文化」をさらにはぎとって「おりてゆく」と、「民族のたましいの底のさらに名もない部分」が顔をだす。こうして、「民族主義をとおしてのインターナショナリズムの道」が開ける。こうした根底にある「名もない部分」を、鶴見は「民族主義と無政府主義のともに生まれる場所」とよんでいる（四巻二一三頁）。

鶴見はこの論考で、「名前は社会からあたえられる。しかし、それは便宜的なものだ。名前をまだつけられていない状態の自分から、つねにあらたに考えてゆかねばならない」という「徹底的唯名論」を唱えている。また一九六九年の「大衆の世界」では、「国家のよろいをぬぎすてて大衆が大衆としてたつ時、かれらは世界国家のよろいをもぬぎすてる」と主張していた（三巻三三一頁）。「はだかの人間」である「大衆」の視点からみれば、「国家」だけでなく

「世界国家」も、「不自由な制服」にすぎないという彼の思想がうかがえよう。

このような思想は、じつは丸山眞男や竹内好にも共有されていたものであった。やや後年になるが、丸山は一九七八年に竹内好を追悼した談話「好《ハオ》さんとのつきあい」で、こう述べている。(40)

ぼくはもともと人見知りする性質ですし、はじめハーバードへ行くことになった時にも、英語の会話が全然駄目なので出かけるのがオックウになる、と言ったら、好さんは言下に「どこにでも同じ人間が住んでいると思えばいいんだよ」と言いました。……「人類ってのは隣りの熊さん八っつぁんのことをいうのだ」と言ったのは内村鑑三ですけど……熊さん八っつぁんは同村の人だけれども、それを同時に、またナチュラルに人類の一員として見る目です。「人類」なんていうと何か遠い「抽象的」観念と考える方がよほどおかしいんです。……自分がいま立っているここがとりもなおさず世界なんだ、世界というのは日本の「そと」にあるものじゃないんだ、というのが本当の世界主義です。ところが世界とか、国際的とかいうイメージがいつも、どこか日本の「そと」にある。これがエセ普遍主義で、それに対して「うち」の集団という所属ナショナリズムがある。この悪循環を打破しなけりゃどうにもならない。

「熊さん」が「同村の人」でありながら「人類」であるように、「日本人」と「人類」は対立する概念ではない。丸山はここから、竹内はナショナリストでありながら世界主義的だったと述べている。第10章で述べたように、竹内の思想は、自己の暗黒を掘り下げることで他者の苦悩につながるというものであり、「自分がいま立っているここがとりもなおさず世界なんだ」という丸山の言葉は、竹内の思想をよく把握したものといえた。そして竹内も鶴見も、「そと」から「普遍思想」を輸入して、「うち」の「遅れた大衆」を啓蒙するという姿勢——丸山のいう「エセ普遍主義」——を批判していたのである。

のちの一九八〇年、鶴見は上記の丸山の言葉を引用しながら、「それは、世界国家という架空のわくの中で考える種類のコスモポリタニズムと向いあうもう一つのコスモポリタニズムの芽です」と述べ、ここから「無国籍の市民性という観念をよりどころとして現実の存在としての日本政府を批判してゆくのとは、ちがう道が開けます」と主張している。彼によれば、「私の考える意味での市民」は「私とつきあいのあるこの土地の誰かれ」のことであり、「市民」や「人類」は空想で「国家」は実在だという保守派の議論のほうが、むしろ空想的であるという。(41)

ちなみに鶴見は、後述するように敗戦直後からマルクス主義と距離をとっており、「市民」という言葉を否定的に使用していなかった数少ない知識人の一人である。(42)概していえば、鶴見はこうした「根底」の存在を、一九五〇年代には「大衆」とよび、一九六〇年代以降は「市民」と呼称することが多かったが、二つの言葉は後年まで混用されており、基本的には同質のものを表現していたといってよい。

そしてこうした「大衆」は、「日本の大衆」であると同時に、マイノリティを排除しないものであった。彼は一九五九年の座談会では、「日本の社会は、社会の底をつきぬけて掘って行けば、そこにインターナショナルな視点が開けてくる」と述べ、日本社会の「底」に存在する「朝鮮人」「部落民」「娼婦たち」などの存在を挙げている。そして、こうした「底辺」の人びとに注目している詩人の谷川雁のことを、「外国に留学してインターナショナルになった人とは別の方法で、日本に住み続けて国際精神を積み上げた」と評している。(43)

多くの戦後知識人がそうであったように、鶴見も「明治」を賞賛していたことは、第5章で述べた。しかし鶴見にとっての「維新人」は、建国の英雄というよりも、幕末から明治への社会変動を経験したために、「あたえられた社会のワクが、こわしたりはずしたりできることを、知っている。理屈としてでなく、感じとして、知っている」という存在であった。そして鶴見は、明治国家の秩序が安定してから生まれた彼の父の世代を、「変革感覚ではなくて遵法感覚」を基本としていると批判したのである。(44)

さらに鶴見の場合、こうした「ワク」をこえた「根底」の地点は、ある種の宗教感覚とつながっていた。彼は小学生のころから柳宗悦の宗教哲学を読み、神秘体験に興味をもっていた。そしてプラグマティズムを紹介した一九五〇年の『アメリカ哲学』では、アメリカの哲学者ジェームズについて、「はじめは、ジェイムズが霊媒について書いたエッセイを追って読んだ」と述べている。その理由は、「心は、とじられた箱のようなものではなく、個人の心のしきいをこえて、他の心と交流する方法を、もっているのかも知れない」と考えたからだった（二巻一七七、一七八頁）。すなわち、「しきい」をこえて「同情」が行なわれる可能性を、ここでも鶴見は探っていたのである。

もともと英語でいう霊媒 medium は、人間の心を媒介する「メディア」とおなじ言葉であり、鶴見は戦後日本の大衆文化研究とメディア研究の開祖でもあった。また「同情」と訳される sympathy は、精神感応 telepathy とおなじく、言語 logos では表現不可能な心情 pathos が、人間の個体間の境界をこえて共振 synchronize を引きおこした状態を指す。そのため英語の sympathy は、「思いやり」「憐れみ」などとともに、「共感」や「交感作用」といった意味をもつ。これらを考えれば、鶴見のいう「同情」のニュアンスがうかがえよう。

もともと西洋でも、哲学は数学や宗教と一体だった歴史が長く、カントなども神の存在証明という問題から哲学を始めている。鶴見もまた、ピタゴラスの幾何学を、時代や国籍によって「変化しないものに対する宗教的畏敬の感情」の事例として挙げている（二巻三六九頁）。その意味で鶴見は、むしろ古典的な哲学者であった。

そのため鶴見は、大衆文化を研究する一方、創価学会や山岸会、天理教などに強い関心を示していた。[45] また一九七〇年の「方法としてのアナキズム」という論考では、メキシコ先住民の呪術師と暮らした人類学者のカルロス・カスタネダの神秘体験をもとに、あらゆる地上の国家をこえるアナーキズムの哲学を論じている。

もっとも宗教への関心は、戦死者が多かった鶴見や吉本の世代には珍しくない。また言論弾圧が厳しかった戦中には、反戦意識をもっている人間どうしは、明示的な表現をしなくとも「言いたいことがぴんと通じた」と花田清輝は回想している。鶴見も一九五六年に、「長い戦争をとおして、日本の正義を信じない者は、きわめてしぜんに、おたがいの思想の部分的ではあるが堅固な一致を確信し、おたがいの人がらにたいして信頼をもった」と記していた。[46] こうした「同情」の戦争体験が、言語をこえたコミュニケーションへの関心を強めた側面もあっただろう。

こうした「根底」の地点からみれば、思想や国籍の相違などは、表面をおおっている小波のようなものにすぎない。逆にいえば、荒れた海でも水面下に潜れば、穏やかな「同情」の世界が広がっている。第5章でも引用したが、鶴見は一九四六年の『哲学の反省』で、民衆が「米英風俗の排撃」を支持した理由をこう述べている（一巻二四七頁）。

これらの標語の意味は、文字通りに解釈すれば、異国から輸入された風俗を排して日本古来の風俗を推すことにあるのであるが、それだけではなく、上流階級の生活様式に対する反感を多分に含んでいた。……逆説的に述べるならば、これらの標語の真の意味は、古来の風俗の称揚に非ずして、民衆の自己主張にあったものとも言える。これらの標語の発想に当って政府当路者がいかなる企図をもっていたかは、また別個の問題であり、これらの標語は当路者の手を離れ民間に流布するにいたって、新たなる生命を得たものと考えられる。

鶴見はこれに続けて、「人々の言辞を、彼らによって自覚されていない諸事情にまで遡り、その本質に従って把握すること」を、哲学における「同情」の機能として強調している。表面的には対話不可能であるかにみえる戦争支持者とも、「根底」までおりてゆけば、共感と連帯が可能になるかもしれないのである。

こうした観点からみれば、人間の思想とは、「根底」から立ちのぼってくる何物かが、暫定的な表現を与えられているにすぎない。そして表現の様式は、その表現様式を最初に使った知識人や権力者の意図をこえて、「根底」の存在である「大衆」によって読みかえられ、「新たなる生命」が与えられる。

鶴見は一九五六年には、戦中の権力者がつくったスローガンを、民衆や兵隊が駄洒落や替え歌にして、意味をずらして使用していたことを論じている。また鶴見は、大衆文化の一環として漫画をよく論じたが、彼によれば風刺漫画とは、意味のずらしによって笑いを引きだす表現様式であるという。(47) 丸山眞男が総力戦体制のスローガンを、竹内好が「東亜解放」のスローガンをそれぞれ読みかえていたことは、第2章や第10章で論じたとおりである。

こうした読みかえは、西洋思想を輸入する啓蒙主義と、それに反発する国粋主義という、不毛の対立をのりこえる方法でもあった。従来の状態にとどまるか、外の権威に服するかの二者択一ではなく、従来の表現を読みかえて回心を遂げてゆくという方法がありうるのである。

鶴見は一九六五年の「日本思想と言語」という論考では、木下順二の定義をもとに、「昔話を、現在の要求にこたえるしかたで新しくなにものかを加えて語り直したものを、木下は『民話』とよぶ」と述べている。この方法は、西洋モデルを輸入する「文明開化方式」をこえた、「慣用語の転生」による改革のあり方だという(三巻二〇八、二〇九頁)。敗戦後の鶴見が、「きいてわかる学問ことばの会」を設立し、難解で意味不明な哲学用語を批判して、日本の慣用句によって西洋哲学の概念を「翻訳」していたことはよく知られる。

そして鶴見は、こうした見解を憲法にもあてはめた。彼は一九五五年の「かるたの話」で、「うそから出たまこと」という慣用句を題材にしたカルタを論じながら、こう述べている。(三巻一一九頁)

戦争が終って……新しく、平和憲法という嘘が公布された。これはアメリカに強制されて、日本人が自由意志でつくったように見せかけたもので、まぎれもなく嘘である。発布当時嘘だったと同じく、今も嘘である。しかし、この嘘から誠を出したいという運動を、私たちは支持する。それは、嘘から誠を出し得るという前提にたっている。

アメリカから与えられた憲法を、例えばアメリカへの対抗手段として読みかえることで、権力者の意図をこえた「新たなる生命」がふきこまれる。一九七二年には、鶴見はメキシコに客員教授として赴任し、『グアダルーペの聖母』という本を書いた。これは征服者スペインから与えられたマリア像が、メキシコ先住民たちによって褐色の肌の女神像に変えられて、征服者の意図をこえた独自の信仰対象に読みかえられていった経緯を論じたものであった。

同時にこれは、つぎつぎと「お守り言葉」を輸入し、転向をくりかえしてゆく日本のありようを批判する思想でもあった。鶴見は一九七五年のインタビューでは、こう述べている。(48)

新しい言葉を使うとつねに新しい実体を指示することになるから、問題が深められないで、デモクラシーもマルクス主義も次々に卒業してしまう。新しい言葉をつくるよりは古い言葉を使い直してやっていくやり方を選びたいのです。……私はなるべく古い言葉、手持ちの言葉を使ってその時々の要求に近似値的に間に合わせることで、不必要な実体化はさけていくという考え方をとります。人間の文化というのは結局、大きくみて、その時代を生きる人間の要求に対してみれば間に合せのものじゃないかな。あんなのは単なる間に合せだというけれども、人間が有限であるかぎり、どんな生き方も間に合せでしかありえない。

鶴見のこうした思想は、部分的には、内発的な「回心」を唱えた竹内好の影響が感じられもする。前述のように、戦争体験で罪悪感に悩んでいた鶴見は、竹内と交流を深め、後年には竹内の伝記も書いている。そして鶴見の評論集に付された題名は、『不定形の思想』や『誤解する権利』といったものであった。もちろん後者は、人びとが自覚なく旧来の表現を読みかえてゆく行為を、肯定したものといえる。

このような読みかえは、陳腐化して死んでしまった表現を、「根底」のエネルギーによって再活性化する手段とも考えられていた。鶴見は一九六五年の「怪談の世界」では、「深く無意識の記憶の中に根を張ってゆくという退行の絶えざる試みだけがわれわれをあたらしくする。自分個人の記憶を超えた伝統についてもおなじことで、人間の伝統のもとにまでさかのぼればさかのぼるほど、われわれは根もとからあたらしくなる」と述べている[49]。また一九七〇年の「死んだ象徴」では、キリストの磔刑をとりあげながら、「象徴が手あかにまみれて、やがて砕け、その底から別の象徴が生まれる、という再生機能をもつ象徴」を論じている（三巻四二九頁）。

こうした鶴見が好んだのが、プラグマティズム哲学だった。プラグマティズムの思想家たちは、思想が真理であるか否かは、現実生活にその思想を適用するなかで判明すると主張した。ここから鶴見は、プラグマティズムを、思想を絶対的な真理として「丸のみ」してゆく「哲学的思索法」への異議申立てとして解釈した。鶴見はプラグマティズムを解説した一九五〇年の著作『アメリカ哲学』で、こう述べている（一巻一六九頁）。

哲学的思索法によれば、思想は常に一枚のものとしてとりあつかわれる。……正しいとすれば、その思想体系全体が正しいのであり、正しくないとすれば、その思想体系全部が正しくないのである。……こうした哲学的思索法が根づよく残っているので、日本の読書人の多くは……丸のみにするか、あるいはまったく吐き出して別の哲学体系を丸のみにするか、そのどちらかにしよう、という態度でプラグマティズムと面会する。プラグマティズムの使命が、じつは、こうした哲学的思索法をもみほごすことにあるのだ、ということに気がつかないのである。

鶴見は前述した一九六七年の吉本隆明との対談では、戦前戦後の転向現象に触れながら、「純粋な心情は、ぐっとつきつめていって、まずくゆくとひっくり返ってしまう」と述べて、「体をやわらかくして、力を抜いていたい」と主張している。また一九七五年のインタビューでは、「疑う大衆という存在を信じているんです」「人間あるところ、大衆あるところ、必ず疑いは残るというのが私の信仰だ」と述べていた[50]。鶴見にとってのプラグマティズムは、こうした「大衆」の「やわらかさ」とつながっていたことがわかる。

また鶴見によると、「プラグマティズムの出生は南北戦争の傷口と深い関係がある」という。初期のプラグマティズム哲学者たちは、「奴隷解放」という正義の思想から始まった南北戦争が未曾有の惨禍をもたらした経験から、思想の絶対的正しさという考え方を排し、人間が相違をこえて連帯できる道を探ったというのである[51]。

同時にプラグマティズムは、鶴見のなかでは、国家という「しきい」をこえるアナーキズムとも重ねられていた。鶴見は『アメリカ哲学』で、アナーキストの大杉栄による、以下の言葉を引用している。「サンディカリズムは、労働運動におけるプラグマティズムの最もよく具体化された権化である。サンディカリズムは、無知なる労働者の日常生活の間に、その日々の資本家との闘争の間に、ほとんど自然にでき上った運動である」（一巻一六五頁）。

さらに鶴見は、やはり大杉の言葉として、「僕は精神が好きだ。しかしその精神が理論化されると大がいは厭になる。理論化という行程の間に、多くは社会的現実との調和、事大的妥協があるからだ。まやかしがあるからだ」というものを引用している（一巻六五頁）。理論は不完全な人間がつくった表層の小波にすぎず、それを過信すれば、現実の複雑さを捨象する「まやかし」につながるという主張がうかがえる。

いささかうがった見方をすれば、鶴見は母親との関係や戦争体験からいっても、こうした思想に到達せざるをえなかったといえる。彼は母親ゆずりの純粋さをもっていたが、そうした硬直した正義が現実には維持できないものであり、他者を抑圧しかねないことも痛感させられていた。鶴見はこうしたアンビバレンスのなかで、「百点満点」の正義は現実社会の複雑さに目をおおった「まやかし」であり、容易に転向してしまう脆さを抱えているのであって、「力をぬいた」二枚腰の姿勢こそが「純粋さ」を保つ方法であるという思想に至ったのである。

「あたらしい組織論」の発見

こうした鶴見にたいし、プラグマティズムは「アメリカ帝国主義」の哲学であるとみなす共産党系の論者たちは、敗戦直後から彼を批判する姿勢をとった。一方で鶴見の側は、第5章で述べたように獄中非転向の共産党幹部には敬意を払っていたが、彼なりの思想から共産党とは距離をおいた。

まず鶴見は、共産党が多数の転向者を抱えながら、その総括を行なっていないことを嫌った。鶴見は一九五六年の『思想の科学』研究会の総会では、左翼の知識人の多くが戦争賛美を行なっていた事実を挙げ、彼らと「手を握ることが出来るかという問題を、私は昭和十五年から考えていたんです。私は恨み深い質ですから忘れないんです」と述べている。むしろ鶴見は、吉田茂や渡辺銕蔵といった、敗戦後には反動的と批判されていた人びとが、戦中には彼らなりに「AはAであるという約束を守つて居つた」ことを評価していた。(52)

また鶴見は、共産党が思想への賛否で人間を分類する姿勢に反発していた。鶴見は一九五〇年の『アメリカ哲学』では、戦後日本のマルクス主義者たちが、マルクス主義を「丸のみ」にし、世界を「善玉」と「悪玉」に分けていると批判している。また一九五六年には、「流派別に組織をつくろうとすることが、かえって、外国の本店別の区分を日本の思想界に人工的に持続させることになる」と主張していた。(53) 鶴見からすれば、外部から絶対真理まがいの言語体系を輸入して人間を分断することは、もっとも批判されるべきものであった。

さらに、鶴見が共産党に反発したもう一つの理由は、「大衆」観の違いだった。石母田正などは、『思想の科学』研究会とおなじく、「民衆」志向から生活記録運動を評価していた。しかし石母田などは、「大衆」や「民衆」というものを、数量的な多数派としか考えていなかった。しかし鶴見にとっての「大衆」は、「根底」あるいは「はだかの人間」の別称であった。世論の表面的な多数派がどうであっても、たとえば「西洋文化排撃」のスローガンが支持を集めたとしても、それは海面を覆っている小波にすぎないものであった。

それゆえ鶴見は一九五九年には、「自分の戦争体験」からいって、「統計的な多数」は「非常にむなしいもの」であると述べている。彼によれば、「自分の責任において選んだ普遍的尺度」をもとに、「国民全体がまちがっていてもその国民を批判する、または国家を批判するということが必要な場合もある」。さらには、「人類全体がまちがっていることだってある。その人類全体を向うにまわすということは、もちろん可能だ」。こうした鶴見は、「どうしてもここのところで民科〔民主主義科学者協会〕とはいっしょにやっていけなかった」という。(54)

そもそも鶴見の認識では、共産党の非転向幹部や、ごくわずかの自由主義者をのぞけば、ほぼすべての知識人や政治家が戦争に協力していた。それを考えれば、「共産主義」も「民主主義」も、外部からあてがわれた言語体系にすぎないはずであった。鶴見は一九五六年には、こう述べている(五巻一八―一九頁)。

日本とおなじく侵略者であるドイツ、イタリア、さらに原爆を投下したという意味で非常に大きな戦争責任をもつアメリカなどの場合、各個人が亡命その他の方法によって責任ある位置から退く自由をのこしていた。日本の場合には、この国の外に出られず、理想主義的な倫理の立場にとっての、一種のみなごろし戦争であった。ここには、潔白な地点がない。私たちは、生きのこったかぎり被害者であり加害者である。……

このような全員参加の状況の下に、個人の責任、集団の責任を考えてゆくのに、私たちは外国輸入の手本をもたず、方法を自分たちで考えてゆくほかない。

「外国輸入の手本」への依存は新たな転向や分断を生むだけだとすれば、どうするか。もちろん鶴見の回答は、古い慣用句を読みかえることであった。具体的には、戦中思想という「慣用句」を読みかえて積極的な意義を引きだすこと、「まちがっているもの」から「正しい方向のエネルギーを引き出してくる」ことであった。[55]

鶴見は一九五九年には、その実例として、妹尾隆彦の『カチン族の首かご』という回想記を挙げている。これは、ビルマ戦線で部隊からはぐれた兵士の妹尾が、山岳先住民カチン族の族長となり、避難していたイギリス人なども交えた小宇宙を築き、一度は国籍離脱を考えたという体験を記したものだった。そして妹尾は、自分の経験を、「肩章や肩書をとりのぞいたはだかとはだかの人間」の交流だったと回想していた。

鶴見はこの回想記を絶賛して、妹尾が築いた小宇宙を「国際的な共同体」とよび、「大東亜共栄圏の理念を本当に貫こうとすれば、結局国籍離脱のところまで行くわけです」と述べている。[56] 鶴見にとってこれは、「外国輸入の手本」に頼らず、自分の手持ちである「悪」の慣用句から「善」を引きだした好例であった。もちろんここには、竹内好の影響が感じられるが、一方ではジャワで多民族間の接触を経験した反映でもあったろう。

そして鶴見が嫌ったのは、戦後に親米に転向した保守政治家たちであった。鶴見は一九五六年には、「戦争について、『これはマチガイ』と権力をもった他国から言われ、『はいそうですか、では』と言って再出発をちかう精神が、日本の思想にとって、もっとも有害なものと思う」「あの戦争を悪いと思わぬ立場にたつなら、ひきつづいて、見はてぬ夢を見つづけることがよいのだ。自分が納得がゆくまで、ゆずってはならない」と述べている(五巻一八頁)。

前述したように、鶴見の父親の祐輔は、戦後に追放解除から返り咲いた人物でもあった。鶴見は一九六〇年には、敗戦直後に「追放関係の書類を見る機会をもった」ことがあったため、保守政治家たちが「敗戦後の一時に、いかに、うそうそとした存在であったかをおぼえている」と記している。そして、「かれらは、この時期に、かれらの一九三一年―一九四五年にかけての政治思想を守って、それによって占領軍の政治思想を批判することをせず、まず占領軍の政治思想を一挙にうけいれてしまい、その正当性のかげにかくれて戦時の自分たちの思想を正当化しようと計った」というのである(五巻四五頁)。

こうした保守政治家たちと対比して、鶴見は一九五六年には、「私には剛直な敗残者のほうが好ましい」と述べている（五巻一八頁）。鶴見が「剛直な敗残者」として論じたのは、戦争体験から「自分の責任において選んだ普遍的尺度」をつかみ、戦争と戦後日本を批判した者たちであった。具体的には、第3章で紹介した元少年水兵の渡辺清、『戦艦大和ノ最期』を書いた元海軍青年士官の吉田満、その『戦艦大和ノ最期』に描かれた臼淵大尉などであった。ことに吉田と臼淵のケースは、鶴見は一九六〇年代から七〇年代にかけて幾度も論じている(57)。

鶴見が一九五一年に書いた「老世代を批判する」によれば、「戦後世代の問題は、敗北の事実をよくうけとることを中心とする」。外部から思想をうけいれて転向するのではなく、敗北の痛みをうけとめ、それを直視することで回心の契機をつかみ、「自分の責任において選んだ普遍的尺度」をつくることが必要なのであり、それなくしては「戦争放棄の思想も、人間平等の思想も、おもしろい夢として、わすれられてしまう」というのである（五巻七頁）。

そして鶴見が、「剛直な敗残者」の最たるものとみなしたのが、戦死者の存在だった。サンフランシスコ講和条約締結の直前、岸信介や鶴見祐輔たちの追放解除が進んでいた一九五一年七月、鶴見は「追放解除の心理」という短文を発表した。そこで鶴見は、「日本人は、戦勝も、敗戦も、軍国主義も、民主主義も、あらゆるものを祭典に転化する」「戦後というお祭りは、終った」と述べ、こう主張している（五巻三一頁）。

日本はこの六年の煉獄生活によって悔いあらためを終り、ふたたび清められて、世界の一員としてむかえられる。この機会に、国民全体は、戦争責任から解除された。しかし、太平洋戦争で戦死し、戦病死し、戦災死した多くの人びとには、追放解除の恩典はない。これらの人びとは、永遠に抹殺された。死者につながる何人かは、今後も、追放解除のよろこびをもたないであろう。

もっとも戦死者の多い世代に属し、戦中から「生き残る」ことに後ろめたさを感じていた鶴見は、一九六五年にはこう述べている。「戦争に生き残った者は、自分が生き残ったことの偶然性に不安を感じ、うしろめたさを感じる。そして、死者とともに生きるという感情を自分の中に保つことができた時、はじめて、ほんとうに生きているという実感を回復する」。そして吉田満の『戦艦大和ノ最期』や、「わだつみ会」の平和活動などは、「生き残った者」による「死者との連帯感回復の努力」であり、そこにこそ「日本的な平和運動の根がある」という（三巻一九四頁）。

そして鶴見にとって戦死者は、転向が不可能な「剛直な敗残者」であると同時に、「根底」の存在でもあった。一九六三年には、戦争体験を記したサークル誌を評しながら、「ヨーロッパにおける神の理念は、神のない日本人にとってここでは戦争体験の形をとってあらわれている」と述べている（三巻三一八頁）。

ただし鶴見にとっての戦死者は、日本の死者だけを指していたのではなかった。彼は一九五七年に怪談映画を論じた「日本映画の涙と笑い」で、こう述べている。[58]

十五年もつづいた長い戦争を経たわれわれの日本は……多種多様な亡霊に満ちている。子をなくした親、夫をなくした妻、親をなくした子、それら現存の人々をうごかす無意識の潜流として、なくなった人々の情念は今日の歴史の力となっている。さらに朝鮮、満洲、中国で理由なく殺された現地の人々の情念もまたわれわれにのりうつっているはずだ。……それらは、過去の記憶、燃焼せずに終った情念を束ねた巨大な松明をかざして、われわれの未来へのコースをてらしてくれる。かれらと親密な交通をひらくことが、私たちの日々の必要なのである。

かつてジャワで捕虜の死を黙認した悔恨をもつ鶴見にとって、「戦死者」が日本に限定されるはずがなかった。それは国籍や思想の分類を拒み、「日本の死者」や「アジアの死者」といった分断を拒否する「根底」の存在であった。この点は、戦死者へのこだわりといっても、日本の「三百万の死者」を考えていた江藤淳とは異なっている。

こうした鶴見は、「太平洋戦争」という呼称とはべつに、「一九三一年から一九四五年にかけて」を一つの戦争としてとらえる「十五年戦争」という言葉を提起した。中国の死者を視野に収めるという点からいっても、一九三〇年代からの転向の歴史を考えるうえでも、この概念は鶴見にとって必要なものであった。そしてそれは、おそらく鶴見が一九四二年に帰国したときにみた「百年戦争を戦いぬく」という標語からヒントを得た表現であったという点で、

「古い言葉を使い直す」ことの実例でもあったと思われる。

そして鶴見は一九五六年に、「一九三一年から一九四五年にかけての経験をもちよって検討することは、外国からのかりものでなく日本の土地に根ざしたあたらしい組織論をうむ。敗戦直後につくられた進歩陣営側の組織は、戦争時代の経験の上にたてられたものでなかったために、失敗した」と述べている。戦争後期には、反戦意識をもつ者どうしは言語に頼らずとも相手を感知し、「ことなった立場の者どうしの信頼と協力は、長い戦争時代の後半には、すでにその基盤が準備されていた」というのである（五巻一九頁）。

こうして鶴見は一九五〇年代から、「あたらしい組織論」を断片的に提示していた。この思想は、そのまま後年の「べ平連」につながってゆくことになる。それでは、その組織論とは、どのようなものだったろうか。

いうまでもなく、鶴見の念頭にあったのは、思想や立場が異なった者どうしが、「根底」での「同情」で結ばれた組織であった。そして一九五四年には、鶴見は「百科全書における人間関係」という論考を書いている。[59]これは、一八世紀フランスの百科全書の編纂にあたり、多様なタイプの執筆者が協同したありさまを論じものであった。そこでは、ディドロという有能な編集者がオルガナイザーとなっているものの、固定的な組織はつくられず、それぞれの専門家が各自の特性を活かした貢献をしながら、自由な協力関係を築いていったとされている。

そしてこの一九五四年から、鶴見は戦中からの構想であった、転向の共同研究を開始した。これは、一九三一年から戦後までの時期の、知識人や政治家の転向を個々のケースに即して検証したものであった。そしてこの共同研究は、前述の百科全書派の事例とおなじく、多様な思想傾向や専門をもつ人びとによる討議と共同研究をつみ重ね、全三巻の共同出版として刊行された。

このような大規模な共同研究事業は、マルクス主義という思想的共通性を基盤とした『日本資本主義発達史講座』のような事例をのぞけば、日本では珍しいことだった。戦争体験を問いなおすという共通目標と共同作業を、思想の共通性の代わりにすることで、「あたらしい組織論」がつくられたのである。

ちなみに鶴見が転向の共同研究を提唱した一九五四年は、彼の父の祐輔が、鳩山内閣の厚生大臣に就任した年でもあった。鶴見は後年、「『転向』三巻は、じつは私の親父についての感想なんだ。共産党の転向は私のおもな研究対象ではない」と回想している。『思想の科学』の刊行も、当初は父親の出資援助をうけていたが、この時期からは鶴見は父親と縁を切り、東京工業大学助教授としての私費をつぎこんで「プライドをかけて、がんばり通すしかないと思った」という。[60] こうしたなかで、独自の組織論をもつ共同研究が進められていったのである。

もちろん鶴見は、転向と戦争責任を論じるにあたっても、外部の「正義」に依存するという方法は嫌った。彼は元戦犯の岸信介が首相となっていた一九五九年に、「戦争責任の問題」という論考で、自分が戦犯裁判で証言を行なったことに触れながらこう述べている（五巻四三頁）。「戦勝国の裁判によりかかって、特定の個人を摘発するということに、どれだけの効果があったか。むしろ、ほとんど満洲事変当時の陣形が政治においても、言論においても、かえって来た現在を待って、特定個人の経歴にふれ、その特定個人の経歴をとおして、戦争責任の問題を原理面まで高めてしかも実際的に追及するという仕事が、もっと公平にできるのではないか」。

鶴見が考えたのは、戦勝国という国家がふりかざす正義をもとに、人間を「加害者」や「被害者」に分類することではなかった。彼が望んだのは、個々人の背景や経歴を調べ、その人物が自分の「苗床」である「自分の責任において選んだ普遍的尺度」に違反した経緯を明らかにすることで、回心を迫ることだった。いわば転向研究は、抽象的な「正義」に対抗して、個々の人間に「同情」しながら、回心と連帯の原理を模索することだったといえる。

そして、鶴見が上述したような組織原理のもう一つの事例とみなしていたのが、各地の戦争体験者たちが生活記録をもちよって会誌をつくっているサークル運動だった。彼が編集者役を務めていた『思想の科学』も、「読者の会」という読書サークルを各地につくっており、固定した体系をもたない柔構造のネットワークを構成していた。ちなみに、「読者の会」の全国ネットをつくることを鶴見に提案したのは、丸山眞男だったという。[61]

鶴見は一九五九年に、生活記録運動の成功例として知られた『山びこ学校』をとりあげ、その教師である無着成恭と生徒の関係について、こう述べている。[62]

無着成恭の方法は、自分が間違っていた時は、しゃべりながらも、〝あ、先生が間違った〟と、子供にあやまる。これは戦前にはあり得なかった、非常にオリジナルな方法なんです。……人間の本然の相は平等なんだ。ところが教育をしなければならないとか、政治をしなければならないという、暫定的な目的のために不平等な仕組を仮に作る必要がある。しかし、その仮の不平等は、当面の目的である一つの仕事が終ると同時に、すぐに打ちこわされ、撤去されねばならない。……この数年のサークル運動の哲学はここに始まったと言えます。

こうした「力をぬいた」姿勢に、後年のべ平連の原型があった。鶴見は一九七四年、べ平連の解散にあたって、「メダカの学校は川の中、だれが生徒か先生かっていうのがありましょう。あれが好きなんです」と述べて、役職を固定化しないべ平連の原理を説明している。[63]「リーダー」や「平メンバー」といった同一性は、「人間の本然」からみれば表面的な相違であり、暫定的な役割にすぎないという思想がここにはうかがえる。

「声なき声の会」のデモに参加する
鶴見俊輔（1962年）

こうした組織原理は、共産党の権威が低下した一九五〇年代後半に、各地のサークルで自然発生していたものであった。鶴見は一九六六年には、「党規約などには拘束されぬアモルフ（無定型）な形をもつ組織としてのサークルの原理」を高く評価し、これを「原始的共同体の再発掘という名前でもよし、直接民主主義という名でもよいし、個人主義、自由主義、無政府主義、生命主義、実存主義などの名前でもよい」と形容している（二巻三一三頁）。

そして第12章で述べたように、こうした思想を育んでいた鶴見が、六〇年安保闘争にさいして生みだした言葉が、「無党無派の市民」だった。戦争中の「無行動」に強い悔根を抱いていた鶴見は、この闘争で「死んでもいい」と考え、「声なき声の会」に参加してデモを行なう一方、東京工業大学を辞任して岸政権に抗議した。

そして「無党無派の市民」という言葉は、鶴見が安保闘争の渦中で書いた、「根もとからの民主主義」という論考で述べられたものだった。この論考は、「どんな公的組織にぞくしている人も、その私の根にさかのぼれば、私としてはつねに無党無派だ」と唱えて、党派や思想による分類をこえた「根もと」への回帰を主張したものであった。(64)

六〇年安保において、「市民」という言葉を使用した論者は珍しくない。しかし鶴見がいう「無党無派の市民」の特徴は、丸山眞男や福田歓一などが唱えた国民主義的な「市民」とは異なり、「国家」を拒否するものだったことである。鶴見はこの「根もとからの民主主義」で、こう述べている。

この私の中の小さな私のさらに底にひそんでいる小さなものの中に、未来の社会のイメージがある。私が全体としてひずみをもっているとしても、分解してゆけば、ゆきつくはてに、みんなに通用する普遍的な価値がある。このような信頼が、私を、既成の社会、既成の歴史にたちむかわせる。国家にたいして頭を下げないということは、私が、国家以上に大きな国家連合とか、国際社会の権力をうしろにせおっているからではなく、私の中にたくみに底までくだってゆけば国家をも、世界国家をも批判し得る原理があるということへの信頼によっている。このような考え方が、思想史的な系譜としてどこからはじまったかは、議論の余地があるが、ピタゴラスにあり、ユダヤの予言書にあり、シャカにあり、老子荘子にあったと考えてよいのではないか。普遍宗教の成立は、そのような契機をふくんでいるように思う。

この論考で鶴見は、彼が敗戦後に蓄えてきた思想から、独自の戦後日本観を説いた。敗戦後の保守政治家や知識人たちが転向をくりかえし、「自分の思想のルールから逸脱した」こと。そのために敗北の痛みが受けとられず、「日本では戦後は本当の意味ではこなかった」こと。「それ以来、私たちは、ふたしかな地盤の上にあたらしくビルをたてて住んでいる」こと。「ソ連共産党の指令を守って」戦争に反対した共産党員よりも、日本の民衆宗教をもとに戦争に抗議した牧口常三郎や石原莞爾などのほうが、「私的な根の上に日本の現実の国家機構を批判する思想をそだてた」ことなどが、そこでは主張されていた。

もちろん、ここでいう「私的な根」は、単なる私生活重視やエゴイズムとは別ものであった。(65) 彼はこの論考で、「国家によって保証された私生活の享受に没頭するという考え方ではなく、国家をも見かえす私というとらえ方」を強調している。また「国民的規模をもつ無党無派」「国民的規模における国家批判」という表現からは、「無党無派の市民」や「私」であることが、「国民」的な連帯と矛盾していないことがうかがえる。

そして鶴見は、「日本は、日本自身の道を世界の中できりひらくようにしたい。そのためには、まず、日本の公的政策が日本人の思想の私的な根そのものからあたらしくそだてられなくてはならない」と述べ、これを「根もとからの民主主義（ラジカル・デモクラシー）」と表現した。もちろんこれは、私的エゴイズムと公的政策の連結を唱えたのではなく、手あかにまみれて死んだ表現になった「戦後民主主義」の再活性化のために、「根底」のエネルギーを汲みあげることを表現したものにほかならない。

そしてこの論考で、鶴見は憲法の再活性化を提唱した。彼によれば、憲法を絶対の真理として「守る」ことは無意味であり、「憲法を守ろうという運動方法によってはこの憲法を守ることはできない」。「守る」とすれば、憲法の「根もと」に回帰すること、「この憲法をつくった精神にかえってでなければできない」。しかし、「ところがこの憲法は、自力でつくったのでないとすればどうなるか」。唯一の方法は憲法の読みかえによる再活性化であり、「われわれにはいまから、この憲法をつくることしかない」というのである。

こうした憲法の読みかえとして、鶴見は「根もとからの民主主義」で、以下のような憲法観を提唱した。

日本の憲法は……軍事力と国家主権とがふつうにはきりはなしにくいものになっている常識をやぶって、軍事力をもつことを禁じている。これは、国家以下の準国家としてみずからを世界にさし出すことを意味しており、強制力のない国家へのつよい志向をもっている。この憲法にあるような国家をひとまず実現するために努力することをとおして、われわれは日本国憲法によって保証された、国民的規模における国家批判の運動にのりだすことができる。

憲法は国家の基本法である。しかしそのナショナルな存在にこそ、「国家批判」の契機が潜んでいる。このような「国家をひとまず実現する努力」が、「国民的規模における国家批判の運動」になるというのである。

そして鶴見は、「声なき声の会」に集まった人びとのなかに、「自由に集まった市民が自分たちであたらしく秩序をつくることができるという人民政府の一つのヒナ型」を見出した（五巻五八頁）。そこには、彼が戦争体験のなかから思い描いていた、「あたらしい組織論」の形態があった。[66] そして後述するように、この組織原理が、一九六〇年代の「べ平連」に実現されてゆくことになる。

そしてくりかえしになるが、鶴見にとっての戦死者たちは、国家による分断を拒み、「日本の死者」「アジアの死者」という分類を拒み、「ナショナリズム」と「インターナショナリズム」の二項対立を拒む存在であった。鶴見が批判した国家とは、こうした国境をこえた死者たちに、分断をもちこむ存在だったのである。

そして、こうした戦死者にたいする見解を、ほぼ共有していた人物がいた。それが、鶴見とともにべ平連を旗揚げすることになる、小田実だった。

「難死」の思想

小田実は、一九三二年に大阪で生まれた。世界一周旅行記である『何でも見てやろう』や、べ平連での活動で知られる彼は、大きめの体格や早口の大阪弁のせいもあり、活発で豪放な人物として描かれることが多い。

しかし小田自身が書いているように、「私は、よく誤解されるのだが、疑うことを知らぬ陽気な豪傑ではなかった」。[67] 小田は一九歳だった一九五一年に小説『明後日の手記』を刊行し、二四歳だった一九五六年には四百字詰め原稿用紙千二百枚の大作『わが人生の時』を出版した、きわめて早熟な作家だった。

そして小田が東京大学で専攻したのは古代ギリシア文学であり、中村真一郎のもとに出入りする文学青年であった。友人だった作家の真継伸彦は、「長身瘦軀」で「暗く鋭い眼をかがやかせて熱烈に語る」文学青年だった小田を、「『過去に致命的な傷をうけ、行為不可能となった』懐疑主義者」と形容している。(68)

小田がうけた「致命的な傷」とは、一九四五年八月一四日の大阪空襲だった。当時は中学一年生だった小田は、恐怖の時間を粗末な防空壕で過ごしたあと、米軍機がまいた、日本の無条件降伏を告げるビラを拾った。そして翌日の正午、降伏を告げる放送があったときの心情を、小田はこう回想している(『小田実全仕事』第八巻六四頁)。

私は疲れきっていた。虚脱状態だった。火焰から逃げるのにふらふらになっていたといっていい。何を考える気力もなかった。それに、私は、あまりにも多くのものを見すぎていた。それこそ、何もかも。

たとえば、私は爆弾が落ちるのを見た。……渦まく火焰を見た。……

黒焦げの死体を見た。その死体を無造作に片づける自分の手を見た。死体のそばで平気でものを食べる自分たちを見た。高貴な精神が、一瞬にして醜悪なものにかわるのを見た。一個のパンを父と子が死に物狂いでとりあいしたり、母が子を捨てて逃げていくのを見た。人間のもつどうしようもないみにくさ、いやらしさも見た。そして、その人間の一人にすぎない自分を、私は見た。

小田によれば、そこには「輝かしいものは何もなかった。すべてが卑小であり、ケチくさかった。たとえば、死さえ、悲しいものではなかった。悲劇ではなかった。街路の上の黒焦げの死体——それは、むしろコッケイな存在だった。私は、実際、死体を前にして笑った」(八巻六五—六六頁)。

空襲の極限状況は、人間のあらゆる醜悪さを露呈させた。小田がみた死は、ロマンティックでも勇壮でもないのはもちろん、「悲しみ」や「苦しみ」などといった抽象的な形容をもこえた、言語を絶した「もの」だった。そしてそこでは、「加害者」や「被害者」といった分類は無意味だった。子を捨てて逃げていった母が「加害者」だったとするなら、その子の死体の前で食事をしている自分は何だというのか？

しかもこうした小田の体験は、戦場で闘った元兵士たちにも共有されなかった。小田は戦後に、従軍経験者たちと話しあったさい、彼らが「戦争というものにまだ何ほどかの幻想を抱いているように」感じた。戦闘がいかに悲惨であっても、彼らは武器をとって戦うことが可能であった。しかし大阪空襲の死者たちは、英雄的な闘いと無縁であるばかりか、自決の手段さえもたず、「ただ受動的に死を待つよりほかにない」存在だった（七巻一五〇頁）。

それは同時に、政治的にも、思想的にも、意味をもたない死であった。小田は戦後になって、ソ連参戦と八月九日の長崎への原爆投下があったあと、その翌日である八月一〇日には、日本政府はすでにポツダム宣言受諾を申しでていたのを知った。八月一一日の『ニューヨーク・タイムズ』には、「日本、降伏を申し出る」という見出しが掲げられ、戦勝にわく人びとがニューヨークの街路を埋めている写真が掲載されており、「合州国は天皇を再転換《リコンバージョン》の要員の主役として存続させるだろう」という観測が述べられていた(69)。

それにもかかわらず、八月一四日に大阪が空襲されたのは、日本政府が「国体の護持」という条件を明示的に盛りこむことにこだわり、ポツダム宣言受諾の正式表明をためらっていたからだった。八月一五日の『ニューヨーク・タイムズ』は、一四日の大阪と徳山の空襲を報じるとともに、日本が降伏をためらうならば、さらなる空襲が行なわれるだろうと説いていた(70)。

いわば八月一四日の空襲は、まったく無意味な殺戮であった。そこにはせいぜい、降伏条件とメンツにこだわって逡巡した日本政府と、それに圧力をかけたアメリカ政府の、かけひきが存在したにすぎなかった。それらの死は、〈アジア解放に殉じた英雄〉という右派の思想によっても、〈平和の礎になった悲劇〉という左派の思想によっても、意味づけが不可能なものだった。小田は後年、「あそこで死んだ人たちは何のために死んだのか。そう子供心に考えることで、私の『戦後』は始まった」と述べている(71)。

同時に「戦後」は、別の形でも始まった。敗戦時に一三歳の「少国民世代」だった小田は、当時の少年の多くがそうであったように、皇国イデオロギーを注ぎこまれて育った。しかし小田は、「一夜にして、すべてのスローガンがぬりかえられるのを見た。『気合いがはいっておらん、おまえは鬼畜米英に日本が敗けてもいいのか。』とののしり私をなぐった教師が、わずかの沈黙の時間をおいて、アメリカを賛美するのを見た」（八巻六四頁）。

同世代の大江健三郎や江藤淳がそうだったように、小田もまた「公」の崩壊に苦しんだ。その象徴が、「特攻隊くずれ」とよばれた、若い復員兵たちだった。小田は一九六五年に、こう書いている（八巻四二頁）。

たしかに、そのころ、どこへ行っても「特攻隊くずれ」はいた。錨や星印をむしったあとをくっきり残した戦闘帽をかぶり、派手なマフラーを巻き、短い長靴をはいた青年が、わがもの顔に町を歩く。彼らの精神は荒廃していた。

彼らは、つい先日、「公」の大義名分のために自らの生命を犠牲にしようとしたのだが、そして、実際、彼らの同僚はすでに火ダルマになって太平洋に消え去っていたのだが、いま、その大義名分のいっさいが無意味なものになってしまっていたのである。……

彼らの姿を目撃するたびに、かつて新聞紙上で見た、出撃寸前の彼らの悲壮にして美しい勇姿が二重写しのようになって、私の心のなかに現われてきた。ふたつの姿は、あまりにもかけ離れていて、なかなかつながらなかった。そして、私が子供心に懸命に求めていたのは、そのつながらないふたつをつなげるなにものかであった。私はたしかに懸命にそうしていたのだと思う。私自身、彼らと共通の精神的風土をもち、そのなかで生きていたのだから。

小田が大学で古代ギリシアを専攻したのも、「公」とは何かを問うためだった。ギリシア哲学の最盛期は、ペロポネソス戦争の敗北でアテナイが没落し、それまで当然とされていた価値観が崩壊し、「公」が問いなおされた時期だった。小田によれば、「その時代は、あまりにも、戦後日本に似ていた」。すなわち、「アテナイ大帝国の栄光から……敗戦によって一挙に小国に転落。リュサンドロスを司令官としたスパルタ占領軍の占領……。占領軍による政治制度の改革。御用政権ができる。引き揚げ者があちこちから帰って来る。軍隊が解隊される。思想の混乱。ナショナリズムへの疑問、はじめて、一つのポリスをこえて外にひろがってコスモポリテースの思想が生れる。既存の価値体系への疑問。老人たちが青年の堕落をなげく」というのが、小田が見出した古代ギリシアだった（八巻七八頁）。

こうした心情から、三島由紀夫は平和を虚構とみなし、英雄的な死を真実とみなす方向にむかった。江藤淳は、「公」と国家の再建を説いていった。しかし、小田はそうした方向には進まなかった。

その理由は、小田が「戦死」というものに、何らの夢を抱けないことにあった。大阪空襲の死者たちは、英雄的でもなければ、「公」で意味づけられるものでもなかった。小田は、戦争を知らない若い世代や外国人に戦争体験を話したさいに、コミュニケーション・ギャップを感じた経験をこう書いている（八巻六一頁）。

そのとき、ほんとうに私は何を言いたかったのか。……私は、きっと、おれは見てしまったのだ、と言いたかったのだ。「何を？」という当然の反問がくるかもしれない。それに私は、つぎのように答える。「何もかも。」……

私が戦争中のことを語る。しかし彼らがわかっていないことはたしかだ。「え、そんなことがあったんですか。」彼らの一人は言う。

私が焼夷弾を消したことを言う。「すばらしかったでしょうな。」私が火焔にのまれるようにして逃げたことをいう。「たいへんでしたね。」私が焼跡で、人間の黒焦げ死体の片づけをやっていたときのことを言う。「臭かったでしょうな。」

それらの相槌に対して、私は何を言えばよいのか。「すばらしかったよ。」と言えばよいのか。「たいへんだったよ。」「臭かったよ。」と言えばよいのか。いや、実際、その通りだ。それしか言うべきことばはない。

こうして小田は、自分が体験してしまった「何もかも」を表現するために、新しい「ことば」を探さなくてはならなかった。そして彼は、作家となった。

こうした小田にとって小説は、「何もかも」を表現するものでなくてはならなかった。人間の愚劣さも、政治の非情さも、すべて描きだすことなくしては、大阪空襲で死んだ人びとを表現することは不可能だった。

こうした小説を、小田は「全体小説」とよんだ。ただし彼が志向したのは、「バルザック流の、自分を神の座において、世界をぐるっと見まわす、といったタイプの『全体小説』」ではなく、「多くの人間の複合的視野の上にかたちづくられる小説」であった（八巻一二九頁）。それは、空襲を行なったパイロットの視点からではなく、逃げまどいながら死んでいった人びとの視点から「何もかも」を表現するものだった。そして、特定の中心をもたず、「多くの人間の複合的視野」から全体を構成するという思想は、のちのべ平連につながってゆくものとなる。

こうして小田が一九五一年に一九歳で出版した『明後日の手記』は、朝鮮戦争前夜の高校生たちの群像を通じて、「平和の到来をむしろ奇異の感情でむかえた、〈奇妙〉な世代」と、「二十世紀という〈奇妙な〉世紀の考察」を表現したものだった（一巻九二頁）。そして一九五六年の『わが人生の時』は、一九五二年の「血のメーデー」事件前後における、朝鮮人をふくむ学生活動家たちの姿を描いている。

小田　実（1959年ごろ）

とはいうものの、そうした「全体小説」の実現は、容易ではなかった。小田の友人だった真継伸彦は、小田の早熟を称えながらも、「全体小説というものが、そもそも十代や二十代の青少年に書けるだろうか」「これは大人の仕事なのだ」と評している。真継の評価にしたがえば、『わが人生の時』は文体が混乱しており、登場人物たちも「作者がにぎる糸にあやつられる人形」にすぎなかった。[72]

おそらく小田自身も、それを自覚していた。『わが人生の時』を書いたあと、小田は一九六〇年代まで小説を書くことをやめてしまった。そして一九五八年、二六歳の小田はフルブライト留学生に志願してアメリカに渡った。一九五〇年代の学生運動でアメリカが強く批判されていたことを考えれば、これは小田にとって一つの転機だった。一九六一年に刊行された『何でも見てやろう』では、アメリカ行きの動機について、「私はアメリカを見たくなったのである。要するに、ただそれだけのことであった」とだけ書かれている(六巻七頁)。

この『何でも見てやろう』は、ニューヨークを中心とした留学生活と、その帰途に中南米・ヨーロッパ・中東・インドなどを「一日一ドル」で貧乏旅行した体験記だった。それまでの小田の小説が、登場人物たちが重苦しい議論を重ねるものだったのとはおよそ対照的に、この本は突きぬけたユーモアに満ちていた。

当時は外国旅行が自由化されておらず、円の貨幣価値も低かった。二〇代の若者が貧乏旅行で世界一周を実現したことは、当時の人びとにとって大きな驚きであった。長身の小田青年が、アメリカの若い女性と親しく交際している様子が描かれていることも、若者たちの憧憬を刺激した。軽妙な文章とあいまって、『何でも見てやろう』はベストセラーを記録し、小田は物怖じしない戦後青年の代表格にまつりあげられた。

しかし小田にとって、一九五〇年代末のアメリカは、およそ理想的ではなかった。一様に豊かさが社会を覆い、異常なまでに均質化された当時のアメリカで、小田は「大学の優等生、グリニッチ・ビレッジのビート詩人、エカキ、高校の先生、フォード工場の工員、トラックの運チャン」などさまざまな友人をもったが、彼らの「政治意識の不足、いや、ほとんど皆無に、まったく呆れはて、ウンザリした」(七巻一六七頁)。

平和で豊かな社会に育ち、戦争を知らないアメリカの若者たちは、他者の痛みへの想像力がおよそ欠如していた。食料と燃料が不足した戦中の状況を話し、松の木の根からとれる油を軍用燃料にするために、軍の命令で松の根を掘らされたと小田が述べると、ある若者は「動ずる色もなく、それはなかなかうまい着想だね、と誉めてくれた」。小田が空襲の体験を聞かせた若い女性は、「私の体験談を一つのスリリングな物語として」だけ耳を傾け、小田が逃げまどうありさまに「くったくなげにケラケラと笑い始めた」(七巻一五三頁)。

そして小田は、他者への想像力を欠いた彼らが、他者とのつながりをつくれず、荒涼とした孤独のなかにいることを見出した。小田は交際していた若いアメリカ女性から、ビート詩人が詩を朗読するカフェに誘われた。小田の印象に残ったのは、朗読された詩よりも、その女性がつぶやいた言葉だった。「こうやってコーヒーをのみながら、みんなのなかで詩をきいているときほど、私が心にやすらぎを覚え、また孤独感から解放されるときはない」。小田はこのカフェに集まった人びとを、「むれつどう同種のひとびとの間に、友人を、というよりは自分自身を発見して、そして孤独感から解放される」「気の弱い逃亡者の集団」とみなした（七巻一七五頁）。

小田が会ったビート詩人たちは、一様にアメリカ社会の「画一主義《コンフォーミズム》」を批判した。しかし、一様にあごひげを生やし、セーターを着こんでいるビートたちを、小田は「余りにも画一的《コンフォーミング》」だと考えた。豊かな社会から逃亡を試みながら、孤独に耐えられず、社会的な視点もなく、結局は「むれつどう同種のひとびと」にしかなりえないビートたちをみて、小田は「大人の前で泣いてみせる良家の坊ちゃん」のようだと感じた（七巻一七一頁）。

小田が当時のアメリカ文学に感じたのも、同様の傾向だった。サリンジャーもアップダイクも、与えられた社会秩序を疑うこともなく、受身のまま「どっちつかずの宙ブラリンの絶望ムード」に浸り、「幼児のようにアッケラカンと立っている」人物たちを描いていると映った。「全体小説」を志向する小田にしてみれば、自分に孤独感をもたらしている社会の構造を探らないかぎり、絶望の本質は明らかにならないはずだった。その努力が感じられないサリンジャーやアップダイクは、本当は「絶望」などしておらず、アメリカ社会の豊かさが永遠に続くと信じているのであって、雰囲気だけの「絶望ムード」を書いているにすぎないと小田は考えた（八巻一二七、一三二頁）。

しかし同時に小田は、「ビートをそうしたところまで追いやったもの」が、やがて日本を覆うかも知れないと予測して戦慄を感じた。小田の見方では、アメリカの文学や芸術は「何かを求めて必死になっている。それでいて出口なし」という状況にあり、完成度は高いが受動的でダイナミズムに欠けた「巨大な盆栽」だった。それは小田にとって、嫌悪しながらも読まずにはいられないもの、「もうたくさんだ、いいかげんにしてくれ、とどなり出したくなりながら、それでいて顔をそむけることはできない」ものだった（六巻三四、三五、七巻一七一頁）。もちろん、「出口なし」で「受動的」に殺されていったのは、大阪空襲の死者たちにほかならなかった。

一方で小田は、アメリカの知識人や学生がたまに示す政治的関心のありようにも、強い違和感を抱いた。彼らにとって「政治」とは、国際政治における「自由主義」と「共産主義」の陣取り合戦であり、彼らはいわばゲームの見物人だった。彼らは、現地の人間にとっては飢餓や生死の問題であるはずの内戦を、「自由」の有無の問題として捉えた。日米安保条約についても、小田は日本が戦争に巻きこまれるか否かという問題として議論したが、アメリカ人たちは国際政治における共産主義の脅威と「現実主義」を説いた。しかし小田にとっては、彼らこそ「現実」をみておらず、「無慈悲で気持ちのよい抽象化」を行なっているだけだと感じられた（七巻一五五、一五六頁）。

しかも小田に「現実主義」を説いたアメリカの知識人や学生は、自分たちの国が世界最強の武装をしているという前提で「平和」を語っていた。そうでありながら、彼らは口々に「インターナショナリズムに徹しなければいけない、ナショナリズムが戦争の原因である」と主張し、第三世界のナショナリズムを批判した。しかし小田は、彼らは「ほんとうのところは国家という存在に対して根本的な疑念をもっていない」と考えた。ビート詩人たちがアメリカの「画一主義《コンフォーミズム》」に反抗しながら、結局は豊かな社会が永遠に続くと思っているのと同様に、ナショナリズムを批判する若者たちも、アメリカ社会の安定を信じきっていたのである（八巻七四、七五頁）。

小田にとって、大阪空襲の死者は、「自由主義」や「共産主義」はもちろん、どんな抽象的言語によっても意味づけることが不可能なものだった。それは、言語や意味で構成されている世界を、崩壊させかねない不安感を彼に与えていた。彼がビート詩人やサリンジャーに不満をもち、ナショナリズムを批判する学生たちに違和感をもったのも、彼らが結局のところは世界の安定を信じているからだった。小田にとっては、サリンジャーなどが書く雰囲気だけの「絶望ムード」や、「無慈悲で気持ちのよい抽象化」にすぎないアメリカ知識人の政治ゲームは、世界にたいして「根本的な疑念をもっていない」ものと映ったのである。

真継伸彦が、小田を「『過去に致命的な傷をうけ、行為不可能となった』懐疑主義者」と形容したのは、こうした状態を指したものだった。小田の早口の大阪弁も、『何でも見てやろう』にみられる強迫的な行動主義も、こうした不安にせきたてられてのものだったといってよい。『何でも見てやろう』という題名も、大阪空襲の死者に象徴される「何もかも」を、「無慈悲で気持ちのよい抽象化」を拒否して直視する志向を示したものといえる。

こうしたアメリカ社会と対照的な存在と感じられたのが、留学の帰途で立ちよった中東やインドだった。第7章で述べたように、小田はシリアやインドで、現地のナショナリズムに共感した。小田が留学したハーヴァード大学で、政治学を学んでいたインド人留学生は、帰国したら政界に入って、自国の未来のために自分の勉学を活かすと述べた。このインド人留学生の話を聞いて、小田は「明治初期の日本の留学生」を想起した（六巻二二九頁）。

しかし、すでに高度成長の入口にあった日本からきた小田は、そうしたアジアに同一化できない自分をも見出した。カルカッタの路上で一夜をすごした彼は、貧民の状況に驚愕し、自分にはとても耐えられないと感じた。前述のインド人留学生の言葉にも、「羨ましかった」と同時に、「彼ら自身の立身出世の欲望と愛国の至情とが単純に結びついて」いるありさまが「気はずかしくて」、「承服しかねている自分を見いだしていた」（六巻二二八、二二九頁）。

こうしたなかで、小田は欧米でもアジアでもない日本の位置を見出し、「外国へ出かけることは、『日本人になる』ということだ」と感じた。憧れていたギリシアのアテネで、日本の貨物船の上に掲げられていた「日の丸」が目に入ったとき、小田は「目がしらが熱くなってきた」ことを感じた（七巻五七、四三頁）。

しかし小田は、アメリカで「無慈悲で気持ちのよい抽象化」に反発を感じたのと同様に、抽象化された「日本」にも回帰することはできなかった。彼は日本へもどったとき、寿司や天ぷらの味には「どうも落ちつかない」と感じた。彼が「真実ふるさとの味を感じた」のは、ハンバーグやラーメンだった。小田は、自分が「雑種的文化をすでにふるさととしている」ことを感じとった（六巻二一七頁）。

そして何より、大阪空襲の死者たちの記憶が、安易な「日本人」への回帰を許さなかった。『何でも見てやろう』の末尾に書かれていたのは、小田がパリの凱旋門近辺をぶらついていたとき、在郷軍人たちがフランス国歌を斉唱しながら、黙禱を捧げているのをみたというエピソードだった。小田は凱旋門が戦死者を祀ったものであることに気づき、同行のアメリカ女性が不思議がるのをよそに、ひたすら泣いた。

この瞬間は、江藤淳がプリンストンで出会った、ケネディの葬儀にちかい体験だった。しかし小田にとっての戦死者は、江藤のように「三百万の死者」などと抽象化できるものではなかった。彼は凱旋門の前で、江藤とはまったく異なる反応を示した。この時の体験を、小田はこう書いている（六巻二四一頁）。

私が泣いたのは、むくわれずして死んで行った同胞たちのことを、そのとき、思い出したからだった。戦死者はフランスにもアメリカにもあった、というのなら、私はただ一つだけのことだけ言っておこう。彼らには、とにもかくにも、ナチズム、ファシズム打倒という目的があった。だが、私の同胞たちには、いったい何があったのか。彼らの死はまったくの犬死であり、彼らをその死に追いやった張本人の一人〔岸信介〕は、われらの「民主政府」の首相であり、口をぬぐって「民主主義」（彼らはたしかそれとの闘いのなかで殺されたのではなかったのか）を説いている。

そのすべての思いが、そのとき、凱旋門で私の胸にきたのだった。いったい、彼らは何のために死んだのだ？ 私はくり返し思った。彼ら――それは私の同胞ばかりのことではなかった。ドイツの兵士のことであり、イタリアの兵士のことでもあった。いや、今やアルジェリアに駆り出されて、死に直面させられている当のフランスの兵士のことでもあった。

こうした私の涙は、アメリカでもヨーロッパでもやっていることだからといって、巨大な無名戦士の墓とやらをおったて、そのまえで、あるいは靖国神社の大鳥居のまえで、鳴物入りで自衛隊の行進をやってみせるということには、決して結びつかないであろう。アメリカ人はみんな愛国心を持っている、われわれも持たなくちゃいかん、というような視察旅行の代議士氏の結論にも結びつかないであろう。……おそらく、それらのむくわれざる死者をして安らかに眠らしめるただ一つの道は、判りきったことだが、ふたたび、このような死者を出さないこと、それ以外にはないのだ。すくなくとも、もし、私の涙が結びつくものがあるとすれば、それはそこにおいてしかない。そして、二年間の旅を通じて私の体内にも何ほどかのナショナリズム、あるいは「愛国心」が芽生えてきているとしたら、それは、たぶん、その結びつきから生まれ出てきたものなのであろう。

小田にとっての戦死者は、「日本の死者」よりも以前に、あくまでも無意味に死んだ大阪空襲の死者だった。そして靖国神社は、日本政府が恩給法などで「戦争による公務死」と認定した、元兵士を中心とした戦没者を祀ったものであり、大阪空襲の死者はそこに含まれていなかった。小田にとって靖国神社は、日本政府が認定した死者だけを祀り、意味づけ不能な死者を排除する存在だった。[73] そうである以上、大阪空襲の死者たちとつながるのは、英雄化された靖国神社の死者ではなく、無意味に死んだドイツやイタリア、フランスの死者たちのほうだった。

いわば小田においては、死者たちはその無意味な死のゆえに、国境をこえる存在となった。このような、国家が与える意味づけから排除された「同胞」への共感を、小田は「ナショナリズム」と表現した。そしていうまでもなく、こうした死者にたいする感覚は、鶴見俊輔と共通するものだったのである。

こうして帰国した小田は、予備校で英語教師を務める一方、あらゆる場面で「無慈悲で気持ちのよい抽象化」を批判する評論活動を行なった。帰国後の彼は、抽象化された「西洋」や「アジア」を基準にして日本を批判する論調に抗議した。そして、現実の西洋諸国が「自立した個人」ばかりで構成されているのではないことや、アジアの新興国家が国家建設の希望に燃えているのは圧倒的な貧困ゆえであることなどを盛んに強調した。

また当時の小田は、太平洋戦争についても、「原理的には侵略戦争でありながら結果的には解放戦争の側面をもった」などと述べていた(八巻一二六頁)。戦争の意味を一方的なかたちで「抽象化」することは、彼の戦争体験からいっても、納得できなかったのだと思われる。

この時期の小田が唱えたのは、新しい時代にふさわしい日本ナショナリズムの再建だった。彼はアジア・アフリカ諸国の留学生と同様だった明治人を「一代目」、西洋への憧憬と反発のなかで引き裂かれた戦前人を「二代目」と形容し、「三代目」である戦後世代は「『西欧』の苦悩それ自体を苦しむ」という段階に入っていると主張した。そしてこうした「三代目」こそが、西洋への無用な反発に走ることのない、「理性的・現実的ナショナリズム」をつくるというのだった。こうした主張のため、当時の小田は「新手の右翼」とみなされていたという。[74]

後年に小田は、当時はまだ高度成長が本格化しておらず、「『日本はダメな国です』の風潮が世にはびこっていた時代」だったと回想し、それに反発して「日本には日本の価値がある、と懸命に書いた」のだと述べている。[75] 一九六〇年代中期以降は、小田は大衆ナショナリズムの高まりを批判して、上記のような主張を控えてゆくようになる。しかし元皇国少年であり、戦後社会における「公」の問題を悩んでいた彼にとって、日本ナショナリズムの再建という主張は、通過しなければならない地点であったろう。

さらに小田は、一九六四年八月には韓国を訪ねた。従来から朝鮮人の友人をもっていた小田だったが、韓国を訪れてみて、「韓国人と日本の関係が、日本人とアメリカとの関係に多くの点であまりにも似ていること」を見出した。多くのアメリカ人が日本空襲について何も知らなかったように、日本側も朝鮮支配の実情を知らなかった。小田が会った韓国政府の役人は、アメリカに留学したさい、日本の若い留学生から「あなたは、どこで日本語を習ったのです」と言われ、その無邪気さに苦笑するしかなかったというエピソードを教えてくれた（七巻二〇九、二四三頁）。

だが一方で小田は、「被害」と「加害」の関係に、居心地の悪さを感じてもいた。一九六二年、小田は六年ぶりの小説『アメリカ』を書いたが、そこではさまざまなエスニック・グループの人物が描かれていたにもかかわらず、在米中国人が登場していなかった。小田によれば、アメリカで中国人留学生と知己になったのだが、その一人から戦争中に南京にいたといわれ、それまで「アメリカが加害者であり日本は被害者であるという意識にもたれかかって」いた小田はひどい複雑さを感じた。その中国人の前でも、また従来から交際のあった朝鮮人の友人の前でも、「私は彼らの攻撃をまったく正当なものと認めながら、それでいて、おれはそんな日本となんの関係もない、おれはそのときほんの子供だったのだ、と考えている」ことに気づいていた。そして、「この逃げ口上を自分で克服しないかぎり、中国人のことは決して書けないと考えた」という（七巻二六四頁）。

とりあえず小田は、訪韓のあと、「日本は非常にいいことをしてやった、という意識をもっている人たちと、片方で、反対に何でもすみませんとあやまっている人たち」の双方を批判した。小田にすれば、「朝鮮」に「日本人」が安易に謝罪することは、「平均化された日本人」が「自主性のない罪の意識」に耽っていることになりかねなかった。(76)とはいえ、彼なりに「被害」と「加害」の関係をどう考えるかは、まだ定まらなかった。

こうした模索のなか、小田は一九六四年末に沖縄に渡航した。米軍の沖縄統治の実情に衝撃をうける一方、小田は米軍将校たちとの会談から、大きな影響をうけることになった。

小田にむかって、高等弁務官のワトソン中将をはじめとした米軍人たちは、一様に共産主義の脅威と「自由」の尊さを説き、冷戦の最前線基地である沖縄を米軍が統治することはやむをえないと主張した。しかし小田は、「ワトソン氏のみならずたいていのアメリカ人に欠けているものは、たとえば『日本が共産主義化しようとしまいと、それは日本人自身の問題であって、アメリカ人にはとやかく言う権利も義務もない。』という観点だ」と考えた（八巻九八頁）。アメリカ側にとっては、日本も沖縄も抽象化された陣取りゲームのマス目にすぎず、そこに生身の「人間」が住んでいるという視点は欠落していると感じられたのである。

楽観的に「自由」や「民主主義」を説く米軍将校たちに、小田は一面では反発したが、「彼らの民主主義への信念の深さ」に感銘もうけた。小田は、「それは、ペリクレス時代のアテナイの民衆の素朴で力強い、生活に根ざした民主主義への信念と同じなのかもしれない」と考えた（八巻九九頁）。ペロポネソス戦争に敗れる以前のアテナイの人びとにとって、「民主主義」は生活の一部であり、不安も疑問もない理屈抜きの価値だった。

小田の考えでは、その時代のアテナイは、戦後の日本とは異なり、「公」の原理と「私」の生活が矛盾なく一致していた。小田は米軍将校たちの「民主主義」賞賛を聞きながら、ペリクレスが戦死者の追悼演説をしたとき、「自分たちが自由に気楽な日常生活を送りながら、スパルタ教育のスパルタを破ったこと」を説いたことを想起した。自由と民主主義の国であるアメリカが、「滅私奉公」の日本を破ったことを重ねあわせながら、揺れを知らないこの状態こそが、アメリカ民主主義の「強さ」であると小田は考えた（八巻九九頁）。

しかしそれは、「比類のない強さであるとともに大きな危険をもつ」。小田はアテナイとスパルタが戦ったペロポネソス戦争で、両大国のはざまに立たされた幾多の小国が、どちらかの軍事基地として生きのびるか、それを拒否して抹殺されるかの岐路に立たされたことを思いだした。そのうちの一つの小国が、軍事基地化を拒否して、「民主主義」を掲げるアテナイの軍勢に滅ぼされた史実に、小田は強烈な印象をうけていた。小田は沖縄の米軍人たちが、「自分の民主主義に対して一度たりとも根本的な懐疑を抱いたことがないという危険」を感じとった。[77]

そこで小田は、米軍将校たちに、「戦争中に日本人だったら、どうしたか」と問うた。「愛国心」が「民主主義」と矛盾し、自分の死に意味づけが与えられない場合に、どうするかという問いだった。このとき小田の念頭には、日本の戦死者だけでなく、「ナチズムの下のドイツの若者たち」があった（八巻四九頁）。

将校たちは当初、「幸運にもこれまでそんなジレンマにおちいったことはない」と逃げようとした。それでも返答を迫る小田に、ある将校は、「祖国のためにアメリカと戦う。それが軍国主義政権のためになろうとなんであろうと」と答えた。ある将校は「死んだほうがましだな」と答え、小田は「そのとおりだった」と感じた（八巻五〇頁）。

しかしある海兵隊将校は、「海兵隊には非合理な命令には不服従することができるという規則がある」と述べ、「たとえば、私に大統領が議会に軍隊をさし向けよというような命令を下すなら、私は大統領と戦うだろう」と答えた。小田はこの返答を聞いて、ある種の衝撃をうけた。彼を含めて、日本の「愛国心」論議には、「護られるべき祖国とは何なのか、という考察」が抜け落ちていると感じたのである（八巻五〇頁）。

この沖縄渡航で、もうひとつ小田にとってショックだったのは、特攻隊と戦った米軍将校との会話だった。その将校は、特攻機は米軍の弾幕にとらえられ、「たいていが落ちた」とあっさり述べた。小田は、特攻隊を描いた映画やドラマが、そして自分が抱いていた特攻隊のイメージが、基地を出撃する悲壮な場面で終わっており、彼らの大部分が空しく撃墜されたことを直視していなかったことに気づかされた（八巻四六、六六頁）。

この沖縄訪問の直後、一九六五年一月に小田が発表したのが、彼の代表的評論となった『「難死」の思想』だった。これは、英雄的な死として美化される「散華」と対比させて、あらゆる抽象化や意味づけを拒否する「難死」を掲げ、それを拠点に「公」と「私」の関係を論じたものだった。

この論考で小田が批判したのは、当時のナショナリズム論議だった。とくに小田が対抗意識をみせたのは、「公」の大義のために死ぬことを称える林房雄の『大東亜戦争肯定論』や、三島由紀夫の「散華」の美学だった。大江健三郎や江藤淳がそうだったように、皇国少年だった小田にとって、三島との対決はさけられないものだった。

小田によれば、三島の美学は、急進的な左翼を含む「純粋好みの青年」の心を捉えている。高度成長下の「無目的の繁栄」にいらだち、「公」と「私」の分裂にいらだつ気運が、その背景には存在する。

しかし、何らの「公」によっても意味が与えられず、ただ醜悪な死を迎えるほかなかった大阪空襲の「難死」からみれば、「散華」の美学はナンセンスであり、「傍観者の無責任なロマンティックな夢であるというほかない」。その一方、国際政治の「現実主義」を説く政治学者の高坂正堯も、保守政治家や企業人を「実務家」として賞賛する江藤淳も、政治家や企業人を理想化しているだけであり、じつは「『現実主義者』ではなくて、美と倫理にそのよりどころを求めるロマンティスト」だというのである(八巻一九、二九頁)。

小田はこの評論で、「一回きりの瞬間的な極限状況」の美である「散華」と対比して、「難死」は「短編小説的方法よりも長編小説の方法」であり、「日常的な長い時間のひろがり」のなかにあるものだと主張している(八巻三一頁)。すなわち小田の「難死」の思想は、彼の「全体小説」論の延長から現われたものであった。

そして同時期の日本文学論で、小田は戦後文学を彼なりの視点から論じた。そこで小田は、戦後文学を「転向文学」とみなす吉本隆明の位置づけを批判し、野間宏をはじめとした戦後作家たちは、世界と人間が「わからない」という崩壊感覚から文学を書き始めたと主張した(八巻一一二頁)。小田は吉本より年少だったが、兵役経験がないままロマン志向を戦後に持ちこした吉本と異なり、野間のような戦場体験者にちかい感性をもっていたのである。

じつは小田と吉本は、ともに『近代文学』の愛読者だった。吉本が『近代文学』に見出したのは、「観念と肉体の分裂」の問題であり、年長世代への不信と反抗であり、「民衆とはわたくしだ」という宣言だった。ところが小田のほうは、戦争体験から人間不信を抱いた人びとが、いかに連帯を回復しうるかという問題を、『近代文学』に見出した。小田は当時の文学論で、戦後文学が人間への不信と連帯の崩壊から出発したこと、その前提のうえで「荒正人氏がくり返して説いたような『横のつながり』にひろがって行くような個人主義の確立」が唱えられたことを述べている(八巻一三五頁)。

そうした意味では、小田は吉本より年少だったが、吉本よりも年長世代の戦後文学者たちをよく理解していた。小田は『「難死」の思想』や「文学における戦後責任」といった論考で、「全体小説は青年、青春の文学ではなくて、成熟と年齢的な狡智をその本旨とする脂ぎった中年男の文学なのだろう」などと主張し、「反逆の息子」を自称した吉本とは対照的な姿勢をみせた（八巻一一七頁）。

ところが小田によれば、世界と人間が「わからない」という崩壊感覚から出発した戦後文学も、時代とともに「左翼陣営の秩序、知識人の思考の秩序も回復」するなかで、しだいに党派的・図式的となって活力を失った。それに反発して現われたのが、「『おれはおれだ』といったような自己完結的な無意味なエゴイズム」に依拠する文学だった。しかもそうしたエゴイズムは、荒正人が唱えた「個人主義」とはおよそ異質であり、小田がみたビート族のように、「隠微で受け身で弱い、それゆえにこそエゴイズムであるところの」「地獄へさえおちないもの」だった（八巻一二三、一二二、一一五頁）。

そして小田は、こうした文学状況のなかで描かれている人間像を評して、「美か醜かどちらかがあって、美でも醜でもない、どちらもが拡散してとらえどころのないまんなかが手薄」であり、「ふつうの人間のふつうの悩みとよろこびとにみちたまんなかの世の中」が描かれていないと主張した。「美」や「醜」といった抽象的な言語表現をこえた、「拡散してとらえどころのない」「ふつうの人間」が描かれていないというのである（八巻一一八、一一九頁）。

こうして小田は、自己の戦争体験から、「一つの原理を育てていった」。それは、「あらゆる人間があらゆる瞬間に偉大でない、正しくない、誠実でない、美しくない」。しかし同時に、「どんな人間でも、あるときには、偉大であり得る、正しくあり得る、誠実であり得る、美しくあり得る」というものだった（八巻八〇頁）。

これは、「拡散してとらえどころのない」という小田の人間観を表現したものであった。と同時に、荒正人が敗戦後に『近代文学』に発表した論考「第二の青春」の末尾に記された、「陳腐にして燦然たる、凡俗に似てしかも英雄的たる、醜悪にみちしかもかぎりなく華麗な」という人間観を思わせた。(78) そしてそれは、小田が大阪空襲で体験した、「何もかも」を表現した言葉でもあったのである。

このような、あらゆる意味づけやロマンティシズムを拒む人間像を、小田は「ふつうの人間」と表現した。その「ふつう」とは、「異常」なものを排除することではなく、「拡散してとらえどころがない」「何もかも」を表現した言葉だった。それは同時に、鶴見俊輔にとっての「大衆」とも重なっていたのである。

そして一九六五年四月、鶴見からの電話を契機として、小田は一つの運動の代表役に就任した。それが「ふつうの市民」を掲げた、「ベトナムに平和を！　市民連合」だった。

不定形の運動

一九六五年二月から大規模化した米軍の北ベトナム爆撃は、日本の世論の反発を買っていた。一九六五年三月、鶴見俊輔は東京のある展覧会場で、「声なき声の会」の連絡役を務めていた高畠通敏に会った。六〇年安保闘争で発足した「声なき声の会」は、その後は活動が停滞し、会合にも一〇人以下しか集まらない状態になっていた。しかし、各地のこうした小さな会を糾合して、北爆反対のデモが企画できないかということを、鶴見と高畠は考えた。

鶴見の回想によれば、四月はじめに開かれた相談会では、「若い世代から指導者を求めようということに意見が一致した」。鶴見は六〇年安保で東京工業大学を辞職したあと、同志社大学教授となっていたが、それは安保闘争が終焉したあと、鬱病が再発して一年ほどひきこもる生活を送ってからのことだった。そうした鶴見をはじめ、「みな相当にくたびれていて、自分たちより若い人から指導されたいという希望をもっていた」という。[79]

その「若い人」として、当時三二歳の小田実の名が挙がった。当時の小田は運動に縁がなかったが、若者に人気がある行動派作家として知られていた。大阪の小田に電話をかける役は、鶴見が負うことになった。

小田はこの依頼に応じ、代表役を快諾した。小田と鶴見は、対談で一度会っただけの関係だった。しかし小田はテレビで流される北爆の光景から、大阪空襲の記憶を強く刺激されていた。小田によれば、自分がべ平連に参加したのは「同情者の視点ではない。わるく言えば、もっとエゴイスチックな、自分に密着した視点」からであり、「問題が私の胸のうちのものに突き刺さって、それによってはじめて、私は動き始め」たと述べている。[80]

小田にかぎらず、北爆のニュースは、戦争体験者の不安と怒りをかきたてていた。鶴見の回想によれば、当時は「電話をかけるとすぐそこで話がきまるほどに、米国のヴェトナム爆撃に対する反対の気運が熟していた」。あたかも

「枯葉のこぼれている原に一本のマッチをするように」、運動が発生する空気が醸成されていたのである。[81]

一方で鶴見は、小田などとは別の感情をもっていた。彼はのちに、「私を育ててくれたアメリカが、ヴェトナム戦争というとんでもないことをはじめた」というショックをうけ、「アメリカの戦争に対する怒り」が「自分の内部に燃える火」となったと述べている。[82] かつてアメリカの市民社会に感じた「民主主義の岩床」に対する「恩義」の感覚が、鶴見にとってはベトナム反戦の動機となったといえよう。

そして小田は、一九六五年四月の『世界』臨時増刊に、「いま何をなすべきか」という論考を寄稿し、東京とワシントンで統一スローガンを掲げたデモ行進を提案した。当時は国際的な共同デモといえば、メーデーや各国共産党の共同事業ぐらいであり、小田の発案は斬新なものだった。

とはいえ小田は後年、「そのことばの実行がどれだけしんどいものであったか、しんどいことを必要とすることがらであったかをそのときには十分にわきまえていなかった」と回想している。彼はいわゆる「社会運動家」ではなかったし、六〇年安保も静観していた。ベトナム戦争がそう長く続くという予測もなく、「そのうち誰か代りの人が出て来るだろうし、いざとなれば降りてしまえばよい」と考えて代表役をひきうけたのが実状だったという。[83]

鶴見の回想によると、一九六五年四月の打合せの席で「べ平連」という名称を考えついたのは、高畠だったという。一方で小田は、彼がフルネームを提案し、高畠が「略して『べ平連』だな」と述べたと回想している。[84] どちらにせよ確かなことは、当初は「ベトナムに平和を！　市民文化団体連合」という名称だったものが、のちに「文化団体」がとれて、個人参加の意味合いが強い「市民連合」に変化していったことである。

べ平連の最初のデモが行なわれたのは、一九六五年四月二四日だった。よびかけのビラには「私たちは、ふつうの市民です」「私たちが言いたいことは、ただ一つ、『ベトナムに平和を！』」と述べられていた。[85]

ここには、二つの特徴があった。その一つは、「ベトナムに平和を」という以外のスローガンが、掲げられていなかったことだった。社会主義者の立場からすれば、資本主義体制の変革というスローガンを伴わない平和運動など、ナンセンスとされかねなかった。さらに、さまざまな団体の統一行動となれば、のちにべ平連の事務局長になった吉川勇一の表現にしたがえば、「ベトナム反戦のほかに戦犯佐藤内閣糾弾を加えろとか、沖縄はこの場合絶対に落せないとか、安保を入れるとか」で議論になりがちだった。[86]

しかし吉川によれば、多くの運動の場合、それらが総花的にスローガンに加えられたあとは、「それで安心しちゃって、中身は議論にならない」のが通例だった。小田も後年には、沖縄や安保の問題に力を注ぐようになるのだが、べ平連発足時にはそれらをスローガンに加える立場をとらなかった。彼はのちにその理由を、当時の自分にとっては「安保と沖縄がそれほど強く胸に突き刺さらなかった」からだと率直に述べている。[87]

そして小田は当時を回想して、「これがなみの『左』の運動なら、そうしたこと〔沖縄や安保〕ははじめから『お題目』のようにしてとり上げていたことであったかもしれない」と述べている。べ平連のメンバーだった福富節男の表現によれば、自分の内部で問題意識が熟するまで、「私たちは急がなかった」という。[88] 鶴見俊輔がかねてから主張していたように、完全無欠にみえる「正義」を外部からとりいれる姿勢をさけたといえよう。

これも小田の回想によれば、「ベトナムの社会主義はどのような特質をもつか」といった、「そのころ何かと言えば話題になった問題点を私たちは内部でたいして議論していなかった」という。[89]「ベトナムに平和を」に加えて、「ベトナムをベトナム人の手に」というスローガンも多用されたが、これも小田が沖縄の米軍将校への批判として述べた、「日本が共産化しようとしまいと、それは日本人自身の問題であって、アメリカ人にはとやかく言う権利も義務もない」という原理を延長したものだったといえるだろう。

こうした姿勢は、絶対的な真理をさける鶴見や、現実の抽象化を嫌った小田の思想にみあったものだった。鶴見俊輔は一九六六年に、「ベトナム戦争が終ったら、それで世界がよくなるとか、社会主義になれば、それで世界がよくなるというふうに考えることはできない」と述べ、こう続けている。[90]

> ベトナムのことはベトナム人がきめたらいい。ほっておけばベトナム人が共産主義をえらぶというならば、どうしてそれをほっておかないのか。……

こういうおおまかな状況把握は、まちがっているかもしれない。……私は、戦争中から殺人をさけたいということを第一の目標としてきた。その信念の根拠を自分の中で求めてゆくと、人間には状況の最終的な計算をする能力がないのだから、他の人間を存在としてなくしてしまうだけの十分の根拠をもちえないということだ。殺人に反対するという自分の根拠は、懐疑主義の中にある。だから、私はあらゆる死刑に反対であり、スターリンによるにせよ、アメリカ政府によるにせよ、また東京裁判のような形をとるものにせよ、政治裁判による死刑執行を認めることができない。まして戦争という方式で、国家の命令でつれだされて、自分の知らない人を殺すために活動することには強く反対したい。

こうした思想は、べ平連の事務局長となった吉川勇一にも、かたちを変えて共有されていた。第7章で述べたように、吉川は一九五〇年代前半の共産党分裂期に、学生党員たちが反対派をリンチした事件に直面したことがあった。彼はこのリンチ事件にショックをうけ、絶対的な真理をふりかざす姿勢への反発と、「もうこういうことをくり返すまい」という決意をもってべ平連に参加した。のちに吉川は、「絶対に正しいなんてことはない。『絶対という言葉を使うな』というのは鶴見さんから教わったことです」と回想している。(91)

そして、このような「絶対」をさける志向を表現した言葉が、べ平連のもう一つの特徴だった「ふつうの市民」だった。六〇年安保における「市民」の賞賛があったとはいえ、「市民」はいまだ定着した言葉ではなかった。小田は、べ平連の運動が拡大した六〇年代後半の様子を、こう回想している。(92)

私がここで苦笑まじりに思い出すのは、当時、いろんな集会で、たとえば、学生運動の「セクト」の代表が、「本日ここに結集した学生、労働者、市民諸君……」というような言い方で演説をおらび上げていたことだ。たぶん「べ平連」の出現以前には、彼らの革命的語彙のなかにおしまいの「市民」という言葉はなかっただろうと私は考えるのだが、それはいかにもとってつけたようでおかしかった。……革新政党の指導者も労組の活動家も、学生たちと同じ不信の眼で「市民」を見ていた。……「市民」は、「左翼」の「革命勢力」にとって、いつだって「プチ・ブル」とか「小市民」だとかの「差別的」用語と無縁なものではなかった。しかし、それでも、彼らとともに「たたかい」に「結集」した「べ平連」の市民たちを、彼らは戸惑いながら、それまでの彼らのありきたりの「市民」概念からはみ出たものとして受けとっていたにちがいない。

小田にとっての「ふつうの市民」は、「拡散してとらえどころのない」「何もかも」の代名詞であった。そしてべ平連のデモの実情も、それにふさわしいものだった。一九六五年四月の初回デモの呼びかけ人には、小田や開高健をはじめとした「作家」「映画監督」などのほか、「玄洋社国際部長」「新日本文学会員」「主婦」などが個人名で並列していた。デモでまかれたビラでは、保守派の林健太郎や元『世界』編集長の吉野源三郎、さらには肩書きなしの人びとが個人名で発言を行なっていた[93]。

既存の政党や組織に無関係であるという点を除けば、これらの人びとに共通性は何もなかった。小田の回想によれば、「よく言えば多士済々、わるく言えば、いや、ことの実態に即して正直に言えば無秩序のゴタマゼ」であり、「初日のデモ行進にやって来てこのゴタマゼぶり、『プチブル小市民』ぶり、インチキくささぶりに呆れて帰って二度とやって来なかった人もかなりな数いた」という[94]。

この初回のデモで、小田自身は「どこの会にも属さない個人」というプラカードを掲げて歩き、通行人から「ぼくはふつうの会社員ですが」と遠慮がちに声をかけられたとき、「ぼくもふつうの作家です」と回答した。「ふつう」を「多数派」や「標準」としてではなく、「拡散してとらえどころのない」ものとして考える小田にとって、これは当然の返答だった。デモに参加した約一五〇〇人の「ふつうの主婦。ふつうの教師。ふつうの少年。ふつうの失業者」などを、小田は「『ふつうの市民』としかいいようのないしろもの」と形容した[95]。

こうした「ふつう」は、「異常」を排除するものではなかった。べ平連には、共産党を除名された元党員たちも、こだわりなく参加できた。一九六五年一二月からべ平連の事務局長となった吉川勇一も、その一人だった。吉川は一九六〇年代前半の原水爆禁止運動の分裂――それまで超党派で行なわれていた原水爆禁止運動が、中ソの核実験を認める共産党の姿勢から「原水協」と「原水禁」に分裂した――にあたって、共産党の方針に反対して党を除名されたベテラン活動家であった。当時三四歳だった吉川は、べ平連に参加した経緯をこう回想している。[96]

実は、べ平連ができたとき、参加したいと思ったけど、共産党から除名されたばかりですからね、遠慮していた。当時は共産党を除名されると、生まれたときから悪魔だったということにされてしまう。ひどい扱いでした。そんなのがべ平連にいると、せっかくできたばかりの新しい団体に迷惑がかかると思い、それで僕は創立のときのデモに行ってないし、二度目のデモでもひっそりと後ろのほうにくっついていたんだね。だから、事務局長をやれと言われたときは、ちょっと待てよ、俺でいいのかよと思い、それで小田実さん自身の意見を聴いてみようと、デモの後に初めて小田さんと喋ったんですね。私はこういう札付きの男なんで、共産党との関係がマズくなるがそれでいいのかと念を押したんですよ。そしたら、全然カマヘン、何の関係があるのよ、アンタ手伝ってくれるんやろ、いいやないか、でも金だけは払えへんでえー。俺、別に金ほしいわけじゃないよ。じゃ、いいじゃないすか。で、決まり。

驚いたねー。こんな運動ってあるんだと。おっ、やってやろうじゃないかという気になったもの。普通は、そう、そういう立場なら遠慮してもらったほうがいいね、と言うでしょ。本当に新鮮な驚きでしたね。

小田は初回のデモのあと、「ふつうの市民にできること――『公』と『私』の関係」という論考を書いた。それによれば、これまで既存党派による運動は、組織の維持と拡大のために、さまざまなスローガンを総花的に盛りこむという「目的についての幅広主義」をとっていた。それと対照的にべ平連は、「目標は〔ベトナム反戦という〕できるかぎり具体的な狭い一つのものに限定して、その目標の下に人間はできるかぎり幅広く集める」というのである。[97]

そして小田によれば、べ平連を旗揚げして「わかったことは、多くの人間が一人一人が声を出したいとねがいながら、その機会が十分にあたえられていないという単純な一事だった」。その一因は、既存の「戦前的な運動」が、「プロレタリアートの解放」といった「『公』の大義名分」を掲げ、「運動に参加した個人の『私』を強引に引きずって行った」ことだった。それにたいし、ベ平連のような「戦後的な運動」では、「まず『私』があって、それに結びついたかたちで『公』の大義名分が存在する」。そして、前者の運動は「硬直したストイシズム」や悲壮感に満ち、「少しでも失敗したときの不必要に大きな挫折感」を特徴とするが、後者はそれがないというのだった。

運動方式においても、目新しい企画が試みられた。一九六五年五月には、小田の提案どおり、当時は史上初の試みだった日米同時のベトナム反戦デモが行なわれた。一九六五年八月一五日には、赤坂プリンスホテルの国際会議場を借りきって、中曾根康弘や宮沢喜一といった自民党の代議士、社共両党の代表、元陸軍中将の佐藤賢了などを招いて徹夜討論会を開き、テレビ局に生放送させた。さらに一九六五年一一月にはアメリカの『ニューヨーク・タイムズ』に反戦意見広告を出し、一九六六年六月にはアメリカから平和活動家を招いて北海道から沖縄まで講演旅行を企画した。その年の八月には、それらのアメリカの活動家を交えて「日米市民会議」を開き、「日米安全保障条約」に対抗して「日米反戦平和市民条約」が作成されている。

メディアを利用した運動手法、有名人を招いた徹夜討論会、模擬的な「市民条約」、大組織に頼らない国際交流などは、後年には一般化し陳腐化したものの、当時としてはいずれも史上初の試みだった。こうした手法は、小田の回想によれば「平和運動の新しい流儀を示すものとして話題にもなれば、いかにも裕福な『小市民』のお遊び的平和運動の象徴として反感も買った」。しかしベ平連の参加者たちは、従来の運動になかった自由な発想と「遊び」の要素を楽しんだ。鶴見俊輔は、小田の発案である「日米反戦平和市民条約」の準備会議で、作家の小松左京にむかってこう述べたという。「君、これはSF作家に対する挑戦だね」(98)。

こうした動きの背景となっていたのは、国際化の流れと技術の進歩だった。北爆の国際放送が日本の反戦意識を高めていただけでなく、一九六四年から海外旅行が自由化され、国際電話も一般客が自動回線で利用できるようになった。一九六五年五月、小田が日米同時デモの打合せのためアメリカに電話したとき、以前なら交換手を介して長時間を要したものが、「アメリカまで電話はわずか二分でかかった」。小田は「この時間の短さ」に感銘をうけ、国家や大組織に頼らずとも、「電話一本で、世界のさまざまなところで、統一行動をすることができる――この事実に、世界の進歩派の面々はまだよく気がついていないのではないか」と考えた。(99)

運動の参加のあり方も、各メンバーに任せる方針がとられた。組織的な会員登録はなく、デモやイベントに参加できる者が、自由に随時参加した。連絡役になる事務局はあったが、ツリー状の組織や役職はつくられなかった。参加者の貢献スタイルも、デモ行進や署名活動だけでなく、選挙での投票やアメリカ商品の不買など、「個人によってすぐさま実行できる」ものを各自で行なうこととされた。(100) 後年に市民運動のなかで広まった「金ある人は金を、知恵ある人は知恵を」という言葉は、『ニューヨーク・タイムズ』に意見広告を出す募金活動のため、一九六五年八月に開高健が論考のタイトルにしたことから広まった。(101)

のちに有名となった「ベ平連の三原則」は、小田によれば以下のようなものだった。「①『何でもいいから、好きなことをやれ。』②『他人のすることにとやかく文句を言うな。』③『行動を提案するなら、必ず自分が先にやれ。』」。(102) 一九六五年八月に、新聞記者が「ベ平連に指導者はいないんですかね。記事に代表ダレソレと書くのに困るんですけど」と述べたところ、開高健は「呼びかけ人というのは何人もいるけど、指導者なんていませんよ。あくまで個人が個人的に参加してるだけなんだから、組織があるといえばあるし、ないといえばないようなもんです」と返答している。(103) 鶴見俊輔が一九五〇年代から唱えていた「あたらしい組織論」が、ここに結実した。

当時のベ平連のメンバーたちが強調していたのは、「ベ平連は『組織ではなく運動である』」ということだった。(104) 組織の活性化のために運動をするのではなく、運動をするために必要なら組織をつくる。ベ平連とは、組織に登録された人間の集団ではなく、運動を行なっているという状態であり、ある者が運動を行なっていれば、その時そこに「ベ平連のメンバー」が出現するという考え方だった。

いわばベ平連は、組織というよりは、表現の様式だった。そして運動の広がりは、この表現様式を各地の人びとが採用するという、一種のフランチャイズ方式の様相を呈した。人気者の小田が各地の講演などにとびまわった結果、最盛期の一九六九年には全国に約三八〇の「支部」ができ、鶴見の回想によれば「毎週、全国のどこかの町で新しいベ平連ができる」という状況が出現した。[105] しかしそれも、各地の有志が勝手に「××ベ平連」を名乗り、ニューズレターの発行やデモなどを行なっているもので、年に一回ほどの合同会合を除いては活動も自由だった。

「支部」のありさまも、「拡散してとらえどころのない」ものだった。地名や学校名を冠した「長野ベ平連」や「龍谷大学ベ平連」などのほか、若者による「ヤングベ平連」、在日外国人による「外人ベ平連」、はては一人でデモ行進しながら「ひとりベ平連」を名乗る者も現われた。事務局長だった吉川勇一さえ全貌は把握しておらず、「グループが誕生しても、登録とか認可とかはまったく必要なかったから、正確な数ははっきりしない。また、『……ベ平連』と名乗っていなくても、自分たちをベ平連グループだと思っているグループもあり、また、意識的にベ平連とは違う、としているグループもあって、その境界もはっきりしない」状態だったという。[106]

事務局にあたる東京のベ平連は、一九六九年八月から神楽坂に事務所を置いたが、それも「本部」ではなく「神楽坂ベ平連」とよばれた。吉川はこう述べている。[107]

この「神楽坂ベ平連」は、毎週、火曜日の夜、世話人会とでもいうんでしょうか、話し合いを開いてました。これは誰が来てもいい、メンバーの資格はなし。始まるのが当初は六時でしたが、だんだん遅くなり、夜十時頃開始となり、終わるのが朝方の二時、三時まで。議題もいろいろ。あるときは宇宙論になり、哲学になり、農業の現状になり、数学の無限の定義とはになり、数学者がいたり、哲学者がいたり、話はとめどなく拡がって、ある種の知的サロンでもありました。しょっちゅうデモをどうするなんて話ばかりしていてもツマラナイですからね。

これも吉川の回想によると、こうしたベ平連のあり方は、「新左翼党派などからは『労働者の階級意識を眠らせてプチブル市民運動の中に解消させる反動的組織』とか『文化人のベトナム遊び』とか『大衆の良心に安い金で免罪符を売っている組織』とか、悪口をさんざんいわれ」た。しかしベ平連側は、新左翼を否定しなかった。吉川は一九六七年一一月に、べ平連の方法は「意思を表示するための〝一つの手段〟」にすぎず、「この方法を労働者、学生、あらゆる人びとがとるべき最善の方法として提示したのではもちろんない」のであって、「労働者はその組織力をもって抗議のゼネストを、学生はその機動力をもって激しいデモを」やればよいと述べている。[108]

一九六〇年代末には、全共闘運動の台頭とともに、べ平連にも急進的な学生が参加するケースが増えた。しかし吉川の回想によれば、内ゲバをやめさせる仲裁はしたものの、基本的には当人の判断と責任にまかせ、「行動を制限することは一切しませんでした。それはその人の自由」という方針をとった。小田実も、学生たちが『べ平連』と白ぬきにした黒いヘルメット」をかぶりだしたとき、アメリカのビート族に感じたのと同様に、「なんで流行を追うのか。色を一色に統一してしまうのか」と「ウンザリ」はしたが、彼らを排除はしなかった。[109]

新たに加入した急進的な学生たちは、しばしばべ平連の路線にあきたらず、小田や吉川、鶴見などを「オールド・べ平連」などと批判することもあった。新左翼や共産党の活動家が各地のべ平連に入りこんで、自分たちの党勢拡大に利用しているという噂も流れていた。しかし一九六八年八月、松田道雄が「これじゃあ、べ平連も完全に占拠されますよ」と鶴見俊輔に忠告したとき、鶴見は「絶対に占拠されませんよ」と微笑したという。[110] 本部も役職もない運動を「占拠」するのは不可能なはずだという、弱さに徹した自信がそこにはあった。

そのため当時のべ平連のデモは、ヘルメットをかぶった学生、小田をはじめとした作家や知識人、そして主婦や会社員などが、連れだって行進しているものとなった。鶴見俊輔は一九六八年に、「党派性というのはある意味で人間の弱さにつけこむもの」であり、「それと闘うことが出来るかどうか」が課題だと述べていた。[111] 敗戦後の運動が党派争いで崩壊したことを経験した鶴見が、「不定形の思想」を育んでいたことが実践に役だったのである。

結果として、べ平連にあきたらず「卒業」してゆく者は多かったが、除名や分裂はおこらなかった。「ひとりべ平連」が容認されている状態では、「分裂」などおきようもなかった。吉川は当時を回想して、「私を含めてみんなクセのある人間のあつまりで、そりゃ、いろいろコマッタなと思うこともあれば愚痴も言い合いました」が、「除名などということはなく、裏切り者だ、出ていけというのもなかった」と述べている。[112]

そこでは、既存の運動への不信が、自前の運動の論理をつくることにつながっていた。べ平連旗揚げのあと、六年ぶりにアメリカを再訪した小田は、友人だったゲイの前衛音楽家と再会した。その時の会話を、小田はこう書いている[113]。「Tはあいかわらずの政治ぎらいだった。政治的なもの一切を嘲笑する。私がベトナム反戦運動をしているのを知ると、いつにない真面目な表情で言った。『きみはいい、きみはまだ政治を信じることができる。』私は答えた。『信じることができないから、自分で運動をすることにしたんだ。』」。

もちろんべ平連も、順調に拡大ばかりしていたのではなかった。一九六九年六月一五日（樺美智子が死んだ記念日）の集会とデモには五万人が集まったが、ベトナム戦争への関心が一時下火になった一九六六年には、定例デモの参加者も五〇人を割っていた。

しかし、悲観した吉川が「先日のデモはとうとう四十数人しか来なかったのですが……」と鶴見俊輔にこぼしたところ、鶴見は「驚いたなあ、四十なん人も来たのですか？　凄いですねえ」と言い、「小さいことはいいことだ」と述べた。「大衆」とは量的な多数派のことではないという鶴見の思想が、ここに活かされていた。吉川はこの言葉を聞いて、「もう一度デモというものを考え直し」、「小さなデモをしている私たちが大きくなってゆくような気」がしたという[114]。

同様の観点は、小田実も共有していた。一九六八年一月、米軍空母エンタープライズが佐世保に寄港したさい、小田は三トンの木造船に乗って七万五〇〇〇トンの空母に対峙した。小田はその対比に絶望感を抱いたが、この空母も五二五〇人の乗組員の集合体であり、その一人ひとりは「個人としての『人間』」だと思い至った。そのとき、「七万五〇〇〇トン」と「三トン」という抽象化された数字は意味を失い、小田は空母の甲板上に見える個々の「人間」に呼びかけを行なった[115]。

もちろん小田も鶴見も、「あらゆる人間があらゆる瞬間に偉大でない、正しくない、誠実でない、美しくない」という小田の言葉のとおり、一貫して理想的な「英雄」だったわけではない。小田の回想によれば、彼は運動のなかでも女性関係の噂が絶えず、運動のスターとして「いい気になっていた」こともあって、「オダ天皇」などと呼称されていた。一九六九年の集会では、鶴見が「小田のゆくところベ平連ができるが、こういうベ平連は中村錦之助ファンの組織みたいで力が弱い」と批判したこともあった[116]。彼らやベ平連メンバーのその後の活動や言動に、ベ平連の思想を完全に活かしているとはいいがたい側面が存在したことも事実である。

しかし同時に彼らは、これまた小田が述べたように、「どんな人間でも、あるときには、偉大であり得る、正しくあり得る、誠実であり得る、美しくあり得る」という存在でもあった。いわば彼らもまた、「拡散してとらえどころのない」「ふつうの人間」であり、「ふつうの市民」だったといえる。

そしてこうした運動が、国家とどのような関係に立つかは、従来からナショナリズムの問題を考えてきた鶴見や小田にとって、重大な問題だった。それが具体的な運動となって現われたのが、脱走兵救援活動だった。

「国家」と「脱走」

「あなた方は今、四人の脱走兵を目の前にしている。米国軍隊を離れた四人の愛国的脱走兵である。歴史を通じて、脱走兵という名称は、卑怯者、裏切者、余計者などに冠せられてきた。だがわれわれは、カテゴリーや呼称には関心がない。われわれは、自分たちが正しいと信じることのために起ち上がらなければならない時点に達した」。

一九六七年一一月一三日、小田・鶴見・吉川の三人は記者会見を行ない、横須賀に寄港中の米軍空母イントレピッドから脱走した四人の水兵が、ベ平連の援助で脱出に成功したことを公表し、四人が声明を読みあげる記録映画を発表した。上記の引用は、その「愛国的脱走兵」たちによる合同声明だった[117]。

日本にやってきた米軍兵士によびかけを行なうべきだという示唆は、一九六六年六月に来日したアメリカの平和運動家であるハワード・ジンやラルフ・フェザーストーンが、唱えていたものだった。第13章で述べたように、この来日でジンの側は日本側の歴史意識に感銘をうけたが、ベ平連側は二人の自由で陽気なスタイルや、非暴力直接行動という運動方法に触発され、アメリカ大使館前での坐り込みなどがその後に行なわれた。そしてベ平連はジンらの提言をうけて、一九六七年夏から横須賀の飲食街で、脱走を奨励するチラシを米兵にまいた。

すでにヨーロッパではベトナム行きを拒否して脱走する米兵が現われており、日本でも一九六五年八月には、ベトナム行きを命じられた韓国陸軍兵士である金東希が日本に亡命を希望し、日本政府によって密航者として逮捕されるという事件がおきていた。べ平連はこの事件を契機に、日本政府が外国人を留置していた九州の大村収容所の存在や、日本における在日韓国・朝鮮人の問題などに注目してゆくことになる。

とはいえ吉川の回想によれば、脱走事件をニュースの上では知っていても、実物の脱走兵に接触したことのなかった彼らは、「本当に出てきたらどうするかなんて、現実にはわかっていな」かったという。[118] しかも四人の脱走兵は、べ平連のチラシを読んでやってきたのではなく、自分たちの意志で脱走したあと行き場を失って、人づてにべ平連の保護をもとめて転がりこんできたのだった。

脱走兵たちに対面したべ平連のメンバーたちは、まずとまどった。彼らは「どんなことがあっても船には戻らない。あんな仕事は人間のやることじゃない」と語ったが、四人とも大学に行っていない一九歳から二〇歳の青年だった。彼らはべ平連はもちろん、日米安保条約についてさえ何も知らず、いつも「冗談をとばして笑いあって」いた。[119] 小田は彼らを評して、「日本の小説家の頭のなかに幻想として宿る純白の雪を背景にした二・二六事件の行動家のイメージとは、おそらく、もっともかけ離れた」「酒と女の好きな若者」だったと述べている。[120]

ところが、小田たちを驚かせたのは、四人が書いた声明文だった。小田は当初、彼らと英語で会話してその無教養ぶりにあきれ、「内心バカにしてて、おれのほうが英語で書いたらうまいじゃないかぐらいに思っていた」。[121] しかし声明文のでき映えは、その予想を完全に裏切った。彼らのうち一九歳の脱走兵は、こう声明文に書いた。[122]

私、マイケル・アントニイ・リンドナーは、普通の中流家庭に生れた普通のアメリカの若者である。……私が信じそのためにこそ起ち上がったところは、米国憲法の権利章典によって保障されているにもかかわらず、軍隊によって否定されているものである……。

ベトナム戦争を支持する側に私が身をおいたことは、道徳に反しまったく非人間的だったと思う。……私が「アメリカのためにベトナムで戦う」という代りに「ベトナム戦争を支持する」という表現を用いるのは、私があの地でやっていたことは、祖国やアメリカの同胞のために役立っていないと感じているからである。……

このことによって、私自身が何らかの「――主義者」という代名詞で呼ばれ、私の信念が「――主義」と分類されるだろうことは残念である。私はいかなる政治的つながりをも持たないし、軍事的大虐殺の支持を拒否する一アメリカ人という以外の仕方で分類されたくない。

さらに、もう一人の一九歳の脱走兵だったリチャード・ベイリーはこう書いた。(123)

私は自分自身についてはとくにそうだが誰をしも分類するのは嫌いだ。……だが、何人も何事も出来合いのラベルをはられているので、あの見事な心理過程にとらわれてしまっている人びとにとっては……思想と思想の間に、人間と人間の間に、カテゴリーとカテゴリーの間に戦いはつづくのである。……

私はアメリカ人である。二度とそこにもどれないだろうと思えば、アメリカにおける未来や友人や家族を離れることは心痛むことである。だがもし、この戦争を終らせ、アメリカに良識をとりもどすためにそれしか方法がないというのなら、私はみずから進んで共産主義者のラベルをはられようと思う。わが憲法の精神に勝利あれ。

平凡で無教養な「酒と女の好きな若者」が、こうした文章を書いたことは、小田の持論である「どんな人間でも、あるときには、偉大であり得る、正しくあり得る、誠実であり得る、美しくあり得る」ことを地でいったようなものだった。そして、「わが憲法の精神に勝利あれ」と述べながら「愛国的脱走兵」を自称する彼らの声明を読んで、小田は「私が日本語でこれを書けるだろうか」と自問し、「書けないという結論に達した」という。(124)

のちの一九七三年に、小田は本多勝一との対談で、「私が文学という仕事について本当に考えようと思ったのは、やはりベトナム戦争のおかげだと思う」と述べている。小田によれば、現代の日本語では、情緒的な主題を「個人的に一対一で語りかける」という文体は発達しているが、公的な問題を「凛とした姿勢で人々に客観的に訴えかける文体」が「成立していないという気がした」というのである。[125]

小田がベトナム反戦のデモや集会で痛感していたのは、人びとに対等の立場から問題を訴えるために、どのような文体をとったらよいかということだった。自民党も共産党も、それを批判して出現した新左翼も、「上から下へことを押しつけるたぐいの演説の言語」か、「へんにへり下っていながら同時に妙に押しつけがましくなる」ような言葉づかいに終わりがちだった。そして小田によれば、「三島由紀夫が死ぬ前に書いた檄文は大変まずい文章ですが、彼は精いっぱい書いたと思うんですよ。精いっぱい書いたのに、あんなにまずいのができあがったのは、三島個人の才能を超えて、日本語においてそういう文体が確立していないからではないか」というのである。[126]

そもそも日本語には、対等の立場で連帯する人びとの集団を表現する言葉も、存在していなかった。小田は当初から「市民」という言葉に固執していたわけではなく、アメリカの活動家たちを招いて一九六六年八月に結ばれた「日米反戦平和市民条約」は、小田の原案では「人民条約」とされていた。会場で「人民」と「市民」のどちらを採用するかが議論されたとき、明らかになったのは、「日本には『ピープル』にずばり相当する適当な訳語がなく、『市民』『人民』『大衆』『民衆』『庶民』と、それぞれニュアンスの微妙にちがう言葉がやたらにある」ことだった。会議に出席した小松左京によると、「アメリカ側は、この議論の意味がわからず、ポカンとしていた」という。[127]

そして脱走兵たちの出現は、ナショナリズムについて再考を迫るものでもあった。前述のように、もともと小田は敗戦で崩壊した「公」について悩み、沖縄では「私は大統領と戦うだろう」という米軍将校の発言を聞いて、「護られるべき祖国とは何なのか」について考えていた。そして脱走兵たちと出会ったあと、小田は彼らのアイデンティティの特徴を、地縁・血縁的な「祖国」とは別に、原理的な「祖国」が存在していることに求めた。

小田が一九六八年二月に公表した「人間・ある個人的考察」によれば、脱走兵たちは、「『アメリカの原理』が現在のアメリカにないなら、自分個人の原理と現在の『祖国』の原理があいいれないのなら、いさぎよく『祖国』アメリカを立ち去る」という行動をとった。[128] しかし同時に、彼らのなかでは、「自分たちの原理が彼らの考える『アメリカの原理』である以上、自分たちはどこへ行こうとアメリカ人なのだ」とされているというのだった。

そうである以上、「自分の原理と同一の原理をもつ、すくなくとも、同一視できるべつの社会、国家があるなら、その一員になってもよい、それを新しい自分の『祖国』にしてもよい」。だが日本の場合、「ごく少数の例外を除いて、人々が自分と祖国との『同一性』の根拠として話すのは、血縁、地縁であり、たとえ『大和魂』や『日本精神』のような定義しがたいものであれ、原理的な根拠ではなかった」というのである。

そして小田の印象に残ったことは、脱走兵たちが、日本の平和憲法を掲げていたことだった。前述した韓国人脱走兵の金東希は、憲法第九条を読んで日本への亡命を希望し、日本政府に逮捕されていた。アメリカの脱走兵たちも、日本国憲法の精神に共感を示し、それを世界に広めよというメッセージを書いていた。

小田はこれを評して、「そのとき、日本は、彼らにとって『祖国』ではなかったのか」と述べた。そして彼は、「それはおそらく『インターナショナル』というような呼称で呼ばれるべきものではないのだろう。『ナショナル』とか『インターナショナル』とか、そういったものをこえて、より本源的に人間に内在するものとして、私はその原理を受けとろうと思う」と主張したのである。

こうして小田が従来から抱えてきた「護られるべき祖国とは何か」という問いに、一つの回答が与えられた。「祖国」とは自分が信ずる原理であり、地縁や血縁と一致する必要はない。ましてや、政府の命令と一致する必要もない。時には政府の命令に反逆し、その政府の管轄する土地から亡命することが、自分が信じる「祖国」への「愛国」となる。それは、「ナショナル」でも「インターナショナル」でもない「人間」の原理だというのである。

だがこうした原理は、小田が以前から体得していたものでもあった。小田や鶴見にとって、戦死者は「はだかの人間」の象徴であり、その地点からみれば「ナショナル」も「インターナショナル」も表面的な区分にすぎないものだった。そして小田は、パリの凱旋門の前で、国家による意味づけをもたないドイツやフランスの死者たちを、一種の「同胞」と感じていたのである。

こうした感覚は、戦争体験によって、多くの人びとが体得していたものでもあるはずだった。第1章で述べたように、戦争への反対こそが「真の愛国」であるという主張は、戦争の後期には広範に存在していた。第3章でみたように、「降伏を命じて外国の軍隊の進駐を許すような天皇はもはやわれわれの天皇ではない」と憤激した青年将校も少なくなかった。小田や鶴見も、戦死者を哀悼する「ナショナリズム」から出発して、「ナショナル」や「インターナショナル」という区分をこえた地点に到達したのである。

一九六七年一一月、脱走兵を援護するため、ベ平連有志によって「イントレピッド四人の会」が結成され、やがて脱走兵救援組織ジャテック（JATEC）に発展した。陸続きで外国と接しているヨーロッパと異なり、日本から政府の目を逃れて脱走兵たちを出国させることは困難をきわめたが、最初の四人はソ連船を経由してスウェーデンに送りだされ、その後もさまざまな手法が用いられた。

この活動を開始したあと、ベ平連は日本の警察に急速にマークされるようになった。しかし活動の過程で、米兵とその家族は日米安保条約にもとづく地位協定によって一種の治外法権状態にあるため、彼らの出入国には日本国の旅券および査証に関する法令が適用されず、したがって米兵の出国を援助しても日本の法令に抵触しないことが判明した。[129] アメリカにたいする日本国家の従属状態が、思わぬ法の抜穴をつくりだしていたのである。

一方で米軍は、脱走兵救援活動に動揺した。日本に寄港する米兵には「BEHEIREN と接触するな」という通達が行なわれ、ベ平連の名は米軍内で一気に知れわたった。日本政府も米軍の要請に協力する姿勢を示し、一九六八年一一月には脱走兵を装ったジョンソンと名乗るスパイが送りこまれ、脱走米兵とジャテックのメンバーが逮捕されるという事件も発生した。

このスパイ事件でジャテックは一時的に崩壊し、誰でも自由に加入できるというべ平連とジャテックの原則に疑問もでた。しかしジャテックの責任者だった栗原幸夫は、このスパイ事件について一九九七年にこう述べている。[130]

……私は彼がスパイだろうとほとんど確信していました。そのことを鶴見俊輔さんに言ったとき、彼はじつにイヤーな顔をして、仲間のなかでそういう疑心暗鬼がおこるのは、運動がつぶれるときだと言いました。……

最近、私はどうやらひとつの結論に達したような気がします。鶴見さんは正しかったという結論です。たしかに第一次ジャテックは、スパイ・ジョンソンによって破壊されました。しかしもしわれわれが、スパイの侵入にたいして身構え、すべての脱走兵や協力者にたいして疑惑の目を向けるようなことになったら、べ平連の脱走兵援助の運動は崩壊しただろうと思いますし、いま、こうやって当時の運動参加者がフランクに思い出を語るなどという状態はありえなかったと思います。

破壊されることをおそれる必要はない、それよりも秘密のない、オープンな運動を大切にしたいというのがいまの私の考えです。なにがなんでも組織を守ろうというのは、自分たちをかけがえのない特別な存在だと思うからです。……そうではなく、だれでもが交替できる運動こそが必要なのです。

もともと鶴見の戦後の哲学は、人間不信と恐怖を克服する「同情」を基礎づけるために出発していた。硬直した「自己」を脱するという思想によって、この運動は「自己」を保つことができたのである。

さらに脱走兵の出現は、ナショナリズムの再考をもたらしただけでなく、「脱走」や「亡命」のイメージを大きく変化させた。一九五〇年代までは、戦争を体験した知識人たちは、「同胞」の苦闘をよそに「脱走」することはできなかったということを異口同音に述べていた。日本が貧しかった時代には、「亡命」や「世界市民」とは、暗く貧しい「同胞」の現状を見捨てて、豊かな国に逃亡するエゴイズムの代名詞であった。

しかし四人の脱走兵たちを支持した一九六七年一一月のべ平連の声明は、彼らを「勇気ある兵士たち」と称えた。鶴見俊輔もまた、一九六九年の「脱走兵の肖像」で、自分が日本軍から脱走できなかったのは「勇気の不足からだった」と述べた。[131] 久野収も一九九八年に、「日本人として、自分たちが戦争の中でやりたくてもやれなかったことを、後悔していた。……それをアメリカの脱走兵たちがやっているという事実に大変な感動と共感があって、〔支持を〕たいへん熱心にやった」と述べている。[132] もともと戦争体験のある知識人たちも、一方では「脱走」を批判していながら、一方ではかつて自分がそれを実行できなかったことを悔いていたのだった。

脱走兵の出現は、「脱走」や「亡命」のイメージを、「卑怯者」から「勇者」に変えた。それは海外渡航が自由化され、国際移動が日本でも特権的な行為ではなくなっていた流れとも合致していた。四人の脱走を公表した反響は大きく、記者会見から一週間のあいだに、べ平連に寄せられた激励の手紙とカンパは約二千通に及んだ。[133]

脱走兵の存在は、小田などが従来から考えてきた、「加害」と「被害」の関係をも再考させた。小田は一九六九年に脱走兵を論じたさい、太平洋戦争で召集に応じた知識人が、「みんながたたかっているとき、ひとりだけ逃げるというような行為を自分に許せなかった」と述べたことを批判した。小田によれば、そうした主張には、「自分の手によって殺されたかも知れない『敵』が視野に入っていないというのである。[134]

もちろん第13章でも述べたように、小田は「加害」と「被害」を二項対立的に論じることをさけていた。小田は一九六六年八月の日米市民会議での講演で、大阪空襲での「被害」体験を語りながら、「自分の個人の原理を確立しない限りは、国家の命令によって自分は弾を打たなければならない。……自分はその場合、加害者の立場に立つ。しかし同時に、国家からみれば、国家に対しては自分自身は被害者である」と述べている。[135]小松左京はそれを受けて、「国家という、奇妙で抽象的な組織は、彼らを勇者、英雄、破壊者、殺人者にしたてあげる。——同時に破壊と殺りくの被害者の立場にもおとしこむ」と主張した。[136]

こうした表現で小田が批判したのは、国家という「抽象的な組織」が、一人ひとりの人間を抽象化し、「英雄」や「加害者」や「被害者」に仕立てあげてしまうメカニズムにほかならなかった。人間は、国家から戦争の意味を与えられないかぎり容易に殺人など犯せないはずであり、そうである以上、意味づけをはぎとった「ふつうの人間」は国家に抗する存在になるはずだった。

小田は一九七三年には、こう述べている。[137]「なぜわが子に頬ずりしている平凡な男が、中国で若い女性をやっつけることができたのか。それは日本の侵略軍の一員であったからできたんですね。そういう立場の論理をうちこわすものとしてでてきたふつうの人間が、タダの人だと私は考えたんですよ」。ここには、「日本人」は「加害者」で「中国人」は「被害者」であるといった、国家による区分を前提とした論じ方とは、異なる思考があった。

そして小田によれば、靖国神社は「たんなる『難死』から兵士としての英雄的な死――『散華』を区別する」ための機関であった。小田にとっては、大阪空襲の死者も、ベトナムの北爆の死者も、さらには「権力者たちの手によってそこ〔ベトナム〕まで駆り出されて死んだ合州国や韓国の兵士たちの死」も、すべてが「難死」だった。もちろんそれは、「アメリカ人」は「加害者」で「ベトナム人」は「被害者」であるといった分類ではなかった。彼が望んだのは、「そうした区別を根本のところで排除する」ことだったのである。[138]

こうした姿勢のために、ベ平連の活動では、一九五〇年代にあったような反米主義は消えた。かつての「アメ公帰れ」「ヤンキー・ゴーホーム」といったスローガンに代わって、横須賀基地前での米兵へのビラまきでは、以下のような発言がみられた。[139]「ビラ播きが終われば、遊びに行くことだってできる。しかし彼ら（アメリカ兵）たちはそうはいかない。死ぬのは彼らなんだ。だから彼らにビラを手渡すという行動は、真面目な気持でやろう」。

そして小田は一九六九年には、「この国家に充満した世界のなかで、できるかぎり国家の規定するもろもろから独立して、それにまっこうから反逆して生きようとする一つのきわめて小さいが確実な環をつくり出す」ことを論じた。[140]それは、思想的には国境をこえた「難死」の共同体であり、具体的には脱走兵支援から生まれる人間の連携だった。

実際に脱走兵救援活動は、彼らを援護した日本国内のさまざまな人びとや、脱走兵の出身地であるアメリカ、そして出国先となったソ連やスウェーデンなどに、人の輪を広げていった。鶴見俊輔は一九七四年に、「脱走兵一人ひとりの安否を気づかって、ひとつの心臓の鼓動に結ばれたたくさんの人たちがいる」「ひとつの心臓の鼓動に結ばれた集団というのは、たしかに、この日本に、いや今は世界に散らばっています」と述べている。[141]

そしてそれは、現存する国家とは必ずしも重ならない、彼らの「祖国」でもあった。小田は一九六六年一〇月の「平和の論理と倫理」では、「私の理想とするナショナリズムでは、個人は国家原理と対立する個人原理の上に確固として立つ」と主張している。[142]ここで小田は、個々の人間がもつ「個人原理」を掲げて、人間を抽象化し分断する「国家原理」に対抗している。しかしそれは、必ずしも「ナショナリズム」の否定ではなく、自分の「個人原理」と一致する「ナショナリズム」をつくることでもあったのである。

そしてべ平連が、こうした「祖国」の原理として再発見したのが、日本国憲法だった。「イントレピッド四人の会」が結成に当たって発した「よびかけ」は、脱走兵についてこう主張した。「私たちは、国家権力の不当な使用に身をもって抵抗したこれらの人びとの行為に学び、日本国憲法の精神に従い、彼らへの支持と連帯をさまざまな形で表明することによって、ベトナム侵略を続けるアメリカ政府とその共犯者日本政府を告発する」[143]。

一九六七年一〇月には、べ平連に参加していた鶴見良行が「日本国民としての断念」という論考を書き、「『国家』の克服」と「国民であることの断念」を説いた[144]。しかし、「それはかならずしも、コスモポリタン的心情から発して日本国民がいやだというのではない」。「たしかに民族は矜持をもつべきだろう。だがその矜持が、大国との権力関係の中でみずから屈従へと堕してしまわないためには、まったく新しい視点からのナショナリズムの構成が必要である」。そのために、彼は以下のように提言している。

> 現状がすでに国民であることを克服するような立場を要請しているとしても……個人の感慨に終わらせることなく、平和運動にまで結集させてゆくことが可能なのか。それはとくにこの日本で、どのようにして成立するのか。結論から先にいえば、日本国憲法前文ならびに第九条に固執することによってである。……
> ……国が自衛の手段としての武力をも放棄するということは、いってみれば国家としての破産宣言なのであって、厳密にいえば、日本はあの日以来、国家ではなく、世界でもその呼称が定まっていないようなまったく新しい組織集団であったはずなのである。……「日本国憲法」として知られるあの一連の文章は、「国家の基本法」としての古典的な憲法の性格規定一般に別れを告げるものであると同時に、この新集団の誕生を世界に宣言するという性質をもっていた。

もちろんこれは、六〇年安保における鶴見俊輔の主張を延長したものでもあった。こうして鶴見良行は、「『ナショナリズムを通じてインターナショナリズムへ』という定式」の実現を説いたのである。

こうした主張は、単純に「国家」を「私」と無縁な存在とみなす、「コスモポリタン的な心情」とは異質であった。当時すでに共産党を除名されていた中野重治は、一九六六年八月にべ平連主催の日米市民会議に参加して、こう述べている。かつて『近代文学』を批判した自分は、「個人が組織をこえ、個人が国家権力をこえてあること、あるべきこと、それだからその組織が生活力をもち、その国家権力が絶えず新鮮に発展することができるという関係の方に私の眼は十分に行っていなかった」。そして、「『べ平連』の提出した個人の問題は……明治のある時期に提出されて崩れたままになり、第二次大戦でほとんど踏みにじりつくされ、戦後復活したものの変質させられて流されてきたこの問題をはじめて正当に提起したものということになるのかとも思う。この個人は、センチメンタルな個人主義、利己主義的なセンチメンタリズムとは根本で異質なものに見える」というのだった。[145]

もっともこうしたべ平連周辺の主張は、必ずしも広範に理解されたわけではなかった。吉本隆明は一九七二年の講演で、「公」にたいする「私生活」の優先が「戦後思想」の根本だったと唱えながら、「小田（実）さんとか、そういう人たち」の主張は自分と同じで、ただ自分より表現が拙劣なだけだと述べた。[146]

戦後生まれの若者のなかには、小田などが唱えた「加害」の自覚を、たんに「日本人」の加害性や「朝鮮人」の被害性を強調すればよいとうけとった者もいた。吉川勇一が、こうした若者たちを評して、「『自分も自己批判した上で』と一言をいっただけで、あたかも自分が在日朝鮮人の立場や被差別部落民の立場に立ちえたかのように、他の人々への告発や糾弾を開始する」と述べていたことは、第13章でみたとおりである。

運動の後期には、急進的な学生による小田や鶴見への批判が台頭し、小田は各地でのデモと講演の疲労が重なって、一時は入院を余儀なくされた。鶴見も各地の講演で「正義の権化」の役を演じるのが嫌になる一方、勤務先の同志社大学の全共闘運動にもまきこまれ、さらに年収の半分以上をべ平連の活動に注ぎこむなど、一九七〇年前後には「肉体的にも財政的にも破産」にちかい状態にあったという。[147]

べ平連の運動手法が表面的に模倣されつつあったことも、彼らの疲労を深めていた。一九六八年一月に原子力空母エンタープライズが佐世保に寄港したさい、現地に行った小田は、「原潜寄港反対佐世保市民会議」という「民社党と社会党の組織が中心になってかたちづくられた市民運動」を発見した。それは、共産党員や急進的学生を排除した労組や婦人会の集合体で、「市民個人が自由に入って行けない」ものだった。また警察は、「一般市民」という言葉をつくり、「べ平連がデモ行進しております。一般市民の方はこちらに来て下さい」などと規制するようになった。[148]

こうした状況に嫌気がさした小田は、一九七三年には「このごろは、市民運動という呼び方なんかやめちゃって、人びとの運動とよんでいる」と洩らしていた。[149] 鶴見俊輔も一九七〇年には、「一度ジャーナリズムのエスカレーターにのって屋上までのぼりつめた言葉は、あっというまに下降しはじめ、いやな意味をつめこまれて下水道にたたきこまれる」と評し、べ平連の運動そのものも「相当に定型化してきた」と述べている。[150]

しかし、そうした彼らを支えていたのは、戦争体験の記憶だった。小田は一九九〇年に、べ平連時代を回想して、こう述べている。[151]「くたびれたり、いや気がさしたり、方向に踏み迷ったり、いっときのはなやかな成功に心がおごりたかぶったりしたとき、私はよく『難死』の姿を思い浮かべた。いや、それは自然に私の眼に浮かんで来た。それは私を励まし、力づけるとともに叱りつけた。ときには、はなやかなばかりの方向に調子よく逸脱しようとする私を引き戻した。何をしようとしているのか、あんたは――とそれは言った」。

ベトナム反戦運動はべ平連だけが担ったわけではなかったが、べ平連が世論の注目を喚起した効果と、脱走兵援護で米軍に与えた動揺は少なくなかった。べ平連は一九六〇年代末からは、安保や沖縄、公害問題、軍事関連企業への抗議などにも活動の幅を広げたが、ベトナムで和平が達成されれば解散すると宣言していた。吉川勇一は一九七二年一二月に、こう述べている。「目的があって、それに見合う運動や組織がつくられるので、逆ではないことは、だれしも認めるのだが、実際は往々逆転している。『この組織を維持・発展させるためには、ベトナム問題をどうとりあげたらよいか』などという発想をする組織人があまりに多すぎ、それが運動を腐敗させてきたのである」。[152]

そして一九七三年一月にベトナム和平協定が成立し、米軍の撤退が完了したあと、中心となってきた東京べ平連は一九七四年一月に解散した。各地のグループの対応はそれぞれにまかされ、その後も「べ平連」として活動を続けたケースもあった。吉川勇一は解散式で、べ平連が大切にしてきたのは「自分の判断を他人に委ねないということ」だったのであり、それゆえ「べ平連をやって来た人びとで、べ平連がなくなったら私はどうしたらいいんですか、というようなことを聞く人はいない筈です」と述べている。[153]

鶴見俊輔は解散後、「自分たちがこの運動の計画と方法と組織をつくってすすめている指導者だ、という印象をあたえていることについて、いごこちのわるさを感じていた。自分の知らないところまでひろがってゆく協力者、身近にいる一九歳、二〇歳のむくいなくはたらく人びとへの感謝。それをおくればせながら今ここにあきらかにしたい」と記した。そして解散式では、なかば定型化したべ平連の手法が将来の世代によってのりこえられ、「他日、べ平連がべ平連としてではなく、姿を現すようでありたい、と私は思います」と述べた。[154]

小田は解散後、「九年間の『べ平連』の運動のなかで私が考えつづけて来たことはひとつあって、それは人間の死だった」と述べる文章を書いた。そこで彼は、高度成長と大衆ナショナリズムのなかで自閉してゆく「会社国日本」のありようを批判し、「私をたえがたくさせるのは、そこにひそむどうしようもない子供っぽさ、甘え、そして、傲慢なのだ。死者という他者の眼は、そんなふうな傲慢の存在を許さないだろう。そうしたものとして、まさに、死者の眼はある」と主張した。[155]

べ平連は、その表面的な「無理論」ぶりとは裏腹に、プラグマティストの哲学者と、古代ギリシアを学んだ作家が旗揚げ役を担ったという、哲学的要素の濃い運動であった。そこで行なわれたのは、「個人」がいかに他者への信頼を回復しうるか、そして「国家」とは何かという、広い意味での「自己」を問うことだった。

小田実は一九九二年に出版された『「べ平連」・回顧録でない回顧』で、「問題は自分自身のことだった」と述べている。[156]その問題とは、「私」がいかにして「私たち」になりうるか、その「私たち」がどこまでの範囲のものであり、どのような性格のものでありうるかだった。そして彼らは、それを問いなおす過程で、戦後日本の「ナショナリズム」と「公」のあり方を模索する、一つの軌跡を残していたのである。

結論

本論の検証によって、戦後におけるナショナリズムと「公《おおやけ》」をめぐる議論の変遷が一端でも明らかとなったと思う。以下の結論では、この変遷について若干の考察を加えたうえで、今後のナショナリズムのありようを考える。

戦争体験と戦後思想

序章でも述べたように、戦後思想とは、戦争体験の思想化であったといっても過言ではない。戦後思想を語ることは、「『日本人』にとって戦争の記憶とは何であったか」を語ることと、ほとんど同義である。

この点は、多くの戦後文学についても同様である。司馬遼太郎は一九九一年の座談会で、二二歳で迎えた敗戦の衝撃を回想しながら、「物を書きはじめてからは、すこしずつわかってきたことどもを、二十二歳の自分に対して手紙を出しつづけてきたようなものです」と述べている。同席した堀田善衛も、「私なんかも完全に同じですよ。これまでやってきた仕事は、ずっと戦時中の自分への手紙を書いていたようなものですよ。私の『ゴヤ』も、『方丈記私記』も『定家明月記私抄』も戦時中に考えたテーマなんです」と応じている。[1]

戦後思想の最大の強みであり、また弱点でもあったのは、それが戦争体験という「国民的」な経験に依拠していたことである。戦争が敗戦後の日本に、いかに巨大な共同体意識を生みだしていたかを示す一例として、ジャーナリストの井出孫六が一九七二年に書いているエピソードを紹介しよう。[2]

ここに至って私は思うのであるが、私たちが敗戦後のある一時期、どこででも遭遇したひとつの体験についてである。そう、私たちはいまでは想像もおよばぬような混みあう汚れた列車にスシ詰めになって買出しに出かけたものだが、あのときの列車のなかを思い起こしていただきたい。

栄養失調の体に、よくもまだこれだけの力が残っていたかと驚くほど大きなリュックサックを誰でもかついでいたから、列車の網棚は重量でかしぐほどだったし、破れガラスからは容赦なく煤煙が吹きこんでいた。しかし、乗客たちはかつてのように警戒警報や空襲警報におびやかされることはなかったから、人々の顔は底抜けに明るい面があった。スシ詰めの車内で隣りあうもの同士、ときには肘つきあって殺ばつたるいさかいになることもあったが、逆に見ず知らずのもの同士が十年来の知己のように親しく言葉を交わすようになるのも早かった。紳士ふうの男がまず口火をきる。

「私は武漢におりましたが、ときにあなたはどこにおられましたか?」

向いの農民ふうの男が答える。

「わしは南京じゃったけん」

すると傍らの若者が即座に言う。

「ぼくはパレンバンでしたよ」

途端に会話の核は結ばれるのだ。……たしかにあれは、退屈しのぎの週刊誌の代替物でもあったけれど、一面、その時点にあっては、主観的には戦争をとことんまでのろう気持がすべての人々に共有されてもいたであろう。

それはまさに、戦争という悪夢を共有した者たちがつくりあげた、一つの共同体であった。職業も地方も、年齢も学歴も異なる人びとが、多くの言葉を必要としないまま共感を通わせる基盤が、そこには存在した。「民主」と「愛国」の共存状態も、こうした土壌の上に成立していたのである。

そしてそこでは、戦争から個々人がうけた傷を語ることが、そのまま他者と結びつく回路となっていた。荒正人や竹内好が、自己の内面を掘り下げることがそのまま他者への連帯につながるという思想を唱えたのも、こうした共同意識を背景にしてであった。一見高踏的にみえる知識人たちの思想も、こうした共同意識を通じて一般民衆の心情とつながっていたことは、本論中でしばしば言及したとおりである。

もちろん一面では、こうした「国民共同体」の成立は、政府の愛国心教育と、総力戦の平準化効果の産物でもあった。しかし愛国心教育と戦争で高められた国政への関心は、敗戦時には共産主義運動や民主化運動の大きな基盤となった。また総力戦による平準化は、その後のインフレとあいまって平等化を一気に促進し、戦後改革を裏面から支える機能を果たした側面もあったといえる。

本論中でも言及したように、第一次大戦のあと、ドイツやロシアで革命が発生したことは、多くの戦後知識人によって想起されていた。日本では占領軍の戦後改革がいちはやく行なわれたため、社会主義革命は実現しなかった。しかし総力戦がもたらした平準化効果と「愛国心」の高まりがなければ、おそらく戦後改革の定着度はずっと低いものになっていただろう。いわば戦後日本では、総力戦の敗北が革命につながるという事態はなかったものの、代わりに戦後改革の定着という現象をもたらしたのである。

そして戦後思想が唱えた急進的な民主主義も、総力戦の遺産から発生した。もちろん、丸山眞男などにみられたように、総力戦の合理的遂行の提言が、そのまま戦中の日本への批判になっていたという側面は、軽視されるべきではない。しかしながら、総力戦が結果として民主主義をもたらすという現象は、フランス革命やロシア革命の例を挙げるまでもなく、むしろ一般的なものなのである。

戦後思想で階級格差の解消や「単一民族」への志向が語られたのも、総力戦によって心理的に成立した国民共同体のイメージにくらべ、現実の社会における格差が目についた結果だったともいえる。もちろん第7章で述べたように、一九五〇年代前半までは、教養や文化の格差は著しいものがあった。しかし経済格差の縮小は、戦争と敗戦に伴うインフレによって高度成長以前に達成されていた側面があり、それに比べて文化的格差が目立っていたのである。

また思想の内容からいっても、戦後思想の活力は、戦争体験から生まれていた。戦争は多くの知識人や学生を軍隊や軍需工場にひっぱりだし、そこでの経験が戦後思想の活力になった。そのうえ戦争と敗戦は、「死」とは何か、「正義」とは何か、「国家」とは何かといったテーマを、全国民レベルにまで共有させた。

第15章で述べたように、少年水兵だった渡辺清は、敗戦後の日記に「おれが天皇に裏切られたのも、国家に欺されたのも、自分が自分を裏切ったのも、もとはと言えば言葉のせいだ。仲立ちになっている言葉や文字をそのまま早とちりにものごとの実体だと取りちがえていたからだ」と書いた。「言語」とは何か、「存在」とは何かといった哲学的なテーマを、少年少女たちまでが考えなければならない状況から、戦後思想は始まったのである。

こうした現象は、日本にだけ発生したものではない。第一次大戦の経験が、ヨーロッパに現象学や言語哲学の台頭をうながしたことはよく知られる。また一九二六年生まれの「戦中派」であるミシェル・フーコーは、第二次大戦の経験についてこう語っている。[3]

私は思うのですが、私の世代の少年、少女は、こうした歴史的な大事件によって、その子ども時代の基盤を固められているのです。迫りくる戦争という脅威こそが、私たちの舞台背景であり、私たちの生の枠組みだったのです。そして戦争がやってきました。家族との暮らしのあれこれよりも、この世界に結びついた出来事こそが、私たちの記憶の中心部分をなすのです。私は「私たちの」と言いましたが、なぜなら、私はほぼ確信しているのですが、その当時のフランスの若い男女の大部分が、まったく同じ体験をしていたからです。それは、私たちの個人的な生への脅威だったのです。私が、歴史と、私たちが巻き込まれている出来事や個人的な経験との関係に魅了されているのは、おそらくこうした理由からでしょう。私は思うのですが、そこにこそ、私の理論的欲求の核となる部分があるのですよ。

おそらく日本でもフランスでも、敗戦国における「戦後思想」の活力の源泉は、死の恐怖と結びついた崩壊感覚であった。それは、現存の秩序や世界を、安定した必然と考えることができない不安感でもあった。

小田実は一九四五年に中学校（当時は義務教育ではないので入試がある）に入学した当時を回想して、こう述べている。[4]「その前日か前々日だかに大阪は大空襲を受け、試験問題がすべて燃え上がってしまったのか、出願者全員が無試験入学。以来、私はすべての秩序はいつかは崩壊するという度しがたい信念の持ち主になった」。鶴見俊輔が、明治維新を体験した「維新人」へのシンパシーを、「あたえられた社会のワクが、こわしたりはずしたりできることを、知っている。理屈としてでなく、感じとして、知っている」と語ったことは、第16章で述べた。こうした崩壊感覚から、「国家」や「公」を、根底から問いなおす思想が輩出したのである。

この崩壊感覚は、現存の秩序が相対的なものにすぎないという視点を与える一方、表面的な秩序の変動をこえた不変なものへの憧憬をかきたてもした。フランスの歴史家フェルナン・ブローデルは、一九四〇年から五年間をドイツの捕虜収容所ですごした経験から、表層の政治的事件の変動をこえた、深層の歴史に関心をもつようになったと語っている。[5] 戦前戦後の言語体系の激変に絶望した鶴見俊輔が、表層の変動に左右されない「深層」の哲学をつくりだしていったことは、第16章で述べたとおりである。

第15章ではきわめて切りつめた、貧しいかたちでしか紹介できなかったが、江藤淳も一九五〇年代後半の『作家は行動する』や『神話の克服』などで、独自の言語論を展開していた。当時の江藤の評論を愛読していた柄谷行人は、後年にロラン・バルトの著作などを読んだとき、江藤にくらべて「何一つ新しいものを感じませんでした」と述べている。[6] 柄谷は江藤がどこからそうした発想を学んでいたのか不思議だと述べているが、おそらく江藤は何らかの理論に影響されたのではなく、彼の戦争および敗戦体験から思想を生みだしていたのだと思われる。

戦争体験は、少なからぬ人びとに、言語を絶した心情を植えつけた。そこから、既存の言葉や思想への懐疑と、新しい言葉を創りだす努力が始まった。多くの戦後知識人は、戦争体験を直接に語ることは少なかったが、それは彼らにとって語りたくない最大の傷であったからばかりでなく、言語では容易に表現できない体験であったからでもあるだろう。そして彼らは、自己の体験を直接に語る代わりに、多くの思想を創りだしていったのである。

同時に、米軍の占領という「植民地」状況と、アメリカ文化の急激な浸透、そして都市と農村の巨大な格差などは、現代の第三世界の知識人が直面している状況と類似してもいた。西洋近代にモデルを求めることへのアンビバレンスと、知識人が民衆をどこまで代弁できるかといった問題も、一九五〇年代の日本では切実な課題であった。

そうした背景をふまえるならば、加藤周一の『雑種文化論』がクレオール文化論と似ていたり、国民的歴史学運動や生活記録運動の思想にサバルタン・スタディーズと相通ずるものが感じられたりするのは、何ら不思議なことではない。丸山眞男の「忠誠と反逆」や、鶴見俊輔の思想などが、「伝統的カテゴリー」の読みかえによる新文化の創造という、現代の文化理論と類似した内容だったのも、そうした背景があってのことだったといえる。

戦後思想の限界点

しかし、こうした戦後思想の強味は、そのまま弱点でもあった。

まず戦後思想は、戦争体験が創りだした国民共同体意識に依拠していたがゆえに、しばしば沖縄や朝鮮などが視野から抜け落ちがちだった。それらが視野に入った場合でも、第8章や第9章で述べたように、かえって日本民族主義の強化要因となるという方向で作用したケースが多かった。沖縄や在日韓国・朝鮮人、アイヌなどが、日本民族主義では解決できないマイノリティの問題として注目されるようになるのは、戦争体験による国民共同体意識が風化し、大衆ナショナリズムがそれにとって代わった一九六〇年代後半以降のことである。

また今日の目からみた場合、戦後思想があまりに「男性的」であったことも否めない。「武士道」「男らしさ」「恥を知れ」「パンパン文化」といった言葉が頻出することは、よくも悪くも戦後思想の一つの特徴である。こうした言葉に、戦争と敗戦、そして占領で傷つけられた男性知識人たちの心情を読みとることは容易である。そうした意味では、敗戦の記憶と植民地状況が「男性的」な文化を生みだすという中南米諸国で指摘される現象は、戦後日本でも出現していたといえるだろう。こうした戦後思想が、高度成長以後の社会に適応できず、「武士道」や「明治」といったシンボルを保守ナショナリズムの側に簒奪されていったことは、本論で述べたとおりである。

そして戦後思想の最大の弱点となったのは、言葉では語れない戦争体験を基盤としていたがために、戦争体験をもたない世代に共有されうる言葉を創れなかったことであった。清水幾太郎は一九七五年に、「日本の多くの人々にとっての社会主義というのは……種々雑多な不満や願望に与えられた仮の名称である」「これらの不満や願望の大部分は、マルクスの学説と無関係であるのみならず、現実の社会主義諸国では、それを表現することさえ身の危険を招くものであるのに、人々は、それを社会主義の夢に託している。他に適当な名称がないのである」と述べている。[7] この評価はいささか一方的なものではあるが、こうした事情が戦後のマルクス主義のみならず、戦後思想における「近代」や「主体性」といった言葉においても、一定ていど存在したことは事実である。

本論で記述したように、丸山をはじめとした著名な戦後知識人の多くは、当時の共産党のマルクス主義解釈から距離をとるところから、独自の思想を形成していった。「近代」や「主体性」という言葉は、敗戦直後においては、共産党との対抗関係を意味する言葉でもあった。しかし彼らが、マルクス主義に相当するほどの独自の体系的思想を形成することに成功したかといえば、その点は過大評価することはできない。結果として戦後思想は、「近代」や「主体性」といった言葉の背景となっていた戦争の記憶を共有しない世代にたいしては、説得力を失っていった。

また同時に戦後思想の崩壊感覚は、秩序が安定した高度成長期以降は、およそ理解されないものとなっていった。一九五五年を境として、混乱と改革の時代だった「第一の戦後」が終わり、安定と成長の時代である「第二の戦後」が始まるなかで、いわゆる「五五年体制」の名のもとに「保守」と「革新」という勢力図式が固定化されたとき、すでに戦後思想の最盛期は終わっていた。

そして戦後生まれの左派にとって、「戦後民主主義」とは、形骸化した「保守」と「革新」の対立図式の一部としか映らなかった。秩序が安定した「第二の戦後」に成人した世代の多くにとって、世界とは安定した退屈な既存秩序であり、多少の反抗をしても崩壊の危険がないものであった。かつて丸山眞男などは、世界と未来の不安定さを前提に、国家の「建設」に参加する国民主義を唱えた。しかし戦後生まれの世代にとっては、しばしばこうした思想は、既存の秩序にとりこまれた「建設的」な思想としか見えなかったのである。

また第13章で述べたように、戦争体験世代の戦争の記憶も、一九六〇年代から急速に風化した。言語にならない心情に代わって現われたのは、屈辱の傷を隠蔽し、感傷的な物語に無害化された戦争体験談だった。

前述したように、荒正人や竹内好などは、自己の内部の掘り下げが、他者とつながる回路であると主張していた。その前提になっていたのは、戦争体験から受けた傷が、自己と他者に共有されていることであった。自己の内部の暗黒を直視することが、他者の共感と震撼を喚起し、表面的な結びつきを越えた連帯を生みだすためには、戦争体験が安易なコミュニケーションを破壊するほどの深い傷であることが必要であった。

そうであるからこそ、荒も竹内も、また鶴見俊輔なども、戦争責任の問題をくりかえし提起した。それは他者を攻撃する原理としてではなく、自己の痛みと他者の痛みがつながるための、敗戦後にふさわしい連帯の原理として提起されていたといってよい。

しかし多くの人びとは、戦争体験の傷を直視することよりも、高度成長のなかでそれを隠蔽してしまうことを選んだ。井出孫六も、前述の列車内のエピソードを紹介したあと、こう述べている。(8)「だが、安易に成立する会話には、ひとつの重要な要素がどうしても欠落せずにはおかない。買出し列車の会話からは、大陸に南方にふんだんに苦しい想い出が聞かれはしたが、大陸に南方に戦火にうちひしがれたアジア各地の人々に与えた苦痛と、そこに骨を埋めたはずの幾十百万の帰らざる霊への思いとは、すっぽりと欠落してしまっていたことが特徴だった。戦争の傷を互いになめあっていやすことにのみ注意がそそがれ、ケロイドとして残る戦争の真の傷は根元から剔抉されるのではなく、おおわれ忘れ去られてしまったといってよい」。

もちろん、戦争と戦死者の記憶は、「第一の戦後」が終わったあとも間欠的に想起され、戦後思想に活力を与えることもあった。六〇年安保闘争やベトナム反戦運動の広がりを支えたのが戦争の記憶だったこと、ベトナム戦争を契機として戦争文学の名作が書かれたことなどは、第12章や第13章で述べたとおりである。

しかしこうした戦争の記憶の活力に依拠したまま、戦争体験の言語化が一定程度にとどまり、戦争を知らない世代との断絶を創りだしたことは、戦後思想の大きな限界だった。戦争責任問題を提起した竹内好や荒正人も、自己の戦争体験については多くを語らなかった。戦争体験に悔恨と屈辱感を抱いていた年長世代の知識人で、自己の醜悪な戦争体験を包み隠さずに公表したのは、鶴見俊輔や宗像誠也など少数にとどまっている。

こうした事情が、より年少の世代である吉本隆明や江藤淳などが一九六〇年代に台頭したとき、戦後思想が批判される背景を生むことになった。戦中にはまだ若く、兵役や空襲を経験しなかった吉本や江藤は、ロマンティックな戦争観を抱きながら、「戦後民主主義」を「欺瞞」として攻撃した。吉本などが自己の戦争体験を語るのに饒舌だったのに対して、より年長の知識人たちが戦争体験について沈黙しがちだったことは、吉本らの戦争観と戦後観が流布することを助長した。

もちろん吉本にしても、自己にとって本当の傷となっていた部分については、多くを語っていなかったことは第14章で検証したとおりである。しかし戦争体験をもたない世代には、吉本や江藤などが語る戦争観や戦後観を、そのまま真実として受けとめる傾向が現われていった。そして、かつては戦争責任の追及と一体のものだった戦死者の記憶も、江藤などによって、保守ナショナリズムのシンボルとして回収されていったのである。

小田実などが提起した「加害の自覚」は、こうして風化しつつあった戦争の記憶の崩壊感覚を、ふたたび活性化させるための試みだった。被害の記憶が抽象化され風化しつつあった状況では、自己の人格を崩壊させるほどの傷として提起できるものは、加害の記憶しかなかったのである。

ただし第13章や第16章で述べたように、そこでの「加害の痛み」は、「被害の痛み」を再活性化させるものでもあり、「被害」と「加害」は一体のものであった。そして戦争の極限状況では、被害意識と加害意識は、しばしば区別のできないものだった。

広島の被爆者の手記を数多く通読した井上ひさしは、ほとんどの手記が一種の罪悪感を述べていることを指摘している。[9] それは、当時の広島が軍需都市であり、侵略戦争に貢献していたという問題とは、いささかレベルが異なる罪悪感である。助けを求める隣人や肉親を見捨てて逃げなければならなかった記憶、自分だけが生き残って平和な生活をしているという意識が、強烈な被害意識と不可分のかたちで、一種の「加害」意識となっているのである。

そうした意味では、「被害者」の究極とされるナチス強制収容所の生存者たちさえもが、一種の「加害」意識を抱いていたとしても、不思議なことではない。隣人の死を黙ってみているしかない状況、不足する食料を奪いあう自他の醜悪さ、友人がガス室行きを指名され自分は除外された偶然、そのことに安堵感を感じた自分の発見、そうした状況を潜りぬけて自分だけが生き残ったという事実。こうした体験と記憶が、「ナチスが加害者」で「ユダヤ人が被害者」であるといった、正しくはあるが単純でもある図式——竹内好の形容を借りれば「誤ってはいないが、もの足りない」もの——には回収できない心情と、死者たちへの強烈な罪責感を残してゆくのである。

第16章で紹介したように、鶴見俊輔は「私たちは、生きのこったかぎり被害者であり加害者である」と述べた。この言葉は、それぞれに極限状況を潜りぬけた戦争体験者たちの実感でもあった。戦死者の記憶が戦争責任の追及に結びついていたという状況は、戦争をひきおこした為政者への怒りでもあったと同時に、戦争に生き残った自分自身と為政者を許せないという感情の現われでもあったのである。

小田実や鶴見俊輔が、一方では「加害の自覚」や戦争責任の追及を唱えながら、一方では戦死者の記憶に強くこだわり、年長世代の「加害」を糾弾する若者たちに違和感を述べていたのは、こうした心情を背景にしたものであった。そうした記憶の傷をあえて広げ、連帯の原理を創りだすために、彼らは「加害」を強調したのである。

しかし戦争を知らない世代の多くは、こうした心情を理解できなかった。戦死者の存在は、彼らにとっては「三百万」といった抽象的な数字になりがちであった。そして「加害」といえば、「日本」や「日本人」という国家や民族が、侵略戦争を行なったというレベルになってしまいやすかったと思われる。

こうして一九六〇年代には、二つの事態が進行した。一方では、江藤淳がいう「三百万の死者」といった、抽象化され無毒化された戦死者のイメージが形成され、それが保守ナショナリズムのシンボルとして回収されていった。そしてもう一方では、全共闘運動の一部学生たちが、侵略戦争の加害責任を軽視する「戦後平和主義」の「欺瞞」を批判し、その象徴と彼らがみなした「わだつみ像」を破壊した。こうして、戦死者の記憶の「無慈悲で気持のよい抽象化」とナショナライゼーションが、左右両翼から進行していったのである。

こうしたなかで、戦後思想の特徴だった「民主」と「愛国」の共存状態は崩壊した。一九五〇年代には左派の言葉だった「単一民族」も、一九六〇年代には右派の言葉に転化した。筆者は前著『単一民族神話の起源』で、単一民族神話が広範に流布したのは一九六〇年代になってからであると位置づけていた[(10)]。前著を書いた当時は、事実としてそれを確認していただけで、その理由がわからなかったのだが、これは第13章に述べたように高度成長による均質化と大衆ナショナリズムの結果である。

そして、ほんらいは多様で混沌としていた戦後思想に、「戦後民主主義」という一枚岩の総称が付されていったのは、この時期以降のことだった。六〇年安保闘争の高まりをうけて登場した「市民」という言葉も、やがて「市民主義者」という非難用語となって、一九六〇年代の全共闘運動や新左翼の若者たちの使用するものとなった。こうして、「戦後民主主義」といえば「近代主義」であり、「市民主義」であり「護憲」であるといったイメージが、一九六〇年代の「戦後民主主義」批判のなかで「発明」されてゆくことになる。

近年われわれが目にする「戦後」批判は、その大部分が、この一九六〇年代に発明された「戦後」観を前提としたものである。たとえば批評家の加藤典洋は、一九九七年の『敗戦後論』で、日本の「三百万の死者」にのみ目をむける「ナショナル」な「旧改憲派」と、アジア各地の「二千万の死者」にのみ目をむける「インターナショナル」な「旧護憲派」の対立が、戦後五〇年のあいだ続いてきたと主張している。[11] もちろん、これが事実無根の主張であることは、いまさらいうまでもない。

また批評家の福田和也は、二〇〇〇年の著作で、フランス革命では右派も左派も「愛国心と国民主義」を共有していたと主張し、愛国心をもたない左翼を「エセ左翼」とよんでいる。福田によれば、「戦後民主主義」はこの「エセ左翼」の思想にほかならず、丸山眞男は敗戦を「日本の国自体からの解放としてとらえ」、「国に対する責任からも解放された、と考えた」「エセ左翼製造責任者」であり、加藤周一は典型的な「国際派エセ左翼」であるという。[12] こうした丸山像や加藤像が正確なのかどうかもまた、多言を要しないであろう。

さらに社会学者の橋爪大三郎は、一九九七年の座談会で、戦前の「臣民」という概念を説明するとともに、「新憲法で『市民』になったときに、その反動で、これからは権利を主張して、国家の言うことならなんでも反対してやる、そうすれば俺は市民だと、こういう文脈になってしまったんです」と述べている。橋爪はさらに、「戦争を防ぐ努力をすることと、戦争に参加した父祖たちの行為を肯定すること。この二つは、完全に両立する」と主張し、「しかし戦後思想は、ついにこのことを理解しなかった」という。[13]

これらの論者たちは、思想傾向はそれぞれ異なっているが、いずれも一九六〇年代以降に発明された「戦後」観を前提として議論を行なっている。そしてこうした「戦後」観は、「戦後」を批判する側だけでなく、「戦後」を評価する側にも存在する。あたかも敗戦直後から、丸山眞男をはじめとした「市民社会派」や「市民社会論者」なるものが存在したかのように述べる研究者や評論家は数多い。(14)

もちろん、筆者自身も含めて、人間は完全な認識は持ちえない。しかし、誤った認識をもとに議論を行なっても、実りがあるのか疑問だとはいえるだろう。

戦争体験の多様性

とはいえ「戦後」批判は、戦後生まれの世代によってのみ行なわれたわけではない。吉本隆明や三島由紀夫、江藤淳などは、まがりなりにも戦争を体験した世代であり、彼らの戦争体験を基盤に戦後思想を批判していた。

そこでふまえなければならないのは、戦争体験というものが、国民共通経験のような印象を与えていながら、じつは世代や階層などによって相当に異なっていたという事実である。

第14章や第15章で述べたように、敗戦時に二〇歳前後以下だった世代にとっては、戦争が通常の状態となっており、敗戦は解放ではなく価値観の崩壊として受けとめられることがあった。この世代の一部が、敗戦をある種の解放感をもって迎えた戦後知識人たち――もっとも丸山などにしても、占領軍と保守政権の戦後改革を礼賛したわけではなく、戦争と言論弾圧の終結を喜んだという意味での「解放感」だったわけだが――に違和感を抱き、一九五五年以降に「戦後民主主義」批判を展開していったのである。

ここで留意すべきなのは、一般に戦後思想は、年長世代への批判を特徴としていたことである。丸山眞男はより年長の「オールド・リベラリスト」たちを批判し、吉本たち「戦中派」は丸山たちの世代を批判し、江藤や石原慎太郎は戦争体験に固執する「戦中派」を批判していた。

その背景にあったのは、年少の世代ほど、自分は戦争の被害者だという意識をもっていたことである。年少であればあるほど、当人は戦中に責任ある地位におらず、年長者の決定した戦争によって被害者になったという意識を抱きがちであった。たとえば江藤淳は一九五九年に、こう書いている。(15)

戦争の善悪はさておいて、負けたおかげで日本は満州を失い、朝鮮、台湾を失った。狭い国土に人口が過剰で、生存競争はますます激しい。もし旧世代の指導者がより明敏であり、協力した知識人たちがより勇敢で利害に聡く、国際情勢の前途に見通しが利いていたなら、今日の青年層は活力のやり場にとまどい、将来の立身に希望を失うこともなかったであろう。自分たちの将来をめちゃめちゃにしてしまった大人たちは、「責任」を感じて引き下がり、早く死んでしまうほうがよい。そうすればポストもあくであろうし、出世も今よりは楽になる。自分たちの家が焼かれ、兄弟が戦死し、財産がなくなり、希望が喪失してしまったのは自分たちが悪いからではない。大人が愚鈍だったからだ。その尻をひきうけさせられてたまるものか。しかるに彼らは一向に「責任」をとろうとはせず、かえって自分たちの抑圧者としてたちあらわれている。糾問されるべきは——「悪」を代表するのはむしろ彼らであって、新世代こそが純潔と正義を代表している。おそらく、これは今日の日本の青年層の間に多少とも共通した感情だろう。

こうした傾向は、思想にかぎらず、大衆文化にも現われた。一九四一年生まれのアニメ映画監督である宮崎駿は、こう述べている。(16)「第二次大戦に負けたときにね、通俗文化は変わらざるを得なかったんですよ。戦争に負けた当事者である大人が、偉そうな顔して出てきたら許せないんですよね。だから戦争に負けたあと『まぼろし探偵』ぐらいまでは、本当に少年が主人公だったんですよ。それで『鉄人28号』の金田章太郎なんかも署長さんより賢いわけでしょ? それを子供が受け入れたっていうだけじゃなくてね、大人のほうも、少年のほうが無垢で、だから敗戦の責任持ってませんから、主人公にしたんですよね」。

こうした思想と文化のなかで育ってきた一九六〇年代の若者たちが、「加害責任」を掲げて年長世代を批判するという発想を抱いたことは、皮肉な事態ではあるが、自然な結果だったともいえる。そうした若者たちに、吉本や江藤の「戦後」批判が受けいれられていったのも、また自然なことだったといえよう。

とはいえ吉本や江藤の「戦後」観は、およそ戦争全般への理解を欠いた、片寄ったものでもあった。最大の理由は、彼らが戦中や敗戦直後には若すぎ、また強い被害者意識をもっていたため、年長世代が抱えていた悔恨や屈辱の痛みを理解できなかったことである。そのため吉本や江藤の「戦後」批判は、自分たちは戦争や敗戦で傷つき、内面的な変化を余儀なくされたのに対して、年長世代の知識人は何ら戦争で傷つくことなく、ただ「鬼畜米英」から「民主主義」の礼賛に転向したのだ、という形態をとることになった。

敗戦直後に「鬼畜米英」から「民主主義」の礼賛に転じた者が少なくなかったのは、一定の事実である。しかしそれは、保守政治家や地方有力者などにもっとも顕著だった現象であり、丸山眞男をはじめとした戦後知識人たちはむしろそれに批判的であった。

丸山は全共闘運動期のノートで、「それにしても、『戦後民主主義』という場合に、戦後の憲法（及び憲法に準ずる自由権を保障した諸法律）体系をいうのか、また現実の政治体制（およそ議会政民主主義の現実から遠い保守永久政権下の『議会政治』）をいうのか、それとも、社会主義運動や労働運動をふくめた、民主主義を名とする運動の現実（したがって革新政党の現実）をいうのか、それとも、最後に、世界的にはじめて公然と否定する勢力が消滅したデモクラシイの理念をいうのか、その位は弁別してほしいものだ」と記している。こうした粗雑な「戦後民主主義」批判の一例として、二〇〇一年のある雑誌記事には、「戦後民主主義の最大の弊害である当選回数至上主義」という文言がみられる。[17] しかしもちろん、「当選回数至上主義」は憲法の規定でもなければ、丸山が主張したことでもない。

とはいえ知識人のなかにも、戦中に戦争賛美の文章を書き、戦後に民主主義礼賛に転向した者が少なくなかったことは事実である。吉本隆明が一部の詩人や文学者などの事例でこうしたケースをあばいたことから、これが戦後知識人の一般像であるかのような印象が、その後に広まることになった。しかしこれは、まったく誤りとはいえないが、戦後知識人の全体にはあてはまらないものである。

著名な戦後知識人として名が挙がることが多いのは、丸山眞男、大塚久雄、南原繁、加藤周一、鶴見俊輔、竹内好などである。本論中でも検証したように、これらの知識人たちは、戦中戦後に安易な転向を遂げた形跡はないし、共産党に距離をとっていた。戦中戦後に転向が激しかった知識人としては、平野義太郎、清水幾太郎、柳田謙十郎、矢川徳光などを挙げることができるが、これらは前述の知識人たちにくらべて知名度は低い。安易な転向を遂げる者が、戦後知識人の代表格として長く名を残すことが不可能だったという程度には、日本の読者ないし民衆の「嗅覚」は健在だったといえる。

ただし、吉本や江藤にみられる「戦後」観は、彼らの同世代すべてに共有されていたわけではない。たとえば小田実の戦後文学観が吉本や江藤などと大きく異なっていたこと、その要因となっていたのが小田の戦争体験だったことは、第16章でみたとおりである。

くりかえしになるが、戦争体験は国民共通の経験という印象を創りだしてはいたものの、実際には世代だけでなく出身階層や居住地域、さらには戦闘や空襲の経験の有無といった偶然によって異なっていた。戦争は、国民全体を巻きこみはしたものの、均質な現象ではなかったのである。

たとえば一九四四年末に、米軍の空襲と乏しい食料状況にさいなまれるフィリピン戦線で特攻隊を見送ったあるパイロットは、その直後に後方のスマトラ島に行ってみると、まったく平穏無事に演芸会が行なわれていたと語っている。(18) おなじく空襲を体験したとはいっても、小田実が大阪空襲の火の海を逃げまどったのにたいし、吉本隆明が住んでいた地域は一九四五年三月一〇日の東京大空襲でも火災にならず、吉本は自宅の防空壕から出てB29と日本の迎撃機の空中戦を切歯扼腕しながら眺めていたという。(19)

同じ地域に駐屯していた軍隊のなかでも、反応はさまざまだった。敗戦時に二等兵であり、粗末な武器で本土決戦の訓練をさせられていた丸谷才一は、八月一五日の模様をこう回想している。(20)「彼ら〔兵隊たち〕はごく単純に、もう軍隊から帰れるといふことに、もう殴られつづけなくてすむといふことに、浮かれたのである。そして下士官は、一生軍隊で食ふつもりの男だつたから、就職さきである企業体の倒産にすつかり腹を立て、その怒りは兵隊たちがはしゃいだのでいよいよ激しくなり、結局、わたしを殴ることになつた」。

そして、戦争の惨禍としてしばしば語られる空襲や食料不足は、主として都市部の現象であった。そのため第14章でも述べたように、敗戦を事前に予測していた者の比率は、都市部にくらべ農村部のほうが少なかった。一九九七年に右派団体「新しい教科書をつくる会」の会長となった西尾幹二は、疎開先の農村で一〇歳で敗戦を迎えているが、農民が「占領軍に掠奪されるくらいなら」と家畜を殺し、「どうして最後まで竹槍で戦ふやうに命じて下さらなかつたか」と悲憤慷慨していた、と一九六五年に回想している。(21)

西尾はこうした敗戦の記憶から、敗戦は解放だったという「進歩的文化人」の言葉は「欺瞞」だと主張した。しかし小田実は一九六六年に、「敗戦を屈辱として受けとることができたという西尾氏や彼のまわりの人たちのことを、むしろ、うらやましいものに思う」と述べ、自分は敗戦のとき「もう空襲はないんだろうな」と安堵しただけだったと述べている。(22)

また敗戦後の体験も、階層や地域によって異なった。都市中産層の子供だった江藤淳が、敗戦後に没落を経験し、「戦後」に否定的な印象を抱いたことは第15章で述べた。一方で東北の農村にいた井上ひさしは、食料不足によって農産物価格が上昇し、都市住民が衣類などを携えて物々交換にやってきたため、敗戦後には「村の子どもの服装がにわかによくなった」と回想している。同時に農地解放も行なわれたため、井上によれば、「たいていの農家ではマッカーサーに『様』をつけて呼んでいた」という。(23)もし西尾幹二が、疎開先の農村にその後もとどまったならば、八月一五日に悲憤慷慨した農民が、「マッカーサー様」と述べる様子をみることができたかもしれない。

このように、戦争体験はじつは多様であり、戦争観や敗戦観も多様だった。それにもかかわらず、典型的な「戦争体験」として語られるのは、軍人の場合には飢餓・戦死・特攻などであり、民衆の場合には空襲・飢餓・疎開などだった。いうまでもなくこれは、軍人では対米戦の前線地帯の経験であり、民衆では主として都市住民の経験である。そのため、軍人のなかでも後方地帯にいた者、中国戦線にいた者、あるいは疎開や空襲を経験しなかった農村部の人間などは、こうしたステレオタイプの戦争体験論に違和感をもつことになった。

それが露呈する結果になったのが、一九六〇年安保闘争後におこった丸山眞男批判である。丸山は安保闘争直後のインタビューや講演で、戦後の原点である八月一五日を想起せよと呼びかけた。しかし丸山にとっての八月一五日の意味を、吉本や江藤は共有していなかったのである。いわば戦争体験は、多くの人に「言語を絶した」経験を与えたという意味では「国民共同体」の意識を形成したが、それを個々人が言語化する段階になって、じつは各個の経験が異なっていたことが露呈したといえる。

そうした意味では、吉本や江藤、そして西尾幹二などの戦後知識人批判は、彼らなりの戦争体験の「実感」から行なわれたものであった。しかし、吉本が戦中について「社会全体の雰囲気は、ものすごく明るく、そして建設的なんです。『戦争中は世の中は暗かった』というのは、戦後左翼や戦後民主主義者の大ウソであってね」などと述べていることは、自己の「実感」だけを過大視したものである。[24] しかも吉本をはじめとした「戦中派」の知識人たちが、自分を「大衆」の側において「進歩的知識人」を批判するという論法によって、自分の個人的・世代的な違和感を一方的に普遍化したことは、一九六〇年代以降に発明された「戦後」観の歪みを拡大することになった。

第14章で述べたように、一九四五年六月には、敗戦を確信していた人びとは調査対象者の五四パーセントにのぼっていた。五四パーセントは、絶対多数ではないが少数派ではない。残りの大多数も半信半疑の状態であったろうし、戦争後期に厭戦気分が相当に広まっていたことは、戦中の日本政府の調査からも明らかである。

そうした意味で、「『戦争中は世の中は暗かった』というのは、戦後左翼や戦後民主主義者の大ウソ」という言葉は、やはり局部的な妥当性しかもたないものと解釈するのが適切である。しかもこの言葉が、戦中の吉本自身の「実感」をすら、本当に率直に述べたものであるのかは、第14章の検証からいっても疑問であろう。西尾幹二についても、敗戦時に一〇歳では大人たちの複雑な感情を理解できなかったであろうだけでなく、敗戦で安堵した感情が西尾自身に本当にまったくなかったのか、それを隠蔽して自己の敗戦の記憶を組みたてている部分が皆無なのかという疑問を、筆者は抱かずにはいられない。

戦争体験の個々人ごとの多様さ、また個々人内部での揺らぎが、ステレオタイプ化しつつあった戦後思想の戦争観に、異議申立てを発生させたことは事実である。しかしながら、そうした戦後思想批判の戦争観や「戦後」観を過大評価することもまた、新たな「神話」にはまりこむことになりかねないのである。

「第三の戦後」

以上の分析をふまえて、一九九〇年代以降のナショナリズム情勢を考察しよう。

「一九九〇年代以降」という時期区分をとったのは、それなりの理由がある。というのも、一九九〇年の冷戦終結によって、戦後日本のありようを決定していた国際情勢が基本的に変化したからである。

一九五五年前後までの「第一の戦後」と、一九六〇年代以降の「第二の戦後」の特徴は、国内的にいえば「混乱と改革の時代」および「安定と成長の時代」と要約できる。しかし国際情勢からみるならば、「第一の戦後」は国際情勢の混乱期、「第二の戦後」は冷戦体制の安定期に相当する。

「第一の戦後」にあたる一九四五年からの約一〇年は、第二次大戦が終結したあと、朝鮮戦争の勃発を経て、それが休戦に至るまでの時期である。この時期の国際秩序はきわめて流動的であり、それに呼応して日本の国内秩序も大きな変動をくりかえしていた。一九五一年のサンフランシスコ講和条約と日米安保条約によって、日本の国際的位置はほぼ決定されたものの、それでも国内情勢の安定までは数年を要した。

いわば第二次世界大戦という大変動は、国際的にも国内的にも、安定期に入るまで一〇年間を要するほどの余波をもたらした。そうした意味では、日本のみならず世界的にいっても、この一〇年間は「戦後」とよぶにふさわしい時期であった。

それにたいし「第二の戦後」は、米ソの「平和共存」によって、冷戦状態のまま国際秩序が安定した時期である。日本国内でも「五五年体制」が成立し、「保守」と「革新」という二大陣営が対立しつつ安定している状態が生まれた。経済的にも、アメリカに従属した国際的地位に安住した状態で、高度成長が始まってゆく。

そうした意味では、一九五五年をもって、「戦後」は終わっていた。その後の時期も「戦後」という呼称が使われ続けたのは、ほかに適当な名称がなかったためと、「第一の戦後」の余波が長く尾をひいていたからである。「第一の戦後」の特徴だった戦争と戦死者の記憶、そして混乱と改革の気運は、「第二の戦後」においても底流として存在し、間欠的に表面化した。その最大の現われは六〇年安保闘争であったが、経済成長の定着と戦後生まれの台頭とともに、そうした活力はしだいに弱まっていった。

そしてここでいう「第二の戦後」が終わったのが、一九九〇年前後といえる。冷戦体制の崩壊とともに、国際秩序の流動化がふたたび激しくなった。その最初の現われが一九九一年の湾岸戦争であり、アメリカの対日軍事要求も高まったほか、一九五〇年代以降は忘れられていた国連への兵力提供の問題も再燃した。

アメリカの対日軍事協力要求は、米軍の補完兵力として日本の再軍備が始まった一九五〇年からずっと続いてきたものだが、「第二の戦後」においてはこれが抑制されていた。日本国内の冷戦体制である「保守」「革新」の膠着状態が続いていた情勢下では、アメリカが過大な軍事要求を出せば、日本の親米保守政権が危うくなる可能性があった。一九五〇年代後半の社会党の急成長と、六〇年安保闘争の高まりは、こうした危惧を現実のものとしていた。そのため対日軍事要求は抑制され、沖縄の軍事基地化がその代用となっていたと思われる。

そうした意味では、「第二の戦後」の安定を背後から支えていたのは、「第一の戦後」の残像である平和主義であった。六〇年安保闘争は、安保改定を阻止できなかったことから「敗北」と認識されたが、日米の政権を動揺させ、アメリカの対日軍事要求を抑制させた効果は少なくなかったと思われる。こうした運動の高まりがなければ、アメリカの対日軍事要求はずっと強まり、日本が経済成長に邁進することは不可能になっていたかもしれない。もちろんその経済成長は、沖縄を米軍に提供することによって成立していたものであったのだが。

しかし、冷戦の終結とともに、「第二の戦後」を支えていた国際秩序は消滅した。それと同時に、「第二の戦後」で達成されていた日本の経済成長も止まった。さらに世代交代のいっそうの進展とともに、戦争の記憶を基盤とした「第一の戦後」の残像も、最終的な減衰段階に入ってきた。

世代交代の進展と、社会経済状態の変動が同時に発生しているのは、半ばは偶然であるが、半ばは必然でもある。

というのも、冷戦期の国際秩序は基本的には第二次世界大戦の戦後処理から生まれたものであり、戦争の記憶によって支えられていた秩序という側面もあったからである。

その一例を、ユーゴスラヴィアにみてみよう。(25) ユーゴ研究者である柴宜弘は、第二次大戦後の「ユーゴの政治・経済・社会上の諸制度の原点は、『パルチザン体験』にあった」と述べている。自主管理社会主義も、「民族」集団をこえた連邦国家体制も、対独パルチザン戦争の解放区運営と連合作戦から派生したものであった。いわばユーゴとは、戦争の記憶によって維持されていた国家であった。もちろんそれは、より正確にいえば公式に創造されたパルチザン神話だったとしても、それに背後から活力を与えていたのは、戦争体験者たちの記憶だったのである。

ところが世代交代の進展とともに、戦争の記憶は急速に薄れていった。柴によれば、一九七〇年代後半には、「パルチザン体験のない若い世代は、かなりさめていて、パルチザン世代の人たちのように、熱っぽく自主管理社会主義について語ることもありませんでした」という。この時期には、「パルチザン体験」の風化を防ぐために、若い世代にパルチザン戦争と解放区運営を追体験させる労働奉仕運動がさかんに行なわれていた。しかしそうした記憶が一定以下に薄れた段階で、ユーゴという国家体制は崩壊したのである。

こうした事例を考えるならば、冷戦体制の崩壊とその後のグローバリゼーションとよばれる現象は、第二次世界大戦の戦後処理によって築かれた国際秩序が、世代交代とともに変動期に入ったという側面があると考えることも可能である。それはすなわち、戦争の記憶によって規定されていた社会体制の動揺期ということができる。

もちろん社会の変動は、経済的要因、技術的要因などのさまざまな複合によって生じるものであるから、世代交代という要素だけを過大視することはできない。しかし、人間の行動はその体験と記憶によって規定されるものであるから、戦争の記憶を共有する世代が社会の多数派を占めていた時代と、そうでない時代とでは、社会の動向に何らかの変化が生じるのは当然である。日本においても、一九六〇年代の言説の変遷が、高度成長と技術の進歩、そして世代交代がからみあうなかで進展したことは、本論で検証したとおりである。

そして、一九九〇年代以降には、戦争の記憶をめぐる争いが発生している。というのも冷戦体制崩壊後には、それぞれの国家の正統性が揺らいでおり、建国の経緯や歴史が問いなおされているからである。

前述したように、世界に現存する国家の多くは、第二次大戦の戦後処理の過程で生まれたものである。一九四七年に独立したインド共和国、一九四八年に成立した大韓民国、一九四九年に成立した中華人民共和国などは、いずれも古代からの連続性をうたってはいるものの、現実には第二次大戦の余波のなかで生まれた近代国家である。

一九四六年の憲法改正によって、「大日本帝国」であることをやめて成立した「日本国」もまた、そうした国の一つにほかならない。これらの諸国において、国際的・国内的秩序の動揺とともに、いわば「建国の歴史」ともいえる独立運動や第二次大戦の問いなおしが強まっていることは、周知のとおりである。

じつは日本においては、戦中から「第一の戦後」への移行期、そして「第一の戦後」から「第二の戦後」への移行期にも、歴史の問いなおしが行なわれた。それが、一九四六年前後と一九五六年前後に盛りあがりをみせた、戦争責任をめぐる議論である。

いわば戦争責任論は、日本社会の変動期において、国家の正統性とアイデンティティを問いなおす気運が高まり、それが「日本国」の「建国の歴史」である戦争の記憶を問いなおすという動きとなって現われたという側面をもっていた。そうした意味では、「第二の戦後」から「第三の戦後」への移行期である一九九〇年代に、戦争責任をめぐる議論が高まったのも、その一環であったと考えられる。

ただしそれらの戦争責任論は、同質のものだったわけではない。一九四六年前後の戦争責任論は、主として天皇の戦争責任をはじめとする国家体制の正統性をめぐって行なわれた。それに対し一九五六年前後の戦争責任論は、「五五年体制」で成立した「革新勢力」や、保守政治家たちの正統性を問いなおすかたちで行なわれた。

そして一九九〇年代の戦争責任論は、アジア諸地域に対する加害責任論が中心となった。これはもちろん、一九六〇年代からの「加害」の自覚の提唱や、日本社会の国際化などを背景としているが、冷戦の終結も一因となっている。なぜなら冷戦期には、アジア諸地域からの日本への補償要求が、抑制されていたからである。

第11章で述べたように、サンフランシスコ講和条約のさいには、アメリカの政治力がアジア諸地域の対日賠償要求を抑えていた。日本をアジアの反共同盟国として育成するという冷戦の論理が、アメリカ側の動機であった。そして、日本がその後に行なったアジア各国との個別交渉も、日本への賠償請求は少額に抑制されていたのである。

そしてその後は、アジア諸地域の民間からの対日補償要求は、各地の政権が抑制していた。日本と国交を回復し、賠償というかたちで援助を引きだした各地の政権にとっては、民間からの対日補償要求は政権の正統性を脅かすものだったからである。

たとえば韓国の太平洋戦争犠牲者遺族会会長は、「七四年に釜山犠牲者集会で、『日本に責任を問うべきだ。日本領事館に行こう』といったら、たちまち〔韓国の〕警官に逮捕された。私たちへの妨害は、八八年、盧泰愚大統領による民主化まで続いた」と述べている[26]。この遺族会が社団法人として韓国政府に公認されたのは、一九九二年になってからである。

そのほか台湾では、戦後も三八年間にわたって戒厳令が敷かれており、元日本軍人・軍属や遺族協会の人びとは、「政治活動をすれば投獄された。日本の植民地教育を受けた者は相手にされず、われわれの対日請求は、国民党政権から徹底的に妨害された」と述べている。またサハリン（樺太）では、敗戦前に日本により強制連行され置き去りにされた朝鮮人が多数いたが、サハリン韓人老人会会長は、「団体をつくるなど、とても許されなかった。秘密警察（KGB）が怖くて、組織どころか帰国希望を口にするさえ恐ろしかった」と回想している[27]。

つまるところ、一九九〇年代にアジア各地から対日補償要求が台頭したのは、冷戦体制の崩壊とアジア諸地域の民主化が一因となっていたといってよい。こう考えるならば、一九九〇年代の戦争責任論でアジア諸地域の戦争被害が論議の中心となったのは、むしろ当然であった。冷戦後の日本が、アジアで国際的な位置を定めるために、この問題の解決が重要となったからである。

そこで問題となるのは、「第三の戦後」における日本のナショナル・アイデンティティの行方である。

日本の高度成長の要因が何であったのかは諸説があるが、冷戦期の国際条件に恵まれたことはその一つである。日本をアジアにおける中核的な反共工業国として育成するというアメリカの戦略が、アメリカおよび東南アジア市場を日本にもたらし、朝鮮戦争とベトナム戦争の特需を与えたことはよく知られる。

しかし日本は、いまや冷戦期に占めていた特権的な国際的位置を失いつつある。アジア諸国が民主化したことと、冷戦後の中国が旧西側諸国と活発に経済交流を行なうようになったため、日本がアジア唯一の工業化された自由民主主義国家だった時代は終わった。こうした国際条件の変化が、一九九〇年代の日本の経済停滞とどう連動しているかについては、経済学による検証が待たれねばならないが、まったく無関係とは言えないであろう。また冷戦の終結は、日本においても、冷戦秩序の国内版であった五五年体制の終焉をもたらした。

こうした国内的・国際的な変動を背景として、アジアに対する戦争責任論議と、「新しい教科書をつくる会」をはじめとする右派の台頭がおこったのが、「第三の戦後」における日本ナショナリズムの情勢といえるだろう。そしてこれらの議論に共通しているのは、「戦後」の問いなおしである。それは、敗戦後の人びとが戦時期を問いなおしたように、冷戦後の日本のナショナル・アイデンティティを定めるために必要とされた行為だったと考えられる。

「護憲」について

このような情勢をふまえたうえで、憲法などの問題について若干の私見を述べる。

敗戦直後において憲法や教育基本法が左派から批判されていたこと、そして左派内部の改憲論議を隠蔽したかたちで「護憲」の「国民連合」が一九五五年ごろに成立したことは、第11章で述べた。しかし筆者はこうした「革新」の意義を肯定する。何といっても、一九五五年前後の改憲機運を阻止したことは、高く評価されるべきである。

第11章で述べたように、当時の保守勢力の改憲案は、第九条の改正にとどまらず、県知事任命制の復活、参議院の推薦議員制復活、男女平等の見直し、言論出版の自由の制限、天皇の元首化などを盛りこんだものであった。こうした改憲が実現していた場合、その後の日本の「安定と成長」がありえたかどうか、筆者は疑問とするところである。

戦後日本の「革新」勢力の一貫性のなさと、政策的な見通し能力の欠如は、しばしば指摘されるところである。しかし一貫性の不足と見通しの欠如は、保守勢力の側も劣らないものであった。敗戦後に「鬼畜米英」を放棄して親米にのりかえた保守政治家の無節操は指摘するまでもないが、彼らが見通し能力において優れていたかどうかもいささか疑わしい。その最大の現われが対アジア外交で、アメリカの力を過信するあまり、ベトナム戦争や中国情勢の将来予測をしばしば誤ることになった。

国内政治においても、前述のような改憲案を検討していたことじたい、当時の保守政治家たちが、敗戦後の国民意識の変化を完全に読み誤っていたとしか考えられない。もし彼らが、より「現実的」な改憲案をつくっていたなら、一九五〇年代には改憲が実現し、保守勢力の伸張と保守二大政党状態が達成されていたかもしれない。幸か不幸か、彼らはそこまで賢明でなかった。そのために、反対勢力が「護憲」という旗印のもとに「国民連合」を形成し、改憲の阻止と社会党の急成長という結果を引きだしたのである。

一九五〇年代中期から左派が憲法や教育基本法の擁護に転じたのは、一面においては政治的打算の産物であり、一面においては保守勢力の改憲攻勢にたいする反発の結果である。しかしさらに一面においては、敗戦直後の憲法批判・教育基本法批判の社会的前提が、変化した結果でもあった。

第4章や第9章で述べたように、敗戦直後に左派から憲法および教育基本法への批判があったのは、これらに盛りこまれた自由主義的な理念が、敗戦後の貧困状態におよそ適合しないものであったからである。しかし一九五〇年代後半には、経済状態も安定し、憲法や教育基本法にうたわれた理念を実現できるだけの社会的基盤が整ってきた。いわば、日本社会の実情が、憲法や教育基本法に追いついてきたのである。

そうした意味では、一九四六年に憲法や教育基本法を批判し、一九五五年以降にはその擁護に転じた論者たちの挙動は、それなりに根拠のあるものと考える。こうした社会的文脈を視野に入れずに、彼らの「変節」を批判するのは、適切ではない。

それでは現在において、憲法や教育基本法を擁護する意味はあるか、筆者は、基本的にはあると考える。

まず敗戦直後と異なり、現代の日本は、憲法や教育基本法の理念を実現できるだけの経済的・社会的基盤を備えている。逆にいえば、敗戦後よりもそれらの理念の実現に適した時代になっているのである。

もちろん、憲法の文言と日本社会の実態には乖離がある。しかし、乖離があるから改正しろという論法は、いささか単純にすぎる。乖離があるのは第九条だけではなく、たとえば第一五条にいう「すべて公務員は、全体の奉仕者であつて、一部の奉仕者ではない」という文言が、日本社会で完全に実現しているとはいえない。しかしだからといって、第一五条は非現実的な理想主義であるから改正しろという意見があれば、およそナンセンスであろう。「現実」と乖離しているものは欺瞞であり、欺瞞は必要ないというのであれば、あらゆる思想や理念は不要である。

それでは、そうした前提に立ったうえで、現行の憲法は擁護する意味があるか。これについては、個々の条文に即して検討するべきだと考える。

たとえば、現行憲法の第一四条には、批判的な意見が存在する。よく知られるように、第一四条は原案（一九四六年二月の総司令部草案第一三条）の段階では、「一切の自然人は法律上平等なり政治的、経済的又は社会的関係に於て人種、信条、性別、社会的身分、階級又は国籍起源の如何に依り如何なる差別的待遇も許容又は意識せらるること無かるへし」というものだった[28]。これを日本政府が変更したため、現行では「すべて国民は、法の下に平等であつて、人種、信条、性別、社会的身分又は門地により、政治的、経済的又は社会的関係において、差別されない」となっている（それぞれ傍点筆者）。ちなみに、現行の教育基本法の第三条も、「すべて国民は、ひとしく、その能力に応ずる教育を受ける機会を与えられなければならない」という規定になっている。

憲法といえば第九条しか議論に上らないという状況は、やはり一九五〇年代以降に成立したものである。第11章で述べたように、敗戦直後には第九条への注目はむしろ少なく、第二四条をはじめとして、日常生活に密着した条文のほうが一般の関心を集めていた。民間からの違憲訴訟が多かったのも、この時期である。

それでは憲法第九条は、擁護する意味があるだろうか。筆者は国内政治や国際政治の専門家ではないが、以下で一個の私見を述べてみたい。

本論で検証したように、第九条はもともと、一九四六年における国際情勢を反映してつくられたものであった。それが冷戦期になって、アメリカの国際戦略にとって障害となり、アメリカと日本の保守勢力による改憲圧力が強まった。しかし一九五五年以後は、日本国内の「革新」勢力が一定数を占めていたことにより、一定規模の自衛隊と憲法第九条の並存という膠着状態が続いてきた。だが冷戦が終結して、日本内部の「革新」勢力が退潮するとともに、アメリカの対日軍事要求がふたたび強まってきた。

しかし一方では、冷戦終結とアメリカとロシアの協調によって、日本に対する安全保障上の脅威は大幅に減少した。北朝鮮はその国力からいっても、日本の軍事的脅威になる可能性はほとんどない。いうなれば現在の国際情勢は、冷戦が激化する以前の、一九四六年前後に類似してきている。その意味では、冷戦期よりもはるかに、第九条が適合しやすい情勢だともいえる。それにもかかわらず、日本の保守勢力に第九条改正を唱える声が絶えないのは、冷戦期の対米追随外交から発想が転換できないからであると考える。

「第二の戦後」では、保守勢力の対米追随は、経済成長の基盤となる市場の獲得につながった。しかしそれはおそらく、二つの要因に支えられていた。一つはくりかえし述べたように、日本内部の「革新」勢力のプレゼンスのために、アメリカが対日軍事要求を控えていたこと。もう一つは、中国が冷戦の敵対陣営にあったため、アメリカは多少の不満があっても、日本をアジアの中核工業国として重視せざるを得なかったことである。

しかしこうした条件が失われた冷戦後の国際情勢において、アメリカからの軍事協力要求に追随することがプラスになるとは思えない。むしろアメリカに与しやすいという印象をあたえ、対日要求をエスカレートさせる効果のほうが大きいだろう。ましてや、第九条を改正することが有利とは、筆者には考えられない。

本論でも明らかにしてきたように、戦後日本の保守ナショナリズムは、改憲や軍備増強をうたえばうたうほど、それが対米従属を深める結果になるというジレンマを負っていた。一般に植民地支配においては、現地の王朝や地主層を宗主国に協力させ、王朝への忠誠を宗主国への忠誠に連結させる間接統治が行なわれる。いわば戦後の保守ナショナリズムは、結果的には、アメリカによる間接統治の手段として機能してきたと考えられる。

丸山眞男は一九五一年の「日本におけるナショナリズム」で、「伝統的シンボルをかつぎ出して、現在まだ無定型のままで分散している国民心情をこれに向って再び集中させる努力が今後組織的に行われることがあっても、そこで動員されるナショナリズムはそれ自体独立の政治力にはなりえず、むしろヨリ上位の政治力――恐らく国際的なそれ、い――と結びつき、後者の一定の政治目的――たとえば冷戦の世界戦略――の手段として利用性をもつ限りにおいて存立を許されるのではないかと思われる」と述べている。そして丸山は、「それをもなおナショナリズムと呼ぶかどうかは各人の自由としよう」と評している(29)。

もちろん、保守ナショナリストの間にも、対米従属状態への不満がないわけではない。しかし彼らの多くは、日米安保体制への抗議を回避し、「アメリカ人」や「白人」への反感という代償行為に流れてしまっている。彼らのもう一つの代償行為は、改憲や自衛隊増強の主張、そして歴史問題や靖国神社、国旗・国歌といったシンボルの政治だが、これもアジア諸地域の反発を招き、さらに対米従属を引きおこす結果となる。第11章で述べたように、アジア諸国の対日賠償要求をアメリカの政治力に頼って回避した時点から、日本の対米従属状態は決定的となったのである。

さらに保守勢力の代償行為は、対米関係をも悪化させる(30)。アメリカの世論には、日本の軍事大国化を懸念する声が強い。一九九九年四月に公表された世論調査では、米軍の日本駐留の目的が「日本の軍事大国化防止」と答えた者がアメリカでは四九パーセント、それに対し「日本の防衛」と答えた者は一二パーセントだった。さらに複雑なのは、対米軍事協力法案であるガイドライン関連法は、自衛隊幹部すら「要するに我々を米軍の荷物運びや基地警備など、使役に出す法律」だと認めているにもかかわらず、「日本の軍事大国化の徴候」として報道する米メディアが少なくなかったことである。そのため、第九条の改正はアメリカ政府の意向に沿っているにもかかわらず、米欧のメディア関係者の間では、「第九条を変えるとなれば、米欧メディアの激しい反応は確実」という観測が存在する。

すなわち、対米従属への不満から改憲や自衛隊増強、あるいは歴史問題などに代償行為を求めれば求めるほど、アジア諸国から反発を買い、欧米の世論を刺激し、アメリカ政府への従属をいっそう深めるという悪循環が発生する。この悪循環を打破するには、アメリカ政府への従属状態から逃れてもアジアで独自行動が可能であるように、アジア諸地域との信頼関係を醸成してゆくしかない。その場合、第九条と対アジア戦後補償は、信頼醸成の有力な方法となるだろう。

なお、対アジア関係でしばしば問題となる靖国神社について付言すれば、第16章でも言及したように、この神社は日本の戦没者すべてを祀ったものではない。政府の定める「戦傷病者戦没者遺族等援護法」および「恩給法」のいずれかの該当者をもとに、戦争による「公務死」と認定された軍人・軍属を中心として、靖国神社が合祀の選定を行なっている。その場合、「公務死」と認定されない空襲などの被害者は含まれず、さらに平病死の軍人軍属、敵前逃亡その他の理由による刑死者、自殺者などは除外するという判断を靖国神社が示した経緯がある。

その結果、太平洋戦争における日本の死者約三一〇万人のうち、靖国神社に祀られている合祀者は、約二一〇万人とされている。すなわちこの神社は、「三百万の死者」を追悼するという目的にも、適さないものといえる。ちなみに、靖国神社は一九七八年にA級戦犯刑死者を合祀したが、皮肉にも昭和天皇はこの合祀に不満であり、側近の証言によれば「陛下は、合祀を聞いた時点で参拝をやめるご意向を示された」という。[31]

一九九九年に成立した国旗国歌法と「日の丸」「君が代」問題については、辛淑玉の以下のコメントがある。[32]「学校における『日の丸・君が代』は、国民国家思想以前の問題、単なる統率の手段として使われているところに根本的な問題があるのです」、「『日の丸・君が代』の押しつけは、教育的信念からなんかやられていない」、「校長先生や体制側の先生たちは」「お上に忠誠を示して自分の老後の安定ブランドを維持するためにやる」、「実施率一〇〇パーセントという数字は偽者教師の数なんです。不愉快ですよ」。

ちなみに一九九九年一〇月の報道によると、千葉県旭市の自民党市議は、「この辺りに日の丸に反対の人はいない。となり近所が旗を揚げれば、自分だけ揚げないのは恥ずかしいと思うのが日本民族」と述べたという。[33] 丸山眞男なら、「それをもなおナショナリズムと呼ぶかどうかは各人の自由としよう」[34] と評するところだろう。

なお辛は、上述の批判と同時に、以下のようなコメントも述べている。「これ〔「日の丸・君が代」問題〕に対して闘う先生方のほうも根性がない。『在日の子どもが』『アジアの子どもたちが』なんですね。そういう言葉を聞くと、あなたはどう思うの？　と聞きたくなる」。

もちろん、この問いに容易に答えられない教師が、一種の建前としてだけ反対を行なっているというわけではないだろう。ただ、心情を表現する適切な「言葉」が見つからないのである。「第一の戦後」の言葉が影響力を失い、「第二の戦後」が終わったいま、新たな「言葉」の創出が必要とされているのである。

言説の変遷と「名前のないもの」

本書はこれまで、戦後日本のナショナリズムと「公」に関する言説の変遷を検証してきた。そこで最後に、いかに新しい「言葉」が発生しうるかの問題について、若干の考察を行なう。

序章でも述べたように、人間は当該社会に共有されていない言葉を使うことはできない。したがって人間は、当該社会を支配している言説(言語体系)の外部に出ることは困難である。

そのことを示す事例として、一九九〇年代の「戦後」批判論の一部をみてみよう。前述したように、「第二の戦後」の終結にあたり、「戦後」を問いなおす議論が台頭した。しかしその特徴は、前提となっている「戦後」観が誤っている場合が多いのと、「戦後」批判が戦後思想の言葉で行なわれているケースが少なくないことである。

たとえば、社会思想史家の佐伯啓思は、「西洋発の近代主義、進歩主義の発想ではだめだ、日本でいえば戦後日本の近代主義ではだめだ」と述べ、「世界市民主義」を批判して「武士的精神」の再評価を唱えている。また彼は、私生活重視の「市民」を批判して、国家に責任をもつ「公民」を賞賛している。彼が執筆に参加して二〇〇一年に出版された「新しい教科書をつくる会」の公民教科書でも、「市民」と「公民」の区別を説き、夏目漱石や福沢諭吉が賞賛され、「『外発的』な近代化」が批判されている。(35)

しかしそうでありながら、佐伯は丸山眞男を「西洋主義者」と批判し、国家への忠誠義務を説く。その前提になっているのは、「戦後民主主義というのは国家を否定して、個人から出発する」という彼の認識である。佐伯によれば、「戦後」とは欺瞞の時代であり、「『日本国家』という『父』」を失った時代である。そして、「『父』が存在しなければ、この意味での自我を形成することができない。現実社会に直面することができない。あるいは、現実に対してリアリティ(現実感)を持つことができない」という。(36)

また批評家の加藤典洋は、一九九七年の『敗戦後論』や一九九九年の『戦後的思考』などで、以下のような主張を行なっている。戦後日本は、「ナショナル」な「旧改憲派」と「インターナショナル」な「旧護憲派」の「人格分裂」をおこした社会である。それは、敗北の痛みと「ねじれ」をうけとることができず、それを隠蔽してきた社会である。この状態を克服するには、アジアの「二千万の死者」よりも先に、日本の「三百万の死者」への追悼を行なうことによって、「歴史を引きうける主体」をつくらねばならないという。

さらに加藤によれば、外部から働きかけるイデオロギーに「抵抗」するのが、文学者にとって重要なことである。外部から超越的な思想をもちこむのではなく、侵略戦争で死んだ自国の「三百万の死者」を弔うことによって、「悪から善を」つくりださねばならない。その好例となるのが、吉田満の『戦艦大和ノ最期』に描かれた臼淵大尉である。そして戦後に肯定すべき部分があるとすれば、それはともすれば批判をうけがちな私利私欲の優先なのであり、そこから出発する以外にはないという。

以上からうかがえるのは、丸山眞男、吉本隆明、江藤淳、竹内好、鶴見俊輔などが創った戦後思想の論調が、混濁したかたちで合成され、佐伯や加藤の言葉を形成していることである。そうでありながら、彼らは丸山や竹内を批判し、自分以外は「全部すべからく戦後的なものに取り込まれてしまっている」と主張したり、自分の主張が「戦後」においてまったく新しい思想だと唱えていたりするのである。(37)

こうした現象が発生するのは、彼ら自身が戦後に生まれ育ち、戦後の言語体系の内部で自己の言葉を形成してきたからである。くりかえしになるが、人間が使用する言葉は、当該社会から与えられた言葉であり、その外部に出たつもりになっても、やはり内部の言葉しか使えない。佐伯と加藤の思想傾向は異なっているが、戦後思想から与えられた言葉の圏内で、幻想の「戦後」と一人相撲をとっているという点では共通しているのである。

しかも両者に共通した特徴は、彼らの「戦後」観が「第二の戦後」につくられたものでありながら、その「戦後」を批判するさいには「第一の戦後」の言葉を使っている場合が少なくないことである。すなわち、「五五年体制」や「旧護憲派」「旧改憲派」を批判するために、「公民」の賞賛や戦死者への追悼などが唱えられているのである。

こうした現象がおこるのは、彼らが「第二の戦後」――彼らはこれを「戦後」だと考えている――を批判するために、その外部にある言葉を捜そうとしているからである。戦後に生まれ育った彼らのボキャブラリーのなかで、「第二の戦後」を相対化できる言葉を捜すとすれば、彼らが過去に直接ないし間接に、あるいは意識さえしない状態で吸収した「第一の戦後」の言葉の残滓しかないであろう。彼らは「第二の戦後」の言葉しか意識的には知らないから、「第一の戦後」の言葉を語ることが、あたかも「戦後はじめて」のように感じられるのではないか。

もちろん彼らは、「第一の戦後」の思想に対して系統的な理解をしていない。したがって、その言葉の使い方も頽廃したものとなる。たとえば佐伯は、「武士的精神」や「公民」を強調しながら、最終的には丸山眞男を批判して、単純な国家への忠誠論に行きついてしまう。

また加藤は、侵略戦争という「汚れた」戦争の戦死者を追悼することによって、自己の内部の暗黒とむきあい、「悪から善を」を生みだすことを唱える。しかし加藤自身には戦争体験はないから、「内部」の暗黒といっても、竹内や鶴見のように「自分の内部」ではありえない。そのため加藤の議論は、「自己」の内部がいつしか「自国」の内部に転換してしまい、「三百万の死者」への追悼という主張にすりかわってしまっている。

「戦後」を批判すると自称する論調が、戦後思想が生みだした言葉の頽廃した形態によって営まれているという状況は、戦後思想の影響力が完全に「終わった」ことを示しているといってよいだろう。すなわち現在の日本の言語状況は、「第二の戦後」が批判されながら、「第一の戦後」の思想も影響力を失い、しかもそれらを超える言葉が生みだされていないというものなのである。

こうした状況にたいし、近年では、戦後思想のナショナリズムと現在の右派ナショナリズムの共通性を指摘する論調も存在する。たとえば政治思想研究者の川本隆史は、一九九八年に「新しい歴史教科書をつくる会」と国民的歴史学運動の類似性を指摘した。歴史家の西川長夫もそれを受けて、「つくる会」の論調が「竹内好、石母田正、上原専禄などの言説と類似してきた」と述べ、戦後歴史学は「国民国家」の発想の枠内にいたと批判している。[38]

しかし筆者は、言葉の表面的な類似性から、戦後思想と現在の右派の共通性を論じるのは、議論が単純すぎると考える。そもそも、言葉の類似性だけを云々するのであれば、西川が支持している一九九〇年代の国民国家論も、部分的には戦中の「世界史の哲学」と類似していることになる。

筆者は、西川らの国民国家批判に(原理的には)賛同するものであるから、これを「世界史の哲学」と同列視するつもりはない。しかし「戦後」を批判する多くの論調がそうであるように、西川らの「戦後」批判もまた、既存の言語体系の域内から、完全に逃れているわけではないのである。

序章でも述べたように、本書の目的の一つは、現在のわれわれを拘束している「戦後の言葉」の性格を明らかにし、その拘束と限界を超えて、新しい時代に即した「言葉」を模索することである。しかしその作業は、安易な「戦後」批判によって達成できるものではない。そのためには、戦後思想の最良の部分を再現し、戦後思想によって創られた言語体系の全体像を明らかにすることが必要だというのが、序章で筆者が主張したことである。

それでは、戦後思想の全体像が(限界はあるにせよ)あるていど明らかになったいま、「第三の戦後」にふさわしい言葉の模索は、どのようにあるべきか。あるいは、「第三の戦後」において、日本のナショナリズムはいかにあるべきなのか。こうした問題に、唯一絶対の解答を示すことは筆者の力量をこえるし、また行なうべきでもないと考えるが、試みにいくつかの示唆を述べてゆきたい。

本論で検証してきたように、戦後思想は既存の言葉の読みかえによって変遷してきた。戦後思想に対する最大の誤解の一つは、それが「欧米から輸入された」という見方である。戦争その他の社会変動によって、以前の言語体系が適合しない社会状況になってしまったとき、戦後知識人たちは戦中思想の読みかえや、アメリカから与えられた憲法の領有によって、戦後の言葉を創りあげてきた。

こうした戦後思想が、多くの人びとに受けいれられていったのも、それが既存の言葉の読みかえであったことに一因がある。まったく新しい言語体系を「輸入」しても、多くの読者は、それを共有することができにくい。自分があらかじめ内部にもっている既存の言葉に、思いがけない読みかえが提示され、それまで言葉にならなかった心情の表現手段として適当であると感じられたとき、その「言葉」は読者に届く。逆にいえば、与えられた言葉に違和感を覚えたとき、人はその言葉を「輸入」されたものとみなすのである。

もちろん一方では、第8章や第9章でみたように、戦中の言語体系が戦後の表現や実践を制約していた事例も少なくなかった。しかしそうした制約があったにせよ、読みかえの過程で、「近代」「民族」「市民」といった言葉は新しい意味を与えられ、心情の表現手段とされてきたのである。

そこで今後のナショナリズムの展望だが、筆者は原則的には、ナショナリズムを一様に全否定することは、さほど意味をもたないと考える。「ナショナリズム」とは何かを筆者なりに定義すれば、心情の表現手段として「民族」や「国家」という言葉が採用された状況、ということができる。その場合の心情はきわめて多様であり、権力志向や他者への悪意もあれば、反権力志向や他者への連帯願望もある。そうした個々の文脈を無視して、一括して「ナショナリズム」という総称を与え、それを肯定したり否定したりしても、どれほど意味があるのか疑問である。

なにより、広義の「ナショナリズム」を全否定するということは、果たして可能なのか。ナショナリズムを全否定して「個人」を掲げる思想は、ある時期までの戦後思想ではほとんど唱えられたことがない。多くの戦後思想は、何らかの公的な共同性――それは「国民」「民族」「市民」「人間」などさまざまな呼称で表現されたが――を追求していた。その場合、「国民」や「民族」はもちろん、六〇年安保闘争やべ平連などで唱えられた「市民」や「人間」も、ナショナリズムを全否定するものではなかった。

一般に戦後知識人は、権力機構としての国家は批判したが、ナショナリズムにはむしろ肯定的だった。別の言い方をすれば、彼らは国家という単位とは別個の「ナショナリズム」を語っていた。そうした意味では、「国家に抗する市民」という表現も、当初は一種の「ナショナリズム」として現われたものであり、「国家に抗するナショナリズム」であった。もちろん、丸山の表現を逆転させれば「それをもなおナショナリズムと呼ぶかどうかは各人の自由」だが、何らかの共同性や公共性を想定しているかぎり、広義の「同胞愛」を全否定できるのか一考の余地がある。

戦後知識人のなかで、そうした流れの例外だったのは、あらゆる「公」を批判した吉本隆明である。しかし、家族以外の他者を必要としない「自立」を理想とする吉本の思想は、他者と結びつく回路が欠落している。そのため、たとえば加藤典洋のように、吉本の影響をうけた論者が、吉本思想の自家中毒状態から脱して他者との回路を探ろうとすると、「三百万の死者」への追悼に飛躍してしまうという現象もおこっている。

もちろん戦後思想は、前述したように多くの限界を抱えていた。しかし筆者は、そうした欠陥と限界をふまえたうえで、戦後思想の「ナショナリズム」に読みなおしを施すことを考える。その場合に参考になるのが、近年の在日コリアンや沖縄の「ナショナリズム」である。

とくに在日の「民族主義」は、日本・韓国・北朝鮮などの政府や領土とは、異質なところで育まれた「民族主義」である。また近年では、日本国籍を取得した者や、日本語しか話せない者も多いため、国籍や言語も「民族主義」の基盤に必ずしもなっていない。それはすなわち、政府・領土・言語・国籍などに回収されえない、ある種の共同性の希求に、「民族主義」という名称がついている状態である。

上野千鶴子は二〇〇一年に、ある「在日韓国人男性」から、「在日ナショナリズムと呼ばれるものは、その実ナショナリズムではない」という発言を聞いたという。上野によれば、「それは同化を強制する日本のナショナリズムには抗するが、だからといって韓国や朝鮮のナショナリズムに同一化するわけではない」。そして「在日ナショナリズムは『領土なきナショナリズム』『ナショナリズムに抵抗するナショナリズム』、いまだ適切な表現が生まれていないためにまちがって『ナショナリズム』と呼ばれている」「『反権力と自由の思想』の別名」だという。(39)

筆者は、この上野の評価を、もう一歩別の方向に進める。こうした「在日ナショナリズム」を、「ナショナリズム」とよぶのは、「まちがって」いるのだろうか。「民族」という言葉を在日が使用しているのは、「まちがった」ことなのだろうか。人は何の権利があって、それを「まちがって」いると言えるのだろうか。

これはつまり、以下のようなことでもある。既存の「民族」という言葉は、政府や領土と一体になった集団を指している。しかしだからといって、それとは別種の「民族主義」が生まれているのは、「まちがって」いるのだろうか。それは逆に、既存の「民族」概念に拘束されている判断ではないか。むしろ、「それをもなおナショナリズムと呼ぶかどうかは各人の自由としよう」と言うほうが、よりましな姿勢ではないだろうか。

こうした「ナショナリズム」は、ごく例外的なものなのだろうか？　筆者は、必ずしもそう考えない。筆者はフランス史の専門家ではないが、フランス革命で成立した状態は、元来は一九六〇年初夏の東京で発生したような、名前のつけようのない状態だったのではなかったかと想像する。

自己の喜びが他者の喜びでもあり、他者の苦痛が自己の苦痛であり、自己と他者を区分する既存の境界が意味を失うような現象は、二人という単位で発生すれば「恋愛」という名称が付される。しかし、それが集団的に発生した場合の名称は定まっていない。それに「革命」という名称がつくか、「市民」という名称がつくか、「人間」という名称がつくか、はたまた「ネイション」という名称がつくかは、偶然の問題だったのではなかろうか。

しかし、こうした状態に特定の名前がつけられ、さらに「ネイション」や「市民」の名を冠した国家が、それらの言葉を権力行使の正当化に利用し始めたとき、「ナショナリズム」は抑圧的なものに変化する。その状態では、「ネイション」もまた、国籍その他によって区分された集団の名称に化してしまうのである。

だが一方でこれは、「ネイション」に限らず、どんな言葉でも発生しうる現象である。たとえば「革命」の名を冠した国家体制があれば、その国家内の言語体系では、「革命」は抑圧的な言葉になるかもしれない。「恋愛」の名を冠した体制があれば、「恋愛」は唾棄すべきものになるだろう。しかし逆にいえば、政府や領土とは無縁の「国家に抗するナショナリズム」のほうが、現在のわれわれが馴染んでいる「ナショナリズム」よりも、先に出現した現象だったかもしれないのである。

主権国家というものは、基本的には暴力を独占し、域内の暴力をコントロールする制度として成立した。具体的には、殺人を犯して罪に問われないのは、国家の公認による場合だけである。ただしこうした制度に暴力を独占させる代わりに、政教分離によって精神的な価値は与えないというのが、元来の主権国家制度だった。

しかし、「ネイション」を冠した国家が出現した時点から、主権国家は精神的権威までも獲得した。その意味でいえば、「国民国家」とは、「ネイション」の名称を簒奪した国家体制だともいえる。(40)　だが、こうした状態で成立した「ネイション」を唯一絶対のものと考え、たとえば「在日ナショナリズム」を「ナショナリズム」であるという理由だけで批判することには、筆者は賛同できない。

もちろん筆者は、「ナショナリズム」とよばれる現象のマイナス面を承知しているから、「ナショナリズム」という言葉の復権を唱える意志はない。また「本来のナショナリズム」を仮想して、そこから現状のナショナリズムを「逸脱」などと批判するつもりもない。ただここで指摘したいのは、「ナショナリズム」が読みかえによって変容することが、必ずしも特異でも新奇でもない現象かもしれないということなのである。

本論中でも述べたように、自己が自己であるという感触を得ながら、他者と共同している「名前のない」状態を、戦後知識人たちはあるいは「民族」と呼び、あるいは「国民」と呼んだ(41)。それを「ナショナリズム」だったと批判することは、たやすいが無意味なことである。そして、それらの言葉で表現されていた心情は、たとえば全共闘の「連帯を求めて孤立を恐れず」というスローガンや、べ平連が唱えた「ふつうの市民」という言葉や、前述の「在日ナショナリズム」の言葉で表現されていたものと、それほど隔たっていたとは筆者には思われない。

すなわち、本書の結論は、以下のようになろう。新しい時代にむけた言葉を生みだすことは、戦後思想が「民主」や「愛国」といった「ナショナリズム」の言葉で表現しようと試みてきた「名前のないもの」を、言葉の表面的な相違をかきわけて受けとめ、それに現代にふさわしいかたちを与える読みかえを行なってゆくことにほかならない。それが達成されたとき、「戦後」の拘束を真に乗りこえることが可能になる。そして本書を通読した読者にとって、そのための準備作業は、すでに終わっているはずである。

そのとき、その「名前のないもの」に結果として与えられる、仮の名称がどのようなものになるのかは未知である。そして、「それをもなおナショナリズムと呼ぶかどうかは各人の自由としよう」。いずれにせよわれわれは、この「名前のないもの」を、過去において求め、現在において求め、また未来においても求めているであろうことは、確かなのである。

注

序　章

(1) 加藤周一「松山の印象」(『雑種文化』講談社文庫、一九七四年。初版一九五六年) 一八五―一八六頁。丸山眞男「日本におけるナショナリズム」(『丸山眞男集』岩波書店、一九九五―九七年) 第五巻七二―七三頁。
(2) 小田実「『道義国家』から『痩せたソクラテス』まで」(『小田実全仕事』河出書房新社、一九七〇―七八年) 第八巻一四五頁。
(3) 柄谷行人・福田和也「江藤淳と死の欲動」(『文学界』一九九九年一一月号) 一六頁。
(4) 小林よしのり・福田和也・佐伯啓思・西部邁『国家と戦争』(飛鳥新社、一九九九年) 二八頁。佐伯啓思「戦後民主主義とは何だったのか」(実践社編集部編『現代日本論』実践社、二〇〇一年) 三九、五一頁。
(5) 西尾幹二『国民の歴史』(扶桑社、一九九九年) 六八二、六八〇頁。
(6) 加藤典洋『敗戦後論』(講談社、一九九七年) 二九、三五頁。
(7) 都築勉『戦後日本の知識人』(世織書房、一九九五年)。この「市民社会青年」という言葉は、一九五九年に内田義彦が書いた論文「知識青年の諸類型」(『内田義彦著作集』第五巻、岩波書店、一九八八年に所収) で唱えられたものである。内田は近代日本の「知識青年」を分類するにあたり、人格形成期が①明治初年から自由民権運動期だった「政治青年」、②日清戦争前後だった「文学青年」、③大正中期以降の動乱期だった「社会青年」、④昭和期の「政治的窒息の時代」だった「市民社会青年」の四類型を提唱している。内田は「政治青年」を「明治青年」、「市民社会青年」を「昭和青年」とも呼称している。都築はこの類型を受けつぐかたちで議論を展開したわけだが、こうした世代類型論は第5章などで述べるように敗戦直後からよく見られるものであり、明らかに敗戦直後の「オールド・リベラリスト」たちへの反感から発明された図式を、明治思想にまで投影したものである。しかしこの図式は、のちには明治思想史研究にも影響を与え、現代でも例えば木村直恵『〈青年〉の誕生』(新曜社、一九九八年) などにこの図式の残影がみられる。いずれにせよ、この「市民社会青年」という類型は一九五九年のものであり、一九五五年以前のものではない。
(8) たとえば都築の『戦後日本の知識人』八七頁では、清水幾太郎の一九五一年の著作『市民社会』(創元文庫) の著者解題における「市民社会」の定義を引用している。ここで清水は、明らかに「市民社会」を「ブルジョア社会」の同義語として使用し、「市民社会」は封建社会や絶対王政よりは前進しているものの、限定的な評価しか与えられないものとみなしている。

しかし都築は、こうした清水をも「市民社会青年」に含めようとするために、清水の「市民社会」観についてあいまいな評価にとどめている。なお清水幾太郎の思想については、本書では十分に論じることができなかったが、別稿で検証することとしたい。

（9）以下、竹田青嗣・小林よしのり・橋爪大三郎『正義・戦争・国家論』（径書房、一九九七年）二二九、二二八、一一二、一一〇頁。なお同書二二三頁では、吉本隆明が一九九〇年代後半の薬害エイズ問題での小林よしのりの挙動を「市民主義者の倫理主義的なスキャンダリズム」と形容したことについて、竹田青嗣は「吉本隆明の使う『市民主義』という言葉は、反体制を言う人たちのこと」だと述べている。しかし本書第14章の検証をふまえて筆者の私見を述べれば、吉本がここで述べている「市民主義者」とは、弱者に対する倫理的罪責感で行動する人びとのことであろう。

（10）こうした「構造」や「体系」を強調した呼称をあえて本文中の記述に採用したのは、筆者がこれまでの著作で「言説」という言葉を使用したさいに、読者の間に誤解が少なくなかったからである。筆者はこれまでの著作においても、個々の「論調」をこえたレベルの「言説」の変動を研究対象にしてきたが、単なる文書史料研究と誤解された部分があった。基本的に、筆者は概念用語の整備にはあまり関心がないが、ここであるていど明確に整理しておく。

（11）山本明『戦後風俗史』（大阪書籍、一九八六年）一七五頁。

（12）本書では、さまざまな論調を検証するにあたり、しばしば「心情を表現する」といった記述を行なっている。心情が言語表現の残余であるのに、「心情を表現する」と記述することは矛盾である。より正確に記述するなら、「何らかの言語表現を行なうことによって、表現不十分であるという心情が生じる。それによって、さらなる言語表現の模索が行なわれる」という過程を、本書では短縮して「心情を表現する」と呼称したということになろう。また何らかの言語表現を行なうことによって、いわば「余白」や「行間」として心情が「表現」されるというケースも存在しうる。なおこの「心情」は、筆者が前著『〈日本人〉の境界』（新曜社、一九九八年）で「願望」と呼んでいたものを考察しなおした概念である。

（13）強いていえば、色川大吉が『明治精神史』（講談社学術文庫、一九七六年。初版一九六四年）で唱えた「精神史」というアプローチが、本書でいう「心情」と重なる対象を扱っているともいえる（もちろん完全に重なっているわけではない）。ただし色川は、「頂点的知識人」と一般民衆の思想がまったく切断されているという観点に立っているが、本書はそのような立場をとらない。色川の主張の論拠は、「頂点的知識人」は西洋思想に影響されており、したがって民衆から孤立しているというものである。しかし本論で明らかにするように、知識人が西洋思想に「影響」されていたからといって、その論調が同時代の人びとの心情から孤立していたという結論は、ただちに導かれるものではない。

(14) ジョン・ダワー『敗北を抱きしめて』(三浦陽一・高杉忠明・田代泰子訳、岩波書店、二〇〇一年)上巻三一四―三一五頁。
(15) こうした領有 appropriation については、とりあえずロジェ・シャルチエ『書物の秩序』(長谷川輝夫訳、ちくま学芸文庫、一九九六年。初版一九九三年)などを参照。
(16) こうした現象に名称を付けるとすれば、鶴見俊輔のいう「誤解する権利」に倣って、「誤読」という名称が考えられると思う。鶴見の思想については、第16章参照。
(17) 石田雄『近代日本の政治文化と言語象徴』(東京大学出版会、一九八三年)。さらに石田雄『日本の政治と言葉』(東京大学出版会、一九八九年)も参照。『丸山眞男集』第八巻二三五頁。
(18) なお本書で検証される論調には、女性によるものは少ない。これは意図的な選択ではなく、「代表的」とされる論調を検証対象にした結果、女性のものが入らなかったということである。
本書で扱うのは、戦後日本における、ナショナリズムと「公」をめぐる言説である。これはいわば、「天下国家」をめぐる言説、俗な表現をすれば「男子いかに生きるべきか」をめぐる言説であるといってもよい。女性による論調が少ないのは、そもそもこうしたテーマ設定のためもあろう。読者のなかには、本書で検証されている論調において、「武士道」「男らしさ」「パンパン」といった言葉が頻出することに、いささか辟易する向きもあるかもしれない。とはいえこうした男性知識人たちが築いた言語体系は、女性をも含めて、戦後日本での「天下国家」を論じる言葉づかいを拘束している。その拘束を明らかにすることが、本書の目的でもある。

またこれも本書で明らかにするように、「武士道」や「男らしさ」といった言葉づかいには、戦争と敗戦によって傷ついた戦後日本の男性知識人の心情が反映されている。いわば本書は結果として、戦後日本の男性知識人の言説と心情を検証した、一種の男性学という側面をもっているかもしれない。アリバイ的に女性の論調を検証対象のなかに増やすよりも、男性知識人たちが創りだした論調の検証に徹したほうが、女性学が提起した問題意識に誠実に対応しうると考えた部分もある。

第1章

(1) 本章で記述する内容は、厳密には研究という性格のものではない。史料の選択もやや恣意的というほかなく、また印象論的な手記を数多く使用しているので、史料批判という点ではいささか甘い部分も存在する。しかしながら、公式資料などには記載されない戦中の「雰囲気」の描写のために、本文のような記述の方法を行なわざるを得なかった。本章の記述は、第2章以下の検証の背景説明として、不可欠なものである。
(2) 奥宮正武『太平洋戦争、五つの誤算』(朝日ソノラマ、一九九七年。初版一九九四年)一七〇頁。
(3) 堀栄三『大本営参謀の情報戦記』(文春文庫、一九九六年。初版一九八九年)一〇一、一〇二頁。
(4) 同上書三三三頁。
(5) 同上書三三四頁。

(6) 淵田美津雄・奥宮正武『ミッドウェー』(PHP文庫、一九九九年。初版一九五一年)三七六頁。
(7) 大井篤『海上護衛戦』(朝日ソノラマ、一九九二年。初版一九五三年)一三〇―一三一頁。
(8) 同上書一一六頁。
(9) この形容は大岡昇平『レイテ戦記』(『大岡昇平集』岩波書店、一九八二―八四年、第九巻および第一〇巻に所収。初版一九七一年)第九巻二六四頁より。
(10) 同上書二六四頁。
(11) 吉田俊雄『最後の決戦・沖縄』(朝日ソノラマ、一九八五年。初版一九六九年)二〇五頁。
(12) 大岡集第一〇巻一四六頁。
(13) 宮本郷三『隼のつばさ』(光人社NF文庫、二〇〇一年。初版一九六八年)一一七頁。この描写の史料的信憑性は定かでないが、このような噂がパイロット内で出まわっていたということが、当時の士気状況を示している史料として引用した。
(14) 神立尚紀『零戦 最後の証言』(光人社、一九九九年)一七二頁。
(15) 加藤寛一郎『零戦の秘術』(講談社文庫、一九九五年)三〇八頁。本書は坂井三郎元中尉のインタビュー録である。
(16) 神立前掲書四三頁。発言者は志賀淑雄元少佐。
(17) 大岡集第九巻二八〇頁。沖縄戦の時点における噂である。
(18)「大和」出撃の経緯は吉田前掲書一八六―一九二頁。
(19) 宇垣纏『戦藻録』(原書房、一九六八年)四八八頁。
(20) 岩本徹三『零戦撃墜王』(今日の話題社、一九八六年)二六五頁。
(21) 加藤前掲書三〇四頁。
(22) 渡辺洋二『液冷戦闘機 飛燕』(朝日ソノラマ、一九九二年。初版一九八三年)三六―三七頁。
(23) 遠山茂樹・今井清一・藤原彰『新版 昭和史』(岩波新書、一九五九年)二二三頁。
(24) 碇義朗『決戦機疾風 航空技術の戦い』(光人社NF文庫、一九九六年。初版一九七六年)二五〇頁。
(25) 遠山・今井・藤原前掲書二二一頁。
(26) 以下、武田の引用は武田清子「工場に見た嘘と貝殻人間像」(『芽』一九五三年八月号)四〇頁。
(27)『小泉信三全集』(文藝春秋、一九六七―七二年)第一五巻四五五頁。
(28) 本多顕彰『指導者』(光文社、一九五五年)一四九頁。
(29)『天野貞祐全集』(栗田出版会、一九七〇―七二年)第四巻五五頁。
(30) 武田前掲論文四一頁。
(31) 橘孝三郎『日本愛国革新本義』(高橋正衛編『国家主義運動』、『現代史資料』第五巻、みすず書房、一九六四年に所収。初版一九三二年)七八頁。
(32) 津田道夫『日本ナショナリズム論』(盛田書店、一九六八年)六三頁。
(33) 遠山・今井・藤原前掲書二二五、二二七頁。公定配給料は同書二二四頁。

(34) 丸山集第三巻二三頁。

(35) 松浦総三『体験と資料 戦時下の言論統制』(白川書院、一九七五年)七九頁。引用原文は漢字片仮名文。

(36) 清沢洌『暗黒日記』(岩波文庫、一九六〇年)一九四四年二月一〇日分。

(37) 以下、柴田の回想は柴田道子「戦争が生んだ子どもたち」(『思想の科学』一九五九年八月号)二〇—二四頁より。

(38) 『竹内好全集』(筑摩書房、一九八〇—八二年)第八巻二二〇頁。山中恒『子どもたちの太平洋戦争』(岩波新書、一九八六年)一七九頁。

(39) 渡辺清『砕かれた神』(朝日選書、一九八三年。初版一九七七年)一五二頁。

(40) 『内田善彦著作集』(岩波書店、一九八八—八九年)第一〇巻二二頁。渡辺前掲書一〇五頁。

(41) 奥野健男「解説」(『昭和戦争文学全集』第四巻、一九六四年)四九四—四九五頁。奥野は敗戦時に一七歳であったが、第14章や結論などで述べるように、この世代は社会の複雑さを知らなかったため、政府の公式スローガンを信じやすかった世代である。奥野の解説は、年長世代の知識人が直面していた言論弾圧を捨象して、もっぱら心理的側面から当時の状況を論じた不十分なものだが、一面の事実を示すものとして引用した。

(42) 引用は竹内好「近代の超克」(竹内全集第八巻に所収)二六頁より重引。坂口安吾や徳田秋声の開戦時の文章は前掲『昭和戦争文学全集』第四巻参照。

(43) 石川達三「国富としての文学」(『文藝』一九四二年一月号)一七頁。島木健作「十二月八日」(『文藝』一九四二年一月号)二五頁。

(44) 出隆「親孝行」(『改造』一九四三年三月号)一三八頁。

(45) 秋山邦雄・鈴木庫三・黒田千吉・荒城季夫・上郡卓「国防国家と美術」(『美術』一九四四年五月号、『美術手帳』一九七七年九月号に所収)一〇一、一〇二、一〇九、一〇四頁。発言者は秋山少佐と鈴木少佐。

(46) 『平野謙全集』(新潮社、一九七四—七五年)第一巻一八九頁。

(47) 宗像誠也『私の教育宣言』(岩波新書、一九五八年)一八〇頁。

(48) 小田切秀雄「文学における戦争責任の追及」(日高六郎編『戦後思想の出発』、『戦後日本思想大系』第一巻、筑摩書房、一九六八年に所収)二二四頁。

(49) 本多前掲書五三—五四、五七頁。

(50) 本多前掲書七九頁。

(51) 本多前掲書六四頁。

(52) 『清水幾太郎著作集』(講談社、一九九二—九三年)第一四巻四八頁。

(53) 本多前掲書七四頁。

(54) 長尾和郎『戦争屋』(妙義出版、一九五五年)五八頁。

(55) 『荒正人著作集』(三一書房、一九八三—八四年)第一巻一一六、一一九頁。

(56) 前掲「国防国家と美術」一〇四、一〇八頁。
(57) 本多前掲書七四頁。
(58) 安田武「知識人の善意主義」(『思想の科学』一九六二年四月号) 九〇頁。
(59) 日本戦没学生記念会編『きけ わだつみのこえ 第二集』(岩波文庫、一九八八年) 二五三頁。
(60) 同上書二六四、一八六頁。
(61) 飯塚浩二編『日本の軍隊』(岩波書店、一九九一年。初版一九五〇年) 九九頁。
(62) 藤岡明義『初陣の記』(朝日新聞出版サービス、一九九九年) 三八頁。前掲『きけ わだつみのこえ 第二集』一八一、一九三頁。
(63) 伊藤隆・御厨貴・飯尾潤編『渡邉恒雄回顧録』(中央公論新社、二〇〇〇年) 四二頁。木俣滋郎『陸軍航空隊全史』(朝日ソノラマ、一九八七年) 二〇〇頁。
(64) 加藤寛一郎前掲書三二〇、三二一頁。
(65) 丸山集第三巻三三一—三四頁。
(66) 前掲『きけ わだつみのこえ 第二集』一九五頁。
(67) 日本戦没学生記念会編『新版 きけ わだつみのこえ』(岩波文庫、一九九五年) 二〇八頁。
(68) 鶴見俊輔「新しい開国」(『鶴見俊輔集』続一巻、筑摩書房、二〇〇〇年) 二〇八頁。読み書き能力調査委員会『日本人の読み書き能力』(東京大学出版部、一九五一年)。
(69) 梅原猛「京都学派との交渉私史」(『思想の科学』一九五九年八月) 三五頁。
(70) 前掲『きけ わだつみのこえ 第二集』一七八頁。安田前掲論文九〇頁。
(71) 梅原前掲論文三五頁。多田道太郎『複製芸術論』(講談社学術文庫、一九八五年。初版一九六二年) 二八二頁。
(72) 『野間宏集』(『新日本文学全集』第二七巻、一九六二年) 七七頁。
(73) 『全集黒澤明』(岩波書店、一九八七—八八年) 第二巻一九四頁。
(74) 飯塚編前掲書一五六頁。石田雄「丸山眞男と軍隊体験」(『丸山眞男戦中備忘録』解説、日本図書センター、一九九七年) 一七〇頁。丸山集第五巻六八—六九頁。
(75) 前掲『新版 きけ わだつみのこえ』三〇五頁。
(76) 判沢弘「歪曲された農民兵士像」(『思想の科学』一九六二年四月号) 一〇一頁。
(77) 多田前掲書二九三頁。
(78) 前掲『新版 きけ わだつみのこえ』二五一頁。前掲『きけ わだつみのこえ 第二集』二二二、二三三頁。
(79) 前掲『新版 きけ わだつみのこえ』三七三—三七四頁。
(80) 同上書二五一頁。前掲『きけ わだつみのこえ 第二集』一九三頁。
(81) 奥宮前掲書九九頁。
(82) 小田実『「ベ平連」・回顧録でない回顧』(第三書館、一九九五年) 四九五頁。

(83)森武麿『アジア・太平洋戦争』(『日本の歴史』第二〇巻、集英社、一九九三年)二八九頁。
(84)杉山龍丸「ふたつの悲しみ」(『声なき声のたより』一九六七年一一月。高畠通敏編『日常の思想』、『戦後日本思想大系』第一四巻、筑摩書房、一九七〇年に所収)二六三、二六五―二六六頁。引用にあたり、改行をやや減らした。
(85)松浦前掲書六六頁。
(86)天野全集第四巻三一四頁。
(87)渡辺前掲書二三九頁。
(88)前掲『新版 きけ わだつみのこえ』四五四頁。
(89)丸山集第四巻一一二頁。
(90)『中野好夫集』(筑摩書房、一九八四―八五年)第二巻五〇―五一頁。中野が引用した大西瀧次郎海軍中将は、敗戦後に特攻隊員に「深謝」する遺書を残して自決した、数少ない軍人の一人である。しかし自決したとしても、為政者としての失敗の責任は変わらないものとして、中野は大西を引用して「無責任」を批判したものと考えられる。
(91)真継伸彦「小田実の啓示」(小田全仕事第一巻解説)四一五頁。
(92)マーク・ゲイン『ニッポン日記』(井本威夫訳、ちくま学芸文庫、一九九八年。初版一九五一年)一一二頁。
(93)丸山集第五巻六九頁。小田切秀雄「転向の問題」(栗原幸夫編『戦後の始まり』、『コメンタール 戦後50年』第一巻、一九九五年に収録)一八〇頁。
(94)『坂口安吾全集』(筑摩書房、一九九八―二〇〇〇年)第一一巻二七四、二七五頁。
(95)赤塚行雄『戦後欲望史』(講談社文庫、一九八四年)第一巻二二五頁。
(96)福田定良「敗戦と兵隊」(『中央公論』一九四七年一〇月号。久野収・神島二郎編『「天皇制」論集』三一書房、一九七四年に再録)二九三、二九四頁。
(97)吉野源三郎「人間への信頼」(鶴見俊輔編『平和の思想』、『戦後日本思想大系』第四巻)一五八―一五九頁。
(98)前掲『新版 きけ わだつみのこえ』四二四頁。

第2章

(1)丸山眞男と大塚久雄、とくに丸山を論じた著作は、きわめて多い。著名な例としては、第14章で検証する吉本隆明の丸山論があり、また色川大吉ら「民衆史観」からの「近代主義者」としての丸山批判がある。丸山を中心に戦後思想を論じた代表的研究としては、序章で言及した都築勉『戦後日本の知識人』がある。
　近年では丸山の死と前後して、『現代思想』二二巻一号(一九九四年)、『大航海』一八号(一九九七年)、『情況』第二期八巻一号(一九九七年)、『思想』八八三号(一九九八年)などが丸山論の特集を組んでおり、『丸山眞男集』(岩波書店、一九九五―九七年)の各巻の解説があるほか、笹倉秀夫『丸山真男論ノート』(みすず書房、一九八八年)、米原謙『日本的「近代」

への問い』（新評論、一九九五年）、石田雄・姜尚中『丸山眞男と市民社会』（世織書房、一九九七年）、情況出版編集部編『丸山真男を読む』（情況出版、一九九七年）、間宮陽介『丸山眞男』（筑摩書房、一九九九年）、今井伸英『丸山眞男と戸坂潤』（論創社、二〇〇〇年）、宮村治雄『丸山眞男『日本の思想』精読』（岩波現代文庫、二〇〇一年）、長谷川宏『丸山眞男をどう読むか』（講談社現代新書、二〇〇一年）、冨田宏治『丸山眞男』（関西学院大学出版会、二〇〇一年）、大隅和雄・平石直昭編『思想史家 丸山眞男論』（ぺりかん社、二〇〇二年）などがある。研究論文としては、米谷匡史が「丸山真男の戦後批判」（『現代思想』二二巻一号）および「丸山真男と戦後日本」（前掲『丸山真男を読む』所収）を、葛西弘隆が「丸山真男の『日本』」（酒井直樹、ブレット・ド・バリー、伊豫谷登士翁編『ナショナリティの脱構築』柏書房、一九九六年）および「ナショナル・デモクラシーと主体性」（『思想』八九六号、一九九九年）を、仲内英三が「丸山真男における『近代的なもの』の可能性の条件」（『早稲田政治経済学雑誌』三三二号、一九九七年）を書いている。そのほか、田口富久治が『戦後日本政治学史』（東京大学出版会、二〇〇一年）などで丸山を論じているほか、溝部英章、李鎔哲、松岡幹夫、区建英、権左武志、吉永潤、野田裕久、井口吉男、金栄鎬などの論文がある。

大塚久雄については、柳沢治「戦時期日本における経済倫理の問題」（『思想』九三四―九三五号、二〇〇二年）および中島健二「大塚久雄の近代社会像再考」（『金沢大学経済論集』三三号、一九九六年）などがある。

そうしたなかで、丸山および大塚と総力戦の関係に言及した流れとしては、山之内靖の問題提起を受けて大塚の思想を論じたヴィクター・コシュマン「規律的規範としての資本主義の精神」（山之内靖、ヴィクター・コシュマン、成田龍一編『総力戦と現代化』柏書房、一九九五年）および柳沢前掲論文、また中野敏男『大塚久雄と丸山眞男』（青土社、二〇〇一年）などがある。山之内靖の関係著作には、『日本の社会科学とヴェーバー体験』（筑摩書房、一九九九年）がある。

本章は、大塚と丸山の思想が、総力戦体制から派生したとみなす点において、中野前掲書に賛同する。しかし中野は、大塚と丸山の思想が総力戦の合理的遂行を唱えるものだという点を強調するあまり、彼らの思想が時局批判でもあったことを軽視している。中野は「戦時期が国民総動員を基盤にした文字通りの総力戦体制下にあり、国民の『最高度自発性』にこそ依拠する戦時体制」だったという前提から検証を行なっている（一七二―一七三頁）。しかし戦中の日本で、国民の「自発性」に依拠した総力戦体制が、現実に成立していたかどうかは疑わしい。そのために、総力戦の合理的遂行を唱えることが、政府や軍部への批判になるという文脈が存在したのである。

また多くの丸山研究は、丸山の唱えた「近代」が、現実の西洋近代と一致しているか否か、あるいは政治思想史的にどのような内容を持ったものだったのかといった問題を論じている。しかし筆者は、丸山や大塚が提唱した「西洋近代」は、戦争体験の結果として生まれた心情を表現する媒体だったという視点を打ち出した。

これについて平石直昭「理念としての近代西洋」（中村政則・天川晃・尹健次・五十嵐武士編『戦後日本 占領と戦後改革』第三巻『戦後思想と社会意識』岩波書店、一九九五年）は、藤田省三の指摘をふまえ、大塚や丸山の「西洋近代」は、「『ある要求としての仮定につけられた名前』であり、彼らが『それに与えている中味が問題にされるべき』なのです」と述べている（八五頁）。本章の主張は、こうした視点をさらに発展させたものである。

ただし平石は、戦後改革がアメリカ占領軍によって「外」から強制されたことを丸山たちが重視したことが、「主体性」の主張につながったという点を強調している。丸山らがそうした文脈で「主体性」を唱えたことは事実であり、本書でも第4章などでそのことに言及している。ただし丸山らの「主体性」の主張は、占領軍の政策以前に、戦時期の総力戦体制のなかで生まれていたものであり、平石にはこの視点が欠落している。

一方で中野前掲書は、丸山らの思想が総力戦の思想であると唱え、平石などを批判している（三〇四頁）。しかし筆者の見解では、丸山や大塚が、戦中の「超国家主義」に「抵抗」していながら、同時に総力戦の合理的遂行を唱える「憂国の士」（酒井直樹「丸山眞男と戦後日本」『世界』一九九五年一一月号の表現）であったことは、矛盾したものではないと位置づける。そうした意味では、本章は中野と平石の見解を批判的に総合しつつ、丸山らの多義性を読みとろうとするものである。なお、丸山の朝鮮・中国観の問題については、第8章で部分的に言及したが、改めて別稿で論じたい。

(2) 以下、芦田均の引用は第八八回帝国議会衆議院本会議議事速記録第二号（一九四五年九月六日）六、七頁。原文は漢字片仮名文、句読点なし。

(3) 石原莞爾「全国民今ぞ猛省一番」（『読売報知』一九四五年八月二八日。栗原編前掲〔第1章〕『戦後の始まり』に所収）五五、五六頁。

(4) 市川房枝「自主的な行動を」（『朝日新聞』一九四五年八月二〇日）。高山岩男「文化国家建設と新国民倫理」（『世界文化』一九四六年五月号。栗原編前掲『戦後の始まり』に所収）七一頁。吉川英治「慚愧の念で胸裂く」（『朝日新聞』一九四五年八月二三日。日高編前掲〔第1章〕『戦後思想の出発』に所収）六九頁。

(5) 東久邇稔彦「日本再建の指針」（『毎日新聞』一九四五年八月三〇日。日高編前掲『戦後思想の出発』に所収）五四、五六頁。

(6) 清沢前掲（第1章）『暗黒日記』一九四四年七月一四日。石川の寄稿も本書より重引。

(7) 竹内全集第八巻二一八頁。

(8) 前掲石原談話五四頁、前掲東久邇談話五四頁。

(9) 坂口全集第一一巻二七四、二七五頁。

(10) 天野全集第四巻五六頁。

(11) 丸山集第一巻三一頁。以下、この全集からの引用は巻号と頁数を本文中に記する。この緑会論文二四頁では、「静止的・合理的な近代的思惟様式は現存社会の歴史的推移に重点を置く無産層の代表者にも、現存社会の非合理的美化を要求する市民層のスポークスマンにも最早担い手を見出しえない。それは必然的に『無力』となる」とある。これはもちろん、ブルジョア市民層と「近代的思惟」が、動的な歴史哲学たるマルクス主義とファシズムに挟撃されるという論法に沿ったものである。

(12) 丸山眞男『自己内対話』(みすず書房、一九九八年) 一七六頁。「近代的思惟」執筆時の回想は鶴見俊輔編『語りつぐ戦後史I』(思想の科学社、一九六九年) 九一頁。

(13) 丸山集第二巻二三〇頁。丸山はさらにこの論文で、「Nationalism はまた民族主義と訳されるが、民族主義という と、例えば他の一国家の本土に少数民族として存在し、或は植民地となっていた民族が独立するとか、数個の国家に分属していた民族が一国家を形成するとかいう場合は適当であるが、我国の様に昔から民族的純粋性を保ちいわゆる民族問題を持たなかった国に於ては如何であろうか」と述べ、「民族主義」という訳語も退けている (二巻二三〇頁)。こうした古代日本観は、当時の知識人としてはむしろ例外的なものだが、恐らく丸山が接触していた津田左右吉の歴史観を踏襲したものであったと思われる。この古代史観が、第8章で言及する丸山や南原の朝鮮観と結びついていることは、いうまでもない。当時の古代史観と津田の思想については、小熊英二『単一民族神話の起源』(新曜社、一九九五年) を参照。

(14) 第3章で検証する元水兵の渡辺清の日記では、丸山が論文を発表し始める以前の一九四六年一月の時点で、「この人は兵長タイプ、あの人は下士官タイプ」などという分類を行なっている (渡辺前掲〔第1章〕『砕かれた神』一六一頁)。すなわち「下士官」という分類もまた、丸山独自のものというより、当時の軍隊経験者に共有されていたものだったといいうる。

(15) 藤田省三「天皇制とファシズム」(『天皇制国家の支配原理』未来社、一九六六年に所収。原論文の公表は一九五七年) 参照。

(16) 鶴見俊輔・武谷三男・猪木正道「知識人の場合」(『芽』一九五三年八月号) 二九頁。

(17)『朝日新聞』の投書は日高六郎「『旧意識』とその原初形態」(『日本資本主義講座』IX、岩波書店、一九五四年。久野・神島編前掲『「天皇制」論集』に所収) 一七四頁より重引。高群逸枝の主張は小熊前掲『単一民族神話の起源』第11章を参照。なお日高はこの投書に言及しつつ、「〈家族的〉あるいは〈部落的〉閉鎖性は、すくなくとも近代的な軍国主義国家として総力戦に突入した場合には、致命的な限界となった」と述べており、丸山と同世代である彼が、同様の問題意識を抱いていたことがわかる。

(18) 丸山は一九五二年の『日本政治思想史研究』のあとがきで、一九四四年の「国民主義理論の形成」を評して、「現在の私の課題と比較的に一番直接に連続するのはこの章であって、私の日本ナショナリズムへの関心は本稿から発足したものである」と述べている (五巻二九二頁)。ただし丸山は、「『自然』と

『作為』」論文の最終回と前後して、一九四二年に公表された「福沢諭吉の儒教批判」でも、「国民的自覚」と「自由独立の気風」の関係を論じている（二巻一五〇頁）。しかし、やはり彼の「国民主義」への関心は、一九四四年の「国民主義理論の形成」で固まったといえるだろう。

(19) 高坂正顕・西谷啓治・高山岩男・鈴木成高『世界史的立場と日本』（中央公論社、一九四三年）三二八―三五四頁を参照。引用は三五四頁より。この座談会における近代国家と民族主義への批判については、小熊英二『〈日本人〉の境界』（新曜社、一九九八年）第16章で言及した。

(20) 小田全仕事第一巻四〇九頁。

(21) 本多秋五『物語戦後文学史』（岩波書店、一九九二年。初版一九六六年）上巻二〇五頁。

(22) 朝日新聞社編『声』（朝日新聞社、一九八四年）第二巻三六―三七頁。

(23) 毎日新聞社編『岩波書店と文藝春秋』（毎日新聞社、一九九六年）三二頁。

(24) もっとも第6章で述べるように、丸山が「市民」を肯定的に用いた例が、敗戦直後にまったく存在しないわけではない。

(25)『大塚久雄著作集』（岩波書店、一九六九―七〇年。増補版一九八六年）第八巻三四一頁。以下、この著作集からの引用は巻号と頁数を本文中に記する。

(26) 全集黒澤明第一巻五三、七七頁。

(27) もともと大塚は、一九四四年の著作『近代欧州経済史序説』で、自国内で生産を拡充して国民生活を高めたイギリスと、自国の生産の低さを放置して貿易により国際進出を遂げていったオランダを対比していた。そして一九四七年には、前者の方向を、日本の「国民経済」が進むべき方向と位置づけている（六巻四五頁）。

平石前掲論文は、こうした大塚の国民経済論を、戦前の日本が、貧困の解決をアジアへの進出に求めていったことへの反省だったと位置づけている。一方で中野前掲書は、大塚が戦後において、視点を国内に閉鎖していったと唱えている。戦後の平和主義が閉鎖性と表裏一体の関係にあることは、筆者も『単一民族神話の起源』で論じたことである。こうした平和主義と閉鎖性の二重性の問題は、第8章などで再度言及する。

(28) 大塚久雄・瓜生忠夫・荒正人・小田切秀雄・佐々木基一・埴谷雄高「近代精神について」（『近代文学』二巻一号、一九四七年一月）。

(29) 坂口全集第一一巻二七一頁。坂口の農民批判は、戦時期に農村文化が賛美されていたことに反発する文脈から述べられたものでもあった。戦時期には、農村は勤労や耐乏の象徴、あるいは反近代主義・反個人主義・反資本主義の象徴として賞賛されていたのである。

(30) 渡辺前掲書一〇五頁。

(31) 前掲第八八回帝国議会衆議院本会議議事速記録第二号一四、一七頁。原文は漢字片仮名文。東郷の思想については小熊前掲『〈日本人〉の境界』第七章参照。

(32)実際には、ニュルンベルグ裁判で「哄笑」的な態度をとったのはゲーリングだけで、その他は東京裁判での被告の態度と大差がなかった。レオ・カーン『ニュールンベルク裁判』(加藤俊平訳、サンケイ新聞社出版局、一九七四年)参照。
(33)佐藤忠男『黒澤明の世界』(朝日文庫、一九八六年。初版一九六九年)一四二頁。
(34)『桑原武夫全集』(朝日新聞社、一九六八―七二年)第五巻二一七―二一八頁。
(35)鈴木裕子『フェミニズムと戦争』(マルジュ社、一九八六年)一〇三頁より重引。
(36)『太宰治全集』(筑摩書房、一九八九―九二年)第一一巻三〇五―三〇六頁。

第3章

(1)戦後日本の天皇制論議にかんする研究としては、大窪愿二「戦後日本の天皇制の諸問題」(一九四七年八月一〇日、日本太平洋問題調査会報告。山際晃・中村政則編『天皇制』、『資料日本占領』第一巻、大月書店、一九九〇年に再録)、石田雄「戦後の天皇制」(『戦後日本の政治体制』未来社、一九五七年)、日高前掲(第2章)「『旧意識』とその原初形態」、日高六郎「戦後におけるイデオロギーの動向」(『現代イデオロギー』勁草書房、一九五八年)、同「戦後の倫理思想」(『転換期の倫理思想』、『講座現代倫理』第一一巻、筑摩書房、一九五九年)、同「戦後思想の出発」(日高編前掲〔第1章〕『戦後思想の出発』解説)、赤沢史朗「象徴天皇制の形成と戦争責任論」(『歴史評論』三一五号、一九七六年)、同「知識人の戦争責任論」(『歴史学研究』五〇七号、一九八二年)、荒敬「東京裁判・戦争責任論の源流」(『歴史評論』四〇八号、一九八四年。のち荒敬『日本占領史研究序説』柏書房、一九九四年に所収)、吉田裕「占領期における戦争責任論」(『一橋論叢』一〇五巻二号、一九九一年。のち吉田裕『現代歴史学と戦争責任』青木書店、一九九七年に所収)、安田常雄「象徴天皇制と民衆意識」(『歴史学研究』一九九一年七月号)、同「象徴天皇制と国民意識」(中村政則編『占領と戦後改革』吉川弘文館、一九九四年)、吉見義明「占領期日本の民衆意識」(『思想』八一一号、一九九二年)、川島高峰「戦後民主化における秩序意識の形成」(『ナショナリズムの現在/戦後日本の政治』岩波書店、『年報政治学』一九九四年)、宮村治雄「戦後天皇制論の諸相」(前掲〔第2章〕『戦後思想と社会意識』)、吉田裕『日本人の戦争観』(岩波書店、一九九五年)など多数の研究がある。そのほか、丸山眞男や南原繁、中野重治をはじめ、本章でとりあげた論者についても言及は多い。
しかしこれまでの研究の多くは、天皇制批判や戦争責任論とナショナリズムの関係について十分な検証をしていない。また、「天皇制」や「民族」という言葉の含意に立ち入った検証がなされていない。そのため天皇制批判が、ナショナリズムや戦死者の記憶、場合によっては天皇個人への愛着に依拠して行なわれていた点についての評価が、不十分であると思われる。とくに近年の研究では、それらの点が言及された場合でも、当時の天皇制批判の「限界」「制約」として言及されるにとどまっている。当時の天皇の戦争責任論は、ナショナリズムという「制約」を読みかえ、それに依拠するかたちで行なわれたものであるというのが、筆者の見解である。

（2）第八九回帝国議会衆議院本会議議事速記録第五号（一九四五年一二月二日）五四、五六頁。原文は漢字片仮名文。吉田前掲「占領期における戦争責任論」は、「一億総懺悔」論への警戒と、「民族としての一体性」という論理に接近しかねないために、左派と進歩的知識人が「国民責任論」から距離を置こうとしたと論じている。前者の指摘には筆者も賛同するが、後者にはより深い検証が必要と思う。当時の左派や進歩的知識人は、「民族」そのものを忌避していたわけではない。

（3）日高前掲「『旧意識』とその原初形態」一七八頁より重引。

（4）前掲第八九回帝国議会衆議院本会議議事速記録第五号五六頁。原文は漢字片仮名文。

（5）粟屋健太郎編『敗戦直後の政治と社会①』（『資料 日本現代史』第二巻、大月書店、一九八〇年）五頁。原文は漢字片仮名文。

（6）小田切前掲（第1章）「文学における戦争責任の追及」二二四頁。他に挙げられていた文学者は、以下のとおりである。菊地寛・久米正雄・中村武羅夫・横光利一・野口米次郎・西条八十・斎藤瀏・斎藤茂吉・岩田豊雄（獅子文六）・河上徹太郎・亀井勝一郎・林房雄・浅野晃・中河与一・尾崎士郎・佐藤春夫・戸川貞雄・吉川英治・藤田徳太郎・山田孝雄。

（7）前掲第八九回帝国議会衆議院本会議議事速記録第五号五六頁。原文は漢字片仮名文。

（8）ダワー前掲（序章）『敗北を抱きしめて』下巻三四四頁より重引。

（9）吉田前掲「占領期における戦争責任論」一二六頁より重引。

（10）「憲法を守護する者」（『時事新報』一九四七年五月三日）。前掲第八八回帝国議会衆議院本会議議事速記録第二号五頁。前掲第八九回帝国議会衆議院本会議議事速記録第五号五四頁。

（11）渡辺前掲（第1章）『砕かれた神』五頁。以下、この本からの引用は頁数を本文中に記す。渡辺については、森平太「『暗い戦中派』の戦争責任」（『歴史評論』四九六号、一九九一年）やダワー前掲『敗北を抱きしめて』などが紹介しており、その趣旨には本書も大きな相違はない。ただし本書では、戦死者の記憶が天皇を裁く倫理的基盤になったこと、天皇を批判するナショナリズムが渡辺の内部で形成されていたことを重視している。ダワーも指摘しているように、この渡辺の手記が出版までに改稿されたのか否かは判別しがたいが、本書が重視した点については大きな変化はないものと推定する。

（12）保阪正康『「きけわだつみのこえ」の戦後史』（文藝春秋、一九九九年）一二四頁。

（13）以下、神島二郎『近代日本の精神構造』（岩波書店、一九六一年）三六四頁。

（14）猪木・武谷・鶴見前掲（第2章）「知識人の場合」二九頁。

(15)「天皇の御心について」(『朝日新聞』一九四八年六月一日)。引用は朝日新聞社編前掲(第2章)『声』六〇頁より。

(16) 吉見前掲論文九三頁より重引。

(17) 村上兵衛「天皇の戦争責任」(『中央公論』一九五六年六月号)九三頁。同「戦中派はこう考える」(『中央公論』一九五六年四月号)二四頁。

(18) 江藤淳『一族再会』(講談社文芸文庫、一九八八年。初版一九七三年)五六頁。

(19) 吉川前掲(第2章)「慚愧の念で胸裂く」六九頁。堀田善衛・司馬遼太郎・宮崎駿『時代の風音』(UPU、一九九二年)一八〇頁。

(20) 丸山集第四巻七九―八〇頁。こうした日露戦争観が、司馬遼太郎の『坂の上の雲』などと共通していることは興味深い。

(21) 村上前掲「天皇の戦争責任」九三頁。

(22) 三好達治「なつかしい日本」(日高編前掲『戦後思想の出発』に所収)一五五―一五六頁。さらに三好は、『三好達治全集』(筑摩書房、一九六四―六六年)第八巻収録の「私の信条」では、「浪花節や天皇制は、一日も早く消えうせてもらいたい」と述べている。赤沢前掲「象徴天皇制の形成と戦争責任論」は、この三好の退位論を「タテマエを逆手にとって」天皇を批判したものだと評している。結果としてはそうもいえるが、筆者の推測では、三好は意図的に「逆手にとって」いたのではなかったと考える。

(23) 日高前掲「『旧意識』とその原初形態」一七八頁より重引。

(24) 森田草平「共産党に入るの弁」(日高編前掲『戦後思想の出発』に所収)三九六―三九七頁。

(25) 日高前掲「戦後思想の出発」二五頁より重引。

(26) 野坂参三「民主戦線によって祖国の危機を救え」(日高編前掲『戦後思想の出発』に所収)二五六―二五七頁。管見の範囲では、日本共産党の「民族」観とその変遷について調査した研究は、現在のところ見当たらない。荒木義修『占領期における共産主義運動』(芦書房、一九九三年)第三章は、「民主人民戦線」から「民主民族戦線」への名称変化と反米闘争の開始の関係という視点から、「民族」という言葉が『アカハタ』『前衛』に散見するようになるのは一九四六年五月の食糧メーデー以後であると位置づけている。しかし本文でみるように、「民族」への言及は『前衛』創刊号からみられるものである。また荒木は、この「民族」の含意をとくに検証していない。

(27)「新しい日本史学の立場」(『日本歴史』一号巻頭言、一九四六年)。

(28) 宮本顕治「天皇制批判について」(『前衛』一巻一号、一九四六年二月)四、六頁。

(29) 羽仁五郎「日本歴史の特殊性」(久野・神島編前掲(第1章)『「天皇制」論集』に所収)一六頁。井上清・羽仁五郎・藤間生大・岡田章雄・大久保利謙・小池喜孝・中野重治「『くにのあゆみ』の検討」(久野・神島編前掲『「天皇制」論集』に所収)三八頁。なお羽仁は「日本歴史の特殊性」では、与謝野晶子の詩「君死に給ふこと勿れ」を「堺市の示した日本人民の共和制の伝統は現代にも生きている」という事例として賞賛している。第2章で述べた丸山のこの詩への低い評価は、こうしたマルクス主義者の主張への反発を含んでいたと思われる。
(30) 羽仁五郎「天皇制の解明」、井上清「天皇制の歴史」(いずれも久野・神島編前掲『「天皇制」論集』に所収) 一七、七八頁。
(31) 井上前掲論文七九、九三頁。
(32) 井上清『日本現代史』第一巻 (東京大学出版会、一九五一年) 三頁。
(33) 同上書四頁。
(34) 同上書第一巻九頁。井上前掲「天皇制の歴史」九五頁。
(35) 正木ひろし「近きより」(久野・神島編前掲『「天皇制」論集』に所収) 五一頁。正木ひろし編著『今日の愛国心』(三啓社、一九五二年) 四三頁。このプラカードが、よく知られた「国体はゴジされたぞ　朕はタラフク食ってるぞ　ナンジ人民飢えて死ね　ギョメイギョジ」というものである。
(36) 伊藤恒夫「愛国心について」(『松山商大論集』三巻一号、一九五二年三月) 八五―八六頁より重引。この論文は、当時の革新ナショナリズムの立場から敗戦後のナショナリズム論を整理したものである。
(37) 井上前掲『日本現代史』第一巻一五頁。
(38) 井上前掲「天皇制の歴史」一〇四頁。
(39) 同上論文八一頁。
(40) 尾高と大河内は伊藤前掲「愛国心について」八三、一一〇頁より重引。清水幾太郎『愛国心』(岩波新書、一九四九年) 七一頁。
(41) 荒正人「横のつながり」(『近代文学』二巻七号、一九四七年一〇月)。尾高の引用は伊藤前掲「愛国心について」八三頁より重引。
(42) 井上清「時評」(『歴史学研究』一二二号、一九四六年六月) 三六頁。
(43) 清水前掲書九七頁。
(44) 伊藤前掲「愛国心について」九〇頁。
(45) 丸山集第三巻所収の「超国家主義の論理と心理」および「軍国支配者の精神形態」。
(46) 『丸山眞男座談』(岩波書店、一九九八年) 第二冊二〇六、二〇七頁。
(47) 米谷前掲 (第2章)「丸山真男と戦後日本」一三一頁。
(48) 『毎日新聞』『読売新聞』、および蠟山政道「我が国体と民主主義」(『中央公論』一九四六年一月号) の引用は、高橋徹「憲法問題とマス・メディアの態度」(『思想』一九五六年九月号) および石田前掲「戦後の天皇制」から重引。いずれも久野・神島編前掲『「天皇制」論集』に所収。引用は一九八、二二九頁。
(49) 当時の各政党の天皇観については、「各派政策討論会　憲法問題と天皇制」(『朝日新聞』一九四五年一二月二四日、二五日。日高編前掲『戦後思想の出発』に所収) で概観できる。
(50) 荒井作之助 (加藤周一)「天皇制を論ず」(『大学新聞』一九四六年三月二一日号。『加藤周一著作集』平凡社、一九七八―

七九年、第八巻に収録）一〇二頁。丸山集第五巻一〇〇頁。

(51)『津田左右吉全集』（岩波書店、一九六三—六六年）第三巻四七三頁。津田の天皇観およびその先行研究については、小熊前掲（第2章）『単一民族神話の起源』第14章、第17章で論じた。

(52) 丸山集第一五巻三五頁。米谷前掲論文は丸山が明確に天皇制批判に転じたのは一九五〇年代に入ってからであると主張しており、中野前掲（第2章）『大塚久雄と丸山眞男』も米谷の見解に賛同している。中野も指摘しているように、丸山は一九五二年の座談会「日本人の道徳」では、天皇制が「日本民族」の「精神的自立」を妨げているという「考え方がきまった」のは「やっとこの二、三年」だと述べており、米谷や中野の位置づけにも妥当性があると考えられる（『丸山眞男座談』第二冊二五四頁）。

　第4章で言及するように、丸山は敗戦直後の「民主主義の大合唱」に抵抗感を示しており、彼の「天邪鬼」的な気質や「保守性」（第4章参照）、さらに共産党に対する姿勢などからいっても、当時の天皇制打倒論に距離をおいていたものと考えられる。彼は一九四七年の「陸羯南——人と思想」では、「口先では羯南よりいさましいことを叫んでいた民権論者は少くなかったが、そういう連中は後には、仇敵のごとく罵っていた藩閥政治家と平気で手を握ってしまった。それに比べると羯南は抽象的理論で示されたかぎりの進歩性はその儘《まま》彼の現実問題に対する批判において保持された」と述べている（三巻一〇〇頁）。

おそらく、戦前戦中のマルクス主義者の転向を見聞していた丸山は、敗戦直後の「民主主義の大合唱」の時点では、「天皇制打倒」といったスローガンに安易に同調することを手控えていたものと推測できる。

　また一九四六年から四七年にかけては、彼の師である南原繁や、丸山を『世界』編集部に紹介して「超国家主義の論理と心理」を書かせた田中耕太郎が象徴天皇擁護論を唱えており、そうした人間関係からいっても、丸山が天皇制打倒を露骨に唱えるのは困難だったろう。おそらく「この二、三年」という表現は、講和問題をめぐって平和問題談話会を田中や津田が脱落した経緯を経て、丸山の政治的立場が固まったという事情もふまえての発言だったとも考えられる。

　とはいえ、「超国家主義の論理と心理」においても、「天皇制」という言葉を使っての批判的文言はないものの、丸山は「天皇を長とする権威のヒエラルヒー」を否定的に論じており、田中のような象徴天皇制擁護論は唱えていない。もともと彼にとっての「天皇制」は、共産党の公式見解のような社会経済的なものというよりも、「権威のヒエラルヒー」という社会心理的な構造であった。周知のように、「天皇制」という言葉は共産党周辺から使用されはじめた言葉であり、敗戦直後にはまだ一般化しておらず、丸山が「天皇を長とするヒエラルヒー」という言葉を使ったのも、共産党周辺の「天皇制」という言葉の含意と距離をとろうとした結果だったと思われる。

　そうした意味では、丸山が「天皇制」という言葉を使って、明確にその「打倒」を唱えはじめたのが一九五〇年前後であったにせよ、「超国家主義の論理と心理」の時点で、すでに「天皇制」への批判的感情は丸山のなかに存在していたと思われる。また、敗戦直後に「天皇制打倒」を唱えるよりも、レッド・パージの脅威が発生していた一九五〇年前後にそれを唱えることのほうが、覚悟を必要とする行為だったことは留意されてよい。

(53) 丸山集第一五巻三一、三二頁。

(54) 丸山集第八巻二一三頁。

(55) 同上書二一三頁。

(56) 宗像誠也『教育の再建』(河出書房、一九四七年)一四頁。

(57) 飯塚編前掲(第1章)『日本の軍隊』一一九頁。

(58)『丸山眞男座談』第二冊二五四頁。なおこの座談二五三頁では、丸山は自分が書いた一九四五年九月のノートを紹介して、「日本みたいにデモクラチックな伝統のないところでは、社会的階級的対立闘争がルールに従って行われることが困難で、そのため民族的な統一性が破壊される恐れがある」という理由から「絶対主義的な要素ではなくて、国民の『情緒的統一のシンボル』」として天皇を位置づけようと考えていたと述べている。こうした天皇観や大衆蔑視は、後述する田中耕太郎や和辻哲郎などと共通したものであった。しかし丸山は二五四頁で「僕の考えを変えるモチーフになったのは、やはり道徳の問題なんだ」と述べており、「無責任の体系」の打破のために天皇制を否定するに至ったことがうかがえる。なお、丸山は一九四五年九月のノートについて「シンボル」という「言葉をつかっている」と述べており、新憲法草案公表以前に「象徴」という言葉を構想していたことが興味深い。

(59) 以下、中野好夫「一つの告白」(『新潮』一九四九年二月号。日高前掲『戦後日本の出発』に所収)四〇二、四〇四頁。『中野好夫集』には部分収録されている。

(60) 石田前掲「戦後の天皇制」二二〇頁より重引。一九四六年における田中耕太郎の論文である。和辻の同様の意見については、一九四八年発刊の『国民統合の象徴』にみられる。小熊前掲『単一民族神話の起源』三四四頁参照。

(61) 羽仁前掲「日本歴史の特殊性」一六頁。

(62) 加藤著作集八巻一〇五、一〇八頁。回想部分は一九七九年における追記。

(63) 同上書八六、九九頁。

(64) 戒能通孝「君主制の精神構造」(『潮流』一九四八年五月号。久野・神島編前掲『「天皇制」論集』に所収)四三、四八頁。

(65) 丸山集第三巻二四五頁。

(66) 丸山集第八巻二七五、二一九頁。

(67) 以下の引用は松本治一郎「天皇に拝謁せざるの記」(『世界評論』一九四八年四月号。『別冊人生読本 戦後体験』河出書房新社、一九八一年に所収)一二五、一二八頁。

(68) 以下の引用は鶴見俊輔「斜陽族」(『日本の百年』第二巻、筑摩書房、一九六一年。前掲『別冊人生読本 戦後体験』に所収)七四頁から重引。

(69)『中野重治全集』(筑摩書房、一九七六―八〇年)第三巻一

五―一六頁。渡辺一夫「『あこがれの象徴』私見」(『人間』一九四九年九月号)も、類似の「天皇解放」論を唱えている。江藤淳『昭和の文人』(新潮社、一九八九年)は、中野の『五勺の酒』から、憲法批判論(第4章参照)と「天皇個人」への愛着、そして戦死者の葬儀という部分だけを抜きだし、自分の右派的な戦後批判論に結びつけている。きわめて牽強付会な論法と言わざるをえない。

(70)中野全集第一二巻四二頁。第三巻一三、二〇頁。

(71)中野全集第一二巻四二、四四頁。

(72)中野全集第一二巻七、一二頁。第三巻二六頁。

(73)岡野進(野坂参三)「天皇と天皇制」(日高前掲『戦後思想の出発』に所収)一一四頁。一九四五年四月、延安で執筆されたもの。

(74)静岡県富士見郡富士町の東芝富士工場の従業員意識調査(一九四五年一二月四日実施)によれば、四一歳以上の従業員は一〇〇パーセントが天皇制を支持していたが、そのうちの一四パーセントが共産党を支持していた。吉見前掲論文八九頁参照。

(75)森田前掲論文三九六頁。中野好夫前掲論文四〇二頁。

(76)『南原繁著作集』(岩波書店、一九七二―七三年)第七巻二七頁。以下、この著作集からの引用は巻号と頁数を記す。敗戦後の南原繁については加藤節『南原繁』(岩波新書、一九九七年)、同「南原繁の政治哲学」(『政治と人間』岩波書店、一九九三年)や、南原の戦中戦後の思想的連続性を論じた鈴木規夫「世界性の〈東洋的還元と日本化〉の位相」(『現代思想』第二三巻一〇号、一九九五年一〇月)などがある。また南原の天皇退位勧告や皇室典範改正論については、宮村前掲「戦後天皇制論の諸相」が論じている。いずれの論考でも、南原の「民族」観と天皇退位論の思想的連関性や、同時代の論調との共通性についての検証が不十分と思われる。

(77)『朝日新聞』一九四八年六月一三日付記事では、南原は天皇退位問題について談話を寄せ、戦争末期の「七教授事件」のさい、「天皇は法律上、政治上の責任はないが、道徳的に責任をとられること」が望ましく、そのために自発的退位を進言したと述べている。丸山照雄・菅孝行・穂坂久仁雄・天野恵一『戦後史の天皇』(自由国民社、一九八六年)六〇頁。

(78)南原著作集第七巻一三七、一〇二、九二、一〇三頁。

(79)もっとも、丸山が「国民」を中性的な政治参加の場として強調したのに対し、南原は「民族」を文化的・倫理的共同体としてみなす傾向が強かった。この点は、天皇の退位によって象徴天皇を倫理的基盤としようとした南原と、近代的政教分離を模して天皇と倫理を切断しようとした丸山の、天皇にたいする姿勢の相違につながっている。

(80)南原繁『国家と宗教』(岩波書店、一九四二年)。のちに一九五八年に改訂され、南原著作集第一〇巻に収録。鈴木前掲論文は一九四二年版を検証しているが、本文中に述べた基本的図式には大きな変更はない。

(81)『丸山眞男座談』第五冊三一九頁。

(82) 和辻の思想およびその先行研究については、小熊前掲『単一民族神話の起源』第15、第17章参照。
(83) なお南原は、他民族から理解しえないような「特殊なる民族的宗教」を批判しつつ、日本の植民地統治について、「民族独自の文化を高調しながら、これを他民族の上に強い」た「救い難い自己矛盾」だったと評している（七巻一〇一頁）。この同化政策観は、筆者が『単一民族神話の起源』で検証したように、和辻哲郎などと共通のものである。この点が、第8章で言及する「外地異種族が離れ去った純粋日本に立ち返った」という彼の戦後日本認識と連動していることは、いうまでもないであろう。
(84) 以下、第九一回帝国議会貴族院議事速記録第六号（一九四六年一二月一七日）八六、八七、八八頁。
(85) 清水伸編『逐条日本国憲法審議録』（有斐閣、一九六二年）第一巻八〇一頁。
(86) 同上書五六七、五〇三頁。
(87) 同上書一六四、五〇五頁。
(88) 同上書一八六、一八七頁。
(89) 同上書四〇六頁。
(90) 同上書四一〇、五六三、四〇四頁。
(91) 同上書五一九頁。
(92) 以下、天皇退位をめぐる政治動向については、高橋紘『象徴天皇』（岩波新書、一九八七年）、渡辺治『戦後政治史の中の天皇制』（青木書店、一九九〇年）、吉田裕『昭和天皇の終戦史』（岩波新書、一九九二年）、中村政則『戦後史と象徴天皇』（岩波書店、一九九二年）、松尾尊兊『国際国家への出発』（『日本の歴史』第二一巻、集英社、一九九三年）、吉田前掲『日本人の戦争観』、豊下楢彦『安保条約の成立』（岩波新書、一九九六年）などに依拠した。キーナンの引用は松尾前掲書一一四頁より。
(93) 丸山照雄ほか前掲『戦後史の天皇』五九頁。
(94) 同上書五九頁。松尾前掲書一一九頁。
(95) 高橋紘「象徴天皇の誕生」（金原左門編『戦後史の焦点』有斐閣、一九八五年）五九頁、および吉田前掲『日本人の戦争観』四三頁より重引。
(96) 吉田前掲『日本人の戦争観』四三、四四頁より重引。前者の原文は漢字片仮名文。
(97) 同上書四八頁より重引。
(98) 同上書四六頁、吉見前掲論文九一頁。
(99) 吉見前掲論文九二頁より重引。
(100) 中野重治全集第一二巻四二〇頁。
(101) 高橋前掲『象徴天皇』三四頁。吉田前掲『昭和天皇の終戦史』八七、八九、一二一頁。
(102) 前掲『戦後史の天皇』六一頁。高橋前掲書五四頁。
(103) 松尾前掲書一七〇、一七一頁より重引。高橋前掲『象徴天皇』五八頁によれば、天皇は木戸の伝言を受けて退位の意志を持ったものの、それを実行しなかった。また講和条約発効を祝した一九五二年五月三日の式典で読む「お言葉」に「敗戦の責任を深く国民に詫びる」といった表現を入れることを探ったが、これも周囲の意見で実行しなかったとされている。

(104) 丸山照雄ほか前掲『戦後史の天皇』八六頁。

(105) 『資料 戦後学生運動』第二巻(三一書房、一九六九年)四〇八、四〇六―四〇七頁。質問状執筆者は中岡哲郎。

第4章

(1) 意外なことに、管見の範囲では、日本国憲法制定時の憲法第九条受容の問題を、ナショナリズムとの関係から論じた研究はほとんどない。憲法制定期の研究は、大部分が憲法草案作成と制定の政治過程の分析に集中している。憲法受容の問題については、歴史教育者協議会編『日本国憲法を国民はどう迎えたか』(高文研、一九九七年)があるほか、古関彰一が『新憲法の誕生』(中央公論社、一九八九年)第X章や「憲法第九条成立の意図とその受容」(『独協法学』四四号、一九九七年)などで論じている。また当時の政府の憲法教育については鈴木正文「憲法制定期における文部省の憲法教育政策」(『大東文化大学紀要 社会科学』二五巻一―一六、一九八七年)がある。しかしいずれも、憲法第九条を基盤としたナショナリズムの成立を考察したものではない。本章で使用した史料は、とくに目新しいものではないが、憲法愛国主義という観点から当時の論調を整理したものである。

(2) 『尾崎咢堂全集』(尾崎咢堂全集刊行会、一九六二年)第一〇巻七七七、一九九、三三一頁。

(3) 久米正雄「日本米州論」(『世界週報』一九五〇年二月号)四三、四四頁。

(4) 久米への批判の例としては、中野重治「久米正雄の『日本米州論』」(中野全集第一二巻)などがある。

(5) 河上徹太郎「配給された『自由』」(『東京新聞』一九四五年一〇月二六、二七日)、高坂正顕「新しき試練へ踏出せ」(『毎日新聞』一九四五年八月二〇日)、東久邇前掲(第2章)「日本再建の指針」。いずれも日高編前掲(第1章)『戦後思想の出発』に所収。引用は同書七八、六〇、六一、五七頁より。

(6) 石原前掲(第2章)「全国民今ぞ猛省一番」五七頁。以下、石原のインタビューからの引用は五八、五九頁。

(7) 親泊朝省「草莽の文」(一九四五年八月二〇日付、日高編前掲『戦後思想の出発』に再録)六三、六五頁。

(8) 同上書六八頁。

(9) GS「憲法草案手交の際の会談記録」(大嶽秀夫編『戦後日本防衛問題資料集』三一書房、一九九一―九二年、第一巻に所収)七五頁。

(10) 石橋湛山「憲法改正草案を評す」(前掲『戦後日本防衛問題資料集』第一巻に所収)一〇三頁。

(11) 前掲(第3章)『逐条日本国憲法審議録』第二巻四頁。第九〇回帝国議会衆議院本会議議事速記録第三五号(一九四六年八月二五日)五二三、五二二頁。後者は原文漢字片仮名文。

(12) 前掲『逐条日本国憲法審議録』第二巻一五、二二頁。

(13) 佐藤功「平和憲法を作った力と守る力」(『世界』一九五一

年一一月号）一〇一頁より重引。なおマッカーサーは、すでに一九四五年九月二日の降伏文書調印儀式の演説で、世界が平和に生きることを学ばなければ「世界最終戦争がすぐにも起こるであろう」と述べていた（ダワー前掲（序章）『敗北を抱きしめて』上巻三四頁）。

(14) 幣原喜重郎「新憲法に関する演説草稿」（日高編前掲『戦後思想の出発』に所収）二七一―二七二頁。

(15)「新しい憲法とともに」（『日本経済新聞』一九四七年五月三日）、「新憲法の実施に際して」（『読売新聞』一九四七年五月三日）、「民主憲法の実施に当りて」『毎日新聞』一九四七年五月三日）。

(16)「今ぞ翻せ日章旗」（『毎日新聞』一九四七年五月三日）。

(17)『あたらしい憲法のはなし』（東京書籍、一九九五年。初版一九四七年）三一―三二頁。

(18) 大江健三郎「戦後世代と憲法」（『朝日新聞』一九六四年七月一六日―一八日）。大江健三郎『厳粛な綱渡り』（文藝春秋、一九六五年）に所収。引用は同書文庫版（講談社文芸文庫、一九九一年）一六八、一七一頁。

(19) 松尾前掲（第3章）『国際国家への出発』五〇頁より重引。

(20) 吉田前掲（第3章）『昭和天皇の終戦史』一二一―一二二頁より重引。

(21) 前掲「憲法草案手交の際の会談記録」七七頁。

(22) 松尾前掲書五〇頁。昭和天皇「勅語」（大嶽編前掲『戦後日本防衛問題資料集』第一巻に所収）一〇一頁。後者の原文は漢字片仮名文。

(23) 前掲「民主憲法の実施に当りて」。前掲（第3章）「憲法を守護する者」。

(24) 伊藤悟「吉田茂」（吉田裕・小田部雄次・功刀俊洋・荒川章二・荒敬・伊藤悟『敗戦前後』青木書店、一九九五年）二二五、二二九頁より重引。

(25) ゲイン前掲（第1章）『ニッポン日記』五三七頁。

(26) 津田および和辻の象徴天皇論およびその先行研究は小熊前掲（第2章）『単一民族神話の起源』第14、15、17章参照。天皇の発言は松尾前掲書四二頁より重引。

(27)『朝日新聞』一九四六年三月八日付。佐藤前掲論文九七頁より重引。

(28) 久野収・丸山眞男・吉野源三郎・石田雄・坂本義和・日高六郎・緑川亨「『平和問題談話会』について」（一九六八年六月一六日付、『世界』一九八五年七月臨時増刊号に所収）二七頁。

(29) 佐藤前掲論文一〇四頁より重引。

(30)「枢密院における審査（入江メモ）」（大嶽編前掲『戦後日本防衛問題資料集』第一巻に所収）一〇七、一〇八頁。

(31) 佐藤前掲論文九九―一〇〇頁。

(32) 共産党が一九四六年六月二九日付で公表した「日本人民共和国憲法（草案）」は『前衛』第八号（一九四六年七月）に掲載。神山茂夫編『日本共産党戦後重要資料集』第一巻（三一書房、一九七一年）に収録されている。

(33) 以下、小田全仕事第七巻四七、四八、五三頁。

(34) 西修『日本国憲法の誕生を検証する』(学陽書房、一九八六年)二二五、二二七頁より重引。
(35) 前掲第九〇回帝国議会衆議院本会議議事速記録第三五号五一六頁。原文は漢字片仮名文。
(36) 前掲『逐条日本国憲法審議録』第二巻四一頁。前掲「日本人民共和国憲法(草案)」の前文も、同趣旨の内容を含んでいる。
(37) 以下、中野重治全集第一二巻三二頁。
(38) 前掲「日本人民共和国憲法(草案)」一三六頁。神山茂夫「日本国憲法の歴史性と性格」(神山編前掲『日本共産党戦後重要資料集』第一巻に所収)一四四頁。
(39) 神山前掲「日本国憲法の歴史性と性格」一四四、一四八頁。
(40) 前掲『逐条日本国憲法審議録』第二巻三〇、四二頁。
(41) 同上書三〇、四二頁。
(42) 同上書二二、二三頁。
(43) 同上書二〇頁。
(44) 前掲「枢密院における審査(入江メモ)」一〇六頁。
(45) 前掲『逐条日本国憲法審議録』第二巻二二頁。
(46) 同上書第一巻六四―六五頁。
(47) 以下、南原の引用は同上書五四、五三頁。
(48) 松尾前掲書五一頁。
(49) 同上書六四、五五、五六頁。
(50) 中野重治全集第三巻一二頁。
(51) 竹内全集第六巻四二頁。鶴見編前掲(第2章)『語りつぐ戦後史Ⅰ』八四頁。
(52)『丸山眞男座談』第五冊三一九―三二〇頁。
(53) 前掲「新憲法の実施に際して」。
(54) 古関彰一「単独講和への道」(金原編前掲『戦後史の焦点』)一〇七頁。この文書「アイケルバーガー宛て書簡」は大嶽編前掲『戦後日本防衛問題資料集』第一巻三九五―三九六頁。

第5章

(1) 管見の範囲では、戦後の日本共産党の「民族」観や、戦後知識人の「悔恨」を論じたものは、研究としては見当たらない。後者の「悔恨」については、後述する丸山眞男の一九七七年の論考「近代日本の知識人」(丸山集第一〇巻)が、もっとも的確に整理している。戦後知識人を「悔恨共同体」と名づけたこの論考の含意を、その後の思想史研究は十分にふまえきれていなかったと思われる。
　また小泉信三・田中美知太郎・安倍能成など、いわゆるオールド・リベラリストについては、個人をあつかった思想史的研究は見当たらない。オールド・リベラリストと新世代の対立は、都築前掲(序章)『戦後日本の知識人』など多くの研究が指摘するところである。本書も都築の研究から多くの示唆をうけたが、都築はオールド・リベラリストの社会経済的な背景を論じておらず、その「自由主義」や「個人の自由」の性格にたいする位置づけを行なっていない。また都築は、戦後知識人の「悔恨」にも言及しているが、それが共産党の権威の形成に結びついたという視点はない。

(2) 小田実『日本の知識人』（筑摩書房、一九六九年。初版一九六四年）一八六頁。
(3) 丸山集第一〇巻二五四頁。
(4) 本多前掲（第1章）『指導者』四〇—四二頁。
(5) 南原著作集第九巻二二九頁。
(6) 佐藤前掲（第2章）『黒澤明の世界』一三〇頁より重引。
(7) 本多前掲書四二頁。
(8) 久野収・鶴見俊輔・藤田省三『戦後日本の思想』（岩波書店、一九九五年。初版一九五九年）一三四頁。丸山眞男・竹内好・開高健「擬似プログラムからの脱却」（『中央公論』一九六〇年七月号）三六頁。
(9) 宗像前掲（第1章）『私の教育宣言』一八三頁。丸山集第一〇巻二五五頁。
(10) 中野好夫前掲（第3章）「一つの告白」四〇一頁。
(11) 埴谷雄高・花田清輝・日高六郎・安部公房・堀田善衛・野間宏・平田次三郎・佐々木基一・荒正人「政治と文学」（『近代文学』六巻三号、一九五一年三月）一五頁。
(12) 中野好夫前掲論文四〇九—四一〇頁。
(13) 中山和子『昭和文学の陥穽』（武蔵野書房、一九八八年）二〇頁。
(14) 宮本顕治・野坂参三・菊地章一・伊藤律・岩上順一・姉歯三郎・甘粕石介・岡本正・今野武雄・古在由重「近代主義をめぐって」（『季刊 思想と科学』二号、一九四八年七月）一二八頁。
(15) 岡部伊都子『沖縄の骨』（岩波書店、一九九七年）八、九頁。
(16) 前掲（第2章）「近代精神について」一八頁。橋川文三「『戦争体験』論の意味」（『現代の発見』一九五九年一二月号。『橋川文三著作集』筑摩書房、一九八五—八六年、第五巻に所収）二四七頁。
(17) 平田次三郎「トーマス・マンへの手紙」（『近代文学』三巻四号、一九四八年四月）四六、四四頁。
(18) トーマス・マン「戦後日本の知識人へ」（『近代文学』四巻三号、一九四九年三月）一二頁。この往復書簡の企画は、『近代文学』編集同人たちの当初の意図では、日本側だけで一方的に書いて終わる予定だったが、中野重治の薦めで翻訳して相手方に送った結果、マンなどから返答が寄せられたという。
(19) 平田前掲論文四六、四七頁。
(20) 荒正人「第二の青春」（荒著作集第一巻）一一頁より重引。論考末尾には一九四六年一月五日の日付がある。
(21) ゲイン前掲（第1章）『ニッポン日記』一八一頁。ケナン「マッカーサーとの会談記録（一九四八・三・一）」（前掲（第4章）『戦後日本防衛問題資料集』第一巻）二〇九頁。
(22) 全集黒澤明第二巻三〇頁。
(23) 竹山道雄「樅の木と薔薇」（『新潮』一九四七年四月号）、日高前掲（第3章）「戦後思想の出発」四頁から重引。鶴見俊輔・武谷三男・猪木正道前掲（第2章）「知識人の場合」三一頁。
(24) 前掲「知識人の場合」三一頁。なお丸山眞男は一九七七年の「近代日本の知識人」で、戦後知識人たちを「悔恨共同体」と名づけ、「悔恨の意識が必ずしも好ましい結果だけをもたらした、とはいえません」と述べている。丸山によれば、それは「共産党にたいしていだいた一種の劣等感」の源泉となり、転向に悔恨をもつ共産党員が「無条件に上部の方針に服従する傾向を再生産」したうえ、「『非転向』の実績のうえにあぐらをかく共産党の傲慢さ」をも招いた。しかし同時に、「戦後において非コミュニスト知識人にたいして共産党がもった声望をもっぱら『羽振りのよい勢力への知識人の権威主義的追随』に帰するとすれば――職業的反共屋は好んでそれに帰したがるのですが――それは認識としても誤っております」というのである(丸山集第一〇巻二五六、二五七頁)。

以上の丸山の指摘は、とくに実証的な根拠は示されていないものの、彼自身の戦争・戦後体験をふまえた的確なものである。ただし丸山は、こうした「悔恨」の宗教的性格や、戦死者の記憶との結びつきを看過している。この点は、第三部で検証する本章第一節は、この主張を実証面から肉付けしたものである。吉本隆明の事例などに見られるように、戦後思想を理解するうえで欠かせないものと思われる。

なお、中野前掲(第2章)『大塚久雄と丸山眞男』は、丸山が総力戦遂行のために戦中の著作を書いたという前提のもとに、丸山のいう「悔恨」を「戦争という共同プロジェクトに失敗した指導的エリートという自意識」の産物と評している。(二〇五—二〇六頁)こうした位置づけは、適当とは考えにくい。

(25) 神山編前掲(第4章)『日本共産党戦後重要資料集』第一巻五九頁。

(26) 同上書三二二頁。

(27) ハンクン・ツラリム「朝鮮の便り」(『前衛』創刊号、一九四六年二月)三一頁。

(28) 以下、バルティスキー「愛国主義について」(『前衛』二号、一九四六年三月)一五、一六、一七、一八頁。

(29) 鹿地亘「愛国とは何か」(『潮流』一九四七年一月号)。ただしこの論考では、「『所詮、おれたちは民草だ。政治など、どれでも信用できるものでない』といふ観念を戦争中に軍部の徒・官僚の徒は国民に植ゑつけなかつたか?」と説いている(一〇四頁)。こうした要素は、バルティスキー論文にはないものであり、丸山などと共通した「主体性」や「国民主義」の志向が鹿地に共有されていたことがうかがえる。

(30) 神山編前掲書一〇頁。同様の指摘は、日高前掲「戦後思想の出発」二五頁にもみられる。

(31) 『太陽』一九九九年六月号一〇三頁参照。

(32) 塙作楽『岩波物語』(審美社、一九九〇年)八—九頁。

(33) 『鶴見俊輔著作集』(筑摩書房、一九七五—七六年)第一巻二四七頁。もちろん当時の大衆生活文化も、外国からの影響をまったくうけていなかったわけではないが、重要なのはそれが「国粋風俗」と意識されていた点である。

(34) 清沢前掲(第1章)『暗黒日記』一九四四年三月二一日。清沢については、北岡伸一『清沢洌』(中公新書、一九八七年)

および「清沢冽におけるナショナリズムとリベラリズム」（『立教法学』四二巻一―三八、一九九五年）や、山本義彦の一連の研究（『清沢冽の政治経済思想』御茶の水書房、一九九六年および『清沢冽選集』日本図書センター、一九九八年の解説など）がある。いずれも清沢の自由主義的な軍部への抵抗を重視したもので、総力戦下の秩序変動への反感という視点はとられていない。研究論文ではないが、小田実「竹内好のアジア観について」（『死者にこだわる』筑摩書房、一九七九年）は、部分的に清沢のこうした側面に言及している。

(35) 清沢前掲『暗黒日記』一九四三年七月二一日、一九四四年三月二一日。

(36) 同上書一九四五年二月一五日、一九四三年七月九日、一九四四年五月一日、一九四五年四月一〇日、一九四三年六月一八日、一九四四年七月四日。

(37) 同上書一九四四年四月二一日、一九四三年六月三〇日、一九四四年一〇月三日。

(38) 同上書一九四四年七月一八日、三月二一日。

(39) 同上書一九四三年七月六日、一九四四年八月五日。

(40) 同上書一九四三年六月一八日、一九四四年一二月一〇日、一九四四年五月二九日。なお清沢は創氏改名について、「朝鮮人を日本名に化さして、日本人の信用（？）を僭用させて――総督政治の悪、いうに忍びず」と批判している（一九四四年五月二九日）。朝鮮人を「日本人」から排除するために創氏改名に反対するという論調は、当時の厚生省周辺に存在したものであり、後述する和辻哲郎や安倍能成の朝鮮統治観と共通したものである。小熊前掲（第2章）『単一民族神話の起源』第13章参照。

(41) 加藤著作集第七巻三二一頁。

(42) 清沢前掲書一九四四年一二月九日。

(43) 堀田・司馬・宮崎前掲（第3章）『時代の風音』一七三頁。

(44) 梅原前掲（第1章）「京都学派との交渉私史」三七頁。

(45) 安倍能成「剛毅と真実と知慧とを」（『世界』一九四六年一月号。『「世界」主要論文選』岩波書店、一九九五年に所収）一五、二一頁。編集部での反応は塙前掲書二七頁。

(46) 土井章監修『昭和社会経済史料集成』第一六巻（巌南堂、一九九一年）六二、二六五頁。一九四二年四月一四日および五月一二日の懇談および講演記録。二六五頁の原文は漢字片仮名文。和辻の報告については小熊前掲『単一民族神話の起源』第15、16章参照。

(47) 塙前掲書二八頁、前掲（第2章）『岩波書店と文藝春秋』二八頁。

(48) 前掲『岩波書店と文藝春秋』三二頁。

(49) 天野全集第四巻の「後語」四一五頁で、天野貞祐は国民実践要領を「平生尊敬している高坂正顕、西谷啓治、鈴木成高の三氏に依嘱して編纂した」と述べている。

(50) 鈴木成高「保守ということ」（『心』一九四九年一〇月号。橋川文三編『保守の思想』、『戦後日本思想大系』第七巻、筑摩書房、一九六八年に所収）二七八頁。小泉全集第一〇巻二七二頁。

(51) 安倍能成・鈴木成高・和辻哲郎・谷川徹三・竹山道雄・武者小路実篤「『心』グループ批判を読んで」(『心』一九五八年八月号。橋川編前掲『保守の思想』に所収)三四三、三三二、三三四頁。『田中美知太郎全集』(筑摩書房、増補版一九八八年)第一六巻一六頁。
(52) 例えば、小泉信三は社会主義を批判しながら「個人の創意と責任」(小泉全集一〇巻二七六頁)を唱え、津田左右吉も社会主義の影響をうけた戦後の風潮を「個人としての自己」を尊重しないと主張している(津田全集第二〇巻五三四頁)。
(53) 『蔵原惟人芸術論集』(新日本出版、一九六六―六七年)第一巻三六頁。ただしこの引用は、一九二七年のアナ・ボル論争における「文芸論上のアナーキズムとマルキシズム」からのものである。
(54) 鈴木前掲論文二八五頁、前掲「『心』グループ批判を読んで」三四〇頁。
(55) 前掲「『心』グループ批判を読んで」三三七頁。
(56) 同上座談会三三三頁。発言者は谷川徹三。
(57) 小泉全集第一〇巻一五三頁。
(58) 河上前掲(第4章)「配給された『自由』」七七頁。
(59) 清水幾太郎・安倍能成・天野貞祐・和辻哲郎・磯田進・松村一人・高桑純夫・都留重人「世代の差違をめぐって」(『世界』一九四八年八月号)一五、一六、二一頁。
(60) 同上座談会二四頁。
(61) 丸山集第三巻五頁。
(62) 久野・鶴見・藤田前掲『戦後日本の思想』一三五頁。
(63) 前掲(第4章)「『平和問題談話会』について」三七頁。
(64) 前掲「世代の差違をめぐって」三四頁。
(65) 津田全集第二〇巻五二五頁。
(66) 飯塚編前掲(第1章)『日本の軍隊』一二九頁。
(67) 鶴見著作集第五巻四、五、六頁。
(68) 竹内全集第一三巻八五頁、第六巻三一一、三一二頁。
(69) もっとも丸山や鶴見などは、「大正」を明示的に批判したわけではない。「明治」を理想化して「昭和」を批判するという傾向は、保守論者にも広範にみられたものである。津田左右吉が「メイジタイショウ生まれ」を自称していたことは前記の引用のとおりであり、鈴木大拙も「明治の精神と自由」という論考を書いている(橋川編前掲『保守の思想』に所収)。
　すなわち敗戦直後から一九五〇年代までは、「明治」は政治的立場をこえて好まれていたが、「大正」はあまり言及されることがない状況であった。いわば当時、保守論者と進歩系論者の間で「明治」というシンボルの奪取競争が行なわれていた。それゆえ、「明治生まれ」を自称する年長世代を批判するために、丸山は「現代の明治的な人間といわれている人」を批判し、鶴見は「明治人」と「維新人」を区分したといえる。
(70) 加藤周一著作集第七巻一八、二二、二三頁。この加藤の論考から、いわゆる「星菫派論争」が起きたことはよく知られる。臼井吉見編『戦後文学論争』上巻(番町書房、一九七二年)参照。

（71）丸山集第四巻八一頁。加藤著作集第七巻二四頁。

第6章

（1）「政治と文学」論争ないし「主体性」論争、そして『近代文学』については、臼井編前掲（第5章）『戦後文学論争』上巻でまとめられているほか、磯田光一、奥野健男、近年では加藤典洋など、多くの文芸評論家が論じている。また久野・鶴見・藤田前掲（第5章）『戦後日本の思想』や都築前掲（序章）『戦後日本の知識人』、米原前掲（第2章）『日本的「近代」への問い』、山崎昌夫「主体性論争の系譜」（『戦後日本の思想対立』、『講座日本社会思想史』第五巻、芳賀書店、一九六七年）、菅孝行「主体性論争とマルクス主義」（前掲〔第2章〕『戦後日本と社会思想』）、J. V. Koschmann, *Revolution and Subjectivity in Postwar Japan*, The University of Chicago Press, 1996 およびコシュマン「『近代文学』と日本共産党」（E・シュラント、J・T・ライマー編『文学における二つの戦後』大社淑子・酒井晨史・金井和子訳、朝日新聞社、一九九五年）など、戦後思想史研究でもとりあげられている。また共産党系の文学雑誌『民主文学』を中心として、日本民主主義文学同盟副議長の佐藤静夫による『戦後文学論争史論』（新日本出版社、一九八五年）をはじめ、津田孝、北村隆志、伊藤成彦、岩淵剛などが『近代文学』を批判的に論じている。そのほか、吉田永宏、森山重雄、飛鳥井雅道などがこの論争をとりあげている。

『近代文学』の同人のなかでは、埴谷雄高をのぞけば平野謙がもっとも研究蓄積が多く、中山和子『平野謙論』（筑摩書房、一九八四年）をはじめとして、中山和子『昭和文学の陥穽』（武蔵野書房、一九八八年）、論究の会編『平野謙研究』（明治書院、一九八七年）などがあるほか、亀井秀雄『中野重治論』（三一書房、一九七〇年）も平野に言及している。とくに平野の戦時期については、杉野要吉「戦時下の芸術的抵抗はあったのか」（『国文学 解釈と教材の研究』二三巻一一号、一九七八年）や紅野敏郎などの問題提起をうけて、中山和子と杉野のあいだで論争が行なわれ、江藤淳も「改竄された経験」（『文学界』一九八一年八月号）でこれに介入した。その後も布野栄一が「戦時下の平野謙」（『語文』六八号、一九八七年）および「平野謙の『アラヒトガミ事件』とその周辺」（『政経研究』二三巻一号、一九八六年）などでこの問題を追求した。

荒正人についてはこれより研究は少なく、菅孝行「文学史の戦後革命」（『新日本文学』三五巻三号、一九八〇年）および三宅芳夫「『政治』の不可能性と不可能性の『政治』」（『現代思想』二六巻八号、一九九八年）などがある。福田恆存については、土屋道雄『福田恆存と戦後の時代』（日本教文社、一九八九年）、井尻千男『劇的なる精神 福田恆存』（日本教文社、一九九四年）、金子光彦『福田恆存論』（近代文芸社、一九九六年）などのほか、水崎野里子「福田恆存とシェイクスピア」（『駒沢大学外国語学部紀要』五二号、二〇〇〇年）などがある。

これまで「政治と文学」論争は、平野謙や荒正人が、共産党という「政治」に対抗したという文脈で語られることが多かった。そのため結果として、彼ら独自の「近代」観や政治参加をめぐる思想、とくに初期の『近代文学』の牽引役だった荒正人の思想を検証することが弱かったと思われる。また、狭義の「政治と文学」論争が、平野・荒と中野重治の論争を指すものとされたため、同時代の共産党の「近代主義」批判や東大細胞分裂事件との関係、さらに丸山眞男などとの思想的共通性など、関連する論争や時代背景に言及されない傾向があった。

また前述のように、平野謙や中野重治の戦争協力の度合いをめぐる中山―杉野論争はあったものの、戦争体験が彼らの戦後思想にどのような影響をもたらしたかについては、あまり論じられてこなかった。平野の戦時期を検証した中山や杉野も、この問題には重点を置いていないように思われる。研究が少ない荒正人や福田恆存については、その傾向はさらに著しい。そのため戦後の「政治と文学」論争も、戦前からの共産党と文学の関係をめぐる論争の延長として論じられがちとなっている。

たとえば鶴見俊輔は、前掲『戦後日本の思想』において、『近代文学』第一期同人の「七人のうち誰一人として戦争体験がない」「戦争の傷がこの人たちにはない」と断じ、一九三三年から三五年にかけて共産党周辺で「政治」と「文学」の関係が論争になった地点から、同人たちが「動かずにいた」と主張した(五、一一頁)。たしかに本多秋五と小田切秀雄以外の同人は、病気その他によって兵役に就くことはなかった。しかしこの鶴見の見解は一方的なものであり、敗戦時に二三歳だった「戦中派」の彼が、「三十代」に抱いた偏見を示している。第14章で検証するように、吉本隆明をはじめとして、敗戦時に二〇歳前後だった者は、年長の知識人たちが「傷つかなかった」「傍観していた」という印象を強く抱いていた。本章中でも検証したように、『近代文学』同人をはじめ当時の文学者たちは、いずれも戦争から深い影響をうけていた。しかし、自分の傷痕である悔恨の問題を文章で公表することには慎重だったために、鶴見のような誤解が発生したのである。

「政治と文学」論争を、共産党との対抗関係という観点でのみ見れば、戦前との連続性という見解が導かれがちであり、戦争体験の思想的影響が軽視されがちとなる。しかし本章では、明示的に触れられることの少ない戦争体験こそが、「戦後」思想としての『近代文学』の根底にあることを重視した。その点を看過してしまえば、『近代文学』が共産党だけでなく、オールド・リベラリスト風の非政治主義とも距離をとろうとした理由が見えにくくなってしまう。また、同人の多くが戦後に共産党に入党したことや、「個人」の主張と同時に文学者の戦争責任追及が行なわれたことなどの理由が理解できなくなるというのが、本書の見解である。

なお、「民族」「市民」「近代」「個人主義」といった言葉の使用法に着目して、この論争を検証した研究は、管見の範囲では見当たらない。

(2)『本多秋五全集』(菁柿堂、一九九四―九九年)第一巻九、一五、一六頁。

(3) 蔵原芸術論集第一巻二九、二四頁、第三巻四―五頁。

（4）本多全集第一巻二〇頁。
（5）蔵原惟人・荒正人・佐々木基一・埴谷雄高・平野謙・本多秋五「文学と現実」（『近代文学』創刊号、一九四六年一月）一八頁。
（6）同上座談会二三、二七、二四頁。
（7）前掲（第1章）「国防国家と美術」一〇三頁。なお鈴木は、一〇八頁では「芸術至上主義」の起源として「文芸復興」と「カント哲学」を挙げ、「その時代はどうであつたかといふと、コロンブスのアメリカ発見の後で今のやうに経済的に緊迫して居らぬ時代であつた。その時代に自然科学を武器としてどんどん今日の金権主義国家が進出して、自分達の有利な地位を築いてしまつた。さういふ人達が文化至上主義を以て世界に臨んだ。彼等の為には有利である」と主張している。マルクス主義の近代芸術批判が、当時の軍部に吸収されている様子が興味深い。
（8）本多秋五「解説」（荒著作集第一巻）三二六頁。
（9）『小田切秀雄著作集』（法政大学出版局、一九七〇―七四年）第二巻三二三―三二四頁。
（10）本多全集第一巻二二頁。
（11）『荒正人著作集』（三一書房、一九八三―八四年）第一巻一一八、一一六、二七七頁。
（12）『平野謙全集』（新潮社、一九七四―七五年）第一巻二一五、二二四頁。小田切著作集第二巻四一、四〇頁。
（13）平野全集第一巻一八三頁。
（14）荒著作集第一巻一七頁。
（15）本多前掲『物語戦後文学史』上巻五九頁。
（16）荒著作集第一巻一一九、二七九頁。
（17）同上書三〇七、三〇八頁。
（18）同上書三〇八、三一〇頁。『近代文学』第三巻第二号（一九四八年二月）の初出と若干の字句の異同があるが、内容的な相違はない。ここでは初出のほうを重視した。
（19）同上書一四、一一八頁。
（20）荒著作集第一巻三〇八、一二頁。小田切著作集第二巻三二三頁。
（21）新井直之編『敗戦体験と戦後思想』（論創社、一九九七年）三七頁。
（22）荒著作集第一巻九四頁。
（23）小田切前掲（第1章）「文学における戦争責任の追及」二二三頁。
（24）荒正人「棄てよ――傍観主義」（『文学時標』第一二号、一九四六年一〇月。栗原編前掲〔第1章〕『戦後の始まり』に再録）一八一頁。小田切前掲（第1章）「転向の問題」一八〇頁。
（25）荒正人・小田切秀雄・佐々木基一・埴谷雄高・平野謙・本多秋五「文学者の責務」（『人間』一九四六年四月号。高橋和巳編『戦後文学の思想』、『戦後日本思想大系』第一三巻、筑摩書房、一九六九年に再録）一〇〇、一〇七、一〇五頁。
（26）荒著作集第一巻八五頁。
（27）同上書六七、五九頁。
（28）同上書六四頁。

(29) 同上書三〇八、三〇九頁。
(30) 同上書三〇、三四頁。
(31) 丸山集第三巻九〇―九一、八七、八九頁。丸山の主体性論争への発言としては、『世界』一九四八年二月号の座談会「唯物主観と主体性」が著名だが、『近代文学』の問題意識と直接共通するのは、引用した一九四七年の「若き世代に寄す」（『日本読書新聞』掲載時の原題は異なる）のほうである。
(32) 戦中の文章は中山前掲『昭和文学の陥穽』五二頁より重引。一九五三年の発言は堀田善衛・伊藤整・竹内好・平野謙・花田清輝「日本の近代と国民文学」（『新日本文学』一九五三年一二月号）一五二頁。埴谷雄高の回想によると、雑誌名としては当初『海燕』が有力であり、荒正人は『ひまわり』などを提案したものの、結局『近代文学』に落ちついた。ただし埴谷は、それが与える印象については「はじめから意図されてつけられた訳ではなかった」と述べている。『埴谷雄高全集』（講談社、一九九八―二〇〇一年）第一巻五六六頁。
(33) 以下、桑原全集第三巻二三―二四、二〇、一三頁。臼井吉見も『展望』一九四六年五月号で桑原と同趣旨の短歌批判を書いており、後年に桑原と自分の論考をまとめて臼井編前掲『戦後文学論争』上巻に収録している。
(34) 荒前掲（第3章）「横のつながり」一〇頁。平野全集第一巻二三五、二三七頁。
(35) 荒前掲「横のつながり」七、九頁。
(36) 荒正人・加藤周一、佐々木基一・花田清輝・埴谷雄高・日高六郎・福田恆存「平和革命とインテリゲンチャ」（『近代文学』第二巻第三号、一九四七年四月）三七頁。
(37) 埴谷全集第一巻五六三頁。
(38) 荒著作集第一巻一一八頁。
(39) 小田切著作集第二巻五二―五三頁より重引。
(40) 小田切著作集第二巻五八頁。前掲「文学者の責務」九七頁。
(41) 丸山集第三巻七三頁。
(42) 小田切著作集五七、五五、五八、五九頁。
(43) 平野全集第一巻二三七頁など。平野が日本の近代文学史を論じた一九四六年一二月の「女房的文学論」では、「自然主義的人間観」が批判の対象とされている。こうした平野の見解は、一九四一年六月の「私小説の問題」と同じである。しかし、「私小説の問題」では自然主義や私小説が「近代日本個人主義文学のみじめな一帰結」（第一巻一〇七頁）とされているのにたいし、「女房的文学論」では自然主義は「真の個人主義文学」とは別個のものとされている。いわば戦争をはさんで、平野の「近代」と「個人主義文学」の定義に微妙な変化が発生したといえる。

　とはいえ、一九四一年の「私小説の問題」でも、日本の私小説作家の「人間修業」を評して「社会と個人との対決の場でたたかいつつみずからを育てていった西欧近代個人主義とはまるでうらはらなものである」（第一巻一〇七頁）と評しており、自然主義と「西欧近代個人主義」の区別は、戦前からあったものである。ただ、「私小説の問題」では克服の対象を表現する言葉だった「近代日本個人主義」が、戦後には目指すべき目標を表現する言葉に変化している。その変化にみあったかたちで、「真の個人主義文学」の元祖として、夏目漱石と森鷗外が再発見されたといえよう。

もちろん、平野自身も記しているように（第一巻二三七頁）、夏目と森の再評価は、福田恆存の「近代日本文学の系譜」に触発されたものである。また「女房的文学論」での「上下の関係だけで横の関係を捨象された封建的な家族制度」（第一巻二三五頁）といった表現は、荒正人の影響を感じさせる。また逆に、荒の自然主義文学観は、平野の影響が感じられる。これらは、荒と平野、そして福田らの相互影響関係といってもよいが、同時代の丸山や大塚の論調との共通性も考慮するなら、彼らの戦後の主張は同時代の言説構造の変動のなかでなされたものだったといえる。

(44) 平野全集第一巻二三三頁。

(45) 同上書二四一頁。荒正人もまた、前掲「横のつながり」五頁で、小林多喜二の女性観を「きはめて封建的」「ブルジョア民主主義以前のもの」と評している。

(46) 平野全集第一巻二四二、一八五頁。

(47) 荒著作集第一巻一二一、一二二頁。

(48) 本多前掲『物語戦後文学史』上巻三七―四〇、四三―四四頁。

(49) 小田全仕事第一巻四〇九頁。創刊時の模様は埴谷全集第一巻五七八―五七九頁。

(50) 新井前掲書三二頁。

(51) 中野全集第一二巻九三、九四頁。

(52) 前掲（第5章）「近代主義をめぐって」一一九、一一四、一一八頁。この座談会は、臼井編前掲『戦後文学論争』上巻にも収録されている。戦後の「近代主義」については、『戦後文学論争』の高橋春雄の解説のほか、日高六郎「戦後の『近代主義』」（日高編『近代主義』解説、『現代日本思想大系』第三四巻、筑摩書房、一九六四年）などがあるが、本章では「近代主義」の思想内容を問うというかたちではなく、象徴的な言葉としてどのように使用されていたかに着目した。

(53) 同上座談会一一八、一二一頁。

(54) 小田切著作集第二巻三二三頁。

(55) 前掲「近代主義をめぐって」一二一頁。徳田球一「一般報告」（『前衛』第二六号、一九四八年四月）一三―一四頁。

(56) 甘粕石介「近代主義の主体性論」（『前衛』第三〇号、一九四八年八月）五八頁。勝部元「いわゆる『主体性』について」（『前衛』第三〇号）六一、六四頁。

(57) 高山前掲（第2章）「文化国家建設と新国民倫理」八二、七三、六九頁。

(58) 前掲「日本の近代と国民文学」一五二頁。

(59) 丸山集第六巻二四七頁。

(60) 小田切著作集第二巻三二二頁。

(61) 小田切著作集第二巻二三三、二三九頁。

(62) 本多前掲『物語戦後文学史』上巻五〇頁。

(63) 以下の引用は小林秀雄・荒正人・小田切秀雄・佐々木基一・埴谷雄高・平野謙・本多秋五「コメディ・リテレール　小林秀雄を囲んで」(『近代文学』第一巻第二号、一九四六年二月)三三、二七、二五、三三、二九頁。
(64) 坂口全集第一一巻二七三頁。
(65) 窪川鶴次郎・荒正人・小田切秀雄・佐々木基一・埴谷雄高・本多秋五「プロレタリア文学を語る① 窪川鶴次郎を囲んで」(『近代文学』第一巻第五号、一九四六年九月)一五頁。
(66) 『福田恆存全集』(文藝春秋、一九八七―八八年)第一巻五七六、五八〇、五八一頁。
(67) 同上書五九五、五九四頁。
(68) 同上書六二二頁。
(69) 同上書六二三、六二二、五八九頁。
(70) 同上書五八九、五九二頁。なお福田の『日本語』編集主幹時代については川村湊『海を渡った日本語』(青土社、一九九四年)参照。
(71) 本多前掲『物語戦後文学史』上巻二五二頁。福田全集第一巻五六頁。
(72) 福田全集第二巻二四〇頁。
(73) 福田全集第一巻五八六、五八四頁。
(74) 加藤周一「IN EGOISTOS」(『近代文学』第二巻第五号、一九四七年七月)五頁。この論考で加藤は、明示的に名指してではないが、福田の「日本近代文学の系譜」と「人間の名において」を厳しく批判している。そして、「発展段階が後れてゐるから自由経済を先づ経過しなければならぬと云ふ考へが馬鹿げてゐるとすれば、当面の目標を小市民的個人の確立におく人間革命のプログラムも同様に馬鹿げたものであらう。このプログラムは、個人とそのエゴイズムを追求して、ヒューマニズムに至ると主張する時、更に、二重に馬鹿げてゐる」と述べている(三頁)。これはいうまでもなく荒正人への批判を意図したものだが、こうした論文が巻頭論文に掲載されたことは、当時の『近代文学』の開かれた性格を示したものといえよう。
(75) 前掲「文学者の責務」一〇三頁。なお埴谷はこれに続けて、戦争によって「若い世代は工場へやられ、兵隊は始めて他民族に接し……民族とか、社会とか、人間ということが理解される基盤がとにかく出来た」と述べて「近代文学の確立」を唱えている。戦争による社会的・国際的接触が、「人間」という概念の形成を促したという指摘は興味深い。
(76) 福田全集第二巻二四一頁。
(77) 大井広介「文学報国会は無為」(『文学』五巻二九号、一九六一年)九〇頁。平野全集第四巻一一四頁。平野がいう「戦時中の文章」が、東条の演説草稿だったかどうかは不明である。戦中の平野については、本章注1に挙げた諸研究のほか、情報局で平野の上司だった井上司朗による『証言・戦時文壇史』(人間の科学社、一九八四年)がある。
(78) 前掲「文学者の責務」一一一頁。
(79) 同上座談会一一一、一〇五頁。
(80) 平野全集第四巻三〇頁。

(81) 中山前掲『平野謙論』参照。
(82) 中野全集第一二巻一一五頁。
(83) 手紙の経緯は埴谷全集第九巻三六一頁。荒の中野批判は著作集第一巻一一一頁。同書一一九頁では、より直接的に中野を批判している。中野はこの手紙を、一九六九年の小説『甲乙丙丁』の一六に、氏名を変えて収録している。
(84) 中野全集第一二巻六三一頁。
(85) 福田全集第一巻六六九頁。本多前掲『物語戦後文学史』上巻二三六頁によると、本多は福田の共産党観に反発して同人加入に反対したものの、福田の戦争協力の経緯は知らなかったらしい。本多以外の反対者が「もう一人」いたとのことだが、誰であったかは不明である。
(86) 福田全集第一巻六三、六二頁。
(87) 同上書六四頁。
(88) 前掲（第4章）「『平和問題談話会』について」三八頁。
(89) 丸山静「出発点の問題II」（『近代文学』第三巻第三号、一九四八年三月）三九頁。
(90) 中野重治・荒正人・小田切秀雄・佐々木基一・埴谷雄高・平野謙・本多秋五「民主主義文学の問題　中野重治を囲んで」（『近代文学』第一巻第三号、一九四六年四月）四〇頁。一九四六年二月四日付。前掲「近代主義をめぐって」一三〇頁。小田切著作集第二巻一二三頁。
(91) 前掲（第3章）『資料 戦後学生運動』第一巻一五三、一五四頁。
(92) 中野全集第一二巻九七—九八頁。中野重治・石母田正・藤間生大「民族文化の問題」（『展望』一九四八年一一月号）四二頁。
(93) 荒正人「市民として」（『近代文学』第二巻第六号、一九四七年九月）八頁。
(94) 上原専禄・宗像誠也『日本人の創造』（東洋書館、一九五二年）二〇頁。
(95) 丸山集第三巻二九六、二九七頁。
(96) 同上書二九七頁。
(97) 小田前掲（第1章）『「ベ平連」・回顧録でない回顧』七、八頁。
(98) 丸山集第四巻三三〇頁。
(99) 丸山集第三巻一六一頁、第四巻三三〇頁。
(100) 丸山集第五巻六九頁。ただし丸山は、一九四七年の「科学としての政治学」の注で、マックス・ヴェーバーの価値自由論に触れながら、「彼の諸説が世界観的価値判断に対する傍観的態度、乃至は左右両翼に対する『中間派』の立場と混同されるのを鋭く斥け、むしろ学者が各自の世界観乃至政治的立場をハッキリ表明することを市民としての義務として要請している」と述べている（丸山集三巻一五二頁）。おそらくこれは、共産党の「中立」と「市民」への批判を意識しつつ、「市民」が必ずしも傍観的「中立」を意味しないことを強調するため、あえて「市民」を用いた事例と思われる。
　丸山をはじめ当時の論者たちは、必ずしも厳密な定義をもって言語を使用していたわけではないから、「市民」の肯定的使用例がこの時期にも散見されることはもちろんである。本書は、

「市民」の肯定的使用例が一九六〇年前後から定着したことを指摘しているのであって、それ以前にそうした用例が存在しないと主張しているわけではない。

(101)「平和問題討議会」(『世界』一九八五年七月臨時増刊号)二九一、二九〇頁。

(102) 荒前掲「横のつながり」一頁。

(103) 甘粕前掲論文五五頁。

(104) 荒著作集第一巻二九六頁。

(105) 荒著作集第一巻二九五、二九六頁。荒正人「文学的人間像」(『近代文学』二巻二号、一九四七年三月)三七、三九頁。なお宮本百合子は、『世界』一九四六年一〇月号の論考「現代の主題」で、荒や『近代文学』に代表される動向を、「いいかげんな民主主義便乗者の精神よりも正義をもつもの」と評価している。しかし宮本によれば、それは戦争という悪しき政治に抵抗するなかで、「しいられてできた内部抵抗の癖」にすぎない。個人の意識は社会構造に規定されている以上、「心理的な現象をとく力は、窮極においてその心理の枠内にはあり得ない」というのが彼女の見解だった(『宮本百合子全集』新日本出版社、一九七九―八六年、第一三巻八五、八六頁)。荒はこれにたいし、こうした意見が戦中の暗黒期を実感しなかった「四十代」のものであること、そして宮本の「前向き」な性格が「上昇期の上層中産階級《アッパー・ミドル・クラス》」出身の「市民《シトワイヤン》」のものであると反論したわけである(荒著作集第一巻二九六頁)。後年のインタビューで、荒は「本当は、宮本百合子と正面から論争してみたいと思ったんですけどね。中野重治と論争するような破目になりました」と述べている(新井編前掲書四一頁)。

(106) 荒前掲「横のつながり」三頁。

(107) 荒正人「戦争と平和」(『近代文学』第五巻第一号、一九五〇年一月)七、一〇頁。

(108) 荒著作集第一巻二二九頁。荒「理想的人間像」。後者は甘粕前掲論文五六頁より重引。

(109) 荒著作集第一巻二八三頁。しかし荒は、こうした「国内亡命者」の状態を、必ずしも賞賛すべきものとは考えていなかった。荒は戦中の状況を、「自己を抑圧する強権から脱したというほこりはなかった。その反面、少数グループにのみ閉じこもって、他の悪口をいう世の中の常の亡命者たちの通弊だけは存在していたのだ」と回想している(荒著作集第一巻一九頁)。

(110) 同上書一九頁。荒は金史良の『光の中に』を評するにあたり、金の「脱走」も広い意味では「亡命」と呼べると述べている(荒著作集第二巻二九一―二九三頁)。

(111) 荒著作集第二巻一四九頁。荒の朝鮮人との接触については、三宅前掲論文から示唆をうけた。丸山のエピソードは石田前掲(第1章)「丸山眞男と軍隊体験」一七〇頁。このエピソードは、丸山が大学院で指導した「韓国の研究者」に語ったものを、その研究者から石田雄が聞いたというものである。その研究者は「編上靴でなぐられた」と聞いたのにたいし、石田は「上靴」(スリッパ)の誤りではないかと述べているが、第1章で挙げた安田武の証言にもあるように、「鉄鋲のついた編上靴ではり倒され」ることは内務班のリンチではありがちだった。また石田は「朝鮮戸籍の日本人の古兵ということは一九四四年の丸山の初年兵当時には考えにくいから、内地戸籍で朝鮮にいた日本人のことを『朝鮮出身』といったかもしれない」と述べているが、朝鮮での徴兵開始は一九四四年ではあっても、朝鮮人志願兵制度はすでに一九三八年から始まっている。いずれにせよ、石田もいうように「この断片的な回想以外に平壌時代について〔丸山が〕印象を語った資料は全くない」のだが、この沈黙の期間が丸山の思想形成にどのような影響をもたらしたのかは、考察に値する問題である。

(112) 荒正人著作集第三巻収録の『市民文学論』を参照。荒による一連の「市民文学論」と白樺派への賞賛は、一九五〇年ごろから書かれており、「政治と文学」論争の時点のものではない。白樺派への関心は、『近代文学』の同人たちに共通したものだったが、おそらく共産党との対抗関係から、荒のなかで白樺派評価が高まっていったものと思われる。これについては、「政治と文学」論争だけでなく、もともと荒が共産党に加入したのは平和革命路線が前提であったこと、共産党が一九五〇年の内部分裂後に武装闘争に傾き、平和を好む荒が共産党に反発を強めたことなどが、関係していると思われる。

(113) 宮本全集第一三巻八一頁。

(114) 本多全集第三巻二一八、二二三頁。

(115) 前掲『資料 戦後学生運動』第一巻一五七、一五八、一六五頁。

(116) 同上書一六九頁。

(117) 同上書一六一頁。このほか、渡邉が日労の三田村四郎から寄付を受けとっていたことも批判の対象とされた。

(118) 同上書一六七、一七〇頁。

(119) 同上書一六〇頁。

第7章

(1) 加藤秀俊「戦後派の中間的性格」(『中央公論』一九五七年九月号)。のち加藤『中間文化』(平凡社、一九五七年)に収録。引用は高畠通敏編『日常の思想』(『戦後日本思想大系』第一四巻、筑摩書房、一九七〇年)三六頁より。

(2) 同上論文三七、四七、三九頁。

(3) 清水著作集第一〇巻一六頁。大牟羅良「僻地の子ども」(武田清子編『人権の思想』、『戦後日本思想大系』第二巻、筑摩書房、一九七〇年に所収)一一三頁。

(4) 小田全仕事第七巻一五四頁。

(5) 同上書五三頁。

(6) 同上書一五八、五八頁。

(7) 同上書一五四、一五五頁。

(8) 小田全仕事第八巻一三〇頁、第七巻一五五頁。

(9) 小田全仕事第八巻七四頁、第七巻一五八頁。

(10) 武田清子「人権思想の峰と淵」(前掲『人権の思想』解説)五頁。

(11) 山本前掲(序章)『戦後風俗史』九七頁。

(12) 同上書一二七頁。

(13)「歴史学はどうあるべきか」(『歴史学研究』一五五号、一九五二年一月)五二頁。発言者は古島和雄。
(14)小熊前掲『〈日本人〉の境界』第21章参照。
(15)同上書第21章参照。ローマ帝国を「多民族国家」の否定的事例として論じることが、穂積八束から和辻哲郎まで広範にみられたことについては、小熊前掲『単一民族神話の起源』参照。
(16)石母田正『続歴史と民族の発見』(東京大学出版会、一九五三年)五八—五九頁。
(17)石母田正『歴史と民族の発見』(東京大学出版会、一九五二年)三八頁。
(18)石母田前掲『続歴史と民族の発見』五七—五八頁。
(19)大島渚『体験的戦後映像論』(朝日新聞社、一九七五年)一四三頁。
(20)堀田善衛『インドで考えたこと』(岩波新書、一九五七年)九九頁。この後、一九六三年に商用渡航が、一九六四年に観光渡航が自由化される。
(21)前掲(第3章)『時代の風音』一八一、一〇頁。宮崎はこの対談で、日本の農村風景への嫌悪が解けたのは、一九七〇年代に『アルプスの少女ハイジ』を制作する取材のためにスイスに行き、そこで「日本の景色のほうが自分が好きだったことに気づいた」という体験以降だったと述べている(一八一頁)。
(22)石母田前掲『続歴史と民族の発見』五五、五六、六〇、五四頁。
(23)石母田前掲『歴史と民族の発見』三四頁。
(24)同上書二五一頁。
(25)土井正興「クリーム色の表紙の思い出」(『歴史学研究　戦後第I期復刻版』月報四、青木書店、一九八七年)四頁。ただし共産党の民主民族戦線は、広範な人びとをカバーすることを唱えていたので、都市住民という意味で「市民」への呼びかけも存在した(前掲〔第4章〕『日本共産党戦後重要資料集』第一巻六〇五頁など)。
(26)久野収『愛国心』(『教育評論』一九五三年五月号)一二頁。
(27)『上原専禄著作集』(評論社、一九八七—九七年)第七巻三七頁、上原・宗像前掲(第6章)『日本人の創造』一五〇—一五一頁。石田宇三郎「平和教育と民族教育」(『教師の友』一九五二年一一月号)一六頁。
(28)上原著作集第七巻三八頁。こうしたドイツの「民族」と「国家」の関係の論調は、「新しい教科書をつくる会」の会長だった西尾幹二にも受けつがれている。ニーチェ研究者である西尾は、一九九〇年代の国民国家批判に対して、「国家」の役割が縮小している現代だからこそ「民族」の独自性が重要だと説いている。西尾は、一九九九年の彼の著作『国民の歴史』も、「日本民族の歴史」として書いたという(「『国民』意識は今」『朝日新聞』一九九九年一二月一七日)。
(29)佐藤幸治「愛国心」(『現代道徳講座』第五巻、河出書房、一九五四年)一七二頁。なおこの調査では、「愛国心」という言葉は戦争の記憶を呼びおこすものとして、否定的感情を示す者が全体の三分の二にのぼっている。

(30) 清水著作集第一四巻三一二頁。
(31)『石母田正著作集』(岩波書店、一九八八―九〇年) 第一四巻三五二、三六二頁。
(32) 同上書三五六、三五五頁。
(33) 同上書三五五頁。
(34) 藤間生大「歴史家の実践」(『歴史評論』一一号、一九四七年一二月) 四二頁。
(35) 石母田前掲『続歴史と民族の発見』四一一頁。
(36) 丸山集第五巻二八九―二九〇頁。これは、一九五二年の『日本政治思想史研究』のあとがきである。丸山はここで、「中国の停滞性に対する日本の相対的進歩性という見地」を自己批判し、「カッコ付の近代を経験した日本と、それが成功しなかった中国とにおいて、大衆的地盤での近代化という点では、今日まさに逆の対比が生れつつある」と述べている。これは明治維新と辛亥革命にかんする、竹内好の見解を踏襲したものである(第10章参照)。
(37) 以下、清水著作集第一〇巻一一―一二、一四、一六―一七頁。
(38) 梅本の手紙は天野恵一『危機のイデオローグ』(批評社、一九七九年) 二一六―二一七頁より重引。「亡国の歌」発言は清水著作集第一〇巻二六頁。
(39) 丸山集第五巻五九、七〇、六九、六七頁。
(40) 鶴見俊輔の発言は一九五一年の「思想の科学研究会――趣旨と活動」(鶴見和子『戦後』の中の『思想の科学』」、『思想の科学会報』復刻第一巻、柏書房、一九八二年、九頁より重引)。和子の発言は一九五四年の講演「話しあい、書きあう仲間」(『鶴見和子曼荼羅』第Ⅱ巻、藤原書店、一九九八年) 三七二頁。
(41) 清水著作集第一四巻一〇六頁。清水の回想記は彼の思い込みが強く、このエピソードの信憑性もいささか疑わしいが、和子による自己批判の背景の一端を示すものとして紹介した。
(42) 以下、石母田前掲『歴史と民族の発見』三二一―三三、三四頁。
(43) 佐藤忠男「裸の日本人」(久野収編『現代日本論』、『戦後日本思想大系』第一五巻、筑摩書房、一九七四年所収。初出一九五八年) 五七頁。
(44) 加藤周一「民族主義と国家主義」(『中央公論』一九五九年四月号) が、こうした主張をとっている。
(45) 山本前掲書一〇二頁。
(46) 以下、大江健三郎『鯨の死滅する日』(講談社文芸文庫、一九九二年。初版一九七二年) 一九五―一九七、一九九頁。
(47) 鶴見前掲 (第1章)『新しい開国』五八三、五八六頁。
(48) 同上書五八〇頁。埴谷全集第一巻五七二頁。
(49) 清水著作集第一〇巻七頁。
(50) 埴谷全集第一巻五七三頁。
(51) 高見順・今日出海・堀田善衛・亀井勝一郎・清水幾太郎「独立国の条件」(『群像』一九五二年六月号) 一八、一九―二〇、二一頁。
(52) 山本前掲書九〇、九一、九二頁。

(53) 日本教職員組合『日本の教育』第二集(岩波書店、一九五三年)二六六頁。大江健三郎『持続する志』(講談社文芸文庫、一九九一年。初版一九六八年)一二六頁。ただし、後者は大江の一九六五年の沖縄訪問記からの引用である。
(54)『朝日クロニクル 週刊二〇世紀』一九四九年版(朝日新聞社、一九九九年)一〇、一一頁。
(55) 清水著作集第一〇巻八五頁。
(56) 日本教職員組合編『日本の教育』第七集(国土社、一九五八年)三八五頁。
(57) 井上清・小此木真三郎・鈴木正四『現代日本の歴史』下巻(青木書店、一九五三年)五六八―五六九頁。
(58) 水野浩編『日本の貞操』(蒼樹社、一九五三年)。日本政府の政策批判は五島勉編『続日本の貞操』(蒼樹社、一九五三年)第二章。
(59) 前掲『日本の教育』第二集二六九頁。
(60) 稲葉桂子「紙芝居脚本 子どものねがい」(『教育評論』第七号、一九五二年)八三頁。清水幾太郎・宮原誠一・上田庄三郎編『基地の子』(光文社、一九五三年)一七〇―一七一頁。
(61) 宮原誠一「教師は平和を愛さぬか」(『六・三教室』一九五〇年一月号)。船山謙次『戦後日本教育論争史』(東洋館、一九五八年)より重引。
(62) 佐藤前掲(第2章)『黒澤明の世界』二三六頁。
(63) 前掲『基地の子』序文三―四頁。
(64) 遠山茂樹「戦後の歴史学と歴史意識」(『遠山茂樹著作集』岩波書店、一九九二年)第八巻四九頁。
(65) 神田文人「歴史学における民族の問題」(『歴史評論』第二〇〇号、一九六七年)四三頁。
(66) コミンフォルム批判の全文は前掲『日本共産党戦後重要資料集』第一巻に収録。引用は三五二頁。この間のソ連・中国・日本の共産党の動向については、和田春樹『歴史としての野坂参三』(平凡社、一九九六年)第V、第VI章参照。
(67) 日本共産党中央委員会「民族の独立のために全人民諸君に訴う」(日本共産党中央委員会五〇年問題文献資料編集委員会編『日本共産党五〇年問題資料集』第一巻、新日本出版社、一九五七年)三五―三九頁。
(68) 藤間生大「『歴史における民族』のあつかい方」(歴史学研究会編『歴史における民族の問題』巻末に所収、岩波書店、一九五一年)一六七頁。
(69) 神田前掲論文四八頁より重引。
(70) 松本新八郎「民族文化をいかにしてまもるか」(『歴史学研究』一五四号、一九五一年)三六、三九、三七頁。
(71) 前掲『現代日本の歴史』下巻三七二、五五九、五七七、六〇二、五七一頁。
(72) 前掲『日本共産党五〇年問題資料集』第三巻二一五頁。
(73) 鶴見前掲『新しい開国』一六六、一六八頁。民主主義科学者協会「民族解放のたたかいに倒れた近藤巨士君への追悼の言葉」(『歴史評論』三七号、一九五二年)三八頁。
(74) 前掲『現代日本の歴史』下巻三七七頁。

(75) 高田佳利「行動の意味の発掘」（『思想の科学』一九五九年八月号）二八頁。
(76) 『江藤淳著作集』（講談社、一九六七―七三年）第六巻四二頁。
(77) 山本前掲書一六二―一六三頁。
(78) 高田前掲論文二九頁より。高田と古在の会話を高田が記したもの。
(79) 秋山清『文学の自己批判』（太平出版社、一九七二年）一〇八頁。
(80) 同上書三九、四〇、四三頁。
(81) 吉川勇一「連合赤軍事件と市民運動」（一九七二年三月の講演。ベトナムに平和を！市民連合編『資料・「ベ平連」運動』河出書房新社、一九七四年に所収）下巻一七六頁。
(82) 山本前掲書一六五頁。
(83) 森田実の回想。西部邁『六〇年安保』（文藝春秋、一九八六年）一三三頁より重引。
(84) 『文化問題と日本共産党』『日本文化の課題と展望』（ともに『前衛』臨時増刊、一九五七年三月および九月）。
(85) 丸山集第六巻一六四頁。
(86) 石田雄「『戦争責任論の盲点』の一背景」（「みすず」編集部編『丸山眞男の世界』みすず書房、一九九七年）。
(87) 丸山集第六巻一五九頁。こうした指摘の背景には、共産党や平和運動を攻撃することを目的とした、保守系の暴露記事の存在があった。たとえば雑誌『全貌』で連載された「学者先生戦前戦後言質集」（一九五四年に全貌社から単行本化）という企画は、平野義太郎・中村哲・清水幾太郎・宗像誠也・淡徳三郎・矢川徳光・出隆・高倉テルなど、進歩的ないし共産党系知識人の戦時中の言論を暴露して評判を呼んだが、その基本的な姿勢は、戦争責任追及に形を借りた左派攻撃だった。
(88) 以下の消費関係の記述は前掲『朝日クロニクル 週刊二〇世紀』一九五八年版八―一一頁および山本前掲書第七章参照。
(89) 前掲『朝日クロニクル 週刊二〇世紀』一九五六年版五頁。
(90) 山本前掲書一七五―一七七頁。
(91) 以下、加藤前掲論文五〇、四六、三五頁。
(92) 梅棹忠夫「文明の生態史観序説」（『中央公論』一九五七年二月号）。梅棹の地域区分は、植物生態を根拠にして、湿潤森林地帯（第一地域）と乾燥地帯（第二地域）の「文明」形態の相違を唱えたものである。乾燥地帯では専制が必然的に発生すると位置づけて、西欧および日本と対比させるという見解は、和辻哲郎の『風土』における主張に類似している。『風土』をはじめとした和辻の日本論については、小熊前掲『単一民族神話の起源』第15章参照。
(93) 日高六郎『戦後思想を考える』（岩波新書、一九八〇年）七八―八〇頁。ただし日高は、「公」指向の下降傾向が戦前から継続していることを主張しているが、戦前の調査は徴兵検査の場で行なわれたものである。日高も述べているように、徴兵検査の場では、建前的な回答から「公」志向が多くなりがちである。また母集団が二〇歳の男子だけとなるので、その意味でも

「公」志向が高くなりがちであり、全国民を母集団とした戦後の調査と並列に比較するのは、不適切であると思われる。
(94) 同上書八一―八二頁。
(95) 日本教職員組合編『日本の教育』第七集(国土社、一九五八年)六二四頁。
(96) 武田清子「愛国心と親孝行」(『教育評論』一九五六年四月号)一七頁。
(97) 丸山集第八巻三七一―三七二頁。安保闘争直後のインタビューであり、このあとには、「『民』の分割支配」を打破した契機として、安保闘争を評価する談話が続いている。
(98) 船山前掲書六六頁。
(99) 国分一太郎・石田宇三郎・片岡並男・斎藤秋男・矢川徳光・松島栄一「岩波講座『教育』をめぐって」(『教師の友』一九五二年一二月号)三三頁。スターリンの言葉を、国分が紹介するなかで述べられたものである。
(100) 同上座談会では、清水の「平和の肉体」論が高い評価をうけている。清水の主張は第9章注16参照。
(101) 無着成恭編『山びこ学校』(岩波文庫、一九九五年。初版一九五一年)三三二頁。
(102) 同上書三二三頁。
(103) 上原・宗像前掲(第6章)『日本人の創造』三四―三六頁。宗像はこの引用に続けて、「『山びこ学校』の子ども」を賞賛している。
(104) 丸山前掲(第6章)「出発点の問題II」三六頁。
(105) 全集黒澤明第四巻五一頁。多田道太郎は、一九五六年の「黒澤明解説」で『七人の侍』を評し、「〔黒澤は〕個人を確立することのみを考えながら、けっきょく集団の問題にぶつからざるをえなくなった。野間宏、椎名麟三など戦後派の文学者の辿ったコースとほぼ同じである」と述べ、この映画を知識人と民衆がいかに連帯できるかを描いたものだと位置づけている。多田前掲(第1章)『複製芸術論』三一三頁。
(106) この点については、小熊前掲(第2章)『〈日本人〉の境界』第21章で言及した。
(107) 杉浦明平「村の言論統制」(『思想』一九六〇年八月号)。藤原弘達「地方ボスの精神形態」(『思想』一九五五年一二月号)も参照。
(108) 石川さつき「村八分の記」(武田編前掲『人権の思想』に所収)一二八頁。
(109) 同上書一三一頁。
(110) 同上書一二七、一三三頁。
(111) 同上書一二四頁。この小文では、「友達の不良化を防ぎ日本の国を建てなおすために努力してください」と説いていた村の有力者や教師たちへの抗議が述べられ、「口ではもっともらしいことを言いながら、眼前で行われている不正を見て見ぬふりをしていたインテリゲンチャをたたきのめしてやりたい程憎らしかった」と記されている。そうした意味では石川は、後年の吉本隆明の思想や、全共闘運動などとも共通する心情を抱いていた。石川の場合は、良心的な教師に出会ったために「愛国」

の地点にとどまったが、そうした偶然がなければ、別の方向にむかった可能性もあったといえる。このように言説上の対立は、必ずしも心情上の対立を意味せず、表現形態の相違に帰される部分が少なくないといえる。

第8章

(1) 現在までのところ、国民的歴史学運動のトータルな研究はほとんどない。運動の当事者周辺が行なった総括としては、遠山茂樹による前掲（第7章）「戦後の歴史学と歴史意識」、神田文人前掲（第7章）「歴史学における民族問題」、梅田欽治『国民的歴史学』運動の遺産」（『歴史評論』一五〇号、一九六三年）、同「『国民的歴史学』の思想」（『人民の歴史学』一四三号、二〇〇〇年）などが比較的に包括的なものである。そのほか当事者の総括や回想としては、藤間生大編『国民と歴史』（『講座 歴史』第一巻、大月書店、一九五六年）に収録された中塚明および奥田修三の「『国民的歴史学』の批判と反省」をはじめ、鈴木正「歴史論における民族的なもの」（『歴史評論』一二〇号、一九六〇年）、犬丸義一「戦後歴史学の理論的成果」（『歴史評論』一五〇号、一九六三年）、大江志乃夫「弁証法的な『講座派理論の克服』を」（『歴史評論』一八四号、一九六五年）、神田文人「歴史学における民族問題論争」（『現代と思想』一三号、一九七三年）、網野善彦『歴史としての戦後史学』（日本エディタースクール出版部、二〇〇〇年）などがあり、そのほか本論中に引用した論文類がある。当時の歴史学者の民族論をあつかったものには阪東宏「歴史における民族の問題について」（『民族の問題』解説、歴史科学協議会編『歴史科学大系』第一五巻、校倉書房、一九七六年）がある。また歴史科学協議会編『歴史科学大系』の第三三巻は『民科歴史部会資料集』（校倉書房、一九九九年）に充てられている。

近年の研究としては、小熊英二「忘れられた民族問題――戦後日本の『革新ナショナリズム』」（『相関社会科学』五号、一九九五年。のち沖縄との関係を加筆し小熊前掲〔第2章〕『〈日本人〉の境界』第21章に所収）が国民的歴史学運動の民族論を検証したほか、磯前順一「歴史的言説の空間」（『現代思想』二五巻一〇号、一九九七年。のち磯前『記紀神話のメタヒストリー』吉川弘文館、一九九八年に所収）が石母田や藤間の「英雄時代論」を中心に当時の記紀神話観を扱っている。また大串潤児「国民的歴史学運動の思想・序説」（『歴史評論』六一三号、二〇〇一年）が主として歴史教育の観点から論じている。

総じて当事者の回想は、共産党の内紛や、「政治」と「研究」の関係という観点から問題を論じがちであり、内在的視点から抜け出した研究となっているものは少ない。一方で小熊前掲論文や磯前前掲論文は、当時の民族論と歴史観の創出という視点から論じているが、この時期の「運動」を検証したものではなかった。本章ではそれに対し、運動をリードした石母田正の戦中からの思想を検証し、ついで共産党周辺の「民族」観の変遷過程、そして国民的歴史学運動の展開を検証している。なお、この運動で形成された民族観と沖縄復帰運動との関係、および単一民族史観との関連については、小熊前掲『〈日本人〉の境界』第21章を参照されたい。
(2) 歴史学研究会編『民族の文化について』(一九五二年度歴史学研究会大会報告、岩波書店、一九五三年)
(3) 渡部義通「新しい史学への道」(『歴史評論』一一号、一九四七年一二月)三九—四〇頁。
(4) 石母田著作集第五巻二九七頁。
(5) 石母田著作集第一四巻三五九頁。
(6) 石母田著作集第五巻二九五頁。
(7) 同上書二七三頁。
(8) 同上書二七二頁。
(9) 同上書二八五頁。
(10) 同上書二九五頁。
(11) 同上書二九五頁。
(12) 石母田著作集第一四巻三六一、三五七頁。
(13) 同上書三五七、三五八頁。
(14) 同上書三五八—三五九頁。
(15) 石母田著作集第五巻二九七—二九八頁。
(16) 藤間生大「日本史・古代・政治経済」(『歴史学研究』一一一号、「昭和一七年度歴史学年報」、一九四三年六月)八、九頁。
(17) 石母田著作集第五巻二九五頁。
(18) 石母田著作集第一四巻三四九頁。
(19) 井上清・小池喜孝・藤間生大・大久保利謙・岡田章雄・羽仁五郎・中野重治「『くにのあゆみ』の検討」(『朝日評論』一九四七年三月号。久野・神島編前掲〔第1章〕『「天皇制」論集』に所収)二七頁。
(20) 井上前掲〔第3章〕「時評」三七、三四頁より重引。
(21) 民主主義科学者協会『科学者』一〇月五日号。石母田正「学問の自由について」(『歴史学研究』一四三号、一九五〇年)四八頁より重引。
(22) 前掲「『くにのあゆみ』の検討」二六頁。遠山前掲「戦後の歴史学と歴史意識」五一頁。
(23) 遠山前掲「戦後の歴史学と歴史意識」五〇、五一頁より重引。
(24) 石母田正「新しい年をむかえて」(『歴史評論』四一号、一九五三年)三頁。ティルトマンの言葉も同論文二頁より重引。遠山前掲「戦後の歴史学と歴史意識」は、井上清などの『くにのあゆみ』批判を、ティルトマンの時評に刺激されたものだと位置づけている(五〇頁)。
(25) 「綱領および会則の草案」(『歴史学研究』一二二号、一九四六年六月)四七頁。「綱領について」(『歴史学研究』一二三号、一九四六年八月)五七頁。
(26) 井上清「歴研の『綱領』がつくられたころ」(前掲〔第7章〕『歴史学研究 戦後第I期復刻版』月報2、一九八六年)二頁。
(27) 「国史教育座談会報告」(『歴史学研究』一二二号、一九四六年六月)四九頁。
(28) 石母田前掲〔第7章〕『歴史と民族の発見』二四九頁。

(29) 津田全集第二三巻三五頁。再建大会の経緯は遠山前掲「戦後の歴史学と歴史意識」二九頁。この再建大会は、「各国君主制の歴史」の研究報告会として開催されたものを、羽仁五郎が動議を出して再建大会にきりかえてしまったもので、「羽仁クーデター」などと批判を浴びた。羽仁の弟子でもあった井上清の回想によると、この後に羽仁は歴史学研究会との関係をほとんど断ってしまったという(前掲「歴研『綱領』がつくられたころ」)。当時は平泉にいた津田のもとを訪ねたのは、井上と松島栄一であった。網野善彦は、羽仁は津田を会長にして歴史学研究会の主導権を握ろうとしたのであり、羽仁の意向をうけてやってきた井上たちに反発して、マルクス主義歴史学に不信感を抱いたのではないかと推測している(網野前掲『歴史としての戦後史学』二三―二六頁)。ただし井上は、一九八九年の津田全集月報でこれを否定しており、真相は明らかでない。

(30) 中野・石母田・藤間前掲(第6章)「民族文化の問題」四七、四八頁。

(31) 同上座談会四五頁。

(32) 蔵原惟人・石母田正・勝本清一郎・橋浦泰雄「わが民族文化の特質」(『日本評論』一九四九年二月号)二〇頁。

(33) 前掲「民族文化の問題」四二頁。

(34) 同上座談会二八頁。

(35) 同上座談会二二頁。

(36) 石母田著作集第一四巻三五二、三六二頁。

(37) 同上書三五四頁。

(38) 飯塚編前掲(第1章)『日本の軍隊』一七八頁。

(39) 前掲『歴史と民族の発見』二七九、二八〇頁。

(40) 同上書二八八―二八九頁。

(41) 以下、この論文からの引用は同上書二八四、二九一、二八九―二九〇頁。

(42) 同上書四三―四四頁。

(43) 同上書四四、四二頁。

(44) 色川前掲(序章)『明治精神史』文庫版下巻二四六頁。

(45) 石母田著作集第一四巻三七八頁。

(46) 前掲「『くにのあゆみ』の検討」三八頁。

(47) 鈴木良一「敗戦後の歴史学における一傾向」(『思想』一九四九年一月号)四九頁。

(48) スターリンの論文「マルクス主義と言語学の諸問題」は、スターリン全集刊行会訳『スターリン戦後著作集』(大月書店、一九五四年)。田中克彦『「スターリン言語学」精読』(岩波現代文庫、二〇〇〇年)がこれを転載し、詳細な解説を加えている。しかし田中は、この論文が日本共産党の「民族」観の転換に影響したことに触れていない。総じて田中は、この論文が朝鮮戦争開戦の月に公表され、『前衛』がただちに訳出転載した政治的意味を、やや看過しているように思われる。スターリンの一九一三年の論文「マルクス主義と民族問題」はスターリン全集刊行会訳『スターリン全集』(大月書店、一九五二―五三年)第二巻に収録。

(49) 前掲(第7章)『日本共産党五〇年問題資料集』第一巻三七

頁。
(50) 石母田による解説は「歴史学における民族の問題」と題して前掲『歴史と民族の発見』に収録。
(51) 前掲「わが民族文化の特質」二二一頁。
(52) 石母田前掲（第7章）『続歴史と民族の発見』三〇八―三〇九頁。
(53) 石母田前掲『歴史と民族の発見』一三二、一二九、一三九頁。
(54) 同上書一四〇、一四二頁。
(55) 同上書一二二頁。
(56) 石母田著作集第一四巻三六九頁。
(57) 同上書三六九頁、石母田前掲『歴史と民族の発見』二五八頁。
(58) 石母田前掲『歴史と民族の発見』二五八頁。
(59) 同上書二五八―二五九頁。
(60) 南原著作集第七巻五八頁。丸山集第三巻一〇六頁。
(61) 石母田前掲『歴史と民族の発見』二七〇頁。
(62) 同上書二七一、二七二頁。
(63) 石母田前掲『続歴史と民族の発見』三二九頁。
(64) 石母田前掲『歴史と民族の発見』三四頁。
(65) 同上書三八、一四頁。
(66) 石母田前掲『続歴史と民族の発見』四二〇頁。石母田前掲『歴史と民族の発見』三九頁。
(67) 前掲（第7章）『日本共産党五〇年問題資料集』第一巻三七頁。
(68) 前掲「民族文化の問題」四五頁。
(69) 神田前掲「歴史学における民族問題論争」三五頁。
(70) 例えば国際主義者団「民族主義者の新しい策謀について」「民族主義者の新しい欺瞞について」（前掲『日本共産党五〇年問題資料集』第三巻）などを参照。
(71) 江口朴郎「大会についての感想」（『歴史学研究』一五三号、一九五一年）三九頁。こうした「渡部派」にたいし、羽仁五郎の弟子だった井上清ら近代史家を「羽仁派」と称し、両者が対立していたという見解がある（神田前掲「歴史学における民族問題」五一頁）。しかし井上は、そうした事実は「全然存在しなかった」と反論している（井上清「戦後歴史学の反省と当面する課題」『歴史学研究』二三〇号、一九五九年、四頁）。
(72) 藤間前掲（第7章）「『歴史における民族』のあつかい方」一六七頁。藤間生大「古代における民族の問題」（歴史学研究会編前掲〔第7章〕『歴史における民族の問題』）。
(73) 藤間がヤマトタケルなどを「民族英雄」と形容した背景には、石母田が一九四八年に唱えた「英雄時代」論があった。ヘーゲルやマルクスの歴史観では、古代ギリシアを「英雄時代」と形容していたため、日本にも「英雄時代」を探ることが唱えられていたのである。彼らの英雄時代論については、磯前前掲論文参照。
(74) 「古代・中世の部　討論」（歴史学研究会編前掲『歴史における民族の問題』）五四、五九頁。
(75) 同上書六九頁。

(76) 以下、松本新八郎「中世の民族と伝統」(前掲『歴史における民族の問題』) 一七〇―一七一頁。一九五一年二月の報告を網野善彦と田中正俊がまとめたもの。
(77) 歴史学研究会編『民族の文化について』(岩波書店、一九五三年) 八〇頁。土井前掲 (第7章)「クリーム色の表紙の思い出」四頁。
(78) 野沢豊「民歌民謡は大衆闘争の伝統的武器である」(『歴史評論』三〇号、一九五一年)、坂本俊夫「民族の叫び」(『歴史評論』三九号、一九五二年)、山野洋子「農民の生活感情にとけ込んで――『民族芸術を創る会』のしごと」(『歴史評論』三九号、一九五二年) などを参照。
(79) 前掲 (第7章)「歴史学はどうあるべきか」五四頁。国民的歴史学運動の終焉後、一九五五年一一月には遠山たちの書いた岩波新書『昭和史』が発刊され、いわゆる「昭和史論争」がおこった。このとき、マルクス主義歴史学の立場から書かれたこの『昭和史』に、亀井勝一郎が「『国民』といふ人間不在の歴史」などと批判した。それに対し遠山らは、マルクス主義歴史学の立場は譲らなかったものの、歴史叙述に工夫を行なうことの必要性は認めた。その理由は、すでに国民的歴史学運動の時点から、こうした歴史叙述問題がマルクス主義歴史学者の間で認識されていたことがあったといえる。
(80) 前掲「古代・中世の部 討論」五六頁。
(81) 井上清「党の規律と研究の自由について」(前掲 (第7章)『日本文化の課題と展望』) 一〇三頁。ただし井上は、この論文一〇一―一〇二頁において、自分はもとから国際派だったのではなく、共産党の内紛事情を知らないまま藤間を批判し、そのあとに「反主流 (国際派)」の人がまだしも理論的であると思って近づくようになった」と述べている。
(82) 特集「義民」(『歴史評論』三七号、一九五二年)。
(83) 丸山集第五巻七四、七四―七五頁。
(84) ねずまさし「坂本俊夫『民族の叫び』について」(『歴史評論』四三号、一九五三年) 七四頁。
(85) 井上清「『民族の文化』を読む」(『歴史学研究』一六三号、一九五三年) 四二、四三、四四頁。
(86) 同上論文四〇頁。
(87) 井上清「幕末における半植民地化の危機と闘争 (二)」(『歴史評論』三三号、一九五一年) 一五頁。井上が歴史学研究会の一九五一年度大会で同様の明治維新観を述べたさい、遠山茂樹はこれに反論している。しかしその遠山の反論も、明治維新には批判的だったものの、自由民権運動のなかに「非政治的な個人主義」を克服する健全な「下からのナショナリズム」の存在を認めようというものだった。前掲『歴史における民族の問題』の「近代の部 討論」を参照。
(88) 井上は前掲「『民族の文化』を読む」四三頁では、「民族主義は、今日では帝国主義の植民地支配・侵略の『もっとも本質的な手段』でこそあれ、その見かけのように反帝国主義的なものではすこしもない」と述べている。この主張は、植民地の在来支配階級の「民族主義」が、宗主国と協力関係にあるという帝国主義論を下敷きにしたものであった。井上は歴史学研究会一九五一年度大会の「近代の部 討論」一四〇―一四二頁では、矢内原忠雄の植民政策研究をもとに、二〇世紀の帝国主義は、植民地の在来文化を「尊重」して「自治」を行なわせる間接統治の形態をとると主張した。こうした帝国主義支配においては、「茶の湯」や「生け花」を称えながらアメリカに従属する日本の保守系政治家や財界人たちに象徴されるように、「伝統文化」を擁護する植民地保守勢力は帝国主義支配の共犯者なのであり、「この国粋主義・民族主義は同時にコスモポリタニズム」だというのが井上の見解だった。こうした状態を打破するためには、反封建闘争および階級闘争を重視し、支配階級の「ブルジョア民族主義」を打倒する労働者階級の民族主義が形成されなければならない、とされたのである。

(89) 鈴木正四「近代史における民族の問題」(前掲『歴史における民族の問題』)一八〇頁。

(90) 日本史研究会委員会「一九五一年度歴研大会批判」(『歴史学研究』一五三号、一九五一年)三七頁。

(91) 石母田著作集第一四巻三五八、三七〇頁。

(92) 網野善彦対談集『「日本」をめぐって』(講談社、二〇〇二年)一五二頁。神田文人も前掲「歴史学における民族問題」五一頁で、「一般的傾向として、前近代は所感派に、近代は国際派に分類された」と述べている。古代史家の批判としては、ねずの批判は前述のとおりだが、朝鮮史研究者の旗田巍は「古代における民族の問題」(『歴史学研究』一五三号、一九五一年)で、藤間の朝鮮古代史研究を「古代の『民族運動』が古代のことでなく、まるで現在のことのように」描かれていると批判した。藤間は古代朝鮮半島の紛争を「韓族」の民族独立闘争として描写し、韓族を北方から攻めた高句麗を朝鮮民族への侵略者とみなして、新羅の「民族運動」を賞賛していたのである。

(93) 前掲「『くにのあゆみ』の検討」三三頁、前掲「民族文化の問題」四七頁。

(94) 前掲「古代・中世の部 討論」五六、六〇頁。

(95) 飯塚編前掲書一四一頁。

(96) 石母田前掲『続歴史と民族の発見』一二〇頁。

(97) 梅田前掲「『国民的歴史学』運動の遺産」一〇九頁より重引。

(98) 藤間生大「新しい科学のあり方」(『歴史評論』一六号、一九四八年)五二頁。

(99) 柳田の思想についての筆者の見解は、小熊前掲『単一民族神話の起源』第12章および小熊英二「柳田国男と『一国民俗学』」(アエラムック『民俗学がわかる』朝日新聞社、一九九七年)参照。

(100) 石母田前掲『続歴史と民族の発見』一五八頁。

(101) 石母田前掲『歴史と民族の発見』三五二頁。

(102) 梅田前掲「『国民的歴史学』運動の遺産」一〇九頁より重引。

(103) 「月の輪古墳」は『歴史評論』五三号(一九五四年)で、「石間をわるしぶき」は『歴史評論』四〇号(一九五二年)で、それぞれ特集が組まれている。

(104) 竹内全集第九巻五九―六〇頁。

(105) 加藤文三「国民的歴史学について」（『歴史評論』四四号、一九五三年）六七頁。
(106) 同上論文八二頁。
(107) 石母田前掲『続歴史と民族の発見』二八―二九頁。
(108) 同上書一三二―一三五頁。
(109) 同上書一四九、一八三頁。
(110) 同上書一五一―一五五頁。
(111) 加藤前掲論文七〇頁。
(112) 鶴見前掲（第1章）『新しい開国』一七三頁。
(113) 加藤前掲論文八二、八三頁。ただし加藤も八一頁では、「私自身初めのうち、『国民的』ということばに抵抗を感じました」と述べている。
(114) 加藤文三「〝石間をわるしぶき〟に寄せられた批判について」（『歴史評論』四〇号、一九五二年）九四、九五頁。
(115) 民科歴史部会全国委員会準備会「民科歴史部会全国報告（草案）」（『歴史評論』六二号、一九五五年）五頁。一九五四年一一月一日の全国総会での報告。井上前掲「党の規律と研究の自由について」一〇二頁。
(116) 鈴木良一「ねず君の所感を読んで」（『歴史学研究』二〇一号、一九五六年）五三頁。
(117) 井上の査問については藤間生大「老兵の想い」（『歴史学研究』戦後第I期復刻版月報3）および「一九五五年度民科歴史部会全国総会議事録（下）」（『歴史評論』七七号、一九五六年）八七頁。井上前掲「党の規律と研究の自由について」一〇二頁。
(118) 井上前掲「党の規律と研究の自由について」一〇二頁。
(119) 石母田著作集第一四巻三六六頁。
(120) 黒田俊雄「『国民的科学』の問題と歴史研究」（『歴史評論』四六号、一九五三年）七二頁。梅田前掲「『国民的歴史学』運動の遺産」一二一頁。
(121) 黒田前掲論文七二、七三頁。
(122) 加藤前掲「国民的歴史学について」六六頁。同様のことは、「民衆文化」についても言えた。一九五二年に、浪曲は民衆文化として肯定すべきか、それとも封建的文化として否定すべきかをめぐって論争がおこり、多くの知識人が発言した。しかし、論争に参加した革新系の浪曲師によれば、論者の多くは実際には浪曲を聞いたことがなかったという。津田清美「浪曲家の立場から」（『歴史評論』四〇号、一九五二年）参照。
(123) 中塚明「国民と歴史学との新しい関係（一）」（『歴史評論』一二二号、一九六〇年）一九頁。
(124) 石母田著作集第一四巻三七八頁。梅田欽治「歴史学と国民」（『歴史評論』六六号、一九五五年）七九頁。
(125) 石母田著作集第一四巻三七八頁。
(126) 同上書三七八頁。
(127) 同上書三七八頁。
(128) 同上書三七八頁、石母田前掲『歴史と民族の発見』三八頁。
(129) 網野前掲『「日本」をめぐって』一五九頁。
(130) 井上前掲「党の規律と研究の自由について」一〇三頁。
(131) 遠山茂樹「一九五三年度大会の欠陥は何故生れたのか」

(『歴史学研究』一六五号、一九五三年)四九頁。遠山はこの論考で、国民的歴史学運動は現実政治への積極的なコミットを目指していたにもかかわらず、「実際は、外から現代的観点を与えられる、それに受身に順応してゆくといった欠陥を知らず知らずのうちに生んでいた」「いわば客観的情勢に完全によりかかっての、主体を埋没させた無方針さがあった」(五〇頁)と総括している。

(132)同上論文四九頁。「東京・歴史部会の活動総括」(『歴史評論』四六号、一九五三年)九五、九六頁。

(133)「第八回大会の方針(民科の正しい性格)を理解するために」(『歴史評論』四九号、一九五三年に転載)九五頁。梅田前掲「『国民的歴史学運動』の遺産」一二〇頁。

(134)「一九五五年度民科歴史部会全国総会議事録(上)」(『歴史評論』七六号、一九五六年)八九、八八頁。前掲「一九五五年度民科歴史部会全国総会議事録(下)」八五頁。

(135)前掲「一九五五年度民科歴史部会全国総会議事録(下)」八五頁。井上前掲「党の規律と研究の自由について」一〇三頁。

(136)梅田前掲「『国民的歴史学』運動の遺産」一〇八頁。

(137)ねずまさし「一九五六年度の総会と大会についての所感」(『歴史学研究』一九八号、一九五六年)五一頁。網野前掲「『日本』をめぐって」一七六頁。

(138)引用は犬丸前掲「戦後歴史学の理論的成果」八〇頁。石母田の自己批判である「二つの点について」は、前掲(第7章)『前衛』臨時増刊『文化問題と日本共産党』に掲載されている。また、一九五六年度の歴史学研究会の総会における石母田の態度を、ねず前掲「一九五六年度の総会と大会についての所感」および鈴木前掲「ねず君の所感をよんで」などが批判している。石母田はねずの批判に対し、「私は問題の時期に役員ではなく、歴研の一会員にすぎなかったから、私個人の歴研にたいする責任は一会員としての責任である」と述べていた(「ねず氏の批判に答えて」『歴史学研究』二〇一号、一九五六年、五三頁)。

(139)鈴木前掲「ねず君の所感をよんで」五二頁。

(140)井上前掲「戦後歴史学の反省と当面する課題」七、八頁。

(141)石母田著作集第一四巻三六八頁。

(142)網野前掲「『日本』をめぐって」一六五頁。

(143)藤間生大「年輪」(石母田著作集月報3)一頁。

(144)石母田前掲『続歴史と民族の発見』一二八頁。

第9章

(1)管見の範囲では、戦後の教育学者や日教組の民族教育論を、批判的な角度からメインテーマに据えた研究は見当たらない。船山謙次前掲(第7章)『戦後日本教育論争史』は、「国民教育論争」や「愛国心教育論争」といった章を設け、当時の教育論争をまとめている。また大橋精夫『戦後日本の教育思想』(明治図書出版、一九九〇年)や海老原治善『新版 民主教育実践史』(三省堂、一九七七年)などの戦後教育史の概説書は、それぞれ戦後の「新教育」批判や民族教育論を事実として列挙している。しかしこれらは、基本的には当時の民族教育論ないし国民教育論に賛同する立場からのものであり、戦前からの連続性といった問題を検証していない。

それにたいし、高橋史朗「日教組の教育基本法評価の変遷と臨教審」（『臨教審と教育基本法』、『現代のエスプリ』一九八六年臨時増刊号）は、日教組および教育学者の教育基本法評価の変遷を批判的に論じている。しかし高橋は、当時の民族教育論との関係を論じていない。また高橋が、敗戦後の貧困といった社会状況を無視して、ひたすら日教組および教育学者の「変節」を攻撃していることは、きわめて一方的かつ無理解な姿勢といわざるをえない。

戦後の左派教育学者や日教組が、教育基本法を批判し、戦前との微妙な連続性のなかで民族教育論を唱えていたことは、歴史上の事実である。結論でも述べるように、筆者は現在において憲法や教育基本法を擁護する意義を認めるが、社会状況がまったく異なる敗戦直後に、左派がそれらを批判したことはやむをえなかったと考える。そうした過去の経緯を、時代的文脈とともに明らかにして、批判的総括を行なうことは必要である。またそれを行なわなかったところに、高橋史朗のような、右派からの暴露的批判が台頭する余地が発生したといえる。本書の意図の一つは、こうした右派による歴史修正主義に対抗しつつ、戦後思想の批判的再検討を行なうことにある。

(2) 船山前掲書六頁より重引。原文は漢字片仮名文。

(3) 長浜功『教育の戦争責任』（明石書店、一九八四年。初版一九七九年）二九七頁。

(4) 山本前掲（序章）『戦後風俗史』六五―六六頁。

(5) 同上書一三三頁。

(6) 「『日の丸』への関心」（『朝日新聞』一九五〇年二月二七日）。無償配布案については「〝日の丸〟を配給」（『朝日新聞』一九四九年一月一四日）。「日の丸」「君が代」関係の報道は、繁下和雄編『新聞集成 日の丸・君が代』（大空社、一九八九年）に収録されている。

(7) 伊藤前掲（第3章）「愛国心について」八〇頁より重引。

(8) 「祝日には国旗を」（『朝日新聞』一九五〇年一〇月一八日）。「国民実践要領」は天野全集第四巻に収録。

(9) 京都学派への依頼経緯は天野全集第四巻の「後語」四一五頁参照。天野はここで、世論の反発を恐れ、京都学派に依頼したことは当時公表しなかったと述べている。

(10) 船山前掲書二四六、二四八頁。

(11) 宗像誠也「『国』の不当な強調」（『教育評論』一九五六年四月号）二七頁より重引。

(12) 朝日新聞社編前掲（第2章）『声』第二巻三九頁。

(13) 宗像誠也「教育基本法」（青木誠四郎・宗像誠也・細谷俊夫共編『教育科学辞典』朝倉書店、一九五二年）。日高六郎「新しい人間像」（岩波講座『教育』第三巻、一九五二年）三九、五四頁。

(14) 国分一太郎「教育基本法をどう生かすか」（長田新監修『教育基本法』新評論、一九五七年）二八二―二八三頁。

(15) 大熊信行「平和教育と教育基本法」「平和思想の諸系譜を学

べ」(『時事通信』一九四九年一二月二〇日、一二月二七日)。船山前掲書七四頁より重引。

(16) 清水幾太郎「現代文明論」(岩波講座『教育』第一巻、岩波書店、一九五二年) 二七頁。これを賞賛したものとしては、前掲 (第7章)「岩波講座『教育』をめぐって」などがある。

(17) 上原・宗像前掲 (第6章)『日本人の創造』一〇二頁。

(18) 清水幾太郎「教育の思想」(佐藤忠男編『教育の思想』、『戦後日本思想大系』第一一巻、筑摩書房、一九六八年に所収) 一三五頁。

(19) 南原著作集第七巻一二九、八〇頁。大塚著作集第八巻一七二頁。

(20) たとえば宗像前掲「教育基本法」は、「教育基本法は踏み越えられるべき一段階にすぎない」と批判している。

(21)「教科書『民主主義』対策委員会について」(『歴史学研究』一三九号、一九四九年) 五七頁。引用は井上・小此木・鈴木前掲 (第7章)『現代日本の歴史』下巻三七四—三七五頁。

(22)『民主主義』(復刻版は径書房、一九九五年) 第一一章参照。

(23)『矢川徳光教育学著作集』(青木書店、一九七三—七四年) 第三巻三六、二五、五、一九一、二一〇頁。

(24) 矢川徳光「民族問題と教育」(『教師の友』一九五二年一月号) 一六頁。

(25) 海後勝雄「教育における民族の問題」(『カリキュラム』一九五二年一〇月号) 一二頁。

(26) 高橋磌一「民族的教育への前進」(『教師の友』一九五二年二月号) 三頁。

(27) 片岡並男「社会科の反省と歴史教育」(『教師の友』一九五二年一〇月号) 九頁。

(28) 矢川前掲「民族問題と教育」一六頁。高橋磌一「歴史教育をすすめるために」(『教師の友』一九五三年一〇月号) 七頁。

(29) 井上・小此木・鈴木前掲『現代日本の歴史』下巻三七四頁。

(30)『勝田守一著作集』(国土社、一九七二—七四年) 第二巻一九、三〇頁。

(31) 上原著作集第七巻四七頁。

(32) 上原は一九五一年の宗像誠也との対談では、日本を「世界の田舎者」と形容し、「日本人の一人々々を民族の一員にまで教育するためには、ヨーロッパ人のような個我意識を、日本人のめいめいに、より具体的に、より実質的にもたせること」を主張している (上原・宗像前掲書一三六頁)。こうした発言にみるように、当時の知識人においては、「西洋化」と「民族主義」は矛盾していなかったといってよい。

(33)「会談成果と要約　草案要旨」(『朝日新聞』一九五三年一〇月二五日)。

(34) 大嶽編前掲 (第4章)『戦後日本防衛問題資料集』第一巻五八四頁。

(35)「教師の倫理綱領」(『日教組二〇年史』労働旬報社、一九七〇年) 一一六八、一一六九、一一七〇頁。もっともこの綱領は「個人」の確立を否定したのではなく、「一八世紀的個人主義はもはや個人を確立する道ではなく」「個人としての教師の確立は、団結を通じてかちとる以外に道はない」と強調していた。
(36) 松島栄一「民族文化の創造と教育」(『教師の友』一九五二年九月号)一七頁。
(37) 原康子作詞・小杉武治作曲「緑の山河」。引用歌詞は第一番。一九五四年六月には、大阪教職員組合が「君が代追放」を方針として話題となったが、当時の日教組副委員長の今村杉が主張したことも、「新国歌制定の国民的運動」を起こすことであって、国歌そのものの否定ではなかった。「『君が代』是か非か」(『毎日新聞』一九五四年六月二四日)。
(38) 今井広史作詞・佐々木すぐる作曲「日本教職員組合組合歌」。引用歌詞は第三番。
(39) 海老原前掲書一一二頁。
(40) 以下、この大会からの引用は『第一回全国教育研究大会報告書』(『教育評論』一九五二年五月臨時特集号)五三九、五三八、五四〇頁。
(41) 前掲(第7章)『日本の教育』第二集四六九―四七〇頁。
(42) 金沢嘉一「祖国の未来に心をよせる子どもたち」(『六・三教室』一九五一年一〇月号)二六頁。
(43) 松島前掲論文二二頁。日本教職員組合『日本の教育』第九集(日本教職員組合、一九六一年)三一九頁。
(44) 高橋前掲「歴史教育をすすめるために」五頁。片岡前掲論文八頁。
(45) 日本教職員組合『日本の教育』第七集(国土社、一九五八年)三九四―三九五頁。
(46) 同上書三九一、三九二頁。
(47) 小熊前掲(第2章)『〈日本人〉の境界』第21章参照。
(48) 前掲『日本の教育』第二集四五九頁。このときの沖縄教職員会代表は喜屋武真栄。
(49) 以下、石田宇三郎「平和教育と民族教育」(『教師の友』一九五二年一一月号)一九、一七、一八頁。
(50) 以下、小沢有作「民族解放の教育のために」(『生活指導』三一号、一九六二年)九二、九四頁。
(51) 石田宇三郎「国語教育の基本方向」(『教師の友』一九五三年七月号)三二頁。この時期の国語教育についての論調は、田近洵一『戦後国語教育問題史』(大修館書店、一九九一年)が整理しているが、共産党の民族主義や国民的歴史学運動との関係をみず、標準語と地方言語の問題にも着目していない。一方で、安田敏朗『〈国語〉と〈方言〉のあいだ』(人文書院、一九九九年)第三章は戦後の標準語教育をめぐる論争をとりあげているが、これも共産党の民族主義や進歩系の国民主義との関係を看過しており、本章とは問題意識も検討対象も重なっていない。なお、安田がとりあげたものをはじめ、戦後の標準語教育についての論考は、滑川道夫編『国語教育史資料』第三巻(東京法令出版、一九八一年)や小林和彦・馬場俊臣編『国語教育基本論文集成 二三』(明治図書、一九九三年)などに一部が収録されている。
　また安田前掲書は、民主化と共通語普及の関係については、「自らの言葉、『方言』を卑しめることなく堂々と話すことができるというのが、言葉の『民主化』ではないだろうか。しかし要請されたのは、『標準語』の『民主化』、『民衆化』であった」と評している(三〇六頁)。この立論には共感するが、何をもって「民主化」ないし「民主主義」とみなすのかは、思想的な問題である。本文中でも記述したように、当時の教育者たちは、全国的な自由討論を可能にする共通語普及こそが「民主化」だと主張していた。この問題についての評価は、「民主主義」の思想的検討を抜きには不可能だと筆者は考える。

(52) スターリン「マルクス主義と言語学の諸問題」二〇五、二〇四頁。田中前掲(第8章)『「スターリン言語学」精読』収録分より引用。

(53) 石田前掲「国語教育の基本方向」二一頁。

(54) 国分一太郎「国語教育の今日的課題」(『教師の友』一九五二年二月号)九頁。

(55) 蔵原惟人「今日における言語の問題」(『文学』一九五一年二月号)五二頁。蔵原の論考は、高倉テルへの批判として書かれたものであり、田中前掲書も言及している。ただし田中は、当時の共産党の民族主義との関係をみず、蔵原を単なる「言語的保守主義者」とみなしてしまっている。

(56) 国分前掲論文七頁。

(57) 国分一太郎「国語科」(岩波講座『教育』第五巻、岩波書店、一九五二年)一七頁。

(58) 荒木繁「民族教育としての古典教育」(『日本文学』一九五三年一一月号)七頁。

(59) この大会の模様は日本文学協会編『日本文学の伝統と創造』(岩波書店、一九五三年)参照。この時期の文学論の動向については、佐藤泉「教科書的文学史の出自」(『現代思想』二〇〇一年七月号)が若干言及している。

(60) 水野清「中等国語教科書の批判」(『文学』一九四八年六月号)二一七、二一八―二一九頁。

(61) 水野清「新国語教育論の回顧と展望」(『文学』一九五一年三月号)三五頁。

(62) それぞれ、久米常民「カリキュラムの反省」(『国語と国文学』一九五一年七月号)三六頁、および市川孝「中学校における文法学習指導の反省」(『国語と国文学』一九五一年七月号)五七頁より重引。

(63) 土岐善麿「日本における言語改革の問題」(『文学』一九五二年一二月号)四六―四七頁。

(64) 滑川編前掲資料集六三四、六三八、六四五、六四七頁。

(65) 水野清「スターリンと国語教育」(『日本文学』一九五三年五月号)三六頁。

(66) 日本教職員組合編『日本の教育』第六集(国土社、一九五七年)四二頁。

(67) 日本教職員組合編『日本の教育』第三集Ⅶ(国土社、一九五四年)七〇、七一、七二頁。

(68) 日本教職員組合編『日本の教育』第四集(国土社、一九五五年)三七九、三八〇頁。同第五集(国土社、一九五六年)二八〇頁。

(69) 前掲『日本の教育』第七集三三頁。同第四集三八〇頁。一九五八年の第七次教研集会では、「方言で話しているのを標準語で話させるように直すことは、真実な表現をはばむことになるのではないか」という意見が出されたが、討議の結果、「アクセントなどはいくぶん不十分でも、標準語で話すことを目標としなければならない、との結論」となっている(第七集五〇頁)。

(70) 劇作家の木下順二が、九州の地方言語をもとに一種の「共通方言」を作成して民話劇に使用したことは、その実践例と考えられるが、これは「共通語」の創出とみなされていなかった。前述した大久保忠利の意見は、「学者の中には、共通語(または標準語)には方言のよい要素を取り入れよ、と主張するものもあるが、どの方言のどの節・どの語・語法・発音をと、具体的にあげたのを見たことがない」と述べたうえで、「今日ある共通語を無視して、全く新しいもの」をめざす議論を「スターリンは『野蛮人』というレッテルを張っている」と批判するものであった(滑川編前掲資料集六四五頁)。

(71) 矢川著作集第三巻一四三頁。

(72) 国分前掲「国語科」一七頁。

(73) 沖縄教職員会第三次教研中央集会研究集録『第一集』(『沖縄教育』五号、一九五七年)四〇頁。戦後沖縄での「標準語」普及については、小熊前掲『〈日本人〉の境界』第22章参照。

(74) 梅根悟「愛国心工作と生活教育」(『カリキュラム』一九五三年一〇月号)三八頁。

(75) 同上論文三五頁。

(76) 前掲「岩波講座『教育』をめぐって」二八頁。

(77) 同上座談会二八頁。石田前掲「国語教育の基本的方向」二九頁。

(78) 前掲「岩波講座『教育』をめぐって」二一、二三頁。

(79) 矢川徳光「『戦時教養問答』について」(『青少年指導』一九四二年三月号)。長浜前掲『教育の戦争責任』二四九頁より重引。以下、戦中の教育学者たちの論調は、この長浜の労作に全面的に依拠している。ただし長浜は、戦後の言論との連続性に着目しておらず、戦後にはこれらの教育学者たちが「民主主義というバスに乗移った」と位置づけている(三三頁)。

(80) 矢川徳光「民族問題と教育」(『教師の友』一九五二年一月号)一五頁。

(81) 矢川前掲「『戦時教養問答』について」。長浜前掲書二四九頁より重引。

(82) 長浜前掲書二四八頁。

(83) 海後勝雄『東亜民族教育論』(朝倉書店、一九四二年)七頁。海後前掲論文一二頁。

(84) 海後宗臣『大東亜戦争と教育』(文部省教学部、一九四二年)。長浜前掲書一四二頁より重引。

(85) 宮原誠一『少国民の生活文化』(一九四三年)。長浜前掲書二〇三頁より重引。宮原誠一・飯塚浩二・羽仁説子・遠山茂樹・宗像誠也・川崎俊男・玉城肇「復活する愛国教育」(『改造』一九五三年一一月号)九九頁。

(86) 宗像誠也「臨戦態勢と教育体制」(一九四一年)。長浜前掲書二一八頁より重引。上原・宗像前掲『日本人の創造』。
(87) 海後勝雄「教育技術論」(賢文館、一九三九年)。長浜前掲書二一五頁より重引。
(88) 以下、宗像前掲(第1章)『私の教育宣言』一八一、一八二、一八三、一八五、一八七頁。
(89) 長浜前掲書二三〇、一八〇頁参照。
(90) 矢川徳光「指導と原則」(『文化問題と日本共産党』、前掲〔第7章〕『前衛』臨時増刊号)七一頁。
(91) 長浜前掲書二二〇頁。宗像は一九五八年出版の前掲『私の教育宣言』で、自分の戦争協力の経緯を明らかにしながら、大熊信行と吉本隆明の戦争責任に関する評論に刺激をうけたことが、過去を公表する動機になったと記している。
(92) 百武福寿「三十年ぶり、教え子の同級会に欠席」(『読売新聞』一九七五年九月一五日)。長浜前掲書二二一頁より重引。
(93) 海老原前掲書五一六頁。
(94) 梅根悟『国民教育の新体制』(河出書房、一九四一年)。長浜前掲書一〇七頁より重引。
(95) 梅根前掲「愛国心工作と生活教育」三八頁。
(96) 宗像前掲『私の教育宣言』一二三一一二四頁。
(97) 高橋前掲「歴史教育をすすめるために」七頁。
(98) 矢川前掲「民族問題と教育」八頁。松島前掲「民族文化の創造と教育」二一〇、二一一頁。
(99) 金沢前掲論文三〇、二五頁。
(100) 宗像前掲「『国』の不当な強調」三〇頁。小林武「荒木文相の見解におこたえする」(『朝日新聞』一九六〇年一〇月二日)。
(101) 森昭「日本の自立と教育」(『カリキュラム』一九五二年一月号)二七頁。
(102) 伊藤忠彦「民族教育の課題②」(『教育評論』一九五七年七月号)二五頁。
(103) 勝田著作集第二巻二三三、二三六頁。
(104) 加藤前掲(序章)「松山の印象」一八五、一八六頁。
(105) 前掲『日本の教育』第七集六三六頁。
(106) 宗像前掲『私の教育宣言』一五五頁では、「入学試験は、私にいわせれば、教育問題ではなくて経済問題なので、就職難があるかぎり教育の内部でどうやってみても解決するはずはない」と述べられている。

第10章

(1) 竹内好を論じた単著としては、松本健一が『竹内好論』(第三文明社、一九七五年)や『竹内好「日本のアジア主義」精読』(岩波書店、二〇〇〇年)などで論じているほか、菅孝行『竹内好論』(三一書房、一九七六年)、中川幾郎『竹内好の文学と思想』(オリジン出版センター、一九八五年)、鶴見俊輔『竹内好』(リブロポート、一九九五年)、岡山麻子『竹内好の文学精神』(論創社、二〇〇二年)などがある。また著作の一部で竹内を論じている近年の研究としては、都築前掲(序章)『戦後日本の知識人』、米原前掲(第2章)『日本的「近代」への問い』、ローレンス・オルソン『アンビヴァレント・モダーンズ』（黒川創訳、新宿書房、一九九七年）、島田洋一「竹内好」（岡本幸治編『近代日本のアジア観』ミネルヴァ書房、一九九八年）、孫歌『アジアを語ることのジレンマ』（岩波書店、二〇〇二年）などがあり、さらに論文としては米田利昭「竹内好『日本イデオロギイ』と『国民文学論』」（『日本文学』第三一巻一〇号、一九八二年）、松本三之介「戦後思想と竹内好」（『世界』四四八号、一九八三年）、林叢「竹内好と魯迅」（『比較文学』三四号、一九九一年）、三宅芳夫「竹内好における『近代』と『近代主義』」（『ライブラリ相関社会科学』五、新世社、一九九八年）、今井駿「竹内好の中国論について」（『人文論集』第四六巻一号、一九九五年）などがある。

国民文学論争については、臼井吉見編前掲（第5章）『戦後文学論争』下巻に主要な関係論文が収録されているほか、竹内が論争に関係して行なった座談会が『国民文学論争の行方』（『竹内好談論集』第一巻、蘭花堂、一九八五年）にまとめられている。臼井とは異なる角度から、国民文学論争の関連文献を集めたものに、民主主義科学者協会芸術部会編『国民文学論』（厚文社、一九五五年）がある。国民文学論争については上記の竹内研究のほとんどが言及しているが、そのほか本多前掲（第2章）『物語戦後文学史』中巻や臼井吉見『近代文学論争』下巻（筑摩書房、一九七五年）なども論じている。

竹内への評価は、その「民族主義」的な側面を強調して「戦後民主主義＝近代主義」への批判者と位置づける論者（松本健一など）と、丸山眞男などとともに広義の「市民派」と位置づける論者（都築勉など）がある。しかし本書全体で明らかにしているように、「戦後民主主義者」であり「市民派」であることと、「民族主義者」であることは矛盾しない。またこれまでの多くの研究は、竹内をアプリオリに「民族主義者」として規定し、竹内のいう「民族」や「近代主義」の内容にまで立ちいった検証を行なっていない。さらに、上記のような検証にもとづいて、国民文学論争におけるディスコミュニケーションぶりを明らかにした研究は見当たらない。

また多くの研究は、竹内が沈黙している従軍時代に、十分な注意を払っていないと思われる。丸山眞男の場合もそうだが、多くの戦後知識人たちは、戦争体験について、ことにもっとも傷痕となっている従軍時代について、多くを語っていない。しかし筆者は、この沈黙こそが、彼らにとっての戦争体験の重さを意味していると考える。その点では、鶴見の『竹内好』も竹内の戦争体験評価が不十分と思われる。ただし鶴見が、竹内の少年時代における「優等生意識」に注目したことは鶴見らしい卓見であり、本章もこの見解を基本的に踏襲している。

なお本章でも論じたように、竹内の中国論や近代論には、自己同一性や他者表象の問題が論じられている。これは竹内自身の問題意識の発露であったと同時に、戦中に「世界史の哲学」の近代批判に傾倒した彼が、近代的な同一性を批判する哲学を吸収していたことによって、可能になったものである。竹内がこうした哲学的素養をもとにして展開した議論は、これまでの研究では十分に吟味されてこなかった。

それに対しリチャード・カリチマン「竹内好における抵抗の問題」(『現代思想』二〇〇一年七月号)は、竹内にみられる同一性批判や他者表象への懐疑を、ポストコロニアル批評の立場から論じている。とはいえ、竹内が近代批判の哲学から影響された部分を、ポストコロニアル批評の近代批判理論から論ずるというのは、それだけでは一種の同語反復でしかない。本章はそれとは異なり、竹内が幼少期や戦争体験からえた「原思想」にあたる部分と、「世界史の哲学」から影響された近代批判の部分とが、いかなる関係にあるかを検証した。

(2) 松本健一「『血ぬられた民族主義』の意味」(『戦後世代の風景』第三文明社、一九八〇年)二六五頁。ただし松本は、「理念としての近代」(『歴史という闇』第三文明社、一九七五年)二三七頁では、「近代主義者」であるはずの大塚久雄と、「近代」批判者であるはずの竹内が対談(「歴史のなかのアジア」一九六八年)で意気投合していることを評して、「かれらが対極に位置するようにみえて、そのじつ永久革命を志向していることは、ほぼ明らかである」「このふたつの永久革命志向は究極においてあい通ずるようにおもわれるのである。どこが、と明確に指摘できないが、それは啓蒙者としてのかれらが革命(近代)のすがたを理念として語り明かすことを、みずから拒んでいるからである」と述べている。この指摘を筆者なりに敷衍すれば、大塚が「近代」とよんでいたものと、竹内が「永遠の革命」とよんでいたものは、実は同一のものであり、既存の言語体系では表現困難なものだった、ということになるだろう。松本のこのような視点は、本章における筆者の見解と隔たったものではないと思われるが、そうであれば、竹内が「戦後民主主義=近代主義」を批判したという位置づけは不適切ではないだろうか。

(3) 『竹内好全集』(筑摩書房、一九八〇—八一年)第九巻二二〇頁。

(4) 竹内全集第一三巻七、八頁。以下、この全集からの引用は巻号と頁数を記した。

(5) 飯倉照平「竹内好と武田泰淳」(『朝日ジャーナル』一九七二年一月二四日号)。

(6) 本多前掲書中巻二五〇頁。なお本多は、一九四三年の『魯迅』で、「国士」であるはずの竹内が「文学無力説」を唱えていることにとまどい、「一八〇度の転回と称すべきものである。どうしてそういうことが起ったのか」と述べている(二六二頁)。しかし本章で論証したように、『魯迅』での竹内の思想は、「郁達夫論」からの延長である。

(7) 『武田泰淳全集』(筑摩書房、一九七一—七三年)第一六巻八七頁。

(8) 本多前掲書中巻二五二頁より重引。

(9) 竹内全集第一四巻五〇頁。竹内によれば、郁達夫は中国に「自己を強く主張する」「個人主義文学」をもたらした文学者であった。講演事件の直後、一九三七年一月に公表された「郁達夫覚書」では、竹内は卒論の時点では評価していた郁達夫の農民文学の提唱などを「附焼刃のいつわりのみじめさを誰よりも身にしみて嫌悪したのは彼自身の叡智であった」と評し、「民衆を愛したが、政治との離反を図る仕方で愛したので、民衆の愚昧は堪えられなかった」「広さに於て魯迅に劣り、深さに於て優る」と郁を形容している（一四巻五八、六一頁）。

(10) 以下の経緯は、竹内全集第一七巻の年譜と「郭沫若氏のこと」（全集第一三巻）および「中国と私」（全集第一三巻）参照。

(11) のち「中国のレジスタンス」と改題。本章では、原則として初出時の題名を記す。日本のアヘン政策については、江口圭一『日中アヘン戦争』（岩波新書、一九八八年）参照。

(12) なおこの宣言は、『中国文学』の一九四二年新年号に掲載されたが、同じ号には、北京留学で「ともしび」が消えてしまったという前述の文章「支那を書くということ」も掲載されていたことも、合わせて考える必要があろう。本多秋五は前掲『物語戦後文学史』で、「二度目の中国旅行以来の、つもりにつもった『鬱情』が、ここに突如としてはけ口を見出したのに相違ない」と述べているが（中巻二五七頁）、この見解に筆者も賛同する。

(13) 清水著作集第一四巻一六頁。竹内全集第八巻二七—二八頁。

(14) 竹内全集第一四巻三八〇、二九七頁。なおこうした「支那学者」への反発は、東京帝大支那文学科への批判意識とも関係していたらしい。この時期の竹内の論考には、「時流への迎合を商売にしている漢学先生」を非難しながら、「戦争を行う決意に負けないように、潔い行動をしたい」と述べる文章が散見される（一四巻三〇三頁）。

(15) 大東亜文学者大会については、尾崎秀樹『近代文学の傷痕』（岩波書店同時代ライブラリー、一九九一年。初版一九六三年）参照。

(16) 竹内が、やや自覚的に偽装抵抗を行なったと回想しているのは、一九四三年七月の「支那学研究者の道」である。ここで竹内は、北支派遣軍のパンフレット『国民政府参戦と支那派遣軍将兵』と、北一輝の『支那革命外史』を引用しながら、日本の「支那研究者」を批判している。上記のパンフレットには、戦中の日中融和論の立場から「単に日本人であるといふ誤れる優越感」を批判した文言があり、これを竹内は引用している（一四巻四七七頁）。これについて竹内は、一九七五年の「わが回想」で、「北（一輝）をいくらかついだって軍も何もいわないから、北をかついでね。ちょうど北支軍の布告が出たんですよ。北支派遣軍の誰とかが、兵隊に教訓をたれているんだ。支那と仲よくしろとかね。それに託して書いたというような記憶がある」と述べ、自覚的な偽装抵抗だったことを認めている（一三巻二六三頁）。この回想は、当時の竹内が北一輝の著作に心酔していたわけではなく、単に「かつぐ」対象とみなしていたことをうかがわせるものである。

(17) 前掲（第2章）『世界史的立場と日本』三三八頁。

(18) 一九七五年の「わが回想」によると、京都学派を知ったのは『中央公論』一九四二年一月号の「世界史の哲学」第一回座談会からであり、それまでは関心がなかったという。ちょうど

「大東亜戦争と吾等の決意」を書いた時期であり、竹内がこの座談会に、自分の心情を表現するために利用可能な哲学的言語を見出したことがうかがえる。それから座談会メンバーと西田幾多郎の本を読みこんで、「一時熱狂したが、それはごく短い期間だけで、一年も続いたかどうかね。だんだんこれはやっぱり口舌の徒であるいうふうな感じになってきましたね」という（一三巻二六三頁）。とはいえ京都学派の哲学的影響は、その後の竹内の思想にも尾を引いたといえよう。

(19) 厳密にいうと、竹内が「世界史の哲学」から吸収したものは、外部の他者を自己の補完物として表象することは一種の自己保全であるという、近代的同一性批判の部分が主である。その反面、ヘーゲル哲学やマルクス主義が、労働による世界への働きかけを重視しているのに対し、竹内がこの部分を吸収した様子はない。彼が学生時代からマルクス主義の文献を読む読書会に参加していたことを考えるなら、竹内は学生時代と戦中と二度にわたって、そうした労働観を自分の思想に組み入れることを、恐らくはなかば無意識のうちに拒否したといえる。本章で述べたように、彼の思想は非常に内向的であって、他者との関係が構築できるのは、他者の苦痛が自己の苦痛である場合に限られている。その意味でいえば、竹内は「世界史の哲学」に触発されるかたちで自分の従来の思想を表現したのであって、全面的に影響を受けていたとは言いがたいといえよう。

(20) 竹内全集第一七巻の年譜三〇三頁。一九四四年六月には中国軍と交戦したが、竹内自身は「敵は殺さなかった」と述べている。とはいえ彼が民間人と戦場でどのような関係をもったのかは、不明である。

(21) 武田泰淳「戦争と私」（『朝日新聞』一九六七年八月一五日夕刊）。武田全集第一八巻二八二―二八四頁。冒頭に「脱走」への言及があるが、こうした戦争の記憶の土壌があったところに、一九六七年一一月の「べ平連」による脱走兵援助活動が公表される。第16章参照。

(22) 武田全集第一一巻五、四頁。

(23) 丸山・竹内・開高前掲（第5章）「擬似プログラムからの脱出」三六頁。

(24) 竹内全集第一五巻四三六頁。竹内全集第一七巻の年表および丸山の竹内追悼文「好《ハオ》さんとのつきあい」（丸山集第一〇巻）によると、竹内と丸山が初めて会ったのは一九四七年九月三〇日の東洋文化研究所においてで、丸山が飯塚浩二の紹介で竹内から孫文の資料を借りたことからだった。そのとき丸山が、『支那』という漢字を使うのは別として、シナと呼ぶこと自体は蔑称ではない、英語でいまでもチャイナ、仏語でシーヌと言うように、日本語でシナと言ってなぜ悪い」と発言し、竹内と議論になったという。丸山によると、「戦後急に『支那』と呼んではいけない、『中国』と呼ぼう、とみんなが言いだしたんでね、ところがぼくの性分でね、一夜にして態度が変わるのが嫌いなんです」ということから、この論争を始めたのである（丸山集第一〇巻三五〇頁）。

竹内ら中国文学研究会は、戦前から「支那」という呼称を中国人が嫌うことに気づいており、「中国文学研究会」という呼称を用いていた。竹内は後年、「たぶん中国という名を雑誌の名にしたのは、日本では『中国文学月報』がはじめてでしょう」と述べている（竹内全集第一三巻二一三頁）。そのため中国側では、『中国文学月報』は非常に評判がよかったという。丸山はこうした経緯をあとで知り、「好さんたちが戦前から『中国文学研究会』と、わざわざ『中国』という表現を使っていたことを知っていたら、おそらくそんな議論にならなかったろうけど……。『中国』と呼ぶことも好さんの意見に服したことの一つです」と述べている（丸山集第一〇巻三五〇頁）。

ただし竹内もまた、敗戦後に日本側が一斉に「中国」を使用しはじめたことに怒り、一九四六年八月の「覚書」では、「戦争中は支那と唱え、敗戦後は中国と唱え、しかもその理由を発表せず、支那という言葉が相手を侮蔑したことを承認するかどうか、相手が侮蔑を感じたことが自分の苦痛であるかどうか、侮蔑したことを悪いと思うのか思わぬのか、それらの根本的に大切な問題を言葉をすりかえることによって葬り去ろうとしているジャナリズム」の戦争責任を問うている（一三巻一〇一頁）。また一九四六年九月には、『魯迅』の第二刷を出版するにあたり、出版社が無断で文中の「支那」を「中国」に直したことに抗議したが、「すでに校了となっているからもどさないでくれ」と言われて断念したという（一七巻三〇四頁）。こうした経緯があった以上、竹内は初対面の丸山が上記のような議論をふっかけたことに、かえって好感をもったであろう。

なお竹内は、一九四〇年の「支那と中国」（全集第一四巻）において、これまで意図的に使っていた「中国」という呼称をやめ今後は「支那」を採用すると宣言し、「いまは僕自身が自分の仕事を中国文学と呼びたくない」と述べている。おそらく、北京留学時に日本の麻薬販売を知りながら抗議できなかった悔恨から、本文中に引用したように「僕だって、ずいぶんと厚顔無恥の徒輩に今は近いのである」という認識に至っていたために、「自分の仕事を中国文学と呼びたくない」という心境に至っていたのだと推測される。そうであれば、戦後に再度「中国」を使用することは、竹内にとってそれなりの決意を経てのことだったと思われる。

(25) 竹内が招請を断わったのは、戦時中に東京帝大に預けた蔵書が、管理が悪く散逸したことに、竹内が立腹したことも一因だったといわれている。竹内はこの問題で、東京大学を訴追することを本気で考えていたという。東京大学への抗議状「東大に委託の書籍について訴える」は、全集第一三巻に収録されている。

(26) 竹内全集第一七巻の年譜参照。

(27) 竹内全集第一五巻四〇三、四三六頁。なお竹内は、一九四六年一〇月五日の日記には、『近代文学』の荒、佐々木、埴谷の三人に会った感想として「みな若い」「彼らがつまらぬことはわかった」と記している。荒正人から送られた五冊の既刊の『近代文学』を読んだ感想は、「小林秀雄の座談会面白い」というものであった。一方で中野重治の『五勺の酒』には、転向と戦争の体験をふまえたものとして高い評価を与えている（一五巻四三三、四三四頁）。

(28) 竹内全集第四巻一四頁。竹内は、これをジョン・デューイの説としているが、実質的には竹内の主張として引用した。

(29) 竹内全集第七巻八頁。一九四八年七月の「中国文学の政治的性格」より。ある意味で興味深いことに、敗戦直後の竹内は、「市民」という言葉を肯定的に使用している。上記の引用のほかにも、一九四九年五月の「中国人の抗戦意識と日本人の道徳意識」では、日本の麻薬商人を「国民として行動した」と批判したあと、戦前の日本では「すべての道徳の根源は国家にあった。そして国家は神である一人から発していた。愛国という暗示を与えれば、かれらはどんなことでもし、それを善と確信した。そこにはヒュウマニズムという市民社会的倫理感が欠けていた」「鏡にうつされた自分の野蛮さを、目をそむけずに見つめ、その底から自力で起死回生の契機をつかむものでなければ……私たちの子孫が世界市民に加わることを望むことはできない」と記している（四巻三四、三五、四一頁）。また国民文学論争においても、国民文学とは一種の理想であって「完全な市民社会と同様、実現の困難な状態である」と述べていた（七巻四七頁）。

　国民文学論争における「近代主義」という言葉の使い方にもみられるように、竹内はあまり用語の定義を厳密にしていない。一九四八年の「中国の近代と日本の近代」では、近代以前の時代を論ずるさいにも、「明の市民文学」といった表現を行なっている（四巻一二九頁）。

　とはいえ総じていえば、一九四六年から五〇年ごろの竹内は、「市民」という言葉を、肯定すべき「近代的国民」の同義語として使用していたとみてよいであろう。これは、同時期の丸山眞男が、「市民」を忌避して「国民」「公民」を肯定的に使用していたこととは、対照的である（第6章参照）。おそらく思想史研究者であった丸山のほうが、竹内よりも同時代のマルクス主義系文献をよく読んでおり、また用語の定義に厳密であったために、こうした差異が生じたものと思われる。

　そして国民文学論争以後は、竹内の論調のなかで「民族」の使用頻度が上がり、一九五三年には「日本が実質的に近代的国民国家でないからである」といった表現も行なっている（七巻二五六頁）。そして第12章でみるように、一九六〇年安保闘争後には「市民」という言葉に違和感を表明する。逆にこの時期前後から、丸山が「市民」を肯定的に使用するようになる。

　こうした竹内の変遷は、彼自身の自覚がないままに進行したようだが、彼の根本的な思想にはさほどの変化はなく、表現の変化にすぎないと思われる。いずれにせよ、竹内が単純な「民族主義者」ではなかったこと、「竹内=近代批判者」といったステレオタイプが不適切であることは、上記のような「近代市民」の用例からも明らかであろう。

　なお丸山は、前述の「好《ハオ》さんとのつきあい」で、「ふつう好さんのことをナショナリストと言うでしょう。ぼくはそれだけをいうと、ちょっと抵抗を感じるな。二十年以上のつきあいを通して、好さんにはコスモポリタニズムが感覚としてある、と肌で感じます」と述べている。丸山はここで、「自分がいま立っているここがとりもなおさず世界なんだ、世界というのは日本の『そと』にあるものじゃないんだ、というのが本当の世界主義です」と述べ、竹内が「ナショナリスト」であることと「コスモポリタン」であることは矛盾しないと主張している（丸山集一〇巻三五九—三六〇頁）。この感覚は、第16章で後述する鶴見俊輔にも近いものであり、竹内の「ナショナリズム」と「コスモポリタニズム」が表現形態の相違でしかないことを示唆するものである。

（30）竹内全集第七巻一〇頁。竹内はこれに続けて、「このような言葉が可能になるのは、言葉が呪術的使用から解放されているからだ」と述べている（七巻一〇頁）。おそらくこれは、鶴見俊輔の一九四六年の論考「言葉のお守り的使用法について」（第16章参照）をふまえたものであろう。

（31）竹内全集第四巻一五頁。一九四九年九月の「日本人の中国観」より。この記述は、竹内が戦中に傾倒していた「世界史の哲学」のジャーゴンである「モラリッシュ・エネルギー」から派生したものと考えられる。ただし「中国人の抗戦意識と日本人の道徳意識」では、「戦争中に『モラリッシュ・エネルギー』を唱えた日本の御用学者」を批判している（四巻三六頁）。

（32）竹内全集第一三巻八一、七八頁。この回想記「屈辱の事件」において、竹内は、当番士官が軍人勅諭の「異例な読み方」をしたことを記している。それは、「我国の稜威振はさることあらは汝等能く朕と其憂を共にせよ」という部分を強調したものであった。竹内は、「これは私にショックであった。単なる修辞として何げなくよみ過していた勅諭に、この緊迫した表現がふくまれていたことを知って、明治の精神を改めて見なおした気がした」と述べている。なおこのあと竹内は、「この将校が私にこっそり『民主主義とは何か』とたずねたとき、私はユカイになった。私は『五カ条の御誓文』を引用して、自分でも不確かな民主主義の定義を説明してやった」と記している（一三巻八五頁）。

鶴見前掲『竹内好』は、こうした竹内の「明治」発見に着目しているが、敗戦直後において「明治」の想起が生じたり、五箇条御誓文をもちだした「民主主義」解説が多かったことは第3章で述べたとおりであって、これは竹内に特異なものではない。むしろここでは、「十二月八日」の領有の場合と同じく、教育勅語や五箇条御誓文という支配者側のテキストから、積極的な解釈を引きだすという論理に着目したい。こうした方法論が、「日本ロマン派」や「東条」、あるいは太平洋戦争から「プラス面」を引きだすという姿勢につながってゆくことになる。

（33）もちろんこれは一個の推測であって、明確な根拠はない。戦後に『中国文学』を復刊させた千田九一は、一九四三年の『中国文学』終刊号に、「竹内は、なぜ、どんなところから、雑誌を廃める気になったか。これが本当の問題だが、わからない。わかってたまるものか」と述べている（本多前掲書中巻二六〇頁より重引）。

(34)「権力と芸術」（全集第七巻）一七〇頁。この論文は、国民文学論争における野間宏との「文学の自律性」の問題についての議論をうけ、「このときの応酬を足場にして発展させた」とされている。また「この稿を書くに当って久野収、丸山真男、小田切秀雄、鶴見俊輔の諸氏の援助を受けた」とある（全集第七巻四六一頁）。内容的には一九四八年の竹内の考えを、丸山や久野の影響をうけながらリファインしたものだが、天皇制を中心とした近代日本を「古代的なものや中世的なものをふくんだ特殊な近代」と規定し、共産主義とファシズムを「新しい中世」と呼んでいることが興味深い（七巻一五三、一四七頁）。

(35) 丸山集第一〇巻三六〇頁。竹内の追悼文である「好《ハオ》さんとのつきあい」より。丸山が竹内の影響をうけて、日本と中国の近代化にたいする評価を変更していたことについては、第7章注36参照。また丸山の一九六〇年の論文「忠誠と反逆」のモチーフは、封建思想から近代化の芽をつかむというものだが、これは竹内が一九四八年に唱えた、「東条」から抵抗の芽をつかむという思想に類似している。さらに、「現実」が所与の実体として観念されているという一九四八年の竹内の主張が、丸山の一九五二年の論文「『現実』主義の陥穽」に影響した可能性も考えられる。

(36) 竹内全集第一三巻二六〇頁。一九七五年の「わが回想」より。竹内は一九五九年の論文「近代の超克」で日本浪曼派を論じてはいるが、その思想に共感するというより、同時代の文壇において日本浪曼派がどのような存在と考えられていたかの分析である。

またこの論文「近代の超克」では、一九四二年に「近代の超克」の座談会を掲載した『文学界』を擁護して、「抵抗と屈服とは、具体的な状況に照らして見なければならぬ」と述べながら、「『文学界』が終始ファシズムの先棒をかついだとする見方は、事実に合わない。中野重治が『日本ロマン派』と『文学界』を一律にあつかっている……のに高見順が反対している……この場合は高見の方が正しいと思う」と述べている（八巻二四頁）。こうした表現は、竹内にとって「日本ロマン派」という言葉が、「ファシズム」と同義だったことを感じさせる。

一九六〇年代以降に竹内を論じた著作のなかには、①竹内が保田と高校時代に親交があったこと、②竹内が日米開戦を賞賛したこと、③国民文学論争で「民族」と日本浪曼派をもちだしたこと、といった事実を無造作につなげて、竹内を日本浪曼派シンパの民族主義者と位置づけるものが散見する。しかし日本浪曼派と京都学派は、ともに戦争を賛美したとはいっても、戦後における新左翼と共産党以上に思想的相違が大きかった。京都学派シンパだった戦中の竹内が、日本浪曼派を思想的に評価したというのは、その意味でも考えにくいことである。

(37) 伊藤整・臼井吉見・折口信夫・竹内好「国民文学の方向」（『群像』一九五二年八月号）一二三頁。

(38) 日高六郎「書評『国民文学論』」（『文学』一九五四年五月号）九九頁。

(39) 堀田善衛・伊藤整・竹内好・平野謙・花田清輝「日本の近

代と国民文学」(『新日本文学』一九五三年一二月号)一五〇頁。「近代主義」という言葉の出自はいまのところ不詳だが、戦前にモダニズム文学の流派を形容する言葉として存在したものの、敗戦直後においては共産党用語として受けとめられていたようである。平野謙は引用した竹内の問いかけにたいし、「近代主義という言葉は、具体的には『近代文学』をやっつけるために新しく出てきたものじゃないかな」と述べている(一五〇頁)。

(40)竹内全集第一巻四七頁。竹内は『魯迅』で、「絶望に絶望した人は、文学者になるより仕方ない」「彼は絶望に安住しなかった」と述べ、「絶望の虚妄なることは正に希望に同じい」という魯迅の言葉を引用している(一巻一一三頁)。また同じく『魯迅』では、「魯迅の文学の根源は、無と称せらるべきある何者かである。その根底的な自覚を得たことが、彼を文学者たらしめているのであって、それなくしては、民族主義者魯迅、愛国者魯迅も、畢竟言葉である」と述べられ、「彼が罪の自覚を得た時期」が「回心」と称されている(一巻六一、四七頁)。竹内の「罪の自覚」と「暗黒」、そしてそれを語るべき「言葉」が存在しないことへの苛立ちが、竹内の執筆活動の根底にあったことがうかがえる。

(41)臼井前掲『近代文学論争』下巻三二三頁。

(42)永積安明「文学的遺産のうけつぎについて」(『文学』一九五二年三月号)二三二頁。

(43)野間宏「国民文学について」(『野間宏作品集』第一二巻、岩波書店、一九八八年に所収)参照。

(44)本多前掲書中巻二四三頁。

(45)同上書二七九頁。

(46)この往復書簡は、臼井編前掲『戦後文学論争』下巻および民主主義科学者協会編前掲『国民文学論』に収録されている。引用は後者六頁より。

(47)前掲「国民文学の方向」一三五頁。

(48)荒著作集第三巻九二頁。

(49)荒正人「十二月八日」(『近代文学』一九六〇年二月号)七頁。この論考は、竹内が一九五九年一二月号の『世界』に発表した「混沌の中の未来像」に反論したものである。ここで竹内は、対中戦争は侵略だったが、対英米戦は「帝国主義対帝国主義の戦争」であると主張し、東京裁判におけるパル判事の主張を紹介している。

竹内は、この「太平洋戦争の二重性格という仮説」について、「大東亜戦争と吾等の決意(宣言)」の「賭けの失敗が根本の動機になっている」と述べている(一一巻一五七頁)。本文中で述べたように、戦中の竹内は「十二月八日」の精神を掲げて中国侵略を批判したが、これはすなわち「大東亜戦争」によって「支那事変」を叩くという論理である。そうした立場をとるかぎり、日中戦争と太平洋戦争を分離し、太平洋戦争は「帝国主義対帝国主義」の戦いであって、アジア解放に結果として貢献した面もあったという主張を、竹内はとらざるを得なかったであろう。「暗黒」から自己革新の契機をつかむという竹内の思想が、「暗黒」の肯定と紙一重になる危うさは、戦中の「抵抗」

と「屈服」が紙一重であるという彼の主張と重なる。

(50) 前掲「日本の近代と国民文学」一五三頁。

(51) 野間前掲「国民文学について」二五八頁。

(52) 福田恆存「国民文学について」(『文学界』一九五二年九月号。臼井編前掲『戦後文学論争』下巻に所収)一三八、一三九、一四一頁。

(53) 安倍公房・荒正人・岩上順一・石母田正・猪野謙二・小場瀬卓三・神山彰一・呉隆・杉本時哉・高沖陽造・竹内好・古川清・本多秋五・新島繁「国民文学をどうみるか」(民主主義科学者協会編前掲『国民文学論』)二七八、二八四頁。

(54) 前掲竹内—伊藤往復書簡。引用は民主主義科学者協会編前掲『国民文学論』五頁より。

(55) 前掲「日本の近代と国民文学」一五三頁。

(56)「日本におけるいままでの国民文学論」(民主主義科学者協会編前掲『国民文学論』)三四二—三四三頁。

(57) 武田泰淳は、竹内の『日本とアジア』の書評で、「かれの『国民文学論』には、今だに私は承服できない」「かれはいわゆる『秀才』をとことんまで嫌悪しているが、かれ自身が別種の秀才であるという考えを、私は死ぬまで変えようとは思わない」と述べている(武田全集第一三巻九五頁)。これは竹内の性格と、彼の言論の性格を別の側面から言いあてた評価として鋭いものである。

なお丸山眞男は「好《ハオ》さんとのつきあい」で、「そういえば武田泰淳、彼の人生指導というのはみんな好さんがやったようです」「酒のこと女のこと、何から何まで俺が指導したと、好さん自身言っていた。だから、そういう意味でも泰淳は好さんに頭が上らず、ものすごく好さんをこわがっていたんです」「あんなに無二の親友はないんですが、好さんは泰淳の作品を徹底して認めない。それはまったくひどいもんですよ。『風媒花』なんてのは風俗小説で、思想性も何もないって言うんですからね。親しいからこそ辛辣なんでしょうが、何しろ魯迅が基準になっているんだから、かなわない」と述べている(丸山集第一〇巻三五二頁)。「指導者」を嫌悪した竹内が、武田を「指導した」と自称していた事実は、前述の武田の竹内評価と相通ずるものがあったといえよう。

(58) 竹内全集第一七巻の年表三一一頁には、一九五八年に武田泰淳の『森と湖のまつり』完成慰労会の発起人を依頼されたさいの記述として、「三島由紀夫と連名は困るという理由で断る」とある。また橋川文三の回想によると、一九七〇年一一月に三島が自決した翌日、竹内は「中国の会」の事務所で「にこにこ」しながら、「おい、今日は祝杯をどうする?」と述べたという(橋川著作集第一巻「竹内好と日本ロマン派のこと」二〇三頁)。

(59) 加藤祐三「解説」(竹内好『日本とアジア』筑摩学芸文庫版、一九九三年)四八五頁。

(60) 第8章で述べたように、丸山眞男は「日本におけるナショナリズム」で、「日本はアジア諸国のうちでナショナリズムについて処女性をすでに失った唯一の国である」と述べ、「すでに、」という言葉によって、中国や朝鮮のナショナリズムの将来にも一抹の危惧を表現していたようである。しかし竹内は、一九五二年五月の「今日の現場に生きる教育者へ――ナショナリズムと平和教育」という論考で、「丸山氏によれば、日本はアジア諸国の中で、ナショナリズムの処女性を失った唯一の国だ、というのであります」と述べ、「すでに」の一語を（恐らくは無意識のうちに）落として引用している（六巻六五頁）。

　なお竹内は、一九四九年一二月の「新中国の精神」では、中華人民共和国について、「こういうやり方は、私たちが常識的にもっている共産主義の概念とは、まったくちがった性質のもので、もしそれが共産主義（広義の）とよばれるなら、私は自分の考えを変えなければいけないと思う」と述べている（四巻九四頁）。竹内が中華人民共和国を支持したのは、それが共産主義だったからではなかったといえよう。

　この後、竹内は一九六四年の中国の核実験には反対し、学者・研究者の声明に参加しているが（一七巻年譜三一六頁）、一九六四年八月のアンケートでは「手にあまる問題なので回答を保留します。もっとも、さしあたってこれまでの自分の考えを変えようとは思いません」と述べている（九巻三八九頁）。竹内の中国への関心が、「贖罪」を根底としていた以上、中国を全否定することは彼にとって不可能であったと思われる。

第11章

（1）本章は一九五〇年代の護憲論を検証するため、それぞれの節で、以下のような対象を扱っている。すなわち、①再軍備に至るアメリカ側の動向、②反米意識の台頭と再軍備批判の関係、③平和問題談話会を中心とする当時の非武装中立論とナショナリズムの関係、④全面講和論と対外関係とくに戦後賠償問題の認識、⑤一九五五年前後の護憲論の性格と憲法の「保守的感覚」（丸山眞男）としての定着、などである。

　以上のうち、①については以下の注で言及した各研究のほか、細谷千尋『サンフランシスコ講和への道』（中央公論社、一九八四年）、五十嵐武士『対日講和と冷戦』（東京大学出版会、一九八六年）、渡辺昭夫・宮里政玄編『サンフランシスコ講和』（東京大学出版会、一九八六年）、大嶽秀夫前掲（第4章）『戦後日本防衛問題資料集』各巻の解説など、政治史研究者による多数の研究がある。政治過程の研究としては、本章がこれにつけ加えるものはない。ただ強いていえば、政治史研究においては、マッカーサーや吉田といったアクターを、合理的存在として把握しすぎている傾向が感じられた。たとえばマッカーサーが、どのような国際情勢認識にもとづいて、何年ごろから再軍備論に転換したのかが、一つの焦点になっている。しかし人間は、状況認識にもとづいて政治行動を選択するという合理的存在では必ずしもなく、自分の主張や面子を正当化するために状況認識のほうを構築してしまう存在でもある。筆者はこうした社会学的な人間観にもとづき、護憲論と再軍備論は当初からマッカーサーなどの内部でアンビバレントな状態で共存していたものであり、本国との相克関係や面子などから、その時点ごとに自分に好都合な状況認識を構築していたという観点をとった。

さらに③の平和問題談話会については、関寛治「平和の政治学」(『日本政治学会年報』「行動論以後の政治学」岩波書店、一九七七年)、五十嵐前掲『対日講和と冷戦』二三〇—二四五頁、および都築前掲(序章)『戦後日本の知識人』第三章などがある。ただしこれらは、戦後知識人たちの戦争体験や、共産党との対抗関係などへの注目が少ない。また本章では、平和問題談話会の声明にみられる思想がとくに目新しいものではなく、むしろ一九四六年の吉田首相やマッカーサーの主張を逆転させて「領有」したものだという、文化翻訳の観点をとっている。またサンフランシスコ講和条約が賠償を免除した経緯については、多くの政治史研究が指摘しているが、④の論点である全面講和論と賠償問題の関係はあまり論じられてこなかった。

また②、⑤については、先行研究は少ない。保守側の再軍備論や改憲論については、大嶽秀夫『再軍備とナショナリズム』(中公新書、一九八八年)や渡辺治『日本国憲法「改正」史』(日本評論社、一九八七年)などが詳細に検証している。しかし、②の反米意識と再軍備批判の関係や、⑤における共産党・社会党の憲法観の変遷、あるいは戦後知識人の民兵制構想といった論点は、当時の非武装中立論や護憲論が単純な平和主義ではなかったことを示すものであるが、これまであまり注目されてこなかった。西修前掲(第4章)『日本国憲法の誕生を検証する』が、社会党の改憲論をやや歴史修正主義的に検証しているていどである。本章の⑤の論点の扱いは、検証というには概略的だが、問題点の指摘を行なったものである。

全面講和論とナショナリズムの関係、および進歩派内の改憲論などは、一九五五年以後の革新勢力の固定イメージに適合しないために、無視されるか隠蔽される傾向があったと思われる。第9章でも述べたように、そうした問題を放置しておけば、右派からの歴史修正主義に乗じられる危険があり、適切な総括が必要だというのが本書の立場である。また当時の全面講和論は、アジアへの賠償という問題を軽視した時点で最終的に説得力を失い、対米従属が不可避になったのであって、一九九〇年代以降の戦後補償問題を構造的に把握するためにも、講和論議の検証が必要だというのが本章のもう一つの主張である。

なお政治史研究者などには、本書で引用されている資料が必ずしも時系列的にリニアに配列されていないことに違和感を覚える向きもあるかもしれないが、ここでは一九五〇年代初頭という時代の言説構造を明らかにすることを優先している。

(2) たとえば「憲法公布一周年に寄せて」(『朝日新聞』一九四七年一一月三日社説)、「新憲法精神の充実に努めよ」(『毎日新聞』一九四七年一一月三日社説)など。引用は「目覚めた女性」(『毎日新聞』一九四八年五月三日)より。

(3) 「はき違えた違憲の訴え」(『日本経済新聞』一九四八年五月三日)。

(4) 「考えねばならぬ再軍備問題」(『毎日新聞』一九五〇年八月一二九日社説)。

(5) 大嶽編前掲(第4章)『戦後日本防衛問題資料集』第一巻一

九三頁。
(6)同上資料集第一巻二四八頁。
(7)ダワー前掲(序章)『敗北を抱きしめて』下巻三五二頁。
(8)同上書三五一頁。
(9)大嶽編前掲資料集第一巻二五二、二五四頁。
(10)同上資料集第一巻二一四頁。
(11)同上資料集第一巻二五六頁。
(12)三浦陽一「日本再武装への道程」(『歴史学研究』五四五号、一九八五年)参照。
(13)大嶽編前掲資料集第一巻二二六、二二七、二三五頁。
(14)一九四七年に首相だった片山哲は、一九四七年二月の二・一スト中止命令のあとには、マッカーサーが再軍備と海外派兵を考えていたと述べている。しかし片山内閣の官房長官だった西尾末廣は、そのような雰囲気は感じられなかったと反論している(大嶽編前掲資料集第一巻、資料Ⅲ・一・一六およびⅢ・一・一八)。
(15)大嶽編前掲資料集第一巻、資料Ⅱ・二・一三およびⅡ・二・一四。
(16)同上資料集第一巻二二六頁。
(17)同上資料集第一巻二一五頁。
(18)同上資料集第一巻四二三頁。ここにはマッカーサーの『回想録』の一部が収録されているが、彼は「韓国軍にこのような装備を与えないという決定は、ワシントンで、太平洋の情勢をあまり理解せず、朝鮮については事実上何も知らない連中によって下されたものだった」と非難しつつ、「共産主義はついに自由世界に戦争を挑んできたのだ」「世界の歴史が人類のはじまりから教えてきた、ためらいは争いを招き、勇気はしばしば争いを防ぐ、という教訓を、いまこそかみしめて味わうべき時だった」と述べている。これらは、彼が第九条を賞賛するさいに唱えていた絶対平和主義や本国政府との確執とはおよそ矛盾した発言だが、こうした矛盾を平然と回想記に書いてはばからない自己中心的なマッカーサーの性格が、よく現われている記述といえよう。
(19)山田吉男「講和問題をめぐる最近の自由党」(『世界』一九五〇年一二月号)一四二、一四六頁。
(20)「新憲法草案への輿論」(『毎日新聞』一九四六年五月二七日)では、「戦争抛棄の条項を必要とするか」の質問に、七〇パーセントが「必要」と回答している。一九五〇年の調査は「講和と日本再武装」(『朝日新聞』一九五〇年一一月二五日)。以下、本章で引用した戦後の世論調査類は、海後宗臣・清水幾太郎編『教育・社会』(『資料 戦後二十年史』第五巻、日本評論社、一九六六年)に収録されている。
(21)飯塚編前掲(第1章)『日本の軍隊』一四九頁。
(22)宮沢俊義「憲法改正と再軍備」(『世界』一九五二年五月号)三二、三六頁。
(23)ジョン・ダワー『吉田茂とその時代』(大窪愿二訳、中公文庫、一九九一年。初版一九八一年)下巻一六三―一六四頁より重引。

(24)片岡鉄哉『日本永久占領』(講談社α文庫、一九九九年)一九五頁より重引。
(25)同上書一九六頁より重引。
(26)会見記録は大嶽編前掲資料集第二巻に収録。以下、引用は三七頁。
(27)ダワー前掲『吉田茂とその時代』下巻三八六頁。
(28)松尾前掲(第3章)『国際国家への出発』一五六―一五七頁。
(29)宮沢喜一『東京・ワシントンの密談』(実業之日本社、一九五六年)一六〇頁。
(30)豊下前掲(第4章)『安保条約の成立』一四四、一六四頁。
(31)大嶽編前掲資料集第二巻八三、八二頁。
(32)同上資料集第二巻四九四、五一一、四九八頁。
(33)同上資料集第一巻四九一頁、第二巻三一九頁。
(34)同上資料集第二巻三一九、四九四頁。
(35)同上資料集第二巻七七、一一一頁。
(36)「売れぬ日の丸」(『日本経済新聞』一九四九年一月一八日)。本文と若干時期がずれるが、当時の一般状況を示すものとして言及した。
(37)古関前掲(第4章)「単独講和への道」一三五頁。
(38)「各国代表の演説」(『朝日新聞』一九五一年九月八日夕刊)。「昭和天皇通訳・松井明氏の手記」(『朝日新聞』二〇〇二年八月五日)。古関前掲「単独講和への道」一三四頁。
(39)風見章「地に堕ちた政治道徳」(『世界』一九五二年五月号)一五二頁。「講和に対する意見・批判・希望」(『世界』一九五一年一〇月号)一九二頁。
(40)「会談成果と要約　草案要旨」(『朝日新聞』一九五三年一〇月二五日)。
(41)鶴見前掲(第1章)『新しい開国』一四八頁より重引。
(42)松尾前掲書一八三頁より重引。
(43)鶴見前掲書一三七、一三八頁より重引。
(44)大嶽編前掲資料集第二巻四五五頁。
(45)同上資料集第二巻四五六頁。
(46)同上資料集第二巻五四二頁。
(47)堀前掲(第1章)『大本営参謀の情報戦記』二八六頁。
(48)大嶽編前掲資料集第二巻四六頁。
(49)柳田邦男『零戦燃ゆ　渾身編』(文藝春秋、一九九〇年)五四六頁。神立尚紀『零戦　最後の証言II』(光人社、二〇〇〇年)二九七頁。
(50)大岡昇平集第一五巻八七、八六頁。
(51)大嶽編前掲資料集第二巻三七八頁。
(52)ダワー前掲『吉田茂とその時代』下巻二八七頁。
(53)『三島由紀夫全集』(新潮社、一九七三―七六年)第三四巻三二七頁。一九六九年の「問題提起」より。
(54)見田宗介『白いお城と花咲く野原』(朝日新聞社、一九八七年)六四頁。
(55)岡田真紀『世界を聴いた男』(平凡社、一九九五年)一三三頁より重引。
(56)吉野源三郎「読者に訴う」(『世界』一九五二年五月号)三

頁。

(57) 前掲(第4章)『平和問題談話会』について」四三頁。ソ連の原爆保有公表は一九四九年九月であり、一九四九年五月のメーデーでこうした演説が行なわれたというのは奇異ともいえるが、石田の言葉どおり引用した。

また石田によると、「原爆の脅威と悲惨が、ほんとうに知らされたのは、五二年の講和を経て、GHQから報道規制を受けていた原爆の被災の写真が公開されたということと五四年のビキニ被災以後であって、平和問題談話会がこれらに先駆けて核の問題を決定的な問題として出されたのは大いに注目すべきことでした」という(四三頁)。とはいえ第4章で述べたように、マッカーサーや幣原は一九四六年の時点から核兵器の脅威に言及して第九条を賞賛しており、平和問題談話会が「先駆的」であったとは言いがたい。ただし、日本の進歩系勢力において、反核平和運動が注目されたのが一九五〇年代に入ってからだという指摘は、それじたいとして注目に値しよう。

(58) 清水著作集第一四巻三一八頁。

(59) ユネスコの声明は『世界』一九四九年一月号に収録。清水著作集第一四巻三一九頁では、清水がこの声明にハンガリー外交問題研究所長のアレキサンダー・ソロイが参加しているのをみて、米ソ間の平和に希望をもった旨が回想されている。なお平和問題討議会が平和問題談話会となるのは一九四九年三月からだが、煩雑を避けるため本文ではできるだけ「平和問題談話会」の呼称で記述した。

(60) 清水幾太郎・丸山眞男・松村一人・真下信一・林健太郎・宮城音弥・古在由重「唯物主観と主体性」(『世界』一九四八年二月号。日高編前掲(第6章)『近代主義』に所収)一二四頁。

(61) 同上座談会一四三頁。

(62) 前掲(第4章)の座談会「『平和問題談話会』について」六頁。この座談会一二頁では、吉野と丸山が、平和問題談話会がユネスコ声明から刺激された経緯を説明するなかで、座談会「唯物主観と主体性」に言及して当時のマルクス主義者の論調を批判している。また一説には、吉野が声明を入手したのは八月とされている。

(63) 前掲「『平和問題談話会』について」五〇頁。

(64) 吉野は同上座談会二〇頁で、獄中非転向の共産党幹部たちが、一九三五年に採用された人民戦線戦術を理解していなかったと批判している。

(65) 全愛協については、吉田健二「全面講和愛国運動関係資料」(『歴史評論』三七八号、一九八一年)および森下徹「全面講和運動の歴史的位置――全面講和愛国運動協議会の組織・論理・運動」(『歴史研究』三二号、一九九五年)などを参照。全愛協は共産党・労農党・社会党再建全国連絡会などを中心に、「労農市民団体六十余」で構成されていたが、団体等規制令や公安条例による弾圧と、組織の弱さなどにより成果を挙げられなかった。そのため、四千万人を目標に「講和投票」と銘打った全面講和促進の署名運動を行なったものの、講和会議直前の一九五一年八月までに集められた五〇〇万に満たなかったとされている（古関前掲「単独講和への道」一二二頁）。
(66) 前掲「『平和問題談話会』について」二二、二三頁。
(67) 同上座談会一八頁。ただしこうした傾向は主として平和問題談話会の東京部会にみられたもので、近畿部会ではより左派色が強かったといわれている。
(68) 吉野源三郎「戦後の三十年と『世界』の三十年」（『世界』一九七六年一月号）二六一頁。
(69) 前掲「『平和問題談話会』について」三七頁。
(70) 「平和問題討議会議事録」（『世界』一九八五年七月臨時増刊号）二六一頁。一九四八年一二月一二日の討議会議事録。羽仁五郎は討議で、戦争責任問題から知識人の「節操」を問うとともに、「人民の組織」への接近を説いている。当時においては、戦争責任問題が共産党への参加を迫る最大の圧力として機能していたことが背景にあり、安倍が反発したのはこうした趣旨を理解したからでもあったようである。しかし戦争責任ついて汚点が少ない討議会メンバーの多くは、これに動じなかった。最終的には、メンバー各自に戦争責任がないとしても、「国外に対しては、やはり何らかの意味で日本の社会科学者を代表する形になる」という発言を丸山が行ない、この意見が声明に反映されたのである（二六一、二六七頁）。
なお前掲「『平和問題談話会』について」五〇頁の久野収の証言によれば、羽仁の動議があったさい、討議会メンバーのなかでも蠟山政道は「うつ向いてじっとして」いたという。第3章で述べたように、蠟山は一九四五年の議会で戦争責任を感じて議員を辞職した経緯があり、内心に感じるところがあったものと思われる。
(71) 「戦争と平和に関する日本の科学者の声明」（大嶽編前掲資料集第一巻所収）三五七頁。
(72) 「三たび平和について」（大嶽編前掲資料集第一巻所収）五七三頁。
(73) 清水著作集第一四巻三四六頁。
(74) 前掲「『平和問題談話会』について」九頁。
(75) 日本平和推進国民会議の活動については、森下徹の口頭報告の要旨が「全面講和運動と『戦後革新』の形成」（『日本史研究』四五八号、二〇〇〇年）として公刊されている。
(76) 大嶽編前掲資料集第一巻五五二、五三七頁。
(77) 前掲「『平和問題談話会』について」三一頁。
(78) 同上座談会三一頁。「文化的帝国主義」という言葉は、田中が一九三〇年代から使用していたものであった。ただし丸山は、一九四八年の時点の自分には「アメリカ的な生活様式に直ちに国際的普遍性を与える危険性を議論した点においては占領軍の問題があったといえますが、日本国民自身が植民地統治下にあるというイメージがあったかというと、それはなかった」と述べている（三二頁）。共産党の「民族独立」路線は一九四八年当時から存在したが、談話会の志向からいっても、それに同調するという傾向はなかったようである。
(79) 清水幾太郎「国民教育について」（『思想』一九五五年八月号）六―七頁。この論考は講和問題の論議からはやや後の年代のものだが、一九五〇年代前半における憲法擁護論の調子をよく表現しているので引用した。

(80) 安倍能成「平和問題と日本」（『世界』一九八五年七月臨時増刊号に所収）二一九頁。ただし安倍はこの講演二一九頁において、「われわれが平和と文明の名にふさわしき行動をしなかったということは、われわれの甘受しなければならない咎」だと認めている。

(81) 前掲「戦争と平和に関する日本の科学者の声明」三五七頁には、「われわれの憲法が戦争権の放棄を規定し、またわれわれの存立自体を、わが旧指導者を平和と文明との名において審いた諸国家の善意に委ねている以上、戦争と平和の問題は、われわれにとって特別の関心事たることは明らかである」と述べられている。

(82) 前掲「『平和問題談話会』について」四五頁。

(83) 竹内全集第六巻四二、四三―四四頁。

(84) 清水全集第一四巻三三五、三三六頁。

(85) 大嶽編前掲資料集第二巻一五四頁。

(86) 前掲「講和に対する意見・批判・希望」二〇九、一八二頁。

(87) 丸山集第五巻八二―八三頁。

(88) 松尾前掲書一六六頁。

(89) 大嶽編前掲資料集第一巻三六二頁。

(90) 前掲「講和に対する意見・批判・希望」一九〇頁。発言者は奈良本辰也。

(91) 同上一八九―一九〇頁。

(92) 南原著作集第七巻三八五頁。

(93) 同上書三八七、三八三頁。なお南原が想定していた「外敵」の代表は、共産主義であった。

(94) 「『再武装』に関する意見・批判・希望」（『世界』一九五二年五月号）一四七、一五二、一六一、一六四、一四六、一三四頁。

(95) 田畑忍「自衛と戦力の問題点」（『世界』一九五二年五月号）四四頁。

(96) 南原著作集第七巻三三〇、三八七頁。

(97) 前掲（第7章）「独立国の条件」一四頁。

(98) 竹内全集第四巻二六九頁。丸山集第八巻二八一頁。丸山の提言は一九六〇年のものだが、彼の「自衛」についての思想を紹介するうえで引用した。

(99) 以下、丸山集第八巻二七九―二八一頁。

(100) 大嶽編前掲資料集第二巻一五三頁。

(101) 大嶽編前掲資料集第一巻五四七、五四八頁。

(102) 「三たび平和について」（『「世界」主要論文選』、岩波書店一九九五年）一五六頁。声明の小見出し。大嶽編前掲資料集は、この声明の小見出しを省略している。逆に『主要論文選』は、全四章の声明のうち、第一章と第二章のみを収録している。また『世界』一九八五年七月臨時増刊号は、第四章を省略して収録している。

(103) 大嶽編前掲資料集第一巻五七七、五七八頁。

(104) 「憲法と現実」（『東京新聞』一九五〇年八月一六日）。

(105) 大嶽編前掲資料集第二巻四五七頁。

(106) 山田前掲「講和問題をめぐる最近の自由党」一四四頁。

(107) 吉野源三郎「読者に訴う」(『世界』一九五一年一〇月号)三頁。

(108) 大嶽編前掲資料集第一巻五四八頁。

(109) 同上資料集第一巻五七八頁。

(110) 大嶽編前掲資料集第一巻五三六―五三七頁には、社会党右派の浅沼稲次郎書記長の名義による「平和運動と国連支持の関係について」という一九五〇年九月七日付の指令が収録されている。それによれば、「戦争を実力行使なるが故に無差別に否定せんとする所謂平和運動は実は国際共産主義の謀略である。その適例がストックホルム宣言」とされ、「国連の支持は我々の講和対策と合致する」とされている。そこで「憲法の範囲で(例へば自ら武器を取る事は範囲外である)国連に協力する事が正しい」「国連の決定に基く、輸送生産に従事する事は全く党の決定に合致する」と述べられている。こうした方針が、共産党と一致しないものだったことはいうまでもない。

(111) 前掲「『平和問題談話会』をめぐって」二四頁。

(112) 大嶽編前掲資料集第一巻五七九頁。

(113) 同上資料集第一巻三六三頁。

(114) 山川均「非武装憲法の擁護」(『世界』一九五一年一〇月号)三三頁。

(115) これらの資料は大嶽編前掲資料集第一巻第II章、一・七および一・九。

(116) 「対日講和七原則」は大嶽編前掲資料集第二巻第I章一・二。

(117) 以下、各国の反発の経緯は古関前掲「単独講和への道」一一九―一二〇、一三二―一三四頁。

(118) 大内兵衛・有澤広巳・美濃部亮吉・稲葉秀三「単独講和と日本経済」(『世界』一九五〇年一〇月号)一〇五、一〇六、一〇三頁。

(119) 大嶽編前掲資料集第二巻一三〇頁。

(120) 同上資料集第二巻三五頁。

(121) 同上資料集第二巻一二九、一三一頁。

(122) 恒藤恭「憲法と新しい道徳基準」(『世界』一九五二年四月号)一七頁。

(123) 安倍能成「世界とアジアと日本との平和の立場から」(『世界』一九五一年一〇月号)六六頁。

(124) 前掲「『平和問題談話会』について」三七頁。

(125) このほか丸山眞男は、この特集号に寄せた「病床からの感想」で、講和の問題点を列挙するなかで「賠償問題の不明確」という言葉を述べているが、一言だけの指摘にとどまっている。

(126) 前掲「講和に対する意見・批判・希望」一七五頁。なお河盛は、「ある特定国の力にすがつてその犠牲〔賠償〕を免れること」を批判し、「われわれはどこまでも男らしく、独立した民族として、われわれの自力で日本を立て直したいと思います」と主張して、アジア諸国をふくめた全面講和を唱えている(二二一、二二二頁)。荒は「民族」を批判する立場から賠償問題を論じたわけだが、河盛は逆に「民族」という言葉を使ってこの問題をとりあげたといえる。

(127) 松尾前掲書一六六頁。
(128) この文書「NSC四八/五」は大嶽編前掲資料集第二巻第Ⅱ章一・六として収録。
(129) 外務省交際協力局第一課編「国連第十総会における加盟問題」(一九五六年)五頁。
(130) 松尾前掲書一八四頁。
(131) 「『平和憲法』をめぐる動き」(『毎日新聞』一九五四年五月三日)。
(132) 同上記事。なお左派社会党の伊藤好道政審会長も、一九五五年二月四日の『産経新聞』社説によれば、憲法の私有財産偏重を改正する必要があると発言していた。左派社会党綱領の改憲論は西前掲書Ⅲ章および原彬久『戦後史のなかの日本社会党』(中公新書、二〇〇〇年)一一〇頁参照。なお植村秀樹『再軍備と五五年体制』(木鐸社、一九九五年)二四〇頁によれば、左派社会党の鈴木茂三郎委員長は当時のインタビューで「日本の再軍備は日本が社会党政権の下で安定した場合初めて可能となる」と述べていたという。
(133) 前掲「『平和憲法』をめぐる動き」。
(134) 前掲(第8章)「民族主義者の新しい欺瞞について」二二三頁。共産党の憲法への姿勢は、当時の文書だけからでは明確でない。国分一太郎は一九五七年の前掲(第9章)「教育基本法をどう生かすか」二八四頁で、憲法と教育基本法への共産党の批判は、一九五〇年のコミンフォルム批判によって反米闘争が強化されていらい、「いっそういちじるしくなった」と回想している。
(135) 「平和憲法をめぐる十一年(下)」(『アカハタ』一九五六年八月一八日)。
(136) 「憲法擁護運動の展開に期待する」(『社会タイムス』一九五三年一二月八日社説)。
(137) 徳田球一「新しい情勢とこれに対するわが党の政策」(神山編前掲〔第3章〕『日本共産党戦後重要資料集』第一巻)三六九頁。一九五〇年一月の第一八回拡大中央委員会総会一般報告。
(138) 大嶽編前掲資料集第二巻一三〇頁。一二九頁では、「日本社会党は再び起きるかも知れないファッシズムと徹底的に闘ふと共に、今日迄共産主義に理論上又実践上闘争して来た唯一の政党」だと唱えられている。
(139) 「憲法記念日に際して」(『毎日新聞』一九五三年五月三日社説)。
(140) これらの内容については、渡辺前掲『日本国憲法「改正」史』第三章および「きょう憲法施行十周年」(『朝日新聞』一九五七年五月三日)などを参照。
(141) 渡辺前掲書二四六頁。
(142) 「憲法　私たちはこう思う」(『毎日新聞』一九五五年五月二日夕刊)。
(143) こうした動きと並行して、憲法第九条は「平和を願う日本人自身の手によってつくられたものだ」という歴史観も台頭した。一九五五年八月一五日、『毎日新聞』は「戦争放棄はおしつけでない」と題して、ホイットニー少将が代筆したマッカーサーの手紙をもとに、第九条は幣原喜重郎の提案から生まれたとする報道を行なった。ただしこの記事には、憲法制定時の担当大臣だった金森徳次郎が、疑問を述べた談話も掲載された。

(144)「憲法改正に賛成か反対か」(『朝日新聞』一九五五年一一月一三日)および「憲法改正をどう見るか」(『朝日新聞』一九五七年一一月二七日)。引用コメントは一九五五年分より。

(145) 国分前掲(第9章)「教育基本法をどう生かすか」二八三―二八四頁。ここで国分は、憲法と教育基本法の擁護を主張しているが、一九五七年当時でもなお「『教育基本法の精神を守ろう』などというと、『今さら教育基本法とは何だね』と顔をしかめて、セセラ笑いをするような態度が、われわれには、多分に残っている」と述べている(二八七頁)。

(146)「『戦力』論は敬遠のハラ」(『朝日新聞』一九五四年一二月二一日)。

(147)「保守における構想力」(『展望』一九六五年二月号)。津田前掲(第1章)『日本ナショナリズム論』二一七頁より重引。

(148) こうした解釈については、第4章で述べた「前項の目的を達するため」を追加した「芦田修正」のほか、憲法学者の佐々木惣一の意見を継いだいわゆる「清瀬理論」があった。鳩山も一九五四年一二月にはこれに乗り、左右社会党が「これは鳩山首相が多年自衛隊は違憲であり、速やかに憲法改正を行うべきであるとしてきた態度のひょう変であり……国民をぎまんせんとするもの」と批判している(「両社反対声明」『読売新聞』一九五四年一二月二三日)。

(149) 吉村正一郎「より大きな悪を防ぐために」(『世界』一九五二年五月号)一五九頁。

(150)「『再軍備』をどう思うか」(『朝日新聞』一九五三年二月一四日)。

(151) 丸山集第六巻二九三、二五六頁。第七巻一九頁。

(152)『丸山眞男座談』第二冊二三四頁。ここで丸山は、天皇制とマルクス主義への格闘が「内面的エネルギー」の源泉だったものが、その両者が「風化」して手応えを失ったと述べている。その意味では、本書の引用の仕方はいささかミスリーディングだが、全体状況における「風化」が丸山にそのように意識されていたという解釈をとって、本文中のような引用を行なった。

(153) 新崎盛暉『沖縄現代史』(岩波新書、一九九六年)一四頁。

(154) 前掲「講和に対する意見・批判・希望」一七五―一七六頁。荒の「危惧」は、軍事協定が日本を戦争に巻きこむことであったようである。

第12章

(1) 六〇年安保闘争の思想史的研究は、多いとはいえない。政局分析としては岩永健吉郎『戦後日本の政党と外交』(東京大学出版会、一九八五年)や原彬久『戦後日本と国際政治』(中央公論社、一九八八年)などがあり、通史としては本文中の注で言及した書籍のほか、井出武三郎編『安保闘争』(三一新書、一九六〇年)、信夫清三郎『安保闘争史』(世界書院、一九六一年、新装版一九六七年)などがある。六〇年安保だけでなく、七〇年安保までを含めた文献リストとしては、国立国会図書館編『安保闘争文献目録』(湖北社、一九七九年)がある。

安保闘争と知識人の思想を論じた先行研究としては、高畠通敏「『六〇年安保』の精神史」(テツオ・ナジタ、前田愛、神島二郎編『戦後日本の精神史』岩波書店、一九八八年)、米原前掲(第2章)『日本的「近代」への問い』、都築前掲(序章)『戦後日本の知識人』第五章などがある。しかし序章でも述べたように、都築は「市民」ないし「市民主義」を敗戦直後から存在する「思想」とみなしており、言説と「心情」の分析を行なっている本書は、アプローチが異なっている。

六〇年安保闘争の背景にナショナリズムがあったこと、いわゆる「市民主義」の台頭があったことは、数多く指摘されている。しかし、そこでいう「市民主義」や「ナショナリズム」は、あたかも体系的な所与の「思想」であるかのように扱われてしまっている。そのため、それらの具体的内容は何であったのか、またその相互関係はいかなるものであったのかは、ほとんど分析されていない。本書では、①当時の「市民」「民主主義」「国民」などの言葉が矛盾するものではなく、同一の現象と心情を表現したものであること、②六〇年安保闘争におけるいわゆる「市民主義」の台頭が、思想の転換というよりも、言語体系の転換であること、③いわゆる「新しい社会運動」の萌芽がこの闘争にみられること、などを主張している。

なお本章でとりあげた資料は、のちに新左翼などから「市民主義者」などと総称された知識人のものが多い。しかし本章で論じたように、「市民主義者」や「民族主義者」といった名称で分類を行なうこと自体が、不毛であると筆者は考える。なお全学連主流派に近い立場だった吉本隆明は第三部で、清水幾太郎は別稿で検証する。

(2) 以下、伊藤整「岸信介氏における人間の研究」(『中央公論』一九六〇年八月号)一六九、一七〇、一七八頁。

(3) 声明書要旨は『朝日新聞』一九五七年三月一日付に掲載。

(4) 「ふたたび安保改定について」(『世界』一九六〇年二月号)四三頁。「政府の安保改定構想を批判する」(『世界』一九五九年一〇月号)二七、四一、一七頁。なお平和問題談話会は、一九五九年一二月一七日付で「安保改定問題についての声明」を発表したあと自然消滅したとされている。

(5) 以下、岸信介「渡米を前にして」(『中央公論』一九五七年五月号)一三〇、一三一頁。

(6) 賀屋興宣「安保審議は充分議を尽した」(『民族と政治』一九六〇年六月号)一八頁。

(7) 前掲「政府の安保改定構想を批判する」三四、三九頁。この声明はU2事件より前である。

(8) 信夫前掲『安保闘争史』五二―六四頁参照。

(9) 女たちの現在を問う会編『女たちの六〇年安保』(『銃後史ノート戦後史編』⑤、インパクト出版会、一九九〇年)一四三頁。当時の「人権を守る婦人協議会」の世話人である渡辺道子の回想。

(10) 清水著作集第一四巻四五一頁。

(11) 鶴見俊輔「いくつもの太鼓のあいだにもっと見事な調和を」(『世界』一九六〇年八月号、『鶴見俊輔著作集』筑摩書房、一九七五―七六年、第五巻に所収)五五頁。

(12) ある意味で興味深いことに、安保闘争は革命の第一歩であるというブントの認識を共有していたのは、社会党や共産党ではなく、自民党であった。一一月二七日の「国会乱入」事件に対して、自民党総務副会長の山村新治郎は「これは革命の予行演習である」という規定を行なった(「11・27暴動の真相と責任問題」『民族と政治』一九六〇年一月号、二二頁)。またこの事件では、国会の玄関に放尿した者がいたといわれたが、自民党政調会長の船田中はこれを「ただ単にいたずらという簡単な言葉で表現のできないもっと深い一種の革命行動」だと形容している(「安保改定と国会乱入事件」『民族と政治』一九六〇年一月号、一二頁)。ただし自民党側は、全学連は社会党・共産党とともに、中ソの共産党と連動している国際共産主義運動の一部だという認識をとっていた。

(13) 清水著作集第一四巻四三八、四八二頁。

(14) 岸は従来から、抜き打ち的方法によって、既成事実をつくる傾向があった。一九五八年八月、東京で米国大使と安保について事前交渉が行なわれたさい、まだ部分改定か新条約制定かの議論が日本側で煮詰まっていなかったにもかかわらず、岸はいきなり新条約制定を申し出て、藤山愛一郎外相と外務省当局を困惑させたという。また一九五八年一〇月に警職法改正を提出したさいも、藤山外相は何も聞かされないままだった(都築前掲書二八九、二九一頁)。

(15) 以下の経緯は、安藤良一「その夜の国会を目撃して」(『世界』一九六〇年七月号)より。

(16) 同上論文六五頁。

(17) きし・あきら作詞、岡田和夫作曲「民族独立行動隊の歌」。引用歌詞は一番。

(18) 安藤前掲論文六五頁。

(19) 「新安保国会の黒い焦点」(『週刊朝日』一九六〇年六月五日)。

(20) 平野三郎「自民党は岸と運命を共にしない」(『世界』一九六〇年七月号)四七頁。

(21) 前掲「新安保国会の黒い焦点」。

(22) 「岸退陣と総選挙を要求す」(『朝日新聞』一九六〇年五月二一日)。

(23) 「放射線」(『東京新聞』六月一二日)。

(24) 猪木正道「この暴挙は許せない」(『世界』一九六〇年七月号)五二頁。

(25) 谷川徹三「全く無茶だ」(『世界』一九六〇年七月号)三五頁。

(26) 「岸内閣をどう思うか」(『朝日新聞』一九六〇年六月三日)。

(27) 湯川秀樹「国民大多数に共通する願い」(『朝日ジャーナル』一九六〇年六月二六日号)二七頁。六月一五日の日付がある。

(28) 竹内全集第九巻一〇二頁。

(29) 野上彌生子「『ワシントンと桜の木』」(『世界』一九六〇年

七月号）四三頁。
(30) 鶴見俊輔「根もとからの民主主義」（『思想の科学』一九六〇年七月号、鶴見著作集第五巻に所収）四六頁。
(31) 同上論文四六、五〇頁。
(32) 松山善三「国を売る奴」（『世界』一九六〇年七月号）。矢内原忠雄「内村鑑三の非戦論」（『世界』一九六〇年七月号）一七五頁。
(33) 清水著作集第一四巻四八二頁。
(34) 「東大全学教官研究集会の講演から」（『朝日新聞』一九六〇年六月一日）。
(35) 丸山・竹内・開高前掲（第5章）「擬似プログラムからの脱却」三六頁。
(36) 竹内全集第九巻一一五、一一六、一一七、一一八頁。
(37) 同上書一一八―一二〇頁。
(38) 同上書一三八頁。
(39) 江藤淳「〝声なきもの〟も起ちあがる」（『中央公論』一九六〇年七月号）五五頁。
(40) 竹内全集第九巻一八七頁。
(41) 「ヤマ場にきた国民会議」（『朝日新聞』一九六〇年六月一五日）。
(42) 竹内全集第九巻一五七頁。
(43) 石田雄・篠原一・福田歓一「躍動する市民精神」（『中央公論』一九六〇年七月号）七四頁。
(44) 同上座談会七〇、七一頁。
(45) 同上座談会七一頁。
(46) 前掲「擬似プログラムからの脱出」三三、三四頁。
(47) 安田武「ビラの考現学」（『思想の科学』一九六〇年七月号）五一、四九頁。
(48) 杉山美智子「マイクの追った〝激動する十日間〟」（『思想の科学』一九六〇年七月号）四四頁。
(49) 前掲「躍動する市民精神」七一頁。
(50) 招請状は辻清明編『政治』（『資料・戦後二十年史』第一巻、日本評論社、一九六六年）一五三頁に収録。
(51) 江藤前掲論文五二頁。
(52) 同上論文五二、四九頁。
(53) 前掲『女たちの六〇年安保』五六頁。
(54) 日高六郎「五月二〇日から六月一九日まで」（『思想』一九六〇年七月号）一三二、一三三頁。
(55) 竹内全集第九巻一五三頁。
(56) 同上書一五三頁。竹内が秩序の「建設」を重視したのは、彼の従来の思想からである。竹内は一九四九年の「新中国の精神」で、「秩序の破壊は、どこまでいっても、外にある権威を除くことはできない。権威そのものを徹底的に除くためには、自身が権威になることによってその外在性を消すよりほかに方法がない」と述べている。竹内全集第四巻一〇〇―一〇一頁。
(57) 杉山前掲論文四〇、四三頁。
(58) 同上論文四一頁。
(59) 同上論文四一頁。

(60) 竹内全集第九巻一二二、一二三頁。
(61) 竹内全集第九巻一四四頁。五月一六日のデモの記述。
(62) 日高前掲「五月二〇日から六月一九日まで」一三五、一三二頁。
(63) 鶴見著作集第五巻五七頁。「声なき声の会」のデモについては、小林トミ「それはこうしてはじまった」(『声なき声のたより』一九六〇年七月号、高畠編前掲〔第1章〕『日常の思想』に所収)参照。
(64) 竹内全集第九巻一二一―一二二、一〇七頁。
(65) 両沢葉子「誰でも自由に参加できたデモ」(『思想の科学』一九六〇年七月号)一〇七頁。
(66) 鶴見著作集第五巻五六頁。
(67) 同上論文五六―五七頁。
(68) 竹内全集第九巻一一〇頁。
(69) 同上書一七三頁。
(70) 『朝日新聞』一九六〇年五月二八日夕刊。
(71) 鶴見著作集第五巻五八頁。
(72) 丸山集第八巻三七四頁。
(73) 江藤前掲論文五〇頁。
(74) 辻編前掲資料集一六四頁。
(75) 前掲『女たちの六〇年安保』六三頁。
(76) 鶴見著作集第五巻五五頁。
(77) 辻編前掲資料集一五四頁。
(78) 前掲「躍動する市民精神」七一頁。江藤前掲論文五四頁。
(79) 鶴見著作集第五巻五一、五八頁。
(80) 「選択の前に」(『朝日新聞』二〇〇一年七月二八日)。もっとも、一九六〇年以前に「無党派」という言葉がまったく使用されていないわけではない。たとえば宗像誠也は一九五一年に、マルクス主義の「中立」批判の文脈から、「無党派性ということは保守的ということと同じですね」と述べている(前掲〔第9章〕「岩波講座『教育』をめぐって」四二頁より重引)。しかしこの言葉は、一般的に使用されていたとは言いがたい。
(81) 福田歓一「日本民主主義の可能性」(『世界』一九六〇年八月号)五八頁。
(82) 石田雄・坂本義和・篠原一・隅谷三喜男・田口富久治・日高六郎・藤田省三・丸山眞男「現在の政治状況」(『世界』一九六〇年八月号)二三七頁。
(83) 坂本楠彦・田口富久治・日高六郎・福田歓一・前野良「これからの政治的争点」(『中央公論』一九六〇年八月号)九三頁。前掲「現在の政治状況」二五八頁。
(84) 前掲「これからの政治的争点」九三頁。
(85) 高宮篤「銀杏並木の周辺にて」(『世界』一九六〇年八月号)一五一頁。
(86) 前掲「躍動する市民精神」七一頁。竹内全集第九巻一〇九頁。
(87) 竹内全集第九巻二六六―二六七頁。一九六一年の発言。鶴見俊輔は前掲〔第10章〕『竹内好』一八三頁でこの文章を引用しながら、「竹内はもともと『市民』という考え方が嫌いなのである」と評している。しかし引用のとおり、竹内は『市民』という語」への違和感を語っているのであって、『市民』という考え方」に反発しているのではない。
(88) 前掲（第3章）『資料 戦後学生運動』第五巻三六八頁。
(89) 白楽晴・崔元植・鵜飼哲・柄谷行人「韓国の批評空間」（『批評空間』II―一七、一九九八年）一四頁。ただし全学連主流派の側は、「市民」を使用せず、戦後知識人を「市民主義者」とよび、これを国民会議や共産党の同伴者とみなして違和感を表明することになる。
(90) 鶴見著作集第五巻五一頁。
(91) 竹内全集第九巻二二一、一八八、二一六頁。
(92) 同上書二二〇頁。
(93) 同上書一八六頁。
(94) 前掲「現在の政治状況」二三四、二四七頁。この発言には、全学連主流派を支持して「民主主義擁護」のスローガンに反発した清水幾太郎への対抗も含意されていた可能性がある。前述したように、清水については別稿で論じる。
(95) 竹内全集第九巻一五五、一五六、一七二頁。
(96) 以下、藤島宇内「六・四・ストの記録」（『中央公論』一九六〇年七月号）九〇、九一頁。
(97) 杉山前掲論文四二頁。
(98) 清水著作集第一四巻四七八頁。
(99) 日高六郎・高畠通敏・中谷健太郎・前田康博・竹内敏晴「形なき組織の中で」（『思想の科学』一九六〇年七月号）八二頁。
(100) 杉山前掲論文四二、四一頁。
(101) 樺光子編『人しれず微笑まん――樺美智子遺稿集』（三一書房、一九六〇年）二四五頁。京都市下鴨婦人民主クラブから樺美智子の母親、光子宛ての手紙。
(102) 杉山前掲論文四一頁。
(103) 同上論文四六、四一頁。
(104) 竹内全集第九巻一三四、一五三頁。
(105) 『吉本隆明全著作集』（勁草書房、一九六八―七八年）第一四巻四六六頁。一九六七年の対談。
(106) 松尾前掲（第3章）『国際国家への出発』二四四頁。
(107) 鶴見著作集第五巻六〇頁。
(108) 藤島前掲論文八九頁。
(109) 前掲『女たちの六〇年安保』一一四、一〇一頁。
(110) 久野収「市民主義の成立」（『思想の科学』一九六〇年七月号）一三頁。
(111) 前掲「形なき組織の中で」八九頁。
(112) 杉山前掲論文四二頁。
(113) 西部前掲（第7章）『六〇年安保』二二―二三頁。
(114) 樺編前掲書二六六頁。樺光子が教師の言葉を回想したもの。
(115) 樺俊雄・樺光子『死と悲しみを越えて』（雄渾社、一九六七年）。日高前掲（第7章）『戦後思想を考える』一五五頁より重引。
(116) 西部前掲書三一頁。
(117) 樺編前掲書六五―六六頁。原詩の題名は「最後に」であり、一九五六年の作。引用にあたり改行を減らした。
(118) 竹内全集第九巻一六四頁。道浦母都子「六月のバラ」(『朝日クロニクル 週刊二〇世紀』一九六〇年分、朝日新聞社、一九九九年)五頁。
(119) 樺編前掲書二五七頁。
(120) 保阪正康『六〇年安保闘争』(講談社現代新書、一九八六年)九頁。
(121) 清水著作集第一四巻四七九頁。
(122) 松尾前掲書二四六頁。
(123) 同上書二四六頁。
(124) 鶴見著作集第五巻五一頁。
(125) 鶴見俊輔「安保改定、日本中に渦巻いた国民の怒り」(前掲『朝日クロニクル 週刊二〇世紀』一九六〇年分)四頁。
(126) 樺編前掲書一一頁。小林前掲(第9章)「荒木文相の見解にお答えする」。清水著作集第一四巻四七五頁。
(127) 上村実「安保反対のデモは日の丸で」(『毎日新聞』一九六〇年六月五日)。
(128) 保阪前掲『六〇年安保闘争』一三七頁には、「一般都民行進誰でも参加できます」というプラカードと「日の丸」を掲げたデモの写真が掲載されている。
(129) 竹内全集第九巻一六三頁。鶴見和子「青年の血をあがなうもの」(『思想の科学』一九六〇年七月号)一一〇頁。
(130) 加藤周一・久野収「五・一九と八・一五」(『思想の科学』一九六〇年八月号)一三頁。編集司会役の鶴見俊輔の発言。
(131) 「六・四闘争 大きく報道」(『朝日新聞』一九六〇年六月五日)。「米上院、安保審議始める」(『朝日新聞』一九六〇年六月八日)。以下の外国新聞報道は、日本側の新聞の転載に依った。
(132) 「後進国並みの民主主義」(『毎日新聞』一九六〇年六月六日夕刊)。藤島前掲論文九一頁。
(133) 「不安な日本の前途 英国各紙の論調」(『毎日新聞』一九六〇年六月二一日)。「対日信頼感は下落」(『朝日新聞』一九六〇年六月一九日夕刊)。「日本を見る目」(『朝日新聞』一九六〇年六月二〇日)。
(134) 「米議会の対日感情硬化」(『東京新聞』一九六〇年六月一八日)。サイクスの発言は日高六郎『一九六〇年五月一九日』(岩波新書、一九六〇年)一六五頁より重引。
(135) 竹内全集第九巻一三九、一四一頁。このハガティーの発言は、前掲『女たちの六〇年安保』八四頁ではやや字句は異なっているが、趣旨はほぼ同じである。
(136) 前掲「後進国並みの民主主義」。「新安保の批准促進」(『産経新聞』一九六〇年六月一七日)。磯野富士子「アメリカは思い違いをしています」(『朝日ジャーナル』一九六〇年六月二八日号)二八頁。
(137) 朝海浩一郎・松本重治「対米関係を憂える」(『中央公論』一九六〇年八月号)。
(138) 前掲「日本を見る目」。『訪日延期』世界はこうみる」(『毎日新聞』一九六〇年六月一七日)。
(139) 前掲「後進国並みの民主主義」。

(140) 藤島前掲論文八五頁。「首相、〝総辞職〟を攻撃」(『朝日新聞』一九六〇年六月二日夕刊)。
(141) 竹内全集第九巻二二三頁。鶴見著作集第五巻五二頁。
(142) 前掲「安保国会の黒い焦点」。日高前掲書一八三頁。「海外に大きな衝撃」(『毎日新聞』一九六〇年六月一六日)。「大もての日本人」(『毎日新聞』一九六〇年六月二〇日)。竹内好は、こうした中国の評価について、「アメリカはすべてを国際共産主義のせいにしてしまうが、この認識不足を裏返しにしたような日本の実情誤認が中国にある」と評している(竹内全集第九巻一七六頁)。
(143) 前掲「『訪日延期』世界はこうみる」。「世界一の保守的な国民」(『産経新聞』一九六〇年六月二〇日)。「乱入事件と各国の反響」(『朝日新聞』一九六〇年六月一六日)。
(144) 前掲『資料 戦後学生運動』第五巻三六一頁。この組織は全学連反主流派である。
(145) 仲宗根勇「沖縄のナゾ」(『新沖縄文学』一九六九年夏号)五九頁。
(146) 同上論文五九—六〇頁。
(147) 谷川雁「私のなかのグアムの兵士」(『思想の科学』一九六〇年七月号)一三九頁。つげ義春「となりの女」(『無能の人・日の戯れ』新潮文庫、一九九八年。初出一九八五年)一七四頁。
(148) 真壁仁「そのとき、農民はどうしていたか」(『朝日新聞』一九六〇年七月二日)。
(149) 「『静かな闘争』のなかで」(『朝日新聞』一九六〇年六月五日)。
(150) 前掲「形なき組織の中で」八二頁。
(151) 「ビルの内側から」(『思想の科学』一九六〇年七月号)六九頁。
(152) 杉山前掲論文四五頁。
(153) 前掲「ビルの内側から」七〇頁。
(154) 水口宏三・石田雄・日高六郎・岡田任雄「大衆行動と岸政権」(『朝日ジャーナル』一九六〇年六月一二日号)一二頁。
(155) 杉山前掲論文四四頁。
(156) 前掲『資料 戦後学生運動』第五巻三六七頁。
(157) 西部前掲書一三五—一三六頁より重引。
(158) 「安保条約、ついに自然承認」(『朝日新聞』一九六〇年六月一九日)。
(159) 丸山集第八巻三六〇頁。
(160) 「十字路」(『毎日新聞』一九六〇年六月二六日)。
(161) 「戦後最高の八五パーセント」(『毎日新聞』一九六〇年六月二六日)。前掲(第2章)『岩波書店と文藝春秋』二三二頁。
(162) 辰濃和男「アカシアの雨がやむとき」(前掲『クロニクル週刊二〇世紀』一九六〇年分)一頁。
(163) 安岡正篤「『愛国心について』を薦む」(日本文化連合会編『愛国心について』日本文化連合会、一九六一年)一〇頁。
(164) 「あなたは日本を愛するか」(『週刊朝日』一九六二年一月五日号)アンケート回答。『戦後における〝愛国心〟論議の展望』(社会風潮調査資料12、一九六二年)一六頁より重引。

(165)「未来をみつめる青年たち」(『御茶の水女子大新聞』一九六〇年一一月二〇日)。前掲『戦後における〝愛国心〟論議の展望』二五頁より重引。

第13章

(1) 鶴見俊輔著作集第二巻四六三頁。

(2) 山本前掲(序章)『戦後風俗史』一八一頁。

(3) 宮本常一「生活から何が失われたか」(高畠通敏編前掲(第1章)『日常の思想』所収)六一、五七、六二頁。なお宮本は高度経済成長のほかに、総力戦による社会変動をこうした意識変化の原因に挙げている。すなわち、「統制経済の強行を通じて半季勘定がすべて現金取引におきかえられた」ために、貨幣経済が浸透し、信頼関係にもとづく相互依存にとって代わったというのである(五三頁)。なお宮本が、村の共同体意識の崩壊とともに「子供たちが村の子、社会の子、青空の子であるまえに、家の子になってしまっている」と記していることは、近代家族論の観点からみて興味深い(六四頁)。

(4) 石森章太郎『サイボーグ009』第五巻(秋田書店、一九六七年)一七八頁。なお主人公の島村ジョーは、米兵と日本女性のあいだに生まれた「混血児」であり、少年院から脱走したという設定である。「アメリカの影」と「貧困」を重視したこの設定は、一九五〇年代から六〇年代の社会派映画によく見られるものである。

(5) 梶原一騎原作・川崎のぼる画『巨人の星』(講談社、一九六六―七〇年)。

(6) 小田全仕事第九巻一〇七―一〇八頁。

(7) 松下圭一「大衆国家の成立とその問題性」(『思想』一九五六年一一月号、のち『現代政治の条件』中央公論社、一九五九年に所収)二五、二四頁。松下の場合、文化の均質化によって成立するものを、加藤のように「市民」とはよばなかった。それは松下がジョン・ロックの研究者であり、「市民」を政治的参加意識の強い存在と考えていたため、大衆社会における受動的な存在とは異質なものとみなしていたからである。松下は、文化の均質化によって生まれるのは、せいぜい「社会の『小市民化』」にすぎないと位置づけている。

(8) 加藤秀俊「日常生活と国民運動」(『思想の科学』一九六〇年七月号)三一頁。

(9) 松下圭一「国民運動をどう発展させるか」(『中央公論』一九六〇年八月号)一〇六頁。同「憲法擁護運動の理論的展望」(『思想』一九六二年五月号、のち『現代日本の政治的構成』東京大学出版会、一九六二年に所収)二六八頁。この「革新ナショナリズム」という言葉は、前著『〈日本人〉の境界』第21章で述べたように、坂本義和が一九六〇年に「革新ナショナリズム試論」(『中央公論』一九六〇年一〇月号)で提唱したもので、のちに高島善哉も採用している。

なお松下は、上記の「国民運動をどう発展させるか」において、「制度として導入された戦後民主主義が、一人一人の自発的行動として成長している」と述べている(一〇六頁)。管見の範囲では、これが「戦後民主主義」という言葉の用例として、もっとも早い時期のものである。この数年後には、もっぱら批判的に使用されることになる「戦後民主主義」という総称が、この時期には肯定的に使われていたことがうかがえる。

(10) 佐々木基一・藤田省三・佐多稲子・橋川文三「大衆の思想と行動」(『新日本文学』一九六〇年八月号)二九頁。

(11) NHK放送世論調査所編『図説 戦後世論史』(日本放送出版協会、一九七五年)I、IX章。

(12) 以上の引用は、小熊前掲(第2章)『単一民族神話の起源』第17章より。

(13) 小田全仕事第八巻六八頁。

(14) 色川前掲(序章)『明治精神史』上巻三頁。

(15) 竹内全集第八巻二四三頁。「明治維新百年祭」の提唱は竹内全集第九巻六二頁。

(16) 竹内全集第八巻二四二頁より重引。

(17) 久野・藤田・鶴見前掲(第5章)『戦後日本の思想』二七九頁。

(18) 鶴見著作集第三巻四四五頁。一九七二年の「素材と方法」からの引用。なお鶴見は、一九七〇年の「死んだ象徴」(第二巻)や一九六八年の「丘浅次郎」(第三巻)などでも、吉野作造をはじめとした大正期の思想家を賞賛している。

第16章で述べるように、鶴見は「百点満点」をめざす倫理的志向と、その反動としての「肩の力をぬく」志向のあいだでジレンマに悩まされた人物であった。彼のなかで、「明治」は前者に、「大正」は後者に対応していたことが、著作からうかがえる。彼は一九五〇年代には、保守政権の戦争責任忘却とご都合主義を批判するために「明治」を準拠点として掲げることが多かったが、一九七〇年前後には全共闘運動の過剰な倫理主義に違和感を覚え、「大正」の穏健さを再評価するようになっていたと思われる。実際に上記の文献にみられる「大正」再評価では、昭和期のマルクス主義に影響された大学生が「大正デモクラシー」を軽蔑し、「吉野のデモ作」などという蔑称を使用していたことを批判的に論じている。

そうした意味では、鶴見にみられる一九七〇年前後の「大正」再評価は、学生反乱の「戦後民主主義」批判に対処した、ある意味で一時的なものであったといいうる。鶴見をはじめ、戦後知識人の「大正」再評価の動向には、上記のような時代背景も考慮に入れる必要がある。とはいえ、学生たちの「戦後民主主義」批判に直面したとき、想起されたものが「大正」であったことは注目に値しよう。なおこの現象は、丸山眞男や竹内好などには確認できないものであり、戦後知識人すべてに一般化できるものとはいえないことを付記しておく。

(19) 竹内全集第八巻二二三、二三二、二三五頁。

(20) 日高六郎「戦争体験と戦後体験」(『世界』一九五六年八月号)五〇頁。

(21) 飯塚編前掲(第1章)『日本の軍隊』一四九、一四一、一四二頁。

(22) 鶴見著作集第五巻一四六—一四七頁。

(23)「出版時評」(『出版ニュース』一九六七年一二月中旬号)。吉田前掲(第3章)『日本人の戦争観』一一五頁より重引。以下、この節における戦争体験の風化についての記述は、この吉田の研究に多くを拠っている。
(24) 吉田前掲『日本人の戦争観』一一四、一一九頁。
(25) 日高前掲「戦争体験と戦後体験」五一頁。
(26) 吉田前掲『日本人の戦争観』一〇九―一一〇頁。
(27) 同上書一一一、一一二頁。
(28) 野添憲治「知識人の優越感」(『思想の科学』一九六一年九月号)七一頁。
(29) 高田前掲(第7章)「行動の意味の発掘」二五頁。
(30) 竹内全集第八巻二二七頁。
(31) 長浜前掲(第9章)『教育の戦争責任』一三頁。
(32) 石原慎太郎・江藤淳・橋川文三・浅利慶太・村上兵衛・大江健三郎「怒れる若者たち」(『文学界』一九五九年一〇月号)一三三頁。橋川はこの衝突から、前掲(第5章)「『戦争体験』の意味」を書いている。
(33) 見田宗介「戦後体験の可能性」(思想の科学研究会総会報告、一九六三年八月。のち『現代日本の精神構造』弘文堂、一九六五年に所収)一四三、一四七頁。
(34) 永島慎二『フーテン』(ちくま文庫、一九八八年)一一五―一一六頁。原文は句読点なし。
(35) 清水幾太郎「安保闘争一年後の思想」。清水著作集第一〇巻一九一、一九四頁。
(36) 西部前掲(第7章)『六〇年安保』二一、二三頁。
(37) 樺前掲(第12章)『人しれず微笑まん』一六一頁。
(38) 高見順・堀田善衛・三島由紀夫・吉行淳之介・村上兵衛・石原慎太郎・木村徳三「戦前派・戦中派・戦後派」(『文芸』一九五六年七月号)四七、四八、五三頁。
(39) 石原慎太郎「刺し殺せ!」(『三田文学』一九五九年一〇月号)二二頁。
(40) 大江健三郎「旅行カバンのなかの未来イメージ」(『週刊読書人』一九六二年一月一二日)。引用は大江前掲(第4章)『厳粛な綱渡り』一四六頁。
(41) 笠原聖志「少年ファシストの安保体験」(高畠編前掲(第1章)『日常の思想』に所収)二六一―二六二頁。
(42) 西部前掲書二四頁。
(43) 同上書二七頁。
(44) 佐藤前掲(第2章)『黒澤明の世界』三〇五―三〇六頁。
(45) 丸山集第九巻一八三頁、一八四頁。
(46)『日本共産党の危機と学生運動(全学連意見書)』。以下の引用は、前掲(第3章)『資料 戦後学生運動』第五巻二五、三、二四、四四頁。
(47) 同上資料集第五巻三六八、三九三、三九五頁。
(48) 同上資料集第五巻二四三、二四五、二四六頁。
(49) 高田前掲論文二五頁。
(50) 前掲『資料 戦後学生運動』第六巻四一一、三六二、四〇八頁。

(51) 同上資料集第七巻三一、三四頁。
(52) 同上資料集第六巻三六二頁。
(53) 竹内全集第八巻二四三頁。
(54) 羽仁五郎『都市の論理』(勁草書房、一九六八年)。
(55) 清水の軌跡については、天野前掲(第7章)『危機のイデオローグ』に詳しいが、改めて別項で論じる。
(56) 丸山集第八巻二三八―二三九頁。この論文が書かれたあと、六〇年安保闘争がおこり、丸山は「市民」の台頭に期待を述べた。それだけに、六〇年安保後の大衆社会状況の到来は、彼を二重に失望させたと推測される。
(57) この世代に対して、「全共闘世代」という呼称も存在する。しかしいうまでもなく、この世代のうち大学に進学した者は少数派であり、全共闘運動に参加した者はさらに少数である。「全共闘世代」という呼称は、同世代のなかでもマスコミで発言可能な知識人層に、全共闘運動参加者が多かったことから発生したものであると思われる。ここでは大学に進学していない者も含めた「世代」について論じているので、「全共闘世代」という呼称は不適切と判断した。
(58)『朝日クロニクル　週刊二〇世紀』一九五四年分(朝日新聞社、一九九九年)二〇頁。
(59) 以下、秋山勝行・青木忠『全学連は何を考えるか』(自由国民社、一九六八年)一三七、一三八、一三九、一二五、一二一、一二二、一二六頁。
(60) 女たちの現在を問う会編『全共闘からリブへ』(『銃後史ノート戦後編』⑧、インパクト出版会、一九九六年)一〇六―一〇七頁。
(61) 同上書九六、九七頁。
(62) 北野隆一『プレイバック「東大紛争」』(講談社、一九九〇年)六五頁。
(63) 前掲『全共闘からリブへ』九七頁。
(64) 北野前掲書一四四頁。
(65) 前掲『全共闘からリブへ』一〇四頁。
(66) 東大全共闘・駒場共闘会議編『屈辱の埋葬』(亜紀書房、一九七〇年)三五二頁。東大闘争討論資料刊行会編『東大解体の論理』(『日本の大学革命』第四巻、日本評論社、一九六九年)一三四頁。
(67) ただし、日本大学文理学部闘争委員会書記局編『増補　叛逆のバリケード』(三一書房、一九六九年)四八頁をみると、一九六八年六月に日大全学共闘会議が発した抗議文では、「学園は民主的学生のものだ!」「暴力学生を追放するぞ!」といったスローガンが列挙されている。こうしたスローガンは、日大全共闘の当面の対抗相手が、大学理事会の意向をうけて全共闘に暴力をふるっていた右翼体育会系の学生たちだったという事情に関係している。
　それに対して、民青と対抗関係にあった東大全共闘の場合には、「民主主義」や「暴力反対」を掲げる民青に対抗するため、「民主主義」への嫌悪とゲバルトの肯定といった論調が多かった。したがって、「民主主義」が全共闘運動で否定的な言葉とされていったのは、必ずしも当初からの一般的現象ではなく、民青の勢力が強かった東大独特の言語体系が、全共闘運動の「標準語」として他大学に波及した結果だった可能性がある。

山本義隆『知性の反乱』（前衛社、一九六九年）には、『情況』一九六九年二月号に掲載された、東大全共闘と日大全共闘の指導的学生たちによる座談会「討論・反大学」が収録されている。その二七八頁では、日大全共闘委員長だった秋田明大が、一九六八年一一月に共闘のため「東大へ行ったら、反民青ということに即ならざるを得なかった」と述べており、おなじく日大全共闘の佐久間順三も、「〔東大から〕帰ってきた学友諸君がいうわけです。『民青は、やっぱり、ちょっと理論的にもやっつける必要があるのではないか』と。そこで、『二段階革命批判』とかを本で読んで勉強することになるのです」と話している。不正経理問題から自然発生的に生まれた日大全共闘が、「民主的」といった言葉を肯定的に使用していた初期の状態から、東大全共闘の影響をうけて変化していった様子がうかがえる。

(68) 早大のエピソードは前掲『全共闘からリブへ』八六頁。それ以外は北野前掲書二二七、九九、一二四頁。

(69) 北野前掲書八七頁。

(70) 佐伯前掲（序章）「戦後民主主義とは何だったのか」五三、五六頁。

(71) 前掲『全共闘からリブへ』二七四頁。

(72) 丸山集第九巻一七三頁。丸山前掲（第2章）『自己内対話』一三七頁。一九六九年二月二八日の発言。研究室封鎖のさいの発言は「法学部研究室封鎖」（『毎日新聞』一九六八年一二月二四日）。

(73) 前掲「法学部研究室封鎖」。『吉本隆明全著作集』（勁草書房、一九六八―七八年）続一〇巻一三頁。

(74) 前掲『屈辱の埋葬』二九三、二九八頁。

(75) 松田道雄「支配の論理と抵抗の論理」（前掲〔第7章〕『資料「ベ平連」運動』上巻所収）四四六頁。日高前掲（第12章）「五月二〇日から六月一九日まで」一三三頁。神田前掲（第8章）「歴史学における民族問題論争」五四頁。

(76) 鈴木正「歴史論における民族的なもの」（『歴史評論』一二〇号、一九六〇年）八三頁。

(77) 東大全共闘経済大学院闘争委員会編『炎で描く変革の論理』（自由国民社、一九六九年）一二八―一二九頁。
なお丸山眞男も、いささか別の角度からではあるが、教授たちの「被害意識」を批判していた。一九六九年のものと思われるメモには、以下のような記載がある（前掲『自己内対話』一七四―一七五頁）。

「東大紛争を通じて私の眼に映じたいやらしいインテリ。もしくはインテリの卵。
○自分の行動を非政治的もしくは反政治的と思っているノンセクト・ラヂカルの自己欺瞞。
○心情的に全共闘に追随し、最後の段階で見捨てた「一般学生」。

○紛争を通じてついに被害意識しか持たぬ総長や教官。
○パリサイの徒（□□□、□□□□や、朝日ジャーナル的記者だけでなく、全共闘の「いい気になっている」指導者たち）。
○自分の市場拡張のチャンスとして書きまくった評論家たち。
○他人志向型、もしくは関係型の価値判断しかできない教授たち（無邪気かもしれない）。
○日共憎しという過去のまたは現在の体験がほとんど唯一の行動原理になっている前日共党員。
○自分の職場での無力感を大学に投射《プロジェクト》し、補償作用を通じて全共闘を支持しているサラリーマンたち（困った存在）。
○全共闘学生を「暴力学生」と呼ぶことに、いささかのためらいも感じない日共（民青）教官と学生。
○最後に、結局はこういうことしか書けない「教官としての」丸山。
――ということは、結局日本に住むことがいやになったということかもしれない。」

(78) 前掲『屈辱の埋葬』二九九頁。『東大闘争獄中書簡集』（三一書房、一九七〇年）一七八、一八〇頁。
(79) 小田前掲（第1章）『「べ平連」・回顧録でない回顧』五八五頁。
(80) 北野前掲書二七〇頁。
(81) 前掲『全共闘からリブへ』一〇七頁。
(82) 北野前掲書九一頁。
(83) 同上書一九一頁。
(84) 小松左京「〝平均的人類〟の願い」（前掲『資料「べ平連」運動』上巻所収）一三五―一三六頁。
(85) 本多勝一『戦場の村』（朝日新聞社、一九六七年。朝日文庫版一九八一年）文庫版一六一頁。
(86) 同上書一二五頁。
(87) 同上書一五七頁。
(88) 同上書二五〇、三一三頁。
(89) 同上書二二一、二二四頁。
(90) 松尾前掲（第3章）『国際国家への出発』二九六頁。
(91) 同上書二九六頁。
(92) 本多前掲『戦場の村』三一三―三一四頁。
(93) ハワード・ジン「魚と漁師」（前掲『資料「べ平連」運動』上巻所収）八九頁。
(94) 「爆弾でベトナムに平和をもたらすことができるか？」（前掲『資料「べ平連」運動』上巻所収）五九頁。ジン前掲論文九一、八七頁。
(95) 小田実「平和への具体的提言」（前掲『資料「べ平連」運動』上巻所収）一〇七、一〇九―一一〇頁。
(96) ジン前掲論文九一頁。
(97) 小田実編『ベトナムのアメリカ人』（合同出版、一九六六年）一三七、一四八頁。
(98) 同上書二四八、二三一頁。
(99) 小田全仕事第八巻一五三頁。
(100) 前掲『ベトナムのアメリカ人』二頁。

(101)同上書二二〇頁。

(102)本多勝一『中国の旅』(朝日新聞社、一九七二年。朝日文庫版一九八一年)文庫版一一頁。

(103)鶴見著作集第五巻一三一頁。

(104)同上書一三七、一三九、一五〇頁。第16章で述べるように、鶴見は戦後知識人のなかでも、「戦死者」を基盤とした戦争責任追及に熱心であった。その彼が「わだつみ」をはじめとした戦没学徒兵を批判したのは、当時の全共闘運動の空気に押されていたことにくわえ、全共闘の倫理主義的な主張に息苦しさを感じていたからだと思われる。

本章注18で述べたように、鶴見は「百点満点」の倫理主義志向・優等生志向と、その反動としての「不良志向」「大衆志向」のジレンマを抱えこんだ人物であった。自己の思想を全うして戦死した特攻隊員は、鶴見にとって「百点満点」の存在であり、一九五〇年代にはそうした戦死者を足場にして、彼は保守政治家や知識人の転向と戦争責任を追及していた。しかし鶴見は「国家の原犯罪」を唱えた一九六八年の「戦争と日本人」では、特攻で戦死した学徒兵たちを「彼らはおそらく小学校のときからずっと優等生であったでしょう。つねに法に服してやってきた。自分はほめ者になりたいというある種の誘惑をしりぞけることができなかった」と評しながら、これを「ある種の精神的な勇気の欠如」と形容している(五巻一三九頁)。なお鶴見は一九六九年六月には、べ平連が支援していた脱走米兵についても「こどもの時からまじめで教師や親からほめられて育ち、今でも『あの男がベトナム戦争に反対なのは残念だが、しかし立派な男だ』とほめてもらいたいと思っている人は、脱走兵にはならない」と述べている(五巻一七〇頁)。

すなわち鶴見は、一九五〇年代には「百点満点」の象徴である戦死者に対する憧憬によって戦争責任追及を行なう一方、一九六八年にはそれに対する反発から戦没学徒兵批判を唱えたといえる。そのように考えるなら、彼がここで「国家の原犯罪」に対抗する「カウンター・クライム」を賞賛しているのは、鶴見の「不良少年」志向が国家論に適用されたものといってよいであろう。

そして鶴見はこの時期、全共闘運動に刺激されて、かなり倫理主義的な重圧を感じていたようである。一九六七年、エスペランティストの由比忠之進がベトナム戦争を支持する日本政府に抗議して焼身自殺したとき、鶴見は由比を賞賛しながらも、「私は、自分に火をつけるだけの勇気がなく、由比氏の行為を、自分にはまねしにくい激烈な行為と思う」と記している(五巻一一三頁)。また一九六八年の「現代学生論」では、全共闘の排除のために機動隊を導入する大学の対応を「自分ではなぐらない、しかし第三者に電話をかけて、来てもらって、そして機械的になぐらせるというのは、これは教育的な関係とは思えません」と述べ、「明治の精神というのとはずいぶん違った種類の人間関係が、大学の中に出てきてしまっている」と評している(五巻一二〇、一二一頁)。この後、一九七〇年に鶴見は全共闘運動への対応に抗議して同志社大学を辞職してしまうが、同時に注18で述べたように、この時期に「明治」から「大正」へのシフトを行なっている。

おそらく「百点満点」の倫理主義にたいしアンビバレンスを抱く鶴見にとって、全共闘運動は共感の対象であったと同時に、息苦しさを感じさせる反発の対象でもあったろう。また彼は一九六八年の「現代学生論」では、「学生は自分がいつでも逃げられる地位にいる」とも述べている（五巻一二二頁）。こうした全共闘運動にいわば追いつめられた状態から、戦死者を「優等生」と批判しながら、「国家の原犯罪」への「カウンター・クライム」を賞賛するという形で、全共闘運動の主張に表面的に賛同しながら根底では反発するという、一九六八年の鶴見の主張が現われたのだと思われる。なおこの「戦争と日本人」は、学生たちには概して好評だったというが、大学辞職後の鶴見自身は心身好調とはいえず、一九七二年には客員教授としてメキシコに行き日本を離れてしまった。

なお鶴見は、一九六九年の「二十四年目の『八月十五日』」では、原爆を批判して自決した親泊朝省大佐（第4章参照）を論じながら、「戦後二十四年目の今日では、親泊氏の考え方とは反対に、政治上の責任を主に考えて道徳上の問題をおとしてしまう傾向がつよくあらわれている。竹槍で原爆にたいするのはバカバカしいという見方だけがあって、正しい目的ならば竹槍によってでもたとうという気概はなくなってしまったと言ってよい。その風潮にたいする反動として、戦争以後に育った若い人々の間に、一九四五年にあんな降伏の仕方をせずに玉砕まで戦ったらよかった、そうしたあとではじめて日本に真の民主主義がうまれただろうという戦争観があらわれている」と述べる一方、「私は戦後を、ニセの民主主義の時代だと思うが、しかし、だからといって、それを全体として捨てるべきだとは思わない。ニセものは死ねと、ほんものとしての立場から批判する思想を、私は、政治思想としては、信じることができない。それは精神の怠惰の一種、辛抱の不足の一種だと思う」「真剣に考える人は、ほんものになりたいと願い、ほんものになれないくらいなら死んでしまえと他人に言いたくなるだろう。しかし、ほんものというのは、空想の中以外にいるものだろうか。ニセものは死ねというのは、つきつめて考えれば、自分はほんとうは生きているより死にたいのだと考えることではないのか」と記している（五巻一四四、一四五頁）。一九五〇年代には戦死者を基盤に保守政治家の「ニセもの」ぶりを批判していた鶴見が、全共闘運動の倫理主義と「戦後民主主義」批判に、共感しつつ反発している様子がうかがえよう。

なお鶴見が「国家の原犯罪」と「カウンター・クライム」を唱えた「戦争と日本人」は、一九六八年の金嬉老事件への言及から始められており、「カウンター・クライム」という彼の主張はこの事件に触発されたものでもあったようである。だが鶴見が金嬉老に肯定的ないし同情的であるのにたいし、丸山眞男は一九六九年ごろのメモで、「『あんなことをされたんだから、怒って思わずなぐったり、（殺したり）するのもむりはない。』（姑にいじめられた嫁の復讐から、金嬉老事件にいたるまで。）

——原因・哲学論と、人格的責任の問題の混同」と記している。丸山は一九六九年二月二八日には、授業妨害を行なう全共闘の学生にも、「金嬉老事件や、（架空の）嫉妬に狂った妻の大殺害事件、というような例を出して」反論を行なっている（丸山前掲『自己内対話』一四八、一三六頁）。もともと丸山の持論は、政治は「心情倫理」の問題ではなく、結果における「責任倫理」の問題だというもので、その考え方の事例として金嬉老事件を考えていたことがうかがえる。しかし、在日朝鮮人の境遇に配慮が感じられない点は措くとしても、こうした議論をもちだすような態度で全共闘運動に臨んだことが、余計に彼らを刺激したことは想像に難くない。このあと丸山は、肝臓疾患で倒れ、大学を退官してしまう。こうした丸山の対応は、自己の主張を貫いたという「心情倫理」からは同情できるものではあるが、政治行動としての「結果責任」からみて賢明であったかどうか、議論の分かれるところである。よくも悪くも、丸山は「政治家」ではなかったといえるだろう。

(105) 小田実「ことは始まったばかりだ」（前掲『資料「べ平連」運動』下巻所収）五二一頁。

(106) 小田前掲『べ平連・回顧録でない回顧』五四四頁より重引。

(107) 同上書五二一—五三頁。

(108) 「戦没学生に声あらば……」（『朝日新聞』一九六九年五月二一日）。像を破壊した学生側の意見は、鮎原輪「死者たちの復権——わだつみ像破壊者の思想」（『朝日ジャーナル』一九七〇年二月八日号）参照。「わだつみ像」建立の経緯と「わだつみ会」の活動経緯については、保阪正康『「きけわだつみのこえ」の戦後史』（文藝春秋、一九九九年）に詳しい。

(109) 奥崎謙三『ヤマザキ、天皇を撃て！』（三一書房、一九七二年。再版は新泉社、一九八七年）参照。

(110) 吉本著作集続一〇巻二〇二頁。なお吉本は、沖縄学者の伊波普猷には自分が唱えるような視点がなかったと批判して、「だから琉球・沖縄の連中というのは駄目なんだ」と評している（一九一頁）。

(111) 以下の引用は、東アジア反日武装戦線KF部隊（準）著・発行『反日革命宣言』（一九七九年）の第5章「KF部隊（準）の反日思想」および付録資料として再録されている『腹腹時計 都市ゲリラ兵士の読本 Vol. 1』（一九七四年三月）より。東アジア反日武装戦線については、松下竜一『狼煙を見よ』（河出書房新社、一九八七年）参照。

第14章

(1) 吉本隆明が全共闘運動で人気を獲得した一九六八年以降、数多くの吉本論が書かれた。確認できた単行本のみでも、小林一喜、遠丸立、宍戸修、大堀精一、中村文昭、白川正芳、北川透、磯田光一、河野信子、菅孝行、宮城賢、岡井隆、松岡俊吉、上村武雄、久保隆、川端要壽、吉田裕、鮎川信夫、月村敏行、宮内豊、上林俊樹、宮林功治、好村冨士彦、神山睦美、金山誠などの著作があり、比較的近年のものとしては『吉本隆明を「読む」』（現代企画室、一九八〇年）、吉田和明『吉本隆明論』

正・続（パロル舎、一九八六年）、竹田青嗣『世界という背理』（河出書房新社、一九八六年）、田川建三『思想の危険について』（インパクト出版会、一九八七年）、鷲田小彌太『増補版吉本隆明論』（三一書房、一九九二年）、芹沢俊介『主題としての吉本隆明』（春秋社、一九九八年）、小浜逸郎『吉本隆明』（筑摩書房、一九九九年）、オルソン前掲（第10章）『アンビヴァレント・モダーンズ』、水溜真由美「出家の論理」（『情況』一九九九年一〇月号）、友常勉「欲望の戦後的形象」（『現代思想』三〇巻一一号、二〇〇二年）などがある。

本文中にも記したように、これまでの吉本論は、吉本は過激な皇国青年であったというイメージに拘束され、彼の戦争体験と思想の関連性の検討が不十分だったと思われる。また「戦中派」の世代的傾向と吉本の関係も、さほど論じられてこなかった。丸山眞男との対立関係はしばしば言及されるが、「公」と「私」の関係という観点からこれを論じ、連合赤軍事件についての講演まで視野に入れることが必要と考えた。なお言うまでもないが、本章は吉本の兵役免除を批判しているのではなく、彼がこれに罪責感を抱いていたという事実を指摘し、彼の思想にそれがどう反映したかを論じている。

（2）竹内全集第一三巻八八、八九頁。

（3）中村真一郎・加藤周一・田代正夫・三島由紀夫・寺澤恒信・石島泰・上野光平・三浦節・枡内左紀「二十代座談会　青春の再建」（『光』一九四七年一二月号）三頁。

（4）前掲（第13章）「戦前派・戦中派・戦後派」四五頁。

（5）村上一郎「戦中派の条理と不条理」（五味川純平・村上一郎・山田宗睦『私と戦争』、講座『現代の発見』第一巻、春秋社、一九五九年）六三、九七頁。

（6）白鳥邦夫「私の敗戦日記」（鶴見編前掲〔第1章〕『平和の思想』に所収）一四七、一四九頁。

（7）村上前掲（第3章）「戦中派はこう考える」二四頁。

（8）柴田前掲（第1章）「戦争が生んだ子どもたち」二四頁。

（9）森崎和江「京ノ方ヲ向イテ拝ムガヨイ」（久野・神島編前掲〔第3章〕『「天皇制」論集』に所収）一三五頁。

（10）鶴見俊輔著作集第五巻一〇頁。

（11）北村太郎「孤独への誘ひ」（『純粋詩』一九四七年三月号）二六頁。

（12）同上論文二七頁。

（13）荒著作集第一巻二七九頁。

（14）遠藤周作・小林洋子・月丘夢路・深尾庄介・丸山邦男・三輪輝光・大宅壮一「戦中派は訴える」（『中央公論』一九五六年三月号）一六〇頁。

（15）鶴見著作集第五巻一二頁より重引。村上前掲「戦中派はこう考える」一二頁。

（16）佐藤前掲（第7章）「裸の日本人」五七―五八頁。

（17）以下、平野謙・磯田光一・吉本隆明「戦後文学白書」（『図書新聞』一九六四年六月二七日号。猫々堂編・発行『吉本隆明資料集』第一巻、二〇〇〇年に所収）七〇頁。

（18）村上前掲「戦中派はこう考える」三〇頁。

(19) 以下、梅原前掲（第1章）「京都学派との交渉私史」三五、三八頁。
(20) 高田前掲（第7章）「行動の意味の発掘」二九頁。
(21) 松浦前掲（第1章）『戦時下の言論統制』六六頁。
(22) 神立前掲（第1章）『零戦 最後の証言』一五〇、二二〇頁。同前掲（第11章）『零戦 最後の証言II』一五三頁。
(23) 小田実「『難死』の思想」（小田全仕事第八巻所収）一四頁。
(24) 以下、山田宗睦『戦後思想史』（三一書房、一九五九年）一八、八、一一頁。
(25) 坂口全集第一一巻二七三、二七四頁。
(26) 『吉本隆明全著作集』（勁草書房、一九六八―七八年）第五巻六七三、六七四頁。以下、この著作集からの引用は巻号と頁数を記す。
(27) 吉本隆明『私の「戦争論」』（ぶんか社、一九九九年）一九四頁。なお吉本はこのインタビューで、「徴兵逃れ」をする意志はなかったと強調し、「『戦地にいきたくない』と思ったことはありません。『いつでも戦地にいこう』と思っていました。それは本音です。以前、柄谷行人から『吉本が工科系の学校にいったのは徴兵逃れのためじゃないか』といわれたことがありますが、それは、柄谷行人が、左翼学生だったころの自分の態度から類推したんでしょう。僕は小学校を出ると、すぐ工科系の学校に入りましたから」と述べている（一九七頁）。しかし、吉本が兵役を免れたことに強い罪責感を抱いていたことは、本論で検証したとおりである。

なお、吉本がここで述べている柄谷行人の指摘にあたるものは、管見の範囲では、柄谷行人・浅田彰・蓮實重彦・三浦雅士の座談による『近代日本の批評』（福武書店、一九九一年）下巻七五―七六頁の以下のやりとりであると思われる。

「浅田 〔吉本の評論では〕不思議なことに、どうやって徴兵を逃れるかというような普通の話が全然出てこない。死を覚悟した青春という物語だけが誇張して神話化される。

柄谷 あの頃は理科系の大学生ならば戦争に行かなくていいということは常識ですよ。法学部なら助手〔正確には助教授〕の丸山真男だって戦争に引っぱられた。別に吉本隆明が徴兵のがれとして理科に行ったと思わないけどね。事実として、死の危険はなかったということです。」

この後に話題は移っており、吉本の兵役問題が触れられているのは、上記の部分が中心である。このわずかな指摘に対して、一〇年近くを経たインタビューで反論を試みているという吉本の姿勢に、この問題に関する彼の傷痕の深さが感じられる。
(28) 吉本前掲『私の「戦争論」』一九五頁。
(29) 高田前掲論文二六頁。
(30) オルソン前掲書一二六頁。オルソンのインタビューによる。
(31) 平野・磯田・吉本前掲「戦後文学白書」六七頁。
(32) 同上座談会六九頁。
(33) 吉本は一九五〇年のメモでは、「何故に人間は不完全なものから完全なものへ、人性から神性のほうへ――といふ思考過程をたどらなければならないか」という疑問を提出している（一五巻八六頁)。
(34)『マチウ書試論』投稿の経緯は吉本隆明「『文学者』という画像」(『「近代文学」復刻版・細目・執筆者目録』日本近代文学館、一九八一年に所収)二〇―二一頁参照。吉本は『近代文学』への投稿動機を、「ここよりほかに信頼できる評価を期待できなかった」と語っている。最終的に、『現代評論』創刊号および第二号(一九五四年六月および一二月)に掲載された。
(35)花田清輝・岡本潤・吉本隆明「芸術運動の今日的課題」(『現代詩』一九五六年八月号、前掲『吉本隆明資料集』第一巻所収)七頁。
(36)吉本著作集第八巻五七、七四頁。第一三巻二四三頁。さらに吉本は『高村光太郎』で、「庶民社会を素通りした汎ヒューマニズム風の主我思想」の代表例として白樺派を挙げている(八巻一二頁)。
(37)皮肉なことに、吉本は『マチウ書試論』では、「自立」という言葉を否定的に用いている。彼によれば、原始キリスト教団の主張は、「人間の現実的な条件とは別なところで、神の倫理を自立させ、ほとんど、人間の生きることの意味を現実的なもの一切から隔離してしまうこと」だったというのである(四巻七六頁)。こうした「自立」への憧憬と嫌悪には、「永遠の詩人」への吉本のアンビバレンスが現われているといえよう。
(38)吉本隆明『知の岸辺へ』(弓立社、一九七六年)三五四、三五六、三八六、三八七頁。
(39)鶴見著作集第二巻四六二、四六三、四六四頁。
(40)吉本のいう「総体のヴィジョン」は、社会主義をはじめとした現代社会の理論的把握と混同されて解釈されていたが、基本的には彼の詩的言語論から発する「世界を包含する」「自立」と同義だったと思われる。彼は一九五九年の文章で、戦争体験の記憶がない「戦後世代のコミュニスト」と話しあったさい、その人物が理論的に日本や世界の情勢を判断する「世界ヴィジョン」の持主だったと形容し、これを「小生が徹底的に否定してきたもの」と述べている(一三巻四六三頁)。吉本の考えでは、既存のマルクス主義理論などを応用した「世界ヴィジョン」や運動の「プログラム」は、自己の内部で完結した表現である「総体のヴィジョン」とは別物だったのである。
(41)以下、前掲「芸術運動の今日的課題」一二―一九頁。
(42)吉本前掲「『文学者』という画像」二一頁。ただし洗濯機購入に充てられたのは賞金の一部で、「大部分は安保騒動で逮捕されたとき世話になった弁護士さんに寄贈された」という。
(43)吉本著作集第一三巻一二六、一二七、五三、五八〇頁。吉本は用語の定義に厳密ではなく、「ナショナリズム」という言葉をさまざまな意味に使うが、一九六〇年の「擬制の終焉」では「インターナショナリズム」と「ナショナリズム」を独特の意味で使用している。吉本によれば、中国共産党の路線に影響されて「反米愛国」を唱えた共産党は「ナショナリズム」だが、「外国の力は借りない」と宣言した竹内好の「四つの提案」は「インターナショナリズム」であるという(一三巻五三頁)。ここでの「ナショナリズム」とは、指導者が人民(大衆)を従わせることであり、人民（大衆）が外国の指導者を拒む姿勢はその逆であるので、「インターナショナリズム」という名称が付されている。一般的な意味での「インターナショナリズム」とは相当に異なる用語法ではあるが、吉本が六月一五日の全学連主流派デモを「インターナショナリズムの渦」と形容したのも、この用語法にもとづく。

（44）竹内全集第九巻五〇三頁。なお吉本は一九六五年の「思想的弁護論」では、「卑小な岸政府の退陣と改定安保条約批准の阻止と、自分の生命をとりかえるわけにはいかないと考えたとき、少なくともわたしの主観の内部では安保闘争は敗北していた」と主張し、この「六・一五体験」から「全党派からの自立」にいたったと述べている（一三巻二九三、二九四頁）。吉本が安保闘争を「敗北」と総括したのは、こうした彼の主観的基準によるものであり、彼にとっては戦死する意志がない以上、闘争はすべて「敗北」だったといえる。

（45）ここで中間的な位置を占めるのが、一九六四年の吉本の論文「日本のナショナリズム」である（著作集第一三巻）。ここで吉本は、西洋的教養をもつ知識人と対置される「日本の大衆」がもっている文化や心性のことを、「ナショナリズム」とよんでいる（一九六〇年代のいくつかの論考では、これを「大衆ナショナリズム」とよんでいる事例もある）。ただし彼は、この論文では「ナショナリズム」を一貫して括弧つきで書いており、「大衆」の文化や心性を「ナショナリズム」と呼ぶことに留保をつけている。この後、一九六五年以降は、吉本は「大衆」は国家をこえるという『共同幻想論』の路線に移行する。おそらく、日本は非西洋的な「後進国」であり、知識人は西洋的教養をもつ存在であるという一九五〇年代の位置づけが、一九六四年を最後に吉本のなかで消えていったのだと思われる。

（46）この「論争」の経緯は、桜井哲夫『思想としての60年代』（講談社、一九八八年）所収の「〈幻想〉としての吉本隆明」に詳しい。

（47）もちろん一九六〇年代以降も、吉本が「家」を近代家族ではないイメージで描いている場合は多い。とくに、自分の出身である下町の家族を回想する場合には、それが顕著である。そうした非近代型の「家」も、国家から「自立」した存在とされていることはいうまでもない。

（48）吉本著作集第五巻三一五頁。吉本の古代志向は、一面においては、焼跡生活を原始状態になぞらえる視点からも発していたと思われる。

（49）吉本著作集一四巻六一四、四八一頁。鶴見著作集第二巻四六四頁。

（50）吉田和明『吉本隆明』（FOR BEGINNERSシリーズ32、現代書館、一九八四年）一一四頁、桜井前掲書一四八頁。

（51）吉田前掲『吉本隆明』一一五頁。

（52）同上書一一四頁。

（53）吉本前掲『知の岸辺へ』三八七—三八八頁。三島の死にさいしても、「アクロバット的な肉体の鍛錬に耐えて、やがて特攻機でつぎつぎと自爆していった少年航空兵たち」を想起する文章を書いている（続一〇巻二四五頁）。

(54) 同上書四〇五―四〇六頁。

(55) 福田恆存は『新潮』一九六〇年九月号の評論「常識に還れ」で、丸山眞男などを批判する一方、「私とは全く反対の立場にありながら、私が最も好意をもつ主流派諸君に忠告する、先生とは手を切りたまえ」と述べている（福田全集第五巻二二八頁）。なお吉本隆明・清水幾太郎・福田恆存の三人は、いずれも東京下町の出身であり、全学連主流派に好意的であった。この点は、第12章で述べた下町ラディカリズムと安保闘争との関係を考えるうえで興味深い。

(56) いうまでもないが、このことは吉本に触発された人びとを揶揄するものではない。大塚久雄がヴェーバーを領有したように、日本のフェミニストも吉本を領有したとも言いうるからである。

第15章

(1) 『江藤淳著作集』（講談社、一九六七―七三年）第六巻八一頁。江藤淳については、月村敏行『江藤淳論』（而立書房、一九七七年）、菊田均『江藤淳論』（冬樹社、一九七九年）、福田和也『江藤淳という人』（新潮社、二〇〇〇年）、高澤秀次『江藤淳』（筑摩書房、二〇〇一年）、大塚英志『江藤淳と少女フェミニズム的戦後』（筑摩書房、二〇〇一年）、田中和生『江藤淳』（慶應義塾大学出版会、二〇〇一年）などの著作があるほか、柄谷行人「江藤淳論」（『群像』一九六九年一一月号、のち『畏怖する人間』冬樹社、一九七二年所収）や佐藤泉「『治者』の苦悩　江藤淳と日本近代」（『現代思想』二七巻五号、一九九九年）などがある。また江藤のアメリカ体験については、阿川尚之『アメリカが見つかりましたか（戦後編）』（都市出版、二〇〇一年）や桜井哲夫『アメリカはなぜ嫌われるのか』（ちくま新書、二〇〇二年）などがとりあげており、江藤の年譜としては武藤康史編「江藤淳エピソード付き年譜」（『文学界』一九九九年九月号）が詳しい。

総じて江藤淳の研究はまだ端緒についたばかりといえるが、江藤の「死」への衝動については柄谷前掲論文や高澤前掲書なども注目している。しかし本文で示したように、「死」の衝動そのものは同世代の作家に珍しくない現象であり、江藤の特徴をそうした時代背景から検証した研究はない。さらに江藤の「自然」「死」「性」といった概念を、戦争体験との関係から検証した研究は見当たらない。

また多くの研究は、『一族再会』における江藤の自己説明や、前掲著作集第五巻の自筆年譜などに影響されて、江藤の実母の死がもたらした影響を過大視していると思われる。これも本文中で示したように、江藤は実母についての記憶はほとんどなく、むしろ父との関係のほうに複雑な感情を抱き、「父」と「母」がほとんど重ねられていることさえあった。実際に、江藤が実母に大きな意味を与えた『一族再会』を書いたのは、父との関係を記した「戦後と私」『日本と私』よりも後のことなのである。江藤のなかにあった「死」の衝動は、少国民世代という世代的な事情、結核との闘病、父との関係、敗戦と没落の痛手、そして彼の「現実嫌悪」などが複合して形成されたものであった。それらに悩まされた江藤が、実母といういわば安全な対象に原因を求めることで、一種の逃避と隠蔽を行なった側面があったと考えられるのではないか。

なお江藤自身は、『一族再会』で自分の喪失感の理由を母の死に求めたさい、「敗戦や戦後の社会変動がそれに拍車をかけたことは否定できない」と認めながらも、「ひとりの人間が世界を喪失しつつあるとき、その原因を彼の外側にある時代や社会のなかだけに求めようとするのは公正を欠いている。こういう人間にとっては、すでに『時代』とか『社会』とかいう概念そのものが崩壊して行く現実の一部と感じられているからだ」と述べている（江藤淳『一族再会』、福田和也編『江藤淳コレクション』第二巻、ちくま学芸文庫、二〇〇一年所収、四〇―四一頁）。あくまで「私情」にこだわった江藤らしい自己規定だが、研究としては、こうした当人の意向に反して、同時代の背景から検証を行なわなくてはならない。もしも江藤がこうした「私情」へのこだわりを徹底させるなら、彼は夏目漱石を「明治」という時代から論じたり、戦後批判の時事論などを書くべきではなかった。また実際に、初期の江藤はそうした論じ方を拒んでいた。彼がそうした姿勢を貫いていれば、本書のような検証も必要なかったであろう。江藤が「私情」を「私情」として持ちこたえることができず、そこから逸脱していった過程を検証することが、彼の初志を生かすことであると同時に、保守ナショナリズムの陥穽を検証することにもなると考える。

(2) 山中前掲（第1章）『子どもたちの太平洋戦争』一六六頁より重引。

(3) 以下、佐藤前掲（第7章）「裸の日本人」五三―五四、五五、五六頁。

(4) 小田全仕事第一巻九二頁。『明後日の手記』注記。

(5) 以下、小田実「廃墟のなかの虚構」（小田全仕事第八巻所収）六三、六一、六二頁。

(6) 大江健三郎「戦後世代のイメージ」（大江前掲〈第4章〉『厳粛な綱渡り』所収）三六頁。なお、大江健三郎とその先行研究については、小熊英二「『戦後民主主義とナショナリズム――初期の大江健三郎を事例として」（山脇直司・内田隆三・森政稔・米谷匡史編『ネイションの軌跡』、『ライブラリ相関社会科学』7、新世社、二〇〇一年）で論じた。

(7) 同上書六九、七三頁。

(8) 同上書一五七―一五八頁。

(9) 前掲（第13章）「戦前派・戦中派・戦後派」四八、四九、五〇頁。

(10) 同上座談会四六、四七頁。

(11) 同上座談会五〇頁。質問者は木村徳三。

(12) 吉本著作集第一三巻四八五頁。

(13) 前掲「戦前派・戦中派・戦後派」五三頁。江藤著作集第六巻八三頁。

(14) 竹内全集第八巻二一八頁。

(15) 石原前掲（第13章）「刺し殺せ！」二三頁。石原慎太郎「私と太平洋戦争」（アンケート回答、『文藝春秋』一九八一年一二月号）。

(16) 大江健三郎「地獄にゆくハックルベリィ・フィン」（初出『世界』一九六六年九月号）。引用は大江前掲（第7章）『鯨の死滅する日』一九一、一九七、二〇〇、二〇一頁。

(17) 同上論文二〇一頁。

(18) 江藤淳・大江健三郎「現代をどう生きるか」（『群像』一九六八年一月号）一七六、一七七頁。

(19) 前掲（注8）「ぼく自身のなかの戦争」一五八頁。

(20) 以下、石原慎太郎「祖国について」（吉本隆明編『国家の思想』、『戦後日本思想大系』第五巻、筑摩書房、一九六九年）三六一、三六二、三六三頁。なおこの論考で石原が、「戦後二十年の政権を司った保守勢力による政治は、戦後ナショナリズムを左翼に奪われたことでナショナルなもののいかなるイメイジを培い与えるという作業をいかばかりも成し得なかった」（三六三頁）と述べていることは、その後に彼が自民党に加入したことと考えあわせて興味深い。

(21) 大江健三郎「二十歳の日本人」（前掲『厳粛な綱渡り』所収）七一—七二頁。

(22) 同上書一三七頁。

(23) 同上書六二頁。大江は二〇〇一年の座談会で、社会党委員長刺殺事件について「自分は浅沼さんの側に立ちたい」と述べながらも、刺殺犯人である山口二矢少年を、思想と行動を見事に一致させた人間として「間違ってはいるんだけれど、一人の子供の態度としては完成していて非の打ちどころはないとも感じた。この人間に自分はかなわない」と評している。大江健三郎・井上ひさし・小森陽一「大江健三郎の文学」（『すばる』二〇〇一年三月特大号）一八〇頁。

(24) 大江健三郎『ヒロシマ・ノート』（岩波新書、一九六五年）一四七頁。

(25) 大江健三郎「すべての日本人にとっての沖縄」（初出一九六七年、大江前掲〔第7章〕『持続する志』所収）一六八頁。

(26) 同上書一六三、一六二、一五三頁。後者は一九六五年の「沖縄の戦後世代」より。

(27) 磯田光一『戦後史の空間』（新潮社、一九八三年）二四九頁より重引。

(28) 同上書二四九頁より重引。

(29) 大江前掲『鯨の死滅する日』一四五、八九頁。

(30) 前掲「大江健三郎の文学」一七八頁。

(31) 佐藤前掲「裸の日本人」五四頁。

(32) 小田実「中年男の個人的な訴え」（『朝日ジャーナル』一九七〇年一〇月四日号。前掲〔第7章〕『資料「ベ平連」運動』中巻所収）四一〇—四一一頁。

(33) 大江前掲『厳粛な綱渡り』三〇九頁。

(34) 大江前掲「地獄にゆくハックルベリィ・フィン」一九二頁。

(35) 大江健三郎『飼育』（『死者の奢り・飼育』新潮文庫、一九六八年に所収）一二四頁。

(36) 大江健三郎「セヴンティーン」(『性的人間』新潮文庫、一九六八年に所収)一八二頁。
(37) 小田実「私は死がこわい」(『読売新聞』一月二八―三〇日。前掲『資料「ベ平連」運動』中巻所収)二五二頁。
(38) 大江前掲『厳粛な綱渡り』一五六、一五九頁。
(39) 柄谷・福田前掲(序章)「江藤淳と死の欲動」二四頁。小林秀雄・江藤淳「歴史について」(『諸君!』一九七一年七月号)。
(40) 江藤前掲『一族再会』四七頁。
(41) 江藤淳『文学と私』(福田編前掲『江藤淳コレクション』第二巻所収)四八三頁。同「戦後と私」(前掲『江藤淳著作集』続一巻)二一一頁。
(42) 江藤前掲『一族再会』五七頁。
(43) 江藤著作集続一巻年譜三〇八頁。
(44) 江藤著作集続一巻一六九、一七〇頁。以下、この著作集からの引用は巻号と頁数を記す。
(45) 武藤編前掲「エピソード付き年譜」二一九頁より重引。
(46) 江藤淳「場所と私」(福田編前掲『江藤淳コレクション』第二巻所収)五五三頁。
(47) 江藤淳『日本と私』(福田編前掲『江藤淳コレクション』第二巻所収)四二九―四三〇頁。
(48) 江藤著作集続二巻八七頁。なお、一九四八年の太宰の自殺にあたっては、『朝日新聞』の投書欄で論争があった。以下に紹介する太宰に批判的な主婦の投書は、江藤が生きた時代における「生活者」と「文学者」の一般的イメージを伝えるものとして興味深い。「太宰さんの自殺が時代のクモンの象徴みたいにとりざたされ、文壇のお仲間の方々が同情的な感想をいろいろ述べていますが、どんなものでしょう。太宰さんの小説をみると、どれもこれも家庭や妻子をほったらかしにして酒をのみ、女とたわむれ、そうすることに苦痛を感じ、その苦痛をやわらげるためにさらに酒をのみ女とたわむれる、そのまた苦痛が持って回って表現されています。何の社会的クモンもない精神薄弱者の独白としか私には受取れません。太宰さんには大そうファンがあるということですが、多分同じようなデカダンな生活をしている神経の細い人たちの自己弁護に役立つからでございましょう。……それはいいとしても、どんなに近いからといって市民の飲用になる上水にとび込むとは、この人たちの、自分以外のことは一切お構いなしの考え方を最期まで忠実に実行したものでしょう。お可哀そうなのは奥さん、三人のお子さんを抱えて途方にくれていらっしゃることでしょう」(「太宰さんの身勝手な情死」『朝日新聞』一九四八年七月一四日、朝日新聞社編前掲〔第2章〕『声』第二巻六六―六七頁)。
(49) 江藤著作集続二巻八八、八五、八六頁。江藤前掲「文学と私」四九一頁。
(50) 江藤前掲『日本と私』三二〇頁。
(51) 江藤著作集続一巻二一九頁。江藤前掲『一族再会』一八七頁。石原慎太郎「さらば友よ、江藤よ!」(『文藝春秋』一九九九年九月号)二六六頁。
(52) 江藤前掲「文学と私」四八三頁。江藤前掲『日本と私』三二九頁。
(53) 執筆の経緯は江藤前掲「場所と私」五五五頁。
(54) 「マンスフィールド覚書」および「覚書補遺」は、江藤淳『フロラ・フロラアヌと少年の物語』(北洋選書、一九七八年)に収録。
(55) 江藤前掲『日本と私』三九七頁。
(56) 同上論文三二八頁。
(57) 同上論文三六七、三七六、三三〇頁。
(58) 同上論文四三三頁。
(59) 同上論文三九一頁。江藤前掲「場所と私」五四八頁。
(60) 江藤前掲「場所と私」五五一頁。
(61) 同上論文五五五頁。
(62) 江藤淳「渚ホテルの朝食」(福田編前掲書所収)五八三頁。江藤著作集第五巻の年譜三〇九頁には、父の命で英文学者の義祖父から「英語を学ぶことによって敗戦のショックを忘れる」とある。
(63) 江藤著作集続五巻年譜三一二頁。江藤前掲「文学と私」四九二頁。
(64) 渡辺前掲(第1章)『砕かれた神』二六一頁。
(65) 江藤自身は『一族再会』で、自分が言葉に不信感をもっているのは、四歳で実母が死んだとき「世界を喪失」したためだと説明している(江藤前掲『一族再会』四〇—四五頁)。この自己分析は、彼がアメリカで学んだ心理学に影響されて「母」を「発見」した結果であり、過大視することはできないというのが本書の立場である。
(66) 前掲(第13章)「怒れる若者たち」一三九頁。江藤著作集第六巻四四—四五頁。
(67) 江藤前掲『日本と私』四四三—四四四頁。
(68) 江藤著作集第五巻二一四、七三、二三二、一八一、四〇頁。
(69) 同上書一八一、一八〇、七六—七七、一八四、一八七頁。
(70) 江藤著作集第五巻二六六、二六四頁。同続二巻一九三頁。
(71) 武藤前掲年譜二一二頁。江藤前掲「場所と私」五四九頁。
(72) 江藤著作集第六巻四二頁。江藤前掲『日本と私』三六八頁。
(73) 江藤淳・浅利慶太・石原慎太郎・大江健三郎・城山三郎・武満徹・谷川俊太郎・羽仁進・山川方夫・吉田直哉「発言」(『三田文学』一九五九年一一月号)。
(74) 江藤淳『小林秀雄』(江藤著作集第三巻)あとがき。
(75) 以下、江藤前掲(第12章)「〝声なきもの〟も起ちあがる」五一、五三、五五頁。
(76) 江藤著作集第六巻二五頁。
(77) 江藤前掲「〝声なきもの〟も起ちあがる」五三頁。
(78) 江藤著作集第六巻二八、三一頁。荒正人・大井廣介・江藤淳「文学者の政治行動」(『群像』一九六〇年八月号)一九二頁。
(79) 江藤淳・藤田省三「運動・評価・プログラム」(『思想の科学』一九六〇年七月号)一一八頁。対談は六月一七日夕刻に行なわれたと記されている。
(80) 本文で述べたように、一九六〇年一月に羽田で逮捕された全学連幹部への救援活動が行なわれたとき、江藤はこれを批判した。そして吉本は、この江藤の姿勢を高く評価した。おそらく吉本が江藤の救援批判を評価したのは、多くの知識人が全学連の直接行動を批判しながらも負い目を感じ、そのため「免罪符」としての救援呼びかけに応じていたのにたいし、江藤がそれを断固として断ったためだったと思われる。また吉本は一九六六年の『言語にとって美とはなにか』の序文で、江藤の『作家は行動する』を「優れた文体論」として絶賛している。吉本の回想によると、小林秀雄の文体論を超えるものを模索している時期に『作家は行動する』に出会い、テーマの共通性を感じて「一生懸命読みました」という（吉本隆明「江藤さんの特異な死」『文藝春秋』一九九九年九月号、二八五頁）。

(81) もちろんこの「平和」観に、父親との口論を回避する「日常的努力」の投影を見ることは容易である。

(82) 江藤著作集第六巻一五、二三頁。前掲「運動・評価・プログラム」二二四頁。

(83) 江藤前掲（第3章）『昭和の文人』七一―一〇四頁。

(84) 後年に書かれた自筆年譜では、六〇年安保について「反政府運動家の眼中に一片の『国家』だになきことに暗然とす」と書かれているが（続五巻三一四頁）、一九六〇年当時に江藤が書いた文章では、引用したとおり革新側のナショナリズムが批判されている。

(85) 吉本全著作集第一四巻四三九、四三五頁。

(86) 吉本前掲「江藤さんの特異な死」二九二頁。

(87) 前掲「江藤淳と死の欲動」二三頁。

(88) ただし、大久保を訪れて江藤がショックを受けたのは、正式に帰国後の一九六五年五月である（続一巻二二〇頁）。

(89) 江藤前掲『日本と私』三五二、三七六、三四三頁。

(90) 江藤前掲『日本と私』三七九頁には、帰国後の仮住まいだった渋谷のアパートで、『アメリカと私』を執筆していたという記述がある。したがって厳密に言えば、江藤が「明治国家」を発見したのはアメリカ滞在中ではなく、『日本と私』に描かれた帰国後の不安定状態の時点だ、と解釈することも可能である。しかしどちらにせよ、アメリカの刺激から「明治国家」を発見したことには変わりないといえる。

(91) 江藤著作集第四巻五五、四四頁。なお江藤とは対照的に、安岡章太郎『アメリカ感情旅行』（岩波新書、一九六二年）では、安岡は徴兵猶予中の制服を着た学生をみて、「私自身の戦時中の記憶とあいまって、彼等のまわりから何かしら薄気味悪いものが漂いはじめるのである」と述べている。敗戦時に二五歳だった安岡は、江藤よりもはるかに「戦死」の重圧を感じていたであろう。この「薄気味悪いもの」に嫌悪を感じるか魅惑を見出すかが、安岡と江藤の分岐点となっているわけだが、江藤は安岡の『アメリカ感情旅行』を、『アメリカと私』執筆以前に読んでいたらしい。このことが、『成熟と喪失』で安岡の『海辺の光景』を批判的に論じる伏線になった可能性がある。

(92) 江藤著作集第四巻五六、五七頁。さらに江藤は、戦後日本を相対化する視点を、「南部」との接触から得ている。江藤は自分が開催したホームパーティで、同席したアメリカ南部人たちに、「同化を拒みつづけ、自分のウェイ・オブ・ライフに固執しつづける者」を見出し、北部の南部征服に「米国がうち負かした外国との関係のプロトタイプ」を感じた。江藤によれば奴隷制撤廃は普遍的な正義の実現ではなく、「ひとつのウェイ・オブ・ライフが、力によって他のウェイ・オブ・ライフを征服」したにすぎないという。(四巻五一、五二頁)。

そして江藤は、「民主主義」もまた「普遍的理念であるよりさきに『アメリカン・ウェイ・オブ・ライフ』の別名」「彼らのナショナリズムの象徴」であり、「米国式民主主義」は、開拓自営農民の風習に根ざした「古風な倫理」「土着の思想」であるという認識をもった。それと対照的に、近代日本は「自分の手で自分のウェイ・オブ・ライフを破壊しつづけている」と彼には映ったのである(四巻五六、一三三、五三頁)。

(93) 大江前掲『セヴンティーン』一八一、一八二頁。なおこの少年は、右翼団体の頭目から渡された金で風俗店に行き、「頭を藁色に脱色した体格の良い娘」を「奴隷」として奉仕させ、「激烈なオルガスムスの快感」を感じて、黄金色に輝く天皇が暗黒の空に浮ぶ幻影を見たとされている(一八〇頁)。この記述は、「アメリカ女性」と日本ナショナリズムの関係を考えるうえで興味深い。

(94) 江藤著作集第六巻一四一頁。江藤前掲『日本と私』三三〇頁。

(95) 江藤著作集第六巻八六頁。江藤前掲『日本と私』三七一、三七〇頁。

(96) 江藤著作集第四巻七〇、七一頁。ちなみにここでの「母」について補足する。江藤の記述によると、このイタリア系二世の医師は、アイルランド系の女性と結婚し、二人ともクエーカー教徒に改宗した。そしてこの妻は、医師の母親を避け、別室で食事することを要求した。医師はこうして「母を裏切った」ことで「罪悪感の追跡」に苦しみ、しばしば「犬を抱きかかえて、家の外に駐車してある自分の車のなかで一人で寝た。彼がそのとき犬しか愛していなかったのは確実である」という(四巻七一頁)。なお江藤は前掲『日本と私』では、実父の愛情を「むしろ母性愛に近いもの」と形容しながら、こう述べている。「父は私が『自分の家』を持つことを喜ばなかったように、私が結婚することも喜ばなかった。それは相手が家内だったからというわけではない。どんな女と結婚しようとしても、父はそれを喜ばなかったにちがいない。私が生きようとし、自由に、幸福になろうとすることを父は許さない。それは父が私を憎んでいるからではなく、私を愛しすぎているからだ。……どうして父は、私が拒否せざるを得なくなるほど近くに追いすがってくるのだろう」。「私が結婚することは、父に対して裏切りをおかすことだということである。しかし『悪』をおかしながらでも、私は自分の人生を生きなければならない。それからおびただしいエネルギーを傾けて、なんとか自分の人生を生きる場所をつくったと思ったら、今度は気がついてみると『家庭』が妙に希薄なものになりはじめている」(四三九―四四〇頁)。

(97) 以下、江藤著作集続一巻一二七、一二八、一三九頁。なお

江藤は一九七二年には、「農村で米の減産がはじまったのと軌を一にして、都市では太陽と水がともに急激に減少しつつある」と批判し、「水稲作がつづけておこなわれているかぎり、日本の有機的持続性は維持され、日本人は日本人でありつづけることができる」と主張した（続三巻七六、七七頁）。もちろん彼自身は、都市中産層の出身で農業とは無縁だった。

(98) 以下、江藤著作集続一巻二三一、二三一―二三二、二一一、二二三頁。なお江藤はこの「戦後と私」で、クリスチャンだった義母について、「戦後なにかを獲得し、『解放』を感じた人間が私の家族にいたとすれば、それは義母だったかもしれない」と述べている（二一七頁）。

(99) 江藤前掲『日本と私』三六八、三五二頁。この『日本と私』では、江藤夫婦がアメリカから帰国後に仮住いを転々としながら、ついに妻が探したアパートを購入し、「定住」を開始するまでが綴られていた。収入が不安定な文筆業者だった江藤は、アパート購入費用を銀行から借りるさい、父親を保証人に立てるしかない屈辱を味わった。その後に書かれた『成熟と喪失』では、こう述べられている。「彼は現実の父親から『治者』の権威を賦与されるわけにはいかない。彼がある意志によって放浪をやめ、『ひげ根』をおろして定住しなければならないと思ったのは、定住の意義を発見したからではなく、単に彼が『突然の不在』と世界の崩壊に怯えているからである。この『恐怖』が彼を成熟させ、『不寝番』の役割をになう家長に変貌させたが、それはおそらく父親とは反対のものになろうとする消極的な努力によってである」（続一巻一四三頁）。

(100) 江藤前掲『フロラ・フロラアヌと少年の物語』一五頁。

(101) 前掲「江藤淳と死の欲動」三六頁。

(102) 江藤著作集続三巻六九、六八頁。ただし江藤は、「この渇望が、核家族の父親を三人目の『子』に変貌させるのである」と述べたあと、「しかし現代日本社会の皮肉は、この妻＝母がすでに安息の象徴ではあり得ず、それ自体不安な妻であり母親でしかないという事実にひそんでいる」と記している。

(103) 以下、江藤著作集続三巻一二四、一二五、一二六、一三一、一三二、一三三―一三四、一三五頁。ただし第16章で後述する小田実は、一九六八年二月の「人間・ある個人的考察」（『資料「べ平連」運動』上巻）において、「同一性」の問題を論じている。したがって、江藤の「『ごっこ』の世界が終ったとき」は、「自己同一性《アイデンティティ》」という言葉を使った早い例ではあっても、最初の例ではない。

(104) 江藤前掲『一族再会』四〇頁。この著作では、実父が義母と再婚後に築いた家庭は「人工的な秩序」とされている（『一族再会』四六頁）。江藤は『成熟と喪失』でも、小島信夫の『抱擁家族』に描かれた「母」になることを遠ざけている女性にとっての家庭を、「自然」と対比された「人工的秩序」と呼称している。もちろん江藤にとっての「人工的秩序」は、「虚構」とほぼ同義語である。

(105) 以下、江藤・大江前掲「現代をどう生きるか」一五九、一六九頁。

(106) 府川紀子「可哀相な、おじさま」(『文藝春秋』一九九九年九月号)二八一頁。

第16章

(1) 鶴見俊輔については『鶴見俊輔著作集』(筑摩書房、一九七五―七六年)各巻の解説のほか、菅孝行『鶴見俊輔論』(第三文明社、一九八〇年)、上原隆『「普通の人」の哲学』(毎日新聞社、一九九〇年)、新藤謙『ぼくは悪人――少年鶴見俊輔』(東方出版、一九九四年)などがあるが、研究書としては原田達『鶴見俊輔と希望の社会学』(世界思想社、二〇〇一年)が充実している。そのほか、オルソン前掲(第10章)『アンビヴァレント・モダーンズ』、米原前掲(第2章)『日本的「近代」への問い』、さらに木村倫幸による一九九六年からの一連の論考(『奈良工業高等専門学校研究紀要』三二―三六号および『季報唯物論研究』六四、六六号など)が鶴見を論じている。小田については、阿川前掲(第15章)『アメリカが見つかりましたか(戦後編)』および桜井前掲(第15章)『アメリカはなぜ嫌われるのか』が小田のアメリカ体験を論じているほか、清水三喜雄「小田実論」(『民主文学』一五二号、一九七八年)などがあるが、本格的な研究は見当たらない。べ平連を単独でとりあげた研究書はなく、トーマス・R・H・ヘイブンズ『海の向うの火事――ベトナム戦争と日本1965-1975』(吉川勇一訳、筑摩書房、一九九〇年)のほか、吉川勇一『市民運動の宿題』(思想の科学社、一九九一年)など各種の回想記がある。なお吉川は「べ平連」の活動を記録するホームページ http://www.jca.apc.org./beheiren/ を主催しており、そこに各種資料と関連書が紹介されている。

総じていえば、ほとんど研究がない小田はもちろん、鶴見についても、これまでの研究は彼らが論じた個々の論点を各個に論じる傾向が強く、彼らが戦争体験から形成した根本思想の解明にまで至っていないと思われる。原田前掲書も、「知的マゾヒスト」としての鶴見という視点にこだわるあまり、鶴見の少年期(母との関係や家庭環境、社会資本など)に思想形成の要因を帰しすぎている傾向が感じられる。鶴見は戦後知識人のなかでも、戦争体験にもっともこだわった人物の一人であり、彼は通例ならば語らない醜悪な戦争体験をあえて公表している。鶴見の思想形成に少年期の影響が大きいとしても、戦後の方向を決定したのは、戦争体験であったと筆者は考える。

なお本章では、べ平連の活動の記述については最低限にとどめた。べ平連の活動や内情、メンバーの一九七〇年代以降の動向に詳しい運動関係者には、本章の記述はやや概略的かつ公式的と感じられるかもしれない。また小田の一九六〇年代以降の作家活動や、一九六九年の小説『冷え物』をめぐる差別論争などには言及していない。本章の対象は、鶴見と小田のナショナリズムおよび「公」をめぐる思想的展開であり、彼らの思想がべ平連(とくに初期)の活動といかに関連していたかであることを付記しておく。

(2) 鶴見著作集第五巻三六六頁。

(3) 鶴見俊輔『期待と回想』(晶文社、一九九七年)上巻九一頁。
(4) 鶴見著作集第三巻一一八頁。
(5) 岡部伊都子「思いやりの人」(鶴見著作集第一巻月報)三頁。
(6) 鶴見著作集第五巻三六九頁。
(7) 鶴見和子「おなじ母のもとで」(『鶴見俊輔集』筑摩書房、一九九一年―刊行中、第一二巻月報)。鶴見のアメリカ時代については、オルソン前掲書に詳しい。以下、「鶴見集」はこの一九九〇年代刊行のもの、「鶴見著作集」は一九七〇年代刊行のものである。
(8) 鶴見前掲『期待と回想』上巻四八頁。
(9)「牢獄から見たアメリカ合州国」(鶴見集第一一巻)五〇七頁。鶴見著作集第三巻三頁。
(10) 鶴見前掲『期待と回想』上巻一〇五頁。鶴見はここで、「同胞に対する一種の負い目」が帰国の背景にあったかという質問に、「同胞というのは日本国民じゃないです。国家じゃないです」と回答している。
(11) 前掲「牢獄から見たアメリカ合州国」四九〇頁。オルソン前掲書一八四頁。
(12) 以下、交換船でのエピソードは「交換船の地球半周」(鶴見集第一一巻)五〇〇、五〇五、五〇六、五〇七頁。
(13) 鶴見著作集第三巻四三八、一一九頁。「百年戦争」の標語のエピソードは後藤繁雄『独特対談』(リトル・モア、一九九八年)二八二頁。
(14)「手帖のなかのドイツとジャワ」(鶴見集第一一巻)五〇七、五〇八頁。
(15) 鶴見著作集第三巻三三五頁。
(16) 同上書一一七頁。
(17) 鶴見著作集第三巻一一八頁。
(18) 吉本全著作集第一四巻四七六頁。吉本の対応は四七七頁。
(19) この経緯は、前掲「手帖のなかのドイツとジャワ」五〇九頁および鶴見俊輔「戦争中にいた場所」(『思想の科学』一九五九年八月号)五五頁。
(20) 以下、引用は「戦争のくれた字引き」(鶴見著作集第五巻、初出一九五六年)四六七、四七二頁。記述は二〇〇二年四月に行なった鶴見への聞取りに基づき第六刷から訂正した。
(21) 前掲「手帖のなかのドイツとジャワ」五一二、五一四頁。前掲「戦争中にいた場所」五五頁。
(22) 鶴見俊輔『私の地平線の上に』(潮出版、一九七五年)九五頁。
(23) 以下、鶴見著作集第四巻二九四、二九五頁。この論考で彼は、映画でみた少年飛行兵のひたむきな表情に好感と暗さの双方を感じ、「落雷が、まず天地を明るくする光、それからしばらくおいて、音響と地響きによって、二重の反応を私たちによびさますように」と記している(二九三頁)。一方で鶴見著作集第五巻の「私の母」では、母親の叱責を「一度、いなずまがおこったら、あとは落雷また落雷で、こちらが自己批判をするまでやむことがない」と形容し、母の誠実さを評して「誠意があれば、何事も究極的には許されるというのは、必ずしも十分な思想とは思えないが、私にとっては精神の故郷である」と述べている（三六六、三六九頁）。
(24) 前掲「手帖のなかのドイツとジャワ」五一四頁。
(25)『近代とは何だろうか』（『鶴見俊輔座談』第四巻、晶文社、一九七六年）三一頁。鶴見前掲『期待と回想』下巻三一頁。
(26) 鶴見前掲『期待と回想』上巻一八〇頁。
(27) 鶴見著作集第三巻三三六頁。これはエーリッヒ・フロムの「サディストーマゾヒスト的性格」を援用しつつ論じられたものである。なお、鶴見は一九九〇年代に「従軍慰安婦」問題が注目されたとき、「国民基金」の呼びかけ人となって批判をうけた。彼はこうした批判について、前掲『期待と回想』下巻二三一頁では、吉野作造を攻撃した東大新人会のように「思想的に一つに凝り固まる」ものだと形容している（鶴見における「吉野作造」や「大正デモクラシー」の位置は、第13章注18参照）。さらに鶴見が「慰安所」について、同書下巻二三三―二三四頁で以下のように述べていることは、彼の戦争体験の複雑さをうかがわせるものである。

「慰安所は、日本国家による日本をふくめてアジアの女性に対する凌辱の場でした。そのことを認めて謝罪するとともに言いたいことがある。

私は不良少年だったから、戦中に軍の慰安所に行って女性と寝ることは一切しなかった。子どものころから男女関係をもっていた、そういう人間はプライドにかけて制度上の慰安所にはいかない。だけど、一八歳ぐらいのものすごいまじめな少年が、戦地から日本に帰れないことがわかり、現地で四十歳の慰安婦を抱いて、わずか一時間でも慰めてもらう、そのことにすごく感謝している。そういうことは実際にあったんです。この一時間がもっている意味は大きい。

私はそれを愛だと思う。私が不良少年出身だから、そう考えるということもあるでしょう。でも私はここを一歩もゆずりたくない。このことを話しておきたかった」。
(28) 以下、ジャワ時代の回想は鶴見前掲「戦争のくれた字引き」四七七、四六八、四六九頁。
(29) 鶴見俊輔「戦争責任の問題」（鶴見著作集第五巻）四三頁。巣鴨遺書編纂会編・発行『世紀の遺書』（一九五三年。復刻版は講談社、一九八四年）。記述は二〇〇二年四月に行なった鶴見への聞取りに基づき第六刷から訂正した。
(30) 前掲「戦争のくれた字引き」四七七頁。
(31) 鶴見俊輔「根もとからの民主主義」（鶴見著作集第五巻）四四、四五頁。鶴見俊輔「ことばのお守り的使用法について」（『思想の科学』一九四六年五月号。鶴見著作集第三巻とは字句に異同があるので初出より引用）一九頁。
(32) 以下、鶴見著作集第一巻二五四、二四五頁。
(33) 鶴見前掲「戦争のくれた字引き」四八〇頁。
(34) 前掲「交換船の地球半周」五〇〇、五〇一頁。こうした戦争体験のほか、鶴見が「同情」の思想を形成した原体験としては、少年期の学校不適応が挙げられる。一九六八年の「丘浅次郎」によると、中学校を退校して同級生が進級し、自分だけが取り残されたように感じていたとき、丘浅次郎の『進化論講話』や『猿の群れから共和国へ』などを読みふけった。そうして、学校も人間が進化の過程で生み出した一つの制度にすぎず、学校に適応する者もしない者も、普遍的な人間という視座からみればわずかな相違にすぎないと考え、「暗い部屋に窓をあけはなつような」印象をうけたという(著作集第二巻三七六頁)。この「窓をあけはなつ」というのは、本文中で引用した霊媒についての文章にもみられる「とじられた箱」に対比されるものであり、鶴見がしばしば使用するものである。

(35) 鶴見著作集第三巻三三頁。以下、本節および次節ではこの著作集からの引用を巻号と頁数で記す。

(36) 一九六九年の「日本の思想用語」では、「一つの民族の言語は、その民族が階級にわかれるまえに文法と主な単語ができてしまっているので、その言語の中心となる日常生活上の用語については、一つの階級内部の言葉とか、一つの職業内部の言葉として分裂していない」と述べ、日常語を用いて哲学を大衆のものにする可能性を説いている(著作集第三巻二七七頁)。

(37) 教科書作成の経緯は「芦田恵之助」(鶴見著作集第二巻、一九七一年初出)参照。鶴見によると、この日本語教科書をもとに、日米開戦後にアメリカ海軍は日本語速成講座を開設した。この教科書の編纂にあたり、鶴見が参考にしたのが、戦前の生活綴方運動に参加していた教師だった芦田恵之助が、朝鮮総督府勤務時代に作成した、朝鮮人むけ日本語教科書であった。ただし概して、植民地支配への鶴見の罪悪感は一九六〇年代末までは強いものではなく、一九六〇年の「日本の折衷主義」では後藤新平の台湾総督府時代の部下であった新渡戸稲造が、『糖業意見書』でサトウキビの強制作付を提言したことを、肯定的に引用している(鶴見著作集第三巻一三〇頁)。

(38) 鶴見俊輔「ベイシック英語の背景」(鶴見著作集第一巻、初出一九四六年)参照。

(39) 鶴見著作集第一巻三五五頁。鶴見前掲『期待と回想』上巻三二頁では、ハーヴァードでジプフの「言語の心理生理学」を学んだと回想している。さらに一九七一年の「日本人の心につった世界諸民族」では、ノーム・チョムスキーの学説に好感を示しながら、これを「プラトン、デカルト、ライプニッツ、パースなどにすでにある考え方の系譜に属する」と述べている(著作集第二巻三二九頁)。またアメリカでは、当初英語がまったくわからなかった状態から、一時入院して学校にもどると突然にすべて理解できるようになったという経験をしたため、その後にチョムスキー理論を読んだとき感覚的に賛同できたという(『期待と回想』上巻二一頁)。

ただし鶴見は、純粋志向と普遍志向の混合でもある「幾何学」については、アンビバレンスをもっていたようである。鬱病期の一九五一年に書かれた「苔のある日記」(鶴見著作集第五巻、初出一九五八年)では、「ふわふわした状態をきらう。もっときちんとした状態に達したい」という文章と、「幾何がおもしろくない。こういう学課がなくては、これより上の学問を理解することはできないのだろうか」という文章が並存している（四五八、四五九頁）。

　鶴見は学校を退学した少年期、父親を含む追放解除が行なわれた一九五一年、そして東京工業大学助教授を辞職した六〇年安保闘争後には鬱病でひきこもっている。鶴見によると、「鬱病というのはアモルフになる。……それを何とかゼリー状の固体にもどそうというんで、『朝八時に起きる』というような無意味な形式を自分に課す」「意味を閉めだしたい、意味の判断はもう結構だ。線を引く練習だけで勘弁してくれ。論理の形式化。……意味を閉めださないと自分が立つこともできない。……意味の洪水に耐えられないんです」という（前掲『期待と回想』上巻九六頁）。現実世界の「もの」に輪郭を与えてしまう「枠」への反発と、その「枠」が崩壊して「意味の洪水」が発生することへの不安感は、鶴見にとって基本的なアンビバレンスといえる。そこから、「線を引く」という幾何学と論理実証主義への傾斜、そして「国境を越えて外に流れ出る」という「大衆」への関心が発生しているともいえよう。

　このような「意味世界の崩壊感覚」は、小田実や江藤淳などにもみられるものである。ただし、国家という「枠」に対して、鶴見や小田が示した反応と、江藤が示した反応は、大きな相違がある。これは本文中でも指摘したように、抽象的な輪郭をもった「三百万の日本の死者」に依存することで不安を解消しようとした江藤と、固有名の死者を記憶していたためにそれが不可能だった鶴見や小田の相違ともいえるだろう。
(40)　丸山集第一〇巻三五九―三六〇頁。この時点では、丸山は「コスモポリタニズム」を好意的に使っている。
(41)　鶴見俊輔「戦後の次の時代が見失ったもの」（鶴見集第九巻）二八五、二八四頁。鶴見は当初、自分のいう「日本の大衆」の意味を、完全に把握していたわけではなかったようである。鶴見前掲『期待と回想』上巻一九〇頁によると、一九六七年の『日常的思想の可能性』は、『日本的思想の可能性』と題される予定だった。ところが、丸山眞男にその原案を話したところ、「それはだめじゃないか」「きみがぼくに教えたのは日常的思想ということなんだよ」と指摘され、鶴見はショックをうけて題名を変更したという。同書下巻四〇頁では、「丸山さんほどの思想史家となると、書いている本人よりもその人の思想についての読みが深いということがありえる」「いまになってみると、丸山さんのいうとおりなんです。日常的なしぐさからゆっくりと国境を越えて外に流れ出るものがあるでしょう。私はそれにかけたい」と述べている。一九六七年は、本書全体で述べているように、鶴見に限らず総体としての言説構造が変動していた時期であり、鶴見もまたその変動の内部にいたという見方もできよう。
(42)　鶴見は一九五〇年の『アメリカ哲学』では、日本の大衆作家である佐々木邦を日本版プラグマティズムとして論じ、「小市民の哲学」という題名をつけている。そして鶴見によれば、「意味をずらしてとらえる方法」である漫画は、「アンビギュイティー（一つの記号における二つ以上の共存状態）を特徴とするコミュニケーション様式であって、この様式の達人は、関心の構造が本質的に二重になっている小市民階級の出身者である」という（著作集第一巻二八七頁）。すなわち「市民」は、マルクス主義が描く「労働者」と「資本家」の対立図式ではとらえきれない、「あいまいさ」の象徴とされていたようである。もっとも、前掲「ベイシック英語の背景」では、鶴見はベイシック英語の機能として、「両義語使用のごまかし」が避けられることを挙げている（著作集第一巻三二四頁）。ここには、鶴見の「純粋」志向と「あいまい」志向のアンビバレンスが現われているといえよう。

そのため「市民」という言葉についても、一九五六年の『思想の科学』研究会総会討論「戦争責任について」（『思想の科学会報』一九五七年三月二〇日付。『思想の科学会報』復刻版、柏書房、一九八二年、上巻に収録）三七頁では、戦前戦後の保守政治家やマルクス主義者の転向を批判しながら、「市民社会の商取引はワン・プライスです」と述べて「個人のインテグリティ」の重要性を唱えている。この場合は「純粋」志向で「市民」が使用されているわけだが、一九六〇年安保闘争以降は、「大衆」とほぼ同義語として鶴見における「市民」は定着していったようである。

(43) 久野・鶴見・藤田前掲（第5章）『戦後日本の思想』二七七、二八四頁。

(44) 鶴見著作集第五巻四、五頁。『鶴見俊輔座談』の宣伝パンフレットに掲載された鶴見の談話によると、敗戦直後に若槻礼次郎の自宅を訪ね、若槻がふんどし姿で対応し、「捨て子であって両親は知りません」「戦争中は〔酒が〕飲めなくて困った」などと述べたのに感動し、「十代のわたしをとらえていた、戦争の恐怖感にとらわれていない人が、いま、こうして目の前にいる」「日本というこの国のかたちが、まだ定まらないうちに生を受け、国を作り変えるために生涯努力してきた人、戦争中、政府によってつくられた『日本人』から遠くはなれた人が、ここにいる」と感じたという。鶴見は政治家の家庭に育ったこともあって、政治への関心は強く、柔軟さと一貫性を備えているとみなした政治家には好意的である。それが、上記のような若槻への評価、あるいは吉田茂や石橋湛山といった保守政治家への評価に現われているといえよう。

(45) こうした鶴見の宗教的要素は、大衆文化への関心とともに、『思想の科学』研究会に参加していた社会学者の見田宗介にうけつがれる。ただし鶴見の宗教への関心の背景には、鶴見の母親が息子の非行を心配するあまり天理教やキリスト教に入信し、彼の父親と妹もキリスト教徒だったという背景も関係していたと思われる。鶴見は『期待と回想』上巻二四六頁では、「〔親族のなかで〕キリスト教徒に包囲されているんだけれども、私はタヌキを深く信仰しているから、断じてゆずらない。キリスト教、つまりプロテスタントから派生した最新の流派がマルキシズムだと思っているから、マルキシズムに対してもゆずらない。そういうポジションを十五歳から今日までつづけていて、それは悪人としての自分の位置づけなんだ」と主張している。また同書下巻二三一頁では、思想に殉じて死んだ者を純粋さの究極とみなす運動のあり方を批判しながら、「『殺された、かれを見よ』。こうしたかたちは、結局、キリスト教がつくったと思う。権威をもった宗教はそうしたすり替えをやるので、私はきらいなんです。そうした考え方にはマンガ的に対抗したいんだ。そこにこそ宗教性がある」と主張している。こうしたキリスト教観は吉本隆明と重なるが、その対抗手段が「タヌキ」や「マンガ」であるところが、鶴見の特徴といえよう。

(46) 花田の発言は前掲（第14章）「芸術運動の今日的課題」六頁。鶴見著作集第五巻一九頁。鶴見は一九六一年の「言語の本質」では、「言語はまず、言語よりひろい表現活動の流れの一小部分としてあつかわれることが必要だ」と述べており、生活綴方運動を推進した芦田恵之助が「人間同士のあらゆるつきあいを言語教育の素材と見た」ことや、芦田の弟子だった国語教師が体操教育に転じたことなどを重視している（著作集第一巻三五四頁）。

(47) 「折衷主義としてのプラグマティズムの方法」（著作集第一巻）二八七頁。ただし鶴見は、こうした「大衆」による意味のずらしを、「民衆の抵抗」などと賛美してはいない。彼は一九五九年には、戦中の駄洒落などについて、「歴史家がレジスタンスの証拠として扱っているものは、レジスタンスではなくて、むしろ戯作精神ですよ」と述べている（久野・鶴見・藤田前掲書二七五頁）。鶴見からすれば、読みかえが行なわれることそのものが重要なのであって、行なわれた読みかえを党派的な視点から「採点」することは好まなかったといえる。

(48) 鶴見俊輔「私の戦中・戦後から」（『ちくま』一九七五年五月号）。鶴見俊輔『戦争体験』（ミネルヴァ書房、一九八〇年）に再録。引用は同書一〇—一一頁。

(49) 鶴見著作集第四巻二九一頁。彼はここで、「幼年期こそわれわれの性格の根がつくられた時」だと主張している。鶴見によれば、人間が駆使できる基本概念は、幼少期に習い覚えた日常語や大衆文化の言語によって形成され、その後の思想はその土台に接木されるにすぎない。彼自身も、アメリカでプラグマティズムを学んだものの、デューイやサンタヤナを、幼少期に愛読した『旗本退屈男』や『苦心の学友』といった大衆小説の通俗道徳に似たものとして理解したという（著作集第四巻九〇頁）。「根底」と「幼少期」を重ねるこうした視点から、彼は自分の思想形成における母親を重視するという自己説明をとっている。

(50) 吉本著作集第一四巻四七七、四七六頁。前掲日高解説四五七頁。なお鶴見における「大衆」や「根底」と、「性」の結びつきについて若干の指摘をしておく。鶴見は戦中に女性との交渉を断っていたが、現地の少女ロオムのほか、事務職員その他の女性についても強い印象をもっていた（前掲「手帖のなかのドイツとジャワ」）。前掲「戦争のくれた字引き」四七七頁によれば、ジャワ時代には「私は、自分の女性にたいする関心が、明白に国家に対立していることを感じた。sex vs. state. これが自分にとっての根本的な方程式であり、私は国家が保証してくれる仕方で自分の女性に対する関心を解放したくなかった」

「このような不自由な制服を着ているかぎり、私には、快楽にたいして、むきなおって正面から対することは、できない」と感じていたという。

一九七〇年代には、鶴見は山上たつひこの漫画『がきデカ』を高く評価した。鶴見は、主人公の「がきデカ」が不良少年であり、女性教師に性的な冗談で反抗することを好んだが、その一方で一九八四年にはこう述べている。「がきデカはたいへんに太った栄養過多の小学生で、彼の興味は金と性に集中しています。彼は学校の勉強にはなにも興味がありません。彼自身は自分を小学生の年齢でのただ一人の少年警察官であると思いなしており、同じ年齢に属する他の子供たちを、彼自身の主として金と性についての関心から、監視して回ります。がきデカはきわめて無責任で、それはなにか現在の日本が東南アジアに対して、飽くことのない経済上の売り込みをやっている姿を鏡に映しているようです」(鶴見俊輔『戦後日本の大衆文化史』岩波書店、一九八四年。一九九一年の同時代ライブラリー版九六頁)。鶴見にとっての「性」や「東南アジア」とは何かも、一つの主題たりうるといえよう。

(51) 鶴見前掲『期待と回想』上巻一七一頁。

(52) 前掲「戦争責任について」三七頁。

(53) 鶴見著作集第一巻一七〇頁、第五巻一九頁。鶴見の回想によると、一九四八年二月ごろ、共産党が『思想の科学』の編集方針に介入し、一時は雑誌の編集に自信をなくしてしまった。このときは、編集同人だった武谷三男が、マルクス主義者であるにもかかわらず「マルクス主義の単色の雑誌でないのをつくることに意味がある」という趣旨の発言をしたため、解散を思いとどまったという(鶴見著作集第二巻四五七頁)。

(54) 鶴見前掲「戦争中にいた場所」五七頁。鶴見前掲『期待と回想』上巻二三七頁では、世論調査などでは影響ゼロと出る場合でも、「深層の調査をやったら結果はわからない」と主張している。「大衆」を統計的多数と区別するという見解は、ルソーの「一般意志」との類似性を感じさせる。実際に鶴見は一九五一年には「ルソーのコミュニケーション論」(著作集第一巻)を書き、一八世紀フランスのサロンでの会話、出版状況、さらには音楽・教育・祝祭など、多様な手段による人間個体間のコミュニケーションを論じている。

(55) 鶴見前掲「戦争中にいた場所」五九頁。

(56) 久野・鶴見・藤田前掲書二七三頁。

(57) 鶴見前掲「日本思想の言語」および「戦後の次の時代が見失ったもの」など。

(58) 鶴見著作集第四巻二八九頁。ここで鶴見は、戦争の死者を反映した「陰惨」な妖怪が、「狸ばやしに伴奏されたナンセンス」に「進化」する希望を語っている。もともと鶴見は一九五〇年代から六〇年代にかけて、大衆文化研究の一環として、怪談ものの映画や漫画をしばしば論じている。一九六九年に水木しげるの妖怪漫画を論じたさいには、ラバウル戦線で片腕を失った水木が、ジャングルの生活を体験したことによって、「文明以前への回想と死の世界との交流」を得たことが水木漫画の活力だと唱えている（著作集四巻三四五頁）。また一九七二年にメキシコに赴いたさいにも、社会と死者の関係を重視する評論を書いていた。これらを、彼の宗教観と戦争体験の関係から考察することは可能であると思われる。

(59) 鶴見著作集第一巻所収。また鶴見は、柳田國男が組織した民俗学のネットワークを高く評価していた。

(60) 鶴見前掲『期待と回想』上巻二一八、下巻二〇七頁。同書上巻五七頁によると、『思想の科学』の発刊を提唱したのは、俊輔が戦争の痛手で沈んでいたのを心配した鶴見和子であり、父の祐輔に「雑誌をつくってやってよ」と懇願したという。俊輔の回想によれば、敗戦直後の和子はマルクス主義の影響をうけており、多様な思想傾向の人びとを糾合するという志向はなかったが、「私に対する同情のため」に父親に働きかけたという。たまたま、祐輔が仕切っていた太平洋協会出版部が戦争協力の経緯を問われて出版活動ができなくなり、出版社の機構や紙資材をもったまま中絶していたため、その機構を利用して『思想の科学』が発刊された。また『期待と回想』下巻二〇四頁では、鶴見は知識人に友人がおらず、「姉が人間関係を全部つくり、その据え膳を私が食べた」のであり、意地になって雑誌編集に熱意をもったのは一九五〇年代中期からだと述べられている。こうした回想はあるものの、俊輔も研究活動や編集業務に、熱意をもってとりくんだことは疑えない。

(61) 鶴見前掲『期待と回想』下巻二一二―二一三頁。第一次『思想の科学』（一九四六年五月―一九五一年四月）の後期には売上げが低下し、鶴見が丸山に相談したところ、丸山が読者会のネットをつくることを提案したという。鶴見は丸山のこの発想の源泉を、イギリスの「見えない大学」と通称されるロイヤル・ソサエティのような民間アカデミズムを、丸山が理想としていたことに求めている。鶴見は前掲「百科全書における人間関係」の冒頭でも、ロイヤル・ソサエティを組織論の事例として挙げている。

(62) 久野・鶴見・藤田前掲書一六三―一六四頁。鶴見著作集第二巻二六八頁も同様。

(63) 鶴見俊輔「七五調から散文精神へ」（『資料「ベ平連」運動』河出書房新社、一九七四年）下巻四七五頁。

(64) 以下、この論考からの引用は鶴見著作集第五巻四九、四七、四五、四六、五〇、五一頁。

(65) 鶴見は一九五九年の前掲『戦後日本の思想』一八〇頁では、私生活重視の「欲望ナチュラリズム」を批判している。鶴見によれば、「お金をかせいで、それから円満な家庭を作るとか、そういうこと以外は、結局重大なものではないので、それ以外のことを考えるやつは偽善者だという考え方」が「欲望ナチュラリズム」であり、「何かの形で欲望ナチュラリズムを打ち倒す、あるいは改作することがなければいけない」と述べている。

(66) 「声なき声の会」が発行していた『声なき声のたより』一九六一年八月号に掲載された「政防法反対市民会議（仮称）結成の呼びかけ」（高畠編前掲（第1章）『日常の思想』所収）では、この「市民会議」の原則として、以下の三つを挙げている。

「1　当面の政防法阻止を目的とし、成功・非成功を問わず、局面が一段落したときには解散する」「2　『会議』（仮称）は個人参加とし責任を平等に分担する」「3　この『会議』（仮称）は市民の政防法阻止運動を責任をもって設計すると同時に、その内容と運動参加の責任の範囲をつねに参加者に徹底させて、運動における指導と自発性とが調和するように努める」。これらの原則がべ平連に受けつがれたことは、いうまでもない。

また『声なき声のたより』一九六八年五月号の市川白弦「『英霊』の個人原理を」では、前掲『世紀の遺書』から、「あの世ではまさか朝鮮人とか日本人とかいう区別はないでしょうね」という朝鮮人BC級戦犯刑死者の言葉が引用されている（高畠編前掲『日常の思想』二六七頁）。このように、べ平連の原理は一九五〇年代のサークル運動や一九六〇年代前半の「声なき声の会」に存在したものの延長であって、「突然変異」ではなかったことがわかる。

(67)『小田実全仕事』（河出書房新社、一九七〇―七八年）第八巻七一頁。以下、この『全仕事』の引用は巻号と頁数を記す。

(68) 真継前掲（第1章）「小田実の啓示」四一三、四二三頁。

(69) 小田前掲（第1章）『「べ平連」・回顧録でない回顧』四九四頁。

(70) 同上書四九四頁。

(71) 同上書四九三頁。

(72) 真継前掲論文四二二、四二三頁。

(73) こうした小田の靖国観は、小田実「ことは始まったばかりだ」（『資料「べ平連」運動』下巻）で述べられている。

(74) 小田全仕事第七巻四〇、六三頁。小田前掲『「べ平連」・回顧録でない回顧』三三頁。

(75) 小田前掲『「べ平連」・回顧録でない回顧』三三頁。

(76) 小田全仕事第八巻七六頁。この時期の評論で、小田は安岡章太郎の『アメリカ感情旅行』を批判し、安岡はアメリカ行きの飛行機に乗った時点から「平均化された日本人」になってしまい、「一人の人間である自分が責任をとる代わりに、一人の日本人が責任をとり始めた」「ありとあらゆることにあまねく責任をもつということは、ひょっとすると、無責任の典型ではないのか」と述べている（小田全仕事第七巻八三、九三、九二頁）。こうした「責任の無責任な普遍拡大」を批判する志向が、のちにべ平連において、スローガンの総花化をさけることにつながったと思われる。

(77) 小田全仕事第八巻九九頁。同巻一四〇頁では、小田がソ連の作家会議に参加し、この小国の事例を挙げて米ソの姿勢を批判している。

(78) 荒著作集第一巻三五頁。

(79) 鶴見俊輔「ひとつのはじまり」（『資料「べ平連」運動』上巻）序文一一頁。

(80) 小田全仕事第九巻一一四、一一三頁。なお鶴見は小田の思想を理解して、べ平連に勧誘したわけではなかったらしい。鶴見は一九九七年の『期待と回想』上巻二四五頁では、こう述べている。「政治思想に対しても哲学に対しても、私が望んでいるのはアホ度なんです。いまの人でいうと辻元清美（ピースボート主宰者）が好きなんだ。彼女はアホ度が高い。三十年前は小田実がアホ度が非常に高かった。アホだから、いっぱい力をもってる。アホの政治思想というのは骨格がはっきりしてるでしょ。だから、かれをかついで一つの運動をやったわけ」。

(81) 鶴見前掲「ひとつのはじまり」一二頁。

(82) 鶴見前掲『期待と回想』下巻二一七頁。本文では十分に検証できなかったが、鶴見にとって「アメリカ」はきわめて大きな存在である。鬱病期の症状を記した「苔のある日記」は、留学中の一九三八年の日記をもとに、一九五一年に書き直し、「アメリカという背景は完全に伏せて、鬱病の状態を表現しようと思って書いた」ものであるという。そして鶴見は、交換船で帰国したあと、一度も渡米しておらず、講演依頼や同窓会の出席などもすべて断っていた。その理由について、鶴見はこう述べている。「アメリカに行くと自分の内的環境を壊しちゃうわけですね。それが嫌なんですよ。……アメリカに行くかどうかを相談するのは潜在的に内部にいる鬱病を病んでいる自分なんです。大きなことはだいたいそれで決める。……私にとって鬱病は最大にこわいものの一つなんです。なるべくそれが現れないように暮らしています」（『期待と回想』上巻九六頁、下巻九六—九七頁）。

(83) 小田前掲『「べ平連」・回顧録でない回顧』一三、二六頁。

(84) 鶴見前掲「ひとつのはじまり」一一頁。小田前掲『「べ平連」・回顧録でない回顧』一五頁。

(85) 「四・二四デモへの案内」（『資料「べ平連」運動』上巻）六頁。

(86) 吉川勇一「市民運動'68の認識」（『資料「べ平連」運動』上巻）三三七頁。

(87) 同上論文三三七頁。小田前掲『「べ平連」・回顧録でない回顧』一二八頁。

(88) 小田前掲『「べ平連」・回顧録でない回顧』八二頁。福富の発言も同書八二頁より重引。

(89) 同上書六三頁。

(90) 鶴見俊輔「すわりこみまで」（『資料「べ平連」運動』上巻）一〇一、九九頁。さらに鶴見は、「論理的には、これはベトコンによる殺人にも反対ということになるが、それはアメリカ軍が撤退したあとで、殺人行為がなされた場合のことだ」と述べている。

(91) 吉川前掲（第7章）「連合赤軍事件と市民運動」一七六頁。吉川勇一「べ平連始末記」（『連合赤軍〝狼〟たちの時代』毎日新聞社、一九九九年所収）。後者は吉川主催の前掲ホームページで公開されている。

(92) 小田前掲『「べ平連」・回顧録でない回顧』八頁。

(93) 『資料「べ平連」運動』上巻五—九頁。

(94) 小田前掲『「べ平連」・回顧録でない回顧』二七頁。

(95) 小田実「ふつうの市民にできること」（『資料「べ平連」運動』上巻）一一頁。

(96) 以下、吉川前掲「べ平連始末記」。

(97) 以下、小田前掲「ふつうの市民にできること」一二、一一、一〇頁。
(98) 小田前掲『「ベ平連」・回顧録でない回顧』六三頁。小松前掲（第13章）「〝平均的人類〟の願い」一三八頁。
(99) 小田実「世界へひらく運動を」（『資料「ベ平連」運動』上巻）一四頁。
(100) 一九六六年八月一四日付の「日米反戦市民条約」（『資料「ベ平連」運動』上巻一一八―一一九頁）には、各種の抗議方法が列挙されている。
(101) 開高健「金ある人は金を、知恵ある人は知恵を」（『資料「ベ平連」運動』上巻）。この言葉は、ホー・チ・ミンの言葉をもとにしたものといわれる。開高はこの時期の評論では、「広告をだして戦争が終るものなら苦労はしない」「だれもそんなオメデタイことを考えてこの不況とエゴイズムの〝無明の時代〟に身銭を切ったのではなかった。日本人はいいたいことを口にだしていいたかったのである」「過去二〇年間、ただもうイエス、イエスとだけいいつづけてきたあのおとなしい日本人までがノーといいだしたのだナとわかれば、何人かのアメリカ人は考えるであろう」と記している（『資料「ベ平連」運動』上巻六二、五二―五三頁）。
(102) 小田前掲（第15章）「私は死がこわい」二五五頁。上野千鶴子『女遊び』（学陽書房、一九八八年）二六〇頁では、ベ平連の三原則は「①やりたい者がやる。やりたくない者はやらない。②やりたい者はやりたくない者を強制しない。③やりたくない者はやりたい者の足をひっぱらない」とされているが、当時の小田は本文中のように述べている。なお上野は、この三原則は「一九六〇年の三井・三池闘争の中で谷川雁さんたちがになった『大正行動隊』の行動原則にお手本を持っている」と述べているが、鶴見俊輔は一九五〇年代からこうした組織原理を提唱している。もちろん、鶴見の「誤解する権利」の思想からいっても、どちらが「正しい」とか「元祖」であるとかいった議論を行なうことは無意味だろう。
(103) 開高健「東京からの忠告」（『資料「ベ平連」運動』上巻）五一頁。
(104) 鶴見良行「『米大使館前＝聖域』観の打破」（『資料「ベ平連」運動』上巻）二五九頁。
(105) 鶴見前掲『期待と回想』上巻九八頁。
(106) 小田前掲『「ベ平連」・回顧録でない回顧』一三三頁。吉川勇一「いつ、どこで、どんなグループが、どんな活動をしていたか？」（前掲吉川主催ホームページ）。
(107) 吉川前掲「ベ平連始末記」。
(108) 同上論文。吉川勇一「米大使館と羽田デモ」（『資料「ベ平連」運動』上巻）二六一頁。
(109) 吉川前掲「ベ平連始末記」。小田前掲『「ベ平連」・回顧録でない回顧』三五六頁。
(110) 松田道雄「支配の論理と抵抗の論理」（『資料「ベ平連」運動』上巻）四四六頁。京都ベ平連の通信『ベトナム通信』を舞台に行なわれた「オールド・ベ平連」批判と返答の経緯は、

『復刻版 ベトナム通信』(不二出版、一九九〇年)を参照。
(111)鶴見著作集第五巻一三〇頁。
(112)吉川前掲「べ平連始末記」。
(113)小田全仕事第六巻二四五頁。
(114)吉川勇一「驚き方と喜び方」(鶴見著作集第三巻月報)三頁。
(115)小田実「『物』と『人間』」(『資料「べ平連」運動』上巻)三〇八頁。
(116)小田前掲『「べ平連」・回顧録でない回顧』五三七、五一九頁。鶴見の言葉は、小田による要約である。
(117)「われわれは何故この挙に出たのか」(『資料「べ平連」運動』上巻)二六二頁。
(118)吉川前掲「べ平連始末記」。
(119)吉川勇一「脱走兵とふつうの市民たち」(『資料「べ平連」運動』上巻)二七〇頁。
(120)小田実「人間・ある個人的考察」(『資料「べ平連」運動』上巻)二八〇頁。
(121)小田実・本多勝一「わがベトナム体験の総決算」(一九七三年二月の対談。『資料「べ平連」運動』下巻所収)三一四頁。
(122)マイケル・リンドナー「道徳に反し非人間的だった」(『資料「べ平連」運動』上巻)二六六―二六七頁。
(123)リチャード・ベイリー「わが憲法の精神に勝利あれ」(『資料「べ平連」運動』上巻)二六五頁。
(124)前掲「わがベトナム体験の総決算」三一四頁。
(125)同上座談会三一五、三一四頁。
(126)小田前掲『「べ平連」・回顧録でない回顧』八〇、八一頁。前掲「わがベトナム体験の総決算」三一四―三一五頁。
(127)小松前掲「〝平均的人類〟の願い」一四〇頁。
(128)以下、小田前掲「人間・ある人間的考察」二七五、二七六、二八三頁。
(129)関谷滋・坂元良江編『となりに脱走兵がいた時代』(思想の科学社、一九九八年)二六頁。ジャテックの活動は本書に詳しい。公表された数字では、ジャテックを通じて日本国外に送り出された米兵は一九名である。鎌田慧は一九九八年にこれを評して、「多いというひともいるだろうし、少ないと思うひともいるかもしれない。アメリカの戦争に協力している日本政府のもとで、それも『ガイジン』がいまほど日常的に街を闊歩していなかった時代に、市民が脱走兵を匿い、四方を海にかこまれた島国から、非合法的に、海外に逃亡させる困難と葛藤は、たとえば、『金大中』ひとりを韓国にはこぶために、政府の秘密機関が全面的に関わっていなければできなかったことを考えあわせる必要がある」と述べている(『となりに脱走兵がいた時代』書評、『週刊朝日』一九九八年六月二六日号)。
(130)同上書一〇三頁。
(131)「声明」(『資料「べ平連」運動』上巻)二六九頁。鶴見著作集第五巻一六四頁。
(132)関谷・坂元編前掲書四九一頁。
(133)同上書三〇頁。ただし、脱走兵のイメージは「勇者」ばかりだったわけではない。第13章注104で述べたように、鶴見俊輔は「優等生」への抗議という視点から脱走兵を論じ、彼が少年のころ読んだチェコの小説に描かれた「だらしない」兵士シュベイクを賞賛した（「脱走兵の肖像」鶴見著作集第五巻）。またべ平連に参加していた牧師の笠原芳光は、一九六七年五月の「個人という原理」において、『戦争はいやだ』とか『徴兵はごめんだ』」といった「自分自身の生命と生活をたいせつにする」「個人のために」という思想の重要性を説いている（『資料「べ平連」運動』上巻一九七頁）。こうした種類の「個人のために」が、「はずかしい」ものではないというイメージを広めたことも、脱走兵のもたらした効果といえよう。

(134) 小田実「こちらからむこうへ突き抜ける」（小田実・鶴見俊輔編『脱走兵の思想』太平洋出版社、一九六九年）三一頁。

(135) 小田前掲（第13章）「平和への具体的提言」一〇八頁。

(136) 小松前掲「〝平均的人類〟の願い」一四一頁。

(137) 前掲「わがベトナム体験の総決算」三一五頁。

(138) 小田前掲「ことははじまったばかりだ」五一五、五一六頁。

(139) 栗原幸夫「ある日の横須賀基地ゲート前」（『資料「べ平連」運動』上巻）一七八頁。一九六六年一二月の発言。

(140) 小田前掲「こちらからむこうへ突き抜ける」三五頁。

(141) 鶴見前掲「七五調から散文精神へ」四七六頁。

(142) 小田全仕事第九巻一〇八頁。

(143) 「よびかけ」（『資料「べ平連」運動』上巻）二七二頁。

(144) 以下、鶴見良行「日本国民としての断念」（『反権力の思想と行動』盛田書店、一九七〇年）二一八、二二七、二三〇—二三一、二三四頁。この論考で鶴見良行は、それまで賞賛の対象とされてきた韓国のナショナリズムを批判している。ベトナム戦争に韓国軍が参戦する状況においては、日本に対抗する韓国ナショナリズムはアメリカの国家戦略に利用されているという。とはいえ彼が「民族の矜持」を否定していないのは、こうした韓国ナショナリズムを全否定しない配慮からである。また同時に、二一八頁では「わたくしもまた人なみに日本ロマン派的心情の持ち主であって、それによってともすれば足をすくわれかねない危険を感じる」とも記しており、「日本国民であることの断念」を述べながら「民族の矜持」を肯定しているのは、そうした心情の表われだったとも思われる。

(145) 中野重治「WE SHALL OVERCOME SOMEDAY」（『資料「べ平連」運動』上巻）一四二、一四三頁。

(146) 吉本隆明「戦後思想の頽廃と危機」（前掲〔第14章〕『知の岸辺へ』）四〇六頁。

(147) 鶴見前掲『期待と回想』上巻九九頁。

(148) 小田前掲『「物」と『人間』』三一五頁。小田前掲『「べ平連」・回顧録でない回顧』五七二頁。

(149) 前掲「わがベトナム体験の総決算」三一五頁。

(150) 鶴見著作集第五巻一七七頁。鶴見前掲「七五調から散文精神へ」四七四頁。後者は一九七四年一月のべ平連解散集会での発言。

(151) 小田前掲『「べ平連」・回顧録でない回顧』四四—四五頁。

(152) 同上書六七頁より重引。『労働ニュース』一九七二年一二月六日分。
(153) 吉川勇一「べ平連解散と小田氏からの手紙」(『資料「べ平連」運動』下巻)四七二頁。
(154) 鶴見俊輔「この本の出版について」(関谷・坂元編前掲書)四九四頁。鶴見前掲「七五調から散文精神へ」四七六頁。
(155) 小田前掲「ことははじまったばかりだ」五一五、五一七頁。ここで小田が挙げたのは、ベトナムでの死者たちのほかに、多くの固有名の死者だった。彼はここで、一九六六年六月に来日したアメリカの活動家ラルフ・フェザーストーンが六月一五日に国会議事堂前で樺美智子に花を捧げたこと、そのフェザーストーンがアメリカに帰国後に爆弾テロで殺されたこと、一九六七年一一月に日本の政府のベトナム戦争協力と沖縄政策に抗議して焼身自殺した由比忠之進のことなどを記している。また前掲「人間・ある個人的考察」では、一九六七年一〇月に佐藤栄作首相の南ベトナム訪問抗議デモで死んだ京大生の山崎博昭をとりあげている。これらの死者たちは、鶴見も同時期に論じていた。しかし小田がもっとも強い印象を受けたのは、王子の米軍野戦病院抗議デモのあと、「デモ見物」にでかけてドブで死んでいた労働者の榎本重之の、無意味で非英雄的な死だった。
(156) 小田前掲『「べ平連」・回顧録でない回顧』六三頁。

結論

(1) 堀田・司馬・宮崎前掲(第3章)『時代の風音』一八〇頁。
(2) 井出孫六「奥崎謙三に関する覚え書き」(奥崎前掲〔第13章〕『ヤマザキ、天皇を撃て!』)二八一—二八二頁
(3) 桜井哲夫『フーコー』(講談社、一九九六年)三六—三七頁。
(4) 小田実ホームページ http://www.odamakoto.com/jp/ の「自筆年譜」より。
(5) 樺山紘一編『現代歴史学の名著』(中公新書、一九八九年)一三九頁。
(6) 柄谷・福田前掲(序章)「江藤淳と死の欲動」一三頁。
(7) 清水著作集第一四巻四三七—四三八頁。
(8) 井出前掲論文二八二頁。
(9) 川村湊・成田龍一・上野千鶴子・奥泉光・イ ヨンスク・井上ひさし・高橋源一郎『戦争はどのように語られてきたか』(朝日新聞社、一九九九年)一七六頁。
(10) 小熊前掲(第2章)『単一民族神話の起源』第17章。
(11) 加藤前掲(序章)『敗戦後論』。
(12) 福田和也『余は如何にしてナショナリストとなりし乎』(光文社、二〇〇〇年)一〇六、一〇七、一一四頁。
(13) 竹田・小林・橋爪前掲(序章)『正義・戦争・国家論』一一〇、二八三—二八四頁。
(14) 序章でも述べたように、都築前掲(序章)『戦後日本の知識人』は、丸山眞男や竹内好などを「市民社会青年」という類型で論じている。また上野千鶴子は、成田龍一および岩崎稔との座談会「戦後思想を読む」(『現代思想』二〇〇一年一一月臨時増刊号)一九八頁で、「戦後啓蒙」の思想家として「丸山眞男、大塚久雄、福武直、川島武宜、住谷一彦、神島二郎といった市

民社会論者」を挙げ、これらの知識人が敗戦後に「いまこそ出番だと登場」したと述べている。しかしたとえば、神島二郎は丸山などよりずっと年少であり、初著作を出したのは一九六一年である。
(15) 江藤著作集第六巻五二頁。
(16)「宮崎駿四万字インタビュー」(『SIGHT』二〇〇二年冬号)二〇頁。
(17) 丸山前掲(第2章)『自己内対話』一八五—一八六頁。「決壊する戦後保守政治」(『世界』二〇〇一年八月号)九四頁。
(18) 神立前掲(第1章)『零戦 最後の証言』一二三頁。
(19) 吉本前掲(第14章)『私の「戦争論」』一九六頁。
(20) 丸谷才一「あの年の夏」(青銅社編集部編『八月十五日、その時私は……』青銅社、一九八三年)二六—二七頁。
(21) 西尾幹二「私の『戦後』観」(『自由』一九六五年二月号)五九頁。
(22) 小田実「平和をつくる」(小田全仕事第九巻)九一、九〇頁。
(23) 井上ひさし「ひろがる世界、さまざまな言葉」(青銅社編集部編前掲書)一三頁。
(24) 吉本前掲『私の「戦争論」』一九六頁。
(25) 以下、柴宜弘『ユーゴスラヴィアの実験』(岩波書店、一九九一年)一〇—一一、四〇—四一頁。
(26) 朝日新聞戦後補償問題取材班『戦後補償とは何か』(朝日新聞社、一九九四年。文庫版一九九九年)文庫版五六—五七頁。
(27) 同上書五七頁。
(28) 大嶽編前掲(第4章)『戦後日本防衛問題資料集』第一巻七一頁。原文は漢字片仮名文。
(29) 丸山集第五巻七六、七七頁。
(30) 以下、対米関係については「日本脅威論を煽る米誌」(『AERA』一九九九年八月三〇日号)一六、一七、一八頁。
(31) 赤澤史朗「戦争犠牲者の追悼と靖国神社」(『歴史評論』六二八号、二〇〇二年)九頁。合祀基準についても同論文参照。なお靖国神社に祀られている戦死者の累計数は明治いらい二四六万六千人であり、うち太平洋戦争の死者が約二一〇万とされている。
(32) 梅野正信・沢田竜夫・藤井誠二編『リアル国家論』(教育史料出版会、二〇〇〇年)一四四頁。
(33)「『日の丸』が街に増えた」(『朝日新聞』一九九九年一〇月一九日)。
(34) 前掲『リアル国家論』一四四頁。
(35) 佐伯前掲(序章)「戦後民主主義とは何だったのか」六〇頁。佐伯啓思『「市民」とは誰か』(PHP新書、一九九七年)。『新しい公民教科書』(扶桑社、二〇〇一年)七、一五頁。なおこの公民教科書について、政治思想史家の飯坂良明は「『公民』と『市民』の勝手な区別をしている。市民を私的利益しか考えない『ブルジョア』と同一視するのはヘーゲルやマルクス流の特殊なとらえ方。学界では通用しない」と述べている(「専門家はこう読む」『朝日新聞』二〇〇一年四月四日)。このことは、この教科書を執筆した佐伯啓思や西部邁がマルクス主義を批判していながら、戦後日本のマルクス主義の言語体系の圏内にとどまっていることを示唆している。

(36)前掲(序章)『国家と戦争』二八頁。佐伯啓思『国家についての考察』(飛鳥新社、二〇〇一年)二一〇、二〇九頁。

(37)引用は佐伯前掲「戦後民主主義とは何だったのか」五〇頁。なお加藤典洋は、前掲『敗戦後論』一二四頁で、竹内好が太宰治の『惜別』には「芸術的抵抗」が感じられないと評したことについて、竹田青嗣の太宰論を引用しながらこう述べている。「ここで竹田は、それまで戦後、ほとんど誰一人いわなかったことをいっている。文学は、時の権力に対してどれだけ芸術的な抵抗をしたか、という観点ではかられるべきではない。……竹田は、そうではなく、文学はむしろ、そういう「観点」、芸術的抵抗という、文学の外から働きかける『観点』に、それがどのようなものであれ、抵抗する、そういうのである」(一二四頁)。第10章で論じたように、竹内が主張した「抵抗」の概念は、ここで加藤が主張していることと、完全にではないが重なっている。しかし加藤はここで、竹内のいう「抵抗」を、単純に天皇制や政府に政治的抵抗をしたか否か、という意味に解釈して批判しているのである。

筆者のみるところ、加藤が『敗戦後論』で主張した最大の眼目は、この「外から働きかける『観点』」の拒否にある。彼が「旧護憲派」の思想を「イデオロギー的」な「トップダウン」だと批判しているのも、自分の主張は「文学、自己の観点に徹する」という「ボトムアップ」だと唱えているのも、基本的には「外から働きかける『観点』」を拒否する姿勢、彼のいうところの「文学」の主張といってよいと思う(『敗戦後論』三一六、三一四、三一七頁)。

本論でも検証してきたように、文学者が「自己」の内部にこだわり、「外部」の思想的権威を拒否しながら、かつ他者につながる回路を模索することは、戦後思想の大きなテーマの一つであった。荒正人も、竹内好も、この問題にとりくむなかで思想を形成したといってよい。しかし彼らの場合には、「自己」の体験を掘り下げることが戦争体験を掘り下げることにつながり、そこから他者につながるという思想を形成しえた。しかし、戦争体験を共有しない加藤にはそれが不可能である。そこで加藤は、「自己」の掘り下げを「自国」の掘り下げに転換し、「自国」という単位で戦死者を追悼することで、「自己」へのこだわりと「他者」への回路を両立させようとしたのだと思われる。

加藤は『戦後的思考』(講談社、一九九九年)では、吉本隆明を引用しながら、「戦後」に肯定すべきものがあれば「私利私欲」の肯定だと主張している。しかし本文中でも述べたように、吉本の思想からは、他者とつながる回路は出てこない。結果として加藤は、「三百万の死者」にむきあうという江藤淳の主張を、「悪から善を」という鶴見俊輔の主張につなぎあわせて回路をつくろうとする。加藤は吉本や江藤をしばしば引用しており、また鶴見とも親交があるから、彼らの影響は直接的なものだと推測しうる。

本来なら、「公」を拒否する吉本の思想や、分類を拒否する鶴見の思想は、「三百万の死者」という江藤の思想とは、とうてい接合できないものである。しかし加藤のいう「私」は、鶴見の「私」のような普遍的要素がない「私利私欲」であるから、「自己」を「自国」に転換しないかぎり、あるいは「私利私欲」から社会的結合を説く自由主義経済論に依拠しないかぎり、他者への通路は開けなかったのだと思われる。もちろん、加藤が吉本や鶴見の「原典」を離れて思想を応用するのは、咎められることではない。しかし筆者には、加藤が「自己」にたいして「外から働きかける『観点』」を拒否しながら、なぜ「自国」という単位を違和感なく想定できるのか理解できない。

筆者の私見をいえば、こうした立論の仕方には、加藤の「文学」の弱さが現われていると思う。筆者も含めて人間は不完全な認識しか持ちえないから、加藤の戦後思想認識が誤っていても、それじたいはことさらに批判されるべきではないだろう。しかし、加藤が本当に「自己の観点に徹する」のであれば、前述した「竹田は、それまで戦後、ほとんど誰一人いわなかったことをいっている」などという文章を書く必要はない。そうではなく、「私はこういう考え方を、竹田の文章ではじめて読んだ」と書けば十分だったはずである。それをあたかも歴史的・客観的な真実であるかのように「戦後、ほとんど誰一人いわなかったことをいっている」という書き方をすることに、筆者は加藤の「文学」精神の弱さをみる。この種の表現は、戦死者を掲げて天皇を批判した三島由紀夫を「戦後におけるその唯一の例外といってよい存在」(『戦後的思考』四二八頁)などと呼称するなど、加藤の立論の随所にみられる。それは、「私はこう思う」と書くことの不安に耐えられず、自分に都合のよい客観的真実らしきものをつくりあげ、その権威によりかかろうとする弱さではないか。

こうした弱さが、「自己」に徹すると称しながら、最終的には「自国」にそれがすりかわってしまう、彼の立論を招き寄せているように感じられる。そして、「私はこう思う」という姿勢に徹することができず、自分の思いこみにすぎない「戦後」観を客観的真実のように記述して社会に流したことは、軽率ではないか。筆者は加藤を「新しい教科書をつくる会」と同列視するつもりはないが、加藤自身にも再考してもらいたいと思う。

(38) 川本隆史「民族・歴史・愛国心」(小森陽一・高橋哲哉編『ナショナル・ヒストリーを超えて』東京大学出版会、一九九八年)。西川長夫「戦後歴史学と国民国家論」(歴史学研究会編『戦後歴史学再考』青木書店、二〇〇〇年)八四頁。なお明治以降の日本が近代化された国民国家なのか否かは、現在でも歴史認識における一つの焦点である。一つだけ指摘できるのは、明治維新以降に日本は近代国民国家形成を行なったと位置づける西川が、主として政治制度の「輸入」や文化変容の側面を重視していることである(西川長夫「日本型国民国家の形成」、西川長夫・松宮秀治編『幕末・明治期の国民国家形成と文化変容』新曜社、一九九五年)。丸山眞男をはじめ、明治維新によっても近代国民国家は形成されなかったとみなした戦後知識人たちは、政治制度や文化変容よりも、個々人の「主体性」が形成されたか否かを重視していた。どちらの位置づけが「正しい」のかは、「近代」の定義や、「近代化」の指標をどこに求めるかによって異なってくるであろう。

(39) 上野千鶴子「『国民国家』論の功と罪」(西川長夫『増補 国境の越え方』解説、平凡社ライブラリー、二〇〇一年) 四七四頁。

(40) ちなみに付言しておくと、筆者自身の国民国家に対する評価は、『単一民族神話の起源』『〈日本人〉の境界』の時点から、ほとんど変わっていないつもりである。結論における「ナショナリズム」の再考と、第2章での「世界史の哲学」の国民国家批判論の描写から、筆者が国民国家にたいする見解を変えるようになったと解釈されることがあれば、それは誤解である。

(41) 近年の研究動向との関係でいえば、「主体性」という言葉の含意も再考の余地がある。この言葉も戦中思想から派生したものだが、第2章や第6章で述べたように、戦後思想における「主体性」とは、第一には戦争体験の反動として夢見られた理想の人間像であり、第二には当時の共産党の教条的なマルクス主義解釈では表現しきれない心情を表現した言葉であった。敗戦直後には、丸山眞男や『近代文学』同人などをはじめとして、人間の精神の問題をマルクス主義の言葉以外で語ろうとする論者に、一様に「主体性論者」「近代主義者」といったレッテルが貼られたことは、第6章や第11章で述べた。

これがより文学的な方面になると、敗戦直後には、「花鳥風月の美しさがマルクス主義で説明できるか」といった「主体性論」まで存在した。いささか俗な表現を使えば、「この私の胸の思いは理屈じゃないんだ」という「この私」へのこだわりが、「主体性」という言葉で表現されることがある(もちろん戦後思想における「主体性」の含意はそれだけではない)。これが「輸入理論」への反発という回路を通過すると、「日本の主体性」という主張に変容する場合もある。

そのように考えるならば、加藤典洋の『敗戦後論』が、「トップダウン」の「イデオロギー」に反発して「主体の回復」を唱えているのは、上述した意味での「主体性」の現代版だと考えることも可能である。こうした加藤のいう「主体」を、政治哲学や国民国家論から解釈して批判した論者たちに対して、加藤は「どうか、このわたしの主張を、イデオロギー的に受け取らないでほしい」と述べていた(『敗戦後論』三二三頁)。このように、「主体」という言葉の解釈が異なっている状態では、議論が最後まですれちがっていたのは当然だったといえる。

こうした「主体性」が、英語のsubjectivityとどこまで重なっているのかは、本書とは別個の比較研究が必要になる。少なくとも、敗戦後の主体性論争における「主体」を、フーコーが批判したような意味での「主体」と安易に同一視して議論を進めることには、筆者は懐疑的である。これは、戦後思想における「近代」や「人間」の評価に関しても同様である。

あとがき

本書は、戦後日本のナショナリズムと「公《おおやけ》」にかかわる言説が、敗戦直後から一九七〇年代初頭までに、いかに変遷してきたかを検証したものである。結果として本書は、丸山眞男、大塚久雄、竹内好、吉本隆明、江藤淳、鶴見俊輔など主だった戦後知識人の思想を検証したばかりでなく、憲法や講和問題、戦後歴史学、戦後教育、安保闘争、全共闘運動といった領域までをも視野に含めるものになった。

一九九〇年代の日本では、戦争責任や歴史をめぐる問題が論争となり、新たな右派団体の台頭もあった。また並行して、憲法と自衛隊海外派遣の関係、「日の丸・君が代」などの問題についても論争が発生した。さらに、いわゆる「少年犯罪」や「官僚腐敗」といった問題から、「公」や倫理のあり方をめぐる議論も盛んに行なわれた。

そうした議論を読んでいて感じたのは、他者に届く「言葉」を、多くの人が模索しているということであった。社会の状況が変動してゆくなかで、これまでの「言葉」が効力を失い、新しい「言葉」が探し求められている。そうした焦りや不安感のようなものを、多くの議論に感じとることができた。

ところがもう一つ感じたのは、議論の内容への賛否以前に、それらの議論が前提としている「戦後」認識が誤っているケースが多いことであった。少なからぬ論者が、「戦後の日本」を批判し、「戦後民主主義」の「言葉」の無効性を指摘する。ところがじつは、そう論じる当人が、「戦後の日本」についても、また「戦後民主主義」についても、多くを知っていない。そのように感じられる議論が、少なくなかったのである。

その結果、少なからぬ議論が一人相撲に終わってしまい、焦りと不安感だけが空転しているという印象をうけた。まずは議論の基礎になる「戦後」への認識を確かにするべきだと考えたことが、本書の研究につながっている。

考えてみれば、「戦後」とは、現代の人びとがもっとも知らない時代の一つである。なぜ知らないのかといえば、

「もうわかっている」と、安易に考えすぎているからだろう。たとえば、「憲法」といえば「もうわかっている」と述べる人も、じつは第九条以外の条文をよく知らないことが少なくないように。

そうして研究を始めてみると、「戦後」や「戦後民主主義」というものは、従来自分が漠然と抱いていたイメージとは、およそ異なるものであることがわかってきた。そこには、私などの予想をこえた世界と、思いもよらぬ「言葉」の鉱脈があった。本書は、そうした世界を描きだそうと試みたものである。

各章の内容は目次を参照していただきたいが、筆者の前著と同様、各章は独立して読むことも一応は可能なので、関心のある章から読んでいただくのも一興である。ただし、戦中の「雰囲気」を描写した第1章は、「研究」と称するにはやや苦しい記述にならざるを得なかった章なのだが、他のすべての章の背景となるものなので、この章は最初に読んでいただきたい。戦後思想は、それを生みだした人間の戦争体験と切り離して論じることは不可能なものが大部分であり、戦争の状況を知らずして「戦後」を理解することはできない。そのためこれも結果として、本書は戦後思想を検証するなかで、「あの戦争とは何であったか」を再考するものとなった。

なお、本書では十分に言及できなかった日本の植民地支配や沖縄の問題は、前著『〈日本人〉の境界』で詳述したので、そちらを参照していただきたい。本書の第8章でとりあげた国民的歴史学運動と「単一民族」意識の関係、およびそれが沖縄の復帰運動に与えた影響についても、この前著の第Ⅳ部で詳しく論じた。また女性学の問題提起にたいする本書の姿勢など、いくつかの重要な問題は注で論じたので、ご一読いただければ幸いである。

前著と同じく、本書もまた大冊となった。当初の草稿を半分ほどに圧縮し、収録予定の章を省くなどしたが、それでも四百字詰め原稿用紙にすれば二千五百枚ほどに相当する。こういう大がかりな研究をしていると、「なぜあなたはそうした問題に関心をもったのか」と聞かれることが多い。私はたいてい、「自分でもよくわかりません」と返答している。そう述べると、はぐらかされたように感じる向きが少なくないようだが、これは私の正直な感情である。

そもそも、自分を突き動かしている動機が何であるのかなど、当人自身にわかるはずがない。時折、「自分はこういう経験が出発点になってこの本を書いた」と述べているケースをみるが、私にはそれが信じられない。人間をして、研究などという手間と根気ばかりを要する仕事に、何年も従事させるだけの歪みをもたらした背景や理由が、わずかな分量の紙幅で書けるはずがない。ましてや、自分にとっての「決定的な経験」などというものを、数頁で語れるということが、私には理解できない。決定的であればなおのこと、語る言葉をもたず、沈黙するしかないはずだと思うからである。

そうしたわけで、私は今もって、自分がなぜ前著や本書のような研究をしたのか、自分でも説明できない。過去の経験や記憶の断片をつなぎあわせて、他人を納得させやすいような物語をつくることは容易だが、それはやりたくないのである。しかし、本を出すたびに「なぜあなたは」という質問が絶えないので、以下で私に関連する一つの事件を紹介する。これは私事であるから、公共の紙面を費やすことには気がひけるが、お許しをいただきたい。

私の近親者に、シベリア抑留の体験者がいる。彼は敗戦まぎわに徴兵され、一発の弾を撃つ機会もなくソ連軍の捕虜になり、シベリアの収容所で約三年の強制労働に従事した。彼は町内の会誌に寄せた回想記で、こう書いている。

昭和二十年八月。私は現役初年兵として、満州東部牡丹江の近郊に居り、ソ連に無条件降伏後捕虜として十月下旬、シベリヤ東部のチタの収容所に連行されました。

写真でよく見るアウシュビッツのユダヤ人収容所のような、三段重ねのかいこ棚に約五百人が、ぎっしりと詰め込まれたのです。

これから先どうなるかわからない精神的不安。重労働にも拘らず飢餓に近い食料不足。日一日と冷気がまし、来るべき極寒を予告する、一言で言えば恐怖に近い寒さ。望郷、飢え、寒さ。ただいつかは帰れることもあるだろうという、希望のみが生命を支えている毎日でした。

十一月下旬、もう何人もの死者と、何十人もの予定者が出ていました。同年兵の京坂君も栄養失調の症状が出始めました。夜盲になって、早朝の作業整列から雪道を歩いて現場に向う時、私は彼と手をつないでいました。明るくなるまでは、そうしていないと滑って転ぶのです。その内に足がむくんできた故か、靴に入らないと悲しそうに言うようになり、私は何回か押し込んで整列させました。ついに失禁が始まる様になった十二月中旬、労働免除となり医務室に入室しました。しかし勿論何の手当もありません。ただ寝ているだけです。

年もあけた二十一年一月一日。この日はソ連でも休みで、私は午後から見舞に行きました。病室にはベッドが七・八台あったでしょうか。ペーチカには僅かに石炭が燃えていましたが、温度は上らず、床にはこぼれた水が凍りついて、三重ガラスの窓には、中央部分を除いて氷がビッシリ張りつめていました。

私はそこから外を眺めました。ロシヤ人の親子が歩いてゆきます。家々の煙突から煙が上ってゆきます。今の私には遠い世界である、家庭というものが、そこにはありました。

彼の具合は、誰が見てもあと何日もないとわかる程、衰弱していました。何の話をしたか、ほとんど記憶していません。どうせ良い話は何も無いのですから、慰めのきまりきったことしか言わなかったでしょう。

ただ彼が、何か遠くを見つめる様な目をしながらつぶやいた、「今頃、内地でも正月をやっているだろうな」「餅を食べたいなあ」という二つの言葉。これが記憶の片隅に残ったのです。

何日後かに、彼は死にました。私自身、連日の重労働と、冷えのためか、四、五日下痢が続いて、やせ衰えていました。一月何日何時頃死んだのか。どういう形で知ったのか。誰から聞いたのか。全く記憶していません。例えてみれば、風の便りの様なものだったのでしょう。誰もが、他人の消息を気づかう様な、人間的感情が失せていたと思います。御通夜とか葬式がなかったのは勿論のことでした。当時の私達の生活は、人間としてのものではなかったのです。

私は二十三年八月、復員して舞鶴港に上陸しました。引揚船内の調査で彼の事を記入しました。きっと、これまでの帰国者の知らせで家族の方々は、知っておられるかもしれないと思いながら。

あれだけ待望した帰国でしたが、その後の生活は苦しかった。出征前に勤めていた会社には、シベリア抑留者は共産主義者だという噂のために、体裁良く退職させられました。二十六年二月には結核となり、肋骨七本を切る大手術をしたのに、退院できたのは三十一年五月でした。その後、就職、転職、倒産、止むなく四十一年には独立して、小さな商売を始め、その後はどうにか順調な生活が続き、現在に至っています。

その間、毎年正月を迎える度に彼のこと、あの言葉を思い出し、現在の幸せを感謝してきました。だが生活にゆとりが出来る様になってから、形容しにくい、或る思いが、だんだん大きくなってきたのです。

生きて帰ってきたことが、何となく申し訳ない様な気持。何もしないでいて、いいのだろうか。


この後、彼は一九八三年に「京坂君」の兄を探しあて、死亡の状況を説明した。彼はこれによって、「長年の肩の荷をおろした気がして助かった」と感じたが、それから一〇年ほどして、また別の事件に遭遇した。以下は、その新聞報道である（「国籍違えど抑留の苦労同じ――戦後補償裁判の原告」『朝日新聞』一九九六年一一月三〇日）。


「私も彼も大日本帝国臣民で、兵役の義務を果たした。今になって国籍を理由に差別するとは、日本人として本当に恥ずかしい」

八王子市の小熊謙二さん（七一）は、そんな思いから、中国河北省に住む元日本兵呉雄根さん（七〇）が九月、東京地裁に起こした訴訟の原告に名を連ねた。呉さんは日本兵としてシベリアに抑留されながら、慰労金を受給できないのは不当な差別だ、と提訴した。

サラリーマンだった小熊さんは、一九四四年十一月に召集され、中国東北部（旧満州）牡丹江の通信連隊に配属された。敗戦直後の四五年八月末、シベリア・チタの捕虜収容所へ。

チタでの初めての冬は、寒さとの闘いだった。収容所の石炭も小麦も服も、ソ連兵に横流しされたあと残りが届いた。翌年からは精神的な苦痛が襲った。政治集会が毎日開かれ、バラックの中で「階級闘争」が繰り広げられた。元将校はさげすまれ、親しかった者同士がののしりあった。

四七年末、別の部隊の兵士だった呉さんが小熊さんのバラックに移ってきた。あの苦しみをともにした者の名と顔は忘れない。小熊さんは四八年八月、舞鶴に復員。呉さんも同年末、中国へ帰国した。

国内では八八年、抑留者を慰労する平和祈念事業が開始されたが、中国籍の呉さんは対象外とされた。雑誌に掲載された呉さんの手記をきっかけに、二人の間で文通が始まった。

小熊さんは二人で分け合おうと、慰労金（国債十万円分）を請求し、「一人の日本人としておわびの気持ち」との手紙に五万円を添え、郵送した。恩給は勤務年数で受給者と欠格者の差別をし、慰労金では国籍を障壁にする。政府に怒りがこみあげた。

日本政府に抗議するため、呉さんは三月、来日した。四十八年ぶりに再会した二人は国会議員や政党などを回った。「戦前は日本人だからと兵役の義務を課し、戦後は日本人ではないからと補償から外す。こんな身勝手が許されるのか。文化大革命では『日本軍関係者』と激しい弾圧も受けた」。訴えに対する同情は受けた。が、事態は動かない。

日本人とは何なのだろうか——。小熊さんの怒りは情けなさに変わった。

初公判は来年一月三十日。弁護士は訴状で、小熊さんについてこう記した。「国に良心なくも、この国の国民に良心があることを示してくれた。原告となった意義は日本国の良心と信義の回復にある」と。

この小熊謙二とは、私の父である。呉雄根氏は、旧満州に在住していた朝鮮人であり、戦前には日本国籍があった。前著『〈日本人〉の境界』で検証したように、日本政府は韓国併合のさい、すべての朝鮮人に日本国籍を強制付与し、その後は原則として一切の国籍離脱を許さず、一九四四年には満州在住朝鮮人の戸籍登録を強行して彼らを徴兵した。かつては「満州在住朝鮮系日本国籍人」であり、現在は「中国籍朝鮮系元日本兵」である呉氏もその一人であり、敗戦後には日本国籍を一方的に剝奪されている。

ただし付言しておくと、訴状にいう「日本国の良心と信義の回復」という文言は弁護士の方が書いたものであり、上記の新聞記事も記者がまとめてくれたものであって、私の父は「日本人として」とか「兵役の義務」などという言葉を使うタイプではない。だいたい、商売人としてたたき上げてきた父は、非常に実際的な人間であり、抽象的な思想や議論を好まない。裁判が進行している過程でも、「戦後補償」とか「戦争責任」とか、「日本」とか「アジア」とか、「加害」とか「被害」とかいった言葉は、ほとんど使っていなかった。

父は元日本兵として中国にいたのであるから、「侵略」をしていた「加害者」だったにはちがいない。しかし一方で、敗戦まぎわに徴兵されて捕虜となり、強制労働と失業と病気という経験をしたのでは、「被害」の感情が強いのも無理はない。そもそもシベリア抑留は、もちろんソ連が行なったことではあるが、日本側も捕虜となった日本兵を労役に提供することを認める文書を作成していた。要するに日本国家の側は、捕虜にされた日本兵たちを捨て駒に使って、降伏後のソ連政府の心証を少しでも良くしておこうと考えたのだと思われる。

そうした意味で私は、当時の「日本人」はただ一方的に「加害」の側にいたと断じるような形態で、「戦後補償問題」や「戦争責任問題」を論ずる気にはならない。これはもちろん、アジア諸地域が受けた被害を軽視するとか、日本国には加害責任はないといった意味ではない。私が述べているのは、個々のケースは多様であり、また政治的責任には軽重があるはずなのに、抽象化された「日本人」という単位を想定して、その「日本人」の「加害」や「被害」を議論することには、根本的に違和感を拭えないということである。その「日本人」とはいったい誰のことだ、と聞きたくなるのである。

また個々のケースでも、現実の人間は、なかなかに複雑なものである。父は前述の回想記の末尾では、「指導者というものは、昔も今も同じ様なことを言っています。国を愛する。国を守る。こういう言葉で、どれほど多くの人が犠牲となってきたことでしょう」「当時の軍人達と今の軍人達の意識は変ったでしょうか。軍隊という官僚組織は、そんなに変るものでしょうか」と述べている。しかしその一方で、父は軍歌を好み、幼いころの私に軍歌を教えた。そのため私は今でも、いくつかの軍歌をそらんじることができる。

裁判の過程では、父の知人である元日本軍兵士の人びとが傍聴に訪れた。呉雄根氏は、法廷で自己の戦争体験を証言するさいに、「日本人」として教えられた軍歌を裁判官の前で歌った。呉氏と並んで証言席にいた父も、傍聴席にいた元兵士たちも、黙って口を動かしながら唱和した。その歌詞は、「天に代りて不義を討つ」というものだった。

もちろん軍歌そのものは、好ましいものとはいえない。父にしても呉氏にしても、もう一度戦中に戻りたいわけでは、さらさらないだろう。しかし、軍歌は好戦的でナショナリスティックだから駄目だというような正論が、こういう場面で何の意味があるだろうか。むしろ、大日本帝国の遺産である軍歌が、法廷で日本政府に抗議するために使用され、国籍をこえた共同意識を生みだしていることに、ある種の感慨を覚えた。

この訴訟は、一九九六年の提訴から、二〇〇〇年二月の東京地裁による請求棄却、同年八月の東京高裁による請求棄却を経て、二〇〇二年三月に最高裁による請求棄却で結審した。棄却の理由は、現状の法律から解釈すれば不当な差別とはいえないというもので、いうなれば門前払いである。

とはいうものの、こうした事件が本書や前著を書く動機になったのかといえば、意識的にはそういうつもりはなかった。上記の事件の経緯に、自分の研究と重なる部分があることについても、「偶然の一致」という感じしかしない。人間は「パブロフの犬」ではないから、ある事件があれば直接にその反応が現われるほど単純ではない。また裁判や捕虜体験は、あくまで基本的には父の問題であって、私はそれに関係したにすぎない。この訴訟が私の研究の背景であるなどと単純化して語られれば、私は違和感を禁じえないし、父も意外に思うだけだろう。

しかし一方で、私は本書で数多くの戦後知識人たちの思想を読んだあげく、人間は結局のところ、自分の動機を自分で理解するなど不可能なのだという結論に達した。私は今もって、研究の動機については、「自分でもよくわからない」と答えるしかない。しかし上述のような父との関係のなかで生きてきたということが、何らかの形で自分の研究に影響しているということも、自分ではわからないが、まったく考えられないことでもあるまい。あとは読者の方々が、ご自由に判断していただければよいと思う。

本書の完成までに、多くの人びとにお世話になった。謹んで感謝を述べたい。

二〇〇二年八月

小熊英二

や　行

ら・わ　行

ま　行

は　行

な　行

さ 行

た 行

か　行

人名索引〔台湾・朝鮮・中国の人名は，便宜的に日本語漢字音で読み，50音順に配列した〕

著者紹介

小熊英二（おぐま・えいじ）

1962年東京生まれ。1987年東京大学農学部卒業。出版社勤務を経て，1998年東京大学教養学部総合文化研究科国際社会科学専攻大学院博士課程修了。

現在，慶應義塾大学総合政策学部教員。

著書：『単一民族神話の起源』（新曜社，1995年），『〈日本人〉の境界』（新曜社，1998年），『インド日記』（新曜社，2000年），『戦争が遺したもの』（共著，新曜社，2004年），『ナショナリティの脱構築』（共著，柏書房，1996年），『知のモラル』（共著，東京大学出版会，1996年），『世紀転換期の国際秩序と国民文化の形成』（共著，柏書房，1999年），『異文化理解の倫理にむけて』（共著，名古屋大学出版会，2000年），『言語帝国主義とは何か』（共著，藤原書店，2000年），『近代日本の他者像と自画像』（共著，柏書房，2001年），『ネイションの軌跡』（共著，新世社，2001年），『〈癒し〉のナショナリズム』（共著，慶應義塾大学出版会，2003年），『清水幾太郎』（御茶の水書房，2003年），『市民と武装』（慶應義塾大学出版会，2004年），*A Genealogy of 'Japanese' Self-images* (Trans Pacific Press, Melbourne, 2002)。

新曜社

〈民主〉と〈愛国〉
戦後日本のナショナリズムと公共性

初版第1刷発行　2002年10月31日©
初版第11刷発行　2005年3月3日

著　者　小熊英二
発行者　堀江　洪
発行所　株式会社　新曜社
〒101-0051 東京都千代田区神田神保町2-10
電話(03)3264-4973（代）・FAX(03)3239-2958
URL http://www.shin-yo-sha.co.jp/

印刷　星野精版印刷　Printed in Japan
製本　イマヰ製本
ISBN4-7885-0819-2　C1030